Van Dale Pocketwoordenboek **Nederlands-Duits**

Gratis downloadversie woordenboek

Bij dit Van Dale Pocketwoordenboek hoort een gratis digitale versie,
die van internet kan worden gedownload.

Ga daarvoor naar: www.vandale.nl/pocketwoordenboeken.
Je moet daar minimaal je e-mailadres invullen om de software te kunnen downloaden.
Volg voor het downloaden en installeren de instructies op de website.
De systeemvereisten vind je eveneens op de website.

Van Dale Pocketwoordenboeken

Nederlands
Nederlands voor de basisschool

Engels-Nederlands
Nederlands-Engels

Frans-Nederlands
Nederlands-Frans

Duits-Nederlands
Nederlands-Duits

Spaans-Nederlands
Nederlands-Spaans

Van Dale Pocketwoordenboek
Nederlands-Duits

Vierde druk

Onder redactie van J.V. Zambon

Utrecht – Antwerpen

Vormgeving: TEFF Typography
Illustratie omslag: Martijn Rijven
Zetwerk: Van Dale Lexicografie bv, TEFF Typography
Druk- en bindwerk: Clausen & Bosse, Leck, Duitsland

Voor eventuele overname van gedeelten uit het woordenboek is schriftelijke toestemming van de uitgever noodzakelijk.

De uitgever kan geen aansprakelijkheid aanvaarden voor eventuele schade die zou kunnen voortvloeien uit enige fout die in deze uitgave zou kunnen voorkomen. Dit woordenboek bevat enkele woorden die als handelsnaam of merknaam worden gebruikt. Uit opname van deze woorden kan niet worden afgeleid dat afstand wordt gedaan van bepaalde (eigendoms)rechten, dan wel dat Van Dale Lexicografie bv zulke rechten miskent.

© 2006 Van Dale Lexicografie bv

Bibliografische gegevens

Van Dale Pocketwoordenboek Nederlands-Duits
Vierde druk, onder redactie van J.V. Zambon
Utrecht – Antwerpen; Van Dale Lexicografie
ISBN 978 90 6648 771 0
NUR 627
R. 8771202
Depotnummer D/2006/0108/705

Is dit woordenboek geschikt voor mij?

Er zijn veel verschillende woordenboeken op de markt, van goedkoop tot duur, van dun tot dik en van slecht tot goed. Deze inleiding geeft antwoord op de vraag of dit *Van Dale Pocketwoordenboek Nederlands-Duits* het meest geschikte woordenboek voor je is.

In dit woordenboek zijn 37.000 woordbetekenissen opgenomen. Van al die betekenissen is zorgvuldig nagegaan hoe frequent en actueel ze zijn, of met andere woorden, hoe vaak ze voorkomen in (school)boeken, tijdschriften, op internet enzovoort. Hierdoor is de kans groot dat je de woorden die je wilt opzoeken ook vindt; vaker dan in vergelijkbare woordenboeken het geval is.

Dit woordenboek is heel geschikt voor mensen die beginnen een taal te leren, bijvoorbeeld in de onderbouw van het middelbaar onderwijs. Als je verder komt, wil je steeds meer woorden kunnen opzoeken en is een *Van Dale Studiewoordenboek* of een *Van Dale Groot woordenboek* een betere keuze.

De vormgeving is er helemaal op gericht om het zoeken zo snel en makkelijk mogelijk te maken. De duimblokken helpen je om snel bij de goede letter in het alfabet te komen en door de trefwoorden in kleur kun je makkelijk het woord vinden dat je zoekt. Door de slijtvaste kaft blijven de boeken ook mooi in je tas.

Met het downloadable woordenboek is zoeken natuurlijk helemaal makkelijk. Dankzij de unieke activeringscode achterin kun je het complete woordenboek met een simpele muisklik in je computer zetten en in een handomdraai elk trefwoord vinden dat je zoekt.

Op 15 oktober 2005 is er een nieuwe editie van *het Groene Boekje* (ook wel bekend als de *Woordenlijst Nederlandse Taal*) verschenen. Uiteraard is dit *Van Dale Pocketwoordenboek* geheel aangepast aan de nieuwe officiële spellingregels van het Nederlands, die per 1 augustus 2006 voor het onderwijs en de overheid van kracht zijn.

Als deze kenmerken je aanspreken, is dit *Van Dale Pocketwoordenboek Nederlands-Duits* de beste keuze.

Een woordenboek is nooit af. Ondanks alle aan het woordenboek bestede zorg blijft het voor verbetering vatbaar. Wij houden ons voor commentaar en suggesties dan ook van harte aanbevolen. Je opmerkingen zijn welkom op www.vandale.nl of www.vandale.be.

Ik hoop dat je veel plezier zult beleven aan het gebruiken van dit woordenboek.

Utrecht – Antwerpen, voorjaar 2006
F.K. Gildemacher, uitgever

Lijst van afkortingen

aanw vnw	aanwijzend voornaamwoord	*godsd*	godsdienst
aardr	aardrijkskunde		
abstr	abstract	*hist*	historisch
afk	afkorting	*hoofdtelw*	hoofdtelwoord
algem	algemeen	*hulpww*	hulpwerkwoord
anat	anatomie		
apoth	apotheek, farmacie	*iem(s)*	iemand(s)
astrol	astrologie	*inform*	informeel
		intr	intransitief, onovergankelijk
Belg	Belgisch, in België	*iron*	ironisch
bet	betekenis		
betr	betrekkelijk	*jmd(s)*	jemand(s)
bez	bezittelijk	*jmdm*	jemandem
Bijb	Bijbel(s)	*jmdn*	jemanden
bijv	bijvoeglijk	*jur*	juridisch
biol	biologie		
bn	bijvoeglijk naamwoord	*koppelww*	koppelwerkwoord
boekh	boekhouden		
bouwk	bouwkunde	*landb*	landbouw
BRD	Bondsrepubliek Duitsland	*Lat*	Latijn
bw	bijwoord	*lett*	letterlijk
		luchtv	luchtvaart
chem	chemie, scheikunde	*lw*	lidwoord
comp	computer		
cul	culinair	*m*	mannelijk
		med	medisch
dierk	dierkunde	*meetk*	meetkunde
Dui	Duits, in Duitsland	*mijnb*	mijnbouw
dw	deelwoord	*mil*	militair
		muz	muziek
econ	economie	*mv*	meervoud
elektr	elektriciteit, elektronica	*myth*	mythen en sagen
Eng	Engels		
ev	enkelvoud	*nat*	natuurkunde
		N-Dui	Noord-Duitsland
fam	familiair	*Ned*	Nederlands, in Nederland
fig	figuurlijk	*nvl*	naamval
fin	financieel		
form	formeel	*o*	onzijdig
foto	fotografie	*onbep vnw*	onbepaald voornaamwoord
Fr	Frans, in Frankrijk	*onbep w*	onbepaalde wijs
		ond	onderwijs
		ongev	ongeveer
		Oostenr	Oostenrijk(s)

pers	persoonlijk
plantk	plantkunde
pol	politiek
pop	populair
psych	psychologie, psychiatrie
rangtelw	rangtelwoord
r-k	rooms-katholiek
scheepv	scheepvaart
scheldw	scheldwoord
sp	sport
spoorw	spoorwegen
sterrenk	sterrenkunde
taalk	taalkunde
techn	techniek
telecom	telecommunicatie
telw	telwoord
theat	theater, toneel
tr	transitief, overgankelijk
tw	tussenwerpsel
typ	typografie, drukkunst
univ	universiteit, universitair
v	vrouwelijk
vd	van de
verk	verkorting
vh	van het
vnw	voornaamwoord
vw	voegwoord
vz	voorzetsel
wdkd	wederkerend
weerk	weerkunde
wisk	wiskunde
ww	werkwoord
Z-Dui	Zuid-Duitsland
zn	zelfstandig naamwoord
Zwits	Zwitsers, in Zwitserland

Gebruiksaanwijzing

De gebruikte afkortingen worden verklaard in de
Lijst van afkortingen op de voorgaande pagina's.

De trefwoorden zijn in rood gedrukt	**oliedom** stockdumm
Wanneer de klemtoon van een woord verwarring kan opleveren, staat er een streepje onder de beklemtoonde klinker(s)	**overspelen** noch einmal spielen **onderaards** unterirdisch
Direct na het trefwoord kan nog een tweede trefwoord komen. Dat heeft dan precies dezelfde betekenis als het eerste trefwoord	**oftewel, ofwel** oder, beziehungsweise
Trefwoorden die gelijk geschreven worden, maar verschillen in woordsoort of herkomst, worden voor aan de regel genummerd met **1**, **2** enz.	¹**diagonaal** *bn* diagonal ²**diagonaal** *zn* Diagonale v^{21} ¹**helen** *(genezen)* heilen ²**helen** *(van gestolen goed)* hehlen
Van trefwoorden die afkortingen zijn, wordt eerst de (Nederlandse) uitschrijving gegeven	**o.a. 1** *afk van onder andere* unter anderem *(afk u.a.)* **2** *afk van onder anderen* unter anderen *(afk u.a.)*
Vertalingen die zeer dicht bij elkaar liggen, worden gescheiden door een komma	**omheinen** umzäunen, einzäunen
Is het verschil wat groter, dan staat tussen de vertalingen een puntkomma; vaak wordt dan ook tussen haakjes een verklaring van dit kleine verschil in betekenis gegeven	**opdrogen** auftrocknen; *(mbt beek, rivier)* austrocknen; *(mbt bron; ook fig)* versiegen
Wanneer het trefwoord duidelijk verschillende betekenissen heeft, worden de vertalingen genummerd met **1**, **2** enz.	**ontelbaar 1** unzählbar **2** *(zeer veel)* unzählig
Soms is bij de vertaling een toelichting nodig, een beperking van het gebruik van een woord, een vakgebied, een korte verklaring. Zo'n toelichting staat cursief tussen haakjes	**onderdeel 1** *(onderafdeling)* Unterabteilung v^{20} **2** *(bestanddeel)* Teil m^5 , Bestandteil m^5 **3** *(bij reparatie)* Ersatzteil o^{29} , Einzelteil o^{29} **4** *(van auto, fiets, machine e.d.)* Zubehörteil o^{29} **5** *(fractie)* Bruchteil m^5 **6** *(mil)* Einheit v^{20}

Hoog gezette cijfertjes verwijzen naar onderdelen van het grammaticale overzicht achter in het boek. Zo wordt verwezen naar het gebruik van de naamvallen (1 t/m 4), de verbuigingen en het meervoud van de zelfstandige naamwoorden (5 t/m 41) en naar de vervoegingen van onregelmatige werkwoorden (121 t/m 320). Bij de verwijzingen naar de naamvallen wordt dikwijls een plusteken gebruikt. In het voorbeeld hiernaast betekent bei[+3] dat *bei* de derde naamval (datief) regeert

onderdak Unterkunft *v*[25]: *iem ~ verschaffen* jmdn bei[+3] sich aufnehmen[212]

Direct na een Duitse vertaling kunnen grammaticale gegevens volgen die niet zijn opgenomen in het overzicht achter in het boek. In het voorbeeld heeft *Umbau* als 2e naamval (genitief) *Umbaues* of *Umbaus*, en als meervoud *Umbauten. Quiz* blijft in de 2e naamval (genitief) en in het meervoud onveranderd

ombouw Umbau *m (2e nvl -(e)s; mv -ten)*
quiz Quiz *o (2e nvl -; mv -)*

De vertaling kan worden gevolgd door voorbeelden en uitdrukkingen. Deze staan cursief; het trefwoord wordt weergegeven door het teken ~. Voorbeelden en uitdrukkingen worden altijd gevolgd door een vertaling

obscuur obskur: *een ~ zaakje* ein zweifelhaftes Geschäft

Soms wordt een trefwoord alleen in één of meer uitdrukkingen gegeven, zonder dat het zelf vertaald wordt. De uitdrukking volgt dan direct na een dubbelepunt

onbetuigd: *zich niet ~ laten* regen Anteil nehmen[212] (an[+3])

Als een voorbeeld of uitdrukking meer dan één betekenis heeft, worden de vertalingen onderscheiden met *a), b)* enz.

ongerede: *in het ~ raken: a) (verliezen)* abhanden kommen[193], verloren gehen[168]; *b) (in de war raken)* in Unordnung geraten[218]

Alternatieve vormen worden tussen haakjes gezet en ingeleid met *of*

onwaardig unwürdig, unwert: *hij is deze gunst ~* er ist dieser Gunst[2] unwürdig (*of:* unwert)

Uitdrukkingen die niet duidelijk aansluiten bij een van de verschillende betekenissen van een trefwoord, worden achteraan behandeld en van de (genummerde) betekenissen gescheiden door het teken ‖

opzitten 1 *(overeind zitten)* aufsitzen[268] **2** *(mbt honden)* Männchen machen ‖ *er zit niets anders op!* es bleibt mir (dir usw.) nichts anderes übrig!; *het zit erop!* das wäre geschafft!

a

à 1 *(tegen)* zu[+3] 2 *(tot)* bis[+4]: ~ 5% zu 5 Prozent; *5 stuks* ~ *3 euro* 5 Stück zu je 3 Euro; *3* ~ *4 weken* 3 bis 4 Wochen

aai Liebkosung v^{20}

aaien streicheln, liebkosen

aak Schleppkahn, Lastkahn m^6

aal Aal m^5: *zo glad als een* ~ glatt wie ein Aal

aalbes Johannisbeere v^{21}

aalmoes Almosen o^{35}

aalmoezenier Militärgeistliche(r) m^{40a}

aambeeld Amboss m^5

aambei Hämorrhoide v^{21}, Hämorride v^{21}

aan *bn, bw*: *de boot, trein is* ~ das Boot, der Zug ist angekommen; *er is niets van* ~ daran ist kein wahres Wort; *de lamp is* ~ die Lampe brennt; *daar heb ik weinig (niets)* ~ davon habe ich wenig (nichts); *van jongs af* ~ von Kindheit an; *van het begin af* ~ von Anfang an

aan *vz* 1 *(mbt plaats, ook fig)* an *(bij beweging gericht op doel*[+4], *anders*[+3]*); auf (bij rust*[+3], *bij beweging gericht op doel*[+4]*),* zu[+3]: ~ *het raam gaan staan* sich ans Fenster stellen; ~ *het raam staan* am Fenster stehen[279]; ~ *beide kanten* auf (*of*: zu) beiden Seiten; ~ *iems voeten zitten* zu jmds Füßen sitzen[268] 2 *(bezig met)* an[+3], bei[+3], in[+3]: ~ *het schrijven zijn* am (*of*: beim) Schreiben sein[262]; schreiben[252]; ~ *het afnemen zijn* im Abnehmen (begriffen) sein[262]; *de prijs is* ~ *het stijgen* der Preis steigt 3 *(gedurende)* bei[+3]: ~ *het ontbijt* beim Frühstück 4 *(in)* in *(bij beweging gericht op doel*[+4], *anders*[+3]*):* ~ *een afdeling verbonden zijn* in einer Abteilung tätig sein[262] 5 *(door)* an[+3]: ~ *een ziekte sterven* an einer Krankheit sterben[282] 6 *(bij een ononderbroken opeenvolging van eenheden)* an[+3], für[+4]: *dag* ~ *dag* Tag für Tag; *huis* ~ *huis* Haus an Haus 7 *(wat betreft)* auf[+3]: ~ *beide ogen blind zijn* auf beiden Augen blind sein[262]

aanbakken anbacken[121]

aanbellen klingeln, schellen, läuten

aanbesteden verdingen[141], ausschreiben[252]: *aanbesteed werk* ausgeschriebene Arbeit v^{20}

aanbesteding Ausschreibung v^{20}, Verdingung v^{20}, Submission v^{20}: *bij* ~ im Submissionswege

aanbetalen anzahlen

aanbetaling Anzahlung v^{20}

aanbevelen empfehlen[147]: *het is aan te bevelen* es empfiehlt sich

aanbevelenswaard(ig) empfehlenswert

aanbeveling Empfehlung v^{20}: *het verdient* ~ es empfiehlt sich

aanbevolen empfohlen

aanbidden anbeten, vergöttern

aanbidder Anbeter m^9, Verehrer m^9

aanbidding Anbetung v^{20}, Vergötterung v^{20}

¹**aanbieden** *tr (beschikbaar stellen)* anbieten[130]: *iem zijn diensten* ~ jmdm seine Dienste anbieten

²**aanbieden, zich** sich (an)bieten[130], sich darbieten[130]

aanbieding 1 *(algem)* Anerbieten o^{35}, Vorschlag m^6 2 *(handel)* Offerte v^{21}, Angebot o^{29}: *speciale* ~ Sonderangebot o^{29}

aanbijten *(ook fig)* anbeißen[125]

aanbinden anbinden[131]; *(van schaatsen)* anschnallen

aanblaffen anbellen; *(fig, ook)* anfahren[153]

aanblazen anblasen[133]; *(fig)* anfachen

aanblijven: *de minister zal* ~ der Minister wird (im Amt) bleiben[134]; *de kachel moet* ~ der Ofen soll nicht ausgehen[168]

aanblik Anblick m^5

aanbod Angebot o^{29}; *(handel, ook)* Offerte v^{21}: *een* ~ *doen* ein Angebot machen

aanboren 1 *(algem)* anbohren 2 *(exploiteren) (ook fig)* erschließen[245]

aanbotsen: *tegen iem, iets* ~ gegen jmdn, etwas[+4] anprallen

aanbouw 1 *(het aanbouwen)* Bau m^{19}, Bauen o^{39}: *het huis is in* ~ das Haus ist im (*of*: in) Bau 2 *(het aangebouwde)* Anbau *m (2e nvl -s; mv -ten)* 3 *(van planten)* Anbau m^{19}, Kultur v^{28}

aanbouwen 1 *(algem)* (er)bauen 2 *(van nieuwe vleugel)* anbauen 3 *(telen)* anbauen

aanbraden anbraten[136]

aanbranden anbrennen[138]: *hij is gauw aangebrand* er ist schnell beleidigt

aanbreken anbrechen[137]: *bij het* ~ *van de dag* bei Tagesanbruch

aanbrengen 1 *(plaatsen)* anbringen[139], befestigen, montieren[320]: *wijzigingen* ~ Änderungen vornehmen[212] 2 *(brengen)* bringen[139], herbeischaffen 3 *(verklikken)* anzeigen[320] 4 *(werven)* werben[309]

aandacht Aufmerksamkeit v^{28}, Beachtung v^{28}; *(belangstelling)* Teilnahme v^{28}, Interesse o^{39}: *dat trekt de* ~ das zieht die Aufmerksamkeit auf sich

aandachtig aufmerksam; konzentriert

aandeel 1 *(toekomend deel)* Anteil m^5: *evenredig* ~ Quote v^{21}; ~ *in de kosten* Anteil an den Kosten 2 *(bewijs van aandeel)* Aktie v^{21}

aandeelhouder Aktionär m^5, Aktieninhaber m^9

aandelenbezit Aktienbesitz m^{19}

aandelenkapitaal 1 *(bij AG)* Aktienkapital o^{29} 2 *(bij GmbH)* Stammkapital o^{29}

aandenken Andenken o^{35}, Erinnerung v^{20}

aandienen (an)melden; ankündigen

¹**aandikken** *intr* dicker werden[310], eindicken

²aandikken *tr* dicker machen, eindicken: *(fig) iets ~ etwas⁺⁴* aufbauschen

aandoen 1 *(aantrekken)* anziehen³¹⁸: *de jas ~ den Mantel* anziehen; *iem de boeien ~* jmdm Fesseln anlegen; *iem een ring ~* jmdm einen Ring anstecken **2** *(kort bezoeken)* berühren: *(mbt boot) een haven ~* einen Hafen anlaufen¹⁹⁸; *(mbt vliegtuig) Berlijn ~* Berlin anfliegen¹⁵⁹; *(mbt auto) een stad ~* eine Stadt anfahren¹⁵³ **3** *(in werking stellen)* anmachen, einschalten: *het gas ~* das Gas anzünden; *het licht ~* das Licht anmachen (*of:* einschalten) **4** *(bij iem iets veroorzaken)* antun²⁹⁵, zufügen: *iem een proces ~* gegen jmdn einen Prozess anstrengen; *iem verdriet ~* jmdm Kummer bereiten (*of:* machen); *zijn woorden deden mij onaangenaam aan* seine Worte berührten mich unangenehm; *zie ook* aangedaan

aandoening 1 *(med)* Erkrankung *v²⁰* **2** *(gewaarwording)* Empfindung *v²⁰* **3** *(ontroering)* Rührung *v²⁸*

aandoenlijk rührend, ergreifend

aandraaien 1 *(door draaien vaster maken)* anziehen³¹⁸ **2** *(elektr)* andrehen, anknipsen, einschalten

aandragen herantragen²⁸⁸, herbeitragen²⁸⁸: *ideeën ~* mit Ideen kommen¹⁹³

aandrang Andrang *m¹⁹*: *op ~ van mijn vriend* auf Drängen meines Freundes; *uit eigen ~* aus eigenem Antrieb

aandrift Antrieb *m⁵*, Trieb *m⁵*

aandrijfas Antriebswelle *v²¹*

¹aandrijven *intr* antreiben²⁹⁰, anschwemmen

²aandrijven *tr* **1** *(van dieren, mensen)* antreiben²⁹⁰: *iem tot iets ~* jmdn zu⁺³ etwas anstiften **2** *(techn)* antreiben²⁹⁰

aandrijving Antrieb *m⁵*

¹aandringen *zn* Drängen *o³⁹*: *op zijn ~ heb ik …* auf sein Drängen habe ich …

²aandringen *ww*: *bij iem ~ (om iets te doen)* in jmdn dringen¹⁴³ (, etwas zu tun); *op iets ~* auf⁺⁴ etwas drängen

aandrukken andrücken

aanduiden 1 *(voorzichtig)* andeuten **2** *(duidelijk)* bezeichnen **3** *(betekenen)* bezeichnen, bedeuten, ausdrücken

aanduiding Andeutung *v²⁰*, Bezeichnung *v²⁰*; *zie ook* aanduiden

aandurven wagen, den Mut haben¹⁸², sich getrauen: *hij zal het niet ~* er wird es nicht wagen

aanduwen 1 *(vooruitduwen)* (an)schieben²³⁷ **2** andrücken

aandweilen aufwischen: *de vloer ~* den Boden aufwischen

aaneen 1 *(mbt plaats)* zusammen, aneinander **2** *(mbt tijd)* hintereinander, nacheinander

aaneengesloten geschlossen; *zie ook* aaneensluiten

aaneengroeien zusammenwachsen³⁰²

aaneenhangen zusammenhängen¹⁸⁴: *het hangt als droog zand aaneen* es hat gar keinen Zusammenhang

aaneenknopen zusammenknüpfen

aaneenkoppelen 1 *(van dieren, rijtuigen)* zusammenkoppeln **2** *(van mensen)* verkuppeln

aaneenlijmen zusammenleimen

aaneenschakelen verketten, aneinander reihen

aaneenschakeling Reihe *v²¹*, Verkettung *v²⁰*, Aneinanderreihung *v²⁰*

aaneenschrijven zusammenschreiben²⁵²

¹aaneensluiten *tr* zusammenschließen²⁴⁵

²aaneensluiten, zich sich zusammenschließen

aaneensluiting Zusammenschluss *m⁶*

aanflitsen aufleuchten

aanfluiten *(bespotten)* verhöhnen

aanfluiting Hohn *m¹⁹*, Verhöhnung *v²⁰*, Verspottung *v²⁰*

¹aangaan *intr* **1** *(bezoeken)* vorbeigehen¹⁶⁸ **2** *(mbt de kachel, de lamp)* angehen¹⁶⁸ **3** *(mbt kerk)* beginnen¹²⁴

²aangaan *tr* **1** *(een contract, verdrag, verplichting)* eingehen¹⁶⁸ **2** *(een discussie)* anfangen¹⁵⁵ **3** *(betreffen)* betreffen²⁸⁹, angehen¹⁶⁸

aangaande *vz* in Bezug auf⁺⁴, über⁺⁴

aangapen 1 *(onbeleefd)* angaffen **2** *(met grote ogen)* anglotzen

aangeboden: *~ betrekkingen* Stellenangebote *mv o²⁹*

aangeboren angeboren

aangedaan 1 *(ontroerd)* gerührt, bewegt, ergriffen **2** *(aangetast)* angegriffen

aangeklaagde Angeklagte(r) *m⁴⁰ᵃ*, *v⁴⁰ᵇ*

aangelegd veranlagt: *artistiek ~* künstlerisch veranlagt

aangelegen angrenzend, anstoßend

aangelegenheid Angelegenheit *v²⁰*

aangenaam 1 *(prettig)* angenehm, erfreulich: *~!* *(bij kennismaking)* (es) freut mich, Sie kennen zu lernen! **2** angenehm, behaglich

aangenomen: *~ kind* Pflegekind *o³¹*; Adoptivkind *o³¹*; *~ werk* Akkordarbeit *v²⁰*; *onder een ~ naam* unter fremdem Namen; *~ dat hij gelijk heeft* vorausgesetzt, dass er Recht hat

aangeschoten 1 *(lett)* angeschossen **2** *(fig)* angeheitert

aangeschreven: *goed ~ staan* einen guten Ruf haben¹⁸²

aangeslagen 1 *(bedekt met aanslag)* beschlagen **2** *(uit het evenwicht)* angeschlagen: *hij was ~* er hatte die Fassung verloren

aangetekend: *~e brief* Einschreibebrief *m⁵*; *~ stuk* Einschreibesendung *v²⁰*

aangetrouwd angeheiratet

aangeven 1 *(bekendmaken)* angeben¹⁶⁶, anzeigen; *(inkomsten)* angeben; *(goederen bij de douane)* verzollen; *(ook fig) de toon ~* den Ton angeben; *iem (bij de politie) ~* jmdn anzeigen **2** *(laten registreren)* anmelden **3** *(te kennen geven)* andeuten: *de weg is met rood aangegeven* der Weg

aankondiging

ist rot markiert 4 *(overhandigen)* (herüber)reichen, geben[166]
aangewezen: *de ~ weg* der richtige Weg; *op iets, op iem ~ zijn* auf[+4] etwas, auf jmdn angewiesen sein[262]
aangezicht Angesicht o^{31}, Gesicht o^{31}, Antlitz o^{29}: *in het ~ van de dood* im Angesicht des Todes; *van ~ tot ~* von Angesicht zu Angesicht
aangezien da, weil
aangifte 1 *(bekendmaking)* Angabe v^{21} 2 *(bij de overheid)* Anzeige v^{21}: *~ doen van* Anzeige erstatten wegen[+2]
aangiftebiljet *(voor de belasting)* Steuererklärung v^{20}
aangorden umgürten: *de wapens ~* rüsten; *het zwaard ~* sich[3] das Schwert umgürten
aangrenzend angrenzend: *~e kamer (ook)* Nebenzimmer o^{33}; *de ~e landen* die Nachbarländer
aangrijnzen 1 *(spottend)* (jmdn) angrinsen 2 *(boosaardig)* (jmdn) anfletschen
aangrijpen 1 *(aanvallen, plotseling aanvatten)* ergreifen[181], angreifen[181]: *iets als voorwendsel ~* etwas zum Vorwand nehmen[212] 2 *(ontroeren)* rühren
aangrijpend ergreifend, erschütternd
aangroei Zuwachs m^6; *(het aangroeien, de ontwikkeling)* Wachstum o^{39}, Zunahme v^{21}
aangroeien (an)wachsen[302]
aanhaken *(met een haak)* anhaken 2 *(van aanhangwagen, wagon)* anhängen
aanhalen 1 *(liefkozen)* liebkosen[+4], kuscheln, schmusen mit[+3] 2 *(vaster maken)* anziehen[318]: *de handrem ~* die Handbremse anziehen 3 *(citeren)* anführen, zitieren[320] || *wat heeft hij aangehaald!* was hat er angefangen!
aanhalig anschmiegsam
aanhaling *(citaat)* Anführung v^{20}, Zitat o^{29}
aanhalingsteken Anführungszeichen o^{35}
aanhang Anhang m^{19}, Anhängerschaft v^{28}
aanhangen: *iem ~* jmdn anhängen[184]
aanhanger Anhänger m^9
aanhangig anhängig
aanhangsel Anhang m^6
aanhangwagen Anhänger m^9
aanhankelijk anhänglich; *(mbt dieren ook)* treu
aanhankelijkheid Anhänglichkeit v^{28}, Ergebenheit v^{28}, Treue v^{28}
aanhebben anhaben[182], tragen[288]: *we hebben de kachel aan* bei uns brennt der Ofen
aanhechten anheften
aanhef Anfang m^6
aanheffen anfangen[155], beginnen[124]: *een lied ~* ein Lied anstimmen
aanhikken: *tegen iets ~* vor etwas zurückschrecken[251]
aanhollen: *komen ~* angestürzt kommen[193]
aanhoren anhören
aanhorig zugehörig
¹**aanhouden** *intr (voortduren)* anhalten[183] || *hij houdt maar aan* er lässt nicht locker
²**aanhouden** *tr* 1 *(arresteren)* verhaften, festnehmen[212] 2 *(tot staan brengen)* anhalten[183] 3 *(een toon)* anhalten[183] 4 *(uitstellen)* aufschieben[237] 5 *(van kleding)* anbehalten[183]
aanhoudend 1 *(voortdurend)* andauernd, fortwährend; *(mbt regen)* anhaltend 2 *(onafgebroken)* ununterbrochen 3 *(weerbericht)* ~ *koud* weiterhin kalt
aanhouding 1 *(van personen)* Verhaftung v^{20}, Festnahme v^{21}: *bevel tot ~* Haftbefehl m^5 2 *(uitstel)* Vertagung v^{20}
aanjagen: *iem schrik ~* jmdn einen Schrecken einjagen
aankaarten: *iets ~* etwas zur Sprache bringen[139]
aankakken: *komen ~* endlich aufkreuzen
aankijken ansehen[261], anblicken: *(fig) ik kijk hem niet aan* ich lasse ihn links liegen; *we zullen de zaak nog eens ~* wir werden uns[7] die Sache noch mal überlegen
aanklacht Anklage v^{21}, Klage v^{21}: *een ~ tegen iem indienen* gegen jmdn Anklage erheben[186]
aanklagen anklagen, beschuldigen: *wegens diefstal ~* des *(of: wegen)* Diebstahls anklagen
aanklager Ankläger m^9: *openbare ~* Staatsanwalt m^6
aanklampen: *iem op straat ~* jmdn auf der Straße anreden; *iem ~ (om geld te lenen)* jmdn um Geld angehen[168]
aankleden 1 (sich, jmdn) ankleiden, anziehen[318] 2 *(van kamer, toneel)* ausstatten, einrichten
aanklikken anklicken
aankloppen anklopfen
aanknippen 1 *(aansteken)* anknipsen 2 *(mbt kleding)* anschneiden[250]
aanknopen anknüpfen: *we zullen er nog een week ~* wir wollen noch eine Woche länger bleiben
aanknopingspunt 1 *(iets gemeenschappelijks)* Anknüpfungspunkt m^5 2 *(houvast)* Anhaltspunkt m^5
aankoeken anbrennen[138], anbacken[121]
aankomen 1 *(mbt trein, reizigers enz.)* ankommen[193]: *in een stad ~* in[+3] einer Stadt ankommen 2 *(zwaarder worden)* zunehmen[212]: *hij is aangekomen* er hat (an Gewicht) zugenommen 3 *(aanraken)* berühren: *nergens ~!* bitte nicht berühren! || *op geld komt het niet aan* Geld spielt keine Rolle; *dat komt er niet op aan* das macht nichts; *daar komt het niet op aan* das ist unwichtig
aankomend *(aanstaande)* nächst: *~e week* nächste Woche 2 *(opgroeiend)* heranwachsend
aankomst Ankunft v^{28}
aankondigen *(bekendmaken)* ankündigen; *(officieel)* bekannt machen: *iets in de krant ~* etwas in der Zeitung anzeigen
aankondiging Ankündigung v^{20}, Ansage v^{21}, Anzeige v^{21}, Meldung v^{20}, Bekanntmachung v^{20}: *tot nadere ~* bis auf weiteres; *zie ook* aankondigen

aankoop 1 *(het aangekochte)* Ankauf m^6 **2** *(verkrijging)* Erwerb m^5, Kauf m^6
aankoopsom Kaufsumme v^{21}
aankopen (an)kaufen; *(verkrijgen)* erwerben^{309}
aankoppelen 1 *(verbinden)* koppeln, ankoppeln **2** *(ruimtevaart)* andocken
aankrijgen: *ik kan die schoen niet ~* ich kann den Schuh nicht anbekommen
aankruisen ankreuzen
aankunnen *(opgewassen zijn tegen)* gewachsen sein^{262}: *iem ~* jmdm gewachsen sein; *een taak ~* eine Aufgabe bewältigen können; *die japon kan ik niet meer aan* dieses Kleid kann ich nicht mehr tragen; *(zeker zijn van)* op *iem ~* sich auf jmdn verlassen können^{194}
aankweek Zucht v^{28}, Züchtung v^{20}, Kultur v^{28}
aankweken *(van planten)* ziehen^{318}, züchten
aanlachen anlachen: *iem ~* jmdn anlachen
aanlanden *(aan land komen)* anlegen, landen
aanlandig: *de wind is ~* der Wind ist auflandig
aanlaten anlassen^{197}
aanleg 1 *(van dijken, kanalen, wegen)* Bau m^{19} **2** *(talent)* Talent o^{29}, Veranlagung v^{20} **3** *(vatbaarheid)* Anlage v^{21}, Neigung v^{20} ‖ *(Belg) rechtbank van eerste ~ (ongev)* Landgericht o^{29}
aanleggen 1 *(aanbrengen, ergens tegen leggen)* anlegen: *iem een verband ~* jmdm einen Verband anlegen **2** *(maken) (van dijken, kanalen, wegen)* bauen; *(van leiding)* legen, installieren^{320}; *(van tuin, lijst)* anlegen; *(van vuur)* machen
aanlegkosten Baukosten *(mv)*
aanlegplaats Anlegeplatz m^6, Landeplatz m^6
aanlegsteiger Landungsbrücke v^{21}
aanleiding Anlass m^6, Veranlassung v^{20}: *(als begin van een brief) naar ~ van uw schrijven* auf Ihr Schreiben; *naar ~ van zijn verjaardag* anlässlich seines Geburtstages
aanlengen verdünnen, strecken
aanleren erlernen, sich^3 aneignen
aanleunen: *tegen de muur ~* sich an die Wand lehnen; *zich iets laten ~* sich^3 etwas gefallen lassen^{197}
aanleunwoning Altenwohnung v^{20}
aanliggend anliegend, angrenzend
aanlokkelijk einladend, anziehend
aanlokkelijkheid Reiz m^5, Verlockung v^{20}
aanlokken (an)locken, anziehen^{318}
aanloop Anlauf m^6: *veel ~ hebben* häufig Besuch haben^{182}
aanloopkosten Anlaufkosten *(mv)*
aanlopen 1 *(lopen in de richting van iem of iets)* (auf jmdn) zugehen^{168}: *daar komt hij al ~* da kommt er schon (angelaufen); *van alle kanten kwamen mensen ~* von allen Seiten kamen Leute herbeigelaufen; *achter iem ~* hinter jmdm hergehen^{168}; *(hem nalopen)* jmdm nachlaufen^{198} **2** *(botsen)* anlaufen^{198}, anrennen^{222}: *(opzettelijk) tegen iem ~* jmdn anrempeln **3** *(kleuren)* anlaufen^{198}: *hij liep rood aan van drift* er lief vor Zorn rot an

aanmaak Anfertigung v^{20}, Herstellung v^{28}
aanmaken 1 *(vervaardigen)* anfertigen, herstellen **2** *(deeg, sla)* anmachen **3** *(vuur)* anzünden: *de kachel ~* den Ofen anheizen
aanmanen mahnen: *iem tot betaling ~* jmdn mahnen; *tot spoed ~* zur Eile mahnen
aanmaning Ermahnung v^{20}; *(om schuld te voldoen)* Mahnung v^{20}, Mahnbrief m^5
aanmatigen, zich sich^3 anmaßen
aanmatigend anmaßend, überheblich
aanmatiging Anmaßung v^{20}, Selbstüberhebung v^{28}
aanmelden (an)melden
aanmelding Anmeldung v^{20}, Meldung v^{20}
aanmengen anmachen, anrühren
aanmeren vertäuen, festmachen
aanmerkelijk bedeutend, beträchtlich
aanmerken 1 *(beschouwen)* betrachten **2** *(afkeuren)* aussetzen, beanstanden: *iets aan te merken hebben op etwas* auszusetzen haben^{182} an^{+3}
aanmerking *(kritiek)* Bemerkung v^{20}, Beanstandung v^{20}: *een ~ op iets maken* etwas beanstanden; *in ~ komen* in Betracht kommen^{193}; *in ~ nemen* berücksichtigen
aanmeten anmessen^{208}, nach Maß anfertigen
aanmodderen: *iem laten ~* sich nicht um jmdn kümmern
aanmoedigen: *iem ~* jmdn ermutigen; *iets ~* etwas fördern
aanmoediging Ermutigung v^{20}, Förderung v^{20}; *zie ook aanmoedigen*
aanmonsteren anmustern, anheuern
aanmonstering Anmusterung v^{20}, Anheuern o^{39}
aannaaien annähen
aannemelijk 1 *(acceptabel)* annehmbar, akzeptabel **2** *(geloofwaardig)* glaubhaft
aannemen 1 *(algem)* annehmen^{212} **2** *(adopteren)* adoptieren^{320}, annehmen^{212} **3** *(prot)* einsegnen, konfirmieren^{320} ‖ *de telefoon ~* sich melden
aannemer Bauunternehmer m^9
aannemersbedrijf Bauunternehmen o^{35}
aanpak Arbeitsmethode v^{21}
aanpakken anfassen, angreifen^{181}: *iets goed ~* etwas gut anpacken; *iets verkeerd ~* etwas falsch anpacken; *iem hard ~* hart gegen jmdn vorgehen; *flink moeten ~* sich anstrengen müssen^{211}
aanpappen: *met iem ~* sich an jmdn heranmachen
¹**aanpassen** *tr* **1** *(van kleding)* anprobieren^{320}, anpassen **2** *(van huren, lonen)* anpassen, angleichen^{176+3}
²**aanpassen, zich** sich anpassen: *zich aan de omstandigheden ~* sich den Umständen anpassen
aanpassing Anpassung v^{20} (an^{+4})
aanpassingsvermogen Anpassungsvermögen o^{39}
aanplakbiljet Anschlagzettel m^9, Plakat o^{29}
aanplakbord Anschlagbrett o^{31}, schwarzes Brett o^{31}

aanplakken ankleben, anschlagen[241]
aanplakzuil Anschlagsäule *v*[21], Litfaßsäule *v*[21]
aanplant Anpflanzung *v*[20], Anbau *m*[19]
aanplanten anpflanzen
aanplanting Anpflanzung *v*[20], Anbau *m*[19]
aanporren 1 *(lett)* anstoßen[285] **2** *(fig)* anspornen
aanpoten 1 *(hard lopen)* sich beeilen **2** *(flink werken)* zupacken
aanpoten *(van planten)* (an)pflanzen
aanpraten: *iem iets ~* jmdm etwas aufschwatzen
aanprijzen anpreisen[216], empfehlen[147]: *iem iets ~* jmdm etwas anpreisen *(of:* empfehlen*)*
aanpunten anspitzen
aanraakscherm Berührschirm *m*[5], Kontaktschirm *m*[5], Sensorschirm *m*[5], Touchscreen *m*[13]
aanraden *zn*: *op ~ van* auf Anraten[+2]
aanraden *ww*: *iem iets ~* jmdm etwas (an)raten[218]; jmdm etwas empfehlen[147]
aanraken berühren
aanraking Berührung *v*[20], Kontakt *m*[5]: *met iets in ~ komen* mit jmdm in Kontakt kommen
aanranden vergewaltigen
aanrander Vergewaltiger *m*[9]
aanranding Vergewaltigung *v*[20]
aanrecht Spüle *v*[21]
aanreiken reichen; *(naar spreker toe)* herüberreichen; *(van spreker af)* hinüberreichen
aanrekenen: *iem iets ~* jmdm etwas anrechnen
aanrennen: *komen ~* angerannt kommen[193]
aanrichten anrichten
aanrijden *intr*: *op iem ~* auf jmdn zufahren[153]; *(te paard)* auf jmdn zureiten[221]
aanrijden *tr* anfahren[153]: *iem ~* jmdn anfahren
aanrijding Zusammenstoß *m*[6]
aanroepen anrufen[226]
aanroeren berühren, anrühren: *een kwestie terloops ~* eine Frage beiläufig erwähnen
aanrukken *zn* Anmarsch *m*
aanrukken *ww* **1** *(mil)* anrücken, anmarschieren[320] **2** *(bestellen)* anfahren lassen[197]
aanschaf Anschaffung *v*[20]
aanschaffen (sich³) anschaffen
aanschaffingsprijs Anschaffungspreis *m*[5]
aanscherpen (an)schärfen; *(van potlood)* (an)spitzen
aanschieten 1 *(verwonden)* anschießen[238] **2** *(van kleding)* schlüpfen in: *z'n kleren ~* in die Kleider schlüpfen **3** *(van personen)* anreden: *iem om geld ~* jmdn um Geld angehen[168]
aanschijn 1 *(uiterlijk)* Äußere(s) *o*[40c], Aussehen *o*[39] **2** *(aangezicht)* Angesicht *o*[31]: *in het ~ van de dood* im Angesicht des Todes
aanschouwelijk anschaulich
aanschouwen betrachten: *het levenslicht ~* das Licht der Welt erblicken; *ten ~ van de hele wereld* vor aller Welt
aanschrijven: *iem ~* jmdn schriftlich benachrichtigen; *zie ook* aangeschreven
aanschroeven anschrauben; *(vaster draaien)* anziehen[318]

aansjokken: *komen ~* herangeschlurft kommen[193]
aansjouwen (her)anschleppen, herbeischleppen
aanslaan *intr* **1** *(mbt hond)* anschlagen[241] **2** *(mbt ruiten)* (sich) beschlagen[241] **3** *(mbt bomen)* anwurzeln **4** *(mbt motor)* anspringen[276] **5** *(succes hebben)* gut ankommen[193]
aanslaan *tr* **1** *(noot, toets, plakkaat)* anschlagen[241] **2** *(taxeren)* einschätzen **3** *(in de belasting)* veranlagen **4** *(waarderen)* anschlagen, einschätzen
aanslag 1 *(algem)* Anschlag *m*[6] **2** *(moordpoging)* Attentat *o*[29], Anschlag *m*[6] **3** *(van belasting)* Steuerveranlagung *v*[20] **4** *(tandsteen, vuil)* Ansatz *m*[6]; *(op tong)* Belag *m*[6]
aanslagbiljet Steuerbescheid *m*[5]
aanslepen (her)anschleppen, herbeischleppen
aanslibben anschlämmen: *aangeslibd land (ook)* angeschwemmtes Land
aanslibbing Anschwemmung *v*[20]
aanslijpen (an)schleifen[243]; *(van potlood)* (an)spitzen
aansluipen: *komen ~* angeschlichen kommen[193]
aansluiten *tr* anschließen[245]: *(telecom) verkeerd aangesloten zijn* falsch verbunden sein[262]
aansluiten, zich sich anschließen[245]: *zich bij iem ~* sich jmdm anschließen
aansluiting Anschluss *m*[6] *(ook telecom)*: *in ~ op … im Anschluss an*[+4] *…*
aansmeren 1 *(met metselspecie)* mörteln **2** *iem iets ~* jmdm etwas andrehen
aansnellen: *komen ~* herbeigestürzt kommen[193]
aansnijden anschneiden[250] *(ook fig)*
aanspannen 1 *(paarden e.d.)* anspannen, einspannen **2** *(strakker spannen)* spannen **3** *(proces)* anstrengen
aanspelen *(sp)* anspielen: *iem ~* jmdn anspielen
aanspoelen *intr* angeschwemmt werden[310]
aanspoelen *tr* anschwemmen, anspülen
aansporen anspornen, antreiben[290]
aansporing Ansporn *m*[19], Antrieb *m*[19]
aanspraak 1 *(jur)* Anspruch *m*[6]: *op iets maken* Anspruch auf[+4] etwas erheben[186] **2** *(omgang)* Umgang *m*[19]
aansprakelijk 1 *(verantwoordelijk)* verantwortlich **2** *(jur)* haftbar: *~ zijn voor* haften für[+4]
aansprakelijkheid 1 *(verantwoordelijkheid)* Verantwortlichkeit *v*[28] **2** *(jur)* Haftung *v*[20]: *wettelijke ~* Haftpflicht *v*[20]; *(Belg) burgerlijke ~* Haftpflicht *v*[20]
aansprakelijkheidsverzekering Haftpflichtversicherung *v*[20]
aanspreken 1 *(het woord tot iem richten)* anreden, ansprechen[274]: *iem met jij ~* jmdn duzen; *iem met u ~* jmdn siezen; *iem ~ (om geld te lenen)* jmdn um Geld angehen[168] **2** *(beginnen te gebruiken)* angreifen[181], anbrechen[137] || *het boek spreekt aan bij het publiek* das Buch kommt bei dem Publikum an
aanstaan 1 *(bevallen)* gefallen[154] **2** *(mbt radio)*

laufen[198], spielen; *(mbt motor)* laufen[198]

¹**aanstaande** *zn* Verlobte(r) *m*[40a], *v*[40b], Zukünftige(r) *m*[40a], *v*[40b]

²**aanstaande** *bn* nächst; *(toekomstig)* (zu)künftig: ~ *zondag* nächsten Sonntag; ~ *moeder* werdende Mutter *v*[26]

aanstalten: ~ *voor de reis maken* Anstalten zur Reise treffen[289]

aanstampen anstampfen, festtreten[291]

aanstaren anstarren; *(wezenloos, verschrikt)* anstieren; *(dom)* anglotzen

aanstekelijk ansteckend

aansteken 1 *(doen branden)* anzünden **2** *(besmetten)* anstecken

aansteker Feuerzeug *o*[39]

¹**aanstellen** *tr (benoemen)* anstellen, einstellen: *iem tot notaris* ~ jmdn zum Notar bestallen; *iem tot voogd* ~ jmdn als Vormund einsetzen

²**aanstellen, zich** sich anstellen

aanstellerig geziert, gespreizt

aanstellerij Anstellerei *v*[20], Gehabe *o*[39]

aanstelling 1 *(het benoemen)* Anstellung *v*[20], Einstellung *v*[20], Bestallung *v*[20], Einsetzung *v*[20] **2** *(document)* Anstellungsvertrag *m*[6]; *zie ook* aanstellen

aanstellingsbesluit Ernennungsurkunde *v*[21]

aanstellingsbrief Ernennungsurkunde *v*[21]

aansterken sich erholen

aanstichten anstiften

aanstichter *(ongev)* Anstifter *m*[9]

aanstippen *(even aanraken)* berühren, antupfen: *een thema* ~ ein Thema streifen

aanstoken 1 *(beter doen branden)* schüren **2** *(opruien)* aufstacheln, aufwiegeln

aanstoker Aufwiegler *m*[9]

aanstonds (so)gleich, sofort

aanstoot Anstoß *m*[6]: *iem* ~ *geven* Anstoß bei jmdm erregen; ~ *nemen aan* Anstoß nehmen an[+3]

aanstootgevend anstößig

aanstormen: *komen* ~ angestürmt kommen[193]; *op de vijand* ~ gegen den Feind anstürmen

aanstoten anstoßen[285]

aanstrepen anstreichen[286]

aanstrijken 1 *(met cement e.d.)* verschmieren; *(met verf)* anstreichen[286] **2** *(doen branden)* anzünden

aansturen: *op de haven* ~ auf den Hafen zusteuern; *op het land* ~ das Land ansteuern; *(fig) op iets* ~ etwas anstreben

aantal Anzahl *v*[20], Menge *v*[21], Zahl *v*[20]: *een* ~ *boeken* eine Anzahl Bücher; *het* ~ *arbeiders* die Zahl der Arbeiter; *sinds een* ~ *jaren* seit mehreren Jahren

aantasten 1 *(algem)* angreifen[181]: *zijn kapitaal* ~ sein Kapital angreifen; *iem in zijn eer* ~ jmds Ehre kränken; *iem in zijn goede naam* ~ jmds Ruf³ schaden **2** *(aanvreten)* angreifen[181], anfressen[162]

aantekenboekje Notizbuch *o*[32]

aantekenen notieren[320], aufschreiben[252]: *een brief laten* ~ einen Brief einschreiben lassen[197]

aantekening 1 *(notitie)* Notiz *v*[20] **2** *(kanttekening)* Randbemerkung *v*[20] **3** *(opmerking)* Anmerkung *v*[20] **4** *(op akte)* Vermerk *m*[5]

aantijging Bezichtigung *v*[20]

aantocht: *(mil) in* ~ *zijn* im Anmarsch sein[262]; *de winter is in* ~ der Winter naht

aantonen 1 *(laten zien)* zeigen **2** *(duidelijk maken)* deutlich machen **3** *(bewijzen)* beweisen[307]

aantonend: ~*e wijs* Indikativ *m*[5]

aantoonbaar nachweislich, nachweisbar

aantreden antreten[291]: *bij het* ~ *van de regering* beim Regierungsantritt

aantreffen 1 *(van personen)* antreffen[289] **2** *(vinden)* (vor)finden[157]

aantrekkelijk 1 *(bekoorlijk)* anziehend, reizend **2** *(aanlokkelijk)* verlockend, attraktiv

aantrekkelijkheid Reiz *m*[5], Verlockung *v*[20]

¹**aantrekken** *intr (stijgen)* anziehen[318] ‖ *hij heeft het zich erg aangetrokken* es hat ihn tief berührt; *ik trek me er niets van aan* ich mache mir nichts daraus; *hij trok zich het lot van die wezen aan* er nahm sich dieser Waisen an

²**aantrekken** *tr* **1** *(aandoen)* anziehen[318] **2** *(tot zich trekken)* anziehen[318] **3** *(vaster trekken)* zuziehen[318] **4** *(in dienst nemen)* einstellen

³**aantrekken, zich** sich³ zu Herzen nehmen

aantrekking Anziehung *v*[20]

aantrekkingskracht Anziehungskraft *v*[25]

aanvaardbaar annehmbar, akzeptabel

aanvaarden *(van ambt, erfenis, regering, reis)* antreten[291]: *iets* ~ *(zich in iets schikken)* etwas hinnehmen[212]; *de consequenties* ~ die Konsequenzen auf sich nehmen[212]; *de strijd* ~ den Kampf aufnehmen[212]; *een taak* ~ eine Aufgabe übernehmen[212]; *een vonnis* ~ ein Urteil annehmen[212]

aanval 1 *(algem)* Angriff *m*[5]: ~ *van woede* Wutanfall *m*[6] **2** *(med)* Anfall *m*[6]

¹**aanvallen** *intr*: *op de spijzen* ~ über die Speisen herfallen[154]

²**aanvallen** *tr* angreifen[181], anfallen[154]

aanvallend offensiv, angriffslustig

aanvaller 1 *(algem)* Angreifer *m*[9] **2** *(sp)* Stürmer *m*[9]

aanvalskracht Schlagkraft *v*[25]

aanvalsoorlog Angriffskrieg *m*[5], Offensivkrieg *m*[5]

aanvang Anfang *m*[6], Beginn *m*[19]

aanvangen beginnen[124], anfangen[155]

aanvangssalaris Anfangsgehalt *o*[32]

¹**aanvankelijk** *bn* anfänglich

²**aanvankelijk** *bw* anfangs

¹**aanvaren** *intr*: *op de haven* ~ auf den Hafen zufahren[153]

²**aanvaren** *tr*: *een schip* ~ ein Schiff rammen

aanvaring Zusammenstoß *m*[6], Kollision *v*[20]: *met een schip in* ~ *komen* mit einem Schiff zusammenstoßen[285]

aanvechten anfechten[156]
aanvechting Anfechtung v^{20}, Versuchung v^{20}
aanvegen fegen, kehren
aanverwant angeheiratet, verschwägert: ~*e talen* verwandte Sprachen *mv* v^{21}
aanvliegen: *iem ~: a) (op iem afstormen)* (auf jmdn) zustürzen; *(luchtv) een luchthaven ~* einen Flughafen anfliegen[159]
aanvliegroute Einflugschneise v^{21}
aanvoegend: ~*e wijs* Konjunktiv m^5
aanvoelen anfühlen; *(fig) iem ~* sich in jmdn einfühlen; *(fig) iets ~* etwas nachempfinden[157]
aanvoer 1 *(het aanvoeren)* Zufuhr v^{20}, Anfuhr v^{20}; *(mil, ook)* Nachschub m^6 **2** *(aanvoerbuis)* Zuleitung v^{20}
aanvoerder 1 *(algem)* Anführer m^9 **2** *(raddraaier)* Rädelsführer m^9 **3** *(sp)* Mannschaftskapitän m^5
aanvoerdersband Kapitänsbinde v^{21}, Spielführerbinde v^{21}
aanvoeren 1 *(leiden)* (an)führen **2** *(argumenten, bewijzen)* anführen, beibringen[139] **3** *(goederen)* zuführen **4** *(bouwmateriaal, water)* herbeischaffen
aanvraag 1 *(officieel verzoek)* Gesuch o^{29}, Antrag m^6 **2** *(om inlichtingen)* Anfrage v^{21}: *op ~* auf Anfrage, auf Wunsch
aanvragen beantragen, bitten[132] um[+4]
aanvreten anfressen[162]
aanvullen ergänzen: *elkaar ~* sich ergänzen
aanvulling Ergänzung v^{20}
aanvullingstroepen Ersatztruppen *mv* v^{21}
aanvuren anfeuern
aanwaaien anwehen, angeweht werden[310]: *ik kom weleens ~* ich schaue mal (bei Ihnen) vorbei
aanwakkeren *intr*: *de wind wakkert aan* der Wind frischt auf
aanwakkeren *tr* anfachen
aanwas Zuwachs m^6: *~ van de bevolking* Bevölkerungszunahme v^{21}
aanwenden anwenden[308], benutzen
aanwending Anwendung v^{20}, Benutzung v^{28}
aanwennen sich[3] angewöhnen: *iets ~* sich[3] etwas angewöhnen
aanwerven anwerben[309], werben[309]
aanwezig anwesend: *~ zijn op een vergadering* einer Versammlung beiwohnen; *dit artikel is niet ~* dieser Artikel ist nicht vorhanden
aanwezige Anwesende(r) m^{40a}, v^{40b}
aanwezigheid *(mbt personen)* Anwesenheit v^{28}; *(mbt zaken)* Vorhandensein o^{39}
aanwijsbaar nachweisbar
aanwijsstok Zeigestock m^6
aanwijzen 1 *(doen zien door te wijzen)* zeigen, anweisen[307] **2** *(aangeven)* anzeigen; *zie ook* aangewezen
aanwijzend: *~ voornaamwoord* hinweisendes Fürwort o^{32}
aanwijzing Anweisung v^{20}; *(vingerwijzing)* Fingerzeig m^5, Hinweis m^5
aanwinst Erwerb m^5: *nieuwe ~en (van bibliotheek)* Neuzugänge *(mv)*
aanwrijven: *iem iets ~* jmdm etwas andichten, jmdm etwas in die Schuhe schieben[237]
aanzeggen bekannt machen: *iem ontslag ~* jmdm die Kündigung aussprechen[274]
aanzet Ansatz m^6
¹**aanzetten** *intr (licht aanbranden)* sich ansetzen
²**aanzetten** *tr* **1** *(bevestigen)* ansetzen **2** *(in werking zetten) (van machine)* anlassen[197]; *(van motor)* anlassen[197], anwerfen[311]; *(van radio)* anstellen, einschalten; *(inform)* andrehen: *de verwarming ~* die Heizung anstellen **3** *(aansporen)* antreiben[290]
aanzicht Ansicht v^{20}
¹**aanzien** *zn* Ansehen o^{39}: *ten ~ van uw voorstel* in Bezug auf[+4] Ihren Vorschlag
²**aanzien** *ww* **1** *(kijken naar)* ansehen[261]: *iem ~* jmdn ansehen; *ik kan dat niet langer ~* ich kann das nicht länger mit ansehen; *naar het zich laat ~* anscheinend **2** *(achten, houden voor)* ansehen[261]: *waar ziet u mij voor aan?* wofür halten Sie mich?
¹**aanzienlijk** *bn* **1** *(mbt familie)* angesehen, vornehm **2** *(groot)* beträchtlich, erheblich
²**aanzienlijk** *bw* wesentlich: *dat is ~ beter* das ist wesentlich besser
aanzitten an der Festtafel sitzen[268]: *ergens ~* etwas berühren, etwas befummeln
aanzoek Heiratsantrag m^6
aanzoeken antragen[288]: *men heeft hem voor dit ambt aangezocht* man hat ihm dieses Amt angetragen
aanzuigen ansaugen[229]
aanzuiveren begleichen[176], tilgen
aanzwellen anschwellen[256]
aanzwengelen *(ook fig)* ankurbeln
aap Affe m^{15}: *in de ~ gelogeerd zijn* in der Patsche sitzen[268]
aar Ähre v^{21}
aard *(wezen, natuur)* Art v^{20}, Natur v^{20}, Wesen o^{35}: *uit de ~ der zaak* natürlich, selbstverständlich; *de zaken zijn van dien ~, dat …* die Geschäfte sind derart, dass …
aardappel Kartoffel v^{21}
aardappelmeel Kartoffelmehl o^{39}
aardappelmesje Kartoffelschäler m^9
aardappeloogst Kartoffelernte v^{21}
aardappelpuree Kartoffelbrei m^{19}
aardas Erdachse v^{21}
aardbaan Erdbahn v^{20}
aardbei Erdbeere v^{21}
aardbeving Erdbeben o^{35}
aardbodem Erdboden m^{19}, Erde v^{21}
aardbol Erdkugel v^{21}
aarde Erde v^{21}; *(grond, ook)* Boden m^{12}: *in goede ~ vallen* auf fruchtbaren Boden fallen[154]; *op ~* auf Erden; *ter ~ bestellen* beerdigen
aardedonker stockfinster, stockdunkel
¹**aarden** *bn* irden, tönern: *~ pot* irdener Topf m^6; *~ wal* Erdwall m^6

²aarden *ww* **1** *(het karakter hebben)* arten: *hij aardt naar zijn vader* er artet nach seinem Vater **2** *(zich gewennen)* sich eingewöhnen: *hij kan hier niet ~* er kann sich hier nicht eingewöhnen
³aarden *ww (elektr)* erden
aardewerk Tonware v^{21}
aardgas Erdgas o^{39}
aardig 1 *(leuk)* hübsch, nett **2** *(vriendelijk)* nett, liebenswürdig: *dat is ~ van u!* das ist nett von Ihnen!; *het ~e is eraf* es hat seinen Reiz verloren
aardigheid Spaß m^6: *voor de ~* zum Spaß; *een ~je voor iem meebrengen* eine Kleinigkeit für jmdn mitnehmen[212]; *hij heeft er ~ in* es macht ihm Spaß
aardkorst Erdrinde v^{28}, Erdkruste v^{28}
aardlaag Erdschicht v^{20}
aardleiding Erdleitung v^{20}
aardlekschakelaar Leitungsschutzschalter m^9
aardolie Erdöl o^{39}
aardrijkskunde Geographie v^{28}, Geografie v^{28}
aardrijkskundig geographisch, geografisch
aardrijkskundige Geograph m^{14}, Geograf m^{14}
aards irdisch; *(werelds)* weltlich
aardschok Erdstoß m^6
aardverschuiving Erdrutsch m^5
aardworm 1 *(dierk)* Regenwurm m^8 **2** *(mens)* Erdenwurm m^{19}
aartsbisdom Erzbistum o^{32}
aartsbisschop Erzbischof m^6
aartsengel Erzengel m^9
aartshertog Erzherzog m^5, m^6
aartsvijand Erzfeind m^5
aarzelen zögern, zaudern
aarzeling Zögern o^{39}, Zaudern o^{39}
¹aas 1 *(in kaartspel)* Ass o^{29} **2** *(sp)* Ass o^{29}
²aas 1 *(lokaas)* Köder m^9 **2** *(kadaver)* Aas o^{29}
aasgier *(ook fig)* Aasgeier m^9
abattoir Schlachthof m^6, Schlachthaus o^{32}
abc Abc *o (2e nvl -; mv -)*
abces Abszess m^5
abdij Abtei v^{20}
abnormaal abnorm, anormal: *hij is ~ groot* er ist ungewöhnlich groß; *hij is ~* er ist nicht ganz normal
abnormaliteit Abnormität v^{20}
abominabel abscheulich, scheußlich
abonnee Abonnent m^{14}; *(van krant e.d., ook)* Bezieher m^9; *(van telefoon)* Fernsprechteilnehmer m^9
abonneetelevisie Pay-TV o^{39a}
abonnement Abonnement o^{36}
abonnementskaart *(algem)* Abonnement(s)karte v^{21}; *(openbaar vervoer, ook)* Zeitkarte v^{21}
abonneren, zich abonnieren[320]: *zich op een krant ~* eine Zeitung abonnieren
aborteren *(zwangerschap afbreken)* abtreiben[290]
abortus Fehlgeburt v^{20}: *~ provocatus* Abtreibung v^{20}

abri Wartehäuschen o^{35}
abrikoos Aprikose v^{21}
abrupt abrupt, jäh: *~ eindigen* jäh aufhören
abseilen abseilen
absent abwesend
absenteïsme häufiges Fehlen o^{39}
absentie Abwesenheit v^{20}
absolutie Absolution v^{20}
absolutisme Absolutismus m^{19a}
absoluut absolut
absorberen absorbieren[320]
absorptie Absorption v^{20}
absorptievermogen Absorptionsvermögen o^{39}
abstract abstrakt
absurd absurd
absurditeit Absurdität v^{20}
abt Abt m^6
abuis Versehen o^{35}, Irrtum m^8: *per ~* versehentlich
abusievelijk versehentlich
academicus Akademiker m^9
academie Akademie v^{21}; *(hogeschool)* Hochschule v^{21}; *(universiteit)* Universität v^{20}: *militaire ~* Militärakademie; *pedagogische ~* pädagogische Hochschule
academisch akademisch
acceleratie Beschleunigung v^{20}
accelereren beschleunigen
accent Akzent m^5
accentueren akzentuieren[320], betonen
acceptabel akzeptabel
accepteren akzeptieren[320]
accessoires Zubehör o^{29}; *(bij kleding)* Accessoires *mv* o^{36}
accijns Verbrauch(s)steuer v^{21}: *vrij van ~* steuerfrei
acclimatiseren sich akklimatisieren[320]
accolade Akkolade v^{21}
accommodatie 1 *(aanpassing)* Akkommodation v^{20}, Anpassung v^{20} **2** *(aangebrachte gemakken)* Einrichtung v^{20}, Ausstattung v^{20}
accordeon Akkordeon o^{36}, Schifferklavier o^{29}
account *(comp)* Account m^{13}, o^{36}
accountant Rechnungsprüfer m^9, Wirtschaftsprüfer
accrediteren akkreditieren[320]
accu Batterie v^{21}
accuraat akkurat
ace Ass o^{29}
aceton Aceton o^{39}, Azeton o^{39}
ach *tw* ach!: *~ en wee roepen* Ach und Weh schreien[253]
achillespees Achillessehne v^{21}
¹acht: *~ geven op*, *~ slaan op* achten auf[+4], Acht geben[166] auf[+4]; *geen ~ op iets slaan* etwas nicht beachten; *de voorschriften in ~ nemen* die Vorschriften beachten; *zich voor iem in ~ nemen* sich vor jmdm hüten
²acht *telw* acht: *het is bij ~en* es ist gleich acht; *in*

een dag of ~ in etwa acht Tagen; *in ~en delen* in acht Teile teilen; *ze zijn met hun ~en* sie sind zu acht
acht *rangtelw* acht: ~ *maart* der achte März
achtbaan Achterbahn *v*²⁰
achtbaar achtbar, achtenswert
achteloos lässig, nachlässig: *een ~ gebaar* eine (nach)lässige Gebärde *v*²¹; *ergens ~ aan voorbijgaan* achtlos an⁺³ etwas vorübergehen¹⁶⁸
achteloosheid Nachlässigkeit *v*²⁸, Achtlosigkeit *v*²⁰
achten 1 *(hoogachten)* achten, schätzen **2** *(denken, menen)* glauben, meinen **3** *(houden voor, rekenen)* halten¹⁸³ für⁺⁴
achtenswaard(ig) achtbar, achtenswert
achter *bw* hinten: ~ *in de tuin* hinten im Garten
achter *vz* hinter *(bij beweging gericht op doel*⁺⁴, *anders*⁺³*): hij staat ~ de boom* er steht hinter dem Baum; *hij gaat ~ de boom staan* er stellt sich hinter den Baum; *er zit wat ~* es steckt etwas dahinter; ~ *elkaar* hintereinander, nacheinander; *(fig)* ~ *iets komen* etwas herausfinden¹⁵⁷
achteraan hinten
achteraandrijving Heckantrieb *m*⁵
achteraangaan: *ergens* ~ sich um⁺⁴ etwas kümmern
achteraf *bw* hinterher, nachträglich
achterbak Kofferraum *m*⁶
achterbaks hinterhältig
achterban Anhängerschaft *v*²⁸; *(van partij e.d.)* Basis *v (mv* Basen*)*
achterband Hinterreifen *m*¹¹
achterbank Rücksitz *m*⁵, Rückbank *v*²⁵
achterblijven zurückbleiben¹³⁴: *ver bij de anderen* ~ weit hinter den anderen zurückbleiben
achterblijver Nachzügler *m*⁹; *(op school)* schwacher Schüler *m*⁹
achterbuurt Armenviertel *o*³³, Elendsviertel
achterdeur Hintertür *v*²⁰
achterdocht Argwohn *m*¹⁹: ~ *krijgen* Argwohn schöpfen
achterdochtig argwöhnisch
achtereen hintereinander, nacheinander
achtereenvolgend aufeinander folgend
achtereenvolgens hintereinander, nacheinander
achtereinde 1 *(achterste stuk)* hinterer Teil *m*⁵ **2** *(zitvlak)* Hinterteil *o*²⁹
achteren: *naar* ~ nach hinten; *naar ~ gaan* auf die Toilette gehen¹⁶⁸; *van ~* von hinten
achtergrond Hintergrund *m*⁶: *op de ~ blijven* im Hintergrund bleiben¹³⁴
achtergrondinformatie Hintergrundinformation *v*²⁰
achterhalen 1 *(inhalen)* einholen **2** *(nagaan)* ermitteln, herausbekommen¹⁹³, herausfinden¹⁵⁷
achterhoede 1 *(mil)* Nachhut *v*²⁰ **2** *(sp)* Verteidigung *v*²⁰, Abwehr *v*²⁸
achterhoedespeler Verteidiger *m*⁹

achterhoofd Hinterkopf *m*⁶
achterhouden: *iets* ~ etwas zurückbehalten¹⁸³; *geld* ~ Geld unterschlagen²⁴¹; *iets voor iem* ~ jmdm etwas verheimlichen
achterhuis Hinterhaus *o*³²
achterin hinten
achterkamer Hinterzimmer *o*³³
achterkamertjespolitiek Hinterzimmerpolitik *v*²⁸
achterkant Hinterseite *v*²¹, Rückseite *v*²¹
achterklap üble Nachrede *v*²¹
achterkleindochter Urenkelin *v*²²
achterkleinkind Urenkel *m*⁹
achterkleinzoon Urenkel *m*⁹
achterland Hinterland *o*³⁹
achterlaten *(niet meenemen)* zurücklassen¹⁹⁷, hinterlassen¹⁹⁷; *(bij overlijden)* hinterlassen¹⁹⁷
achterlating: *met ~ van* unter Zurücklassung⁺²
achterlicht Rücklicht *o*³¹, Schlusslicht *o*³¹
achterliggen *(sp)* im Rückstand liegen²⁰², zurückliegen²⁰²: *bij iem* ~ hinter jmdm zurückstehen²⁷⁹
achterlijf *(van insect)* Hinterleib *m*⁷
achterlijk *(ten achter zijnde)* zurückgeblieben; *(geestelijk ten achter zijnd)* geistesschwach
achterlijkheid Geistesschwäche *v*²⁸
achterlopen *(mbt klok)* nachgehen¹⁶⁸
achterman Hintermann *m*⁸
achternaam Familienname *m*¹⁸
achternagaan: *iem* ~ jmdm nachgehen¹⁶⁸
achternalopen: *iem* ~ jmdm nachgehen¹⁶⁸; *(fig)* sich bei jmdm einschmeicheln
achternarijden: *iem* ~ jmdm nachfahren¹⁵³
achternasturen, achternazenden (jmdm etwas) nachschicken
achternazitten: *iem* ~ jmdn verfolgen
achterneef Großneffe *m*¹⁵
achternicht Großnichte *v*²¹
¹**achterom** *zn* Hintereingang *m*⁶
²**achterom** *bw* hintenherum: ~ *kijken* zurückblicken
achterop auf der Rückseite: *dat staat* ~ das steht auf der Rückseite; ~ *zitten (op fiets enz.)* hintendrauf sitzen²⁶⁸
achterover zurück, rückwärts: *ze leunde* ~ *in haar stoel* sie lehnte sich im Stuhl zurück
achteroverdrukken *(van geld)* unterschlagen²⁴¹
achterovervallen *(lett)* hintenüberstürzen, hintenüberkippen; *(fig)* verdutzt sein²⁶²: *steil* ~ fast vom Stängel fallen
achterpand Rückenteil *m*⁵
achterpoot Hinterbein *o*²⁹
achterraken: *bij iem* ~ hinter jmdm zurückbleiben¹³⁴
achterruit Heckscheibe *v*²¹
achterspeler Verteidiger *m*⁹
achterst hinter, hinterst
achterstaan: *bij iem* ~ hinter jmdm zurückstehen²⁷⁹; *(sp)* zurückliegen²⁰²

achterstallig rückständig
achterstand Rückstand *m*⁶
achterstandswijk Problemviertel *o*³³
achterste 1 *(achtereinde)* hinterer Teil *m*⁵: *hij is de ~* er ist der Letzte 2 *(zitvlak)* Hintern *m*¹¹, Hinterteil *o*²⁹
achterstellen: *iem bij een ander ~* jmdn gegenüber einem andern zurücksetzen
achterstelling Zurücksetzung *v*²⁰
achterstevoren falsch herum, verkehrt
¹**achteruit** *zn (van auto)* Rückwärtsgang *m*⁶
²**achteruit** *bw* zurück, rückwärts
achteruitdeinzen zurückfahren¹⁵³
achteruitgaan 1 *(lett)* zurückgehen¹⁶⁸, rückwärts gehen¹⁶⁸ 2 *(fig)* zurückgehen¹⁶⁸, abwärts gehen¹⁶⁸
¹**achteruitgang** Hinterausgang *m*⁶
²**achteruitgang** Rückgang *m*⁶: *economische ~* wirtschaftlicher Rückgang
achteruitkijkspiegel Rückspiegel *m*⁹
achteruitlopen 1 *(lett)* rückwärts gehen¹⁶⁸ 2 *(mbt zaak)* herunterkommen¹⁹³
achteruitrijden rückwärts fahren¹⁵³
achteruitspringen zurückspringen²⁷⁶; *(van schrik)* zurückfahren¹⁵³
achteruitwijken zurückweichen³⁰⁶
achteruitzetten zurückstellen
achtervolgen: *iem ~* jmdn verfolgen
achtervolging Verfolgung *v*²⁰
achterwaarts *bw* rückwärts, zurück
achterwand Rückwand *v*²⁵
achterwege: *~ blijven* unterbleiben¹³⁴; *iets ~ laten* etwas unterlassen¹⁹⁷
achterwerk *(zitvlak)* Hintern *m*¹¹, Hinterteil *o*²⁹
achterwiel Hinterrad *o*³²
achterwielaandrijving Hinterradantrieb *m*¹⁹
achterzak Gesäßtasche *v*²¹
achterzijde Hinterseite *v*²¹, Rückseite *v*²¹
achting Achtung *v*²⁸, Respekt *m*¹⁹: *~ voor iem hebben* Achtung vor jmdm haben¹⁸²; *in iems ~ dalen* in jmds Achtung sinken²⁶⁶; *in iems ~ stijgen* in jmds Achtung steigen²⁸¹
¹**achtste** *zn* 1 *(deel)* Achtel *o*³³ 2 *(noot)* Achtel *o*³³, Achtelnote *v*²¹
²**achtste** *rangtelw* der (die, das) achte: *Hendrik de Achtste* Heinrich der Achte (VIII.); *ten ~* achtens
achttal acht
achttien achtzehn
achturig achtstündig: *~e werkdag* Achtstundentag *m*⁵
achtvoudig achtfach
achtzijdig achtseitig
acquisitie Acquisition *v*²⁷, Erwerb *m*⁵
acrobaat Akrobat *m*¹⁴
acrobate Akrobatin *v*²²
acrobatisch akrobatisch
act Nummer *v*²¹
acteren spielen
acteur Schauspieler *m*⁹, Akteur *m*⁵
actie 1 Aktion *v*²⁰ 2 *(in drama)* Handlung *v*²⁰

actiecomité Aktionskomitee *o*³⁶
actief aktiv: *geestelijk ~ zijn* geistig rege sein²⁶²
actiegroep Bürgerinitiative *v*²¹
actiepunt Aktionspunkt *m*⁵
actieradius Aktionsradius *m*¹⁹ᵃ
activa Aktiva *(mv)*
activeren aktivieren³²⁰; *(comp)* freischalten
activisme Aktivismus *m*¹⁹ᵃ
activist Aktivist *m*¹⁴
activiteit Aktivität *v*²⁰
actrice Schauspielerin *v*²², Aktrice *v*²¹
actualiseren aktualisieren³²⁰
actualiteit 1 *(het actueel zijn)* Aktualität *v*²⁸, Zeitnähe *v*²⁸ 2 *(actueel onderwerp)* aktuelles Thema *o (2e nvl -s; mv Themen)*
actualiteitenrubriek Magazin *o*²⁹
actueel aktuell, zeitnah
acupunctuur Akupunktur *v*²⁰
acuut 1 *(hevig, dringend)* akut 2 *(onmiddellijk)* sofort
adamsappel Adamsapfel *m*¹⁰
adamskostuum: *in ~* im Adamskostüm
adapter Adapter *m*⁹
adder 1 Otter *v*²¹ 2 *(fig)* Natter *v*²¹
additioneel zusätzlich
adel Adel *m*¹⁹: *van ~* von Adel; *iem van ~* Adlige(r) *m*⁴⁰ᵃ, *v*⁴⁰ᵇ
adelaar Adler *m*⁹
adelen adeln
adellijk ad(e)lig
adelstand Adelsstand *m*⁶
adem Atem *m*¹⁹: *buiten ~ raken* außer Atem kommen¹⁹³; *in één ~* in einem Atemzug; *naar ~ snakken* nach Luft schnappen
adembenemend atem(be)raubend
ademen, ademhalen atmen
ademhaling Atmung *v*²⁸, Atmen *o*³⁹
ademloos atemlos
ademnood Atemnot *v*²⁸
adempauze *(ook fig)* Atempause *v*²¹
ademtest Alkoholtest *m*⁵
adequaat adäquat, angemessen
ader Ader *v*²¹
aderverkalking Arterienverkalkung *v*²⁸
ADHD *afk van attention deficit hyperactivity disorder* Aufmerksamkeitsdefizit-Hyperaktivitätsstörung *v*²⁸ *(afk* ADHS)
adhesie 1 *(nat)* Adhäsion *v*²⁰ 2 *(fig)* Beifall *m*¹⁹: *~ (met iets) betuigen* einer Sache³ beistimmen
adieu *tw* auf Wiedersehen!, leb(t) wohl!
adjudant Adjutant *m*¹⁴
administrateur 1 *(van bedrijf, school)* Geschäftsführer *m*⁹ 2 *(beheerder, bestuurder)* Verwalter *m*⁹
administratie 1 Verwaltung *v*²⁰ 2 *(de bescheiden)* Unterlagen *mv v*²¹
administratief Verwaltungs…, verwaltungs…: *~ recht* Verwaltungsrecht *o*³⁹; *(Belg) ~ centrum* Verwaltungszentrum *o (2e nvl -s; mv -zentren)*
administratiekosten Verwaltungskosten *(mv)*

administratrice Verwalterin v^{22}, Geschäftsführerin v^{22}; *zie ook* administrateur
administreren verwalten, administrieren^{320}
admiraal Admiral m^5, m^6
admiraliteit Admiralität v^{20}
adolescent Adoleszent m^{14}, Jugendliche(r) m^{40a}, v^{40b}
adopteren adoptieren^{320}
adoptie Adoption v^{20}
adrenaline Adrenalin o^{39}
adres 1 *(algem)* Adresse v^{21}, Anschrift v^{20}: *(fig) dat was aan jouw* ~ das galt dir; *per* ~ per Adresse *(afk* p.A.), bei^{+3} **2** *(verzoek)* Adresse v^{21}, Eingabe v^{21} **3** *(comp)* Adresse v^{21}
adresboek Adressbuch o^{32}
adresseren adressieren^{320} (an^{+4})
adreswijziging Adressenänderung v^{20}
ADSL *afk van asymmetric digital subscriber line* ADSL o^{39a}
advent Advent m^5
adverteerder Inserent m^{14}
advertentie Anzeige v^{21}, Inserat o^{29}: *een* ~ *plaatsen* eine Anzeige aufgeben^{166}
advertentieblad Anzeigenblatt o^{32}
advertentiekosten Insertionskosten *(mv)*
adverteren inserieren^{320}, annoncieren^{320}
advies 1 *(officieel)* Gutachten o^{35} **2** *(algem)* Rat m^{19}, Ratschlag m^6: ~ *inwinnen* sich^3 Rat holen
adviesorgaan Beratungsgremium o *(2e nvl -s; mv* Beratungsgremien*)*
adviesprijs empfohlener Preis m^5
adviseren raten^{218}, empfehlen^{147}
adviserend beratend
adviseur Berater m^9
advocaat *(jur)* Rechtsanwalt m^6, Anwalt m^6
advocaat *(likeur)* Eierlikör m^5
advocatenkantoor Anwaltskanzlei v^{20}
advocatuur Rechtsanwaltschaft v^{20}
aerobics Aerobic o^{39}
aerodynamica Aerodynamik v^{28}
aerodynamisch aerodynamisch
af *bn* **1** *(voltooid)* fertig: *het werk is af* die Arbeit ist fertig **2** *(onberispelijk)* tadellos: *dat is af!* das ist tadellos!
af *bw* **1** *(naar beneden)* herunter, herab *(naar de spreker toe)*; hinunter, hinab *(van de spreker af)*: *de berg af* den Berg hinunter *(of:* herunter*)* **2** *(gereed)* fertig: *iets af hebben* etwas fertig haben^{182} **3** *(mbt een verwijdering van een zeker punt)* ab, weg || *af en aan* hin und her; *af en toe* dann und wann; *jij bent goed af* du hast aber Glück gehabt; *daar wil ik af zijn* das weiß ich nicht genau; *van iem af zijn* jmdn los sein^{262}; *ze zijn van elkaar af* sie sind geschieden
afbakenen 1 *(terrein)* abstecken **2** *(iems bevoegdheid)* abgrenzen
afbeelden abbilden, darstellen
afbeelding Abbildung v^{20}, Darstellung v^{20}
afbekken: *iem* ~ jmdn anschnauzen

afbellen 1 *(annuleren)* telefonisch absagen **2** *(veel telefoneren)* herumtelefonieren^{320}
afbestellen abbestellen
afbetalen 1 *(wat verschuldigd is)* tilgen **2** *(in termijnen)* abzahlen
afbetaling Ratenzahlung v^{20}: *op* ~ *kopen* auf Raten kaufen
¹**afbeulen** *tr* schinden^{239}
²**afbeulen, zich** sich abrackern
afbijten 1 *(door bijten wegnemen)* abbeißen^{125} **2** *(met een afbijtmiddel)* abbeizen
afbinden 1 *(van arm, slagader)* abbinden^{131} **2** *(van schaatsen, ski's)* abschnallen
afbladderen abblättern
afblijven nicht berühren
afboeken abbuchen
afborstelen abbürsten
afbouw 1 *(het voltooien)* Fertigstellung v^{20} **2** *(vermindering)* Abbau m^{19}
afbouwen 1 *(voltooien)* fertig stellen **2** *(geleidelijk verminderen)* abbauen
afbraak *(het afbreken)* Abbruch m^{19}, Abriss m^{19}; *(chem)* Abbau m^{19}: *sociale* ~ Sozialabbau m^{19}
afbranden abbrennen^{138}
afbreekbaar *(chem)* abbaubar
afbreken 1 *(van bloem, tak)* abbrechen^{137} **2** *(van gebouw)* abbrechen^{137}, abreißen^{220} **3** *(van woord)* trennen **4** *(van kermis, markt, tent)* abbauen **5** *(van rede)* unterbrechen^{137} **6** *(chem)* abbauen **7** *(afkraken)* verreißen^{220}
afbrengen: *iem van zijn plan* ~ jmdn von seinem Vorhaben abbringen^{139}; *wij zijn benieuwd, hoe hij het er afbrengt* wir sind gespannt, wie er abschneidet
afbreuk: ~ *doen aan* schaden^{+3}, beeinträchtigen
afbrokkelen abbröckeln
¹**afbuigen** *intr* abbiegen^{129}
²**afbuigen** *tr* zurückbiegen^{129}
afdak *(afhellend dak)* Vordach o^{32}; *(losstaand)* Schutzdach o^{32}
afdalen *(een berg afgaan)* absteigen^{281}, hinuntersteigen^{281}; *(op ski's)* abfahren^{153}
afdaling Abstieg m^5; *(op ski's)* Abfahrt v^{20}
afdanken 1 *(ontslaan)* feuern, entlassen^{197} **2** *(kleren, meubels)* ausrangieren^{320}
afdankertje abgetragenes Kleidungsstück o^{29}
afdekken abdecken
afdeling 1 *(gedeelte van groter geheel)* Abteilung v^{20} **2** *(van boek)* Abschnitt m^5 **3** *(van vereniging enz.)* Gruppe v^{21} **4** *(van ziekenhuis)* Station v^{20}
afdingen feilschen: *iets op de prijs* ~ den Preis herunterhandeln; *ik wil op zijn verdiensten niets* ~ ich will sein Verdienst nicht schmälern
afdoen 1 *(van bril, hoed, das)* abnehmen^{212} **2** *(schoonmaken)* abwischen **3** *(afhandelen)* erledigen || *iets van de prijs* ~ etwas vom Preis ablassen^{197}; *dat doet er niets aan af* das ändert nichts an der Sache; *zie ook* afgedaan
afdoend: ~*e bewijzen* schlagende Beweise; ~*e*

afdoening *maatregelen* wirksame Maßnahmen

afdoening 1 *(van zaken)* Erledigung v^{28} 2 *(van schuld)* Abbezahlung v^{20}

afdraaien *(van koers veranderen)* abdrehen: *een film ~* einen Film vorführen; *z'n les ~* seine Lektion herunterleiern

afdragen 1 *(door dragen verslijten)* abtragen^{288} 2 *(geld)* abführen 3 *(belastingen)* entrichten

afdrijven 1 *(mbt schip)* abtreiben^{290}: *de rivier ~* den Fluss hinuntertreiben^{290} 2 *(mbt onweer)* abziehen^{318}

afdrogen 1 *(droog maken)* (ab)trocknen; *(fig) iems tranen ~* jmds Tränen trocknen 2 *(sp)* abservieren^{320} 3 *(afranselen) iem ~* jmdn verhauen^{185}

afdruipen abtropfen; *(fig)* sich davonmachen

afdruk Abdruck m^5; *(foto)* Abzug m^6

afdrukken 1 *(typ)* abdrucken 2 *(een geweer; iets in was)* abdrücken 3 *(foto)* abziehen^{318}, kopieren^{320}

afduwen 1 *(van boot)* abstoßen^{285} 2 *(iem van zijn plaats)* abdrängen

afdwalen 1 *(lett)* vom Weg abkommen^{193}: *(fig) van het rechte pad ~* auf Abwege geraten^{218} 2 *(mbt spreker)* vom Thema abkommen^{193}

afdwingen: *iem iets ~* jmdm etwas abnötigen; *bewondering, eerbied ~* Bewunderung, Ehrfurcht einflößen

affaire Affäre v^{21}, Angelegenheit v^{20}

affect Affekt m^5

affiche Plakat o^{29}

affluiten abpfeifen^{214}

afgaan 1 *(theat)* abgehen^{168} 2 *(bij examen)* durchfallen^{154} 3 *(een mal figuur slaan)* sich blamieren^{320} 4 *(mbt geweer, schot)* losgehen^{168} 5 *(de trap afdalen)* hinuntergehen^{168} 6 *(ontlasting hebben)* Stuhlgang haben^{182} 7 *(losgaan)* abgehen^{168} 8 *(verlaten)* abgehen^{168}, verlassen^{197}: *van zijn vrouw ~* seine Frau verlassen; *zij zijn van elkaar afgegaan (man en vrouw)* sie sind geschieden || *(minder worden) het mooie gaat eraf* es verliert seinen Reiz; *(iets goed kunnen) dat gaat hem handig af* das geht ihm leicht von der Hand

afgang 1 *(mislukking)* Misserfolg m^5 2 *(blamage)* Blamage v^{21} 3 *(stoelgang)* Stuhlgang m^{19}; *(ontlasting)* Stuhl m^{19}

afgedaan: *daarmee was de zaak ~* damit war die Sache erledigt

afgedraaid fix und fertig, völlig erschöpft

afgelasten absagen, abblasen^{133}: *een wedstrijd ~* ein Spiel absetzen

afgeleefd abgelebt, altersschwach

afgelegen abgelegen, entlegen

afgelopen letzt, vergangen, vorig: *het ~ jaar* letztes Jahr; *~!* Schluss!

afgemat erschöpft

afgemeten 1 *(lett)* abgemessen 2 *(fig)* gemessen

afgepast *(mbt textiel)* abgemessen; *(fig)* gemessen: *~ geld* abgezähltes Geld o^{39}

afgepeigerd erledigt

afgescheiden getrennt, abgesondert

afgesloofd abgearbeitet, abgerackert

afgesloten abgeschlossen

afgestudeerde Diplomierte(r) m^{40a}, v^{40b}

afgetobd erschöpft; *(van verdriet)* abgehärmt

afgevaardigde 1 *(in parlement)* Abgeordnete(r) m^{40a}, v^{40b} 2 *(naar congres enz.)* Delegierte(r) m^{40a}, v^{40b}

^{1}**afgeven** *intr (mbt kleur)* abfärben

^{2}**afgeven** *tr* 1 *(bal, brief, sleutel, warmte)* abgeben^{166} 2 *(onder dwang)* herausgeben^{166} 3 *(getuigschrift, pas)* ausstellen 4 *(verspreiden)* verbreiten

afgezaagd *(fig)* abgedroschen

afgezant Abgesandte(r) m^{40a}, v^{40b}

afgezien: *~ van* abgesehen von^{+3}

afgezonderd abgesondert

afgieten abgießen^{175}

afgifte Abgabe v^{28}, Ablieferung v^{20}, Ausstellung v^{20}; *zie ook* afgeven

afglijden abgleiten^{178}, abrutschen

afgod Abgott m^8; *(afgodsbeeld)* Götze m^{15}

afgooien 1 *(naar beneden gooien)* hinunterwerfen^{311} 2 *(ruiter)* abwerfen^{311}

afgraven abgraben^{180}

afgrendelen abriegeln

afgrijselijk grässlich, scheußlich

afgrijzen Grauen o^{39}, Grausen o^{39}

afgrond Abgrund m^6

afgunst Neid m^{19}

afgunstig neidisch

^{1}**afhaken** *intr (niet meer meedoen)* abspringen^{276}

^{2}**afhaken** *tr* 1 *(van een haak nemen)* abhaken 2 *(van wagen)* abkoppeln

afhakken abhauen^{185}, abhacken

afhalen 1 *(brief, pakje; iem)* abholen 2 *(iets van de zolder)* herunterholen 3 *(bonen)* abziehen^{318} 4 *(een bed)* abziehen^{318} 5 *(verwijderen)* abnehmen^{212} || *iets van de prijs ~* etwas vom Preis abziehen

afhandelen erledigen

afhandeling Erledigung v^{28}

afhandig: *iem iets ~ maken* jmdm etwas entwenden^{308}; *iem klanten ~ maken* jmdm Kunden abspenstig machen

afhangen *(afhankelijk zijn)* abhängen^{184}, abhängig sein^{262}

afhankelijk abhängig: *de prijs is ~ van …* der Preis ist abhängig von^{+3}

afhankelijkheid Abhängigkeit v^{20}

afhellen abfallen^{154}

afhelpen *(iem van een ladder)* (jmdm) herunterhelfen^{188}

afhouden: *iets van zich ~* etwas von^{+3} sich entfernt halten^{183}; *iem van zich ~* sich^3 jmdn vom Leibe halten^{183}; *(sp) iem ~* jmdn sperren; *iem van zijn werk ~* jmdn von seiner Arbeit abhalten^{183}; *iets van het loon ~* etwas vom Lohn abziehen^{318}; *hij laat er zich niet van ~* er lässt sich nicht davon zurückhalten

afhuren mieten

afjagen fortjagen, wegjagen (von⁺³)
ᵃ**afjakkeren** *tr* schinden²³⁹
ᵃ**afjakkeren, zich** sich abhetzen
afkalven *(mbt oevers)* abbröckeln
afkammen *(fig)* verreißen²²⁰
afkappen abhauen¹⁸⁵, abhacken
afkeer Abneigung *v*²⁰, Ekel *m*⁹: *een ~ van iem hebben* eine Abneigung gegen jmdn haben¹⁸²; *het boezemt mij ~ in* es ekelt mich an
afkeren *(het hoofd)* abwenden³⁰⁸: *zich van iem ~* sich von jmdm abwenden³⁰⁸
afkerig: *~ van iets zijn* einer Sache³ abgeneigt sein²⁶²
ᵃ**afketsen** *intr (mbt kogel, bal)* abprallen (an⁺³)
ᵃ**afketsen** *tr* ablehnen: *een voorstel ~* einen Antrag ablehnen
afkeuren 1 *(laken)* missbilligen **2** *(een plan)* ablehnen **3** *(voor dienstplicht)* ausmustern **4** *(goederen)* ausmustern **5** *(sp) (een veld)* für unbespielbar erklären
afkeurend missbilligend; *(mbt oordeel)* abfällig
afkeurenswaardig tadelnswert
afkicken sich einer Entziehungskur unterziehen³¹⁸
afkijken absehen²⁶¹, abschreiben²⁵²
afkleden schlank machen
afklemmen abklemmen
afkloppen abklopfen
afkluiven abnagen
afknagen abnagen
afknappen 1 *(afbreken)* abbrechen¹³⁷ **2** *(psychisch)* zusammenbrechen¹³⁷
afknijpen abkneifen¹⁹²
afknippen abschneiden²⁵⁰
afkoelen *intr (ook fig)* (sich) abkühlen
ᵃ**afkoelen** *tr* (ab)kühlen
afkoeling *(ook fig)* Abkühlung *v*²⁰
afkoersen *(met op)* entgegengehen¹⁶⁸⁺³
afkomen 1 *(naar beneden komen)* herunterkommen¹⁹³ **2** *(van een eiland)* wegkommen¹⁹³ **3** *(afstammen)* abstammen **4** *(gereedkomen)* fertig werden³¹⁰ **5** *(naderen) op iem ~* auf jmdn zukommen¹⁹³ **6** *(bevrijd of ontslagen worden) er goed, slecht ~* gut, schlecht bei⁺³ etwas wegkommen¹⁹³; *er met de schrik ~* mit dem Schrecken davonkommen¹⁹³; *ik kon niet van hem ~* ich konnte ihn nicht loswerden
afkomst Abkunft *v*²⁸, Herkunft *v*²⁵
afkomstig *(met uit)* aus⁺³; *(geboortig)* gebürtig aus⁺³: *~ zijn uit* stammen aus⁺³
afkondigen 1 *(bekendmaken)* bekannt machen; *(van verordeningen, wetten)* erlassen¹⁹⁷: *een staking ~* einen Streik ausrufen²²⁶ **2** *(een bruidspaar in de kerk)* aufbieten¹³⁰
afkondiging 1 Bekanntmachung *v*²⁰, Erlass *m*⁵, Ausrufung *v*²⁰ **2** Aufgebot *o*²⁹; *zie ook afkondigen*
afkoopsom Abfindungssumme *v*²¹
afkopen 1 *(kopen van)* abkaufen **2** *(vrijkopen)* loskaufen **3** *(verplichtingen)* ablösen **4** *zich laten ~ sich abfinden lassen*¹⁹⁷
afkoppelen *(van wagon)* abhängen, abkoppeln
afkorten 1 *(van woord)* abkürzen **2** *(van tekst)* kürzen
afkorting Abkürzung *v*²⁰
afkrabben abkratzen
afkraken verreißen²²⁰, heruntermachen
afkrijgen 1 *(voltooien)* fertig werden³¹⁰ mit⁺³ **2** *(verwijderen)* abbekommen¹⁹³ || *afdingen) er niets ~* nichts abhandeln
afkunnen: *dat kan er bij mij niet af!* das kann ich mir nicht leisten!; *hij kan het alleen wel af* er bringt es allein schon fertig
aflaat Ablass *m*⁶
afladen abladen¹⁹⁶
afleggen 1 *(kleding; een bekentenis, een eed, rekenschap)* ablegen **2** *(maken)* machen, ablegen: *een examen ~* ein Examen machen **3** *(van afstand)* zurücklegen || *een lijk ~* eine Leiche waschen³⁰⁴ und ankleiden
afleiden 1 *(wegleiden van bliksem, rivier, water)* ableiten: *iem van zijn werk ~* jmdn von seiner Arbeit ablenken **2** *(ontspannen)* ablenken **3** *(de oorsprong verklaren)* ableiten: *daaruit leid ik af, dat …* daraus schließe ich, dass …
afleiding 1 *(van bliksem, rivier, water)* Ableitung *v*²⁰ **2** *(verstrooiing)* Ablenkung *v*²⁰ **3** *(het afleiden van woord)* Ableitung *v*²⁰
afleidingsmanoeuvre Ablenkungsmanöver *o*³³
afleren 1 *(verleren)* verlernen **2** *(zich ontwennen)* sich³ abgewöhnen: *iem iets ~* jmdm etwas abgewöhnen
afleveren abliefern
aflevering 1 *(het afleveren)* Ablieferung *v*²⁰ **2** *(van boek)* Lieferung *v*²⁰ **3** *(van tv-serie)* Folge *v*²¹
aflezen 1 *(op een instrument)* ablesen²⁰¹ **2** *(namen)* verlesen²⁰¹ **3** *(uitlezen)* zu Ende lesen²⁰¹
afloop 1 *(uitslag)* Ausgang *m*⁶, Ergebnis *o*²⁹ᵃ: *ongeval met dodelijke ~* tödlicher Unfall **2** *(einde)* Ablauf *m*¹⁹: *na ~ van het concert* nach dem Konzert
¹**aflopen** *intr* **1** *(eindigen)* ablaufen¹⁹⁸: *de termijn loopt af* die Frist läuft ab; *slecht ~* ein böses Ende nehmen²¹² (*ratelen)* klingeln **3** *(naar beneden lopen)* hinuntergehen¹⁶⁸: *de weg loopt af* der Weg führt hinunter
²**aflopen** *tr* **1** *(een weg)* entlanggehen¹⁶⁸ **2** *(verslijten)* ablaufen¹⁹⁸
aflossen 1 *(vervangen)* ablösen **2** *(betalen) (van hypotheek, schuld)* ablösen, tilgen
aflossing Ablösung *v*²⁰, Tilgung *v*²⁰
afluisteren abhorchen, abhören
afmaken 1 *(voltooien)* erledigen **2** *(doden)* umbringen¹³⁹ **3** *(ongunstig beoordelen)* heruntermachen
afmarcheren abmarschieren³²⁰
afmatten erschöpfen, ermatten
afmelden, zich sich abmelden
afmeten 1 abmessen²⁰⁸ **2** *(van straf, tijd)* bemessen²⁰⁸

afmeting Abmessung v^{20}
afname Abnahme v^{21}
¹afnemen *intr (verminderen)* abnehmen²¹²; *(mbt wind)* nachlassen
²afnemen *tr* **1** *(algem)* abnehmen²¹² **2** *(wegpakken)* herabnehmen²¹²; *iets van een plank* ~ etwas von einem Brett herabnehmen; *de hoed voor iem* ~ den Hut vor jmdm abnehmen **3** *(schoonmaken)* abräumen, abwischen **4** *(kopen)* kaufen
afnemer Abnehmer m^9, Käufer m^9
afpakken (jmdn etwas) abnehmen²¹²
afpalen abstecken; *(fig)* abgrenzen
afpassen **1** *(met stappen meten)* abschreiten²⁵⁴ **2** *(afmeten)* abmessen²⁰⁸; *zie ook* afgepast
afpersen erpressen, abpressen
afperser Erpresser m^9
afpersing Erpressung v^{20}
afpikken stibitzen, klauen
afplukken abpflücken
afpoeieren (jmdn) abfertigen
afpoetsen abputzen
afpraten: *heel wat* ~ über manches plaudern
afraden: *iem iets* ~ jmdn von⁺³ etwas abraten²¹⁸
afraffelen 1 *(van schoolwerk)* hinschludern **2** *(van gebed, gedicht)* ableiern
aframmelen (jmdn) verprügeln
aframmeling Tracht v^{28} Prügel: *iem een* ~ *geven* jmdm eine Tracht Prügel verabreichen
afranselen (jmdn) verprügeln
afrasteren einzäunen, umzäunen
afrastering Einzäunung v^{20}, Umzäunung v^{20}
afreageren (sich) abreagieren³²⁰
afreis Abreise v^{21}; *(van schip)* Abfahrt v^{20}
¹afreizen *intr* abreisen, abfahren¹⁵³
²afreizen *tr (geheel doorreizen)* bereisen
afrekenen abrechnen; *(in café)* (be)zahlen
afrekening Abrechnung v^{20}
afremmen (ab)bremsen
africhten abrichten, dressieren³²⁰
afrijden 1 *(naar beneden rijden)* herunterfahren¹⁵³ *(naar de spreker toe)*; hinunterfahren¹⁵³ *(van de spreker af)*; *(tot het einde rijden)* entlangfahren¹⁵³: *een weg* ~ eine Straße entlangfahren **2** *(rijdend doortrekken)* abfahren¹⁵³: *het hele land* ~ das ganze Land abfahren¹⁵³ **3** *(rijexamen doen)* den Führerschein machen
Afrika Afrika o^{39}
Afrikaan Afrikaner m^9
¹Afrikaans *zn* Afrikaans o^{39a}
²Afrikaans *bn* afrikanisch; *(taalk)* afrikaans
afrikaantje *(plantk)* Studentenblume v^{21}, Samtblume v^{21}
afrit Ausfahrt v^{20}
afritsbroek Zipphose v^{21}, Zipp-Hose v^{21}, Zipp-Off-Hose v^{21}
afroep Abruf m^5: *op* ~ auf Abruf
afroepen *(één voor één noemen)* aufrufen²²⁶; *(van waren)* abrufen²²⁶
¹afrollen *intr* abrollen, sich abwickeln: *de trap* ~ die Treppe hinunterfallen¹⁵⁴
²afrollen *tr* **1** *(afwikkelen)* abrollen **2** *(naar beneden rollen)* hinunterrollen
afromen abrahmen: *winsten* ~ Gewinne abschöpfen
afronden abrunden: *naar boven* ~ aufrunden
afrossen 1 *(roskammen)* striegeln **2** *(afranselen)* (jmdn) durchhauen¹⁸⁵
afruimen abräumen
afrukken abreißen²²⁰
afschaffen abschaffen
afschaffing Abschaffung v^{20}
afschampen abprallen
afscheid Abschied m^5: *van iem* ~ *nemen* sich von jmdm verabschieden; *ten* ~ zum Abschied
¹afscheiden *tr* **1** *(door een hek enz.)* (ab)trennen **2** *(verwijderen)* (ab)trennen **3** *(chem)* abscheiden²³² **4** *(afzonderen uit een orgaan)* ausscheiden²³²
²afscheiden, zich: *zich* ~ *(van)* sich lossagen (von⁺³)
afscheiding 1 *(het afscheiden)* Trennung v^{20}, Abtrennung v^{20}, Abscheidung v^{20}, Ausscheidung v^{20} **2** *(tussenschot)* Scheidewand v^{25}; *zie ook* afscheiden
afscheidsbrief Abschiedsbrief m^5
afschepen *(waren)* verschiffen || *iem* ~ jmdn abspeisen; *zich niet laten* ~ sich nicht abspeisen lassen¹⁹⁷
afscheren abrasieren³²⁰
afschermen abschirmen
afscheuren abreißen²²⁰; *(van controlestrook)* abtrennen
afschieten 1 abschießen²³⁸ **2** *(een ruimte afscheiden)* abteilen
afschilderen 1 *(afbeelden)* (ab)malen **2** *(beschrijven)* schildern
afschilferen abschilfern, abblättern
afschillen (ab)schälen
afschminken abschminken
afschrapen abschaben, abkratzen
afschrift Abschrift v^{20}
afschrijven 1 *(van bedrag, machine, schoolwerk)* abschreiben²⁵²: *geld van de rekening* ~ Geld vom Konto abbuchen **2** *(voltooien) een brief* ~ einen Brief zu Ende schreiben²⁵² || *iem* ~: *a) (afzeggen)* jmdm abschreiben²⁵²; *b) (niet meer op iem rekenen)* jmdn abschreiben²⁵²
afschrik Abscheu m^{19}: *een* ~ *van iets hebben* Abscheu vor⁺³ etwas haben¹⁸²
afschrikken abschrecken
afschrikwekkend abschreckend
afschroeven abschrauben, losschrauben
afschudden abschütteln
afschuimen *(schuim)* abschäumen; *(andere stoffen)* abschöpfen; *(fig)* abklappern
afschuiven 1 *(wegschuiven van)* abrücken: *de schuld op een ander* ~ die Schuld auf einen anderen (ab)schieben **2** *(geld geven)* blechen

afschuw Abscheu *m*[19]: *een ~ van iem hebben* Abscheu vor jmdm haben[182]

afschuwelijk abscheulich, scheußlich: *~ langzaam* furchtbar langsam

afschuwwekkend Abscheu erregend

afsjouwen hinunterschleppen || *de hele stad ~* die ganze Stadt abklappern

afslaan *intr* **1** *(in het verkeer)* abbiegen[129]: *links ~* nach links abbiegen **2** *(ophouden te functioneren)* aussetzen

afslaan *tr* **1** *(door slaan verwijderen)* abschlagen[241] **2** *(van aanval)* abwehren **3** *(afkloppen)* abklopfen **4** *(van aanbod)* ablehnen

afslachten niedermachen

afslag 1 *(daling)* Senkung *v*[20], Herabsetzung *v*[20] **2** *(van autosnelweg)* Ausfahrt *v*[20]; *(naar autosnelweg)* Einfahrt *v*[20] **3** *(verkoping)* Versteigerung *v*[20]

afslanken *intr* abmagern

afslanken *tr (slank maken)* schlank machen

afsloven, zich sich abrackern

afsluitdijk Abschlussdeich *m*[5]

afsluiten 1 *(van kamer, kast, koffer)* abschließen[245] **2** *(van boeken, verzekering)* abschließen[245] **3** *(toevoer verhinderen)* absperren: *het gas ~* das Gas (ab)sperren **4** *(met schutting afsluiten)* abzäunen || *van de buitenwereld afgesloten* von der Außenwelt abgeschnitten

afsluiting 1 *(het afsluiten)* Abschließen *o*[39] **2** *(grendel, klep, slot)* Verschluss *m*[6] **3** *(van boeken, verzekering)* Abschluss *m*[6] **4** *(van elektriciteit, gas, telefoon)* Sperre *v*[21]

afsluitkraan Absperrhahn *m*[6]

afsmeken erflehen, herabflehen

afsnauwen: *iem ~* jmdn anherrschen

afsnijden 1 *(algem)* abschneiden[250] **2** *(het gas enz.)* sperren

afsnoepen: *iem iets ~* jmdm etwas vor der Nase wegschnappen

afsnoeren abschnüren

afspelen *tr (tot het einde spelen)* zu Ende spielen: *een plaat ~* eine Schallplatte abspielen

afspelen, zich sich abspielen

afspiegelen *tr* widerspiegeln

afspiegelen, zich: *zich ~ in* sich widerspiegeln in[+3]

afsplitsen abspalten

afsplitsing Abspaltung *v*[20]

afspoelen abspülen

afspraak Verabredung *v*[20]: *zich aan een ~ houden* sich an eine Verabredung halten[183]; *een ~ bij de dokter maken* einen Termin beim Arzt festlegen; *een ~ over iets maken* etwas verabreden

afspreken verabreden, absprechen[274], abmachen: *afgesproken!* abgemacht!; *zoals afgesproken* wie verabredet

afspringen 1 abspringen[276] **2** *(fig)* scheitern

afstaan abtreten[291]

afstammeling Nachkomme *m*[15]

afstammen abstammen (von[+3]): *dit woord stamt van het Latijn af* dieses Wort stammt aus dem Lateinischen

afstamming Abstammung *v*[28], Abkunft *v*[28]

afstand 1 *(het afstaan)* Abtretung *v*[20]: *~ doen van de kroon* abdanken; *~ doen van zijn rechten* auf seine Rechte verzichten **2** *(distantie)* Entfernung *v*[20], Abstand *m*[6]: *een ~ afleggen* eine Strecke zurücklegen; *~ nemen* auf Distanz gehen[168]

afstandelijk zurückhaltend

afstandsbediening Fernbedienung *v*[20]

afstandsonderwijs Fernunterricht *m*[19]

afstappen *(lett)* absteigen[281]; *(fig) van iets ~* etwas aufgeben[166]; *van een onderwerp ~* ein Thema fallen lassen[197]

¹afsteken *intr* abstoßen[285]: *de boot steekt af* das Boot stößt ab; *~ tegen* sich abheben[186] gegen[+4]

²afsteken *tr* **1** *(graszoden)* abstechen[277] **2** *(doen branden)* abbrennen[138] **3** *(uitspreken)* loslassen[197]: *een speech ~* eine Rede loslassen

afstellen 1 *(opgeven)* aufgeben[166] **2** *(instellen)* einstellen

afstemmen 1 *(van voorstel, wet)* niederstimmen **2** *(telecom)* abstimmen, einstellen

afstempelen 1 *(van stempel voorzien)* abstempeln **2** *(ongeldig maken)* entwerten

afsterven absterben[282]

afstevenen: *op iem ~* auf jmdn lossteuern

afstijgen *(van een paard)* absteigen[281], absitzen[268]

afstoffen abstauben

afstompen *(ook fig)* abstumpfen

afstotelijk abstoßend

afstoten *(ook med)* abstoßen[285]: *iem van zich ~* jmdn von[+3] sich (weg)stoßen[285]

afstraffen bestrafen; *(berispen)* abkanzeln

afstraffing Bestrafung *v*[20]

afstropen 1 *(van vel ontdoen)* abstreifen: *een haas het vel ~* einem Hasen das Fell abziehen[318] **2** *(stropend aflopen)* plündernd umherziehen[318]

afstuderen das Studium absolvieren[320]

afstuiten *(met op)* abprallen von[+3]

aftaaien 1 *(ophouden)* Schluss machen **2** *(weggaan)* abhauen[185]

aftakelen 1 *(van schip)* abtakeln **2** *(fig)* verfallen[154]: *hij takelt af* es geht abwärts mit ihm

aftakeling Verfall *m*[19]: *seniele ~* Altersschwäche *v*[21]

aftakken (sich) abzweigen

aftakking Abzweigung *v*[20]; *(verkeer)* Abzweig *m*[5]

aftands 1 *(mbt personen)* hinfällig, gebrechlich **2** *(mbt voorwerpen)* abgenutzt

aftappen 1 *(van bier, wijn)* abzapfen **2** *(van bloed)* abnehmen[212]; *(van elektr stroom, telefoon)* anzapfen

aftasten *(ook fig)* abtasten

¹aftekenen *tr (voor gezien tekenen)* abzeichnen

²aftekenen, zich: *zich ~ tegen* sich abzeichnen gegen[+4]

aftellen *(tellen)* abzählen; *(aftrekken)* abziehen[318]

af

afterparty Afterhourparty v^{27}, After-Hour-Party v^{27}
aftershave Aftershavelotion v^{27}, After-Shave-Lotion v^{27}
aftersun Aftersunlotion v^{27}, After-Sun-Lotion v^{27}
¹**aftikken** *intr* **1** *(van brief)* fertig tippen **2** *(sp)* abschlagen²⁴¹
²**aftikken** *tr* (*mbt dirigent*) abklopfen
aftiteling Abspann m^5
aftobben, zich sich abmühen, sich abplagen; *(door verdriet)* sich abhärmen
aftocht Abzug m^6; *(terugtocht)* Rückzug m^6
aftrap *(bij voetbal)* Anstoß m^6
aftrappen 1 *(de bal)* anstoßen²⁸⁵ **2** *(door trappen verwijderen)* abtreten²⁹¹
¹**aftreden** *zn* Rücktritt m^5, Abdankung v^{20}
²**aftreden** *ww* zurücktreten²⁹¹, abdanken
aftrek 1 *(vermindering)* Abzug m^6 **2** *(afzet)* Absatz m^{19}: *gretig ~ vinden* reißenden Absatz finden¹⁵⁷
¹**aftrekken** *intr (wegtrekken)* sich verziehen³¹⁸
²**aftrekken** *tr* **1** *(rekenen)* abziehen³¹⁸: *van de belasting ~* von der Steuer absetzen **2** *(door trekken verwijderen)* abziehen³¹⁸: *iem van een bank ~* jmdn von einer Bank ziehen³¹⁸
aftrekking *(rekenen)* Subtraktion v^{20}
aftrekpost Abzugsposten m^{11}
aftreksel Aufguss m^6, Extrakt m^5
aftroeven *(ook fig)* abtrumpfen
aftroggelen: *iem iets ~* jmdm etwas abschwatzen
aftuigen 1 *(scheepv)* abtakeln **2** *(van paard)* abschirren; *(fig) iem ~* jmdn durchprügeln
afvaardigen abordnen
afvaardiging Abordnung v^{20}
afvaart Abfahrt v^{20}
afval Abfall m^6
afvallen 1 *(naar beneden vallen)* abfallen¹⁵⁴, herunterfallen¹⁵⁴: *(van) de trap ~* die Treppe herunterstürzen, hinunterstürzen **2** *(ontrouw worden)* abtrünnig werden³¹⁰: *van het geloof ~* vom Glauben abfallen **3** *(sp)* ausscheiden²³² **4** *(in gewicht afnemen)* abnehmen²¹²
afvallig abtrünnig, treulos, untreu
afvallige Abtrünnige(r) m^{40a}, v^{40b}
afvalproblematiek Entsorgungsfrage v^{21}
afvalproduct Abfallprodukt o^{29}
afvalrace *zie* afvalwedstrijd
afvalstoffen Abfallstoffe *mv* m^5
afvalverwerkingsbedrijf Entsorgungsunternehmen o^{35}
afvalwater Abwasser o^{34}
afvalwedstrijd Ausscheidungs(wett)kampf m^6
afvegen abwischen
afvinken abhaken
afvliegen: *op iem ~*: a) *(lett)* auf jmdn zufliegen¹⁵⁹; b) *(fig)* auf jmdn zustürzen; *zijn hoed vloog van zijn hoofd af* sein Hut flog ihm vom Kopf; *de trap ~* die Treppe heruntereilen (*of:* hinuntereilen)

afvloeien 1 *(wegvloeien)* abfließen¹⁶¹, hinunterfließen¹⁶¹ **2** *(mbt personeel)* abgebaut werden: *personeel laten ~* Personal abbauen
afvoer 1 *(van hout, goederen)* Abfuhr v^{20}, Abtransport m^5 **2** *(van water)* Abfluss m^6
afvoeren 1 *(afvoeren van gevangenen)* Gefangene abtransportieren³²⁰; *goederen ~* Güter befördern
afvoerpijp *(voor water)* Abflussrohr o^{29}; *(voor rook, gassen)* Abzugsrohr o^{29}
afvragen, zich sich fragen
afvullen abfüllen: *flessen ~* Flaschen abfüllen
afvuren *(ook fig)* abschießen²³⁸: *vragen op iem ~* jmdn mit Fragen bestürmen
afwaarts abwärts, hinunter, hinab
afwachten abwarten
afwachting: *in ~ van de dingen die ...* in Erwartung der Dinge, die ...; *in ~ van uw antwoord* Ihrer Antwort entgegensehend
afwas 1 *(het afwassen)* Geschirrspülen o^{39} **2** *(de vaat)* Abwasch m^{19}
afwasautomaat Geschirrspülmaschine v^{21}
afwassen *(de vaat doen)* spülen, abwaschen³⁰⁴
afwateren: *~ op* entwässern in⁺⁴
afwatering Entwässerung v^{20}
afweer Abwehr v^{28}
afweergeschut Flak v^{27}, Flakgeschütz o^{29}
afweerstof Abwehrstoff m^5
afwegen 1 *(waren)* abwiegen³¹² **2** *(fig)* abwägen³⁰³
afweken abweichen
afwenden abwenden³⁰⁸
afwennen abgewöhnen
afwentelen *(ook fig)* abwälzen
afweren abwehren; *(van onheil)* abwenden³⁰⁸
afwerken *(voltooien)* erledigen, vollenden: *afgewerkt product* Fertigware v^{21}; *de agenda ~* die Tagesordnung vollständig behandeln; *dat is keurig afgewerkt* das ist sauber gearbeitet
afwerking Erledigung v^{28}, Vollendung v^{28}; *(van product)* Verarbeitung v^{20}; *zie ook* afwerken
afwerpen abwerfen³¹¹: *(fig) vruchten ~* Früchte tragen²⁸⁸
afweten: *het laten ~*: a) *(niet komen)* absagen; b) *(falen)* versagen
afwezig abwesend
afwezigheid Abwesenheit v^{20}
afwijken *(ook fig) ~ van* abweichen³⁰⁶ von⁺³
afwijking Abweichung v^{20}: *~ aan het oog* Augenfehler m^5; *hij heeft een ~* er ist nicht normal
afwijzen 1 *(van persoon)* abweisen³⁰⁷ **2** *(van aanbod, verzoek, voorstel)* ablehnen; *(jur) een eis ~* eine Klage abweisen³⁰⁷
afwikkelen 1 *(lett)* abwickeln, abrollen **2** *(afhandelen)* abwickeln, erledigen
afwimpelen ablehnen, abweisen³⁰⁷
afwinden abwinden³¹³, abrollen, abwickeln
afwisselen abwechseln
¹**afwisselend** *bn*: *een ~ landschap* eine abwechslungsreiche Landschaft; *met ~ geluk* mit wechselndem Glück

afwisselend *bw* abwechselnd
afwisseling Abwechslung v^{20}
afwissen abwischen: *tranen ~:* a) *(lett)* Tränen abwischen; b) *(fig)* Tränen trocknen
afwrijven abreiben[219]
afzadelen absatteln
afzagen absägen; *zie ook* afgezaagd
afzakken 1 *(mbt kleding)* herunterrutschen **2** *(op een rivier)* stromabwärts treiben[290] **3** *(reizen)* reisen
afzakkertje: *een ~* ein letztes Glas
afzeggen 1 *(niet plaats laten vinden)* absagen **2** *(afbestellen)* abbestellen
afzenden absenden[263], abschicken
afzender Absender m^9
afzet 1 *(handel)* Absatz m^{19} **2** *(het zich afzetten)* Abstoß m^6
afzetgebied Absatzgebiet o^{29}
afzetten 1 *(afnemen, uit ambt ontzetten)* absetzen **2** *(med)* abnehmen[212], abtrennen **3** *(verkopen)* verkaufen **4** *(uitzetten)* abstellen, ausschalten **5** *(afduwen)* abstoßen[285] **6** *(afsluiten)* absperren **7** *(te veel laten betalen)* betrügen[294], abzocken
afzetter Betrüger m^9
afzetterij Betrügerei v^{20}, Abzocke v^{28}, Abzockerei v^{20}
afzetting 1 *(ontslag)* Absetzung v^{20} **2** *(med)* Abnahme v^{21}, Abtrennung v^{20} **3** *(afsluiting)* Absperrung v^{20}; *zie ook* afzetten
afzichtelijk grässlich, abscheulich
afzien *(met van)* verzichten auf[+4], absehen[261] von[+3]: *van de koop ~* vom Kauf zurücktreten[291] || *van iem de kunst ~* jmdm die Kunst absehen[261]
afzienbaar absehbar: *in afzienbare tijd* in absehbarer Zeit
afzijdig: *zich ~ houden van* sich fern halten[183] von[+3]; *(zijn mening niet geven)* mit seiner Meinung zurückhalten[183]
afzoeken absuchen
afzoenen abküssen
afzonderen 1 *(iem)* absondern, isolieren[320] **2** *(geld)* zurücklegen
afzondering Absonderung v^{20}, Isolierung v^{20}
afzonderlijk *bn* gesondert
afzonderlijk *bw* einzeln
afzuigkap Dunstabzugshaube v^{21}
afzwaaien *(mil)* die Militärzeit beenden
afzwakken *intr* sich abschwächen, nachlassen[197]
afzwakken *tr* abschwächen, mildern
afzwemmen 1 *(wegzwemmen)* abschwimmen[257]: *de rivier ~* den Fluss hinabschwimmen[257] **2** *(zwemexamen doen)* sich freischwimmen[257]
afzweren *(med)* abschwären
afzweren *(verwerpen)* abschwören[260+3]: *de drank ~* dem Alkohol abschwören
agenda 1 *(notitieboek)* Notizbuch o^{32} **2** *(van vergadering)* Tagesordnung v^{20}: *op de ~ plaatsen* auf die Tagesordnung setzen **3** *(lijst van afspraken)* Terminkalender m^9 **4** *(schoolagenda)* Aufgabenheft o^{29}

agendapunt Tagesordnungspunkt m^5
agent *(handel)* Vertreter m^9 || *geheim ~* Geheimagent m^{14}; *~ van politie* Polizist m^{14}
agentschap Agentur v^{20}, Vertretung v^{20}
agentuur Agentur v^{20}, Vertretung v^{20}
ageren: *tegen iem ~* gegen jmdn agitieren[320]
agglomeratie Ballungsgebiet o^{29}
aggregatietoestand *(nat)* Aggregatzustand m^6
agitatie Agitation v^{20}; *(opwinding)* Aufregung v^{20}
agitator Agitator m^{16}
agrariër Agrarier m^9, Landwirt m^5
agrarisch agrarisch, landwirtschaftlich
agressie Aggression v^{20}
agressief aggressiv
ah *tw* ah!
aha *tw* aha!, ach so!
a.h.w. *afk van als het ware* gleichsam
aids Aids o^{39a}
aidspatiënt Aidskranke(r) m^{39a}, v^{40b}
air Air o^{36} (2e nvl ook -): *zich een ~ geven* sich[3] ein Air geben[166]
airbag Airbag m^{13}
airconditioned klimatisiert
airconditioning 1 *(de regeling)* Klimatisierung v^{20} **2** *(apparaat)* Klimaanlage v^{21}
airmile *(waardepunt)* Bonusmeile v^{21}
ajakkes *tw (inform)* bah!, pfui!, pfui Teufel!
ajuin *(Belg)* Zwiebel v^{21}
akelig 1 *(naar)* ekelhaft: *ik word ~* mir wird schlecht (*of:* übel) **2** *(huiveringwekkend)* unheimlich **3** *(in erge mate)* entsetzlich: *~ bleek* entsetzlich blass
Aken Aachen o^{39}
akkefietje 1 *(werkje)* kleine Arbeit v^{20}; *(vervelend)* unangenehme Aufgabe v^{21} **2** *(geval, zaakje)* Affäre v^{21}
akker Acker m^{10}, Feld o^{31}
akkerbouw Ackerbau m^{19}
akkerbouwer Landwirt m^5
akkerland Ackerland o^{39}
¹**akkoord** *zn* **1** *(overeenkomst)* Vereinbarung v^{20} **2** *(jur)* Akkord m^5 **3** *(muz)* Akkord m^5
²**akkoord** *bn* richtig: *iets ~ bevinden* mit[+3] etwas einverstanden sein[262]
³**akkoord** *tw* abgemacht!
akoestiek Akustik v^{28}
akoestisch akustisch
akte 1 *(stuk)* Akte v^{21}; *(gewaarmerkt stuk)* Urkunde v^{21} **2** *(diploma)* Diplom o^{29} **3** *(theat)* Akt m^5, Aufzug m^6
aktetas Aktentasche v^{21}
¹**al** *bn* all[68], ganz: *met alle macht* mit aller Macht (*of:* mit seiner ganzen Macht)
²**al** *onbep vnw*[68] all: *alle (al de) wijn* aller Wein; *alle (al het) genoegen* alle Freude; *alle (al het) geluk* alles Glück; *alle (al de) mensen* alle Leute; *al zijn geld* all sein Geld; *al mijn boeken* all(e) meine Bücher; *zij allen* sie alle; *al wat hij zegt* alles, was er

al

sagt; *al wie dit beweert* jeder, der dies behauptet; *wat hij niet al weet!* was er nicht alles weiß!; *met zijn allen* alle zusammen; *al met al* alles in allem; *in alle opzichten* in jeder Hinsicht; *te allen tijde* zu jeder Zeit; *in alle geval* auf jeden Fall

³**al** *bw* **1** *(reeds)* schon, bereits: *ik zie het al* ich sehe es schon **2** *(mbt een toegeving)* wenn auch: *zo hij al rijk is, gelukkig is hij niet* wenn er auch reich ist, er ist nicht glücklich; *al was het zo!* na wennschon! **3** *(versterkend)* zu: *dat begrijp ik maar al te goed* das verstehe ich nur zu gut; *al te graag* allzu gern **4** *(voortdurend)* immer: *het schip werd al groter en groter* das Schiff wurde immer größer; *al snikkend* fortwährend schluchzend; *geheel en al* ganz || *al naar leeftijd* je nach Alter; *al naargelang je tijd hebt* je nachdem, ob du Zeit hast

⁴**al** *vw* wenn auch: *(ook) al ben ik oud, ik ben niet zwak* wenn ich auch alt bin, ich bin nicht schwach

alarm Alarm *m*⁵
alarmbel Alarmglocke *v*²¹
alarmeren alarmieren³²⁰
alarmering Alarmierung *v*²⁰
alarminstallatie Alarmanlage *v*²¹, Warnanlage *v*²¹
alarmpistool Schreckschusspistole *v*²¹
albatros Albatros *m*⁵ (2e nvl -ses; mv -se)
album Album *o* (2e nvl -s; mv Alben)
alcohol Alkohol *m*⁵
alcoholgebruik Alkoholgenuss *m*¹⁹, Alkoholkonsum *m*¹⁹
alcoholgehalte Alkoholgehalt *m*⁵
alcoholhoudend alkoholhaltig, alkoholisch
alcoholisch alkoholisch
alcoholisme Alkoholismus *m*¹⁹ᵃ, Trunksucht *v*²⁸
alcoholist Alkoholiker *m*⁹
alcoholvrij alkoholfrei
aldaar da, dort: *de agent ~* der dortige Vertreter
aldoor immerfort, fortwährend
aldus **1** *(op die manier)* also, so **2** *(als volgt)* folgendermaßen: *hij sprak ~* er sprach wie folgt
aleer bevor, ehe
alert alert: *~ zijn op* bedacht sein²⁶² auf⁺⁴
alfabet Alphabet *o*²⁹
alfabetisch alphabetisch
alg, alge Alge *v*²¹
algebra Algebra *v*²⁸
algebraïsch algebraisch
algeheel gänzlich, völlig, total
algemeen *bn, bw* allgemein: *het ~ belang* das öffentliche Interesse, das Gemeinwohl; *algemene ontwikkeling* Allgemeinbildung *v*²⁸; *algemene staking* Generalstreik *m*¹³; *algemene vergadering* Hauptversammlung *v*²⁰; *~ bekend* allgemein bekannt; *in het ~ (gesproken)* im Allgemeinen; *(over het geheel)* überhaupt; *over het ~* im Allgemeinen
algemeenheid Allgemeinheit *v*²⁰: *(Belg) met ~ van stemmen* einstimmig
alhier hier: *de burgemeester ~* der hiesige Bürgermeister

alhoewel obgleich, obwohl
alias alias, auch … genannt
alibi Alibi *o*³⁶
alien Alien *m*¹³, *o*³⁶
alimentatie **1** *(levensonderhoud)* Alimentation *v*²⁰ **2** *(het bedrag)* Unterhaltsbeitrag *m*⁶
alimentatieplicht Unterhaltspflicht *v*²⁰
alinea Absatz *m*⁶
allang längst, schon lange
allebei beide: *is hij langzaam of lui? ~!* beides!
alledaags alltäglich
alledaagsheid Alltäglichkeit *v*²⁸
alleen **1** *(zonder anderen)* allein: *ik wil ~ zijn* ich möchte allein sein **2** *(slechts)* nur, lediglich, bloß: *niet ~ …, maar ook* nicht nur …, sondern auch
alleenheerschappij Alleinherrschaft *v*²⁸
alleenheerser Alleinherrscher *m*⁹
alleenspraak Monolog *m*⁵, Selbstgespräch *o*²⁹
alleenstaand allein stehend: *een ~e moeder* eine allein erziehende Mutter
alleenstaande Alleinstehende(r) *m*⁴⁰ᵃ, *v*⁴⁰ᵇ
allegaartje **1** *(personen)* zusammengewürfelte Gesellschaft *v*²⁰ **2** *(zaken)* Mischmasch *m*⁵
allegorie Allegorie *v*²¹
allegorisch allegorisch
allemaal alle(s): *~ onzin* alles Unsinn; *de leden waren er ~* alle Mitglieder waren da
allemachtig: *wel ~!* du meine Güte!
alleman jedermann
alleraardigst sehr nett, wunderhübsch
allerberoerdst hundsmiserabel
allerbest allerbest
¹**allereerst** *bn* allererst
²**allereerst** *bw* zunächst
allergie Allergie *v*²¹
allergisch allergisch
allerhande allerhand, allerlei
allerhoogst allerhöchst
allerijl: *in ~* in aller Eile
¹**allerlaatst** *bn* allerletzt
²**allerlaatst** *bw: het ~* zuallerletzt
¹**allerlei** *zn* Allerlei *o*³⁹
²**allerlei** *bn* allerlei, allerhand
allerliefst allerliebst, entzückend
¹**allerminst** *bn* (aller)geringst
²**allerminst** *bw* keineswegs
allerwegen überall, allenthalben
alles *onbep vnw* all⁶⁸: *dat ~* das alles; *bij dit ~* bei alledem; *boven ~* über alles; *van ~* alles (Mögliche); *voor ~* vor allem
allesbehalve alles andere als: *~ gelukkig zijn* alles andere als glücklich sein²⁶²; *(dat was niet prettig,) nee, ~!* nein, keineswegs!
alleseter Allesfresser *m*⁹
alleszins in jeder Hinsicht: *~ geloofwaardig* durchaus glaubwürdig
alliantie Allianz *v*²⁰, Bündnis *o*²⁹ᵃ
allicht **1** *(zeer waarschijnlijk)* sehr wahrscheinlich **2** *(vanzelfsprekend)* natürlich

alligator Alligator m^{16}
all-in pauschal, Pauschal..., alles inbegriffen, all-inclusive: ~*prijs* Pauschalpreis m^5; Pauschale v^{21}; All-inclusive-Preis m^5
all-inreis All-inclusive-Reise v^{21}
alliteratie Alliteration v^{20}, Stabreim m^5
allooi Gehalt m^5: *mensen van slecht* ~ Leute niedriger Art
allrisk Vollkasko...: ~*verzekering* Vollkaskoversicherung v^{20}
allround vielseitig, Allround...
alltime allzeit: *een* ~ *high* ein Allzeithoch
allure Format o^{29}: *een man van* ~ ein Mann von Format
almaar ständig, dauernd, fortwährend
almacht Allmacht v^{28}
almachtig allmächtig
almanak Almanach m^5, Kalender m^9
alom allenthalben, überall
alomtegenwoordig allgegenwärtig
alomvattend allumfassend
Alpen: *de* ~ die Alpen *(mv)*
alpenklokje Alpenglöckchen o^{35}
alpinisme Alpinismus m^{19a}
alpinist Alpinist m^{14}
alpino(muts) Baskenmütze v^{21}
als *vw* **1** *(bij overeenkomst)* wie: *wit* ~ *sneeuw* weiß wie Schnee; *even groot* ~ *ik* ebenso groß wie ich **2** *(na vergrotende trap)* als: *groter* ~ *ik* größer als ich **3** *(in de hoedanigheid van)* als: ~ *balling als Verbannter* **4** *(wanneer)* wenn: ~ *het avond is* wenn es Abend ist **5** *(indien)* wenn: ~ *ik tijd heb* wenn ich Zeit habe
alsjeblieft: *(is hij rijk?)* ~! und ob!; *zie ook* alstublieft
alsmaar immer, dauernd
alsmede sowie, wie auch
alsnog nachträglich, hinterher: *ik moet je* ~ *feliciteren* ich gratuliere dir nachträglich
alsof als ob: ~ *hij het niet wist* als ob er es nicht wüsste
alsook wie auch, sowie
alstublieft *bw* gefälligst: *komt u* ~ *binnen!* bitte, treten Sie ein!; *laat u dat* ~! lassen Sie das gefälligst!
alstublieft *tw (beleefdheidsformule)* bitte!
alt 1 *(altstem)* Alt m^{19}, Altstimme v^{21} **2** *(jongen)* Altsänger m^9 **3** *(zangeres)* Altsängerin v^{22}
altaar Altar m^6
alternatief *zn* Alternative v^{21}
alternatief *bn* alternativ
alternatieveling Aussteiger m^9
althans jedenfalls, wenigstens
altijd *(steeds)* immer, stets: *voor* ~ für immer
altijddurend immer während
altviool Bratsche v^{21}, Altgeige v^{21}
aluminium Aluminium o^{39}
aluminiumfolie Aluminiumfolie v^{21}
alvast vorläufig, einstweilen

alvleesklier Bauchspeicheldrüse v^{21}
alvorens bevor, ehe
alweer schon wieder
alwetend allwissend
alwetendheid Allwissenheit v^{28}
alzheimer Alzheimer m^{19}
Alzheimer: *ziekte van* ~ Alzheimerkrankheit v^{28}; Alzheimer-Krankheit v^{28}
ama *afk van alleenstaande minderjarige asielzoeker* unbegleiteter minderjähriger Asylbewerber m^9
amandel 1 *(vrucht)* Mandel v^{21} **2** *(med)* Mandel v^{21} **3** *(boom)* Mandelbaum m^6
amanuensis technische Hilfskraft v^{25}
amateur Amateur m^5
amateuristisch stümperhaft
amazone Amazone v^{21}
ambacht Handwerk o^{29}, Gewerbe o^{33}
ambachtelijk handwerklich
ambachtsman Handwerker m^9
ambassade Botschaft v^{20}
ambassadeur Botschafter m^9
ambiëren anstreben, trachten nach^{+3}
ambitie Ehrgeiz m^{19}
ambitieus ehrgeizig
ambt Amt o^{32}
ambtelijk amtlich, Amts...
ambteloos amtlos
ambtenaar Beamte(r) m^{40a}: *vrouwelijk* ~ Beamtin v^{22}; ~ *van de burgerlijke stand* Standesbeamte(r); ~ *die een zaak behandelt* Sachbearbeiter m^9
ambtenarengerecht Disziplinargericht o^{29}
ambtenarenkorps Beamtenschaft v^{28}
ambtenares Beamtin v^{22}
ambtenarij Bürokratie v^{21}
ambtgenoot Amtskollege m^{15}
ambtsaanvaarding Amtsantritt m^{19}
ambtseed Amtseid m^5, Diensteid m^5
ambtsgeheim Amtsgeheimnis o^{29a}
ambtshalve von Amts wegen, amtshalber
ambtsmisbruik Amtsmissbrauch m^{19}
ambtstermijn Amtsperiode v^{21}
ambtswege: *van* ~ von Amts wegen, amtlich
ambulanceauto Krankenwagen m^{11}
ambulancedienst Rettungsdienst m^5
ambulant ambulant
¹amen *zn* Amen o^{35}
²amen *tw* amen!: *(Belg)* ~ *en uit!* Schluss!
amendement Amendement o^{36} [ammãndemã̄n]
Amerika Amerika o^{39}
Amerikaan Amerikaner m^9
Amerikaans amerikanisch
Amerikaanse Amerikanerin v^{22}
amerikaniseren amerikanisieren^{320}
ameublement Zimmereinrichtung v^{20}, Wohnungseinrichtung v^{20}
amfibie Amphibie v^{21}
amfibievoertuig Amphibienfahrzeug o^{29}

amfibisch amphibisch
amfitheater Amphitheater o^{33}
amicaal freundschaftlich
ammonia Salmiakgeist m^{19}
ammoniak Ammoniak o^{39}
amnestie Amnestie v^{21}
amok: ~ *maken* Amok laufen[198]
amoreel amoralisch
amper kaum
ampère Ampere o *(2e nvl -(s); mv -)*
ampèremeter Amperemeter o^{33}
ampex, ampexband Ampex v^{28}
amputatie Amputation v^{20}
amputeren amputieren[320]
Amsterdammer Amsterdamer m^9
Amsterdams Amsterdamer
Amsterdamse Amsterdamerin v^{22}
amulet Amulett o^{29}
amusant amüsant, unterhaltsam
amusement Amüsement o^{36}, Unterhaltung v^{20}
¹amuseren *tr* amüsieren[320], unterhalten[183]
²amuseren, zich sich amüsieren, sich unterhalten[183]
anaal anal
anachronisme Anachronismus *m (2e nvl -; mv Anachronismen)*
analfabeet Analphabet m^{14}
analfabetisme Analphabetismus m^{19a}
analist 1 *(chem)* Chemielaborant m^{14}, Chemotechniker m^9 **2** *(algem)* Statistiker m^9 **3** *(comp)* Systemanalytiker m^9
analogie Analogie v^{21}
analoog analog
analyse Analyse v^{21}
analyseren analysieren[320]
analyticus Analytiker m^9
analytisch analytisch
ananas Ananas *v (mv -(se))*
anarchie Anarchie v^{21}
anarchisme Anarchismus m^{19a}
anarchist Anarchist m^{14}
anarchistisch anarchistisch
anatomie Anatomie v^{21}
anatomisch anatomisch
ancien *(Belg)* **1** *(oud-soldaat)* Veteran m^{14} **2** *(iem met ervaring)* alter Hase m^{15}
anciënniteit Dienstalter o^{39}
¹ander *bn* ander: *een ~e keer* ein anderes Mal; *zijn er nog ~e vragen?* gibt es noch weitere Fragen?; *in het ~e geval* sonst; *iem naar de ~e wereld helpen* jmdn ins Jenseits befördern
²ander *onbep vnw* der, die, das andere: *de een of ~* irgendeiner; *een en ~ kost veel* das alles kostet viel; *het een en ~* dieses und jenes; *onder ~e* unter anderem; *onder ~en* unter anderen
³ander *telw* zweit: *hij komt om de ~e dag* er kommt jeden zweiten Tag
anderhalf anderthalb, ein(und)einhalb: *anderhalve dag* anderthalb Tage

andermaal noch einmal, zum zweiten Mal
andermans anderer Leute: ~ *huis* das Haus anderer Leute
anders *bw* **1** *(op een andere manier)* anders **2** *(zo niet dan …, verder)* sonst: ~ *dan* ~ anders als sonst; ~ *niets* sonst nichts; *iets ~ aanpakken* etwas anders machen
andersdenkend anders denkend
andersdenkende Andersdenkende(r) m^{40a}, v^{40b}
andersom andersherum, umgekehrt: *juist* ~ gerade umgekehrt; *iets ~ keren* etwas umkehren
andersoortig andersartig
anderstalig anderssprachig
anderzijds andererseits, anderseits
andijvie Endivie v^{21}
andreaskruis Andreaskreuz o^{29}
anekdote Anekdote v^{21}
anekdotisch anekdotenhaft, anekdotisch
anemoon Anemone v^{21}
anesthesie Anästhesie v^{21}
anesthesist Anästhesist m^{14}
angel 1 *(steekorgaan)* Stachel m^{17} **2** *(vishaak)* Angelhaken m^{11}
Angelsaksisch angelsächsisch
angina Angina *v (mv Anginen)*
anglicaan Anglikaner m^9
anglicaans anglikanisch
angst Angst v^{25}, Furcht v^{28}
angstig ängstlich, bange: *ik ben* ~ mir ist bange *(of: ich habe Angst); het is hier ~ vol* es ist hier unheimlich voll
angstvallig 1 *(pijnlijk nauwgezet)* peinlich genau **2** *(vreesachtig)* ängstlich
angstwekkend Furcht erregend
angstzweet Angstschweiß m^{19}
anijs Anis *m⁵ (2e nvl ook -)*
animatie 1 *(film)* Animation v^{20} **2** *(Belg)* *(georganiseerde activiteiten)* Animation v^{20}, Sport- und Freizeitaktivitäten *mv* v^{20}
animeren animieren[320], ermuntern, anregen
animo Schwung m^{19}, Lust v^{28}, Furcht v^{21}: *met veel* ~ mit Lust und Liebe; *zonder* ~ lustlos
anjelier, anjer Nelke v^{21}
anker Anker m^9: *het* ~ *uitwerpen* Anker (aus)werfen[311]; *het* ~ *lichten* den Anker lichten; *voor* ~ *gaan* vor Anker gehen[168]; *voor* ~ *liggen* vor Anker liegen[202]
ankeren ankern
ankerketting Ankerkette v^{21}
annex mit⁺³: *schouwburg* ~ *café* Theater mit Café
annexatie Annektierung v^{20}
annexeren annektieren[320]
anno im Jahre, anno
annonce Anzeige v^{21}, Annonce v^{21}, Inserat o^{29}
annonceren anzeigen, annoncieren[320]
annotatie Anmerkung v^{20}
annoteren mit Anmerkungen versehen[261]
annuïteit Annuität v^{20}
annuleren annullieren[320], für nichtig erklären:

een order ~ einen Auftrag annullieren
anoniem anonym
anonimiteit Anonymität v^{28}
ansicht(kaart) Ansichtskarte v^{21}
ansjovis Anschovis *v (mv -)*, Sardelle v^{21}
antecedent *(taalk)* Bezugswort o^{32}: *iems ~en* jmds Vorleben o^{35}
antenne Antenne v^{21}; *(dierk, ook)* Fühler m^9
anthologie Anthologie v^{21}
antibioticum Antibiotikum *o (2e nvl -s; mv -ka)*
anticipatie Vorwegnahme v^{21}: *bij* ~ vorweg
anticiperen vorwegnehmen^{212}
anticlimax Antiklimax v^{23}
anticonceptie Empfängnisverhütung v^{28}
anticonceptiepil Antibabypille v^{21}
¹**antiek** *zn: het* ~ die Antiquitäten
²**antiek** *bn* antik
antiglobalist Globalisierungsgegner m^9
antiheld Antiheld m^{14}
antilope Antilope v^{21}
antipathie Antipathie v^{21}, Abneigung v^{20}
antiquaar Antiquar m^5
antiquair Antiquitätenhändler m^9
antiquariaat Antiquariat o^{29}
antiquarisch antiquarisch
antiquiteit Antiquität v^{20}
antirevolutionair Antirevolutionär m^5
antisemiet Antisemit m^{14}
antisemitisch antisemitisch
antisemitisme Antisemitismus m^{19a}
antiseptisch antiseptisch
antislip Gleitschutz m^{19}
antistof Antikörper m^9, Abwehrstoff m^5
antithese Antithese v^{21}
antivries(middel) Frostschutzmittel o^{33}
antrax Anthrax m^{19a}, Milzbrand m^{19}
antropoloog Anthropologe m^{15}
antwoord Antwort v^{20}: *in* ~ *op uw brief* auf Ihr Schreiben; *ten* ~ *krijgen* zur Antwort bekommen^{193}
antwoordapparaat Anrufbeantworter m^9
antwoorden antworten: *op iets* ~ auf^{+4} etwas antworten
anus Anus *m (2e nvl -; mv Ani)*, After m^9
aorta Aorta *v (mv Aorten)*
AOW Altersrente v^{28}
apart 1 *(afgescheiden)* gesondert: *geld* ~ *leggen* Geld beiseite legen 2 *(op zichzelf)* einzeln, separat 3 *(exclusief)* apart: *dat is iets ~s* das ist etwas Besonderes
apartheid Apartheid v^{28}
apathie Apathie v^{21}
apathisch apathisch
apegapen: *hij ligt op* ~ er pfeift auf dem letzten Loch
apennoot Erdnuss v^{25}
apenstaart *(comp)* Klammeraffe m^{15}
aperitief Aperitif m^{13}
apin Äffin v^{22}

apk, apk-keuring TÜV-Prüfung v^{20}
apostel Apostel m^9
apostrof Apostroph m^5, Auslassungszeichen o^{35}
apotheek Apotheke v^{21}
apotheker Apotheker m^9
apothekersassistente Apothekenhelferin v^{22}
apparaat Apparat m^5
apparatuur Apparatur v^{20}
appartement Appartement o^{36}
¹**appel** 1 Appell m^5: *op het* ~ *ontbreken* beim Appell fehlen 2 *(jur)* Berufung v^{20}
²**appel** 1 *(vrucht)* Apfel m^{10} 2 *(boom)* Apfelbaum m^6 || *de* ~ *valt niet ver van de boom* der Apfel fällt nicht weit vom Stamm
appelbol Apfel m^6, im Schlafrock
appelboom Apfelbaum m^6
appelflauwte Ohnmacht v^{20}
appelleren Berufung einlegen: ~ *aan* appellieren an^{+4}
appelmoes Apfelmus o^{39}, Apfelbrei m^{19}
appelsap Apfelsaft m^6
appelsien *(Belg)* Apfelsine v^{21}, Orange v^{21}
appelstroop Apfelkraut o^{39}
appeltaart Apfelkuchen m^{11}, Apfeltorte v^{21}
appeltje Äpfelchen o^{35}: *met iem een ~ te schillen hebben* mit jmdm ein Hühnchen zu rupfen haben^{182}
appendix Appendix m^5
appetijtelijk appetitlich
applaudisseren applaudieren^{320}: *voor iem* ~ jmdm applaudieren
applaus Applaus m^5, Beifall m^{19}
applicatie Applikation v^{20}; *(comp)* Anwendungsprogramm o^{29}
appreciëren anerkennen^{189}, schätzen
après-ski Après-Ski o^{39a}
après-skiën sich beim Après-Ski vergnügen
april April m^5 *(2e nvl ook April)*: *in* ~ im April
aprilgrap Aprilscherz m^5
à propos was ich noch sagen wollte
aquaduct Aquädukt o^{29}
aquajoggen aquajoggen
aquajogging Aquajogging o^{39}
aquarel Aquarell o^{29}
aquarium Aquarium *o (2e nvl -s; mv Aquarien)*
ar Pferdeschlitten m^{11}
Arabië Arabien o^{39}
Arabier Araber m^9
Arabisch arabisch
arbeid Arbeit v^{20}
arbeiden arbeiten
arbeider Arbeiter m^9
arbeidersbeweging Arbeiterbewegung v^{28}
arbeidersbuurt Arbeiterviertel o^{33}
arbeidersklasse Arbeiterklasse v^{28}
arbeidsbemiddeling Arbeitsvermittlung v^{20}
arbeidsbureau Arbeitsamt o^{32}
arbeidsconflict Arbeitskonflikt m^5
arbeidscontract Arbeits-, Dienstvertrag m^6

arbeidsinspectie Gewerbeaufsicht v^{28}
arbeidsintensief arbeitsintensiv
arbeidsloon Arbeitslohn m^6
arbeidsmarkt Arbeitsmarkt m^6: *overspannen ~* Überbeschäftigung v^{20}
arbeidsongeschikt arbeitsunfähig
arbeidsongeschiktheidsverzekering Berufsunfähigkeitsversicherung v^{20}
arbeidsovereenkomst Arbeitsvertrag m^6
arbeidstijd Arbeitszeit v^{20}
arbeidstijdverkorting Arbeitszeitverkürzung v^{20}
arbeidsvoorwaarden Arbeitsbedingungen *mv* v^{20}
arbiter 1 *(jur)* Schiedsmann m^8 2 *(sp)* Schiedsrichter m^9
arbitrage Arbitrage v^{21}
arceren schraffieren^{320}
archeologie Archäologie v^{28}
archeologisch archäologisch
archeoloog Archäologe m^{15}
archief Archiv o^{29}
architect Architekt m^{14}
architectonisch architektonisch
architectuur Architektur v^{20}
Arctisch arktisch
are Ar o^{29}, m^5 *(afk* a)
arena Arena *v (mv* Arenen)
arend Adler m^9
arendsblik Adlerblick m^5
argeloos arglos, vertrauensselig
argeloosheid Arglosigkeit v^{28}, Vertrauensseligkeit v^{28}
arglist Heimtücke v^{28}, Arglist v^{28}
arglistig heimtückisch, arglistig
argument Argument o^{29}
argumentatie Argumentation v^{20}
argumenteren argumentieren^{320}
argusogen Argusaugen *mv* o^{38}
argwaan Argwohn m^{19}
argwanen (etwas, jmdn) argwöhnen
argwanend argwöhnisch
aria Arie v^{21}
ariër Arier m^9
arisch arisch
aristocraat Aristokrat m^{14}
aristocratie Aristokratie v^{21}
aristocratisch aristokratisch
ark Arche v^{21}: *de ~ van Noach* die Arche Noah(s)
¹arm *zn* 1 *(algem)* Arm m^5: *(fig) iem in de ~ nemen* jmdn zurate *(of:* zu Rate) ziehen^{318} 2 *(mouw)* Arm m^5, Ärmel m^9 3 *(van stoel)* Armlehne v^{21}
²arm *bn* arm^{58}: *een ~e drommel* ein armer Schlucker; *~ aan* arm an^{+3}; *~ en rijk* Arm und Reich
armatuur Armatur v^{20}
armband Armband o^{32}
arme Arme(r) m^{40a}, v^{40b}
armelijk ärmlich, dürftig
armetierig kümmerlich, ärmlich
armlastig (unterstützungs)bedürftig
armleuning Armlehne v^{21}, Armstütze v^{21}
armoe(de) Armut v^{28}: *stille ~* verschämte Armut; *(fig) van ~ ging ik maar naar bed* weil ich nichts Besseres wusste, ging ich ins Bett
armoedeval Armutsfalle v^{21}
armoedig ärmlich, dürftig
armoedzaaier Habenichts m^5
armsgat Armloch o^{32}
armslag *(fig)* Bewegungsfreiheit v^{28}
armstoel Armsessel m^9, Armstuhl m^6
armzalig armselig
aroma Aroma o^{36} *(mv ook* Aromen)
aromatisch aromatisch
arrangement Arrangement o^{36}
arrangeren arrangieren^{320}
arrenslede Pferdeschlitten m^{11}
arrest 1 *(beslaglegging, hechtenis)* Arrest m^5: *iem in ~ nemen* jmdn verhaften; *in ~ zitten* sich in Haft befinden^{157} 2 *(vonnis)* Urteil o^{29}
arrestant Häftling m^5
arrestatie Verhaftung v^{20}, Festnahme v^{21}
arresteren verhaften, festnehmen^{212}
arriveren ankommen^{193}, eintreffen^{289}
arrogant arrogant
arrogantie Arroganz v^{28}
arrondissement Bezirk m^5
arrondissementeel *(Belg)* Bezirks…
arrondissementsrechtbank Landgericht o^{29}
arsenaal Arsenal o^{29}; *(fig)* Repertoire o^{36}
arsenicum Arsen o^{39}
arterie Arterie v^{21}
articulatie Artikulation v^{20}
articuleren artikulieren^{320}
artiest Künstler m^9; *(in circus, variété en cabaret, meestal)* Artist m^{14}
artikel Artikel m^9: *huishoudelijke ~en* Haushalt(s)waren *mv* v^{21}; *~ in een krant* Zeitungsartikel; *volgens ~ 1 van de Grondwet* nach Artikel 1 der Verfassung
artillerie Artillerie v^{21}
artisanaal *(Belg)* kunstgewerblich
artisjok Artischocke v^{21}
artisticiteit künstlerische Veranlagung v^{20}
artistiek künstlerisch veranlagt, kunstsinnig
artrose Arthrose v^{21}
arts Arzt m^6
artsenbezoeker Ärztevertreter m^9
artsenij Arznei v^{20}, Medikament o^{29}
¹as *(spil)* Achse v^{21}; *(om beweging over te brengen)* Welle v^{21}
²as *(overblijfsel na verbranding)* Asche v^{21}: *in de as leggen* in Schutt und Asche legen
a.s. *afk van* aanstaande nächst: *maandag ~ kom ik* nächsten Montag komme ich
asbak Aschenbecher m^9, Ascher m^9
asbest Asbest m^5
asblond aschblond
asceet Asket m^{14}

ascese Askese v^{28}
ascetisch asketisch
asem Puste v^{28}, Atem m^{19}
asfalt Asphalt m^5
asfalteren asphaltieren[320]
asiel Asyl o^{29}: *iem ~ verlenen* jmdm Asyl gewähren; *politiek ~ vragen* um politisches Asyl bitten[132] (*of:* nachsuchen)
asielrecht Asylrecht o^{39}
asielzoeker Asylant m^{14}, Asylbewerber m^9, Asylsuchende(r) m^{40a}, v^{40b}
aso Assi m^{13}
a.s.o. (*Belg*) *afk van algemeen secundair onderwijs* weiterführender Unterricht m^{19}
asociaal asozial
aspect 1 (*kant, aanblik*) Aspekt m^5 **2** (*vooruitzichten*) *de ~en* die Aussichten
asperge Spargel m^9
aspirant Aspirant m^{14}, Anwärter m^9
aspirant-koper Interessent m^{14}
aspiratie Aspiration v^{20}: *zijn ~s gaan uit naar ...* er hat Aspirationen nach[+3] ...; *hoge ~s hebben* hoch hinauswollen[315]
aspirientje Aspirintablette v^{21}
aspirine Aspirin o^{39}
assemblage Montage v^{21}
assemblee Vollversammlung v^{20}
assembleren zusammensetzen, montieren[320]
assessment Assessment o^{36}
assimilatie Assimilation v^{20}
assimileren assimilieren[320]
assisen (*Belg*): *hof van ~* Assisen *mv* v^{21}; Schwurgericht o^{29}
assist Assist m^{13}
assistent 1 (*algem*) Assistent m^{14} **2** (*med*) Assistenzarzt m^6
assistente 1 (*algem*) Assistentin v^{22} **2** (*van arts*) Arzthelferin v^{22}, Sprechstundenhilfe v^{21}
assistentie Assistenz v^{20}: *~ verlenen:* a) (*algem*) Assistenz leisten; b) (*door politie*) polizeiliche Unterstützung gewähren
assisteren assistieren[320]
associatie Assoziation v^{20}
associëren, zich sich assoziieren[320]
assortiment Sortiment o^{29}, Auswahl v^{28}
assuradeur Versicherer m^9
assurantie Versicherung v^{20}
assurantiemaatschappij Versicherungsgesellschaft v^{20}
aster Aster v^{21}
astma Asthma o^{39}
astmatisch asthmatisch
astrologie Astrologie v^{28}
astroloog Astrologe m^{15}
astronaut Astronaut m^{14}
astronomie Astronomie v^{28}
astronomisch astronomisch
astronoom Astronom m^{14}
asymmetrisch asymmetrisch, unsymmetrisch

at (*comp*) at
atalanta (*dierk*) Admiral m^5, m^6
atelier Atelier o^{36}, Werkstatt v (*mv* Werkstätten)
atheïsme Atheismus m^{19a}
atheïst Atheist m^{14}
atheneum Gymnasium *o* (*2e nvl -s; mv* Gymnasien)
Atlantisch atlantisch: *~ pact* Atlantikpakt m^{19}
Atlantische Oceaan Atlantischer Ozean m^{19}, Atlantik m^{19}
atlas Atlas *m* (*2e nvl* Atlas(ses); *mv* Atlasse; *ook* Atlanten)
atleet Athlet m^{14}; (*atletiekbeoefenaar*) Leichtathlet m^{14}
atletiek Leichtathletik v^{28}
atletisch athletisch
atmosfeer Atmosphäre v^{21}
atmosferisch atmosphärisch
atol Atoll o^{29}
atomair atomar
atoom Atom o^{29}
atoomafval Atommüll m^{19}
atoombom Atombombe v^{21}
atoomenergie Atomenergie v^{28}, Kernenergie v^{28}
atoomkop Atomsprengkopf m^6
atoomoorlog Atomkrieg m^5
atoomtijdperk Atomzeitalter o^{39}
attaché 1 Attaché m^{13}: *militair ~* Militärattaché m^{13} **2** (*Belg*) (*adviseur van minister*) Berater m^9 des Ministers
attaque 1 (*mil*) Angriff m^5 **2** (*med*) Attacke v^{21}; (*beroerte*) Schlaganfall m^6
attaqueren attackieren[320]
at-teken (*comp*) At-Zeichen o^{35}, At-Sign o^{36}, Klammeraffe m^{15}
attenderen: *iem op iets ~* jmdn auf[+4] etwas aufmerksam machen
attent aufmerksam; (*hulpvaardig*) zuvorkommend
attentie: *ter ~ van* zu Händen[+2] (*of:* zu Händen von[+3]); *iem ~s bewijzen* jmdm Aufmerksamkeiten erweisen[307]; *~! Achtung!*
attest Attest o^{29}, Bescheinigung v^{20}: *~ van de dokter* ärztliches Zeugnis o^{29a}
attractie Attraktion v^{20}
attractief attraktiv, anziehend
attractiepark Vergnügungspark m^{13}, *soms* m^5, Erlebnispark m^{13}, *soms* m^5
attribuut Attribut o^{29}
au *tw* au!, auweh!
aubergine Aubergine v^{21}
audiëntie Audienz v^{20}: *~ geven* Audienz geben[166]; *in ~ ontvangen* in Audienz empfangen[146]
audioboek Audiobuch o^{32}, Hörbuch o^{32}
audiotoren Stereoturm m^6
audiovisueel audiovisuell
audit Audit o^{36}, m^{13}
auditie Vorspiel o^{29}, Vorsingen o^{39}
auditief auditiv

auditor Auditor m^{16}
auditoraat *(Belg)* Militärgericht o^{29}
auditorium Auditorium o *(2e nvl -s; mv Auditorien)*
augurk Gurke v^{21}: ~ in het zuur Essiggurke
augustus August m^5 *(2e nvl ook -): in* ~ im August
aula Aula v *(mv Aulen)*
¹**au pair** *zn* Aupairmädchen o^{35}, Au-pair-Mädchen o^{35}
²**au pair** *bn* au pair: *betrekking als* ~ Aupairstelle v^{21}; Au-pair-Stelle v^{21}
aureool Aureole v^{21}
auspiciën: *onder (de)* ~ *van* unter den Auspizien von^{+3}
ausputzer *(sport)* Ausputzer m^9
Australië Australien o^{39}
Australiër Australier m^9
Australisch australisch
auteur Autor m^{16}
auteurschap Autor-, Urheberschaft v^{28}
auteursrecht Urheberrecht o^{29}
authenticiteit Authentizität v^{20}
authentiek authentisch
auto Auto o^{36}, Wagen m^{11}: *kleine* ~ Kleinwagen
autoband Autoreifen m^{11}
autobiografie Autobiografie v^{21}, Autobiographie
autobus Omnibus m *(2e nvl -ses; mv -se)*, Autobus m *(2e nvl -ses; mv -se)*, Bus m *(2e nvl -ses; mv -se)*
¹**autochtoon** *zn* Einheimische(r) m^{40a}, v^{40b}, Eingeborene(r) m^{40a}, v^{40b}
²**autochtoon** *bn* autochthon, einheimisch
autocoureur Rennfahrer m^9
autodidact Autodidakt m^{14}
autogordel Sicherheitsgurt m^5
auto-industrie Autoindustrie v^{21}
autokraker Autoknacker m^9
automaat Automat m^{14}
automatiek Automatenrestaurant o^{36}
automatisch automatisch: ~*e overschrijving (giro)* Dauerauftrag m^6; ~ *telefoonverkeer* Selbstwählverkehr m^{19}; ~*e versnellingsbak* Automatikgetriebe o^{33}
automatiseren automatisieren^{320}
automatisering Automatisierung v^{20}
automatisme Automatismus m *(2e nvl -; mv Automatismen)*
automerk Automarke v^{21}
automobiel Automobil o^{29}
automobielinspectie *(Belg)* TÜV-Prüfung v^{20}
automobilist Autofahrer m^9
autonomie Autonomie v^{21}
autonoom autonom
auto-ongeluk Autounfall m^6
autopapieren Kraftfahrzeugpapiere mv o^{29}
autopark Wagenpark m^{13}
autoped Roller m^9

autoradio Autoradio o^{36}
autorijden Auto fahren^{153}
autorijschool Fahrschule v^{21}
autoritair autoritär
autoriteit Autorität v^{20}; *(overheidsinstantie)* Behörde v^{21}: *bevoegde* ~ zuständige Behörde
autosnelweg Autobahn v^{20}
autostop *(Belg)* Autostopp m^{13}: ~ *doen* Autostopp machen
autostrade *(Belg)* Autobahn v^{20}
autotelefoon Autotelefon o^{29}
autoverkeer Autoverkehr m^{19}
autowasstraat Waschstraße v^{21}, Autowaschstraße v^{21}
averechts falsch, verkehrt
averij Havarie v^{21}
aversie Aversion v^{20}, Abneigung v^{20}
avond Abend m^5: *'s* ~*s* abends
avondblad Abendblatt o^{32}, Abendzeitung v^{20}
avonddienst 1 *(godsd)* Abendgottesdienst m^5 **2** *(werktijd)* Spätdienst m^5
avondeditie Abendausgabe v^{21}
avondjapon, avondjurk Abendkleid o^{31}
avondkleding Gesellschaftskleidung v^{28}
avondklok Ausgangssperre v^{28}
Avondland Abendland o^{39}
avondmaal Abendmahl o^{29}: *(prot) het Heilige Avondmaal* das Heilige Abendmahl
avondmaaltijd Abendessen o^{35}
avondmens Nachtmensch m^{14}
avondpermissie Ausgeherlaubnis v^{28}
avondrood Abendröte v^{28}, Abendrot o^{39}
avonturier Abenteurer m^9
avonturierster Abenteu(r)erin v^{22}
avontuur Abenteuer o^{33}
avontuurlijk abenteuerlich
avontuurtje Abenteuer o^{33}, Liebelei v^{20}
azen: *op iets* ~ auf^{+4} etwas lauern
Aziaat Asiat m^{14}
Aziatisch asiatisch
Azië Asien o^{39}
azijn Essig m^5

b

BA *(Belg) afk van burgerlijke aansprakelijkheid (in Ned WA)* Haftpflicht v^{28}
baai *(inham)* Bai v^{20}, Meeresbucht v^{20}
baal Ballen m^{11}: *bij balen* ballenweise
baan 1 *(algem)* Bahn v^{20}: *(fig) in goede banen leiden* in die richtige Bahn lenken; *op de lange ~ schuiven* auf die lange Bank schieben^{237}; *die zaak is van de ~* die Sache ist erledigt **2** *(weg)* Straße v^{21} **3** *(betrekking)* Stelle v^{21}, Job m^{13}
baanbrekend bahnbrechend
baanvak Bahnstrecke v^{21}
baanwachter Bahnwärter m^9
baar *(staaf goud, zilver)* Barren m^{11}
baar *(draagbaar)* Bahre v^{21}
baar *(golf)* Welle v^{21}, Woge v^{21}
baar *bn* bar: *in ~ geld betalen* (in) bar zahlen
baard Bart m^6 || *hij heeft de ~ in de keel* er ist im Stimmbruch
baardig bärtig
baarmoeder Gebärmutter v^{26}
baars Barsch m^5
baas 1 *(chef)* Chef m^{13}; *(directeur)* Direktor m^{16}: *de ~ in huis* der Herr im Hause; *zij is de ~ in huis* sie hat die Hosen an; *ik ben mijn eigen ~* ich bin mein eigener Herr; *hij is hier de ~* er hat hier das Sagen; *de ~ over iem spelen* jmdn bevormunden **2** *(van hond)* Herr m^{14} *(2e, 3e, 4e nvl ev: Herrn)*, Herrchen o^{35} **3** *(bolleboos)* Meister m^9: *hij is mij de ~* er ist mir überlegen; *iets de ~ worden* etwas meistern || *een aardige ~* ein netter Kerl
baat Nutzen m^{19}, Vorteil m^5: *ik vind geen ~ bij dat geneesmiddel* diese Arznei hilft nicht; *de gelegenheid te ~ nemen* die Gelegenheit nutzen; *alle middelen te ~ nemen* alle Mittel anwenden^{308}; *ten bate van* zugunsten^{+2}; *baten afwerpen* Vorteil bringen^{139}
baatzuchtig eigennützig, selbstsüchtig
babbelen plaudern
babe Babe o^{36}
baby Baby o^{36}
babyboom Babyboom m^{13}
babyboomer Babyboomer m^9, m^{13}
babyfoon Babyfon o^{29}, Babyphon o^{29}
babykleertjes Babykleidung v^{20} *(zelden mv)*
babysitten babysitten
babysitter Babysitter m^9
babyuitzet Babyausstattung v^{20}
babyverzorgingsruimte Wickelraum m^6
bachelor Bachelor m^{13} *(2e nvl ook -)*
bacil Bazillus *m (2e nvl -; mv Bazillen)*
bacillendrager Bazillenträger m^9
back *(sp)* Verteidiger m^9
backhand Rückhand v^{28}
backpacker Backpacker m^9, Rucksacktourist m^{14}
bacon Bacon m^{19}
bacterie Bakterie v^{21}
bacterieel bakteriell
bacteriologisch bakteriologisch
bad Bad o^{32}
badcel Bad o^{32}, Badezimmer o^{33}
baddoek Badetuch o^{32}
baden *(sich) baden: in weelde ~* im Überfluss leben; *in het zweet ~* in Schweiß baden
badgast Badegast m^6; *(wie kuurt, ook)* Kurgast
badge Namensschild o^{31}
badjas Bademantel m^{10}
badjuffrouw Badewärterin v^{22}
badkamer Bad o^{32}, Badezimmer o^{33}
badkuip Badewanne v^{21}
badlaken Badetuch o^{32}, Frottiertuch o^{32}
badmeester Bademeister m^9
badminton Badminton o^{39}, Federball m^{19}
badmuts Badehaube v^{21}
badpak Badeanzug m^6
badplaats 1 *(algem)* Badeort m^5 **2** *(voor wie kuurt)* Kurort m^5, Bad o^{32}
badslipper Badelatsche v^{21}
badstof Frottee m^{13}, o^{36} *(2e nvl ook -)*
bagage Gepäck o^{39}: *zijn ~ afgeven* sein Gepäck aufgeben^{166}
bagagedrager Gepäckträger m^9
bagagekluis Schließfach o^{32}
bagagenet Gepäcknetz o^{29}
bagatelliseren bagatellisieren^{320}, kleinreden
bagger Schlamm m^5, m^6
baggeren baggern: *door de modder ~* durch den Schlamm waten
baggermachine, baggermolen Bagger m^9, Baggermaschine v^{21}
bah *tw* bah!, pfui!, pfui Teufel!
bajes Kittchen o^{35}, Knast m^5, m^6, Loch o^{32}
bajonet Bajonett o^{29}
bajonetsluiting Bajonettverschluss m^6
¹**bak 1** *(algem) (kist)* Behälter m^9, Kasten m^{12} **2** *(gevangenis)* Kittchen o^{35}, Loch o^{32}
²**bak** *(mop)* Witz m^5
bakbeest Koloss m^5, Ungeheuer o^{33}
bakblik Backblech o^{29}
bakboord Backbord o^{29}: *aan ~* an Backbord
baken Bake v^{21}: *~s zetten* Baken aufstellen
bakermat 1 *(plaats van oorsprong)* Wiege v^{21} **2** *(geboortestreek)* Heimat v^{20}
bakerpraat(je) Altweibergeschwätz o^{39}
bakje 1 *(kleine kist)* kleiner Behälter m^9 **2** *(kopje)* Tasse v^{21}

bakkebaard Backenbart m^6, Koteletten mv v^{21}
bakkeleien sich raufen, sich balgen
bakken 1 *(van voedsel)* backen^{121}; *(vlees, vis, ei, ook)* braten^{136}: *gebakken aardappels* Bratkartoffeln **2** *(van dakpannen, potten)* brennen^{138}
bakker Bäcker m^9: *(fig) het is voor de ~* es ist alles in Butter
bakkerij Bäckerei v^{20}, Backstube v^{21}
bakkersgast, bakkersknecht Bäckergeselle m^{15}
bakkes Fratze v^{21}; *hou je ~!* halt die Klappe!
bakpan Bratpfanne v^{21}
bakplaat Backblech o^{29}
bakpoeder Backpulver o^{33}
baksteen Backstein m^5, Ziegel m^9, Ziegelstein m^5
bakstenen backsteinern, Backstein…, Ziegel…
bakzeil: *~ halen* klein beigeben^{166}
^{1}**bal 1** *(bolrond voorwerp)* Ball m^6: *~ gehakt* Frikadelle v^{21}; Bulette v^{21} **2** *(van hand en voet)* Ballen m^{11} **3** *(teel-, zaadbal)* Hode v^{21} || *hij weet er geen ~ van* er hat keine blasse Ahnung davon
^{2}**bal** *(danspartij)* Ball m^6
balalaika Balalaika v^{27} *(mv ook Balalaiken)*
balanceren balancieren^{320}
balans 1 *(weegschaal)* Waage v^{21} **2** *(handel)* Bilanz v^{20}: *de ~ opmaken: a) (lett)* die Bilanz aufstellen; *b) (fig)* (die) Bilanz ziehen^{318} *(aus^{+3})*
baldadig mutwillig, ausgelassen, übermütig
baldadigheid 1 *(uitgelatenheid)* Ausgelassenheit v^{28} **2** *(straatschenderij)* Unfug m^{19}
balen: *van iets ~* etwas satt haben^{182}
balie 1 *(toonbank)* Schalter m^9, Theke v^{21} **2** *(balustrade in rechtszaal)* Schranke v^{21} des Gerichts **3** *(rechtbank)* Gericht o^{29} **4** *(advocatenstand)* Anwaltschaft v^{28}: *lid van de ~* Rechtsanwalt m^6
balk Balken m^{11} || *hij gooit het niet over de ~* er wirft sein Geld nicht zum Fenster hinaus
Balkan der Balkan m^{19}
balken 1 *(mbt ezel)* iahen **2** *(huilen)* heulen
balkon 1 Balkon m^5, m^{13} **2** *(van tram)* Plattform v^{20}
ballade Ballade v^{21}
ballast *(ook fig)* Ballast m^5
ballaststoffen Ballaststoffe *(mv)*
^{1}**ballen** *intr* **1** *(tot een bal worden)* sich ballen **2** *(met een bal spelen)* Ball spielen
^{2}**ballen** *tr* ballen
ballenbak Bällebad o^{32}
ballenjongen Balljunge m^{15}
ballerig angeberisch, großkotzig
ballerina Ballerina v *(mv Ballerinen)*
ballet Ballett o^{29}
balletdanser(es) Balletttänzer m^9, Balletttänzerin v^{22}
balletje Bällchen o^{35}: *~ van vlees* Fleischklößchen o^{35}
balling Verbannte(r) m^{40a}, v^{40b}
ballingschap Verbannung v^{20}, Exil o^{29}
ballon Ballon m^5, m^{13}
ballpoint Kugelschreiber m^9, Kuli m^{13}

balsamico(azijn) Balsamico m^{19}
balsem Balsam m^5
balsemen balsamieren^{320}
Baltisch baltisch: *de ~e staten* das Baltikum
balustrade Balustrade v^{21}, Brüstung v^{20}
balzaal Ballsaal m^6 *(mv -säle)*
balzak Hodensack m^6
bamastructuur Bachelor-Master-Struktur v^{20}
bamboe Bambus m *(2e nvl - en -ses; mv -se)*
bamibal Bamigorengbulette v^{21}
ban Bann m^{19}: *iem in de ~ doen* jmdn in Acht und Bann tun
banaal banal
banaan Banane v^{21}
banaliteit Banalität v^{20}
^{1}**band 1** *(strook)* Band o^{32}: *de lopende ~* das Fließband **2** *(relatie)* Band o^{29}: *de ~en des bloeds* die Bande des Bluts **3** *(boekdeel)* Band m^6 **4** *(biljart)* Bande v^{21} **5** *(van voertuig)* Reifen **6** *(sp)* Gürtel m^9: *zwarte ~* schwarzer Gürtel m^{11}
^{2}**band** *(Eng, muz)* Band v^{27}
bandage Bandage v^{21}
bandeloos zügellos
bandeloosheid Zügellosigkeit v^{28}
bandenpech Reifenpanne v^{21}
bandiet Bandit m^{14}
bandleider Bandleader m^9
bandopname Tonband-, Bandaufnahme v^{21}
bandrecorder Rekorder m^9, Tonbandgerät o^{29}
banen bahnen: *zich een weg ~* sich^3 einen Weg bahnen
bang *bn, bw* bang(e)^{59}: *~e uren* bange Stunden; *~ zijn* sich fürchten *(of:* Angst haben*)*; *ik ben ~ voor de dood* ich fürchte mich vor dem Tod; *ik ben ~, dat …* ich fürchte, dass …; *ik was er al ~ voor* ich dachte es schon; *iem ~ maken* jmdm Angst machen
bangelijk ängstlich, furchtsam
bangerik Angsthase m^{15}
bangmakerij Einschüchterung v^{20}
banjo Banjo o^{36}
^{1}**bank** *(zetel, aardlaag)* Bank v^{25}; *(meubelstuk)* Couch v^{27}, v^{20}: *door de ~* im Allgemeinen
^{2}**bank** *(instelling)* Bank v^{20}
bankafschrift Kontoauszug m^6
bankbediende Bankangestellte(r) m^{40a}, v^{40b}
bankbiljet Banknote v^{21}, Geldschein m^5
banket Bankett o^{29}, Festessen o^{35}
banketbakker Konditor m^{16}
banketbakkerij Konditorei v^{20}
bankier Bankier m^{13} [bangkjee], Banker m^9
bankje 1 *(kleine bank)* Bänkchen o^{35} **2** *(voetenbankje)* Fußbank v^{25}, Schemel m^9
bankoverval Banküberfall m^6
bankpapier Bankpapier o^{29}, Banknoten mv v^{21}
bankpas Scheckkarte v^{21}
^{1}**bankroet** *zn* Bankrott m^5: *~ gaan* Bankrott gehen^{168}
^{2}**bankroet** *bn* bankrott: *~ zijn* bankrott sein

bankrover Bankräuber m^9
bankschroef Schraubstock m^6
bankstel Polstergarnitur v^{20}
bankwerker Schlosser m^9
banneling Verbannte(r) m^{40a}, v^{40b}
banner Banner o^{33}
bapao Bapao o^{39a} *(mv -)*
baptist Baptist m^{14}
bar *zn* Bar v^{27}
bar *bn, bw* **1** *(mbt strand, rots)* kahl, nackt **2** *(mbt streken)* dürr, unfruchtbar **3** *(mbt weer)* rau **4** *(erg)* schlimm: ~ *veel geld* unheimlich viel Geld; *een ~re tocht* eine schlimme Fahrt; *het is ~!* es ist schlimm! **5** *(zeer)* fürchterlich, schrecklich
barak Baracke v^{21}
barbaar Barbar m^{14}
barbaars barbarisch, unmenschlich
barbaarsheid Barbarei v^{20}
barbecue Barbecue o^{36}
barbecueën ein Barbecue geben^{166}; *(grillen)* grillen, braten^{136}
bareel *(Belg)* **1** *(slagboom)* Schlagbaum m^6, Schranke v^{21} **2** *(spoorboom)* Eisenbahnschranke v^{21}
barema *(Belg)* Lohnskala v^{27} *(mv ook -skalen)*
baren gebären, zur Welt bringen^{139}: *iem zorg ~* jmdm Sorge bereiten
baret Barett o^{29}
bariton Bariton m^5
barjuffrouw Bardame v^{21}
barkeeper Barkeeper m^9, Barmann m^8
barkruk Barhocker m^9
barmhartig barmherzig
barok *zn* Barock m^{19}, o^{39} *(2e nvl -s)*
barok *bn* barock
barokstijl Barockstil m^{19}
barometer Barometer o^{33}: *de ~ gaat achteruit, vooruit* das Barometer fällt, steigt
baron Baron m^5
barones Baronin v^{22}
barrage *(sport)* Stechen o^{39}, Stichkampf m^6
barrevoets barfuß
barricade Barrikade v^{21}
barricaderen *tr* verbarrikadieren^{320}
barricaderen, zich sich verbarrikadieren
barrière Barriere v^{21}
bars barsch, grob
barst 1 *(in hout, ijs, muur)* Riss m^5 **2** *(in glas, kopje e.d.)* Sprung m^6 **3** *(in huid)* Schrunde v^{21}
barsten 1 *(barsten krijgen)* bersten^{127}, Sprünge *(of:* Risse*)* bekommen^{193} **2** *(in stukken breken)* platzen, zerspringen^{276} || *barst!* rutsch mir den Buckel runter!; *~ van afgunst* vor Neid platzen; *~ van nieuwsgierigheid* vor Neugier brennen^{138}; *iem laten ~* jmdn sitzen lassen^{197}
bas Bass m^6
basalt Basalt m^5
baseball Baseball m^{19}
baseballcap Baseballkappe v^{21}

baseballen Baseball spielen
baseline Grundlinie v^{21}
baseren basieren^{320}: *gebaseerd zijn op* basieren auf^{+3}, beruhen auf^{+3}
basiliek Basilika v *(mv Basiliken)*
basis Basis v *(mv Basen); (mil, ook)* Stützpunkt m^5
basisch basisch
basisgarantie, basiszekerheid Grundsicherung v^{20}
basisgegevens Eckdaten *(mv)*
basisinkomen Bürgergeld o^{39}
basisloon Grundlohn m^6
basisonderwijs 1 *(van 4 tot 12 jaar)* Grundschulunterricht m^5 **2** *(eerste beginselen)* Elementarunterricht m^5
basisoptie *(Belg)* Wahlfächer *mv* o^{32}
basisschool Grundschule v^{21}
basisverzekering Bürgerversicherung v^{20}
basisvorming *(Belg)* Pflichtfächer *mv* o^{32}
basiswedde Grundgehalt o^{32}
Bask Baske m^{15}
basketbal 1 *(sport)* Basketball m^{19}, o^{39} **2** *(bal)* Basketball m^6
Baskisch baskisch
bassin Bassin o^{36}, Becken o^{35}
bassist Bassist m^{14}
bassleutel Bassschlüssel m^9
bast *(deel van boom onder schors)* Bast m^5; *(schors)* Rinde v^{21}, Borke v^{21}: *in z'n blote ~* nackt
basta *tw* basta!, genug!, Schluss jetzt!
bastaard Bastard m^5; *(dierk, ook)* Hybride v^{21}
bastersuiker Farin m^{19}
bastion Bastion v^{20}, Bastei v^{20}
bat *(sp)* Tischtennisschläger m^9, Schläger m^9
bataljon Bataillon o^{29}
bate: *ten ~ van* zugunsten^{+2}, zu Gunsten^{+2}
baten nützen^{+3}, helfen^{188+3}
batig: *~ slot* Überschuss m^6; Plus o^{39a}
batje *zie* bat
batterij 1 *(mil, elektr)* Batterie v^{21} **2** *(groep)* ganze Menge v^{21} **3** *(achterste)* Hintern m^{11} **4** *(Belg) (accu)* Batterie v^{21}
batterijlader Akkuladegerät o^{29}, Akkulader m^9
bauxiet Bauxit m^5
baviaan Pavian m^5
baxter *(Belg) (med)* Infusion v^{20}: *aan de ~ liggen* am Tropf hängen
bazaar Basar m^5
Bazel Basel o^{39}
bazelen faseln, schwafeln
bazig herrisch, gebieterisch
bazin Herrin v^{22}; *(van hond)* Frauchen o^{35}; *(cheffin)* Chefin v^{22}
BBI *(Belg) afk van* Bijzondere Belastinginspectie Steuerfahndung v^{28}
beachvolleybal Beachvolleyball m^{19}, o^{39}, Beach-Volleyball m^{19}, o^{39}
beademen 1 behauchen **2** *(med)* beatmen

beambte Beamte(r) m^{40a}; *(employé)* Angestellte(r) m^{40a}: *vrouwelijke ~* Beamtin v^{22}; Angestellte v^{40b}

beamen 1 *(instemmen)* beipflichten^{+3} **2** *(bevestigen)* bestätigen

beamer Beamer m^9

beangstigen (be)ängstigen

beantwoorden 1 *(een brief, vraag)* beantworten; *(een blik, groet, hatelijkheid, het vijandelijk vuur)* erwidern **2** *(met aan)* entsprechen^{274+3}

beantwoording Beantwortung v^{20}, Erwiderung v^{20}

beargumenteren begründen

beat Beat m^{19}, m^{19a}

beatgroep Beatband v^{27}

beauty Beauty v^{27}

beautycase Kosmetikkoffer m^9

bebloed blutig, blutbefleckt

beboeten mit einer Geldstrafe belegen: *iem ~* jmdm eine Geldstrafe auferlegen

bebossen aufforsten

bebossing Aufforstung v^{20}

bebouwen 1 bebauen **2** *(landb)* bestellen

bebouwing 1 Bebauung v^{20} **2** *(landb)* Bestellung v^{20}

becijferen *(berekenen)* beziffern, berechnen

becommentariëren kommentieren^{320}

beconcurreren: *iem ~* mit jmdm konkurrieren^{320}

bed 1 *(slaapplaats)* Bett o^{37}: *kamer met één ~* Einzelzimmer o^{33}; *kamer met twee ~den* Doppelzimmer o^{33}; *in ~ liggen* im Bett liegen^{202}; *naar ~ brengen* ins Bett bringen^{139}; *naar ~ gaan* ins Bett gehen^{168}; *met iem naar ~ willen* mit jmdm ins Bett wollen^{315} **2** *(bloembed)* Beet o^{29}

bedaard ruhig, gelassen

bedacht bedacht, gefasst: *op alles ~ zijn* auf alles gefasst sein^{262}; *op zijn voordeel ~ zijn* auf seinen Vorteil bedacht sein^{262}

bedachtzaam bedächtig, besonnen

bedankbrief Dankbrief m^5, Dankschreiben o^{35}

bedanken 1 *(dank betuigen)* sich bedanken, danken^{+3}: *iem voor iets ~* sich bei jmdm für^{+4} etwas bedanken (*of:* jmdm für etwas danken) **2** *(afwijzen)* ablehnen **3** *(opzeggen)* abbestellen **4** *(mbt club)* austreten^{291}

^{1}**bedaren** *intr* sich beruhigen; *zie ook* bedaard

^{2}**bedaren** *tr* beruhigen: *iem tot ~ brengen* jmdn beruhigen

beddengoed Bettzeug o^{39}, Bettwäsche v^{28}

beddenlaken Betttuch o^{32}

beddensprei Tagesdecke v^{21}

bedding Bett o^{37}; *(van rivier ook)* Flussbett

bedeesd schüchtern, scheu

bedeesdheid Schüchternheit v^{28}, Scheu v^{28}

bedekken bedecken

bedekt 1 *(toegedekt)* bedeckt: *de lucht is ~* der Himmel ist bewölkt **2** *(niet openlijk)* verblümt: *in ~e termen* mit verblümten Worten

bedelaar Bettler m^9

bedelares Bettlerin v^{22}

bedelarij Bettelei v^{20}, Betteln o^{39}

bedelbrief Bettelbrief m^5

^{1}**bedelen** betteln

^{2}**bedelen** unterstützen: *de fortuin heeft hem rijk bedeeld* er ist mit Glücksgütern gesegnet

bedelstaf Bettelstab m^6: *tot de ~ brengen* an den Bettelstab bringen^{139}

bedelven begraben^{180}

bedenkelijk bedenklich

bedenken 1 *(overwegen)* bedenken^{140}, sich^3 überlegen: *zonder zich te ~* ohne sich zu bedenken; *hij heeft zich bedacht* er hat sich^3 es anders überlegt **2** *(verzinnen)* ausdenken^{140} **3** *(begiftigen)* bedenken^{140}

bedenking Bedenken o^{35}, Einwand m^6: *~en hebben* Bedenken haben^{182}

bedenksel Erfindung v^{20}

bedenktijd Bedenkzeit v^{20}

bederf 1 *(rotting)* Fäulnis v^{28}; *(van lijken)* Verwesung v^{28}: *tot ~ overgaan* in Fäulnis (*of:* in Verwesung) übergehen^{168} **2** *(achteruitgang)* Verfall m^{19}: *aan ~ onderhevig* verderblich

^{1}**bederven** *intr* verderben^{297}: *die vruchten ~ gauw* diese Früchte sind leicht verderblich; *zie ook* bedorven

^{2}**bederven** *tr* **1** *(slechter maken)* verderben^{297}: *z'n ogen ~* sich^3 die Augen verderben **2** *(verwennen)* verziehen^{318}, verwöhnen **3** *(verpesten)* verpfuschen

bedevaart Wallfahrt v^{20}, Pilgerfahrt v^{20}

bedevaartganger Wallfahrer m^9, Pilger m^9

bedevaartsoord Wallfahrtsort m^5

bediende 1 *(in huishouding)* Diener m^9, Dienerin v^{22} **2** *(employé)* Angestellte(r) m^{40a}, v^{40b} **3** *(in zaak)* Verkäufer m^9: *jongste ~* Lehrling m^5

^{1}**bedienen** *tr* bedienen

^{2}**bedienen, zich** sich bedienen^{+2}

bediening Bedienung v^{28}

bedieningsgeld Bedienungsgeld o^{31}

bedieningsknop Bedienungsknopf m^6

bedieningspaneel Schalttafel v^{21}, Schaltbrett o^{31}

bedieningspost *(Belg)* Ausleihe v^{21}

bedijken eindeichen

beding Bedingung v^{20}

bedingen 1 *(overeenkomen)* vereinbaren **2** *(onderhandelen)* (aus)bedingen^{141}

bedisselen in Ordnung bringen^{139}: *een zaak ~* eine Sache deichseln

bedlegerig bettlägerig

bedlegerigheid Bettlägerigkeit v^{28}

bedoelen 1 *(aanduiden)* meinen: *de bedoelde persoon* der (*of:* die) Betreffende **2** *(beogen)* beabsichtigen, bezwecken

bedoeling *(doel)* Absicht v^{20}, Zweck m^5: *de ~ van deze maatregel* der Zweck dieser Maßnahme; *dat was niet de ~* so war es nicht gemeint; *het*

ligt in onze ~ dat te doen wir beabsichtigen, das zu tun; *met de* ~ in der Absicht
bedoening Betrieb *m*⁵
bedompt dumpf, dumpfig
bedonderd *(inform)* **1** *(slecht)* miserabel, beschissen **2** *(dwaas)* verrückt
bedonderen *(inform)* beschummeln, bemogeln
bedorven *(mbt spijzen, dranken)* verdorben: *een* ~ *ei* ein faules Ei; ~ *lucht* stickige Luft *v*²⁸
bedrag Betrag *m*⁶, Summe *v*²¹: *het gedeeltelijke* ~ der Teilbetrag; *het resterende* ~ der Restbetrag; *ten* ~*e van* in Höhe von⁺³
bedragen betragen²⁸⁸, sich belaufen¹⁹⁸ auf⁺⁴
bedreigen drohen⁺³, bedrohen⁺⁴: *iem* ~ jmdn bedrohen (*of:* jmdm drohen)
bedreiging Drohung *v*²⁰, Bedrohung *v*²⁰
bedreven erfahren, versiert, gewandt
bedriegen betrügen²⁹⁴, täuschen, hintergehen¹⁶⁸: *hij werd in z'n verwachtingen bedrogen* er sah sich in seinen Erwartungen betrogen; *hij kwam bedrogen uit* er hatte sich sehr verrechnet; *als mijn geheugen mij niet bedriegt* wenn mich mein Gedächtnis nicht trügt
bedrieger Betrüger *m*⁹
bedriegerij Betrug *m*¹⁹, Betrügerei *v*²⁰
bedrieglijk 1 *(leugenachtig)* betrügerisch **2** *(misleidend)* trügerisch
bedrijf 1 *(algem)* Betrieb *m*⁵: *buiten* ~ außer Betrieb; *in* ~ in Betrieb **2** *(bedrijfsleven)* Wirtschaft *v*²⁸ **3** *(ambacht)* Gewerbe *o*³³, Handwerk *o*²⁹: *zijn* ~ *uitoefenen* seinem Erwerb nachgehen¹⁶⁸ **4** *(zaak)* Geschäft *o*²⁹ **5** *(theat)* Aufzug *m*⁵, Akt *m*⁵
bedrijfsarts Betriebsarzt *m*⁶, Werksarzt *m*⁶
bedrijfseconoom Betriebswirt *m*⁵
bedrijfsinkomsten Betriebseinnahmen *mv v*²¹
bedrijfskapitaal Betriebskapital *o*²⁹
bedrijfsklaar betriebsfertig
bedrijfsleider Betriebsleiter *m*⁹
bedrijfsleven Wirtschaft *v*²⁸
bedrijfsongeval Betriebsunfall *m*⁶
bedrijfsresultaat Betriebsergebnis *o*²⁹ᵃ
bedrijfsrevisor *(Belg)* Bücherrevisor *m*¹⁶
bedrijfsruimte Betriebsraum *m*⁶
bedrijfssluiting Betriebsstilllegung *v*²⁰
bedrijfstak Wirtschaftszweig *m*⁵, Branche *v*²¹
bedrijfszeker betriebssicher
bedrijven *(van misdaad)* begehen¹⁶⁸, verüben
bedrijvend: ~*e vorm* Aktiv *o*²⁹
bedrijvig geschäftig, betriebsam, emsig
bedrijvigheid Geschäftigkeit *v*²⁸
bedrinken, zich sich betrinken²⁹³
bedroefd betrübt (über⁺⁴), traurig (über⁺⁴)
bedroefdheid Traurigkeit *v*²⁸, Betrübtheit *v*²⁸
bedroeven betrüben, traurig machen
bedroevend betrüblich: ~ *slecht* miserabel
bedrog Betrug *m*¹⁹; *(oplichterij)* Schwindel *m*¹⁹: *optisch* ~ optische Täuschung *v*²⁰
bedruipen begießen¹⁷⁵: *zichzelf kunnen* ~ seinen Unterhalt bestreiten können¹⁹⁴

bedrukken bedrucken
bedrukt *(fig)* niedergeschlagen, bedrückt
bedtijd Schlafenszeit *v*²⁰
beducht bange: *voor iets* ~ *zijn* etwas fürchten
beduiden 1 *(betekenen)* bedeuten **2** *(gebaren)* zu verstehen geben¹⁶⁶ **3** *(aan het verstand brengen)* deutlich machen
beduimeld abgegriffen
beduusd verdutzt, betreten
beduvelen *(inform)* beschummeln, hereinlegen
bedwang: *in* ~ *houden* im Zaum halten¹⁸³
bedwelmen betäuben; *(door alcohol en fig)* berauschen, benebeln
bedwelming Betäubung *v*²⁰, Berauschung *v*²⁰
bedwingen 1 *(van gevoelens)* bezwingen³¹⁹ **2** *(van oproer)* unterdrücken
beëdigd 1 *(onder ede)* vereidigt **2** *(door eed bekrachtigd)* beeidet
beëdigen 1 *(de eed laten afleggen)* vereidigen **2** *(met een eed bekrachtigen)* beeiden
beëdiging *(bekrachtiging)* Beeidigung *v*²⁰; *(het afleggen van de eed)* Vereidigung *v*²⁰
beëindigen beenden, beendigen
beek Bach *m*⁶
beeld 1 *(standbeeld)* Statue *v*²¹, Figur *v*²⁰, Plastik *v*²⁰: *bronzen* ~ Bronzefigur **2** *(beeldspraak)* Bild *o*³¹: *een* ~ *van een kind* ein bildschönes Kind
beeldband Videoband *o*³²
beeldbuis Bildröhre *v*²¹
beeldend: ~*e kunst* bildende Kunst *v*²⁵
beeldengroep Figurengruppe *v*²¹
beeldhouwen 1 *(in steen)* meißeln **2** *(in hout)* schnitzen
beeldhouwer Bildhauer *m*⁹; *(in hout)* Bildschnitzer *m*⁹
beeldhouwkunst Bildhauerkunst *v*²⁸
beeldhouwster Bildhauerin *v*²²
beeldig süß, (bild)hübsch, goldig
beeldscherm Bildschirm *m*⁵: *plat* ~ Flachbildschirm
beeldschoon bildschön
beeldschrift Bilderschrift *v*²⁰
beeldspraak Bildersprache *v*²⁸
beeltenis Bildnis *o*²⁹ᵃ, Bild *o*³¹
been 1 *(bot)* Knochen *m*¹¹ **2** *(lichaamsdeel)* Bein *o*²⁹: *de benen nemen* die Beine in die Hand nehmen²¹²; *iem op de* ~ *helpen* jmdm auf die Beine helfen¹⁸⁸; *(Belg) iets aan zijn* ~ *hebben* hereingelegt sein²⁶² **3** *(van hoek, passer)* Schenkel *m*⁹
beenbeschermer Beinschoner *m*⁹, Beinschiene *v*²¹
beenbreuk Beinbruch *m*⁶
beendergestel Knochengerüst *o*²⁹
beenhouwer *(Belg)* Fleischer *m*⁹, Metzger *m*⁹
beenhouwerij *(Belg)* Metzgerei *v*²⁰, Fleischerei *v*²⁰
beenhouwersgast *(Belg)* Fleischergeselle *m*¹⁵
beenmerg Knochenmark *o*³⁹
beenruimte Beinraum *m*¹⁹

beentje Beinchen o^{35}; *(botje)* Knöchelchen o^{35}: *zijn beste ~ voorzetten* sich von seiner Schokoladenseite zeigen

beer 1 *(roofdier)* Bär m^{14}: *sterk als een ~* bärenstark **2** *(mannetjesvarken)* Eber m^9 ‖ *(sterrenk) de Grote en de Kleine Beer* der Große und der Kleine Bär

beerput 1 *(lett)* Senkgrube v^{21} **2** *(fig)* Sammelbecken o^{35}

beërven (jmdn) beerben, (etwas) erben

beest 1 *(dier)* Tier o^{29} **2** *(wild dier)* Bestie v^{21}

beestachtig bestialisch, tierisch

beestje Tierchen o^{35}; *(luis)* Laus v^{25}

beet 1 *(het bijten)* Biss m^5: *~ van een hond* Hundebiss **2** *(hap, brok)* Bissen m^{11}

beethebben: *ik heb beet* der Fisch hat angebissen

beetje bisschen: *een ~* ein bisschen (*of:* ein wenig); *alle ~s helpen* jedes bisschen hilft; *(en) niet zo'n ~!* nicht so knapp!

beetkrijgen erwischen, packen

beetnemen 1 *(lett)* (an)fassen **2** *(fig)* anführen

beetpakken (an)fassen, ergreifen^{181}

BEF *afk van Belgische frank* bfr, BF

befaamd berühmt, namhaft

befaamdheid Bekanntheit v^{28}, Berühmtheit v^{28}

begaafd begabt, talentiert

begaafdheid Begabung v^{20}

¹**begaan** *intr: laat hem maar ~* lass ihn nur gewähren

²**begaan** *tr* **1** *(van weg)* begehen^{168}: *de begane grond* das Erdgeschoss **2** *(van misdaad)* begehen^{168}, verüben **3** *(van fout)* machen

begaanbaar 1 *(algem)* begehbar **2** *(voor voertuigen)* befahrbar

begeerlijk 1 *(waard begeerd te worden)* begehrenswert **2** *(begeerte uitdrukkend)* begierig

begeerte Begierde v^{21}, Begier v^{28}

begeleid: *~ wonen*: *a)* in einer betreuten Wohngemeinschaft wohnen; *b)* betreutes Wohnen

begeleiden 1 begleiten **2** *(mil)* eskortieren^{320} **3** *(verzorgen)* betreuen

begeleider 1 Begleiter m^9 **2** *(verzorger)* Betreuer m^9

begeleiding 1 Begleitung v^{20} **2** *(verzorging)* Betreuung v^{20}

begenadigd begnadet: *een ~ kunstenaar* ein begnadeter Künstler

begenadigen begnadigen

begeren begehren

begerenswaardig begehrenswert

begerig begierig

¹**begeven** *tr* *(in de steek laten)* versagen, im Stich lassen^{197}: *het ~ (mbt plank, ijs)* brechen^{137}; *de motor begeeft het* der Motor versagt

²**begeven, zich** sich begeben^{166}

begieten begießen^{175}, gießen^{175}

begiftigen beschenken, bedenken^{140}: *iem met iets ~* jmdn mit^{+3} etwas beschenken

begin Anfang m^6, Beginn m^5: *~ mei* Anfang Mai; *een ~ maken* den Anfang machen; *alle ~ is moeilijk* aller Anfang ist schwer; *bij het ~ van het nieuwe jaar* zum Jahresanfang; *in het ~ van het jaar* am Anfang des Jahres; *in het ~* am Anfang, zu Anfang, im Anfang, anfangs; *van het ~ af* von Anfang an; *van het ~ tot het einde* von Anfang bis Ende

beginneling(e) Anfänger m^9, Anfängerin v^{22}

¹**beginnen** *intr* anfangen^{155}, beginnen^{124}: *wat moet ik ~?* was soll ich machen?; *jij bent begonnen!* du hast angefangen!; *voor zichzelf ~* sich selbstständig (*of:* selbständig) machen

²**beginnen** *tr* anfangen^{155}, beginnen^{124}: *een proces tegen iem ~* einen Prozess gegen jmdn anstrengen

beginner Anfänger m^9

beginsalaris Anfangsgehalt o^{32}

beginsel Prinzip o^{29} *(mv meestal -ien)*, Grundsatz m^6: *in ~* im Prinzip

beginselkwestie Prinzipienfrage v^{21}

beginselprogramma Parteiprogramm o^{29}

begluren belauern

begoed *(Belg)* begütert, wohlhabend, bemittelt

begoochelen: *iem ~* jmdn betören; *(misleiden)* jmdn täuschen

begraafplaats Friedhof m^6

begrafenis Begräbnis o^{29a}, Beerdigung v^{20}

begrafeniskosten Bestattungskosten *(mv)*

begrafenisonderneming Beerdigungsinstitut o^{29}, Bestattungsunternehmen o^{35}

begrafenisstoet Leichenzug m^6

begraven 1 *(van dode)* beerdigen, bestatten, begraben^{180} **2** *(van schat)* vergraben^{180}

begrensd begrenzt; *(beperkt, ook)* beschränkt

begrenzen 1 begrenzen *(ook fig): begrensd worden door* grenzen an^{+4} **2** *(beperken)* beschränken

begrijpelijk begreiflich, verständlich

begrijpen verstehen^{279}, begreifen^{181}: *iem verkeerd ~ (ook)* jmdn missverstehen; *de kosten zijn daarin begrepen* die Kosten sind einbegriffen

begrijpend verständnisvoll

begrip Begriff m^5: *dat gaat mijn ~ te boven* das geht über meine Begriffe; *naar onze ~pen* nach unseren Auffassungen; *traag van ~ zijn* schwer von Begriff sein^{262}; *hij heeft er geen ~ van* er hat keine Ahnung davon; *geen ~ voor iets hebben* kein Verständnis für^{+4} etwas haben^{182}

begripsbepaling Begriffsbestimmung v^{20}

begroeien bewachsen^{302}: *begroeid met* bewachsen mit^{+3}

begroeten begrüßen

begroeting Begrüßung v^{20}

begroten schätzen, veranschlagen: *de kosten ~* einen Kostenanschlag machen

begroting 1 *(van overheid)* Etat m^{13}, Haushalt m^5, Haushaltsplan m^6 **2** *(raming van de kosten)* Kostenvoranschlag m^6

begrotingsjaar Haushaltsjahr o^{29}

begunstigen begünstigen
begunstiger 1 *(die een gunst bewijst)* Begünstiger *m*⁹ **2** *(beschermer)* Gönner *m*⁹
begunstiging 1 Begünstigung *v*²⁰ **2** *(bevoordeling)* Bevorzugung *v*²⁰
beha BH *m*⁹, Büstenhalter *m*⁹
behaaglijk behaglich: *~ gevoel* Wohlgefühl *o*²⁹; *hij voelt zich heel ~* ihm ist recht wohl
behaard behaart
behagen *zn* Behagen *o*³⁹, Gefallen *o*³⁹: *~ in iets scheppen* Gefallen an⁺³ etwas finden¹⁵⁷
behagen *ww* behagen, gefallen¹⁵⁴
behalen: *buit ~* Beute machen; *de overwinning ~ den* Sieg davontragen²⁸⁸; *roem ~* Ruhm ernten; *een succes ~* einen Erfolg erzielen; *daarmee is geen eer te ~* das bringt nichts ein
behalve außer⁺³, abgesehen von⁺³: *en ~ dat* und außerdem; *~ dat hij lui is, heeft hij nog …* abgesehen davon, dass er faul ist, hat er noch …; *zij lijken op elkaar, ~ dat de een wat groter is* sie sehen sich ähnlich, nur ist der eine etwas größer
behandelen 1 behandeln: *de ~de geneesheer* der behandelnde Arzt; *hij moet (als ambtenaar) dit geval ~* er ist der Sachbearbeiter **2** *(jur)* verhandeln: *zijn zaak wordt morgen behandeld* sein Fall wird morgen verhandelt
behandeling 1 Behandlung *v*²⁰: *onder ~ stellen* ärztlich behandeln lassen¹⁹⁷ **2** *(jur)* Verhandlung *v*²⁰
behang Tapete *v*²¹
behangen tapezieren³²⁰
behanger Tapezierer *m*⁹
behappen bewältigen
behartigen: *iems belangen ~* jmds Interessen vertreten²⁹¹
beheer Verwaltung *v*²⁰: *financieel ~* Finanzverwaltung; *raad van ~* Verwaltungsrat *m*⁶; *in eigen ~* in eigener Verwaltung; *het ~ voeren over iets* mit der Verwaltung von⁺³ etwas betraut sein²⁶²
beheerder Verwalter *m*⁹
beheerraad *(Belg)* Verwaltungsrat *m*⁶
beheersen *tr* beherrschen
beheersen, zich sich beherrschen
beheersing Beherrschung *v*²⁸
beheksen behexen
behelpen, zich sich⁴ behelfen: *zich weten te ~* sich³ zu helfen wissen³¹⁴; *zich moeten ~* sich behelfen müssen²¹¹
behelzen enthalten¹⁸³
behendig behände, gewandt, geschickt
behendigheid Behändigkeit *v*²⁸, Gewandtheit *v*²⁸, Geschicklichkeit *v*²⁸
behept *(met met)* behaftet mit⁺³
beheren verwalten
behoeden behüten: *~ voor* behüten vor⁺³
behoedzaam behutsam
behoedzaamheid Behutsamkeit *v*²⁸
behoefte 1 *(verlangen naar hetgeen men mist)* Bedürfnis *o*²⁹ᵃ: *~ aan liefde hebben* ein Bedürfnis nach Liebe haben¹⁸² **2** *(benodigdheden)* Bedarf *m*¹⁹: *~ aan energie* Energiebedarf; *in eigen ~n voorzien* sich selbst versorgen **3** *(ontlasting)* Notdurft *v*²⁸: *zijn ~ doen* seine Notdurft verrichten
behoeftig bedürftig: *in ~e omstandigheden leven* in dürftigen Verhältnissen leben
behoeve: *ten ~ van* zugunsten⁺² (*of*: zu Gunsten⁺²)
behoeven brauchen
behoorlijk anständig, angemessen: *een ~e vergoeding* eine angemessene Vergütung; *iem ~ behandelen* jmdn anständig behandeln
¹**behoren** *zn*: *naar ~* gebührend
²**behoren** *ww* **1** *(toebehoren)* gehören⁺³ **2** *(betamen)* sich gehören
behoud Erhaltung *v*²⁸: *met ~ van salaris* unter Weiterzahlung des Gehalts; *dat is zijn ~* das ist seine Rettung
¹**behouden** *bn* wohlbehalten, unversehrt: *~ reis* glückliche Reise *v*²¹
²**behouden** *ww* behalten¹⁸³
behoudend konservativ
behoudens 1 *(op voorwaarde van)* vorbehaltlich⁺² **2** *(uitgezonderd)* nicht mitgerechnet, ausgenommen
behuild verweint
behuisd: *klein ~ zijn* beschränkt wohnen
behuizing Behausung *v*²⁰, Wohnung *v*²⁰
behulp: *met ~ van* mithilfe⁺², mit Hilfe⁺²
behulpzaam hilfreich, behilflich
beiaard Glockenspiel *o*²⁹
beide beide⁶⁸: *wij met ons ~n* wir beide
beiderlei beiderlei
¹**beiderzijds** *bn* beiderseitig
²**beiderzijds** *bw* beiderseits
Beier Bayer *m*¹⁵; *(vrouw)* Bayerin *v*²²
Beieren Bayern *o*³⁹
beige beige
beïnvloeden beeinflussen
beitel Meißel *m*⁹
beitelen meißeln
beits Beize *v*²¹
beitsen beizen
bejaard bejahrt, betagt
bejaarde Alte(r) *m*⁴⁰ᵃ, *v*⁴⁰ᵇ, Greis *m*⁵, Greisin *v*²²
bejaardenhuis Altersheim *o*²⁹, Altenheim *o*²⁹, Seniorenheim *o*²⁹
bejaardenzorg Altersfürsorge *v*²⁸, Altenhilfe *v*²⁸
bejammeren bejammern
bejegenen: *iem vriendelijk ~* jmdm freundlich begegnen, jmdn freundlich behandeln
bek 1 Maul *o*³², Schnauze *v*²¹; *(van vogel)* Schnabel *m*¹⁰ **2** *(van bankschroef e.d.)* Backe *v*²¹: *hou je ~!* Schnauze!
bekaaid: *er ~ afkomen* schlecht bei⁺³ etwas wegkommen¹⁹³
bekaf: *~ zijn* hundsmüde sein²⁶²
bekakt scheißvornehm, affektiert
bekend bekannt: *zoals ~ (is)* bekanntlich; *~ om* bekannt für⁺⁴

bekende Bekannte(r) m^{40a}, v^{40b}
bekendheid Bekanntheit v^{28}
bekendmaken: *iets ~* etwas bekannt geben[166]; etwas bekannt machen
bekendstaan bekannt sein[262] (*für*[+4])
bekennen 1 *(toegeven)* gestehen[279], bekennen[189]: *kleur ~* Farbe bekennen **2** *(zien, bespeuren)* sehen[261]
bekentenis Geständnis o^{29a}
beker 1 Becher m^9 **2** *(sp)* Pokal m^5
bekerduel Pokalspiel o^{29}
¹bekeren *tr* bekehren: *iem ~ tot* jmdn bekehren zu[+3]
²bekeren, zich sich bekehren
bekertoernooi Pokalwettbewerb m^5
bekeuren ein Strafmandat erteilen: *ik ben bekeurd* ich habe ein Strafmandat bekommen[193]
bekeuring Strafmandat o^{29}, Strafzettel m^9
bekijken ansehen[261], besehen[261], betrachten
bekijks: *veel ~ hebben* großes Aufsehen erregen
bekken Becken o^{35}
beklaagde Angeklagte(r) m^{40a}, v^{40b}
beklaagdenbank Anklagebank v^{25}
bekladden beschmieren[320], beklecksen
beklag Beschwerde v^{21}: *z'n ~ over iem doen* sich über jmdn beschweren
beklagen beklagen: *iem ~* jmdn beklagen; *zich over iem ~* sich über jmdn beschweren
beklagenswaard(ig) bedauernswert
bekleden 1 *(van ambt)* bekleiden **2** *(met een stof bedekken)* polstern: *een stoel met leer ~* einen Stuhl mit Leder überziehen[318]
bekleding 1 Bekleidung v^{20} **2** Polsterung v^{20}, Überzug m^6; *zie ook* bekleden
beklemd 1 *(lett)* eingeklemmt: *~ raken* eingeklemmt werden[310] **2** *(fig)* beklemmend: *een ~ gevoel* ein beklemmendes Gefühl; *met een ~ hart* beklommenen Herzens
beklemmen 1 einklemmen **2** beklemmen, bedrücken; *zie ook* beklemd
beklemtonen betonen
beklimmen besteigen[281]
beklinken: *iets ~* etwas vereinbaren; *de zaak is beklonken* die Sache ist abgemacht
bekloppen beklopfen
bekneld *zie* beklemd
beknellen 1 *(lett)* einklemmen **2** *(fig)* beklemmen
beknibbelen *(met op)* sparen an[+3]
beknopt 1 *(mbt bericht)* kurz gefasst: *~ overzicht* Abriss m^5 **2** *(mbt stijl)* knapp, gedrängt
beknoptheid Kürze v^{28}, Knappheit v^{28}
beknotten einschränken, beschneiden[250]
bekocht: *~ zijn* zu viel bezahlt haben[182]
bekoelen: *zijn drift bekoelt* sein Zorn verraucht; *zijn ijver bekoelt* sein Fleiß lässt nach
bekogelen bewerfen[311] (*mit*[+3])
bekokstoven abkarten
bekomen: *dat is mij niet goed ~* das ist mir nicht gut bekommen; *van de schrik ~* sich vom Schrecken erholen

bekommerd besorgt, betrübt (*über*[+4])
bekommeren, zich *(met om)* sich kümmern um[+4]
bekonkelen abkarten
bekoorlijk reizend, reizvoll, anmutig
bekoorlijkheid Reiz m^5
bekopen: *iets met de dood ~* etwas mit dem Leben bezahlen
bekoren 1 *(aanlokken)* reizen **2** *(verleiden)* verführen
bekoring 1 *(aanlokkelijkheid)* Reiz m^5 **2** *(verleiding)* Verführung v^{20}, Versuchung v^{20}
bekorten abkürzen, verkürzen
bekostigen bezahlen, bestreiten[287]
bekrachtigen bestätigen; *(officieel)* bekräftigen
bekrachtiging Bestätigung v^{20}, Bekräftigung v^{20}; *zie ook* bekrachtigen
bekrassen verkratzen
bekritiseren kritisieren[320]
bekrompen 1 *(kleingeestig)* spießbürgerlich **2** *(mbt ruimte)* eng: *~ wonen* eng wohnen **3** *(karig)* beschränkt
bekrompenheid 1 Spießbürgerlichkeit v^{28} **2** Enge v^{28} **3** Beschränktheit v^{28}; *zie ook* bekrompen
bekronen mit einem Preis auszeichnen: *met succes bekroond* von Erfolg gekrönt
bekroning: *de ~ van zijn levenswerk* die Krönung seines Lebenswerks
bekruipen beschleichen[242], überkommen[193]
bekvechten sich streiten[287], sich zanken
bekwaam fähig, geeignet: *hij is ~ in zijn vak* er ist tüchtig in seinem Fach
bekwaamheid Fähigkeit v^{20}, Tüchtigkeit v^{28}: *zijn bekwaamheden* seine Fähigkeiten; *zie ook* bekwaam
bekwamen ausbilden: *zich in een vak ~* sich in einem Fach ausbilden
¹bel 1 *(huis-, fietsbel)* Klingel v^{21} **2** *(kelkvormig)* Glocke v^{21} **3** *(aan arrenslee)* Schelle v^{21}
²bel *(blaasje)* Blase v^{21}
belabberd belämmert, mies
belachelijk lächerlich: *zich ~ maken* sich lächerlich machen
beladen beladen: *te zwaar ~* überladen
belagen bedrängen, bedrohen
belanden landen: *de auto belandde in de sloot* der Wagen landete im Straßengraben
belang 1 *(wat iem ter harte gaat)* Interesse o^{38}: *algemeen ~* Gemeinnutz m^{19}; Gemeinwohl o^{39}; *~en nastreven* Interessen verfolgen; *in uw eigen ~* in Ihrem eigenen Interesse **2** *(betekenis)* Bedeutung v^{28}: *dat is van groot ~* das ist von großer Bedeutung
belangeloos uneigennützig, selbstlos
belangenbehartiging Interessenvertretung v^{20}
belangengemeenschap Interessengemeinschaft v^{20}
belanghebbende Interessent m^{14}

belangrijk *(van grote betekenis)* wichtig, bedeutend; *(aanzienlijk, groot)* beträchtlich, erheblich, bedeutend
belangstellen *(met in)* sich interessieren[320] für[+4]
belangstellend interessiert: *een ~ gehoor* ein aufmerksames Auditorium; *~ naar iems welzijn informeren* sich teilnehmend nach jmds Befinden erkundigen
belangstellende Interessent *m*[14]
belangstelling 1 *(interesse)* Interesse *o*[38]: *de ~ wekken* das Interesse erregen 2 *(deelneming)* Anteilnahme *v*[28]: *bewijs van ~* Beweis der Anteilnahme
belangwekkend interessant
belast 1 *(bezwaard)* belastet, beladen: *erfelijk ~* erblich belastet 2 *(met een taak)* beauftragt
belastbaar 1 *(met gewicht)* belastbar: *~ tot 6 t* belastbar bis zu 6 t 2 *(aan belasting onderworpen)* steuerpflichtig: *een ~ inkomen* ein steuerpflichtiges Einkommen
belasten 1 *(techn)* belasten 2 *(belasting leggen op)* besteuern 3 *(met een taak)* beauftragen: *zich met iets ~* etwas auf sich nehmen[212] 4 *(met een hypotheek)* belasten: *dit huis is met een hypotheek belast* dieses Haus ist mit einer Hypothek belastet
belasteren verleumden
belasting 1 *(betaling aan overheid)* Steuer *v*[21], Abgabe *v*[21]: *~ innen* Steuern einnehmen[212]; *~ invorderen* Steuern eintreiben[290]; *onder de ~ vallen* steuerpflichtig sein[262] 2 *(techn)* Belastung *v*[20]: *toelaatbare ~* Nutzlast *v*[20]; *(fig) erfelijke ~* erbliche Belastung
belastingaangifte Steuererklärung *v*[20]
belastingaanslag Steuerveranlagung *v*[20]
belastingaftrek Steuerabzug *m*[6]; *(vast bedrag)* Pauschale *v*[21]: *~ voor forensen* Pendlerpauschale
belastingbetaler Steuerzahler *m*[9]
belastingbiljet Steuerbescheid *m*[5]
belastingformulier Steuerformular *o*[29]
belastinggrondslag Bemessungsgrundlage *v*[21]
belastingheffing Besteuerung *v*[20]
belastingkantoor Finanzamt *o*[32]
belastingontduiking Steuerhinterziehung *v*[20]
belastingplichtig steuerpflichtig
belastingplichtige Steuerpflichtige(r) *m*[40a], *v*[40b]
belastingschijf Steuerklasse *v*[21]
belastingstelsel Steuersystem *o*[29]
belastingtarief Steuertarif *m*[5]
belastingverlaging Steuersenkung *v*[20]
belastingvrij steuerfrei
belatafeld *(plat)* verrückt, bescheuert
belazerd: *je bent ~!* du bist bescheuert!; *ben je ~?* du spinnst wohl?
belazeren *(plat)* beschummeln, bescheißen[234]
beledigen beleidigen; *(kwetsen, ook)* verletzen
belediging Beleidigung *v*[20], Verletzung *v*[20]; *zie ook* beledigen
beleefd höflich: *~ verzoeken* höflich bitten[132]

beleefdheid Höflichkeit *v*[20]
beleefdheidsbezoek Höflichkeitsbesuch *m*[5]
beleg 1 *(mil)* Belagerung *v*[20]: *de staat van ~ afkondigen* den Belagerungszustand verhängen (über[+4]) 2 *(broodbelegsel)* Belag *m*[6]
belegen (mbt kaas, wijn) abgelagert
belegeren *(ook fig)* belagern
belegering Belagerung *v*[20]
beleggen 1 belegen: *een belegd broodje* ein belegtes Brötchen 2 *(handel)* anlegen: *geld ~ (in)* Geld anlegen (in[+3]) 3 *(bijeenroepen)* anberaumen, einberufen[226]: *een vergadering ~* eine Versammlung einberufen
belegger Anleger *m*[9], Investor *m*[16]
belegging 1 *(van boterham)* Belag *m*[6] 2 *(van geld)* Anlage *v*[21]
beleid 1 *(het besturen)* Politik *v*[20]; *(van zakenman)* Geschäftsführung *v*[28]; *(van leraar, ambtenaar)* Amtsführung *v*[28]: *financieel ~* Finanzwirtschaft *v*[20]; *sociaal ~* Sozialpolitik 2 *(tact)* Umsicht *v*[28]: *met ~ handelen* mit Umsicht handeln
belemmeren 1 *(van verkeer)* behindern 2 *(van doorgang)* versperren || *iem het uitzicht ~* jmdm die Aussicht nehmen[212]; *in de groei ~* im Wachstum hemmen
belemmering Behinderung *v*[20], Versperrung *v*[20], Hemmung *v*[20]; *zie ook* belemmeren
belendend angrenzend, anstoßend
belenen versetzen, verpfänden
beletsel Hindernis *o*[29a], Hemmnis *o*[29a]
beletten verwehren: *iem de toegang ~* jmdm den Zutritt verwehren; *ik kan het u niet ~!* ich kann Sie daran nicht hindern!
beleven erleben: *genoegen ~ aan* Freude erleben an[+3]; *er is hier weinig te ~* hier ist nichts los
belevenis Erlebnis *o*[29a]
belezen *bn* belesen
belezenheid Belesenheit *v*[28]
Belg Belgier *m*[9]
België Belgien *o*[39]
Belgisch belgisch
Belgische Belgierin *v*[22]
belhamel 1 *(raddraaier)* Rädelsführer *m*[9] 2 *(baldadige jongere)* Blag *o*[37], Blage *v*[21]
belichamen verkörpern
belichaming Verkörperung *v*[20]
belichten 1 *(van voorwerp, onderwerp)* beleuchten 2 *(foto)* belichten
belichting 1 Beleuchtung *v*[20] 2 Belichtung *v*[20]; *zie ook* belichten
belichtingsmeter Belichtungsmesser *m*[9]
beliegen: *iem ~* jmdn belügen[204]
¹believen *zn*: *naar ~* nach Belieben
²believen *ww* 1 *(behagen)* belieben 2 *(wensen)* mögen[210], wünschen: *wat belieft u?* wie bitte?
belijden bekennen[189]: *een godsdienst ~* sich zu einer Religion bekennen
belijdenis Bekenntnis *o*[29a]: *~ doen* das Glaubensbekenntnis ablegen

belkaart Telefonkarte v^{21}; *(Zwits)* Taxcard v^{27}; *(Oostenr)* Telefonwertkarte v^{21}
bellen 1 *(met bel)* klingeln, läuten: *er wordt gebeld* es klingelt (*of:* läutet) **2** *(opbellen)* anrufen^{226}
belminuut Gesprächsminute v^{21}, Telefonminute v^{21}
beloeren belauern
belofte Versprechen o^{35}: *een ~ doen* ein Versprechen geben^{166}; *allerlei ~n doen* allerhand Versprechungen machen; *een ~ nakomen* ein Versprechen einlösen
belonen belohnen: *iem ~* jmdn belohnen
beloning Belohnung v^{20}: *ter ~* als Belohnung
beloop *(van lijn, toestand)* Verlauf m^6: *iets op zijn ~ laten* einer Sache^3 ihren Lauf lassen^{197}
belopen 1 *(lopen over)* belaufen^{198} **2** *(bedragen)* sich belaufen^{198} auf^{+4}
beloven versprechen^{274}: *plechtig ~* geloben; *iem iets ~* jmdm etwas versprechen; *dat belooft wat!*: *a) (gunstig)* davon verspreche ich mir viel!; *b) (iron)* das wird was Schönes werden!
belt Müllkippe v^{21}, Schuttabladeplatz m^6
beltegoed Telefonguthaben o^{35}, Kartenguthaben o^{35}
beltoon Klingelton m^6, Rington m^6, Ringtone m^{13}
beluisteren 1 *(afluisteren)* belauschen **2** *(med)* abhören, abhorchen **3** *(van radio-uitzending e.d.)* hören, (sich^3) anhören
belust *(met op)* erpicht auf^{+4}: *~ op avontuur* abenteuerlustig; *op sensatie ~* sensationslüstern
bemachtigen sich^3 beschaffen; *(met geweld)* sich bemächtigen^{+2}
bemalen entwässern
bemaling Entwässerung v^{20}
bemand bemannt
bemannen bemannen
bemanning Bemannung v^{20}, Besatzung v^{20}
bemerkbaar bemerkbar
bemerken bemerken
bemesten düngen, misten
bemesting Düngung v^{20}
bemiddelaar Vermittler m^9
bemiddelaarster Vermittlerin v^{22}
bemiddelbaar vermittelbar
bemiddeld wohlhabend, begütert
bemiddelen vermitteln: *bij een geschil ~* einen Streit schlichten
bemiddeling Vermittlung v^{20}
bemiddelingscommissie Vermittlungsausschuss m^6
bemind beliebt
beminde Geliebte(r) m^{40a}, v^{40b}
beminnelijk liebenswürdig, liebenswert
beminnen lieben, lieb haben^{182}
bemoederen bemuttern
bemoedigen ermutigen
bemoedigend ermutigend
bemoeial: *hij is een ~* er steckt die Nase in alles

bemoeien, zich *(met met)* *(zich mengen in)* sich (ein)mischen in^{+4}; *(zich bezighouden met)* sich kümmern um^{+4}: *waar bemoei je je mee? (ook)* was geht's dich an?
bemoeilijken erschweren
bemoeiziek: *~ zijn* sich in alles einmischen
benadelen: *iem ~* jmdm schaden (*of:* jmdn benachteiligen); *iets ~* einer Sache Eintrag tun^{295}; *z'n gezondheid ~* seiner Gesundheit^3 schaden
benaderen sich nähern^{+3}: *iem ~ (om hem te spreken)* an jmdn herantreten^{291}; *een vraagstuk ~* an ein Problem herangehen^{168}
benadering Vorgehensweise v^{21}: *bij ~* annähernd
benadrukken betonen
benaming Benennung v^{20}, Bezeichnung v^{20}
benard schlimm, bedrängt, schwierig: *~e tijden* schlimme Zeiten; *een ~e positie* eine bedrängte Lage
benauwd beklemmend: *~e lucht* beklemmende Luft; *een ~ zaaltje* ein enger Saal; *het is hier ~* es ist hier drückend; *hij kreeg het ~*: *a) (werd onwel)* er bekam Beklemmungen; *b) (werd bang)* er bekam es mit der Angst zu tun
benauwdheid 1 *(op de borst)* Beklemmung v^{20} **2** *(angst)* Angst v^{25}
benauwen beklemmen, (be)drücken, ängstigen
benauwend: *~e dromen* beklemmende Träume; *een ~e hitte* eine drückende Hitze
bende 1 *(dieven, rovers)* Bande v^{21} **2** *(rommel)* *een ~* ein heilloses Durcheinander; *(smerig)* eine Sauwirtschaft || *een ~ geld* eine Masse v^{21} Geld
¹**beneden** *bw* unten: *naar ~*: *a) (van spreker af)* hinunter; *b) (naar spreker toe)* herunter; *daar ~* dort unten
²**beneden** *vz* unter *(bij beweging gericht op doel^{+4}, anders^{+3})*; *(lager dan, stroomafwaarts)* unterhalb^{+2}: *kinderen ~ de 12 jaar* Kinder unter zwölf Jahren
benedenhuis Parterrewohnung v^{20}; *(met souterrain)* Hochparterrewohnung v^{20}
benedenloop Unterlauf m^6
benedenverdieping Erdgeschoss o^{29}
benefietwedstrijd Benefizspiel o^{29}
Benelux Benelux v^{28}
benemen nehmen^{212}: *zich het leven ~* sich^3 das Leben nehmen^{212}
¹**benen** *bn* beinern, knöchern
²**benen** *ww* stiefeln
benepen 1 *(angstig)* ängstlich, beklommen: *een ~ gezicht* ein ängstliches Gesicht **2** *(bekrompen)* engherzig
benevelen 1 *(met nevel bedekken)* vernebeln: *een benevelde lucht* ein dunstiger Himmel **2** *(suf maken)* benebeln: *beneveld door de wijn* vom Wein benebelt
bengel Bengel m^9
bengelen baumeln, schlenkern
benieuwd gespannt: *~ zijn naar* gespannt sein auf^{+4}

benijden: *iem om iets* ~ jmdn um[+4] etwas beneiden; *hij is niet te* ~ er ist nicht zu beneiden
benijdenswaard(ig) beneidenswert
benjamin Benjamin *m*[5], Nesthäkchen *o*[35]
benodigd benötigt, erforderlich
benodigdheden Bedarf *m*[19]
benoemen 1 *(aanstellen)* ernennen[213]: *iem tot ambassadeur* ~ jmdn zum Botschafter ernennen; *iem tot voogd* ~ jmdn zum Vormund bestellen **2** *(bij de naam noemen)* benennen[213]
benoeming Ernennung *v*[20], Bestellung *v*[20]
benul Ahnung *v*[20]: *hij heeft er geen (flauw)* ~ *van* er hat davon keine (blasse) Ahnung
benutten (be)nutzen, (be)nützen; *(ten volle)* ausnutzen
B en W Gemeindeverwaltung *v*[20]
benzine Benzin *o*[29]: *normale* ~ Normalbenzin
benzinepomp Tankstelle *v*[21]
beoefenaar: ~ *van de kunst* Künstler *m*[9]; ~ *van de sport* Sportler *m*[9]; ~ *van de wetenschap* Wissenschaftler *m*[9]
beoefenen 1 *(een vak)* ausüben **2** *(muziek, sport)* treiben[290]
beogen beabsichtigen, bezwecken
beoordelen beurteilen
beoordeling Beurteilung *v*[20]
bepaald *bn* bestimmt; *(mbt tijd, ook)* festgesetzt: *het* ~*e lidwoord* der bestimmte Artikel; *in* ~ *opzicht* irgendwie
bepaald *onbep vnw* gewiss: *op* ~*e dagen* an gewissen Tagen
bepaald *bw: het is* ~ *onjuist* es ist durchaus unrichtig; *het is niet* ~ *vriendelijk* es ist nicht gerade freundlich
bepakken bepacken
bepakking Gepäck *o*[39]
bepalen *tr* **1** *(vaststellen, beslissen)* bestimmen, festsetzen: *z'n standpunt* ~ *t.o.v.* Stellung nehmen zu[+3] **2** *(taalk)* bestimmen **3** *(in besluit, verordening, wet)* verfügen, anordnen **4** *(door berekening, onderzoek)* ermitteln
bepalen, zich: *zich* ~ *(tot)* sich beschränken (auf[+4])
bepalend bestimmend
bepaling 1 *(vaststelling)* Bestimmung *v*[20], Festsetzung *v*[20]: *de* ~ *van z'n standpunt* die Stellungnahme *v*[21] **2** *(door berekening, onderzoek)* Ermittlung *v*[20] **3** *(in contract)* Bedingung *v*[20] **4** *(taalk)* Bestimmung *v*[20]
beperken 1 beschränken: *zich tot iets* ~ sich auf[+4] etwas beschränken **2** *(verminderen)* einschränken
beperking 1 Beschränkung *v*[20] **2** Einschränkung *v*[20]; *zie ook* beperken
beperkt beschränkt
beplakken bekleben
beplanten bepflanzen
beplanting Bepflanzung *v*[20]
bepleiten: *iets* ~ etwas befürworten

beppen schwatzen, plaudern
bepraten: *iets* ~ etwas besprechen[274]; *zich laten* ~ sich überreden lassen[197]
beproefd erprobt, bewährt; *zie ook* beproeven
beproeven 1 *(proberen)* erproben, versuchen: *zijn geluk* ~ sein Glück versuchen; *zijn krachten* ~ seine Kräfte erproben **2** *(van machine)* prüfen, erproben, testen
beproeving Erprobung *v*[20], Prüfung *v*[20]
beraad Überlegung *v*[20], Erwägung *v*[20]: *na rijp* ~ nach reiflicher Überlegung
beraadslagen: *met iem* ~ sich mit jmdm beraten[218]
beraadslaging Beratung *v*[20]
¹beraden *bn* besonnen
²beraden, zich sich³ (etwas) überlegen: *zich* ~ *over* nachdenken[140] über[+4]
beramen 1 *(van plan)* entwerfen[311] **2** *(van aanslag)* planen **3** *(begroten)* veranschlagen
berd: *iets te* ~*e brengen* etwas aufs Tapet bringen[139]; *(bewijzen)* etwas vorbringen[139]
berechten: *iem* ~ jmdn aburteilen
bereden *(mbt politie)* beritten
beredeneren 1 *(over iets redeneren)* begründen **2** *(bespreken)* erörtern
bereid bereit
bereiden bereiten
bereidheid Bereitschaft *v*[28]
bereidvaardig, bereidwillig bereitwillig
bereik 1 *(gebied)* Bereich *m*[5] **2** *(van zender, raket, vliegtuig)* Reichweite *v*[21]: *binnen het* ~ *van het mogelijke* im Bereich des Möglichen
bereikbaar erreichbar
bereiken erreichen; *(van resultaat)* erzielen
berekend *(ingericht voor)* geeignet: *(mbt school, zaal)* *op 150 man* ~ *zijn* für[+4] 150 Personen geeignet sein[262]; *voor zijn taak* ~ *zijn* seiner Aufgabe³ gewachsen sein[262]
berekenen berechnen; *zie ook* berekend
berekening Berechnung *v*[20]: *een* ~ *maken* eine Berechnung anstellen
berg Berg *m*[5]: *iem gouden* ~*en beloven* jmdm goldene Berge versprechen[274]
bergaf(waarts) bergab(wärts)
bergbeklimmer Bergsteiger *m*[9]
bergen 1 *(van schip, oogst, slachtoffers)* bergen[126] **2** *(onderbrengen)* unterbringen[139]
berghok Abstellraum *m*[6], Abstellkammer *v*[21]
berghut Berghütte *v*[21]
berging Bergung *v*[20]
bergketen Gebirgszug *m*[6], Bergkette *v*[21]
berglucht Bergluft *v*[28], Gebirgsluft *v*[28]
bergop(waarts) bergauf(wärts), bergan
bergplaats 1 *(algem)* Aufbewahrungsort *m*[5] **2** *(voor bezem, stofzuiger)* Abstellraum *m*[6], Abstellkammer *v*[21] **3** *(schuur)* Schuppen *m*[11]
bergschoen Bergschuh *m*[5]
bergsport Bergsport *m*[19]
bericht Nachricht *v*[20], Meldung *v*[20]: *iem* ~ *zenden*

jmdn benachrichtigen
berichten berichten, melden, mitteilen
berichtgeving Berichterstattung v^{28}
berijden 1 (van weg) befahren[153] 2 (van dier) reiten[221]
berijder Reiter m^9
berijdster Reiterin v^{22}
berin Bärin v^{22}
berispen: iem ~ jmdn tadeln, jmdn rügen
berisping Tadel m^9, Rüge v^{21}, Verweis m^5
berk Birke v^{21}
berkenhout Birkenholz o^{32}
Berlijn Berlin o^{39}
Berlijner Berliner m^9
¹**Berlijns** zn Berlinisch o^{41}
²**Berlijns** bn Berliner
Berlijnse Berlinerin v^{22}
berm Seitenstreifen m^{11}, Bankett o^{29}
beroemd berühmt
beroemdheid Berühmtheit v^{20}
beroemen: zich op iets ~ sich einer Sache² rühmen, sich mit[+3] etwas brüsten
beroep 1 (werkkring) Beruf m^5; (ambacht) Handwerk o^{29}, Gewerbe o^{33} 2 (jur) Berufung v^{20}: in (hoger) ~ gaan Berufung einlegen
¹**beroepen** tr (van predikant) berufen[226]
²**beroepen, zich**: zich ~ (op) sich berufen[226] (auf[+4])
beroeps Profi m^{13}: hij is ~ er ist Profi
beroepsgeheim Berufsgeheimnis o^{29a}
beroepskeuze Berufswahl v^{28}
beroepsopleiding Berufsausbildung v^{20}
beroepsoriëntering (Belg) Berufsberatung v^{20}
beroepsschool (Belg) Berufsfachschule v^{21}
beroepssoldaat Berufssoldat m^{14}
beroepsspeler (sp) Profi m^{13}, Berufsspieler m^9
beroepsziekte Berufskrankheit v^{20}
beroerd elend, miserabel: een ~e boel eine unangenehme Geschichte; een ~e vent ein elender Kerl; ~ weer Sauwetter o^{39}; zij is niet te ~ om iets te doen sie ist nicht abgeneigt, etwas zu tun
beroeren 1 (aanraken) berühren 2 (verontrusten) beunruhigen 3 (opwinden) aufregen
beroering 1 (aanraking) Berührung v^{20} 2 (opwinding) Aufregung v^{20}
beroerte Schlaganfall m^6
berokkenen: iem schade ~ jmdm Schaden zufügen; iem verdriet ~ jmdm Kummer bereiten
berooid mittellos, arm
berouw Reue v^{28}: ~ over iets hebben etwas bereuen; ~ voelen Reue empfinden[157]
berouwen bereuen
beroven berauben: een bank ~ eine Bank ausrauben; iem ~ jmdn berauben; iem van zijn geld ~ jmdm sein Geld rauben; iem van het leven ~ jmdn umbringen[139]
berucht berüchtigt
berusten: de stukken ~ bij de notaris die Akten sind beim Notar hinterlegt; bij wie berust de verantwoordelijkheid? wer ist dafür verantwortlich?; in zijn lot ~ sich in sein Schicksal fügen; dat berust op een vergissing das beruht auf einem Irrtum
berusting (gelatenheid) Ergebung v^{28}
bes (plantk) Beere v^{21}
beschaafd gebildet, gesittet, kultiviert
beschaamd beschämt
beschadigen beschädigen
beschadiging Beschädigung v^{20}, Schaden m^{12}
beschamen beschämen
beschaving 1 (van individu) Bildung v^{28} 2 (cultuur) Kultur v^{20} 3 (het beschaafd maken) Zivilisation v^{20}
bescheid 1 (antwoord) Bescheid m^5 2 (geschreven stuk) Schriftstück o^{29}, Unterlagen mv v^{21}
bescheiden bescheiden
beschermeling Schützling m^5
beschermen (be)schützen
beschermer Beschützer m^9: ~ van de kunst Gönner m^9 der Kunst
beschermheer Beschützer m^9
bescherming Schutz m^{19}
beschermingsfactor Schutzfaktor m^{16}
beschieten 1 (mil) beschießen[238] 2 (met hout bekleden) täfeln, verkleiden
beschijnen bescheinen[233]
beschikbaar verfügbar
beschikbaarheid Verfügbarkeit v^{28}
¹**beschikken** intr verfügen: ~ over verfügen über[+4]
²**beschikken** tr fügen
beschikking 1 (besluit) Verfügung v^{20} 2 (regeling) Anordnung v^{20}, Verfügung v^{20}: de vrije ~ hebben over iets frei über[+4] etwas verfügen können
beschilderen bemalen
beschildering Bemalung v^{20}
beschimmeld verschimmelt
beschimmelen (ver)schimmeln
beschonken betrunken; (licht) angeheitert
beschouwen betrachten: op zichzelf beschouwd an und für sich
beschouwend beschaulich
beschouwing Betrachtung v^{20}
beschrijven beschreiben[252]
beschrijving Beschreibung v^{20}, Schilderung v^{20}
beschroomd schüchtern, zaghaft, scheu
beschuit Zwieback m^5, m^6
beschuldigde Angeklagte(r) m^{40a}, v^{40b}, Beschuldigte(r) m^{40a}, v^{40b}
beschuldigen beschuldigen[+2]; (jur) anklagen[+2]: iem van diefstal ~ jmdn des Diebstahls beschuldigen (of: anklagen)
beschuldiging Beschuldigung v^{20}; (jur) Anklage v^{21}
beschutten beschützen
beschutting Schutz m^5
besef 1 (bewustzijn) Bewusstsein o^{39} 2 (begrip) Ahnung v^{20}: niet het minste ~ van iets hebben keine blasse Ahnung von[+3] etwas haben[182]

beseffen 1 *(zich bewust zijn)* sich³ bewusst sein²⁶²⁺² **2** *(inzien)* erkennen¹⁸⁹, einsehen²⁶¹
beslaan *intr* beschlagen²⁴¹, anlaufen¹⁹⁸: *de ruiten ~* die Scheiben beschlagen; *beslagen tong* belegte Zunge *v*²¹
beslaan *tr (van paard)* beschlagen²⁴¹: *ruimte ~* Raum einnehmen²¹²
beslag 1 *(belegsel)* Beschlag *m*⁶ **2** *(mengsel van meel)* Teig *m*⁵ **3** *(aanspraak)* Anspruch *m*⁶: *iems tijd in ~ nemen* jmds Zeit in Anspruch nehmen²¹² || *~ leggen op goederen* Güter beschlagnahmen
beslaglegging Beschlagnahme *v*²¹
beslechten schlichten
beslissen entscheiden²³²
beslissend entscheidend
beslissing Entscheidung *v*²⁰: *een ~ nemen* eine Entscheidung treffen²⁸⁹
beslissingspartij Entscheidungsspiel *o*²⁹
beslist entschieden, entschlossen: *~ niet!* durchaus nicht!; *~ onmogelijk* ganz unmöglich; *ik ben er ~ tegen* ich lehne es entschieden ab; *hij komt ~* er kommt bestimmt; *dat is ~ noodzakelijk* das ist unbedingt notwendig
beslistheid Entschiedenheit *v*²⁸
beslommering Mühsal *v*²³: *veel ~en hebben* viele Sorgen haben¹⁸²
besloten geschlossen: *een ~ gezelschap* eine geschlossene Gesellschaft
besluipen beschleichen²⁴²
besluit 1 *(beslissing)* Beschluss *m*⁶, Entschluss *m*⁶: *ministerieel ~* ministerielle Verfügung *v*²⁰ **2** *(conclusie)* Schlussfolgerung *v*²⁰ **3** *(einde)* tot *~* zum Schluss
besluiteloos unentschlossen
besluiteloosheid Unentschlossenheit *v*²⁸
besluiten 1 *(een besluit nemen)* beschließen²⁴⁵ **2** *(beëindigen)* beschließen²⁴⁵ **3** *(afleiden)* schließen²⁴⁵
besmeren beschmieren
besmet 1 *(med en fig)* angesteckt **2** *(een gebied, water)* verseucht: *~ verklaren* für verseucht erklären
besmettelijk *(med en fig)* ansteckend
besmettelijkheid Ansteckungsfähigkeit *v*²⁰
besmetten 1 *(med en fig)* anstecken **2** *(een gebied, water)* verseuchen
besmetting Ansteckung *v*²⁰
besmeuren besudeln, beschmutzen
besnijden beschneiden²⁵⁰
besnijdenis Beschneidung *v*²⁰
besnoeien beschneiden²⁵⁰
besnoeiing Beschneidung *v*²⁰
besnuffelen beschnüffeln, beschnuppern
besparen 1 *(overhouden)* sparen, erübrigen **2** *(uitsparen)* (ein)sparen
besparing 1 *(het uitgespaarde)* Ersparung *v*²⁰ **2** *(het uitsparen)* Einsparung *v*²⁰
bespelen 1 *(van muziekinstrument)* spielen **2** *(een schouwburg, sportveld)* bespielen
bespeuren bemerken, spüren: *onraad ~* Unrat wittern

bespieden: *iem ~* jmdn belauern
bespoedigen beschleunigen
bespottelijk lächerlich
bespotten: *iem ~* jmdn verspotten
bespreken 1 *(van boek, voorval)* besprechen²⁷⁴: *een kwestie ~* eine Frage erörtern **2** *(reserveren)* reservieren³²⁰
bespreking 1 Besprechung *v*²⁰, Erörterung *v*²⁰ **2** Reservierung *v*²⁰; *zie ook* bespreken
besproeien (be)sprengen, besprühen
bespuiten bespritzen, besprühen
bessensap Beerensaft *m*⁶
¹best *zn*: *zijn ~ doen* sein Bestes tun²⁹⁵; *het ~e ermee!* alles Gute!
²best *bn* best: *~e vriend (boven brief)* lieber Freund!
³best *bw*: *zij heeft het ~ gewerkt* sie hat am besten gearbeitet
¹bestaan *zn* Dasein *o*³⁹, Bestehen *o*³⁹, Existenz *v*²⁰: *de strijd om het ~* der Kampf ums Dasein
²bestaan *ww* **1** *(algem)* bestehen²⁷⁹, existieren³²⁰: *het plan bestaat* man beabsichtigt; *er bestaat geen reden om te ...* es liegt kein Grund vor zu ... **2** *(mogelijk zijn)* möglich sein²⁶²: *hoe bestaat het?* wie ist das möglich?
bestaansrecht Existenzberechtigung *v*²⁸
bestaansvoorwaarde Existenzbedingung *v*²⁰
¹bestand *zn* **1** *(mil)* Waffenstillstand *m*⁶ **2** *(voorraad)* Bestand *m*⁶
²bestand *bn* beständig: *~ tegen* beständig gegen⁺⁴; *tegen het vuur ~* feuerbeständig
bestanddeel Bestandteil *m*⁵
besteden 1 *(uitgeven)* ausgeben¹⁶⁶: *veel geld aan boeken ~* viel Geld für Bücher ausgeben **2** *(aanwenden)* verwenden³⁰⁸: *moeite aan iets ~* Mühe auf⁺⁴ etwas verwenden
besteding Verwendung *v*²⁰, Aufwand *m*¹⁹
bestek 1 *(bouwk)* Baubeschreibung *v*²⁰ **2** *(eetgerei)* Besteck *o*²⁹
bestelauto Lieferwagen *m*¹¹
bestelen: *iem ~* jmdn bestehlen²⁸⁰
bestellen 1 *(bezorgen)* zustellen, austragen²⁸⁸ **2** *(laten komen)* bestellen
besteller Besteller *m*⁹
bestelling Bestellung *v*²⁰, Auftrag *m*⁶
bestemmeling *(Belg)* Empfänger *m*⁹
bestemmen bestimmen
bestemming Bestimmung *v*²⁰
bestempelen (ab)stempeln: *iem als misdadiger ~* jmdn als Verbrecher abstempeln
bestendig 1 *(duurzaam)* beständig, dauerhaft **2** *(mbt weer)* beständig
besterven *(mbt vlees)* abhängen¹⁸⁴ || *het woord bestierf op zijn lippen* das Wort erstarb ihm auf den Lippen; *hij zal het ~, als ...* es wird sein Tod sein, wenn ...; *het van schrik ~* zu Tode erschrocken sein²⁶²
bestijgen besteigen²⁸¹
bestoken *(van stad, vijand)* beschießen²³⁸: *met*

bestormen

bommen ~ mit Bomben belegen; *iem met vragen* ~ jmdn mit Fragen bombardieren[320]

bestormen *(aanvallen)* bestürmen; *(innemen)* stürmen, erstürmen: *iem met vragen* ~ jmdn mit Fragen bestürmen

bestorming Bestürmung *v*[20], Erstürmung *v*[20]

bestraffen bestrafen

bestralen bestrahlen

bestraten (be)pflastern

bestrating Pflasterung *v*[20]

bestrijden 1 *(strijden tegen)* bekämpfen 2 *(trachten te weerleggen)* bestreiten[287] 3 *(betalen)* bestreiten[287]

bestrijken bestreichen[286]

bestrooien bestreuen

bestseller Bestseller *m*[9], Reißer *m*[9]

bestuderen studieren[320]

bestuiven bestäuben

besturen 1 *(van voer-, vaartuig)* lenken, führen, steuern 2 *(de leiding hebben)* lenken; *(van land)* regieren[320]; *(van stad)* verwalten; *(van fabriek, vereniging)* leiten

bestuur *(van land)* Regierung *v*[20]; *(van stad)* Verwaltung *v*[20]; *(van fabriek, vereniging)* Vorstand *m*[6]

bestuurbaar lenkbar

bestuurder 1 *(van auto)* Fahrer *m*[9]; *(van tram)* Wagenführer *m*[9]; *(van trein)* Lokführer *m*[9]; *(van vliegtuig)* Flugzeugführer *m*[9] 2 *(van bond, vereniging)* Leiter *m*[9], Vorstandsmitglied *o*[31]: ~s van de stad Stadträte *mv m*[6]

bestuurslid Vorstandsmitglied *o*[31]

bestuurssecretaris *(Belg)* Ministerialrat *m*[6]

bestuurstaal *(Belg)* Amtssprache *v*[21]

bestwil: *een leugen om* ~ eine fromme Lüge; *voor uw* ~ zu Ihrem Besten

betaalautomaat Geldautomat *m*[14]

betaalbaar zahlbar

betaalcheque Barscheck *m*[13]

betaald: *iem iets* ~ *zetten* jmdn etwas heimzahlen; *het* ~*e voetbal* der Profifußball

betaalkaart Postbarscheck *m*[13]

betaalmiddel Zahlungsmittel *o*[33]

betaalpas Scheckkarte *v*[21]

betaaltelevisie Pay-TV *o*[39], Gebührenfernsehen *o*[39]

betalen zahlen, bezahlen; *(uitbetalen)* auszahlen: *contant* ~ bar (be)zahlen; *iem* ~ jmdn bezahlen; *iem iets* ~ jmdm etwas bezahlen; *een factuur van €100* ~ eine Rechnung über 100 € bezahlen

betaling Bezahlung *v*[20], Zahlung *v*[20]: ~ *in termijnen* Ratenzahlung *v*[20]

betalingstermijn Zahlungsfrist *v*[20]

betasten betasten

betekenen bedeuten, heißen[187]: *wat moet dat* ~? was soll das bedeuten (*of*: heißen)?

betekenis Bedeutung *v*[20]: *een man van* ~ ein bedeutender Mann; *niets van* ~ nichts Wesentliches; *dat is van grote* ~ das ist von großer Bedeutung; ~ *aan iets hechten* einer Sache Bedeutung beimessen[208]

beter besser: *hij speelt* ~ *dan zijn broer* er spielt besser als sein Bruder; *het weer wordt* ~ das Wetter bessert sich; *de zieke wordt* ~ der Kranke erholt sich; *het gaat* ~ *met hem* es geht ihm besser

beterschap Besserung *v*[20]: ~! gute Besserung!

beteugelen 1 *(van driften, toorn)* zügeln 2 *(een oproer)* unterdrücken

beteuterd betreten; *(inform)* verdattert

betichte *(Belg)* Angeklagte(r) *m*[40a], *v*[40b]

betichten: *iem van moord* ~ jmdn des Mordes bezichtigen

betijen: *iem laten* ~ jmdn gewähren lassen[197]

betimmeren täfeln, mit Holz verkleiden

betimmering Täfelung *v*[20], Holzverkleidung *v*[20]

betitelen betiteln, titulieren[320]

betoelagen *(Belg)* subventionieren[320]

betoelaging *(Belg)* Subvention *v*[20]

betoeterd behämmert, bekloppt

¹**betogen** *intr (demonstreren)* demonstrieren[320]

²**betogen** *tr (trachten te bewijzen)* darlegen, ausführen

betoging Kundgebung *v*[20], Demonstration *v*[20]

beton Beton *m*[13], *m*[5]

¹**betonen** *tr (bewijzen)* bezeigen, erweisen[307]: *iem achting* ~ jmdm Achtung bezeigen

²**betonen, zich** sich erweisen[307]: *zich dankbaar* ~ sich dankbar erweisen

betonmolen Betonmischer *m*[9]

betonnen *bn (van beton)* aus Beton, Beton…

betoog Darlegung *v*[20], Ausführung *v*[20]

betoon Bezeigung *v*[20], Erweisung *v*[20]

betoveren 1 *(beheksen)* verzaubern 2 *(bekoren)* bezaubern: *een* ~*d lachje* ein bezauberndes Lächeln

betovering 1 *(beheksing)* Verzauberung *v*[20] 2 *(fig)* Bezauberung *v*[20], Zauber *m*[9]

betrachten: *clementie* ~ Milde walten lassen[197]; *zijn plicht* ~ seine Pflicht erfüllen

betrachting *(Belg)* Wunsch *m*[6], Absicht *v*[20]

betrappen ertappen, erwischen: *iem op een leugen* ~ jmdn beim Lügen ertappen

betreden betreten[291]

betreffen betreffen[289]

¹**betreffende** *bn* betreffend: *alle (het vak)* ~ *werkzaamheden* alle einschlägigen Arbeiten

²**betreffende** *vz* betreffs[+2], bezüglich[+2]

betrekkelijk verhältnismäßig, relativ: ~ *voornaamwoord* Relativpronomen *o*[35]

betrekkelijkheid Relativität *v*[20]

¹**betrekken** *intr (donker worden) (ook fig)* sich verfinstern, sich beziehen[318]; *zie ook* betrokken

²**betrekken** *tr* 1 *(goederen, een woning)* beziehen[318] 2 *(erbij halen)* einbeziehen[318] (*in*[+4]): *bij iets betrokken zijn* an[+3] etwas beteiligt sein[262]

betrekking 1 *(werkkring)* Stelle *v*[21], Stellung *v*[20]: ~ *voor halve dagen* Halbtagsbeschäftigung *v*[20] 2 *(relatie)* Beziehung *v*[20]: *met* ~ *tot* in Bezug auf[+4]

betreuren: *iets* ~ etwas bedauern
betreurenswaard(ig) bedauerlich
betrokken 1 *(bedekt)* bedeckt: ~ *lucht* bedeckter Himmel **2** *(desbetreffend)* betreffend
betrokkene Beteiligte(r) m^{40a}, v^{40b}, Betreffende(r) m^{40a}, v^{40b}, Betroffene(r) m^{40a}, v^{40b}
betrokkenheid Engagement o^{36}
betrouwbaar zuverlässig
betrouwbaarheid Zuverlässigkeit v^{28}
betuigen: *iem zijn dank* ~ jmdm seinen Dank aussprechen[274]; *zijn deelneming* ~ sein Beileid bezeigen; *zijn instemming* ~ *met* sich beifällig äußern über[+4]; *zijn onschuld* ~ seine Unschuld beteuern; *sympathie* ~ Sympathie bezeigen
betuttelen bekritteln: *iem* ~ jmdn bekritteln
betweter Besserwisser m^9
betwijfelen bezweifeln
betwistbaar anfechtbar, angreifbar
betwisten bestreiten[287]; *(een testament)* anfechten[156]: *het betwiste punt* der strittige Punkt
beu: *ik ben het* ~! ich habe es satt!
beugel 1 *(ring, stijgbeugel)* Bügel m^9 **2** *(voor benen)* Schiene v^{21} **3** *(voor tandregulatie)* Spange v^{21} || *dat kan niet door de* ~ das ist inakzeptabel
beugelslot Bügelschloss o^{32}
beuk Buche v^{21}
beuken *bn* buchen, aus Buchenholz
beuken *ww* schlagen[241], hämmern
beukenhout Buchenholz o^{39}
beukennoot Buchecker v^{21}
beul Henker m^9: *zo brutaal als de* ~ frech wie Dreck
beulen sich abrackern, sich abschinden[239]
beunen 1 *(knoeien)* pfuschen **2** *(zwartwerken)* schwarzarbeiten
beunhaas 1 *(knoeier)* Pfuscher m^9 **2** *(zwartwerker)* Schwarzarbeiter m^9
beunhazen pfuschen; schwarzarbeiten
beuren 1 *(tillen)* heben[186] **2** *(geld innen)* kassieren[320]
beurs *zn* **1** *(geldbuidel)* Börse v^{21} **2** *(beursgebouw)* Börse v^{21} **3** *(jaarbeurs)* Messe v^{21} **4** *(studiebeurs)* Stipendium o (2e nvl -s; mv -dien)
beurs *bn* überreif; *(sterker)* matschig
beursgebouw Börse v^{21}
beurskoers Börsenkurs m^5
beursnotering Börsennotierung v^{20}
beurt Reihe v^{21}; *(van auto in garage)* Inspektion v^{20}: *een goede* ~ *maken* gut abschneiden[250]; *de kamer een goede* ~ *geven* das Zimmer gründlich putzen; *(pop) een* ~ *krijgen* aufgerufen werden[310]; *hij is aan de* ~ er ist an der Reihe; *om de* ~ der Reihe nach; *ieder op zijn* ~ jeder nach der Reihe
beurtelings der Reihe nach
beurtrol *(Belg)* Turnus *m* (2e nvl -; mv -se): *volgens* ~ im Turnus, turnusgemäß
bevaarbaar schiffbar
bevallen *(een kind ter wereld brengen)* entbinden[131]: *ze is* ~ *van een dochter* sie ist von einer Tochter entbunden worden
²**bevallen** *(behagen)* gefallen[154]: *het is mij goed* ~ es hat mir gut gefallen
bevallig anmutig
bevalling Geburt v^{20}, Entbindung v^{20}
bevallingsverlof *(Belg)* Mutterschaftsurlaub m^5
¹**bevangen** *bn* befangen
²**bevangen** *ww* überkommen[193], befallen[154]: *slaap beving mij* Schlaf überkam mich
bevaren befahren[153]
bevatten 1 *(begrijpen)* verstehen[279] **2** *(inhouden)* enthalten[183]
bevattingsvermogen Auffassungsgabe v^{21}
bevechten 1 *(de vijand)* bekämpfen **2** *(de overwinning)* erkämpfen, erringen[224]
beveiligen schützen; *(techn)* sichern
beveiliging Schutz m^{19}, Sicherung v^{20}
beveiligingsdienst Wachdienst m^5
bevel Befehl m^5: ~ *tot aanhouding* Haftbefehl; ~ *tot huiszoeking* Haussuchungsbefehl
bevelen befehlen[122]
bevelhebber Befehlshaber m^9
beven beben; *(in lichte mate)* zittern: ~ *van de kou* beben vor Kälte
bever Biber m^9
beverig zittrig
bevestigen 1 *(vastmaken)* befestigen **2** *(bekrachtigen)* bestätigen: *dat bevestigt mij in mijn mening* das bestärkt mich in meiner Meinung **3** *(nieuwe lidmaten) kerkelijk* ~ konfirmieren[320]
bevestiging 1 Befestigung v^{20} **2** Bestätigung v^{20} **3** Konfirmation v^{20}; *zie ook* bevestigen
bevind: *naar* ~ *van zaken* je nach Befund m^5
¹**bevinden** *tr (constateren)* befinden[157]: *in orde* ~ in Ordnung befinden
²**bevinden, zich** sich befinden[157]
bevinding Befund m^5: *we wachten uw* ~*en af* wir warten Ihren Befund ab
beving Beben o^{39}, Zittern o^{39}
bevitten bekritteln, bemäkeln
bevlekken *(ook fig)* beflecken
bevlieging Anwandlung v^{20}
bevloeien berieseln, bewässern
bevochtigen befeuchten, anfeuchten
bevoegd befugt, zuständig; *(op grond van examen e.d.)* befähigt, qualifiziert
bevoelen befühlen, betasten
bevolken bevölkern
bevolking Bevölkerung v^{20}
bevolkingsaanwas Bevölkerungszuwachs m^6
bevolkingsdichtheid Bevölkerungsdichte v^{21}
bevolkingsregister 1 *(bureau)* Meldeamt o^{32}, Einwohnermeldeamt o^{32} **2** *(lijst)* Melderegister o^{33}, Einwohnerliste v^{21}
bevoogden bevormunden
bevoordelen begünstigen, bevorzugen

bevooroordeeld voreingenommen (gegen+4)
bevoorraden bevorraten
bevoorrechten bevorrechten, privilegieren³²⁰
bevorderaar Förderer *m*⁹
bevorderen 1 *(stimuleren)* fördern; *(van eetlust)* anregen **2** *(in rang doen stijgen)* befördern: *een leerling* ~ einen Schüler versetzen
bevordering 1 Förderung *v*²⁰, Anregung *v*²⁰ **2** Beförderung *v*²⁰, Versetzung *v*²⁰; *zie ook* bevorderen
bevorderlijk förderlich+3, zuträglich+3
bevrachten befrachten
bevrachting Befrachtung *v*²⁰
bevredigen befriedigen: *iem* ~ jmdn befriedigen
bevredigend befriedigend
bevreemden befremden
bevreemding Befremdung *v*²⁸, Befremden *o*³⁹
bevreesd ängstlich: ~ *zijn voor* sich fürchten vor+3
bevriend befreundet
¹bevriezen *intr* **1** *(door vriezen verstijven)* gefrieren¹⁶³ **2** *(dichtvriezen)* zufrieren¹⁶³ **3** *(mbt ruiten)* zufrieren¹⁶³ **4** *(mbt waterleiding)* einfrieren¹⁶³ **5** *(doodvriezen)* erfrieren¹⁶³
²bevriezen *tr* *(van vlees, lonen, prijzen)* einfrieren¹⁶³
bevrijden befreien
bevrijding Befreiung *v*²⁰
bevruchten befruchten
bevruchting Befruchtung *v*²⁰
bevuilen beschmutzen
bewaarmiddel *(Belg)* Konservierungsmittel *o*³³
bewaken bewachen: *het budget* ~ das Budget überwachen
bewaking Bewachung *v*²⁰, Überwachung *v*²⁰
bewakingscamera Überwachungskamera *v*²⁷
bewandelen beschreiten²⁵⁴: *de gerechtelijke weg* ~ den Rechtsweg beschreiten
¹bewapenen *tr* bewaffnen
²bewapenen, zich *(mbt staten)* rüsten
bewapening 1 Bewaffnung *v*²⁰ **2** *(mbt staten)* Rüstung *v*²⁰ **3** *(ijzerwerk in beton)* Armierung *v*²⁰
bewapeningswedloop Wettrüsten *o*³⁹
bewaren 1 *(niet wegdoen)* (auf)bewahren, aufheben¹⁸⁶, *(fig) afstand* ~ Distanz wahren; *zijn evenwicht* ~ das Gleichgewicht halten¹⁸³, *een geheim* ~ ein Geheimnis bewahren; *zijn kalmte* ~ seine Ruhe bewahren; *de boeken zijn goed bewaard* die Bücher sind gut erhalten **2** *(behoeden)* bewahren
bewaring Aufbewahrung *v*²⁸: *huis van* ~ Haftanstalt *v*²⁰; *papieren in* ~ *geven* Papiere in Verwahrung geben¹⁶⁶; *iem in verzekerde* ~ *nemen* jmdn in Gewahrsam nehmen²¹²
beweegbaar beweglich, bewegbar
beweeglijk 1 *(levendig)* beweglich, lebhaft **2** *(techn)* beweglich
beweegreden Beweggrund *m*⁶, Motiv *o*²⁹
¹bewegen *tr* **1** *(van plaats doen veranderen)* bewegen **2** *(ontroeren)* bewegen **3** *(overhalen)* bewegen¹²⁸: *iem ergens toe* ~ jmdn zu+3 etwas bewegen

²bewegen, zich sich bewegen; *zie ook* bewogen
beweging Bewegung *v*²⁰: *in* ~ *komen* sich in Bewegung setzen
bewegingloos bewegungslos
bewegingstherapie Bewegungstherapie *v*²¹
bewegingsvrijheid Bewegungsfreiheit *v*²⁸
bewegwijzeren ausschildern, beschildern
bewegwijzering Ausschilderung *v*²⁰, Beschilderung *v*²⁰
beweren behaupten: *de beweerde mishandeling* die angebliche Misshandlung
bewering Behauptung *v*²⁰
bewerkelijk *(van materiaal)* schwer zu bearbeiten; *(van huis)* viel Arbeit mit sich bringend
bewerken bearbeiten: *smaakvol bewerkte meubels* geschmackvoll gearbeitete Möbel
bewerker Bearbeiter *m*⁹
bewerking Bearbeitung *v*²⁰
bewerkstelligen bewirken, herbeiführen
bewijs 1 *(algem)* Beweis *m*⁵: *ten bewijze van* als Beweis+2 **2** *(bewijsstuk)* Beleg *m*⁵ **3** *(schriftelijke verklaring)* Bescheinigung *v*²⁰; *(jur; document)* Urkunde *v*²¹: ~ *van ontvangst* Empfangsbescheinigung; ~ *van toegang* Eintrittskarte *v*²¹; *(Belg)* ~ *van goed gedrag en zeden* Führungszeugnis *o*²⁹ᵃ **4** *(reçu)* Schein *m*⁵
bewijsbaar beweisbar, nachweisbar
bewijskracht Beweiskraft *v*²⁸: ~ *hebben* beweiskräftig sein²⁶²
bewijslast Beweislast *v*²⁸, Beweispflicht *v*²⁸
bewijsmateriaal Beweismaterial *o* (2e nvl -s; mv -materialien)
bewijzen beweisen³⁰⁷, nachweisen³⁰⁷: *iem een dienst* ~ jmdm einen Dienst erweisen³⁰⁷
bewilligen: *iets* ~ etwas bewilligen
bewind Regierung *v*²⁰: *aan het* ~ *komen* an die Macht kommen¹⁹³
bewindsman Minister *m*⁹
bewindspersoon Minister *m*⁹, Ministerin *v*²²
bewindsvrouw Ministerin *v*²²
bewogen 1 *(foto)* verwackelt **2** *(fig)* bewegt; *zie ook* bewegen
bewolken sich bewölken: *de lucht werd bewolkt* der Himmel bewölkte sich
bewolking Bewölkung *v*²⁰
bewonderaar Bewunderer *m*⁹
bewonderen bewundern
bewonderenswaardig bewundernswert
bewondering Bewunderung *v*²⁸
bewonen bewohnen
bewoner Bewohner *m*⁹
bewoonbaar bewohnbar
bewoonster Bewohnerin *v*²²
bewoording Worte *mv o*²⁹: *in de volgende* ~*en* mit diesen Worten
bewust bewusst: *het* ~*e boek* das bewusste Buch; ~ *liegen* bewusst lügen²⁰⁴; *ik ben me van geen schuld* ~ ich bin mir keiner² Schuld bewusst; *hij was het zich niet* ~ er war sich³ dessen nicht bewusst

bewusteloos bewusstlos, ohnmächtig
bewusteloosheid Bewusstlosigkeit v^{28}
bewustheid Bewusstheit v^{28}
bewustzijn Bewusstsein o^{39}: *het ~ terugkrijgen* wieder zu^{+3} sich kommen[193]
bezaaien (*ook fig*) besäen
bezadigd besonnen, gesetzt
bezatten, zich sich voll laufen lassen[197]
bezegelen 1 (*van een zegel voorzien*) versiegeln **2** (*bekrachtigen*) besiegeln
bezeilen besegeln: *de zee ~* das Meer besegeln || *er is geen land met hem te ~* mit ihm ist nichts anzufangen
bezem Besen m^{11}: *nieuwe ~s vegen schoon* neue Besen kehren gut
bezemsteel Besenstiel m^5
bezeren *tr* wehtun[295], verletzen
bezeren, zich sich^3 wehtun, sich^4 verletzen
bezet besetzt
bezeten besessen
bezetene Besessene(r) m^{40a}, v^{40b}
bezetten besetzen: *~de macht* Besatzungsmacht v^{25}
bezetting 1 (*het bezetten, ook mil*) Besetzung v^{20} **2** (*bezettingstroepen*) Besatzung v^{20}
bezettingstroepen Besatzungstruppen *mv* v^{21}
bezichtigen besichtigen, (sich^3) ansehen[261]
bezield beseelt, begeistert: *~ spelen* beseelt spielen; *een ~ spreker* ein begeisterter Redner
bezielen 1 (*een ziel, leven geven*) beseelen **2** (*geestdriftig maken*) begeistern || *wat bezielt je toch?* was ist dir bloß in dich gefahren?
bezieling Beseelung v^{20}, Begeisterung v^{28}; *zie ook* bezielen
bezien: *iets ~* etwas besehen[261]; sich^3 etwas ansehen[261]; *het staat nog te ~* es steht noch dahin
bezienswaardig sehenswürdig, sehenswert
bezienswaardigheid Sehenswürdigkeit v^{20}
bezig beschäftigt: *ik was juist ~ …* ich war eben dabei, …
bezigen gebrauchen, verwenden
bezigheid Beschäftigung v^{20}
bezigheidstherapie Beschäftigungstherapie v^{21}
bezighouden *tr* beschäftigen
bezighouden, zich: *zich ~ met* sich beschäftigen mit^{+3}
bezingen besingen[265]
bezinken sich absetzen: *iets laten ~* etwas verarbeiten
bezinksel Bodensatz m^{19}
bezinnen, zich sich besinnen[267]
bezinning Besinnung v^{28}
bezit Besitz m^{19}: *particulier ~* Privatbesitz m^{19}
bezitsaanmatiging (*Belg*) widerrechtliche Besitzergreifung v^{28}
bezittelijk: *~ voornaamwoord* besitzanzeigendes Fürwort o^{32}
bezitten besitzen[268]
bezitter Besitzer m^9

bezitting Besitz m^5 (*zelden mv*), Besitztum o^{32}
bezoedelen besudeln
bezoek Besuch m^5: *het ~ aan het museum* der Besuch des Museums; *iem een ~ brengen* bei jmdm einen Besuch machen; *op ~ gaan* auf (*of*: zu) Besuch gehen[168]; *bij iem op ~ zijn* bei jmdm zu (*of*: auf) Besuch sein[262]
bezoeken besuchen
bezoeker Besucher m^9
bezoekerscentrum Besucherzentrum o (*2e nvl -s; mv* Besucherzentren)
bezoekregeling Umgangsregelung v^{20}
bezoldigen besolden
bezoldiging Besoldung v^{20}
bezondigen, zich sich versündigen
bezonken abgeklärt
bezonnen besonnen
bezopen 1 (*dronken*) besoffen **2** (*idioot*) blöd
bezorgd besorgt
bezorgdheid 1 (*het bezorgd zijn*) Besorgtheit v^{28} **2** (*ongerustheid*) Besorgnis v^{24}
bezorgen 1 (*van goederen*) liefern: (*in winkel*) *zal ik het laten ~?* soll ich es Ihnen (ins Haus) schicken? **2** (*van post*) zustellen **3** (*iem iets verschaffen*) besorgen: *iem een betrekking ~* jmdm eine Stelle besorgen **4** (*veroorzaken*) bereiten: *iem verdriet ~* jmdm Kummer bereiten; *iem moeite ~* jmdm Mühe machen
bezorging Zustellung v^{20}, Besorgung v^{20}; *zie ook* bezorgen
bezuinigen sparen: *op het budget ~* am Budget sparen; *op zijn uitgaven ~* seine Ausgaben einschränken
bezuiniging 1 (*de daad*) Sparen o^{39}, Einschränkung v^{20} **2** (*het resultaat*) Ersparnis v^{24}
bezuinigingsmaatregel Sparmaßnahme v^{21}
bezuipen, zich sich besaufen[228]
bezuren: *iets ~* für^{+4} etwas büßen
bezwaar 1 (*bedenking*) Bedenken o^{35}, Einwand m^6: *~ tegen iets hebben* Bedenken gegen^{+4} etwas haben[182] **2** (*moeilijkheid*) Schwierigkeit v^{20}: *op bezwaren stuiten* auf Schwierigkeiten stoßen[285] **3** (*ongemak*) Beschwerde v^{21}
bezwaard beschwert: *zich over iets ~ voelen* sich^3 Gewissensbisse über^{+4} etwas machen; *met een ~ gemoed* schweren Herzens
bezwaarde Bedenkenträger m^9
bezwaarlijk beschwerlich
bezwaarschrift Beschwerdeschrift v^{20}
bezwaren belasten, beschweren; (*met een hypotheek*) belasten
bezwarend erschwerend: *~e omstandigheden* erschwerende Umstände; *zie ook* bezwaard
bezweet verschwitzt
bezweren beschwören[260]: *het gevaar ~* die Gefahr bannen
bezwijken 1 (*sterven*) erliegen[202+3]: *aan zijn verwondingen ~* seinen Verletzungen erliegen **2** (*in kracht tekortschieten*) erliegen[202], zusammen-

bibberen

brechen[137]: *onder een last* ~ unter einer Last zusammenbrechen; *voor de verleiding* ~ der[3] Versuchung erliegen **3** *(instorten)* einbrechen[137]
bibberen zittern; *(hevig)* schlottern: ~ *van angst* zittern vor Angst
bibliothecaresse Bibliothekarin v^{22}
bibliothecaris Bibliothekar m^5
bibliotheek Bibliothek v^{20}; *(klein)* Bücherei v^{20}
biceps Bizeps m^5 (2e nvl ook -)
bidden 1 *(godsd)* beten **2** *(smeken)* flehen **3** *(verzoeken)* bitten[132+4]
biecht Beichte v^{21}: ~ *horen* (die) Beichte hören
biechten beichten: *gaan* ~ zur Beichte gehen[168]
biechtgeheim Beichtgeheimnis o^{29a}
biechtstoel Beichtstuhl m^6
biechtvader Beichtvater m^{10}
bieden bieten[130]: *weerstand* ~ Widerstand leisten; *te koop* ~ zum Verkauf anbieten[130]
bieder Bieter m^9, Bietende(r) m^{40a}, v^{40b}: *hoogste* ~ Meistbietende(r) m^{40a}, v^{40b}
biefstuk Beefsteak o^{36}: ~ *tartaar* Tatar o^{39}, o^{39a}
biel, biels Bahnschwelle v^{21}, Schwelle v^{21}
bier Bier o^{29}: *donker* ~ dunkles Bier; *licht* ~ helles Bier; *(Belg) dat is geen klein* ~ das ist eine wichtige Angelegenheit
bierblikje Bierdose v^{21}
bierbrouwerij Bierbrauerei v^{20}
bierviltje Bierdeckel m^9
bies 1 *(plantk)* Binse v^{21} **2** *(op kleding)* Paspel v^{21} **3** *(versieringslijn)* Zierleiste v^{21}
biet Rübe v^{21}: *rode* ~ Rote Rübe
bietsen schnorren
biezen *bn* Binsen…: ~ *mat* Binsenmatte v^{21}
big Ferkel o^{33}
biggelen kugeln
¹bij *zn* Biene v^{21}
²bij *bw* **1** *(bij kennis)* bei Bewusstsein **2** *(niet ten achter)* nicht im Rückstand: *de leerling is nog niet* ~ der Schüler ist noch zurück **3** *(op de hoogte)* auf dem Laufenden **4** *(pienter)* gescheit: *hij is goed* ~ er ist sehr gescheit ‖ *je bent er* ~! du bist geliefert!
³bij *vz* **1** *(bij het zijn op een plaats) (ook fig)* bei⁺³, an⁺³: ~ *het raam zitten* beim (*of:* am) Fenster sitzen[268]; ~ *iem wonen* bei jmdm wohnen; ~ *Berlijn* bei Berlin; *iets* ~ *zich hebben* etwas bei sich haben[182]; ~ *zichzelf iets zeggen* sich[3] etwas sagen **2** *(bij het komen op een plaats)* an⁺⁴: ~ *het raam gaan zitten* sich ans Fenster setzen **3** *(mbt een toevoeging)* zu⁺³: ~ *water* ~ *de wijn gieten* Wasser zu dem Wein gießen[175] **4** *(bij het komen naar personen)* zu⁺³: ~ *iem gaan zitten* sich zu jmdm setzen **5** *(bij een aanraking)* bei⁺³: ~ *de hand pakken* bei der Hand nehmen[212] **6** *(tijdens)* bei⁺³, an⁺³: ~ *dag* am (*of:* bei) Tage; ~ *nacht* bei Nacht **7** *(gelijktijdig met)* zu⁺³: ~ *het begin van het jaar* zu Anfang des Jahres **8** *(bijna)* an⁺⁴, gegen⁺⁴: ~ *de 100 personen* an die (*of:* gegen) 100 Personen **9** *(mbt een hoeveelheid)* zu⁺³: ~ *honderden* zu hunderten (*of:* zu Hunderten) **10** *(in vergelijking met)* gegen⁺⁴ **11** *(een formaat aangevend)* mal: 25 ~ 30 *meter* 25 mal 30 Meter **12** *(door middel van)* durch⁺⁴: ~ *de wet bepaald* durch das Gesetz bestimmt **13** *(in geval van)* bei⁺³: ~ *slecht weer* bei schlechtem Wetter **14** *(vanwege)* aus⁺³: ~ *gebrek aan geld* aus Mangel an⁺³ Geld
bijbaantje Nebenbeschäftigung v^{20}, Nebenjob m^{13}
bijbedoeling Nebenabsicht v^{20}
Bijbel Bibel v^{21}
Bijbels biblisch
bijbenen *(ook fig)* mitkommen[193]
bijbetalen zuzahlen, nachzahlen
bijbetaling Zuzahlung v^{20}, Nachzahlung v^{20}
bijbetekenis Nebenbedeutung v^{20}
bijblijven 1 *(ook fig)* Schritt halten[183] mit⁺³; *(op school)* mitkommen[193] **2** *(niet vergeten worden)* im Gedächtnis bleiben[134]
bijboeken nachtragen[288]
bijbrengen: *iem iets* ~ jmdm etwas beibringen[139]; *een bewusteloze weer* ~ einen Ohnmächtigen wieder zu sich bringen[139]
bijdehand 1 *(schrander)* aufgeweckt, hell **2** *(brutaal)* naseweis, vorlaut
bijdehandje Naseweis m^5
bijdraaien 1 *(scheepv)* beidrehen **2** *(mbt personen)* einlenken
bijdrage Beitrag m^6: *eigen* ~ *(med)* Rezeptgebühr v^{20}
bijdragen beitragen[288], beisteuern
bijeen zusammen; *(als het een zich bevinden, een rust, betreft, ook)* beisammen, beieinander
bijeenbehoren zusammengehören
bijeenblijven zusammenbleiben[134]
bijeenbrengen zusammenbringen[139]
bijeenhouden zusammenhalten[183]
bijeenkomen 1 zusammenkommen[193] **2** *(om te vergaderen, officieel)* zusammentreten[291] **3** *(elkaar treffen)* zusammentreffen[289]
bijeenkomst 1 Zusammenkunft v^{25} **2** *(vergadering)* Versammlung v^{20} **3** *(ontmoeting)* Treffen o^{35}
bijeenroepen zusammenrufen[226]: *een vergadering* ~ eine Versammlung einberufen[226]
bijeenzijn zusammen sein[262], beisammen sein[262]
bijeenzoeken zusammensuchen
bijenhouder Bienenzüchter m^9
bijenkorf Bienenkorb m^6
bijenvolk Bienenvolk o^{32}
bijfiguur Nebenfigur v^{20}; *(figurant)* Statist m^{14}
¹bijgaand *bn, bw* anliegend, beiliegend
²bijgaand *bw* anbei, in der Anlage, als Anlage
bijgebouw Nebengebäude o^{33}, Seitengebäude o^{33}
bijgedachte Nebengedanke m^{18}
bijgeloof Aberglaube m^{18} *(geen mv)*
bijgelovig abergläubisch
bijgenaamd mit dem Beinamen
bijhouden 1 *(zijn bord, glas)* hinhalten[183] **2** *(niet*

achterblijven) mitkommen[193]: *de boeken ~ die Bücher führen; iem ~ mit jmdm Schritt halten*[183]; *de vakliteratuur ~ die Fachliteratur lesen*[201]
bijhuis *(Belg)* Zweigstelle v^{21}
bijkantoor Zweigstelle v^{21}
bijkeuken Küchenabseite v^{21}
bijkomen 1 *(erbij komen)* dazukommen[193], hinzukommen[193]: *dat moet er nog ~! das fehlte gerade noch!* **2** *(tot zichzelf komen)* zu^{+3} sich kommen[193] **3** *(herstellen)* sich erholen: *de zieke komt langzaam bij der Kranke erholt sich langsam* || *hoe kom je erbij?* wie kommst du darauf?
bijkomend: *~e kosten* Nebenkosten *(mv)*; *~e omstandigheden* Nebenumstände *mv m*^{6}; *~e verschijnselen* Begleiterscheinungen *mv* v^{20}; *alle ~e werkzaamheden* alle anfallenden Arbeiten
bijkomstig nebensächlich, Neben...
bijkomstigheden Nebenumstände *mv m*^{6}
bijl 1 *(met korte steel)* Beil o^{29} **2** *(met lange steel)* Axt v^{25}
bijlage 1 *(bij brief)* Anlage v^{21} **2** *(bij boek, krant)* Beilage v^{21}
bijlange: *~ (na) niet* bei weitem nicht
bijleggen 1 *(er nog bij doen)* zulegen, zuzahlen **2** *(beslechten)* beilegen
bijles Nachhilfeunterricht m^{19}
bijlichten: *iem ~* jmdm leuchten
bijna beinahe, fast: *~ niet te geloven* kaum glaublich
bijnaam 1 *(toenaam)* Beiname m^{18} **2** *(spotnaam)* Spitzname m^{18}, Scherzname m^{18}
bijna-doodervaring Nahtoderfahrung v^{20}
bijpassen *(van geld)* zuzahlen, nachzahlen
bijproduct Nebenprodukt o^{29}
bijrijder Beifahrer m^9
bijrol Nebenrolle v^{21}
bijschaven 1 *(lett)* zurechthobeln **2** *(fig)* ausfeilen: *een tekst ~ einen Text ausfeilen*
bijschenken nachgießen[175], nachschenken
bijscholen fortbilden, weiterbilden
bijschrift Bildunterschrift v^{20}, Bildtext m^5
bijschrijven 1 *(op de creditzijde boeken)* gutschreiben[252]: *de rente ~ die Zinsen eintragen*[288] **2** *(toevoegen)* hinzuschreiben[252]
bijschrijving Gutschrift v^{20}, Eintragung v^{20}; *zie ook* bijschrijven
bijsloffen mitkommen[193]
bijsluiter Beipackzettel m^9
bijsmaak Nebengeschmack m^{19}
bijspijkeren nachholen: *ik moet nog heel wat ~ ich muss eine ganze Menge nachholen*
bijstaan beistehen[279]: *iem met raad en daad ~ jmdm mit Rat und Tat beistehen*
bijstand 1 *(hulp)* Beistand m^{19} **2** *(geldelijke ondersteuning)* Sozialhilfe v^{21}, Beihilfe v^{21} **3** *(instantie)* Fürsorge v^{28}, Sozialamt o^{32}
bijstandsuitkering Sozialhilfe v^{21}
bijstellen 1 *(afstellen)* einstellen **2** *(opnieuw afstellen)* nachstellen

¹**bijster** *bn: het spoor ~ zijn:* a) *(lett)* sich verirrt haben[182]; b) *(fig)* auf dem Holzweg sein[262]
²**bijster** *bw: niet ~* nicht sonderlich
bijt Wune v^{21}, Wuhne v^{21}
bijtanken *(ook fig)* auftanken
bijtekenen: *voor 6 jaar ~* sich für noch sechs Jahre verpflichten
bijtellen hinzuzählen, hinzurechnen
bijten 1 beißen[125] **2** *(chem)* ätzen, beizen
bijtend 1 beißend **2** *(chem)* ätzend
bijtgraag bissig
bijtijds 1 *(vroeg)* frühzeitig **2** *(niet te laat)* rechtzeitig
bijv. *afk van* bijvoorbeeld zum Beispiel *(afk z.B.)*
bijvak Nebenfach o^{32}
bijval Beifall m^{19}
bijvallen: *iem ~* jmdm beipflichten
bijverdienen zuverdienen
bijverdienste Nebenverdienst m^5
bijvoegen beifügen, zufügen, hinzufügen
bijvoegsel 1 *(van krant)* Beilage v^{21} **2** *(supplement)* Nachtrag m^6
bijvoorbeeld zum Beispiel *(afk z.B.)*
bijvullen nachfüllen: *olie ~ Öl nachfüllen*
bijwerken 1 *(aanvullen, herstellen)* nacharbeiten, überarbeiten **2** *(lesgeven)* Nachhilfe geben[166] || *de boeken ~* die Bücher führen
bijwonen beiwohnen^{+3}: *een concert ~ einem Konzert beiwohnen*
bijzaak Nebensache v^{21}
bijzetten 1 *(bij iets zetten)* dazustellen **2** *(begraven)* beisetzen
bijziend kurzsichtig
bijzijn: *in het ~ van* im Beisein von^{+3}
bijzin Nebensatz m^6: *betrekkelijke ~* Relativsatz m^6
¹**bijzonder** *bn* **1** *(algem)* besonder, Sonder..., speziell: *niet veel ~s* nicht viel Besonderes; *het eten was niet ~* das Essen war nicht besonders **2** *(niet openbaar)* privat, Privat...
²**bijzonder** *bw* besonders: *~ goed* besonders gut; *in het ~* besonders
bijzonderheid 1 *(detail)* Einzelheit v^{20} **2** *(iets ongewoons)* Besonderheit v^{20}
bikini Bikini m^{13}
bikkelhard steinhart, knochenhart
bikken 1 *(hakken)* klopfen **2** *(eten)* mampfen
bil Backe v^{21}, Hinterbacke v^{21}: *~len* Gesäß o^{29}
biljart Billard o^{29}
biljarten Billard spielen
biljet: *~ van €100,-* Hunderteuroschein m^5
biljoen Billion v^{20}
billijk 1 *(rechtmatig)* berechtigt **2** *(redelijk)* angemessen **3** *(rechtvaardig)* gerecht
billijken billigen, gutheißen[187]
binden binden[131]: *een ~de bepaling* eine bindende Bestimmung
binding Bindung v^{20}
bindmiddel Bindemittel o^{33}

bindweefsel Bindegewebe o^{33}
bink Kerl m^5, Bursche m^{15}, Junge m^{15}
¹binnen *bw (niet buiten)* drinnen: ~ *in de zaal* drinnen im Saal; *hij is* ~ *(heeft geld genoeg)* er hat sein Schäfchen im Trockenen; ~*! herein!; naar* ~*:* a) *(in verbinding met werkwoorden; naar spreker toe)* herein-; b) *(in verbinding met werkwoorden; van spreker af)* hinein-; *de deur gaat naar* ~ *open* die Tür geht nach innen auf; *te* ~ *schieten* einfallen^{154}
²binnen *vz* innerhalb^{+2}: ~ *de stad* innerhalb der Stadt; ~ *een uur* innerhalb einer Stunde
binnenbaan Innenbahn v^{20}
binnenbad Hallenbad o^{32}
binnenband Schlauch m^6
binnenbocht Innenkurve v^{21}
binnenbrengen hereinbringen^{139}, hineinbringen^{139} (in^{+4})
binnendoor: ~ *gaan* eine Abkürzung nehmen^{212}
binnendringen eindringen^{143} (in^{+4})
binnengaan hineingehen^{168}, hereingehen^{168} (in^{+4})
binnenhalen 1 *(vlag, netten)* einholen 2 *(oogst)* einbringen^{139}, einfahren^{153}
binnenhaven Binnenhafen m^{12}
binnenhuisarchitect Innenarchitekt m^{14}
binnenin im Innern, innen
binnenkant Innenseite v^{21}
binnenkomen 1 eintreten^{291} (in^{+4}) 2 *(mbt schip, trein, berichten)* einlaufen^{198} (in^{+4}) 3 *(mbt geld)* eingehen^{168}
binnenkort demnächst, in Kürze
binnenland 1 *(tegenstelling buitenland)* Inland o^{39} 2 *(tegenstelling kustland)* Binnenland o^{39}
binnenlands inländisch, einheimisch: ~*e markt* Binnenmarkt m^6; ~*e onlusten* innere Unruhen *mv* v^{21}; ~*e politiek* Innenpolitik v^{28}
binnenlaten hereinlassen^{197}, hineinlassen^{197} (in^{+4})
binnenmarkt Binnenmarkt m^6
binnenplaats Hof m^6, Innenhof m^6
binnenpretje: *een* ~ *hebben* in^{+4} sich hineinlachen
¹binnenrukken *zn* Einmarsch m^6 (in^{+4})
²binnenrukken *ww* einrücken, einmarschieren^{320} (in^{+4})
binnenschip Binnenschiff o^{29}
binnenschipper Binnenschiffer m^9
binnenshuis im Haus(e)
binnensport Hallensport m^5
binnenstad Innenstadt v^{25}, Stadtmitte v^{28}
binnenste Innere(s) o^{40c}
binnenstebuiten verkehrt, verkehrt herum
binnenstormen hereinstürmen, hineinstürmen (in^{+4})
binnentreden eintreten^{291} (in^{+4})
binnentrekken einziehen^{318} (in^{+4})
binnenvaart Binnenschifffahrt v^{28}
binnenvallen: *komen* ~ hereinplatzen

binnenwater Binnengewässer o^{33}
binnenwerk 1 *(werk binnenshuis)* Hausarbeit v^{20} 2 *(in het bouwvak)* Innenarbeiten *mv* v^{20}
binnenzak Innentasche v^{21}
binnenzee Binnenmeer o^{29}
binnenzijde Innenseite v^{21}
bint 1 *(balk)* Balken m^{11} 2 *(spant)* Gebinde o^{33}
bioboer Biobauer m^{15}
biochemicus Biochemiker m^9
biochemie Biochemie v^{28}
biochemisch biochemisch
biograaf Biograph m^{14}, Biograf m^{14}
biografie Biographie v^{21}, Biografie v^{21}
biografisch biographisch, biografisch
bio-industrie Intensivhaltung v^{28}
biologie Biologie v^{28}
biologisch biologisch: *de* ~*e moeder* die leibliche Mutter
bioloog Biologe m^{15}
bioscoop Kino o^{36}: *naar de* ~ *gaan* ins Kino gehen^{168}
bips Popo m^{13}, Po m^{13}
biscuit Keks m of o (2e nvl -(es); mv -(e))
bisdom Bistum o^{32}
biseksueel bisexuell
bisschop Bischof m^6
bisschoppelijk bischöflich
bissen *(Belg) (ond)* sitzen bleiben^{134}
bisser *(Belg) (ond)* Sitzenbleiber m^9
bistro Bistro o^{36}
bit *(comp)* Bit o (2e nvl -(s); mv -(s))
bitch Luder o^{33}
bits bissig, scharf
bitter bitter
bitterheid Bitterkeit v^{20}
bitterkoekje Bittermandelmakrone v^{21}
bivak Biwak o^{29}, o^{36}: *zijn* ~ *ergens opslaan* sich irgendwo niederlassen^{197}
bivakkeren biwakieren^{320}
bizar bizarr
bizon Bison m^{13}
blaag Balg m^8, o^{32}, Blage v^{21}
blaam 1 *(afkeuring)* Tadel m^9 2 *(smet)* Makel m^9
blaar Blase v^{21}
blaas Blase v^{21}: *zijn* ~ *legen* die Blase entleeren
blaasbalg Blasebalg m^6
blaasinstrument Blasinstrument o^{29}
blaaskaak Aufschneider m^9, Großsprecher m^9
blaasontsteking Blasenentzündung v^{20}
black box Flugschreiber m^9
blad 1 Blatt o^{32} 2 *(dienblad)* Tablett o^{36}, o^{29} 3 *(tafelblad)* Tischplatte v^{21}
bladblazer Blättergebläse o^{33}, Laubgebläse o^{33}
bladeren blättern
bladgroen Blattgrün o^{39}
bladgroente Blattgemüse o^{33}
bladluis Blattlaus v^{25}
bladnerf Blattnerv m^{16}
bladrand Blattrand m^8

bladwijzer 1 *(inhoudsopgave)* Inhaltsverzeichnis o^{29a} **2** *(boekenlegger)* Buchzeichen o^{35}
bladzijde Seite v^{21} *(afk* S.*)*
blaffen *(ook hoesten, opspelen)* bellen
blaken *(mbt zon)* brennen^{138}, glühen: ~ *van gezondheid* vor Gesundheit strotzen
blakeren (ver)sengen
blamage Blamage v^{21}
blameren *tr* blamieren^{320}
blameren, zich sich blamieren
blancheren blanchieren^{320}
blanco blanko: ~ *stemmen* sich der Stimme enthalten^{183}
blancovolmacht Blankovollmacht v^{20}
blank 1 *(blinkend)* blank **2** *(wit, niet gekleurd)* weiß **3** *(onder water staand)* überschwemmt: *het veld staat* ~ das Feld steht unter Wasser
blanke Weiße(r) m^{40a}, v^{40b}
blasé blasiert
blauw *zn* Blau o *(2e nvl -s; mv -)*
blauw *bn, bw* blau: *een ~e maandag* kurze Zeit; *zich ~ ergeren* sich gelb und grün ärgern
blauwbekken frieren^{163}: *staan te ~* frieren
blauwblauw: *iets ~ laten* eine Sache auf sich beruhen lassen^{197}
blauwdruk 1 Blaupause v^{21} **2** *(plan)* Konzept o^{29}
blauwtje: *een ~ lopen* einen Korb bekommen^{193}
blauwzuur Blausäure v^{28}
blazen blasen^{133}; *(inform)* pusten; *(mbt dieren)* fauchen; *(bij alcoholische dranken)* pusten
blazer *(muz)* Bläser m^9
blazer *(jasje)* Blazer m^9
bleek blass^{59}: *een bleke kleur* eine blasse Farbe
bleekmiddel Bleichmittel o^{33}
bleekwater Bleichwasser o^{39}
bleken bleichen
blèren 1 plärren **2** *(mbt schapen)* blöken
blesseren verletzen
blessure Verletzung v^{20}
blessuretijd: *in de ~ spelen* nachspielen
bleu *(verlegen)* schüchtern, verlegen
bleu *(blauw)* bleu
blieven mögen^{210}
blij froh, freudig: *de ~de gebeurtenis* das freudige Ereignis; *een ~ gezicht* ein frohes Gesicht; *~ zijn over* froh sein^{262} über^{+4}; *ik ben ~ u te zien* es freut mich, Sie zu sehen
blijdschap Freude v^{21}
blijf *(Belg):* *geen ~ met iets weten* nicht wissen, was man mit^{+3} etwas anfangen soll
blijk Beweis m^5, Zeichen o^{35}: *~ van belangstelling* Beweis der Anteilnahme; *~ van vertrouwen* Vertrauensbeweis; *~ geven van* zeigen
blijkbaar offenbar, offensichtlich
blijken sich zeigen, sich herausstellen: *het blijkt, dat …* es zeigt sich, dass …; *het bleek een vergissing te zijn* es stellte sich als ein Irrtum heraus; *daaruit blijkt, dat …* daraus geht hervor, dass …; *je moet er niets van laten ~* du musst dir nichts merken lassen

blijkens laut^{+2}, wie aus^{+3} … hervorgeht
blijmoedig frohgemut, frohmütig
blijspel Lustspiel o^{29}
blijven bleiben^{134}: ~ *bestaan* bestehen bleiben; ~ *eten* zum Essen bleiben; ~ *hangen* hängen bleiben; ~ *leven:* a) *(lett)* am Leben bleiben; b) *(fig)* fortleben; ~ *liggen* liegen bleiben; ~ *staan* stehen bleiben; ~ *steken* stecken bleiben; ~ *sukkelen* kränkeln; ~ *wachten* immerfort warten; ~ *weigeren* auf seiner Weigerung beharren; ~ *zitten* sitzen bleiben; ~ *schrijven* weiterschreiben^{252}; ~ *werken* weiterarbeiten; *goed ~* sich halten^{183}; *wij ~ dit artikel tegen deze prijs verkopen* wir verkaufen diesen Artikel nach wie vor zu diesem Preis; *waar waren we gisteren gebleven? (met lezen enz.)* wo waren wir gestern stehen geblieben?; *waar ~ we als …?* wo kommen wir hin, wenn …?
blijvend *(mbt herinnering, succes)* bleibend; *(mbt indruk)* nachhaltig: *~e toestand* Dauerzustand m^6; *~e vrede* dauerhafter Frieden
¹blik *(oogopslag)* Blick m^5: *een ruime ~* ein weites Blickfeld
²blik 1 *(vertind plaatijzer)* Blech o^{29} **2** *(om iets te vegen)* Schaufel v^{21} **3** *(voor conserven)* Büchse v^{21}, Dose v^{21}: *vlees in ~* Büchsenfleisch o^{35}
blikgroente Dosengemüse o^{33}, Büchsengemüse o^{33}
blikje Konservenbüchse v^{21}, Konservendose v^{21}
¹blikken *bn (van blik)* blechern, Blech…
²blikken *ww (kijken)* blicken, schauen
blikopener Büchsenöffner m^9, Dosenöffner m^9
blikschade Blechschaden m^{12}
bliksem Blitz m^5: *(inform) zo snel als de ~* schnell wie der Blitz; *(inform) het is naar de ~* es ist zum Teufel; *(inform) naar de ~ gaan* vor die Hunde gehen^{168}
bliksemactie Blitzaktion v^{20}
bliksemafleider *(ook fig)* Blitzableiter m^9
bliksembezoek Blitzbesuch m^5
bliksemcarrière Blitzkarriere v^{21}
bliksemen blitzen
bliksemflits Blitz m^5, Blitzstrahl m^{16}
blikseminslag Blitzschlag m^6
bliksemschicht Blitzstrahl m^{16}
bliksemsnel blitzschnell, blitzartig
blikvanger Blickfang m^6
blikveld Blickfeld o^{31}
blind blind: *~e passagier* blinder Passagier m^5; *zich op een idee ~ staren* sich in eine Idee verrennen^{222}; *~ typen* blind schreiben^{252}; *aan één oog ~ zijn* auf einem Auge blind sein^{262}; *(fig) ~ voor iets zijn* blind für^{+4} etwas sein^{262}; *ziende ~ zijn* Tomaten auf den Augen haben
blind date Blinddate o^{36} *(2e nvl ook -)*, Blind Date o^{36} *(2e nvl ook -)*
blinddoek Binde v^{21}, Augenbinde v^{21}
blinddoeken: *iem ~* jmdm die Augen verbinden^{131}
blinde Blinde(r) m^{40a}, v^{40b}

blindedarm Blinddarm *m*⁶
blindedarmontsteking Blinddarmentzündung *v*²⁰
blindelings blindlings
blindheid Blindheit *v*²⁸
blingbling Bling-Bling *o*³⁹ᵃ, Bling Bling *o*³⁹ᵃ
blinken blinken, glänzen
blits flippig, geil: *~e muziek* geile Musik *v*²⁸
bloc: *en ~* en bloc
blocnote Schreibblock *m*⁶, *m*¹³
bloed Blut *o*³⁹: *~ geven* Blut spenden; *~ spuwen* Blut spucken; *in koelen ~e* kaltblütig
bloedarmoede Blutarmut *v*²⁸
bloedbad Blutbad *o*³²
bloedbank Blutbank *v*²⁰
bloeddonor Blutspender *m*⁹
bloeddorstig blutdürstig, blutgierig
bloeddruk Blutdruck *m*¹⁹
bloedeigen leiblich
bloedeloos blutleer
bloeden bluten
bloedgroep Blutgruppe *v*²¹
bloedheet brühheiß, glühend heiß
bloedhond *(ook fig)* Bluthund *m*⁵
bloedig blutig
bloeding Blutung *v*²⁰
bloedlink verflixt riskant
bloedneus Nasenbluten *o*³⁹
bloedonderzoek Blutuntersuchung *v*²⁰
bloedplasma Blutplasma *o* (2e nvl -s; mv -plasmen)
bloedproef Blutprobe *v*²¹
bloedsomloop Blutkreislauf *m*⁶, Kreislauf *m*⁶
bloedspiegel Blutspiegel *m*⁹
bloedsuikerwaarde Blutzuckerwert *m*⁵
bloedtransfusie Bluttransfusion *v*²⁰
bloeduitstorting Bluterguss *m*⁶
bloedvat Blutgefäß *o*²⁹
bloedvergiftiging Blutvergiftung *v*²⁰
bloedverlies Blutverlust *m*⁵
bloedverwant Blutsverwandte(r) *m*⁴⁰ᵃ, *v*⁴⁰ᵇ
bloedvlek Blutfleck *m*⁵, Blutflecken *m*¹¹
bloedwraak Blutrache *v*²⁸
bloedziekte Blutkrankheit *v*²⁰
bloedzuiger *(ook fig)* Blutsauger *m*⁹
bloei Blüte *v*²¹: *de handel komt tot ~* der Handel blüht auf; *in (volle) ~ staan* in (voller) Blüte stehen²⁷⁹
bloeien *(ook fig)* blühen
bloeitijd *(ook fig)* Blütezeit *v*²⁰
bloem Blume *v*²¹: *de ~ der natie* die Blüte der Nation; *~en op de ruiten* Eisblumen
bloembak Blumenkasten *m*¹²
bloembed Blumenbeet *o*²⁹
bloembol Blumenzwiebel *v*²¹
bloembollenvelden Tulpenfelder *mv o*³¹
bloemencorso Blumenkorso *m*¹³
bloemenstalletje Blumenstand *m*⁶
bloementeelt Blumenzucht *v*²⁸

bloemetje Blümchen *o*³⁵: *iem een ~ geven* jmdm Blumen schenken; *(fig) de ~s buiten zetten* auf die Pauke hauen¹⁸⁵
bloemist Florist *m*¹⁴, Blumenhändler *m*⁹
bloemkool Blumenkohl *m*⁵
bloemkroon Blütenkrone *v*²¹
bloemlezing Auswahl *v*²⁰, Anthologie *v*²¹
bloemperk Blumenbeet *o*²⁹
bloempot Blumentopf *m*⁶
bloemrijk blumenreich
bloemstuk Gesteck *o*²⁹, Blumenarrangement *o*³⁶
bloemsuiker *(Belg)* Puderzucker *m*¹⁹
bloes Bluse *v*²¹
bloesem Blüte *v*²¹
blog Blog *o*³⁶
blogger Blogger *m*⁹
blok 1 Block *m*⁶: *~ marmer* Marmorblock; *een ~ aan het been* ein Klotz am Bein **2** *(vierkant; klontje)* Würfel *m*⁹
blokfluit Blockflöte *v*²¹
blokkade Blockade *v*²¹
blokken büffeln, ochsen, pauken
blokkendoos Baukasten *m*¹²
blokkeren blockieren³²⁰; *(econ)* sperren; *(sp)* stoppen, blocken
blokletter Blockbuchstabe *m*¹⁸: *in ~s invullen* in Blockschrift *(of:* in Druckschrift*)* ausfüllen
blokletteren *(Belg)* in Schlagzeilen bringen¹³⁹
blokschrift Blockschrift *v*²⁸
blokuur Blockstunde *v*²¹, Doppelstunde *v*²¹
blond blond
blonderen blondieren³²⁰
blondine, blondje Blondine *v*²¹
bloot nackt, bloß: *onder de blote hemel* unter freiem Himmel; *uit het blote hoofd* auswendig
blootgeven, zich sich³ eine Blöße geben¹⁶⁶
blootleggen *(ook fig)* bloßlegen
blootshoofds barhaupt, barhäuptig
blootstaan ausgesetzt sein²⁶²⁺³
¹**blootstellen** *tr* aussetzen⁺³
²**blootstellen, zich**: *zich ~ aan* sich aussetzen⁺³
blootsvoets barfuß, barfüßig
blos Röte *v*²⁸: *~ van schaamte* Schamröte
blouse Bluse *v*²¹
blozen rot werden³¹⁰, erröten: *iem doen ~* jmdn zum Erröten bringen¹³⁹
blozend errötend: *~e wangen* frische Backen *mv v*²¹; *~ van gezondheid* blühend
blubber Schlamm *m*⁵, Matsch *m*¹⁹
blues Blues *m* (2e nvl -; mv -)
bluf Bluff *m*¹³, Angeberei *v*²⁰
bluffen bluffen
blunder Schnitzer *m*⁹
blunderen einen Bock schießen²³⁸
blusapparaat Feuerlöschgerät *o*²⁹, Löschgerät *o*²⁹
blussen 1 löschen **2** *(cul)* ablöschen
blut abgebrannt, pleite
bluts Beule *v*²¹: *vol ~en* beulig

blutsen verbeulen
blz. *afk van bladzijde* S., Seite
BN'er *afk van bekende Nederlander* bekannter Niederländer *m*[9]
bo *(Belg) afk van bijzonder onderwijs* Sonderschulwesen *o*[39]
bob 1 *(bobslee)* Bob *m*[13], Bobsleigh *m*[13] **2** ® *(bij het stappen) (ongev)* nicht trinkender Fahrer *m*[9]
bobbel Verdickung *v*[20]
bobo Promi *m*[13]
bobslee Bob *m*[13], Bobsleigh *m*[13]
bochel Buckel *m*[9]
bocht *(slechte waar)* Schund *m*[19]
bocht 1 *(buiging)* Biegung *v*[20], Krümmung *v*[20]: *(fig) zich in allerlei ~en wringen* sich drehen und winden[313] **2** *(in weg)* Kurve *v*[21]: *uit de ~ vliegen* aus der Kurve getragen werden[310]; *dat is (erg) kort door de ~ (fig)* das ist zu kurz gedacht **3** *(in rivier)* Schleife *v*[21] **4** *(baai, golf)* Bucht *v*[20]
bod Gebot *o*[29]: *een ~ doen* ein Gebot machen; *een hoger ~ doen* jmdn überbieten[130]; *een ~ op iets doen* auf[+4] etwas bieten[130]; *tegen elk aannemelijk ~* zu jedem annehmbaren Preis
bode Bote *m*[15]: *vrouwelijke ~* Botin *v*[22]
bodem Boden *m*[12]
bodemgesteldheid Bodenbeschaffenheit *v*[28]
bodemloos bodenlos
bodemprijs Mindestpreis *m*[5]
bodemschatten Bodenschätze *mv m*[6]
Bodenmeer Bodensee *m*[19]
bodybuilder Bodybuilder *m*[9]
bodybuilding Bodybuilding *o*[39], *o*[39a]
bodypainting Bodypainting *o*[39]
boe *tw* buh!; *(koeiengeloei)* muh!
boeddhisme Buddhismus *m*[19a]
boeddhist Buddhist *m*[14]
boedel 1 *(nalatenschap)* Erbschaft *v*[20] **2** *(vermogen van gefailleerde)* Masse *v*[21]: *failliete ~* Konkursmasse **3** *(inboedel)* Inventar *o*[29]
boef Schurke *m*[15], Halunke *m*[15]
boeg *(scheepv)* Bug *m*[5]: *iem een schot voor de ~ geven* jmdm einen Schuss vor den Bug geben[166]; *we hebben nog heel wat voor de ~* es gibt noch viel zu tun[295]; *het over een andere ~ gooien: a) (lett)* den Kurs wechseln; *b) (in gesprek)* das Thema wechseln
boegeroep Buhrufe *mv m*[5]
boei *(kluister)* Fessel *v*[21]: *iem de ~en aandoen* jmdm Fesseln anlegen
boei *(baken)* Boje *v*[21]; *(van anker)* Ankerboje *v*[21]
boeien *(ook fig)* fesseln
boeiend fesselnd, packend
boek Buch *o*[32]: *dik ~: a)* Wälzer *m*[9]; *b) (zonder waarde)* Schmöker *m*[9]
boekbespreking Buchbesprechung *v*[20]
boekbinden Buchbinden *o*[39], Buchbinderei *v*[20]
boekdeel Band *m*[6]
boekdrukkunst Buchdruckerkunst *v*[28]
boeken buchen: *succes ~* Erfolg haben[182]

boekenbon Büchergutschein *m*[5]
boekenclub Buchklub *m*[13]
boekenfonds *(ongev)* zentraler Buchverleih *m*[5]
boekenkast Bücherschrank *m*[6]
boekenlegger Buchzeichen *o*[35], Lesezeichen *o*[35]
boekenplank Bücherbrett *o*[31], Bücherbord *o*[31]
boekenrek Bücherregal *o*[29], Büchergestell *o*[29]
boekenwurm Bücherwurm *m*[8]
boeket *(bloemen)* Strauß *m*[6], Bukett *o*[29], *o*[36]
boekhandel 1 *(algem)* Buchhandel *m*[19] **2** *(zaak)* Buchhandlung *v*[20]
boekhandelaar Buchhändler *m*[9]
boekhouden 1 *(aantekening houden van)* Buch führen (über[+4]) **2** *(handel)* die Bücher führen
boekhouder Buchhalter *m*[9]
boekhouding Buchführung *v*[28], Buchhaltung *v*[20]
boeking Buchung *v*[20]
boekwerk Buch *o*[32], Werk *o*[29]
boekwinkel Buchhandlung *v*[20], Buchladen *m*[12]
boel 1 *(alle dingen)* Kram *m*[19]: *de hele ~ verkopen* den ganzen Kram verkaufen; *(iron) dat is een mooie ~* das ist eine schöne Bescherung **2** *(veel)* Haufen *m*[11], Menge *v*[21]: *een ~ mensen* eine Menge Leute
boeltje: *zijn ~ pakken* seine Siebensachen packen
boem *tw* bum!, bums!
boeman Butzemann *m*[8], Kinderschreck *m*[19]
boemel: *aan de ~ zijn* bummeln
boemeltrein Bummelzug *m*[6]
boemerang Bumerang *m*[5], *m*[13]
boenen 1 *(met was)* bohnern **2** *(schrobben)* scheuern, schrubben
boenwas Bohnerwachs *o*[29]
¹boer 1 *(agrariër)* Bauer *m*[15], Landwirt *m*[5] **2** *(kaartspel)* Bube *m*[15], Bauer *m*[14]
²boer *(oprisping)* Rülpser *m*[9]
boerderij Bauernhof *m*[6], Gehöft *o*[29]
¹boeren *(het boer zijn)* Bauer sein[262]: *hij heeft goed geboerd* er hat gut gewirtschaftet
²boeren *(een boer laten)* rülpsen
boerenbedrijf Landwirtschaft *v*[28]
boerenhoeve Bauernhof *m*[6]
boerenhufter, boerenkinkel Rüpel *m*[9]
boerenknecht Bauernknecht *m*[5]
boerenkool Krauskohl *m*[19], Grünkohl *m*[19]
boerenslimheid Bauernschläue *v*[28]
boerenzwaluw Rauchschwalbe *v*[21]
boerin Bäuerin *v*[22]
boerka Burka *v*[27]
boers bäurisch: *~ gekleed* bäurisch gekleidet
boete Buße *v*[21]; *(bekeuring, ook)* Geldstrafe *v*[21]: *een ~ betalen* eine Buße bezahlen; *~ doen* Buße tun[295]
boeten 1 *(straf ondergaan)* büßen **2** *(goedmaken)* sühnen
boetiek Boutique *v*[21]
boetseren bossieren[320], modellieren[320]
boevenbende Gaunerbande *v*[21]
boevenstreek Gaunerstück *o*[29]

boeventaal Gaunersprache v^{21}
boeventronie Galgengesicht o^{31}
boezem 1 *(borst)* Busen m^{11}, Brust v^{25} **2** *(inham, golf)* Busen m^{11} **3** *(van het hart)* Vorkammer v^{21} **4** *(watercomplex)* Sammelbecken o^{35}
boezemvriend Busenfreund m^5
bof 1 *(buitenkansje)* Glück o^{29} **2** *(med)* Mumps m^{19a}
boffen Glück haben^{182}, Schwein haben
bogen sich rühmen^{+2}: *op iets kunnen ~* sich einer Sache^2 rühmen können^{194}; *op zijn afkomst ~* sich mit^{+3} seiner Abkunft brüsten
boiler Boiler m^9, Heißwasserspeicher m^9
bok 1 Bock m^6 **2** *(hijswerktuig)* Hebebock m^6
bokaal Pokal m^5
bokken *(ook fig)* bocken
bokkensprong: *(fig) geen ~en kunnen maken* keine großen Sprünge machen können^{194}
bokkig störrisch, trotzig
boksbeugel Schlagring m^5
¹**boksen** *zn* Boxen o^{39}
²**boksen** *ww* boxen
bokser *(sp)* Boxer m^9
bokshandschoen Boxhandschuh m^5
bokswedstrijd Boxkampf m^6
¹**bol** *zn* **1** *(pels)* Kugel v^{21} **2** *(plantk)* Zwiebel v^{21}; *(bloembol)* Blumenzwiebel **3** *(hoofd)* Kopf m^6 **4** *(kluwen)* Knäuel m^9, o^{33} **5** *(broodje)* Semmel v^{21}
²**bol** *bn, bw* **1** *(mbt lens, spiegel)* konvex **2** *(mbt wangen)* rund
boleet Röhrling m^5
Bolivia Bolivien o^{39}
Boliviaan Bolivianer m^9, Bolivier m^9
Boliviaans bolivianisch, bolivisch
bolleboos Ass o^{29}, Leuchte v^{21}
bollen *(bol gaan staan)* sich aufbauschen
bollenkweker Blumenzwiebelzüchter m^9
bolsjewiek Bolschewist m^{14}
bolsjewisme Bolschewismus m^{19a}
bolsjewistisch bolschewistisch
bolster Schale v^{21}
bolvormig kugelförmig
bolwassing *(Belg)* Rüffel m^9: *iem een ~ geven* jmdm den Kopf waschen
bolwerk 1 Bollwerk o^{29} **2** *(fig)* Hochburg v^{20}
bolwerken fertig bringen^{139}, schaffen
bom 1 *(projectiel)* Bombe v^{21}: *(fig) de ~ is gebarsten* die Bombe ist geplatzt **2** *(grote hoeveelheid)* Menge v^{21} || *zure ~* saure Gurke v^{21}
bomaanslag Bombenattentat o^{29}
bombardement Bombardement o^{36}
bombarderen bombardieren^{320}
bombarie Klimbim m^{19}
bombrief Briefbombe v^{21}
bommen: *het kan me niks ~!* es ist mir Wurscht!
bommenwerper Bomber m^9
bon 1 *(waardebon)* Gutschein m^5 **2** *(kassabon)* Kassenbon m^{13}, Kassenzettel m^9 **3** *(van distributie)* Marke v^{21} **4** *(bekeuring)* Strafmandat o^{29}

bonafide bona fide, zuverlässig
bonboekje Gutscheinheft o^{29}
bonbon Praline v^{21}
bond 1 *(verdrag)* Bund m^6, Bündnis o^{29a} **2** *(vereniging)* Verband m^6 **3** *(vakbond)* Gewerkschaft v^{20} **4** *(federatie)* Bund m^6
bondgenoot Verbündete(r) m^{40a}, v^{40b}
bondgenootschap Bündnis o^{29a}, Allianz v^{20}
bondig bündig: *kort en ~* kurz und bündig
bondsbestuur Verbandsvorstand m^6
bondscoach Nationaltrainer m^9; *(in Duitsland)* Bundestrainer m^9
Bondsdag Bundestag m^{19}
bondskanselier Bundeskanzler m^9
bondspresident Bundespräsident m^{14}
bondsregering Bundesregierung v^{20}
bondsrepubliek Bundesrepublik v^{20}: *de Duitse Bondsrepubliek* die Bundesrepublik Deutschland *(afk* BRD)
bondsstaat Bundesstaat m^{16}
bonensoep Bohnensuppe v^{21}
bonenstaak *(ook fig)* Bohnenstange v^{21}
boni *(Belg)* Saldo m^{13} *(mv ook* Salden *of* Saldi)
bonje Krach m^{19}: *~ maken* Krach machen
bonjouren: *iem eruit ~* jmdn hinauswerfen
bonk 1 *(groot stuk)* Brocken m^{11}: *hij is één ~ zenuwen* er ist ein Nervenbündel **2** *(persoon)* vierschrötiger Kerl m^5
bonken ballern
bonkig vierschrötig
bonnefooi: *op de ~* aufs Geratewohl
bons Schlag m^6: *iem de ~ geven:* a) *(afwijzen)* jmdm einen Korb geben^{166}; b) *(ontslaan)* jmdm den Laufpass geben^{166}
¹**bont** *zn* **1** *(pels)* Pelz m^5 **2** *(voorwerpen van bont)* Rauchwaren *mv* v^{21}, Pelzwaren *mv* v^{21}
²**bont** *bn, bw* bunt: *nu maak je het te ~!* jetzt treibst du es zu bunt!
bonten Pelz…: *~ kraag* Pelzkragen m^{11}
bontjas Pelzmantel m^{10}
bontwerk Pelzwerk o^{39}, Pelzware v^{21}, Rauchware v^{21}
bonus Bonus *m* (2e *nvl* -ses); *mv* -(se)); *(als bewijs van waardering)* Anerkennungsprämie v^{21}
bon vivant Bonvivant m^{13}, Lebemann m^8
bonzen bumsen, wummern; *(mbt hart)* pochen: *op de deur ~* an die Tür bumsen
boodschap 1 *(bericht, mededeling)* Nachricht v^{20} **2** *(opdracht)* Auftrag m^6 **3** *(het gekochte)* Einkauf m^6, Besorgung v^{20}: *~pen doen* Einkäufe machen || *(fig) een grote, een kleine ~ doen* ein großes, ein kleines Geschäft verrichten
boodschappenjongen Laufbursche m^{15}
boodschappentas Einholtasche v^{21}, Einkaufstasche v^{21}
boodschappenwagentje Einkaufswagen m^{11}
boodschapper Bote m^{15}
boog Bogen m^{11}
boogbal Heber m^9; *(tennis)* Lob m^{13} (2e *nvl* ook -)

boogscheut (Belg) kleiner Abstand m[19], geringe Entfernung v[28]: *Essen ligt op een ~ van de Nederlandse grens* Essen liegt in geringer Entfernung von der niederländischen Grenze

boogschutter (sp) Bogenschütze m[15]

bookmaker Buchmacher m[9]

bookmark (comp) Bookmark o[36], m[13], v[27]

boom 1 (plantk) Baum m[6] **2** (slag-, spoorboom) Schranke v[21] **3** (disselboom) Deichsel v[21] **4** (vaarboom) Staken m[11]

boom (handel) Boom m[13]

boomgaard Obstgarten m[12]

boomgrens Baumgrenze v[21]

boomkwekerij 1 (concr) Baumschule v[21] **2** (abstr) Baumzucht v[28]

boomschors Baumrinde v[21], Borke v[21]

boomstam Baumstamm m[6]

boon Bohne v[21]: *hij is in de bonen* er ist verwirrt

boontje: *hij moet zijn eigen ~s maar doppen* er soll nur sehen, wie er damit fertig wird

boor (techn) Bohrer m[9]

boord 1 (halskraag) Kragen m[11] **2** (rand, zoom) Rand m[8], Kante v[21] **3** (van rivier) Ufer o[33] **4** (scheepv, luchtv) Bord m[5]: *aan ~ gaan* an Bord gehen[168]; (Belg) *iets goed* (of: *slecht*) *aan ~ leggen* etwas gut (of: falsch) anpacken

boordcomputer Bordcomputer m[9]

boordevol randvoll

boordwerktuigkundige Bordmonteur m[5]

booreiland Bohrinsel v[21]

boormachine Bohrmaschine v[21]

boortoren Bohrturm m[6]

boos böse: *~ op iem zijn* böse auf jmdn sein[262]; *met ~ opzet* in böser Absicht

boosaardig bösartig

boosaardigheid Bösartigkeit v[28]

boosdoener Bösewicht m[5], m[7], Übeltäter m[9]

boosheid Zorn m[19], Ärger m[19], Wut v[28]

booswicht Bösewicht m[5], m[7]

boot 1 Boot o[29] **2** (stoomschip) Dampfer m[5] **3** (roeiboot) Kahn m[6]; (sp) Ruderboot o[29]

boothuis Bootshaus o[32]

bootsman Bootsmann m (2e nvl -(e)s; mv -leute)

boottocht Bootsfahrt v[20], Bootsausflug m[6]

bootwerker Hafenarbeiter m[9]

bord 1 (om van te eten) Teller m[9] **2** (schoolbord) Tafel v[21], Wandtafel **3** (aanplakbord) Tafel v[21], Anschlagtafel; (mededelingenbord in school, universiteit) schwarzes Brett o[31] **4** (dam-, schaakbord) Brett o[31] **5** (naam-, verkeersbord) Schild o[31]

bordeel Bordell o[29], Puff m[13], o[36]

border Rabatte v[21]

borderliner (psych) Borderliner m[9]

bordes Treppenabsatz m[6]

bordkrijt Kreide v[21]: *pijpje ~* Kreidestift m[5]; *een stukje ~* ein Stück Kreide

borduren sticken

borduurster Stickerin v[22]

borduurwerk Stickarbeit v[20], Stickerei v[20]

boren bohren

borg 1 (persoon) Bürge m[15]: *~ staan voor* (ook fig) bürgen für[+4] **2** (onderpand) Bürgschaft v[20], Kaution v[20]

borgsom Bürgschaft v[20], Kaution v[20]

borgtocht Bürgschaftsvertrag m[6]: *iem op ~ vrijlaten* jmdn gegen Kaution freilassen[197]

borrel Schnaps m[6]: *een ~ drinken* einen Schnaps trinken[293]

borrelen (mbt vloeistof) sprudeln; (mbt kokend water) brodeln, wallen

borrelhapje Appetithappen m[11]

borst Brust v[25]: *zich op de ~ kloppen* sich brüsten; *dat stuit mij tegen de ~* das geht mir gegen den Strich

borstbeeld Brustbild o[31]

borstbeen Brustbein o[29]

borstel Bürste v[21]: (Belg) *ergens met de grove ~ doorgaan* mit dem Holzhammer vorgehen[168]

borstelen bürsten

borstkanker Brustkrebs m[19]

borstkas Brustkorb m[6]

borstslag Brustschwimmen o[39]

borstvin Brustflosse v[21]

borstzak Brusttasche v[21]

borstzwemmen Brustschwimmen o[39]

¹bos 1 (bloemen) Busch m[6] **2** (haar) Büschel o[33] **3** (sleutels, stro) Bund o[29]

²bos (woud) Wald m[8]; (aangelegd) Forst m[5]

bosbes: *blauwe ~* Heidelbeere v[21]; Blaubeere v[21]; *rode ~* Preiselbeere v[21]

bosbouw Waldwirtschaft v[28], Forstwirtschaft v[28]

bosbrand Waldbrand m[6]

bosje 1 (klein bos) Wäldchen o[35], Gehölz o[29] **2** (struikgewas) Busch m[6], Gebüsch o[29] **3** (bundeltje) Bündel o[33]

bosklas (Belg) (ongev) Freiluftschule v[21]

bosneger Buschneger m[9]

bosrijk waldreich

boss Boss m[5]

boswachter Förster m[9]

¹bot (vis) Flunder v[21], Butt m[5]

²bot (been) Knochen m[11]

³bot bn **1** (niet scherp) stumpf **2** (dom) dumm **3** (lomp) grob, schroff, kaltschnäuzig

boter Butter v[28]: *~ bij de vis* bar bezahlen

boterbloem Hahnenfuß m[6], Ranunkel v[21]

boterbriefje Trauschein m[5]

boteren buttern: *het botert niet tussen die twee* sie vertragen sich nicht

boterham Butterbrot o[29], Brotscheibe v[21]

boterhamworst Fleischwurst v[25]

boterkoek (ongev) Mürbekuchen m[11]

botermelk (Belg) Buttermilch v[28]

botersaus Buttersoße v[21]

botervloot Butterdose v[21]

boterzacht butterweich; (fig) windelweich: *~ vlees* butterweiches Fleisch; *een ~e toezegging* eine windelweiche Zusage

botheid 1 Stumpfheit *v*[28] 2 Dummheit *v*[20] 3 Grobheit *v*[20], Schroffheit *v*[20]; *zie ook* ³bot
botkanker Knochenkrebs *m*[19]
botsautootje Autoskooter *m*[9], Skooter *m*[9]
botsen: *tegen iets* ~ gegen[+4] etwas prallen; *tegen elkaar* ~ zusammenstoßen[285]; kollidieren[320]; *die meningen* ~ diese Meinungen kollidieren
botsing Zusammenstoß *m*[6], Zusammenprall *m*[5], Kollision *v*[20]: *met de wet in* ~ *komen* mit dem Gesetz in Konflikt geraten[218]
bottelen (auf Flaschen) abfüllen
botten knospen, ausschlagen[241]
bottleneck Engpass *m*[6], Flaschenhals *m*[6]
botvieren frönen[+3]: *zijn hartstocht* ~ seiner Leidenschaft frönen
botweg schroff, glatt, rundweg
bougie Zündkerze *v*[21], Kerze
bouillon Bouillon *v*[27], Fleischbrühe *v*[21]
bouillonblokje Bouillonwürfel *m*[9]
boulevard Boulevard *m*[13]; *(langs zee)* Strandpromenade *v*[21]
bouquet *(van wijn)* Bukett *o*[29], *o*[36]: *wijn met een rijk* ~ Wein mit einem vollen Bukett
¹**bourgeois** *zn* Bourgeois *m* (2e nvl -; mv -)
²**bourgeois** *bn* bourgeois
bourgeoisie Bourgeoisie *v*[21]
bourgogne Burgunder *m*[9]
Bourgondië Burgund *o*[39]
bout 1 *(metalen staaf)* Bolzen *m*[11] 2 *(strijkbout)* Bügeleisen *o*[35] 3 *(voor-, achterpoot)* Keule *v*[21]
bouvier Bouvier *m*[13]
bouw 1 Bau *m*[19] 2 *(verbouw van gewas)* Anbau *m*[19]
bouwbedrijf 1 *(algem)* Baugewerbe *o*[33], Bauwirtschaft *v*[28] 2 *(de onderneming)* Bauunternehmen *o*[35]
bouwdoos Baukasten *m*[12]
bouwen 1 bauen 2 *(verbouwen)* anbauen: *tabak* ~ Tabak anbauen
bouwer 1 *(in de bouw)* Bauarbeiter *m*[9] 2 *(bouwmeester)* Erbauer *m*[9]
bouwfonds Bausparkasse *v*[21]
bouwgrond 1 *(bouwk)* Baugelände *o*[33], Bauland *o*[39] 2 *(landb)* Ackerland *o*[39]
bouwjaar Baujahr *o*[29]
bouwkunde Architektur *v*[28]
bouwkundige Bautechniker *m*[9]
bouwkunst Baukunst *v*[25]
bouwland Ackerland *o*[39]
bouwmateriaal Baumaterial *o* (2e nvl -s; mv -lien)
bouwpakket Bausatz *m*[6]
bouwpromotor *(Belg)* Baugesellschaft *v*[20]
bouwterrein Baugelände *o*[33], Bauplatz *m*[6]
bouwvakker Bauarbeiter *m*[9]
bouwval Ruine *v*[21]
bouwvallig baufällig
bouwwerk Bau *m* (2e nvl -(e)s; mv -ten), Gebäude *o*[33]

¹**boven** *bw* oben: *van* ~ *tot onder* von oben bis unten; ~ *wonen* oben wohnen; *als* ~ wie oben; *naar* ~ nach oben, herauf…, hinauf…; *dat gaat mijn krachten te* ~ das übersteigt meine Kräfte
²**boven** *vz* 1 *(mbt plaats, ook fig)* über *(bij rust*[+3], *bij beweging gericht op doel*[+4]*)*: *het portret hangt* ~ *de kast* das Bild hängt über dem Schrank; ~ *iem staan* über jmdm stehen[279]; ~ *iem wonen* über jmdm wohnen; *het raam* ~ *de deur* das Fenster über der Tür 2 *(een bepaalde maat, prijs overtreffend)* über[+4]: ~ *de prijs verkopen* über den Preis verkaufen; ~ *de begroting gaan* den Kostenvoranschlag übersteigen[281] 3 *(meer dan)* über[+4]: *personen* ~ *de 65 jaar* Personen über 65 Jahre 4 *(stroomopwaarts)* oberhalb[+2]: *Arnhem ligt* ~ *Dordrecht* Arnheim liegt oberhalb Dordrechts *(of:* oberhalb von Dordrecht) 5 *(behalve)* außer[+3]
bovenaan obenan: *helemaal* ~ zuoberst
bovenal vor allem
bovenarm Oberarm *m*[5]
bovenbeen Oberschenkel *m*[9]
bovenbrengen heraufbringen[139], hinaufbringen[139]
bovenbuur Nachbar *m*[15], *m*[17] oben
bovendek Oberdeck *o*[36]
bovendien außerdem, überdies
boveneinde oberes Ende *o*[38]
bovengenoemd oben genannt, obig
bovengronds oberirdisch
bovenin oben: ~ *de kast* oben im Schrank
bovenkaak Oberkiefer *m*[9]
bovenkant Oberseite *v*[21]
bovenkomen heraufkommen[193], hinaufkommen[193]
bovenlaag obere Schicht *v*[20], Oberschicht *v*[20]
bovenleiding Oberleitung *v*[20]
bovenlichaam Oberkörper *m*[9]
bovenlicht Oberlicht *o*[31]
bovenlijf Oberkörper *m*[9]
bovenlip Oberlippe *v*[21]
bovenloop Oberlauf *m*[6]
bovenmatig übermäßig
bovenmenselijk übermenschlich
bovennatuurlijk 1 *(algem)* übernatürlich 2 *(r-k)* göttlich
bovenom oben herum
bovenop obenauf, obendrauf: *een bedrijf, een zieke er* ~ *helpen* einem Betrieb, einem Kranken wieder auf die Beine helfen[188]; *hij is er nu weer* ~ er ist jetzt wieder obenauf
bovenst oberst; *(van twee dingen)* ober
bovenstaand obig, oben stehend
boventand Oberzahn *m*[6]
boventoon: *de* ~ *voeren*: a) *(het hoogste woord voeren)* das große Wort führen; b) *(het duidelijkst waarneembaar zijn)* vorherrschen; c) *(de meeste invloed hebben)* tonangebend sein[262]
bovenuit: *zijn stem klonk er* ~ man hörte seine Stimme heraus; *hij steekt er* ~ er ragt darüber hinaus

bovenverdieping Obergeschoss o^{29}
bovenvermeld oben erwähnt
bovenwijdte Oberweite v^{21}
bovenwoning Wohnung v^{20} im Obergeschoss
bowl Bowle v^{21}
bowling Bowling o^{36}
box 1 Box v^{20} **2** *(babybox)* Laufgitter o^{33}
boxer *(hond)* Boxer m^9
boycot Boykott m^5, m^{13}
boycotten boykottieren^{320}
boze *(het kwade)* Böse(s) o^{40c}
Boze *(duivel)* Böse(r) m^{40a}: *dat is uit den boze* das ist von Übel
braadkip Brathuhn o^{32}, Brathähnchen o^{35}
braadpan, braadslee Bratpfanne v^{21}
braadworst Bratwurst v^{25}
braaf brav
braak *zn* Einbruch m^6
braak *bn* brach: ~ *liggen* brachliegen^{202}
braakland Brachland o^{39}, Brache v^{21}
braakliggend: ~ *terrein* Brachgelände o^{33}
braakmiddel Brechmittel o^{33}
braam *(plant en bes)* Brombeere v^{21}
braam *(aan beitel, mes)* Grat m^5
brabbelen brabbeln
brabbeltaal Gebrabbel o^{39}
braden braten^{136}: *gebraden vlees* Braten m^{11}
brailleschrift Brailleschrift v^{28}
brainstorm Brainstorming o^{39}
brak brackig: ~ *water* Brackwasser o^{33}
braken 1 *(overgeven)* sich erbrechen^{137} **2** *(mbt vulkanen, kanonnen)* speien^{271}
brallen sich brüsten
brancard Tragbahre v^{21}, Trage v^{21}
branche Branche v^{21}, Geschäftszweig m^5
brand Brand m^6, Feuer o^{33}: *uitslaande* ~ Großfeuer; ~*!* Feuer!; *er is* ~ es brennt; *(fig) iem uit de* ~ *helpen* jmdm aus der Klemme helfen^{188}
brandalarm Feueralarm m^5
brandbaar brennbar
brandbestrijding Feuerbekämpfung v^{20}
brandblusapparaat Feuerlöscher m^9
brandbom Brandbombe v^{21}
branden brennen^{138}: *zich* ~ sich brennen; *een* ~*de kwestie* eine brennende Frage; *een* ~*d verlangen* ein heißes Verlangen; *(fig) zijn vingers* ~ sich^3 die Finger verbrennen
brander 1 Brenner m^9 **2** *(voor gas)* Gasbrenner m^9
branderig brandig: ~*e ogen* brennende Augen
brandewijn Branntwein m^5
brandgang Brandgasse v^{21}
brandgevaar Feuergefahr v^{20}
brandglas Brennglas o^{32}
brandhout Brennholz o^{39}
branding Brandung v^{20}
brandkast Geldschrank m^6, Tresor m^5
brandkraan Hydrant m^{14}
brandladder Feuerleiter v^{21}
brandlucht Brandgeruch m^6

brandmerken 1 *(van dieren)* brennen^{138} **2** *(schandvlekken)* brandmarken
brandnetel Brennnessel v^{21}
brandpunt Brennpunkt m^5
brandschoon blitzsauber
brandslang Feuerwehrschlauch m^6
brandspuit Feuerspritze v^{21}
brandstapel Scheiterhaufen m^{11}
brandstichten Feuer legen
brandstichter Brandstifter m^9
brandstichting Brandstiftung v^{20}
brandstof 1 *(algem)* Brennstoff m^5 **2** *(voor verbrandingsmotoren)* Kraftstoff m^5, Treibstoff m^5
brandweer Feuerwehr v^{20}
brandweerkazerne Feuerwehrzentrale v^{21}
brandweerman Feuerwehrmann m^8 *(mv ook* -leute)
brandwerend Feuer hemmend
brandwond Brandwunde v^{21}
braspartij Prasserei v^{20}
brassen prassen
¹bravo *zn* Bravo o^{36}
²bravo *tw* bravo!
bravoure Bravour v^{20}, Bravur v^{20}
Braziliaan Brasilianer m^9
Braziliaans brasilianisch
Braziliaanse Brasilianerin v^{22}
Brazilië Brasilien o^{39}
¹break *zn (sp)* Break o^{36}
²break *tw (sp)* break!
breed breit: *het niet* ~ *hebben* es nicht so dick haben^{182}; *lang en* ~ *over iets spreken* lang und breit über^{+4} etwas reden
breedband Breitband o^{39}
breedbandinternet Breitband-Internet o^{39}
breedbeeld-tv Breitbildfernsehgerät o^{29}, Breitbildfernseher m^9
breeddenkend großzügig denkend
breedsprakig weitschweifig, weitläufig
breedte Breite v^{21}
breedtegraad Breitengrad m^5
breeduit breit: ~ *lachen* breit lachen
breedvoerig ausführlich
breekbaar zerbrechlich
breekijzer Brecheisen o^{35}, Brechstange v^{21}
breekpunt 1 *(lett)* Bruchstelle v^{21} **2** *(fig)* kritischer Punkt m^5
breezer Breezer m^{13}
breien stricken
brein Hirn o^{29}, Kopf m^6: *elektronisch* ~ Elektronengehirn o^{29}
breinaald Stricknadel v^{21}
breiwerk Strickarbeit v^{20}, Strickzeug o^{39}
¹breken *intr* brechen^{137}: ~*de bewolking* aufgelockerte Bewölkung v^{28}; *met iem* ~ mit jmdm brechen
²breken *tr* brechen^{137}; *(kapotbreken)* zerbrechen^{137}: *zijn been* ~ sich^3 das Bein brechen; *zijn belofte* ~ sein Versprechen brechen; *een blokkade*

~ eine Blockade brechen; *dat breekt me het hart* das bricht mir das Herz
brem Ginster *m*⁹
brengen bringen¹³⁹: *wat heeft u daartoe gebracht?* was hat Sie dazu veranlasst?; *iem aan het twijfelen ~* jmdn zum Zweifeln bringen; *iem in de stemming ~* jmdn in Stimmung bringen; *iem naar het ziekenhuis ~* jmdn ins Krankenhaus einliefern; *iets naar voren ~* etwas vorbringen¹³⁹
bres 1 Bresche *v*²¹ 2 *(in frontlijn)* Einbruch *m*⁶: *(fig) voor iem in de ~ springen* für jmdn in die Bresche springen²⁷⁶
bretel Hosenträger *m*⁹
breuk Bruch *m*⁶
breuklijn Bruchlinie *v*²¹
breukvlak Bruchfläche *v*²¹
brevet *(diploma)* Diplom *o*²⁹: *daarmee geef jij jezelf een ~ van onvermogen* du stellst dir selbst damit ein Armutszeugnis aus
bridge Bridge *o*³⁹ᵃ
bridgedrive Bridgeturnier *o*²⁹
bridgen Bridge spielen
bridger Bridgespieler *m*⁹
brie Briekäse *m*⁹
brief Brief *m*⁵: *uw ~ van de 10e* Ihr Brief vom 10.; *per ~* brieflich
briefgeheim Briefgeheimnis *o*²⁹ᵃ
briefhoofd Briefkopf *m*⁶
briefing Briefing *o*³⁶
briefje 1 Zettel *m*⁹: *dat geef ik je op een ~!* das kann ich dir schriftlich geben! 2 *(bankbiljet)* Banknote *v*²¹, Geldschein *m*⁵
briefkaart Postkarte *v*²¹
briefopener Brieföffner *m*⁹
briefpapier Briefpapier *o*²⁹
briefwisseling Briefwechsel *m*⁹
bries Brise *v*²¹: *frisse ~* frische Brise
briesen 1 *(mbt leeuw)* brüllen 2 *(mbt paard)* schnauben²⁴⁹ || *~ van woede* schnauben²⁴⁹ vor⁺³ Wut
brievenbesteller Briefträger *m*⁹
brievenbus Briefkasten *m*¹²
brigade Brigade *v*²¹
brigadegeneraal Brigadegeneral *m*⁵, *m*⁶
brigadier Hauptwachtmeister *m*⁹
brij Brei *m*⁵
brik *(Belg)* Karton *m*¹³: *melk in ~* Milch in⁺³ Kartons
bril Brille *v*²¹
brildrager Brillenträger *m*⁹
¹**briljant** *zn* Brillant *m*¹⁴
²**briljant** *bn, bw* brillant
brillenglas Brillenglas *o*³²
brillenkoker Brillenfutteral *o*²⁹, Brillenetui *o*³⁶
brilmontuur Brillengestell *o*²⁹
brilslang Brillenschlange *v*²¹
Brit Brite *m*¹⁵
brits Pritsche *v*²¹
Brits britisch

broccoli Brokkoli *mv; ook m*¹³
broche Brosche *v*²¹
brochure Broschüre *v*²¹
brodeloos brotlos
broeden brüten: *op iets zitten te ~* über⁺³ etwas brüten
broeder Bruder *m*¹⁰
broederlijk brüderlich
broederschap 1 *(verhouding (als) tussen broers)* Brüderlichkeit *v*²⁸ 2 *(r-k en prot)* Bruderschaft *v*²⁰
broedertwist Bruderzwist *m*⁵
broedplaats Brutstätte *v*²¹
broedsel Brut *v*²⁰
broeien 1 *(mbt hooi)* gären 2 *(fig)* gären, schwelen: *er broeit wat onder het volk* es gärt im Volk; *het is ~d heet* es ist brütend heiß; *het is ~d weer* das Wetter ist schwül
broeierig schwül
broeikas Gewächshaus *o*³², Treibhaus *o*³²
broeikaseffect Treibhauseffekt *m*¹⁹
broeinest Brutstätte *v*²¹
broek *(kledingstuk)* Hose *v*²¹; *(meestal)* Hosen *(mv)*: *(fig) zij heeft de ~ aan* sie hat die Hosen an; *(fig) daar zakt je ~ van af!* das haut einen um!; *een proces aan zijn ~ krijgen* einen Prozess angehängt bekommen¹⁹³; *iem achter de ~ zitten* jmdm Beine machen; *het in zijn ~ doen (ook fig)* in die Hosen machen; *iem voor zijn ~ geven* jmdm die Hose stramm ziehen³¹⁸
broekje 1 Höschen *o*³⁵ 2 *(fig)* Neuling *m*⁵
broekpak Hosenanzug *m*⁶
broekrok Hosenrock *m*⁶
broekspijp Hosenbein *o*²⁹
broekzak Hosentasche *v*²¹
broer Bruder *m*¹⁰: *~s en zusters (ook)* Geschwister *(mv)*
brok Brocken *m*¹¹, Stück *o*²⁹: *~ken maken: a) (iets breken)* Bruch machen; *b) (een auto)* zu Bruch fahren
¹**brokkelen** *intr* (zer)bröckeln
²**brokkelen** *tr* bröckeln
brokstuk Bruchstück *o*²⁹: *~ken (puin)* Trümmer *(mv)*
bromfiets Moped *o*³⁶
bromfietscertificaat *(ongev)* Führerschein *m*⁵ für Mopedfahrer
bromfietser Mopedfahrer *m*⁹
bromfietsplaatje *(ongev)* Mopedschild *o*³¹
bromfietsrijbewijs *(ongev)* Führerschein *m*⁵ für Mopedfahrer
brommen brummen: *op iem ~* jmdn anbrummen
brommer *(bromfiets)* Moped *o*³⁶
brommerig brummig, knurrig, mürrisch
brompot Brummbart *m*⁶
bromscooter *(ongev)* Motorroller *m*⁹ mit Mopedmotor, Mopedroller *m*⁹
bromvlieg Brummfliege *v*²¹, Brummer *m*⁹
bron Quelle *v*²¹: *geneeskrachtige ~* Heilquelle; *~*

van bestaan Erwerbsquelle; *~ van inkomsten* Einnahmequelle; *uit betrouwbare ~* aus zuverlässiger Quelle
bronbelasting Quellensteuer v^{21}
bronchiën Bronchien mv v^{21}
bronchitis Bronchitis v (mv *-tiden*)
brons Bronze v^{21}
bronvermelding Quellenangabe v^{21}
bronwater Quellwasser o^{33}
bronzen bronzen, Bronze…: *~ beeld* Bronzestatue v^{21}
brood Brot o^{29}: *bruin ~* Graubrot; *wit ~* Weißbrot; *twee broden* zwei Brote (*of:* zwei Laibe Brot)
broodbeleg 1 (*algem*) Brotbelag m^6 **2** (*om te smeren*) Brotaufstrich m^5
broodje Brötchen o^{35}; (*kadetje*) Semmel v^{21}
broodkorst Brotkruste v^{21}, Brotrinde v^{21}
broodkruimel Brotkrümel m^9
broodmager spindeldürr, klapperdürr
broodmes Brotmesser o^{33}
broodnijd Brotneid m^{19}
broodnodig unbedingt nötig
broodplank Brotschneidebrett o^{31}
broodrooster Brotröster m^9, Toaster m^9
broodtrommel Brotkasten m^{12}
broodwinning Broterwerb m^5
broos spröde, zerbrechlich: *broze gezondheid* zarte Gesundheit v^{28}
bros 1 (*brokkelend*) knusp(e)rig, mürbe **2** (*breekbaar*) spröde, zerbrechlich
brossen (*Belg*) schwänzen, versäumen
brouwen 1 (*van bier*) brauen **2** (*veroorzaken*) stiften **3** (*terechtbrengen*) fertig bringen^{139}
brouwen (*taalk*) schnarren
brouwer Brauer m^9
brouwerij Brauerei v^{20}, Brauhaus o^{32}: *dat brengt leven in de ~* das bringt Leben in die Bude
brouwsel Gebräu o^{29}; (*fig*) Gemisch o^{29}
brownie Brownie m^{13}
browsen *zn* Browsing o^{39}
browsen *ww* browsen
browser Browser m^9
brug 1 (*ook in gebit*) Brücke v^{21}: *over de ~ komen* blechen **2** (*turntoestel*) Barren m^{11}
brugdag Brückentag m^5
brugjaar, brugklas Förderstufe v^{21}, Orientierungsstufe v^{21}
brugleuning Brückengeländer o^{33}
brui: *ergens de ~ aan geven* etwas satt haben^{182}
bruid Braut v^{25}
bruidegom Bräutigam m^5
bruidsboeket Brautbukett o^{29}, o^{36}
bruidsjapon Brautkleid o^{31}
bruidsmeisje Brautjungfer v^{21}
bruidspaar Brautpaar o^{29}, Brautleute (*mv*)
bruikbaar brauchbar
bruikbaarheid Brauchbarkeit v^{28}
bruikleen Leihgabe v^{21}: *iem iets in ~ geven* jmdm etwas leihweise überlassen^{197}

bruiloft Hochzeit v^{20}: *~ vieren* Hochzeit feiern
bruiloftsgast Hochzeitsgast m^6
bruin braun: *een ~ leventje* ein angenehmes Leben
bruinbrood Graubrot o^{29}
bruinen bräunen: *door de zon gebruind* sonnengebräunt
bruinharig braunhaarig, brünett
bruinkool Braunkohle v^{21}
bruinvis Schweinswal m^5
bruisen 1 (*mbt branding*) brausen, tosen **2** (*mbt bloed*) wallen **3** (*mbt bier*) schäumen
bruistablet Brausetablette v^{21}
brullen brüllen
brunch Brunch m^{13}, m^5
brunchen brunchen
Brussel Brüssel o^{39}
brusselen (*Belg*) in Saus und Braus leben
Brussels Brüsseler
brutaal frech, unverschämt
brutaalweg frech, unverfroren, dreist
brutaliteit Frechheit v^{20}, Unverschämtheit v^{20}
bruto brutto: *~ nationaal product* Bruttosozialprodukt o^{29}
brutogewicht Bruttogewicht o^{39}
bruto-opbrengst Bruttoertrag m^6, Rohertrag m^6
brutosalaris Bruttogehalt o^{32}
bruusk brüsk, schroff
¹bruut *zn* Rohling m^5, Brutalo m^{13}
²bruut *bn* brutal, roh
BSE *afk van bovine spongiform encephalopathy* bovine spongiforme Enzephalopathie v^{28} (*afk* BSE)
bso (*Belg*) *afk van beroepssecundair onderwijs* weiterführender berufsbildender Unterricht m^{19}
btw Mehrwertsteuer v^{21} (*afk* MwSt., Mw.-St.)
budget Budget o^{36} [buudzjee], Etat m^{13}
budgetmaatschappij (*luchtv*) Billigflieger m^9
budgettair budgetär, etatmäßig
buffel Büffel m^9
buffer Puffer m^9
buffervoorraad Reserve v^{21}
bufferzone Pufferzone v^{21}
buffet Büfett o^{36}, o^{29}
buggy Buggy m^{13}
bui 1 (*regen*) Schauer m^9 **2** (*gemoedstoestand*) Laune v^{21}: *een goede ~ hebben* guter Laune sein^{262} || *bij ~en* dann und wann
buidel Beutel m^9
buideldier Beuteltier o^{29}
buigbaar biegbar
buigbaarheid Biegbarkeit v^{28}
¹buigen *intr* (*een buiging maken*) sich verbeugen, sich verneigen: *naar voren ~* sich vorbeugen
²buigen *tr* (*van zaken*) biegen^{129}; (*van personen, lichaamsdelen*) beugen: *zijn arm ~* den Arm beugen; *een stok ~* einen Stock biegen
buiging 1 (*van arm, been, lichtstralen*) Beugung

v^{20} **2** *(van weg)* Biegung v^{20} **3** *(teken van beleefdheid, eerbied)* Verbeugung v^{20}: *een ~ maken* sich verbeugen
buigzaam biegsam
buiig wechselhaft, regnerisch
buik *(ook van kruik, schip)* Bauch m^6: *ik heb er mijn ~ vol van* ich habe die Nase voll davon; *iets op zijn ~ schrijven* etwas in den Wind schreiben[252]
buikdans Bauchtanz m^6
buikdanseres Bauchtänzerin v^{22}
buikholte Bauchhöhle v^{21}
buiklanding Bauchlandung v^{20}
buikloop Durchfall m^6
buikpijn Bauchweh o^{39}, Bauchschmerzen *mv* m^{16}
buikriem Bauchriemen m^{11}; *(fig) de ~ aanhalen* den Gürtel enger schnallen
buikspreken bauchreden
buikspreker Bauchredner m^9
buikvin Bauchflosse v^{21}
¹buil *(zwelling)* Beule v^{21}
²buil *(zakje)* Tüte v^{21}
¹buis Rohr o^{29}; *(met kleine diameter)* Röhre v^{21}; *(lamp)* Röhre v^{21}
²buis *(Belg) (pop)* Note v^{21} 'ungenügend': *een ~ krijgen* die Note 'ungenügend' bekommen[193]
buit Beute v^{28}: *een rijke ~* eine fette Beute
buitelen purzeln
buiteling Purzelbaum m^6
¹buiten *zn (buitenplaats)* Landhaus o^{32}
²buiten *bw* **1** *(niet binnen)* draußen: *~ spelen* draußen spielen; *hij is ~* er ist draußen; *~ wonen* auf dem Lande wohnen **2** *(aan de buitenkant)* außen: *de antenne bevindt zich ~ aan het gebouw* die Antenne befindet sich außen am Gebäude; *naar ~:* a) *(naar spreker toe)* heraus-; *naar ~ komen* herauskommen[193]; b) *(van spreker af)* hinaus-; *naar ~ gaan* hinausgehen[168]; *de deur gaat naar ~ open* die Tür geht nach außen auf; *iets van ~ bezichtigen* etwas von außen besichtigen; *een gedicht van ~ kennen* ein Gedicht auswendig können[194]
³buiten *vz* **1** *(behalve)* außer[+3]: *~ hem ken ik niemand* außer ihm kenne ich niemand **2** *(niet (meer) in; uit)* außer[+3]: *~ bedrijf* außer Betrieb; *~ dienst* außer Dienst; *~ de oevers treden* über die Ufer treten[291]; *~ boord* über Bord; *~ iets blijven* sich nicht in[+4] etwas einmischen **3** *(niet (meer) binnen)* außerhalb[+2]: *~ de stad* außerhalb der Stadt; *~ de deur zetten* vor die Tür setzen; *~ spel staan* abseits stehen[279] **4** *(zonder)* ohne[+4]: *~ mijn schuld* ohne meine Schuld; *~ mijn weten* ohne mein Wissen
buitenaards außerirdisch
buitenaf: *van ~* von außen
buitenbaan Außenbahn v^{20}
buitenbad Freibad o^{32}
buitenband Mantel m^{10}
buitenbeentje Außenseiter m^9, Eigenbrötler m^9
buitenbocht Außenkurve v^{21}

buitenboordmotor Außenbordmotor m^{16}
buitendienst Außendienst m^{19}
buitenechtelijk außerehelich
buitengewoon außerordentlich, außergewöhnlich: *~ hoogleraar* außerordentlicher Professor
buitenhuis Landhaus o^{32}
buitenissig ausgefallen, extravagant
buitenkansje Glücksfall m^6
buitenkant Außenseite v^{21}
buitenland Ausland o^{39}
buitenlander Ausländer m^9
buitenlands ausländisch: *de ~e dienst* der auswärtige Dienst; *~ fabricaat* ausländisches Fabrikat o^{29}; *~e pers* Auslandspresse v^{28}; *~e politiek* Außenpolitik v^{28}; *minister van Buitenlandse Zaken* Außenminister m^9
buitenlucht frische Luft v^{28}
buitenom außen herum
buitenparlementair außerparlamentarisch
buitenschools außerunterrichtlich: *~e activiteiten* außerunterrichtliche Aktivitäten
buitenshuis außer Haus(e), auswärts: *~ eten* auswärts essen[152]
buitenslands außer Landes, im Ausland
buitensluiten ausschließen[245]
buitensluiting Ausgrenzung v^{20}: *sociale ~* soziale Ausgrenzung
¹buitenspel *zn* Abseits *o* (*2e nvl -; mv -*): *~ komen te staan (fig)* im Abseits landen; *iem ~ zetten* jmdn ausbremsen
²buitenspel *bw* abseits: *~ staan* abseits stehen[279]
buitenspiegel Außenspiegel m^9
buitensporig übermäßig, übertrieben: *~ groot* ungeheuer
¹buitenst *(van twee)* äußer; *(anders)* äußerst
²buitenst *zn:* *~e* Äußere(s) o^{40c}
buitenstaander Außenstehende(r) m^{40a}, v^{40b}
buitentemperatuur Außentemperatur v^{20}
buitenverblijf Landhaus o^{32}
buitenwacht: *de ~* die Außenstehenden *mv*[40]
buitenwereld Außenwelt v^{28}
buitenwijk Außenbezirk m^5, Außenviertel o^{33}: *~ eten* auswärts essen[152]
buitenwipper *(Belg)* Rausschmeißer m^9
buitenzijde Außenseite v^{21}
buitmaken erbeuten
¹buizen *intr (Belg) (pop)* durchfallen[154]
²buizen *tr (Belg) (pop)* fallen lassen[197]
buizerd Bussard m^5
bukken sich bücken
buks Büchse v^{21}
bulderen **1** *(mbt personen)* poltern **2** *(mbt storm, golven)* rasen, tosen **3** *(mbt geschut)* donnern
buldog Bulldogge v^{21}
Bulgaar Bulgare m^{15}
Bulgaars bulgarisch
Bulgarije Bulgarien o^{39}
bulken: *hij bulkt van het geld* er erstickt im Geld
bulldozer Bulldozer m^9, Planierraupe v^{21}

bullebak Bullenbeißer *m*⁹
bulletin Bulletin *o*³⁶
bult 1 *(bochel)* Buckel *m*⁹, Höcker *m*⁹ 2 *(van kameel)* Höcker *m*⁹ 3 *(buil)* Beule *v*²¹ 4 *(oneffenheid)* Buckel *m*⁹ 5 *(in de bodem)* Erhöhung *v*²⁰
bumper Stoßstange *v*²¹
bumperklever Drängler *m*⁹
bundel 1 Bündel *o*³³ 2 *(boekdeel)* Band *m*⁶: ~ gedichten Gedichtband
bundelen bündeln; *(van gedichten)* sammeln: *krachten* ~ Kräfte vereinen
bungalow Bungalow *m*¹³
bungalowpark Feriendorf *o*³², Bungalowdorf *o*³²
bungeejumpen Bungeejumping *o*³⁹, Bungee-Jumping *o*³⁹
bungeejumpen Bungeejumping *o*³⁹ machen, Bungee-Jumping *o*³⁹ machen
bungelen baumeln
bunker Bunker *m*⁹
bunkeren bunkern
bunsenbrander Bunsenbrenner *m*⁹
burcht Burg *v*²⁰
bureau 1 *(schrijftafel)* Schreibtisch *m*⁵ 2 *(gebouw van overheidsinstelling)* Amt *o*³², Behörde *v*²¹ 3 *(van bedrijf)* Geschäftsstelle *v*²¹, Büro *o*³⁶ 4 *(van politie)* Polizeidienststelle *v*²¹
bureaucraat Bürokrat *m*¹⁴
bureaucratie Bürokratie *v*²¹
bureaucratisch bürokratisch
burengerucht Ruhestörung *v*²⁰
burgemeester Bürgermeister *m*⁹; *(in grote steden)* Oberbürgermeister *(afk* OB): *vrouwelijke* ~ Bürgermeisterin *v*²²; ~ *en wethouders* Bürgermeister *m*⁹ und Beigeordnete *(mv)*
burger Bürger *m*⁹; *(in tegenstelling tot militair e.d.)* Zivilist *m*¹⁴: *in* ~ in Zivil
burgerbevolking Zivilbevölkerung *v*²⁰
burgerij Bürgerschaft *v*²⁰; *(in tegenstelling tot militairen)* Zivilbevölkerung *v*²⁰
burgerlijk 1 bürgerlich: ~ *huwelijk* Zivilehe *v*²¹; ~*e stand* Standesamt *o*³² 2 *(min)* spießig
burgerluchtvaart zivile Luftfahrt *v*²⁸
burgermannetje Normalo *m*¹³
burgeroorlog Bürgerkrieg *m*⁵
burgerplicht Bürgerpflicht *v*²⁰
burgerschap Staatsangehörigkeit *v*²⁸
burgervader Bürgermeister *m*⁹
burn-out Burnout *o*³⁶, Burn-out *o*³⁶
bus 1 *(trommel)* Büchse *v*²¹ 2 *(brievenbus)* Briefkasten *m*¹² 3 *(autobus)* Bus *m*⁵ *(2e nvl -ses; mv -se)*, Omnibus *m*⁵ *(2e nvl -ses; mv -se)*
buschauffeur Busfahrer *m*⁹
bushalte Bushaltestelle *v*²¹
buskruit Pulver *o*³³, Schießpulver *o*³³
buslichting Leerung *v*²⁰ (des Briefkastens)
buslijn Buslinie *v*²¹
buste Büste *v*²¹
bustehouder Büstenhalter *m*⁹

bustocht Busfahrt *v*²⁰, Omnibusfahrt *v*²⁰
butler Butler *m*⁹
buur Nachbar *m*¹⁵; *(vrouw)* Nachbarin *v*²²
buurman Nachbar *m*¹⁵
buurt *(wijk)* Gegend *v*²⁰, Viertel *o*³³, Stadtteil *m*⁵: *de dorpen hier in de* ~ die Dörfer hier in der Nähe; *blijf in de* ~! bleibe in der Nähe!
buurvrouw Nachbarin *v*²², Nachbarsfrau *v*²⁰
buzzer Buzzer *m*⁹
bv *afk van besloten vennootschap* Gesellschaft *v*²⁰ mit beschränkter Haftung *(afk* GmbH)
bv. *afk van bijvoorbeeld* zum Beispiel *(afk* z.B.)
BV *afk van bekende Vlaming* bekannter Flame *m*¹⁵
bvba *(Belg) afk van besloten vennootschap met beperkte aansprakelijkheid* Gesellschaft *v*²⁰ mit beschränkter Haftung *(afk* GmbH)
bypass Bypass *m (2e nvl -; mv -pässe)*

C

ca. *afk van circa* zirka, circa (*afk* ca.)
cabaret Kabarett o^{29}, o^{36}
cabaretier Kabarettist m^{14}
cabaretière Kabarettistin v^{22}
cabine 1 *(van vrachtauto)* Fahrerhaus o^{32}, Fahrerkabine v^{21} **2** *(van vliegtuig, kleedhokje)* Kabine v^{21}
cabriolet Kabriolett o^{36}, Kabrio o^{36}
cacao Kakao m^{13}
cachet: *een zeker ~* ein eigenes Gepräge
cactus Kaktus *m (2e nvl -; mv* Kakteen*)*, Kaktee v^{21}
cadans Rhythmus *m (2e nvl -; mv* Rhythmen*)*
caddy Caddy m^{13}
cadeau Geschenk o^{29}: *iets ~ doen* etwas schenken (*of:* verschenken); *iem een boek ~ geven* jmdm ein Buch schenken; *iets ~ krijgen* etwas geschenkt bekommen[193]; *(fig) je kunt het van mij ~ krijgen!* es kann mir gestohlen bleiben!
cadeaubon Gutschein m^5
cadet *(Belg, sp)* Junior m^{16}
café Wirtschaft v^{20}, Lokal o^{29}
caféhouder Wirt m^5
cafeïne Koffein o^{39}
café-restaurant Gaststätte v^{21}
cafetaria Imbissstube v^{21}
cahier Heft o^{29}, Schreibheft o^{29}
caissière Kassiererin v^{22}
cake Topfkuchen m^{11}, Kuchen m^{11}
calamiteit Katastrophe v^{21}
calcium Kalzium o^{39}
calculatie Kalkulation v^{20}
calculator 1 *(persoon)* Kalkulator m^{16} **2** *(machine)* Rechenmaschine v^{21}, Rechner m^9
calculeren kalkulieren[320]
callcenter Callcenter o^{33}, Call-Center o^{33}
calorie Kalorie v^{21}
calvinisme Kalvinismus m^{19a}
calvinist Kalvinist m^{14}
calvinistisch 1 kalvinistisch **2** *(sober)* schlicht
calypso Calypso m^{13} *(2e nvl ook -)*
camcorder Camcorder m^9
camembert Camembert m^{13}
camera Kamera v^{27}
cameraman Kameramann m^8 *(mv ook* Kameraleute*)*
cameramobieltje Fotohandy o^{36}

cameratelefoon Fotohandy o^{36}
camion Lastkraftwagen m^{11}
camouflage Tarnung v^{20}
camouflagekleur Tarnfarbe v^{21}
camoufleren tarnen
campagne 1 *(mil)* Feldzug m^6 **2** *(werkseizoen; actie)* Kampagne v^{21}
camper Wohnmobil o^{29}
camping 1 *(het kamperen)* Camping o^{39} **2** *(kampeerterrein)* Campingplatz m^6, Zeltplatz m^6
campus Campus *m (2e nvl -; mv -)*
Canada Kanada o^{39}
¹Canadees *zn* Kanadier m^9
²Canadees *bn* kanadisch
Canadese Kanadierin v^{22}
canaille Kanaille v^{21}
canapé Sofa o^{36}, Kanapee o^{36}
canon Kanon m^{13}
cantate Kantate v^{21}
cantharel Pfifferling m^5, Eierschwamm m^6
canvas Kanevas *m (2e nvl -(ses); mv -(se))*
cao *afk van collectieve arbeidsovereenkomst* Tarifvertrag m^6
cao-onderhandelingen Tarifverhandlungen *mv* v^{20}
capabel fähig, geeignet
capaciteit 1 Kapazität v^{20} **2** *(laadvermogen)* Ladefähigkeit v^{20} **3** *(van motor)* Motorleistung v^{20}
cape Cape o^{36}
capitulatie Kapitulation v^{20}
capituleren kapitulieren[320], sich ergeben[166]
capriool Kapriole v^{21}
capsule Kapsel v^{21}
capuchon Kapuze v^{21}
caravan Wohnwagen m^{11}, Wohnanhänger m^9
carbonpapier Kohlepapier o^{29}
carburator Vergaser m^9
cardiogram Kardiogramm o^{29}
cardiologie Kardiologie v^{28}
cardioloog Kardiologe m^{15}
care Pflege v^{28}: *intensive ~* Intensivpflege
cargadoor Schiffsmakler m^9
cariës Karies v^{28}
carillon Glockenspiel o^{29}
carkit Freisprechanlage v^{21}, Freisprecheinrichtung v^{20}
carnaval Karneval m^5, m^{13}, Fastnacht v^{28}, Fasching m^5, m^{13}
carnavalsvakantie *(ongev)* Karnevalsferien *(mv)*
carpool Fahrgemeinschaft v^{20}
carpoolen eine Fahrgemeinschaft bilden
carport Einstellplatz m^6
carrière Karriere v^{21}
carrosserie Karosserie v^{21}
carrousel Karussell o^{29}, o^{36}
carte: *à la ~* à la carte, nach der Karte
carter Kurbelgehäuse o^{33}
cartograaf Kartograph m^{14}, Kartograf m^{14}

cartografie Kartographie v^{28}, Kartografie v^{28}
cartografisch kartographisch, kartografisch
cartoon Cartoon m^{13}, o^{36} *(2e nvl ook -)*
cartoonist Cartoonist m^{14}
cartotheek Kartothek v^{20}, Kartei v^{20}
cartridge Patrone v^{21}, Kassette v^{21}
casco Kasko m^{13}
cascoverzekering Kaskoversicherung v^{20}
casemanager Fallmanager m^9
casestudy Fallstudie v^{21}
¹**cash** *zn* Cash o^{39a}, Bargeld o^{39}
²**cash** *bn* bar
cashewnoot Cashewnuss v^{25}
casino Kasino o^{36}, Spielkasino o^{36}
cassatie: *in* ~ *gaan* Revision einlegen
cassette Kassette v^{21}
cassettedeck Kassettendeck o^{36}
cassetterecorder Kassettenrekorder m^9
cassis schwarzer Johannisbeersaft m^6
castreren kastrieren^{320}
catacombe Katakombe v^{21}
catalogiseren katalogisieren^{320}
catalogus Katalog m^5
catamaran Katamaran m^5, o^{29}
catastrofaal katastrophal
catastrofe Katastrophe v^{21}
catechese Katechese v^{21}
catechisatie Konfirmandenunterricht m^5
catechismus Katechismus m *(2e nvl -; mv Katechismen)*
categorie Kategorie v^{21}
categorisch kategorisch
causaal kausal, Kausal…
cavalerie *(tanks)* Panzertruppe v^{21}; *(te paard)* Kavallerie v^{28}, Reiterei v^{28}
cavia Meerschweinchen o^{35}
cd *afk van compact disc* CD v^{27} *(mv ook -)*, CD-Platte v^{21}
cd-brander CD-Brenner m^9
cd-installatie CD-Anlage v^{21}
cd-r *afk van compact disc recordable* CD-R v^{27} *(mv ook -)*
cd-rom CD-ROM v^{27} *(mv ook -)*
cd-rw *afk van compact disc rewritable* CD-RW v^{27} *(mv ook -)*
cd-speler CD-Spieler m^9, CD-Player m^9
ceder Zeder v^{21}
ceintuur Gürtel m^9
cel Zelle v^{21}
celdeling Zellteilung v^{20}
celibaat Zölibat o^{39}
celkern Zellkern m^5
cellist Cellist m^{14}
cello Cello o^{36} *(mv ook Celli)*
cellofaan Zellophan o^{39}
cellofaanverpakking Zellophanverpackung v^{20}
cellulose Zellulose v^{21}
Celsius Celsius *(afk* C)
cement Zement m^{19}

censureren zensieren^{320}
censuur Zensur v^{20}
cent Cent m^{13} *(ook 2e nvl -; mv -): geen* ~ *waard zijn* keinen Heller wert sein^{262}
centiliter Zentiliter m^9, o^{33} *(afk* cl)
centime, centiem *(Belg)* Centime m *(2e nvl -(s); mv -s) (afk* c, ct)
centimeter 1 *(lengtemaat)* Zentimeter m^9, o^{33} *(afk* cm) **2** *(meetlint)* Bandmaß o^{29}
centraal zentral, Zentral…: ~ *bestuur* Zentralverwaltung v^{20}; ~ *comité* Zentralkomitee o^{36}; *centrale verwarming* Zentralheizung v^{20}; ~ *eindexamen (vwo)* Zentralabitur o^{29}; *(van andere schooltypen)* zentrale Abschlussprüfung v^{20}
centrale Zentrale v^{21}: *elektrische* ~ Elektrizitätswerk o^{29}; Kraftwerk o^{29}
centralisatie Zentralisation v^{20}
centraliseren zentralisieren^{320}
centrifuge Zentrifuge v^{21}; *(voor de was)* Wäscheschleuder v^{21}
centrifugeren zentrifugieren^{320}; *(van was)* schleudern
centrum Zentrum o *(2e nvl -s; mv Zentren); (ook)* Stadtmitte v^{21}
ceremonie Zeremonie v^{21}
ceremonieel zeremoniell
certificaat Zertifikat o^{29}
cervelaatworst Zervelatwurst v^{25}
chador Tschador m^{13}, Tschadyr m^{13}
chagrijn 1 Ärger m^{19}, Verdrießlichkeit v^{20}, Missmut m^{19} **2** *(persoon)* Griesgram m^5
chagrijnig verdrießlich, missmutig
chalet Chalet o^{36}
champagne Champagner m^9; *(uit Dui)* Sekt m^5
champignon Champignon m^{13}
chanson Chanson o^{36}
chansonnier Chansonnier m^{13}, Chansonier m^{13}
chantage Erpressung v^{20}
chanteren erpressen
chaos Chaos o^{39a}
chaotisch chaotisch
chapiter 1 *(hoofdstuk)* Kapitel o^{33} **2** *(onderwerp van gesprek)* Thema o *(2e nvl -s; mv Themen)*
charcuterie *(Belg)* Aufschnitt m^{19}, feine Fleischwaren mv v^{21}
charge 1 *(in industrie)* Charge v^{21} **2** *(aanval)* Attacke v^{21}: *(door de politie) een* ~ *uitvoeren* die Menge auseinander treiben^{290} ‖ *(jur) getuige à* ~ Belastungszeuge m^{15}
charitatief karitativ
charlatan Scharlatan m^5
charmant charmant, scharmant
charme Charme m^{19}, Scharm m^{19}: *dat heeft voor mij geen* ~ das hat für mich keinen Reiz
charmeren bezaubern, entzücken
charmeur Charmeur m^5, m^{13}
charta Charte v^{21}; *(grondwet)* Charta v^{27}
charter Charter m^{13}
charteren chartern

chartervliegtuig Charterflugzeug o^{29}
chartervlucht Charterflug m^6
chassis Fahrgestell o^{29}
chat Chat m^{13}
chatbox Chatbox v^{20}, Chat-Box v^{20}
chatgroep Chatgroup v^{27}, Chat-Group v^{27}
chatlijn Chatline v^{27}, Chat-Line v^{27}
chatroom Chatraum m^6, Chatroom m^{13}, Chat-Room m^{13}
chatster Chatterin v^{22}
chatten chatten
chatter Chatter m^9
chaufferen fahren^{153}
chauffeur Fahrer m^9, Chauffeur m^5
chauvinisme Chauvinismus m^{19a}
chauvinist Chauvinist m^{14}
chauvinistisch chauvinistisch
checken kontrollieren^{320}, nachprüfen
chef Chef m^{13}: ~ *de clinique* Chefarzt m^6
cheffin Chefin v^{22}
chemicaliën Chemikalien mv v^{21}
chemicus Chemiker m^9
chemie Chemie v^{28}
chemisch chemisch
cheque Scheck m^{13}
chequeboek Scheckheft o^{29}
¹chic zn 1 *(elegantie)* Schick m^{19} 2 *(de mensen)* Schickeria v^{28}
²chic bn, bw schick, fein, elegant: *een ~ hotel* ein Nobelhotel; *een chique wijk* ein Nobelviertel
chicane Schikane v^{21}
chicaneren schikanieren^{320}
chicaneur Schikaneur m^5
Chileen Chilene m^{15}
Chileens chilenisch
Chili Chile o^{39}
chillen chillen
chimpansee Schimpanse m^{15}
China China o^{39}
¹Chinees zn Chinese m^{15}
²Chinees bn chinesisch
chip 1 *(plakje aardappel; elektr)* Chip m^{13} 2 *(microprocessor)* Mikroprozessor m^{16}
chipkaart Chipkarte v^{21}
chipknip Chipkarte v^{21}, Paycard v^{27}, Geldkarte v^{21}
chippas Chipkarte v^{21}, Paycard v^{27}, Geldkarte v^{21}
chippen mit der Chipkarte bezahlen, mit der Paycard bezahlen, mit der Geldkarte bezahlen
chirurg Chirurg m^{14}
chirurgie Chirurgie v^{28}
chirurgisch chirurgisch
chloor Chlor o^{39}
¹chocolade zn Schokolade v^{21}
²chocolade bn schokoladen, Schokoladen…
chocolademelk Schokolade v^{21}, Kakao m^{13}
choke Choke m^{13}; *(de knop)* Choker m^9
cholera Cholera v^{28}
choleralijder Cholerakranke(r) m^{40a}, v^{40b}

cholesterol Cholesterin o^{39}
cholesterolgehalte Cholesterinspiegel m^9
choqueren schockieren^{320}
choreograaf Choreograph m^{14}, Choreograf m^{14}
choreografie Choreographie v^{21}, Choreografie v^{21}
christelijk christlich; *(protestants)* evangelisch
christelijkheid Christlichkeit v^{28}
christen Christ m^{14}
christendemocraat Christdemokrat m^{14}
christendom Christentum o^{39}
christenheid Christenheit v^{28}
christin Christin v^{22}
Christus Christus m: *vóór ~* vor Christus; *na ~* nach Christus
Christusbeeld Christusfigur v^{20}
chromosoom Chromosom o^{37}
chronisch chronisch
chronologie Chronologie v^{21}
chronologisch chronologisch
chroom Chrom o^{39}
chrysant Chrysantheme v^{21}
cijfer 1 *(getalteken)* Ziffer v^{21}: *een getal van zes ~s* eine sechsstellige Zahl; *in de rode ~s komen* in die roten Zahlen kommen^{193} 2 *(voor school-, examenwerk)* Zensur v^{20}, Note v^{21}: *een laag ~* eine schlechte Zensur (*of:* Note)
cijferlijst Zeugnis o^{29a}
cilinder Zylinder m^9
cilinderinhoud Hubraum m^6
cilindrisch zylindrisch
cineast Cineast m^{14}
cinemascope Cinemascope o^{39a}
cipier Gefängniswärter, Gefangenenwärter m^9
cipres Zypresse v^{21}
circa zirka, circa, ungefähr
circuit 1 *(sp)* Rundstrecke v^{21} 2 *(elektr)* Stromkreis m^5 3 *(kring van personen)* Kreis m^5
circulaire Rundschreiben o^{35}, Rundbrief m^5
circulatie Zirkulation v^{20}, Umlauf m^6
circuleren zirkulieren^{320}, umlaufen^{198}
circus Zirkus m *(2e nvl -; mv -se)*
cirkel Kreis m^5
cirkelen kreisen
cirkelomtrek Kreisumfang m^6
cirkelzaag Kreissäge v^{21}
citaat Zitat o^{29}
citer Zither v^{21}
citeren zitieren^{320}, anführen
Cito-toets Unterrichtstest m^{13}, m^5 zur Bestimmung des geeigneten weiterführenden Unterrichts
citroen Zitrone v^{21}
citroensap Zitronensaft m^6
citroenschijfje Zitronenscheibe v^{21}
citrusfruit Zitrusfrüchte mv v^{25}
city City v^{27}
citybag Reisetasche, Handtasche v^{21}
civiel zivil, bürgerlich: *~ recht* Zivilrecht o^{39}

civielrechtelijk zivilrechtlich
civilisatie Zivilisation v^{20}
civiliseren zivilisieren^{320}
civisme (Belg) Bürgersinn m^{19}
cl afk van centiliter Zentiliter m^9, o^{33} (afk cl)
claim 1 (exploitatierecht; eis) Claim o^{36} **2** (claimrecht) Bezugsrecht o^{29}
claimen Anspruch erheben^{186} auf^{+4}, fordern: schade ~ Schadenersatz fordern
clan Clan m^5, m^{13}
clandestien heimlich, schwarz, illegal: ~e arbeid Schwarzarbeit v^{20}; ~e handel Schwarzhandel m^{19}; ~e luisteraar Schwarzhörer m^9
clark (Belg) Gabelstapler m^9
classeur (Belg) Ordner m^9
classicisme Klassizismus m^{19a}
classicistisch klassizistisch
classicus Altsprachler m^9, Altphilologe m^{15}
classificatie Klassifizierung v^{20}
classificeren klassifizieren^{320}
clausule Klausel v^{21}
claxon Hupe v^{21}
claxonneren hupen
clement mild, nachsichtig
clementie Milde v^{28}, Nachsicht v^{28}
clerus Klerus m^{19a}
clever clever
cliché Klischee o^{36}
cliënt(e) 1 (van advocaat) Mandant m^{14}, Mandantin v^{22} **2** (handel) Kunde m^{15}, Kundin v^{22}
clientèle (jur) Klientel v^{20}; (handel) Kundschaft v^{28}
clignoteur Blinkleuchte v^{21}, Blinker m^9
climax Klimax v^{23}, Höhepunkt m^5
clinch Clinch m^{19}
clinicus Kliniker m^9
clip 1 (aan pen; oorclip) Klipp m^{13} **2** (videoclip) Clip m^{13}, Videoclip m^{13}
closetpapier Klosettpapier o^{29}
close-up Nahaufnahme v^{21}, Großaufnahme v^{21}
clou Clou m^{13}
clown Clown m^{13}
club Klub m^{13}
clubgebouw Klubhaus o^{32}, Vereinshaus o^{32}
cluster Cluster m^9, m^{13}
cm afk van centimeter Zentimeter m^9, o^{33} (afk cm)
cm² afk van vierkante cm Quadratzentimeter m^9, o^{33} (afk cm²)
cm³ afk van kubieke cm Kubikzentimeter m^9, o^{33} (afk cm³)
co afk van compagnon Kompagnon m^{13} (afk Co.)
coach Coach m^{13} (2e nvl ook -)
coachen coachen
coalitie Koalition v^{20}
coalitiepartner Koalitionspartner m^9
cobra Kobra v^{27}, Brillenschlange v^{21}
cocaïne Kokain o^{39}; (inform) Koks m^{19}
cockpit Cockpit o^{36}
cocktail Cocktail m^{13}
cocktailparty Cocktailparty v^{27}
code 1 Kode m^{13} **2** (wetboek) Code m^{13}
coderen kodieren^{320}, verschlüsseln
codicil Kodizill o^{29}
coëfficiënt Koeffizient m^{14}
co-existentie Koexistenz v^{20}
cognac Kognak m^{13}: Duitse ~ Weinbrand m^6
cohesie Kohäsion v^{20}
coïtus Koitus m (2e nvl -; mv -(se))
cokes Koks m^5
colbert Jacke v^{21}, Jackett o^{36}, o^{29}, Sakko m^{13}
collaborateur Kollaborateur m^5
collage Collage v^{21}
collectant Spendensammler m^9
collect call R-Gespräch o^{29}
collecte 1 Geldsammlung, Spendensammlung v^{20} **2** (in kerk) Kollekte v^{21}
collecteren Geld (of: Spenden) sammeln
collectie Kollektion v^{20}, Sammlung v^{20}
collectief kollektiv, Kollektiv…: collectieve arbeidsovereenkomst Tarifvertrag m^6
collega Kollege m^{15}: vrouwelijke ~ Kollegin v^{22}
college 1 (bestuurslichaam) Kollegium o (2e nvl -s; mv Kollegien): ~ van B en W Magistrat m^5 **2** (les aan universiteit) Vorlesung v^{20}: ~ lopen eine Vorlesung hören **3** (vwo-school) Gymnasium o (2e nvl -s; mv Gymnasien)
collegegeld Studiengebühren (mv)
collegezaal Hörsaal m (2e nvl -(e)s; mv -säle)
collegiaal kollegial
collier Kollier o^{36}, Collier o^{36} [koljee]
Colombia Kolumbien o^{39}
Colombiaan Kolumbianer m^9
Colombiaans kolumbianisch
colonne Kolonne v^{21}
colportage Hausierhandel m^{19}
colporteren hausieren^{320}
coltrui Rollkragenpullover m^9
column Kolumne v^{21}
columnist Kolumnist m^{14}
coma Koma o^{36}: in ~ liggen im Koma liegen^{202}
combinatie Kombination v^{20}
combinatietang Kombizange v^{21}
combineren kombinieren^{320}
combo Combo v^{27}
comfort Komfort m^{19}
comfortabel komfortabel, bequem
comité Komitee o^{36}, Ausschuss m^6
commandant 1 (van bataljon t/m divisie) Kommandeur m^5 **2** (van tank, oorlogsschip, stad, vesting, vliegbasis) Kommandant m^{14}
commanderen kommandieren^{320}, befehligen
commanditair: ~ vennoot Kommanditist m^{14}; ~e vennootschap Kommanditgesellschaft v^{20}
commando Kommando o^{36}
commandobrug Kommandobrücke v^{21}
commandopost Befehlsstelle v^{21}
commentaar Kommentar m^5

commentariëren kommentieren[320]
commentator Kommentator m^{16}
commercial Werbespot m^{13}
commercie Kommerz m^{19}, Handel m^{19}
commercieel kommerziell
commissariaat Kommissariat o^{29}
commissaris Kommissar m^5; *(bij vennootschap)* Aufsichtsrat m^6: *raad van ~sen* Aufsichtsrat m^6
commissie 1 *(opdracht)* Kommission v^{20} **2** *(personen met opdracht)* Ausschuss m^6, Kommissionen v^{20} **3** *(loon)* Kommissionsgebühr v^{20}, Provision v^{20}
commissionair Kommissionär m^5
commode Kommode v^{21}
commune Kommune v^{21}, Wohngemeinschaft v^{20}
communicatie Kommunikation v^{20}
communicatiestoornis Kommunikationsstörung v^{20}
communiceren kommunizieren[320]
communie Kommunion v^{20}: *ter ~ gaan* zur Kommunion gehen[168]
communiqué Kommuniqué, Kommunikee o^{36}
communisme Kommunismus m^{19a}
communist Kommunist m^{14}
communistisch kommunistisch
compact kompakt
compact disc Compact Disc v^{27}, Compactdisc v^{27} *(afk* CD*)*
compactdiscspeler CD-Spieler m^9
compagnie *(mil)* Kompanie v^{21}
compagniescommandant Kompaniechef m^{13}
compagnon Kompagnon m^{13}, Teilhaber m^9
compartiment Abteil o^{29}
compatibel kompatibel
compensatie 1 Ausgleich m^5 **2** *(vaktaal)* Kompensation v^{20} **3** *(schuldvergelijking)* Aufrechnung v^{20}
compensatiekas *(Belg)* Ausgleichsfonds *m (2e nvl -; mv -)*
compenseren kompensieren[320]
competent kompetent
competentie Kompetenz v^{20}: *dat behoort niet tot mijn ~* das liegt nicht in meiner Kompetenz
competitie 1 *(sp)* Spieljahr o^{29}, Spielsaison v^{27} **2** *(mededinging)* Wettbewerb m^5
competitiewedstrijd Punktspiel o^{29}
compleet 1 *(voltallig)* komplett, vollständig **2** *(geheel en al)* ganz, völlig
completeren ergänzen, vervollständigen
¹**complex** *zn* Komplex m^5
²**complex** *bn* komplex
complicatie Komplikation v^{20}
compliceren komplizieren[320]
compliment Kompliment o^{29}: *iem een ~ maken* jmdm ein Kompliment machen
complimenteren: *iem met zijn succes ~* jmdm zu seinem Erfolg gratulieren[320]
complimenteus schmeichelhaft

complot Komplott o^{29}, Verschwörung v^{20}
component Komponente v^{21}
componeren komponieren[320]
componist Komponist m^{14}
compositie Komposition v^{20}
compost Kompost m^5
composteren kompostieren[320]
compote Kompott o^{29}
compressie Kompression v^{20}
compressor Kompressor m^{16}
compromis Kompromiss m^5, o^{29}: *een ~ aangaan* ein(en) Kompromiss schließen[245]
compromitteren kompromittieren[320]
computer Computer m^9, (elektronische) Datenverarbeitungsanlage v^{21}, EDV-Anlage v^{21}: *personal ~* Personalcomputer m^9
computerdeskundige Computerfachmann m^8 *(mv meestal -fachleute)*
computergestuurd computergesteuert
computeriseren computerisieren[320]
computerkraak Einbruch m^6 in einen Computer
computerkraker Hacker m^9
computerspelletje Computerspiel o^{29}
computeruitdraai Ausdruck m^5
computervirus Computervirus *m en o (2e nvl -; mv Computerviren)*
concentraat Konzentrat o^{29}
concentratie Konzentration v^{20}
concentratiekamp Konzentrationslager o^{33} *(afk* KZ*)*
concentratieschool *(Belg)* Sonderschule v^{21} für Kinder von Einwandern
concentreren konzentrieren[320]
concept Konzept o^{29}: *in ~* im Konzept
conceptie Konzeption v^{20}
concern Konzern m^5
concert Konzert o^{29}: *naar een ~ gaan* in ein Konzert(*of*: ins Konzert) gehen[168]
concerteren ein Konzert geben[166]
concertmeester Konzertmeister m^9
concertzaal Konzertsaal *m (2e nvl -(e)s; mv -säle)*
concessie Konzession v^{20}: *iem ~s doen* jmdm Konzessionen (*of:* Zugeständnisse) machen
conciërge Hausmeister m^9, Hausmeisterin v^{22}
concilie Konzil o^{29}
concluderen schließen[245], folgern
conclusie Schlussfolgerung v^{20}, Schluss m^6: *tot de ~ komen* zu dem Schluss kommen[193]; *de ~ trekken* die Schlussfolgerung ziehen[318]
concours Wettbewerb m^5
concreet konkret
concretiseren konkretisieren[320]
concurrent Konkurrent m^{14}, Mitbewerber m^9
concurrentie Konkurrenz v^{20}, Wettbewerb m^5
concurreren konkurrieren[320]
condensatie Kondensation v^{20}
condenseren kondensieren[320]
conditie Kondition v^{20}; *(voorwaarde, ook)* Bedingung v^{20}

conditietraining Konditionstraining o[39]
condoleantie Beileidsbezeigung v[20]
condoleantiebrief Beileidsbrief m[5]
condoleren kondolieren[320]: *iem ~ met een verlies* jmdm zu einem Verlust kondolieren
condoom Kondom m[5], o[29]; *(inform)* Pariser m[9]
conducteur Schaffner m[9]
conductrice Schaffnerin v[22]
confectie Konfektion v[20], Fertig(be)kleidung v[28]
confectie-industrie Bekleidungsindustrie v[21]
confectiepak *(inform)* Anzug m[6] von der Stange
confederatie Konföderation v[20]
conferentie Konferenz v[20]: *telefonische ~* Telefonkonferenz v[20]
confereren beraten[218], konferieren[320]
confessie Konfession v[20]
confessioneel konfessionell
confetti Konfetti o[39], o[39a]
confituur *(Belg)* Konfitüre v[21], Marmelade v[21]
conflict Konflikt m[5]
conform gemäß[+3], …gemäß, übereinstimmend (mit[+3])
confrater Amtsbruder m[10]
confrontatie Konfrontation v[20]
confronteren konfrontieren[320]
confuus konfus, verworren, verwirrt
conglomeraat Konglomerat o[29]
congregatie Kongregation v[20]
congres Kongress m[5], Tagung v[20]: *een ~ houden* tagen, einen Kongress abhalten[183]
congruent kongruent
congruentie Kongruenz v[20]
conifeer Konifere v[21]
conjunctureel konjunkturell
conjunctuur Konjunktur v[20]
connectie Beziehung v[20], Verbindung v[20]
conrector stellvertretender Schulleiter m[9]
consciëntieus gewissenhaft
consensus Konsens m[5]
consequent konsequent, folgerichtig
consequentie Konsequenz v[20]
conservatie Konservierung v[20], Erhaltung v[20]
conservatief *zn* Konservative(r) m[40a], v[40b]
conservatief *bn, bw* konservativ
conservator Konservator m[16]
conservatorium Musikhochschule v[21]
conserveermiddel Konservierungsmittel o[33]
conserven Konserven *mv* v[21]
conservenblikje Konservenbüchse v[21], Konservendose v[21]
conserveren konservieren[320]
consideratie 1 *(overweging)* Erwägung v[20] **2** *(respect)* Rücksicht v[20]: *zonder ~* rücksichtslos
console Konsole v[21]
consolidatie Konsolidierung v[20]
consolideren konsolidieren[320]
consortium Konsortium o (2e nvl -s; mv Konsortien)
constant konstant; *(voortdurend)* ständig

constante unveränderliche Größe v[21]
constateren feststellen, konstatieren[320]
constatering Feststellung v[20], Konstatierung v[20]
constellatie Konstellation v[20]
consternatie Bestürzung v[28]
constipatie Konstipation v[20], Verstopfung v[20]
constitutie Konstitution v[20]
constitutioneel konstitutionell
constructeur Konstrukteur m[5]
constructie Konstruktion v[20]
constructief konstruktiv
constructiefout Konstruktionsfehler m[9]
construeren konstruieren[320]
consul Konsul m[17]
consulaat Konsulat o[29]
consulent Berater m[9]
consult, consultatie Konsultation v[20]
consultant Consultant m[13] (2e nvl ook -), Berater m[9]
consulteren konsultieren[320]
consument Konsument m[14], Verbraucher m[9]
Consumentenbond Verbraucherverband m[6]
consumeren konsumieren[320], verbrauchen
consumptie 1 Konsum m[19], Verbrauch m[19] **2** *(vertering)* Verzehr m[19]
consumptief konsumtiv
consumptiegoederen Konsumgüter *mv* o[32]
consumptiemaatschappij Konsumgesellschaft v[20]
contact Kontakt m[5]
contactarm kontaktarm, kontaktschwach
contactarmoede Kontaktarmut v[28]
contactdoos Steckdose v[21]
contactlens Kontaktlinse v[21], Haftschale v[21]
contactpersoon Ansprechpartner m[9]
contactsleutel Zündschlüssel m[9], Autoschlüssel m[9]
container Container m[9], Behälter m[9]
containerpark *(Belg)* Sammelstelle v[21] für Hausmüll
contant bar, kontant: *~e betaling* Barzahlung v[20]; *à ~, tegen ~e betaling* bar, gegen Barzahlung
contanten Kontanten *(mv)*, Bargeld o[39]: *in ~* bar
content zufrieden
context Kontext m[5]
continent Kontinent m[5]
continentaal kontinental, Kontinental…
contingent Kontingent o[29]
continu kontinuierlich, stetig, ununterbrochen
continubedrijf 24-Stunden-Betrieb m[5]
¹**continueren** *intr* fortdauern
²**continueren** *tr* fortsetzen
continuïteit Kontinuität v[28]
conto Konto o[36] *(mv ook Konten en Konti)*
contour Umriss m[5], Kontur v[20]
¹**contra** *zn* Kontra o[36]
²**contra** *bw* kontra
³**contra** *vz* kontra[+4]
contrabas Kontrabass m[6]

contract Kontrakt m^5, Vertrag m^6: een ~ (met iem) sluiten einen Kontrakt (of: einen Vertrag) (mit jmdm) schließen[245]; bij ~ bepalen vertraglich festlegen; volgens ~ vertragsgemäß
contractant Vertragspartner m^9
contractbreuk Vertragsbruch m^6
contracteren: iem ~ jmdn verpflichten; jmdn unter Vertrag nehmen[212]
contractspeler Lizenzspieler m^9
contractueel vertraglich, kontraktlich
contraprestatie Gegenleistung v^{20}
contrarevolutie Gegenrevolution v^{20}, Konterrevolution v^{20}
contraspionage Abwehr v^{28}
contrast Kontrast m^5
contrasteren kontrastieren[320]
contrastief kontrastiv
contribuant Beitragende(r) m^{40a}, v^{40b}
contributie Mitgliedsbeitrag m^6, Beitrag
contributiebetaler Beitragszahler m^9
controle 1 Kontrolle v^{21} 2 (plaats) Sperre v^{21}
controleerbaar kontrollierbar, nachprüfbar
controlepost Kontrollstelle v^{21}
controleren kontrollieren[320]
controleur Kontrolleur m^5
controller Controller m^9
controverse Kontroverse v^{21}
controversieel kontrovers
conveniëren passen, zusagen
conventie Konvention v^{20}
conventioneel konventionell, herkömmlich
conversatie Konversation v^{20}, Unterhaltung v^{20}
converseren sich unterhalten[183]
conversie Konversion v^{20}
converteren konvertieren[320]
cool cool
coolingdown Cool-down o^{36}
coöperant (Belg) Entwicklungshelfer m^9
coöperatie 1 (vereniging) Genossenschaft v^{20} 2 (samenwerking) Kooperation v^{20}, Zusammenarbeit v^{28}
coöperatief genossenschaftlich
coördinatie Koordination v^{20}
coördinator Koordinator m^{16}
coördineren koordinieren[320]
copieus üppig, reichlich
coproductie Koproduktion v^{20}
copyright Copyright o^{36}, Urheberrecht o^{29}
corduroy Kord m^5, m^{13}, Cord m^5, m^{13}
corner (sp) Ecke v^{21}, Eckball m^6
corporatie Korporation v^{20}, Körperschaft v^{20}
corps Korps o (2e nvl -; mv -) [koor]
corpulent beleibt, korpulent
corpulentie Korpulenz v^{28}, Beleibtheit v^{28}
correct korrekt, einwandfrei: ~ zijn richtig sein[262]
correctheid Korrektheit v^{28}
correctie 1 (verbetering) Korrektur v^{20}, Berichtigung v^{20} 2 (berisping) Verweis m^5

correctioneel (Belg) korrektionell: correctionele rechtbank korrektionelles Gericht o^{29}
correlatie Korrelation v^{20}
correspondent Korrespondent m^{14}: buitenlands ~ (van krant) Auslandskorrespondent
correspondentie Korrespondenz v^{20}
correspondentievriend Brieffreund m^5
corresponderen 1 korrespondieren[320] 2 (overeenstemmen met) entsprechen[274+3]
corridor Korridor m^5, Gang m^6, Flur m^5
corrigeren korrigieren[320]
corroderen korrodieren[320]
corrosie Korrosion v^{20}
corrupt korrupt, bestechlich
corruptie Korruption v^{20}
corsage Ansteckblume v^{21}
Corsica Korsika o^{39}
Corsicaan Korse m^{15}
Corsicaans korsisch
corso Korso m^{13}, festlicher Umzug m^6
corvee Stubendienst m^5, Küchendienst m^5
coryfee Koryphäe v^{21}
cosmetica Kosmetika (mv)
cosmetisch kosmetisch
couchette Liegeplatz m^6
couchpotato Couchpotato v (mv -es), Couch-Potato v (mv -es)
coulant kulant, großzügig
coulisse Kulisse v^{21}
counter 1 (sp) Konter m^9 2 (balie) Counter m^9
counteren (sp) kontern
country, **countrymuziek** Countrymusic v^{28}
coup Coup m^{13}
coupe 1 (van kleding) Schnitt m^5 2 (schaal) Becher m^9, Schale v^{21}
coupé 1 (spoorw) Abteil o^{29} 2 (auto) Coupé o^{36}
couperen 1 (van dier) kupieren[320], stutzen 2 (bij kaartspel) abheben[186] 3 (van film) kürzen
coupeuse Schneiderin v^{22}
couplet Strophe v^{21}
coupon Kupon m^{13}, Coupon m^{13}
coupure (in film) Kürzung v^{20}
courant (gangbaar) gängig
coureur Rennfahrer m^9
courgette Zucchino m (2e nvl -; mv -ni)
courtage Maklergebühr v^{20}
couvert 1 (enveloppe) Briefumschlag m^6 2 (bestek) Besteck o^{29} 3 (eetgerei) Gedeck o^{29}
couveuse Brutkasten m^{12}, Inkubator m^{16}
cowboy Cowboy m^{13}
crack (sp) Crack m^{13}, Spitzensportler m^9
cracker Cracker m^9, m^{13}, Kräcker m^9
crawl Kraul o^{39}, o^{39a}
crawlen kraulen
creatie 1 (schepping) Schöpfung v^{20} 2 (theat) Darstellung v^{20} 3 (mode) Kreation v^{20}, Modell o^{29}
creatief kreativ, schöpferisch
creativiteit Kreativität v^{28}
crèche 1 Kinderkrippe v^{21} 2 Kindertagesstätte v^{21}

credit Kredit o^{36}, Haben o^{39}: *iets in iems ~ boeken* jmdm etwas gutschreiben[252]
creditcard Kreditkarte v^{21}
crediteren kreditieren[320], gutschreiben[252]: *iem (voor) een bedrag ~* jmdn für einen Betrag kreditieren (*of*: jmdm einen Betrag gutschreiben)
crediteur Gläubiger m^9, Kreditor m^{16}
creditnota Gutschriftanzeige v^{21}
credo Kredo o^{36}
creëren kreieren[320], schaffen[230]
crematie Einäscherung v^{20}, Feuerbestattung v^{20}
crematorium Krematorium o *(2e nvl -s; mv Krematorien)*
crème Creme v^{27}, Krem v^{27}
cremeren einäschern
creool Kreole m^{15}
creools kreolisch
crêpe *(weefsel)* Krepp m^5, m^{13}, Crêpe m^{13}
creperen krepieren[320], verenden
cricket Kricket o^{39}
crime Plage v^{21}: *het is een ~!* es ist furchtbar!
criminaliteit Kriminalität v^{28}
crimineel *zn* Kriminelle(r) m^{40a}, v^{40b}
crimineel *bn* **1** *(misdadig)* kriminell **2** *(strafrechtelijk)* kriminal, Kriminal…
crisis Krise v^{21}
crisismanager Krisenmanager m^9
crisisteam Krisenstab m^6
criterium Kriterium o *(2e nvl -s; mv Kriterien)*
criticus Kritiker m^9
croissant Croissant o^{36} *(2e nvl ook -)*
croque, croque-monsieur *(Belg)* Käse-Schinken-Toast m^5, m^{13}
cross Cross m *(2e nvl -; mv -)*
crosscountry Crosscountry o^{36} *(2e nvl ook -)*
crossfiets Geländefahrrad o^{32}, BMX-Rad o^{32}
croupier Croupier m^{13}
cru unumwunden, derb, unverblümt
cruciaal entscheidend, ausschlaggebend
crucifix Kruzifix o^{29}
cruise Kreuzfahrt v^{20}
cruisecontrol Geschwindigkeitsregler m^9
CS *afk van centraal station* Hauptbahnhof m^6 *(afk* Hbf.)
CT-scan Computertomogramm o^{29}
Cuba Kuba o^{39}
Cubaan Kubaner m^9
Cubaans kubanisch
culinair kulinarisch
culmineren kulminieren[320]; *(fig, ook)* gipfeln
cultiveren kultivieren[320]
cultureel kulturell
cultus Kult m^5, Kultus m *(2e nvl -; mv Kulte)*
cultuur Kultur v^{28}: *in ~ brengen* urbar machen
cultuurdrager Kulturträger m^9
cultuurgeschiedenis Kulturgeschichte v^{21}
cultuurgewas Kulturpflanze v^{21}
cultuurhistorisch kulturgeschichtlich
cumulatie Anhäufung v^{20}, Kumulation v^{20}
cumulatief kumulativ
cumuleren kumulieren[320]
cup 1 *(sp)* Cup m^{13} [kap], Pokal m^5 **2** *(van bustehouder)* Cup m^{13}, Schale v^{21}
curatele Kuratel v^{20}, Vormundschaft v^{28}
curator 1 *(lid van de raad van toezicht)* Kurator m^{16} **2** *(voogd)* Vormund m^5, m^8 **3** *(bij faillissement)* Konkursverwalter m^9
curatorium Kuratorium o *(2e nvl -s; mv Kuratorien)*
curieus kurios, seltsam, merkwürdig
curiositeit Kuriosität v^{20}
curriculum vitae Curriculum Vitae o *(2e nvl - -; mv Curricula Vitae)*, Lebenslauf m^6
cursief kursiv, Kursiv…
cursist Kursteilnehmer m^9
cursiveren durch Kursivschrift hervorheben[186]
cursor Cursor m^{13}, Positionsanzeiger m^9
cursus Kursus m *(2e nvl -; mv Kurse)*, Kurs m^5, Lehrgang m^6: *schriftelijke ~* Fernkurs
curve Kurve v^{21}
CVA *afk van cerebrovasculair accident* Schlaganfall m^6, Gehirnschlag m^6, Apoplexie v^{21}
CVS *afk van chronischevermoeidheidssyndroom* Chronic-Fatigue-Syndrom o^{39} *(afk* CFS o^{39a})
cyclecross Querfeldeinrennen o^{35}
cyclisch zyklisch
cyclocross Querfeldeinrennen o^{35}
cycloon Zyklon m^5
cyclus 1 Zyklus m *(2e nvl -; mv Zyklen)* **2** *(Belg)* Studienjahre mv o^{29}
cynicus Zyniker m^9
cynisch zynisch
cynisme Zynismus m^{19a}
Cyprioot Zypriot m^{14}
Cypriotisch zypriotisch, zyprisch
Cyprus Zypern o^{39}

d

daad Tat v^{20}: *iem met raad en ~ bijstaan* jmdm mit Rat und Tat beistehen^{279}
daadwerkelijk tatsächlich, wirklich
¹daags *bn* täglich
²daags *bw*: *~ tevoren* tags zuvor; *~ daarna* tags darauf; *driemaal ~* dreimal täglich
¹daar *bw* da; *(richting)* dahin, dorthin; *(daarginds)* dort: *de toestanden ~ (ter plaatse)* die dortigen Verhältnisse; *hier en ~* hier und da; *tot ~ bis dahin*
²daar *vw* da, weil: *temeer, ~ …* umso mehr, als …
daaraan daran: *als ik ~ denk* wenn ich daran denke; *wat heb ik ~?* was habe ich davon?
daarachter dahinter
daarbij dabei, dazu: *~ komt nog* es kommt noch hinzu; *~ is hij nog dom* überdies ist er noch dumm
daarbinnen drinnen
daarboven oben, da oben, dort oben; darüber: *~ hebben we gewandeld* dort oben haben wir spaziert; *daar gaat niets boven* darüber geht nichts
daarbuiten (da) draußen: *laat mij ~!* lassen Sie mich aus dem Spiel!
daardoor dadurch
daarenboven überdies, außerdem
daarentegen dagegen, hingegen
daargelaten: *~, dat …* abgesehen davon, dass …
daarginds dort, drüben
daarheen dahin, dorthin
daarin darin; *(na ww met 4e naamval)* darein, dahinein: *ik schik mij ~* ich füge mich darein
daarlangs da vorbei, da entlang: *als u ~ komt* wenn Sie da vorbeikommen; *~ loopt een weg* eine Straße führt da entlang
daarmee damit
daarna danach, darauf: *kort ~* kurz darauf
daarnaar danach
daarnaast daneben
daarnet soeben, eben, vorhin
daarom darum, deshalb, aus diesem Grunde
daaromheen darum (herum)
daaromtrent darüber
daaronder darunter
daarop darauf; *(vervolgens)* darauf(hin)
daaropvolgend darauf folgend
daarover darüber
daartegen dagegen
daartegenover demgegenüber
daartoe dazu
daartussen dazwischen
daaruit daraus
daarvan davon: *wat zegt u ~* was sagen Sie dazu?; *wat denkt u ~?* was halten Sie davon?; *~ houd ik niet* das mag ich nicht
daarvandaan von dort (her)
daarvoor 1 dafür: *zal ik je straffen* dafür werde ich dich bestrafen; *~ ben ik niet bang* davor habe ich keine Angst **2** *(in plaats- en tijdsbepalingen)* davor **3** *(voor dat doel)* dazu
dadaïsme Dadaismus m^{19a}
dadel Dattel v^{21}
dadelijk sofort, sogleich, gleich
dader Täter m^9
daderes Täterin v^{22}
daderprofiel Täterprofil o^{29}
¹dag *zn* Tag m^5: *~ aan ~* Tag für Tag; *moed aan de ~ leggen* Mut zeigen; *bij ~* am Tage; *~ in ~ uit* tagaus, tagein; *het gaat met de ~ beter* es geht von Tag zu Tag aufwärts; *om de andere ~* jeden zweiten Tag; *zondag over acht ~en* Sonntag in acht Tagen; *met iets voor de ~ komen* mit^{+3} etwas herausrücken; *voor de ~ ermee!* heraus mit der Sprache!
²dag *tw* **1** *(afscheid)* (auf) Wiedersehen, tschüs, tschüss **2** *(begroeting)* (guten) Tag
dagafschrift Tagesauszug m^6
dagbehandeling ambulante Behandlung v^{20}
dagblad Zeitung v^{20}, Tageszeitung v^{20}
dagboek Tagebuch o^{32}: *een ~ (bij)houden* ein Tagebuch führen
dagdagelijks *(Belg)* tagtäglich, täglich
dagdienst Tagdienst m^5
dagdroom Tagtraum m^6, Wachtraum m^6
dagelijks täglich: *de ~e behoefte* der tägliche Bedarf; *het ~ brood* das tägliche Brot
¹dagen: *(jur) iem ~* jmdn vorladen^{196}
²dagen *(dag worden)* tagen
dagenlang tagelang
dageraad Tagesanbruch m^{19}
dagjesmensen Ausflügler *mv* m^9
dagkaart Tageskarte v^{21}
daglicht Tageslicht o^{39}: *(iets, iem) in een kwaad ~ stellen* (etwas, jmdn) schlecht machen
dagloon Tagelohn m^6
dagmenu Tagesmenü o^{36}
dagopleiding Ganztagsausbildung v^{20}
dagorde Tagesordnung v^{20}
dagorder Tagesbefehl m^5
dagploeg Tagschicht v^{20}
dagreis Tagesfahrt v^{20}
dagretour Tagesrückfahrkarte v^{21}
dagschool Tagesschule v^{21}
dagschotel Tagesmenü o^{36}
dagtaak Tagesarbeit v^{20}
dagtekenen datieren^{320}
dagtekening Datum o (2e nvl -s; mv Daten)

dagtocht Tagestour v^{20}
dagvaarden vor Gericht laden[196], vorladen[196]
dagvaarding Ladung v^{20}, Vorladung
dagverblijf *(vertrek)* Tagesraum m^6
dagvers täglich frisch
dahlia Dahlie v^{21}
dak Dach o^{32}; *(van auto, ook)* Verdeck o^{29}: *leien ~* Schieferdach; *pannen ~* Ziegeldach; *rieten ~* Rohrdach; *onder ~ brengen* unterbringen[139]; *(fig) onder ~ zijn* unter Dach und Fach sein[262]; *iem iets op zijn ~ schuiven* jmdm etwas aufhalsen
dakbedekking Dachdeckung v^{20}
dakdekker Dachdecker m^9
dakgoot Dachrinne v^{21}
dakkamer Dachkammer v^{21}, Mansarde v^{21}
dakloos obdachlos
dakloze Obdachlose(r) m^{40a}, v^{40b}
daklozenkrant Obdachlosenzeitung v^{20}
dakpan Dachziegel m^9; *(rond)* Dachpfanne v^{21}
dakterras Dachterrasse v^{21}
dal Tal o^{32}
dalen sich senken, sinken[266]: *de barometer daalt* das Barometer fällt; *de prijzen ~* die Preise sinken *(of:* fallen); *zijn stem laten ~* die Stimme senken; *het vliegtuig gaat ~* das Flugzeug setzt zur Landung an; *de weg daalt* die Straße fällt ab
daling Sinken o^{39}, Fallen o^{39}; *(luchtv) steile ~* Sturzflug m^6; *plotselinge (sterke) ~ van koersen, prijzen* Kurssturz m^6; Preissturz m^6; *~ van prijs* Preissenkung v^{20}; *zie ook* dalen
dam *(waterkering)* Damm m^6: *een ~ leggen* einen Damm bauen
¹**dam** *(damspel)* Dame v^{21}
damast Damast m^5
damasten damasten, Damast…
dambord Damebrett o^{31}
dame Dame v^{21}: *jonge ~* Fräulein o^{35}; *~s en heren!* meine Damen und Herren!
damesblad Frauenzeitschrift v^{20}, -magazin o^{29}
damesfiets Damenfahrrad o^{32}
dameskapsalon Damensalon m^{13}
damesmode Damenmode v^{21}
damesteam Damenmannschaft v^{20}
dammen Dame spielen
damp Dampf m^6, Dunst m^6; *(nat)* Dampf m^6
dampen dampfen
dampig *(nevelig)* dunstig
dampkap *(Belg)* Dunstabzugshaube v^{21}
dampkring Atmosphäre v^{21}
damschijf Damestein m^5
damspel Damespiel o^{29}
dan *bw* dann; *(eigenlijk, toch)* denn: *eerst jij en ~ ik* erst du und dann ich; *waarom ~?* warum denn?
dan *vw (behalve)* außer[+3]; *(na vergrotende trap)* als: *er was niemand ~ ik* außer mir war niemand da; *hij is kleiner ~ zij* er ist kleiner als sie; *zij is anders ~ haar zuster* sie ist anders als ihre Schwester
dance Dance m^{19a}
dancing Tanzdiele v^{21}, Tanzlokal o^{29}

danig tüchtig, ordentlich, gewaltig
dank Dank m^{19}: *geen ~!* keine Ursache! *(of:* gern geschehen!)
dankbaar dankbar
dankbaarheid Dankbarkeit v^{28}
dankbetuiging 1 Dankeswort o^{29}, Dankesbezeigung v^{20} **2** *(schriftelijk)* Dankschreiben o^{35}
danken danken[+3]: *iem voor iets ~* jmdm für[+4] etwas danken; *dank u zeer!* danke sehr! *(of:* danke schön!); *niet(s) te ~!* bitte! *(of:* keine Ursache!); *(aan)iem iets te ~ hebben* jmdm etwas verdanken
dankzeggen: *iem ~ voor* sich bei jmdm bedanken für[+4]
dankzij dank[+3, +2]: *~ een toeval* dank einem Zufall *(of:* eines Zufalls)
dans Tanz m^6: *een dame ten ~ vragen* eine Dame zum Tanz auffordern
dansen tanzen: *gaan ~* tanzen gehen; *naar iems pijpen ~* nach jmds Pfeife tanzen
danser Tänzer m^9
danseres Tänzerin v^{22}
dansgelegenheid Tanzlokal o^{29}
dansinstituut Tanzschule v^{21}
dansleraar Tanzlehrer m^9
dansles Tanzunterricht m^{19}, Tanzstunde v^{21}
dansorkest Tanzorchester o^{33}
dansvloer Tanzboden m^{12}
dapper tapfer; *zich ~ houden* sich gut halten[183]
dapperheid Tapferkeit v^{28}
dar Drohne v^{21}
darm Darm m^6: *dikke ~* Dickdarm; *dunne ~* Dünndarm
dartel munter, lustig, ausgelassen
dartelen tollen, sich tummeln
darts Darts o^{39a}, Dartspiel o^{29}
dartsbord Dartscheibe v^{21}, Dartboard o^{36}, Dart-Board o^{36}
¹**das 1** *(zelfbinder)* Krawatte v^{21}, Schlips m^5 **2** *(halsdoek)* Halstuch o^{32} || *dat doet hem de ~ om* das gibt ihm den Rest
²**das** *(dierk)* Dachs m^5
dashboard Armaturen-, Instrumentenbrett o^{31}
dasspeld Krawatten- v^{21}, Schlipsnadel v^{21}
¹**dat** *aanw vnw*[76] dieser, diese, dieses; der, die, das; jener, jene, jenes
²**dat** *betr vnw*[78] der, die, das; welcher, welche, welches: *het werk ~ zij verzet* die Arbeit, die sie leistet
³**dat** *vw* dass; *(na tijdsbepalingen meestal)* wo, da, als: *ik hoop ~ je komt* ich hoffe, dass du kommst; *op de dag ~ …* am Tage, wo *(of:* da, als) …
data Daten *(mv)*
databank, database Datenbank v^{20}
datacommunicatie Datenübertragung v^{20}
data-entry Dateneingabe v^{21}
dataprocessing Datenverarbeitung v^{20}
datatransmissie Datenübertragung v^{20}
date Date o^{36} *(2e nvl ook -)*
daten daten

dateren datieren[320]: *de brief is gedateerd 1 juli* der Brief ist vom 1. Juli datiert
datgene *aanw vnw*[76] dasjenige
datum Datum *o (2e nvl -s; mv* Daten*)*
dauw Tau *m*[19]: *voor dag en* ~ vor Tau und Tag; *(Belg) van de hemelse* ~ *leven* in den Tag hinein leben
dauwtrappen frühmorgens spazieren gehen[168]
daveren donnern; ~*d applaus* donnernder Beifall; *een* ~*d succes* ein riesiger Erfolg
davidster David(s)stern *m*[5]
dazen faseln, dummes Zeug reden
d.d. *afk van de dato* vom
de[66] der, die, das: *dit is dé modekleur* das ist die richtige Modefarbe
deadline äußerster Termin *m*[5], Stichtag *m*[5]
deal Deal *m*[13]
dealer 1 Vertragshändler *m*[9] 2 *(drugs)* Dealer *m*[9]
debat Debatte *v*[21]
debatteren debattieren[320]
debet Debet *o*[36], Sollseite *v*[21], Soll *o (2e nvl -(s); mv -(s)):* ~ *en credit* Debet und Kredit, Soll und Haben; *(fig) aan iets* ~ *zijn* an[+3] etwas schuld sein[262]
debiel debil
debiteren debitieren[320], belasten
debiteur Schuldner *m*[9], Debitor *m*[16]
debutant Debütant *m*[14]
debuteren debütieren[320]
debuut Debüt *o*[36]
decaan 1 *(van faculteit)* Dekan *m*[5] 2 *(van studenten en scholieren)* Studienberater *m*[9]
decadent dekadent
decadentie Dekadenz *v*[28]
decafé koffeinfreier Kaffee *m*[19]
decameter Dekameter *m*[9], *o*[33] *(afk* dam*)*
december Dezember *m*[9] *(2e nvl ook -): in* ~ im Dezember
decennium Jahrzehnt *o*[29]
decent dezent, anständig, schicklich
decentralisatie Dezentralisation *v*[20]
decentraliseren dezentralisieren[320]
decharge Entlastung *v*[20]: *getuige à* ~ Entlastungszeuge *m*[15]
decibel Dezibel *o*[33] *(afk* dB*)*
deciliter Deziliter *m*[9], *o*[33] *(afk* dl*)*
¹**decimaal** *zn* Dezimale *v*[21], Dezimalzahl *v*[20], Dezimalstelle *v*[21]: *een getal met 3 decimalen* eine dreistellige Dezimalzahl; *tot in 5 decimalen* auf 5 Dezimalstellen
²**decimaal** *bn* dezimal, Dezimal...
decimeter Dezimeter *m*[9], *o*[33] *(afk* dm*)*
declamatie Deklamation *v*[20]
declameren deklamieren[320], vortragen[288]
declaratie 1 Deklaration *v*[20] 2 *(van gemaakte onkosten)* Spesenrechnung *v*[20]
declareren 1 *(bij de douane)* deklarieren[320], verzollen 2 *(van gemaakte onkosten)* in Rechnung stellen

declasseren deklassieren[320]
decolleté Dekolleté *o*[36], Dekolletee *o*[36]
decor 1 Dekor *m*[5], *m*[13], *o*[29], *o*[36] 2 *(toneel)* Bühnenausstattung *v*[20], Requisiten *mv o*[37]
decoratie 1 *(versiering)* Dekoration *v*[20] 2 *(ridderorde)* Dekoration *v*[20], Orden *m*[11]
decoreren dekorieren[320]
decoupeerzaag Stichsäge *v*[21]
decreet Dekret *o*[29], Erlass *m*[5]
decreteren dekretieren[320], verordnen
deeg Teig *m*[5]
deegwaren Teigwaren *mv v*[21], Nudeln *mv v*[21]
deel 1 *(gedeelte)* Teil *m*[5]: ~ *aan iets hebben* an[+3] etwas beteiligt sein[262]; *in genen dele* keineswegs; *ten dele* zum Teil; *ten* ~ *vallen* zuteil werden[310]; *voor een* ~ zum Teil; *voor het grootste* ~ zum größten Teil 2 *(aandeel)* Anteil *m*[5] 3 *(boekdeel)* Band *m*[6]
deelachtig teilhaftig
deelbaar teilbar
deelbetrekking Teilzeitbeschäftigung *v*[20]
deelgenoot Teilhaber *m*[9]: *iem* ~ *maken van een geheim* jmdm ein Geheimnis anvertrauen
deelname Beteiligung *v*[20] (an[+3]), Teilnahme *v*[21] (an[+3])
deelnemen sich beteiligen (an[+3]), teilnehmen[212] (an[+3])
deelnemer Teilnehmer *m*[9], Beteiligte(r) *m*[40a], *v*[40b]
deelneming 1 *(het meedoen aan)* Beteiligung *v*[20] (an[+3]) 2 *(medeleven)* Anteilnahme *v*[21]: *iem zijn* ~ *betuigen* jmdm seine Teilnahme bekunden
deelregering *(Belg)* Regionalregierung *v*[20]
deels teils, teilweise, zum Teil
deelsom Teilungsaufgabe *v*[21], Divisionsaufgabe *v*[21]
deelstaat *(Dui, Oostenr)* Bundesland *o*[32]
deelteken 1 *(trema)* Trema *o*[36] 2 *(rekenen)* Divisionszeichen *o*[35]
deeltijdonderwijs Teilzeitunterricht *m*[19]
deelwoord Partizip *o (2e nvl -s; mv* Partizipien*)*
deemoed Demut *v*[28]
deemoedig demütig
Deen Däne *m*[15]
Deens dänisch
deerlijk jämmerlich, kläglich: *zich* ~ *vergissen* sich gewaltig irren
deerniswekkend erbärmlich
de facto de facto, tatsächlich
¹**defect** *zn* Defekt *m*[5]
²**defect** *bn* defekt, schadhaft
defensie Verteidigung *v*[20], Abwehr *v*[28]
¹**defensief** *zn* Defensive *v*[21]: *in het* ~ *zijn* sich in der Defensive befinden[157]
²**defensief** *bn, bw* defensiv
defilé Defilee *o*[38], Parade *v*[21]
defileren defilieren[320]
definiëren definieren[320]
definitie Definition *v*[20]
definitief definitiv, endgültig

deftig vornehm: *van ~e familie* aus vornehmer Familie
degelijk 1 *(gedegen)* gediegen, solide **2** *(betrouwbaar)* zuverlässig || *ik heb het wel ~ gezien* ich habe es durchaus gesehen
degen Degen m^{11}
degene *aanw vnw* der-, die-, dasjenige
degeneratie Degeneration v^{20}, Entartung v^{20}
degenereren degenerieren^{320}, entarten
degradatie Degradation v^{20}, Degradierung v^{20} **2** *(sp)* Abstieg m^5
degradatiewedstrijd Abstiegsspiel o^{29}
degraderen 1 degradieren^{320} **2** *(sp)* absteigen^{281}
deinen schaukeln, wogen, sich wiegen
deining 1 *(scheepv)* Wellengang m^{19}, Dünung v^{20} **2** *(licht golvende beweging)* Wiegen o^{39} || *veel ~ veroorzaken* hohe Wellen schlagen^{241}
dek 1 Deck o^{36}, o^{29}: *alle hens aan ~!* alle Mann an Deck!; *aan ~* an Deck **2** *(bedekking)* Decke v^{21}
dekbed Deckbett o^{37}, Oberbett, Federbett
deken *(dek)* Decke v^{21}, Bettdecke
deken *(r-k)* Dechant m^{14}, Dekan m^5
dekenkist Truhe v^{21}
dekhengst Deckhengst m^5, Zuchthengst m^5
dekken decken
dekking Deckung v^{20}
dekkleed Decke v^{21}
dekmantel *(ook fig)* Deckmantel m^{19}
dekschaal Schüssel v^{21} mit Deckel, Terrine v^{21}
deksel Deckel m^9
dekzeil Plane v^{21}
delegatie Delegation v^{20}
delegeren delegieren^{320}, abordnen
delen 1 teilen: *in iems verdriet ~* an jmds Kummer^3 teilnehmen^{212}; *in het verlies, in de winst ~* am Verlust, am Gewinn beteiligt sein^{262} **2** *(rekenen)* teilen, dividieren^{320}
delfstof Mineral o^{29}
delgen tilgen
delicaat 1 *(lekker)* delikat, köstlich, lecker **2** *(kiesheid vereisend)* delikat, heikel
delicatesse Delikatesse v^{21}, Leckerbissen m^{11}
delict Delikt o^{29}, Straftat v^{20}
deling Teilung v^{20}
delinquent Delinquent m^{14}, Verbrecher m^9
delirium Delirium *o (2e nvl -s; mv Delirien)*
delta Delta o^{36}
deltavliegen Drachenfliegen o^{39}
deltavlieger Drachenflieger m^9
delven 1 *(graven, spitten)* graben^{180} **2** *(opdelven)* fördern: *goud ~* nach Gold graben; *kolen ~* Kohle fördern
demagogie Demagogie v^{28}
demagogisch demagogisch
demagoog Demagoge m^{15}
demarreren ausreißen^{220}
dement senil
dementeren *intr (geestelijk aftakelen)* senil werden^{310}

²**dementeren** *tr (ontkennen)* dementieren^{320}
demilitariseren entmilitarisieren^{320}
demissionair zurückgetreten, demissioniert
democraat Demokrat m^{14}
democratie Demokratie v^{21}
democratisch demokratisch
democratiseren demokratisieren^{320}
democratisering Demokratisierung v^{20}
demon Teufel m^9, Dämon m^{16}
demonisch dämonisch
demoniseren dämonisieren^{320}
demonstrant Demonstrant m^{14}
demonstratie Demonstration v^{20}
demonstratief demonstrativ
demonstreren demonstrieren^{320}
demontage Demontage v^{21}, Abbau m^{19}
demonteren demontieren^{320}
demoraliseren demoralisieren^{320}
demotiveren demotivieren^{320}
dempen 1 *(een sloot)* zuschütten **2** *(een oproer)* unterdrücken **3** *(een geluid)* dämpfen
demper Sordine v^{21}, Dämpfer m^9
den Kiefer v^{21}; *grove ~* Föhre v^{21}
denderen dröhnen, donnern
denderend *(geweldig)* großartig, toll
Denemarken Dänemark o^{39}
denigrerend abschätzig, geringschätzig
denkbaar denkbar
denkbeeld 1 *(gedachtebeeld)* Idee v^{21}, Gedanke m^{18} **2** *(begrip, voorstelling)* Begriff m^5, Vorstellung v^{20} **3** *(opvatting)* Auffassung v^{20}
denkbeeldig imaginär, nicht real
¹**denken** *zn* Denken o^{39}
²**denken** *ww* denken^{140}: *wat denkt u daarvan?* was halten Sie davon?; *wat denkt u wel?* wo denken Sie hin?; *zou je ~?* meinst du?; *aan iem ~* an jmdn denken; *dat doet me aan mijn jeugd ~* das erinnert mich an meine Jugend
denker Denker m^9
denkfout Denkfehler m^9
denkpiste *(Belg)* Gedankengang m^6
denktank Thinktank m^{13}, Think-Tank m^{13}
denkvermogen Denkvermögen o^{39}
denkwijze Denkart v^{20}, Denkweise v^{21}
dennenappel Kiefernzapfen m^{11}, Tannenzapfen m^{11}
deodorant Deodorant o^{29}, o^{36}, Deo o^{36}
depanneren *(Belg)* **1** *(repareren)* reparieren^{320} **2** *(vooruithelpen)* weiterhelfen^{188+3}
departement 1 Ministerium *o (2e nvl -s; mv -rien)* **2** *(in Frankrijk)* Departement o^{36}
dependance Nebengebäude o^{33}
deponeren 1 *(in bewaring geven)* deponieren^{320}, hinterlegen **2** *(van merk)* eintragen lassen^{197}: *wettig gedeponeerd* gesetzlich geschützt
deportatie Deportation v^{20}, Deportierung v^{20}
deporteren deportieren^{320}
deposito Depositum *o (2e nvl -s; mv Depositen)*
depot Depot o^{36}

deppen abtupfen
depressie 1 Depression v^{20} **2** *(weerk)* Tief o^{36}
depressief, depri depressiv, niedergeschlagen
deprimeren deprimieren^{320}
deputatie Deputation v^{20}, Abordnung v^{20}
derby Derby o *(2e nvl -(s); mv -s)*
¹**derde** *zn* **1** *(derde deel)* Drittel o^{33} **2** *(buitenstaander)* Dritte(r) m^{40a}, v^{40b}
²**derde** *telw* dritte: *(sp) hij werd ~* er wurde Dritter; *ten ~* drittens
derdegraadsverbranding Verbrennung v^{20} dritten Grades
derderangs dritten Ranges, drittklassig
derdewereldland Dritte-Welt-Land o^{32}; *(Zwits)* Drittweltland o^{32}
dereguleren deregulieren^{320}
deregulering Deregulierung v^{20}
deren schaden^{+3}: *dat deert hem niet* das schadet ihm nicht; *niets kan hem ~* nichts kann ihm etwas anhaben
dergelijk derartig, solch
dergelijks: *iets ~* etwas Derartiges
derhalve folglich, deshalb, deswegen
derivaat Derivat o^{29}
dermate dermaßen, derart
dermatoloog Dermatologe m^{15}, Hautarzt m^6
dertien dreizehn
dertig dreißig
derven entbehren; *(mislopen)* entgehen^{168}
derving Ausfall m^6: *~ van inkomsten* Verdienstausfall m^6
des *bw*: *~ te* umso, desto; *~ te beter* umso *(of: desto)* besser
desalniettemin dennoch, dessen ungeachtet
desastreus katastrophal, verheerend
desbetreffend diesbezüglich, einschlägig, betreffend
deserteren desertieren^{320}
deserteur Deserteur m^5
desertie Desertion v^{20}
desgewenst auf Wunsch, auf Verlangen
design Design o^{36}
designer Designer m^9
desillusie Desillusion v^{20}, Enttäuschung v^{20}
desinfecteren desinfizieren^{320}
desinfectie Desinfektion v^{20}, Desinfizierung v^{20}
desintegratie Desintegration v^{20}
desktop Desktop m^{13}, Desktopcomputer m^9, Bürocomputer m^9
deskundig sachverständig, sachkundig
deskundige Sachverständige(r) m^{40a}, v^{40b}
desnoods nötigenfalls, wenn nötig
desondanks trotzdem, dennoch
desorganisatie Desorganisation v^{20}
despoot Despot m^{14}, Tyrann m^{14}
despotisme Despotismus m^{19a}
dessert Dessert o^{36}, Nachtisch m^5
dessin Dessin o^{36}, Muster o^{33}
destijds damals, seinerzeit

destructie Destruktion v^{20}, Zerstörung v^{20}
destructief destruktiv, zerstörend
desverlangd auf Wunsch
detachement Truppenabteilung v^{20}
detacheren stationieren; *(mil)* abkommandieren^{320}, abstellen
detail Detail o^{36}, Einzelheit v^{20}
detailhandel Einzelhandel m^{19}, Kleinhandel m^{19}
detailhandelaar Einzelhändler m^9
detective 1 Detektiv m^5 **2** *(roman)* Krimi m^{13}
detectiveroman Krimi m^{13}, Kriminalroman m^5
detector Detektor m^{16}
determinatie Determination v^{20}
determineren determinieren^{320}, bestimmen
deugd Tugend v^{20}: *dat doet me ~* das freut mich
deugdelijk 1 solide, ordentlich **2** *(van argument, bewijs)* überzeugend, stichhaltig
deugdelijkheid 1 Solidität v^{28}, Gediegenheit v^{28} **2** *(van argument, bewijs)* Stichhaltigkeit v^{28}
deugdzaam tugendhaft
deugdzaamheid Tugendhaftigkeit v^{28}
deugen taugen: *hij deugt niet voor leraar* er taugt nicht zum Lehrer
deugniet Schlingel m^9, Racker m^9
deuk Beule v^{21}, Delle v^{21}
deuken verbeulen; *(fig)* erschüttern
deun Weise v^{21}
deuntje: *altijd hetzelfde ~* immer das alte Lied
deur Tür v^{20}; *(van sluis)* Tor o^{29}: *zitting achter gesloten ~en* Sitzung hinter verschlossenen Türen; *open ~en intrappen* offene Türen einrennen^{222}
deurbel Türklingel v^{21}
deurknop Türgriff m^5
deuropening Türöffnung v^{20}, Tür v^{20}
deurpost Türpfosten m^{11}
deurwaarder Gerichtsvollzieher m^9
devaluatie Abwertung v^{20}
¹**devalueren** *intr* an Wert verlieren^{300}
²**devalueren** *tr* abwerten
devies 1 *(zinspreuk)* Devise v^{21} **2** *(handel) (deviezen)* Devisen *mv*
deviezenverkeer Devisenverkehr m^{19}
deze *aanw vnw*^{76} dieser, diese, dieses: *bij ~ informeren wij u* hiermit informieren wir Sie; *de 11e ~r* den *(of:* am*)* 11. dieses Monats
dezelfde *aanw vnw* der-, die-, dasselbe: *hij is altijd ~* er ist immer derselbe
dia Dia o^{36}, Diapositiv o^{29}
diabetes Diabetes m^{19a}
diabeticus Diabetiker m^9
diaconie Diakonie v^{28}
diadeem Diadem o^{29}
diafragma Diaphragma o *(2e nvl -s; mv -men)*; *(foto)* Blende v^{21}
diagnose Diagnose v^{21}
¹**diagonaal** *zn* Diagonale v^{21}
²**diagonaal** *bn* diagonal
diagram Diagramm o^{29}
diaken Diakon m^5, m^{14}

dialect Dialekt *m*⁵, Mundart *v*²⁰
dialectisch dialektisch
dialoog Dialog *m*⁵, Zwiegespräch *o*²⁹
diamant Diamant *m*¹⁴
diamanten diamanten, Diamant…
diamantslijper Diamantschleifer *m*⁹
diameter Diameter *m*⁹, Durchmesser *m*⁹
diametraal diametral
diaprojector Diaprojektor *m*¹⁶
diarree Durchfall *m*⁶
dicht 1 *(nauw aaneengesloten)* dicht: ~ *op elkaar* dicht gedrängt **2** *(niet lek)* dicht **3** *(gesloten)* geschlossen **4** *(nabij)* dicht: ~ *bij het gemeentehuis* in der Nähe des Rathauses
dichtbij nah⁶⁰: *hij woont hier* ~ er wohnt hier in der Nähe; *van* ~ aus der Nähe
dichtbinden zubinden¹³¹
dichtbundel Gedichtsammlung *v*²⁰
dichtdoen schließen²⁴⁵, zumachen
dichtdraaien zudrehen, abdrehen
dichten 1 *(dichtmaken)* (ab)dichten **2** *(verzen maken)* dichten
dichter Dichter *m*⁹, Poet *m*¹⁴
dichterlijk dichterisch, poetisch
dichtgooien zuwerfen³¹¹; *(een deur)* zuschlagen²⁴¹
dichtheid Dichte *v*²⁸
dichting Dichtung *v*²⁰
dichtklappen zuklappen
dichtknijpen zukneifen¹⁹², zudrücken
dichtkunst Dichtkunst *v*²⁵, Poesie *v*²⁸
dichtmaken zumachen
dichtplakken zukleben
dichtslaan zuschlagen²⁴¹, zuschmeißen²⁴⁷
dichtslibben verschlammen, verschlicken
dichtspijkeren zunageln
dichtstoppen zustopfen
dichtvorm Gedichtform *v*²⁰
dichtvouwen zusammenfalten
dichtvriezen zufrieren¹⁶³
dichtwerk Dichtung *v*²⁰
dictaat Diktat *o*²⁹
dictaatcahier Kollegheft *o*²⁹
dictator Diktator *m*¹⁶
dictatuur Diktatur *v*²⁰
dictee Diktat *o*²⁹
dicteren diktieren³²⁰
dictie Diktion *v*²⁰, Sprechweise *v*²¹
didacticus Didaktiker *m*⁹
didactiek Didaktik *v*²⁸
didactisch didaktisch
die *aanw vnw*⁷⁶ der, die, das; *(dichtbij)* dieser, diese, dieses; *(veraf)* jener, jene, jenes: *niet deze maar* ~ nicht dieser, sondern jener
die *betr vnw*⁷⁸ der, die, das; welcher, welche, welches
dieet Diät *v*²⁰, Schonkost *v*²⁸
dief Dieb *m*⁵
diefachtig diebisch

diefstal Diebstahl *m*⁶
diegene *aanw vnw* der-, die-, dasjenige
dienaangaande diesbezüglich
dienaar Diener *m*⁹
dienblad Tablett *o*²⁹
¹**dienen** *intr* **1** *(in dienst zijn)* dienen: *hij dient* er ist Soldat **2** *(bestemd voor)* dienen: *dat dient als voorwendsel* das dient als *(of:* zum) Vorwand; *dat dient nergens toe* das hat keinen Zweck **3** *(behoren)* sollen²⁶⁹, müssen²¹¹: *kinderen ~ iets te leren* Kinder sollen *(of:* müssen) etwas lernen ‖ *(jur)* *de zaak dient morgen* die Sache kommt morgen vor Gericht
²**dienen** *tr (nuttig zijn)* nützen⁺³; dienen⁺³: *deze gegevens kunnen ons wel* ~ diese Angaben könnten uns³ nützen; *waarmee kan ik u ~?* womit kann ich (Ihnen) dienen?
dienovereenkomstig (dem)entsprechend
dienst 1 Dienst *m*⁵: *ik heb* ~ ich habe Dienst; *bij iem in* ~ *zijn* in jmds Dienst(en) stehen²⁷⁹; *in jmds Dienst(en) sein*²⁶²; *in* ~ *van de wetenschap* im Dienst der Wissenschaft; *onder* ~ *zijn* seine Wehrpflicht ableisten **2** *(als aanduiding) (op bureau)* Dienststelle *v*²¹; *(op deur)* Dienstraum *m*⁶ **3** *(betrekking)* Stellung *v*²⁰, Stelle *v*²¹: *in* ~ *treden* eine Stelle antreten²⁹¹ **4** *(in de kerk)* Gottesdienst *m*⁵
dienstauto Dienstwagen *m*¹¹
dienstbaar dienstbar
dienstdoen (met *als*) dienen als
dienstdoend Dienst habend
dienster Serviererin *v*²², Kellnerin *v*²²
dienstgeheim Dienstgeheimnis *o*²⁹ᵃ
dienstig dienlich, nützlich
dienstjaar Dienstjahr *o*²⁹
dienstmeisje Dienstmädchen *o*³⁵
dienstorder Dienstanweisung *v*²⁰
dienstplicht Wehrpflicht *v*²⁸
dienstplichtig wehrpflichtig
dienstregeling Fahrplan *m*⁶; *(spoorboekje)* Kursbuch *o*³²
diensttijd Dienstzeit *v*²⁰
dienstverlenend: ~ *bedrijf* Dienstleistungsbetrieb *m*⁵; *~e sector* Dienstleistungssektor *m*¹⁶
dienstweigeraar Wehrdienstverweigerer *m*⁹
dientengevolge dadurch, demzufolge
¹**diep** *zn (kanaal)* Kanal *m*⁶
²**diep** *bn, bw* tief: *een* ~ *bord* ein tiefer Teller; *tot* ~ *in de nacht* bis tief in die Nacht hinein; *uit het ~st van mijn hart* aus tiefstem Herzen
diepgaand tief gehend, eingehend, gründlich
diepgang Tiefgang *m*¹⁹
diepliggend tief liegend
diepte *(ook fig)* Tiefe *v*²¹
diepvries (diepvriezer) Tiefkühlschrank *m*⁶, Tiefkühltruhe *v*²¹: *artikelen uit de* ~ Tiefgekühlte(s) *o*⁴⁰ᶜ; Tiefkühlkost *v*²⁸
diepvrieskast Tiefkühlschrank *m*⁶
diepvrieskist Tiefkühltruhe *v*²¹

diepzee

diepzee Tiefsee v^{21}
diepzinnig tiefsinnig
diepzinnigheid Tiefsinn m^{19}
dier Tier o^{29}: *van ~en houden* tierlieb sein[262]
dierbaar teuer, lieb, wert
dierenambulance 1 *(dienst)* Tierrettungsdienst m^5 **2** *(voertuig)* Tierrettungswagen m^{11}
dierenarts Tierarzt m^6
dierenasiel Tierasyl o^{29}, Tierheim o^{29}
dierenbescherming Tierschutz m^{19}
dierenbeul Tierquäler m^9
dierenmishandeling Tierquälerei v^{20}
dierentemmer Tierbändiger m^9
dierentuin Tiergarten m^{12}, Zoo m^{13}
dierkunde Zoologie v^{28}, Tierkunde v^{28}
dierlijk tierisch, animalisch
diersoort Tierart v^{20}
dies: *en wat ~ meer zij* und dergleichen mehr
dieselmotor Dieselmotor m^{16}, m^5
dieselolie Dieselöl o^{29}
diëtist Diätist m^{14}, Diätassistent m^{14}
dievegge Diebin v^{22}
dievenbende Diebesbande v^{21}, Gaunerbande v^{21}
differentiaal Differenzial o^{29}, Differential o^{29}
differentiaalrekening Differenzialrechnung v^{20}, Differentialrechnung v^{20}
differentiatie Differenzierung v^{20}
¹differentieel *zn (techn)* Differenzial o^{29}, Differential o^{29}
²differentieel *bn* differenziell, differentiell
diffusie Diffusion v^{28}
diffuus diffus
difterie Diphtherie v^{21}
diggel: *aan ~en vallen* in Scherben gehen[168]
digibeet Computerlaie m^{15}
digitaal digital: *digitale klok* Digitaluhr v^{20}; *digitale camera* Digitalkamera v^{27}; *digitale computer* Digitalrechner m^9; *digitale techniek* Digitaltechnik v^{28}; *digitale televisie* Digitalfernsehen o^{39}
dij Oberschenkel m^9, Schenkel m^9
dijk Deich m^5: *iem aan de ~ zetten* jmdn in die Wüste schicken
dijkbreuk Deichbruch m^6
¹dik *zn (bezinksel)* Bodensatz m^6, Satz m^6: *door ~ en dun* durch dick und dünn
²dik *bn, bw* dick; *(dicht)* dicht: *~ke mist* dicker (*of:* dichter) Nebel; *~ke ogen (van het huilen)* geschwollene Augen; *~ bevriend* eng befreundet; *~ tevreden* überaus zufrieden; *een ~ uur* eine gute Stunde; *zich ~ maken* sich aufregen; *het is ~ in orde* es ist alles in bester Ordnung
dikdoener Dicktuer m^9, Wichtigtuer m^9
dikdoenerij Dicktuerei v^{28}, Wichtigtuerei v^{28}
dikhuidig dickhäutig; *(fig)* dickfellig
dikkerd Dicke(r) m^{40a}, v^{40b}, Pummel m^9
dikoor Mumps m^{19a}
dikte 1 *(dikheid, ook van saus)* Dicke v^{21} **2** *(afmeting)* Stärke v^{21}: *de ~ van een plank* die Stärke eines Brettes **3** *(van mensen)* Dicke v^{28}, Korpulenz v^{28}

dikwijls oft, häufig, oftmals
dikzak Dicke(r) m^{40a}, v^{40b}, Dickerchen o^{35}
dilemma Dilemma o^{36}
dilettant Dilettant m^{14}, Liebhaber m^9
dilettantisme Dilettantismus m^{19a}
diligence Diligence v^{21}
dimensie Dimension v^{20}
dimlicht Abblendlicht o^{31}
dimmen abblenden
diner Diner o^{36}, Festessen o^{35}
dineren dinieren[320], speisen
ding Ding o^{29}, Sache v^{21}, Gegenstand m^6
dingen sich bewerben[309] um[+4]: *naar een betrekking ~* sich um eine Stelle bewerben; *naar de hand van een meisje ~* um ein Mädchen werben[309]
dinsdag Dienstag m^5: *op ~* am Dienstag
dinsdags am Dienstag, dienstags
diploma 1 *(universitair e.d.)* Diplom o^{29} **2** *(van school)* Zeugnis o^{29a} **3** *(scheepv)* Patent o^{29}
diplomaat Diplomat m^{14}
diplomatie Diplomatie v^{28}
diplomatiek, diplomatisch diplomatisch
diplomeren: *iem ~* jmdn diplomieren[320]
direct 1 *(rechtstreeks)* direkt, unmittelbar **2** *(dadelijk)* gleich, sofort: *~e maatregel* Sofortmaßnahme v^{21}
directbank Direktbank v^{20}
directeur 1 *(van bedrijf)* Direktor m^{16} **2** *(bij het basisonderwijs)* Rektor m^{16}
directeur-generaal Generaldirektor m^{16}
directie Direktion v^{20}, Vorstand m^6, Leitung v^{20}
directielid Vorstand m^6, Vorstandsmitglied o^{31}
directiesecretaresse Direktionssekretärin v^{22}
directrice Direktorin v^{22}, Rektorin v^{22}; *zie ook* directeur
dirigeerstok Taktstock m^6, Dirigierstab m^6
dirigent Dirigent m^{14}
dirigeren dirigieren[320], leiten
dis Tisch m^5; *(deftig)* Tafel v^{21}
discipel Jünger m^9: *~ van Jezus* Jünger Jesu
disciplinair disziplinarisch: *~e straf* Disziplinarstrafe v^{21}
discipline Disziplin v^{28}, Zucht v^{28}
disciplineren disziplinieren[320]
discman tragbarer CD-Player m^9 mit Kopfhörer
disco Disko v^{27}, Diskothek v^{20}
discomuziek Diskomusik v^{28}
disconto Diskont m^5; *(het percentage)* Diskontsatz m^6: *het ~ verhogen* den Diskontsatz erhöhen
discotheek Diskothek v^{20}, Disko v^{27}
discountzaak Discountladen m^{12}, Discountgeschäft o^{29}
discreet diskret
discretie Diskretion v^{20}, Takt m^{19}
discriminatie Diskriminierung v^{20}
discrimineren diskriminieren[320]
discus Diskus *m (2e nvl - of -ses; mv Disken of -se)*
discussie Diskussion v^{20}: *ter ~ stellen* zur Diskussion stellen

discussiëren diskutieren[320]
discuswerper Diskuswerfer *m*[9]
discutabel diskutabel
disk Diskette *v*[21], Floppydisk *v*[27], Floppy Disk *v*[27]
diskdrive 1 *(in mainframe)* Plattenlaufwerk *o*[29] **2** *(in pc)* Diskettenlaufwerk *o*[29]
diskette Diskette *v*[21]
diskjockey Diskjockey *m*[13], Plattenjockey *m*[13]
diskrediet Diskredit *m*[19], Misskredit *m*[19]: *iem in ~ brengen* jmdn in[+4] Diskredit *(of:* in Verruf) bringen[139]
diskwalificatie Disqualifizierung *v*[20]
diskwalificeren disqualifizieren[320]
dispensatie Dispensation *v*[20], Dispensierung *v*[20]
display *(beeldscherm)* Display *o*[36], Monitor *m*[16]
disponeren disponieren[320], verfügen: *over een tegoed ~* über ein Guthaben verfügen
disponibel disponibel, verfügbar
dissen dissen
dissertatie Dissertation *v*[20], Doktorarbeit *v*[20]
dissident Dissident *m*[14]
dissonant Dissonanz *v*[20]
distantie Distanz *v*[20], Entfernung *v*[20]
distantiëren, zich sich distanzieren[320]
distel Distel *v*[21]
distillatie Destillation *v*[20]
distilleren destillieren[320]
distribueren distribuieren[320], verteilen; *(van stroom)* durchleiten
distributie 1 *(verspreiding)* Distribution *v*[20], Verteilung *v*[20] **2** *(rantsoenering)* Zuteilung *v*[20]
district Bezirk *m*[5]; *(groep gemeenten)* Kreis *m*[5]
districtsbestuur Bezirks-, Kreisbehörde *v*[21]
dit *aanw vnw*[76] dieser, diese, dieses: *~ en dat* dieses und jenes; *~ alles* dies(es) alles
ditmaal diesmal, dieses Mal
diva Diva *v*[27] *(mv ook Diven)*
Divali Diwali *o*[39a], Divali *o*[39a]
divers verschieden, divers
diversen Allerlei *o*[39], Vermischte(s) *o*[40c]
dividend Dividende *v*[21], Gewinnanteil *m*[5]
divisie 1 *(mil)* Division *v*[20] **2** *(sp)* Liga *v* *(mv Ligen)*
divisiecommandant Divisionskommandeur *m*[5]
dizzy benommen, schwindlig
djembé Djembe *v*[21]
dm *afk van decimeter* Dezimeter *m*[9], *o*[33] *(afk* dm)
d.m.v. *afk van door middel van* mittels[+2], durch[+4]
DNA *afk van desoxyribonucleic acid* Desoxyribonukleinsäure *(afk* DNS *v*[28], DNA *v*[28])
dobbelaar Würfelspieler *m*[9], Würfler *m*[9]
dobbelen würfeln
dobbelspel Würfelspiel *o*[29]
dobbelsteen Würfel *m*[9]
dobber *(drijver)* Schwimmer *m*[9]
dobberen schaukeln
dobermannpincher Dobermannpinscher *m*[9]
docent Lehrer *m*[9], Dozent *m*[14]; *(bij het vwo)* Gymnasiallehrer; *(aan universiteit)* Dozent *m*[14]
doceren lehren, unterrichten

doch aber, jedoch
dochter Tochter *v*[26]
dochtermaatschappij Tochtergesellschaft *v*[20]
doctor Doktor *m*[16] *(afk* Dr.)
doctoraal: *~ examen* Staatsexamen *o*[35]
doctorandus Akademiker *m*[9]
doctrinair doktrinär
doctrine Doktrin *v*[20]
document Dokument *o*[29]
documentair dokumentarisch
documentaire 1 *(film)* Dokumentarfilm *m*[5] **2** *(verslag)* Dokumentarbericht *m*[5]
documentatie Dokumentation *v*[20]; *(informatiemateriaal)* Informationsmaterial *o* (2e nvl -s; mv -ien)
documenteren dokumentieren[320]
dode 1 Tote(r) *m*[40a], *v*[40b] **2** *(slachtoffer)* Todesopfer *o*[33]
dodehoekspiegel Weitwinkelspiegel *m*[9]
dodelijk tödlich
doden töten: *de tijd ~* die Zeit totschlagen[241]
dodenherdenking Totenfeier *v*[21], Totenehrung *o*[33]
doedelzak Dudelsack *m*[6], Sackpfeife *v*[21]
doe-het-zelfzaak Heimwerkergeschäft *o*[29], Baumarkt *m*[6]
doe-het-zelver Heimwerker *m*[9]
doek *het* **1** *(stofnaam)* Tuch *o*[29] **2** *(stuk linnen)* Leinwand *v*[25] **3** *(schilderij)* Gemälde *o*[33] **4** *(theat)* Vorhang *m*[6]: *een open ~je krijgen* Beifall auf offener Bühne bekommen[193]
doel 1 *(eindpunt, mikpunt)* Ziel *o*[29]: *zijn ~ bereiken* sein Ziel erreichen; *zich een ~ stellen* sich[3] ein Ziel setzen **2** *(doeleinde, bedoeling)* Zweck *m*[5]: *met dat ~* zu diesem Zweck **3** *(streven)* Absicht *v*[20]: *met het ~ om winst te maken* mit[+3] der Absicht, Gewinn zu erzielen **4** *(sp)* Tor *o*[29]
doelbewust zielbewusst
doeleinde Zweck *m*[5], Absicht *v*[20]
doelen *(met op)* zielen auf[+4]
doelgebied *(sp)* Torraum *m*[6]
doelgericht gezielt; *(vastberaden)* zielstrebig
doelgroep Zielgruppe *v*[21]
doellijn Torlinie *v*[21]
doelloos 1 ziellos **2** *(nutteloos)* zwecklos
doelman Torwart *m*[5], Torhüter *m*[9]
doelmatig zweckmäßig
doelpaal Torpfosten *m*[11]
doelpunt Tor *o*[29], Treffer *m*[9]: *een ~ maken* ein Tor schießen[238]
doelsaldo Tordifferenz *v*[20]
doelschop Abstoß *m*[6]
doelschot Torschuss *m*[6]
doelstelling Zielsetzung *v*[20], Ziel *o*[29], Zielvorgabe *v*[21]
doeltreffend wirksam, effektiv
doelwit Ziel *o*[29]; *(mikpunt)* Zielscheibe *v*[21]
doemen verurteilen, verdammen; *zie ook* gedoemd

doemscenario Horrorszenario o^{36}, Untergangsszenario o^{36}

¹doen *zn* Tun o^{39}: *dat is geen manier van ~* das ist doch keine Art; *in goeden ~ zijn* wohlhabend sein^{262}; *het ~ en laten* das Tun und Lassen; *voor hun ~ wonen ze daar mooi* sie wohnen dort schön für ihre Verhältnisse

²doen *ww* **1** *(algem)* tun^{295}, machen: *vriendelijk ~* freundlich tun; *wat ga je morgen ~?* was hast du morgen vor?; *dat doet me vrezen, dat ...* das lässt mich befürchten, dass ...; *hij doet, alsof ...* er tut, als ob ...; *een postzegel ~ op* eine Briefmarke kleben auf^{+4}; *wat doet het er toe?* was tut das zur Sache? **2** *(uitrichten)* machen: *er is niets aan te ~* da ist nichts zu machen **3** *(in combinatie met een zn als omschrijving van het desbetreffende ww)* machen: *examen ~* ein Examen machen; *een poging ~* einen Versuch machen; *iem verdriet ~* jmdm Kummer machen **4** *(teweegbrengen, in combinatie met een onbepaalde wijs)* machen: *iem iets ~ geloven* jmdn etwas glauben machen; *iem ~ huilen* jmdn weinen machen **5** *(doen aan)* pflegen, treiben^{290}: *aan muziek ~* Musik pflegen (*of:* treiben); *aan sport ~* Sport treiben; *de radio doet het niet* das Radio ist defekt; *de kamer ~* das Zimmer sauber machen; *ik heb met hem te ~* er dauert mich **doende** beschäftigt: *ermee ~ zijn* damit beschäftigt sein^{262}; *wij zijn juist ~ een club op te richten* wir sind gerade dabei, einen Verein zu gründen

doenlijk möglich, ausführbar

doetje **1** *(vrouw)* Suse v^{21} **2** *(man)* Trottel m^9

doevakantie Aktivurlaub m^5

dof 1 matt **2** *(mbt klank)* dumpf

doffer Tauber m^9, Tauberich m^5

dog Dogge v^{21}: *Duitse ~* Deutsche Dogge

dogma Dogma o *(2e nvl -s; mv Dogmen)*

dogmatisch dogmatisch

dok *(scheepv)* Dock o^{36}, *soms* o^{29}

doka Dunkelkammer v^{21}

dokken *(betalen)* blechen

dokter Arzt m^6: *vrouwelijke ~* Ärztin v^{22}

dokteren: *aan iets ~* an^{+3} etwas herumdoktern

doktersassistente Arzthelferin v^{22}

doktersattest ärztliches Attest o^{29}

¹dol *zn (scheepv)* Dolle v^{21}

²dol *bn, bw* **1** toll: *~le pret* riesige Freude; *een ~le streek* ein toller Streich; *in een ~le bui* im Übermut **2** *(hondsdol)* tollwütig || *~ op iets zijn* versessen auf^{+4} etwas sein^{262}; *~ op iem zijn* in jmdn vernarrt sein^{262}

dolblij riesig froh: *~ zijn* sich unbändig freuen

doldriest tollkühn

dolen herumirren, umherirren

dolfijn Delphin m^5, Delfin m^5

dolgraag sehr gern

dolk Dolch m^5

dolkmes Dolchmesser o^{33}

dollar Dollar m^{13} *(2e nvl ook -)*: *30 ~* 30 Dollar

dollen herumtollen, kalbern

¹dom *(kathedraal)* Dom m^5; *(Z-Dui)* Münster o^{33}

²dom *bn, bw* dumm^{58}; *(onnozel)* einfältig

dombo Dumpfbacke v^{21}

domein *(ook fig)* Domäne v^{21}

domeinnaam Domain v^{27}, o^{36} *(2e nvl ook -)*, Domäne v^{21}

domheid Dummheit v^{20}

domicilie Domizil o^{29}, Wohnsitz m^5

¹dominant *zn* Dominante v^{21}

²dominant *bn* dominant

dominee Pfarrer m^9, Pastor m^{16}

domineren dominieren^{320}, (vor)herrschen

dominicaan *(godsd)* Dominikaner m^9

domino Domino o^{36}

dominospel Dominospiel o^{29}

dominosteen Dominostein m^5

domkop Dummkopf m^6, Schafskopf m^6

dommelen dösen

dommerik Dummkopf m^6, Schafskopf m^6

dommigheid Dummheit v^{20}

domoor *zie* dommerik

dompelaar *(elektr)* Tauchsieder m^9

dompelen tauchen, eintauchen || *iem in armoede ~* jmdn in Armut stürzen

dompteur Dompteur m^5, Tierbändiger m^9

dompteuse Dompteuse v^{21}, Tierbändigerin v^{22}

domweg einfach, glattweg

donateur Spender m^9; *(van vereniging)* Begünstiger m^9

donatie Spende v^{21}; *(aan vereniging)* Beitrag m^6

donder Donner m^9; *(inform)* *een arme ~* ein armer Schlucker; *(inform) op zijn ~ krijgen:* a) *(slaag)* verprügelt werden^{310}; b) *(met woorden)* einen Rüffel bekommen^{193}; *(inform) daar kun je ~ op zeggen* darauf kannst du Gift nehmen

donderbui Gewitter o^{33}

donderdag Donnerstag m^5: *op ~* am Donnerstag; *Witte Donderdag* Gründonnerstag

donderen **1** *(rommelen)* donnern **2** *(uitvaren)* wettern, donnern **3** *(plat) (vallen)* fallen^{154}

donderjagen **1** *(opspelen)* wettern, toben **2** *(zaniken)* nörgeln, meckern

donderslag Donnerschlag m^6: *als een ~ bij heldere hemel* wie ein Blitz aus heiterem Himmel

donderstraal Halunke m^{15}, Schurke m^{15}

¹donker *zn* Dunkelheit v^{28}, Dunkel o^{39}: *in het ~* im Dunkeln

²donker *bn, bw* **1** *(niet licht)* dunkel; *(sterker)* finster: *~ bier* dunkles Bier o^{29}; *het wordt ~* es wird dunkel **2** *(somber)* trübe, düster: *~ weer* trübes Wetter o^{39}

donkerblauw dunkelblau, tiefblau

donkerte Dunkelheit v^{28}, Dunkel o^{39}

donor Spender m^9

donororgaan Spenderorgan o^{29}

dons 1 Daunen *mv* v^{21} **2** *(zachte beharing, ook van perzik)* Flaum m^{19}

donzen flaumig, Flaum...: *~ dekbed* Federbett o^{37}; Daunenbett o^{37}

¹**dood** zn Tod m⁵: *de witte ~* der weiße Tod; *~ door schuld* fahrlässige Tötung v²⁰; *ter ~ brengen* töten

²**dood** bn, bw tot, leblos: *dode hoek* toter Winkel; *meer ~ dan levend* mehr tot als lebendig; *op sterven na ~* todsterbenskrank; *om je ~ te lachen* zum Totlachen; *op zijn dooie gemak* ganz gemächlich; *op een ~ spoor komen* in eine Sackgasse geraten²¹⁸
doodbijten totbeißen¹²⁵
doodblijven: *ineens ~* tot zusammenbrechen¹³⁷
doodbloeden verbluten
dooddoener Totschlagargument o²⁹, abgedroschene Redensart v²⁰
dooddrukken erdrücken
doodeenvoudig ganz einfach
doodeerlijk grundehrlich
doodeng unheimlich
doodergeren, zich sich totärgern
doodernstig todernst
doodgaan sterben²⁸²
doodgemakkelijk kinderleicht
doodgemoedereerd seelenruhig
doodgewoon ganz gewöhnlich
doodgoed seelengut
doodgooien totwerfen³¹¹: *iem met argumenten ~* jmdn mit Argumenten überhäufen; *ze gooien je dood met folders* man wird mit Prospekten überschüttet
doodgraver Totengräber m⁹
doodkalm seelenruhig
doodkist Sarg m⁶
doodlachen, zich sich totlachen
doodleuk ohne eine Miene zu verziehen
doodlopen: *~de weg* Sackgasse v²¹
doodmaken totmachen, töten
doodmoe todmüde
doodop völlig erschöpft, todmüde
doodrijden: *iem ~* jmdn totfahren¹⁵³; *(van paard)* zu Tode reiten
doods *(eenzaam)* öde, menschenleer: *~e stilte* Totenstille v²⁸, Grabesstille v²⁸
doodsangst Todesangst v²⁵
doodsbang sehr bang
doodsbed Totenbett o³⁷, Sterbelager o³³
doodsbericht Todesnachricht v²⁰
doodsbleek totenblass, totenbleich
doodschamen, zich sich zu Tode schämen
doodschieten erschießen²³⁸
doodschrikken, zich zu Tode erschrecken¹⁵¹
doodshoofd Totenkopf m⁶, Totenschädel m⁹
doodskist Sarg m⁶
doodslaan erschlagen²⁴¹, totschlagen²⁴¹: *(fig) iem met argumenten ~* jmdn mit Argumenten mundtot machen
doodslag Totschlag m¹⁹
doodsoorzaak Todesursache v²¹
doodsstrijd Todeskampf m⁶, Agonie v²¹
doodsteek Todesstoß m⁶: *dat gaf hem de ~* das gab ihm den Todesstoß (*of:* den Rest)

doodsteken erstechen²⁷⁷, totstechen²⁷⁷
doodstil totenstill, mäuschenstill
doodstraf Todesstrafe v²¹
doodsverachting Todesverachtung v²⁸
doodsvijand Todfeind m⁵
doodtrappen tottreten²⁹¹, zertreten²⁹¹
doodvallen 1 *(door een val omkomen)* zu Tode stürzen **2** *(doodblijven)* tot umfallen¹⁵⁴
doodvechten, zich sich zu Tode kämpfen
doodvonnis Todesurteil o²⁹
doodvriezen erfrieren¹⁶³
doodwerken, zich sich totarbeiten
doodziek todkrank
¹**doodzonde** zn Todsünde v²¹
²**doodzonde** bn schade
doodzwijgen totschweigen²⁵⁵
doof taub: *zo ~ als een kwartel* stocktaub; *zich ~ houden* sich taub stellen
doofheid Taubheit v²⁸
doofpot: *iets in de ~ stoppen* etwas vertuschen
doofstom taubstumm: *~me* Taubstumme(r) m⁴⁰ᵃ, v⁴⁰ᵇ
dooi *(ook fig)* Tauwetter o³⁹
dooien tauen: *het dooit* es taut
dooier Dotter m⁹, o³³; *(ook)* Eidotter m⁹, o³³
doolhof *(ook fig)* Labyrinth o²⁹
doop 1 Taufe v²¹: *ten ~ houden* aus der Taufe heben¹⁸⁶ **2** *(Belg) (ontgroening)* Inkorporation v²⁰
doopceel Taufschein m⁵: *iems ~ lichten* jmds Sündenregister aufschlagen²⁴¹
doopnaam Taufname m¹⁸
doopplechtigheid, doopsel Taufe v²¹
doopsuiker *(Belg)* bei der Taufe verteilte Süßwaren mv v²¹
doopvont Taufbecken o³⁵
¹**door** bw **1** *(mbt plaats)* durch⁺⁴ ... (hindurch): *dat gaat het raam niet ~* das geht nicht durchs Fenster (hindurch) **2** *(mbt tijd)* (durch⁺⁴) ... hindurch, über, lang: *de hele dag ~* (durch) den ganzen Tag hindurch, den ganzen Tag über; *zijn hele leven ~* sein ganzes Leben lang; *aan een stuk ~* fortwährend || *~ en ~ nat* durch und durch nass; *dat kan er nog mee ~* das geht noch hin; *dat kan er niet mee ~* das kann man nicht hingehen lassen
²**door** vz **1** *(mbt plaats)* durch⁺⁴: *~ de kamer lopen* durchs Zimmer gehen¹⁶⁸ **2** *(rekenen)* durch⁺⁴: *delen ~* dividieren durch **3** *(wegens)* wegen⁺²: *~ het slechte weer* wegen des schlechten Wetters **4** *(door middel van)* durch⁺⁴: *~ een vriend iets laten meedelen* durch einen Freund etwas mitteilen lassen¹⁹⁷ **5** *(mbt tijd)* durch⁺⁴: *~ het hele jaar heen* durch das ganze Jahr **6** *(in lijdende zinnen)* von⁺³ *(als door betrekking heeft op de veroorzaker)*: *hij werd ~ een bekende gedood* er wurde von einem Bekannten getötet **7** *(in lijdende zinnen)* durch⁺⁴ *(als door betekent 'door middel van')* **8** *(door + te + onbep w)* dadurch, dass; indem: *~ te werken* dadurch, dass (*of:* indem) du arbeitest

doorbakken

¹**doorbakken** weiterbacken
²**doorbakken** durchbacken
doorberekenen: *de kosten in de prijzen* ~ die Kosten auf die Preise aufschlagen[241]; *de kosten aan de klant* ~ die Kosten an[+4] den Kunden weitergeben[166]
doorbetalen fortzahlen, weiterzahlen
doorbetaling Weiterzahlung *v*[20], Fortzahlung
doorbladeren durchblättern
¹**doorboren** weiterbohren
²**doorboren** durchbohren
doorbraak Durchbruch *m*[6]
¹**doorbreken** durchbrechen[137]: *de zon breekt door* die Sonne bricht durch; *de dijk breekt door* der Deich bricht
²**doorbreken** durchbrechen[137]
doorbrengen verbringen[139], zubringen[139]
doorbuigen durchbiegen[129]
doordacht durchdacht, wohlerwogen
doordat dadurch, dass; indem
¹**doordenken** durchdenken[140]
²**doordenken** gut nachdenken[140]
doordouwer Draufgänger *m*[9]
doordraaien 1 *(verder draaien)* weiterdrehen **2** *(op veiling)* vernichten
¹**doordrammen** *intr (zeuren)* quengeln
²**doordrammen** *tr (doordrijven)* durchdrücken
doordraven 1 *(verder draven)* weitertraben **2** *(fig)* drauflosschwatzen, schwadronieren[320]
doordrijven durchsetzen: *zijn zin* ~ seinen Willen durchsetzen
¹**doordringen** durchdringen[143]
²**doordringen** durchdringen[143]
doordrongen: ~ *van iets zijn* von etwas durchdrungen sein[262]
¹**doordrukken** *intr (typ)* durchdrucken
²**doordrukken** *tr (erdoor krijgen)* durchdrücken
dooreen durcheinander
dooreten weiteressen[152]: *niet* ~ langsam essen
doorgaan 1 *(verder gaan)* weitergehen[168] **2** *(voortgaan)* fortfahren[153]: *met lezen* ~ mit dem Lesen fortfahren **3** *(voortduren)* weitergehen[168] **4** *(geschieden)* stattfinden[157]: *de voorstelling gaat door* die Vorstellung findet statt **5** *(ingaan op)* eingehen[168] auf[+4]: *op een detail* ~ auf ein Detail eingehen **6** *(aangezien worden)* gelten[170]: *voor een kenner* ~ für einen Kenner gelten
doorgaand durchgehend: ~ *verkeer* Durchgangsverkehr *m*[19]
doorgaans meistens, gewöhnlich
doorgang Durchgang *m*[6]: ~ *vinden* stattfinden[157]
doorgestoken: ~ *kaart* eine abgekartete Sache
¹**doorgeven** *zn* Weitergabe *v*[28], Weiterleitung *v*[28], Durchgabe *v*[21]
²**doorgeven** *ww* weitergeben[166]; *(van de spreker af)* weiterreichen; *(naar de spreker toe)* herüberreichen; *(aan hogere instantie)* weiterleiten: *een bericht* ~ eine Nachricht durchgeben[166]

doorgewinterd überzeugt, eingefleischt
doorgronden ergründen, durchschauen
doorhakken durchhauen[185], -schlagen[241]
doorhalen streichen[286]
doorhebben 1 *(doorzien)* durchschauen: *iem* ~ jmdn durchschauen **2** *(begrijpen)* kapieren[320]
doorheen 1 hindurch: *daar* ~ dadurch; *er* ~ hindurch; *hier* ~ hierdurch; *we moeten er* ~ wir müssen hindurch **2** *(in verbinding met ww vaak)* durch...: *zich erdoorheen slaan* sich durchschlagen[241]
doorjagen: *zijn hele vermogen erdoor jagen* sein ganzes Vermögen durchbringen[139]
doorkiesnummer Durchwahlnummer *v*[21]
doorkijk Durchblick *m*[5]
doorkijken durchsehen[261]
doorklikken weiterklicken
doorklinken durchklingen[191]
doorkneed bewandert, sehr erfahren (in[+3])
doorknippen durchschneiden[250]
doorkoken durchkochen
doorkomen durchkommen[193]: *een examen* ~ durch eine Prüfung kommen; *er is geen* ~ *aan* es ist nicht durchzukommen
doorkruisen durchkreuzen, durchqueren
doorlaatpost Kontrollstelle *v*[21]; *(grenspost)* Grenzübergangsstelle *v*[21]
doorlaten durchlassen[197]
doorlatend durchlässig
doorleren weiterlernen
¹**doorleven** weiterleben
²**doorleven** durchleben, erleben
doorlezen 1 *(een boek, brief)* durchlesen[201] **2** *(verder lezen)* weiterlesen[201]
doorlichten röntgen
doorliggen sich wund liegen[202]
¹**doorlopen** durchlaufen[198]: *een school* ~ eine Schule durchlaufen
²**doorlopen 1** weitergehen[168], weiterlaufen[198]: *onder een brug* ~ unter einer Brücke hindurchlaufen **2** *(stuklopen)* *zijn voeten* ~ sich[3] die Füße wund laufen
doorlopend fortwährend, ständig
doormaken durchmachen
doormidden entzwei, mittendurch
doorn Dorn *m*[16], *m*[8]
doornat triefnass, durchnässt
doornemen durchnehmen[212]
doorpraten weiterreden, weitersprechen[274]
doorreis Durchreise *v*[21], Durchfahrt *v*[20]
¹**doorrijden** *zn*: *het* ~ *(na een ongeval te hebben veroorzaakt)* Fahrerflucht *v*[28]
²**doorrijden** *ww* durchfahren[153]; *(op rijdier)* weiterreiten[221]; *flink* ~ zügig fahren **2** *(niet stoppen, bijv. bij groen licht)* durchfahren[153]
doorrijhoogte lichte Höhe *v*[21]
doorroesten durchrosten
doorschemeren durchschimmern: *hij liet* ~, *dat* ... er ließ durchblicken, dass ...

doorscheuren zerreißen[220]
doorschieten 1 *(voortgaan met schieten)* weiterschießen[238] **2** *(mbt planten)* ins Kraut schießen[238]
doorschijnend d̲urchscheinend
doorschrijven weiterschreiben[252]; *(met carbonpapier)* d̲urchschreiben[252]
doorschuiven weiterschieben[237]
doorslaan 1 *(verder slaan)* weiterschlagen[241] **2** *(ergens doorheen slaan)* d̲urchschlagen[241]
doorslaand: ~ *bewijs* schlagender Beweis *m*[5]
doorslag *(kopie)* Durchschlag *m*[6], Durchschrift *v*[20] || *dat geeft de* ~ das gibt den Ausschlag
doorslaggevend ausschlaggebend, entscheidend
doorslapen weiterschlafen[240]
doorslikken hinunterschlucken, herunterschlucken
doorsnede Durchschnitt *m*[5]: *dwarse* ~ Querschnitt *m*[5]; *in* ~ im Durchschnitt *m*[5]
doorsnijden 1 d̲urchschneiden[250] **2** *(verder snijden)* weiterschneiden[250]
doorsnijden durchschn̲eiden[250]
doorspekken spicken
doorspelen weiterspielen
doorspreken weitersprechen[274]
doorstaan überstehen[279], standhalten[183], überdauern: *leed* ~ Leid erdulden; *de toets der kritiek kunnen* ~ der[3] Kritik standhalten; *een ziekte* ~ eine Krankheit überstehen
doorstart *(ook fig)* Durchstart *m*[13]
doorstarten *(ook fig)* durchstarten
doorstoten *(stukstoten)* d̲urchstoßen[285]
doorstrepen streichen[286], d̲urchstreichen
doorstromen durchströmen, durchfl̲ießen[161]
doorstromen 1 *(verder stromen)* weiterströmen **2** *(stromen door)* d̲urchströmen
doorstroming Durchfluss *m*[6]
doortastend d̲urchgreifend, energisch
doortocht Durchzug *m*[6], Durchreise *v*[21]
doortrapt gerieben, durchtrieben, abgefeimt
doortrekken 1 *(van lijn, weg)* verlängern **2** *(van wc)* spülen **3** *(van tekening)* d̲urchpausen **4** *(van troepen)* d̲urchziehen[318]
doortrekken durchz̲iehen[318]
doorvaart Durchfahrt *v*[20]
doorvaren weiterfahren[153]
doorverbinden *(telecom)* d̲urchstellen: *ik verbind u door!* ich verbinde!, ich stelle durch!
doorverkopen weiterverkaufen
doorverwijzen überweisen[307]
doorvoed wohlgenährt
doorvoer Durchfuhr *v*[20], Transit *m*[5]
doorvoeren d̲urchführen
doorvoerhandel Durchfuhrhandel *m*[19], Transithandel *m*[19]
doorweken durchw̲eichen
doorwerken *intr* **1** *(verder werken)* weiterarbeiten, d̲urcharbeiten **2** *(mbt ideeën enz.)* sich d̲urchsetzen

²**doorwerken** *tr (bestuderen)* d̲urcharbeiten: *een boek grondig* ~ ein Buch gründlich durcharbeiten
doorwrocht durchgearbeitet, gediegen
doorzagen durchsägen || *(fig) iem over iets* ~ jmdn ins Gebet nehmen[212]
doorzakken 1 *(doorbuigen)* sich biegen[129] **2** *(veel sterkedrank drinken)* d̲urchzechen
doorzenden weiterleiten
doorzetten 1 *(volharden)* d̲urchhalten[183] **2** *(een plan)* d̲urchführen **3** *(krachtiger worden)* zunehmen[212]
doorzetter Kämpfernatur *v*[20]
doorzettingsvermogen Ausdauer *v*[28], Durchhaltevermögen *o*[39]
doorzeven durchs̲ieben
doorzichtig durchsichtig
¹**doorzien** d̲urchsehen[261]
²**doorzien** durchs̲chauen: *iems plannen* ~ jmds Pläne durchschauen
¹**doorzoeken** weitersuchen
²**doorzoeken** durchs̲uchen
doos 1 *(plat en uitschuifbaar)* Schachtel *v*[21] **2** *(plat met deksel)* Dose *v*[21] **3** *(van karton)* Karton *m*[13], Pappschachtel *v*[21] **4** *(in elektrische leiding)* Dose *v*[21] || *(luchtv) zwarte* ~ Flug(daten)schreiber *m*[9]; *(fig) uit de oude* ~ aus der Mottenkiste
doosje Schachtel *v*[21], kleine Dose *v*[21]
¹**dop 1** *(van ei, noot)* Schale *v*[21] **2** *(van boon, erwt)* Hülse *v*[21] **3** *(van vulpen)* Kappe *v*[21] || *een leraar in de* ~ ein künftiger Lehrer
²**dop** *(Belg) (pop) (werkloosheidsuitkering)* Arbeitslosengeld *o*[39]: *van de* ~ *leven* Arbeitslosengeld beziehen[318]
dope Dope *o*[36] (2e nvl ook -), Aufputschmittel *o*[33]
dopen 1 *(iem, een schip)* taufen **2** *(dompelen)* eintauchen in⁺⁴ **3** *(sp) (doping toedienen)* dopen **4** *(Belg) (ontgroenen)* inkorporieren[320]
doper Täufer *m*[9]
dopererwt Erbse *v*[21], Zuckererbse *v*[21]
doping Doping *o*[36]: ~ *toedienen* dopen
dopingcontrole Dopingkontrolle *v*[21]
dopje Kappe *v*[21]
doppen 1 *(van bonen e.d.)* enthülsen, aushülsen **2** *(Belg, pop) (een werkloosheidsuitkering krijgen)* Arbeitslosengeld beziehen[318]
dopsleutel Steckschlüssel *m*[9]
dor 1 *(droog)* dürr, trocken **2** *(verdord)* welk, dürr **3** *(saai)* trocken, langweilig
dorheid Dürre *v*[21], Trockenheit *v*[20]; *zie ook* dor
dorp Dorf *o*[32]
dorpel Schwelle *v*[21], Türschwelle
dorpeling Dorfbewohner *m*[9]
dorps dörflich, ländlich
dorpsstraat Dorfstraße *v*[21]
¹**dorsen** *zn* Dreschen *o*[39]
²**dorsen** *ww* dreschen[142]
dorsmachine Dreschmaschine *v*[21]
dorst *(ook fig)* Durst *m*[19]: ~ *hebben* Durst haben[182]; ~ *lessen* Durst löschen; ~ *lijden* Durst leiden[199]

dorstig durstig
doseren dosieren³²⁰
dosis Dosis *v (mv Dosen)*
dossier Dossier *o*³⁶, Akte *v*²¹
dot *(plukje, bundeltje)* Knäuel *m*⁹, *o*³³, Büschel *o*³³: ~ *watten* Wattebausch *m*⁵, *m*⁶ || *(fig) een ~ van een kind* ein Herzchen
dotatie Dotation *v*²⁰, Schenkung *v*²⁰
douane 1 *(het kantoor)* Zollamt *o*³² **2** *(de dienst)* Zollbehörde *v*²¹ **3** *(beambte)* Zollbeamte(r) *m*⁴⁰ᵃ
douanekantoor Zollamt *o*³², Zollstelle *v*²¹
douanier Zollbeamte(r) *m*⁴⁰ᵃ
double *(film, sport)* Double *o*³⁶
doublé Doublé *o*³⁶, Dublee *o*³⁶
doubleren *(op school)* sitzen bleiben¹³⁴
douche Dusche *v*²¹, Brause *v*²¹, Duschbad *o*³²: *een ~ nemen* eine Dusche nehmen²¹²
douchen duschen
dove Taube(r) *m*⁴⁰ᵃ, *v*⁴⁰ᵇ
¹doven *intr* erlöschen¹⁵⁰, verlöschen³⁰¹
²doven *tr (aus)*löschen
dovenetel Taubnessel *v*²¹
down niedergeschlagen, bedrückt
download Download *m*¹³, *o*³⁶
downloaden downloaden, herunterladen¹⁹⁶
dozijn Dutzend *o*²⁹: *bij ~en* dutzendweise
draad 1 *(spinsel)* Faden *m*¹²: *tot op de ~ versleten* fadenscheinig **2** *(vezel)* Faser *v*²¹ **3** *(van metaal, pekdraad)* Draht *m*⁶ **4** *(van schroef)* Gewinde *o*³³ || *(fig) hij raakt de ~ kwijt* er kommt vom Thema ab
draadloos drahtlos: ~ *bericht* Funkspruch *m*⁶
¹draagbaar *zn* Tragbahre *v*²¹, Trage *v*²¹
²draagbaar *bn* tragbar: *draagbare telefoon* Handy *o*³⁶; ~ *televisietoestel* Kofferfernsehen *m*⁹; *draagbare radio* Kofferradio *o*³⁶
draagbalk Träger *m*⁹
draagkracht 1 *(van brug)* Tragfähigkeit *v*²⁸ **2** *(financieel)* Leistungsfähigkeit *v*²⁸
draaglijk erträglich
draagstoel Tragsessel *m*⁹, Sänfte *v*²¹
draagtas Tragetasche *v*²¹
draagvermogen Tragfähigkeit *v*²⁸, Tragkraft *v*²⁸
draagvlak Tragfläche *v*²¹
draagvleugelboot Tragflügelboot *o*²⁹
draagwijdte Tragweite *v*²¹, Reichweite *v*²¹
draai 1 *(wending)* Drehung *v*²⁰: ~ *om de oren* Ohrfeige *v*²¹; *(fig) ergens een ~ aan geven* etwas in ein anderes Licht rücken; *hij heeft zijn ~ gevonden* er hat sich gut eingelebt **2** *(in rivier, weg)* Biegung *v*²⁰, Krümmung *v*²⁰, Kurve *v*²¹
draaibaar drehbar
draaibank Drehbank *v*²⁵
draaiboek Drehbuch *o*³²
draaicirkel Wendekreis *m*⁵
draaideur Drehtür *v*²⁰
¹draaien *intr (een draaiende beweging maken)* sich drehen: *(fig) alles draait om hem* alles dreht sich um ihn; *het begint me te ~* mir wird schwindlig

²draaien *tr* drehen: *een film ~: a) (opnemen)* einen Film drehen; *b) (vertonen)* einen Film vorführen; *(telecom) een nummer ~* eine Nummer wählen
draaier 1 *(algem)* Dreher *m*⁹ **2** *(houtdraaier)* Drechsler *m*⁹ **3** *(fig)* Wetterfahne *v*²¹
draaierig schwindlig
draaikolk Strudel *m*⁹, Wasserwirbel *m*⁹
draaimolen Karussell *o*²⁹, *o*³⁶
draaiorgel Drehorgel *v*²¹
draaipunt Drehpunkt *m*⁵
draaitol Kreisel *m*⁹
draak Drache *m*¹⁵ || *(fig) de ~ met iem, met iets steken* sich über jmdn, über⁺⁴ etwas lustig machen
drab Bodensatz *m*¹⁹, Satz *m*¹⁹
dracht *(kleding)* Tracht *v*²⁰
drachtig trächtig
draderig faserig, fasrig
draf Trab *m*¹⁹: *in ~ rijden* im Trab reiten²²¹
dragee Dragee *o*³⁶, Dragée *o*³⁶
dragen tragen²⁸⁸
dragline Bagger *m*⁹
drain Drain *m*¹³, Drän *m*⁵, *m*¹³
drainage Drainage *v*²¹, Dränage *v*²¹
draineren drainieren³²⁰, dränieren³²⁰
dralen zaudern, zögern
dralend zaudernd, zögernd
drama Drama *o (2e nvl -s; mv Dramen)*
dramatisch dramatisch
dramatiseren dramatisieren³²⁰
dramaturg Dramaturg *m*¹⁴
drang Drang *m*¹⁹, Trieb *m*⁵
dranghek Absperrgitter *o*³³
drank Getränk *o*²⁹, Trank *m*⁶: *aan de ~ zijn* dem Trunk ergeben sein²⁶²; *(Belg) korte ~* starkes Getränk *o*²⁹; Schnaps *m*⁶
drankbestrijding Alkoholbekämpfung *v*²¹
drankgebruik Alkoholgenuss *m*¹⁹
drankje Getränk *o*²⁹; *(medicijn)* Arznei *v*²⁰
drankmisbruik Alkoholmissbrauch *m*⁶
draperen drapieren³²⁰
drastisch drastisch
draven traben, im Trab laufen¹⁹⁸
draver Traber *m*⁹, Traberpferd *o*²⁹
draverij Trabrennen *o*³⁵
dreef *(laan)* Allee *v*²¹: *iem op ~ helpen* jmdm auf die Sprünge helfen¹⁸⁸; *op ~ komen* auf⁺⁴ Touren kommen¹⁹³; *op ~ zijn* in Schwung sein²⁶²
dreg Draggen *m*¹¹, Dregge *v*²¹
dreggen dreggen
dreigbrief Drohbrief *m*⁵
dreigement Drohung *v*²⁰
dreigen drohen: *iem met iets ~* jmdm mit etwas drohen
dreigend drohend
dreiging Drohung *v*²⁰
dreinen quengeln
drek Dreck *m*¹⁹, Kot *m*¹⁹, Mist *m*¹⁹
drempel Schwelle *v*²¹

drempelvrees Schwellenangst v^{28}
drenkeling 1 *(verdrinkend)* Ertrinkende(r) m^{40a}, v^{40b} **2** *(verdronken)* Ertrunkene(r) m^{40a}, v^{40b}
drenken tränken
drentelen schlendern, bummeln
dresscode Dresscode m^{13} *(2e nvl ook -)*, Dress-Code m^{13} *(2e nvl ook -)*
dresseren dressieren^{320}, abrichten; *(van paard, ook)* zureiten^{221}
dressoir Anrichte v^{21}
dressuur Dressur v^{20}
dreumes Knirps m^5, Dreikäsehoch m^{13} *(mv ook -)*
dreun 1 *(het dreunen)* Dröhnen o^{39} **2** *(harde klap)* Schlag m^6
dreunen dröhnen
dribbel *(sp)* Dribbling o^{36}, Ballführung v^{20}
dribbelen *(sp)* dribbeln
drie drei: *hij kan geen ~ tellen* er kann nicht bis drei zählen; *~ aan ~* je drei und drei; *het is bij ~ën* es ist gleich drei (Uhr); *met ~ poten* dreibeinig; *ze waren met zijn ~ën* sie waren zu dritt; *het is over ~ën* es ist drei Uhr vorbei
driedimensionaal dreidimensional
driedubbel dreifach
driegen *(Belg)* heften, reihen
driehoek Dreieck o^{29}
driehoekig dreieckig
driehoeksverhouding Dreiecksverhältnis o^{29a}
driekleur: *de Nederlandse ~* die rot-weiß-blaue *(of:* rotweißblaue*)* Fahne
driekwartsmaat Dreivierteltakt m^{19}
drieledig dreigliedrig
driemaal dreimal: *~ herhaald* dreimalig
driemaandelijks dreimonatlich, vierteljährlich
driemaands dreimonatig
driemaster Dreimaster m^9
drieploegenstelsel Dreischichtensystem o^{29}
driesprong Weggabelung v^{20}
driest dreist, übermütig; *(brutaal)* unverfroren
drietal: *een ~ dagen* drei Tage
drietrapsraket Dreistufenrakete v^{21}
drievoud Dreifache(s)
drievoudig dreifach
driewieler Dreirad o^{32}
drift 1 *(opwelling van woede)* Jähzorn m^{19}, Wut v^{25} **2** *(aandrift)* Trieb m^5, Drang m^6: *zijn ~en beteugelen* seine Triebe zügeln
driftig jähzornig, hitzig
driftkikker, driftkop Hitzkopf m^6
drijfas Treibachse v^{21}, Triebachse v^{21}
drijfhout Treibholz o^{39}
drijfijs Treibeis o^{39}
drijfjacht Treibjagd v^{20}
drijfkracht Triebkraft v^{25}, Antrieb m^5
drijfmest Jauche v^{21}
drijfnat triefend nass, pudelnass
drijfveer *(ook fig)* Triebfeder v^{21}
drijfzand Treibsand m^5, Schwimmsand m^5

¹drijven *intr* treiben^{290}; *(op vloeistof, ook)* schwimmen^{257}: *ik drijf:* a) *(ben drijfnat)* ich bin durchnässt; b) *(door en door bezweet)* ich schwitze am ganzen Körper
²drijven *tr* treiben^{290}: *handel ~* Handel treiben; *een zaak ~* ein Geschäft (be)treiben; *het te ver ~* es zu weit treiben; *de menigte uit elkaar ~* die Menge zerstreuen
drijvend treibend, schwimmend
drijver 1 *(jagerstaal, van vee)* Treiber m^9 **2** *(vlotter, watervliegtuig)* Schwimmer m^9
drilboor Drillbohrer m^9
drillen drillen
¹dringen *intr* sich drängen; dringen^{143}: *naar voren ~* sich nach vorn drängen; *de tijd dringt* die Zeit drängt; *ik voel me gedrongen u dit te zeggen* ich fühle mich gedrungen, Ihnen dies zu sagen
²dringen *tr* drängen: *iem van zijn plaats ~* jmdn von seinem Platz drängen; *(fig)* jmdn verdrängen; *zich op de voorgrond ~* sich in den Vordergrund drängen
dringend dringend
drinkbaar trinkbar
drinkbeker Trinkbecher m^9
drinken trinken^{293}
drinkwater Trinkwasser o^{39}
drinkwatervoorziening Trinkwasserversorgung v^{28}
drive Drive m^{13}; *(bridge)* Turnier o^{29}; *(comp)* Laufwerk o^{29}
droef traurig, betrübt
droefenis Trauer v^{28}, Betrübnis v^{24}
droefgeestig schwermütig, melancholisch
droefheid Traurigkeit v^{28}, Betrübnis v^{24}
droesem Bodensatz m^{19}
droevig traurig, betrübt
drogen trocknen
drogist 1 Drogist m^{14} **2** *(winkel)* Drogerie v^{21}
drogisterij Drogerie v^{21}
drogreden Scheinbeweis m^5
drol Kot m^{19}, Scheiße v^{28}
drom Menge v^{21}, Haufen m^{11}, Schar v^{20}
dromedaris Dromedar o^{29}
dromen träumen
dromer 1 Träumer m^9 **2** *(sufferd)* Schlafmütze v^{21} **3** *(fantast)* Fantast m^{14}, Phantast m^{14}
dromerig träumerisch, verträumt
dronk 1 Trunk m^6 **2** *(slok)* Schluck m^5, m^6
dronkaard Trinker m^9, Alkoholiker m^9
dronken betrunken, blau, besoffen: *~ van geluk* trunken vor Glück
dronkenlap Trunkenbold m^5
dronkenman Betrunkene(r) m^{40a}, Trunkenbold m^5
dronkenschap Betrunkenheit v^{28}
droog trocken; *(dor)* dürr: *droge hoest* trockner Husten m^{11}; *~ voer* Trockenfutter o^{39}; *op het droge brengen* an Land bringen^{139}
droogautomaat Trockner m^9

droogdoek 1 *(handdoek)* Handtuch o^{32} **2** *(theedoek)* Geschirrtuch o^{32}
droogjes trocken, nüchtern
droogkap Trockenhaube v^{21}, Frisierhaube v^{21}
droogkuis *(Belg)* Reinigungsanstalt v^{20}, Reinigung v^{20}
droogleggen trockenlegen
drooglegging *(ook fig)* Trockenlegung v^{20}
droogmalen entwässern
droogmolen Wäschespinne v^{21}
droogrek Trockenständer m^9, Trockengestell o^{29}
droogscheerapparaat Trockenrasierer m^9
droogte Trockenheit v^{20}
droogtrommel Wäschetrockner m^9
droogvallen trockenfallen[154]
droogzwierder *(Belg)* Wäscheschleuder v^{21}
droogzwieren *(Belg)* trockenschleudern
droom Traum m^6: *dromen zijn bedrog* Träume sind Schäume
droombeeld Traumbild o^{31}
drop Lakritze v^{21}
droppen 1 *(luchtv)* abwerfen[311] **2** *(ergens afzetten)* absetzen, aussteigen lassen[197]
dropping Orientierungsspiel o^{29}
drug Droge v^{21}, Rauschgift o^{29}
drugs Drogen *mv* v^{21}: *harddrugs* harte Drogen; *softdrugs* weiche Drogen; *handelaar in ~* Dealer m^9
drugsgebruik Drogenkonsum m^{19}
drugsgebruiker, drugsverslaafde Drogensüchtige(r) m^{40a}, v^{40b}, Drogenabhängige(r) m^{40a}, v^{40b}
drugsrunner Drogenkurier m^5
druïde Druide m^{15}
druif Traube v^{21}, Weinbeere v^{21}, Weintraube v^{21} || *een rare ~* ein komischer Kauz
druilerig trübe, regnerisch
druiloor lahme Ente v^{21}, Schlafmütze v^{21}
druipen triefen[292], tropfen: *ik droop* ich war triefend nass; *de kaars druipt* die Kerze tropft; *zijn neus druipt* ihm tropft die Nase
druipend triefend
druiper *(med)* Tripper m^9
druipnat triefend nass, pudelnass
druipneus Triefnase v^{21}
druipsteen Tropfstein m^5
druivensap Traubensaft m^6
druivensuiker Traubenzucker m^{19}
druiventros Weintraube v^{21}, Traube v^{21}
¹druk *zn* **1** *(bij boekdrukken)* Druck m^5; *(oplage)* Auflage v^{21} **2** *(kracht)* Druck m^6: *de ~ van het water* der Wasserdruck; *de ~ van de belastingen* die Steuerlast
²druk *bn, bw* **1** *(ijverig)* fleißig: *~ aan het werk zijn* fleißig bei der Arbeit sein[262] **2** *(levendig)* lebhaft: *een ~ gesprek* ein lebhaftes Gespräch; *een ~ke straat* eine belebte Straße; *~ verkeer* reger Verkehr m^{19}; *~ heen en weer lopen* geschäftig hin und her laufen[198]; *het was er erg ~ dort* herrschte ein reger Betrieb **3** *(veel werk meebrengend of hebbend)* beschäftigt: *ik heb het erg ~* ich bin sehr beschäftigt; *een ~ke dag* ein anstrengender Tag; *van de telefoon wordt ~ gebruikgemaakt* der Fernsprecher wird stark benutzt; *maak je niet ~!* reg dich nicht auf!
drukfout Druckfehler m^9
drukinkt Druckerschwärze v^{28}
drukken 1 *(druk uitoefenen)* drücken: *iem de hand ~* jmdm die Hand drücken **2** *(typ)* drucken
drukkend drückend
drukker Drucker m^9
drukkerij Druckerei v^{20}
drukkingsgroep *(Belg)* Pressionsgruppe v^{21}
drukknoop, drukknop Druckknopf m^6
drukkosten Druckkosten *(mv)*
drukletter Druckbuchstabe m^{18}
drukpers Druck(er)presse v^{21}
drukproef Druckfahne v^{21}
drukte 1 *(gejaagdheid)* Hektik v^{28}: *door de ~ iets vergeten* durch die Hektik etwas vergessen[299] **2** *(omhaal)* Umstände *(mv)*: *koude ~* Wichtigtuerei v^{28}; *onnodige ~ maken* Umstände machen **3** *(bij schouwburg, trein enz.)* Andrang m^{19}: *de ~ op straat* das Gedränge auf der Straße; *~ van het verkeer* starker Verkehr m^{19} **4** *(in bedrijf)* große Beschäftigung v^{20}
druktemaker Wichtigtuer m^9
druktoets Drucktaste v^{21}
drukverbod Druckverbot o^{29}
drukwerk *(post)* Drucksache v^{21}
drum 1 *(vat)* Fass o^{32} **2** *(muz)* Schlagzeug o^{29}
drummer *(muz)* Schlagzeuger m^9
drumstel Schlagzeug o^{29}
druppel Tropfen m^{11}: *zij lijken op elkaar als twee ~s water* sie gleichen sich aufs Haar
druppelen tröpfeln
ds. *afk van dominee* Pfarrer m^9, Pastor m^{16} *(afk P.)*
D-trein D-Zug m^6, Durchgangszug m^6
¹dubbel *zn (sp)* Doppelspiel o^{29}, Doppel o^{33}
²dubbel *bn, bw* doppelt: *~ spel (ongunstig)* doppeltes Spiel, Doppelspiel o^{29}; *~ zo groot als* doppelt so groß wie
dubbeldekker Doppeldecker m^9
dubbelepunt Doppelpunkt m^5
dubbelganger Doppelgänger m^9
dubbelleven Doppelleben o^{39}
dubbelslaan: *zijn tong slaat dubbel* er lallt
dubbelspel *(sp)* Doppelspiel o^{29}, Doppel o^{33}
dubbeltje Zehncentstück o^{29}
dubbelzinnig zweideutig, doppeldeutig
dubieus fragwürdig, dubios, zweifelhaft
duchten befürchten
duchtig tüchtig, gehörig
duel Duell o^{29}, Zweikampf m^6
duelleren sich duellieren[320]
duet Duett o^{29}
duf 1 *(bedompt)* dumpf **2** *(muf)* muffig **3** *(fig)* fade

dug-out Trainerbank *v*[25]
duidelijk 1 *(goed waarneembaar)* deutlich 2 *(gemakkelijk te begrijpen)* klar, deutlich 3 *(in het oog lopend)* augenfällig
duidelijkheid Deutlichkeit *v*[20], Klarheit *v*[20]; *zie ook* duidelijk
duidelijkheidshalve deutlichkeitshalber
duiden 1 *(wijzen)* deuten 2 *(verklaren)* erklären
duif Taube *v*[21]
duik Kopfsprung *m*[6]: *een ~ nemen* tauchen
duikboot U-Boot *o*[29], Unterseeboot *o*[29]
duikelen purzeln
duikeling Purzelbaum *m*[6]: *een ~ maken* einen Purzelbaum machen
duiken tauchen; *(snel buigen)* sich ducken
duiker Taucher *m*[9]
duikplank Sprungbrett *o*[31]
duiksprong Kopfsprung *m*[6], Hechtsprung *m*[6]
duikvlucht Sturzflug *m*[6]
duim 1 Daumen *m*[11]: *iem onder de ~ hebben* jmdn unter der Fuchtel haben[182]; *(Belg) de ~en leggen* sich geschlagen geben[166]; sich ergeben[166] 2 *(maat)* Zoll *m (2e nvl -(e)s; mv -)* 3 *(haak)* Haken *m*[11]
duimbreed: *geen ~ wijken* keinen Zollbreit zurückweichen[306]
duimen: *voor iem ~* jmdm den Daumen halten[183]
duimstok Zollstock *m*[6], Metermaß *o*[29]
duimzuigen am Daumen lutschen
duin Düne *v*[21]
duinenreeks, duinenrij Dünenkette *v*[21]
duinwater Dünenwasser *o*[34]
duister *(niet licht)* dunkel; *(volkomen donker)* finster; *(duister en somber)* düster: *de sprong in het ~* der Sprung ins Ungewisse
duisternis Finsternis *v*[24], Dunkelheit *v*[20]
duit Heller *m*[9]: *hij heeft geen rooie ~* er besitzt keinen roten Heller; *een mooie ~ verdienen* einen schönen Groschen verdienen
Duits *zn* Deutsch *o*[41]: *het tegenwoordige ~* das heutige Deutsch; *zijn ~* sein Deutsch; *hij kent ~* er kann Deutsch; *hij leert ~* er lernt Deutsch; *hij onderwijst ~* er lehrt Deutsch; *hij spreekt ~* er spricht Deutsch; *in het ~ vertalen* ins Deutsche übersetzen; *hoe heet dat in het ~?* wie heißt das auf Deutsch?
Duits *bn, bw* deutsch: *de ~e Bondsrepubliek* die Bundesrepublik Deutschland; *leraar ~* Deutschlehrer *m*[9]; *de ~e les* die Deutschstunde
Duitse Deutsche *v*[40b]
Duitser Deutsche(r) *m*[40a]
Duitsland Deutschland *o*[39]
duivel Teufel *m*[9]: *het is of de ~ ermee speelt* es ist wie verhext || *(Belg) de Rode Duivels (nationale Belgische voetbalploeg)* die belgische Nationalmannschaft
duivelin Teufelin *v*[22], Teufelsweib *o*[31]
duivels teuflisch: *hij werd ~* er wurde wütend
duivelskunst Zauberkunst *v*[25]
duivelskunstenaar Zauberer *m*[9]
duivenhouder, duivenmelker Taubenzüchter *m*[9]
duiventil Taubenschlag *m*[6], Taubenhaus *o*[32]
duizelen schwindeln: *ik duizel* mir schwindelt
duizelig schwindlig: *ik ben ~* mir schwindelt
duizeligheid Schwindel *m*[19]
duizeling Schwindelanfall *m*[6]
duizelingwekkend schwindelnd, Schwindel erregend: *op ~e diepte* in schwindelnder Tiefe
¹**duizend** *zn* 1 *(het getal)* Tausend *v*[20] 2 *(als aanduiding van een grote hoeveelheid)* Tausend *o*[29]: *~en soldaten* Tausende *(of:* tausende*)* (von) Soldaten; *bij ~en* zu Tausenden *(of:* zu tausenden*)*
²**duizend** *hoofdtelw* tausend
duizendjarig tausendjährig
duizendmaal tausendmal
duizendste 1 *(telw)* der (die, das) tausendste 2 *(deel)* Tausendstel *o*[33]
duizendtal Tausend *o*[29]: *een ~ soldaten* etwa tausend Soldaten
duldbaar duldbar, erträglich
dulden dulden: *iem ~* jmdn dulden
dump Nachschublager *o*[33], Heeresdepot *o*[36]
dumpen 1 *(handel)* die Preise stark unterbieten[130] 2 *(storten)* ablagern, schütten
dumping *(handel)* Dumping *o*[39]
dun dünn: *~ gezaaid* dünn gesät; *~ne darm* Dünndarm *m*[6]
dunbevolkt dünn besiedelt
dunk Meinung *v*[20]: *een hoge ~ van zichzelf hebben* eine hohe Meinung von[+3] sich haben[182]
dunken: *mij dunkt* mir scheint, mich *(of:* mir*)* dünkt
dunne: *aan de ~ zijn* Durchfall haben[182]
dunnen auslichten, lichten || *de gelederen zijn gedund* die Reihen haben sich gelichtet
duo Duo *o*[36]
duozitting Soziussitz *m*[5]
dupe: *hij is de ~* er ist der Dumme
duperen schädigen, düpieren[320]
duplicaat Duplikat *o*[29]
duplo: *in ~* in zweifacher Ausfertigung
duren dauern: *het duurt me te lang* es dauert mir zu lange
durf Mut *m*[19]: *~ hebben* Schneid haben[182]
durfal Wagehals *m*[6]
durven wagen, den Mut haben[182]
dus also
¹**dusdanig** *bn* solch, derartig
²**dusdanig** *bw* so, derart
duster Morgenrock *m*[6], Morgenmantel *m*[10]
dusverre: *tot ~* bisher, bis jetzt
dutje: *een ~ doen* ein Nickerchen machen
duts *(Belg)* Trottel *m*[9]
dutten ein Nickerchen machen
¹**duur** *zn* Dauer *v*[28]: *op den ~* auf (die) Dauer
²**duur** *bn, bw* teuer
duurloop Dauerlauf *m*[6]

duurte Teuerung v^{20}: *de ~ van de levensmiddelen* die hohen Preise der Lebensmittel
duurzaam 1 *(voortdurend, bestendig)* dauerhaft **2** *(lang meegaand)* langlebig: *duurzame goederen* langlebige Güter **3** *(herwinbaar)* erneuerbar: *duurzame energie* erneuerbare Energie
duvelen *(inform)* **1** *(vallen)* stürzen **2** *(gooien)* werfen³¹¹: *liggen te ~* Unfug treiben²⁹⁰
duw Stoß m^6, Schubs m^5
duwboot Schubboot o^{29}, Schubschiff o^{29}
¹**duwen** *intr (dringen)* drängen
²**duwen** *tr (drukken)* drücken, schieben²³⁷; *(een wagen)* schieben²³⁷
duwvaart Schub(schiff)fahrt v^{28}
dvd *afk van digital versatile disc* DVD v^{27}
dvd-brander DVD-Brenner m^9
dvd-recorder DVD-Rekorder m^9, DVD-Recorder m^9
dvd-speler DVD-Spieler m^9, DVD-Player m^9
dwaalspoor Irrweg m^5, Abweg m^5: *iem op een ~ brengen (ongunstig)* jmdn irreführen
¹**dwaas** *zn* Tor m^{14}
²**dwaas** *bn, bw* töricht, närrisch
dwaasheid Torheit v^{20}, Narrheit v^{20}
dwalen 1 *(mbt blik)* irren **2** *(rondzwerven)* irren **3** *(het mis hebben)* sich irren
dwaling Irrtum m^8
dwang Zwang m^6: *onder ~* unter Zwang
dwangarbeid Zwangsarbeit v^{28}
dwangbevel Zahlungsbefehl m^5
dwangbuis Zwangsjacke v^{21}
dwangmaatregel Zwangsmaßnahme v^{21}
dwangsom *(jur)* Zwangsgeld o^{31}
dwarrelen wirbeln
dwarreling Wirbel m^9
dwars quer: *hij is altijd ~* er ist immer widerspenstig; *dat zit hem ~* das wurmt ihn
dwarsbalk Querbalken m^{11}
dwarsbeuk Querschiff o^{29}
dwarsbomen: *iem ~* jmdm entgegenarbeiten
dwarsdoorsnede Querschnitt m^5
dwarsfluit Querflöte v^{21}
dwarsliggen sich quer legen
dwarsstraat Querstraße v^{21}
dweepziek schwärmerisch
dweepzucht Schwärmerei v^{20}
dweil Aufwischer m^9
dweilen aufwischen
dweilorkest Juxkapelle v^{21}, Spaßkapelle v^{21}
dwepen schwärmen: *met iem ~* für jmdn schwärmen; *met iets ~* für^{+4} etwas schwärmen
dweper Schwärmer m^9
dweperig schwärmerisch
dwerg Zwerg m^5; *(spottend)* Knirps m^5
dwingeland Tyrann m^{14}, Despot m^{14}
dwingelandij Tyrannei v^{20}, Despotismus m^{19a}
dwingen zwingen³¹⁹
d.w.z. *afk van dat wil zeggen* d.h. (das heißt)
dynamiet Dynamit o^{39}

dynamisch dynamisch
dynamo Dynamo m^{13}
dynastie Dynastie v^{21}
dysenterie Dysenterie v^{21}, Ruhr v^{20}
dyslexie Dyslexie v^{21}

e

e.a. *afk van en andere(n)* und andere (*afk* u.a.)
eau de cologne Kölnischwasser o^{33}, kölnisch(es) Wasser o (*2e nvl* -(en) -s; *mv* -(e) -)
eb Ebbe v^{21} (*ook fig*)
ebbenhout Ebenholz o^{32}
echo Echo o^{36}
echoën echoen, widerhallen
echt *zn* Ehe v^{21}, Ehebund m^{19}
echt *bn, bw* echt, wahr, recht, richtig, wirklich: ~ *Duits* typisch deutsch; ~ *goud* echtes Gold o^{39}; *een* ~*e winterdag* ein richtiger Wintertag; ~ *gelukkig* recht glücklich; ~ *mooi* wirklich schön; ~ *blij zijn* sich aufrichtig freuen
echtbreuk Ehebruch m^6
echtelieden Eheleute (*mv*), Ehepaar o^{29}
echter aber, jedoch, allerdings
echtgenoot Ehemann m^8, Gatte m^{15}
echtgenote Ehefrau v^{20}, Gattin v^{22}
echtheid Echtheit v^{28}
echtpaar Ehepaar o^{29}
echtscheiding Ehescheidung v^{20}, Scheidung v^{20}
ecologie Ökologie v^{28}
ecologisch ökologisch
e-commerce E-Commerce m^{19}
economie Wirtschaft v^{20}, Ökonomie v^{21}
economisch wirtschaftlich, ökonomisch; (*zuinig*) sparsam: ~*e crisis* Wirtschaftskrise v^{21}; *het* ~*e leven* die Wirtschaft; *ministerie van Economische Zaken* Wirtschaftsministerium o (*2e nvl* -s; *mv* -ministerien)
econoom Volkswirt m^5, Volkswirtschaftler m^9
ecosysteem Ökosystem o^{29}
ecstasy 1 (*stofnaam*) Ecstasy o^{27}, o^{39a} 2 (*pil*) Ecstasy v^{27}
eczeem Ekzem o^{29}
e.d. *afk van en dergelijke* und Ähnliche(s) (*afk* u.Ä.)
edammer (*kaas*) Edamer m^9
edel 1 edel 2 (*adellijk*) ad(e)lig
edelachtbaar (*aanspreektitel*) Edelachtbare Herr Bürgermeister!, Herr Richter!
edelman Adlige(r) m^{40a}
edelmoedig großherzig, edelmütig, großmütig
edelsmid Goldschmied m^5
edelsteen Edelstein m^5
editie Ausgabe v^{21}, Edition v^{20}

educatie Erziehung v^{28}
eed Eid m^5: *een* ~ *doen* einen Eid leisten; *onder ede* eidlich; *onder* ~ *staan* unter Eid stehen^{279}; *iets onder ede verklaren* etwas unter Eid aussagen
EEG *afk van Europese Economische Gemeenschap* Europäische Wirtschaftsgemeinschaft v^{28} (*afk* EWG v^{28})
eekhoorn Eichhörnchen o^{35}
eekhoorntjesbrood Steinpilz m^5
eelt Schwiele v^{21}, Hornhaut v^{25}
¹**een** *zn* (het getal) Eins v^{20}: ~ ~ eine Eins
²**een** *onbep vnw* einer *m*, eine *v*, eines *o*: *de* ~ *zegt dit, de andere dat* einer (*of*: der eine) sagt dies, der andre das
³**een** *telw* ein$^{72, 73}$: ~, *twee, drie* eins, zwei, drei; *het is één uur* es ist ein Uhr, es ist eins
⁴**een** *lw*^{67}: *op* ~ *avond* eines Abends, an einem Abend
eenakter Einakter m^9
eenarmig einarmig
eenbenig einbeinig
eend Ente v^{21}
eendaags eintägig
eendagsvlieg Eintagsfliege v^{21}
eendenjacht Entenjagd v^{20}
eendenkroos Entengrütze v^{28}
eender gleich: *het is mij* ~ es ist mir egal
eendracht Eintracht v^{28}, Einigkeit v^{28}
eendrachtig einträchtig, einmütig
eenduidig eindeutig
eenentwintigen Siebzehnundvier spielen
eengezinswoning Einfamilienhaus o^{32}
eenheid Einheit v^{20}
eenheidsprijs Einheitspreis m^5
eenjarig einjährig
eenkennig: *het kind is* ~ das Kind hat Angst vor Fremden
eenlettergrepig einsilbig
eenling Einzelne(r) m^{40a}, v^{40b}, Einzelgänger m^9
eenmaal einmal
eenmalig einmalig
eenmanszaak Einmannbetrieb m^5
eenmaster Einmaster m^9
eenmotorig einmotorig
eenogig einäugig
eenoudergezin allein erziehender Elternteil m^5
eenpersoonsbed Einzelbett o^{37}
eenpersoonskamer Einzelzimmer o^{33}, Einbettzimmer o^{33}
eenrichtingsverkeer Einbahnverkehr m^{19}: *straat met* ~ Einbahnstraße v^{21}
eens 1 (*eenmaal*) einmal; (*op zekere dag, ook*) eines Tages: *er was* ~ es war einmal; *kom* ~ *hier!* komm mal her!; *weleens* mitunter 2 (*lang geleden of in de toekomst, ooit*) einst 3 (*eensgezind*) einig, einverstanden
eensgezind einig, einmütig
eensgezindheid Einigkeit v^{28}, Einmütigkeit v^{28}
eensklaps plötzlich, auf einmal

eensluidend gleich lautend, übereinstimmend
eenstemmig einstimmig
eentje einer *m*, eine *v*, eins *o*: *dat is me er ~!* das ist einer!; *in mijn ~* (ganz) allein
eentonig eintönig
eentonigheid Eintönigkeit *v*^{28}
een-tweetje Doppelpass *m*^{6}
eenvoud 1 Einfachheit *v*^{28} **2** *(naïviteit)* Einfalt *v*^{28}
eenvoudig einfach, schlicht
eenvoudigweg einfach
eenwaardig einwertig
eenwording Einigung *v*^{20}, Vereinigung *v*^{20}
eenzaam einsam
eenzelfde: *~ stoel* ein gleicher Stuhl
eenzelvig in sich gekehrt, zurückgezogen
eenzelvigheid Zurückgezogenheit *v*^{28}
eenzijdig einseitig
¹eer *zn* Ehre *v*^{21}: *iem de laatste ~ bewijzen* jmdm die letzte Ehre erweisen^{307}; *ere wie ere toekomt* Ehre, wem Ehre gebührt; *ik heb het naar ~ en geweten gedaan* ich habe es nach bestem Wissen und Gewissen getan; *voor de ~ bedanken* bestens dafür danken
²eer *vw* ehe, bevor
eerbaar ehrbar
eerbaarheid Ehrbarkeit *v*^{28}
eerbetoon Ehrenerweisung *v*^{20}
eerbied Ehrfurcht *v*^{28}; *(respect)* Respekt *m*^{19}: *uit ~ voor* aus Ehrfurcht *(of:* Respekt) vor^{+3}
eerbiedig ehrfurchtsvoll, ehrfürchtig
eerbiedigen 1 ehren, achten **2** *(erkennen)* respektieren^{320}: *de wet ~* das Gesetz achten
eerbiedwaardig ehrwürdig
eerdaags demnächst, bald
eerder eher: *ik wil ~ sterven, dan …* eher *(of:* lieber) will ich sterben, als …
eergevoel Ehrgefühl *o*^{39}
eergisteren vorgestern
eerherstel Rehabilitation *v*^{20}
eerlijk 1 *(betrouwbaar, naar waarheid)* ehrlich: *~ duurt het langst* ehrlich währt am längsten **2** *(gepast)* anständig
eerlijkheid Ehrlichkeit *v*^{28}
eerloos ehrlos, unehrenhaft
eerroof *(Belg) (jur)* Schmach *v*^{28}: *laster en ~* Schmach und Verleumdung
¹eerst *bn* erst: *de ~e maanden* die ersten Monate
²eerst *bw* erst, zuerst
³eerst *rangtelw* erst: *op de ~e rij* in der ersten Reihe; *de ~e steen leggen (voor)* den Grundstein legen (zu^{+3})
eerste Erste(r) *m*^{40a}, *v*^{40b}: *ten ~* erstens
eersteklas erstklassig
eerstelijns(gezondheids)zorg *(ongev)* primäre Gesundheitsfürsorge *v*^{28}
eersteling Erstling *m*^{5}
eersterangs erstrangig, erstklassig
eerstgenoemde Erstgenannte(r) *m*^{40a}, *v*^{40b}
eerstkomend, eerstvolgend nächst

eertijds ehemals, einst
eervol ehrenvoll
eerwaarde Hochwürden
eerwaardig ehrwürdig
eerwraak Ehrenrache *v*^{28}, Ehrenmord *m*^{5}
eerzaam ehrbar, ehrenhaft
eerzucht Ehrgeiz *m*^{19}
eerzuchtig ehrgeizig: *~ mens* Ehrgeizling *m*^{5}
eetbaar essbar, genießbar
eetcafé Speiselokal *o*^{29}
eetgelegenheid Gaststätte *v*^{21}, Speiselokal *o*^{29}
eethuis Esslokal *o*^{29}, Gaststätte *v*^{21}
eetkamer Esszimmer *o*^{33}
eetlepel Esslöffel *m*^{9}
eetlust Appetit *m*^{5}, Esslust *v*^{28}
eetstoornis Essstörung *v*^{20}, Ess-Störung *v*^{20}
eetzaal Speisesaal *m*^{6} *(mv -säle)*
eeuw 1 *(100 jaar)* Jahrhundert *o*^{29} **2** *(tijdperk)* Zeitalter *o*^{33}: *ik heb je in geen ~(en) gezien* ich habe dich seit einer Ewigkeit nicht gesehen
eeuwenlang jahrhundertelang
eeuwenoud jahrhundertealt, uralt
eeuwig ewig: *het ~e leven* das ewige Leben
eeuwigheid Ewigkeit *v*^{20}
eeuwwisseling Jahrhundertwende *v*^{21}
effect 1 *(uitwerking)* Effekt *m*^{5}, Wirkung *v*^{20}: *nuttig ~* Nutzeffekt; *~ sorteren* Effekt haben^{182} **2** *(handel)* Wertpapier *o*^{29}, Effekten *(mv)*, Werte *mv m*^{5}
effectenbeurs Effektenbörse *v*^{21}, Wertpapierbörse *v*^{21}
effectenhandel Effektenhandel *m*^{19}
effectenmarkt Effektenmarkt *m*^{6}
effectief 1 effektiv: *een ~ middel* ein wirksames Mittel; *(nat) ~ vermogen* Effektivleistung *v*^{20} **2** *(Belg, jur) (onvoorwaardelijk)* ohne Bewährung: *drie jaar ~* drei Jahre Gefängnis ohne Bewährung
¹effen *bn, bw* **1** *(vlak, glad)* eben, glatt **2** *(zonder kleurschakering)* uni(farben)
²effen *bw (eventjes)* kurz
effenen ebnen, glätten
efficiency Effizienz *v*^{28}
efficiënt effizient
eg Egge *v*^{21}
EG *afk van Europese Gemeenschap* Europäische Gemeinschaft *v*^{28} *(afk* EG *v*^{28})
egaal egal, gleich; *(mbt kleur)* einfarbig
egaliseren 1 *(techn)* egalisieren **2** *(van terrein)* ebnen
egel Igel *m*^{9}
eggen eggen
egocentrisch egozentrisch
egoïsme Egoismus *m*^{19a}, Selbstsucht *v*^{28}
egoïst Egoist *m*^{14}
egoïstisch egoistisch, selbstsüchtig
EHBO *afk van eerste hulp bij ongelukken* erste Hilfe *v*^{28}
EHBO-post Sanitätswache *v*^{21}
¹ei *zn* Ei *o*^{31}: *eieren voor zijn geld kiezen* klein beigeben^{166}

ei *tw (Belg)* ei!: *ei zo na* fast, beinahe
eierdooier Eidotter m^9, o^{33}, Eigelb o^{29}
eierdop Eierschale v^{21}
eierdopje Eierbecher m^9
eierstok Eierstock m^6
eigeel Eigelb o^{29}, Eidotter m^9, o^{33}
eigen eigen: ~ *weg* Privatweg m^5; *zijn* ~ *baas zijn* sein eigener Herr sein[262]; *in* ~ *persoon* in eigener Person; *die gewoonte is hem* ~ diese Gewohnheit ist ihm eigen; *zich iets* ~ *maken* sich^3 etwas zu Eigen machen; ~ *met iem zijn* mit jmdm vertraut sein[262]
eigenaar Eigentümer m^9, Besitzer m^9, Inhaber m^9: ~ *van een zaak* Geschäftsinhaber
eigenaardig eigentümlich, eigenartig; *(zonderling, vreemd)* sonderbar
eigenaardigheid Eigenart v^{20}, Eigentümlichkeit v^{20}: *ieder heeft zijn eigenaardigheden* jeder hat seine Eigentümlichkeiten
eigenares Eigentümerin v^{22}, Besitzerin v^{22}, Inhaberin v^{22}; *zie ook eigenaar*
eigenbelang Eigeninteresse o^{38}
eigendom Eigentum o^{39}, Besitz m^{19}
eigendunk Eigendünkel m^{19}, Dünkel m^{19}
eigengereid eigensinnig, eigenwillig
eigenhandig eigenhändig
eigenlijk eigentlich: ~ *gezegd was het anders* genau genommen war es anders
eigenmachtig eigenmächtig
eigennaam Eigenname m^{18}
eigentijds zeitgenössisch
eigenwaan Eigendünkel m^{19}, Dünkel m^{19}
eigenwaarde Eigenwert m^{19}: *gevoel van* ~ Selbstachtung v^{28}; Selbstgefühl o^{39}
eigenwijs, eigenzinnig eigensinnig
eik Eiche v^{21}
eikel Eichel v^{21}
eiken eichen, aus Eichenholz, Eichen…
eikenhout Eichenholz o^{39}
eiland Insel v^{21}
eilandbewoner Inselbewohner m^9
eilandengroep Inselgruppe v^{21}
eileider Eileiter m^9
eind Ende o^{38}: ~ *mei* Ende Mai; *aan het kortste* ~ *trekken* den Kürzeren ziehen[318]; *aan het langste* ~ *trekken* am längeren Hebel sitzen[268]; *het is nog een heel* ~ es ist noch eine ganze Strecke; *ten* ~*e lopen* zu Ende gehen[168]
eindafrekening Endabrechnung v^{20}, Schlussabrechnung v^{20}
eindbedrag Endbetrag m^6, Endsumme v^{21}
einddiploma *(van vwo)* Reifezeugnis o^{29a}; *(van andere school)* Abschlusszeugnis o^{29a}
einde *zie eind*
eindelijk endlich, schließlich
eindeloos endlos, unendlich
einder Horizont m^5
eindexamen *(vwo)* Abitur o^{29}, Reifeprüfung v^{20}; *(van andere schooltypen)* Abschlussprüfung v^{20}
eindexamenkandidaat *(vwo)* Abiturient m^{14}; *(van andere schooltypen)* Prüfungskandidat m^{14}
eindig endlich, vergänglich: ~*e getallen* endliche Zahlen
¹eindigen *intr* enden, aufhören
²eindigen *tr* beenden, beendigen
eindindruk Gesamteindruck, Totaleindruck m^6
eindje Endchen o^{35}: *het is maar een kort* ~ es ist nur ein Katzensprung
eindklassement Gesamtwertung v^{20}
eindmeet *(Belg)* Ziel o^{29}
eindoordeel Endurteil o^{29}
eindproduct Endprodukt o^{29}, Fertigprodukt o^{29}
eindresultaat Endergebnis o^{29a}
eindrijm Endreim m^5
eindsignaal Schlusspfiff m^5
eindspurt Endspurt m^5, m^{13}
eindstand Endstand m^6
eindstation *(spoorw)* Zielbahnhof m^6; *(fig)* Endstation v^{20}
eindstreep Ziel o^{29}, Ziellinie v^{21}
eindstrijd Endkampf m^6
eindterm Qualifikationsziel o^{29}
eindwerk *(Belg)* Abschlussarbeit v^{20}
eis 1 Forderung v^{20} **2** *(vereiste)* Erfordernis o^{29a} **3** *(jur)* *(strafproces)* Strafantrag m^6; *(burgerlijk proces)* Klage v^{21}: ~ *tot schadevergoeding* Schadenersatzklage v^{21}
eisen 1 *(aanspraak maken op)* fordern, beanspruchen, verlangen **2** *(vereisen)* erfordern **3** *(vergen)* fordern **4** *(jur)* beantragen: *een zware straf* ~ eine schwere Strafe beantragen; *schadevergoeding* ~ auf Schadenersatz klagen
eiser Kläger m^9
eitje 1 *(eicel)* Eizelle v^{21} **2** *(fig)* Kleinigkeit v^{20} **3** *(zacht persoon)* Weichei o^{31}, Warmduscher m^9
eivormig eiförmig
eiwit Eiweiß o^{29}: *geklopt* ~ Eischnee m^{19}
EK *afk van Europees Kampioenschap* Europameisterschaft v^{20} *(afk EM)*
ekster Elster v^{21}
eksteroog Hühnerauge o^{38}
el Elle v^{21}
elan Elan m^{19}, Schwung m^{19}: *met* ~ mit Elan
elasticiteit Elastizität v^{28}
elastiek 1 *(gummi)* Gummi m^{13}, o^{36} **2** *(band van elastiek)* Gummiband o^{32}
elastieken aus Gummi, Gummi…
elastiekje Gummiring m^5
elastisch elastisch
elders anderswo, sonst wo, woanders
eldorado Eldorado o^{36}, Dorado o^{36}
elegant elegant
elegantie Eleganz v^{28}
elektricien Elektrotechniker m^9, Elektriker m^9
elektriciteit Elektrizität v^{28}
elektriciteitsbedrijf Elektrizitätswerk o^{29}
elektriciteitsvoorziening Elektrizitätsversorgung v^{28}

elektrificatie Elektrifizierung v^{20}
elektrificeren elektrifizieren^{320}
elektrisch elektrisch: *~e centrale* Kraftwerk o^{29}
elektriseren elektrisieren^{320}
elektrode Elektrode v^{21}
elektromotor Elektromotor m^5, m^{16}
elektronica Elektronik v^{28}
elektronisch elektronisch
elektrotechniek Elektrotechnik v^{28}
elektrotechnisch elektrotechnisch
element Element o^{29}
elementair elementar, Elementar...
¹**elf** *(natuurgeest)* Elfe v^{21}; *(zelden)* Elf m^{14}
²**elf** *telw* elf: *raad van* ~ Elferrat m^6; *(voetbal) de* ~ *kwamen het veld op* die Elf kam aufs Feld
³**elf** *rangtelw* elfte: ~ *mei* der elfte Mai
¹**elfde** *zn* Elftel o^{33}
²**elfde** *rangtelw* der (die, das) elfte: *te ~r ure* in zwölfter Stunde
elfendertigst: *op zijn* ~ im Schneckentempo
elfje Elfe v^{21}
elfmetertrap 1 *(strafschop)* Elfmeter m^9 2 *(het schot)* Elfmeterschuss m^6
elftal Mannschaft v^{20}, Elf v^{21}
eliminatie Elimination v^{20}
elimineren eliminieren^{320}
elitair elitär
elite Elite v^{21}
elitekorps Elitetruppe v^{21}
elk jeder, jede, jedes
elkaar einander: *ze kennen* ~ sie kennen einander; *drie dagen achter* ~ drei Tage hintereinander; *hij heeft ze niet allemaal bij* ~ er hat sie nicht richtig beieinander; *dat is bij* ~ *10 euro* das macht zusammen 10 Euro; *iem in* ~ *slaan* jmdn zusammenhauen^{185}; *in* ~ *zakken* zusammenbrechen^{137}; *met* ~ *praten* miteinander reden; *iets voor* ~ *krijgen* etwas schaffen; *de zaak is voor* ~ die Sache ist in Ordnung
elleboog Ellbogen m^{11}
ellende Elend o^{39}
ellendeling Hundsfott m^5, m^8, Dreckskerl m^5
ellendig elend: *ik voel me* ~ mir ist elend; *een ~e geschiedenis* eine miserable Geschichte
ellepijp Elle v^{21}
ellips Ellipse v^{21}
elpee LP v^{27} (*mv ook* -), Langspielplatte v^{21}
¹**els** *(priem)* Ahle v^{21}, Pfriem m^5
²**els** *(plant)* Erle v^{21}
Elzas: *de* ~ das Elsass o^{39}, o^{39a}
Elzas-Lotharingen Elsass-Lothringen o^{39}
Elzasser Elsässer m^9
email Email o^{36}, Emaille v^{21}
e-mail E-Mail v^{27}, *Z-Dui, Zwits, Oostenr* o^{36}: *per* ~ per E-Mail
e-mailadres E-Mail-Adresse v^{21}
e-mailen emailen, e-mailen
emailleren emaillieren^{320}
emancipatie Emanzipation v^{20}

emancipatiebeleid Gleichstellungspolitik v^{28}
emanciperen emanzipieren^{320}
emballage Emballage v^{21}, Verpackung v^{20}
embargo Embargo o^{36}: ~ *leggen op* mit Embargo belegen
embleem Emblem o^{29}
embryo Embryo m^{13}
embryonaal embryonal
emigrant Auswanderer m^9, Emigrant m^{14}
emigratie Auswanderung v^{20}, Emigration v^{20}
emigreren auswandern, emigrieren^{320}
eminent eminent, hervorragend
emir Emir m^5
emiraat Emirat o^{29}
emissie Emission v^{20}
emmer Eimer m^9
emoticon Emoticon o^{36}
emotie Emotion v^{20}, Gefühlsregung v^{20}
emotie-tv Gefühlsfernsehen o^{39}
emotioneel emotionell, emotional
emplooi 1 *(bezigheid)* Beschäftigung v^{20} 2 *(betrekking)* Stelle v^{21}
employé Angestellter m^{40a}
employee Angestellte v^{40b}
emulsie Emulsion v^{20}
en und: *nou en!* na und!; *bevalt het je? en of!* gefällt es dir? und wie!; *én hij én zijn vriend* sowohl er als (auch) sein Freund; *het werd stiller en stiller* es wurde immer stiller
en bloc en bloc
enclave Enklave v^{21}
encycliek Enzyklika *v (mv* Enzykliken)
encyclopedie Enzyklopädie v^{21}
endeldarm Mastdarm m^6
enenmale: *ten* ~ völlig, vollends
energie Energie v^{21}
energiebedrijf Elektrizitätsgesellschaft v^{20}
energiek energisch, tatkräftig
energievoorziening Energieversorgung v^{20}
energydrink Energydrink m^{13} *(2e nvl ook* -)
enerverend aufreibend
enerzijds einerseits
enfin kurz, kurzum
eng 1 *(nauw)* eng, knapp 2 *(bekrompen)* eng, beschränkt 3 *(griezelig)* unheimlich
engagement 1 *(verbintenis)* Engagement o^{36} 2 *(verloving)* Verlobung v^{20}
engageren engagieren^{320}
engel Engel m^9
Engeland England o^{39}
engelengeduld Engelsgeduld v^{28}
¹**Engels** *zn* Englisch o^{41}: *het artikel is in het* ~ *geschreven* der Artikel ist in Englisch abgefasst; *hoe heet dat in het* ~*?* wie heißt das auf Englisch? (*of*: im Englischen?); *in het* ~ *vertalen* ins Englische übersetzen
²**Engels** *bn* englisch
Engelsman Engländer m^9
engerd widerlicher Kerl m^5

en gros en gros, im Großen
engte Enge v^{21}
enig *bn* **1** *(waarvan geen tweede is)* einzig: *haar ~e zoon* ihr einziger Sohn **2** *(prachtig)* einzig, einmalig: *~ in zijn soort* einzigartig
enig *onbep telw, onbep vnw* einig: *~e vrienden hielpen hem* einige Freunde halfen ihm; *zonder ~ probleem* ohne ein einziges Problem
enigerlei irgendwelch, irgendein
enigermate einigermaßen
eniggeboren eingeboren
enigszins einigermaßen
enkel *zn* Knöchel m^9, Fußknöchel
enkel *bn, telw* **1** *(niet meer dan één)* einzig: *een ~e lamp* eine einzige Lampe **2** *(niet dubbel)* einfach: *een ~e reis* eine einfache Fahrt **3** *(weinig)* einig, einzeln: *één ~e boom* ein einzelner *(of:* einziger) Baum
enkel *bw* bloß, nur, lauter: *~ en alleen* einzig und allein
enkeling Einzelperson v^{20}, Einzelne(r) m^{40a}, v^{40b}
enkelspel Einzelspiel o^{29}, Einzel o^{33}
enkelvoud Einzahl v^{28}
enkelvoudig einfach
en masse en masse, in Massen
enorm enorm, riesig
en passant beiläufig, nebenbei
enquête **1** *(namens parlement)* Enquete v^{21} **2** *(opiniepeiling)* Umfrage, Meinungsumfrage v^{21}
ensceneren inszenieren^{320}, in Szene setzen
enscenering Inszenierung v^{20}
ensemble Ensemble o^{36}
enten pfropfen, okulieren^{320}
enter Enter o^{39}
enteren entern
entertoets Entertaste v^{21}, Enter o^{39}
enthousiasme Begeisterung v^{28}
enthousiast begeistert
entree **1** Entree o^{36}: *vrij ~* Eintritt frei **2** *(toegangsprijs)* Eintrittsgeld o^{31}
entreebiljet Eintrittskarte v^{21}
enveloppe Briefumschlag m^6, Kuvert o^{36}
enz., enzovoort(s) und so weiter *(afk* usw.)
epidemie Epidemie v^{21}, Seuche v^{21}
epidemisch epidemisch
epiek Epik v^{28}
epilepsie Epilepsie v^{21}
epilepticus Epileptiker m^9
epileptisch epileptisch
epileren epilieren^{320}, enthaaren
epiloog Epilog m^5
episch episch: *~ dichter* Epiker m^9
episode Episode v^{21}
epistel Epistel v^{21}
epo *afk van erytropoëtine* Erythropoietin o^{39} *(afk* Epo o^{39a}, EPO o^{39a})
epos Epos o *(2e nvl -; mv* Epen)
equator Äquator m^{16}
equatoriaal äquatorial

equipe Equipe v^{21}
equivalent *zn* Äquivalent o^{29}
equivalent *bn* äquivalent
er da, es; derer: *(soms onvertaald) hij ziet er goed uit* er sieht gut aus; *ik ben er al* ich bin schon da; *er was eens* es war einmal; *er zijn goeden en slechten* es gibt Gute und Böse; *wat is er?* was gibt's?; *er zijn er, die zeggen* es gibt derer *(of:* Leute), die sagen
era Ära *v (mv* Ären)
eraan daran: *hij gaat ~* er wird daran glauben müssen; *wat scheelt ~?* was fehlt dir?; *wat kan ik ~ doen!* was kann ich dafür!; *ik kom ~* ich komme gleich
erachter dahinter: *~ komen* dahinter kommen^{193}
erbarmelijk erbärmlich, miserabel
erbij dabei, dazu: *ik blijf ~* ich bleibe dabei
erdoor hindurch: *zich ~ slaan* sich durchschlagen^{241}
ereburger Ehrenbürger m^9
erectie Erektion v^{20}
eredienst Gottesdienst m^5; *(fig)* Kult m^5
eredivisie Bundesliga *v (mv* -ligen): *club van de ~, speler in de ~* Bundesligist m^{14}
eregast Ehrengast m^6
erelid Ehrenmitglied o^{31}
ereloon *(Belg)* Honorar o^{29}
eren ehren
ereronde Ehrenrunde v^{21}
eretribune Ehrentribüne v^{21}
erewoord Ehrenwort o^{39}
erf Hof m^6: *huis en ~* Haus und Hof
erfdeel Erbteil o^{29}: *wettelijk ~* Pflichtteil m^5, o^{29}
erfelijk erblich: *~ belast* erblich belastet
erfelijkheid Erblichkeit v^{28}; *(biol)* Vererbung v^{20}
erfenis Erbe o^{39}, Erbschaft v^{20}
erfgenaam Erbe m^{15}
erfgename Erbin v^{22}
erfzonde Erbsünde v^{28}
erg *zn (opzet)* Absicht v^{20}: *zonder ~* unabsichtlich; *geen ~ in iets hebben* etwas nicht bemerken
erg *bn, bw* arg^{58}, schlimm; *(intensiverend ook)* sehr: *zijn ~ste vijand* sein ärgster Feind; *in het ~ste geval* schlimmstenfalls; *des te ~er* umso schlimmer; *het is ~ koud* es ist arg *(of:* sehr) kalt
ergens *(op een of andere plaats)* irgendwo: *~ anders* anderswo; *~ heen* irgendwohin; *~ vandaan* irgendwoher; *hier ~* hierherum **2** *(op een of andere manier)* irgendwie: *~ mag ik hem wel* ich habe ihn irgendwie gern **3** *(iets)* etwas, irgendetwas
ergeren *tr* ärgern: *iem ~* jmdn ärgern
ergeren, zich sich ärgern: *zich dood ~* sich zu Tode ärgern; *zich aan iets ~* sich über^{+4} etwas ärgern
ergerlijk **1** ärgerlich **2** *(aanstotelijk)* empörend
ergernis Ärgernis o^{29a}
erin darin; *(mbt richting)* herein, hinein
erkend anerkannt
erkennen **1** *(toegeven)* zugeben^{166} **2** *(inzien)* er-

kennen[189] **3** *(als wettig beschouwen)* anerkennen[189]
erkenning 1 *(inzicht)* Erkenntnis v^{24} **2** *(waardering)* Anerkennung v^{28}
erkentelijk erkenntlich, dankbar
erkentelijkheid Erkenntlichkeit v^{28}
erker Erker m^9
erlangs vorbei: *ik wil* ~ ich möchte vorbei
erlenmeyer Erlenmeyerkolben m^{11}
ermee damit: *weg* ~*!* weg damit!
erna danach
ernaar danach, hin: *ik kijk* ~ ich sehe hin
ernaartoe hin, dahin: *hij liep* ~ er ging (da)hin
ernaast daneben: ~ *zitten* sich irren
ernst Ernst m^{19}: *in* ~ im Ernst; *in alle* ~ allen Ernstes; *ik meen het in* ~ ich meine es ernst
¹**ernstig** *bn* ernst, ernsthaft: ~*e verwondingen* ernste (*of:* schwere) Verletzungen
²**ernstig** *bw* **1** *(in, met ernst)* ernst, ernsthaft **2** *(met volle overtuiging)* ernsthaft, ernstlich: *het* ~ *menen* es ernst meinen **3** *(hevig)* ernstlich, schwer
eronderdoor darunter hindurch: *hij gaat* ~ *(lett)* er geht darunter hindurch; *(fig)* er geht daran zugrunde (*of:* zu Grunde)
erop darauf, herauf, hinauf
erosie Erosion v^{20}
erotica Erotika *(mv)*, Erotiken *(mv)*
erotiek Erotik v^{28}
erotisch erotisch
erover darüber: ~ *lopen* darüber gehen[168]
ertegen dagegen: *zij is* ~ sie ist dagegen
ertoe dazu: ~ *in staat zijn* dazu fähig sein[262]
erts Erz o^{29}
ertussen dazwischen
eruit daraus; heraus; hinaus
eruptie Eruption v^{20}
ervan davon: *dat komt* ~*!* das kommt davon!
ervandoor: *hij is* ~ er ist über alle Berge
¹**ervaren** *bn* erfahren, bewandert
²**ervaren** *ww* erfahren[153]
ervarenheid Erfahrenheit v^{28}
ervaring Erfahrung v^{20}
erven erben: ~ *van* erben von[+3]
ervoor davor, dafür: *een huis met een tuin* ~ ein Haus mit einem Garten davor; *ik ben* ~ ich bin dafür; ~ *instaan* dafür einstehen
erwt Erbse v^{21}: *groene* ~ grüne Erbse
erwtensoep Erbsensuppe v^{21}
es *(plantk)* Esche v^{21}
escalatie Eskalation v^{20}, Eskalierung v^{20}
escaleren eskalieren[320]
escorte Eskorte v^{21}, Geleit o^{39}
escorteren eskortieren[320]
esculaap *(embleem)* Äskulapstab m^6
esdoorn Ahorn m^5
eskader Geschwader o^{33}
Eskimo Eskimo *m (2e nvl -(s); mv -(s))*
esp Espe v^{21}, Zitterpappel v^{21}
espresso Espresso *m (2e nvl -(s); mv -sos of -si)*

esprit Esprit m^{19}
essay Essay m^{13}, o^{36}
essentie Essenz v^{20}, Wesen o^{39}
essentieel essenziell, essentiell, wesentlich
establishment Establishment o^{36}
estafette *(sp)* Staffel v^{21}
esthetisch ästhetisch
etablissement Etablissement o^{36}
etage Etage v^{21}, Stock m^6, Geschoss o^{29}: *op de eerste* ~ im ersten Stock
etalage Schaufenster o^{33}
etaleren ausstellen
etaleur Schaufensterdekorateur m^5
etappe Etappe v^{21}: *in* ~*s* etappenweise
etc. *afk van et cetera* et cetera *(afk* etc.), und so weiter *(afk* usw.)
¹**eten** *zn* Essen o^{35}: *onder het* ~ bei Tisch
²**eten** *ww* essen[152]: *eet smakelijk!* guten Appetit!
etenstijd Essenszeit v^{20}
etenswaar Esswaren *mv* v^{21}
etentje Essen o^{35}
eter Esser m^9: *een flinke* ~ ein starker Esser
ether Äther m^{19}
ethiek Ethik v^{20}
ethisch ethisch
etiket Etikett *o (2e nvl -s; mv -e(n) of -s)*
etiketteren *(ook fig)* etikettieren[320]
etiquette Etikette v^{21}
etmaal vierundzwanzig Stunden *mv* v^{21}
etnisch ethnisch
ets Radierung v^{20}
etsen radieren[320]
ettelijke 1 *(heel wat)* etliche **2** *(enkele)* einige
etter 1 *(med)* Eiter m^{19} **2** *(naarling)* Ekel o^{33}
etteren eitern
etude Etüde v^{21}
etui Etui o^{36}
etymologie Etymologie v^{21}
etymologisch etymologisch
EU *afk van Europese Unie* Europäische Union v^{28} *(afk* EU v^{28})
eucharistie Eucharistie v^{21}
eucharistieviering Eucharistiefeier v^{21}
eufemisme Euphemismus *m (2e nvl -; mv -men)*
eufemistisch euphemistisch
euforie Euphorie v^{21}
euregio Euregio v^{28}
euro *(munteenheid)* Euro *m*¹³ *(2e nvl ook -)*: *biljet van 10* ~ Zehneuroschein m^5; *biljet van 100* ~ Hunderteuroschein m^5; *20* ~ 20 Euro
eurocent Eurocent *m*¹³ *(2e nvl ook -; mv ook -)*: *5* ~ 5 Eurocent
eurocheque Eurocheque m^{13}
euroland Euroland o^{32}
euromunt Euromünze v^{21}
Europa Europa o^{39}
Europacup Europapokal m^5
Europarlement Europaparlament o^{29}
Europeaan Europäer m^9

Europees europäisch
Europese Europäerin v^{22}
euroteken Eurozeichen o^{35}
Eurovisie Eurovision v^{28}
euthanasie Euthanasie v^{28}
euvel *zn* Übel o^{33}
euvel *bn, bw* übel: *iem iets ~ duiden* jmdm etwas verübeln; *de ~e moed hebben* die Unverschämtheit haben^{182}
evacuatie Evakuierung v^{20}
evacué, evacuee Evakuierte(r) m^{40a}, v^{40b}
evacueren evakuieren^{320}
evalueren evaluieren^{320}
evangelie Evangelium *o (2e nvl -s; mv -liën)*
evangelisch evangelisch
evangelist Evangelist m^{14}
even *zn*: *het is mij om het ~* es ist mir egal
even *bn (deelbaar door twee)* gerade
even *bw* **1** *(in gelijke mate)* ebenso, genauso, gleich: *hij is ~ groot als jij* er ist ebenso (*of:* genauso) groß wie du; *zij zijn ~ oud* sie sind gleich alt **2** *(korte tijd)* einen Augenblick, kurz, mal, schnell: *wacht ~!* warte mal!; *ik moet ~ weg* ich muss kurz weg; *het is ~ voor achten* es ist kurz vor acht
evenaar Äquator m^{16}
evenals ebenso wie, genauso wie
evenaren gleichkommen^{193+3}
evenbeeld Ebenbild o^{31}
eveneens ebenfalls, gleichfalls
evenement Ereignis o^{29a}
evengoed ebenso, genauso
evenmin ebenso wenig
evenredig proportional: *stelsel van ~e vertegenwoordiging* Verhältniswahlsystem o^{29}; *(wisk) ~e delen* proportionale Teile; *de beloning was ~ met de dienst* die Belohnung entsprach dem Dienst; *recht ~ (met)* direkt proportional (zu^{+3}); *omgekeerd ~ (met)* indirekt proportional (zu^{+3})
evenredigheid 1 *(verhouding)* Verhältnis o^{29a}: *naar ~ van* im Verhältnis zu^{+3}; *de prijs is naar ~ verhoogd* der Preis ist entsprechend erhöht worden **2** *(wisk)* Proportion v^{20}
eventjes 1 *(tijd)* einen Augenblick **2** *(amper)* kaum
eventualiteit Eventualität v^{20}
eventueel eventuell
evenveel ebenso viel, genauso viel, gleich viel: *ze kosten ~* sie kosten gleich viel; *van ~ belang* gleich wichtig
evenwel jedoch, gleichwohl, dennoch
evenwicht Gleichgewicht o^{39}: *elkaar in ~ houden* sich im Gleichgewicht halten^{183}; *het ~ verstoren* das Gleichgewicht stören; *in ~ zijn* im Gleichgewicht sein^{262}
evenwichtig ausgeglichen, ausgewogen
evenwichtsorgaan Gleichgewichtsorgan o^{29}
evenwijdig parallel: *~e lijn* Parallele v^{21}; *~ lopen* parallel sein^{262}; *~ aan* parallel mit^{+3}

evenzeer ebenso sehr, genauso sehr
evenzo ebenso, genauso, geradeso
everzwijn Wildschwein o^{29}
evolutie Evolution v^{20}
evolutieleer Evolutionslehre v^{21}
ex Ehemalige(r) m^{40a}, v^{40b}: *zijn ex* seine Ehemalige; *haar ex* ihr Ehemaliger; *ex-minister* früherer Minister m^9
exact exakt
examen Examen o^{35} (*mv ook* Examina), Prüfung v^{20}: *~ doen* Examen machen
examenkandidaat Prüfling m^5, Prüfungskandidat m^{14}, Examenskandidat
examineren examinieren^{320}, prüfen
excellentie Exzellenz v^{20}
excentriek exzentrisch
exceptioneel exzeptionell, außergewöhnlich
¹**exclusief** *bn* exklusiv
²**exclusief** *vz* ohne^{+4}
excursie Exkursion v^{20}, Ausflug m^6
excuseren entschuldigen: *zich voor iets ~* sich für^{+4} etwas entschuldigen
excuus Entschuldigung v^{20}: *~ vragen* um Entschuldigung bitten^{132}
executeren exekutieren^{320}
executie 1 *(voltrekking)* Vollstreckung v^{20} **2** *(terechtstelling)* Exekution v^{20}, Hinrichtung v^{20}
exemplaar Exemplar o^{29}
exerceren exerzieren^{320}
exercitie Exerzierübung v^{20}
existentie Existenz v^{20}
existentieel existenziell, existentiell
existeren existieren^{320}
exitpoll Exitpoll m^{13}, Exit-Poll m^{13}, Wahltagsbefragung v^{20}
exotisch exotisch
expansie Expansion v^{20}
expansiepolitiek Expansionspolitik v^{28}
expat Expat m^{13}, Wahlausländer m^9
expediteur Spediteur m^5
expeditie 1 *(verzending)* Spedition v^{20} **2** *(ontdekkingsreis)* Expedition v^{20}
experiment Experiment o^{29}, Versuch m^5
experimenteel experimentell
experimenteren experimentieren^{320}
expert Experte m^{15}, Sachverständige(r) m^{40a}, v^{40b}
expertise Expertise v^{21}
¹**expliciet** *bn* explizit
²**expliciet** *bw* explizite
exploderen explodieren^{320}
exploitant Unternehmer m^9, Betreiber m^9
exploitatie 1 Betrieb m^5 **2** *(mijnb)* Ausbeutung v^{20} **3** *(uitbuiting)* Ausbeutung v^{20}
exploiteren 1 *(van fabriek, onderneming)* betreiben^{290} **2** *(mijnb, iem)* ausbeuten
explosie Explosion v^{20}
¹**explosief** *zn* Sprengstoff m^5
²**explosief** *bn* explosiv

export

export Export m^5, Ausfuhr v^{20}
exporteren exportieren^{320}, ausführen
exporteur Exporteur m^5
exposeren ausstellen
expositie Ausstellung v^{20}
expres *(met opzet)* absichtlich
expresbrief Eilbrief m^5
expresse: *per ~ verzenden* als Eilbrief senden^{263}
expressie Ausdruck m^6
expressief ausdrucksvoll
expressionisme Expressionismus m^{19a}
exprestrein Schnellzug m^6, D-Zug m^6
expresweg *(Belg) (ongev)* Fernstraße v^{21}
extase Ekstase v^{21}, Verzückung v^{20}
extatisch ekstatisch, verzückt
extensie *(comp)* Extension v^{20}, v^{27}
extension *(hairextension)* Haarverlängerung v^{20}, Hairextension v^{27}
extern extern
¹**extra** *bn* extra, zusätzlich
²**extra** *bw (boven het gewone)* extra: *drie euro ~* drei Euro extra; *~ sterk* extra stark
extract Extrakt m^5
extra-editie Extraausgabe v^{21}, Sonderausgabe v^{21}
extratrein Sonderzug m^6
extravagant extravagant
extravagantie Extravaganz v^{20}
extreem extrem
extremist Extremist m^{14}
ezel 1 *(dierk)* Esel m^9: *hij is een ~* er ist ein Esel **2** *(schildersezel)* Staffelei v^{20}
ezelin Eselin v^{22}
ezelsbrug Eselsbrücke v^{21}
ezelsoor *(ook van boek)* Eselsohr o^{37}

f

faalangst Angst v^{25} zu versagen
faam 1 *(reputatie)* Ruf m^{19} **2** *(roem)* Ruhm m^{19}
fabel Fabel v^{21}
fabelachtig fabelhaft
fabricaat Fabrikat o^{29}, Produkt o^{29}, Erzeugnis o^{29a}
fabricage Herstellung v^{20}, Fertigung v^{20}
fabricagekosten Herstellungskosten *(mv)*, Fertigungskosten *(mv)*
fabriceren herstellen, anfertigen
fabriek Fabrik v^{20}; *(groot)* Werk o^{29}
fabrieksarbeider Fabrikarbeiter m^9
fabrieksgebouw Fabrikgebäude o^{33}
fabrikant Fabrikant m^{14}, Fabrikbesitzer m^9
fabuleus fabelhaft
façade *(ook fig)* Fassade v^{21}
facelift(ing) Facelifting o^{36}
facet 1 *(geslepen vlak)* Facette v^{21}, Fassette v^{21} **2** *(aspect)* Aspekt m^5
faciliteit 1 *(gemakkelijkheid)* Komfort m^{19} **2** *(tegemoetkoming)* Vergünstigung v^{20}
faciliteiten *(Belg)* gesetzliche Regelungen hinsichtlich des Sprachgebrauchs in zweisprachigen Gemeinden
factor Faktor m^{16}
factureren fakturieren^{320}
factuur Rechnung v^{20}
facultatief fakultativ, wahlfrei: *~ vak* Wahlfach o^{32}
faculteit Fakultät v^{20}
fagot Fagott o^{29}
fagottist Fagottist m^{14}
failliet *bn* zahlungsunfähig, bankrott: *~e boedel* Konkursmasse v^{21}; *een ~e firma* eine bankrotte Firma; *~ gaan* Konkurs machen
faillietverklaring Konkurseröffnung v^{20}
faillissement Konkurs m^5, Bankrott m^5
fair fair
fakir Fakir m^5
fakkel Fackel v^{21}
fakkeldrager Fackelträger m^9
falafel Falafel v^{21}
falen 1 *(tekortschieten)* versagen **2** *(mislukken)* scheitern
falie: *iem op zijn ~ geven* jmdm die Jacke voll hauen^{185}; *op zijn ~ krijgen* die Jacke voll kriegen

faliekant: *dat loopt ~ af* das geht schief; *~ verkeerd* vollkommen falsch
faling *(Belg)* Konkurs m^5, Bankrott m^5
fameus 1 *(geweldig)* famos **2** *(vermaard)* namhaft
familiaal *(Belg)* Familien-
familiair familiär
familie Familie v^{21}: *van goede ~* aus guter Familie; *hij is ~ van mij* er ist ein Verwandter von mir
familiebezoek Verwandtenbesuch m^5
familiegraf Familiengrab o^{32}, Familiengruft v^{25}
familiekring Familienkreis m^5, Verwandtenkreis
familielid Familienangehörige(r) m^{40a}, v^{40b}
familienaam Familienname m^{18}
familieschaak *(schaken)* Familienschach o^{39}
¹**fan** *(ventilator)* Ventilator m^{16}
²**fan** *(vereerder)* Fan m^{13}
¹**fanaat** *zn* Fanatiker m^9
²**fanaat** *bn, bw* fanatisch
fanaticus Fanatiker m^9
fanatiek fanatisch
fanatiekeling Fanatiker m^9
fanclub Fanklub m^{13}
fancy fair Wohltätigkeitsbasar m^5
fanfare, fanfarekorps Blaskapelle v^{21}
fanmail Fanpost v^{28}
fantaseren fantasieren^{320}, phantasieren^{320}
fantasie Fantasie v^{21}, Phantasie v^{21}
fantast(e) Fantast m^{14}, Phantast m^{14}, Fantastin v^{22}, Phantastin v^{22}
fantastisch fantastisch, phantastisch
fantasy Fantasy v^{28}
fantoom Phantom o^{29}
farao Pharao *m (2e nvl -s; mv* Pharaonen*)*
farce Farce v^{21}
farde *(Belg)* **1** *(opbergmap)* Ordner m^9 **2** *(slof, lange doos)* Stange v^{21}
farizeeër *(ook fig)* Pharisäer m^9
farmaceutisch pharmazeutisch
fascinatie Faszination v^{20}
fascineren faszinieren^{320}
fascinerend faszinierend
fascisme Faschismus m^{19a}
fascist Faschist m^{14}
fascistisch faschistisch
fase Phase v^{21}, Stufe v^{21}: *(school) tweede ~* zweite Phase
fat Geck m^{14}
fataal fatal, verhängnisvoll
fatalisme Fatalismus m^{19a}
fatalist Fatalist m^{14}
fatalistisch fatalistisch
fatsoen 1 *(goede manieren)* Anstand m^{19}: *zijn ~ houden* den Anstand wahren; *hou je ~!* benimm dich! **2** *(vorm)* Form v^{20}, Fassung v^{28}
fatsoeneren in Ordnung bringen^{139}
fatsoenlijk 1 *(welgemanierd)* anständig **2** *(behoorlijk)* ordentlich
fatsoenshalve anstandshalber
fatwa Fetwa o^{36}, Fatwa o^{36}

fauna Fauna v (mv Faunen)
fauteuil Armsessel m^9, Lehnsessel m^9
¹**favoriet** zn Favorit m^{14}
²**favoriet** bn 1 (sp) favorisiert 2 (geliefd) bevorzugt, Lieblings...
favoriete Favoritin v^{22}
fax (apparaat, bericht) Fax o (2e nvl -; mv -(e))
faxen faxen
fazant Fasan m^5, m^{16}
februari Februar m^5 (2e nvl ook -): in ~ im Februar
fecaliën, feces Fäzes (mv), Fäkalien (mv)
federaal föderativ, föderal; (mbt Duitsland vaak) Bundes...
federaliseren föderalisieren³²⁰
federalisme Föderalismus m^{19a}
federatie Föderation v^{20}
federatief föderativ
feedback Feedback o^{36}, Feed-back o^{36}
feeks Hexe v^{21}
feeling Feeling o^{36}, Gespür o^{39}
feest Fest o^{29}; (plechtiger) Feier v^{21}
feestavond Festabend m^5
feestbundel Festschrift v^{20}
feestdag Festtag m^5; (gedenkdag) Feiertag m^5
feestdrukte Festtrubel m^{19}
feestelijk festlich: ~e optocht Festzug m^6; ik bedank er ~ voor ich danke bestens
feestelijkheid Festlichkeit v^{20}
feesten ein Fest feiern
feestje Fete v^{21}: een ~ bouwen eine Fete veranstalten
feestmaal Festessen o^{35}, Festmahl o^{29}
feestvarken Geburtstagskind o^{31}, Jubilar m^5, Jubilarin v^{22}
feestvieren (ein Fest) feiern
feestvreugde Festfreude v^{21}
feilloos fehlerfrei, fehlerlos
feit 1 Tatsache v^{21}: overeenkomstig de ~en den Tatsachen entsprechend; in ~e tatsächlich 2 (omstandigheid) Umstand m^6 3 (jur) Tat v^{20}, Tatbestand m^6: strafbaar ~ Straftat v^{20}
¹**feitelijk** bn tatsächlich: een ~e onmogelijkheid eine tatsächliche Unmöglichkeit
²**feitelijk** bw faktisch, eigentlich: dat is ~ hetzelfde das ist faktisch dasselbe
feitenkennis Sachkenntnisse (mv)
feitenmateriaal Tatsachenmaterial o^{39}
fel 1 (mbt kleur, licht) grell 2 (mbt aanval, brand, pijn, reactie, strijd) heftig: hij is erg ~ er ist sehr heftig; de ~le zon die pralle Sonne; een ~le wind ein scharfer Wind 3 (mbt kritiek, protest) heftig, scharf
felheid 1 Grellheit v^{28} 2 Heftigkeit v^{28} 3 Schärfe v^{28}; zie ook fel
felicitatie Glückwunsch m^6, Gratulation v^{20}
feliciteren gratulieren³²⁰⁺³, beglückwünschen⁺⁴: iem met zijn verjaardag ~ jmdm zu seinem Geburtstag gratulieren

feminisme Feminismus m^{19a}
feministe Feministin v^{22}, Frauenrechtlerin v^{22}
fenomeen Phänomen o^{29}
fenomenaal phänomenal
feodaal feudal, Feudal...
feodalisme Feudalismus m^{19a}
ferm tüchtig: ~ optreden energisch auftreten²⁹¹
fermette (Belg) (ongev) Landhaus o^{32}, Wochenendhaus o^{32}
ferry, ferryboot Fähre v^{21}, Fährboot o^{29}
fervent glühend, entschieden, leidenschaftlich: een ~ tegenstander ein entschiedener Gegner
festijn (feest) Fest o^{29}; (feestmaal) Festessen o^{35}
festival Festival o^{36}, Festspiele mv o^{29}
festiviteit Festlichkeit v^{28}, Fest o^{29}
feuilleton Fortsetzungsroman m^5
fiasco Fiasko o^{36}, Misserfolg m^5
fiat Zustimmung v^{20}, Genehmigung v^{20}
fiche Spielmarke v^{21}, Fiche v^{27}
fictie Fiktion v^{20}
fictief fiktiv: fictieve winst imaginärer Gewinn m^5
fiducie Vertrauen o^{39}: geen ~ in iets hebben kein Vertrauen zu⁺³ etwas haben¹⁸²
fier stolz
fierheid Stolz m^{19}
fiets Fahrrad o^{32}, Rad o^{32}
fietsband Fahrradreifen m^{11}
fietsbel Fahrradklingel v^{21}, Klingel v^{21}
fietsen radeln, Rad fahren¹⁵³
fietsendief Fahrraddieb m^5
fietsenhok Fahrradstand m^6
fietsenmaker Fahrradmechaniker m^9, Fahrradschlosser m^9
fietsenrek Fahrradständer m^9
fietsenstalling Fahrradstand m^6, Fahrradabstellanlage v^{21}
fietser Radfahrer m^9
fietspad Fahrradweg m^5, Radweg m^5
fietstocht Radtour v^{20}
fiftyfifty fifty-fifty, halb und halb, halbpart
figurant 1 (theat) Statist m^{14}, Komparse m^{15} 2 (fig) Figurant m^{14}, Statist m^{14}
figuur Figur v^{20}: een grote ~ (persoon) eine große Gestalt; een goed ~ slaan eine gute Figur machen; een slecht ~ slaan eine schlechte Figur abgeben¹⁶⁶
figuurlijk bildlich, übertragen
figuurtje Figur v^{20}
figuurzaag Laubsäge v^{21}
fijn 1 (algem) fein 2 (deftig) fein, vornehm 3 (orthodox) strenggläubig
fijnbesnaard zartbesaitet, zart besaitet
fijngevoelig feinfühlig, feinfühlend
fijnheid 1 Feinheit v^{28} 2 Vornehmheit v^{28} 3 Strenggläubigkeit v^{28}; zie ook fijn
fijnkauwen zerkauen
fijnkorrelig feinkörnig
fijnmaken zerkleinern, klein machen
fijnmalen zermahlen
fijnmazig feinmaschig, engmaschig: ~ onderzoek Rasterfahndung v^{20}

fijnproever Feinschmecker *m*⁹
fijnsnijden klein schneiden²⁵⁰
fijntjes: *iets ~ zeggen* etwas verblümt sagen; *ze lachte ~* sie lächelte verschmitzt
fikken *zn* Pfoten *mv* *v*²¹
fiks 1 *(flink)* tüchtig **2** *(hard)* derb, kräftig
fiksen hinkriegen, fingern
filantroop Philanthrop *m*¹⁴
filantropisch philanthropisch
filatelie Philatelie *v*²⁸
filatelist Philatelist *m*¹⁴
¹file 1 *(rijdend)* Schlange *v*²¹: *in een ~ rijden* Kolonne fahren¹⁵³ **2** *(stilstaand)* Stau *m*⁵, *m*¹³
²file *(comp)* Datei *v*²⁰
fileren filieren³²⁰, filetieren³²⁰
filet Filet *o*³⁶
filevorming Stauung *v*²⁰, Verkehrsstauung *v*²⁰
filharmonisch philharmonisch
filiaal Filiale *v*²¹, Zweigstelle *v*²¹
filiaalhouder Filialleiter *m*⁹
film Film *m*⁵: *beschermende ~* Schutzfilm; *een ~ vertonen* einen Film vorführen; *waar draait deze ~?* wo läuft dieser Film?
filmacteur Filmschauspieler *m*⁹
filmactrice Filmschauspielerin *v*²²
filmcamera Filmkamera *v*²⁷
filmen filmen
filmkeuring Filmzensur *v*²⁸
filmmuziek Filmmusik *v*²⁰
filmopname Filmaufnahme *v*²¹
filmster Filmstar *m*¹³
filologie Philologie *v*²¹
filoloog Philologe *m*¹⁵
filosoferen philosophieren³²⁰
filosofie Philosophie *v*²¹
filosoof Philosoph *m*¹⁴
filter Filter *m*⁹; *(techn)* Filter *o*³³
filteren filtern
filtersigaret Filterzigarette *v*²¹
filtreren filtern; *(vaktaal)* filtrieren³²⁰
Fin Finne *m*¹⁵
finaal total, völlig: *hij heeft het ~ bedorven* er hat es völlig verdorben
finale Finale *o*³³, *o*³⁶, Endspiel *o*²⁹: *de achtste ~* das Achtelfinale; *de halve ~* das Halbfinale
finalist Finalist *m*¹⁴
financieel finanziell, Finanz-: *~ beleid* Finanzpolitik *v*²⁸
financiën Finanzen *(mv)*: *mijn ~* meine finanzielle Lage; *minister van Financiën* Finanzminister *m*⁹
financier Finanzier *m*¹³ [fienantsjee]
financieren finanzieren³²⁰
financiering Finanzierung *v*²⁰
fineren furnieren³²⁰
finesse Finesse *v*²¹
fingeren fingieren³²⁰, vortäuschen
finish 1 *(eindstreep)* Ziel *o*²⁹, Ziellinie *v*²¹ **2** *(afwerking)* Finish *o*³⁶

finishen durchs Ziel gehen¹⁶⁸
finishfoto Zielfoto *o*³⁶
Finland Finnland *o*³⁹
Fins finnisch
firewall *(comp)* Firewall *v*²⁷, *m*¹³
firma Firma *v* *(mv Firmen)*
firmament Firmament *o*²⁹, Himmel *m*⁹
firmant Gesellschafter *m*⁹, Teilhaber *m*⁹
fiscaal Steuer-, fiskalisch, steuerlich
fiscus 1 Fiskus *m* (2e nvl -; mv Fisken of Fiskusse) **2** *(belastingdienst)* Finanzamt *o*³²
fit fit: *zich ~ voelen* sich fit fühlen
fitness Fitness *v*²⁸
fitnesscenter Fitnesscenter *o*³³
fitting *(elektr)* Fassung *v*²⁰
fixeerbad Fixierbad *o*³²
fixeren fixieren³²⁰: *iem ~* jmdn fixieren
fjord Fjord *m*⁵
fl *afk van florijn* Gulden *m*⁹ *(afk hfl)*
flacon Flakon *m*¹³, *o*³⁶
fladderen flattern
flakkeren flackern
flamingo Flamingo *m*¹³
flanel Flanell *m*⁵
flanellen flanellen, Flanell...
flaneren flanieren³²⁰, bummeln
flank Flanke *v*²¹
flankeren flankieren³²⁰
flansen: *een opstel in elkaar ~* einen Aufsatz hinschmieren
flap *(van boekomslag)* Klappe *v*²¹
flapdrol Waschlappen *m*¹¹
flapoor Segel(flieger)ohr *o*³⁷
flappen: *hij flapt er alles uit* er plappert alles heraus
flaptekst Klappentext *m*⁵
flapuit: *hij is een ~* er plappert alles heraus
flard Fetzen *m*¹¹
flashback Rückblende *v*²¹
flat 1 *(gebouw)* Hochhaus *o*³² **2** *(wooneenheid)* Etagenwohnung *v*²⁰
flater Schnitzer *m*⁹
flatgebouw Hochhaus *o*³²; *(minder hoog)* Apartmenthaus *o*³²
flatscreen Flatscreen *m*¹³ (2e nvl ook -), Flat Screen *m*¹³ (2e nvl ook -), Flachbildschirm *m*⁵
flatteren schmeicheln⁺³: *een geflatteerd portret* ein geschmeicheltes Bild; *een balans ~* eine Bilanz frisieren³²⁰
flatteus schmeichelhaft
flauw 1 *(flauw smakend)* fade, geschmacklos **2** *(zwak)* flau, matt, schwach: *ik ben ~ van de honger* mir ist flau vor Hunger **3** *(geesteloos)* fade, abgeschmackt **4** *(niet flink)* fade: *ik heb geen ~ idee* ich habe keine blasse Ahnung
flauwekul Quatsch *m*¹⁹, Mumpitz *m*¹⁹
flauwerd, flauwerik Kindskopf *m*⁶
flauwigheid Kinderei *v*²⁰
flauwiteit dummes Zeug *o*³⁹

flauwte Ohnmacht v^{20}: *een ~ krijgen* in Ohnmacht fallen[154]
flauwtjes schwach, matt
flauwvallen in Ohnmacht fallen[154]
fleece Fleece o^{39a}
flensje (dünner) Pfannkuchen m^{11}
fles Flasche v^{21}: *op de ~ gaan* Pleite machen
flesopener Flaschenöffner m^9
flessen (jmdn) beschummeln, beschupsen
flessentrekker Schwindler m^9
flessentrekkerij Schwindel m^{19}
flets 1 (*niet helder*) matt **2** (*ongezond*) blass[59]
fleurig blühend, frisch
flexibel flexibel
flexibiliteit Flexibilität v^{28}
flexwerker flexibel einsetzbarer Mitarbeiter m^9
flierefluiter Bummelant m^{14}, Faulenzer m^9
flightrecorder Flug(daten)schreiber m^9
flik (*Belg*) (*pop*) Polizist m^{14}, Wachtmeister m^9
flikflooien liebedienern, lobhudeln
flikken (*klaarspelen*) deichseln: *hij zal het hem ~* er wird es schon schaffen
flikker (*inform*) (*homoseksueel*) Schwule(r) m^{40a} || (*plat*) *iem op zijn ~ geven* jmdm die Jacke voll hauen[185]
flikkeren 1 (*mbt kaars, vlam*) flackern **2** (*mbt ster*) flimmern **3** (*terugkaatsen van licht*) glitzern **4** (*gooien*) schmeißen[247], pfeffern
¹**flink** *bn* **1** (*stevig*) kräftig: *een ~e jongen* ein kräftiger Junge **2** (*vrij groot*) ordentlich, tüchtig, stattlich: *~e korting* bedeutender Rabatt m^5; *een ~e som geld* eine stattliche Summe; *een ~e wandeling* ein ordentlicher Spaziergang **3** (*ferm*) tapfer: *nog ~ voor zijn leeftijd* noch rüstig für sein Alter; *zich ~ houden* sich tapfer halten[183]
²**flink** *bw* (*aardig, erg*) gehörig, kräftig, ordentlich: *~ aanpakken* kräftig zupacken
flinterdun hauchdünn
flipperkast Flipper m^9
flirt Flirt m^{13}, Liebelei v^{20}
flirten flirten
flits Blitz m^5: *~en van een wedstrijd* Ausschnitte eines Spiels; *in een ~* blitzartig
flitslicht Blitzlicht o^{31}
flitspaal Starkasten m^{12}, Starenkasten m^{12}
flodder 1 (*wie slordig werkt*) Pfuscher m^9 **2** (*slordige vrouw*) Schlampe v^{21}: *losse ~* Platzpatrone v^{21}
flodderen 1 (*mbt kleren*) schlottern **2** (*slordig werken*) schmieren, pfuschen
floers Flor m^5, m^6
flonkeren funkeln, glitzern
flop 1 (*mislukking*) Flop m^{13}, Misserfolg m^5 **2** (*sp*) Flop m^{13}
floppen floppen
floppydisk Floppy Disk v^{27}, Floppydisk v^{27}
Florence Florenz o^{39}
floreren florieren[320], blühen, gedeihen[167]
floret Florett o^{29}
florissant florierend, blühend

floss Zahnseide v^{28}
flossen die Zähne mit Zahnseide reinigen
fluctuatie Fluktuation v^{20}, Schwankung v^{20}
fluctueren fluktuieren[320], schwanken
fluim Schleim m^5; (*med*) Auswurf m^6
fluisteren flüstern; (*heimelijk*) tuscheln
fluit 1 (*muz*) Flöte v^{21} **2** (*stoomfluit, fluitje*) Pfeife v^{21} || *het kan me geen ~ schelen* es ist mir schnuppe
fluitconcert 1 (*concertstuk*) Flötenkonzert o^{29} **2** (*uitfluiting door publiek*) Pfeifkonzert o^{29}
fluiten 1 (*op fluitje blazen*) pfeifen[214] **2** (*mbt vogels*) flöten, pfeifen[214] **3** (*muz*) Flöte spielen
fluitist Flötist m^{14}, Flötenspieler m^9
fluitje 1 (*kleine fluit*) Pfeife v^{21} **2** (*geluid*) Pfiff m^5
fluitketel Pfeifkessel m^9
fluitsignaal Pfeifsignal o^{29}
fluor Fluor o^{39}
fluorideren fluor(is)ieren[320], fluoridieren[320]
fluweel Samt m^5: *zo zacht als ~* samtweich
fluweelzacht samtweich
fluwelen samten, Samt…
fly-over Fly-over m^{13}, Straßenüberführung v^{20}
fnuiken brechen[137]: *dat is ~d* das ist fatal
fobie Phobie v^{21}
focus Fokus *m* (*2e nvl* -; *mv* Fokus(se))
FOD (*Belg*) *afk van* Federale Overheidsdienst föderative Behörde v^{21}
foedraal Futteral o^{29}
foefelen (*Belg*) mogeln
foefje Kniff m^5, Trick m^{13}
foei *tw* pfui!, pfui Teufel!
foeilelijk grundhässlich
foerier Versorgungsunteroffizier m^5
foeteren schimpfen (*auf*$^{+4}$)
foetsie futsch
foetus Fetus m^5 (*2e nvl* Fetus(ses); *mv* Fetusse, *ook* Feten), Fötus m^5 (*2e nvl* Fötus(ses); *mv* Fötusse, *ook* Föten)
foetushouding Fetushaltung v^{20}, Fötushaltung v^{20}
föhn Föhn m^5
föhnen föhnen
fok (*het fokken*) Zucht v^{20}, Züchtung v^{20}
fokdier Zuchttier o^{29}
fokken züchten: *schapen ~* Schafe züchten
fokker Züchter m^9
fokkerij 1 Zucht v^{20} **2** (*bedrijf*) Züchterei v^{21}
fokstier Zuchtstier m^5, Zuchtbulle m^{15}
folder Faltblatt o^{32}, Faltprospekt m^5
folie Folie v^{21}
folio Folio o^{36} (*mv ook* Folien)
folk, folkmuziek Folk m^9
folklore Folklore v^{21}
folkloristisch folkloristisch
follow-up 1 (*algem*) Nachfassen o^{39}, Nachstoßen o^{39} **2** (*nabehandeling patiënt*) Nachbehandlung v^{20}
folteraar Folterer m^9

folteren foltern: ~*de angst* folternde Angst
foltering Folter v^{21}, Folterung v^{20}
fondant Fondant m^{13}, o^{36}
fonds 1 (*van uitgever*) Verlagsprogramm o^{29} **2** (*vereniging*) Kasse v^{21} **3** (*kapitaal*) Fonds m (2e nvl -; mv -): *de nodige ~en* die benötigten Gelder **4** (*effecten*) *fondsen* Wertpapiere mv o^{29}
fondspatiënt Kassenpatient m^{14}
fondue Fondue v^{27}, o^{36}
fonetiek Phonetik v^{20}, Fonetik v^{20}
fonetisch phonetisch, fonetisch
fonkelen funkeln, glitzern
fonkelnieuw (funkel)nagelneu
font (*comp*) Font m^{13}
fontein Springbrunnen m^{11}
fooi Trinkgeld o^{31}
foor (*Belg*) Jahrmarkt m^6
foppen 1 (*bij de neus nemen*) foppen, zum Narren halten^{183} **2** (*bedriegen*) beschummeln
fopspeen Schnuller m^9, Lutscher m^9
forceren 1 (*doordrijven*) forcieren^{320}, erzwingen^{319} **2** (*dwingen*) zwingen^{319} **3** (*een deur*) aufbrechen^{137} **4** (*een machine*) überlasten
forehand Forehand v^{27}, m^{13}, Vorhand v^{28}
forel Forelle v^{21}
forens Pendler m^9
forensentrein Pendelzug m^6
forfait Pauschale v^{21}: (*Belg, sp*) ~ *geven* nicht erscheinen^{233}
forma: *in optima ~* in optima forma, in bester Form; *pro ~* pro forma, der Form wegen
formaat Format o^{29}
formalistisch formalistisch
formaliteit Formalität v^{20}
format Format o^{36}
formatie 1 (*vorming, samenstelling*) Bildung v^{20}, Formation v^{20} **2** (*mil*) Formation v^{20}, Verband m^6
formatteren formatieren^{320}
formeel 1 (*wat de vorm betreft*) formal **2** (*zeer vormelijk*) förmell, förmlich
formeren (*vormen*) formen, bilden, gestalten: *een kabinet ~* ein Kabinett bilden
formidabel formidabel, großartig, gewaltig
formule Formel v^{21}
formule 1 Formel v^{21} 1
formule 1-coureur Formel-1-Fahrer m^9
formuleren formulieren^{320}
formulering Formulierung v^{21}
formulier Formular o^{29}, Formblatt o^{32}
fornuis Herd m^5, Kochherd m^5
fors 1 (*krachtig*) kräftig, massiv **2** (*hevig, energiek*) hart, energisch
forsgebouwd kräftig gebaut, stämmig
fort Fort o^{36} [foor]
fortuin 1 (*vermogen*) Vermögen o^{35} **2** (*geluk*) Glück o^{39}
fortuinlijk glücklich
fortuynisme Fortuynismus m^{19a}
forum Forum o (2e nvl -s; mv Foren of Fora)

forumen sich an einem Internetforum beteiligen
fosfaat Phosphat o^{29}
fosfor Phosphor m^5
^{1}**fossiel** *zn* Fossil o (2e nvl -s; mv -ien)
^{2}**fossiel** *bn* fossil
foto Foto o^{36}, Aufnahme v^{21}: *een ~ nemen* ein Foto (*of:* eine Aufnahme) machen
fotoalbum Fotoalbum o (2e nvl -s; mv -alben)
fotofinish Fotofinish o^{36}
fotofoon Fotohandy o^{36}
fotogeniek fotogen
fotograaf Fotograf m^{14}
fotografe Fotografin v^{22}
fotograferen fotografieren^{320}
fotografie Fotografie v^{21}
fotokopie Fotokopie v^{21}
fotokopiëren fotokopieren^{320}
fotoreportage Bildbericht m^5
fotoshoppen fotoshoppen
fototoestel Fotoapparat m^5, Kamera v^{27}
fouilleren durchsuchen: *het ~ (ook)* Leibesvisitation v^{20}
^{1}**fout** *zn* **1** (*misslag, onjuistheid*) Fehler m^9; (*kleine fout*) Versehen o^{35} **2** (*gebrek*) Fehler m^9 **3** (*bok*) Schnitzer m^9 **4** (*overtreding*) Verstoß m^6: *kardinale ~* Kardinalfehler; *zonder één ~* fehlerlos
^{2}**fout** *bn, bw* **1** (*niet goed*) falsch: (*sp*) *~e opslag* Fehlaufschlag m^6 **2** (*onjuist*) unrichtig: *een ~e veronderstelling* eine unrichtige Annahme
foutloos fehlerlos, fehlerfrei
foutparkeerder Falschparker m^9
foxterriër Fox m^5 (2e nvl ook -), Foxterrier m^9
foxtrot Foxtrott m^5, m^{13}
foyer Foyer o^{36}
fr. *afk van frank* (*Fr, Belg, Luxemburg*) Franc m^{13} (2e nvl -) (*afk* fr(s)); (*Zwits*) Franken m^{11} (*afk* Fr., sFr., sfr(s))
fraai 1 (*mooi*) schön **2** (*aardig*) hübsch, nett
fractie 1 (*deel*) Bruchteil m^5 **2** (*pol*) Fraktion v^{20}
fractieleider, fractievoorzitter Fraktionschef m^{13}, Fraktionsführer m^9, Fraktionsvorsitzende(r) m^{40a}, v^{40b}
fractuur Fraktur v^{20}
fragiel fragil, zerbrechlich, zart
fragment Fragment o^{29}
fragmentarisch fragmentarisch
framboos Himbeere v^{21}
frame Rahmen m^{11}, Gestell o^{29}
Française Französin v^{22}
franco franko, frei; (*portvrij*) portofrei; (*vrachtvrij*) frachtfrei: *~ fabriek* frei Fabrik; *~ huis* frei Haus
frangipane (*Belg*) Mandelgebäck o^{39}
franje 1 Franse v^{21} (*meestal mv*): *met ~* mit Fransen **2** (*overbodige opsiering van een verhaal*) Ausschmückung v^{20}
^{1}**frank** *zn* **1** (*Fr, Belg, Luxemburg*) Franc m (2e nvl -; mv -s): *Belgische ~* belgischer Franc (*afk* bfr); *Franse ~* französischer Franc (*afk* F, FF); *Luxem-*

frank

burgse ~ Luxemburger Franc (*afk* lfr); *(Belg)* zijn ~ valt er hat es endlich kapiert **2** *(Zwits)* Franken m^{11}: *Zwitserse* ~ Franken (*afk* Fr., sFr., sfr(s))

²frank *bn* frank: ~ *en vrij* frank und frei
frankeren frankieren³²⁰, freimachen
frankering Frankierung v^{20}, Freimachung v^{20}
Frankisch fränkisch
Frankrijk Frankreich o^{39}
¹Frans *zn* Französisch o^{41}: *hoe heet dat in het* ~? wie heißt das auf Französisch (*of:* im Französischen)?
²Frans *bn* französisch
Franse Französin v^{22}
Fransman Franzose m^{15}
frappant frappant, auffallend
frase 1 *(volzin)* Satz m^6 **2** *(gezegde)* Phrase v^{21}
frater Frater *m (2e nvl -s; mv Fratres)*
fraterniseren fraternisieren³²⁰
frats 1 *(kuur)* Grille v^{21}, Schrulle v^{21} **2** *(grimas)* Fratze v^{21}, Grimasse v^{21}
fraude Betrug m^{19}, Betrügerei v^{20}
frauderen betrügen²⁹⁴
fraudeur Betrüger m^9
frauduleus betrügerisch
freak Freak m^{13}
free kick Freistoß m^6
freelance frei, freiberuflich
frees Fräse v^{21}
freeware Freeware v^{27}
freewheelen im Freilauf radeln *(of:* laufen)
fregat Fregatte v^{21}
frequent häufig
frequentie Frequenz v^{20}
fresco Fresko *o (2e nvl -s; mv* Fresken)
fresia Freesie v^{21}
fret 1 *(dierk)* Frett o^{29} **2** *(boor)* Nagelbohrer m^9
frezen fräsen
frezer Fräser m^9
friemelen (herum)fummeln (*an*⁺³)
¹Fries *zn* **1** Friese m^{15} **2** *(taal)* Friesisch o^{41}
²Fries *bn* friesisch
friet Pommes frites *(mv)*, Pommes *(mv): een ~je speciaal (ongev)* eine Pommes mit Mayo, Zwiebeln und Soße; *een ~je zonder* eine Pommes ohne Mayo
Friezin Friesin v^{22}
frigobox *(Belg)* Kühlbox v^{20}
frik Schulmeister m^9, Pauker m^9
frikadel Frikadelle v^{21}, Bulette v^{21}
fris frisch; *(koel ook)* kühl
frisdrank Erfrischungsgetränk o^{29}
frisheid Frische v^{21}
frisjes ziemlich frisch
frituren frittieren³²⁰
frituur 1 *(kraam)* Pommesbude v^{21} **2** *(spijs)* Frittüre v^{21} **3** *(frituurpan)* Fritteuse v^{21}
frivool frivol
¹frommelen *intr (friemelen)* fummeln
²frommelen *tr (wegstoppen)* verstecken, stecken (*in*⁺⁴)

fronsen runzeln, falten
front Front v^{20}
frontaal frontal: ~ *aanzicht* Vorderansicht v^{20}
frontlijn Frontlinie v^{21}
frontpagina Titelseite v^{21}, Titelblatt o^{32}
froufrou *(Belg) (pony)* Pony o^{36}
fruit Obst o^{39}, Früchte *mv* v^{25}
fruitautomaat Spielautomat m^{14}
fruiten rösten, braten¹³⁶, bräunen
fruitsalade Fruchtsalat m^5, Obstsalat m^5
fruitsap *(Belg)* Fruchtsaft m^6
fruitteler Obstzüchter m^9
frunniken fummeln, (herum)fingern
frustraat Frustrierte(r) m^{40a}, v^{40b}
frustratie Frustration v^{20}; *(inform)* Frust m^{19}
frustreren frustrieren³²⁰
f-sleutel F-Schlüssel m^9
fte *afk van* fulltime-equivalent (volle) Planstelle v^{21}
fuchsia Fuchsie v^{21}
fuga Fuge v^{21}
fuif Fete v^{21}, Party v^{27}
fuifnummer lustiger Bruder m^{10}
fuik Reuse v^{21}
fuiven feiern, eine Fete machen
full colour im Buntdruck: *een ~ advertentie* eine Anzeige im Buntdruck
full speed mit Höchstgeschwindigkeit
fulltime ganztägig: ~ *job* Ganztagsarbeit v^{20}
functie Funktion v^{20}: *buiten* ~ außer Dienst
functionaris Funktionär m^5
functioneel funktionell
functioneren funktionieren³²⁰
fundament Fundament o^{29}; *(fig)* Grundlage v^{21}
fundamentalist Fundamentalist m^{14}
fundamenteel fundamental, grundlegend
funderen 1 *(bouwk)* fundamentieren³²⁰ **2** *(fig)* fundieren³²⁰, begründen
fundering Fundament o^{29}
funest fatal
fungeren fungieren³²⁰
furie Furie v^{21}
furieus rasend
furore: ~ *maken* Furore machen
fuseren fusionieren³²⁰
fusie Fusion v^{20}, Zusammenschluss m^6: *een ~ aangaan* fusionieren³²⁰
fusilleren füsilieren³²⁰, standrechtlich erschießen²³⁸
fusion Fusionmusik v^{28}
fusioneren *(Belg)* fusionieren³²⁰
fut 1 *(pit)* Schwung m^{19} **2** *(energie)* Energie v^{21}
futiel futil, unbedeutend, nichtig
futiliteit Futilität v^{20}, Nichtigkeit v^{20}
futloos kraftlos, energielos, schwunglos
futsal Futsal m^{19}, m^{19a}
futurisme Futurismus m^{19a}
futuristisch futuristisch
fuut Haubentaucher m^9

FVD *(Belg) afk van Federale Voorlichtingsdienst* Presseamt o^{32}
fysica Physik v^{28}
fysicus Physiker m^9
fysiek *zn* Konstitution v^{20}
fysiek *bn, bw* physisch
fysiologie Physiologie v^{28}
fysioloog Physiologe m^{15}
fysiotherapeut Physiotherapeut m^{14}
fysiotherapie 1 Physiotherapie v^{28} **2** *(Belg) (revalidatie)* Rehabilitation v^{20}
fysisch physikalisch

g

gaaf 1 *(ongeschonden)* unbeschädigt, makellos **2** *(eerlijk)* lauter **3** *(goed, leuk)* toll, irre
gaan *(meestal)* gehen¹⁶⁸; *(voortbewegen met voertuig)* fahren¹⁵³; *(met vliegtuig)* fliegen¹⁵⁹; ~ *bedelen* betteln gehen; ~ *eten* zu Tisch gehen; *(inform)* essen gehen; ~ *jagen* jagen gehen; ~ *liggen* sich legen; ~ *slapen* schlafen gehen; ~ *staan* sich stellen; ~ *wandelen* spazieren gehen; ~ *zitten* sich setzen; ~ *zwemmen* schwimmen gehen; *erheen* ~ hingehen; *ervandoor* ~ abhauen¹⁸⁵; *waar gaat de reis naartoe?* wohin geht die Reise?; *zullen we* ~? gehen wir?; *weet je wat ik ga doen?* weißt du, was ich mache?; *het gaat zo beginnen* es fängt gleich an; *de bel gaat* es klingelt; *om kort te* ~ kurz und gut; *laat maar* ~! lass nur!; *het gaat regenen* es gibt Regen; *hoe gaat het met je?* wie geht es dir?; *naar het buitenland* ~ ins Ausland fahren (*of:* reisen)
gaande: ~ *zijn* im Gang sein²⁶²; *wat is er* ~? was ist los?; *de aandacht* ~ *houden* die Aufmerksamkeit fesseln; *de belangstelling* ~ *maken* das Interesse erregen; *het gesprek* ~ *houden* das Gespräch in Gang halten¹⁸³
gaandeweg allmählich, nach und nach
gaans: *een uur* ~ eine Wegstunde
gaar gar
gaarheid Gare *v*²⁸
gaarne gern(e)⁶⁵; *heel* ~ sehr (*of:* recht) gern(e)
gaas Gaze *v*²¹; *(van metaal)* Drahtgeflecht *o*²⁹
gabber Kumpel *m*⁹, Kamerad *m*¹⁴
gadeslaan beobachten
gading: *is hier iets van uw* ~? gibt es etwas, was Ihnen gefällt?
gaffel 1 *(hooi-, mestvork)* Gabel *v*²¹ **2** *(scheepv)* Gaffel *v*²¹
gage 1 *(scheepv)* Heuer *v*²¹ **2** *(theat)* Gage *v*²¹
gal Galle *v*²¹
gala 1 *(feest)* Fest *o*²⁹ **2** *(kleding)* Gala *v*²⁸
gala-avond Galaabend *m*⁵
galakostuum Galaanzug *m*⁶
galant galant, höflich
galavoorstelling Galavorstellung *v*²⁰
galblaas Gallenblase *v*²¹
galbult Quaddel *v*²¹
galei Galeere *v*²¹
galeiboef Galeerensträfling *m*⁵
galeislaaf Galeerensklave *m*¹⁵
galerie Galerie *v*²¹
galeriehouder Galerist *m*¹⁴
galeriehoudster Galeristin *v*²²
galerij 1 *(kunstzaal)* Galerie *v*²¹ **2** *(van gebouw)* Galerie *v*²¹; *(van flat)* Laubengang *m*⁶
galg Galgen *m*¹²
galgenhumor Galgenhumor *m*¹⁹
galgenmaal Henkersmahlzeit *v*²⁰
galm 1 Schall *m*⁵, *m*⁶, Hall *m*⁵ **2** *(klankweerkaatsing)* Widerhall *m*⁵
¹**galmen** *intr* **1** (er)schallen²³¹, hallen **2** *(weergalmen)* widerhallen
²**galmen** *tr* erschallen lassen¹⁹⁷
galop Galopp *m*⁵, *m*¹³: *in* ~ im Galopp; *in gestrekte* ~ in gestrecktem Galopp
galopperen galoppieren³²⁰
galsteen Gallenstein *m*⁵
galvaniseren galvanisieren³²⁰, verzinken
game Spiel *o*²⁹
gameboy Gameboy *m*¹³ *(2e nvl ook* -)
gamen gamen
gamma 1 *(Griekse letter)* Gamma *o*³⁶ **2** *(toonladder)* Skala *v* *(mv* Skalen), Tonleiter *v*²¹
gammastraal Gammastrahl *m*¹⁶
gammel 1 *(mbt meubelstuk)* wack(e)lig **2** *(vervallen)* baufällig **3** *(lusteloos)* lahm, matt
¹**gang 1** *(wijze van gaan)* Gang *m*⁶, Gangart *v*²⁰ **2** *(loop, tocht)* Gang *m*⁶: *een* ~ *naar de dokter* ein Gang zum Arzt **3** *(van menu)* Gang *m*⁶: *een diner van zes* ~*en* ein Diner mit sechs Gängen **4** *(vaart)* Tempo *o*³⁶: *ga uw* ~: *a)* *(doet u maar)* machen Sie nur; *b)* *(begin maar)* nur zu!; *c)* *(als men iem voor laat gaan e.d.)* bitte!; *iem zijn* ~ *laten gaan* jmdn gewähren lassen¹⁹⁷; *iem op* ~ *brengen* jmdn in Schwung bringen¹³⁹; *op* ~ *komen* in Gang kommen¹⁹³
²**gang** *(in gebouw)* Gang *m*⁶, Flur *m*⁵, Korridor *m*⁵
gangbaar 1 *(mbt geld)* gültig **2** *(mbt waren)* (markt)gängig **3** *(mbt uitdrukkingen, woorden)* geläufig
gangetje 1 *(nauwe doorgang)* Gässchen *o*³⁵ **2** *(snelheid)* Geschwindigkeit *v*²⁰: *we hebben een aardig* ~ wir fahren ziemlich schnell ‖ *het gaat zo z'n* ~ es geht seinen gewohnten Gang; *het dagelijkse* ~ der Alltagstrott
gangmaker Schrittmacher *m*⁹
gangpad Durchgang *m*⁶
gangster Gangster *m*⁹ [gɛŋstɐ]
¹**gans** *zn* Gans *v*²⁵: *(fig) domme* ~ dumme Gans
²**gans** *bn* ganz
³**gans** *bw* ganz, gänzlich, völlig
ganzenbord Gänsespiel *o*²⁹
gapen 1 *(geeuwen)* gähnen **2** *(dom kijken)* gaffen **3** *(wijd openstaan)* gähnen, klaffen
gaper 1 Gähnende(r) *m*⁴⁰ᵃ **2** *(wie verwonderd kijkt)* Gaffer *m*⁹; *zie ook* gapen
gaperig: ~ *zijn* immerfort gähnen müssen²¹¹
gaping 1 *(opening)* Öffnung *v*²⁰ **2** *(leemte)* Lücke *v*²¹ **3** *(gat)* Loch *o*³² **4** *(spleet)* Spalt *m*⁵

gappen klauen, stibitzen, mausen
garage Garage v^{21}
garagebedrijf Autowerkstatt v (mv -werkstätten)
garagehouder Garagenbesitzer m^9
garagist 1 (garagehouder) Garagist m^{14} **2** (automonteur) Autoschlosser m^9
garanderen garantieren^{320}, verbürgen
garant Garant m^{14}, Bürge m^{15}
garantie Garantie v^{21}: ~ geven Garantie geben^{166}
garantiebewijs Garantieschein m^5
garde (in keuken) Schneebesen m^{11}
garde (mil) Garde v^{21}: nationale ~ Nationalgarde v^{21}
garderobe Garderobe v^{21}
gareel 1 (leren halsjuk) Kummet o^{29} **2** (fig) Joch o^{29}: in het ~ lopen fügsam sein^{262}
garen zn Garn o^{29}; (getwijnd) Zwirn m^5
garen bn aus Garn; (getwijnd) zwirnen, Zwirn…
garf Garbe v^{21}
garnaal Garnele v^{21}, Krabbe v^{21}
garneren garnieren^{320}, verzieren^{320}
garnering Garnierung v^{20}
garnituur Garnitur v^{20}
garnizoen Garnison v^{20}
gas Gas o^{29}: vloeibaar ~ Flüssiggas o^{29}; ~ geven Gas geben^{166}
gasbel 1 (in materiaal) Gasblase v^{21} **2** (in aardkorst) Erdgasvorkommen o^{35}
gasbrander Gasbrenner m^9
gasfitter Gasinstallateur m^5
gasfles Gasflasche v^{21}
gasfornuis Gas(koch)herd m^5
gashaard, gaskachel Gasofen m^{12}
gaskamer Gaskammer v^{21}
gaskraan Gashahn m^6
gasleiding Gasleitung v^{20}
gasmasker Gasmaske v^{21}
gasoven Gasbackofen m^{12}
gaspedaal Gaspedal o^{29}
gasstel Gasherd m^5; (klein) Gaskocher m^9
gast Gast m^6: een rare ~ ein sonderbarer Kauz; als ~ optreden gastieren^{320}; (bij iem) te ~ zijn (bei jmdm) zu Gast sein^{262}
gastarbeider Gastarbeiter m^9
gastarbeidster Gastarbeiterin v^{22}
gastdirigent Gastdirigent m^{14}
gastheer 1 (heer des huizes, thuisclub) Gastgeber m^9 **2** (biol) Wirt m^5
gastoestel Gasherd m^5; (klein) Gaskocher m^9
gastoptreden Gastvorstellung v^{20}
gastrol Gastrolle v^{21}
gastronomie Gastronomie v^{28}
gastronomisch gastronomisch
gastvrij gastfrei, gastlich, gastfreundlich
gastvrijheid Gastfreiheit v^{28}, Gastfreundschaft v^{20}
gastvrouw 1 Gastgeberin v^{22} **2** (beroep) Hostess v^{20}

gasverbruik Gasverbrauch m^{19}
gasvormig gasförmig
gat 1 (opening) Loch o^{32}, Lücke v^{21}: ~ in de begroting Haushalt(s)loch o^{32}; Haushalt(s)defizit o^{29}; er geen ~ (meer) in zien keinen Ausweg sehen^{261} **2** (stadje, dorp) Nest o^{31}, Kuhdorf o^{32} **3** (scheepv) Gatt o^{36}, o^{37}: Brielse ~ Brieler Gat(t) **4** (achterste) Loch o^{32}, Hintern m^{11} **5** (mv voor ogen) iem in de ~en hebben jmdn durchschauen; iem scherp in de ~en houden jmdn scharf im Auge behalten^{183}; iets in de ~en krijgen Wind von etwas bekommen^{193}
gate Gate o^{39}
gauw 1 (snel) rasch, schnell: te ~ oordelen vorschnell urteilen **2** (spoedig) bald
gauwdief Dieb m^5, Gauner m^9
gauwigheid Schnelligkeit v^{20}; (behendigheid) Gewandtheit v^{28}: in de ~ iets vergeten in der Eile etwas vergessen^{299}
gave Gabe v^{21}: milde ~ milde Gabe; een man van grote ~n ein sehr begabter Mann
gayscene Schwulenszene v^{21}, Homoszene v^{21}
gazelle Gazelle v^{21}
gazet (Belg) Zeitung v^{20}
gazon Rasen m^{11}
gazonsproeier Rasensprenger m^9
geaard 1 (mbt inborst) geartet **2** (met aarde verbonden) geerdet
geaardheid Art v^{20}, Natur v^{20}, Charakter m^5
geaarzel Gezauder o^{39}, Zögern o^{39}
geacht geachtet, geehrt, geschätzt: (boven brief) Geachte heer N. Sehr geehrter Herr N.
geadresseerde Adressat m^{14}
geaffecteerd affektiert, geziert
geallieerd alliiert
geallieerde Alliierte(r) m^{40a}, v^{40b}
geamuseerd amüsiert, belustigt
geanimeerd animiert, angeregt
gearmd Arm in Arm, untergefasst, eingehängt
gearriveerd arriviert
geavanceerd fortgeschritten
gebaar 1 Gebärde v^{21} **2** (fig) Geste v^{21} [geste]: een mooi ~ eine noble Geste
gebabbel Geplauder o^{39}; (ongunstig) Geschwätz o^{39}
gebak Gebäck o^{29}
gebakje Törtchen o^{35}, Teilchen o^{35}
gebaren gestikulieren^{320}
gebarentaal Gebärdensprache v^{21}
gebarentolk Gebärdendolmetscher m^9
gebazel Gefasel o^{39}
gebed Gebet o^{29}
gebedel Bettelei v^{20}, Gebettel o^{39}
gebedsgenezer Gesundbeter m^9
gebedskleedje Gebetsteppich m^5
gebedsoproep Aufruf m^5 zum Gebet
gebedsrichting Gebetsrichtung v^{20}
gebeente 1 (beendergestel) Knochenbau m^{19}: wee je ~! weh dir! **2** (geraamte) Gerippe o^{33}
gebekt: goed ~ zijn ein flinkes Mundwerk haben^{182}

gebergte Gebirge o^{33}
gebeten: *op iem ~ zijn* bitterböse auf jmdn sein^{262}
¹gebeuren *zn* Geschehen o^{35}, Ereignis o^{29a}, Vorfall m^6
²gebeuren *ww* geschehen^{173}, sich ereignen, passieren^{320}
gebeurtenis Geschehnis o^{29a}, Ereignis o^{29a}, Vorfall m^6, Begebenheit v^{20}
gebied 1 *(bevelen)* Bereich m^5, Gebiet o^{29}: *het ~ van de literatuur* der Bereich der Literatur **3** *(jacht-, mijngebied)* Revier o^{29}
gebieden 1 *(bevelen)* gebieten^{130}, befehlen^{122} **2** *(heersen)* herrschen
gebiedend 1 *(bevelend)* gebieterisch, befehlend **2** *(taalk)* *~e wijs* Imperativ m^5
gebieder Herrscher m^9
gebiedster Herrscherin v^{22}
gebit Gebiss o^{29}: *vals ~* künstliches Gebiss
gebladerte Laub o^{39}, Blattwerk o^{29}, Laubwerk o^{29}
geblaf Gebell o^{39}
geblesseerd verletzt
geblesseerde Verletzte(r) m^{40a}, v^{40b}
gebloemd geblümt
geblokkeerd 1 *(afgesloten)* blockiert **2** *(mbt geld)* gesperrt: *~e rekening* Sperrkonto o^{36}
geblokt gewürfelt, kariert
geblust: *~e kalk* gelöschter Kalk, Löschkalk m^{19}
gebocheld buck(e)lig
gebochelde Buckelige(r) m^{40a}, v^{40b}
gebod Gebot o^{29}: *de tien ~en* die Zehn Gebote
geboefte Gesindel o^{39}, Lumpenpack o^{39}
gebogen krumm, gekrümmt
gebonden gebunden
geboorte Geburt v^{20}: *hij is Nederlander van ~* er ist von Geburt Niederländer; *een Zwollenaar van ~* aus Zwolle gebürtig
geboorteaangifte Geburtsanzeige v^{21}
geboorteakte Geburtsschein m^5, Geburtsurkunde v^{21}
geboortebeperking Geburtenbeschränkung v^{20}
geboortecijfer Geburtenziffer v^{21}, Geburtenrate v^{21}
geboortedag Geburtstag m^5
geboortedaling Geburtenrückgang m^6
geboortegrond Heimat v^{20}
geboortejaar Geburtsjahr o^{29}
geboorteland Geburtsland o^{32}, Heimat v^{20}
geboorteoverschot Geburtenüberschuss m^6
geboorteplaats Geburtsort m^5
geboorteregeling Geburtenregelung v^{20}
geboortig *(met uit)* gebürtig aus
geboren geboren: *Mevrouw G., ~ B.* Frau G. geborene B.; *~ en getogen* geboren und aufgewachsen; *te vroeg ~ kind* Frühgeburt v^{20}; *~ worden* geboren werden^{310}
gebouw Gebäude o^{33}
gebouwd gebaut: *krachtig ~* kräftig gebaut

gebouwencomplex Gebäudekomplex m^5
gebr. *afk van gebroeders* Gebrüder *(mv)* *(afk Gebr.)*
gebral Prahlerei v^{20}, Großsprecherei v^{20}
gebrek 1 Mangel m^{10}; *(armoede ook)* Not v^{28}: *~ aan belangstelling* Mangel an Interesse; *~ aan geld (ook)* Geldmangel m^{10}; *~ aan parkeerruimte* Parkraumnot v^{28}; *bij ~ aan ...* aus Mangel an^{+3} ...; *je zult aan niets ~ hebben* es wird dir an nichts fehlen; *er heerst hier groot ~* es herrscht hier große Not; *~ lijden* Not leiden^{199} **2** *(tekortkoming)* *(lichamelijk)* Gebrechen o^{35} **3** *(verzuimen)* *in ~e zijn* versäumen, versagen
gebrekkig 1 *(mismaakt)* verkrüppelt, gebrechlich **2** *(mbt kennis, opleiding, verlichting, verpakking)* mangelhaft: *zich ~ uitdrukken* sich mangelhaft ausdrücken **3** *(onvolledig)* unvollständig **4** *(onvoldoende)* notdürftig: *iets ~ herstellen* etwas nur notdürftig ausbessern
gebroed 1 *(van vogels)* Brut v^{20} **2** *(gespuis)* Brut v^{20}, Gesindel o^{39}
gebroeders Gebrüder *(mv)*
gebroken gebrochen: *~ Duits spreken* gebrochen Deutsch sprechen^{274}
gebrom 1 *(het brommen)* Brummen o^{39} **2** *(mopperen)* Murren o^{39} **3** *(gegons)* Summen o^{39}
gebruik 1 Gebrauch m^{19}, Benutzung v^{28}, Verwendung v^{20}; *(ter verwerking)* Verwertung v^{20}; *(toepassing)* Anwendung v^{20}: *in ~ hebben* in *(of:* im*)* Gebrauch haben^{182} **2** *(consumptie)* Genuss m^{19} **3** *(gewoonte)* Brauch m^6, Gebrauch m^6, Sitte v^{21} **4** *(handel)* Usance v^{21}
gebruikelijk gebräuchlich, üblich, geläufig: *dat is hier algemeen ~* das ist hier gang und gäbe
gebruiken 1 *(gebruikmaken van)* gebrauchen, verwenden^{308}, benutzen: *gebruik toch je verstand!* sei doch vernünftig! **2** *(een nuttig gebruik maken van)* verwerten: *zijn tijd goed ~* seine Zeit ausnutzen **3** *(toepassen)* anwenden^{308}: *geweld ~* Gewalt anwenden **4** *(nuttigen)* einnehmen^{212}: *drugs ~* Drogen konsumieren^{320}; *geneesmiddelen ~* Arzneien (ein)nehmen
gebruiker 1 Benutzer m^9 **2** *(verbruiker)* Konsument m^{14} **3** *(mbt drugs)* Fixer m^9
gebruikmaking Benutzung v^{20}, Anwendung v^{20}: *~ van geweld* Gewaltanwendung; *met ~ van* unter Benutzung^{+2}
gebruiksaanwijzing Gebrauchsanweisung v^{20}
gebruikswaarde Gebrauchswert m^5
gebrul Gebrüll o^{39}, Brüllen o^{39}
gebulder 1 *(van storm)* Getöse o^{39} **2** *(van geschut)* Donner m^9 **3** *(van personen)* Poltern o^{39}
gebuur *(Belg)* Nachbar m^{15}, m^{17}, Nachbarin v^{22}
gecharmeerd: *~ zijn van iem* von jmdm angetan sein^{262}
geciviliseerd zivilisiert
gecommitteerde *(bij examens)* Prüfungskommissar m^5
gecompliceerd kompliziert, verwickelt

geconcentreerd konzentriert
gecondenseerd kondensiert
geconserveerd konserviert
gecultiveerd kultiviert
gedaagde Beklagte(r) m^{40a}, v^{40b}
gedaan: *het is met hem* ~ es ist um ihn geschehen; *het is* ~ *met zijn geduld* es ist aus mit seiner Geduld
gedaante 1 *(uiterlijk)* Gestalt v^{20} **2** *(vorm)* Form v^{20} **3** *(voorkomen)* äußere Erscheinung v^{20}
gedaanteverwisseling Verwandlung v^{20}
gedachte Gedanke m^{18}: *zijn* ~ *de vrije loop laten* seinen Gedanken freien Lauf lassen^{197}; *de* ~ *aan* der Gedanke an^{+4}; *in* ~ in Gedanken; *in* ~*n verdiept* in Gedanken versunken; *iets in* ~ *houden* sich^3 etwas merken; *het kwam me zo in de* ~ es fiel mir so ein; *zijn* ~*n over iets laten gaan* über^{+4} etwas nachdenken^{140}; *van* ~ *veranderen* anderer Meinung werden^{310}
gedachteflits Gedankenblitz m^5
gedachtegang Gedankengang m^6
gedachteloos gedankenlos
gedachteloosheid Gedankenlosigkeit v^{20}
gedachtenis Andenken o^{39}
gedachtesprong Gedankensprung m^6
gedachtewisseling Gedankenaustausch m^{19}
gedateerd datiert: ~ *op* datiert vom
gedecideerd dezidiert, entschieden
gedecoreerd dekoriert
gedeelte Teil m^5: *voor een* ~ zum Teil
gedeeltelijk *bn* Teil...
¹**gedeeltelijk** *bw* zum Teil, teilweise
gedegen gediegen
gedekt gedeckt
gedelegeerde Delegierte(r) m^{40a}, v^{40b}
gedempt gedämpft: ~ *licht* gedämpftes Licht
gedenken gedenken^{140+2}
gedenkteken Denkmal o^{32}; *(ter ere van iem)* Ehrenmal o^{32}
gedenkwaardig denkwürdig
gedeprimeerd deprimiert, niedergeschlagen
gedeputeerde Deputierte(r) m^{40a}, v^{40b}
gedetailleerd detailliert
gedetineerde Häftling m^5
gedicht Gedicht o^{29}
gedienstig gefällig, dienstwillig
gedierte Getier o^{39}
gedijen gedeihen^{167}
geding *(jur)* Verfahren o^{35}, Prozess m^5: *vonnis in kort* ~ einstweiliger Verfügung v^{20}; *een kort* ~ *aanspannen* eine einstweilige Verfügung beantragen; *door middel van een kort* ~ per einstweilige Verfügung; *in het* ~ *zijn* zur Diskussion stehen^{279}
gediplomeerd diplomiert
gedisciplineerd diszipliniert
gedistilleerd Spirituosen *mv* v^{21}
gedistingeerd distinguiert
gedocumenteerd dokumentiert

gedoe Getue o^{39}; *(drukte)* Trubel m^{19}
gedoemd verurteilt, verdammt
gedogen 1 *(dulden)* dulden, zulassen^{197} **2** *(toelaten)* erlauben, gestatten
gedonder Donnern o^{39}; *(inform)* daar heb je het ~! da haben wir die Bescherung!
gedraai Drehen o^{39}
gedrag Benehmen o^{39}; *(op schoolrapport)* Betragen o^{39}: *sociaal* ~ soziales Verhalten; *bewijs van goed* ~ Führungszeugnis o^{29a}
¹**gedragen** *bn* getragen
²**gedragen, zich** sich benehmen^{212}, sich betragen^{288}, sich verhalten^{183}
gedragsregel Verhaltensregel v^{21}
gedrang Gedränge o^{39}, Gedrängel o^{39}: *in het* ~ *komen* ins Gedränge kommen^{193}
gedrieën zu dritt, zu dreien
gedrocht Scheusal o^{29}, Ungeheuer o^{33}
gedrongen 1 *(kort en breed)* gedrungen, untersetzt **2** *(dicht opeen)* gedrängt
gedruis 1 Geräusch o^{29}; *(sterk)* Getöse o^{39} **2** *(lawaai)* Lärm m^{19}
geducht 1 *(gevreesd)* gefürchtet **2** *(ontzaglijk, hevig)* tüchtig, gehörig
geduld Geduld v^{28}: *zijn* ~ *verliezen* die Geduld verlieren^{300}; *mijn* ~ *is op* meine Geduld ist zu Ende
geduldig geduldig, *(gelaten)* ergeben
gedupeerd düpiert
gedupeerde Düpierte(r) m^{40a}, v^{40b}
gedurende während^{+2}: ~ *de voorstelling* während der Vorstellung
gedurfd gewagt, kühn, mutig
gedurig 1 *(aanhoudend)* fortwährend, beständig **2** *(herhaald)* ständig, dauernd
geduvel *(inform)* Schererei v^{20}, Ärger m^{19}
gedwee fügsam, folgsam
gedweep Schwärmerei v^{20}: *haar* ~ *met* ... ihre Schwärmerei für^{+4} ...
gedwongen gezwungen: ~ *huwelijk (door omstandigheden gedwongen)* Mussehe v^{21}; *(door anderen gedwongen)* Zwangsverheiratung v^{20}; ~ *ontslagen* unfreiwillige Entlassungen; ~ *verkoop* Zwangsverkauf m^6
geef: *te* ~ spottbillig; *praktisch te* ~ so gut wie geschenkt
¹**geel** *zn* Gelb o *(2e nvl -s; mv -)*
²**geel** *bn* gelb
geelachtig gelblich
geelkoper Messing o^{39}
geelkoperen messingen, Messing...
geelzucht Gelbsucht v^{28}
geëmancipeerd emanzipiert
geëmotioneerd emotional, emotionell
geen kein^{69}: ~ *een* kein Einziger; ~ *van beiden (mannelijk)* keiner von beiden; *(vrouwelijk)* keine von beiden; *(onzijdig)* kein(e)s von beiden; ~ *enkel(e)* keinerlei
geëngageerd engagiert

geenszins keineswegs, keinesfalls

¹geest Geist m^7: *de ~ geven* den Geist aufgeben[166]; *de Heilige Geest* der Heilige Geist; *in de ~ van de wet* nach dem Sinn des Gesetzes; *zich iets voor de ~ halen* sich³ etwas vergegenwärtigen; *voor de ~ komen* in den Sinn kommen[193]

²geest *(zandgrond)* Geest v^{28}

geestdodend geisttötend

geestdrift Begeisterung v^{28}

geestdriftig begeistert

geestelijk 1 *(tegenstelling lichamelijk)* geistig **2** *(tegenstelling wereldlijk)* geistlich

geestelijke Geistliche(r) m^{40a}

geestelijkheid Geistlichkeit v^{28}

geestesgesteldheid 1 *(instelling)* Geisteshaltung v^{20} **2** *(gemoedstoestand)* Geistesverfassung v^{28}

geestesziek geistesgestört

geestgrond Geest v^{28}

geestig geistreich; *(vol humor ook)* witzig

geestigheid 1 *(grap)* Witz m^5 **2** *(esprit)* Witzigkeit v^{28}

geestverwant(e) Geistesverwandte(r) m^{40a}, v^{40b}

geestverwantschap Geistesverwandtschaft v^{28}

geeuw Gähnen o^{39}

geeuwen gähnen

gefingeerd fingiert

geflikflooi Liebedienerei v^{28}, Lobhudelei v^{28}

geflikker Flimmern o^{39}, Flackern o^{39}

gefluister Geflüster o^{39}, Raunen o^{39}

geforceerd forciert

gefortuneerd wohlhabend, vermögend

gefundeerd fundiert, begründet

gegadigde Interessent m^{14}; *(bij sollicitatie)* Bewerber m^9

gegarandeerd garantiert, verbürgt

gegeerd *(Belg)* begehrt, beliebt

gegeneerd geniert

¹gegeven *zn* **1** *(geval, feit)* Angabe v^{21}; *(bij cijfers)* Zahl v^{20}; *(mv vaak)* Daten: *persoonlijke ~s* Personalien *(mv)*; *verwerking van ~s* Datenverarbeitung v^{28} **2** *(wisk)* gegebene Größe v^{21} **3** *(bescheiden)* Unterlagen *mv* v^{21}

²gegeven *bn* **1** gegeben: *in de ~ omstandigheden* unter den gegebenen Umständen **2** *(bepaald)* bestimmt: *op een ~ ogenblik* in einem bestimmten Augenblick

gegevensbestand Datenbestand m^6

gegevensverwerking Datenverarbeitung v^{20}

gegiechel Gekicher o^{39}

gegijzelde Geisel v^{21}

gegoed begütert, wohlhabend, bemittelt

gegons Gesumm o^{39}; *(van stemmen)* Gewirr(e) o^{39}

gegoten gegossen, Guss…

gegroefd 1 *(van zuilen e.d.)* kanneliert **2** *(van bladeren, voorhoofd e.d.)* gefurcht

gegrom Gebrumm o^{39}

gegrond begründet, berechtigt: *~e redenen* triftige Gründe; *~ zijn op* beruhen auf^{+3}

gehaaid gerieben, durchtrieben, gerissen

¹gehaast *zn* Hast v^{28}

²gehaast *bn, bw* eilig; *(gejaagd)* hastig: *hij is zeer ~* er hat es sehr eilig

gehaat verhasst

gehakt Hackfleisch o^{39}

gehaktbal Frikadelle v^{21}

gehalte Gehalt m^5: *het ~ aan* der Gehalt an^{+3}

gehandicapt behindert; *(fig)* gehandikapt

gehannes Gestümper o^{39}, Stümperei v^{20}

gehard 1 *(lett)* gehärtet **2** *(fig)* abgehärtet

geharrewar Gezänk o^{39}, Schererei v^{20}

gehavend 1 *(van mensen)* zerschunden **2** *(van kleren)* zerrissen, zerfetzt **3** *(van goederen)* ramponiert **4** *(troepen)* angeschlagen

gehecht: *~ zijn aan iets* an^{+3} etwas hängen[184]; *aan iem ~ zijn* an jmdm hängen[184]

gehechtheid Anhänglichkeit v^{28} (an^{+4})

¹geheel *zn* Ganze(s) o^{40c}

²geheel *bn* ganz: *het gehele land* das ganze Land

³geheel *bw* ganz, gänzlich, völlig: *~ en al* ganz und gar

geheelonthouder Abstinenzler m^9

geheid bombensicher, (ganz) bestimmt

¹geheim *zn* Geheimnis o^{29a}: *in het ~* im Geheimen; *~en voor iem hebben* Geheimnisse vor jmdm haben[182]; *hij maakt er geen ~ van* er macht kein(en) Hehl daraus

²geheim *bn, bw* geheim: *~e dienst* Geheimdienst m^5

geheimhouden geheim halten[183]

geheimhouding Geheimhaltung v^{28}

geheimschrift Geheimschrift v^{20}

geheimzinnig geheimnisvoll

geheimzinnigheid Geheimnisvolle(s) o^{40c}, Rätselhafte(s) o^{40c}

gehemelte Gaumen m^{11}: *het harde ~* der harte Gaumen; *het zachte ~* der weiche Gaumen

geheugen 1 Gedächtnis o^{29a} **2** *(comp)* Speicher m^9, Datenspeicher: *intern ~* Zentralspeicher; *gegevens in het ~ opslaan* Daten speichern; *iets in het ~ prenten* etwas dem Gedächtnis einprägen; *zich iets in het ~ roepen* sich etwas ins Gedächtnis zurückrufen[226]

geheugenkaart *(comp)* Speicherkarte v^{21}

geheugensteuntje Gedächtnisstütze v^{21}

geheugenstick Memorystick m^{13}

geheugenverlies Gedächtnisschwund m^{19}

gehoor Gehör o^{39}; *(toehoorders)* Zuhörer *mv* m^9: *iem ~ schenken* jmdm Gehör schenken; *geen ~ krijgen (telecom)* keinen Anschluss bekommen[193]

gehoorapparaat Hörgerät o^{29}, Hörapparat m^5

gehoorbeentje Gehörknöchelchen o^{35}

gehoorgang Gehörgang m^6

gehoororgaan Gehörorgan o^{29}, Hörorgan o^{29}

gehoorzaam gehorsam: *aan iem ~ zijn* jmdm gehorsam sein[262]

gehoorzaamheid Gehorsam m^{19}

gehoorzamen gehorchen[+3]: *iem ~* jmdm gehorchen; *aan de wet ~* das Gesetz befolgen
gehorig hellhörig
gehouden verpflichtet, gehalten
gehucht Weiler *m*[9]
gehuichel Heuchelei *v*[20]
gehuil 1 *(van mensen)* Weinen *o*[39] **2** *(van dieren, storm)* Heulen *o*[39], Geheul *o*[39]
gehuisvest untergebracht
gehumeurd gelaunt: *goed ~ zijn* gut gelaunt sein[262]; *slecht ~ zijn* schlecht gelaunt sein[262]
gehuwd verheiratet: *-e staat* Ehestand *m*[19]
gehuwde Verheiratete(r) *m*[40a], *v*[40b]
geijkt 1 *(lett)* geeicht **2** *(fig)* üblich
geil *(inform)* geil
geilheid *(inform)* Geilheit *v*[20]
geïllustreerd illustriert, bebildert
gein Scherz *m*[5], Spaß *m*[6]: *voor de ~* zum Spaß
geïnteresseerd interessiert: *~ zijn in* interessiert sein[262] an[+3]
geïnteresseerde Interessent *m*[14]
geïnterneerde Internierte(r) *m*[40a], *v*[40b]
geintje Scherz *m*[5], Spaß *m*[6]
geiser 1 *(toestel)* Durchlauferhitzer *m*[9] **2** *(hete springbron)* Geysir *m*[5], Geiser *m*[9]
geit Ziege *v*[21]
geitenbok Ziegenbock *m*[6]
geitenkaas Ziegenkäse *m*[9]
gejaag 1 Jagen *o*[39] **2** *(gedraaf)* Gerenne *o*[39]
gejaagd gejagt, gehetzt
gejakker 1 Gehetz(e) *o*[39] **2** *(in auto)* Raserei *v*[20]
gejammer Jammern *o*[39], Gejammer(e) *o*[39]
gejank Winseln *o*[39], Gewinsel *o*[39]
gejoel Gejohl(e) *o*[39], Johlen *o*[39]
gejuich Gejauchze *o*[39], Jauchzen *o*[39]
gek zn **1** Narr *m*[14]: *iem voor de ~ houden* jmdn zum Narren haben[182]; jmdn zum Narren halten[183] **2** *(krankzinnige)* Irre(r) *m*[40a], *v*[40b], Verrückte(r) *m*[40a], *v*[40b] **3** *(dwaas)* Idiot *m*[14]
gek bn, bw **1** verrückt; *(sterker)* wahnsinnig: *~ van plezier* außer sich vor Freude; *zich ~ zoeken* suchen wie verrückt; *ik word er ~ van* es macht mich (noch) verrückt; *het is om ~ van te worden* es ist zum Verrücktwerden **2** *(dwaas, mal)* albern, blöd, töricht: *dat is helemaal geen ~ idee* das ist durchaus keine schlechte Idee; *dat zou niet ~ zijn* das wäre nicht schlecht **3** *(grappig)* sonderbar, komisch **4** *(gesteld op, verzot op)* vernarrt in[+4], scharf auf[+4], verrückt auf[+4]: *op iem zijn* in jmdn vernarrt sein[262] **5** *(in combinatie met te)* te ~ toll, flippig, irre; *die film is te ~* der Film ist irre
gekanker Gemecker *o*[39], Genörgel *o*[39]
gekant: *tegen iets ~ zijn* gegen[+4] etwas sein[262]
gekarteld gekerbt; *(mbt munten)* gerändelt
gekeuvel Geplauder *o*[39], Plauderei *v*[20]
gekheid 1 *(dwaasheid)* Torheit *v*[20] **2** *(onzin)* Unsinn *m*[19] **3** *(grap)* Spaß *m*[6], Scherz *m*[5]: *alle ~ op een stokje!* Spaß beiseite!
gekibbel Gezänk *o*[39], Gezanke *o*[39]

gekkekoeienziekte Rinderwahn *m*[19], BSE *v*[28]
gekkenhuis Irrenanstalt *v*[20], Irrenhaus *o*[32]
gekkenwerk Wahnsinn *m*[19]
gekkigheid Unsinn *m*[19], Blödsinn *m*[19]
geklaag 1 Klagen *o*[39] **2** Gejammer *o*[39]
gekleed 1 gekleidet, angezogen **2** *(goed staand, gepast)* kleidsam
geklets Geschwätz *o*[39]
gekletter 1 *(van wapens)* Geklirr(e) *o*[39] **2** *(van hagel, regen)* Geprassel *o*[39]
gekleurd farbig: *~ glas* Farbglas *o*[32]
geklieder Sudelei *v*[20]
geklungel 1 *(geprutst)* Stümperei *v*[20] **2** *(knoeiwerk)* Pfuscherei *v*[20]
geknars 1 *(van tanden)* Knirschen *o*[39] **2** *(van scharnier)* Kreischen *o*[39]
geknipt: *~ voor iets zijn* für[+4] etwas wie geschaffen sein[262]
geknutsel Tüftelei *v*[20], Bastelei *v*[20]
gekonkelfoes Kungelei *v*[20]
gekostumeerd kostümiert: *~ bal* Kostümball *m*[6]
gekras 1 *(van pen, viool e.d.)* Kratzen *o*[39] **2** *(van kraai e.d.)* Krächzen *o*[39]
gekreun Stöhnen *o*[39], Ächzen *o*[39]
gekrioel Gewimmel *o*[39]
gekroesd gekraust, gekräuselt
gekromd gekrümmt, gebogen
gekruid gewürzt, würzig; *(fig)* würzig, pikant
gekruist gekreuzt: *met ~e armen* mit verschränkten Armen
gekruld 1 *(lang)* gelockt, lockig **2** *(kort)* kraus
gekscheren scherzen, spaßen: *~d* scherzend
gekuist 1 *(mbt taal)* gewählt **2** *(smaak)* fein
gekunsteld gekünstelt, geziert, geschraubt
gekwalificeerd 1 qualifiziert **2** *(bevoegd)* berechtigt, befugt
gekwebbel Geschwätz *o*[39], Geplapper *o*[39]
gelaarsd gestiefelt
gelaat Antlitz *o*[29], Angesicht *o*[31]
gelaatskleur Gesichtsfarbe *v*[21]
gelaatsscan Gesichtsscan *m*[13], *o*[36]
gelaatstrekken Gesichtszüge *mv m*[6]
gelaatsuitdrukking Gesichtsausdruck *m*[6]
gelach Lachen *o*[39], Gelächter *o*[33]
gelag Zeche *v*[21], Rechnung *v*[20]
gelakt lackiert
gelasten 1 *(bevelen)* befehlen[122] **2** *(opdragen)* auftragen[288] **3** *(bepalen)* anordnen
gelastigde Beauftragte(r) *m*[40a], *v*[40b]
gelaten *(berustend)* ergeben
gelatine Gelatine *v*[28]
geld 1 Geld *o*[31]: *contant ~* bares Geld; *gebrek aan ~* Geldmangel *m*[19]; *aan zijn ~ komen* zu seinem Geld kommen[193]; *dat kost een hoop ~* das kostet ein Heidengeld; *ergens ~ uit slaan* Geld aus[+3] etwas herausschlagen[241] **2** *(munteenheid)* Währung *v*[20] **3** *(bedrag)* Geld *o*[31], Betrag *m*[6] **4** *(prijs)* Preis *m*[5]: *tegen half ~* zum halben Preis
geldautomaat Geldautomat *m*[14]

geldbelegging Geldanlage v^{21}, Kapitalanlage v^{21}
geldboete Geldstrafe v^{21}, Geldbuße v^{21}
geldelijk finanziell
gelden 1 gelten[170]: aanspraken doen (of: laten) ~ Ansprüche geltend machen; *zich doen* (of: *laten*) ~ *sich*[3] Geltung verschaffen **2** *(van toepassing zijn)* zutreffen[289] **3** *(slaan op)* gelten[170+3], betreffen[289]: *dat geldt mij* das gilt mir
geldend gültig, geltend
geldgebrek Geldmangel m^{19}
geldig 1 gültig: *(mbt wet)* ~ *zijn* gültig sein[262] **2** *(deugdelijk)* triftig: *~e reden* triftiger Grund m^6
geldigheid Gültigkeit v^{28}; *(jur)* Rechtswirksamkeit v^{28}
geldigheidsduur Gültigkeitsdauer v^{28}
geldingsdrang Geltungsbedürfnis o^{29a}
geldmiddelen Geldmittel *mv* o^{33}
geldontwaarding Geldentwertung v^{20}
geldschieter Geldgeber m^9
geldstuk Geldstück o^{29}
geldwereld Finanzwelt v^{28}
geldwolf: *een* ~ *zijn* geldgierig sein[262]
geleden: *het is lang* ~ es ist lange her; *het is een maand* ~ es ist einen Monat her, es liegt einen Monat zurück; *lang* ~ vor langer Zeit; *een maand* ~ vor einem Monat; *enige tijd* ~ vor einiger Zeit; *kort* ~ vor kurzem
geleding 1 *(gewricht, verbinding)* Gelenk o^{29}, Verbindung v^{20}: *met veel ~en* vielgliedrig **2** *(onderdeel)* Gliederung v^{20}, Schicht v^{20}
geleerd gelehrt
geleerde Gelehrte(r) m^{40a}, v^{40b}
geleerdheid Gelehrtheit v^{28}
gelegen gelegen: *het komt me nu niet* ~ es passt mir jetzt nicht; *te ~er tijd* zu gelegener Zeit; *er is mij veel aan* ~ es liegt mir viel daran; *zich aan iem iets* ~ *laten liggen* sich um jmdn kümmern; *een mooi* ~ *villa* eine schön gelegene Villa; *die stad is mooi* ~ diese Stadt liegt schön
gelegenheid Gelegenheit v^{20}: *de* ~ *doet zich voor* es bietet sich die Gelegenheit; *hij ging naar een zekere* ~ er ging zur Toilette; *bij* (of: *ter*) ~ *van* anlässlich[+2]; *bij* ~ gelegentlich; *bij feestelijke gelegenheden* zu festlichen Gelegenheiten; *in de* ~ *zijn* in der Lage sein[262]; *iem in de* ~ *stellen* jmdm die Gelegenheit bieten[130]; *iets op eigen* ~ *doen* etwas auf eigene Faust tun[295]; *van de* ~ *gebruikmaken* die Gelegenheit nutzen
gelegenheidsaanbieding Sonderangebot o^{29}
gelegerd stationiert
gelei Gelee m^{13}, o^{36}, Aspik m^5
geleid gelenkt: *~e economie* Planwirtschaft v^{20}; *~ wapen* Lenkwaffe v^{21}; *~e bom* Lenkbombe v^{21}
geleide 1 Geleit o^{29}, Begleitung v^{20} **2** *(mil)* Eskorte v^{21}
geleidehond Blindenhund m^5
geleidelijk allmählich
geleiden 1 *(vergezellen)* begleiten **2** *(leiden)* führen, (ge)leiten **3** *(elektriciteit, warmte)* leiten
geleider 1 *(degene die geleidt)* Begleiter m^9 **2** *(elektr)* Leiter m^9
geletterd gelehrt, studiert, belesen
geleuter Gefasel o^{39}, Geschwätz o^{39}
gelid 1 *(gewricht)* Gelenk o^{29} **2** *(bot tussen twee gewrichten)* Glied o^{31} **3** *(rij soldaten)* Reihe v^{21}, Glied o^{31}: *in het* ~ *staan* in Reih und Glied stehen[279]; *in de eerste gelederen strijden* in den ersten Reihen kämpfen; *de gelederen sluiten* die Reihen schließen[245]
geliefd geliebt, beliebt
geliefde Geliebte(r) m^{40a}, v^{40b}
geliefkoosd beliebt, bevorzugt, Lieblings...
¹gelieven *zn* Liebende *mv* m^{40a}, v^{40b}
²gelieven *ww* belieben: *hij gelieve te bedenken* er wolle (of: möge) bedenken; *gelieve in euro's te betalen* bitte mit Euros zahlen
¹gelijk *zn* Recht o^{29}: ~ *hebben* Recht haben[182]; *hij heeft groot* ~ er hat vollkommen Recht; *iem in het* ~ *stellen* jmdm Recht geben[166]; ~ *krijgen* Recht bekommen[193]; ~ *heb je!* das stimmt
²gelijk *bn* gleich, gleich...: *~e hoeveelheden* gleiche Mengen; *~e kansen* Chancengleichheit v^{28}; *~ spel* Unentschieden o^{35}; *van ~e leeftijd zijn* gleichaltrig sein[262]
³gelijk *bw* **1** gleich: ~ *gekleed* gleich gekleidet **2** *(tegelijkertijd)* gleichzeitig
⁴gelijk *vw* gleich[+3], wie: ~ *de vogel in de lucht* gleich dem Vogel in der Luft; *bleek* ~ *de dood* blass wie der Tod
gelijkaardig *(Belg)* gleichartig
gelijkbenig gleichschenk(e)lig
gelijke Gleiche(r) m^{40a}, v^{40b}
gelijkelijk gleich: ~ *verdelen* zu gleichen Teilen verteilen
gelijken gleichen[176+3], ähnlich sehen[261+3], ähnlich sein[262+3], ähneln[+3]: *zijn huis gelijkt op een paleis* sein Haus gleicht einem Palast; *(nogal) op iem* ~ jmdm ähnlich sein
gelijkenis 1 *(overeenkomst)* Ähnlichkeit v^{20} **2** *(parabel)* Parabel v^{21}, Gleichnis o^{29a}
gelijkgerechtigd gleichberechtigt
gelijkgezind gleich gesinnt
gelijkhebberig rechthaberisch
gelijkheid 1 *(volkomen overeenkomst)* Gleichheit v^{20} **2** *(vlakheid)* Ebenheit v^{28} **3** *(van geboorte, stand enz.)* Ebenbürtigkeit v^{28}: *op voet van* ~ *met iem staan* mit jmdm auf gleichem Fuß stehen[279]
gelijkhoekig gleichwink(e)lig
gelijklopen *(mbt uurwerk)* richtig gehen[168]
gelijkluidend gleich lautend
¹gelijkmaken *intr (sp)* den Gleichstand herstellen
²gelijkmaken *tr (van grond)* ebnen
gelijkmaker *(sp)* Ausgleichstor o^{29}
gelijkmatig gleichmäßig
gelijknamig gleichnamig
gelijkschakelen gleichschalten
gelijkschakeling Gleichschaltung v^{20}
gelijksoortig gleichartig

gelijkspel Unentschieden o^{35}
gelijkspelen *(sp)* unentschieden spielen
gelijkstaan gleichkommen^{193+3}, entsprechen^{274+3}; *(sp)* gleichauf liegen^{202}
gelijkstellen *(met met, aan)* gleichstellen^{+3}, gleichstellen mit^{+3}, gleichsetzen^{+3}, gleichsetzen mit^{+3}
gelijkstelling Gleichstellung v^{20}
gelijkstroomdynamo Gleichstromdynamo m^{13}
gelijktijdig gleichzeitig
gelijktrekken *(rechttrekken)* zurechtziehen^{318}: *de lonen ~* Lohnunterschiede ausgleichen^{176}
gelijkvloers im Erdgeschoss, parterre
gelijkvormig gleichförmig: *~e driehoeken* ähnliche Dreiecke *mv* o^{29}
gelijkwaardig gleichwertig
gelijkzetten *(van uurwerk)* stellen: *~ met* stellen nach^{+3}
gelijkzijdig gleichseitig
gelijnd, gelinieerd liniiert
gelobd *(plantk)* lappig, gelappt
geloei 1 *(van rund, mensen)* Gebrüll o^{39} **2** *(van sirene, storm)* Geheul o^{39}
gelofte Gelöbnis o^{29a}; *(godsd)* Gelübde o^{33}
gelood verbleit: *gelode benzine* verbleites Benzin
geloof Glaube m^{18}: *het ~ aan* (of: *in*) der Glaube an^{+4}
geloofsbelijdenis Glaubensbekenntnis o^{29a}
geloofsleer Glaubenslehre v^{21}
geloofsovertuiging religiöse Überzeugung v^{20}
geloofwaardig 1 *(mbt personen)* glaubwürdig **2** *(mbt zaken)* glaubhaft
geloop Gelaufe o^{39}, Lauferei v^{20}
geloven 1 *(vertrouwen stellen in)* glauben^{+3} **2** *(voor waar houden)* glauben^{+4}: *iem ~* jmdm glauben; *een verhaal ~* eine Geschichte glauben; *zijn ogen niet kunnen ~* seinen Augen nicht trauen; *aan* (of: *in*) *Gods almacht ~* an^{+4} Gottes Allmacht glauben; *ik geloof van wel* ich glaube schon; *dat geloof ik ook* das meine ich auch
gelovig gläubig
gelovige Gläubige(r) m^{40a}, v^{40b}
geluid 1 *(nat)* Schall m^5, m^6 **2** *(van stem)* Laut m^5 **3** *(telecom)* Ton m^6 **4** *(muz)* Ton m^6, Klang m^6
geluiddempend schalldämpfend
geluiddicht schalldicht
geluidloos geräuschlos, lautlos
geluidsband Tonband o^{32}
geluidsbarrière Schallmauer v^{21}, Schallgrenze v^{21}
geluidshinder Lärmbelästigung v^{20}
geluidsinstallatie 1 Lautsprecheranlage v^{21} **2** *(voor weergave)* Stereoanlage v^{21}
geluidsisolatie Schallisolierung v^{20}
geluidsman Tontechniker m^9
geluidssterkte Lautstärke v^{21}
geluidstechniek Tontechnik v^{20}
geluidsweergave Klangbild o^{31}
geluk Glück o^{29}: *dat is meer ~ dan wijsheid* er hat mehr Glück als Verstand; *dat is een ~ bij een ongeluk* er hat Glück im Unglück; *stom ~ hebben* Schwein haben^{182}; *op goed ~* auf gut Glück; *tot mijn ~* zum Glück
gelukje unerwarteter Vorteil m^5
gelukken *(door inspanning)* gelingen^{169}; *(door omstandigheden)* glücken; *(goed uitvallen)* geraten^{218}
gelukkig glücklich: *een ~e gedachte* ein glücklicher Gedanke; *~ was ik er op tijd* zum Glück (of: glücklicherweise) war ich pünktlich da
gelukkigerwijs glücklicherweise, zum Glück
geluksdag Glückstag m^5
gelukskind Glückskind o^{31}, Sonntagskind o^{31}
geluksnummer Glückszahl v^{20}
gelukstelegram Glückwunschtelegramm o^{29}
geluksvogel Glückspilz m^5
gelukwens Glückwunsch m^6, Gratulation v^{20}
gelukwensen: *iem met iets ~* jmdm zu^{+3} etwas gratulieren^{320}
gelukzoeker Glücksritter m^9
gemaakt 1 *(aanstellerig)* affektiert, geziert **2** *(geveinsd)* gespielt, gekünstelt
¹gemaal *(echtgenoot)* Gemahl m^5, Gatte m^{15}
²gemaal *(installatie)* Schöpfwerk o^{29}
gemachtigde Bevollmächtigte(r) m^{40a}, v^{40b}
gemak 1 *(het gerief)* Bequemlichkeit v^{20}, Komfort m^{19}: *zijn ~ (ervan) nemen* es sich^3 bequem machen; *hij is op zijn ~ gesteld* er ist bequem; *iem op zijn ~ stellen* jmdn beruhigen; *zich op zijn ~ voelen* sich behaglich fühlen; *voor het ~* bequemlichkeitshalber; *houd uw ~!* regen Sie sich nicht auf! **2** *(gemakkelijkheid)* Leichtigkeit v^{28}: *met ~* leicht
gemakkelijk 1 *(gerieflijk)* bequem: *~e stoel* bequemer Stuhl m^6; *het zich ~ maken* es sich^3 bequem machen **2** *(niet moeilijk, licht)* leicht: *zo ~ als wat* kinderleicht; *het ~ hebben* es leicht haben^{182}; *~ te hanteren* handlich; *het valt me ~* es fällt mir leicht **3** *(weinig eisend)* anspruchslos
gemakshalve bequemlichkeitshalber
gemakzucht Bequemlichkeit v^{20}
gemakzuchtig bequem
gemalin Gemahlin v^{22}
gemanierd manierlich, ordentlich, anständig
gemankeerd: *een ~e rambo* ein verhinderter Rambo
gemarineerd mariniert, eingelegt
gemaskerd maskiert: *~ bal* Maskenball m^6
gematigd gemäßigt; *(kalm, bezadigd)* maßvoll
gember Ingwer m^{19}
gemeen 1 *(laag, min)* gemein, niederträchtig **2** *(afschuwelijk)* scheußlich **3** *(gemeenschappelijk)* gemeinsam, gemeinschaftlich: *iets met iem ~ hebben* etwas mit jmdm gemein haben^{182} **4** *(gewoon)* gemein
gemeend gemeint: *het is ~* es ist mein Ernst
gemeengoed Gemeingut o^{39}
gemeenheid Niederträchtigkeit v^{20}, Gemeinheit v^{20}

gemeenplaats Gemeinplatz *m*⁶, Klischee *o*³⁶
gemeenschap Gemeinschaft *v*²⁰: *geslachtelijke ~ hebben* Geschlechtsverkehr haben¹⁸²; *in ~ van goederen (trouwen)* in Gütergemeinschaft (heiraten); *(Belg) de Vlaamse Gemeenschap* die Flämische Gemeinschaft
gemeenschappelijk gemeinschaftlich, gemeinsam: *~ bezit* Gemeinbesitz *m*¹⁹
gemeenschapsonderwijs *(Belg) (ongev)* öffentlicher Unterricht *m*¹⁹
gemeente 1 Gemeinde *v*²¹: *kerkelijke ~* Kirchengemeinde *v*²¹; *hoofd van de ~* Gemeindevorsteher *m*⁹ **2** *(administratief)* Kommune *v*²¹ **3** *(met stadsrecht)* Stadt *v*²⁵
gemeenteambtenaar Kommunalbeamte(r) *m*⁴⁰ᵃ
gemeentebestuur Kommunalverwaltung *v*²⁰
gemeentebibliotheek Stadtbücherei *v*²⁰
gemeentehuis Rathaus *o*³²
gemeentelijk kommunal, Kommunal...
gemeentepolitie Ortspolizei *v*²⁸
gemeentepolitiek Kommunalpolitik *v*²⁸
gemeenteraad Gemeinderat *m*⁶; *(in stad)* Stadtrat *m*⁶
gemeentereiniging Gemeindereinigung *v*²⁰
gemeentesecretaris Gemeindedirektor *m*¹⁶; *(in stad)* Stadtdirektor
Gemeentewerken *(de dienst)* Gemeindebauamt *o*³²; *(van stad)* Stadtbauamt *o*³²
gemeenzaam 1 *(eigen)* vertraut **2** *(familiair)* vertraulich **3** *(alledaags)* salopp
gemelijk mürrisch, verdrießlich, griesgrämig
gemengd gemischt: *(sp) ~ dubbel* gemischtes Doppel; *met ~e gevoelens* mit gemischten Gefühlen
gemenigheid Gemeinheit *v*²⁰
gemerkt *(mbt goederen)* gezeichnet
gemeubileerd möbliert
gemiddeld im Durchschnitt, im Schnitt, durchschnittlich: *~e prijs* Durchschnittspreis *m*⁵; *~e snelheid* Durchschnittsgeschwindigkeit *v*²⁰; *~ 70 km rijden* im Schnitt 70 km fahren¹⁵³
gemiddelde Durchschnitt *m*⁵
gemis Mangel *m*¹⁰: *~ aan* (of: *van*) *vertrouwen* Mangel an⁺³ Vertrauen; *het kind voelt het ~ niet* das Kind fühlt nicht, dass ihm etwas fehlt
gemodder 1 *(halfslachtig gedoe)* Halbheit *v*²⁰ **2** *(geprutst)* Gestümper *o*³⁹, Stümperei *v*²⁰
gemoed Gemüt *o*³¹: *zijn ~ schoot vol* Rührung ergriff ihn; *op iems ~ werken* jmdm ins Gewissen reden; *de ~eren waren verdeeld* die Meinungen gingen auseinander
gemoedelijk gemütlich, umgänglich
gemoedereerd in aller Gemütsruhe
gemoedsrust Gemütsruhe *v*²⁸
gemoedsstemming Gemütsstimmung *v*²⁰
gemoedstoestand Gemütsverfassung *v*²⁰
gemoeid: *uw toekomst is ermee ~* es geht um Ihre Zukunft; *daar is veel geld mee ~* das erfordert viel Geld

gemompel Gemurmel *o*³⁹, Gemunkel *o*³⁹
gemopper, gemor Murren *o*³⁹
gems Gämse *v*²¹
gemurmel Gemurmel *o*³⁹, Murmeln *o*³⁹
gemutst gelaunt: *slecht ~* übel gelaunt
gen Gen *o*²⁹
genaamd genannt, namens, mit Namen
genade Gnade *v*²¹: *goeie ~!* du meine Güte!; *~ voor recht laten gelden* Gnade vor Recht ergehen lassen¹⁹⁷; *om ~ smeken* um Gnade flehen; *om ~ vragen* um Gnade bitten¹³²
genadeloos gnadenlos
genadeslag, genadestoot Gnadenstoß *m*⁶: *iem de ~ geven:* a) *(lett)* jmdm den Gnadenstoß geben¹⁶⁶; b) *(fig)* jmdm den Rest geben¹⁶⁶
genadig gnädig
gênant peinlich, unangenehm
gendarme 1 *(in Oostenrijk en Zwitserland)* Gendarm *m*¹⁴ **2** *(Belg)* Polizist *m*¹⁴
gene *aanw vnw*⁷⁶ jener, jene, jenes: *deze en ~* dieser und jener; *deze of ~* irgendeiner; *aan ~ zijde van* jenseits⁺²
geneesheer Arzt *m*⁶: *geneesheer-directeur* Chefarzt
geneeskracht Heilkraft *v*²⁵
geneeskrachtig heilkräftig
geneeskunde Medizin *v*²⁰
geneeskundig ärztlich, medizinisch: *~e behandeling* ärztliche Behandlung *v*²⁰; *~e dienst* Gesundheitsamt *o*³²; *~e faculteit* medizinische Fakultät *v*²⁰; *~e hulp* ärztliche Hilfe *v*²¹
geneesmiddel Heilmittel *o*³³, Medikament *o*²⁹
genegen 1 *(toegenegen)* zugetan, gewogen **2** *(bereid)* bereit, geneigt
genegenheid 1 Gewogenheit *v*²⁸ **2** Bereitschaft *v*²⁰; *zie ook* genegen
geneigd geneigt
geneigdheid Neigung *v*²⁰, Geneigtheit *v*²⁸
¹**generaal** *zn* General *m*⁵, *m*⁶
²**generaal** *bn* generell, allgemein, General...
generaal-majoor Generalmajor *m*⁵
generalisatie Generalisierung *v*²⁰
generaliseren generalisieren³²⁰
generatie Generation *v*²⁰
generatieconflict Generationskonflikt *m*⁵
generatiekloof Generationsunterschied *m*⁵
generator Generator *m*¹⁶
generen, zich sich genieren³²⁰
generiek *(Belg; tv, film)* **1** *(begintitels)* Vorspann *m*⁵, *m*⁶ **2** *(aftiteling)* Nachspann *m*⁵, *m*⁶
generlei keinerlei: *op ~ wijze* keineswegs
genetica Genetik *v*²⁸, Vererbungslehre *v*²⁸
genetisch genetisch
geneugte Vergnügen *o*³⁵, Genuss *m*⁶, Freude *v*²¹
Genève Genf *o*³⁹: *inwoner van ~* Genfer *m*⁹; *het meer van ~* der Genfer See
¹**genezen** *intr (mbt zieke)* genesen¹⁷¹; *(mbt wond)* heilen
²**genezen** *tr* heilen: *de dokter geneest de zieke* der

Arzt heilt den Kranken

genezing Genesung v^{20}, Heilung v^{20}
geniaal genial: *een ~ idee* eine geniale Idee
genialiteit Genialität v^{20}
genie *(mil)* Pioniertruppe v^{21}, Pioniere *mv* m^5
genie *(vernuft, geniaal persoon)* Genie o^{36}
geniep: *in het ~* heimlich
geniepig hinterlistig, heimtückisch
genietbaar genießbar
genietbaarheid Genießbarkeit v^{28}
genieten genießen^{172}: *een goede gezondheid ~* sich einer guten Gesundheit^2 erfreuen; *iems vertrouwen ~* jmds Vertrauen genießen; *van het uitzicht ~* die Aussicht genießen; *een salaris ~* ein Gehalt beziehen^{318}
genieter Genießer m^9
genieting Genuss m^6, Freude v^{21}
genietroepen Pioniere *mv* m^5
genitaal genital
genitaliën Genitalien *(mv)*
genodigde Eingeladene(r) m^{40a}, v^{40b}, Gast m^6
genoeg genug: *geld ~* Geld genug; *gek ~ merkwaardigerwijze*; *~ daarvan!* lass es gut sein!; *ik heb er ~ van* ich habe es satt
genoegdoening Genugtuung v^{20}
genoegen Vergnügen o^{35}, Gefallen m^{11}, Freude v^{21}: *dat doet mij ~* das freut mich; *doe mij het ~ en ga zitten!* tun Sie mir den Gefallen, und setzen Sie sich!; *het is me een ~* es ist mir ein Vergnügen; *met ~* mit Vergnügen; *met iets ~ nemen* sich mit^{+3} etwas begnügen; *is het zo naar ~?* ist es so recht?; *tot ons ~ deelde hij mee, dat ...* zu unserm Vergnügen teilte er mit, dass ...
genoeglijk 1 vergnüglich **2** gemütlich
genoeglijkheid 1 Vergnügen o^{35} **2** Gemütlichkeit v^{28}
genoegzaam genügend, ausreichend, hinreichend
genoom Genom o^{29}
genoopt: *zich ~ zien* sich genötigt sehen^{261}
genoot Genosse m^{15}, Kamerad m^{14}
genootschap Gesellschaft v^{20}, Verein m^5
genot Genuss m^6; *(gelukzaligheid)* Wonne v^{21}
genotmiddel Genussmittel o^{33}
genre Genre o^{36}, Art v^{20}, Gattung v^{20}
gentechnologie Gentechnologie v^{28}
gentleman Gentleman *m (2e nvl -s; mv Gentlemen)*
gentlemen's agreement Gentleman's Agreement *o (2e nvl - -; mv - -s)*
genuanceerd nuanciert
genummerd nummeriert
genvoedsel Gennahrung v^{28}
geodriehoek Winkelmesser m^9
geoefend geübt, geschult
geograaf Geograph m^{14}, Geograf m^{14}
geografie Geographie v^{28}, Geografie v^{28}
geografisch geographisch, geografisch
geologie Geologie v^{28}

geologisch geologisch
geoloog Geologe m^{15}
geometrie Geometrie v^{28}
geometrisch geometrisch
geoorloofd erlaubt, gestattet, zulässig
georganiseerd organisiert
gepaard gepaart, paarweise: *~ gaan met* verbunden sein^{262} mit^{+3}
gepakt gepackt: *~ en gezakt* mit Sack und Pack
geparfumeerd parfümiert
gepast 1 *(geschikt)* passend, angemessen **2** *(betamelijk)* korrekt, schicklich **3** *(in de juiste hoeveelheid)* abgezählt: *~ geld* abgezähltes Geld o^{39}; *heeft u ~ geld?* haben Sie es passend?
gepatenteerd patentiert
gepeins Sinnen o^{39}, Nachdenken o^{39}: *hij was in ~ verzonken* er war in Gedanken versunken
gepekeld gepökelt, Pökel...
gepensioneerd 1 in den Ruhestand versetzt **2** *(mbt ambtenaar)* pensioniert
gepeperd *(ook fig)* gepfeffert
gepeupel Pöbel m^{19}, Gesindel o^{39}, Plebs m^{19}
gepikeerd pikiert, beleidigt
geplaveid gepflastert
geploeter 1 Schinderei v^{20} **2** *(getob)* Not v^{25}
gepoch Großtuerei v^{28}, Angeberei v^{28}
gepokt: *hij is ~ en gemazeld* er ist mit allen Hunden gehetzt
gepraat Geplauder o^{39}, Gerede o^{39}
geprefabriceerd vorgefertigt, vorfabriziert: *~ huis* Fertighaus o^{32}
geprikkeld gereizt, irritiert
geprivilegieerd privilegiert
geprolongeerd prolongiert
gepromoveerd promoviert
geprononceerd prononciert, ausgeprägt
geproportioneerd proportioniert
geraakt 1 *(lett)* getroffen **2** *(beledigd)* gekränkt, verletzt **3** *(geprikkeld)* gereizt
geraamte 1 *(biol)* Skelett o^{29} **2** *(van vliegtuig, schip)* Gerippe o^{33} **3** *(ontwerp)* Gerüst o^{29}
geraas Getose o^{39}, Getöse o^{39}
geraaskal Geschwätz o^{39}
geraden ratsam: *het is ~* es ist ratsam; *iets ~ achten* etwas für ratsam halten^{183}
geraffineerd *(ook fig)* raffiniert
geraken geraten^{218}, kommen^{193}, gelangen: *buiten zichzelf ~* außer^{+3} sich geraten; *in moeilijkheden ~* in^{+4} Schwierigkeiten kommen; *te water ~* ins Wasser fallen^{154}; *zie ook* raken
gerammel 1 *(van deuren, luiken)* Klappern o^{39} **2** *(van metalen voorwerpen)* Rasseln o^{39} **3** *(van voertuig)* Gerumpel o^{39} **4** *(van glas, metaal)* Klirren o^{39} **5** *(op piano)* Klimpern o^{39}
geranium Geranie v^{21}
gerant Geschäftsführer m^9
¹**gerecht** *zn* **1** *(spijs)* Gericht o^{29} **2** *(jur)* Gericht o^{29}
²**gerecht** *bn (billijk)* gerecht
gerechtelijk gerichtlich, Gerichts...: *iem ~ ver-*

volgen gerichtlich gegen jmdn vorgehen[168]; *langs ~e weg* auf dem Rechtsweg; *(Belg, jur) ~e politie* Kriminalpolizei v^{28}
gerechtigd berechtigt, befugt
gerechtigde Berechtigte(r) m^{40a}, v^{40b}
gerechtsdienaar Polizist m^{14}
gerechtshof Gerichtshof m^6
gerechtvaardigd berechtigt, gerechtfertigt: *een ~e eis* eine berechtigte Forderung
geredeneer Räsonieren o^{39}
gereed 1 *(klaar)* fertig: *~ voor het gebruik* gebrauchsfertig **2** *(bereid)* bereit: *~ om te starten* startbereit **3** *(contant)* bar: *~ geld* bares Geld o^{39}
gereedheid Bereitschaft v^{20}: *in ~ brengen* fertig machen
gereedhouden bereithalten[183]
gereedkomen fertig werden[310]: *met iets ~* etwas beenden
gereedleggen bereitlegen
gereedliggen bereitliegen[202]
gereedmaken fertig machen; *(van eten)* zubereiten: *bedden ~* Betten machen; *zich ~ om te vertrekken* sich zum Gehen anschicken
gereedschap Werkzeug o^{29}, Gerät o^{29}
gereedschapskist Werkzeugkasten m^{12}
gereedstaan 1 *(mbt personen)* sich bereithalten[183] **2** *(mbt zaken)* bereitstehen[279] **3** *(op het punt staan)* im Begriff sein[262]
gereedzetten bereitstellen
gereformeerd reformiert
geregeld 1 *(ordelijk)* geordnet, geregelt **2** *(regelmatig)* regelmäßig, ständig
gerei Gerät o^{29}, Zeug o^{39}
gerekt gedehnt: *op ~e toon* in gedehntem Ton
gereserveerdheid Reserve v^{28}
¹**gericht** *zn (Bijb)* Gericht o^{29}: *het jongste ~* das Jüngste (*of:* Letzte) Gericht
²**gericht** *bn, bw* gerichtet (auf^{+4}): *iem ~ helpen* jmdm gezielt helfen[188]
gerief 1 Bequemlichkeit v^{20}, Komfort m^{19} **2** *(Belg) (gerei)* Gerät o^{29}, Zeug o^{39}: *keukengerief* Küchengeräte *mv* o^{29}; *schrijfgerief* Schreibzeug o^{39}
gerieflijk bequem, behaglich, komfortabel
gerimpeld 1 *(mbt huid, fruit)* gerunzelt **2** *(mbt stoffen, wateroppervlak)* gekräuselt
gering gering; *(onbelangrijk)* geringfügig
geringachten gering achten
geringschatten gering schätzen
geringschattend geringschätzig
geritsel Rascheln o^{39}; *(van zijde)* Rauschen o^{39}
Germaan Germane m^{15}
Germaans germanisch
gerochel Geröchel o^{39}
geroddel Klatsch m^{19}, Tratsch m^{19}
geroep Rufen o^{39}
geroepen: *~ zijn* berufen sein[262]
geroezemoes Stimmengewirr o^{29}
gerommel 1 *(van donder)* Grollen o^{39} **2** *(van inge-*
wanden) Knurren o^{39}, Rummeln o^{39} **3** *(in papieren e.d.)* Herumkramen o^{39}
gerookt geräuchert: *~e paling* Räucheraal m^5
geroutineerd routiniert
gerst Gerste v^{21}
gerucht Gerücht o^{29}: *het ~ loopt dat...* es geht das Gerücht, dass...; *bij ~e iets weten* vom Hörensagen etwas wissen
geruchtmakend Aufsehen erregend
geruim geraum: *~e tijd* geraume Zeit
geruisloos geräuschlos
geruit kariert, gewürfelt
gerust ruhig: *met een ~ geweten* mit ruhigem Gewissen; *wees maar ~!* mach dir keine Sorgen!; *ik ben er nog niet ~ op, dat...* ich bin noch nicht sicher, dass...; *(Belg) iem ~ laten* jmdn in Ruhe lassen[197]
geruststellen beruhigen
geruststelling Beruhigung v^{20}
gescharrel 1 *(mbt vogels)* Scharren o^{39} **2** *(gevrij)* Knutscherei v^{20} **3** *(het bezig zijn)* Herumwirtschaften o^{39}
geschater (schallendes) Gelächter o^{33}
gescheiden geschieden, getrennt
geschenk Geschenk o^{29}: *iem iets ten ~e geven* jmdm etwas schenken; *iets ten ~e krijgen* etwas geschenkt bekommen[193]
geschieden 1 geschehen[173] **2** *(afgewikkeld worden)* sich vollziehen[318]
geschiedenis Geschichte v^{21}
geschiedenisboek Geschichtsbuch o^{32}
geschiedkundig Geschichts-, historisch
geschiedkundige Historiker m^9
geschift: *hij is ~* er ist bekloppt
geschikt 1 *(aangenaam in omgang)* nett, umgänglich: *hij is heel ~* er ist sehr nett **2** *(bruikbaar)* tauglich, geeignet
geschiktheid Eignung v^{28}: *onderzoek naar de ~* Eignungsprüfung v^{20}
geschil Streit m^5
geschilpunt Streitpunkt m^5
geschoold geschult; *(mbt vaklieden)* gelernt
geschreeuw Geschrei o^{39}, Schreien o^{39}
geschrift Schriftstück o^{29}, Dokument o^{29}
geschut Geschütz o^{29}: *(fig) met grof ~ beginnen* grobes Geschütz auffahren[153]
gesel *(ook fig)* Geißel v^{21}
geselen geißeln
geseling Geiß(e)lung v^{20}
gesitueerd situiert, gestellt: *beter ~e* Bessergestellte(r) m^{40a}, v^{40b}; Wohlhabende(r) m^{40a}, v^{40b}
gesjacher Schacherei v^{20}
gesjochten ruiniert, abgebrannt
geslaagd 1 *(mbt personen)* erfolgreich **2** *(mbt zaken)* gelungen, erfolgreich
geslacht Geschlecht o^{31}; *(biol)* Gattung v^{20}: *het tegenwoordige ~* die heutige Generation
geslachtelijk geschlechtlich

geslachtsdeel Geschlechtsteil *m*⁵, *o*²⁹
geslachtsdrift Geschlechtstrieb *m*¹⁹
geslachtsgemeenschap Geschlechtsverkehr *m*¹⁹
geslachtsorgaan Geschlechtsorgan *o*²⁹
geslachtsverkeer Geschlechtsverkehr *m*¹⁹
geslachtsziekte Geschlechtskrankheit *v*²⁰
geslepen *(fig)* gerieben, durchtrieben, raffiniert: *een ~ bedrieger* ein raffinierter Betrüger
gesloten 1 *(niet geopend)* (ab)geschlossen: *~ (jacht-, vis)seizoen* Schonzeit *v*²⁰ **2** *(niet openhartig)* verschlossen
gesluierd 1 *(met sluier)* verschleiert **2** *(van stem)* verschleiert **3** *(mbt lucht)* neblig, diesig
gesmeerd: *het gaat als ~* es läuft wie am Schnürchen
gesnater Schnattern *o*³⁹, Geschnatter *o*³⁹
gesnauw Anschnauzen *o*³⁹, Anfahren *o*³⁹
gesnik Schluchzen *o*³⁹
gesnopen kapiert
gesnuffel Geschnüffel *o*³⁹
gesoebat Gebettel *o*³⁹, Bettelei *v*²⁰
gesorteerd (as)sortiert: *goed ~* gut assortiert
gesp Schnalle *v*²¹, Spange *v*²¹
gespannen gespannt
gespeend: *niet van humor ~* nicht ohne Humor
gespen schnallen
gespierd muskulös; *(fig)* kräftig
gespitst: *op iets ~ zijn* sich auf⁺⁴ etwas spitzen
gespleten gespalten
gespletenheid *(van mens, volk)* innere Zerrissenheit *v*²⁸
gespot Gespött *o*³⁹, Spöttelei *v*²⁰
gesprek *(mondeling onderhoud)* Gespräch *o*²⁹, Besprechung *v*²⁰; *(conversatie)* Unterhaltung *v*²⁰; *(onderhoud)* Unterredung *v*²⁰: *een ~ aanknopen* ein Gespräch anknüpfen; *~ voeren* ein Gespräch führen; *met iem in ~ zijn* sich mit jmdm unterhalten¹⁸³; *(onderhandelen)* mit jmdm verhandeln; *het ~ kwam op hem* wir kamen auf ihn zu sprechen; *(telecom)* in *~* besetzt
gespreksleider Diskussionsleiter *m*⁹
gesprekspartner Gesprächspartner *m*⁹
gespreksronde Gesprächsrunde *v*²¹
gespreksstof Gesprächsstoff *m*⁵
gespuis Gesindel *o*³⁹, Gelichter *o*³⁹, Pack *o*³⁹
gestaag, gestadig fortwährend, unaufhörlich; *(zonder onderbreking)* unausgesetzt; *(bestendig)* beständig: *gestage arbeid* stete Arbeit *v*²⁰
gestalte Gestalt *v*²⁰: *~ geven aan iets* einer Sache Gestalt geben¹⁶⁶; *~ krijgen* Gestalt annehmen²¹²
gestamel Gestammel *o*³⁹
gestand: *zijn belofte ~ doen* sein Versprechen halten¹⁸³; *zijn woord ~ doen* sein Wort halten
gestationeerd stationiert: *(mil) ~ zijn in* seinen Standort haben¹⁸² in⁺³
geste Geste *v*²¹, Gebärde *v*²¹
gesteente Gestein *o*²⁹
gestel 1 *(samenstel van delen)* Organismus *m* (2e nvl -; mv -men) **2** *(lichamelijke constitutie)* Konstitution *v*²⁰, Gesundheit *v*²⁸
gesteld: *het is treurig met het project ~* es ist traurig um den Plan bestellt; *op iem ~ zijn* jmdn gern mögen²¹⁰; *hij is op orde en netheid ~* er hält auf Ordnung und Sauberkeit; *hij is op zijn rust ~* er liebt seine Ruhe
gesteldheid Beschaffenheit *v*²⁸, Zustand *m*⁶
gestemd gelaunt, gestimmt, aufgelegt
gesteriliseerd sterilisiert
gesticht Anstalt *v*²⁰
gesticuleren gestikulieren³²⁰
gestoord gestört; *(geestelijk abnormaal)* geistig gestört
gestoorde Gestörte(r) *m*⁴⁰ᵃ, *v*⁴⁰ᵇ
gestreept gestreift
gestrekt *(mbt galop, hoek)* gestreckt
gestreng streng
gestrengheid Strenge *v*²⁸
gestroomlijnd stromlinienförmig
gestudeerd studiert
gestudeerde Akademiker *m*⁹, Studierte(r) *m*⁴⁰ᵃ, *v*⁴⁰ᵇ
gestuukt: *~ plafond* Stuckdecke *v*²¹
gesuis Sausen *o*³⁹, Brausen *o*³⁹
gesukkel 1 *(met gezondheid)* Kränkeln *o*³⁹ **2** *(met werk)* Gestümper *o*³⁹, Stümperei *v*²⁰
getal Zahl *v*²⁰, Anzahl *v*²⁰; *(wisk, taalk)* Numerus *m* (2e nvl -; mv Numeri): *in groten ~e* in großer Zahl; *ten ~e van 100* 100 an der Zahl
getallencombinatie Zahlenkombination *v*²⁰
getallenreeks Zahlenreihe *v*²¹
getalm Zaudern *o*³⁹, Gezauder *o*³⁹
getalsmatig zahlenmäßig
getand 1 *(mbt mond)* mit Zähnen **2** *(mbt blad, postzegel)* gezahnt, gezähnt **3** *(mbt rotsen, bergen)* gezackt
getapt beliebt, gern gesehen
getemperd gemäßigt; *(mbt geluid, licht e.d.)* gedämpft
getier Gebrüll *o*³⁹
getijde *(scheepv)* Tide *v*²¹: *de ~n* die Gezeiten
getik Ticken *o*³⁹; *(met vinger ook)* Tippen *o*³⁹
getikt 1 *(niet goed snik)* nicht bei Trost, bekloppt, übergeschnappt **2** *(getypt)* getippt
getintel *(geflonker)* Gefunkel *o*³⁹, Glitzern *o*³⁹; *(in de vingers)* Prickeln *o*³⁹
getiteld mit dem Titel, betitelt
getjilp Gezwitscher *o*³⁹, Zwitschern *o*³⁹
getob Grübelei *v*²⁰, Gegrübel *o*³⁹; *(moeite)* Mühsal *v*²³: *het is een ~* es ist eine Plage
getralied vergittert: *~e poort* Gittertor *o*²⁹
getrapt gestuft: *~e verkiezingen* indirekte Wahlen
getroebleerd nicht recht bei Trost, konfus
getroffen betroffen, getroffen
getrommel Trommeln *o*³⁹
getroost getrost
getroosten: *zich inspanningen ~* sich viel Mühe

getrouw geben[166]; *zich opofferingen* ~ keine Opfer scheuen

getrouw treu, getreu

getrouwd verheiratet

getrouwe Getreue(r) m^{40a}, v^{40b}

getto Getto o^{36}, Ghetto o^{36}

¹getuige *zn (man)* Zeuge m^{15}; *(vrouw)* Zeugin v^{22}

²getuige *vz* aufgrund^{+2}, auf Grund^{+2}, wie ... beweist

¹getuigen *intr* zeugen: *tegen iem* ~ gegen jmdn zeugen; *voor iem* ~ für jmdn zeugen

²getuigen *tr* bezeugen: *ik kan* ~ *dat hij in de schouwburg was* ich kann bezeugen, dass er im Theater war

getuigenis Zeugnis o^{29a}; *(jur)* Aussage v^{21}

getuigenverhoor Zeugenvernehmung v^{20}

getuigenverklaring Zeugenaussage v^{21}

getuigschrift Zeugnis o^{29a}

geul 1 *(algem)* Rinne v^{21} 2 *(gleuf)* Rille v^{21} 3 *(van rivier)* Flussbett o^{37} 4 *(vaargeul)* Fahrrinne v^{21}

geüniformeerd uniformiert

geur Duft m^6, Geruch m^6; *(van wijn, ook)* Bukett o^{29}, o^{36}, Blume v^{21}: *in ~en en kleuren* mit^{+3} allen Einzelheiten

geuren duften, riechen^{223}

geus *(hist)* Geuse m^{15}

gevaar Gefahr m^6: *er dreigt* ~ es droht Gefahr; *in* ~ *brengen* in^{+4} Gefahr bringen^{139}; gefährden; *het in* ~ *brengen* Gefährdung v^{20}; *met* ~ *voor eigen leven* mit^{+3} *(of:* unter^{+3}) Gefahr des eigenen Lebens

gevaarlijk gefährlich

gevaarte Ungetüm o^{29}

gevaarvol gefahrvoll

geval 1 *(toestand, omstandigheid)* Fall m^6: *in alle* ~, *in ieder* ~ auf jeden Fall; *in geen* ~ keinesfalls; *in* ~ *van brand* wenn's brennt; *in* ~ *van nood* im Notfall; *in* ~ *van overlijden* im Sterbefall; *in* ~ *van twijfel* im Zweifelsfall; *van* ~ *tot* ~ von^{+3} Fall zu^{+3} Fall; *voor het* ~ *dat hij belt* falls er anruft 2 *(voorval)* Vorfall m^6, Geschichte v^{21} 3 *(toeval)* Zufall m^6

gevangen gefangen; *(gearresteerd)* verhaftet

gevangenbewaarder Gefangenenaufseher m^9

gevangene Gefangene(r) m^{40a}, v^{40b}, Häftling m^5

gevangenhouden gefangen halten^{183}

gevangenis Gefängnis o^{29a}, Strafanstalt v^{20}

gevangenisstraf Freiheitsstrafe v^{21}, Gefängnisstrafe v^{21}

gevangennemen verhaften, festnehmen^{212}

gevangenneming Verhaftung v^{20}, Festnahme v^{21}

gevangenschap Haft v^{28}, Gefangenschaft v^{28}

gevangenzetten festnehmen^{212}, einsperren

gevarendriehoek Warndreieck o^{29}

gevat schlagfertig

gevecht Gefecht o^{29}, Kampf m^6; *(tussen groepen)* Treffen o^{35}: *buiten* ~ *stellen* außer^{+3} Gefecht setzen; ~ *op leven en dood* Kampf auf^{+4} Leben und Tod

gevechtsvliegtuig Kampfflugzeug o^{29}

geveinsd 1 *(mbt zaken)* geheuchelt, erheuchelt 2 *(mbt personen)* heuchlerisch

gevel 1 *(topgevel)* Giebel m^9 2 *(voorzijde)* Front v^{20}, Fassade v^{21}

geven 1 *(algem)* geben^{166}: *wat geeft het of ze haar best doet* was nützt es, dass sie sich anstrengt; *dat geeft niets:* a) *(brengt niets op)* das bringt nichts; b) *(is niet erg)* das macht nichts; *men zou hem geen 50 jaar* ~ man sieht ihm seine 50 Jahre nicht an; *niets om iem* ~ sich^3 nichts aus jmdm machen; *niets om sport* ~ sich^3 nichts aus Sport machen 2 *(schenken)* spenden: *bloed* ~ Blut spenden

gever Geber m^9; *(schenker)* Spender m^9

gevestigd fest: *een* ~*e mening* eine feste Meinung; *een* ~*e reputatie* ein guter Ruf

gevierd gefeiert

gevleid geschmeichelt: *zich* ~ *voelen* sich geschmeichelt fühlen

gevlekt gefleckt, fleckig; *(mbt dieren)* scheckig

gevleugeld geflügelt

gevoeglijk mit Fug und Recht; *(gerust)* ruhig

gevoel Gefühl o^{29}; *(gewaarwording)* Empfindung v^{20}: ~ *hebben voor* Gefühl haben für^{+4}

¹gevoelen *zn* 1 *(oordeel)* Meinung v^{20}, Ansicht v^{20} 2 *(gevoel)* Gefühl o^{29}: *met gemengde* ~*s* mit gemischten Gefühlen

²gevoelen *ww* fühlen, empfinden^{157}; *(merken)* spüren: *de behoefte* ~ *iets te zeggen* das Bedürfnis haben, etwas zu sagen; *medelijden* ~ Mitleid fühlen *(of:* empfinden); *zich doen* ~ sich fühlbar machen

gevoelig 1 *(mbt balans, kou, lichaamsdeel, verlies)* empfindlich: *mijn huid is zeer* ~ meine Haut ist sehr empfindlich; *een* ~ *mens* ein sensibler Mensch; ~*e slag* empfindlicher Schlag m^6; ~*e wond* schmerzhafte Wunde v^{21}; *(muz)* ~ *spelen* mit Gefühl spielen 2 *(foto)* (licht)empfindlich

gevoelloos 1 *(zonder gevoel)* gefühllos: *een* ~ *mens* ein gefühlloser Mensch; ~ *voor kou* unempfindlich gegen^{+4} Kälte 2 *(mbt lichaamsdelen)* taub, empfindungslos

gevoelsleven Gefühlsleben o^{39}

gevoelsmatig gefühlsmäßig

gevoelstemperatuur gefühlte Temperatur v^{20}

gevoelswaarde Gefühlswert m^5

gevoelvol gefühlvoll, gemütvoll

gevogelte 1 *(alle vogels)* Vögel *mv* m^{10} 2 *(pluimvee)* Geflügel o^{33}

gevolg 1 *(stoet, volgelingen)* Gefolge o^{33} 2 *(uitvloeisel, resultaat)* Folge v^{21}: *noodlottige* ~*en hebben* fatale Folgen haben^{182}; *met het* ~ *dat* ... mit der Folge, dass ...; *met goed* ~ mit Erfolg; *ten* ~*e hebben* zur Folge haben^{182}; *ten* ~*e van* infolge^{+2} 3 *(gehoor)* Folge v^{21}: ~ *geven aan een uitnodiging* einer^3 Einladung Folge leisten

gevolgtrekking Folgerung v^{20}, Schluss m^6

gevolmachtigd bevollmächtigt: ~*e* Bevollmächtigte(r) m^{40a}, v^{40b}; *bijzondere* ~*e*

Sonderbeauftragte(r) m^{40a}, v^{40b}
gevorderd: *op ~e leeftijd* in vorgerücktem Alter; *wegens het ~e uur* wegen der späten Stunde
gevraagd 1 *(begeerd, gezocht)* begehrt, gesucht, gefragt: *een veel ~ artikel* ein sehr gesuchter Artikel; *voor direct ~* für sofort gesucht **2** *(verzocht)* erbeten, verlangt
gevreesd gefürchtet
gevuld 1 *(mbt lichaamsdelen)* prall **2** *(mbt gezicht, boezem)* voll **3** *(mbt bloemen, bonbons, gebak, pastei)* gefüllt
gewaad Gewand o^{32}
gewaagd gewagt, riskant; *(moedig)* kühn
gewaardeerd geehrt, geschätzt; anerkannt
gewaarworden 1 *(zien)* gewahr werden^{310} *(soms^{+2})*, bemerken **2** *(merken, beseffen)* merken, erkennen^{189} **3** *(ondervinden)* spüren
gewaarwording Empfindung v^{20}
gewag: *~ van iets maken* etwas erwähnen
gewapend 1 *(algem en mil)* bewaffnet **2** *(toegerust)* gerüstet **3** *(techn)* armiert
gewas Gewächs o^{29}
gewatteerd wattiert: *~e deken* Steppdecke v^{21}
gewauwel Geschwätz o^{39}, Gefasel o^{39}
geweer Gewehr o^{29}; *(jachtgeweer)* Flinte v^{21}
geweervuur Gewehrfeuer o^{39}
gewei Geweih o^{29}
geweld Gewalt v^{20}: *~ gebruiken* Gewalt gebrauchen; *iem ~ aandoen* jmdm Gewalt antun^{295}; *een meisje ~ aandoen* einem Mädchen Gewalt antun, ein Mädchen vergewaltigen; *de waarheid ~ aandoen* der Wahrheit^3 Gewalt antun^{295}; *zichzelf ~ aandoen* sich^3 Gewalt antun^{295}; *de deur met ~ openen* die Tür gewaltsam öffnen; *met alle ~ iets willen* mit^{+3} (aller) Gewalt etwas wollen^{315}; *gebruikmaking van ~* Gewaltanwendung v^{20}
gewelddaad Gewalttat v^{20}, Gewaltakt m^5
gewelddadig gewalttätig: *~e dood* gewaltsamer Tod; *~e kerel* Brutalo m^{13}
gewelddadigheid Gewalttat v^{20}
geweldig gewaltig; *(hevig)* gewaltig, heftig, enorm: *een ~e menigte* eine riesige Menge; *de violist heeft een ~e techniek* der Violist hat eine fabelhafte Technik; *~ goedkoop* äußerst preiswert; *~ groot* ungeheuer groß; *zich ~ amuseren* sich mächtig amüsieren^{320}
geweldpleging Gewaltanwendung v^{20}
geweldsfilm Brutalo m^{13}
gewelf Gewölbe o^{33}
gewend gewohnt; gewöhnt (an^{+4}): *hij is dit werk ~* er ist diese Arbeit gewohnt (*of:* an diese Arbeit gewöhnt)
gewennen *intr* sich gewöhnen an^{+4}: *men gewent aan alles* man gewöhnt sich an alles
gewennen *tr* gewöhnen: *iem ~ aan* jmdn gewöhnen an^{+4}
gewenst gewünscht, erwünscht
gewest 1 Gegend v^{20}, Region v^{20}; *(provincie)* Provinz v^{20}; *(district)* Bezirk m^5 **2** *(Belg)* Region v^{20}

gewestelijk regional; *(provinciaal)* Provinzial-; *(taalk)* landschaftlich, mundartlich
geweten Gewissen o^{35}: *een goed ~* ein gutes Gewissen; *een kwaad ~* ein böses Gewissen; *iets op zijn ~ hebben* etwas auf dem Gewissen haben^{182}
gewetenloos gewissenlos
gewetensbezwaar Gewissensskrupel m^9
gewetensvol gewissenhaft
gewetenswroeging Gewissensbiss m^5 *(meestal mv)*
gewettigd berechtigt, begründet: *~ middel* gesetzliches Mittel; *~e uitgaven* legitime Ausgaben; *het vermoeden is ~ dat …* die Vermutung ist berechtigt, dass …
gewezen früher, ehemalig, Ex…
gewicht 1 Gewicht o^{39}: *dat legt ~ in de schaal* das fällt ins Gewicht; *zijn ~ aan goud waard zijn* nicht mit Gold zu bezahlen sein^{262} **2** *(belangrijkheid)* Wichtigkeit v^{28}, Bedeutung v^{28}: *dat is van het grootste ~* das ist von höchster Wichtigkeit
gewichtheffen *(sp)* Gewichtheben o^{39}
gewichtig *(belangrijk)* wichtig, bedeutend; *(zwaarwichtig)* schwerwiegend, gewichtig
gewichtloos schwerelos, gewichtslos
gewichtloosheid Schwerelosigkeit v^{28}
gewichtsklasse Gewichtsklasse v^{21}
gewichtsverlies Gewichtsverlust m^5
gewiekst schlau, gerieben, verschlagen
gewijd geweiht
gewild 1 *(lett)* gewollt **2** *(in trek, gezocht)* begehrt, gesucht, beliebt **3** *(graag gezien)* gern gesehen, beliebt
gewillig willig, folgsam, bereitwillig
gewin Gewinn m^5
gewis gewiss, sicher, bestimmt
gewoel Gewühl o^{39}
gewond verwundet, verletzt
gewonde Verwundete(r) m^{40a}, v^{40b}, Verletzte(r) m^{40a}, v^{40b}
gewonnen gewonnen: *zich ~ geven* sich ergeben^{166}
¹gewoon *bn* **1** *(gebruikelijk, alledaags)* gewöhnlich, üblich, alltäglich, normal: *~ soldaat* gemeiner Soldat; *een ~ mens* ein normaler Mensch **2** *(waar men aan gewend is)* gewohnt: *ik ben ~ vroeg op te staan* ich bin (es) gewohnt, früh aufzustehen; *ik ben dat ~* ich bin es gewohnt; *hij is aan zwaar werk ~* er ist schwere Arbeit gewohnt (*of:* an schwere Arbeit gewöhnt); *op het gewone uur* zur gewohnten Stunde **3** *(volgens vastgestelde orde)* ordentlich: *~ hoogleraar* ordentlicher Professor m^{16}
²gewoon *bw* einfach: *ik vind het ~ afschuwelijk* ich finde es einfach (*of:* geradezu) scheußlich
gewoonheid Gewöhnlichkeit v^{28}
gewoonlijk gewöhnlich, normalerweise
gewoonte Gewohnheit v^{20}: *een goede ~* eine gute Gewohnheit; *de macht der ~ is* die Macht der Gewohnheit; *omdat het zo de ~ is* weil es so üblich

ist; *uit* ~ aus Gewohnheit
gewoontegetrouw gewohnheitsgemäß
gewoonterecht Gewohnheitsrecht o^{39}
gewoonweg einfach, schlichtweg
geworteld 1 *(ook fig)* gewurzelt: *vast* ~ verwurzelt **2** *(mbt vooroordelen, meningen)* eingewurzelt
gewricht Gelenk o^{29}
gewrichtsholte Gelenkhöhle v^{21}
gewrichtsontsteking Gelenkentzündung v^{20}
gewriemel Gewimmel o^{39}
gewroet Gewühl o^{39}; *(fig)* Intrigen *mv* v^{21}
gezaagd *(plank)* gesägt
gezag Gewalt v^{20}, Macht v^{25}, Autorität v^{28}: *openbaar* ~ Obrigkeit v^{20}; *het vaderlijk* ~ die väterliche Gewalt; *het wettig* ~ die gesetzliche Gewalt; *zijn* ~ *doen gelden* seine Gewalt (of: seine Macht, seine Autorität) geltend machen; *het* ~ *handhaven* die Ordnung aufrechterhalten[183]; *op eigen* ~ eigenmächtig; *op* ~ *van een schrijver iets aannemen* auf die Gewähr eines Autors (hin) etwas annehmen[212]; *een man van* ~ eine Autorität
gezagdrager Obrigkeit v^{20}, Behörde v^{21}
gezaghebbend 1 *(bekleed met gezag)* befugt, maßgebend: *van* ~*e zijde* von maßgebender Seite **2** *(mbt schrijver, uitspraak)* maßgebend
gezagvoerder Kapitän m^5; *(scheepv)* Schiffskapitän m^5; *(luchtv)* Flugkapitän m^5
¹**gezamenlijk** *bn* **1** *(alle)* sämtlich; *(met lw)* gesamt: *de* ~*e inwoners* die gesamten Einwohner; *met* ~*e krachten* mit vereinten Kräften **2** *(gemeenschappelijk)* gemeinschaftlich
²**gezamenlijk** *bw* zusammen, miteinander, gemeinsam
gezang Gesang m^6
gezanik *(geleuter)* Geschwatze o^{39}; *(gemopper)* Gemecker o^{39}
gezant Gesandte(r) m^{40a}, v^{40b}
gezantschap Gesandtschaft v^{20}
gezapig gemächlich, behäbig
gezegd 1 *(genaamd)* genannt **2** *(zo-even genoemd)* besagt, genannt: *het is niet* ~ *nicht fest; zoals* ~ wie gesagt
gezegde 1 *(uitlating)* Äußerung v^{20} **2** *(zegswijze)* Redensart v^{20} **3** *(taalk)* Prädikat o^{29}
gezegeld gesiegelt; *(gestempeld)* gestempelt
gezegend gesegnet, segensreich
gezeglijk folgsam, gehorsam
gezel 1 *(makker)* Kamerad m^{14}, Gefährte m^{15} **2** *(ambachtsrang)* Geselle m^{15}
gezellig 1 *(in groepsverband levend)* gesellig **2** *(aangenaam, knus)* gemütlich: ~ *bij elkaar zijn* gemütlich beisammen sein[262]; *eens* ~ *praten* mal gemütlich plaudern **3** *(onderhoudend)* unterhaltsam, angenehm
gezelligheid 1 Geselligkeit v^{28} **2** Gemütlichkeit v^{28}; *zie ook* gezellig
gezellin Gesellin v^{22}, Gefährtin v^{22}
gezelschap Gesellschaft v^{20}: *in goed* ~ *zijn* sich in guter Gesellschaft befinden[157]; *iem* ~ *houden* jmdm Gesellschaft leisten
gezelschapsspel Gesellschaftsspiel o^{29}
gezet 1 *(corpulent)* beleibt, korpulent **2** *(geregeld)* regelmäßig **3** *(bepaald)* bestimmt
gezetheid Beleibtheit v^{28}, Korpulenz v^{28}
gezeur *(geleuter)* Gequengel o^{39}, Geleier o^{39}
gezicht 1 *(het zien, de aanblik)* Anblick m^5, Blick m^5: *een heerlijk* ~ ein herrlicher Anblick; *in het* ~ *van de haven* in Sicht des Hafens; *liefde op het eerste* ~ Liebe auf den ersten Blick **2** *(gelaat)* Gesicht o^{31}; *(gezichtsuitdrukking)* Miene v^{21}: *een vriendelijk* ~ *zetten* ein freundliches Gesicht machen; *iem iets in zijn* ~ *zeggen* jmdm etwas ins Gesicht sagen; *met een uitgestreken* ~ ohne eine Miene zu verziehen[318] **3** *(uitzicht)* Aussicht v^{20} **4** *(zintuig)* Augen *mv* o^{38}
gezichtsbedrog optische Täuschung v^{20}
gezichtsscan Gesichtsscan m^{13}, o^{36}
gezichtssluier Gesichtsschleier m^9
gezichtsvermogen Sehvermögen o^{39}
¹**gezien** *bn* **1** *(bekrachtigd)* gesehen: ~ *en goedgekeurd* genehmigt; *voor* ~ *tekenen* abzeichnen **2** *(geacht)* geachtet, angesehen: *hij was daar zeer* ~ er stand dort in hohem Ansehen
²**gezien** *vz* im Hinblick auf⁺⁴, wegen⁺²
³**gezien** *vw* da, weil
gezin Familie v^{21}: *leden van het* ~ Familienmitglieder *mv* o^{31}
gezind 1 gesinnt: *iem vijandig* ~ *zijn* jmdm feindlich gesinnt sein[262] **2** *(van plan, van zins)* gesonnen **3** *(genegen)* hold: *het geluk was hun niet goedgezind* das Glück war ihnen nicht hold
gezindheid Gesinnung v^{20}
gezindte Konfession v^{20}
gezinsbijslag *(Belg)* Kindergeld o^{31}
gezinshoofd Familienoberhaupt o^{32}
gezinshulp Haushaltshilfe v^{21}
gezinsleven Familienleben o^{39}
gezinsuitbreiding Familienzuwachs m^5
gezinsverzorgster Familienpflegerin v^{22}
gezinszorg Familienhilfe v^{21}
gezocht 1 *(gewild, in trek)* gesucht, gefragt **2** *(gekunsteld, onnatuurlijk)* gesucht, gespreizt
gezond gesund[59]: *we zijn* ~ *en wel* wir sind wohlauf; *een onderneming weer* ~ *maken* ein Unternehmen sanieren[320]
gezondheid Gesundheit v^{28}: *een blakende* ~ eine blühende Gesundheit; *in goede* ~ *zijn* bei guter Gesundheit sein; *op uw* ~! auf Ihre Gesundheit!, auf Ihr Wohl!
gezondheidsredenen: *om* ~ aus gesundheitlichen Gründen, gesundheitshalber
gezouten gesalzen; *(mbt taal)* derb
gezusters Schwestern *mv* v^{21}
gezwam Geschwätz o^{39}, Gefasel o^{39}
gezwel Geschwulst v^{25}
gezwets 1 *(grootspraak)* Angeberei v^{28} **2** *(geleuter)* Geschwätz o^{39}
gezwoeg Plackerei v^{20}, Schinderei v^{20}

gezwollen 1 *(lett)* (an)geschwollen, schwulstig; *(mbt gezicht ook)* aufgedunsen **2** *(mbt stijl, taal)* hochtrabend, schwülstig
gezworen geschworen
gezworene Geschworene(r) m^{40a}, v^{40b}
gft(-afval) *afk van groente-, fruit- en tuinafval* Biomüll m^{19}
gids *(ook fig)* Führer m^9; *(voor toeristen)* Fremdenführer m^9
giebelen kichern
giechelen kichern
¹gier *(vogel)* Geier m^9
²gier *(mest)* Jauche v^{21}, Gülle v^{21}
¹gieren *(mesten)* jauchen, güllen
²gieren 1 *(hard lachen)* schallend lachen: ~ *van het lachen* brüllen vor Lachen; *het is om te ~!* es ist zum Schießen! **2** *(mbt storm)* heulen, pfeifen²¹⁴
gierig geizig, knauserig
gierigaard Geizhals m^6, Knauser m^9
gierigheid Geiz m^{19}, Knauserigkeit v^{28}
¹gieten *zn* Gießen o^{39}, Guss m^6
²gieten *ww* gießen¹⁷⁵: *(fig) olie op het vuur ~* Öl ins Feuer gießen; *het zit als gegoten* es sitzt wie angegossen
gieter Gießkanne v^{21}
gieterij Gießerei v^{20}
gietijzer Gusseisen o^{39}
gietijzeren gusseisern, Gusseisen…
gietvorm Gussform v^{20}, Gießform v^{20}
gif Gift o^{29}: *het ~ werkt* das Gift wirkt
gifbelt Altlasten *mv* v^{20}, Giftmülldeponat o^{29}
gifgas Giftgas o^{29}
gifklier Giftdrüse v^{21}
gifmenger Giftmischer m^9
gifslang Giftschlange v^{21}
¹gift *(vergif)* Gift o^{29}; *zie ook* gif
²gift *(gave)* Gabe v^{21}, Spende v^{21}
giftig *(ook fig)* giftig
gifvrij giftfrei
giga 1 *(enorm, groot)* riesig **2** *(erg, zeer)* super
gigantisch gigantisch
gij 1 *(vertrouwelijk) (ev)* du; *(mv)* ihr **2** *(beleefdheidsvorm)* Sie
gijzelaar Geisel v^{25}, zelden m^9
gijzelen: *iem ~* jmdn als *(of:* zur) Geisel nehmen²¹²
gijzeling Geiselnahme v^{21}
gijzelnemer Geiselnehmer m^9
gil Aufschrei m^5, Schrei m^5: *een ~ geven* aufschreien²⁵³
gilde Gilde v^{21}, Zunft v^{25}
gilet Weste v^{21}
gillen kreischen, schreien²⁵³: *het is om te ~!* es ist zum Schreien!
ginder dort: *tot ~* bis dorthin; *van ~* dorther
¹ginds *bn* jener, jene, jenes
²ginds *bw* dort
ginnegappen kichern, sich eins feixen
gips Gips m^5: *van ~* gipsern, Gips…

gipsafdruk Gipsabdruck m^6
gipsbeeld Gipsfigur v^{20}
gipsen *bn* gipsern, Gips…
gipsverband *(med)* Gipsverband m^6
gipsvlucht Rückholdienst m^5
giraal Giral…: *~ geld* Giralgeld o^{31}; Buchgeld o^{31}
giraf(fe) Giraffe v^{21}
gireren überweisen³⁰⁷: *bedragen ~* Beträge überweisen
giro Giro o^{36}; *(girorekening)* Girokonto o^{36}: *per ~ betalen* durch Giro bezahlen
girobetaalkaart Eurocheque m^{13}
girobetaalpas Eurochequekarte v^{21}
giromaat Geldautomat m^{14}
giromaatpas Eurochequekarte v^{21}
gironummer Postgirokontonumer v^{21}
giro-overschrijving Überweisung v^{20}
giropas Eurochequekarte v^{21}
girorekening Postscheckkonto o^{36}
gissen vermuten
gissing Vermutung v^{20}
gist Hefe v^{21}
gisten gären¹⁶⁴
gisteravond gestern Abend
gisteren gestern
gistermiddag gestern Nachmittag
gisting *(ook fig)* Gärung v^{20}
gitaar Gitarre v^{21}
gitarist Gitarrenspieler m^9, Gitarrist m^{14}
glaasje Gläschen o^{35}: *een ~ pakken* einen trinken²⁹³; *te diep in het ~ kijken* zu tief ins Glas gucken
glacé Glacé *m* (2e nvl -(s); mv -s), Glacee *m* (2e nvl -(s); mv -s)
¹glad *bn* **1** *(effen, vlak)* glatt⁵⁹ **2** *(gewiekst)* gewieft, pfiffig **3** *(glibberig)* glatt, schlüpfrig
²glad *bw* glatt: *iets ~ vergeten zijn* etwas glatt vergessen haben¹⁸²
gladakker Halunke m^{15}, Lump m^{14}
gladheid Glätte v^{28}, Glattheit v^{28}; *zie ook* glad
gladiator Gladiator m^{16}
gladjakker, gladjanus Schlauberger m^9
gladmaken glatt machen, glätten
gladscheren glatt rasieren³²⁰
gladstrijken glatt streichen²⁸⁶, glätten
gladweg glattweg, schlankweg
glamour Glamour m^{19}, o^{39}
glans Glanz m^5: *met ~ slagen* glänzend durchkommen¹⁹³; *met ~ zakken* mit Glanz und Gloria durchfallen¹⁵⁴
glansrijk 1 *(luisterrijk)* glorreich, glänzend **2** *(uitstekend)* glanzvoll, glänzend: *~ slagen* (ein Examen) glanzvoll bestehen²⁷⁹
glansrol Glanzrolle v^{21}
glansverf Glanzfarbe v^{21}, Lack m^5
glanzen 1 *(blinken)* glänzen **2** *(stralen)* strahlen **3** *(zacht glanzen)* schimmern **4** *(flonkeren)* funkeln
glas
glas 1 *(drinkglas)* Glas o^{32}; *(stofnaam)* Glas o^{39}: **8**

glazen bier 8 Glas (*of:* 8 Gläser) Bier; *wijn per ~ of-fener Wein* **2** *(ruit)* Scheibe v^{21}
glasbak Glascontainer m^9, Altglasbehälter m^9, Altglascontainer m^9
glasblazen Glasblasen o^{39}
glashard glashart
glas-in-loodraam Bleiglasfenster o^{33}; *(gebrand-schilderd raam)* Glasmalerei v^{20}
glasverzekering Glas(bruch)versicherung v^{20}
glazen gläsern, aus Glas, Glas…
glazenwasser Fensterputzer m^9
glazig glasig: *~e ogen* glasige Augen
glazuren glasieren^{320}
glazuur Glasur v^{20}; *(van tanden)* Schmelz m^5
gletsjer Gletscher m^9
gleuf 1 *(spleet)* Riss m^5, Schlitz m^5, Spalt m^5 **2** *(groef, voeg)* Nut v^{20}, Nute v^{21}, Rille v^{21} **3** *(in elpee, zuil)* Rille v^{21} **4** *(in de grond)* Furche v^{21} **5** *(van geldautomaat, brievenbus)* Einwurf m^6, Schlitz m^5
glibberig glitschig, schlüpfrig
glijbaan Rutschbahn v^{20}
glijden 1 *(gleien)* gleiten^{178}: *zijn blik gleed langs mij heen* sein Blick streifte mich **2** *(wegglijden)* rutschen
glijdend gleitend: *~e werktijd* gleitende Arbeits-zeit v^{20}
glijvlucht Gleitflug m^6
glimlach Lächeln o^{39}: *met een ~* lächelnd
glimlachen lächeln
glimmen 1 *(gloeien)* glimmen^{179} **2** *(glanzen)* blin-ken, glänzen: *~ van plezier* strahlen vor Freude; *~de mouwen* abgescheuerte Ärmel
glimp Schimmer m^9, Spur v^{20}: *een ~ van hoop* ein Schimmer von Hoffnung
glinsteren glitzern, glänzen; *(trillend)* flimmern
glinstering Glitzern o^{39}, Glänzen o^{39}; *(trillend)* Flimmern o^{39}
glippen gleiten^{178}, rutschen
globaal global, pauschal, grob: *een ~ bedrag* ein Pauschalbetrag; *~ genomen* im Großen und Ganzen
globalisering Globalisierung v^{20}
globe Globus *m (2e nvl -(ses); mv -se of Globen)*
globetrotter Globetrotter m^9
gloed *(ook fig)* Glut v^{20}
gloednieuw (funkel)nagelneu, brandneu
gloedvol glutvoll
gloeien glühen
gloeiend glühend: *~ heet* glühend heiß; *ik heb het aan hem* er ist mir in tiefster Seele ver-hasst; *ik ben het er ~ mee eens* ich bin damit völ-lig einverstanden; *je bent er ~ bij!* jetzt bist du ge-liefert!
gloeilamp Glühlampe v^{21}, Glühbirne v^{21}
glooien abfallen^{154}, sich neigen
glooiend abfallend
gloren glimmen^{179}, schimmern: *de dageraad be-gint te ~* der Morgen dämmert (auf)
glorie Glorie v^{28}, Ruhm m^{19}, Glanz m^{19}: *in volle ~* in vollem Glanz

glorierijk, glorieus glorreich, ruhmvoll
gloss Gloss *o (2e nvl -; mv -)*
¹**glossy** Hochglanzmagazin o^{29}
²**glossy** glossy
glucose Glukose v^{28}, Traubenzucker m^{19}
gluiper(d) Heuchler m^9, Leisetreter m^9
gluiperig heuchlerisch
glunderen strahlen, vergnügt lächeln
gluren spähen, schielen
gluurder Voyeur m^5, Spanner m^9
gniffelen, gnuiven schmunzeln
go Go o^{39}
goal 1 *(doel)* Tor o^{29} **2** *(doelpunt)* Tor, Treffer m^9
goalgetter Torjäger m^9
god Gott m^8
God Gott m^8: *hij vreest ~ noch gebod* er ist ein gottvergessener Mensch; *zo waarlijk helpe mij ~ almachtig* so wahr mir Gott helfe; *een door ~ bege-nadigd kunstenaar* ein gottbegnadeter Künstler; *met ~s hulp* mit Gottes Hilfe
godallemachtig großer Gott
goddank gottlob, Gott³ sei Dank
goddelijk 1 göttlich **2** *(verheven)* himmlisch
goddeloos gottlos
godgans, godganselijk *(inform)* ganz: *de ~e dag luieren* den lieben langen Tag faulenzen
godgeklaagd unerhört: *het is ~!* Gott sei's ge-klagt!
godheid Gottheit v^{20}
godin Göttin v^{22}
godsdienst Religion v^{20}; *(kerkgenootschap)* Kon-fession v^{20}
godsdienstig religiös; *(vroom)* fromm
godsdienstigheid Religiosität v^{28}
godsdienstvrijheid Religionsfreiheit v^{28}, Glau-bensfreiheit v^{28}
godslasteraar Gotteslästerer m^9
godslastering Gotteslästerung v^{20}
godslasterlijk gotteslästerlich
godsnaam: *(inform) in ~* in Gottes Namen
godsvertrouwen Gottvertrauen o^{39}
godswil: *om ~* um Gottes willen
godvergeten *(inform)* gottvergessen: *een ~ idi-oot* ein Vollidiot; *een ~ onrecht* ein himmel-schreiendes Unrecht
godverlaten *(inform)* gottverlassen
¹**goed** *zn* **1** *(tegenstelling van kwaad)* Gute(s) o^{40c}: *iets ~s* etwas Gutes; *veel ~s* viel Gutes; *~ en kwaad* Gutes und Böses; *te veel van het ~e* zu viel des Gu-ten; *dat komt hem ten ~e* das kommt ihm zugu-te **2** *(bezittingen)* Gut o^{32} **3** *(goederen)* Güter *mv* o^{32}; *(handelswaar)* Waren *mv* v^{21} **4** *(stof, textiel)* Zeug o^{39}, Stoff m^5: *(verschoning) schoon ~* rei-ne Wäsche; *(kleren)* Kleider *(mv)* ‖ *hoeveel hebt u nog te ~?* wie viel haben Sie noch zu fordern?; *we hebben nog een feest te ~* wir haben noch ein Fest in Aussicht
²**goed** *bn, bw* gut^{60}: *~!: a) (het eens zijn)* rich-tig!; *b) (mooi zo)* schön!; *~ zo!* prima!; *mij ~!* mir

recht!; *ook* ~! schon gut!; *hij is* ~ *af* er ist gut dran; *die is* ~! das ist aber gut!; *alles* ~ *en wel, maar …* alles gut und schön, aber …; *als ik het* ~ *heb* wenn ich mich nicht irre; *moeder en kind maken het* ~ Mutter und Kind sind wohlauf; *hij voelt zich niet* ~ er fühlt sich nicht wohl; *op een* ~*e morgen* eines Morgens; *zich te* ~ *doen aan* sich gütlich tun²⁹⁵ an⁺³; *een* ~*e dertig mensen* gut dreißig Leute; ~ *kwaad zijn* recht böse sein²⁶²; ~ *van vertrouwen zijn* vertrauensselig sein²⁶²; *zo* ~ *en zo kwaad als het gaat* so gut es geht; *(mbt eten)* ~ *blijven* sich halten¹⁸³

goedaardig 1 *(mbt persoon)* gutherzig, gutmütig, gütig **2** *(med)* gutartig
goeddeels großenteils, größtenteils
goeddoen 1 *(weldoen)* wohl tun²⁹⁵ **2** *(het goede doen)* Gutes tun²⁹⁵ **3** *(baten)* nützen
goeddunken *zn* Gutdünken o³⁹
goeddunken *ww* für gut halten¹⁸³
goedendag *(bij het komen)* guten Tag!; *(bij het weggaan)* (auf) Wiedersehen!
goedendagzeggen *(jmdm)* Guten Tag (*of:* guten Tag) sagen; *(vaarwelzeggen)* sich verabschieden
goederen Güter *mv* o³²; *(die verhandeld worden)* Waren *mv* v²¹
goederenhandel Warenhandel *m*¹⁹
goederentrein Güterzug *m*⁶
goedgebouwd gut gebaut; *(welgevormd)* wohlgestaltet
goedgeefs freigebig
goedgehumeurd gut gelaunt
goedgelovig gutgläubig, vertrauensselig
goedhartig gutherzig, gutmütig
goedheid Güte: *grote* ~! du meine Güte!
goedhouden *tr* frisch halten¹⁸³, aufbewahren
goedhouden, zich sich gut halten¹⁸³
goedig gutherzig, gutmütig
goedje Zeug *o*³⁹
goedkeuren 1 *(iems gedrag, handelingen, mening)* billigen; *(uitdrukkelijker)* gutheißen¹⁸⁷ **2** *(officieel)* genehmigen **3** *(van verdrag)* ratifizieren³²⁰ **4** *(van wet, motie, voorstel)* verabschieden **5** *(goedvinden)* billigen **6** *(bij keuring)* für gesund erklären; *(voor mil dienst)* für diensttauglich erklären
goedkeurend beifällig
goedkeuring 1 *(instemming)* Billigung *v*²⁰ **2** *(officiële inwilliging)* Genehmigung *v*²⁰, Ratifizierung *v*²⁰ **3** *(instemming, toejuiching)* Beifall *m*¹⁹; *zie ook* goedkeuren
goedkoop preiswert, billig: *een goedkope grap* ein fader Witz; *de goedkope vliegmaatschappij* der Billigflieger
goedlachs: ~ *zijn* gern lachen
goedmaken 1 *(van verzuim, schuld)* (wieder) gutmachen **2** *(van verlies)* ausgleichen¹⁷⁶
goedmoedig gutherzig, gutmütig
goedpraten beschönigen, rechtfertigen
goedschiks 1 *(met goed fatsoen)* anstandshalber **2** *(zonder dwang)* gutwillig, bereitwillig: ~ *of kwaadschiks* wohl oder übel
¹**goedvinden** *zn* Gutdünken o³⁹, Ermessen o³⁹: *naar eigen* ~ *te werk gaan* nach eigenem Gutdünken verfahren¹⁵³; *met uw* ~ mit Ihrer Erlaubnis; *met wederzijds* ~ in gegenseitigem Einverständnis
²**goedvinden** *ww (goedkeuren)* billigen; *(officieel)* genehmigen: *mijn ouders vinden het goed* meine Eltern haben nichts dagegen
goedwillend gutwillig
goeierd gutmütiger Mensch *m*¹⁴
goesting *(Belg)* **1** *(trek)* Appetit *m*⁵ **2** *(lust)* Lust *v*²⁸
gok Glücksspiel o²⁹: *een* ~ *doen (raden)* raten²¹⁸; *het is een* ~ *(risico)* es ist ein Wagnis
gokken 1 *(spelen om geld)* spielen **2** *(speculeren)* spekulieren³²⁰
gokker Spieler *m*⁹; *(fig)* Hasardeur *m*⁵
gokspel Glücksspiel o²⁹
gokverslaafd spielsüchtig
golden goal Golden Goal *o* (*2e nvl* - -*s; mv* - -*s*), Goldener Treffer *m*⁹
¹**golf** *(zeeboezem)* Golf *m*⁵, Meerbusen *m*¹¹
²**golf** *(sp)* Golf o³⁹: ~ *spelen* Golf spielen
³**golf** *(van geluid, licht, vloeistof)* Welle *v*²¹; *(hoge golf)* Woge *v*²¹: *groene* ~ grüne Welle
golfbaan Golfplatz *m*⁶
golfbad Wellenbad o³²
golfer Golfspieler *m*⁹, Golfer *m*⁹
golflengte Wellenlänge *v*²¹
golfslag Wellenschlag *m*⁶, Wellengang *m*¹⁹
golven *(mbt koren, mensenmenigte, zee)* wogen: ~ *de beweging* wellenartige Bewegung; ~*d haar* welliges Haar
gom 1 *(lijm)* Gummi *m*¹³, o³⁶ *(mv ook* -*)* **2** *(stuf)* Radiergummi *m*¹³
gommen gummieren³²⁰
gondel Gondel *v*²¹
gong Gong *m*¹³, *zelden* o³⁶
goniometrie Goniometrie *v*²⁸
gonzen 1 *(mbt bijen, muggen, hoofd)* summen **2** *(mbt kevers, pijlen, stemmen)* schwirren
goochelaar Zauberkünstler *m*⁹, Gaukler *m*⁹
goochelarij Zauberkunst *v*²⁵, Gaukelei *v*²⁰
goochelen zaubern, gaukeln
goochelkunst Zauberkunst *v*²⁵
goochem schlau, gerieben
goochemerd schlauer Fuchs *m*⁶
goodwill Goodwill *m*¹⁹
googelen googeln
gooi Wurf *m*⁶: *ergens een* ~ *naar doen* sein Glück versuchen
gooien werfen³¹¹: *met de deur* ~ die Tür zuknallen; *(ook fig) iem iets naar het hoofd* ~ jmdm etwas an den Kopf werfen
goor 1 *(bedorven)* übel **2** *(groezelig)* schmuddelig, schmutzig; *(mbt gezicht)* fahl: *gore taal* Zoten *mv v*²¹

goot 1 *(gootpijp)* Rinne v^{21} **2** *(afvoerbuis)* Abflussrohr o^{29} **3** *(straatgoot)* Gosse v^{21}
gootsteen Spüle v^{21}, Spülbecken o^{35}
gordel 1 Gürtel m^9; *(breed)* Gurt m^5 **2** *(taille)* Gürtellinie v^{21} **3** *(krans)* Kranz m^6, Gürtel m^9
gordijn Vorhang m^6; *(vitrage)* Gardine v^{21}
gorgelen gurgeln
gort 1 *(gerecht)* Grütze v^{21} **2** *(gepelde gerst)* Graupen *mv* v^{21}
gortepap Grütze v^{21}
gortig: *het te* ~ *maken* es zu arg treiben[290]
¹gothic *(muziek)* Gothic Rock *m* (2e nvl - -(s))
²gothic gothic
¹gotiek *zn* Gotik v^{28}: *late* ~ Spätgotik; *vroege* ~ Frühgotik
²gotiek *bn* gotisch
gotisch *bn* gotisch: ~*e letters* gotische Schrift
goud Gold o^{39}: *wit* ~ Weißgold; *voor geen* ~*!* um keinen Preis!
goudblond goldhaarig, goldblond
gouddelver Goldgräber m^9
gouden golden, Gold…: ~ *munt* Goldmünze v^{21}
goudmijn *(ook fig)* Goldgrube v^{21}
goudreserve Goldreserve v^{21}, Goldvorrat m^6
goudsmid Goldschmied m^5
goudstuk Goldstück o^{29}
goudvis Goldfisch m^5
goudzoeker Goldsucher m^9
goulash Gulasch m^5, m^{13}, o^{29}, o^{36}
gouvernante Gouvernante v^{21}
gouvernement *(Belg)* Gouvernement o^{36}, Provinzverwaltung v^{20}
gouverneur Gouverneur m^5
gps *afk van global positioning system* GPS o^{39a}
gps-positiebepaling GPS-Ortung v^{28}
graad Grad m^5: *12 graden vorst* 12 Grad Kälte; ~ *van bloedverwantschap* Verwandtschaftsgrad; *academische* ~ akademischer Grad
graadmeter Gradmesser m^9
graaf Graf m^{14}
graafmachine Bagger m^9
graafschap Grafschaft v^{20}
graafwerk, graafwerkzaamheden Erdarbeiten *mv* v^{20}
graag gern(e)[65]: *heel* ~ sehr gern
graaien grabbeln
graan Getreide o^{33}
graanschuur Getreidespeicher m^9
graat 1 *(beentje van vis)* Gräte v^{21} **2** *(bergkam)* Grat m^5 || *niet zuiver op de* ~ *zijn* unzuverlässig sein[262]; *(Belg) ergens geen graten in zien* sich³ kein Gewissen aus⁺³ etwas machen
grabbel: *zijn geld te* ~ *gooien* sein Geld verschleudern
grabbelen grabbeln, greifen[181]
gracht 1 *(om vesting)* Graben m^{12} **2** *(in stad)* Stadtgraben m^{12}; *(in Nederland)* Gracht v^{20}
grachtengordel Grachtengürtel m^9
gracieus graziös, anmutig

gradatie Gradation v^{20}, Abstufung v^{20}
gradenboog Gradbogen m^{11}
graf Grab o^{32}
graffiti Graffiti *(mv van Graffito)*
grafiek Grafik v^{20}, Graphik v^{20}
grafiet Graphit m^5, Grafit m^5
grafisch grafisch, graphisch
grafkelder Grabgewölbe o^{33}, Gruft v^{25}
grafkrans Grabkranz m^6
grafschrift Grab(in)schrift v^{20}
grafsteen Grabstein m^5
gram Gramm o^{29} *(afk* g*)*
grammatica Grammatik v^{20}
grammaticaal grammat(ikal)isch
grammofoon Grammophon o^{29}, Grammofon o^{29}
grammofoonplaat Schallplatte v^{21}
granaat Granate v^{21}
granaatscherf, granaatsplinter Granatsplitter m^9
granaatvuur Granatfeuer o^{39}
grand café Grandcafé o^{36}
grandioos grandios, großartig
graniet Granit m^5
grap Spaß m^6, Scherz m^5: *voor de* ~ zum Spaß
grapefruit Grapefruit v^{27}
grapjas Spaßmacher m^9, Spaßvogel m^{10}
grapje Spaß m^6, Scherz m^5: *niet tegen een* ~ *kunnen* keinen Spaß verstehen[279]
grappenmaker Spaßvogel m^{10}, Spaßmacher m^9
grappig 1 *(vermakelijk)* komisch, ulkig: *hij vindt alles* ~ ihm macht alles Spaß **2** *(koddig)* drollig **3** *(jolig)* spaßig **4** *(lollig)* ulkig **5** *(geestig)* witzig
gras Gras o^{32}: *hij laat er geen* ~ *over groeien* er lässt kein Gras darüber wachsen
grasduinen stöbern: *in boeken* ~ in Büchern stöbern
grasland Grasland o^{39}, Weideland o^{39}
grasmaaier Grasmäher m^9, Rasenmäher m^9
grasmat Grasteppich m^5, Rasen m^{11}
grasveld Rasen m^{11}, Grasboden m^{12}
grasvlakte Grasfläche v^{21}, Grasebene v^{21}
graszode Rasenplagge v^{21}, Rasensode v^{21}
gratie 1 *(bevalligheid)* Grazie v^{28}, Anmut v^{28} **2** *(gunst)* Gunst v^{28}, Gnade v^{21}: *bij iem uit de* ~ *raken* es mit jmdm verderben[297] **3** *(ontheffing van straf)* Begnadigung v^{20}: ~ *krijgen* begnadigt werden[310]; ~ *verlenen* begnadigen
gratificatie Gratifikation v^{20}
gratis gratis, umsonst, kostenlos
¹grauw *(snauw)* Anschnauzer m^9
²grauw *(kleur)* Grau o^{33}
³grauw *bn* grau; *(mbt lucht)* grau, trübe
grauwen schelten[235], schnauzen
grauwgeel graugelb
graveerkunst Gravierkunst v^{28}
gravelbaan Rotgrandplatz m^6
graven graben[180]
graveren gravieren[320], stechen[277]

gravin Gräfin v^{22}
gravure Gravüre v^{21}
grazen weiden, grasen: *iem te ~ nemen* jmdn hereinlegen
greep 1 *(het grijpen)* Griff m^5 **2** *(hoeveelheid)* Hand voll v *(mv - -)* **3** *(handvat)* Griff m^5, Heft o^{29}
greintje: *hij heeft geen ~ fantasie* er hat überhaupt keine Fantasie (*of:* Phantasie)
grendel Riegel m^9; *(van geweer)* Schloss o^{32}: *de ~ op de deur doen* den Riegel vorschieben^{237}
grendelen verriegeln, abriegeln
grenen kiefern
grenenhout Kiefernholz o^{39}
grens Grenze v^{21}: *iem over de ~ zetten* jmdn ausweisen^{307}; *dat is op de ~ van onbeschaamdheid* das grenzt an Unverschämtheit; *er zijn grenzen* alles hat seine Grenzen
grenscontrole Grenzkontrolle v^{21}
grensgebied Grenzgebiet o^{29}, Grenzland o^{39}
grensgeschil Grenzstreitigkeit v^{20}
grensgeval Grenzfall m^6
grenslijn, grenslinie Grenzlinie v^{21}, Grenze v^{21}
grensovergang Grenzübergang m^6
grensrechter *(sp)* Linienrichter m^9
grenswaarde Grenzwert m^5
grenzeloos grenzenlos
grenzen *(met aan)* grenzen an^{+4}
greppel Graben m^{12}, Wassergraben m^{12}
gretig begierig; gierig: *~ aftrek vinden* reißenden Absatz finden^{157}; *~ toetasten* tüchtig zugreifen^{181}
grief 1 *(bezwaar)* Beschwerde v^{21} **2** *(ergernis)* Ärgernis o^{29a} **3** *(krenking)* Kränkung v^{20}
Griek Grieche m^{15}
Griekenland Griechenland o^{39}
¹**Grieks** *zn* Griechisch o^{41}
²**Grieks** *bn* griechisch
griep Grippe v^{21}
gries, griesmeel Grieß m^{19}
griet *(meisje)* Puppe v^{21}, Käfer m^9, Mädchen o^{35}
grieven wehtun^{295}, kränken, schmerzen
grievend kränkend, schmerzlich, bitter
griezel 1 *(rilling van afkeer)* Schauer m^9 **2** *(afkeer)* Ekel m^{19}: *een ~ van een vent* ein widerlicher Kerl
griezelen schaudern, gruseln
griezelfilm Horrorfilm m^5, Gruselfilm m^5
griezelig schauderhaft
griezelverhaal Schauergeschichte v^{21}
grif: *~ van de hand gaan* reißenden Absatz finden^{157}; *~ geloven* ohne weiteres annehmen^{212}
griffel Griffel m^9
griffen einritzen: *in het geheugen ~* sich³ ins Gedächtnis eingraben^{180}
griffie Kanzlei v^{20}, Geschäftsstelle v^{21}
griffier 1 *(chef der griffie)* Kanzleivorsteher m^9 **2** *(bij rechtbank enz.)* Protokollführer m^9 **3** *(van Kamer)* Schriftführer m^9
grifweg schlankweg, mühelos
grijns, grijnslach Grinsen o^{39}
grijnzen grinsen, feixen
¹**grijpen** *intr* greifen^{181}: *naar de wapenen ~* zu den Waffen greifen; *het vuur grijpt om zich heen* das Feuer breitet sich aus
²**grijpen** *tr* greifen^{181}, ergreifen^{181}; *(begerig)* grapschen: *door een auto gegrepen worden* von einem Auto erfasst werden^{310}
grijper Greifer m^9
¹**grijs** *zn* Grau o *(2e nvl -s; mv -)*
²**grijs** *bn* grau: *dat is me te ~* das ist mir zu toll
grijsaard Greis m^5
grijswit grauweiß
gril 1 *(inval)* Grille v^{21} **2** *(kuur, nuk)* Laune v^{21} **3** *(wonderlijke inbeelding)* Schrulle v^{21}, Marotte v^{21}
grill Grill m^{13}, Grillgerät o^{29}
grillen grillen
grillig 1 *(veranderlijk)* launenhaft **2** *(vol kuren)* grillenhaft, launisch **3** *(vreemd)* wunderlich **4** *(mbt kleur, vorm)* bizarr
grimas Grimasse v^{21}, Fratze v^{21}: *~sen maken* Grimassen schneiden^{250}
grimeren schminken
grimeur Maskenbildner m^9
grimmig grimmig: *~e kou* grimmige Kälte v^{28}
grind Kies m^5: *opspattend ~* Rollsplitt m^{19}
grindgroeve Kiesgrube v^{21}
grindpad, grindweg Kiesweg m^5
grinniken 1 *(van genoegen lachen)* kichern **2** *(spottend lachen)* feixen, grinsen
grip Griff m^5; *(mbt autoband)* Bodenhaftung v^{28}
grissen grapschen
groef 1 *(inkerving)* Rille v^{21}; *(in plank)* Nut v^{20}, Nute v^{21} **2** *(rimpel)* Falte v^{21}, Furche v^{21}
groei Wachstum o^{39}, Wachsen o^{39}: *nog in de ~ zijn* noch im Wachsen sein^{262}
groeien wachsen^{302}: *~ en bloeien* blühen und gedeihen^{167}; *~ als kool* prächtig wachsen
groeiproces Wachstumsprozess m^5
¹**groen** *zn* Grün o *(2e nvl -s; mv -)*
²**groen** *bn* grün: *de ~e partij* die grüne Partei; die Grünen; *het wordt mij ~ en geel voor de ogen* es wird mir grün und gelb vor den Augen
groenblijvend immergrün
Groenen *(politiek)* Grüne(n) *mv* m^{40a}, v^{40b}
groenstrook Grünstreifen m^{11}
groente Gemüse o^{33} *(ev ook in betekenis van mv)*
groenteboer Gemüsehändler m^9
groentekweker Gemüsegärtner m^9
groenteman Gemüsehändler m^9
groentesoep Gemüsesuppe v^{21}
groentewinkel, groentezaak Gemüsegeschäft o^{29}, Gemüseladen m^{12}
groentijd Fuchszeit v^{20}
groentje Neue(r) *mv* m^{40a}, v^{40b}, Neuling m^5
groep 1 Gruppe v^{21} **2** *(mil verband)* Truppe v^{21}
groeperen gruppieren^{320}
groepering Gruppierung v^{20}
groepsdruk Gruppenzwang m^6, Konformitätsdruck m^{19}

groepsgewijze gruppenweise
groepsverband Team o^{36}: *in ~ werken* in einem Team arbeiten
groet Gruß m^6: *iem de ~en doen* jmdm Grüße bestellen; *met vriendelijke ~* mit freundlichem Gruß; *u moet de ~en van hem hebben* er lässt Sie grüßen; *de ~en aan uw vader!* grüßen Sie Ihren Vater von mir!
groeten grüßen: *hij laat u ~* er lässt Sie grüßen
groeve 1 *(graf, kuil)* Grube v^{21} **2** *(mijnb)* Grube v^{21}
groeven 1 *(een sponning in een plank maken)* falzen **2** *(het voorhoofd)* runzeln, furchen
groezelig, groezig schmuddelig
grof grob^{58}: *grove fout* grober Fehler m^9; *iem ~ beledigen* jmdm gröblich beleidigen; *voor ~ geld* für schweres Geld
grofheid Grobheit v^{20}
grofvuil Sperrmüll m^{19}
grofweg 1 *(ruwweg)* grob **2** *(ongeveer)* ungefähr
grog Grog m^{13}
grol Posse v^{21}, Faxe v^{21}
grommen brummen, knurren
grond 1 *(oppervlakte van een ruimte)* Boden m^{12}: *op de begane ~* im Erdgeschoss; *als aan de ~ genageld* wie angenagelt; *iets van de ~ krijgen* etwas zustande (*of:* zu Stande) bringen^{139} **2** *(veld, akker, land)* Boden m^{12}, Erde v^{28}: *een mooi stuk ~* ein schönes Grundstück; *~ om te bouwen* Bauplatz m^6 **3** *(bodem onder het water)* Grund m^6: *een schip in de ~ boren* ein Schiff versenken; *te ~e gaan* zugrunde (*of:* zu Grunde) gehen^{168} **4** *(grondslag, reden)* Grund m^6
grondbeginsel 1 *(grondslag)* Grundlage v^{21} **2** *(moreel)* Grundsatz m^6
grondbegrip Grundbegriff m^5
grondbezit Grundbesitz m^{19}
gronden 1 *(peilen)* ergründen **2** *(stichten)* gründen **3** *(met grondverf)* grundieren^{320}
grondgebied Gebiet o^{29}, Hoheitsgebiet o^{29}
grondgedachte Grundgedanke m^{18}
grondgesteldheid Bodenbeschaffenheit v^{28}
grondig *(degelijk)* gründlich, eingehend
grondigheid Gründlichkeit v^{28}
grondlegger Gründer m^9; *(van een leer, een filosofie)* Begründer m^9
grondlegging Gründung v^{20}; *(van een leer, een filosofie)* Begründung v^{20}
grondonderzoek Bodenuntersuchung v^{20}
grondrecht Grundrecht o^{29}
grondregel Grundregel v^{21}
grondslag Grundlage v^{21}, Basis v *(mv* Basen*)*
grondsoort Bodenart v^{20}
grondstof Rohstoff m^5
grondverf Grundfarbe v^{21}
grondverschuiving Erdrutsch m^5
grondverven grundieren^{320}
grondvesten gründen, errichten
grondwater Grundwasser o^{39}
grondwerk Erdarbeiten *mv* v^{20}
grondwet Grundgesetz o^{29}, Verfassung v^{20}: *in strijd met de ~* verfassungswidrig
grondwetsartikel Verfassungsartikel m^9
grondwettelijk Verfassungs…, konstitutionell
grondwettig verfassungsgemäß
groot groß^{60}: *goederen in het ~ verkopen* Waren im Großen verkaufen; *de grote mogendheden* die Großmächte; *de grote drukte op de snelweg* der rege Verkehr auf^{+3} der Autobahn
grootbrengen großziehen^{318}, aufziehen^{318}
Groot-Brittannië Großbritannien o^{39}
grootdoen (sich) großtun^{295}
grootgrondbezit Großgrundbesitz m^{19}
grootgrondbezitter Großgrundbesitzer m^9
groothandel 1 *(de handel)* Großhandel m^{19} **2** *(de zaak)* Großhandlung v^{20}
groothandelaar Großhändler m^9, Grossist m^{14}
grootheid Größe v^{21}; *(de verhevenheid)* Erhabenheit v^{28}
grootheidswaan Größenwahn m^{19}
groothertog Großherzog m^6
groothertogdom Großherzogtum o^{32}
groothoeklens Weitwinkelobjektiv o^{29}
groothouden, zich 1 *(bij pijn enz.)* sich^3 nichts anmerken lassen^{197} **2** *(bij teleurstellingen enz.)* sich gleichgültig stellen
grootmoeder Großmutter v^{26}
grootmoedig großmütig, großherzig
grootouders Großeltern (*mv*)
groots 1 *(prachtig)* großartig, grandios **2** *(trots)* stolz: *hij is er ~ op* er ist stolz darauf
grootscheeps prachtvoll, großartig, aufwendig
grootsheid 1 *(pracht)* Großartigkeit v^{28} **2** *(trots)* Stolz m^{19} **3** *(onbekrompenheid)* Großzügigkeit v^{28}
grootspraak Angeberei v^{20}, Großsprecherei v^{20}
grootstad Großstadt v^{25}
grootte Größe v^{21}
grootvader Großvater m^{10}
¹gros *(144 stuks)* Gros o^{29a}: *drie ~* drei Gros
²gros *(meerderheid)* Mehrzahl v^{28}
grossier Großhändler m^9, Grossist m^{14}
grot Höhle v^{21}
grotendeels großenteils, größtenteils
grotesk grotesk
gruis Staub m^{19}
grut 1 *(al wat klein is)* Kleinkram m^{19} **2** *(kindertjes)* Kroppzeug o^{39}
grutto Uferschnepfe v^{21}
gruwel Gräuel m^9
gruweldaad Gräueltat v^{20}
gruwelijk grässlich, gräulich, scheußlich
gruwen: *ik gruw van deze man* mir graut vor diesem Menschen
gruzelement: *in ~en vallen* in Scherben gehen^{168}
g-sleutel G-Schlüssel m^9
gsm® *global system for mobile communication* **1** *(techniek)* GSM **2** *(toestel)* Handy o^{36}, Mobiltelefon o^{29}

Guatemala Guatemala o^{39}
Guatemalteek Guatemalteke m^{15}
guerrilla Guerilla v^{27}
guerrillaoorlog Guerillakrieg m^5
guerrillastrijder Guerillakämpfer m^9
guillotine Guillotine v^{21}, Fallbeil o^{29}
guirlande Girlande v^{21}
guit Schelm m^5, Bengel m^9, Schlingel m^9
gul 1 *(royaal)* freigebig: ~ *onthaal* gastfreundliche Aufnahme v^{21} **2** *(hartelijk)* herzlich: ~*le lach* herzliches Lachen o^{39}
gulden *zn* Gulden m^{11} *(afk* hfl)
gulden *bn* golden
gulp *(in broek)* Hosenschlitz m^5
gulp *(dikke straal)* Strahl m^{16}, Schwall m^5
gulpen strömen
gulzig gierig
gulzigaard Vielfraß m^5, Nimmersatt m^5
gulzigheid Gier v^{28}
gum Radiergummi m^{13}
gummi Gummi m^{13}, o^{36}
gummistok Gummiknüppel m^9
gunnen 1 *(graag zien dat iem iets krijgt)* gönnen **2** *(toewijzen)* zuschlagen^{241} **3** *(vergunnen)* vergönnen
gunst 1 *(gunstige gezindheid)* Gunst v^{28}, Wohlwollen o^{39} **2** *(blijk van gunst)* Gunst v^{28}, Gunstbezeigung v^{20}: *iem een ~ bewijzen* jmdm eine Gunst gewähren **3** *(voordeel)* *ten ~e van* zugunsten^{+2} *(of:* zu Gunsten^{+2})
gunstig günstig: ~ *gelegen* in günstiger Lage; *op iets ~ beschikken* etwas genehmigen; ~ *bekendstaan* einen guten Ruf haben^{182}
gunsttarief *(Belg)* Sondertarif m^5
gut *tw (inform)* mein Gott!, ach, du lieber Himmel!
guts *(beitel)* Hohleisen o^{35}
guts *(scheut vloeistof)* Schuss m^6
gutsen *(neerstromen)* strömen, triefen^{292}
guur rau: ~ *weer* raues Wetter o^{39}
guurheid Rauheit v^{28}
gym 1 *(gymnastiek)* Gymnastik v^{28}; *(gymnastiekles)* Turnen o^{39} **2** *(gymnasium)* Gymnasium *o (2e nvl -s; mv Gymnasien)*
gymnasiaal gymnasial, Gymnasial…
gymnasiast Gymnasiast m^{14}
gymnasium Gymnasium *o (2e nvl -s; mv Gymnasien)*
gymnastiek Gymnastik v^{28}
gymnastiekleraar Turnlehrer m^9
gymnastiekles Turnstunde v^{21}
gymnastieklokaal Turnhalle v^{21}
gymnastiekoefening Turnübung v^{20}
gymnastiekonderwijs Turnunterricht m^{19}
gymnastiekvereniging Turnverein m^5
gympje Turnschuh m^5
gynaecologie Gynäkologie v^{28}
gynaecoloog Gynäkologe m^{15}

h

ha *tw* ha!, ah!
haag 1 *(heg)* Hecke v^{21} 2 *(van mensen)* Spalier o^{29}, Reihe v^{21}
haai Hai m^5, Haifisch m^5: *naar de ~en gaan* zugrunde *(of:* zu Grunde) gehen[168]
haaibaai Xanthippe v^{21}, Beißzange v^{21}
haaientanden *(mbt verkeer; ongev)* Wartelinie v^{21}
haak 1 *(metalen voorwerp)* Haken m^{11}: *het is niet in de ~* das geht nicht mit rechten Dingen zu; *er is iets niet in de ~* die Sache hat einen Haken; *(Belg) met haken en ogen aan elkaar hangen* schlampig gearbeitet sein[262] 2 *(van telefoon)* Gabel v^{21} 3 *(een teken)* Klammer v^{21}: *ronde haken* runde Klammern 4 *(vishaak)* Haken m^{11}, Angelhaken
haakje *(een teken)* Klammer v^{21}: *tussen ~s* in Klammern; *(fig)* nebenbei bemerkt
haaks rechtwinklig, lotrecht
haakwerk(je) Häkelarbeit v^{20}
haal 1 Ruck m^5, Zug m^6 2 *(met iets scherps)* Kratzer m^9 3 *(loop) aan de ~ gaan* durchgehen[168]
haalbaar machbar, durchführbar, realisierbar
haan Hahn m^6; *(op toren ook)* Wetterhahn m^6: *er kraait geen ~ naar* es kräht kein Hahn danach
haantje Hähnchen o^{35}
¹haar *zn* Haar o^{29}: *dik ~* starkes Haar; *verzorging van het ~* Haarpflege v^{20}; *geen ~ op mijn hoofd dat eraan denkt* das fällt mir nicht im Traum ein; *hij is geen ~ beter* er ist um kein Haar besser; *(Belg) iem van ~ noch pluimen kennen* jmdn überhaupt nicht kennen[189]; *(Belg) met het ~ getrokken* sehr unglaubwürdig
²haar *pers vnw*[82] *(ev)* ihr³, sie⁺⁴; *(mv)* ihnen³, sie⁺⁴
³haar *bez vnw*[80] *(v ev)* ihr(e); *(v mv)* ihre
haarband Haarband o^{32}
haarborstel Haarbürste v^{21}
haarbreed: *geen ~* nicht (um) ein Haarbreit
haard Herd m^5: *elektrische ~* Elektroherd; *open ~* Kamin m^5; *een ~ van onrust* ein Herd der Unruhe
haardos Haarwuchs m^{19}
haardracht Haarschnitt m^5, Frisur v^{20}
haardroger Haartrockner m^9
haardroogkap Trockenhaube v^{21}
haardvuur Kaminfeuer o^{33}
haarfijn 1 *(dun)* haarfein 2 *(precies)* haarscharf
haargroei Haarwuchs m^{19}
haarkloverij Haarspalterei v^{20}
haarknippen Haarschneiden o^{39}
haarlak Haarlack m^5
haarlint Haarband o^{32}, Haarschleife v^{21}
haarscherp haarscharf
haarspeldbocht Haarnadelkurve v^{21}
haarspray Haarspray m^{13}, o^{36}
haarstukje Haarteil o^{29}, Toupet o^{36}
haaruitval Haarausfall m^{19}
haarvat Haargefäß o^{29}
haarversteviger Haarfestiger m^9
¹haas *(van rund en wild)* Filet o^{36}
²haas *(dierk)* Hase m^{15}
haasje: *het ~ zijn* geliefert sein[262]
¹haast *zn* Eile v^{28}; *(gejaagdheid)* Hast v^{28}: *~ maken* sich beeilen; *er is ~ bij* es eilt; *hij heeft altijd ~* er ist immer in Eile
²haast *bw* fast, beinahe: *ik ben ~ klaar* ich bin fast fertig; *dat is ~ niet te geloven* das ist kaum zu glauben
haasten: *iem ~* jmdn zur Eile antreiben[290]; *ik ben gehaast* ich habe es eilig; *zich ~* sich beeilen
haastig eilig; *(alleen bw)* eilends; *(gejaagd)* hastig: *~ besluit* übereilter Entschluss m^6
haastwerk eilige Arbeit v^{20}, dringliche Arbeit v^{20}
haat Hass m^{19}: *blinde ~* blinder Hass
haatdragend nachtragend, unversöhnlich
haatprediker Hassprediger m^9
habbekra(t)s Spottpreis m^5
hachee Haschee o^{36}
hachelijk misslich, heikel, bedenklich
hachje Leben o^{35}: *het ~ erbij inschieten* das Leben dabei einbüßen; *zijn ~ wagen* seine Haut zu Markte tragen[288]
hacken hacken
hacker Hacker m^9
hadj Hadsch m^{19a}, Haddsch m^{19a}
hadji Hadschi m^{13}, Haddschi m^{13}
hagedis Eidechse v^{21}
hagel Hagel m^9
hagelbui Hagelschauer m^9
hagelen hageln *(ook fig)*
hagelslag Anisstreusel *mv* m^9, o^{33}, Schokostreusel *mv* m^9, o^{33}
hagelsteen Hagelkorn o^{32}
hagelwit schneeweiß, blütenweiß
hairextension Hairextension v^{27}, Haarverlängerung v^{20}
hak 1 *(houw)* Hieb m^5 2 *(gereedschap)* Hacke v^{21} 3 *(hiel)* Ferse v^{21}, Hacke v^{21} 4 *(van sok, kous)* Ferse v^{21} 5 *(van schoen)* Absatz m^6
hakbijl Hackbeil o^{29}
hakblok Hackblock m^6, Hackklotz m^6
¹haken *intr* 1 *(blijven vastzitten)* hängen bleiben[134] 2 *(in elkaar haken)* ineinander greifen[181] 3 *(reikhalzen)* dürsten (nach⁺³)
²haken *tr* 1 *(vastmaken)* haken, anhaken 2 *(handwerken)* häkeln
hakenkruis Hakenkreuz o^{29}

hakje (sp) Absatzkick m[13] (2e nvl ook -)
hakkelaar Stotterer m[9]
hakkelen stottern
hakken 1 hacken **2** (fig) op iem ~ jmdn heruntermachen
hakketakken 1 (kibbelen) zanken **2** (vitten) kritteln
hakmes Hackbeil o[29]
hal 1 Halle v[21] **2** (markthal) Markthalle v[21] **3** (vestibule) Diele v[21] **4** (zaal) Saal m (2e nvl -(e)s; mv Säle)
halal halal
halen 1 (laten komen) holen: *een dokter laten ~* einen Arzt kommen lassen[197]; *de politie ~* die Polizei rufen[226]; *een getuige erbij ~* einen Zeugen hinzuziehen[318] **2** (ergens vandaan halen) holen: *het kind uit school ~* das Kind an der Schule abholen; *geld van de spaarbank ~* Geld bei der Sparkasse abheben[186] **3** (trekken) (ook fig) ziehen[318]: *een vlek eruit ~* einen Flecken entfernen; *iem er door ~* jmdn durchbringen[139]; *alles door elkaar ~* alles durcheinander bringen[139] **4** (bereiken) erreichen: *de trein nog ~* den Zug noch erreichen **5** (slagen, het halen) schaffen[230] **6** (kopen) kaufen
¹half zn: *een ~* ein Halbes o[40c]
²half bn, bw halb; (in samenstellingen) Halb…: *halve bol* Halbkugel v[21]; *halve wees* Halbwaise v[21]; *~ en ~* halb und halb; *~ zoveel* halb so viel; *~ april* Mitte April; *~ een* halb eins; *betrekking voor halve dagen* Halbtagsstelle v[21]; *hele en halve dagen werken* ganz- und halbtägig arbeiten; *drie en een halve meter* drei(und)einhalb Meter; *voor ~ geld* zum halben Preis
halfautomatisch halbautomatisch
halfbakken unerfahren, stümperhaft
halfbloed Mischling m[5]; (paard) Halbblut o[39]
halfbroer Halbbruder m[10], Stiefbruder m[10]
halfdood halb tot
halfedelsteen Halbedelstein m[5]
halffabricaat Halbfabrikat o[29], Halbfertigware v[21]
halfgeleider Halbleiter m[9]
halfjaar Halbjahr o[29], halbes Jahr o[29]
halfjaarlijks 1 (elk halfjaar) halbjährlich **2** (een halfjaar durend) halbjährig
halfjarig halbjährig
halfje (half glas) Halbe(s) o[40c]
halfnaakt halb nackt
halfpension Halbpension v[28]
halfrond zn Halbkugel v[21], Hemisphäre v[21]
halfrond bn halbrund
halfslachtig 1 (tweeslachtig) zwitterhaft, Zwitter… **2** (besluiteloos) unbestimmt, halb: *een ~ antwoord* eine unbestimmte Antwort
halfstok halbmast
halfuur halbe Stunde v[21]; *om het ~* halbstündlich; *van een ~* halbstündig
halfvol 1 halb voll **2** (mbt vetgehalte) fettarm
halfweg auf halbem Wege

halfzacht (mbt ei) weich **2** (niet goed snik) bekloppt **3** (slap) weich, schlapp, untüchtig
halfzuster Halbschwester v[21], Stiefschwester v[21]
halfzwaargewicht Halbschwergewicht o[29]
¹halleluja zn Halleluja o[36]
²halleluja tw halleluja!
hallo hallo; (groet) guten Tag
hallucinatie Halluzination v[20]
halm Halm m[5]
hals Hals m[6]: *onnozele ~* Tropf m[6]; *japon met ronde ~* Kleid mit rundem Halsausschnitt; *iem om de ~ vliegen* jmdm um den Hals fallen[154]; *iem iets op de ~ schuiven* jmdm etwas aufhalsen
halsband Halsband o[32]
halsbrekend halsbrecherisch
halsketting Halskette v[21]
halsmisdaad Kapitalverbrechen o[35]
halsoverkop Hals über Kopf
halsstarrig halsstarrig, hartnäckig
halster Halfter m[9], o[33]
halswervel Halswirbel m[9]
halswijdte Halsweite v[21], Kragenweite
¹halt zn Halt m[5], m[13]: *~ houden* halten[183]; *iem een ~ toeroepen* jmdm Einhalt gebieten[130]
²halt tw halt!
halte Haltestelle v[21], Station v[20]
halter Hantel v[21]
halvemaan Halbmond m[5]
halveren halbieren[320]
halvering Halbierung v[20]
¹halverwege bw auf halbem Wege: *iem ~ tegemoetkomen* jmdm auf halbem Wege entgegenkommen[193]
²halverwege vz mitten auf[+3], mitten in[+3]
ham Schinken m[11]
hamam Hamam m[13] (2e nvl ook -)
hamburger Hamburger m[9], m[13]
Hamburgs hamburgisch, Hamburger
hamer Hammer m[10]: *onder de ~ brengen* versteigern; *onder de ~ komen* versteigert werden[310]
hameren hämmern: *zij hamerde erop dat …* sie betonte, dass …
hamster Hamster m[9]
hamsteraar Hamsterer m[9]
hamsteren hamstern
hamstring hintere Oberschenkelmuskulatur v[20]
hand 1 (lichaamsdeel) Hand v[25] **2** (wijze van schrijven) Handschrift v[20]: *~en thuis!* Hände weg!; *iem de ~ geven* jmdm die Hand geben[166]; *de ~en vol hebben* (fig) alle Hände voll zu tun haben; (fig) *de ~en ineenslaan* zusammenarbeiten; *iem de vrije ~ laten* jmdm freie Hand lassen[197]; *de ~ lichten met de voorschriften* die Vorschriften unterlaufen[198]; *voor iets zijn ~ niet omdraaien* etwas mit der linken Hand erledigen; *de ~ aan zichzelf slaan* Hand an[+4] sich legen; (fig) *geen ~ uitsteken* keinen Finger krumm machen; *het zijn twee ~en op een buik* sie stecken unter einer Decke; *aan de ~ van* anhand[+2]; *wat is er aan de ~?* was ist los?; *er is niets*

handbagage

aan de ~! alles in Ordnung!; *iets bij de ~ hebben* etwas zur Hand haben[182]; *de Heer Meier in ~en* zu Händen von Herrn Meier; *hij heeft een gat in zijn ~* das Geld zerrinnt ihm unter den Händen; *de touwtjes in ~en hebben* das Heft in der Hand haben[182]; *zijn lot is in mijn ~* sein Los liegt in meiner Hand; *met zachte ~* mit sanfter Hand; *met de ~ gemaakt* handgefertigt; *met ~ en tand verdedigen* aufs Äußerste (*of:* aufs äußerste) verteidigen; (*fig*) *iets onder ~en hebben* etwas in Arbeit haben[182]; *zwaar op de ~ zijn* alles pessimistisch sehen[261]; *iets ter ~ nemen* etwas in Angriff nehmen[212]; *een onderzoek weer ter ~ nemen* eine Ermittlung wieder aufnehmen[212]; *iem iets ter ~ stellen* jmdm etwas übergeben[166]; *iets van de ~ doen* etwas verkaufen; *de goederen gaan grif van de ~* die Ware findet reißenden Absatz; *iets van de ~ wijzen* etwas ablehnen

handbagage Handgepäck o^{39}
handbal 1 (*de bal*) Handball m^6 **2** (*het spel*) Handball m^{19}, Handballspiel o^{29}
handballer Handballspieler m^9, Handballer m^9
handbesturing (*comp*) Handsteuerung v^{28}
handboei Handfessel v^{21}, Handschelle v^{21}
handboek Handbuch o^{32}
handcrème Handcreme v^{27}
handdoek Handtuch o^{32}
handdouche Handbrause v^{21}
handdruk Händedruck m^6
handel 1 (*koop en verkoop van waren*) Handel m^{19} **2** (*zaak*) Handlung v^{20}, Geschäft o^{29} **3** (*verkeer*) Geschäftsverkehr m^{19} **4** (*op de effectenbeurs*) Geschäft o^{29}: *~ drijven* in Handel treiben[290] mit[+3]
handelaar Händler m^9: *~ in* Händler in[+3]
handelbaar gefügig, fügsam
handelen 1 (*handel drijven*) handeln, Handel treiben[290] **2** (*te werk gaan*) handeln, verfahren[153]; (*optreden*) vorgehen[168]: *vrijheid van ~* Handlungsfreiheit v^{28}; *~ in strijd met de wet* dem Gesetz zuwiderhandeln; *~ over* handeln von[+3]
handeling Handlung v^{20}
handelingsbekwaam handlungsfähig
handelmaatschappij Handelsgesellschaft v^{20}
handelsakkoord Handelsabkommen o^{35}
handelsbalans Handelsbilanz v^{20}
handelsbank Handelsbank v^{20}
handelsbetrekking Geschäftsverbindung v^{20}: *~en* (*ook*) Handelsbeziehungen *mv* v^{20}
handelscorrespondentie Handelskorrespondenz v^{20}, Geschäftskorrespondenz v^{20}
handelsingenieur (*Belg*) Betriebswirt m^5
handelskapitaal Geschäftskapital o^{29}
handelskennis kaufmännische Kenntnisse *mv* v^{24}
handelsmaatschappij *zie* handelmaatschappij
handelsmerk Warenzeichen o^{35}
handelsonderneming Handelsunternehmen o^{35}, Handelsfirma v (*mv -firmen*)
handelsovereenkomst Handelsabkommen o^{35}

handelspartner Handelspartner m^9
handelsregister Handelsregister o^{33}
handelsreiziger Geschäftsreisende(r) m^{40a}, v^{40b}
handelsrekenen kaufmännisches Rechnen o^{39}
handelstekort Handelsbilanzdefizit o^{29}
handelsverdrag Handelsvertrag m^6
handelsverkeer Handelsverkehr m^{19}
handelwijze Handlungsweise v^{21}, Vorgehen o^{39}
handenarbeid Handarbeit v^{20}
handenwringen Händeringen o^{39}
handenwringend händeringend
handgebaar Handbewegung v^{20}, Geste v^{21}
handgeklap Händeklatschen o^{39}, Applaus m^5
handgeknoopt handgeknüpft
handgeld Handgeld o^{31}
¹handgemeen *zn* Handgemenge o^{33}
²handgemeen *bn* handgemein
handgeschreven handgeschrieben
handgranaat Handgranate v^{21}
handgreep Handgriff m^5
¹handhaven *tr* **1** (*van gezag, orde, aanbod*) aufrechterhalten[183]: *zijn eisen ~* auf seinen Forderungen bestehen[279] **2** (*van regeling, toestand*) beibehalten[183]: *een besluit ~* bei einem Entschluss bleiben[134] **3** (*de wet*) handhaben
²handhaven, zich sich behaupten
handhaving Behauptung v^{28}, Aufrechterhaltung v^{28}, Beibehaltung v^{20}; *zie ook* handhaven
handicap Behinderung v^{20}: *iem met een ~* Behinderte(r) m^{40a}, v^{40b}
handig 1 (*behendig*) geschickt **2** (*slim*) clever **3** (*makkelijk te hanteren*) handlich, praktisch
handje Händchen o^{35}: *een ~ helpen* etwas nachhelfen[188]; *iem een ~ helpen* jmdm unter die Arme greifen[181]; *daar heeft hij een ~ van* das sieht ihm ähnlich
handkar Handwagen m^{11}, Handkarren m^{11}
handlanger 1 (*helper*) Handlanger m^9, Hilfsarbeiter m^9 **2** (*medeplichtige*) Helfershelfer m^9
handleiding Gebrauchsanleitung v^{20}
handomdraai: *in een ~* im Handumdrehen
hand-out Hand-out o^{36}, Handout o^{36}
handpalm Handfläche v^{21}, Handteller m^9
handrem Handbremse v^{21}
hands Handspiel o^{29}, Hand v^{28}
handschoen Handschuh m^5
handschoenenkastje Handschuhfach o^{32}
handschrift Handschrift v^{20}
handsfree freihändig: *~ telefoneren* freihändig telefonieren
handtas Handtasche v^{21}
handtastelijk zudringlich
handtekening Unterschrift v^{20}: *een ~ zetten* eine Unterschrift leisten, unterschreiben[252]
handtekeningenactie Unterschriftenaktion v^{20}
handvaardig handfertig, fingerfertig
handvat 1 (*lett*) Handgriff m^5, Griff m^5; (*hengsel*) Henkel m^9; (*steel*) Stiel m^5 **2** (*fig*) Handhabe v^{21}
handvol Hand voll v^{28}

handwerk 1 Handarbeit v^{28} 2 *(beroep, ambacht)* Handwerk o^{29}
handwerken handarbeiten
handwerker Handarbeiter m^9, Handwerker m^9
handwijzer Wegweiser m^9
handwoordenboek Handwörterbuch o^{32}
handycam Handycam v^{27}
handzaag Handsäge v^{21}
handzaam 1 *(mbt persoon)* gefügig 2 *(in de omgang)* umgänglich 3 *(mbt voorwerpen)* handlich
hanenkam 1 *(van haan)* Hahnenkamm m^6 2 *(plantk)* Pfifferling m^5, Eierschwamm m^6
hanenpoot *(schrift)* Gekritzel o^{39}, Krakelfuß m^6
hang Hang m^{19}, Neigung v^{20}
hangar Hangar m^{13}
hangbrug Hängebrücke v^{21}
hangbuikzwijn Hängebauchschwein o^{29}
¹hangen *intr* 1 hängen^{184}: *ik mag ~ als het niet waar is* ich fresse einen Besen, wenn es nicht wahr ist; *aan iem, iets blijven ~* an jmdm, an^{+3} etwas hängen bleiben^{134} 2 *(onbeslist zijn)* in der Schwebe bleiben^{134} 3 *(gehecht zijn aan)* hängen^{184}: *aan het geld ~* am Gelde hängen; *het hangt als los zand aan elkaar* es ist ohne jeden Zusammenhang
²hangen *tr* hängen, aufhängen
hangend hängend, herabhängend: *de zaak is nog ~e* die Sache ist noch in der Schwebe
hangerig lustlos, matt, schlaff
hangijzer: *(fig) een heet ~* ein heißes Eisen
hangkast Kleiderschrank m^6
hangklok Wanduhr v^{20}
hanglamp, hanglantaarn Hängelampe v^{21}
hangmat Hängematte v^{21}
hangpartij *(bij schaken)* Hängepartie v^{21}
hangplant Hängepflanze v^{21}
hangplek Treffpunkt m^5 von Jugendlichen
hangslot Hängeschloss, Vorhängeschloss o^{32}
hannes Trottel m^9, Tölpel m^9
hannesen *(onhandig werken)* stümpern
hansworst Hanswurst m^5, Hampelmann m^8
hanteren hantieren^{320} (mit^{+3}), handhaben
Hanze Hansa v^{28}, Hanse v^{28}
Hanzestad Hansestadt v^{25}
hap 1 *(beet)* Biss m^5 2 *(afgehapt stuk, mondvol)* Happen m^{11}, Bissen m^{11} 3 *(stuk)* Brocken m^{11}
haperen *(niet verder kunnen, blijven steken)* stocken; *(mbt motor)* stottern, bocken 2 *(mankeren)* hapern, fehlen: *wat hapert eraan?* wo hapert es denn?
hapje *(beetje, mondjevol)* Bissen m^{11} 2 *(hartigheidje)* Häppchen o^{35}
happen 1 *(bijten)* beißen^{125} 2 *(reageren)* anbeißen^{125} 3 *(snakken)* schnappen: *naar iets ~* nach^{+3} etwas schnappen
happig versessen, erpicht: *~ op iets zijn* auf^{+4} etwas erpicht *(of:* versessen*)* sein^{262}
happy end Happy End o^{36}, Happyend o^{36}
haram haram
hard *bn* 1 hart^{58} 2 *(streng)* streng: *~e straffen*

strenge Strafen 3 *(hevig)* stark^{58} 4 *(hardvochtig)* hart^{58} 5 *(moeilijk, smartelijk)* hart^{58}, schwer: *de ~e werkelijkheid* die raue Wirklichkeit 6 *(onverzettelijk, meedogenloos)* hart^{58}, scharf^{58} 7 *(luid)* laut 8 *(mbt kleur, licht)* hart^{58}, grell: *een ~ hoofd in iets hebben* nicht so recht an^{+4} etwas glauben
²hard *bw* 1 *(op onzachte wijze)* hart^{58}, schwer: *~ optreden* scharf vorgehen^{168}; *~ vallen* schwer stürzen 2 *(ijverig)* hart^{58}, fleißig 3 *(zeer, erg)* dringend, sehr: *~ remmen* scharf bremsen 4 *(luid)* laut 5 *(snel)* schnell
hardboard Hartfaserplatte v^{21}
hardcore Hardcore m^{13}
harddisk *(comp)* Festplatte v^{21}
harden 1 *(hard maken)* härten: *staal ~* Stahl härten 2 *(het weerstandsvermogen vergroten)* abhärten 3 *(volhouden)* aushalten^{183}: *het is niet om te ~* es ist nicht zum Aushalten
hardgekookt hart gekocht
hardhandig unsanft, roh
hardheid Härte v^{21}, Hartherzigkeit v^{20}; *zie ook* hard
hardhoofdig dickköpfig
hardhorig schwerhörig
hardhout Hartholz o^{32}
hardleers 1 *(moeilijk lerend)* begriffsstutzig 2 *(eigenzinnig)* unbelehrbar, stur
hardliner Hardliner m^9
hardlopen um die Wette laufen^{198}
hardloper Läufer m^9
hardnekkig hartnäckig
hardop laut: *~ denken* laut denken^{140}
hardrijderij 1 *(met paarden)* Pferderennen o^{35} 2 *(met schaatsen)* Eisschnelllauf m^{19}
hardvochtig hart(herzig), unbarmherzig
hardware Hardware v^{27}
harem Harem m^{13}
harembroek Pluderhose v^{21}
haren hären, aus Haar, Haar…
harentwil: *om ~* um ihretwillen
harerzijds ihrerseits
harig haarig, behaart
¹haring *(pin)* Hering m^5, Zeltpflock m^6
²haring *(vis)* Hering m^5
haringkraam Fischbude v^{21}
hark Harke v^{21}; *(Z-Dui)* Rechen m^{11}
harken harken
harkerig steif, hölzern, linkisch
harlekijn Harlekin m^5, Hanswurst m^5
harmonica Harmonika v^{27} *(mv ook* Harmoniken*)*
harmonie 1 *(overeenstemming)* Harmonie v^{21} 2 *(muziekvereniging)* Musikkapelle v^{21}
harmonieleer Harmonielehre v^{28}
harmoniëren harmonieren^{320}
harmonieus, harmonisch harmonisch
harmoniseren harmonisieren^{320}
harmonium Harmonium o *(2e nvl -s; mv -nien)*
harnas Harnisch m^5

harp Harfe v^{21}: ~ *spelen* (auf der) Harfe spielen
harpenist, harpist Harfenist m^{14}
harpoen Harpune v^{21}
harpoeneren harpunieren^{320}
harpspel Harfenspiel o^{29}
harrewarren (sich) streiten^{287} (mit^{+3})
hars Harz o^{29}
harshoudend harzig, Harz…
hart Herz o (2e nvl ev -ens; 3e nvl ev -en; mv -en): *in het ~ van Europa* im Herzen Europas; *als je het ~ hebt!* wenn du es wagst!; *heb het ~ eens (dat te doen)!* untersteh dich!; *zijn ~ aan iets ophalen (aan eten, drinken enz.)* sich an^{+3} etwas gütlich tun^{295}; *(anders)* etwas genießen^{172}; *iem een ~ onder de riem steken* jmdm Mut machen; *iem een goed ~ toedragen* jmdm wohlgesinnt sein^{262}; *ik houd mijn ~ vast* ich befürchte das Schlimmste; *dat gaat me aan het ~* das tut mir Leid; *hij heeft het aan het ~* er ist herzkrank; *dat ligt me na aan het ~* das liegt mir sehr am Herzen; *iem iets op het ~ binden, drukken* jmdm etwas ans Herz legen; *hij kon het niet over zijn ~ verkrijgen* er konnte es nicht übers Herz bringen; *dat gaat mij zeer ter ~e* das liegt mir sehr am Herzen; *van ~e wens ik je geluk!* ich gratuliere dir herzlich!
hartaanval Herzanfall m^6, Herzattacke v^{21}
hartafwijking Herzfehler m^9
hartelijk herzlich
hartelijkheid Herzlichkeit v^{20}
harteloos herzlos
harten Herz (zonder lw; geen mv)
hartenaas Herzass o^{29}
hartendief Herzblatt o^{39}, Herzchen o^{35}
hartenlust: *naar ~* nach Herzenslust
hartenwens Herzenswunsch m^6
hartgrondig zutiefst, aus tiefster Seele
hartig 1 *(pittig)* herzhaft, würzig, pikant 2 *(zout)* salzig || *een ~ woordje met iem spreken* sich^3 jmdn vornehmen^{212}
hartinfarct Herzinfarkt m^5
hartje Herz o (2e nvl ev -ens, 3e nvl ev -en; mv -en): *in het ~ van Afrika* im Herzen Afrikas; *alles wat zijn ~ begeert* alles, was das Herz begehrt; *in het ~ van de stad* mitten in der Stadt; *in het ~ van de winter* mitten im Winter
hartkamer Herzkammer v^{21}
hartklep Herzklappe v^{21}
hartkwaal Herzleiden o^{35}, Herzkrankheit v^{20}
hartslag Herzschlag m^6, Pulsschlag m^6
hartspecialist Herzspezialist m^{14}
hartstikke ganz, total, völlig: *~ dood* mausetot; *~ doof* stocktaub; *~ gek* total verrückt
hartstocht Leidenschaft v^{20}
hartstochtelijk leidenschaftlich
hartstreek Herzgegend v^{28}
hartverlamming Herzschlag m^6, Herzstillstand m^{19}
hartverscheurend herzzerreißend
hartverwarmend erfreulich

hasj, hasjiesj Haschisch o^{39}, m^{19}, Hasch o^{39}: *~ gebruiken, ~ roken* haschen
haspel Haspel v^{21}; *(voor slang)* Schlauchrolle v^{21}
^{1}**haspelen** intr *(wurmen)* stümpern
^{2}**haspelen** tr *(van garen)* haspeln
hatelijk gehässig
hatelijkheid Gehässigkeit v^{20}
hatemail Hassmail v^{27}, Z-Dui, Oostenr, Zwits o^{36}, Hatemail v^{27}, Z-Dui, Oostenr, Zwits o^{36}
haten hassen
hatsjie tw hatschi!
hausse Hausse v^{21}
hautain hochmütig, herablassend
haute couture Haute Couture v^{28}
havanna Havanna v^{27}, Havannazigarre v^{21}
have Habe v^{28}, Besitz m^{19}: *~ en goed* Hab und Gut, Habseligkeiten mv v^{20}
haveloos 1 *(mbt kleding, personen)* zerlumpt 2 *(mbt gebouw)* verfallen
haven Hafen m^{12}
havenarbeider Hafenarbeiter m^9
havenen (jmdn, etwas) zurichten, lädieren^{320}, ramponieren^{320}: *de goederen zijn erg gehavend* die Güter sind arg beschädigt; *er gehavend uitzien* zerschunden aussehen^{261}
havenhoofd Hafendamm m^6, Hafenmole v^{21}
haveninstallatie Hafenanlage v^{21}
havenmeester Hafenmeister m^9, Hafenkapitän m^5
havenstad Hafenstadt v^{25}
haver Hafer m^9
havermout Haferflocken mv v^{21}
havik Habicht m^5
haviksneus Habichtsnase v^{21}, Hakennase v^{21}
hazelaar Hasel v^{21}, Haselnussstrauch m^8
hazelnoot Haselnuss v^{25}
hazenlip Hasenscharte v^{21}
hazenpad: *het ~ kiezen* das Hasenpanier ergreifen^{181}
hazenpeper Hasenpfeffer m^9, Hasenklein o^{39}
hazenslaap Nickerchen o^{35}
hazewindhond Windhund m^5
hé tw hallo!, he!, heda!
hè tw ach!: *dat is mooi, ~?* das ist schön, was?
headset Headset o^{36} (2e nvl ook -)
hearing Hearing o^{36}, Anhörung v^{20}
hebbelijk ordentlich, anständig, manierlich
hebbelijkheid (üble) Angewohnheit v^{20}
^{1}**hebben** zn: *iems ~ en houden* jmds ganzes Hab und Gut
^{2}**hebben** tr haben^{182}: *ik heb niets aan hem* ich kann ihn zu nichts gebrauchen; *ik heb er niets aan* ich habe nichts davon; *ik weet niet wat ik aan hem heb* ich weiß nicht, woran ich mit ihm bin; *wat heb ik aan die tuin?* was habe ich von dem Garten?; *daar ~ we het!* da haben wir die Bescherung!; *daar heb je 'm!* da ist er!; *ik wist niet, hoe ik het had* ich wusste nicht, wie mir geschah; *hoe heb ik het nu met je?* was ist mit dir?; *het heeft er*

iets van, of … es sieht aus, als ob …; *hij kan niet veel ~* er kann nicht viel vertragen; *moet je mij ~?* suchst du mich?; *ik moet nog geld van hem ~* er ist mir noch Geld schuldig; *ik moet niets van hem ~* ich mag ihn nicht; *het ~ over* sprechen über[+4]; *wij moeten van de vreemdelingen ~* wir sind auf die Fremden angewiesen

hebberig habsüchtig, habgierig, raffgierig
Hebreeër Hebräer m^9
Hebreeuws hebräisch
hebzucht Habsucht v^{28}, Habgier v^{28}
hebzuchtig habsüchtig, habgierig
hecht 1 *(vast, stevig)* stabil, solide **2** *(duurzaam)* fest, unerschütterlich, dauerhaft
¹**hechten** *intr* **1** *(vastkleven)* haften, haften bleiben[134] **2** *(gesteld zijn op)* hängen[184] (an[+3])
²**hechten** *tr* **1** *(van wond)* nähen **2** *(vastmaken)* heften: *iets ~ aan* etwas heften an[+4] **3** *waarde aan iets ~* Wert auf[+4] etwas legen
hechtenis Freiheitsstrafe v^{21}, Haft v^{28}: *in ~ zitten* sich in[+3] Haft befinden[157]
hechtheid Festigkeit v^{28}, Stärke v^{21}
hechtpleister Heftpflaster o^{33}
hectare Hektar o^{29}, m^5 *(afk* ha*)*
hectisch fieberhaft, hektisch
hectogram Hektogramm o^{29} *(afk* hg*)*
hectoliter Hektoliter o^{33}, m^9 *(afk* hl*)*
hectometer Hektometer o^{33}, m^9 *(afk* hm*)*
heden heute: *~ ten dage* heutzutage; *tot op ~, tot ~ toe* bis heute
hedenavond heute Abend
hedendaags heutig, jetzig, gegenwärtig: *~e schrijvers* zeitgenössische Schriftsteller
hedenmiddag heute Nachmittag
hedenmorgen heute Morgen
hedennacht heute Nacht
¹**heel** *bn* **1** *(geheel)* ganz: *een ~ getal* eine ganze Zahl **2** *(groot)* beträchtlich: *dat is een ~ besluit* das ist ein wichtiger Entschluss || *ik ken de hele man niet* ich kenne den Mann überhaupt nicht
²**heel** *bw* sehr, ganz: *~ wat beter* bedeutend besser; *~ veel, ~ wat* recht viel
heelal All o^{39}, Weltall o^{39}
heelhuids unversehrt: *er ~ afkomen* mit heiler Haut davonkommen[193]
heelkunde Chirurgie v^{21}
heelmeester Chirurg m^{14}
heemraadschap Deichverband m^6
heen hin: *~ en weer* hin und her; *(fig) waar wil jij ~?* worauf willst du hinaus?; *waar moet dat ~?* worauf soll das hinauslaufen?; *~ en terug* hin und zurück; *ik ga er ~* ich gehe hin
heen- en terugreis Hin- und Rückfahrt v^{20}
heen-en-weergepraat Hinundhergerede o^{39}
heengaan 1 *(weggaan)* weggehen[168], fortgehen[168] **2** *(overlijden)* hinscheiden[232], sterben[282] **3** *(verlopen)* vergehen[168], verstreichen[286]
heenkomen: *een goed ~ zoeken* zu entkommen versuchen

heenreis Hinreise v^{21}, Hinfahrt v^{20}, Anreise v^{21}
heenspoeden, zich davoneilen
heenwedstrijd *(uitwedstrijd)* Hinspiel o^{29}
heenweg Hinweg m^5
heer *(man)* Herr m^{14} (2e, 3e, 4e nvl ev: Herrn); *(kaartspel)* König m^5
Heer: *de ~* der Herr *m* (2e, 3e, 4e nvl ev -n); Gott m^{19}; *Onze-Lieve-Heer* der liebe Herrgott
heerlijk 1 *(prachtig)* herrlich, wunderschön **2** *(lekker)* herrlich, köstlich
heerschap Typ m^{16}, Patron m^5, Mensch m^{14}: *(iron) een fijn ~* ein sauberer Patron!
heerschappij Herrschaft v^{28}
heersen herrschen: *~ over* herrschen über[+4]
heerser Herrscher m^9
heerszucht Herrschsucht v^{28}
heerszuchtig herrschsüchtig
hees heiser
heesheid Heiserkeit v^{20}
heester Strauch m^8, Staude v^{21}
heet heiß: *hete kost* scharfes Essen
heetgebakerd hitzig, hitzköpfig, heißblütig
heethoofd Hitzkopf m^6
heethoofdig hitzköpfig
hefboom Hebel m^9
hefbrug Hubbrücke v^{21}; *(voor auto)* Hebebühne v^{21}
heffen 1 *(optillen)* heben[186] **2** *(eisen, invorderen)* erheben[186]: *belastingen ~* Steuern erheben
heffing *(van belastingen)* Erhebung v^{20}
heft Heft o^{29}, Griff m^5
heftig 1 *(hevig)* heftig **2** *(opvliegend)* aufbrausend **3** *(krachtig)* gewaltig **4** *(hartstochtelijk)* leidenschaftlich **5** *(onstuimig)* stürmisch
heftruck Gabelstapler m^9
heg Hecke v^{21}
hegemonie Hegemonie v^{21}, Vorherrschaft v^{28}
heggenschaar Heckenschere v^{21}
hei Heide v^{21}
heibel 1 *(lawaai)* Lärm m^{19} **2** *(ruzie)* Krach m^6
heide Heide v^{21}
heidedag *(ongev)* Denkpause v^{21}
heiden Heide m^{15}
heidendom Heidentum o^{39}
heidens heidnisch: *~ lawaai* Heidenlärm m^{19}
heien rammen, einrammen
heiig diesig, dunstig
heil 1 *(welzijn, voorspoed)* Heil o^{39}, Wohl o^{39} **2** *(nut, voordeel)* Segen m^{11}, Vorteil m^5: *ik zie er geen ~ in* ich verspreche mir nichts davon
Heiland Heiland m^5, Erlöser m^9
heilbot Heilbutt m^5
heildronk Trinkspruch m^6, Toast m^5, m^{13}
heilgymnastiek Heilgymnastik v^{28}
heilig heilig: *de Heilige Geest* der Heilige Geist; *~ beloven* hoch und heilig versprechen[274]
heiligdom Heiligtum o^{32}
heilige Heilige(r) m^{40a}, v^{40b}
heiligen heiligen

heiligenbeeld Heiligenbild o^{31}
heiligheid Heiligkeit v^{28}
heiligschennis Entheiligung v^{20}, Sakrileg o^{29}
heilloos 1 *(slecht)* heillos, verrucht **2** *(noodlottig)* verhängnisvoll, unheilvoll
heilzaam heilsam, segensreich
heimelijk heimlich
heimwee Heimweh o^{39}
heinde: *van* ~ *en ver* von fern und nah
heining Zaun m^6, Umzäunung v^{20}
heipaal Rammpfahl m^6
heisa Trara o^{39}, Theater o^{33}
hek Zaun m^6; *(met latten)* Lattenzaun m^6; *(met planken)* Bretterzaun m^6; *(met spijlen)* Gitter o^{33}; *(van gevlochten draad)* Drahtzaun m^6
hekel: *hij heeft een* ~ *aan mij* er mag mich nicht
hekelen anprangern: *iem, iets* ~ jmdn, etwas anprangern
hekje Raute v^{21}, Rautetaste v^{21}
hekkensluiter Schlusslicht o^{31}: *de* ~ *zijn* das Schlusslicht bilden (*of:* machen)
heks Hexe v^{21}
heksen hexen, zaubern
heksenjacht *(ook fig)* Hexenjagd v^{20}
heksenketel *(ook fig)* Hexenkessel m^9
heksenkring Hexenring m^5
heksentoer Kunststück o^{29}, Hexerei v^{20}
hekwerk 1 Zaun m^6, Gitter o^{33} **2** *(balustrade)* Geländer o^{33}
¹hel *zn* Hölle v^{21}
²hel *bn, bw* hell
hela *tw* holla!, hallo!
helaas leider
held Held m^{14}: ~ *op sokken* Angsthase m^{15}
heldendaad Heldentat v^{20}
heldendicht Epos o (2e nvl -; mv Epen)
heldenmoed Heldenmut m^{19}
heldenrol Heldenrolle v^{21}
heldentenor Heldentenor m^6
helder 1 *(mbt lach, stem, toon, kleur, ogen)* hell **2** *(mbt vloeistof)* klar **3** *(schoon, zuiver)* rein, sauber **4** *(duidelijk)* klar, deutlich **5** *(mbt lucht)* heiter: *een* ~*e lucht* ein heiterer Himmel **6** *(scherpzinnig)* hell
helderheid 1 Helle v^{28}, Helligkeit v^{20} **2** Klarheit v^{20} **3** Sauberkeit v^{28}; *zie ook* helder
helderziend hellseherisch
helderziende Hellseher m^9
heldhaftig heldenhaft
heleboel: *een* ~ eine Menge (*of:* eine Masse)
helemaal ganz (und gar), völlig, gänzlich: ~ *niet* gar (*of:* überhaupt) nicht
¹helen *(genezen)* heilen
²helen *(van gestolen goed)* hehlen
heler Hehler m^9
helft Hälfte v^{21}: *eerste, tweede* ~ *van een wedstrijd* erste, zweite Halbzeit v^{20}; *de* ~ *duurder* um die Hälfte teurer; *tegen de* ~ *van de maand* gegen Mitte des Monats; *tegen de* ~ *van de prijs* zum halben Preis

helikopter Hubschrauber m^9, Helikopter m^9
heling 1 *(van wond)* Heilung v^{20} **2** *(van gestolen goed)* Hehlerei v^{20}
helium Helium o^{39}
hellen sich neigen, überhängen^{184}: ~*d* geneigt, schief
helleveeg Hexe v^{21}, Drachen m^{11}
helling 1 *(het hellen)* Neigung v^{20} **2** *(van spoorbaan, weg)* Gefälle o^{33}; *(naar boven)* Steigung v^{20} **3** *(van berg)* Abhang m^6, Hang m^6 **4** *(op scheepswerf)* Helling v^{20}, m^5: *van de* ~ *lopen* vom Stapel laufen^{198}
hell's angel Hell's Angel m^{13}
helm Helm m^5
helmdraad Staubfaden m^{12}
helmknop *(plantk)* Staubbeutel m^9
help: *lieve* ~*!* ach, du lieber Himmel!
helpen helfen^{188+3}: *iem* ~ jmdm helfen; *(in een winkel)* jmdn bedienen; *(aan het loket)* jmdn abfertigen; *ik kan het niet* ~ ich kann nichts dafür; *hij is niet te* ~ ihm ist nicht zu helfen; *zich weten te* ~ sich^3 zu helfen wissen^{314}; *bereid om te* ~ hilfsbereit; *help!* Hilfe!; *iem aan een betrekking* ~ jmdm zu einer Stelle verhelfen; *iem* ~ *trekken* jmdn ziehen helfen; *iem iets* ~ *onthouden* jmdn an^{+4} etwas erinnern
helper Helfer m^9
hels 1 *(afschuwelijk)* höllisch, Höllen…: ~ *lawaai* Höllenlärm m^{19}; ~*e pijn* Höllenpein v^{28} **2** *(erg boos)* fuchsteufelswild
hem *pers vnw*^{82} ihm^3, ihn^{+4}: *jij bent 'm!* du bist dran!; *dat is* ~ das ist er; *dat is van* ~ das gehört ihm
hemd Hemd o^{37}: *(fig) in zijn* ~ *staan* sich bis auf die Knochen blamiert haben^{182}; *iem in zijn* ~ *zetten* jmdn jämmerlich blamieren^{320}; *tot op het* ~ *nat* nass bis auf die Haut; *(fig) iem tot op het* ~ *uitkleden* jmdn bis aufs Hemd ausziehen^{318}; *iem het* ~ *van het lijf vragen* jmdm ein Loch in den Bauch fragen
hemdsmouw Hemdsärmel m^9
hemel Himmel m^9: *lieve* ~*!* du lieber Himmel!; ~ *en aarde bewegen* Himmel und Hölle in Bewegung setzen; *in de zevende* ~ *zijn* im sieb(en)ten Himmel sein^{262}; *in 's* ~*snaam* in Gottes Namen
hemellichaam Himmelskörper m^9
hemels himmlisch
¹hemelsblauw *zn* Himmelsblau o^{39}
²hemelsblauw *bn* himmelblau
hemelsbreed 1 *(zeer groot)* himmelweit **2** *(in een rechte lijn)* in der Luftlinie
hemeltergend himmelschreiend, unerhört
hemelvaart Himmelfahrt v^{28}: *Maria-Hemelvaart* Mariä Himmelfahrt
Hemelvaartsdag Himmelfahrtstag m^5
hemoglobine Hämoglobin o^{39}
¹hen *(kip)* Henne v^{21}
²hen *pers vnw*^{82} ihnen^3, sie^4
hendel Hebel m^9

hengel Angel v^{21}, Angelrute v^{21}
hengelaar Angler m^9
hengelen angeln
hengsel 1 *(handvat)* Henkel m^9 **2** *(scharnier)* Angel v^{21}
hengst 1 *(dier)* Hengst m^5 **2** *(dreun)* Hieb m^5
henna Henna v^{28}, o^{39}
hennep Hanf m^{19}
hens: alle ~ aan dek! alle Mann an Deck!
her *zn* Wiederholungsprüfung v^{20}
her *bw*: **~ en der** hier und da
herademen aufatmen
herbarium Herbarium *o* (2e nvl -s; mv Herbarien)
herbebossen (wieder) aufforsten
herberg Wirtshaus o^{32}, Gasthaus o^{32}
herbergen 1 *(huisvesting geven)* unterbringen[139] **2** *(tot verblijf dienen)* beherbergen
herbergier Gastwirt m^5, Wirt m^5
herbergzaam gastfreundlich, gastlich
herbewapenen wieder aufrüsten
herbewapening Wiederaufrüstung v^{20}
herbezinnen, zich aufs Neue überdenken[140]
herboren wieder geboren, neugeboren
herbouw Wiederaufbau m^{19}
herbouwen wieder aufbauen
herdenken 1 *(herinneren)* erinnern an[+4] **2** *(de herinnering vieren)* gedenken[140+2]: *de gevallenen ~* der Gefallenen gedenken
herdenking Gedenkfeier v^{21}, Gedächtnisfeier v^{21}
herder 1 Hirt m^{14} **2** *(schaapherder)* Schäfer m^9 **3** *(herdershond)* Schäferhund m^5
herderlijk Hirten…: *~ schrijven* Hirtenbrief m^5
herdershond Schäferhund m^5
herdruk Neuausgabe v^{21}, Neuauflage v^{21}; *(ongewijzigd)* Neudruck m^5
herdrukken neu drucken, neu auflegen
heremiet Eremit m^{14}, Einsiedler m^9, Klausner m^9
herenboer Großbauer m^{15}, Gutsbesitzer m^9
herendubbel Herrendoppel o^{33}
herenenkelspel Herreneinzel o^{33}
herenfiets Herren(fahr)rad o^{32}
herenhuis herrschaftliches Haus o^{32}
herenigen wieder vereinigen
hereniging Wiedervereinigung v^{20}
herenkleding Herrenbekleidung v^{20}
herenmode Herrenmode v^{21}
herexamen Wiederholungsprüfung v^{20}
herfst Herbst m^5
herfstachtig herbstlich
herfstbloem Herbstblume v^{21}
herfstdag Herbsttag m^5
herfstkleur, herfsttint Herbstfarbe v^{21}
herfstvakantie Herbstferien *(mv)*
hergebruik Wiederverwendung v^{20}
hergebruiken wieder verwenden[308]
hergroeperen umgruppieren[320]
hergroepering Umgruppierung v^{20}
herhaald wiederholt; *(voor de tweede keer)* abermalig: *~e malen* mehrmals
herhaaldelijk wiederholt, mehrmals, öfters
herhalen wiederholen
herhaling Wiederholung v^{20}: *bij ~* wiederholt; *in ~en vervallen* sich wiederholen
herhalingsoefening Wiederholungsübung v^{20}
herhalingsteken Wiederholungszeichen o^{35}
herinneren erinnern: *iem aan iets ~* jmdn an[+4] etwas erinnern; *we ~ ons een gesprek* wir erinnern uns an ein Gespräch
herinnering Erinnerung v^{20}; *(geheugen)* Gedächtnis o^{29a}: *een kleine ~ (souvenir)* ein kleines Andenken; *ter ~ aan* zur Erinnerung an[+4]
herkansing 1 *(sp)* Hoffnungslauf m^6 **2** *(bij examens)* Wiederholungsprüfung v^{20}
herkauwen *(ook fig)* wiederkäuen: *de koe herkauwt* die Kuh käut wieder
herkauwer Wiederkäuer m^9
herkenbaar erkennbar
herkennen (wieder) erkennen[189]
herkenning Wiedererkennung v^{28}
herkenningsplaatje Erkennungsmarke v^{21}
herkenningsteken Erkennungszeichen o^{35}
herkeuren aufs Neue untersuchen
herkeuring neue Untersuchung v^{20}
herkiesbaar wiederwählbar
herkiezen wieder wählen
herkomst Herkunft v^{25}, Ursprung m^6
herkrijgen wiederbekommen[193], wiedererhalten[183]
herleidbaar (met *tot*) zurückzuführen auf[+4]
herleiden zurückführen (auf[+4]); *(rekenen)* reduzieren[320]: *tot een andere munteenheid ~* in eine andere Währung umrechnen
herleiding Zurückführung v^{20}, Umrechnung v^{20}; *(rekenen)* Reduktion v^{20}; *zie ook* herleiden
herleven (wieder) aufleben: *doen ~* neu beleben
herlezen wieder lesen[201], noch einmal lesen[201]
herlezing erneutes Lesen o^{39}
¹**hermelijn** *(dier)* Hermelin o^{29}
²**hermelijn** *(bont)* Hermelin(pelz) m^5
hermelijnen aus Hermelin, Hermelin…
hermetisch hermetisch
hernemen 1 *(van buit)* wiedererobern **2** *(terugnemen)* zurücknehmen[212] **3** *(van rechten)* wieder geltend machen **4** *(het woord)* fortfahren[153]
hernia Hernie v^{21}
hernieuwen erneuern: *een hernieuwde poging* ein erneuter Versuch
heroïne Heroin o^{39}
heropenen wieder eröffnen
heropvoeden umerziehen[318]
heroriëntatie Neuausrichtung v^{20}
heroriënteren, zich sich umorientieren[320]
heroveren wiedererobern, zurückerobern: *~ op* zurückerobern von[+3]
herrie 1 *(drukte)* Trubel m^{19} **2** *(ruzie)* Krach m^6, Streit m^5 **3** *(lawaai)* Lärm m^{19}, Radau m^{19}
herriemaker Radaumacher m^9

herrijzen auferstehen[279], (wieder) erstehen[279]
herrijzenis Auferstehung v[20]
herroepen widerrufen[226], zurücknehmen[212]
herroeping Widerruf m[5], Widerrufung v[20]
herscheppen umgestalten, verwandeln
herscholen umschulen
hersenbloeding Hirnblutung v[20], Gehirnblutung v[20]
hersens Gehirn o[29], Hirn o[29]: *hij heeft (goede) ~* er hat einen scharfen Verstand; *iets uit zijn ~ laten* etwas bleiben lassen[197]; *hoe krijgt hij het in zijn ~?* was fällt ihm bloß ein?; *iem de ~ inslaan* jmdm den Schädel einschlagen[241]
hersenschim Hirngespinst o[29], Schimäre v[21]
hersenschudding Gehirnerschütterung v[20]
hersenspoeling Gehirnwäsche v[21]
hersenvlies Hirnhaut v[25], Gehirnhaut
hersenvliesontsteking Hirnhautentzündung v[20]
herstel 1 *(van orde, vrede, vorige toestand)* Wiederherstellung v[20]: *~ van de handel* Wiederbelebung v[28] des Handels **2** *(genezing)* Genesung v[28], Besserung v[28] **3** *(reparatie)* Reparatur v[20], Ausbesserung v[20] **4** *(van fout)* Berichtigung v[20] **5** *(wederopbouw)* Wiederaufbau m[19]
herstelbaar wiederherstellbar, reparabel
¹**herstellen** *intr* sich erholen: *hij is van zijn ziekte hersteld* er hat sich von seiner Krankheit erholt
²**herstellen** *tr* **1** *(van betrekkingen, evenwicht, orde, telefoonverbinding, vrede, zieke)* wiederherstellen **2** *(repareren)* ausbessern, reparieren[320] **3** *(corrigeren)* berichtigen, korrigieren[320]: *zijn fout ~* seinen Fehler gutmachen **4** *(vergoeden)* vergüten
³**herstellen, zich** *(mbt zaken)* sich wiederherstellen; *(mbt personen)* sich fassen: *hij werd verlegen, maar herstelde zich spoedig* er wurde verlegen, fasste sich aber bald
herstellingsoord Erholungsheim o[29]
herstellingsteken Auflösungszeichen o[35]
herstructureren umstrukturieren[320]
herstructurering Umstrukturierung v[20]
hert Hirsch m[5]: *jong ~* Hirschkalb o[32]
hertog Herzog m[6], m[5]
hertogdom Herzogtum o[32]
hertogelijk herzoglich
hertrouwen sich wieder verheiraten
hertz Hertz o (2e nvl -; mv -)
hervatten *(van onderhandelingen, werk)* wieder aufnehmen[212]: *de lessen ~* wieder mit dem Unterricht anfangen[155]; *een gesprek ~* ein Gespräch fortsetzen
hervatting Wiederaufnahme v[21]
herverkaveling Flurbereinigung v[20], Feldbereinigung
herverwerking Wiederverarbeitung v[20]
herverzekeren rückversichern
hervinden wieder finden[157]
hervormd reformiert
hervormen umgestalten; reformieren[320]

hervormer Reformer m[9], Erneurer m[9]; *(godsd)* Reformator m[16]
hervorming Reform v[20], Erneuerung v[20]
Hervorming *(godsd)* Reformation v[20]
herwaarderen neu bewerten, umwerten
herwaardering Umwertung v[20]
herwinnen wiedererlangen, wiedergewinnen[174]
herzien 1 *(van boek)* revidieren[320]; *(van opstel)* aufs Neue durchsehen[261]; *(van wet)* revidieren[320], ändern **2** *(van mening)* ändern
herziening Revision v[20], Änderung v[20]
hes Bluse v[21], Kittel m[9]
hesp *(Belg)* Schinken m[11]
¹**het** *vnw* es[82]
²**het** *lw* das[66]
heten heißen[187]: *naar het heet* angeblich
heterdaad: *iem op ~ betrappen* jmdn auf frischer Tat ertappen
hetero, heterofiel Heterosexuelle(r) m[40a], v[40b]
heterogeen heterogen
hetgeen *(datgene wat)* dasjenige, was; das, was: *~ hij doet* was er tut; *van ~ hij zegt* von dem, was er sagt; *ik heb hem gezien, ~ niet bewijst …* ich habe ihn gesehen, was nicht beweist …
hetze Hetze v[21]
hetzelfde dasselbe: *in ~ huis wonen* im selben Haus wohnen; *het is mij ~* es ist mir gleich; *het komt op ~ neer* es läuft auf dasselbe hinaus; *dat blijft ~* das bleibt sich gleich; *dank u!, ~!* danke schön!, gleichfalls!
hetzij sei es; ob: *~ een man, ~ een vrouw* sei es ein Mann, sei es eine Frau; *warm of koud ob kalt oder warm*; *~ dit, ~ dat* entweder dies oder das
heug: *tegen ~ en meug* widerwillig
heugen: *dat zal hem ~* das wird er nicht vergessen; *zolang mij heugt* so weit ich zurückdenken kann; *zolang men zich kan ~* seit jeher
heuglijk 1 *(verblijdend)* erfreulich, froh **2** *(onvergetelijk)* unvergesslich
heulen gemeinsame Sache machen (mit[+3])
heup Hüfte v[21]: *het op de ~en hebben* einen Koller haben[182]; *het op de ~en krijgen* einen Koller kriegen
heupbeen Hüftknochen m[11], Hüftbein o[29]
heupgewricht Hüftgelenk o[29]
heupwiegen sich in den Hüften wiegen
heus 1 *(vriendelijk)* freundlich **2** *(beleefd)* höflich, gefällig **3** *(echt)* echt, wirklich
heuvel Hügel m[9]; *(hoogte)* Anhöhe v[21]
heuvelachtig hüg(e)lig
heuvelrug Hügelkamm m[6], Hügelrücken m[11]
hevig 1 *(mbt pijn, regen)* heftig **2** *(mbt kou)* stark, eisig
hevigheid Heftigkeit v[20], Wucht v[28]
hiaat Lücke v[21]
hiel 1 *(van voet, kous, sok)* Ferse v[21]: *de ~en lichten* fortgehen[168]; *iem op de ~en zitten* jmdm auf den Fersen sein[262] **2** *(van schoen)* Absatz m[6]
hiep: *~, ~, hoera!* hipp, hipp, hurra!

hier hier; *(richting)* (hier)her: *naar ~* hierher; *~ en daar* hie(r) und da; vereinzelt
hieraan hieran: *~ valt niet te twijfelen* hieran ist nicht zu zweifeln; *~ is niets te veranderen* daran lässt sich nichts ändern; *~ is het te wijten* diesem Umstand ist es zuzuschreiben
hierachter hierhinter, hinten, dahinter
hiërarchie Hierarchie v^{21}, Rangordnung v^{20}
hiërarchiek, hiërarchisch hierarchisch
hierbeneden hier unten, hierunter, darunter
hierbij hierbei: *~ komt nog* dazu kommt noch; *(in brieven)* hierdurch, hiermit; *(ingesloten)* anbei
hierbinnen (hier) drinnen
hierboven (hier) oben
hierdoor hierdurch, dadurch
hierheen hierher: *de reis ~* die Herreise
hierin hierin
hierlangs 1 *(langs deze plaats)* hier vorbei **2** *(evenwijdig hieraan)* hier entlang **3** *(via deze weg)* auf diesem Wege
hiermee hiermit, damit
hierna hiernach
hiernaast hierneben, (hier) nebenan
hiernamaals Jenseits o^{39a}
hiëroglief Hieroglyphe v^{21}
hierom hierum, darum; *(om deze reden)* darum, aus diesem Grunde
hieromheen hierherum
hieromtrent hierüber, darüber
hieronder 1 hierunter: *wat versta je ~?* was verstehst du hierunter? **2** *(verderop)* nachstehend, (weiter) unten
hierop hierauf, darauf
hierover hierüber, darüber
hiertegen hiergegen, dagegen
hiertegenover gegenüber, hiergegenüber: *~ staat, dat ...* dem steht gegenüber, dass ...
hiertoe hierzu, dazu
hiertussen hierzwischen, dazwischen
hieruit hieraus, daraus
hiervan hiervon, davon
hiervandaan von hier
hiervoor 1 hierfür, dafür **2** *(mbt plaats, oorzaak)* davor **3** *(mbt tijd)* vor dieser Zeit, zuvor
high five High Five v^{27}
hightech Hightech o^{39}, o^{39a}, v^{28}
hij *pers vnw* er^{82}: *~, die* derjenige, der
hijgen keuchen, schnaufen
hijs: *een hele ~* ein hartes Stück Arbeit
hijsen 1 *(omhoog trekken)* hochziehen^{318}, heben^{186}; *(van vlag, zeil)* hissen **2** *(veel drinken)* zechen, tanken
hijskraan Kran m^6, Hebekran m^6
hik Schluckauf m^{19}
hikken schlucksen, den Schluckauf haben^{182}
hilariteit Heiterkeit v^{28}
hinde Hirschkuh v^{25}
hinder Behinderung v^{20}: *~ van iets ondervinden* durch etwas gehindert werden^{310}
hinderen (be)hindern, stören: *dat hindert niet* das macht nichts
hinderlaag Hinterhalt m^5: *in ~ liggen* im Hinterhalt liegen^{202}
hinderlijk 1 hinderlich, störend **2** *(ergerlijk)* irritierend, ärgerlich
hindernis, hinderpaal Hindernis o^{29a}
hindoeïsme Hinduismus m^{19a}
hinkelen (auf einem Bein) hüpfen, Hüpfen spielen
hinken hinken, humpeln: *op twee gedachten ~* schwanken
hinkepoot Hinkebein o^{29}, Hinkefuß m^6
hink-stap-sprong Dreisprung m^6
hinniken wiehern
hint Fingerzeig m^5, Wink m^5, Tipp m^{13}
hip *(populair)* kultig, hip, dufte
hiphop Hip-Hop m^{19}, Hiphop m^{19}
hippie Hippie m^{13}
historicus Historiker m^9
historie Geschichte v^{21}
historisch historisch, geschichtlich
hit 1 *(succesnummer)* Hit m^{13} (2e nvl ook -), Schlager m^9 **2** *(klein paard)* kleines Pferd o^{29}
hitparade Hitparade v^{21}, Hitliste v^{21}
hitsig hitzig
hitte Hitze v^{21}
hittegolf Hitzewelle v^{21}, Hitzeperiode v^{21}
hiv HIV o (2e nvl -(s); mv -(s))
hl *afk van hectoliter* Hektoliter o^{33}, m^9 *(afk* hl*)*
H.M. *afk van Hare Majesteit* Ihre Majestät v^{28}
ho *tw* halt!, stopp!
hoax *(comp)* Falschmeldung v^{20}, Hoax *m* (2e nvl -; mv -e en -es)
hobbel Unebenheit v^{20}
hobbelen 1 *(schommelen)* schaukeln **2** *(over hobbels rijden)* holpern
hobbelig holprig
hobbelpaard Schaukelpferd o^{29}
hobby Hobby o^{36}, Liebhaberei v^{20}
hobo Oboe v^{21}
hoboïst Oboist m^{14}
hobu *(Belg) afk van hoger onderwijs buiten de universiteit* Fachhochschulunterricht m^{19}
hockey Hockey o^{39}
hockeyen Hockey spielen
hockeyer Hockeyspieler m^9
hockeystick Hockeyschläger m^9
hockeywedstrijd Hockeyspiel o^{29}
hoe wie: *~ is het?* wie geht's (*of:* steht's)?; *~ dan ook* wie dem auch sei; *~ weet u dat?* woher wissen Sie das?; *~ zegt u?* wie, bitte?; *~ ..., ~ je ..., je; ~ eerder, ~ beter* je eher, je besser; *het werd ~ langer ~ kouder* es wurde immer kälter
hoed Hut m^6: *hoge ~* Zylinder m^9; *daar neem ik mijn ~ voor af!* alle Achtung!
hoedanigheid 1 *(kwaliteit)* Qualität v^{20} **2** *(functie)* Eigenschaft v^{20}: *in ~ van* als

hoede Hut v^{28}, Obhut v^{28}, Schutz m^5: *iem onder zijn ~ nemen* jmdn in seine Obhut nehmen^{212}
¹**hoeden** *tr* hüten
²**hoeden, zich:** *zich ~ voor* sich hüten vor^{+3}
hoederecht *(Belg) (jur)* Erziehungsberechtigung v^{28}
hoedje Hütchen o^{35}: *zich een ~ lachen* sich totlachen
hoef Huf m^5
hoefijzer Hufeisen o^{35}
hoefsmid Hufschmied m^5
hoegenaamd überhaupt, gar: *~ niets* gar nichts
hoek 1 Ecke v^{21}: *de ~ van de mond* der Mundwinkel; *op de ~ van de straat* an der Straßenecke; *hij kan aardig uit de ~ komen* er kann recht witzig sein^{262}; *weten uit welke ~ de wind waait* wissen, woher der Wind weht **2** *(meetk)* Winkel m^9: *onder een ~ van 20 graden* in einem Winkel von 20 Grad **3** *(afgelegen, verborgen plaats)* Winkel m^9, Ecke v^{21} **4** *(bij boksen)* Haken m^{11}
hoekbal Eckball m^6, Ecke v^{21}
hoekhuis Eckhaus o^{32}
hoekig eckig: *een ~e stad* eine winklige Stadt
hoekkamer Eckzimmer o^{33}
hoekpijler, hoekpilaar Eckpfeiler m^9
hoekpunt Scheitel m^9, Scheitelpunkt m^5
hoekschop Eckball m^6, Eckstoß m^6, Ecke v^{21}
hoeksteen Eckstein m^5; *(fig, ook)* Eckpfeiler m^9
hoekstoot Haken m^{11}
hoektand Eckzahn m^6
hoelang wie lange: *tot ~?* bis wann?
hoenderpark Hühnerfarm v^{20}, Geflügelfarm v^{20}
hoepel Reifen m^{11}
hoepelen den Reifen treiben^{290}
hoepla *tw* hoppla!, hopp!
hoer *(inform)* Hure v^{21}, Dirne v^{21}, Nutte v^{21}
¹**hoera** *zn* Hurra o^{36}, Hoch o^{36}
²**hoera** *tw* hurra!, hoch!
hoereren huren
hoes Überzug m^6, Hülle v^{21}
hoest Husten m^{11}
hoestbui Hustenanfall m^6
hoesten husten
hoestsiroop Hustensirup m^5
hoeve Hof m^6, Bauernhof m^6, Gehöft o^{29}
hoeveel wie viel: *met (z'n, ons enz.) hoevelen?* wie viel?
hoeveelheid Menge v^{21}: *~ gas* Gasmenge
hoeveelste wievielt...: *de ~ hebben we?* den Wievielten haben wir?
hoeven 1 *(moeten)* brauchen, müssen^{211} **2** *(nodig zijn)* nötig sein^{262}
hoever wie weit: *in ~(re)* (in)wiefern
hoewel obwohl, obgleich
hoezeer wie sehr
¹**hof** *het* **1** Hof m^6 **2** *(jur)* Gerichtshof m^6 ‖ *een dame het ~ maken* einer Dame³ den Hof machen
²**hof** *de (tuin)* Garten m^{12}
hoffelijk höflich

hoffelijkheid Höflichkeit v^{20}
hofhouding Hofhaltung v^{28}, Hofstaat m^{19}
hofmaarschalk Hofmarschall m^6
hofmeester Steward m^{13}
hofnar Hofnarr m^{14}
hogedrukgebied Hochdruckgebiet o^{29}, Hoch o^{36}
hogepriester Hohepriester m^9
hogerhand: *van ~* auf höheren Befehl
Hogerhuis Oberhaus o^{39}
hogerop höher hinauf, weiter hinauf: *~ willen* höher hinauswollen^{315}
hogeschool *(onderwijs)* Hochschule v^{21}
hok 1 *(voor dieren)* Stall m^6 **2** *(voor honden)* Hütte v^{21} **3** *(voor wilde dieren)* Käfig m^5 **4** *(voor duiven)* Schlag m^6 **5** *(opbergruimte)* Schuppen m^{11} **6** *(verachtelijk voor huis)* Loch o^{32}
hokje 1 *(voor dieren)* kleiner Stall m^6, kleiner Käfig m^5 **2** *(vak)* Fach o^{32} **3** *(op formulieren e.d.)* Kästchen o^{35} **4** *(van portier)* Loge v^{21} **5** *(kleine ruimte)* Kabine v^{21}
hokken 1 *(thuis zitten)* hocken **2** *(dicht opeen zitten)* zusammenhocken **3** *(ongehuwd samenwonen)* in wilder Ehe leben
¹**hol:** *op ~ slaan* durchgehen^{168}; *iem het hoofd op ~ brengen* jmdm den Kopf verdrehen
²**hol** *zn* **1** *(algem)* Höhle v^{21} **2** *(van vos e.d.)* Bau m^5 **3** *(van rat, muis)* Loch o^{32} **4** *(schuilhoek)* Schlupfwinkel m^9
³**hol** *bn, bw* hohl: *~le frasen* leere Worte; *in het ~st van de nacht* mitten in der Nacht
hola hallo!; *(pas op!)* Vorsicht!
holderdebolder holterdiepolter, im Hauruckverfahren
hole Hole o^{36}, Loch o^{32}
Holland Holland o^{39}
Hollander Holländer m^9
¹**Hollands** *zn* Holländisch o^{41}
²**Hollands** *bn* holländisch
Hollandse Holländerin v^{22}
hollen rennen^{222}, fliegen^{159}
hologram Hologramm o^{29}
holster Halfter v^{21}, o^{33}
holte 1 *(holle ruimte)* Höhle v^{21} **2** *(kuil)* Vertiefung v^{20}
hom Milch v^{28}, Fischmilch v^{28}
homecomputer Heimcomputer m^9, Homecomputer m^9
homeopaat Homöopath m^{14}
homeopathie Homöopathie v^{28}
homeopathisch homöopathisch
homepage Homepage v^{27}
hometrainer Heimtrainer m^9, Hometrainer m^9
hommel Hummel v^{21}; *(mannetjesbij)* Drohne v^{21}
hommeles: *het is er ~* da raucht es
homo Homo m^{13}, Homosexuelle(r) m^{40a}, v^{40b}
¹**homofiel** *zn* Homosexuelle(r) m^{40a}, v^{40b}
²**homofiel** *bn* homophil, homosexuell
homofilie Homophilie v^{28}

homogeen homogen
homogeniteit Homogenität v^{28}
homohuwelijk Homoehe v^{21}, Homo-Ehe v^{21}
homologeren bestätigen; *(sp)* anerkennen[189]
homoseksualiteit Homosexualität v^{28}
homoseksueel *zn* Homosexuelle(r) m^{40a}, v^{40b}
homoseksueel *bn* homosexuell
homp (großes) Stück o^{29}, (großer) Brocken m^{11}
hompelen humpeln
hond Hund m^5: *zo moe als een ~* hundemüde; *zo ziek als een ~* hundeelend; *(Belg) welkom zijn als een ~ in een kegelspel* sehr ungelegen kommen[193]
hondenbaan(tje) mieser Job m^{13}
hondenhok Hundehütte v^{21}
hondenleven Hundeleben o^{39}
hondenliefhebber Hundeliebhaber m^9
hondenweer Hundewetter o^{39}
honderd *zn* Hunderte o^{29} (met *von*+3 of bijstelling*): ~en jaren* Hunderte (*of:* hunderte) von Jahren; *bij ~en* zu Hunderten (*of:* hunderten); *een paar ~* ein paar Hundert (*of:* hundert); *de boel loopt in het ~* alles geht schief
honderd *telw* hundert: *~ (en) een enz.* hundert-(und)eins usw.; *(het is) ~ tegen één* die Chancen stehen hundert zu eins
honderdduizend hunderttausend: *de ~* das große Los
honderdjarig hundertjährig
honderdmaal hundertmal
honderdste hundertst...: *~ (deel)* Hundertstel o^{33}
honds 1 rüde **2** *(laag)* hundsgemein
hondsdolheid Tollwut v^{28}
honen höhnen
honend höhnisch
Hongaar Ungar m^{15}
Hongaars *zn* Ungarisch o^{41}
Hongaars *bn* ungarisch
Hongaarse Ungarin v^{22}
Hongarije Ungarn o^{39}
honger Hunger m^{19}: *~ hebben* Hunger haben[182]; *~ lijden* Hunger leiden[199]; *van ~ sterven* vor Hunger sterben[282]
hongerdood Hungertod m^{19}
hongeren hungern
hongerig hungrig
hongersnood Hungersnot v^{25}
hongerstaking Hungerstreik m^{13}
honing Honig m^5
honingcel, honingraat Honigwabe v^{21}
honingzoet *(ook fig)* honigsüß
honk 1 *(thuis)* Heim o^{29} **2** *(sp)* Mal o^{29}
honkbal Baseball m^{19}
honkbalknuppel Baseballschläger m^9
honkballen Baseball spielen
honkballer Baseballer m^9
honkbalpet Baseballkappe v^{21}
honneurs Honneurs *mv* m^{13}: *de ~ waarnemen* die Honneurs machen

honorarium Honorar o^{29}
honoreren honorieren[320]
hoofd 1 Kopf m^6; *(plechtig)* Haupt o^{32}: *aan iets het ~ bieden* einer Sache^3 die Stirn bieten[130]; *zijn ~ over iets breken* sich^3 den Kopf über+4 etwas zerbrechen[137]; *ik heb er een zwaar ~ in* da sehe ich schwarz; *niet goed bij het ~ zijn* nicht recht gescheit sein; *wat hangt me boven het ~?* was steht mir bevor?; *iem, iets over het ~ zien* jmdn, etwas übersehen[261]; *uit het ~ kennen* auswendig können[194] **2** *(havenhoofd)* Mole v^{21} **3** *(van een stoet, leger e.d.)* Spitze v^{21} **4** *(van brief)* Kopf m^6 **5** *(van gezin, kerk, staat)* Haupt o^{32}; *(van zaak, politie)* Chef m^{13}; *(van school)* Schulleiter m^9
hoofdagent Polizeihauptwachtmeister m^9
hoofdarbeider Kopfarbeiter m^9
hoofdartikel *(in krant)* Leitartikel m^9
hoofdband Stirnband o^{32}
hoofdbestuur Hauptvorstand m^6
hoofdbreken Kopfzerbrechen o^{39}
hoofdbureau Polizeipräsidium *o* (2e nvl -s; *mv* -dien)
hoofdcommissaris Polizeipräsident m^{14}
hoofdconducteur Zugführer m^9
hoofddeksel Kopfbedeckung v^{20}
hoofddoek Kopftuch o^{32}
hoofdeind(e) Kopfende o^{38}
hoofdelijk pro Person: *~ omslaan (over)* umlegen (auf+4); *bij ~e stemming* durch namentliche Abstimmung; *~ aansprakelijk* persönlich haftbar
hoofdfilm Hauptfilm m^5
hoofdgedachte Hauptgedanke m^{18}
hoofdgerecht Hauptgericht o^{29}
hoofdhaar Kopfhaar o^{29}
hoofding *(Belg)* Briefkopf m^6
hoofdingenieur Oberingenieur m^5
hoofdkantoor 1 Hauptgeschäftsstelle v^{21}, Zentrale v^{21} **2** *(van de post)* Hauptpostamt o^{32}
hoofdkussen Kopfkissen o^{35}
hoofdkwartier Hauptquartier o^{29}
hoofdletter Großbuchstabe m^{18}, Majuskel v^{21}: *met een ~ schrijven* großschreiben[252]
hoofdmotief Hauptmotiv o^{29}; *(muz)* Leitmotiv o^{29}
hoofdpersoon Hauptperson v^{20}
hoofdpijn Kopfschmerz m^{16} *(meestal mv)*
hoofdredacteur Chefredakteur m^5
hoofdrekenen Kopfrechnen o^{39}
hoofdrol Hauptrolle v^{21}
hoofdrolspeler Hauptdarsteller m^9
hoofdschakelaar Hauptschalter m^9
hoofdschotel 1 *(lett)* Hauptgericht o^{29} **2** *(fig)* Höhepunkt m^5
hoofdschudden *zn* Kopfschütteln o^{39}
hoofdschuddend kopfschüttelnd
hoofdstad Hauptstadt v^{25}
hoofdstedelijk hauptstädtisch
hoofdstuk Kapitel o^{33}
hoofdtelwoord Grundzahl v^{20}, Kardinalzahl v^{20}

hoofdvak Hauptfach o^{32}, Kernfach o^{32}
hoofdverpleegkundige Oberkrankenpfleger m^9, Oberschwester v^{21}
hoofdvertegenwoordiger Generalvertreter m^9
hoofdvogel (Belg) de ~ afschieten einen Bock schießen[238]
hoofdwas Hauptwäsche v^{21}
hoofdweg Hauptstraße v^{21}, Hauptverkehrsstraße v^{21}
hoofdwond Kopfwunde v^{21}
hoofdzaak Hauptsache v^{21}
hoofdzakelijk hauptsächlich
hoofdzin Hauptsatz m^6
hoofdzuster Oberschwester v^{21}
hoofs höfisch; (hoffelijk) höflich
hoog hoch[60]: gebied van hoge druk Hoch o^{36}; hoger onderwijs Hochschulunterricht m^5; iets ~ opnemen etwas sehr übel nehmen[212]; bij ~ en bij laag verzekeren hoch und heilig versichern; op hoge leeftijd in hohem Alter
hoogachten hoch achten
hoogachtend hochachtungsvoll
hoogconjunctuur Hochkonjunktur v^{20}
hoogdag (Belg) hoher Festtag m^5
hoogdravend hochtrabend
hoogdringend (Belg) sehr dringend
¹Hoogduits zn Hochdeutsch o^{41}
²Hoogduits bn hochdeutsch
hooggebergte Hochgebirge o^{33}
hooggeleerd hochgelehrt
hooggeplaatst hoch gestellt, hoch
hoogartig hochmütig
hoogheid Hoheit v^{20}, Erhabenheit v^{28}: Zijne Koninklijke Hoogheid Seine Königliche Hoheit
hooghouden hochhalten[183], in Ehren halten[183]
hoogleraar Professor m^{16}, Hochschullehrer m^9
hooglijk äußerst, außerordentlich
hooglopend heftig: ~e ruzie heftiger Streit m^5
hoogmoed Hochmut m^{19}
hoogmoedig hochmütig
hoogmoedswaanzin Größenwahn m^{19}
hoognodig dringend, dringend nötig: hij heeft slechts het ~e er hat nur das Allernötigste
hoogoven Hochofen m^{12}, Hütte v^{21}
hoogschatten hoch schätzen, hoch achten
hoogseizoen Hochsaison v^{27}
hoogspanning Hochspannung v^{20}
¹hoogspringen zn Hochsprung m^6
²hoogspringen ww hochspringen[276]
hoogst höchst, Höchst…: ~e aantal Höchstzahl v^{20}; ~ belangrijk äußerst wichtig; op zijn ~ höchstens
hoogstaand hoch stehend
hoogsteigen: in ~ persoon höchstpersönlich
hoogstens höchstens; (in het ergste geval) schlimmstenfalls; (in het beste geval) bestenfalls
hoogstwaarschijnlijk höchstwahrscheinlich
hoogte Höhe v^{21}: in de ~ gaan steigen[281]; op deze ~ an dieser Stelle etwa; op de ~ van de kerk bei der Kirche; tot op zekere ~ in gewissem Maße; op een ~ van 3 meter in einer Höhe von 3 m; iem op de ~ houden van iets jmdn über[+4] etwas auf dem Laufenden halten[183]; zich van iets op de ~ stellen sich nach[+3] etwas erkundigen; op de ~ zijn van iets über[+4] etwas informiert sein[262]; ik ben nu volkomen op de ~ van die zaak ich bin jetzt völlig im Bilde; iem uit de ~ aanzien jmdn von oben herab ansehen[261]; ik kan er geen ~ van krijgen ich kann nicht klug daraus werden
hoogtelijn 1 (meetk) Höhe v^{21} **2** (op kaart) Höhenlinie v^{21}
hoogtepunt Höhepunkt m^5
hoogtevrees Höhenangst v^{28}
hoogtij 1 (hoogwater) Hochwasser o^{33} **2** (bloei) Blüte v^{28}: ~ vieren Triumphe feiern
hooguit bw höchstens
hoogveen Hochmoor o^{29}
hoogvlakte Hochebene v^{21}
hoogwaardigheidsbekleder Würdenträger m^9
hoogwater Hochwasser o^{33}
hooi Heu o^{39}: te veel ~ op zijn vork nemen sich³ zu viel aufbürden
hooien heuen, Heu machen, Heu ernten
hooikoorts Heuschnupfen m^{19}, Heufieber o^{39}
hooivork Heugabel v^{21}
hooligan Hooligan m^{13}, Randalierer m^9
hoon Hohn m^{19}
hoongelach Hohngelächter o^{39}
¹hoop (stapel, menigte) Menge v^{21}, Haufen m^{11}: een ~ (moeite, zorgen) viel (Mühe, Sorgen)
²hoop (verwachting) Hoffnung v^{28} (auf[+4]): stille ~ leise Hoffnung; iem ~ geven jmdn Hoffnung machen; zijn ~ op iem vestigen seine Hoffnung auf jmdn setzen
hoopvol hoffnungsvoll
hoorapparaat Hörgerät o^{29}, Hörapparat m^5
hoorbaar hörbar
hoorbril Hörbrille v^{21}
hoorcollege Vorlesung v^{20}
hoorder Hörer m^9, Zuhörer m^9
hoorn 1 Horn o^{32} **2** (van telefoon) Hörer m^9
hoorngeschal Hörnerschall m^5, m^6
hoornvlies Hornhaut v^{25}
hoornvliesontsteking Hornhautentzündung v^{20}
hoorspel Hörspiel o^{29}
hoorzitting Anhörung v^{20}, Hearing o^{36}: openbare ~ öffentliche Anhörung
¹hop (plantk) Hopfen m^{11}
²hop tw hopp!
hopelijk hoffentlich
hopeloos hoffnungslos, verzweifelt
hopen hoffen: ~ op hoffen auf[+4]; dat is te ~! das wollen wir hoffen!; het is niet te ~, dat … ich will nicht hoffen, dass …
hor Fliegenfenster o^{33}
¹horde (sp) Hürde
²horde (bende) Horde v^{21}

hordeloop Hürdenlauf m^6
horeca Gaststättengewerbe o^{39}
horecabedrijf Gaststätte v^{21}
¹**horen** *intr* **1** *(betamen)* sich gehören **2** *(toebehoren)* gehören: *bij elkaar* ~ zusammengehören; *er hoort een deksel bij* dazu gehört ein Deckel
²**horen** *tr* hören: *zo mag ik het* ~*!* das höre ich gern; *van* ~ *zeggen* vom Hörensagen **2** *(verhoren)* vernehmen²¹²: *getuigen* ~ Zeugen vernehmen²¹²
horig hörig
horige Hörige(r) m^{40a}, v^{40b}
horizon Horizont m^5
horizontaal horizontal, waagerecht
horloge Uhr v^{20}: *op mijn* ~ *is het drie uur* auf (*of:* nach) meiner Uhr ist es drei
hormonaal hormonal
hormoon Hormon o^{29}
horoscoop Horoskop o^{29}
hors-d'oeuvre Horsd'œuvre o^{36}, Vorspeise v^{21}
hort Ruck m^5, Stoß m^6: *met* ~*en en stoten* ruckweise; *de* ~ *op zijn* bummeln
horten holpern; *(fig)* stocken, hapern
hortensia Hortensie v^{21}
horzel 1 *(vlieg)* Dasselfliege v^{21} **2** *(grote wesp)* Hornisse v^{21}
¹**hosanna** *zn* Hosianna o^{36}
²**hosanna** *tw* hosianna!
hospes Wirt m^5
hospita Wirtin v^{22}
hospitaal Hospital o^{29}, o^{32}, Krankenhaus o^{32}
hospitaliseren 1 *(opnemen in een ziekenhuis)* hospitalisieren³²⁰ **2** *(wennen aan een ziekenhuisverblijf)* sich an einen Krankenhausaufenthalt gewöhnen
hospitant Hospitant m^{14}
hospiteren hospitieren³²⁰
hossen springen²⁷⁶ und tanzen
host *(comp)* Host m^{13}
hostess Hostess v^{20}
hostie Hostie v^{21}
hosting *(comp)* Hosting o^{39}
hotdog Hotdog o^{36}, m^{13}
hotel Hotel o^{36}; *(eenvoudig)* Gasthof m^6
hotelhouder, hôtelier Hotelbesitzer m^9
hotsen rumpeln, rütteln
hotspot Hotspot m^{13}, Hot Spot m^{13}
houdbaar haltbar: *de toestand is niet langer* ~ der Zustand ist nicht länger tragbar
¹**houden** *intr* **1** *(niet loslaten, uithouden)* halten¹⁸³ **2** (met *van*) lieben, mögen²¹⁰: *zij* ~ *van elkaar* sie lieben sich; *ik houd van wandelen* ich spaziere gern; *ik houd niet van druiven* ich mag keine Trauben
²**houden** *tr* **1** *(behouden)* behalten¹⁸³ **2** *(vasthouden)* halten¹⁸³ **3** *(niet verbreken)* (ein)halten¹⁸³: *zijn belofte* ~ sein Versprechen (ein)halten **4** *(doen blijven in een toestand)* halten¹⁸³: *afstand* ~ Abstand halten; *rechts* ~ rechts fahren¹⁵³; *iem in leven* ~ jmdn am Leben erhalten¹⁸³ **5** *(doen plaatsvinden)* abhalten¹⁸³: *een bespreking* ~ eine Besprechung abhalten || *het bed* ~ das Bett hüten; *iem aan zijn woord* ~ jmdn an sein Wort halten¹⁸³
³**houden, zich:** *zich* ~ *(aan)* sich halten¹⁸³ (an⁺⁴); *zich kalm* ~ ruhig bleiben¹³⁴
houder 1 *(bezitter)* Inhaber m^9 **2** *(van prijs, titel)* Träger m^9 **3** *(voorwerp dat iets vasthoudt)* Halter m^9
houding 1 *(lichaamshouding)* Haltung v^{20}: *in de* ~ *gaan staan* Haltung annehmen²¹²; *in de* ~ *staan* strammstehen²⁷⁹ **2** *(gedrag)* Verhalten o^{39}; *(manier van handelen)* Auftreten o^{39}; *(instelling)* Einstellung v^{20}
house House m^{19a}
houseparty *(feest met housemuziek)* Houseparty v^{27}
hout Holz o^{39}: ~ *hakken (bomen omhakken)* Holz fällen; *(Belg) niet meer weten van welk* ~ *pijlen te maken* verzweifelt sein²⁶²
houten hölzern, Holz-: ~ *hek* Lattenzaun m^6
houterig hölzern: ~ *lopen* stelzen
houthakker Holzfäller m^9
houthandel Holzhandel m^{19}
houtje *(stukje hout)* Hölzchen o^{35}: *iets op eigen* ~ *doen* etwas auf eigene Faust tun²⁹⁵
houtje-touwtjejas Dufflecoat m^{13}
houtskool Holzkohle v^{21}
houtsnede Holzschnitt m^5
houtsnijwerk Holzschnitzerei v^{20}
houtstapel Holzstapel m^9, Holzstoß m^6
houtworm Holzwurm m^8
houvast Halt m^{19}
houw 1 *(slag)* Hieb m^5 **2** *(wond)* Hieb m^5, Hiebwunde v^{21} **3** *(hak, houweel)* Hacke v^{21}
houwdegen Haudegen m^{11}
houweel 1 *(met smal scherp blad)* Hacke v^{21} **2** *(puntig)* Spitzhacke v^{21}
houwen hauen¹⁸⁵
hovenier Gärtner m^9
hovercraft Luftkissenfahrzeug o^{29}
hozen 1 schöpfen **2** *(stortregenen)* gießen¹⁷⁵
hsl *afk van* hogesnelheidslijn Hochgeschwindigkeitsstrecke v^{21}
hso *(Belg) afk van* hoger secundair onderwijs *(ongev)* Sekundarstufe II v^{28}
hst *afk van* hogesnelheidstrein Hochgeschwindigkeitszug m^6
hufter Rüpel m^9, Grobian m^5
hufterproof zerstörungssicher, idiotensicher
hugenoot Hugenotte m^{15}
huggen umarmen, an⁺⁴ sich drücken
huichelaar Heuchler m^9
huichelachtig heuchlerisch
huichelarij Heuchelei v^{20}
huichelen heucheln
huid 1 *(algem)* Haut v^{25}: *iem de* ~ *vol schelden* jmdm aufs Dach steigen²⁸¹; *tot op zijn* ~ *nat* nass bis auf die Haut **2** *(behaard)* Fell o^{29}
huidaandoening Hauterkrankung v^{20}

huidarts Hautarzt m^6
huidcrème Hautcreme v^{27}, Hautkrem v^{27}
huidig heutig
huidkanker Hautkrebs m^5
huidkleur Hautfarbe v^{21}
huiduitslag Hautausschlag m^6
huidverzorging Hautpflege v^{28}
huidziekte Hautkrankheit v^{20}
huifkar Planwagen m^{11}
huig Zäpfchen o^{35}
huilbaby Schreibaby o^{36}
huilbui Weinkrampf m^6
huilebalk 1 *(jongen)* Heulpeter m^9 2 *(meisje)* Heulsuse v^{21}
huilen 1 *(mbt mensen)* weinen 2 *(mbt dieren, storm, sirene)* heulen
huis Haus o^{32}: *het ~ van bewaring* die Strafanstalt; *ik kan niet van ~* ich kann nicht von zu Hause weg; *voor enige dagen van ~ zijn* für einige Tage verreist sein[262]; *(Belg) daar komt niets van in ~* es geschieht nicht, es geht nicht
huisarrest Hausarrest m^5
huisarts Hausarzt m^6
huisartsenpost Gemeinschaftspraxis *v (mv Gemeinschaftspraxen)*
huisbaas Hausbesitzer m^9
huisbezoek Hausbesuch m^5
huisbrandolie Heizöl o^{29}
huisdeur Haustür v^{20}
huisdier Haustier o^{29}
huisdokter Hausarzt m^6
huiseigenaar Hausbesitzer m^9
huiselijk häuslich: *in de ~e kring* im Familienkreis
huisgenoot Hausgenosse m^{15}
huisgezin Familie v^{21}
huishoudapparaat Haushaltsgerät o^{29}
huishoudelijk häuslich, Haushalt(s)-: *~ artikel* Haushaltsartikel m^9
¹**huishouden** zn Haushalt m^5, Wirtschaft v^{20}: *een eigen ~* ein eigener Haushalt
²**huishouden** ww 1 *(de huishouding doen)* den Haushalt führen, wirtschaften 2 *(tekeergaan)* hausen, wüten
huishoudgeld Haushaltsgeld o^{31}
huishouding Haushalt m^5: *hulp in de ~* Haushaltshilfe v^{21}
huishoudrol Haushaltsrolle v^{21}, Küchenrolle v^{21}
huishoudster Haushälterin v^{22}
huishoudtrap Trittleiter v^{21}
huishuur Miete v^{21}, Wohnungsmiete v^{21}
huisje 1 Häuschen o^{35} 2 *(van slak)* Schneckengehäuse o^{33}
huisjesmelker profitgieriger Hausbesitzer m^9
huiskamer Wohnzimmer o^{33}
huisman Hausmann m^8
huismoeder Hausfrau v^{20}
huismus Spatz m^{14}, m^{16}; *(fig)* Stubenhocker m^9
huisnummer Hausnummer v^{21}

huisraad Hausrat m^{19}
huisschilder Anstreicher m^9
huissleutel Hausschlüssel m^9
huis-tuin-en-keuken- Feld-Wald-und-Wiesen-
huisvader Familienvater m^{10}
huisvesten unterbringen[139]
huisvesting 1 *(het huisvesten)* Unterbringung v^{20} 2 *(het verblijf)* Unterkunft v^{25}
huisvredebreuk Hausfriedensbruch m^{19}
huisvriend Hausfreund m^5
huisvrouw Hausfrau v^{20}
huisvuil Hausmüll m^{19}
huiswaarts nach Hause, heim(wärts)
huiswerk 1 *(werk in huis)* Hausarbeit v^{20} 2 *(schoolwerk)* Schularbeit v^{20}, Hausaufgabe v^{21}
huiszoeking Haussuchung v^{20}
huiveren 1 *(van kou)* frösteln 2 *(van afschuw, vrees)* schaudern 3 *(terugdeinzen)* sich scheuen (vor^{+3})
huiverig 1 *(van kou)* frösteln 2 *(aarzelend) ik ben ~ om het te doen* ich scheue mich davor
huivering Frösteln o^{39}, Schauder m^9
huiveringwekkend schauerlich, schaurig
huizen wohnen
huizenbezit Hausbesitz m^{19}
huizenblok Häuserblock m^6, m^{13}
huizenbouw Hausbau m^{19}
huizenhoog haushoch, turmhoch
huizenrij Häuserreihe v^{21}
hulde Huldigung v^{20}, Anerkennung v^{20}
huldeblijk Huldigung v^{20}
huldigen ehren, feiern; *(plechtstatig en ironisch)* huldigen^{+3}: *een mening ~* eine Meinung vertreten[291]
huldiging Ehrung v^{20}, Huldigung v^{20}: *~ van de winnaars* Siegerehrung v^{20}
¹**hullen** tr hüllen (in^{+4})
²**hullen, zich** sich hüllen (in^{+4})
hulp Hilfe v^{21}: *eerste ~ bij ongelukken* erste Hilfe
hulparbeider Hilfsarbeiter m^9
hulpbehoevend hilfsbedürftig
hulpbron Hilfsquelle v^{21}
hulpeloos hilflos
hulpeloosheid Hilflosigkeit v^{28}
hulpgeroep Hilferuf m^5 *(meestal mv)*
hulpmiddel Hilfsmittel o^{33}
hulpmotor Hilfsmotor m^5, m^{16}
hulpstuk Zubehör(teil) o^{29}
hulptrainer Übungsleiter m^9
hulpvaardig hilfsbereit
hulpvaardigheid Hilfsbereitschaft v^{28}
hulpverlener Sozialarbeiter m^9
hulpverlening Hilfeleistung v^{20}
hulpwerkwoord Hilfszeitwort o^{32}, Hilfsverb o^{37}
huls Hülse v^{21}
hulst Stechpalme v^{21}
humaan human, menschlich
humaniora *(Belg)* Humaniora *(mv)*; *(vero, ongev)* altsprachlicher Unterricht m^{19}

humaniseren humanisieren[320]
humanisme Humanismus *m*[19a]
humanist Humanist *m*[14]
humanistisch humanistisch
humanitair humanitär, menschenfreundlich
humaniteit Humanität *v*[28]
humeur Laune *v*[21], Stimmung *v*[20]: *in een goed ~ zijn* gut gelaunt sein[262]; *in een slecht ~ zijn* schlecht gelaunt sein[262]
humeurig launenhaft, launisch
hummel Krümel *m*[9], Wurm *o*[32]
humor Humor *m*[5]
humorist Humorist *m*[14]
humoristisch humoristisch, humorvoll
humus Humus *m*[19a]
humvee Humvee *m*[13]
hun *pers vnw*[82] ihnen[3]: *ze waren met ~ tienen* sie waren zu zehnt
hun *bez vnw*[80] ihr
hunebed Hünengrab *o*[32], Hünenbett *o*[37]
hunkeren *(met naar)* sich sehnen nach[+3]
huppelen 1 hüpfen **2** *(trippelen)* tänzeln
huren 1 *(van zaken)* mieten **2** *(van personeel)* in Dienst nehmen[212], einstellen, anstellen
hurken *zn: op de ~ zitten* hocken
hurken *ww* hocken, kauern
hut 1 Hütte *v*[21] **2** *(op schip)* Kabine *v*[21]
hutkoffer Kabinenkoffer *m*[9]
hutselen (durch)schütteln, mischen, mengen
hutspot Eintopf *m*[6], Eintopfgericht *o*[29]
huur Miete *v*[21]: *de kale ~* die kalte Miete; *kamers te ~* Zimmer frei
huurauto Mietauto *o*[36], Mietwagen *m*[11]
huurcontract Mietkontrakt *m*[5], Mietvertrag *m*[6]
huurder Mieter *m*[9]
huurhuis Miet(s)haus *o*[32], Mietwohnung *v*[20]
huurkazerne Miet(s)kaserne *v*[21]
huurkoop Mietkauf *m*[6], Leasing *o*[36]
huurling Söldner *m*[9]
huurovereenkomst Mietvertrag *m*[6]
huurprijs Miete *v*[21], Mietpreis *m*[5]
huurschuld Mietschuld *v*[20]
huursom Miete *v*[21]
huurverhoging Mietsteigerung *v*[20], Mieterhöhung *v*[20]
huwelijk 1 *(de plechtigheid, het huwen)* Heirat *v*[20] **2** *(toestand)* Ehe *v*[21]: *in het ~ treden* heiraten *(of:* sich verheiraten)
huwelijks: *~e staat* Ehestand *m*[19]; *~e voorwaarden* Ehevertrag *m*[6]
huwelijksaanzoek Heiratsantrag *m*[6]
huwelijksfeest Hochzeitsfest *o*[29], Hochzeitsfeier *v*[21]
huwelijksgeschenk Hochzeitsgeschenk *o*[29]
huwen heiraten, sich verheiraten (mit[+3])
huzarensalade Fleischsalat *m*[5]
hyacint Hyazinthe *v*[21]
hybride Hybride *v*[21]
hybrideauto Hybridauto *o*[36]
hydraulisch hydraulisch
hydrostatica Hydrostatik *v*[28]
hyena Hyäne *v*[21]
hygiëne Hygiene *v*[28]
hygiënisch hygienisch
hymne Hymne *v*[21], Lobgesang *m*[6]
hype Hype *m*[13]
hypen hypen
hyperactief hyperaktiv
hyperbool Hyperbel *v*[21]
hypercorrect hyperkorrekt
hyperlink *(comp)* Hyperlink *m*[13], Link *m*[13] *(2e nvl ook -)*
hypermodern hypermodern, hochmodern
hypernerveus hypernervös
hyperventilatie Hyperventilation *v*[20]
hyperventileren an Hyperventilation leiden[199]
hypnose Hypnose *v*[21]
hypnotisch hypnotisch
hypnotiseren hypnotisieren[320]
hypnotiseur Hypnotiseur *m*[5]
¹hypocriet *zn* Heuchler *m*[9]
²hypocriet *bn* heuchlerisch
hypotenusa Hypotenuse *v*[21]
hypothecair hypothekarisch
hypotheek Hypothek *v*[20]
hypotheekakte Hypothekenbrief *m*[5]
hypotheekrenteaftrek Hypothekenzinsenabzug *m*[6]
hypothese Hypothese *v*[21]
hypothetisch hypothetisch
hysterie Hysterie *v*[21]
hysterisch hysterisch

i

icetea Eistee m^{19}, Icetea m^{13}, Ice-Tea m^{13}
icoon 1 *(godsd)* Ikone v^{21} **2** *(fig)* Ikone v^{21} **3** *(comp)* Icon o^{36}
ICT *afk van informatie- en communicatietechnologie* Informations- und Kommunikationstechnologie v^{21} *(afk* ICT)
ICT'er *afk van informatie- en communicatietechnoloog* Informations- und Kommunikationstechniker m^{9}, Informations- und Kommunikationstechnikerin v^{22}
¹**ideaal** *zn* Ideal o^{29}
²**ideaal** *bn* ideal
idealiseren idealisieren³²⁰
idealisme Idealismus m^{19a}
idealist Idealist m^{14}
idealistisch idealistisch
idee 1 *(gedachte)* Idee v^{21}, Gedanke m^{18}: *geen (flauw)* ~ keine (blasse) Ahnung **2** *(mening)* Ansicht v^{20}: *naar mijn* ~ meiner Ansicht nach
ideëel ideell
idee-fixe fixe Idee v^{21}
identiek identisch, vollkommen gleich
identificatie Identifizierung v^{20}
identificeren identifizieren³²⁰
identiteit Identität v^{28}
identiteitsbewijs Personalausweis m^{5}
identiteitscontrole Ausweiskontrolle v^{21}
identiteitskaart Personalausweis m^{5}, Ausweis m^{5}
ideologie Ideologie v^{21}
ideologisch ideologisch
idioom Idiom o^{29}
¹**idioot** *zn* Idiot m^{14}
²**idioot** *bn, bw* **1** idiotisch **2** *(belachelijk)* blöd
idolaat abgöttisch: ~ *van iem, iets zijn* in jmdn, in⁺⁴ etwas vernarrt sein²⁶²
idool Idol o^{29}
idylle Idyll o^{29}
idyllisch idyllisch
ieder *onbep vnw*⁶⁸ jeder (jede, jedes): ~*e 2 uur* alle 2 Stunden
iedereen jeder(mann), ein jeder
iederwijs 'Iederwijs'-Schule; Schule, in der die Kinder selbst entscheiden, was sie wann lernen wollen
iel mager, dünn

iemand *onbep vnw* jemand, einer: ~ *anders* jemand anders; *zomaar* ~ irgendjemand, irgendeiner; *een zeker* ~ ein gewisser Jemand
iep Ulme v^{21}, Rüster v^{21}
Ier Ire m^{15}, Irländer m^{9}
Ierland Irland o^{39}
¹**Iers** *zn* Irisch o^{41}
²**Iers** *bn* irisch, irländisch
iets etwas; *(een beetje)* ein wenig: *een ~je* ein klein wenig; ~ *anders* etwas anderes; ~ *nieuws* etwas Neues; *anders nog ~?* sonst noch etwas?; *dat is net* ~ *voor hem: a) (zoiets kan men van hem verwachten)* das sieht ihm ähnlich; *b) (daar houdt hij van)* das ist sein Fall; *hij heeft* ~ *(een probleem)* mit ihm ist etwas los
ietsepietsie: *een* ~ ein klitzekleines bisschen
ietwat etwas, ein wenig
ignoreren ignorieren³²⁰
ijdel 1 *(mbt mensen)* eitel **2** *(mbt beloften)* leer **3** *(vergeefs)* vergeblich: *~e hoop* eitle Hoffnungen
ijdelheid Eitelkeit v^{20}
ijdeltuit 1 *(vrouw)* Zierpuppe v^{21} **2** *(man)* Geck m^{14}
ijken eichen
¹**ijl**: *in allerijl* in aller Eile, eilends
²**ijl** *bn* **1** *(mbt klank)* schwach, dünn **2** *(mbt lucht)* dünn
ijlen 1 *(snellen)* eilen, hasten **2** *(in koorts)* fantasieren³²⁰, phantasieren³²⁰
ijlings eiligst, schleunigst
ijltempo Eiltempo o^{39}
ijs Eis o^{39}: *met* ~ *bedekt* eisbedeckt; *(fig) beslagen ten* ~ *komen* gut auf⁺⁴ etwas vorbereitet sein²⁶²
ijsafzetting Eisbildung v^{20}
ijsbaan Eisbahn v^{20}
ijsbeer Eisbär m^{14}, Polarbär m^{14}
ijsberen rastlos auf und ab gehen¹⁶⁸
ijsberg Eisberg m^{5}
ijsbergsla Eissalat m^{5}, Krachsalat m^{5}
ijsblokje Eiswürfel m^{9}
ijsbreker Eisbrecher m^{9}
ijsco Eis o^{39}
ijscoman Eismann m^{8}, Eisverkäufer m^{9}
ijselijk 1 *(afschuwelijk)* scheußlich, fürchterlich, grässlich **2** *(zeer, erg)* unheimlich
ijshockey Eishockey o^{39}
ijsje Eis o^{39}: *twee ~s graag!* zwei Eis, bitte!
ijskast Kühlschrank m^{6}: *(fig) een plan in de* ~ *leggen* einen Plan auf⁺⁴ Eis legen
ijsklomp Eisklumpen m^{11}
ijskompres Eisumschlag m^{6}
ijskoud 1 eiskalt: *ik kreeg een ~e rilling* es lief mir eiskalt über den Rücken; *een ~e ontvangst* ein eisiger Empfang **2** *(onverstoorbaar)* seelenruhig, unverfroren
IJsland Island o^{39}
IJslander Isländer m^{9}
¹**IJslands** *zn* Isländisch o^{41}
²**IJslands** *bn* isländisch

ijslolly Eis o^{39} am Stiel
ijspegel Eiszapfen m^{11}
ijssalon Eisdiele v^{21}, Eiscafé o^{36}
ijstaart Eistorte v^{21}
ijstijd Eiszeit v^{20}
IJszee Eismeer o^{29}, Polarmeer o^{29}
ijver 1 Fleiß m^{19} **2** *(geestdrift)* Eifer m^{19}: *al te grote* ~ Übereifer **3** *(het onafgebroken bezig zijn)* Emsigkeit v^{28} **4** *(het druk bezig zijn)* Geschäftigkeit v^{28}
ijveraar Eiferer m^9
ijveren eifern (für^{+4}; gegen^{+4})
ijverig 1 fleißig **2** eifrig: *~ in de weer* eifrig bemüht; *~e pogingen doen* sich eifrig bemühen **3** *(naarstig)* emsig **4** *(druk bezig)* geschäftig
ijzel Eisregen m^{19}: *kans op* ~ Glatteisgefahr v^{28}
ijzelen: *het ijzelt* es gibt Glatteis
ijzen *(gruwen)* schau(d)ern: *~ van* schau(d)ern vor^{+3}; *om van te ~* schauderhaft
ijzer Eisen o^{35}
ijzerdraad Eisendraht m^6: *omheining van ~* Drahtzaun m^6
ijzeren eisern, Eisen…: *~ hek* Eisengitter o^{33}
ijzererts Eisenerz o^{29}
ijzergieterij Eisengießerei v^{20}
ijzerhoudend eisenhaltig
ijzerindustrie Eisenindustrie v^{21}
ijzersterk 1 *(mbt gezondheid, wil)* eisern **2** *(mbt kleding, schoenen)* strapazierfähig || *~e argumenten* starke Argumente; *een ~ nummer* eine bärenstarke Nummer
ijzervreter Eisenfresser m^9, Draufgänger m^9
ijzerwaren Eisenwaren *mv* v^{21}
ijzerzaag Eisensäge v^{21}
ijzig 1 *(koud) (ook fig)* eisig, eiskalt **2** *(ijzingwekkend)* schauderhaft, grausig
ijzingwekkend schauderhaft, grausig
¹**ik** *zn* Ich o *(2e nvl -(s); mv -(s))*
²**ik** *pers vnw* ich^{82}: *als ik jou geweest was* ich an deiner Stelle
ik-figuur Icherzähler m^9
ik-vorm Ichform v^{28}
ikzelf ich selbst, ich selber
¹**illegaal** *zn (buitenlander)* Illegale(r) m^{40a}
²**illegaal** *bn* illegal, gesetzwidrig
illegaliteit Illegalität v^{28}
illusie Illusion v^{20}: *zich ~s maken* sich Illusionen hingeben^{166}; *~s wekken* Illusionen erwecken
illuster illuster, berühmt
illustratie Illustration v^{20}
illustreren illustrieren^{320}
image Image o^{36}
imaginair imaginär
imago Image o^{36}
imam Imam m^5, m^{13}
¹**imbeciel** *zn* **1** Imbezil(l)e(r) m^{40a}, v^{40b} **2** *(stommerik)* Idiot m^{14}
²**imbeciel** *bn* **1** imbezil(l) **2** *(dom)* doof
IMF *afk van Internationaal Monetair Fonds* Internationaler Währungsfonds m^{19a} *(afk IWF)*
imitatie Imitation v^{20}, Imitat o^{29}
imiteren imitieren^{320}, nachahmen
imker Bienenzüchter m^9, Imker m^9
immaterieel immateriell, unstofflich
immens immens, unermesslich
immer immer, stets
immers ja; doch: *hij is ~ kalm* er ist ja ruhig; *dat was een stomme zet, ~ daardoor…* das war ein dummer Zug, denn dadurch…
immigrant Immigrant m^{14}, Einwanderer m^9
immigratie Immigration v^{20}, Einwanderung v^{20}
immigreren immigrieren^{320}, einwandern
immobiel immobil, unbeweglich
immobiliën *(Belg)* Immobilien *mv* v^{21}
immoreel unmoralisch, unsittlich
immuniseren immunisieren^{320}
immuniteit Immunität v^{20}
immuun immun
i-mode I-Mode v^{28}
impact Wirkung v^{20}
impasse Sackgasse v^{21}
imperiaal *(op auto)* Dachgepäckträger m^9
imperialisme Imperialismus *m (2e nvl -; mv -men)*
imperialist Imperialist m^{14}
imperialistisch imperialistisch
imperium Imperium *o (2e nvl -s; mv Imperien)*
impertinent impertinent, unverschämt
implantaat Implantat o^{29}
implementatie Implementierung v^{20}
implicatie Implikation v^{20}
impliceren implizieren^{320}
impliciet implizit
imponeren imponieren^{320+3}, beeindrucken
impopulair unpopulär, unbeliebt
import Import m^5, Einfuhr v^{20}
importantie Wichtigkeit v^{28}, Bedeutung v^{28}
importartikel Einfuhrware v^{21}, Einfuhrartikel m^9
importeren importieren^{320}, einführen
importeur Importeur m^5
imposant imposant
impotent impotent
impotentie Impotenz v^{28}
impregneren imprägnieren^{320}
impresariaat Agentur v^{20}
impresario Agent m^{14}
impressie Eindruck m^6
impressionisme Impressionismus m^{19a}
impressionist Impressionist m^{14}
impressionistisch impressionistisch
improductief unproduktiv
improvisatie Improvisation v^{20}
improviseren improvisieren^{320}
impuls Impuls m^5, Antrieb m^5
impulsief impulsiv
¹**in** in: *dat is in (populair)* das ist in
²**in** *bw* **1** *(van spreker weg)* in^{+4} … (hinein): *hij ging*

het huis in er ging ins Haus (hinein) **2** *(naar spreker toe)* in[+4] ... (herein): *hij kwam het huis in* er kam ins Haus (herein) || *dat wil er bij mij niet in* das will mir nicht in den Kopf; *dag in, dag uit* tagaus, tagein; *jaar in, jaar uit* jahraus, jahrein; *de bal is in* der Ball ist im Feld

³**in** *vz* **1** *(mbt plaats, ook fig)* in *(bij beweging gericht op doel*[+4]*, anders*[+3]*)*: *in het water duiken* ins Wasser tauchen; *in uw plaats* an Ihrer Stelle; *in volle zee* auf hoher See **2** *(bij een tijdsduur)* in[+3], an[+3], binnen[+3], innerhalb[+2]: *in maart* im März; *in het begin* am Anfang; *in 2001* 2001, im Jahre 2001 **3** *(ten tijde van)* zu[+3] **4** *(wat betreft)* an[+3]: *iem in kennis evenaren* jmdm an Kenntnissen gleichkommen[193] **5** *(mbt de wijze, de vorm)* in[+3], auf[+4]: *iets in het Engels zeggen* etwas auf Englisch sagen; *in Duits geld is dat* ... nach deutschem Geld ist das ...

inachtneming Beachtung v^{28}: *met ~ van* unter Beachtung[+2]
inactiveren inaktivieren[320]
inademen einatmen
inademing Einatmung v^{28}, Einatmen o^{39}
inbedrijfstelling Inbetriebnahme v^{21}
inbeelden, zich sich einbilden
inbegrepen inbegriffen, (mit) einbegriffen: *bij de prijs ~ zijn* im Preis einbegriffen sein[262]
inbegrip: *met ~ van* einschließlich[+2]
inbellen sich einwählen
inbelpunt Zugangsknoten m^{11}
inbeslagneming Beschlagnahme v^{21}
inbezitneming Besitznahme v^{28}, Besitzergreifung v^{28}
inbinden **1** *(van boek)* (ein)binden[131] **2** *(zich gematigder opstellen)* einlenken
inblazen: *iets nieuw leven ~* etwas neu beleben
inblikken eindosen
inboedel Mobiliar o^{29}, Hausrat m^{19}
inboeken (ver)buchen, eintragen[288]
inboeten einbüßen, verlieren[300]
inboezemen einflößen: *iem afschuw ~* jmdm Abscheu einflößen
inboorling(e) Eingeborene(r) m^{40a}, v^{40b}
inborst Naturell o^{29}, Gemüt o^{31}
inbouw **1** *(lett)* Einbau m *(2e nvl -(e)s; mv -ten)* **2** *(fig)* Aufnahme v^{21}
inbouwen einbauen (in[+4]): *een clausule ~* eine Klausel einbauen; *veiligheidsmaatregelen ~* Sicherheitsmaßnahmen einplanen **2** *(met andere gebouwen omgeven)* umb<u>au</u>en
inbouwkast Einbauschrank m^6
inbox Inbox v^{20}
inbraak Einbruch m^6
inbraakvrij einbruch(s)sicher
inbranden einbrennen[138] (in[+4])
inbreken einbrechen[137] (in[+4])
inbreker Einbrecher m^9
inbreng **1** *(algem)* Beitrag m^6 **2** *(in spaarbank)* Einlage v^{21} **3** *(bijdrage aan prestatie)* Anteil m^5

inbrengen **1** *(naar binnen)* einbringen[139] (in[+4]) **2** *(in huwelijk)* einbringen[139] **3** *(in spaarbank)* einlegen **4** *(als loon thuisbrengen)* einbringen[139] **5** *(aanvoeren)* vorbringen[139], einwenden[308]: *een klacht ~* eine Klage vorbringen
inbreuk Eingriff m^5, Verletzung v^{20}: *~ op de bepalingen* Verstoß m^6 gegen die Bestimmungen
inburgeren einbürgern (in[+3])
inburgeringscursus Integrationskurs m^5, Einbürgerungskurs m
inburgeringsprogramma Einbürgerungsprogramm o^{29}
incalculeren einkalkulieren[320] (in[+4])
incapabel unfähig, ungeeignet
incarnatie Inkarnation v^{20}
incasseren (ein)kassieren[320], einziehen[318]; *(invorderen)* beitreiben[290]: *klappen ~* Schläge einstecken; *een doelpunt ~* ein Tor einstecken
incasseringsvermogen: *een groot ~ bezitten* viel einstecken können[194]
incasso Inkasso o^{36}, Einkassierung v^{20}
incest Inzest m^5
incestueus inzestuös
incheckbalie Abfertigungsschalter m^9
incident Zwischenfall m^6
incidenteel **1** *(toevallig)* zufällig **2** *(af en toe)* gelegentlich, ab und zu **3** *(terloops)* beiläufig
inclusief inklusive[+2], einschließlich[+2], einbegriffen, inbegriffen
¹**incognito** *zn* Inkognito o^{36}
²**incognito** *bw* inkognito
incompetent inkompetent
incompetentie Inkompetenz v^{20}
incompleet inkomplett, unvollständig
inconsequent inkonsequent
inconsequentie Inkonsequenz v^{20}
incontinent an Inkontinenz leidend
incorrect inkorrekt, unkorrekt
incourant **1** *(mbt waren)* nicht marktgängig **2** *(mbt fondsen)* nicht börsengängig
incubatietijd Inkubationszeit v^{20}
indammen eindämmen, eindeichen
indampen eindampfen
indekken, zich sich absichern (gegen[+4])
indelen einteilen (in[+4]): *bij de zoogdieren ~* den Säugetieren zuordnen
indeling Einteilung v^{20}
indenken: *zich in iets ~* sich in[+4] etwas (hin)eindenken[140]; sich³ etwas vorstellen
inderdaad in der Tat, tatsächlich
inderhaast in aller Eile, schleunigst
indertijd damals
indeuken einbeulen, eindrücken
index Index m *(2e nvl -(es); mv -e of Indizes)*
indexcijfer Indexziffer v^{21}, Indexzahl v^{20}
indexeren indexieren[320], indizieren[320]
India Indien o^{39}
indiaan Indianer m^9
indiaans indianisch

Indiaas indisch
indicatie 1 Indikation v^{20}: *een medische ~* eine medizinische Indikation; *op medische ~* aus Gesundheitsgründen **2** *(aanwijzing)* Indiz *o (2e nvl -es; mv Indizien)*
indien wenn, falls
indienen einreichen, vorlegen: *ingediend wetsontwerp* Gesetzesvorlage v^{21}; *een aanklacht ~* eine Klage einreichen; *een verzoek ~* einen Antrag stellen; *een verzoekschrift ~* eine Eingabe machen; *een wetsontwerp ~* einen Gesetzentwurf vorlegen
indiening Einreichung v^{20}, Vorlegung v^{28}; *zie ook* indienen
indiensttreding Dienstantritt m^5
Indiër Inder m^9
indigestie Indigestion
indijken eindeichen, eindämmen
indirect indirekt: *~e loonkosten* Lohnnebenkosten, Lohnzusatzkosten
indiscreet indiskret
individu Individuum *o (2e nvl -s; mv Individuen)*
individueel individuell
indoctrinatie Indoktrination v^{20}
indompelen eintauchen (in^{+4})
Indonesië Indonesien o^{39}
Indonesiër Indonesier m^9
Indonesisch indonesisch
indoor- Hallen...
indoorsport Hallensport m^5
indopen eintauchen (in^{+4})
indraaien (hin)eindrehen (in^{+4}): *de bak ~* im Knast landen; *de straat ~* in die Straße einbiegen^{129}
indrijven treiben^{290} (in^{+4})
indringen *intr* eindringen^{143} (in^{+4})
indringen *tr* (hinein)drängen (in^{+4})
indringen, zich sich eindrängen (in^{+4})
indringend eingehend, eindringlich
indringer Eindringling m^5; *(binnenvallende vijand)* Invasor m^{16}
indruisen widersprechen^{274+3}, verstoßen^{285} (gegen^{+4}): *tegen de wet ~* gegen das Gesetz verstoßen
indruk Eindruck m^6: *een ~ geven* einen Eindruck vermitteln; *onder de ~ komen* beeindruckt werden^{310}; *onder de ~ zijn* beeindruckt sein^{262}; *de ~ wekken* den Eindruck erwecken
indrukken eindrücken: *het gaspedaal ~* aufs Gaspedal treten^{291}; *de toets ~* auf die Taste drücken
indrukwekkend imposant, imponierend
in dubio in dubio: *~ staan* zweifeln
industrialisatie Industrialisierung v^{20}
industrialiseren industrialisieren^{320}
industrie Industrie v^{21}: *de zware ~* die Schwerindustrie
industrieafval Industriemüll m^{19}
industriebond Industriegewerkschaft v^{20} *(afk* IG)
¹industrieel *zn* Industrielle(r) m^{40a}, v^{40b}

²industrieel *bn* industriell
industriegebied Industriegebiet o^{29}
industrieterrein Gewerbegebiet o^{29}
indutten einnicken
ineen ineinander, zusammen
ineenkrimpen sich (zusammen)krümmen
ineens 1 *(plotseling)* plötzlich **2** *(tegelijk)* auf einmal, zugleich: *bedrag ~* Pauschalbetrag m^6
ineenschrompelen zusammenschrumpfen
ineenstorten zusammenbrechen^{137}
ineenstorting Zusammenbruch m^6
inefficiënt ineffizient, unwirksam
inenten (ein)impfen, vakzinieren^{320}: *~ tegen* impfen gegen^{+4}
inenting Impfung v^{20}, Vakzination v^{20}
inentingsbewijs Impfschein m^5, Impfpass m^6
infaam infam, niederträchtig
infanterie Infanterie v^{21}
infanterist Infanterist m^{14}, Grenadier m^5
infantiel infantil
infarct Infarkt m^5
infecteren infizieren^{320}, anstecken
infectie Infektion v^{20}, Ansteckung v^{20}
inferieur inferior
infertiliteit Infertilität v^{28}, Unfruchtbarkeit v^{28}
infiltrant Infiltrant m^{14}
infiltratie Infiltration v^{20}
infiltreren infiltrieren^{320}, eindringen^{143} (in^{+4})
inflatie Inflation v^{20}, Geldentwertung v^{20}
inflatiepercentage Inflationsrate v^{21}
inflatoir inflatorisch
influisteren einflüstern
info Info v^{27}, Information v^{20}
infolijn Infoline v^{27}, Infonummer v^{21}
infonummer Infonummer v^{21}
informateur Politiker m^9 der den Auftrag hat, die Möglichkeiten einer Kabinettsbildung zu sondieren
informatica Informatik v^{28}
informaticus Informatiker m^9
informatie 1 Information v^{20} *(meestal mv)*, Auskunft v^{25}: *~s zijn verkrijgbaar bij …* Auskunft erteilt …; *~(s) inwinnen* Erkundigungen einziehen^{318} (über^{+4}) **2** *(gegevens)* Daten *(mv)*
informatiebalie Auskunftsstelle v^{21}, Auskunftsschalter m^9
informatiebank Datenbank v^{20}
informatiebureau Auskunftsbüro o^{36}; *(handel)* Auskunftei v^{20}
informatiedrager Datenträger m^9, Informationsträger m^9
informatief informativ
informatiesysteem Informationssystem o^{29}
informatietechnologie Informationstechnologie v^{21}
informatieverwerking Datenverarbeitung v^{20} *(afk* DV), Informationsverarbeitung v^{20}
informatisering Computerisierung v^{28}
informeel informell

informeren: *(bij iem)* ~ *naar* sich (bei jmdm) erkundigen nach[+3]; *telefonisch* ~ telefonisch nachfragen; *informeer eens waar hij woont* frag mal nach, wo er wohnt; *iem omtrent iets* ~ jmdn über[+4] etwas unterrichten
infrarood infrarot, Infrarot…
infuus Infusion v[20]: *aan het* ~ *liggen* am Tropf hängen[184]
ingaan (hinein)gehen[168] in[+4]: *het bos* ~ in den Wald (hinein)gehen; *de politiek* ~ in die Politik gehen[168]; *de regeling gaat de 1e april in* die Regelung tritt am 1. April in Kraft; *dat ijsje gaat er wel in* dieses Eis ist eine Gaumenfreude; *(nader) op iets* ~ (näher) auf[+4] etwas eingehen; *tegen iets* ~ sich einer Sache[3] widersetzen
ingang 1 Eingang m[6]; *(van bus, tram)* Einstieg m[5]: ~ *vinden* sich durchsetzen; *met* ~ *van heden* mit Wirkung ab heute; *met* ~ *van 1 mei* vom 1. Mai an; *met onmiddellijke* ~ ab sofort 2 *(code voor computer)* Kode m[13]
ingebeeld eingebildet
ingebouwd eingebaut
ingebruikneming 1 Inbetriebnahme v[21] 2 *(opening)* Eröffnung v[20]
ingeburgerd eingebürgert
ingelegd 1 eingelegt 2 *(ingemaakt)* eingemacht
ingemaakt 1 eingemacht 2 *(sp)* weggeputzt
ingenaaid *(mbt boek)* geheftet, broschiert
ingenieur 1 *(hts)* Ingenieur m[5] *(afk Ing.)* 2 *(technische universiteit of landbouwuniversiteit)* Diplomingenieur *(afk Dipl.-Ing.)*: *bouwkundig* ~ Bauingenieur; *civiel* ~ Tiefbauingenieur
ingenieus ingeniös, erfinderisch
ingenomen eingenommen: *iedereen is met haar* ~ alle sind von ihr eingenommen; *met zichzelf* ~ *zijn* von sich selbst eingenommen sein[262]; *ik ben met het plan zeer* ~ der Plan gefällt mir sehr
ingeschreven *(bijv. in register)* eingetragen
ingesloten anliegend, anbei: *alles* ~ alles einbegriffen; ~ *zenden wij* anbei senden wir
ingespannen angestrengt
ingesprektoon Besetztzeichen o[35]
ingetogen besinnlich; *(zedig)* sittsam
ingeval falls
ingeven eingeben[166]; *(negatief)* einflüstern
ingeving Eingebung v[20], Einfall m[6]: *een* ~ *krijgen* eine Eingebung haben[182]
ingevolge infolge[+2], gemäß[+3]
ingewanden Eingeweide o[33] *(meestal mv)*: *de* ~ *der aarde* das Innere der Erde
ingewijde Eingeweihte(r) m[40a], v[40b]
ingewikkeld verwickelt, kompliziert
ingeworteld eingewurzelt
ingezetene Einwohner m[9]
ingezonden eingesandt: ~ *brief* Leserbrief m[5]
ingoed grundgütig, herzensgut
ingooi Einwurf m[6]
ingooien einwerfen[311]: *iem de sloot* ~ jmdn in den Graben werfen

ingraven eingraben[180] (in[+4]), vergraben[180]
ingrediënt 1 *(van spijzen)* Zutat v[20] 2 *(van farmaceutische producten)* Bestandteil m[5]
ingreep Eingriff m[5]
ingrijpen eingreifen[181] (in[+4]): *de politie moest* ~ die Polizei musste einschreiten
ingrijpend drastisch, einschneidend, tief greifend
ingroeien (hin)einwachsen[302] (in[+4])
inhaalmanoeuvre Überholmanöver o[33]
inhaalstrook Überholspur v[20]
inhaalverbod Überholverbot o[29]
inhaalwedstrijd Nachholspiel o[29]
inhaken *(arm in arm gaan lopen)* sich einhaken; *(aanknopen bij)* aufgreifen[181]: *op die opmerking wil ik even* ~ diese Bemerkung möchte ich mal aufgreifen
inhakken einhauen[185]: *op de vijand* ~ auf den Feind einhauen; *dat hakt erin* das läuft ins Geld
inhalen 1 *(van oogst)* einbringen[139], einfahren[153] 2 *(van netten, vlag)* einholen, einziehen[318] 3 *(van zeilen, verloren tijd, president)* einholen 4 *(iem, die ons vooruit is)* einholen; *(passeren)* überholen 5 *(het verzuimde, slaap, examen)* nachholen 6 *(de achterstand)* aufholen: *iem die beter is* ~ jmdm gleichkommen[193]
inhaleren inhalieren[320], einatmen
inhalig habgierig, habsüchtig
inham Bucht v[20], Meeresbucht v[20], Bai v[20]
inhebben: *de pest* ~ stinksauer sein[262]; *contactlenzen* ~ Haftschalen tragen[288]
inhechtenisneming Inhaftierung v[20], Verhaftung v[20]: *bevel tot* ~ Haftbefehl m[5]
inheems einheimisch
inherent inhärent: ~ *aan* inhärent[+3]
inhoud Inhalt m[5]: *rijk aan* ~ inhalt(s)reich
¹**inhouden** tr 1 *(bevatten)* enthalten[183] 2 *(behelzen)* bedeuten 3 *(onderdrukken, beheersen)* anhalten[183], zurückhalten[183], unterdrücken: *ingehouden pijn* verhaltener Schmerz; *ingehouden tranen* verhaltene Tränen; *ingehouden vreugde* unterdrückte Freude; *de adem* ~ den Atem anhalten; *de tranen* ~ die Tränen hinunterschlucken; *zijn vaart* ~ mit der Geschwindigkeit heruntergehen[168] 4 *(niet uitbetalen)* einbehalten[183]
²**inhouden, zich** sich zurückhalten[183]: *ik kon me niet langer* ~ ich konnte mich nicht länger zurückhalten
inhouding Abzug m[6]
inhoudsmaat Hohlmaß o[29], Kubikmaß o[29]
inhoudsopgave Inhaltsverzeichnis o[29a]
inhuldigen feierlich in ein Amt einführen
inhuren einstellen, engagieren[320]
initiaal Initiale v[21], Anfangsbuchstabe m[18]
initiatief Initiative v[21]: *het* ~ *nemen* die Initiative ergreifen[181]; *op iems* ~ auf jmds Anregung; *op eigen* ~ aus eigener Initiative
initiatiefnemer Initiator m[16], Anreger m[9]
injagen (hinein)jagen (in[+4]): *iem de dood* ~ jmdn in den Tod treiben[290]

injecteren injizieren³²⁰, (ein)spritzen
injectie Injektion v²⁰, Einspritzung v²⁰, Spritze v²¹
injectiemotor Einspritzmotor m⁵, m¹⁶
injectienaald Injektionsnadel v²¹
injectiespuit Injektionsspritze v²¹
inkapselen einkapseln, verkapseln
inkeer Einkehr v²⁸, Selbstbesinnung v²⁸
inkepen (ein)kerben (in⁺⁴), (ein)ritzen (in⁺⁴)
inkeping Einkerbung v²⁰
inkerven (ein)kerben (in⁺⁴), (ein)ritzen (in⁺⁴)
inkijk Einblick m⁵
inkijken hineinsehen²⁶¹, hereinsehen²⁶¹; *(een boek, brief)* einsehen²⁶¹, durchsehen²⁶¹
inkjet Inkjet m¹³ *(2e nvl ook -)*
inklaren abfertigen; verzollen
inklaring Abfertigung v²⁰
inkleden *(ook fig)* einkleiden (in⁺⁴)
inklemmen einklemmen
inklimmen einsteigen²⁸¹ (in⁺⁴)
inkoken einkochen
inkom *(Belg)* Eintritt m⁵
¹inkomen *zn* Einkommen o³⁵; *(salaris)* Gehalt o³²
²inkomen *ww* **1** hineinkommen¹⁹³, hereinkommen¹⁹³: *het dorp ~* ins Dorf kommen¹⁹³ **2** *(mbt belastingen, bestellingen, betalingen, brieven, klachten)* eingehen¹⁶⁸ **3** *(mbt schepen, treinen)* einlaufen¹⁹⁸ || *daar kan ik ~* das kann ich verstehen; *daar komt niets van in* daraus wird nichts
inkomsten Einkünfte *(mv)*; *(ontvangsten)* Einnahmen *mv* v²¹: *~ in natura* Sachbezüge *mv* m⁶
inkomstenbelasting Einkommen(s)steuer v²¹
inkoop Einkauf m⁶: *inkopen doen* einkaufen, Einkäufe machen
inkoopsprijs Einkaufspreis m⁵
inkopen einkaufen
inkoper Einkäufer m⁹
inkorten *(korter maken, minderen)* kürzen
¹inkrimpen *intr (mbt stoffen)* schrumpfen
²inkrimpen *tr (kleiner maken, beperken, inschränken)*: *het personeel ~* das Personal abbauen; *het verkeer ~* den Verkehr einschränken
inkruipen (hinein)kriechen¹⁹⁵ (in⁺⁴)
inkt Tinte v²¹
inktvis Tintenfisch m⁵
inktvlek Tintenfleck m⁵, Tintenklecks m⁵
inktzwart kohlschwarz, pechschwarz
inkwartieren einquartieren³²⁰, unterbringen¹³⁹ (in⁺³ *(of:* bei⁺³))
inlaat Einlass m⁶
inladen 1 *(van voertuig)* beladen¹⁹⁶ **2** *(van lading)* einladen¹⁹⁶, verladen¹⁹⁶
inlander Eingeborene(r) m⁴⁰ᵃ
inlands *(inheems)* einheimisch, inländisch
inlassen einschalten, einfügen, einschieben²³⁷; *(radio, tv)* einblenden; *(een pauze)* einlegen
¹inlaten *tr* einlassen¹⁹⁷ (in⁺⁴)
²inlaten, zich: *zich ~ met* sich einlassen mit⁺³; *zich met speculaties ~* sich auf⁺⁴ Spekulationen einlassen

inleg Einlage v²¹; *(bij het spel)* Einsatz m⁶
inleggeld Einlage v²¹, Einzahlung v²⁰
inleggen 1 einlegen **2** *(geld)* einzahlen
inlegzool Einlegesohle v²¹
inleiden einführen, einleiten
inleider Referent m¹⁴
inleiding Einleitung v²⁰, Einführung v²⁰
inleven, zich sich hineinversetzen (in⁺⁴)
inleveren 1 einliefern, abgeben¹⁶⁶; *(een klacht, verzoek)* einreichen **2** *(het met minder moeten doen)* kürzer treten²⁹¹
inlezen einlesen²⁰¹; *~ in* einlesen in⁺⁴
inlichten: *iem over iets ~* jmdn über⁺⁴ etwas informieren³²⁰; *verkeerd ingelicht* falsch unterrichtet
inlichting Auskunft v²⁵, Information v²⁰ *(meestal mv)*: *om ~en vragen* um Auskunft bitten¹³²
inlichtingendienst *(mil)* Nachrichtendienst m⁵
inlijsten einrahmen
inlijven 1 *(van zaken)* einverleiben⁺³, annektieren³²⁰ **2** *(van personen)* einreihen in⁺⁴
inlijving 1 *(van zaken)* Einverleibung v²⁰, Annektierung v²⁰ **2** *(van personen)* Einreihung v²⁰
inlineskate Inlineskate m¹³
inlineskaten inlineskaten
inloggen sich einloggen
¹inlopen *intr* **1** hereinlaufen¹⁹⁸, hereingehen¹⁶⁸, hineinlaufen¹⁹⁸, hineingehen¹⁶⁸: *(mbt schip)* de *haven ~* in den Hafen (ein)laufen¹⁹⁸; *een huis ~* in ein Haus gehen¹⁶⁸; *een straat ~* in eine Straße einbiegen¹²⁹ **2** *(het slachtoffer worden)* hereinfallen¹⁵⁴: *iem er laten ~* jmdn hereinlegen
²inlopen *tr (schoenen)* einlaufen¹⁹⁸
inlossen 1 einlösen **2** *(van hypotheek)* tilgen
inluiden einläuten
inluizen: *iem er ~* jmdn verpfeifen²¹⁴
inmaken 1 *(wecken)* einmachen, einkochen **2** *(verslaan)* wegputzen, abfertigen
inmengen, zich sich einmischen (in⁺⁴)
inmetselen einmauern (in⁺⁴)
inmiddels mittlerweile
in natura in natura: *loon ~* Naturallohn m⁶
innemen 1 *(algem)* einnehmen²¹² **2** *(van kleding)* einnähen **3** *(van rijbewijs)* einziehen³¹⁸
innemend einnehmend, gewinnend
innen kassieren³²⁰, einziehen³¹⁸, eintreiben²⁹⁰: *een cheque ~* einen Scheck einlösen
¹innerlijk *zn* Innere(s) o⁴⁰ᶜ
²innerlijk *bn, bw* inner; innerlich *(meer als tegenstelling van* äußerlich)
innig innig; *(minder sterk)* herzlich
inning Inkasso o³⁶, Einziehung v²⁰, Eintreibung v²⁰; *(van cheque)* Einlösung v²⁰
innovatie Innovation v²⁰
innovatief innovativ
innoveren innovieren³²⁰, erneuern
inpakken einpacken (in⁺⁴): *zich laten ~ (inpalmen)* sich einwickeln lassen¹⁹⁷ || *~ en wegwezen!* nichts wie weg hier!

inpalmen 1 *(zich toe-eigenen)* einstecken **2** *(voor zich winnen)* iem ~ jmdn bestricken
inpassen (hin)einpassen (in⁺⁴)
inpeperen einpfeffern: *(fig)* ik zal het hem ~ ich werde es ihm einschärfen
inperken einschränken, eindämmen
inpikken 1 *(zich toe-eigenen)* einstecken, sich³ zueignen **2** *(Belg)* *(inhaken)* einhaken, aufgreifen¹⁸¹
inplakken einkleben (in⁺⁴)
inplanten einpflanzen (in⁺⁴)
inpluggen einstöpseln
inpolderen eindeichen, einpoldern
inpompen (hin)einpumpen (in⁺⁴); *(fig)* eintrichtern: *er bij iem formules ~* jmdm Formeln eintrichtern
inpraten: *op iem ~* auf jmdn einreden
inprenten (jmdm etwas) einschärfen
inproppen (hin)einstopfen (in⁺⁴)
input *(van computer)* Input *m*¹³, *o*³⁶, Eingabe *v*²¹
inregenen hereinregnen, hineinregnen
inrekenen festnehmen²¹², einsperren
inrichten 1 einrichten **2** *(Belg)* organisieren³²⁰: *de ~de macht (ongev)* der Schulträger
inrichter *(Belg)* Organisator *m*¹⁶
inrichting 1 *(aankleding)* Einrichtung *v*²⁰ **2** *(regeling)* Anordnung *v*²⁰, Organisation *v*²⁰ **3** *(instituut)* Anstalt *v*²⁰
¹inrijden *intr* (hinein)fahren¹⁵³ (in⁺⁴); *(op een dier)* (hinein)reiten²²¹ (in⁺⁴)
²inrijden *tr (van auto)* einfahren¹⁵³
inrit Einfahrt *v*²⁰: *verboden ~!* keine Einfahrt!
inroepen: *iems bemiddeling ~* jmds Vermittlung anrufen²²⁶; *iems hulp ~* jmdn um Hilfe bitten¹³²
inrollen (hinein)rollen (in⁺⁴)
inroosteren einplanen
inruilen umtauschen, eintauschen; *(een oud product inleveren)* in Zahlung geben¹⁶⁶: *~ voor* eintauschen gegen⁺⁴
inruilwaarde Wiederverkaufswert *m*⁵
inruimen einräumen
inrukken einrücken (in⁺⁴)
inschakelen 1 einschalten **2** *(inzetten)* einsetzen
inschatten einschätzen
inschenken einschenken, eingießen¹⁷⁵
inschepen einschiffen, verschiffen
inscheuren einreißen²²⁰
¹inschieten *intr (missen)* entgehen¹⁶⁸
²inschieten *tr* einschießen²³⁸: *zijn geld erbij ~* sein Geld einbüßen
inschikkelijk nachgiebig, gefügig
inschikken 1 *(inschikkelijk zijn)* nachgeben¹⁶⁶ **2** *(plaatsmaken)* zusammenrücken
inschrijfformulier Anmeldeformular *o*²⁹
inschrijfgeld Anmeldegebühr *v*²⁰
¹inschrijven *intr* **1** *(intekenen)* subskribieren³²⁰; *(algem)* vorausbestellen **2** *(bij aanbesteding)* ein Angebot einreichen **3** *(op lening, aandelen)* zeichnen: *op een lening ~* eine Anleihe zeichnen
²inschrijven *tr* **1** *(algem)* einschreiben²⁵²; *(in een officieel register)* eintragen²⁸⁸: *zich als student laten ~* sich immatrikulieren lassen¹⁹⁷; sich als Student einschreiben lassen **2** *(voor cursus, wedstrijd)* anmelden
inschrijving 1 *(algem)* Einschreibung *v*²⁰, Eintragung *v*²⁰; *(als student)* Immatrikulation *v*²⁰, Einschreibung *v*²⁰ **2** *(voor wedstrijd, cursus)* Anmeldung *v*²⁰ **3** *(op boek)* Subskription *v*²⁰; *(op aandelen, lening)* Zeichnung *v*²⁰; *(algem)* Vorausbestellung *v*²⁰ **4** *(bij aanbesteding)* Angebot *o*²⁹; *zie ook* inschrijven
inschrijvingsformulier Anmeldeformular *o*²⁹
inschrijvingstaks *(Belg)* Kraftfahrzeugsteuer *v*²¹
inschroeven einschrauben (in⁺⁴)
inschuiven 1 (hin)einschieben²³⁷ (in⁺⁴) **2** *(opschuiven)* zusammenrücken
inscriptie Inschrift *v*²⁰
insect Insekt *o*³⁷
insecticide Insektizid *o*²⁹, Insektengift *o*²⁹
inseinen: *iem ~* jmdn informieren³²⁰
inseminatie Insemination *v*²⁰
insgelijks gleichfalls, ebenfalls
insider Eingeweihte(r) *m*⁴⁰ᵃ, *v*⁴⁰ᵇ, Insider *m*⁹
insigne Abzeichen *o*³⁵
insinuatie Unterstellung *v*²⁰
insinueren unterstellen
¹inslaan *intr* **1** *(ingaan)* einschlagen²⁴¹, einbiegen¹²⁹: *een weg ~* einen Weg einschlagen (*of:* einbiegen) **2** *(met kracht in iets dringen)* einschlagen²⁴¹: *de bliksem is ingeslagen* der Blitz hat eingeschlagen **3** *(indruk maken)* zünden, ankommen¹⁹³: *dat idee sloeg in* dieser Gedanke zündete (*of:* kam an)
²inslaan *tr* **1** einschlagen²⁴¹ **2** *(inkopen)* einkaufen
inslag Einschlag *m*⁶
inslapen einschlafen²⁴⁰
inslikken verschlucken
insluimeren einschlummern
insluipen *(ook fig)* sich einschleichen²⁴²
insluiten 1 *(bijsluiten)* beifügen, beilegen **2** *(omsingelen)* einschließen²⁴⁵ **3** *(opsluiten)* einsperren **4** *(betekenen)* bedeuten
insmeren einschmieren; *(zalf, olie)* einreiben²¹⁹
insmijten einschmeißen²⁴⁷, einwerfen³¹¹
insneeuwen 1 einschneien **2** *(naar binnen sneeuwen)* hineinschneien, hereinschneien
insnijden einschneiden²⁵⁰
insnijding Einschnitt *m*⁵
insnoeren einschnüren
insolvent insolvent, zahlungsunfähig
¹inspannen *tr* **1** *(van trekdieren)* einspannen **2** *(van wagen)* anspannen **3** *(met kracht inzetten)* anstrengen
²inspannen, zich sich anstrengen
inspannend anstrengend
inspanning Anstrengung *v*²⁰; *(moeite)* Bemühung *v*²⁰: *te grote ~* Überanstrengung *v*²⁰; *met ~ van alle krachten* unter Aufbietung aller Kräfte
inspecteren inspizieren³²⁰

inspecteur 1 (algem) Inspektor m^{16}: ~ van politie Polizeikommissar m^5 **2** (ond) Schulrat m^6
inspectie 1 Inspektion v^{20} **2** (mil) Inspektion v^{20}, Inspizierung v^{20} **3** (ond) Schulamt o^{32} **4** (belastingen) Finanzamt o^{32}
inspectrice Inspektorin v^{22}
¹**inspelen** intr (met op) sich einstellen auf^{+4}
²**inspelen** tr einspielen
³**inspelen, zich** sich einspielen
inspiratie Inspiration v^{20}, Anregung v^{20}
inspireren inspirieren^{320}, anregen
inspraak Mitbestimmung v^{28}, Mitsprache v^{28}
inspreken 1 einflößen: iem moed ~ jmdm Mut einflößen **2** (op geluidsband) ansprechen^{274}
inspringen 1 (springen in) (hinein)springen^{276} (in^{+4}) **2** (achteruitwijken) einspringen^{276}, zurückstehen^{279} **3** (typ) einrücken: een regel laten ~ eine Zeile einrücken **4** (iem vervangen) einspringen^{276}: voor een collega ~ für einen Kollegen einspringen **5** (reageren) reagieren^{320}: op iets ~ auf^{+4} etwas reagieren
inspuiten einspritzen
inspuiting Einspritzung v^{20}, Spritze v^{21}
instaan einstehen^{279} (für^{+4})
instabiel instabil, unstabil
installateur Installateur m^5
installatie 1 (techn) Installation v^{20}; (de apparatuur) Anlage v^{21} **2** (in een ambt) Einweisung v^{20} **3** (van nieuw lid) Aufnahme v^{21}
¹**installeren** tr **1** (techn) installieren^{320} **2** (in een ambt) einweisen^{307} (in^{+4}) **3** (van nieuw lid) aufnehmen^{212} (in^{+4})
²**installeren, zich** sich installieren^{320}
instampen 1 einrammen (in^{+4}), eintreiben^{290} (in^{+4}) **2** (inprenten) einpauken
instandhouding 1 Instandhaltung v^{20} **2** (behoud) Erhaltung v^{28} **3** (van orde, regel) Aufrechterhaltung v^{28}
instantie (jur) Instanz v^{20}; (officiële instelling) Instanz v^{20}, Dienststelle v^{21}; (overheid) Behörde v^{21}: in eerste ~ zuerst, zunächst
instappen einsteigen^{281} (in^{+4}): de kamer ~ ins Zimmer treten^{291}
insteken 1 (iets ergens insteken) einstecken; (van draad) einfädeln **2** (inprikken) einstechen^{277} **3** (achteruitparkeren) zurücksetzen
instellen 1 (oprichten) gründen: een commissie ~ eine Kommission einsetzen **2** (invoeren) einführen **3** (beginnen) einleiten: een strafvervolging ~ ein Strafverfahren einleiten **4** (voor gebruik gereedmaken) einstellen
instelling 1 (het oprichten) Gründung v^{20}, Einsetzung v^{20} **2** (het invoeren) Einführung v^{20} **3** (het beginnen) Einleitung v^{20} **4** (techn) Einstellung v^{20} **5** (instituut) Anstalt v^{20} **6** (mentaliteit) Einstellung v^{20}; zie ook instellen
instemmen: met iem, met iets ~ jmdm, etwas^3 zustimmen
instemming Zustimmung v^{20}: met algemene ~ unter allgemeiner Zustimmung
instinct Instinkt m^5
instinctief instinktiv, instinktmäßig
instinken hereinfallen^{154}: ergens ~ auf^{+4} etwas hereinfallen
instinker Falle v^{21}, verzwickte Frage v^{21}
instituut Institut o^{29}, Anstalt v^{20}, Einrichtung v^{20}
instoppen einstecken: iem warm ~ jmdn warm einmumme(l)n
instormen: de kamer ~ ins Zimmer stürzen
instorten einstürzen, zusammenstürzen, zusammenbrechen^{137}: de zieke is weer ingestort der Kranke hat einen Rückfall bekommen
instorting Einsturz m^6, Zusammenbruch m^6; (van zieke) Rückfall m^6; zie ook instorten
instroom Zustrom m^6
instructeur Instrukteur m^5, Lehrer m^9; (mil) Ausbilder m^9
instructie 1 Instruktion v^{20} **2** (ond) Unterricht m^5 **3** (dienstvoorschrift) Dienstanweisung v^{20} **4** (comp) Befehl m^5
instructief instruktiv, lehrreich
instrueren instruieren^{320}
instrument Instrument o^{29}
instrumentaal instrumental, Instrumental…
instrumentenbord Armaturenbrett o^{31}, Armaturentafel v^{21}
instuderen einstudieren^{320}, einüben
instuif Fete v^{21}
instuiven: de kamer ~ ins Zimmer stürzen
insturen einsenden^{263}: iem het huis ~ jmdn ins Haus schicken
intact intakt, unbeschädigt
intakegesprek Aufnahmegespräch o^{29}
inteelt Inzucht v^{20}
integendeel im Gegenteil
integer integer
integraal integral, Integral…
integratie Integration v^{20}
integreren integrieren^{320} (in^{+4})
integriteit Integrität v^{28}
intekenen (op boek) subskribieren^{320} (auf^{+4}); (op lening) zeichnen: op een lening ~ eine Anleihe zeichnen
intekening Subskription v^{20}, Zeichnung v^{20}
intekenlijst 1 (voor bestelling) Subskriptionsliste v^{21} **2** (voor geldelijke bijdrage) Sammelliste v^{21}
intekenprijs Subskriptionspreis m^5
intellect Intellekt m^{19}
¹**intellectueel** zn Intellektuelle(r) m^{40a}, v^{40b}
²**intellectueel** bn, bw intellektuell
intelligent intelligent
intelligent design intelligentes Design o^{36}
intelligentie Intelligenz v^{28}
intens, intensief intensiv, stark
intensiteit Intensität v^{20}
intensive care Intensivstation v^{20}
intensiveren intensivieren^{320}
intentie Intention v^{20}, Absicht v^{20}

interactie Interaktion v^{20}
interactief interaktiv: *(comp)* interactieve gegevensverwerking Dialogdatenverarbeitung v^{20}
intercedent Stellenvermittler m^9
intercity Intercityzug m^6, Intercity m^{13} *(afk* IC)
intercom Gegensprechanlage v^{21}
intercommunale *(Belg)* interkommunales Amt o^{32}
interen seine Ersparnisse angreifen^{181}
interessant interessant
interesse Interesse o^{38}
interesseren interessieren^{320}
interest Zinsen *mv* m^{16}; *zie ook* rente
interieur Interieur o^{29}, o^{36}, Innere(s) o^{40c}
interim *(Belg)* **1** *(tussentijdse betrekking)* Aushilfsstellung v^{20} **2** *(plaatsvervanger)* Aushilfskraft v^{25}
interimbureau *(Belg)* Büro o^{36} für Zeitarbeit
interlandwedstrijd Länderspiel o^{29}, Länderkampf m^6
interlokaal: ~ *gesprek* Ferngespräch o^{29}
intermenselijk zwischenmenschlich
intermezzo Intermezzo o^{36} *(mv ook* Intermezzi*)*
intern intern: *~e geneeskunde* innere Medizin v^{28}
internaat Internat o^{29}
internationaal international: *internationale wedstrijd* Länderspiel o^{29}
international Nationalspieler m^9
interneren internieren^{320}
internering Internierung v^{20}
internet Internet o^{39}: *op het* ~ *surfen* im Internet surfen
internetadres Internetadresse v^{21}, Webadresse v^{21}
internetbank Direktbank v^{20}
internetbankieren Onlinebanking o^{39}, o^{39a}
internetcafé Internetcafé o^{36}
internetgebruiker Internetnutzer m^9, Internetuser m^9
internetpagina Internetseite v^{21}
internetportaal Internetportal o^{29}
internetprovider Internetprovider m^9
internetsite Internetsite v^{27}, Internetseite v^{21}
internettelefonie Internettelefonie v^{28}
internettelevisie Internet-TV v^{39}
internetveiling Internetauktion v^{20}, Internetversteigerung v^{20}
internist Internist m^{14}
interpellatie Interpellation v^{20}, Anfrage v^{21}
interpelleren interpellieren^{320}
interpretatie Interpretation v^{20}
interpreteren interpretieren^{320}
interregionaal interregional
interrumperen unterbrechen^{137}
interruptie Interruption v^{20}, Unterbrechung v^{20}; *(bij redevoering)* Zwischenruf m^5
interval Intervall o^{29}
interveniëren intervenieren^{320}, eingreifen^{181}
interventie Intervention v^{20}

interventiemacht Eingreiftruppe v^{21}
interview Interview o^{36}
interviewen interviewen
interviewer Interviewer m^9
intiem intim: *~e vriend* Intimus *m (2e nvl -; mv* Intimi*)*; ~ *contact*, *~e omgang* Intimverkehr m^{19}
intifada Intifada v^{28}
intimidatie Einschüchterung v^{20}
intimideren einschüchtern
intimiteit Intimität v^{20}
intocht Einzug m^6
intoetsen *(comp)* eingeben^{166}, eintippen: *gegevens* ~ *(in)* Daten eingeben (in^{+4})
intolerant intolerant
intolerantie Intoleranz v^{20}
intomen zügeln, bezähmen
intonatie Intonation v^{20}
intranet Intranet o^{29}
intransitief intransitiv
intrappen eintreten^{291}: *een open deur* ~ offene Türen einrennen^{222}; *(fig) daar trapt niemand in* darauf fällt niemand herein; *de bal* ~ den Ball ins Tor schießen
intrede Eintritt m^5
intreden eintreten^{291}; *(r-k)* in einen Orden eintreten
intrek: *zijn* ~ *nemen in een hotel* in einem Hotel einkehren; *zijn* ~ *nemen bij een vriend* zu einem Freund ziehen^{318}
¹**intrekken** *intr* **1** *(indringen in)* einziehen^{318} in^{+4} **2** *(gaan wonen bij)* ziehen^{318} zu^{+3}
²**intrekken** *tr* **1** einziehen^{318}: *de buik* ~ den Bauch einziehen **2** *(terugnemen)* zurückziehen^{318}: *een aanklacht* ~ eine Klage zurückziehen; *een order* ~ einen Auftrag annullieren^{320}; *een rijbewijs* ~ jmdm den Führerschein entziehen^{318}; *de steun* ~ jmdm die Unterstützung entziehen^{318}; *een wet* ~ ein Gesetz aufheben^{186}
intrekking 1 Einziehen o^{39} **2** *(het terugnemen)* Zurücknahme v^{28} **3** *(het opheffen)* Aufhebung v^{20} **4** *(het ongedaan maken)* Entzug m^{19}: *de* ~ *van het rijbewijs* der Führerscheinentzug; *zie ook* intrekken
intrige Intrige v^{21}, Machenschaft v^{20}
intrigeren intrigieren^{320}: *dat intrigeert mij* das macht mich neugierig
introducé, introducee Gast m^6
introduceren: *iem* ~ *(bij)* jmdn einführen (bei^{+3})
introductie 1 Einführung v^{20} **2** *(muz)* Introduktion v^{20}
introvert introvertiert
intuïtie Intuition v^{20}: *bij* ~ durch Intuition
intuïtief intuitiv
intussen inzwischen; *(nochtans)* trotzdem
inval Einfall m^6: *een* ~ *doen (in)* einfallen^{154} (in^{+4})
¹**invalide** *zn* Invalide m^{15}, Körperbehinderte(r) m^{40a}, v^{40b}

¹invalide *bn* invalid(e), körperbehindert
invalidenwagentje Rollstuhl *m*⁶
invaliditeit Invalidität *v*²⁸
invallen 1 *(instorten)* einfallen¹⁵⁴, einstürzen **2** *(naar binnen komen)* einfallen¹⁵⁴ **3** *(binnendringen)* einfallen¹⁵⁴ in⁺⁴ **4** *(plotseling beginnen)* einfallen¹⁵⁴, einbrechen¹³⁷ **5** *(iem vervangen)* für jmdm einspringen²⁷⁶ **6** *(te binnen schieten)* einfallen¹⁵⁴
invaller Ersatzmann *m*⁸, Vertreter *m*⁹; *(sp)* Ersatzspieler *m*⁹, Reservespieler *m*⁹
invalshoek *(gezichtspunt)* Blickwinkel *m*⁹
invalsweg Einfallstraße *v*²¹
invaren (hin)einfahren¹⁵³ (in⁺⁴)
invasie Invasion *v*²⁰
inventaris Inventar *o*²⁹, Bestand *m*⁶
inventariseren inventarisieren³²⁰
inventief erfinderisch
inventiviteit Erfindungskraft *v*²⁸, Erfindungsgabe *v*²⁸
investeren investieren³²⁰ (in⁺³, ⁺⁴)
investering Investierung *v*²⁰; *(geïnvesteerd geld)* Investition *v*²⁰
investeringskrediet Investitionskredit *m*⁵
invetten einfetten
invitatie Einladung *v*²⁰, Invitation *v*²⁰
inviteren einladen¹⁹⁶
¹invliegen *intr* hereinfliegen¹⁵⁹, hineinfliegen¹⁵⁹ || *(fig ergens ~* auf⁺⁴ etwas hereinfallen¹⁵⁴
²invliegen *tr (uittesten; transporteren)* einfliegen¹⁵⁹
invloed Einfluss *m*⁶: *~ hebben op* Einfluss haben¹⁸² auf⁺⁴; beeinflussen; *rijden onder ~* unter Alkoholeinfluss fahren¹⁵³
invloedrijk einflussreich
invluchten: *het huis ~* ins Haus fliehen¹⁶⁰
invoegen 1 einschalten, einschieben²³⁷ **2** *(in het verkeer)* sich einfädeln
invoegstrook Beschleunigungsspur *v*²⁰
invoer Einfuhr *v*²⁰, Import *m*⁵; *(comp)* Eingabe *v*²¹
invoeren 1 einführen **2** *(van goederen)* einführen, importieren³²⁰ **3** *(comp)* eingeben¹⁶⁶ || *zorgvuldig ~* einpflegen
invoerrecht Einfuhrzoll *m*⁶: *vrij van ~* zollfrei
invorderen einziehen³¹⁸, eintreiben²⁹⁰
invreten sich einfressen¹⁶², anfressen¹⁶²
invriezen einfrieren¹⁶³
invrijheidstelling Entlassung *v*²⁰, Freilassung *v*²⁰
invullen 1 *(een open ruimte vullen)* ausfüllen: *een formulier ~* ein Formular ausfüllen; *een datum ~* ein Datum eintragen²⁸⁸ **2** *(uitwerken)* ausarbeiten: *details ~* Einzelheiten ausarbeiten **3** *(aanvullen)* ergänzen
inwaarts *bn* Einwärts...
¹inwaarts *bw* einwärts
inwendig *bn* inner: *~e geneeskunde* innere Medizin *v*²⁸; *voor ~ gebruik* zur innerlichen Anwendung

²inwendig *bw* innen, von innen, innerlich
inwendige Innere(s) *o*⁴⁰ᶜ
¹inwerken *intr* einwirken (auf⁺⁴)
²inwerken *tr* einarbeiten
³inwerken, zich sich einarbeiten
inwerking Einwirkung *v*²⁰
inwerkingtreding In-Kraft-Treten *o*³⁹
inwerpen einwerfen³¹¹ (in⁺⁴)
inwijden einweihen
inwijding Einweihung *v*²⁰
inwijkeling *(Belg)* **1** *(immigrant)* Einwanderer *m*⁹ **2** *(wie binnen het land verhuist)* Übersiedler *m*⁹
inwijken *(Belg)* einwandern
inwikkelen einwickeln, einhüllen (in⁺⁴)
inwilligen einwilligen (in⁺⁴), genehmigen: *een verzoek ~* eine Bitte gewähren
inwilliging Genehmigung *v*²⁰, Einwilligung *v*²⁰
inwinnen einziehen³¹⁸, einholen: *advies ~* sich Rat holen; *(officieel)* ein Gutachten einholen; *inlichtingen ~ over iets* Erkundigungen über⁺⁴ etwas einziehen
inwisselen einwechseln, umwechseln
inwonen: *bij iem ~* bei jmdm (ein)wohnen; *~de kinderen* zu Hause wohnende Kinder
inwoner Einwohner *m*⁹
inwoning Unterkunft *m*⁶
inwrijven einreiben²¹⁹ (in⁺⁴)
inzage Einsicht *v*²⁸: *ter ~ liggen* ausliegen²⁰²
inzakken 1 *(wegzakken)* einsinken²⁶⁶ (in⁺³) **2** *(instorten)* einfallen¹⁵⁴, zusammenfallen¹⁵⁴ **3** *(mbt personen)* zusammenbrechen¹³⁷
inzamelen einsammeln
inzameling Sammlung *v*²⁰, Kollekte *v*²¹
inzegenen einsegnen
inzenden einsenden²⁶³, einschicken
inzender Einsender *m*⁹; *(op tentoonstelling enz.)* Aussteller *m*⁹
inzending 1 Einsendung *v*²⁰ **2** *(voor tentoonstelling)* Ausstellungsstück *o*²⁹
inzepen einseifen
inzet 1 Einsatz *m*¹⁹ **2** *(inleg)* Einlage *v*²¹; *(bij spel)* Einsatz *m*⁶ **3** *(bij verkoping)* erstes Gebot *o*²⁹
¹inzetten *tr* **1** einsetzen **2** *(bij veiling)* aufbieten¹³⁰: *een schilderij op 100 euro ~* ein Bild mit 100 Euro aufbieten **3** *(beginnen)* starten **4** *(muz)* anstimmen
²inzetten, zich sich einsetzen (für⁺⁴)
inzicht 1 *(opvatting)* Ansicht *v*²⁰ **2** *(besef)* Einsicht *v*²⁰, Erkenntnis *v*²⁴: *tot het ~ komen dat ...* zu der Einsicht kommen, dass ...; *nieuwe ~en verwerven in iets* neue Erkenntnisse über⁺⁴ etwas gewinnen¹⁷⁴
¹inzien *zn*: *mijns ~s* meiner Meinung nach; *bij nader ~* bei genauerer Betrachtung
²inzien *ww* **1** *(vluchtig doorzien)* einsehen²⁶¹ **2** *(beseffen)* erkennen¹⁸⁹, einsehen²⁶¹: *iem iets doen ~* jmdm etwas klarmachen **3** *(inschatten)* sehen²⁶¹: *het somber ~* schwarz sehen; *de toestand ernstig ~* die Lage für ernst halten¹⁸³

inzinken einsinken[266]; *(mbt koersen)* sinken[266]; *(mbt zieke) weer ~* einen Rückfall bekommen[193]
inzinking 1 Einsinken o^{39} **2** *(verzakking)* Einsenkung v^{20} **3** *(van zieke)* Rückfall m^6; *(psychisch)* Depression v^{20}; *(lichamelijk)* Schwäche v^{21} **4** *(econ)* Depression v^{20}
inzitten: *dat zit er niet in* das ist nicht drin; *over iets ~* sich³ Sorge(n) um etwas machen; *ik zit erover in* es liegt mir schwer auf der Seele
inzittende Insasse m^{15}
inzoomen näher heranholen
inzouten einsalzen
i.p.v. *afk van in plaats van* anstatt^{+2}, statt^{+2}
Iraaks irakisch
Iraans iranisch
Irak Irak m^{19} *(meestal met lw)*
Irakees Iraker m^9
Iran Iran m^{19} *(meestal met lw)*
Iraniër Iraner m^9
iris Iris v *(mv -)*
irisherkenning Iriserkennung v^{28}
irisscan Irisscan m^{13}, o^{36}
ironie Ironie v^{21}
ironisch ironisch
irrationeel irrational
irreëel irreal, unwirklich
irrigatie Bewässerung v^{20}
irrigeren bewässern
irritatie Irritation v^{20}
irriteren irritieren[320]
islam Islam m^{19}, m^{19a}
islamiet Islamit m^{14}, Mohammedaner m^9
islamisme Islamismus m^{19a}
islamitisch islamisch, islamitisch
isolatie Isolation v^{20}
isolatieband Isolierband o^{32}
isoleercel Isolierzelle v^{21}
isolement Isolierung v^{20}, Isoliertheit v^{28}
isoleren isolieren[320]
Israël Israel o^{39}, o^{39a}
Israëli 1 *(man)* Israeli m *(2e nvl -(s); mv -(s))* **2** *(vrouw)* Israeli v *(mv -(s))*
Israëlisch israelisch
IT *afk van informatietechnologie* Informationstechnologie v^{21} *(afk* IT)
Italiaan Italiener m^9
¹Italiaans *zn* Italienisch o^{41}
²Italiaans *bn* italienisch
Italiaanse Italienerin v^{22}
Italië Italien o^{39}
IT-branche IT-Branche v^{21}
item Item o^{36}
IT'er Informationstechnologe m^{15}, Informationstechnologin v^{22}, Informationsexperte m^{15}, Informationsexpertin v^{22}
ivbo *afk van individueel voorbereidend beroepsonderwijs (ongev)* individueller vorbereitender berufsbildender Unterricht m^{19}
i.v.m. *afk van in verband met* im *(of:* in) Zusammenhang mit^{+3}

ivoor Elfenbein o^{29}
ivoren elfenbeinern, Elfenbein...

j

ja *zn* Ja *o*³⁶: *ja op iets zeggen* Ja (*of:* ja) zu⁺³ etwas sagen

ja *tw* ja: *er zijn al te veel auto's, ja toch?* es gibt schon zu viele Autos, nicht wahr?

jaap *(snee)* Schnitt *m*⁵, Schnittwunde *v*²¹

jaar Jahr *o*²⁹: *dit ~ dieses Jahr; ~ in, ~ uit* jahraus, jahrein; *in de jaren tachtig* in den Achtzigerjahren, in den achtziger Jahren; *hij stierf in het ~ 1800* (im Jahre) 1800 starb er; *ik heb hem in jaren niet gezien* ich habe ihn seit Jahren nicht gesehen; *op zijn 13e ~* mit 13 Jahren; *op jaren komen* in die Jahre kommen¹⁹³; *hij is al op jaren* er ist schon bei Jahren; *(aan het) begin van het ~* zum Jahresanfang; *einde van het ~* Jahresende *o*³⁸; *iem van mijn jaren* jmd in meinem Alter

jaarabonnement Jahresabonnement *o*³⁶

jaarbeurs Messe *v*²¹

jaarbeursterrein Messegelände *o*³³

jaarboek Jahrbuch *o*³²

jaarcijfers 1 *(van onderneming)* Jahresergebnisse *(mv)* **2** *(balans en resultatenrekening)* Jahresabschluss *m*⁵ **3** *(jaarverslag)* Geschäftsbericht *m*⁵, Jahresbericht *m*⁵

jaargang Jahrgang *m*⁶

jaargemiddelde Jahresdurchschnitt *m*⁵

jaargenoot Altersgenosse *m*¹⁵; *(student)* Studienkollege *m*¹⁵

jaargetijde Jahreszeit *v*²⁰

jaarlijks jährlich, Jahres-

jaarmarkt Jahrmarkt *m*⁶

jaarring Jahresring *m*⁵

jaartal Jahreszahl *v*²⁰

jaartelling Zeitrechnung *v*²⁰

jaarvergadering Jahresversammlung *v*²⁰

jaarverslag Jahresbericht *m*⁵; *(handel meestal)* Geschäftsbericht *m*⁵

jaarwedde Jahresgehalt *o*³²

jaarwisseling Jahreswechsel *m*⁹

jacht *(het jagen)* Jagd *v*²⁰: *~... Jagd...; ~ maken op* Jagd machen auf⁺⁴; *op ~ gaan* auf die Jagd gehen¹⁶⁸; *op ~ zijn* auf der Jagd sein²⁶²

jacht *(scheepv)* Jacht *v*²⁰; *(zeilsport)* Yacht *v*²⁰

jachten (sich) hetzen

jachtgebied Jagdgebiet *o*²⁹, Jagdrevier *o*²⁹

jachtgeweer Jagdgewehr *o*²⁹

jachthaven Jachthafen *m*¹²

jachthond Jagdhund *m*⁵

jachtig gehetzt

jachtinstinct Jagdinstinkt *m*⁵

jachtseizoen Jagdzeit *v*²⁰

jachtsneeuw Schneegestöber *o*³⁹, Schneetreiben *o*³⁹

jachtterrein Jagdgebiet *o*²⁹, Jagdrevier *o*²⁹

jachtvliegtuig Jagdflugzeug *o*²⁹, Jäger *m*⁹

jack Jacke *v*²¹

jacquet Cutaway *m*¹³

jagen jagen: *hazen ~* Hasen (*of:* auf⁺⁴ Hasen) jagen; *een wet erdoor ~* ein Gesetz durchpeitschen; *iem de schrik op het lijf ~* jmdm einen Schrecken einjagen; *iem op de vlucht ~* jmdm in die Flucht jagen

jager 1 Jäger *m*⁹ **2** *(vliegtuig, ook)* Jagdflugzeug *o*²⁹

jaguar Jaguar *m*⁵

jak *(kledingstuk)* Jacke *v*²¹

jakhals Schakal *m*⁵

jakkeren jagen, brausen

jaknikker Jasager *m*⁹, Erfüllungsgehilfe *m*¹⁵

jaloers eifersüchtig, neidisch

jaloersheid Eifersucht *v*²⁸, Neid *m*¹⁹

jaloezie 1 *(afgunst)* Eifersucht *v*²⁸, Neid *m*¹⁹ **2** *(scherm)* Jalousie *v*²¹

jam Marmelade *v*²¹; *(van één soort fruit)* Konfitüre *v*²¹

jambe Jambe *v*²¹, Jambus *m* (2e nvl -; mv Jamben)

¹**jammer** *zn* Jammer *m*¹⁹

²**jammer** *bn* schade, bedauerlich: *het is ~ dat ...* es ist schade (*of:* bedauerlich), dass ...; *het is ~ van die vaas* es ist schade um⁺⁴ die Vase; *het is ~ voor hem* es ist schade für ihn

³**jammer** *tw* schade

jammeren jammern; *(zwak)* wimmern

jammerklacht Wehklage *v*²¹

jammerlijk jämmerlich, kläglich

Jan: *boven ~ zijn* über den Berg sein²⁶²; *~ en alleman kwam* alle Welt kam; *~ met de pet* der kleine Mann

janboel: *het is daar een ~* es ist da eine polnische Wirtschaft

janet *(Belg) (scheldw)* Homo *m*¹³, Homosexuelle(r) *m*⁴⁰ᵃ, *v*⁴⁰ᵇ, Schwuler *m*⁴⁰ᵃ

janken 1 *(mbt hond)* winseln; *(luider)* jaulen **2** *(mbt mens)* flennen, plärren

januari Januar *m*⁵ (2e nvl ook -): *in ~* im Januar; *sinds ~* seit (dem) Januar; *tot ~* bis Januar

januskop Januskopf *m*⁶

Japan Japan *o*³⁹

¹**Japannees** *zn* Japaner *m*⁹

²**Japannees** *bn* japanisch

Japanner Japaner *m*⁹

¹**Japans** *zn* Japanisch *o*⁴¹

²**Japans** *bn* japanisch

Japanse Japanerin *v*²²

japon Kleid *o*³¹

jarenlang jahrelang: *een ~e vriendschap* eine

langjährige Freundschaft
jargon Jargon m^{13}
jarig: ~ *zijn* Geburtstag haben[182]; *de ~e* das Geburtstagskind; *als je dat doet, ben je nog niet ~!* wenn du das machst, kannst du dich auf etwas gefasst machen!
jas 1 *(overjas)* Mantel m^{10} **2** *(deel van kostuum)* Jacke v^{21}, Jackett o^{36}, o^{29}
jasje 1 *(van kostuum)* Jacke v^{21}, Jackett o^{36}, o^{29} **2** *(verschillend van broek)* Sakko m^{13}, o^{36}
jasmijn Jasmin m^5
jaszak Manteltasche v^{21}; *(in jasje)* Jackentasche v^{21}
jat Flosse v^{21}, Tatze v^{21}, Klaue v^{21}
jatten klauen
jawel jawohl, (ja) doch
jawoord Jawort o^{29}
jazeker ja, natürlich; *(Z-Dui)* freilich
jazz Jazz m *(2e nvl -)*
jazzband Jazzband v^{27}
¹je *pers vnw*[82] du¹, dir³, dich⁴
²je *bez vnw* dein[80]; *(beleefdheidsvorm)* Ihr[80] ∥ *dat is je van het* das ist super
³je *onbep vnw* man: *zoiets zeg je niet* so etwas sagt man nicht; *(inform) daar heb je het gedonder* da haben wir die Bescherung
jeans Jeans *(mv)*
jee *tw* oje!, jemine!: *here ~!* herrje!
jeep Jeep m^{13}
jegens gegen⁺⁴, gegenüber⁺³
jekker Joppe v^{21}
jeminee *tw (inform)* jemine!, ojemine!
jenever Genever m^9, Korn m^{19}, Schnaps m^6
jeneverbes 1 *(bes)* Wacholderbeere v^{21} **2** *(struik)* Wacholder m^9
jengelen 1 *(drenzen)* quengeln, greinen **2** *(eentonig klinken)* dudeln, leiern
jennen triezen, piesacken
jerrycan Kanister m^9
jet Jet m^{13}: *met een ~ vliegen* jetten
jetski® Jetski m^{13}, m^7 *(2e nvl ook -; mv ook -)*
jeu Reiz m^5, Glanz m^{19}: *voor de ~* zum Spaß
jeugd Jugend v^{28}
jeugdbescherming *(Belg)* **1** *(hulp)* Jugendhilfe v^{28} **2** *(instantie)* Jugendamt o^{32}
jeugdbeweging Jugendorganisation v^{20}
jeugdbijstand *(Belg)* Jugendschutz m^{19}
jeugdblad Jugendzeitschrift v^{20}
jeugdcentrum Jugendzentrum o *(2e nvl -s; mv -zentren)*
jeugdherberg Jugendherberge v^{21}
jeugdig 1 jugendlich: *~e persoon* Jugendliche(r) m^{40a}, v^{40b} **2** *(nog niet lang bestaand)* jung
jeugdigheid Jugendlichkeit v^{28}
jeugdleider Jugendleiter m^9
jeugdloon Lohn m^6 für Jugendliche
jeugdpuistjes Akne v^{21}
jeugdrechtbank *(Belg)* Jugendgericht o^{29}
jeugdrechter *(Belg)* Jugendrichter m^9

jeugdvriend Jugendfreund m^5
jeugdwerk Jugendarbeit v^{28}
jeuk Jucken o^{39}, Juckreiz m^5: *ik heb ~* es juckt mich; *ik heb ~ op mijn rug* mir juckt der Rücken
jeuken jucken: *mijn been jeukt* mein Bein juckt, das Bein juckt mir *(of:* mich*)*; *(fig) mijn vingers ~* es juckt mir *(of:* mich*)* in den Fingern
jezelf 1 *(3e nvl)* dir selbst, dir selber **2** *(4e nvl)* dich selbst, dich selber
jezuïet Jesuit m^{14}
Jezus Jesus m *(2e nvl* Jesu, *3e nvl* Jesus *of* Jesu; *4e nvl* Jesus *of* Jesum; *aanspreekvorm:* Jesus *of* Jesu*)*
jicht Gicht v^{28}
jihad Dschihad m^{19a}
jij *(binnen de familie of tegen kinderen)* du[82]; *(ook in brief)* du; *(vormelijk)* Sie[83]: *~ tegen iem zeggen* jmdn duzen
jijen (jmdn) duzen
job Job m^{13}
jobdienst *(Belg)* Arbeitsvermittlungsstelle v^{21} für Studenten
jobstijding Hiobsbotschaft v^{20}, Hiobsnachricht v^{20}
jobstudent *(Belg)* Jobber m^9, Werkstudent m^{14}
joch, jochie Knirps m^5
jockey Jockei m^{13}, Jockey m^{13}
jodelen jodeln
Jodenbuurt Judenviertel o^{33}
jodendom *(godsd)* Judentum o^{39}
Jodenvervolging Judenverfolgung v^{20}
jodin *(godsd)* Jüdin v^{22}
Jodin *(etnisch)* Jüdin v^{22}
jodium Jod o^{39}
Joegoslaaf Jugoslawe m^{15}
Joegoslavië Jugoslawien o^{39}
Joegoslavisch jugoslawisch
Joegoslavische Jugoslawin v^{22}
joekel Riese m^{15}, Riesen…
joelen johlen, toben
jofel dufte, toll
joggen joggen
jogger Jogger m^9
joint Joint m^{13}
jojo Jo-Jo o^{36}
joker Joker m^9: *iem voor ~ zetten* jmdn blamieren[320]; *voor ~ staan* sich blamieren[320]
jokkebrok Lügenpeter m^9, Lügenbold m^5
jokken schwindeln, flunkern
jol Jolle v^{21}
jolig lustig, fröhlich
¹jong *zn* **1** *(jongen)* Junge m^{15} **2** *(jong dier)* Junge(s) o^{40c}
²jong *bn, bw* jung[58]; *(jeugdig, ook)* jugendlich: *de ~ste leerling* der jüngste; *(van twee)* der jüngere Schüler; *van ~s af* von Jugend auf
jonge: *~!* Junge, Junge!
jongedame junge Dame v^{21}, Fräulein o^{35}
jongeheer 1 junger Herr m^{14} *(2e, 3e, 4e nvl ev:* Herrn*)* **2** *(penis)* kleiner Mann m^8

jongelui junge Leute *(mv)*
jongeman junger Mann *m*⁸, Jüngling *m*⁵
jongen *zn* **1** Junge *m*¹⁵: *de grote ~s* die hohen Tiere; *oude ~!* alter Junge!; *onze ~s* unsere Jungs; *toffe ~s* prima Kerle **2** *(vrijer)* Freund *m*⁵
jongen *ww* jungen
jongensachtig jungenhaft
jongensstreek Jungenstreich *m*⁵, Bubenstreich *m*⁵
jongere Jugendliche(r) *m*⁴⁰ᵃ, *v*⁴⁰ᵇ
jongerencircuit Jugendszene *v*²¹
jongerenwerk Jugendarbeit *v*²⁸
jongerenwerker Jugendpfleger *m*⁹
jongerenwerkster Jugendpflegerin *v*²²
jonggeborene Neugeborene(s) *o*⁴⁰ᶜ
jonggehuwde Jungverheiratete(r) *m*⁴⁰ᵃ, *v*⁴⁰ᵇ
jongleren jonglieren³²⁰
jongleur Jongleur *m*⁵
jongmens junger Mann *m*⁸
jongstleden letzt, vorig: *~ maandag* (am) letzten *(of:* am vorigen) Montag; *de 2e april ~* am 2. April dieses Jahres
jonker Junker *m*⁹
jood *(godsd)* Jude *m*¹⁵
Jood *(etnisch)* Jude *m*¹⁵
joods *(godsd)* jüdisch
Joods *zn (taal)* Jiddisch *o*⁴¹
Joods *bn, bw (mbt volk)* jüdisch
jool 1 *(pret)* Spaß *m*¹⁹ **2** *(feest)* Fest *o*²⁹
Joost: *dat mag ~ weten* weiß der Kuckuck
jopper Joppe *v*²¹
jota Jota *o*³⁶
jou *pers vnw*⁸² dir³, dich⁴: *een herrie van heb ik ~ daar* ein Heidenlärm
jouen: *(iem) jijen en ~* (jmdn) duzen
joule Joule *o* (2e nvl -(s); mv -) *(afk* J)
journaal 1 *(boekh)* Journal *o*²⁹ **2** *(dagboek)* Tagebuch *o*³² **3** *(nieuws) (op tv)* Nachrichten *(mv)*, Tagesschau *v*²⁰; *(in bioscoop)* Wochenschau *v*²⁰
journalist Journalist *m*¹⁴
journalistiek *zn* Journalismus *m*¹⁹ᵃ
journalistiek *bn, bw* journalistisch
jouw *bez vnw* dein⁸⁰: *mijn boek en het ~e* mein Buch und das deine *(of:* deinige)
jouwen *(joelen)* johlen, buhen
joviaal jovial, leutselig
joystick Joystick *m*¹³
jr. *afk van junior* junior *(afk* jr., jun.)
jubel Jubel *m*¹⁹
jubelen jubeln, jauchzen
jubelkreet Jubelruf *m*⁵, Jauchzer *m*⁹
jubelstemming Hochstimmung *v*²⁸
jubilaresse Jubilarin *v*²²
jubilaris Jubilar *m*⁵
jubileren ein Jubiläum feiern
jubileum Jubiläum *o* (2e nvl -s; mv Jubiläen)
judo Judo *o*³⁹, *o*³⁹ᵃ
judoka Judoka *m*¹³
juf Lehrerin *v*²²; *(aanspreektitel)* Frau …

juffrouw 1 Fräulein *o*³⁵ **2** *(onderwijzeres)* Lehrerin *v*²²; *(aanspreektitel)* Frau …
juichen jauchzen, jubeln
juichkreet Jauchzer *m*⁹, Freudenschrei *m*⁵
¹**juist** *bn, bw* **1** *(billijk)* gerecht: *een ~e verdeling* eine gerechte Verteilung **2** *(goed, precies)* richtig, recht: *de ~e waarde* der genaue Wert; *dat is ~* das ist richtig; *op het ~e ogenblik* im richtigen *(of:* rechten) Augenblick **3** *(vooral)* gerade: *~ in deze omstandigheden* gerade unter diesen Umständen **4** *(zo-even)* gerade, eben: *zoals ik ~ opmerkte* wie ich eben *(of:* gerade) bemerkte; *het is ~ 4 uur* es ist gerade 4 Uhr
²**juist** *tw (goed geraden)* eben: *~!* ganz recht!
juistheid Richtigkeit *v*²⁸; *(preciesheid)* Genauigkeit *v*²⁸
juk Joch *o*²⁹
jukbeen Jochbein *o*²⁹, Wangenbein *o*²⁹
jukebox Jukebox *v (mv -es)*, Musikbox *v*²⁰
juli Juli *m*¹³ (2e nvl ook -); *(in gesproken taal, ook)* Julei *m*¹³ (2e nvl ook -): *in ~* im Juli
¹**jullie** *pers vnw*⁸² ihr¹, euch³, ⁴
²**jullie** *bez vnw*⁸⁰ euer
jumper Jumper *m*⁹
jungle *(ook fig)* Dschungel *m*⁹, zelden *o*³³
juni Juni *m*¹³ (2e nvl ook -); *(in gesproken taal, ook)* Juno *m*¹³ (2e nvl ook -): *in ~* im Juni
¹**junior** *zn* Junior *m*¹⁶
²**junior** *bn* junior
junk, junkie Junkie *m*¹³ [dzjungkie]
junta Junta *v (mv Junten)*: *militaire ~* Militärjunta
jureren jurieren³²⁰
juridisch juristisch, Rechts…: *~e hulp* Rechtsbeistand *m*¹⁹
jurist Jurist *m*¹⁴
jurk Kleid *o*³¹
jury Jury *v*²⁷
jurylid 1 *(bij wedstrijd)* Preisrichter *m*⁹, Kampfrichter *m*⁹ **2** *(bij rechtbank)* Geschworene(r) *m*⁴⁰ᵃ, *v*⁴⁰ᵇ
juryrechtspraak Rechtsprechung *v*²⁰ durch Schwurgericht
jus Bratensaft *m*⁶, Soße *v*²¹
jus d'orange Orangensaft *m*⁶
juskom Soßenschüssel *v*²¹
justitie Justiz *v*²⁸: *minister van Justitie* Justizminister *m*⁹
justitieel justiziell, justitiell, gerichtlich
justitiepaleis *(Belg)* Gerichtsgebäude *o*³³
jute *zn* Jute *v*²⁸
juten aus Jute, Jute…
jutten Strandgut sammeln
jutter Strandräuber *m*⁹
juweel Juwel *m*¹⁶, *o*³⁷; *(fig)* Juwel *o*²⁹
juwelen mit Juwelen besetzt
juwelier Juwelier *m*⁵
juwelierszaak Juwelierladen *m*¹², Juweliergeschäft *o*²⁹

k

kaaiman Kaiman m^5
kaak Kiefer m^9; *(boven- en onderkaak samen)* Kinnbacke v^{21}: *hou je kaken op elkaar!* halt die Klappe! || *iem, iets aan de ~ stellen* jmdn, etwas anprangern
kaakbeen Kieferknochen m^{11}
kaakje Keks m^5, o^{29} *(2e nvl ook -; mv ook -)*
kaakslag Ohrfeige v^{21}, Maulschelle v^{21}
kaal 1 kahl: *een ~ hoofd* ein kahler Kopf 2 *(van kleren)* abgenutzt, abgetragen 3 *(zuinig, armelijk)* schäbig
kaalhoofdig kahlköpfig
kaalkop Kahlkopf m^6, Glatze v^{21}
kaalscheren kahl scheren^{236}, kahl rasieren^{320}
kaalslag *(ook fig)* Kahlschlag m^6
kaap Kap o^{36}
kaars Kerze v^{21}
kaarslicht Kerzenlicht o^{39}
kaarsrecht kerzengerade
kaarsvet Kerzenwachs o^{39}
kaart Karte v^{21}: *(sp) de rode ~* die rote Karte; *een haalbare ~ zijn* ausführbar sein^{262}; *geen haalbare ~* unausführbar; *(fig) open ~ spelen* mit offenen Karten spielen; *(sp) iem een gele ~ geven* jmdm die gelbe Karte zeigen; *de ~en schudden* die Karten mischen; *iem in de ~ spelen* jmdm in die Hände arbeiten; *(fig) van de ~ zijn* außer Fassung sein^{262}
kaarten Karten spielen
kaartenbak Karteikasten m^{12}, m^{11}, Kartei v^{20}
kaartenhuis *(ook fig)* Kartenhaus o^{32}
kaarting *(Belg)* Kartenturnier o^{29}
kaartje 1 *(toegangsbewijs)* Eintrittskarte v^{21}, Karte v^{21} 2 *(visitekaartje)* Visitenkarte v^{21}, Karte v^{21} 3 *(spoorw)* Fahrkarte v^{21}, Karte v^{21} 4 *(voor bus, tram)* Fahrschein m^5: *een ~ kopen* eine Karte lösen || *een ~ leggen* eine Partie Karten spielen
kaartspel Kartenspiel o^{29}
kaartspelen Karten spielen
kaartsysteem Kartei v^{20}, Kartothek v^{20}
kaarttelefoon Kartentelefon o^{29}
kaartverkoop Kartenverkauf m^6
kaas Käse m^9: *harde ~* Hartkäse; *zachte ~* Weichkäse; *boterham met ~* Käsebrot o^{29}; *daar heeft hij geen ~ van gegeten* davon versteht er nichts
kaasboer 1 *(boer die kaas maakt)* Käser m^9
2 *(kaasverkoper)* Käsehändler m^9
kaasfondue Käsefondue o^{36}, v^{27}
kaasschaaf Käsehobel m^9
kaasschaafmethode Rasenmähermethode v^{21}
kaasstolp Käseglocke v^{21}
kaatsen 1 *(sp)* Schlagball spielen 2 *(terugstuiten) (van de grond)* aufspringen^{276}; *(van muur)* zurückprallen
kabaal Lärm m^{19}, Spektakel m^9, Radau m^{19}: *~ maken* Lärm machen, randalieren^{320}
kabbelen *(ook fig)* plätschern
kabel Kabel o^{33}; *(gevlochten staaldraad, ook)* Drahtseil o^{29}: *een ~ leggen* ein Kabel (ver)legen; *op de ~ aangesloten zijn* einen Kabelanschluss haben^{182}
kabelbaan Drahtseilbahn v^{20}, Seilbahn v^{20}
kabelballon Fesselballon m^5, m^{13}
kabelbreuk Kabelbruch m^6
kabelexploitant Kabelbetreiber m^9, Kabelanbieter m^9
kabeljauw Kabeljau m^5, m^{13}
kabelnet Kabelnetz o^{29}
kabeltelevisie Kabelfernsehen o^{39}
kabeltouw Kabeltau o^{29}
kabinet 1 *(soort kast)* Kabinettschrank m^6 2 *(zaal voor kunstvoorwerpen e.d., verzameling)* Kabinett o^{29} 3 *(klein vertrek)* Kabinett o^{29} 4 *(gezamenlijke ministers)* Kabinett o^{29} 5 *(Belg) (ministerie)* Ministerium o *(2e nvl -s; mv -rien)*
kabinetscrisis Kabinettskrise v^{21}
kabinetsformatie Kabinettsbildung v^{20}
kabouter Zwerg m^5
¹**kachel** zn Ofen m^{12}
²**kachel** bn blau, besoffen
kachelhoutjes Anbrennholz o^{39}
kachelpijp Ofenrohr o^{29}
kadaster 1 *(grondbeschrijving)* Grundbuch o^{32} 2 *(dienst, kantoor)* Katasteramt o^{32}
kadaver Kadaver m^9
kade Kai m^{13}, m^5
kader 1 *(omlijsting)* Rahmen m^{11}: *in het ~ van* im Rahmen^{+2} 2 *(leiding, ook mil)* Kader m^9: *vast ~* Kader, Stammpersonal o^{39} 3 *(Belg) (gezamenlijke ambtenaren) (ongev)* Beamtenschaft v^{28}
kaderlid Funktionär m^9
kaderwet Rahmengesetz o^{29}
kadetje Semmel v^{21}
kaduuk 1 *(versleten)* schadhaft 2 *(bouwvallig)* baufällig 3 *(gebrekkig)* gebrechlich
kaf Spreu v^{28}: *het ~ van het koren scheiden* die Spreu vom Weizen trennen
kaffer Lümmel m^9
kaft Umschlag m^6
kaften einschlagen^{241}
KAJ *(Belg) afk van Kristelijke Arbeidersjeugd* Christliche Arbeiterjugend v^{28}
kajak Kajak m^{13}
kajotter *(Belg)* Mitglied o^{31} der Christlichen Arbeiterjugend

kajuit Kajüte v^{21}
kak *(inform)* **1** *(poep)* Kacke v^{28}, Kot m^{19} **2** *(iets verachtelijks)* Kacke v^{28} **3** *(bluf, praats)* Bluff m^{13}, Prahlerei v^{20}: *kale ~, kouwe ~* Wichtigtuerei v^{20}
kakelbont kunterbunt
kakelen 1 *(mbt kippen)* gackern **2** *(mbt mensen)* plappern, schnattern
kakelvers ganz frisch
kakken kacken: *iem te ~ zetten* jmdn lächerlich machen
kakkerlak Kakerlak m^{14}, m^{16}
kalebas Kürbis *m (2e nvl -ses; mv -se)*
kalender Kalender m^9
kalenderjaar Kalenderjahr o^{29}
kalf Kalb o^{32}: *een ~ van een jongen* ein Tölpel; *als het ~ verdronken is, dempt men de put* wenn das Kind in den Brunnen gefallen ist, deckt man ihn zu
kalfsmedaillon, kalfsoester Kalbsmedaillon o^{36}
kalfsvlees Kalbfleisch o^{39}; *(toebereid)* Kalbsbraten m^{11}
kaliber Kaliber o^{33}; *(fig ook)* Schlag m^6
kalium Kalium o^{39}
kalk Kalk m^{19}: *gebluste ~* gelöschter Kalk
kalkaanslag Kalkablagerung v^{20}
kalken 1 *(witten)* kalken, tünchen **2** *(slordig schrijven)* schmieren
kalkhoudend kalkhaltig, kalkig
kalknagel Pilznagel m^{10}
kalkoen Truthuhn o^{32}; *(gebraden)* Pute v^{21}
kalksteen Kalkstein m^5
kalm ruhig: *er ~ bij blijven* seine Ruhe bewahren; *~ aan!* immer mit der Ruhe!; *een ~ leventje leiden* ein gemächliches Leben führen
kalmeren *intr* sich beruhigen
kalmeren *tr* beruhigen, besänftigen
kalmpjes ruhig, gemächlich; *zie ook* kalm
kalmte Ruhe v^{28}: *de ~ bewaren* die Ruhe bewahren
kalven, kalveren kalben
kalverliefde erste Liebe v^{21}
kam 1 Kamm m^6; *(van bergen, ook)* Grat m^5: *alles over één ~ scheren* alles über einen Kamm scheren^{236} **2** *(van strijkinstrument)* Steg m^5
kameel Kamel o^{29}
kameleon Chamäleon o^{36}
kamer 1 *(algem)* Kammer v^{21}: *donkere ~* Dunkelkammer; *Eerste en Tweede Kamer* Erste und Zweite Kammer; *de Kamer van Koophandel* die Handelskammer; *(Belg) Kamer van Volksvertegenwoordigers* Kammer von Volksvertretern **2** *(vertrek)* Zimmer o^{33}: *een ~ doen* ein Zimmer putzen; *op ~s wonen* möbliert wohnen
kameraad Kamerad m^{14}, Freund m^5, Kameradin v^{22}, Freundin v^{22}
kameraadschap Kameradschaft v^{28}
kameraadschappelijk kameradschaftlich
kamerdebat Parlamentsdebatte v^{21}

kamerdeur Zimmertür v^{20}
kamergenoot Stubenkamerad m^{14}, Stubengenosse m^{15}
kamerhuur Miete v^{21}
kamerjas Morgenrock m^6, Morgenmantel m^{10}
kamerlid Parlamentsmitglied o^{31}
kamermeisje Zimmermädchen o^{35}
kamermuziek Kammermusik v^{28}
kamerorkest Kammerorchester o^{33}
kamerplant Zimmerpflanze v^{21}
kamertemperatuur Zimmertemperatur v^{20}: *op ~* zimmerwarm
kamerverhuurder Zimmervermieter m^9
kamerverkiezing Parlamentswahl v^{20}
kamerzetel Parlamentssitz m^5
kamfer Kampfer m^{19}
¹**kamgaren** *zn* Kammgarn o^{29}
²**kamgaren** *bn* Kammgarn...
kamille Kamille v^{21}
kammen kämmen
kamp Lager o^{33}: *op ~ gaan* ins Lager fahren^{153}
kampeerauto Campingbus *m (2e nvl -busses; mv -busse)*, Wohnmobil o^{29}
kampeerder Zeltler m^9, Camper m^9
kampeerterrein Zeltplatz m^6, Campingplatz m^6
kampeerwagen Wohnwagen m^{11}, Caravan m^{13}, Wohnmobil o^{29}
kampement Lager o^{33}
kampen kämpfen
kamper Bewohner m^9 eines Wohnwagenlagers
kamperen zelten, campen
kamperfoelie Geißblatt o^{39}
kampioen(e) *(sp)* Meister m^9, Meisterin v^{22}: *Europees ~* Europameister
kampioenschap Meisterschaft v^{20}: *Europees ~* Europameisterschaft
kampioenstitel Meister(schafts)titel m^9
kamprechter Kampfrichter m^9
kampvuur Lagerfeuer o^{33}
kan Kanne v^{21}: *de zaak is in ~nen en kruiken* die Sache ist unter Dach und Fach
kanaal Kanal m^6: *het Kanaal* der Kanal *(of: der Ärmelkanal)*; *(Belg) Kanaal 2 (commerciële tv-zender)* Kanal 2
Kanaaltunnel Kanaltunnel m^{19}
kanalisatie Kanalisierung v^{20}
kanaliseren *(ook fig)* kanalisieren^{320}
kanarie Kanarienvogel m^{10}
kanariegeel kanariengelb
kandelaar Leuchter m^9
kandidaat 1 Kandidat m^{14} **2** *(bij een examen)* Prüfling m^5, Examenskandidat m^{14} **3** *(bij verkiezing)* Kandidat m^{14}: *iem ~ stellen* jmdn als Kandidaten aufstellen; *zich ~ stellen (voor)* kandidieren^{320} (für^{+4}) **4** *(sollicitant)* Bewerber m^9: *~ voor een betrekking* Anwärter auf eine Stellung
kandidaatsexamen Zwischenprüfung v^{20}
kandidatuur 1 Kandidatur v^{20} **2** *(Belg)* Grundstudium *o (2e nvl -s; mv -studien)*

kandideren kandidieren (für[+4])
kandij Kandis m^{19a}
kandijsuiker Kandiszucker m^{19}
kaneel Zimt m^{19}
kangoeroe Känguru o^{36}
kanjer 1 *(knots)* Kaventsmann m^8: *een ~ van een vis* ein Riesenfisch **2** *(topper)* Ass o^{29}
kanker Krebs m^5: *aan ~ lijden* krebskrank sein[262]
kankeraar Nörgler m^9, Meckerer m^9
kankeren nörgeln, meckern: *op iem ~* an jmdm nörgeln
kankergezwel Krebsgeschwulst v^{25}, Karzinom o^{29}
kankerpit Meckerfritze m^{15}
kankerverwekkend Krebs erregend
kannibaal Kannibale m^{15}
kano Paddelboot o^{29}; *(sp)* Kanu o^{36}
kanoën paddeln, Kanu fahren[153]
kanon Kanone v^{21}, Geschütz o^{29}
kanonnade Kanonade v^{21}
kanonneerboot Kanonenboot o^{29}
kanonskogel Kanonenkugel v^{21}
kanonvuur Kanonenfeuer o^{33}
kanovaarder Kanufahrer m^9, Kanute m^{15}
kans Chance v^{21}, Möglichkeit v^{20}, Gelegenheit v^{20}, Aussicht v^{20}: *~ van slagen* Aussicht auf Erfolg; *zijn plannen hebben geen ~ van slagen* seine Pläne sind aussichtslos; *er is alle ~, dat …* es ist sehr wahrscheinlich, dass …; *hij heeft grote ~ het te krijgen* er hat die besten Aussichten, es zu bekommen; *de ~ keert* das Glück wendet sich; *dan loop je ~ je geld te verliezen* dann läufst du Gefahr, dein Geld zu verlieren; *zijn ~en staan goed* seine Chancen stehen gut; *een ~ wagen* sein Glück versuchen; *zijn ~ schoon zien* seine Chance wahrnehmen[212]; *ik zie er geen ~ toe* ich sehe keine Möglichkeit; *daar is niet veel ~ op* es besteht kaum Aussicht darauf; *de ~ is verkeken* die Gelegenheit ist verpasst
kansarm unterprivilegiert
kansel Kanzel v^{21}
kanselarij Kanzlei v^{20}
kanselier Kanzler m^9: *vrouwelijke ~* Kanzlerin v^{22}
kanshebber Favorit m^{14}
kansrekening Wahrscheinlichkeitsrechnung v^{20}
kansspel Hasardspiel o^{29}, Glücksspiel o^{29}
¹**kant 1** *(zijde)* *(ook fig)* Seite v^{21}: *een andere ~ op kijken* wegsehen[261]; *dat is mijn zwakke ~* das ist meine schwache Seite; *de stad brandde aan alle ~en* die Stadt brannte an allen Ecken (und Enden); *aan de andere ~* andrerseits; *aan de ene ~* einerseits; *hij staat aan mijn ~* er steht auf meiner Seite; *van de ~ van het bestuur* von seiten (*of*: von Seiten) des Vorstandes; *ik van mijn ~* ich meinerseits; *van vaders ~ (verwantschap)* väterlicherseits **2** *(rand)* Rand m^8 **3** *(snijlijn van twee vlakken)* Kante v^{21}: *iets op zijn ~ zetten* etwas auf die Kante stellen **4** *(oever)* Ufer o^{33}: *die oplossing raakt ~ noch wal* die Lösung ist ganz und gar falsch || *iets aan ~ doen (wegdoen)* etwas wegtun[295]; *de kamer aan ~ maken* das Zimmer aufräumen; *aan de hoge ~ zijn (van bedrag)* ziemlich hoch sein[262]; *iets over zijn ~ laten gaan* etwas hinnehmen[212]; *(fig) ik weet niet welke ~ dit op gaat* ich weiß nicht, wohin das führt

²**kant** *(een weefsel)* Spitze v^{21} *(meestal mv)*: *Brusselse ~* Brüsseler Spitzen

¹**kantelen** *intr* (um)kippen

²**kantelen** *tr* kanten: *een kist ~* eine Kiste kanten

kantelraam Kippfenster o^{33}

¹**kanten** *bn (van kant)* Spitzen…: *een ~ kraagje* ein Spitzenkragen

²**kanten** *tr (kanten maken)* bestoßen[285]

³**kanten, zich** sich sträuben: *zich tegen iets ~* sich gegen[+4] etwas sträuben

kant-en-klaar fix und fertig; Fertig…

kantig kantig

kantine Kantine v^{21}

kantje 1 *(bladzijde)* Seite v^{21} **2** *(rand)* Rand m^8 || *op het ~ af ontsnapt* mit knapper Not entkommen; *dat was op het ~ af* da hätte wenig gefehlt; *de ~s eraf lopen* sich³ kein Bein ausreißen[220]

kantlijn 1 *(marge)* Rand m^8 **2** *(rib)* Kante v^{21}

kanton Kanton m^5; *(jur)* Bezirk m^5

kantongerecht Amtsgericht o^{29}

kantonrechter Amtsrichter m^9

kantoor 1 *(algem)* Büro o^{36}: *op een ~ werken* in einem Büro arbeiten **2** *(het lokaal zonder meer)* Geschäftsraum m^6 **3** *(van gemeente, rijk)* Dienststelle v^{21}, Amt o^{32} **4** *(van advocaat)* Kanzlei v^{20} **5** *(van krant)* Geschäftsstelle v^{21}

kantoorbediende Büroangestellte(r) m^{40a}, v^{40b}, Bürokaufmann m *(2e nvl -(e)s; mv -leute)*, Bürokauffrau v^{20}

kantoorbehoeften Bürobedarf m^{19}

kantoorboekhandel Schreibwarengeschäft o^{29}

kantoormachine Büromaschine v^{21}

kantoortijd, kantooruren Bürostunden, Geschäftsstunden *(mv)*: *na ~* nach Büroschluss

kantoorwerk Büroarbeit v^{20}

kanttekening Randbemerkung v^{20}, Randnotiz v^{20}

¹**kap 1** *(muts)* Kappe v^{21}: *(Belg) op iems ~ zitten* es auf jmdn abgesehen haben[182] **2** *(capuchon)* Kapuze v^{21} **3** *(droogkap)* Trockenhaube v^{21} **4** *(van huis)* Dachstuhl m^6: *(bouwk) twee onder één ~* Doppelhaus o^{32} **5** *(van lamp)* Schirm m^5 **6** *(van auto, rijtuig, kinderwagen)* Verdeck o^{29} **7** *(motorkap)* Motorhaube v^{21} **8** *(van apparatuur)* Verschlussdeckel m^9

²**kap** *(van bomen)* Schlag m^6

kapbal Stoppball m^6

kapel Kapelle v^{21}

kapelaan Kaplan m^6

kapelmeester Kapellmeister m^9

kapen 1 *(van bus, vliegtuig)* entführen **2** *(gappen)* mausen, stibitzen

kaper 1 *(hist)* Kaper *m*⁹ **2** *(ontvoerder)* Entführer *m*⁹; *(van personen)* Geiselnehmer *m*⁹
kapitaal *zn* Kapital *o*²⁹: *eigen* ~ Eigenkapital
kapitaal *bn* kapital, Kapital…, stattlich: ~ *gebouw* stattliches Gebäude *o*³³
kapitaalkrachtig kapitalkräftig
kapitaalmarkt Kapitalmarkt *m*⁶
kapitaalvorming Kapitalbildung *v*²⁸
kapitalisme Kapitalismus *m*¹⁹ᵃ
kapitalist(e) Kapitalist *m*¹⁴, Kapitalistin *v*²²
kapitalistisch kapitalistisch
kapitein 1 *(mil)* Hauptmann *m* (2e nvl -(e)s; mv -leute) **2** *(scheepv)* Kapitän *m*⁵
kapittel Kapitel *o*³³: *een stem in het* ~ *hebben* auch ein Wörtchen mitzureden haben¹⁸²
kapittelen abkanzeln
kapje 1 *(hoedje)* Käppchen *o*³⁵, Häubchen *o*³⁵ **2** *(van brood)* Kanten *m*¹¹; *zie ook* ¹kap
kaplaars Schaftstiefel *m*⁹
kapmes Hackmesser *o*³³
kapot kaputt, entzwei: *het speelgoed is* ~ das Spielzeug ist entzwei; *ze was er* ~ *van* sie war davon zutiefst betroffen; ~ *van de rit* ganz kaputt von der Fahrt; *hij was er niet* ~ *van* er konnte sich nicht dafür begeistern
kapotgaan 1 entzweigehen¹⁶⁸, kaputtgehen¹⁶⁸ **2** *(doodgaan) (plat)* verrecken, krepieren³²⁰
kapotje Pariser *m*⁹
kapotmaken kaputtmachen, zerstören
kapotslaan 1 kaputtschlagen²⁴¹ **2** *(doodslaan)* totschlagen²⁴¹
kappen *intr (breken met, ophouden)* aufhören (mit⁺³)
kappen *tr* **1** *(van haar)* frisieren³²⁰ **2** *(omhakken)* fällen, schlagen²⁴¹; *(scheepv)* kappen: *bomen* ~ Bäume fällen
kapper Friseur *m*⁵, Frisör *m*⁵
kapperszaak Frisiersalon *m*¹³
kappertjes Kapern *mv v*²¹
kapsalon Frisiersalon *m*¹³
kapseizen kentern, umschlagen²⁴¹
kapsel Frisur *v*²⁰
kapsones Getue *o*³⁹: ~ *hebben* sich wichtig machen; ~ *maken* Wind machen
kapster Friseuse *v*²¹, Frisöse *v*²¹
kapstok Kleiderablage *v*²¹, Garderobe *v*²¹; *(staand)* Kleiderständer *m*⁹
kaptafel Toilettentisch *m*⁵
kapucijner *(erwt)* Kapuzinererbse *v*²¹
kar 1 Karren *m*¹¹, Karre *v*²¹ **2** *(fiets)* Drahtesel *m*⁹ **3** *(auto)* Kiste *v*²¹
karaat Karat *o*²⁹
karabijn Karabiner *m*⁹
karaf Karaffe *v*²¹
karakter Charakter *m*⁵
karaktereigenschap Charaktereigenschaft *v*²⁰
karakteriseren charakterisieren³²⁰
karakteristiek *zn* Charakteristik *v*²⁰
karakteristiek *bn, bw* charakteristisch

karakterloos charakterlos
karaktertrek Charakterzug *m*⁶
karamel 1 *(gebrande suiker)* Karamell *m*¹⁹ **2** *(toffee)* Karamelle *v*²¹
karaoke Karaoke *o*³⁹, *o*³⁹ᵃ
karate Karate *o*³⁹, *o*³⁹ᵃ
karavaan Karawane *v*²¹
karbonade Kotelett *o*³⁶, *o*²⁹
kardinaal *zn* Kardinal *m*⁶
kardinaal *bn* kardinal, grundlegend: *kardinale fout* Kardinalfehler *m*⁹; ~ *punt* Kardinalpunkt *m*⁵; Hauptpunkt *m*⁵
kariboe Karibu *o*³⁶, *m*¹³
karig karg⁵⁹: ~ *voedsel* karge Nahrung; ~ *zijn met woorden* wortkarg sein
karigheid Kargheit *v*²⁸
karikaturiseren karikieren³²⁰
karikaturist Karikaturist *m*¹⁴
karikatuur Karikatur *v*²⁰, Zerrbild *o*³¹
Karinthië Kärnten *o*³⁹
Karinthiër Kärnt(e)ner *m*⁹
Karinthisch kärntnerisch
karkas Gerippe *o*³³, Skelett *o*²⁹
karnemelk Buttermilch *v*²⁸
karnen buttern
karper Karpfen *m*¹¹
karpet Teppich *m*⁵
karren *intr* fahren¹⁵³, karren
karren *tr* karren
karrenvracht Fuhre *v*²¹
karretje Wägelchen *o*³⁵, kleine Karre *v*²¹; *(fiets)* Fahrrad *o*³²: *zich voor iems* ~ *laten spannen* sich vor jmds Karren spannen lassen¹⁹⁷
kartel Kartell *o*²⁹
kartelen rändeln; zacken
karteling 1 Rändelung *v*²⁰ **2** *(bij postzegels)* Zähnung *v*²⁰ **3** *(van mes)* Wellenschliff *m*⁵
karten Gokart fahren¹⁵³
karton 1 *(materiaal)* Pappe *v*²¹ **2** *(doos)* Karton *m*¹³, *m*⁵, Pappkarton *m*¹³
kartonnen aus Karton, aus Pappe, Papp…: ~ *doos* Karton *m*¹³, *m*⁵; Pappschachtel *v*²¹
kartonneren kartonieren³²⁰
karwei Arbeit *v*²⁰, Aufgabe *v*²¹
karweitje Gelegenheitsarbeit *v*²⁰
karwij Kümmel *m*⁵
kas 1 *(geldkas)* Kasse *v*²¹ **2** *(anat) (holte)* Höhle *v*²¹ **3** *(van horloge)* Gehäuse *o*³³ **4** *(broeikas)* Gewächshaus *o*³², Treibhaus *o*³²
kasbon Kassenobligation *v*²⁰
kascheque Barscheck *m*¹³
kasgeld Kassenbestand *m*⁶
kasgroente Treibhausgemüse *o*³³
kasjmier *(stof)* Kaschmir *m*⁵
kasplant Treibhauspflanze *v*²¹: *(fig) ze is een* ~*je* sie ist wie aus Porzellan
kassa Kasse *v*²¹: *centrale* ~ Hauptkasse
kassabon Kassenzettel *m*⁹, Kassenbon *m*¹³
kassier Kassierer *m*⁹

kasstuk 1 (theat) Kassenreißer m^9, Kassenschlager m^9 **2** (handel) Kassenbeleg m^5
kast (meubel) Schrank m^6; (ombouw) Gehäuse o^{33}: *de ~ van een radiotoestel* das Gehäuse eines Radiogeräts || *een ~ van een huis* ein (sehr) großes Haus; *een oude ~ (gebouw)* ein alter Kasten; (fig) *hij zit op de ~* er ist in Harnisch; *iem op de ~ beuren* jmdn in Harnisch bringen[139]
kastanje Kastanie v^{21}: *tamme ~* Edelkastanie; (de vrucht ervan) Marone v^{21}; Esskastanie v^{21}
kastanjeboom Kastanie v^{21}
kastanjebruin kastanienbraun
kastdeur Schranktür v^{20}
kasteel Schloss o^{32}; (burcht) Burg v^{20}; (fort) Kastell o^{29}; (schaken) Turm m^6
kastelein Wirt m^5
kasticket (Belg) Kassenzettel m^9, Kassenbon m^{13}
kastje 1 Schränkchen o^{35}, Kästchen o^{35} **2** (in schoolbank) Fach o^{32} **3** (televisie) Flimmerkiste v^{21}: *voor het ~ zitten* vor der Flimmerkiste hocken
kat 1 Katze v^{21}: *de ~ uit de boom kijken* sehen, wie der Hase läuft; *maak dat de ~ wijs!* mir kannst du viel erzählen!; (Belg) *geen ~* niemand, keine (keiner, keines) **2** (snibbig persoon) Kratzbürste v^{21}, Katze v^{21} **3** (grauw) Anpfiff m^5: *iem een ~ geven* jmdm eins auf den Deckel geben[166]; *een ~ krijgen* eins auf den Deckel kriegen
katalysator Katalysator m^{16}
katapult Katapult o^{29}, m^5; (speelgoed, ook) Schleuder v^{21}
kater (ook fig) Kater m^9
kathedraal Kathedrale v^{21}
katheter Katheter m^9
¹katholiek zn Katholik m^{14}
²katholiek bn katholisch
katje Kätzchen o^{35}
katoen Baumwolle v^{28}
katoenen baumwollen, Baumwoll…
katrol (de schijf) Rolle v^{21}; (het hele toestel) Flaschenzug m^6
kattebelletje Zettel m^9
katten (vitten) nörgeln, meckern; (afkraken) jmdn heruntermachen
kattenbak Katzenklo o^{36}
kattendrek (ook fig) Katzendreck m^{19}
kattenkop Katzenkopf m^6; (persoon) Kratzbürste v^{21}
kattenkwaad Unfug m^{19}: *~ uithalen* Unfug treiben[290] (of: machen)
kattensprong Katzensprung m^6
katterig: *zijn ~* einen Kater haben[182]
kattig schnippisch
kattin (Belg) Kätzin v^{22}
katzwijm: *in ~ liggen* in Ohnmacht liegen[202]
kauw Dohle v^{21}
kauwen kauen
kauwgom Kaugummi m^{13}, o^{36}
kavel (perceel grond) Parzelle v^{21}
kaviaar Kaviar m^5

kazerne Kaserne v^{21}
kazuifel Kasel v^{21}
keel Kehle v^{21}, Hals m^6; (strot) Gurgel v^{21}: *rauwe ~* rauer Hals; *schorre ~* heisere Kehle; *het hangt me de ~ uit* es hängt mir zum Hals heraus; *een grote ~ opzetten* laut zu heulen anfangen[155]; *het eten niet door de ~ kunnen krijgen* keinen Bissen hinunterbringen können[194]; *pijn in de ~ hebben* Halsschmerzen haben[182]; *het hart klopte haar in de ~* das Herz schlug ihr bis zum Hals (herauf); *hij krijgt een brok in de ~* er ist den Tränen nahe; *de woorden bleven mij in de ~ steken* die Worte blieben mir im Hals stecken
keelaandoening Halsleiden o^{35}
keelamandel Gaumenmandel v^{21}, Tonsille v^{21}
keelgat Schlund m^6, Kehle v^{21}: *ik heb iets in het verkeerde ~ gekregen* mir ist etwas in die falsche Kehle geraten
keelholte Rachenhöhle v^{21}, Rachen m^{11}
keelontsteking Halsentzündung v^{20}
keelpijn Halsweh o^{39}, Halsschmerzen mv m^{16}
keep (insnijding) Kerbe v^{21}, Einschnitt m^5
keepen (sp) im Tor stehen[279], Torhüter sein[262]
keeper (sp) Torwart m^5, Torhüter m^9
keer 1 (draai) Wendung v^{20}: *tegen de ~ in gaan* sich quer legen **2** (maal) Mal o^{29}: *voor de eerste ~* das erste Mal (of: zum ersten Mal); *voor één ~* ein einziges Mal; *twee ~* zweimal; *een enkele ~* ab und zu; *een paar ~* ein paar Mal; *vele keren* viele Male; *de volgende ~* nächstes (of: das nächste Mal); (telecom) *tot de volgende ~!* auf Wiederhören!
keerkring Wendekreis m^5
keerpunt Wendepunkt m^5, Wende v^{21}
keerzijde 1 (lett) Rückseite v^{21}, Kehrseite v^{21} **2** (fig) Schattenseite v^{21}, Kehrseite
Kees: *klaar is ~* fertig ist die Laube (of: der Lack)
keet 1 (loods) Schuppen m^{11} **2** (bouwkeet) Bude v^{21} **3** (troep) Unordnung v^{28}, Chaos o^{39a} **4** (herrie) Krach m^6: *~ schoppen* Krach machen
keffen kläffen, belfern
kegel Kegel m^9
kegelbaan Kegelbahn v^{20}
kegelen kegeln, Kegel spielen
kei 1 Stein m^5 **2** (grote straatsteen) Pflasterstein m^5; (kinderhoofdje) Katzenkopf m^6 **3** (rolgesteente) *een ~* Geröll o^{29} **4** (fig) Könner m^9, Ass o^{29} || *iem op de ~en zetten* jmdn auf die Straße setzen
keihard 1 (zeer hard) steinhart, knochenhart: *~e muziek* ohrenbetäubende Musik **2** (sp) knallhart **3** (meedogenloos) schonungslos
keilen werfen[311]: *iem de deur uit ~* jmdn hinauswerfen[311]
keizer Kaiser m^9
keizerin Kaiserin v^{22}
keizerlijk kaiserlich, Kaiser…
keizerrijk Kaiserreich o^{29}
keizersnede (med) Kaiserschnitt m^5
kelder Keller m^9 || (fig) *naar de ~ gaan*: a) (mbt schip) untergehen[168]; sinken[266]; b) (te gronde

gaan) zugrunde (*of:* zu Grunde) gehen[168]
kelderen 1 (*scheepv*) sinken[266], untergehen[168] **2** (*mbt koers, prijzen*) stürzen, fallen[154]
kelderruimte Kellerraum *m*[6]
kelderverdieping Kellergeschoss *o*[29]
kelen (*doden*) abstechen[277]; (*fig*) *iem* ~ jmdm den Hals abschneiden[250]
kelk Kelch *m*[5]
kelner Kellner *m*[9]; ~! Herr Ober!
kelnerin Kellnerin *v*[22]
kemphaan 1 (*vogel*) Kampfläufer *m*[9] **2** (*fig*) Kampfhahn *m*[6], Streithahn *m*[6]
kenau Mannweib *o*[31]
kenbaar kenntlich: *iets* ~ *maken* etwas kenntlich machen; *zijn mening* ~ *maken* seine Meinung äußern
kengetal 1 (*netnummer*) Vorwahl *v*[20] **2** (*wisk*) Kennzahl *v*[20], Kennziffer *v*[21]
Kenia Kenia *o*[39]
Keniaan Kenianer *m*[9]
Keniaas keniaanisch
kenmerk Kennzeichen *o*[35], Merkmal *o*[29]
kenmerken kennzeichnen
kenmerkend kennzeichnend, charakteristisch
kennel Kennel *m*[9], Hundezwinger *m*[9]
¹**kennelijk** *bn* sichtlich
²**kennelijk** *bw* offenbar: *in* ~*e staat (van dronkenschap) verkeren* offensichtlich betrunken sein[262]; *met de* ~*e bedoeling* in der unverkennbaren Absicht
kennen 1 kennen[189]: *ik heb hem leren* ~ ich habe ihn kennen gelernt; *ik ken hem door en door* ich kenne ihn genau; *zich niet laten* ~ sich³ nichts anmerken lassen[197] **2** (*beheersen*) können[194]: *Duits* ~ Deutsch können; *zijn les* ~ seine Lektion können **3** (*herkennen*) erkennen[189]: *iem aan zijn stem* ~ jmdn an der Stimme erkennen; *zijn opvatting over iets te* ~ *geven* seine Ansicht zu+³ etwas äußern; *zich als een waar vriend doen* ~ sich als ein wahrer Freund erweisen[307]
kenner Kenner *m*[9]
kennersblik Kennerblick *m*[5]
kennersoog Kennerauge *o*[38]
¹**kennis** *de* (*v*) **1** Kenntnis *v*[24]: *personen met elkaar in* ~ *brengen* Leute miteinander bekannt machen; ~ *met iem maken* jmdn kennen lernen; ~ *van iets hebben* Kenntnis von+³ etwas haben[182]; ~ *van iets krijgen* etwas erfahren[153]; ~ *van iets nemen* Kenntnis von+³ etwas nehmen[212]; *iem van iets in* ~ *stellen* jmdn von+³ etwas in Kenntnis setzen **2** (*bewustzijn*) Bewusstsein *o*[39]: *bij* ~ bei vollem Bewusstsein; *weer bij* ~ *komen* wieder zu+³ sich kommen[193] **3** (*wetenschap, wat iem weet*) Wissen *o*[39], Kenntnisse (*mv*): *zijn* ~ *van het Duits* seine Deutschkenntnisse
²**kennis** *de* (*m, v*) (*bekende*) Bekannte(r) *m*[40a], *v*[40b]: *kring van* ~*sen* Bekanntenkreis *m*[5]; ~ *hebben aan iem* mit jmdm gehen[168]
kennisgeving Anzeige *v*[21], Mitteilung *v*[20]; (*officieel*) Bekanntmachung *v*[20]: *voor* ~ *aannemen* zur Kenntnis nehmen[212]
kennisje Bekannte *v*[40b]
kennismaatschappij Wissensgesellschaft *v*[20]
kennismaking Bekanntschaft *v*[20]
kennisneming Kenntnisnahme *v*[21]
kenschets Kennzeichnung *v*[20], Charakteristik *v*[20]
kenschetsen kennzeichnen, charakterisieren[320]
kenschetsend charakteristisch, kennzeichnend
kenteken Kennzeichen *o*[35], Merkmal *o*[29]: ~ *van een auto* Kennzeichen eines Wagens; *een* ~ *afgeven voor een auto* ein Auto zulassen[197]
kentekenbewijs Kraftfahrzeugschein *m*[5], Kraftfahrzeugbrief *m*[5]; (*ook*) Zulassung *v*[20]
kentekenen kennzeichnen, charakterisieren[320]
kentekenplaat Nummernschild *o*[31]
kenteren kentern
kentering Kentern *o*[39]; (*fig*) Umschwung *m*[6]
keper: *iets op de* ~ *beschouwen* etwas genauer betrachten
keramiek Keramik *v*[28]
keramisch keramisch
kerel Kerl *m*[5]: *aardige* ~ patenter Kerl, netter Mensch *m*[14]; *potige* ~ kräftiger Bursche *m*[15]
¹**keren** *intr* drehen, umdrehen, sich ändern: (*fig*) *het tij is gekeerd* das Blatt hat sich gewendet; *de wind keert* der Wind dreht; *de chauffeur keerde* der Autofahrer drehte; *naar huis* ~ heimkehren; *per* ~*de post* postwendend; *in zichzelf gekeerd* in sich⁴ gekehrt
²**keren** *tr* wenden[308], kehren, drehen: *het kwaad* ~ dem Übel Einhalt gebieten[130]; *de auto* ~ den Wagen wenden; *iets ondersteboven* ~ das Unterste zuoberst kehren; *de rug naar iem* ~ jmdm den Rücken zukehren
³**keren, zich** sich drehen, sich kehren: *zich tegen zijn vriend* ~ sich gegen seinen Freund stellen
kerf Kerbe *v*[21], Einschnitt *m*[5]
kerfstok Kerbholz *o*[32]: *iets op zijn* ~ *hebben* etwas auf dem Kerbholz haben[182]
kerk Kirche *v*[21]: *naar de* ~ *gaan* zur Kirche (*of:* in die Kirche) gehen[168]
kerkbank Kirchenbank *v*[25]
kerkbezoek Kirchenbesuch *m*[5]
kerkboek Gebetbuch *o*[32]
kerkdienst Gottesdienst *m*[5]
kerkelijk kirchlich, Kirchen…
kerkenraad 1 (*prot*) Presbyterium *o* (*2e nvl -s; mv -ren*) **2** (*r-k*) Pfarrgemeinderat *m*[6]
kerker Kerker *m*[9]
kerkganger Kirch(en)gänger *m*[9]
kerkgebouw Kirchenbau *m* (*2e nvl -(e)s; mv -ten*)
kerkgenootschap Glaubensgemeinschaft *v*[20]
kerkhof Friedhof *m*[6]; (*bij een kerk*) Kirchhof *m*[6]
kerkklok Kirchenglocke *v*[21]; (*het uurwerk*) Kirchturmuhr *v*[20]
kerkkoor Kirchenchor *m*[6]

kerkmuziek Kirchenmusik v^{28}
kerkplein Kirchplatz m^6
kerkrat: *zo arm als een* ~ arm wie eine Kirchenmaus
kerks: *hij is* ~ er ist ein eifriger Kirch(en)gänger
kerktoren Kirchturm m^6
kerkzang Kirchengesang m^6
kermen wimmern, winseln
kermis Kirmes v (*mv* -sen), Jahrmarkt m^6: *naar de* ~ *gaan* auf den Jahrmarkt gehen[168]; *van een koude* ~ *thuiskomen* sein blaues Wunder erleben
kermisdrukte Jahrmarktstreiben o^{39}
kermiskraam, kermistent Jahrmarktsbude v^{21}
kern Kern m^5; *(belangrijkste gedeelte)* Herzstück o^{29}: *een* ~ *van waarheid* ein Körnchen Wahrheit; *tot de* ~ *van de zaak doordringen* das Wesentliche einer Sache erfassen
kernachtig kernig, markig
kernafval Atommüll m^{19}, Atomabfall m^6
kernbewapening atomare Rüstung v^{20}
kernbom Atombombe v^{21}
kernbrandstof Kernbrennstoff m^5
kerncentrale Atomkraftwerk o^{29}, Kernkraftwerk o^{29}
kerndoel wichtigstes Ziel o^{29}
kernenergie Kernenergie v^{21}
kernexplosie Kernexplosion v^{20}
kernfusie Kernfusion v^{20}
kerngezond kerngesund
kernkop Atomsprengkopf m^6
kernmacht Atommacht v^{25}
kernpunt Kernpunkt m^5
kernreactor Kernreaktor m^{16}, Atomreaktor m^{16}
kernsplitsing Kernspaltung v^{20}
kernwapen Kernwaffe v^{21}, Atomwaffe v^{21}
kerosine Kerosin o^{39}
kerrie Curry o^{36} [kurrie]
kers Kirsche v^{21}: *zure* ~ Sauerkirsche
kersenboom Kirschbaum m^6
kersenjam Kirschmarmelade v^{21}
kersenpit Kirschkern m^5, Kirschstein m^5
kerst Weihnachten o (*2e nvl* -; *mv* -): *met de* ~ zu Weihnachten
kerstavond Heiliger Abend m^5, Heiligabend m^5, Weihnachtsabend m^5
kerstboom Weihnachtsbaum m^6
kerstdag Weihnachtstag m^5: *prettige* ~*en!* fröhliche (*of:* frohe) Weihnachten!
kerstfeest Weihnachtsfest o^{39}: *gelukkig* ~*!* frohe Weihnachten!; *zalig* ~ gesegnete Weihnachten!
kerstgeschenk Weihnachtsgeschenk o^{29}
Kerstkind Christkind o^{39}
kerstkrans Weihnachtskranz m^6
kerstlied Weihnachtslied o^{31}
Kerstman Weihnachtsmann m^8
kerstmarkt Weihnachtsmarkt m^6
Kerstmis (*het feest*) Weihnachten o (*2e nvl* -; *mv* -): *met* ~ zu Weihnachten
kerstnacht Christnacht v^{25}, Heilige Nacht v^{25}

kerststol Weihnachtsstollen m^{11}
kersttijd Weihnachtszeit v^{28}
kerstvakantie Weihnachtsferien (*mv*)
kersvers 1 ganz frisch **2** (*net, pas*) gerade, eben erst
kervel Kerbel m^{19}
kerven (ein)kerben, einschneiden[250]
ketchup Ketchup, Ketschup m^{13}, o^{36} (*2e nvl ook* -)
ketel Kessel m^9: *elektrische* ~ elektrischer Kocher m^9
ketelsteen Kesselstein m^{19}
ketelsteenvorming Kesselsteinablagerung v^{20}
keten Kette v^{21}: *een* ~ *van ongevallen* eine Kette von Unfällen
ketenen ketten, fesseln
ketsen zurückspringen[276], abprallen; (*mbt keu*) gicksen; (*mbt vuurwapen*) versagen
ketter Ketzer m^9: *vloeken als een* ~ fluchen wie ein Fuhrmann
ketteren toben, poltern
ketterij Ketzerei v^{20}
ketters ketzerisch
ketting Kette v^{21}
kettingbotsing Massenkarambolage v^{21}
kettingformulier Endlosformular m^6
kettingkast Kettenschutz m^5
kettingreactie Kettenreaktion v^{20}
kettingroker Kettenraucher m^9
kettingslot Kettenschloss o^{32}
kettingzaag Kettensäge v^{21}
keu Queue o^{36}
keuken Küche v^{21}: *open* ~ Kochecke v^{21}
keukenafval Küchenabfälle *mv* m^6
keukendoek 1 (*vaatdoek*) Spültuch o^{32} **2** (*handdoek*) Küchenhandtuch o^{32} **3** (*droogdoek*) Geschirrtuch o^{32}
keukenfornuis Küchenherd m^5
keukengereedschap, keukengerei Küchengeräte *mv* o^{29}, Küchengeschirr o^{39}
keukeninrichting Kücheneinrichtung v^{20}
keukenkast Küchenschrank m^6, Geschirrschrank m^6
keukenpapier Küchenpapier o^{39}
keukenrol Küchenrolle v^{21}, Haushaltsrolle v^{21}
keukenschort Küchenschürze v^{21}
keukenzout Kochsalz o^{39}
Keulen Köln o^{39}: *de dom van* ~ der Kölner Dom
Keulenaar Kölner m^9
Keuls kölnisch, Kölner
keur 1 (*het uitgezochte*) Auswahl v^{20}: *een* ~ *van spijzen* eine reiche Auswahl von Speisen **2** (*het beste*) Elite v^{21}, Blüte v^{21} **3** (*van wijn*) Auslese v^{21} **4** (*op goud en zilver*) Stempel m^9
keuren 1 untersuchen, prüfen **2** (*van dienstplichtigen*) mustern **3** (*medisch*) ärztlich untersuchen **4** (*van vlees*) beschauen || *iem geen blik waardig* ~ jmdn keines Blickes würdigen
keurig 1 (*prima*) fein, ausgezeichnet **2** (*netjes*) or-

dentlich, gepflegt; tadellos
keuring 1 *(onderzoek)* Untersuchung v^{20}, Prüfung v^{20} **2** *(van dienstplichtigen)* Musterung v^{20} **3** *(medisch)* ärztliche Untersuchung v^{20} **4** *(van vlees)* Beschauung v^{28}; *zie ook* keuren
keurkorps Elitetruppe v^{21}
keurslijf Zwangsjacke v^{21}
keurtroepen Elitetruppen *mv* v^{21}
keus Wahl v^{20}; *(sortering)* Auswahl v^{20}: *ruime ~* reiche Auswahl; *een ~ doen* eine Wahl treffen[289]; *naar ~* nach eigener Wahl
keutel Kot m^5, m^{13}; *(klein mens)* Knirps m^5
keuvelen plaudern, sich unterhalten[183]
keuze *zie* keus
kever Käfer m^9
keyboard *(muz, comp)* Keyboard o^{36}
keycard Keykarte v^{21}, Keycard v^{27}, elektronischer Schlüssel m^9
keycord Keycord m^{13}, Schlüsselband o^{32}
kg *afk van* kilogram Kilogramm o^{29} *(afk* kg)
ki *afk van* kunstmatige inseminatie Insemination v^{20}, künstliche Befruchtung v^{20}
kibbelaar Zänker m^9
kibbelarij Zänkerei v^{20}
kibbelen sich zanken, (sich) streiten[287]
kibbeling *(ongev)* frittierte Stückchen *mv* o^{35} Kabeljau
kibbelpartij Zänkerei v^{20}
kibboets Kibbuz *m (2e nvl -; mv -im of -e)*
kibla Kibla v^{28}
kick Kick m^{13} *(2e nvl ook -)*
kidnappen kidnappen
kidnapping Kidnapping o^{36}
kiekeboe: ~! kuckuck!
kieken knipsen: *iem ~* jmdn knipsen
kiekje Foto o^{36}
kiel *(scheepv)* Kiel m^5
kiel *(kledingstuk)* Kittel m^9
kielekiele *tw* killekille!: *het was ~* das war sehr knapp
kielwater, kielzog Kielwasser o^{33}
kiem *(ook fig)* Keim m^5: *in de ~ smoren* im Keim ersticken
kiemen keimen
kien clever, schlau
kiepauto Kipper m^9
kiepen kippen
kieperen 1 *(gooien)* schmeißen[247], werfen[311] **2** *(vallen)* purzeln, fallen[154]
kier Spalt m^5: *de deur staat op een ~* die Tür ist angelehnt
kies Backenzahn m^6: *ik heb net een maaltijd achter de kiezen* ich habe gerade gegessen; *zijn kiezen op elkaar houden* nichts preisgeben[166]
kies *bn, bw* **1** *(fijngevoelig)* feinfühlig **2** *(kieskeurig)* wählerisch **3** *(delicaat, discreet)* rücksichtsvoll, delikat, taktvoll
kiesarrondissement *(Belg)* Wahlkreis m^5
kiesbaar wählbar
kiesbrief *(Belg)* Wahlbenachrichtigung v^{20}, Stimmzettel m^9, Wahlzettel m^9
kiesdistrict Wahlbezirk m^5
kiesgerechtigd wahlberechtigt
kieskauwen mit langen Zähnen essen[152]
kieskeurig wählerisch
kieskeurigheid wählerisches Wesen o^{39}
kieskring Wahlkreis m^5
kiespijn Zahnweh o^{39}, Zahnschmerzen *mv* m^{16}: *ik kan hem missen als ~* er kann mir gestohlen bleiben
kiesplatform *(Belg)* Wahlprogramm o^{29}
kiesrecht Stimmrecht o^{39}, Wahlrecht o^{39}
kiesschijf *(telecom)* Wählscheibe v^{21}
kiesstelsel Wahlsystem o^{29}
kiestoon *(telecom)* Freizeichen o^{35}
kietelen kitzeln
kieuw Kieme v^{21}
kieviet Kiebitz m^5: *hij loopt als een ~* er läuft wie ein Wiesel
kiezel 1 *(steentje)* Kiesel m^9 **2** *(grind)* Kies m^{19}
kiezelsteen Kieselstein m^5
¹kiezen *intr* wählen; sich entscheiden[232]: *~ of delen* entweder - oder; *hij heeft voor een deeltijdbaan gekozen* er hat sich für eine Teilzeitbeschäftigung entschieden
²kiezen *tr* wählen: *(telecom) een nummer ~* eine Nummer wählen; *een richting ~* eine Richtung einschlagen[241]
kiezer Wähler m^9
kiezerskorps Wählerschaft v^{20}
kift 1 *(ruzie)* Zank m^{19} **2** *(afgunst)* Neid m^{19}
kijf: *buiten ~* unstreitig, zweifellos; *dat is buiten ~* das steht außer Frage
kijk 1 Blick m^{19}, Einsicht v^{28}: *een goede ~ op iets hebben* den richtigen Blick für[+4] etwas haben[182]; *je hebt een verkeerde ~ op haar* du beurteilst sie falsch; *nu had hij een andere ~ op de zaak* jetzt sah er die Sache ganz anders **2** *(het bekijken)* Schau v^{20}: *met zijn gevoelens te ~ lopen* seine Gefühle zur Schau stellen; *iem te ~ zetten* jmdn lächerlich machen; *tot ~* auf Wiedersehen ‖ *daar is geen ~ op* das ist nicht drin
kijkbuis Glotze v^{21}, Mattscheibe v^{21}
kijkcijfer Einschaltquote v^{21}
kijkdichtheid *(telecom)* Sehbeteiligung v^{20}
kijken sehen[261], schauen: *winkels ~* sich³ Geschäfte ansehen; *boos ~* böse dreinblicken; *vriendelijk ~* freundlich gucken; *ze hebben televisie gekeken* sie haben ferngesehen; *kijk, wat ik heb gevonden* schauen Sie, was ich gefunden habe; *kijk hem eens lopen* schau, wie der läuft; *kijk eens aan! (verrast)* sieh mal einer an!; *(verbaasd)* schau, schau!; *hij komt pas ~* er ist ein Anfänger; *het rapport laten ~* das Zeugnis zeigen; *kijk uit, dat niets gebeurt!* sieh zu, dass nichts passiert!; *daar sta ik van te ~* das überrascht mich; *niet zo nauw ~* es nicht so genau nehmen[212]; *naar beneden ~* hinuntersehen[261]; *(fig) naar iem ~* sich um

jmdn kümmern; *hij keek lelijk op zijn neus* er war schwer enttäuscht; *kijk uit je doppen!* aufgepasst!
kijker 1 *(toeschouwer)* Zuschauer *m*⁹ **2** *(telecom)* Fernsehzuschauer *m*⁹ **3** *(toneelkijker)* Opernglas *o*³² **4** *(verrekijker)* Fernrohr *o*²⁹ **5** *(ogen)* kijkers Augen *mv o*³⁸ || *iem in de ~ hebben* jmdn durchschauen; *hij loopt in de ~(d)* er fällt auf
kijkgat Guckloch *o*³², Spion *m*⁵
kijkgeld *(telecom)* Fernsehgebühr *v*²⁰
kijkgraag schaulustig
kijkje Blick, Einblick *m*⁵
kijklustig schaulustig
kijkoperatie endoskopische Operation *v*²⁰, Schlüssellochoperation *v*²⁰
kijkspel Spektakel *o*³³
kijkwoning *(Belg)* Modellwohnung *v*²⁰, Musterwohnung *v*²⁰
kijven keifen, schelten²³⁵
kik: *geen ~ geven* nicht mucksen
kikken sich mucksen
kikker *(ook fig)* Frosch *m*⁶
kikkerbilletje Froschschenkel *m*⁹
kikvors Frosch *m*⁶: *groene ~* Teichfrosch
kikvorsman Froschmann *m*⁸
kil nasskalt; *(fig)* frostig
killen killen; *(fig)* erledigen, ruinieren³²⁰
killer Killer *m*⁹
kilo Kilo *o*³⁶, Kilogramm *o*²⁹
kilobyte Kilobyte *o*³⁶ *(afk* KB)
kilogram Kilogramm *o*²⁹ *(afk* kg)
kilometer Kilometer *m*⁹ *(afk* km)
kilometerpaal Kilometerstein *m*⁵
kilometerteller Kilometerzähler *m*⁹
kilometervergoeding Entfernungspauschale *v*²¹
kilowatt Kilowatt *o* (2e nvl -s; mv -) *(afk* kW)
kilte feuchte Kälte *v*²⁸
kim Horizont *m*⁵
kin Kinn *o*²⁹: *dubbele ~* Doppelkinn; *(Belg) op zijn ~ kloppen* nichts (zu essen) bekommen¹⁹³
kind Kind *o*³¹: *het ~ met het badwater weggooien* das Kind mit dem Bade ausschütten; *uit de kleine ~eren zijn* aus den kleinen Kindern heraus sein²⁶²; *kleine ~eren worden groot* aus Kindern werden Leute; *(fig) ik krijg er een ~ van!* das macht mich noch verrückt!; *een ~ kan de was doen* das ist kinderleicht; *van ~ af aan iem kennen* jmdn von Kind auf kennen¹⁸⁹
kindeke Kindchen *o*³⁵: *~ Jezus* Jesuskind *o*³⁹
kinderachtig kindisch: *ergens niet ~ mee zijn mit*⁺³ *etwas nicht kleinlich sein*²⁶²
kinderarbeid Kinderarbeit *v*²⁸
kinderarts Kinderarzt *m*⁶
kinderbescherming *(activiteit)* Jugendschutz *m*¹⁹
Kinderbescherming *(instantie)* Jugendamt *o*³²
kinderbijslag Kindergeld *o*³⁹
kinderboek Kinderbuch *o*³²
kinderdagverblijf Kindertagesstätte *v*²¹

kinderhoofdje Pflasterstein *m*⁵, Katzenkopf *m*⁶
kinderjaren Kinderjahre *mv o*²⁹, Kindheit *v*²⁸
kinderkaartje Kinderkarte *v*²¹
kinderkamer Kinderzimmer *o*³³
kinderkrib(be) *(Belg)* Kinderkrippe *v*²¹, Kindertagesstätte *v*²¹
kinderleeftijd Kindesalter *o*³⁹
kinderlijk kindlich, kindhaft: *~ blij* froh wie ein Kind
kinderloos kinderlos
kindermeisje Kindermädchen *o*³⁵
kindermenu Kinderteller *m*⁹, Kindermenü *o*³⁶
kinderoppas Babysitter *m*⁹
kinderopvang Kinderkrippe *v*²¹
kinderporno Kinderporno *m*¹³
kinderpraat 1 *(van kinderen)* kindliches Gerede *o*³⁹ **2** *(van volwassenen)* kindisches Gerede *o*³⁹
kinderrechter Jugendrichter *m*⁹
kinderrijk kinderreich
kinderschoen Kinderschuh *m*⁵
kinderspel *(ook fig)* Kinderspiel *o*²⁹
kinderstoel Kinderstuhl *m*⁶
kindertehuis Kinderheim *o*²⁹
kindertoelage, kindertoeslag Kindergeld *o*³¹
kinderverlamming Kinderlähmung *v*²⁸
kinderwagen Kinderwagen *m*¹¹
kinderwerk *(onbenullig werk)* Spielerei *v*²⁰: *dat is geen ~* das ist keine Kleinigkeit
kinderziekte *(ook fig)* Kinderkrankheit *v*²⁰
kindje Kindchen *o*³⁵
kindlief liebes Kind!
kinds kindisch, senil
kindsbeen: *van ~ af* von Kindheit an
kindsheid 1 *(dementie)* Senilität *v*²⁸ **2** *(eerste jeugd)* Kindheit *v*²⁸, Kinderzeit *v*²⁸
kindsoldaat Kindersoldat *m*¹⁴
kinesist, kinesitherapeut *(Belg)* Physiotherapeut *m*¹⁴
kinesitherapie *(Belg)* Physiotherapie *v*²⁸
kinine Chinin *o*³⁹
kink: *er is een ~ in de kabel* die Sache hat einen Haken
kinkel Lümmel *m*⁹, Flegel *m*⁹
kinkhoest Keuchhusten *m*¹⁹
kiosk Kiosk *m*⁵
kip Henne *v*²¹, Huhn *o*³²: *hij is er als de ~pen bij* er geht ran wie Blücher; *hij loopt rond als een ~ zonder kop* er läuft kopflos umher; *praten als een ~ zonder kop* faseln
kiplekker: *ik voel me ~* mir geht's prima
kippenboutje Hühnerschlegel *m*⁹
kippenei Hühnerei *o*³¹
kippengaas Maschendraht *m*⁶
kippenhok Hühnerstall *m*⁶
kippenloop, kippenren Hühnerauslauf *m*⁶
kippensoep Hühnersuppe *v*²¹
kippenvel *(fig)* Gänsehaut *v*²⁵
kippetje Hühnchen *o*³⁵
kippig kurzsichtig

kirren girren, gurren
kissebissen sich in die Haare kriegen
kist 1 (*doodkist*) Sarg m^6 **3** (*geldkist, vioolkist*) Kasten m^{12} **4** (*meubel*) Truhe v^{21}
kisten (*van lijk*) einsargen: (*fig*) *ik laat me niet ~ ich* lasse mich nicht unterkriegen
kit (*vulmiddel*) Kitt m^{19}
kitchenette Kochnische v^{21}, Kochecke v^{21}
kitesurfen kitesurfen
kits: *alles ~!* es ist alles in (bester) Butter!
kitsch Kitsch m^{19}
kittelaar Kitzler m^9
kittelen kitzeln
kitteling Kitzel m^9
kitten (*lijmen*) kitten
kittig 1 (*rap*) flink **2** (*pittig*) flott, keck
kiwi 1 (*struisvogel*) Kiwi m^{13} **2** (*vrucht*) Kiwi v^{27}
kJ *afk van kilojoule* Kilojoule *o (2e nvl -(s); mv -) (afk kJ)*
klaaglied Klagelied o^{31}
klaaglijk kläglich
klaagzang Elegie v^{21}, Klagelied o^{31}
klaar 1 (*af*) fertig **2** (*gereed*) bereit; (*luchtv, scheepv*) klar: *~ houden* bereithalten^{183}; *het schip ligt voor het vertrek ~* das Schiff ist abfahrbereit **3** (*duidelijk, helder*) klar; (*zuiver*) rein, klar: *dat is zo ~ als een klontje* das ist sonnenklar
klaarblijkelijk offenbar, offensichtlich
klaarheid Klarheit v^{28}, Deutlichkeit v^{28}: *iets tot ~ brengen* etwas aufklären
klaarkomen 1 (*gereedkomen*) fertig werden^{310} **2** (*orgasme krijgen*) kommen^{193}, fertig werden^{310}
klaarkrijgen: *iets ~* etwas fertig bringen^{139}
klaarleggen bereitlegen, zurechtlegen
klaarlicht helllicht: *op ~e dag* am helllichten Tag
klaarliggen bereitliegen^{202}
klaarmaken fertig machen; (*van eten*) zubereiten: *iem voor een examen ~* jmdn auf ein Examen vorbereiten
klaar-over Schülerlotse m^{15}
klaarspelen fertig bringen^{139}, hinkriegen
klaarstaan bereitstehen^{279}, bereit sein^{262}: *voor iem ~* jmdm zu Diensten stehen^{279}
klaarstomen trimmen
klaarwakker hellwach
klaarzetten hinstellen, zurechtstellen
klacht 1 (*uiting van smart*) Klage v^{21} **2** (*uiting van ontevredenheid*) Klage v^{21}, Beschwerde v^{21}, Beanstandung v^{20} **3** (*jur*) Beschwerde v^{21}, Klage v^{21}, Anzeige v^{21}: *een ~ indienen (bij politie)* Anzeige erstatten; (*bij rechtbank*) eine Klage einreichen **4** (*handel*) Reklamation v^{20}
klachtenboek Beschwerdebuch o^{32}
klad 1 (*vlek*) Klecks m^5 **2** (*bederf*) Verschlechterung v^{20}: *de ~ in de prijzen brengen* die Preise verderben^{297}
klad (*concept*) Kladde v^{21}, Konzept o^{29}: *in het ~ schrijven* sich^3 ein Konzept machen
kladden 1 kleksen **2** (*smeren*) schmieren
kladje (*ontwerp*) Kladde v^{21}
kladpapier Konzeptpapier o^{29}, Schmierpapier o^{29}
kladschrift 1 (*knoeierig schrift*) Geschmiere o^{39} **2** (*schrijfboek*) Schmierheft o^{29}
klagen 1 klagen: *~ over* sich klagen über^{+4} **2** (*zijn misnoegen uiten*) sich beklagen, sich beschweren: *over iem ~* sich über jmdn beschweren; *ik heb niet over hem te ~* ich kann mich nicht über ihn beklagen
klagend klagend
klager 1 (*iem die klaagt*) Klagende(r) m^{40a}, v^{40b} **2** (*jur*) Kläger m^9
klakkeloos 1 (*ongemotiveerd*) unbegründet **2** (*onverwachts*) unversehens **3** (*zonder bedenken*) bedenkenlos
klakken knallen: *met de tong ~* mit der Zunge schnalzen
klam feucht, klamm: *het ~me zweet* der kalte Schweiß
klamboe Moskitonetz o^{29}
klampen (*fig*): *zich ~ aan* sich klammern an^{+4}
klandizie Kundschaft v^{28}
klank 1 (*toon*) Klang m^6, Laut m^5 **2** (*spraakgeluid*) Laut m^5 **3** (*van muziek*) Klänge (*mv*), Klangfarbe v^{21} ‖ *lege ~en* leere Phrasen
klanknabootsend lautnachahmend
klankrijk, klankvol klangvoll
klant Kunde m^{15}: *rare ~* komischer Kauz m^6; *vaste ~* Stammkunde; *vrolijke ~* lustiger Bruder m^{10}
klantenbinding Kundendienst m^5
klap 1 (*slag*) Schlag m^6, Hieb m^5: *een ~ in het gezicht* (*fig*) ein Schlag ins Gesicht; *~ om de oren* Ohrfeige v^{21}; *een lelijke ~ krijgen* (*in zaken*) eine schwere Schlappe erleiden^{199}; *in één ~* mit einem Schlag; *dat is de ~ op de vuurpijl!* das schlägt dem Fass den Boden aus! **2** (*tik*) Klaps m^5: *een ~ van de molen hebben* einen Klaps haben^{182} **3** (*knal*) Knall m^5: *~ (knal) van de zweep* Peitschenknall ‖ *geen ~ uitvoeren* keinen Handschlag tun^{295}; *ik begrijp er geen ~ van* ich verstehe überhaupt nichts davon
klapband Reifenplatzer m^9: *ik kreeg een ~* ich hatte einen Platten
klapdeur Schwingtür v^{20}
klaplopen schmarotzen
klaploper Schmarotzer m^9
klappen 1 klatschen, knallen: *in de handen ~* in die Hände klatschen; *met de zweep ~* mit der Peitsche knallen; *het ~ van de zweep kennen* seine Sache verstehen^{279} **2** (*ontploffen*) platzen **3** (*praten*) schwatzen: *uit de school ~* aus der Schule plaudern
klapper 1 (*register*) Register o^{33} **2** (*succesnummer*) Hit m^{13} (*2e nvl -(s)*) **3** (*ringband*) Ringbuch o^{32}
klapperboom Kokospalme v^{21}
klapperen klappern: *het raam klappert* das Fenster klappert; *de zeilen ~* die Segel flappen
klappertanden mit den Zähnen klappern
klappertje Zündblättchen o^{35}

klaproos Klatschmohn m^{19}
klapstoel Klappstuhl m^6
klapstuk 1 *(rundvlees)* Hochrippe v^{21} **2** *(successtuk)* Glanznummer v^{21}
klaptafel Klapptisch m^5
klapzoen Schmatz m^5, m^6
klare Klare(r) m^{40a}, Schnaps m^6
klaren: *iets* ~ etwas schaffen
klarinet Klarinette v^{21}
klaroengeschal Trompetengeschmetter o^{39}
klas, klasse 1 *(afdeling, categorie)* Klasse v^{21}: *2e* ~ *reizen* zweite(r) Klasse fahren[153]; *(van school) de lagere* ~*sen* die Unterstufe; *de hogere* ~*sen* die Oberstufe **2** *(lokaal)* Klassenzimmer o^{33}: *(fig) voor de* ~ *staan* unterrichten
klasgenoot Klassenkamerad m^{14}
klaslokaal Klassenzimmer o^{33}
klassement *(sp)* Klassement o^{36}, Rangliste v^{21}: *algemeen* ~ Gesamtwertung v^{20}; *individueel* ~ Einzelwertung v^{20}
klassenboek Klassenbuch o^{32}
klassenfuif Klassenfete v^{21}
klassenjustitie Klassenjustiz v^{28}
klassenleraar Klassenlehrer m^9
klassenonderwijzer Klassenlehrer m^9
klassenraad *(Belg)* Klassenrat m^6
klassenstrijd Klassenkampf m^6
klassenvertegenwoordiger Klassenvertreter m^9, Klassensprecher m^9
klasseren 1 klassifizieren[320], klassieren[320]: *(sp) zich* ~ sich qualifizieren[320] **2** *(Belg)* unter Denkmalschutz stellen
klassering Klassifikation v^{20}
klassiek klassisch
klassieken Klassiker *mv* m^9
klassikaal: ~ *onderwijs* Klassenunterricht m^{19}
klastitularis *(Belg)* Klassenlehrer m^9
klateren plätschern
klats *tw* klatsch!, patsch!
klauteren klettern
klauw 1 *(van hoefdier)* Klaue v^{21} **2** *(van roofdier)* Kralle v^{21} **3** *(mensenhand)* Pfote v^{21}, Klaue v^{21} || *de zaak is uit de* ~*en gelopen* die Sache ist außer Kontrolle geraten
klavecimbel Cembalo o^{36} *(mv ook* Cembali*)*
klaver *(plantk)* Klee m^{19}
klaveraas *zie* klaverenaas
klaverblad *(ook fig)* Kleeblatt o^{32}; *(voor verkeer, ook)* Autobahnkreuz o^{29}
klaveren Treff o^{36}, Kreuz o *(2e nvl -es; mv -)*
klaverenaas Kreuzass o^{29}, Treffass o^{29}
klaverjassen jassen
klavertjevier Glücksklee m^{19}
klavier 1 *(toetsenbord)* Tastatur v^{20} **2** *(piano)* Klavier o^{29}
kledderen klecksen
kledderig klecksig; *(modderig)* matschig
kleddernat klatschnass, klitschnass
¹**kleden** *tr* kleiden: *in het zwart gekleed zijn* in[+4] Schwarz gekleidet sein[262]; *naar de laatste mode gekleed gaan* sich nach der neuesten Mode kleiden
²**kleden, zich** *(aankleden)* sich ankleiden, sich anziehen[318]
klederdracht Tracht v^{20}: *nationale* ~ Nationaltracht
kledij, kleding Kleidung v^{20}, Bekleidung v^{20}; *(het kleden)* Bekleidung v^{20}
kledingstuk Kleidungsstück o^{29}
kleed 1 *(vloerkleed)* Teppich m^5 **2** *(tafelkleed)* Decke v^{21} **3** *(gewaad)* Kleid o^{31}, Gewand o^{32} **4** *(Belg) (jurk, japon)* Kleid o^{31}
kleedcabine Umkleidekabine v^{21}
kleedje 1 *(klein tapijt)* Brücke v^{21}, kleiner Teppich m^5 **2** *(tafelkleedje)* Deckchen o^{35}
kleedkamer 1 *(sp)* Umkleideraum m^6 **2** *(theat)* Garderobe v^{21}
Kleef Kleve o^{39}
kleefband Kleb(e)streifen m^{11}
kleefmiddel Kleb(e)mittel o^{33}
kleefpleister Heftpflaster o^{33}
kleefstof Klebstoff m^5
kleerborstel Kleiderbürste v^{21}
kleerhanger *(knaapje)* Kleiderbügel m^9
kleerkast Kleiderschrank m^6; *(fig)* Muskelpaket o^{29}
kleermaker Schneider m^9, Maßschneider m^9
kleerscheuren: *er zonder* ~ *af komen* mit heiler Haut davonkommen[193]
klef 1 *(mbt brood)* klebrig, teigig **2** *(klam)* klamm, nasskalt; *(fig)* klebrig
klei 1 Lehm m^{19}, Ton m^{19} **2** *(voor pottenbakkerij)* Töpferton m^{19}: *van* ~ tönern
klein 1 *(niet groot)* klein: *zeer* ~ sehr klein, winzig; ~ *geld* Kleingeld o^{39}; ~ *snijden* klein schneiden[250]; ~ *maken* zerkleinern; ~ *maar dapper* klein, aber oho!; *in het* ~ *verkopen* im Kleinen verkaufen **2** *(kleingeestig)* kleinlich, engstirnig
kleinbedrijf Kleinbetrieb m^5
kleinbeeldcamera Kleinbildkamera v^{27}
kleinburgerlijk kleinbürgerlich, spießbürgerlich
kleindochter Enkelin v^{22}
kleine Kleine(r) m^{40a}, Kleine v^{40b}; *(kind ook)* Kleine(s) o^{40c}
kleineren 1 *(van personen)* herabsetzen **2** *(iems verdiensten)* schmälern, herabsetzen
kleingeestig kleinlich, engstirnig
kleingeld Kleingeld o^{39}
kleinhandel Einzelhandel m^{19}, Kleinhandel m^{19}
kleinhandelaar Einzelhändler m^9, Kleinhändler m^9
kleinhartig kleinherzig, kleinmütig
kleinigheid Kleinigkeit v^{20}, Bagatelle v^{21}
kleinkind Enkelkind o^{31}
kleinkunst Kleinkunst v^{28}
¹**kleinmaken** *tr* **1** zerkleinern, klein machen **2** *(fig)* unterkriegen, kleinkriegen **3** *(van geld)* wechseln
²**kleinmaken, zich** sich ducken
kleinood Kleinod o^{29} *(mv ook* Kleinodien*)*

kleinschalig kleinmaßstäbig, kleinmaßstäblich; *(mbt bedrijf, onderneming enz.)* Klein-
kleintje Kleine(r) m^{40a}, Kleine v^{40b}, Kleine(s) o^{40c}: *de ~s (kinderen)* die Kleinen; *een ~ krijgen* ein Baby bekommen[193]; *op de ~s passen* sparsam sein[262]; *voor geen ~ vervaard zijn* sich nicht einschüchtern lassen[197]
kleinvee Kleinvieh o^{39}
kleinzerig wehleidig, empfindlich
kleinzielig kleinlich, engherzig
kleinzoon Enkel m^9
¹klem *zn* 1 Klemme v^{21}: *mijn vinger zit in de ~* mein Finger ist eingeklemmt; *(fig) in de ~ zitten* in der Klemme stecken[278] 2 *(nadruk)* Nachdruck m^{19}
²klem *bn* eingekeilt: *~ zitten* festsitzen[268]
klemmen klemmen: *zijn vinger ~* sich³ den Finger klemmen; *een ~d betoog* eine überzeugende Argumentation
klemrijden einkeilen
klemtoon Ton m^6, Akzent m^5, Betonung v^{20}
klemvast fangsicher
klep 1 Deckel m^9, Klappe v^{21} 2 *(van pet)* Schirm m^5 3 *(van motor, pomp)* Ventil o^{29} 4 *(mond)* Klappe
klepel Klöppel m^9, Schwengel m^9
kleppen 1 *(mbt deur, raam)* klappern 2 *(mbt klok)* läuten 3 *(snateren)* plappern
kleren Kleider *mv* o^{31}, Kleidung v^{20}: *de ~ maken de man* Kleider machen Leute; *met ~ en al* in voller Bekleidung; *zoiets gaat je niet in de koude ~ zitten* so etwas nimmt einen ganz schön mit; *zie ook* kleed
klerenhanger Kleiderbügel m^9
¹klets *zn* 1 *(slag)* Klaps m^5 2 *(kwak)* Klecks m^5 3 *(kletspraat)* Geschwätz o^{39}
²klets *bn* klatschnass, klitschnass
³klets *tw* klatsch!
¹kletsen *intr* 1 *(babbelen)* schwatzen 2 *(zwammen)* faseln 3 *(roddelen)* klatschen 4 *(met een klets vallen)* klatschen
²kletsen *tr* 1 *(met kletsend geluid slaan, werpen)* klatschen 2 *(praat uitslaan)* faseln: *onzin ~* Unsinn reden
kletser Schwätzer m^9; *(roddelaar)* Klatschmaul o^{32}
kletserig schwatzhaft; *(boosaardig)* klatschhaft
kletskoek Quatsch m^{19}
kletskous Klatschtante v^{21}
kletsmajoor Schwätzer m^9, Faselhans m^6
kletsnat klatschnass, klitschnass, pudelnass
kletspraat Quatsch m^{19}
kletspraatje 1 *(babbeltje)* Plauderei v^{20} 2 *(geroddel)* Gerede o^{39}, Klatsch m^{19}
kletteren 1 *(mbt wapens)* klirren 2 *(mbt regen)* prasseln, klatschen 3 *(mbt hagel)* prasseln
kleumen frieren[163]
kleur Farbe v^{21}: *~ houden* farbecht sein[262]; *een ~ krijgen* erröten; *~ bekennen* Farbe bekennen[189]
kleurecht farbecht

¹kleuren *intr* sich färben, erröten: *van schaamte ~* vor Scham erröten
²kleuren *tr* färben
kleurenblind farbenblind
kleurendia Farbdia o^{36}
kleurenfilm Farbfilm m^5
kleurenfoto Farbfoto o^{36}, Farbbild o^{31}
kleurenpracht Farbenpracht v^{28}
kleurentelevisie Farbfernsehen o^{39}; *(toestel)* Farbfernseher m^9
kleurig farbig, bunt, farbenfroh
kleuring Färbung v^{20}
kleurkrijt farbige Kreide v^{21}, Farbstift m^5
kleurling 1 *(halfbloed)* Mischling m^5 2 *(niet-blanke)* Farbige(r) m^{40a}, v^{40b}
kleurloos farblos; *(fig)* farblos, langweilig; *(politiek)* politisch neutral
kleurpotlood Farbstift m^5, Buntstift m^5
kleurrijk farbig, farbenreich, farbenprächtig
kleurschakering Farbschattierung v^{20}
kleurstof Farbstoff m^5, Farbe v^{21}
kleurtje Farbe v^{21}; *(op wangen)* frische Röte v^{28}
kleurverschil Farbunterschied m^5
kleuter Kleinkind o^{31}, Kleine(s) o^{40c}
kleuterleidster Kindergärtnerin v^{22}
kleuteronderwijs Vorschulerziehung v^{28}
kleuterschool Kindergarten m^{12}
kleven kleben: *een smet kleeft op iem* ein Makel haftet an jmdm
kleverig klebrig
kliek Clique v^{21}; *(familie)* Sippschaft v^{20}
kliekje Rest m^5
¹klier *de (m) (fig)* Ekel o^{33}
²klier *de (orgaan)* Drüse v^{21}
klieren sich flegelhaft benehmen[212]: *hij kan behoorlijk ~* er schikaniert gern
klieven spalten[270]; *(van golven, lucht)* durchschneiden[250], durchfurchen
klif Kliff o^{29}, Klippe v^{21}
¹klik *zn (geluid)* Klicks m^5, Klick m^{13}
²klik *tw* klick!
klikken 1 *(geluid)* klicken 2 *(goed uitpakken)* klappen: *het klikte meteen tussen ons* wir verstanden uns sofort 3 *(verklikken)* petzen
kliko Kliko-Behälter m^9, Entsorgungsbehälter m^9
klikspaan Petzer m^9; *(meisje)* Petze v^{21}
klim: *dat is een hele ~* das geht ganz schön rauf
klimaat Klima o^{36}
klimaatverandering Klimawandel m^{19}
klimmen steigen[281]; *(met handen en voeten)* klettern: *trappen ~* Treppen steigen; *in een boom ~* auf einen Baum klettern
klimmer Kletterer m^9; *(bergbeklimmer)* Bergsteiger m^9
klimmuur Kletterwand v^{25}
klimop Efeu m^{19}
klimplant Kletterpflanze v^{21}
klimtouw Klettertau o^{29}, Kletterseil o^{29}
klimwand Kletterwand v^{25}

kling Klinge v^{21}
kliniek Klinik v^{20}
klinisch klinisch
klink 1 Klinke v^{21} **2** *(deurkruk)* Türklinke v^{21}
¹klinken *intr* **1** *(een geluid geven)* tönen, (er)klingen^{191}, schallen^{231} **2** *(toosten)* anstoßen^{285} (auf^{+4})
²klinken *tr (vastmaken)* (ver)nieten
¹klinker *(taalk)* Vokal m^5, Selbstlaut m^5
²klinker *(steen)* Klinker m^9
klinkklaar rein: *klinkklare onzin* glatter Unsinn
klinknagel Niete v^{21}
klip *(ook fig)* Klippe v^{21}: *tussen de ~pen doorzeilen* (fig) Schwierigkeiten aus dem Wege gehen^{168}; *een ~ omzeilen (ook fig)* eine Klippe umschiffen; *op de ~pen lopen (ook fig)* scheitern
klipper Klipper m^9
klis 1 *(plantk)* Klette v^{21} **2** *(knoop)* Filz m^5
klissen *(Belg)* verhaften, festnehmen^{212}: *een inbreker ~* einen Einbrecher festnehmen^{212}
klit Klette v^{21}: *ze hangen als ~ten aan elkaar* sie halten zusammen wie die Kletten; *zie ook* klis
klitten: *aan iem ~* wie eine Klette an jmdm hängen^{184}
klittenband Klettband o^{32}
klodder Klecks m^5
klodderen klecksen
kloek 1 *(groot en sterk)* stattlich, kräftig, stramm **2** *(flink)* tüchtig **3** *(dapper)* mutig, kühn **4** *(mbt zaken)* stattlich
klok 1 *(bel, glazen stolp)* Glocke v^{21}: *dat klinkt als een ~* das ist vortrefflich **2** *(uurwerk)* Uhr v^{20}: *een man van de ~* ein pünktlicher Mensch; *de ~ staat op tien uur* die Uhr zeigt zehn; *een race tegen de ~* ein Wettlauf mit der Zeit
klokhuis *(bij fruit)* Kerngehäuse o^{33}
klokje 1 Glöckchen o^{35} **2** *(uurwerk)* kleine Uhr v^{20}: *het ~ rond slapen* rund um die Uhr schlafen^{240}
¹klokken 1 *(de prikklok hanteren)* stechen^{277} **2** *(sp)* stoppen
²klokken *(mbt geluid)* glucksen, gluckern
klokkenluider 1 *(lett)* Glöckner m^9 **2** *(fig)* anonymer Informant m^{14}, Hinweisgeber m^9
klokkenspel Glockenspiel o^{29}
klokkentoren Glockenturm m^6
klokkijken die Uhrzeit ablesen^{201}
klokslag Glockenschlag m^6: *~ tien* Schlag zehn
klokvast *(Belg)* pünktlich: *~e treinen* pünktliche Züge
klomp 1 *(schoeisel)* Holzschuh m^5: *dat kun je met je ~en aanvoelen* das sieht doch ein Blinder **2** *(brok)* Klumpen m^{11}
klonen klonen
klont Klumpen m^{11}: *~ aarde* Erdscholle v^{21}
klonter Klumpen m^{11}
klonteren klumpen
klonterig klumpig: *~ meel* klumpiges Mehl
klontje Klümpchen o^{35}: *~ suiker* Stück o^{29} Zucker; *zo klaar als een ~* sonnenklar
kloof 1 Kluft v^{25} **2** *(spleet)* Spalte v^{21} **3** *(barst, scheur)* Riss m^5: *vol kloven* rissig
klooien 1 *(zeuren)* nölen, quengeln **2** *(prutsen)* stümpern
kloon *(biol)* Klon m^5
klooster Kloster o^{34}
kloosterling(e) Mönch m^5, Nonne v^{21}
kloot 1 *(kogel, bol)* Kugel v^{21}, Ball m^6 **2** *(inform) (teelbal)* Ei o^{31}: *(inform) alles gaat naar de kloten* alles geht zum Teufel; *(inform) kloten!* Scheiße!
klootjesvolk *(inform)* die kleinen Leute *(mv)*
klootzak 1 *(inform) (balzak)* Hodensack m^6 **2** *(scheldw) (persoon)* Scheißer m^9, Scheißkerl m^5
klop Schlag m^6; *(op deur)* Klopfen o^{39}: *~ krijgen* Prügel kriegen; *(sp)* geschlagen werden^{310}
klopboormachine Schlagbohrmaschine v^{21}
klopjacht Treibjagd v^{20}
kloppartij Schlägerei v^{20}
¹kloppen *intr* **1** klopfen, pochen: *met ~d hart* mit klopfendem Herzen; *er wordt geklopt* es klopft **2** *(in orde zijn)* stimmen: *dat klopt niet met uw brief* das stimmt nicht mit Ihrem Brief überein
²kloppen *tr* klopfen, schlagen^{241}: *eieren ~* Eier quirlen; *eiwit stijf ~* Eiweiß steif schlagen
klos 1 *(rolletje)* Rolle v^{21}, Spule v^{21} **2** *(blok)* Klotz m^6 || *de ~ zijn* der Dumme sein^{262}
klossen *(lomp lopen)* latschen, stampfen
klote *(inform)* mies, sau…, Sau…, Scheiß…
kloten *(inform)* **1** *(prutsen)* herumhantieren^{320} **2** *(zaniken)* meckern
kloteweer *(inform)* Sauwetter o^{39}, Scheißwetter o^{39}
klotsen klatschen, platschen
¹kloven *intr* sich spalten^{270}
²kloven *tr* spalten^{270}
klucht Posse v^{21}, Schwank m^6
kluif Knochen m^{11} *(mit Fleisch)*: *erwtensoep met ~* Erbsensuppe mit Eisbein; *(fig) dat is een hele ~* das ist eine harte Nuss
kluis 1 Tresor m^5 **2** *(safeloket)* Schließfach o^{32}
kluisteren fesseln: *~ aan* fesseln an^{+4}; *hij zit gekluisterd aan de buis* er sitzt gebannt vor der Glotze
kluit 1 Klumpen m^{11} **2** *(klomp aarde)* Scholle v^{21} || *hij is flink uit de ~en gegroeid* er ist tüchtig gewachsen
kluitje Klümpchen o^{35}: *op een ~* dicht beisammen; *iem met een ~ in het riet sturen* jmdn mit leeren Versprechungen abspeisen
kluiven nagen (an^{+3})
kluizenaar Klausner m^9; *(fig)* Stubenhocker m^9
klungel, klungelaar Stümper m^9, Pfuscher m^9
klungelen pfuschen, stümpern
klungelig stümperhaft
kluns Stümper m^9, Pfuscher m^9
klunzen stümpern, murksen
klunzig stümperhaft
klus Aufgabe v^{21}, Auftrag m^6: *ik heb daar een hele ~ aan* das ist keine einfache Aufgabe
klusje Gelegenheitsarbeit v^{20}

klusjesman *(manusje-van-alles)* Faktotum o^{36}, Gelegenheitsarbeiter m^9
klussen 1 *(zwartwerken)* schwarzarbeiten **2** *(karweitjes opknappen)* jobben, Gelegenheitsarbeiten machen
kluts: *de* ~ *kwijtraken* den Kopf verlieren^{300}; *de* ~ *kwijt zijn* den Kopf verloren haben^{182}
klutsen quirlen, schlagen^{241}
kluwen Knäuel m^9, o^{33}
km *afk van kilometer* Kilometer m^9 *(afk* km*)*
kmo *(Belg) afk van kleine of middelgrote onderneming* kleines oder mittelständisches Unternehmen o^{35}
km/u *afk van kilometer per uur* Kilometer je Stunde, Stundenkilometer m^9 *(afk* km/h*)*
knaagdier Nagetier o^{29}
knaagtand Nagezahn m^6
knaak Zweieinhalbguldenstück o^{29}
knaap Bursche m^{15}, Kerl m^5: *een* ~ *van een snoek* ein Riesenhecht
knabbelen knabbern; *(hoorbaar)* knuspern
knagen nagen: ~ *aan* nagen an^{+3}
knak Knick m^5, Knack m^5; *(fig)* Knacks m^5
¹**knakken** *intr* knicken, knacken: *zijn gezondheid is geknakt* seine Gesundheit hat einen Knacks bekommen
²**knakken** *tr* brechen^{137}, knicken
knakworst Knackwurst v^{25}
¹**knal** *zn (geluid)* Knall m^5, Schlag m^6
²**knal** *bn, bw* **1** *(geweldig)* pfundig, großartig, toll **2** *(mbt kleuren)* knall…, grell, knallig
knaldemper Schalldämpfer m^9
¹**knallen** *intr* knallen
²**knallen** *tr* knallen, schießen^{238}
knalpot Auspufftopf m^6
knalrood knallrot, grellrot
knap *bn, bw* **1** *(mooi)* hübsch, schön: ~ *in de kleren* adrett gekleidet **2** *(bekwaam)* tüchtig, fähig, geschickt: *een* ~ *violist* ein begabter Geiger; ~ *gedaan* fein gemacht **3** *(intelligent)* klug, gescheit: *een* ~*pe kop* ein kluger Kopf || *dat is* ~ *duur* das ist ganz schön teuer
knappen 1 *(mbt brandend hout, vuur)* prasseln, knistern **2** *(barsten)* bersten^{127}, zerspringen^{276} **3** *(breken)* zerreißen^{220}: *het touw knapt* das Seil (zer)reißt
knappend *(bros)* knusperig
knapperd kluger Kopf m^6, gescheiter Kopf m^6
knapperen knistern, prasseln
knapzak Knappsack m^6
knar 1 *(oud mens)* alter Knacker m^9 **2** *(hoofd)* Rübe v^{21}
knarsen 1 *(met de tanden)* knirschen **2** *(mbt scharnier, slot)* knarren
knarsetanden mit den Zähnen knirschen
knarsetandend zähneknirschend
knauw *(beet)* Biss m^5; *(fig)* Knacks m^5
knauwen nagen, kauen
knecht 1 *(handwerksgezel)* Geselle m^{15} **2** *(op boerderij)* Knecht m^5 **3** *(bediende)* Diener m^9
kneden kneten
kneedbaar knetbar, formbar
kneedbom Plastikbombe v^{21}
kneep Kniff m^5: *hij kent de knepen* er kennt alle Kniffe; *daar zit 'm de* ~*!: a) (daar zit het probleem)* da sitzt der Haken!; *b) (dat is de truc)* das ist der Trick!
¹**knel** *zn (klem)* Klemme v^{21}: *in de* ~ *zitten* in der Klemme sitzen^{268}
²**knel** *bn* eingeklemmt: ~ *zitten* eingeklemmt sein^{262}
¹**knellen** *intr* drücken; *(mbt kleding)* kneifen^{192}
²**knellen** *tr* klemmen, umklammern
knelpunt Engpass m^6
knetteren 1 *(mbt vuur)* prasseln **2** *(mbt donder)* krachen **3** *(mbt motor, schoten)* knattern
knettergek plemplem
kneusje 1 *(ei)* Knickei o^{31} **2** *(auto)* Unfallauto o^{36} **3** *(persoon)* Versager m^9, Ei o^{31}
kneuzen quetschen, prellen
kneuzing Quetschung v^{20}, Prellung v^{20}; *(van vruchten)* Druckstelle v^{21}
knevelen *(ook fig)* knebeln
knibbelaar Feilscher m^9, Geizhals m^6
knibbelen feilschen, knausern
knie Knie o *(2e nvl -s; mv -):* *(fig) door de* ~*ën gaan in die Knie gehen*^{168}; *iets onder de* ~ *hebben* etwas im Griff haben^{182}; *iets onder de* ~ *krijgen* etwas in den Griff bekommen^{193}
kniebeschermer Knieschoner m^9, Knieschützer m^9
kniebroek Kniehose v^{21}
kniebuiging 1 *(uit eerbied)* Knicks m^5; *(diep)* Kniefall m^6 **2** *(sp)* Kniebeuge v^{21}: *diepe* ~ Hocke v^{21}
kniegewricht Kniegelenk o^{29}
knieholte Kniekehle v^{21}
knielen (nieder)knien
knieschijf Kniescheibe v^{21}
kniesoor Griesgram m^5, Kopfhänger m^9
knieval Kniefall m^6
kniezen sich grämen, sich härmen
kniezer *zie* kniesoor
knijp: *in de* ~ *zitten: a) (in verlegenheid)* in der Klemme sitzen^{268}; *b) (in de rats)* Bammel haben^{182}
knijpen kneifen^{192} || *'m* ~ *hebben* Schiss haben^{182}
knijper 1 *(persoon)* Kneifende(r) m^{40a}, v^{40b} **2** *(vrek)* Knauser m^9 **3** *(wasknijper)* Klammer v^{21}
knijpfles Spritzflasche v^{21}
knijpkat Dynamotaschenlampe v^{21}
knijptang Kneifzange v^{21}, Beißzange v^{21}
knik Knick m^5; *(met het hoofd)* Nicken o^{39}
knikkebollen *(dutten)* einnicken
knikken 1 *(met het hoofd)* nicken **2** *(gedeeltelijk breken)* knicken: *(fig) met* ~*de knieën* mit schlotternden Knien
knikker Murmel v^{21}: *kale* ~ Glatzkopf m^6; *er is*

knikkeren

iets aan de ~ da stimmt etwas nicht
knikkeren mit Murmeln spielen: *iem eruit* ~ jmdn hinausschmeißen[247]
knip 1 *(met schaar)* Schnitt *m*[5], Einschnitt **2** *(met duim en wijsvinger)* Knips *m*[5]: *hij is geen* ~ *voor de neus waard* er ist keinen Schuss Pulver wert **3** *(klem)* Klammer *v*[21] **4** *(grendeltje)* Riegel *m*[9]: *de* ~ *op de deur doen* den Riegel vorschieben[237] **5** *(beurs)* Geldbeutel *m*[9]
knipkaart Knipskarte *v*[21]
knipmes Klappmesser, Schnappmesser *o*[33]
knipogen blinzeln, zwinkern: *tegen iem* ~ jmdm zublinzeln, jmdm zuzwinkern
knipoogje Augenblinzeln *o*[39]: *iem een* ~ *geven* jmdm zublinzeln
knippatroon Schnittmuster *o*[33]
knippen 1 schneiden[250] **2** *(van kaartjes)* lochen, knipsen **3** *(met de vingers)* knipsen || *hij is voor die betrekking (als) geknipt* er ist für diese Stelle wie geschaffen
knipperen 1 *(met de ogen)* blinzeln, zwinkern **2** *(mbt auto)* blinken
knipperlicht Blinklicht *o*[31]; *(van auto)* Blinker *m*[9], Blinkleuchte *v*[21]
knipsel 1 *(snipper)* Schnipsel *m*[9], *o*[33] **2** *(uitgeknipt bericht)* Ausschnitt *m*[5]
knobbel 1 Knoten *m*[11] **2** *(aanleg)* Begabung *v*[20]: *een* ~ *voor iets hebben* Talent für[+4] etwas haben[182]
¹**knock-out** *zn* Knock-out, Knockout *m*[13] *(2e nvl ook -)*
²**knock-out** *bn* knock-out, knockout
knoei: *in de* ~ *zitten (over iets)* in der Patsche sitzen[268] *(wegen*[+2] *etwas)*
knoeiboel 1 *(slordig werk)* Pfuscherei *v*[20] **2** *(bedrog, zwendel)* Schwindel *m*[19] **3** *(troep)* Schweinerei *v*[20]
knoeien 1 *(morsen)* kleckern, sudeln **2** *(prutsen)* stümpern **3** *(bedriegen)* schwindeln
knoeier 1 Sudler *m*[9] **2** Stümper *m*[9] **3** Schwindler *m*[9]; *zie ook* knoeien
knoeierij, knoeiwerk *zie* knoeiboel
knoest Knorren *m*[11]
knoestig knorrig, knotig
knoet *(van haar)* Dutt *m*[5], *m*[13], Haarknoten *m*[11]
knoflook Knoblauch *m*[19]
knokkel Fingerknöchel *m*[9]
knokken sich raufen, sich prügeln
knokpartij Schlägerei *v*[20], Prügelei *v*[20]
knokploeg Schlägertruppe *v*[21]
knol 1 *(stengel-, wortelknol)* Knolle *v*[21] **2** *(raap)* Rübe *v*[21] **3** *(paard)* Gaul *m*[6]
knolgewas Knollengewächs *o*[29]
knolselderie Knollensellerie *m*[13], *ook v (mv -)*
knoop 1 *(aan kledingstuk)* Knopf *m*[6] **2** *(alle andere bet)* Knoten *m*[11]: *een* ~ *leggen* einen Knoten machen; *een* ~ *losmaken* einen Knoten lösen; *iets uit de* ~ *krijgen* etwas entknoten
knooppunt Knotenpunkt *m*[5]
knoopsgat Knopfloch *o*[32]

knop 1 Knopf *m*[6] **2** *(plantk)* Knospe *v*[21] **3** *(oorclip)* Ohr(en)klipp *m*[13]
knopen (ver)knoten, knüpfen: *aan elkaar* ~ verknoten, verknüpfen; *een das* ~ binden eine Krawatte binden[131]; *(fig) de eindjes (met moeite) aan elkaar kunnen* ~ gerade mit seinem Geld auskommen[193]
knorren 1 *(grommen)* knurren, brummen **2** *(mbt varken)* grunzen
knorrepot Brummbär *m*[14], Griesgram *m*[5]
knorrig mürrisch, unwirsch
knot 1 *(kluwen)* Knäuel *o*[33] **2** *(haarwrong)* Haarknoten *m*[11]
¹**knots 1** *(knuppel)* Keule *v*[21] **2** *(iets groots)* Riesen…: *een* ~ *van een bult* eine Riesenbeule
²**knots** *bn, bw* verrückt, bekloppt
knotsgek irre: *een* ~ *type* ein ganz irrer Typ
knowhow Know-how *o*[39], *o*[39a]
knudde: *het is* ~ das ist unter aller Kritik
knuffelbeest Kuscheltier *o*[29]
knuffelen (ab)knutschen; *(sterker)* hätscheln
knuist Faust *v*[25]
knul 1 *(algem)* Kerl *m*[5] **2** *(sukkel)* Trottel *m*[9]: *een goeie* ~ ein Trottel **3** *(lomperd)* Lümmel *m*[9]
knullig tölpelhaft, unbeholfen
knuppel 1 Knüppel *m*[9] **2** *(fig)* Lümmel *m*[9]
knus behaglich, gemütlich, kuschelig
knutselaar Bastler *m*[9]
knutselen basteln
knutselwerk Bastelarbeit *v*[20], Bastelei *v*[20]
koddig komisch, drollig, ulkig
koe Kuh *v*[25]: *oude* ~*ien uit de sloot halen* alten Kohl aufwärmen; *men weet nooit, hoe een* ~ *een haas vangt* man kann nie wissen, wie der Hase läuft
koehandel Kuhhandel *m*[19]
koeienletter Riesenbuchstabe *m*[18]
koeioneren kujonieren[320], schikanieren[320]
koek Kuchen *m*[11]: *gevulde* ~ mit Mandelmasse gefüllter Kuchen; *het is voor hem gesneden* ~ das ist für ihn ein Leichtes; *dat is oude* ~ das ist kalter Kaffee; *het was* ~ *en ei tussen hen* sie waren ein Herz und eine Seele
koekeloeren spähen: *zitten te* ~ nichts mit[+3] sich anzufangen wissen[314]
koeken backen, kleben, zusammenkleben
koekenpan Bratpfanne *v*[21]
koekje Plätzchen *o*[35]; *(droog)* Keks *m*[5], *o*[29]: *hij kreeg een* ~ *van eigen deeg* ihm wurde mit gleicher Münze heimgezahlt
koekjestrommel Keksdose *v*[21]
koekoek 1 *(vogel)* Kuckuck *m*[5] **2** *(dakkapel)* Dachgaube *v*[21] || *dat haal je de* ~! ist doch logo!
koekoeksklok Kuckucksuhr *v*[20]
koel 1 kühl **2** *(kalm)* kühl, kalt(blütig)
koelbloedig kaltblütig
koelbox Kühlbox *v*[20]
koelcel Kühlraum *m*[6]
koelen 1 kühlen **2** *(ontladen)* kühlen (an[+3]), auslassen[197] (an[+3])

koeler Kühler *m*⁹
koelheid Kühle *v*²⁸; *(fig, ook)* Kälte *v*²⁸
koelhuis Kühlhaus *o*³²
koeling Kühlung *v*²⁰
koelinstallatie Kühlanlage *v*²¹
koelkast Kühlschrank *m*⁶
koelte Kühle *v*²⁸, Kühlung *v*²⁸
koeltjes kühl, frostig, kalt
koeltoren Kühlturm *m*⁶
koelwater Kühlwasser *o*³⁴
koemelk Kuhmilch *v*²⁸
koen kühn, beherzt
koepel Kuppel *v*²¹
koepeltent Kuppelzelt *o*²⁹
koer *(Belg)* Hof *m*⁶, Innenhof *m*⁶
koeren girren, gurren
koerier(ster) Kurier *m*⁵, Bote *m*¹⁵, Botin *v*²²
koers 1 Kurs *m*⁵: ~ *zetten naar* Kurs nehmen²¹² auf⁺⁴; *uit de* ~ *raken* vom Kurs abkommen¹⁹³ **2** *(sp)* Rennen *o*³⁵
koersdaling Kursrückgang *m*⁶
koersen steuern; *(sp)* (mit)fahren¹⁵³
koersschommeling Kursschwankung *v*²⁰
koersstijging Kursanstieg *m*⁵
koersval Kurssturz *m*⁶
koerswijziging Kursänderung *v*²⁰
koest ruhig, still: *zich* ~ *houden* kuschen
koesteren 1 *(verzorgen)* hegen und pflegen **2** *(verwarmen)* (er)wärmen: *zich in de zon* ~ sich sonnen **3** *(bij zichzelf voelen)* hegen: *de hoop, illusies* ~ die Hoffnung, Illusionen hegen; *het voornemen* ~ *die Absicht haben*¹⁸²
koetje: *over* ~*s en kalfjes praten* von belanglosen Dingen reden
koets Kutsche *v*²¹
koetsier Kutscher *m*⁹
koetswerk Karosserie *v*²¹
koevoet Kuhfuß *m*⁶, Brechstange *v*²¹
koffer Koffer *m*⁹; *(kist)* Truhe *v*²¹; *(bed)* Falle *v*²¹
kofferbak Kofferraum *m*⁶
koffie Kaffee *m*¹⁹: *slappe* ~ dünner Kaffee; *sterke* ~ starker Kaffee; *dat is geen zuivere* ~ an der Sache ist etwas faul
koffieboon Kaffeebohne *v*²¹
koffiedik Kaffeesatz *m*¹⁹
koffiefilter Kaffeefilter *m*⁹
koffiegerei Kaffeegeschirr *o*²⁹
koffiehuis Kaffeehaus *o*³², Café *o*³⁶
koffiekan Kaffeekanne *v*²¹
koffiekopje Kaffeetasse *v*²¹
koffiekransje Kaffeekränzchen *o*³⁵
koffiemaaltijd Brotmahlzeit *v*²⁰
koffiemelk Kaffeemilch *v*²⁸
koffiepot Kaffeekanne *v*²¹
koffieroom Kaffeesahne *v*²⁸
koffieservies Kaffeeservice *o* (2e nvl -(s); mv -)
koffieshop Coffeeshop *m*¹³
koffietijd, koffie-uur Kaffeezeit *v*²⁰
koffiezetapparaat Kaffeemaschine *v*²¹
koffiezetten Kaffee kochen *(of:* machen)
kogel 1 Kugel *v*²¹: *de* ~ *krijgen* erschossen werden³¹⁰ **2** *(hard schot)* Bombenschuss *m*⁶ || *de* ~ *is door de kerk* die Würfel sind gefallen
kogelgewricht Kugelgelenk *o*²⁹
kogellager Kugellager *o*³³
kogelslingeren Hammerwerfen *o*³⁹
kogelstoten Kugelstoßen *o*³⁹
kogelvrij kugelsicher, kugelfest: ~ *vest* Schutzweste *v*²¹
koikarper Koi *m*¹³
kok Koch *m*⁶
koken kochen: *eten* ~ Essen kochen
kokendheet kochend heiß
¹**koker** *(kooktoestel)* Kocher *m*⁹
²**koker 1** Behälter *m*⁹ **2** *(foedraal)* Futteral *o*²⁹ **3** *(voor pijlen)* Köcher *m*⁹ **4** *(voor sigaren)* Etui *o*³⁶ **5** *(van lift)* Schacht *m*⁶ **6** *(voor tabletten)* Röhrchen *o*³⁵ || *(fig) dat komt niet uit zijn* ~ das ist nicht auf seinem Mist gewachsen
koket kokett
kokhalzen 1 würgen: *hij stond te* ~ er musste heftig würgen **2** *(walgen)* sich ekeln (vor⁺³)
kokker(d) *(neus)* Gurke *v*²¹
kokkerellen kochen
kokkin Köchin *v*²²
kokosnoot Kokosnuss *v*²⁵
kokospalm Kokospalme *v*²¹
kolder Blödsinn *m*¹⁹: *(fig) de* ~ *in de kop hebben* einen Koller haben¹⁸²
kolen Kohle *v*²¹ *(meestal mv): op hete* ~ *zitten* (wie) auf (glühenden) Kohlen sitzen²⁶⁸
kolenbekken Kohlenbecken *o*³⁵
kolenkachel Kohle(n)ofen *m*¹²
kolenmijn Kohlenbergwerk *o*²⁹, Kohlengrube *v*²¹
kolenproductie Kohle(n)förderung *v*²⁸
kolenschop Kohlenschaufel *v*²¹
kolf Kolben *m*¹¹
kolfje: *dat is een* ~ *naar mijn hand* das passt mir in den Kram
koliek Kolik *v*²⁰
kolk *(draaikolk)* Strudel *m*⁹; *(put)* Gully *m*¹³, *o*³⁶
kolken strudeln, wirbeln
kolom 1 Säule *v*²¹ **2** *(typ)* Spalte *v*²¹: *in twee* ~*men zweispaltig* **3** *(boekhouden)* Kolumne *v*²¹
kolonel Oberst *m*⁵, *m*¹⁴
koloniaal kolonial, kolonial…, Kolonial…
kolonie Kolonie *v*²¹
kolonisatie Kolonisation *v*²⁰
koloniseren kolonisieren³²⁰
kolonist Kolonist *m*¹⁴
kolos Koloss *m*⁵; *(personen meestal)* Riese *m*¹⁵
kolossaal kolossal, riesenhaft, riesig
¹**kom** *zn* **1** Schale *v*²¹, Schüssel *v*²¹ **2** *(aardr)* Mulde *v*²¹; *(groot)* Becken *o*³⁵ **3** *(bassin)* Bassin *o*³⁶ || *bebouwde* ~ geschlossene Ortschaft *v*²⁰
²**kom** *tw (aansporing)* komm (schon)!, los!
komaf Herkunft *v*²⁵, Geburt *v*²⁰
kombuis Kombüse *v*²¹

komediant(e) Komödiant m^{14}
komedie Komödie v^{21}
komeet Komet m^{14}
komen kommen^{193}: *er komt regen* wir bekommen Regen; *het kwam als een verrassing* es kam überraschend; *de dingen, die ~ zullen, afwachten* der Dinge harren, die da kommen sollen; *de dokter laten ~* den Arzt kommen lassen^{197}; *kom hier!* komm (hier)her!; *daar komt niets van in!* das kommt nicht in Frage!; *~ aanlopen* angelaufen kommen; *~ aanrijden* angefahren kommen; *iem ~ bezoeken* jmdn besuchen; *ik kom (je) helpen* ich komme, um (dir) zu helfen; *de trap ~ oplopen* die Treppe heraufkommen; *hij kwam te vallen* er fiel (hin); *hij kwam naast me zitten* er setzte sich neben mich; *hij kwam te sterven* er starb; *hoe kom je aan dat geld?* woher hast du das Geld?; *hoe ~ we aan een goed huis?* wie kommen wir zu einem guten Haus?; *er komt geen eind aan* es nimmt kein Ende; *achter het geheim ~* hinter das Geheimnis kommen; *bij iem ~* zu jmdm kommen; *hoe kom je erbij?* wie kommst du dazu?; *daar komt nog bij dat …* hinzu kommt noch, dass …; *dat komt door het vele drinken* das kommt vom vielen Trinken; *ik ben benieuwd of die wet erdoor komt* ich bin gespannt, ob das Gesetz durchgebracht wird; *daar kan ik in ~* das kann ich mir vorstellen; *om het leven ~* ums Leben kommen; *hoe ~ ze op dat idee?* wie kommen sie auf diese Idee?; *op krachten ~* zu Kräften kommen; *ik kwam op tijd bij hem* ich kam rechtzeitig zu*$^{+3}$* ihm; *dat komt op 50 euro* das beläuft sich auf 50 Euro; *met iem tot zaken ~* mit jmdm ins Geschäft kommen; *ik kom er niet uit* ich krieg's nicht hin; *komt er nog wat van!* wird's bald!
komend 1 *(volgend)* nächst, kommend: *~e week* nächste (*of:* kommende) Woche **2** *(toekomstig)* künftig
¹komiek *zn* Komiker m^9
²komiek *bn, bw* komisch
komijn Kümmel m^9
komisch komisch, drollig
komische Komische(s) o^{40c}, Komik v^{28}
komkommer Gurke v^{21}
komma Komma o^{36} *(mv ook* Kommata*)*
kommer 1 *(gebrek)* Elend o^{39} **2** *(leed)* Kummer m^{19}, Elend o^{39}: *~ en gebrek* Kummer und Not
kommerlijk kümmerlich, elend
kommervol kummervoll
kompas Kompass m^5
kompel Kumpel m^9, m^{13}
kompres Kompresse v^{21}
komst Eintreffen o^{39}, Ankunft v^{28}, Besuch m^5: *~ van de Messias* Kommen o^{39} des Messias; *er is onweer op ~* ein Gewitter ist im Anzug; *er is een kind op ~* es ist ein Kind unterwegs
konijn Kaninchen o^{35}: *tam ~* Hauskaninchen o^{35}
konijnenhok Kaninchenstall m^6
konijnenhol Kaninchenbau m^5

koning König m^5: *de ~ te rijk zijn* sich königlich freuen
koningin Königin v^{22}
Koninginnedag Geburtstag m^5 der Königin
koningsgezind königstreu, royalistisch
koningshuis Königshaus o^{32}
koninklijk königlich
koninkrijk Königreich o^{29}
konkelaar Intrigant m^{14}
konkelen kungeln, mauscheln, intrigieren^{320}
kont Hintern m^{11}, Arsch m^6
konvooi Konvoi m^{13}
kooi 1 *(voor vogels)* Bauer o^{33}, Käfig m^5 **2** *(voor wilde dieren)* Käfig m^5 **3** *(voor honden)* Zwinger m^9 **4** *(voor schapen e.d.)* Stall m^6 **5** *(scheepv)* Koje v^{21}: *naar ~ gaan* in die Klappe gehen^{168}
kook Kochen o^{39}: *aan de ~ brengen* zum Kochen bringen^{139}; *aan de ~ zijn* kochen
kookboek Kochbuch o^{32}
kookkunst Kochkunst v^{25}
kookplaat Kochplatte v^{21}
kookster Köchin v^{22}
¹kool *(plantk)* Kohl m^{19}: *een ~* ein Kohlkopf m^6; *Chinese ~* Chinakohl; *groenekool* Wirsingkohl; *rodekool* Rotkohl; *wittekool* Weißkohl; *iem een ~ stoven* jmdm einen Possen spielen
²kool *(steen-, houtskool)* Kohle v^{21}
koolhydraat Kohle(n)hydrat o^{29}
koolmees Kohlmeise v^{21}
koolmonoxide Kohlen(mon)oxid o^{39}
koolplant Kohlpflanze v^{21}
koolraap Kohlrübe v^{21}, Steckrübe v^{21}
koolrabi Kohlrabi *m (2e nvl* -(s); *mv* -(s))
koolzaad Raps m^5
koolzuur Kohlensäure v^{28}
koolzuurhoudend kohlensäurehaltig
koon Wange v^{21}, Backe v^{21}
koop Kauf m^6: *~ op afbetaling* Abzahlungskauf; *een goede ~ doen* einen guten Kauf machen; *te ~ (aan)bieden* zum Kauf anbieten^{130}; *met iets te ~ lopen* etwas zur Schau tragen^{288}; *het huis staat te ~* das Haus steht zum Kauf (aus); *te ~ gevraagd* zu kaufen gesucht; *te ~ (zijn)* zu verkaufen (sein); *dat is overal te ~* das ist überall zu haben; *op de ~ toe* noch dazu; *iets op de ~ toe nemen* etwas in Kauf nehmen^{212}
koopakte Kaufvertrag m^6
koopavond Dienstleistungsabend m^5
koopcontract Kaufvertrag m^6
koopflat Eigentumswohnung v^{20}
koopgraag kauflustig
koopje Gelegenheitskauf m^6: *op een ~* für einen Spottpreis
koopkracht Kaufkraft v^{25}
koopkrachtig kaufkräftig
koopman Kaufmann m^8 *(mv ook* -leute), Händler m^9
koopprijs Kaufpreis m^5
koopsom Kaufsumme v^{21}

koopster Käuferin v^{22}
koopvaardij Handelsschifffahrt v^{28}
koopvaardijvloot Handelsflotte v^{21}
koopwaar Handelsware v^{21}
koopziek kaufsüchtig
koopzondag verkaufsoffener Sonntag m^5
koor Chor m^6: *in ~* im Sprechchor
koord 1 Schnur v^{25} 2 *(touw)* Seil o^{29}
koorddanser Seiltänzer m^9, Seilakrobat m^{14}
koorknaap Chorknabe m^{15}
koorts Fieber o^{33}: *~ hebben* Fieber haben[182]
koortsachtig, koortsig fiebrig, fieberhaft
koortslip Herpeslippe v^{21}
koortsuitslag Fieberflecken *(mv)*
koortsvrij fieberfrei
koorzang Chorgesang m^6
koosjer koscher
kop 1 Kopf m^6: *een kale ~* eine Glatze; *~ op!* Kopf hoch!; *iem aan zijn ~ zeuren* jmdm in den Ohren liegen[202]; *(fig) met ~ en schouders boven iem uitsteken* jmdm haushoch überlegen sein[262]; *zich niet op de ~ laten zitten* sich³ nicht auf den Kopf spucken lassen[197]; *over de ~ gaan (lett)* sich überschlagen[241]; *(fig)* Pleite gehen[168]; *van ~ tot teen* von Kopf bis Fuß 2 *(mond)* Klappe v^{21}: *hou je ~!* halt die Klappe! 3 *(verstand)* Kopf m^6 4 *(manschappen)* Köpfe *mv* m^6, Besatzung v^{20} 5 *(wat doet denken aan kop)* Kopf m^6, Spitze v^{21}: *de ~ van Groningen* der nördliche Teil der Provinz Groningen; *(sp) de ~ nemen* die Spitze übernehmen[212]; *op ~ komen* sich an die Spitze setzen; *op ~ liggen* an der Spitze liegen[202] 6 *(in krant)* Schlagzeile v^{21} 7 *(drinkkom)* Tasse v^{21} 8 *(wolk)* Gewitterwolke v^{21} || *iets op de ~ tikken* etwas erstehen[279]; *de ~ indrukken: a) (van bijv. gerucht)* zum Schweigen bringen[139]; *b) (anders)* unterdrücken; *de ~ opsteken* aufkommen[193]; *op zijn ~ krijgen* eins auf den Deckel bekommen[193]; *zich over de ~ werken* sich übernehmen[212]
kopbal Kopfball m^6, Kopfstoß m^6
kopen 1 kaufen 2 *(van kaartjes)* lösen 3 *(aankopen)* erwerben[309]: *iems stilzwijgen ~* sich³ jmds Schweigen erkaufen
kop-en-schotel Tasse v^{21} und Untertasse v^{21}
¹**koper** *(metaal)* Kupfer o^{39}
²**koper** *(wie koopt)* Käufer m^9
koperdraad Kupferdraht m^6
koperen kupfern, Kupfer...
koperkleurig kupferfarbig, kupferfarben
kopgroep Spitzengruppe v^{21}
kopie Kopie v^{21}; *(afschrift, ook)* Abschrift v^{20}
kopieerapparaat Kopiergerät o^{29}, Kopierer m^9
kopieerbeveiliging Kopierschutz m^{19}
kopiëren kopieren[320]; *(afschrift maken, ook)* abschreiben[252]; *(van kunstwerk)* nachbilden
kopij Manuskript o^{29}
kopje *(drinkkom)* Tasse v^{21} || *iem een ~ kleiner maken* jmdm einen Kopf kleiner machen
kopjebuitelen, kopjeduikelen einen Purzelbaum machen

kopje-onder mit dem Kopf unter Wasser
koplamp Scheinwerfer m^9
koploper Spitzenreiter m^9
¹**koppel** *(riem)* Koppel o^{33}, Koppelriemen m^{11}
²**koppel** 1 *(paar)* Paar o^{29}, Gespann o^{29} 2 *(stel, menigte)* Koppel v^{21} 3 *(techn)* Drehmoment o^{29}
koppelaar Ehestifter m^9
koppelaarster Ehestifterin v^{22}
koppelbaas Arbeitsvermittler m^9, Subunternehmer m^9
koppelen 1 *(van dieren)* koppeln 2 *(van mensen)* verkuppeln 3 *(elektr, nat, spoorw)* koppeln, kuppeln 4 *(van woorden)* koppeln 5 *(ruimtevaart)* andocken
koppeling 1 *(van mensen)* Verkupp(e)lung v^{20} 2 *(elektr, nat, spoorw)* Kopp(e)lung v^{20}, Kupp(e)lung v^{20} 3 *(van auto)* Kupplung v^{20}
koppelingspedaal Kupplungspedal o^{29}
koppelteken Bindestrich m^5
koppelwerkwoord Kopula v^{27} *(mv ook Kopulae)*
koppen köpfen
koppig 1 *(eigenzinnig)* dickköpfig, eigensinnig 2 *(naar het hoofd stijgend)* schwer
koppigaard *(Belg)* Dickkopf m^6
koppigheid Starrsinn m^{19}
koprol Rolle v^{21}; *(sp)* Purzelbaum m^6
kopschuw kopfscheu
kop-staartbotsing Auffahrunfall m^6
kopstoot Kopfstoß m^6
kopstuk 1 *(bovenste deel)* Kopf m^6 2 *(op de voorgrond tredend figuur)* Prominente(r) m^{40a}, v^{40b}
koptelefoon Kopfhörer m^9
kopzorg Kopfzerbrechen o^{39}
¹**koraal** *(muz)* Choral m^6
²**koraal** *(dierk, kraal)* Koralle v^{21}
koraaleiland Koralleninsel v^{21}
koraalrif Korallenriff o^{29}
koralen korallen, Korallen...
Koran Koran m^5
kordaat beherzt, entschlossen
kordon Kordon m^{13}
koren Korn o^{29}, Getreide o^{33}
korenbloem Kornblume v^{21}
korenhalm Getreidehalm m^5
korf Korb m^6
korfbal Korbball m^6
korfballen Korbball spielen
kornuit Kumpan m^5, Kamerad m^{14}
korporaal Obergefreite(r) m^{40a}, v^{40b}
korps Korps *o (2e nvl -; mv -)* [koor]
korrel Korn o^{32}
korrelig körnig, gekörnt
korreltje Körnchen o^{35}: *iets met een ~ zout nemen* etwas nicht so ernst nehmen[212]
korset Korsett o^{29}, o^{36}
korst 1 *(van kaas, brood)* Rinde v^{21} 2 *(hard)* Kruste v^{21} 3 *(op wond)* Kruste v^{21}, Schorf m^5
korstmos Flechte v^{21}

kort 1 kurz[58]: ~e vakantie Kurzurlaub m[5]; sinds ~ seit kurzem; tot voor ~ bis vor kurzem; te ~ komen zu kurz kommen[193]; ik kom (geld) te ~ ich habe zu wenig Geld dabei; iem ~ houden: a) (met geld) jmdn kurz halten[183]; b) (met vrijheid) jmdn an der Kandare haben[182]; c) (met vrijheid) jmdn an der Kandare halten[183]; alles ~ en klein slaan alles zerschlagen[241] **2** *(beknopt)* kurz gefasst: ~ verhaal Kurzgeschichte v[21]; ~ en bondig kurz und bündig; om ~ te gaan kurz und gut; in het ~ kurz (gesagt); nieuws in het ~ Kurznachrichten mv v[20]; het ~ maken: a) (bij het vertellen) sich kurz fassen; b) (vlug afwerken) eine Sache kurz abtun[295] **3** *(klein)* gedrungen
kortaangebonden kurz angebunden
kortademig kurzatmig
kortaf kurz (angebunden)
korte golf Kurzwelle v[21]
¹korten intr kürzer werden[310], abnehmen[212]
²korten tr kürzen: iem op zijn salaris ~ jmdm das Gehalt kürzen; de tijd ~ die Zeit verkürzen
kortetermijngeheugen Kurzzeitgedächtnis o[29a]
kortharig kurzhaarig
kortheid Kürze v[28]
kortheidshalve der Kürze halber
korting 1 Rabatt m[5], Preisnachlass m[5], m[6], Ermäßigung v[20]; (voor contante betaling) Skonto m[13], o[36] (mv ook Skonti) **2** *(inhouding)* Kürzung v[20]: ~ op het loon Lohnkürzung v[20]
kortom kurz(um)
kortparkeerder Kurzparker m[9]
kortsluiting Kurzschluss m[6]
kortstondig kurz, von kurzer Dauer
kortweg 1 kurz **2** *(eenvoudigweg)* kurzweg
kortwieken die Flügel stutzen: (fig) iem ~ jmdm die Flügel beschneiden
kortzichtig kurzsichtig
korzelig mürrisch, griesgrämig
kosmisch kosmisch
kosmonaut Kosmonaut m[14]
kosmos Kosmos m[19], Weltall o[39]
kost 1 *(wat betaald moet worden)* Kosten (mv): bijkomende ~en Nebenkosten; ~en van levensonderhoud Lebenshaltungskosten; de ~en dragen die Kosten tragen[288]; dat brengt veel ~en met zich mee das bringt viele Unkosten mit sich; ~en noch moeite sparen weder Kosten noch Mühe scheuen; bijdrage in de ~en Unkostenbeitrag m[6]; iem op ~en jagen jmdn in Unkosten stürzen **2** *(levensonderhoud)* Lebensunterhalt m[19]: de ~ verdienen (sich³) seinen Lebensunterhalt verdienen **3** *(dagelijkse voeding)* Kost v[28]: ~ en inwoning Kost und Logis, Verpflegung und Unterkunft; de ~en inwoning ~ zijn bei jmdm wohnen || ten ~e van auf Kosten+²; dat gaat ten ~e van zijn gezondheid das geht auf Kosten seiner Gesundheit; zijn ogen de ~ geven die Augen offen halten[183]
kostbaar 1 *(van grote waarde)* kostbar, wertvoll **2** *(veel kostend)* kostspielig
kostbaarheid Kostbarkeit v[28]
kostelijk köstlich
kosteloos kostenfrei, kostenlos, unentgeltlich
kosten kosten: moeite ~ Mühe kosten; ~de prijs Selbstkostenpreis m[5]; dat kan je je baan ~ das kann dich die Stellung kosten; zie ook kost
kostendekkend kostendeckend
kostenstijging Kostensteigerung v[20]
koster Küster m[9], Kirchendiener m[9]
kostganger Kostgänger m[9]
kostgeld Kostgeld o[39]
kosthuis Kosthaus o[32], Pension v[20]
kostprijs Selbstkostenpreis m[5]
kostschool Internat o[29]
kostumeren kostümieren[320]
kostuum 1 *(pak)* *(met broek)* Anzug m[6]; *(met rok)* Kostüm o[29] **2** *(theat; hist)* Kostüm o[29]
kostwinner Ernährer m[9], Verdiener m[9]
kostwinning Lebensunterhalt m[19]
kot (Belg) *(studentenkamer)* Zimmer o[33]: op ~ zitten ein Zimmer haben[182]
kotbaas (Belg) *(pop)* Zimmervermieter m[9]
kotelet Kotelett o[36], zelden o[29]
koter Wurm o[32], Wicht m[5]
kotmadam (Belg) *(pop)* Zimmervermieterin v[22]
kotsen kotzen: het is om te ~ es ist zum Kotzen
kotsmisselijk kotzübel, speiübel
kotter Kutter m[9]
kou 1 Kälte v[28]: hevige ~ grimmige Kälte; (fig) iem in de ~ laten staan jmdn fallen lassen[197] **2** *(verkoudheid)* Erkältung v[20]
koud kalt[58]: ik heb het ~ ich friere, mir ist kalt; dat laat mij ~ das ist mir egal; iem ~ maken jmdn kaltmachen; ik werd er ~ van es überlief mich kalt || ~e drukte Windmacherei v[28]; we waren ~ thuis toen ... wir waren kaum zu Hause, als ...
koudbloedig (ook fig) kaltblütig
koudheid Kälte v[28]
koudjes ziemlich kalt
koukleum Fröstler m[9], Fröstling m[5]
kous 1 Strumpf m[6] **2** *(van olielamp)* Docht m[5] || daarmee is de ~ af damit ist die Sache erledigt
kousenvoeten: op ~ (fig) auf Zehenspitzen
kousje zie kous
kouvatten sich erkälten
kouwelijk verfroren, fröst(e)lig
¹kozijn *(van venster)* Fensterrahmen m[11]; *(van deur)* Türrahmen m[11]
²kozijn (Belg) *(neef)* Vetter m[17]
kraag Kragen m[11]: iem bij zijn ~ pakken jmdn am (of: beim) Kragen packen || hij heeft een stuk in zijn ~ er hat einen sitzen
kraai Krähe v[21]
kraaien krähen
kraaienpootjes Krähenfüße mv m[6]
kraak *(inbraak)* Bruch m[6], Einbruch m[6]: een ~je zetten einbrechen[137]
kraakactie Hausbesetzung v[20]

kraakbeen Knorpel m^9
kraakhelder blitzsauber
kraakpand besetztes Haus o^{32}
kraakstem knarrende Stimme v^{21}
kraal Perle v^{21}, Glasperle v^{21}
kraam Bude v^{21}: *dat komt hem in zijn ~ te pas* das passt ihm in den Kram
kraambed Wochenbett o^{37}
kraambezoek Wochenbettbesuch m^5
kraamkliniek Entbindungsanstalt v^{20}, Entbindungsheim o^{29}
kraamverpleegster Wochenpflegerin v^{22}
kraamverzorging Mütterfürsorge v^{28}
kraamverzorgster Wochenpflegerin v^{22}
kraamvrouw Wöchnerin v^{22}
kraan 1 *(in leiding)* Hahn m^6 **2** *(hijskraan)* Kran m^5, m^6 **3** *(kraanvogel)* Kranich m^5
kraan *(uitblinker)* Ass o^{29}, Kanone v^{21}: *een ~ van een vent* ein Mordskerl
kraandrijver Kranführer m^9
kraanvogel Kranich m^5
kraanwater Leitungswasser o^{39}
krab 1 *(dierk)* Krabbe v^{21} **2** *(schram)* Schramme v^{21}, Kratzer m^9
krabbel 1 *(schram)* Schramme v^{21} **2** *(van pen, potlood)* krabbels Gekritzel o^{39} **3** *(schets)* Skizze v^{21}
krabbelen 1 *(krabben)* kratzen **2** *(slecht schrijven)* kritzeln
krabben kratzen
krabber Kratzer m^9
kracht Kraft v^{25}: *argumenten ~ bijzetten* Argumenten Nachdruck verleihen^{200}; *in de ~ van zijn jaren* in seinen besten Jahren; *met ~ optreden* kräftig auftreten^{291}; *op ~en komen* zu Kräften kommen^{193}; *op eigen ~* aus eigener Kraft; *van ~ worden* in Kraft treten^{291}; *van ~ zijn* in Kraft sein^{262}; *die wet is niet meer van ~* dieses Gesetz ist nicht mehr in Kraft
krachtbron Kraftquelle v^{21}
krachtdadig energisch, tatkräftig
krachteloos 1 *(zwak)* kraftlos **2** *(ongeldig)* außer Kraft: *~ maken* entkräften; *een besluit ~ maken* einen Beschluss außer Kraft setzen
krachtens kraft^{+2}, aufgrund^{+2}, auf Grund^{+2}
krachtig 1 *(sterk)* kräftig: *~e wind* starker Wind **2** *(met grote uitwerking)* kräftig, wirksam **3** *(met kracht, flink)* kraftvoll, energisch: *~ remmen* scharf bremsen
krachtmeting Kraftprobe v^{21}
krachtpatser Kraftmeier m^9, Muskelpaket o^{29}
krachtproef Kraftprobe v^{21}
krachtsinspanning Kraftanstrengung v^{20}
krachtsport Kraftsport m^5, Schwerathletik v^{28}
krachtterm Kraftausdruck m^6
krachttoer Kraftakt m^5
krachttraining Krafttraining o^{36}
krak *(ook fig)* Knacks m^5
krakelen krakeelen, sich streiten^{287}
krakeling Brezel v^{21}: *zoute ~* Salzbrezel v^{21}

¹**kraken** *intr (gekraak laten horen) (mbt vloer, dak, radio, telefoon, bot)* knacken; *(mbt bed, trap, stem, schoen)* knarren; *(mbt ijs)* krachen; *(mbt sneeuw)* knirschen; *(mbt papier)* knistern
²**kraken** *tr* **1** *(met gekraak doen breken) (ook fig)* knacken: *een brandkast ~* einen Geldschrank knacken; *een computer ~* einen Computer knacken; *noten ~* Nüsse knacken **2** *(afkraken)* heruntermachen **3** *(chem)* kracken, spalten || *een huis ~* ein Haus besetzen
kraker 1 *(van brandkast)* Knacker m^9 **2** *(van huis)* Hausbesetzer m^9 **3** *(van computer)* Hacker m^9 **4** *(succesnummer)* Schlager m^9
krakkemikkig klapp(e)rig, wack(e)lig
kram 1 Krampe v^{21}; *(med)* Klammer v^{21}: *(Belg) uit zijn ~men schieten* aufbrausen
kramiek *(Belg)* Weizenbrot o^{29} mit Rosinen
kramp Krampf m^6
krampaanval Krämpfe *mv* m^6
krampachtig *(ook fig)* krampfhaft
kranig tüchtig
krankjorum verrückt
krankzinnig 1 *(geestesziek)* geisteskrank, geistesgestört **2** *(dwaas; heel erg)* wahnsinnig, irrsinnig: *~ duur* wahnsinnig teuer
krankzinnige Irrsinnige(r) m^{40a}, v^{40b}, Wahnsinnige(r) m^{40a}, v^{40b}
krankzinnigengesticht Irrenanstalt v^{20}
krans Kranz m^6
kransader Kranzader v^{21}
krant Zeitung v^{20}, Tageszeitung v^{20}
krantenartikel Zeitungsartikel m^9
krantenbericht Zeitungsbericht m^5
krantenbezorger Zeitungsausträger m^9
krantenkiosk Zeitungskiosk m^5
krantenknipsel Zeitungsausschnitt m^5
krantenkop Schlagzeile v^{21}
krantenlezer Zeitungsleser m^9
krantenwijk: *een ~ hebben* Zeitungen austragen^{288}
krap knapp, eng: *een ~pe overwinning* ein knapper Sieg; *ze hebben het ~* sie kommen nur knapp aus; *(fig) ~ zitten* knapp bei Kasse sein^{262}
¹**kras** *zn* Kratzer m^9
²**kras** *bn, bw* **1** *(mbt personen)* rüstig **2** *(mbt zaken)* krass: *~se maatregelen* krasse Maßnahmen || *(fig) dat is ~* das ist starker Tobak
krassen 1 kratzen **2** *(mbt vogels)* krächzen
krat 1 *(kist)* Lattenkiste v^{21} **2** *(voor flessen)* Kasten m^{12}: *een ~ bier* ein Kasten Bier
krater Krater m^9
krats: *voor een ~* spottbillig
krediet 1 *(lett)* Kredit m^5: *doorlopend ~* durchlaufender Kredit **2** *(fig)* Vertrauen o^{39}
kredietbank Kreditbank v^{20}
kredietinstelling Kreditbank v^{20}, Kreditanstalt v^{20}
kredietverlening Kreditgewährung v^{20}
kredietwaardig kreditwürdig; kreditfähig

kreeft *(dier)* Krebs m^5; *(zeekreeft)* Hummer m^9
Kreeft *(astrol)* Krebs m^5
kreek 1 *(inham)* Bucht v^{20} **2** *(beekje)* Bächlein o^{35}
kreet 1 *(schreeuw)* Schrei m^5: *een ~ van vreugde* ein Aufschrei der Freude; *een ~ slaken* einen Schrei ausstoßen[285] **2** *(bewering)* Phrase v^{21}: *holle ~* leere Phrase
kregel(ig) gereizt, ärgerlich
krekel Grille v^{21}
Kremlin Kreml m^{19}, m^{19a}
kreng 1 *(rottend dier)* Aas o^{29} **2** *(scheldw)* Luder o^{33} **3** *(rotding)* Scheißding o^{31}, Biest o^{31}
krenken kränken, verletzen: *iem geen haar op zijn hoofd ~* jmdm kein Haar krümmen
krent 1 Korinthe v^{21} **2** *(gierigaard)* Knauser m^9 **3** *(zitvlak)* Hintern m^{11}
krentenbol Rosinenbrötchen o^{35}
krentenbrood Rosinenbrot o^{29}
krenterig knauserig
kreuk Knitter m^9, Knautschfalte v^{21}
kreukel Knitter m^9, Knautschfalte v^{21}: *een auto in de ~s rijden* ein Auto kaputtfahren[153]
kreukelen (zer)knittern, (zer)knautschen
kreukelig knitt(e)rig, knautschig
kreukelzone Knautschzone v^{21}
kreuken *zie* kreukelen
kreukvrij knitterfest
kreunen ächzen, stöhnen; *(zacht)* wimmern
kreupel lahm: *~ lopen, ~ zijn* lahmen, hinken
kreupelhout Dickicht o^{29}, Gebüsch o^{29}
krib, kribbe 1 *(voederbak)* Krippe v^{21} **2** *(dam)* Buhne v^{21}
kribbig kribb(e)lig
kriebel Kribbeln o^{39}, Kitzel m^9: *ik krijg er de ~s van!* es geht mir auf die Nerven!
kriebelen 1 *(jeuken)* kribbeln **2** *(kietelen)* kitzeln **3** *(klein schrijven)* kritzeln
kriebelhoest Reizhusten m^{11}
kriebelig 1 *(geprikkeld)* kribb(e)lig **2** *(mbt schrift)* kritz(e)lig
krieken anbrechen[137], dämmern: *het ~ van de dag* Tagesanbruch m^6
kriel *(kleine aardappel)* Kartöffelchen o^{35}
krijgen 1 *(algem)* bekommen[193]; *(inform)* kriegen; *(ontvangen, ook)* erhalten[183]: *een kind ~* ein Kind bekommen; *een kleur ~* erröten; *een ongeluk ~* einen Unfall erleiden[199]; *hij kreeg een jaar* er bekam ein Jahr Gefängnis; *ik krijg het koud* mir wird kalt; *een wet erdoor ~* ein Gesetz durchbringen[139]; *dat krijgt hij nooit voor elkaar* das bringt er nie fertig; *men krijgt niets van hem gedaan* er lässt sich auf nichts ein; *iem aan het spreken ~* jmdn zum Reden bringen[139]; *in elke boekhandel te ~* in jeder Buchhandlung erhältlich; *iets ten geschenke ~* etwas geschenkt bekommen; *een vlek uit een rok ~* einen Fleck aus einem Rock herausbekommen; *iets niet voor elkaar kunnen ~* etwas nicht fertig bringen können[194]; *ik zal je wel ~!* ich kriege dich noch!; *ik zal hem wel ~!* dem will ich's aber zeigen!; *ik krijg er wat van!* es geht mir auf die Nerven! **2** *(grijpen)* kriegen, fassen: *de dief ~* den Dieb fassen
krijger Krieger m^9
krijgertje: *~ spelen* Fangen spielen
krijgsgevangen kriegsgefangen
krijgsgevangene Kriegsgefangene(r) m^{40a}, v^{40b}
krijgsgevangenschap Kriegsgefangenschaft v^{25}
krijgshaftig 1 *(dapper)* tapfer **2** *(oorlogzuchtig)* kriegerisch
krijgsheer Kriegsherr m^{14} (2e, 3e, 4e nvl ev -n)
Krijgshof *(Belg)* oberstes Militärgericht o^{29}
krijgsmacht Streitkräfte *mv* v^{25}
krijgsraad Militärgericht o^{29}, Kriegsgericht o^{29}
krijsen kreischen, gellen
krijt Kreide v^{21}: *pijpje ~* Kreidestift m^5
krijtje Kreide v^{21}, Kreidestift m^5
krijtwit kreideweiß
krik Wagenheber m^9
krimp Schrumpfung v^{20}, Schrumpfen o^{39} || *geen ~ geven* nicht nachgeben[166]
krimpen 1 schrumpfen **2** *(mbt textiel)* schrumpfen, einlaufen[198] **3** *(mbt hout)* schwinden[258] **4** *(van pijn)* sich[4] krümmen **5** *(mbt wind)* krimpen: *~de wind* rückdrehender Wind
krimpfolie Schrumpffolie v^{21}
krimpvrij krumpfecht, krumpffrei, schrumpffrei
kring 1 Kreis m^5 **2** *(onder ogen)* Ring m^5 **3** *(om maan en zon)* Hof m^6
kringelen sich ringeln, sich winden[313]
kringloop Kreislauf m^6
kringlooppapier Recyclingpapier o^{39}
krioelen wimmeln
kriskras kreuz und quer
kristal Kristall m^5
kristalhelder kristallklar
kristallen kristallen; *(meestal)* Kristall...
kristalliseren kristallisieren[320]
¹**kritiek** *zn* Kritik v^{20}: *~ op iem leveren* Kritik an jmdm üben
²**kritiek** *bn* kritisch
kritisch kritisch
kritiseren kritisieren[320]
krocht Höhle v^{21}, Spelunke v^{21}
kroeg Kneipe v^{21}
kroegbaas Wirt m^5
kroegentocht Zechtour v^{20}
kroegloper Kneipbruder m^{10}, Zechbruder
¹**kroes** *zn* Becher m^9
²**kroes** *bn* kraus, gekräuselt
kroeshaar krauses Haar o^{39}, Kraushaar o^{39}
kroeskop Krauskopf m^6
¹**kroezen** *intr* sich kräuseln
²**kroezen** *tr* krausen, kräuseln
krokant knusprig
kroket Krokette v^{21}
krokodil Krokodil o^{29}
krokodillentranen Krokodilstränen *mv* v^{21}
krokus Krokus m (2e nvl -; mv -(se))

krom 1 krumm[59]: *zich ~ lachen* sich krummlachen **2** *(gebrekkig)* unbeholfen
krombuigen verbiegen[129]
kromgroeien schief wachsen[302], verwachsen[302]
kromliggen krumm liegen[202], sich krumm legen
kromme Kurve v^{21}
krommen *intr* sich krümmen
krommen *tr* krümmen
krommenaas *(Belg): zich van ~ gebaren* sich dumm stellen
kromming Krümmung v^{20}
krompraten unbeholfen sprechen[274]
kromtrekken sich (ver)ziehen[318]
kromzwaard Krummschwert o^{31}
kronen krönen: *tot koning ~* zum König krönen
kroniek Chronik v^{20}
kroning Krönung v^{20}
kronkel Windung v^{20}, Schlinge v^{21}: *een (rare) ~ in zijn hersens hebben* einen Vogel haben[182]
kronkelen sich winden[313]; *(mbt beekje, pad e.d. vooral)* sich schlängeln: *~ van de pijn* sich vor Schmerzen krümmen
kronkelig sich windend, sich schlängelnd, gewunden
kronkeling Windung v^{20}
kronkelpad Schlängelpfad
kroon Krone v^{21}: *iem naar de ~ steken* mit jmdm um die Palme ringen[224]; *de ~ spannen* alle (*of:* alles) übertreffen[289]
kroongetuige Kronzeuge m^{15}
kroonjaar Jubeljahr o^{29}
kroonjuweel 1 *(lett)* Kronjuwel m^{16}, o^{29} **2** *(fig)* Juwel o^{29}
kroonkurk Kron(en)korken m^{11}
kroonlijst Dachgesims o^{29}
kroonluchter Kronleuchter m^9
kroonprins Kronprinz m^{14}
kroonprinses Kronprinzessin v^{22}
kroos Wasserlinse v^{21}, Entengrün o^{39}
kroost Kinder *mv* o^{31}, Nachkommen *mv* m^{15}
krop *(van vogel, med)* Kropf m^6
krop *(stronk)* Kopf m^6: *een ~ sla* ein Salatkopf
krot Loch o^{32}
krottenwijk Elendsviertel o^{33}
kruid 1 *(plant)* Kraut o^{32}: *geneeskrachtige ~en* Heilkräuter **2** *(specerij)* Gewürz o^{29}
kruiden *(ook fig)* würzen
kruidenbitter Kräuterschnaps m^6
kruidenboter Kräuterbutter v^{28}
kruidenier Lebensmittelhändler m^9; *(fig)* Krämer m^9, Spießer m^9
kruidenierswaren Lebensmittel *mv* o^{33}
kruidenrek Gewürzständer m^9
kruidenthee Kräutertee m^{13}
kruidig würzig, aromatisch
kruidje-roer-mij-niet *(ook fig)* Mimose v^{21}
kruidkaas Käuterkäse m^9
kruidkoek Gewürzkuchen m^{11}
kruidnagel Gewürznelke v^{21}, Nelke v^{21}

¹kruien *intr* **1** *(mbt rivier)* Eisgang haben[182] **2** *(mbt ijs)* sich stauen
²kruien *tr* karren
kruier Gepäckträger m^9, Träger m^9
kruik 1 Krug m^6 **2** *(bedkruik)* Wärmflasche v^{21}
kruim 1 *(broodkruimel)* Krume v^{21} **2** *(Belg) (neusje vd zalm)* das Feinste vom Feinen
kruimel 1 *(brokkelig stukje)* Krümel m^9, Krume v^{21}; *(fig) geen ~* kein Körnchen **2** *(klein kind)* Knirps m^5
kruimeldief 1 *(persoon)* kleiner Dieb m^{52} ® *(elektrisch apparaat)* Handstaubsauger m^9
¹kruimelen *intr* krümeln
²kruimelen *tr* zerkrümeln
kruimelig krüm(e)lig
kruimelwerk Kleinigkeit v^{20}
kruimig mehlig
kruin 1 *(van hoofd)* Wirbel m^9, Scheitel m^9 **2** *(bovenste deel) (algem)* Krone v^{21}; *(van berg ook)* Gipfel m^9; *(ronde top)* Kuppe v^{21}; *(van bomen ook)* Wipfel m^9; *(van golf ook)* Kamm m^6
kruipen *(ook fig)* kriechen[195]
kruipend kriechend: *~ dier* Kriechtier o^{29}
kruiper 1 *(kind)* Krabbelkind o^{31} **2** Kriecher m^9
kruiperig kriecherisch
kruipspoor Kriechspur v^{20}
kruis 1 *(algem, muz) (stuit)* Kreuz o^{29}: *~ of munt* Kopf oder Zahl; *het Rode Kruis* das Rote Kreuz; *(Belg) een ~ over iets maken* einen Schlussstrich unter[+4] etwas ziehen[318] **2** *(kruisbeeld)* Kruzifix o^{29} **3** *(van broek)* Schritt m^5
kruisbeeld Kruzifix o^{29}
kruisbes Stachelbeere v^{21}
kruiselings kreuzweise, gekreuzt
kruisen kreuzen: *elkaar ~* sich kreuzen; *met gekruiste armen* mit verschränkten Armen
kruiser Kreuzer m^9
kruisgewijs kreuzweise
kruisigen kreuzigen
kruising Kreuzung v^{20}
kruispunt Kreuzung v^{20}, Kreuzungspunkt m^5
kruisraket Marschflugkörper m^9
kruissnelheid Reisegeschwindigkeit v^{20}
kruissteek Kreuzstich m^5
kruisteken Kreuzzeichen o^{35}
kruistocht *(hist; ook fig)* Kreuzzug m^6
kruisvaart Kreuzzug m^6
kruisverhoor Kreuzverhör o^{29}
kruisvuur Kreuzfeuer o^{33}
kruisweg Kreuzweg m^5
kruiswoordpuzzel, kruiswoordraadsel Kreuzworträtsel o^{33}
kruit Schießpulver o^{33}, Pulver o^{33}
kruitdamp Pulverdampf m^{19}
kruitvat *(ook fig)* Pulverfass o^{32}
kruiwagen Schubkarren m^{11}; *(fig) een ~ hebben* einen Fürsprecher haben[182]
kruizemunt Krauseminze v^{28}
¹kruk 1 *(loopstok)* Krücke v^{21}: *met ~ken lopen* an

Krücken gehen[168] **2** *(handvat)* Griff m^5; *(aan stok, paraplu)* Krücke v^{21} **3** *(deurknop)* Türgriff m^5 **4** *(zwengel)* Kurbel v^{21} **5** *(zitkruk)* Schemel m^9
²**kruk** *(persoon)* Flasche v^{21}, Stümper m^9
krukas Kurbelwelle v^{21}
krul 1 Kringel m^9, Ringel m^9 **2** *(van hout)* Hobelspan m^6 **3** *(van haar; kort)* Krause v^{21}; *(lang)* Locke v^{21} **4** *(versiering)* Schnörkel m^9
krulhaar 1 *(met korte krullen)* Kraushaar o^{29} **2** *(met lange krullen)* Lockenhaar o^{29}
¹**krullen** *intr* sich kräuseln, sich locken, sich ringeln
²**krullen** *tr* kräuseln, locken, ringeln
krullenbol 1 *(kroeskop)* Krauskopf m^6 **2** *(langharig)* Lockenkopf m^6
krulspeld Lockenwickler m^9, Wickler m^9
krulstaart Ringelschwanz m^6
krultang Frisierstab m^6
kubiek Kubik…: *~e meter* Kubikmeter m^9, o^{33}
kubus Kubus *m* (2e nvl -; mv Kuben)
kuch *(droge hoest)* Hüsteln o^{39}, Räuspern o^{39}
kuchen hüsteln, sich⁴ räuspern
kudde *(ook fig)* Herde v^{21}: *in ~n* herdenweise
kuddedier *(ook fig)* Herdentier o^{29}
kuieren spazieren[320], bummeln
kuif Schopf m^6; *(van vogels)* Haube v^{21}
kuiken 1 Küken o^{35} **2** *(fig) (man)* Schafskopf m^6; *(vrouw)* dumme Gans v^{25}
kuil Grube v^{21}, Loch o^{32}
kuiltje 1 *(in kin, wangen)* Grübchen o^{35} **2** *(voor jus)* Aushöhlung v^{20}
kuip 1 *(vat)* Fass o^{32} **2** *(van bad)* Wanne v^{21}
kuiperij Intrige v^{21}, Machenschaft v^{20}
¹**kuis** *zn (Belg) (schoonmaak)* Saubermachen o^{39}; *(in huis)* Hausputz m^{19}: *de grote ~* das Großrein(e)machen
²**kuis** *bn* keusch, züchtig, sittsam
kuisen *(Belg)* säubern, reinigen
kuisheid Keuschheit v^{28}
kuit 1 *(anat)* Wade v^{21} **2** *(van vis)* Laich m^5: *~ schieten* laichen
kuitbeen Wadenbein o^{29}
kuitspier Wadenmuskel m^{17}
kukeleku kikeriki
kukelen purzeln
kul, kulkoek Blödsinn m^{19}, Unsinn m^{19}
kummel Kümmel m^9
kunde Können o^{39}, Könnerschaft v^{28}
kundig kundig, tüchtig: *een ~ arts* ein erfahrener Arzt; *ter zake ~* sachverständig
kundigheid 1 *(kennis)* Kenntnisse *mv* v^{24} **2** *(bekwaamheid)* Können o^{39}, Tüchtigkeit v^{28}
kunne Geschlecht o^{31}
¹**kunnen** *zn* Können o^{39}, Fähigkeit v^{20}
²**kunnen** *ww* können[194]: *(dat) kan best* mag sein; *het zou ~* es ist möglich; *dat kan niet* das ist unmöglich; *dat kan zo niet* das lässt sich so nicht machen; *het kan niet anders* es geht nicht anders; *dat kan ik echt niet* das schaffe ich nie; *ik kan niet meer* ich bin erschöpft; *daar kan ik niet bij* das ist mir zu hoch; *ik kan er niet meer tegen* ich ertrage es nicht länger; *hij kan er wat van* er hat es in+³ sich; *je kunt gerust zijn* du kannst ohne Sorge sein; *daar kun je van op aan* darauf kannst du dich verlassen; *hij kan me wat!* der kann mir (mal)!; *er ~ 2000 mensen in de zaal* der Saal fasst 2000 Menschen; *het kon erger* es hätte auch schlimmer kommen können; *hij kan er niets aan doen* er kann nichts dafür; *je kunt nooit weten* man kann nie wissen; *dat zou een idee van jou ~ zijn* dieser Einfall könnte von dir sein
kunst 1 Kunst v^{25}: *uit de ~!* meisterhaft! **2** *(handigheidje)* Kunstgriff m^5, Kunststück o^{29}, Kniff m^5: *dat is juist de ~* das ist eben der Kniff
kunstbloem Kunstblume v^{21}
kunsten Launen *mv* v^{21}, Flausen *mv* v^{21}
kunstenaar Künstler m^9
kunstenaarschap Künstlertum o^{39}
kunstenares Künstlerin v^{22}
kunstenmaker *(aansteller)* Firlefanz m^5
kunst- en vliegwerk: *met ~* mit Müh und Not
kunstgebit künstliches Gebiss o^{29}
kunstgeschiedenis Kunstgeschichte v^{21}
kunstgreep Kunstgriff m^5, Kniff m^5
kunsthandelaar Kunsthändler m^9
kunstheup künstliches Hüftgelenk o^{25}
kunstig kunstvoll, kunstreich
kunstijs Kunsteis o^{39}
kunstijsbaan Kunsteisbahn v^{20}
kunstje Kunststück o^{29}; *(truc)* Trick m^{13}, m^6, Kniff m^5: *zo is het een klein ~!* so ist es keine Kunst!
kunstkenner Kunstkenner m^9
kunstleer Kunstleder o^{39}
kunstlicht Kunstlicht o^{39}, künstliches Licht o^{39}
kunstliefhebber Kunstfreund m^5, Kunstliebhaber m^9
kunstmaan Erdsatellit m^{14}
kunstmatig künstlich
kunstmest Kunstdünger m^9
kunstnier künstliche Niere v^{21}
kunstnijverheid Kunsthandwerk o^{39}
kunstrijden Eiskunstlauf m^{19}
kunstrijder Eiskunstläufer m^9
kunstrijdster Eiskunstläuferin v^{22}
kunstschaats Kunstlaufschlittschuh m^5
kunstschilder Kunstmaler m^9, Maler m^9
¹**kunststof** *zn* Kunststoff m^5
²**kunststof** *bn* Kunststoff…
kunststuk Kunststück o^{29}
kunstverzameling Kunstsammlung v^{20}
kunstvezel Kunstfaser v^{21}
kunstvoorwerp Kunstgegenstand m^6
kunstwerk Kunstwerk o^{29}
kunstzijde Kunstseide v^{21}
kunstzinnig kunstsinnig
kuren eine Kur machen; *(inform)* kuren

kurk *(stofnaam)* Kork *m*[5]
kurk *(kurken stop)* Korken *m*[11]
kurkdroog knochentrocken
kurken *bn* korken, Kork...
kurken *ww* verkorken, zukorken
kurkentrekker Korkenzieher *m*[9]
kus Kuss *m*[6]
kushandje Kusshand *m*[6]
kussen *zn* 1 *(als steun)* Kissen *o*[35] 2 *(van stoelen enz.)* Polster *o*[33]
kussen *ww* küssen: *elkaar ~* sich küssen
kussensloop Kissenbezug *m*[6], Kissenüberzug *m*[6]
kust *(strand; strook land)* Küste *v*[21] || *(fig) de ~ is veilig* die Luft ist rein
kust: *te ~ en te keur* in Hülle und Fülle
kustplaats Küstenort *m*[5]
kuststreek Küstengebiet *o*[29]
kuststrook Küstenstreifen *m*[11], Küstenstrich *m*[5]
kustvaarder Küstenfahrzeug *o*[29]
kustwacht Küstenwache *v*[21]
kut *(inform)* Fotze *v*[21], Möse *v*[21]
kuur *(med)* Kur *v*[20]: *een ~ doen* eine Kur machen
kuur *(gril)* Laune *v*[21], Schrulle *v*[21]
kwaad *zn (het slechte)* Böse(s) *o*[40c]; *(kwade handeling)* Übel *o*[33]: *een noodzakelijk ~* ein notwendiges Übel; *van ~ tot erger* immer schlimmer; *~ van iem denken* von jmdm schlecht denken[140]; *iem ~ doen* jmdm etwas zuleide *(of:* zu Leide*)* tun; *dat doet meer ~ dan goed* das schadet mehr, als es nützt; *ik (hij enz.) zal je geen ~ doen!* es geschieht dir nichts (Böses)!; *dat zal hem geen ~ doen* das wird ihm nicht schaden; *dat kan geen ~* das schadet nicht; *~ met ~ vergelden* Böses mit Bösem vergelten[170]
kwaad *bn, bw* 1 *(slecht)* böse, schlimm, übel: *het zijn kwade tijden* es sind schlimme Zeiten; *het is ~ weer* es ist böses Wetter; *dat is lang niet ~* das ist gar nicht übel 2 *(boos, nijdig)* böse, zornig, verärgert: *iem ~ maken* jmdn böse machen; *~ worden* böse werden[310]; *~ zijn op iem* böse auf jmdn sein[262] || *het te ~ krijgen* sich nicht beherrschen können[194]
kwaadaardig 1 *(boos van aard)* böse, boshaft 2 *(gevaarlijk)* bösartig; *(med, ook)* maligne
kwaaddenkend argwöhnisch, misstrauisch
kwaadheid Ärger *m*[19], Zorn *m*[19]
kwaadschiks übel; *zie ook* goedschiks
kwaadspreken *(roddelen)* klatschen: *~ over iem* jmdn verleumden
kwaadspreker Verleumder *m*[9], Lästerer *m*[9]
kwaadwillig böswillig
kwaal 1 *(ziekte)* Übel *o*[33], Leiden *o*[35] 2 *(gebrek)* Fehler *m*[9], Laster *o*[33]
kwadratisch quadratisch
kwadraat Quadrat *o*[29], *o*[37]
kwajongen Bengel *m*[9], Schelm *m*[5]
kwajongensachtig schelmisch, schalkhaft
kwajongensstreek Lausbubenstreich *m*[5]
kwak 1 *(geluid)* Klatsch *m*[5] 2 *(massa)* Klacks *m*[5], Klecks *m*[5]

kwaken quaken
kwakkel: *aan de ~ zijn* kränkeln
kwakkelen 1 *(met gezondheid)* kränkeln 2 *(mbt het weer)* unbeständig sein[262]
kwakkelweer unbeständiges Wetter *o*[39]
¹**kwakken** *intr* schmettern, knallen
²**kwakken** *tr* schmettern, donnern, knallen
kwakzalver 1 *(in geneeskunde)* Quacksalber *m*[9] 2 *(bedrieger)* Scharlatan *m*[5] 3 *(knoeier in zijn vak)* Stümper *m*[9]
kwal 1 *(dierk)* Qualle *v*[21] 2 *(scheldw)* Ekel *o*[33]
kwalificatie Qualifikation *v*[20]
¹**kwalificeren** *tr* qualifizieren[320]
²**kwalificeren, zich** sich qualifizieren[320] (für[+4])
kwalijk übel, schlimm: *een ~e zaak* eine schlimme Sache; *iem iets ~ nemen* jmdm etwas übel nehmen[212]; *neemt u me niet ~!* Entschuldigung!, entschuldigen Sie!; *nou moet je me niet ~ nemen, maar ... nichts für ungut, aber ...*
kwalitatief qualitativ
kwaliteit 1 Qualität *v*[20] 2 *(rang, functie)* Funktion *v*[20], Eigenschaft *v*[20]: *in zijn ~ van voorzitter* in seiner Eigenschaft als Vorsitzender
kwaliteitsproduct Qualitätsware *v*[21]
kwantitatief quantitativ, mengenmäßig
kwantiteit Quantität *v*[20], Menge *v*[21]
kwantum Quantum *o (2e nvl -s; mv* Quanten*)*
kwantumkorting Mengenrabatt *m*[5]
kwark Quark *m*[19]
kwart Viertel *o*[33]: *het is ~ over 5* es ist Viertel nach 5; *het is ~ voor 5* es ist Viertel vor 5; *om ~ over 5* um viertel 6; *om ~ voor 5* um drei viertel 5
kwartaal Quartal *o*[29], Vierteljahr *o*[29]: *per ~* vierteljährlich, dreimonatlich
kwartaalcijfer(s) Quartalzahlen *(mv)*
kwartel Wachtel *v*[21]
kwartet Quartett *o*[29]
kwartfinale Viertelfinale *o*[33], *o*[36]
kwartier 1 *(tijdsduur)* Viertelstunde *v*[21] 2 *(van maan)* Viertel *o*[33] 3 *(stadswijk)* Viertel *o*[33] 4 *(onderkomen)* Quartier *o*[29]
kwartiertje Viertel *o*[33], Viertelstunde *v*[21]
kwartje Viertelgulden *m*[11]
kwarts Quarz *m*[5]
kwartshorloge, kwartsklok Quarzuhr *v*[20]
kwast 1 *(om te verven)* Pinsel *m*[9] 2 *(om te reinigen)* Bürste *v*[21] 3 *(knoest)* Ast *m*[6] 4 *(zot, gek)* Narr *m*[14], Pinsel *m*[9]; *(verwaand)* Geck *m*[14]: *rare ~* komischer Kauz *m*[6]
kwatong *(Belg)* Verleumder *m*[9]: *~en beweren ...* das Gerücht geht ...
kwebbel 1 *(persoon)* Quasseltante *v*[21] 2 *(mond)* Klappe *v*[21]: *houd je ~!* halt die Klappe!
kwebbelen quasseln, quatschen
kweek Zucht *v*[28], Züchtung *v*[20]
kweekplaats 1 Zuchtstätte *v*[21] 2 *(fig)* Brutstätte *v*[21]
kweekreactor Brüter *m*[9]
kweekvijver Fischteich *m*[5]

kweken 1 *(van dieren, planten)* züchten **2** *(opkweken)* heranziehen[318] **3** *(haat, verbittering)* erzeugen **4** *(behoefte)* wecken
kweker Züchter *m*[9]
kwekerij Gärtnerei *v*[20]
kwekken 1 *(praten)* schnattern, quatschen **2** *(mbt kikkers, eenden)* quaken
kwelgeest Quälgeist *m*[7]
kwellen quälen
kwelling Qual *v*[20], Plage *v*[21]
kwestie 1 Frage *v*[21]: *geen ~ van!* das kommt nicht in Frage! **2** *(onenigheid)* Streit *m*[5] **3** *(probleem)* Frage *v*[21], Problem *o*[29]: *de persoon in ~* die fragliche Person; *dat is de ~ niet* darum handelt es sich nicht **4** *(aangelegenheid)* Frage *v*[21], Sache *v*[21]: *dat is een ~ van smaak* das ist Geschmackssache
kwetsbaar verwundbar, verletzbar
kwetsbaarheid Verwundbarkeit *v*[28]; *(gevoeligheid)* Verletzlichkeit *v*[28]
kwetsen verwunden; verletzen *(ook fig)*
kwetsuur Verwundung *v*[20], Verletzung *v*[20]
kwetteren 1 *(mbt mensen)* schnattern, quatschen **2** *(mbt vogels)* zwitschern
kwibus Tüte *v*[21]: *gekke ~* komischer Kauz *m*[6]
kwiek 1 *(levendig)* flink, lebhaft, rege **2** *(zwierig)* keck, flott
kwijl Geifer *m*[19], Sabber *m*[19]
kwijlen geifern, sabbern
kwijnen 1 dahinschwinden[258], dahinsiechen **2** *(verflauwen)* abflauen
kwijnend 1 *(van gezondheid)* schwach, hinfällig **2** *(van planten)* hinwelkend
kwijt 1 *(verloren)* verloren, weg: *ik ben mijn bril ~* meine Brille ist weg; *iems naam ~ zijn* jmds Namen vergessen haben[182] **2** *(vrij, verlost van)* los: *iets wel ~ willen* etwas loswerden wollen[315] **3** *(zich ontdaan hebbend van)* los: *alles ~ zijn* alles los sein
kwijten: *een schuld ~* eine Schuld bezahlen; *zich van een plicht ~* sich einer Verpflichtung entledigen; *zich van een taak ~* eine Aufgabe erledigen
kwijting 1 *(betaling, afdoening)* Bezahlung *v*[20] **2** *(van taak)* Erfüllung *v*[20], Erledigung *v*[28]
kwijtraken 1 *(verliezen)* verlieren[300] **2** *(verlost worden van)* loswerden[310]
kwijtschelden 1 *(ontheffen)* erlassen[197] **2** *(vergeven)* vergeben[166]
kwijtschelding *(ontheffing)* Erlass *m*[5]; *(van straf)* Straferlass; *(gratie)* Begnadigung *v*[20]
kwik Quecksilber *o*[39]: *het ~ daalt* das Quecksilber (im Thermometer) fällt
kwinkslag Scherz *m*[5], Witz *m*[5]
kwintessens Quintessenz *v*[20]
kwintet Quintett *o*[29]
kwispelen, kwispelstaarten wedeln
kwistig freigebig; *(sterker)* verschwenderisch
kwistigheid Freigebigkeit *v*[28]
kwitantie Quittung *v*[20]

la *(lade)* Schublade v^{21}
laadbak 1 *(container)* Container m^9, Behälter m^9 **2** *(van vrachtauto)* Pritsche v^{21}
laadboom Ladebaum m^6
laadruimte Laderaum m^6
laadvermogen Ladefähigkeit v^{28}
laag *zn* **1** Schicht v^{20}; *(van delfstof ook)* Flöz o^{29}: *een ~ kolen* eine Kohlenschicht, ein Kohlenflöz **2** *(bevolkingsgroep)* Schicht v^{20} || *(fig) iem de volle ~ geven* jmdn abkanzeln; *(fig) de volle ~ krijgen* zur Schnecke gemacht werden[310]
laag *bn, bw* **1** *(van geringe hoogte)* niedrig, tief: *~ste punt* Tiefpunkt m^5; *zij woont één verdieping lager* sie wohnt eine Etage tiefer **2** *(muz)* tief: *~ zingen* tief singen[265] **3** *(gering)* niedrig, gering **4** *(min, gemeen)* niedrig, gemein, niederträchtig **5** *(gering van stand)* nieder, niedrig: *lagere school* Grundschule v^{21}
laag-bij-de-gronds banal, ordinär
laagbouw Flachbau *m (2e nvl -(e)s; mv -ten)*
laaggeschoold *(beperkt opgeleid)* angelernt; *(sterker)* unqualifiziert: *~e arbeid* einfache Arbeit, unqualifizierte Arbeit
laaghartig niederträchtig, gemein
laagheid 1 *(lett)* Niedrigkeit v^{28} **2** *(fig)* Niedertracht v^{28}
laagland Tiefland o^{32}, o^{29}; *(aan kust, langs rivier)* Niederung v^{20}
laagseizoen Nebensaison v^{27}
laagsgewijs schicht(en)weise
laagstbetaalde Mindestlohnempfänger m^9
laagte 1 *(het laag zijn)* Niedrigkeit v^{28} **2** *(diepte)* Tiefe v^{21}; *(in de grond)* Senkung v^{20}, Mulde v^{21}
laagtij Niedrigwasser o^{33}
laagvlakte Tiefebene v^{21}, Tiefland o^{32}, o^{29}
laagvliegen Tiefflug m^6
laagwater Niedrigwasser o^{33}
laaien lodern: *~d enthousiasme* flammende Begeisterung; *~d enthousiast* hell begeistert
laakbaar tadelnswert, tadelnswürdig
laan Allee v^{21}: *iem de ~ uitsturen* jmdn feuern
laars Stiefel m^9: *hij weet er geen ~ van* er weiß nicht die Bohne davon; *(fig) iets aan zijn ~ lappen* sich nicht den Teufel um[+4] etwas scheren[236]
laat spät: *later* später; *(daarna)* nachher; *tot ~ in de nacht* bis spät in die Nacht; *hoe ~ is het?* wie

spät ist es?; *hoe ~?* wie spät?; *(fig) weten hoe ~ het is* wissen, was die Glocke geschlagen hat; *we zijn wat (te) ~* wir haben uns verspätet; *te ~ komen* zu spät kommen[193]
laatbloeier *(fig)* Spätentwickler m^9
laatdunkend dünkelhaft, eingebildet
laatdunkendheid Dünkel m^{19}, Einbildung v^{28}
laatkomer Nachzügler m^9
¹**laatst** *bn* letzt: *de ~e keer* das letzte Mal; *de ~e van de maand* der Letzte des Monats; *in de ~e tijd* in letzter Zeit, neuerdings; *van de ~e tijd* neuzeitlich, modern; *de ~e hand aan iets leggen* letzte Hand an[+4] etwas legen
²**laatst** *bw* **1** *(onlangs)* neulich, kürzlich, vor kurzem **2** *(in combinatie met 'het')* zuletzt: *op het ~ zuletzt; tot het ~ toe* bis zum Ende; *op z'n ~* spätestens
laatste Letzte(r) m^{40a}, v^{40b}
laatstgenoemde Letztgenannte(r) m^{40a}, v^{40b}
laatstleden vorig, letzt
laattijdig *(Belg)* spät
lab Labor o^{29}, o^{36}
label 1 *(adreskaartje)* Anhänger m^9 **2** *(etiket)* Etikett o^{29}, o^{37}, o^{36}, Aufkleber m^9
labeur *(Belg)* Schwerarbeit v^{28}
labeuren *(Belg)* sich abarbeiten, schuften
labiel labil
labo *(Belg)* Labor o^{29}, o^{36}
laborant Laborant m^{14}
laboratorium Laboratorium *o (2e nvl -s; mv -rien)*, Labor o^{29}, o^{36}
labyrint *(ook fig)* Labyrinth o^{29}
lach Lachen o^{39}: *in de ~ schieten* auflachen
lachbui Lachanfall m^6
lachen *(hoorbaar)* lachen; *(alleen zichtbaar)* lächeln: *~ om iets* über[+4] etwas lachen; *zich krom ~* sich[³] einen Ast lachen; *het is om te ~* das ist zum Lachen; *ik kan er niet om ~* mir ist nicht zum Lachen; *iem aan het ~ maken* jmdn zum Lachen bringen[139]; *ik lach erom!* ich mache mir (gar) nichts daraus!; *laat me niet ~!* dass ich nicht lache!
lachend lachend; *(zacht, lief)* lächelnd
lacher Lacher m^9: *de ~s op zijn hand hebben* die Lacher auf seiner Seite haben[182]
lacherig lachlustig
lachertje Witz m^5: *dit plan is een ~* dieser Plan ist lächerlich
lachje Lächeln o^{39}
lachlust Lachlust v^{28}
lachspier Lachmuskel m^{17}: *op de ~en werken* die Lachmuskeln arg strapazieren
lachwekkend lächerlich, zum Lachen
laconiek lakonisch
lacune Lücke v^{21}
ladder 1 *(ook fig)* Leiter v^{21}: *dubbele ~* Stehleiter **2** *(in kous e.d.)* Laufmasche v^{21}, Masche v^{21} **3** *(muz)* Tonleiter v^{21}
ladderen eine Laufmasche bekommen[193]

lade Schublade v^{21}, Schubfach o^{32}
laden 1 laden^{196} **2** *(beladen)* beladen^{196}
lading Ladung v^{20}: *explosieve* ~ Sprengladung
lady Lady v^{27}
ladyshave Ladyshave m^{13}
laf 1 *(lafhartig)* feige **2** *(mbt spijzen)* fade
lafaard, lafbek Feigling m^5, Angstmeier m^9
lafenis *(ook fig)* Labsal o^{29}
lafhartig feige
lafhartigheid Feigheit v^{28}
lafheid 1 Feigheit v^{28} **2** Fadheit v^{28}; *zie ook* laf
lagedrukgebied Tiefdruckgebiet o^{29}, Tief o^{36}
lagelonenland Niedriglohnland o^{32}, Billiglohnland o^{32}
lager 1 *(techn)* Lager o^{33} **2** *(kamp)* Lager o^{33}
lagerwal: *aan* ~ *komen* herunterkommen^{193}
¹lak *(lakverf)* Lack m^5
²lak *(maling) ik heb* ~ *aan hem* ich schere mich den Teufel um ihn; *ik heb er* ~ *aan* es ist mir schnuppe
lakei Lakai m^{14}
¹laken zn **1** *(wollen weefsel)* Tuch o^{29} **2** *(op bed)* Bettuch o^{32}: *(fig) de* ~*s uitdelen* das Sagen haben^{182}
²laken ww tadeln, rügen
lakken lackieren^{320}
lakleer Lackleder o^{33}
lakleren aus Lackleder, Lack...
laks lasch
laksheid Laschheit v^{20}
lakverf Lackfarbe v^{21}
lallen lallen
¹lam zn Lamm o^{32}
²lam bn, bw **1** *(verlamd)* lahm, gelähmt: *iem* ~ *slaan* jmdn krumm und lahm schlagen^{241} **2** *(mbt schroef)* ausgeleiert **3** *(beroerd, akelig)* misslich, elend **4** *(dronken)* blau ‖ *zich* ~ *schrikken* einen Heidenschreck bekommen^{193}
lama 1 *(dierk)* Lama o^{36} **2** *(stof)* Lama o^{39}
lambrisering Täfelung v^{20}, Vertäfelung v^{20}
lamel Lamelle v^{21}
lamenteren lamentieren^{320}
lamheid Lahmheit v^{28}, Gelähmtheit v^{28}: *met* ~ *geslagen* wie gelähmt
lamleggen lahm legen
lamlendig 1 *(naar, beroerd)* elend **2** *(traag)* lahm, matt
lamme Lahme(r) m^{40a}, v^{40b}
lamp Lampe v^{21}; *(gloeilamp)* Birne v^{21}: *staande* ~ Stehlampe ‖ *(fig) tegen de* ~ *lopen* erwischt werden^{310}
lampenkap Lampenschirm m^5
lampion Lampion m^{13}, *zelden* o^{36}
lamplicht Lampenlicht o^{39}
lamsbout Lammkeule v^{21}
lamstraal Ekel o^{33}
lamsvlees Lammfleisch o^{39}; *(bereid)* Lammbraten m^{11}
lamswol Lammwolle v^{28}

lanceerbasis Abschussbasis v *(mv -basen)*
lanceerinrichting Abschussrampe v^{21}
lanceerprijs *(Belg)* Einführungspreis m^5
lanceren 1 *(van raket, torpedo)* abschießen^{238} **2** *(van bericht, mode, artikel)* lancieren^{320}
land 1 Land o^{32}: ~ *van herkomst* Heimat v^{20}; ~ *en volk* Land und Leute; *'s* ~*s wijs, 's* ~*s eer* andere Länder, andere Sitten; *producten uit eigen* ~ (ein)heimische Produkte **2** *(het platteland)* Land o^{39}: *op het* ~ *gaan wonen* aufs Land ziehen^{318} ‖ *hier te* ~*e* hierzulande, hier zu Lande; *ik heb het* ~ *aan hem* ich kann ihn nicht leiden^{199}
landbouw Landbau m^{19}, Ackerbau m^{19}: ~ *en veeteelt* Landwirtschaft v^{28}; *minister van Landbouw* Landwirtschaftsminister m^9
landbouwartikel landwirtschaftlicher Artikel m^9
landbouwbedrijf Landwirtschaftsbetrieb m^5
landbouwer Landwirt m^5
landbouwgebied Agrargebiet o^{29}
landbouwgrond Ackerboden m^{12}, Ackerland o^{39}
landbouwkundige Agronom m^{14}
landbouwmachine Landmaschine v^{21}
landbouwpolitiek Agrarpolitik v^{28}
landbouwproduct Agrarprodukt o^{29}
landbouwschool Landwirtschaftsschule v^{21}
landbouwuniversiteit landwirtschaftliche Hochschule v^{21}
landbouwwerktuig landwirtschaftliches Gerät o^{29}
landelijk 1 ländlich **2** *(nationaal)* national; *(in Duitsland vaak)* bundesweit, Bundes...: ~*e dagbladen* überregionale Zeitungen
landen landen (an, auf, in^{+3})
landengte Landenge v^{21}
landenklassement Länderwertung v^{20}
landenwedstrijd Länderkampf m^6; *(vooral voetbal)* Länderspiel o^{29}
landerijen Ländereien *mv* v^{20}
landgenoot Landsmann m *(2e nvl -(e)s; mv -leute)*
landgenote Landsmännin v^{22}
landgoed Landgut o^{32}, Gut o^{32}
landhuis Landhaus o^{32}
landing Landung v^{20}
landingsbaan Landebahn v^{20}, Landepiste v^{21}
landingscapsule Landekapsel v^{21}
landingsgestel Fahrgestell o^{29}, Fahrwerk o^{29}
landingsplaats Landestelle v^{21}, Landeplatz m^6
landingstroepen Landungstruppen *mv* v^{21}
landingsvaartuig Landungsfahrzeug o^{29}
landinwaarts landeinwärts
landkaart Landkarte v^{21}
landloper Landstreicher m^9, Stromer m^9
landmacht Heer o^{29}, Landstreitkräfte *mv* v^{25}
landmark Wahrzeichen o^{35}
landmeter Land(ver)messer m^9
landmijn Landmine v^{21}

landontginning Urbarmachung v^{20}
landsbelang Staatsinteresse o^{38}
landschap Landschaft v^{28}
landschappelijk landschaftlich
landschapspark Landschaftsschutzgebiet o^{29}
landschapszorg *(Belg)* Landschaftspflege v^{28}
landsgrens Landesgrenze v^{21}
landskampioen Landesmeister m^9
landstreek Landstrich m^5, Gegend v^{20}
landsverdediging *(Belg)* Verteidigung v^{20}: *ministerie van Landsverdediging* Verteidigungsministerium o *(2e nvl -s; mv -rien)*
landtong Landzunge v^{21}
landverraad Landesverrat m^{19}
landverrader Landesverräter m^9
landweg Landweg m^5
landwijn Landwein m^5
landwind Landwind m^5
landwinning Landgewinnung v^{28}
lang *bn, bw* **1** *(mbt ruimte en afstand)* lang^{58}: *zij zijn even ~* sie sind gleich groß **2** *(lange tijd)* lange: *~ geleden* vor langer Zeit; *vrij ~* längere Zeit; *op zijn ~st* höchstens; *sedert ~* seit langem; *~ van stof* langatmig || *bij ~e (na) niet* bei weitem nicht; *dat is ~ niet kwaad* das ist gar nicht übel; *hoe ~er, hoe mooier* immer schöner
langdradig weitschweifig, langatmig
langdurig länger: *~e droogte* anhaltende Dürre; *~e vriendschap* langjährige Freundschaft; *~werkloze* Dauerarbeitslose(r) m^{40a}, v^{40b}; *~e ziekte* langwierige Krankheit
langeafstandsraket Langstreckenrakete v^{21}
langeafstandsvlucht Langstreckenflug m^6
langetermijngeheugen Langzeitgedächtnis o^{29a}
langgehoopt lang ersehnt
langgerekt 1 *(mbt vorm)* gedehnt **2** *(van lange duur, lang volgehouden)* lang gezogen
langharig langhaarig
langjarig langjährig
langlauf Langlauf m^{19}
langlaufen langlaufen; Langlauf betreiben^{290}
langlaufer Langläufer m^9
langlopend langfristig
langparkeerder Dauerparker m^9
¹**langs** *bw* **1** entlang-, herunter-: *de straat ~ gaan* die Straße entlanggehen^{168} *(of:* heruntergehen) **2** *(voorbij)* vorbei-: *(bij iem) ~ komen* (bei jmdm) vorbeikommen^{193}; *iem ervan ~ geven: a) (slaan)* jmdn durchprügeln; *b) (terechtwijzen)* jmdn rüffeln; *ergens niet ~ kunnen* nicht umhinkönnen^{194}
²**langs** *vz* **1** *(in de lengte van)* entlang^{97}, an^{+3} ... entlang: *~ het bos* entlang dem Wald, den Wald entlang, am Wald entlang **2** *(voorbij)* an^{+3} ... vorbei, an^{+3} ... vorüber: *ik kom ~ uw huis* ich komme an Ihrem Hause vorbei *(of:* vorüber) **3** *(aan)* an^{+3}: *de bomen ~ de weg* die Bäume am Weg **4** *(via, op)* auf^{+3}: *~ de kortste weg* auf dem kürzesten Wege
langslaper Langschläfer m^9

langspeelplaat Langspielplatte v^{21} *(afk* LP v^{27}*)*
¹**langszij** *bw* längsseits
²**langszij** *vz* längsseits^{+2}
languit der Länge nach, längelang
langwerpig länglich
langzaam langsam: *~ aan!* immer schön langsam!
langzaamaanactie Bummelstreik m^{13}
langzamerhand allmählich, nach und nach
lankmoedig langmütig
lans Lanze v^{21}: *(fig) een ~ breken voor iem, iets* für jmdn, für^{+4} etwas eine Lanze brechen^{137}
lansiers *(Belg)* Panzertruppen *mv* v^{21}
lantaarn Laterne v^{21}
lantaarnpaal Laternenpfahl m^6
lanterfanten herumlungern
lap 1 *(stuk stof)* Lappen m^{11}, Stück o^{29} Stoff **2** *(waarmee men iets verstelt)* Flicken m^{11} **3** *(poetslap)* Lappen m^{11} **4** *(vod)* Fetzen m^{11} **5** *(stuk)* Stück o^{29}: *een ~ grond* ein Grundstück **6** *(stukje vlees)* Stück o^{29}, Scheibe v^{21}
lapje: *iem voor het ~ houden* jmdn auf den Arm nehmen^{212}
lapmiddel Notbehelf m^5
lapnaam *(Belg)* **1** *(toenaam)* Beiname m^{18} **2** *(spotnaam)* Spitzname m^{18}, Scherzname m^{18}
lappen 1 *(ver-, herstellen)* flicken **2** *(ruiten)* ledern: *ramen ~* Fenster ledern **3** *(sp)* überrunden **4** *(slim uitvoeren)* deichseln: *dat heeft hij 'm gauw gelapt* das hat er fix gemacht; *wie heeft me dat gelapt?* wer hat mir diesen Streich gespielt? **5** *(geld bijeenbrengen)* Geld zusammenlegen
lappenmand Flickkorb m^6: *in de ~ zijn* kränkeln
laptop Laptop m^{13}
lapwerk Flickwerk o^{39}
larderen *(ook fig)* spicken
larie, lariekoek Larifari o^{39}, Quatsch m^{19}
lariks Lärche v^{21}
larve Larve v^{21}
las 1 *(verbindingsstuk)* Lasche v^{21} **2** *(lasplaats)* Schweißstelle v^{21}
lasagne Lasagne *(mv)*
lasapparaat Schweißgerät o^{29}
laser Laser m^9
lasergestuurd lasergesteuert
lasergun Laserpistole v^{21}
laserprinter Laserdrucker m^9
lasershow Lasershow v^{27}
laserstraal Laserstrahl m^{16}
laserwapen Laserwaffe v^{21}
lasnaad Schweißnaht v^{25}
lassen schweißen
lasser Schweißer m^9
lasso Lasso m^{13}, o^{36}
last 1 *(wat zwaar is)* Last v^{20} **2** *(druk, nood, hinder)* Last v^{20}, Bürde v^{21}: *de ~ der jaren* die Bürde der Jahre; *~ met de spijsvertering* Verdauungsbeschwerden *mv* v^{21}; *daar krijg je nog ~ mee!* damit bekommst du noch Ärger; *~ van slapeloos-*

lastdier

heid hebben an Schlaflosigkeit leiden[199]; *iem ~ bezorgen* jmdm Schwierigkeiten machen; *~ veroorzaken* belästigen; *hebt u ~ van de zon?* stört Sie die Sonne? **3** *(beschuldiging)* Last v^{20}: *iem iets ten ~e leggen* jmdm etwas zur Last legen **4** *(lading, vracht)* Ladung v^{20}, Fracht v^{20} **5** *(financiële verplichtingen)* Last v^{20}, Kosten *(mv)*, Abgaben *(mv)*: *buitengewone ~en* außergewöhnliche Belastungen; *sociale ~en* Soziallasten, Sozialabgaben; *ten ~e van de koper komen* zulasten *(of:* zu Lasten) des Käufers gehen[168] **6** *(bevel, opdracht)* Befehl m^5: *op ~ van* auf Befehl[+2]

lastdier Lasttier o^{29}
lastendruk Belastung v^{20}
lastenverzwaring zusätzliche Belastung v^{20}
laster Verleumdung v^{20}
lasteraar Verleumder m^9, Lästerer m^9
lastercampagne Verleumdungskampagne v^{21}
lasteren verleumden; *God ~* Gott lästern
lasterlijk verleumderisch; *(mbt God)* lästerlich
lasterpraatje verleumderische Rede v^{21}
lastgever Auftraggeber m^9; *(jur)* Mandant m^{14}
lastgeving Auftrag m^6
lasthebber Beauftragte(r) m^{40a}, v^{40b}
lastig 1 *(vervelend)* lästig, unbequem: *een ~ kind* ein lästiges Kind **2** *(moeilijk)* schwer, schwierig, heikel, misslich: *een ~e situatie* eine missliche *(of:* heikle) Lage; *een ~ examen* ein schwieriges Examen
lastigvallen belästigen
lastpaard Lastpferd o^{29}
lastpak, lastpost lästiger Mensch m^{14}, lästiges Kind o^{31}
lat Latte v^{21}: *(sp) onder de ~ staan* im Tor stehen[279]; *schot op de ~* Schuss an die Latte; *op de ~ kopen* auf Pump kaufen
¹laten *zelfst ww* lassen[197]: *iets ~ voor wat het is* etwas gut sein lassen; *laat dat!* lass das (sein)!; *laat maar!* lassen Sie nur!; *we zullen alles maar zo ~* wir wollen alles beim Alten lassen; *we zullen het hierbij ~* wir wollen es hierbei bewenden lassen; *ik kan niet ~ u te zeggen* ich kann nicht umhin, Ihnen zu sagen
²laten *hulpww* lassen[197]: *dat laat zich denken* das lässt sich denken; *ik heb mijn agenda thuis ~ liggen* ich habe meinen Terminkalender zu Hause liegen lassen[197]; *ik heb geen geld voor een fiets, laat staan voor een auto* ich habe kein Geld für ein Fahrrad, geschweige (denn) für ein Auto; *een vak ~ vallen* ein Fach abwählen; *~ vragen hoe het gaat* fragen lassen, wie es geht; *men liet het mij weten* man ließ es mich wissen; *~ ze het maar doen!* sollen sie es doch tun!; *~ we elkaar helpen!* wir wollen uns³ gegenseitig helfen; *laat ik nu oppassen!* jetzt heißt es aufpassen!; *~ we er niet meer over praten!* Schwamm drüber!; *laat ik maar zwijgen!* darüber kann ich besser schweigen!
latent latent
later später: *op ~e leeftijd* in fortgeschrittenem Alter

latertje: *dat wordt een ~* es wird spät werden
Latijn Latein o^{39}: *~ leren* Latein lernen
Latijns lateinisch: *~ Amerika* Lateinamerika o^{39}
latrelatie LAT-Beziehung v^{20}, Living-apart-together-Beziehung v^{20}, Wochenendbeziehung v^{20}
latwerk 1 *(hekwerk)* Lattenzaun m^6 **2** *(geraamte van hout)* Lattengerüst o^{29}
lauw *(ook fig)* lau
lauwer Lorbeer m^{16}: *~en behalen* Lorbeeren ernten
lauweren mit Lorbeeren krönen
lauwerkrans Lorbeerkranz m^6
lauwwarm lau(warm)
lava Lava *v (mv Laven)*
lavabo *(Belg)* Waschbecken o^{35}
lavastroom Lavastrom m^6
laveloos sternhagelvoll
laven laben: *zich ~ aan* sich laben an[+3]
lavendel Lavendel m^9
laveren 1 *(scheepv)* kreuzen **2** *(fig)* lavieren[320] **3** *(dronken)* taumeln
lavet Sitzbadewanne v^{21}
lawaai Lärm m^{19}; *(van mensen ook)* Radau m^{19}: *hinder van het ~* Lärmbelästigung v^{20}; *~ maken (schoppen)* lärmen
lawaaierig lärmend, geräuschvoll
lawaaimaker 1 Lärmmacher m^9 **2** *(opschepper)* Aufschneider m^9
lawine *(ook fig)* Lawine v^{21}
laxeermiddel Abführmittel o^{33}, Purgiermittel o^{33}
laxeren laxieren[320]
lazaret Lazarett o^{29}
lazarus *(plat)* stockbesoffen, sternhagelvoll
lazer: *iem op zijn ~ geven:* a) *(een standje)* jmdm einen Rüffel erteilen; b) *(pak slaag)* jmdm das Leder gerben
¹lazeren *intr (plat)* **1** *(vallen)* segeln, fliegen[159]; *(botsen)* donnern **2** *(zaniken)* quengeln
²lazeren *tr (plat) (smijten)* donnern, schmeißen[247]
lcd *afk van liquid crystal display* LCD o^{36}
lcd-scherm LCD-Screen m^{13}, LCD-Schirm m^5
leao Handelsschulunterricht m^{19}
leasen leasen
leasing Leasing o^{36}
lector 1 *(van uitgeverij)* Lektor m^{16} **2** *(aan universiteit)* Dozent m^{14}
lectuur Lektüre v^{21}
ledematen Glieder *mv* o^{31}, Gliedmaßen *mv* v^{21}
ledenlijst Mitgliederliste v^{21}
ledental Mitgliederzahl v^{20}
ledenvergadering Mitgliederversammlung v^{20}
leder *zie* ¹leer
lederen *zie* ²leren
lederwaren Lederwaren *mv* v^{21}
ledigen (ent)leeren
lediggang, ledigheid Müßiggang m^{19}
lediging Leerung v^{20}, Entleerung v^{20}

ledikant Bett *o*³⁷, Bettgestell *o*²⁹
leed Leid *o*³⁹, Kummer *m*¹⁹: *het doet me* ~ es tut mir Leid; *iem* ~ *veroorzaken* jmdm Kummer machen; *niemand* ~ *doen* keinem etwas zuleide (*of:* zu Leide) tun²⁹⁵
leedvermaak Schadenfreude *v*²⁸: *vol (met)* ~ schadenfroh
leedwezen Bedauern *o*³⁹: *tot ons* ~ zu unserem Bedauern
leefbaar: *het bestaan* ~ *maken* das Dasein lebenswert gestalten; *een huis* ~ *maken* ein Haus wohnlich machen
leefbaarheid Lebensqualität *v*²⁸
leefklimaat Lebensumstände *mv m*⁶
leefmilieu (*Belg*) Umwelt *v*²⁰
leefregel Lebensregel *v*²¹
leeftijd Alter *o*³³: *op twintigjarige* ~ im Alter von 20 Jahren, mit 20 Jahren; *op die* ~ in dem Alter; *een man op* ~ ein Mann in vorgerücktem Alter; *hij is al op* ~ er ist schon bei Jahren; *als men op* ~ *komt* wenn man älter wird; *hij is van mijn* ~ er ist in meinem Alter; *(film) alle* ~*en* jugendfrei; *(Belg) de derde* ~ die Senioren
leeftijdsgrens Altersgrenze *v*²¹
leeftijdsgroep Altersgruppe *v*²¹
leeftijdsklasse Altersklasse *v*²¹
leefwijze Lebensweise *v*²¹
leeg leer: *lege band* Plattfuß *m*⁶
leegdrinken leeren, austrinken²⁹³
leeggoed (*Belg*) Leergut *o*³⁹
leegheid Leere *v*²⁸, Leerheit *v*²⁰
leeghoofd Hohlkopf *m*⁶
leeglopen 1 (*mbt vat enz.*) leer laufen¹⁹⁸ **2** (*mbt zaal*) sich leeren **3** (*niets doen*) faulenzen
leegloper Müßiggänger *m*⁹
leegmaken leeren, leer machen
leegpompen auspumpen, leer pumpen
leegrijden, zich sich verausgaben
leegstaan leer stehen²⁷⁹
leegstand Leerstehen *o*³⁹
leegte Leere *v*²⁸, (*fig ook*) Öde *v*²¹
leek Laie *m*¹⁵: *volslagen* ~ blutiger Laie
leem Lehm *m*¹⁹
leemte Lücke *v*²¹: *zonder* ~ lückenlos
leen: *iem geld te* ~ *geven* jmdm Geld leihen²⁰⁰ (*of: borgen*); *een boek van iem te* ~ *krijgen* von jmdm ein Buch geliehen bekommen¹⁹³; *(inform) iem geld te* ~ *vragen* jmdn anpumpen
leenbank Leihhaus *o*³², Pfandhaus *o*³²
leep schlau, gerissen
leer (*leder*) Leder *o*³³: *van* ~ *trekken* vom Leder ziehen³¹⁸; ~ *om* ~ Wurst wider⁺⁴ Wurst
leer (*lering*) Lehre *v*²¹: *laat je dat een* ~ *zijn!* das soll dir eine Lehre sein!
leerboek Lehrbuch *o*³²
leercontract Ausbildungsvertrag *m*⁶
leergang Lehrgang *m*⁶, Kurs *m*⁵
leergeld (*ook fig*) Lehrgeld *o*³¹
leergierig lernbegierig, lerneifrig

leergierigheid Lernbegier(de) *v*²⁸, Lerneifer *m*¹⁹
leergraag lernbegierig, lerneifrig
leerjaar Lehrjahr *o*²⁹, Schuljahr *o*²⁹
leerjongen Lehrjunge *m*¹⁵, Auszubildende(r) *m*⁴⁰ᵃ, *v*⁴⁰ᵇ
leerkracht Lehrkraft *v*²⁵
leerling 1 (*scholier*) Schüler *m*⁹ **2** (*leerjongen, -meisje*) Lehrling *m*⁵; (*met leerovereenkomst*) Auszubildende(r) *m*⁴⁰ᵃ, *v*⁴⁰ᵇ **3** (*volgeling*) Jünger *m*⁹, Schüler *m*⁹
leerling-verpleegster Lernschwester *v*²¹
leerlooien gerben
leermeester Lehrer *m*⁹
leermiddel Lehrmittel *o*³³
leerovereenkomst Lehrvertrag *m*⁶
leerplan Lehrplan *m*⁶
leerplichtig schulpflichtig
leerproces Lernprozess *m*⁵
leerrijk lehrreich
leerschool Schule *v*²¹
leerstelling Lehrsatz *m*⁶
leerstof (*door leerling te verwerken*) Lernstoff *m*⁵; (*te doceren stof*) Lehrstoff *m*⁵
leertijd (*ambacht*) Lehrzeit *v*²⁸; (*anders*) Schulzeit *v*²⁸
leervergunning (*Belg*) Übungsführerschein *m*⁶
leerweg (*ongev*) Studienrichtung *v*²⁰; (*zelden*) Lehrweg *m*⁵
leerzaam 1 (*leergierig*) lernbegierig **2** (*leerrijk*) lehrreich, aufschlussreich
leesapparaat Leseautomat *m*¹⁴, Lesegerät *o*²⁹
leesbaar lesbar; (*van schrift ook*) leserlich
leesblind leseblind
leesboek Lesebuch *o*³²
leesbril Lesebrille *v*²¹
leeslamp Leselampe *v*²¹
leesmap, leesportefeuille Lesemappe *v*²¹
leesmoeder (*ongev*) Mutter *v*²⁶ die beim Leseunterricht hilft
leesstof Lesestoff *m*⁵
leest 1 Leisten *m*¹¹: *op de* ~ *slaan* (*of: zetten*) über den Leisten schlagen²⁴¹ **2** (*taille*) Taille *v*²¹ **3** (*vorm van het lichaam*) Wuchs *m*¹⁹ || (*fig*) *op dezelfde* ~ *schoeien* über einen Leisten schlagen²⁴¹
leesteken Satzzeichen *o*³⁵, Interpunktionszeichen *o*³⁵
leesvoer Lesestoff *m*¹⁹, Lektüre *v*²¹
leeuw Löwe *m*¹⁵
leeuwenbek (*ook plantk*) Löwenmaul *o*³⁹
leeuwendeel Löwenanteil *m*¹⁹
leeuwenmoed Löwenmut *m*¹⁹
leeuwentemmer Löwenbändiger *m*⁹
leeuwerik Lerche *v*²¹
leeuwin Löwin *v*²²
lef Mumm *m*¹⁹, Schneid *m*¹⁹
lefgozer Dicktuer *m*⁹
legaal legal, gesetzlich
legalisatie Legalisation *v*²⁰, Legalisierung *v*²⁰
legaliseren legalisieren³²⁰, beglaubigen

legbatterij Legebatterie v^{21}
legen (ent)leeren
legendarisch legendär
legende Legende v^{21}
leger 1 *(ligplaats)* Lager o^{33} **2** *(landmacht)* Heer o^{29}; *(leger(korps))* Armee v^{21}: ~, *marine en luchtmacht* Streitkräfte mv v^{25}; *(in BRD ook)* Bundeswehr v^{28}; ~ *des Heils* Heilsarmee v^{28} **3** *(grote menigte)* Heer o^{29}
legercommandant Heerführer m^9
legeren lagern
¹legering Lagern o^{39}
²legering Legierung v^{20}
legerkamp Heerlager o^{33}, Feldlager o^{33}
legerkorps Armeekorps o (2e nvl -; mv -)
legerleiding Heeresleitung v^{20}
legermacht Heer o^{29}, Armee v^{21}
legerplaats Lager o^{33}
leges Gebühren mv v^{20}: *vrij van* ~ gebührenfrei
leggen legen: *de hoorn op de haak* ~ den Hörer auflegen; *een kaartje* ~ Karten spielen; *kabels* ~ Kabel (ver)legen; *iets opzijleggen:* a) *(lett)* etwas beiseite legen; b) *(sparen)* etwas auf die hohe Kante legen
leghen Legehenne v^{21}, Legehuhn o^{32}
legio: *zij heeft* ~ *vrienden* sie hat eine Unzahl Freunde
legioen Legion v^{20}
legislatuur 1 *(wetgevende macht)* Legislative v^{21} **2** *(Belg) (periode)* Legislaturperiode v^{21}
legitiem legitim: ~*e portie* Pflichtteil m^5
legitimatie *(identiteitsbewijs)* Ausweis m^5
legitimatiepapieren Ausweispapiere mv o^{29}
¹legitimeren *tr* legitimieren^{320}
²legitimeren, zich sich ausweisen
legkast Wäscheschrank m^6
legkip Legehenne v^{21}, Legehuhn o^{32}
legpuzzel Puzzle o^{36}, Puzzlespiel o^{29}
leguaan Leguan m^5
¹lei *(stofnaam)* Schiefer m^9
²lei 1 *(om op te schrijven)* Schiefertafel v^{21} **2** *(op het dak)* Schieferplatte v^{21}
³lei *(Belg)* Allee v^{21}
leiden *(algem)* führen; *(richting aan iets geven, ook)* leiten, lenken; *(besturen)* leiten: *een bedrijf* ~ einen Betrieb leiten *(of:* führen); *een delegatie* ~ eine Delegation führen; *een school* ~ eine Schule leiten; *een vergadering* ~ eine Versammlung leiten; *dat leidt tot niets* das führt zu nichts
leider 1 *(persoon die leidt)* Leiter m^9, Führer m^9 **2** *(sp)* Spitzenreiter m^9; *(ploeg, ook)* Tabellenführer m^9 **3** *(dictator)* Führer m^9
leiderschap Führerschaft v^{20}, Leitung v^{28}
leiderspositie Spitzenposition v^{20}
leiding 1 *(het leiden, bestuur)* Leitung v^{28}, Führung v^{28}: *onder* ~ *staan* geleitet *(of:* geführt*)* werden^{310}; *(sp) de* ~ *nemen* die Führung übernehmen^{212} **2** *(buis, e.d.)* Leitung v^{20}
leidinggevend leitend, führend: ~ *personeel* leitende Angestellte mv^{40}
leidingnet Leitungsnetz o^{29}
leidingwater Leitungswasser o^{39}
leidmotief Leitmotiv o^{29}
leidraad 1 *(richtsnoer)* Leitlinie v^{21} **2** *(handleiding)* Leitfaden m^{12}, Anleitung v^{20}
leidsel Zügel m^9, Zaum m^6
leidsman Führer m^9
leidster, leidsvrouw Führerin v^{22}
leien Schiefer…, aus Schiefer, Schiefer…
leisteen Schiefer m^9
¹lek *zn* **1** *(algem)* undichte Stelle v^{21} **2** *(plaats waar vloeistof doorlekt)* Leck o^{36}, Leckage v^{21}
²lek *bn* *(algem)* undicht; *(vloeistoffen doorlatend)* leck: *een* ~*ke band hebben* einen Plattfuß *(of:* Platten*)* haben^{182}
lekkage 1 Leckage v^{21} **2** *(het lek)* Leck o^{36}
lekken *(algem)* undicht sein^{262}; *(van vloeistoffen)* lecken
lekker 1 *(smakelijk)* lecker, appetitlich: *een* ~ *hapje* ein Leckerbissen; *het smaakt* ~ es schmeckt lecker **2** *(mbt geur)* gut, angenehm: *het ruikt* ~ es riecht gut **3** *(plezierig)* angenehm, behaglich, bequem: ~ *weer* angenehmes Wetter; *die schoenen zitten* ~ diese Schuhe sitzen bequem **4** *(mbt gezondheid)* wohl: *ik voel me niet* ~ ich fühle mich nicht wohl **5** *(met leedvermaak)* schön: *die hebben we ~ beetgehad* den haben wir schön angeführt; *ik doe het* ~ *toch* ich tue es doch **6** *(als aansporing)* schön, fein ‖ *je bent niet* ~*!* du bist wohl nicht ganz gescheit!; *dank je* ~*!* ich danke!; *je bent me een* ~*e* du bist mir der, die Richtige; *zie ook* lekkers
lekkerbek Leckermaul o^{32}
lekkernij 1 *(iets lekkers)* Leckerbissen m^{11}, Delikatesse v^{21} **2** *(snoep)* Süßigkeit v^{20}
lekkers *(snoep)* Süßigkeiten mv v^{20} ‖ *het is me wat* ~*!* das ist eine schöne Bescherung!
lekkertje: *wat een* ~*!* so ein Schätzchen!
lel 1 *(afhangend velletje)* Lappen m^{11}; *(van oor)* Ohrläppchen o^{35} **2** *(klap)* Schlag m^6, Hieb m^5 **3** *(groot stuk, ongev)* kolossales Stück o^{29}
lelie Lilie v^{21}
lelietje-van-dalen Maiglöckchen o^{35}
lelijk 1 hässlich; *(sterker)* garstig: *er* ~ *uitzien* hässlich aussehen^{261} **2** *(kwetsend)* hässlich, gemein **3** *(slecht, erg)* böse, schlimm: ~*e kwaal* schlimmes Übel; *er* ~ *aan toe zijn* schlimm dran sein; *zich* ~ *vergissen* sich böse irren **4** *(ontevreden)* böse
lelijkerd hässliche Person v^{20}; *(sterker)* Scheusal o^{29}, Ekel o^{33}: ~*!* du Ekel!
lellebel Schlampe v^{21}
lemen lehmig, aus Lehm, Lehm…
lemmet Klinge v^{21}
lemming Lemming m^5
lende Lende v^{21}
lendenstuk Lendenstück o^{29}; *(toebereid)* Lendenbraten m^{11}
¹lenen *tr* leihen^{200}; *(omgangstaal)* pumpen: *aan*

iem geld ~ jmdm Geld leihen

lenen, zich: *zich* ~ *voor sich eignen für*[+4] (*of:* zu[+3]); *daarvoor leen ik me niet* dazu gebe ich mich nicht her

lener 1 (*wie te leen geeft*) Leiher *m*[9], Verleiher *m*[9] **2** (*ontvanger*) Leiher *m*[9], Entleiher *m*[9]

lengen sich längen

lengte Länge *v*[21]: *de kamer is 6 m in de* ~ die Länge des Zimmers beträgt 6 m; *in de* ~ *vouwen* der Länge nach falten; *in zijn volle* ~ *neervallen* der Länge nach hinfallen[154]; *tot in* ~ *van dagen* noch lange Jahre

lengtecirkel Längenkreis *m*[5]

lengtemaat Längenmaß *o*[29]

lengterichting Längsrichtung *v*[20]

lenig geschmeidig, biegsam

lenigen lindern, mildern

leniging Linderung *v*[28], Milderung *v*[28]

lening 1 (*het te leen geven*) Leihen *o*[39] **2** (*opnemen van geld*) Anleihe *v*[21]: *hypothecaire* ~ Hypothekarkredit *m*[5]; *een* ~ *sluiten* eine Anleihe aufnehmen[212] **3** (*wat verstrekt wordt*) Darlehen *o*[35], Kredit *m*[5]

lens *zn* **1** Linse *v*[21] **2** (*contactlens*) Kontaktlinse *v*[21]

lensopening Blende *v*[21]

lente Frühling *m*[5]

lenteachtig frühlingshaft, Frühlings…

lentemaand Frühlingsmonat *m*[5]

lentetijd Frühlingszeit *v*[28]

lenteweer Frühlingswetter *o*[39]

lepel Löffel *m*[9]

lepelaar Löffler *m*[9], Löffelreiher *m*[9]

lepelen löffeln

leperd Schlaukopf *m*[6], Schlaumeier *m*[9]

lepra Lepra *v*[28], Aussatz *m*[19]

leraar 1 Lehrer *m*[9] **2** (*bij het vwo*) Gymnasiallehrer *m*[9]

leraarsambt Lehramt *o*[32]

leraarschap Lehrtätigkeit *v*[20]

leraarskamer Lehrerzimmer *o*[33]

lerarenkorps Lehrerkollegium *o* (*2e nvl -s; mv -kollegien*)

lerarenopleiding Lehrerausbildung *v*[20]

lerares Lehrerin *v*[22]; *zie ook* leraar

leren *bn* ledern, aus Leder, Leder…

leren *ww* **1** (*onderwijzen*) lehren[+4], unterrichten[+4]: *iem* ~ *dansen* jmdn tanzen lehren; *de tijd zal het* ~ die Zeit wird es lehren **2** (*kennis, vaardigheid opdoen*) lernen: *iets van buiten* ~ etwas auswendig lernen; *iem* ~ *kennen* jmdn kennen lernen; *van zijn fouten* ~ aus seinen Fehlern lernen; *hij leert voor banketbakker* er lernt Konditor

lering Lehre *v*[21]: ~ *uit iets trekken* aus[+3] etwas eine Lehre ziehen[318]

les 1 (*onderwijs*) Unterricht *m*[5]: ~ *geven* Unterricht (*of:* Stunden) geben[166]; *Duitse* ~ *geven* Deutsch lehren; ~ *nemen* Unterricht (*of:* Stunden) nehmen[212] **2** (*lesuur*) Stunde *v*[21]: *de* ~ *valt uit* der Unterricht fällt aus **3** (*hoofdstuk*) Lektion *v*[20] **4** (*opgegeven werk*) Aufgabe *v*[21] **5** (*lering*) Lehre *v*[21] **6** (*vermaning*) Lektion *v*[20]: *iem de* ~ *lezen* jmdm eine Lektion erteilen

lesauto Fahrschulauto *o*[36]

lesbienne Lesbierin *v*[22]

lesbisch lesbisch

leslokaal Klassenraum *m*[6], Klassenzimmer *o*[33]

lesmateriaal Lehrmittel *mv o*[33]

lesrooster Stundenplan *m*[6]

¹**lessen** *intr* (*les nemen*) Stunden nehmen[212]; (*bij rijschool*) Fahrstunden nehmen[212]

²**lessen** *tr* (*blussen, stillen*) löschen

lessenaar Pult *o*[29]; (*muz, ook*) Notenpult *o*[29]

lest letzt: *ten (lange)* ~*e* zuletzt; zu guter Letzt

lesuur Stunde *v*[21]

letsel Verletzung *v*[20], Schaden *m*[12]: *zwaar lichamelijk* ~ schwere Körperschäden; ~ *krijgen* verletzt werden[310]; (*iem*) ~ *toebrengen* (jmdn) verletzen

¹**letten** *intr* (*acht geven, oppletten*) achten (auf[+4]), Acht geben[166] (auf[+4]): *let op mijn woorden!* merke dir meine Worte!

²**letten** *tr* (*beletten*) abhalten[183] (von[+3]): *wat let je?* was hält dich davon ab?

letter 1 (*letterteken*) Buchstabe *m*[18]: *kleine* ~ (*van contract, polis*) Kleingedruckte(s) *o*[40c] **2** (*typ*) Letter *v*[21]; (*letteren*) Literatur *v*[28]; (*wetenschap*) Philologie *v*[28]

lettergreep Silbe *v*[21]

letterkunde 1 (*literatuur*) Literatur *v*[28] **2** (*studie, wetenschap*) Literaturwissenschaft *v*[20]

letterkundig literarisch

letterkundige 1 (*schrijver*) Schriftsteller *m*[9] **2** (*kenner der letteren*) Literaturwissenschaftler *m*[9]

letterlijk 1 (*naar de letter*) wörtlich **2** (*volstrekt*) buchstäblich, förmlich

letterteken Schriftzeichen *o*[35]

lettertype Letter *v*[21], Schrift *v*[20], Schriftart *v*[20]

leugen Lüge *v*[21]: ~ *en bedrog* Lug und Trug; ~*s verzinnen* Lügen spinnen[272]

leugenaar Lügner *m*[9]: *iem tot een* ~ *maken* jmdn als Lügner hinstellen

leugenachtig 1 (*dikwijls liegende*) lügnerisch **2** (*onwaar*) lügnhaft

leugenachtigheid Lügenhaftigkeit *v*[28]

leuk 1 (*grappig*) drollig, witzig, lustig: *een* ~*e grap* ein gelungener Witz **2** (*aardig*) nett, reizend, schön: *een* ~ *snuitje* ein hübsches Gesicht || (*iron*) *dat kan* ~ *worden* das kann ja lustig werden

leukemie Leukämie *v*[21]

leukerd Spaßvogel *m*[10]

leukoplast®1 (*pleister*) Leukoplast *o*[29] **2** (*biol*) Leukoplast *m*[14]

leukweg ganz gelassen, in aller Ruhe

leunen 1 (*schuin*) (sich) lehnen (an[+4] (*of:* gegen[+4])): *naar buiten* ~ sich hinauslehnen **2** (*recht*) sich stützen (auf[+4]): *op zijn ellebogen* ~ sich auf die Ellbogen stützen

leuning 1 *(van bank, stoel)* Lehne v^{21} **2** *(van balkon, brug, trap)* Geländer o^{33}
leunstoel Lehnstuhl m^6, Armstuhl m^6
leuren hausieren^{320}
leus Losung v^{20}, Parole v^{21}
¹leut *(pret)* Spaß m^6: *voor de ~* zum Spaß
²leut *(koffie)* Kaffee m^{19}
leuteraar Schwätzer m^9, Faselhans m^6
leuteren faseln, schwafeln
leuterkoek, leuterpraat Gefasel o^{39}
leuze *zie* leus
¹leven zn **1** *(het bestaan)* Leben o^{35}: *het ~ op het land* das Leben auf dem Land; *hoe staat het ~?* wie steht's?; *een eind aan zijn ~ maken* seinem Leben ein Ende machen; *in ~ blijven* am Leben bleiben^{134}; *in ~ zijn* am Leben sein^{262}; *om het ~ brengen* umbringen^{139}; *om het ~ komen* umkommen^{193}; *bij ~ en welzijn* so Gott will; *voor het ~ benoemen* auf Lebenszeit ernennen **2** *(levensduur)* Leben o^{35}: *mijn ~ lang* mein Leben lang **3** *(geluid)* Lärm m^{19}; *zie ook* leventje
²leven ww leben; existieren^{320}: *manier van ~* Lebensstil m^5; *~ en laten ~* leben und leben lassen^{197}; *iem laten ~* jmdn am Leben lassen^{197}; *het is daar goed ~* es lässt sich dort gut leben; *hij kan goed ~* er hat sein gutes Auskommen; *met hem valt niet te ~* es ist kein Auskommen mit ihm; *die dan leeft, die dan zorgt* kommt Zeit, kommt Rat; *zo waar als ik leef* so wahr ich lebe; *lang zal hij ~!* er lebe hoch!; *leve de jubilaris!* es lebe der Jubilar!
levend lebend, lebendig: *~e beelden* lebende Bilder; *~e taal* lebende Sprache v^{21}; *~ wezen* Lebewesen o^{35}; *geen ~e ziel* keine Menschenseele; *~ begraven* lebendig begraben; *weer ~ maken* wieder lebendig machen
levendig 1 *(beweeglijk, druk, opgewekt)* lebhaft, rege: *een ~e straat* eine belebte Straße; *~ verkeer* reger Verkehr m^{19}; *(belangstelling enz.) ~ houden* lebendig erhalten^{183}; *~ van geest zijn* geistig rege sein^{262} **2** *(krachtig, duidelijk)* lebhaft: *dat kan ik me ~ voorstellen* das kann ich mir lebhaft vorstellen
levendigheid Lebhaftigkeit v^{28}, Belebtheit v^{28}, Lebendigkeit v^{28}; *zie ook* levendig
levenloos leblos: *~ geboren* tot geboren
levenmaker Lärmer m^9
levensbehoeften Lebensbedürfnisse mv o^{29a}
levensbelang: *van ~* lebensnotwendig
levensbeschouwing Weltanschauung v^{20}
levensdoel Lebenszweck m^5, Lebensziel o^{29}
levensduur Lebensdauer v^{28}: *van korte ~* kurzlebig; *van lange ~* langlebig
levensecht lebensecht
levenservaring Lebenserfahrung v^{20}
levensfase Lebensphase v^{21}
levensgenieter Genussmensch m^{14}
levensgeschiedenis Lebensgeschichte v^{21}
levensgevaar Lebensgefahr v^{28}
levensgevaarlijk lebensgefährlich
levensgezel Lebensgefährte m^{15}
levensgezellin Lebensgefährtin v^{22}
levensgroot lebensgroß
levenshouding Haltung v^{20}
levensjaar Lebensjahr o^{29}
levenslang lebenslänglich, lebenslang
levenslicht Lebenslicht o^{39}: *het ~ zien* das Licht der Welt erblicken
levenslied Chanson o^{36}
levensloop Lebenslauf m^6
levensloopregeling Lebenslaufregelung v^{20}
levenslust Lebenslust v^{28}
levenslustig lebenslustig, lebensfroh
levensmiddelen Lebensmittel mv o^{33}
levensmiddelenvoorziening Lebensmittelversorgung v^{28}
levensmoe lebensmüde
levensomstandigheden Lebensumstände mv m^6
levensonderhoud Lebensunterhalt m^{19}: *kosten van ~* Lebenshaltungskosten *(mv)*
levensstandaard Lebensstandard m^{13}
levensstijl Lebensstil m^5
levensteken Lebenszeichen o^{35}
levensvatbaar lebensfähig
levensverwachting Lebenserwartung v^{28}
levensverzekering Lebensversicherung v^{20}
levensvreugde Lebensfreude v^{28}
levenswerk Lebenswerk o^{29}
levenswijze Lebensweise v^{28}, Lebensart v^{20}
leventje: *een lekker ~* ein angenehmes Leben
lever Leber v^{21}: *iets op zijn ~ hebben* etwas auf dem Herzen haben^{182}; *(Belg) het ligt op zijn ~* es wurmt ihn
leverancier Lieferant m^{14}
leverantie Lieferung v^{20}
leverbaar lieferbar: *direct ~* sofort lieferbar
leveren liefern: *direct te ~* sofort lieferbar; *kritiek op iem ~* an jmdm Kritik üben; *aan zaken ~* Geschäfte beliefern; *iem iets ~* jmdm (*of*: an^{+4} jmdn) etwas liefern; *(fig)* jmdm etwas einbrocken; *hij heeft prachtig werk geleverd* er hat prachtvolle Arbeit geleistet; *hij levert het 'm* er bringt es fertig
levering Lieferung v^{20}: *directe ~* sofortige Lieferung; *bewijs van ~* Lieferschein m^5
leveringscondities Lieferbedingungen mv v^{20}
leveringstermijn Lieferfrist v^{20}, Lieferzeit v^{20}
leverkaas Leberkäse m^9
leverpastei Leberpastete v^{21}
levertijd Lieferzeit v^{20}
leverworst Leberwurst v^{25}
lezen lesen^{201}: *iets op iems gezicht ~* etwas in^{+3} jmds Miene lesen; *ik heb over de fout heen gelezen* ich habe den Fehler überlesen; *dat boek leest gemakkelijk* dieses Buch liest sich leicht; *daar staat te ~* da steht
lezenswaard lesenswert
lezer Leser m^9: *kring van ~s* Leserkreis m^5
lezeres Leserin v^{22}

lezing 1 *(het lezen)* Lektüre v^{28}, Lesen o^{39}: *na ~ van uw brief* nachdem ich Ihren Brief gelesen habe **2** *(behandeling in parlement)* Lesung v^{20} **3** *(voordracht)* Vortrag m^6 **4** *(versie)* Lesart v^{20}
Libanees *zn* Libanese m^{15}
Libanees *bn* libanesisch
Libanon Libanon m^{19}, m^{19a} *(meestal met lw)*
libel Libelle v^{21}
liberaal *zn* Liberale(r) m^{40a}, v^{40b}
liberaal *bn, bw* liberal
liberaliseren liberalisieren^{320}
liberalisme Liberalismus m^{19a}
libero Libero m^{13}
Libië Libyen o^{39}
Libiër Libyer m^9
Libisch libysch
licentiaat *(Belg)* **1** *(persoon)* Lizenziat m^{14}, Lizentiat m^{14} **2** *(graad)* Lizenziat o^{29}, Lizentiat o^{29}
licentie Lizenz v^{20}
licentiehouder Lizenzinhaber m^9
lichaam Körper m^9; *(instelling e.d., ook)* Körperschaft v^{20}: *vreemd ~* Fremdkörper; *over zijn hele ~ beven* am ganzen Körper zittern
lichaamsarbeid körperliche Arbeit v^{28}
lichaamsbeweging Körperbewegung v^{20}
lichaamsbouw Körperbau m^{19}
lichaamsdeel Körperteil m^5
lichaamskracht Körperkraft v^{25}
lichaamsverzorging Körperpflege v^{28}
lichamelijk körperlich: *~e opvoeding* Leibeserziehung v^{28}; *~ gehandicapt* körperbehindert; *het toebrengen van ~ letsel* Körperverletzung v^{20}
licht *zn* **1** *(algem)* Licht o^{31}: *de ~en van een auto* die Autoscheinwerfer *mv* m^9; *groen ~ geven* grünes Licht geben^{166}; *zijn ~ bij iem opsteken* sich^4 bei jmdm erkundigen; *het ~ zien: a) (mbt mens)* das Licht der Welt erblicken; *b) (mbt boek)* erscheinen^{233}; *iets aan het ~ brengen* etwas ans Licht bringen^{139}; *aan het ~ komen* ans Licht kommen^{193}; *in het ~ van de omstandigheden* unter Berücksichtigung der Verhältnisse; *groot ~* Fernlicht o^{31} **2** *(bliksemstraal)* Blitz m^5 **3** *(verkeerslicht)* Ampel v^{21}: *het ~ staat op groen* die Ampel steht auf Grün
licht *bn* **1** *(niet zwaar, luchtig)* leicht: *~ in het hoofd* schwindlig **2** *(niet donker)* hell: *het wordt ~* es wird hell **3** *(mbt kleur)* hell: *~ bier* helles Bier **4** *(makkelijk)* leicht **5** *(mbt spijzen)* leicht **6** *(lichtzinnig)* leicht
licht *bw* **1** leicht: *~ wegen* leicht wiegen^{312}; *~ verteerbaar* leicht verdaulich **2** *(helder)* hell
lichtbaken Leuchtbake v^{21}
lichtbeeld Lichtbild o^{31}
lichtblauw hellblau
lichtbron Lichtquelle v^{21}
lichtbundel Lichtbündel o^{33}, Lichtgarbe v^{21}
lichtecht lichtecht, lichtbeständig
lichtelijk leicht: *~ verbaasd* leicht erstaunt
lichten 1 *(licht geven)* leuchten **2** *(aanbreken van de dag)* dämmern **3** *(bliksemen)* blitzen; *(weerlichten)* wetterleuchten
²**lichten 1** *(optillen)* heben^{186}; *(van hoed)* lüften; *(van anker)* lichten **2** *(verwijderen)* herausnehmen^{212} **3** *(legen)* leeren: *de brievenbus ~* den Briefkasten leeren
lichtend leuchtend
lichter Leichter m^9
lichterlaaie: *in ~ staan* lichterloh brennen^{138}
lichtgebouwd leicht gebaut
lichtgekleurd hellfarben, hellfarbig
lichtgelovig leichtgläubig
lichtgeraakt leicht erregbar, reizbar
lichtgevend leuchtend, Leucht…
lichtgevoelig lichtempfindlich
lichtgewicht 1 *(gewichtsklasse)* Leichtgewicht o^{39} **2** *(persoon, lett)* Leichtgewichtler m^9 **3** *(persoon, fig)* Null v^{20}
lichting 1 *(het optillen)* Hebung v^{20} **2** *(het oproepen van soldaten)* Einberufung v^{20} **3** *(de opgeroepen soldaten)* Rekruten *mv* m^{14}, Jahrgang m^6: *de ~ van 2000* der Jahrgang 2000 **4** *(van brievenbus)* Leerung v^{20}
lichtjaar Lichtjahr o^{29}
lichtjesfeest Lichterfest o^{29}
lichtkogel Leuchtkugel v^{21}
lichtkoker Lichtschacht m^6; *(groot)* Lichthof m^6
lichtmast Lichtmast m^{16}, m^5
lichtmetaal Leichtmetall o^{29}
lichtmeter Photometer o^{33}, Fotometer o^{33}
lichtnet Lichtnetz o^{29}
lichtpunt 1 Lichtpunkt m^5 **2** *(fig)* Lichtblick m^5
lichtreclame Leuchtreklame v^{21}, Lichtreklame v^{21}
lichtrood hellrot
lichtschakelaar Lichtschalter m^9
lichtsignaal Lichtsignal o^{29}
lichtsnelheid Lichtgeschwindigkeit v^{28}
lichtstraal Lichtstrahl m^{16}
lichtvaardig leichtfertig, unbesonnen
lichtval Lichteinfall m^{19}
lichtvoetig leichtfüßig
lichtwedstrijd *(sp)* Flutlichtspiel o^{29}
lichtzinnig leichtsinnig, leichtfertig
lichtzinnigheid Leichtsinn m^{19}, Leichtfertigkeit v^{28}
lid 1 *(deksel)* Deckel m^9 **2** *(van lichaam, vinger, stengel)* Glied o^{31}: *die ziekte had hij allang onder de leden* diese Krankheit steckte ihm schon lange im Leib; *zijn arm is uit het ~* er hat sich den Arm verrenkt **3** *(gewricht)* Gelenk o^{29} **4** *(ooglid)* Lid o^{31} **5** *(van wetsartikel)* Absatz m^6 **6** *(groepslid)* Mitglied o^{31}; *(van familie, beroep)* Angehörige(r) m^{40a}, v^{40b} **7** *(deel van een geheel)* Teil m^5
lidgeld *(Belg)* Mitgliedsbeitrag m^6
lidkaart *(Belg)* Mitgliedskarte v^{21}
lidmaat Mitglied o^{31}; *(van kerkgenootschap)* Gemeindemitglied o^{31}
lidmaatschap Mitgliedschaft v^{20}

lidmaatschapskaart Mitgliedskarte v^{21}
lidstaat Mitgliedsland o^{32}, Mitglied(s)staat m^{16}
lidwoord Artikel m^9
lied Lied o^{31}
lieden Leute *(mv)*
liederlijk liederlich
liedje Lied o^{31}: *het is het oude* ~ es ist das alte Lied
¹lief *zn*: ~ *en leed* Freud und Leid; *zijn* ~ sein Schatz, seine Geliebte
²lief *bn* lieb; *(vriendelijk, ook)* liebenswürdig; *(aardig, ook)* hübsch, nett, reizend: *een* ~ *gezichtje* ein liebes Gesicht; *een* ~ *hoedje* ein reizendes Hütchen; *lieve hemel!* du lieber Himmel!; *een* ~ *sommetje* ein hübsches Sümmchen; *iets voor* ~ *nemen* mit^{+3} etwas vorlieb nehmen^{212}
³lief *bw* **1** *(op vriendelijke wijze)* lieb, nett **2** *(bekoorlijk)* hübsch, reizend **3** *(gaarne)* gern: *het ~st had ik ...* am liebsten hätte ich
liefdadig karitativ, wohltätig
liefdadigheid Wohltätigkeit v^{28}
liefde Liebe v^{28}: ~ *van de ouders voor de kinderen* Liebe der Eltern zu den Kindern; *uit* ~ *voor iem iets doen* jmdm zuliebe etwas tun^{295}
liefdeloos lieblos
liefderijk liebevoll
liefdesaffaire Liebesaffäre v^{21}, Liebesabenteuer o^{33}
liefdesbrief Liebesbrief m^5
liefdesgeschiedenis Liebesgeschichte v^{21}
liefdesverdriet Liebeskummer m^{19}
liefdevol liebevoll
liefdewerk Liebeswerk o^{29}
liefdoenerij Schöntun o^{39}, Schmeicheln o^{39}
liefelijk lieblich, anmutig
liefhebben lieben, lieb haben^{182}
liefhebber 1 *(wie van iets houdt)* Liebhaber m^9, Freund m^5: ~ *van muziek* Musikliebhaber m^9; Musikfreund m^5 **2** *(amateur)* Amateur m^5 **3** *(gegadigde)* Interessent m^{14}
liefhebberij Liebhaberei v^{20}; *(hobby, ook)* Hobby o^{36}: *uit* ~ zum Vergnügen
liefheid Liebenswürdigkeit v^{20}
liefje Geliebte m^{40a}, v^{40b}, Schatz m^6; *(kind)* Liebe(s) o^{40c}, Süße(s) o^{40c}, Herzchen o^{35}
liefjes artig, lieblevoll, süß
liefkozen liebkosen
liefkozing Liebkosung v^{20}
liefst am liebsten; *(bij voorkeur, ook)* vorzugsweise: ~ *niet* lieber nicht; *hij heeft maar* ~ *50 euro verloren* er hat nicht weniger als 50 Euro verloren
liefste Liebste(r) m^{40a}, v^{40b}, Geliebte(r) m^{40a}, v^{40b}
lieftallig anmutig, lieblich
lieftalligheid Anmut v^{28}, Lieblichkeit v^{28}
liegen lügen^{204}: *dat lieg je!* das ist gelogen!; *hij liegt dat hij barst* er lügt das Blaue vom Himmel herunter; *dat liegt er niet om* das ist kein Pappenstiel; *tegen iem* ~ jmdn belügen
lier 1 *(muz)* Leier v^{21} **2** *(hijswerktuig)* Winde v^{21}

lies *(anat)* Leiste v^{21}, Leistenbeuge v^{21}
liesbreuk Leistenbruch m^6
lieveheersbeestje Marienkäfer m^9
lieveling Liebling m^5
lievelingsgerecht Lieblingsgericht, Leibgericht o^{29}
liever lieber: *of* ~ *gezegd* oder besser gesagt
lieverd Liebling m^5
lieverlede: *van* ~ nach und nach, allmählich
lievig süßlich: ~ *doen* jmdm umschmeicheln
lift 1 *(hijstoestel)* Aufzug m^6, Fahrstuhl m^6, Lift m^5, m^{13}: *(fig) in de* ~ *zitten* sich im Aufwind befinden^{157}; *(mbt prijzen)* (an)steigen^{281} **2** *(het gratis meerijden)* Mitfahrgelegenheit v^{20}: *een* ~ *krijgen* mitgenommen werden^{310}
liften per Anhalter *(of:* per Autostopp*)* fahren^{153}, trampen
lifter Anhalter m^9, Tramper m^9
liftkoker Liftschacht m^6
liga Liga v *(mv* Ligen*)*
ligbad Badewanne v^{21}
ligfiets Liegerad o^{32}
liggeld *(havengeld)* Hafengebühr v^{20}
liggen liegen^{202}: *gaan* ~ sich legen; *(languit ook)* sich hinlegen; *(tegen hond) ga* ~*!* Platz!; *te bed* ~ im Bett liegen; *hier ligt (begraven)* hier ruht; *die zaak ligt gevoelig* es ist eine heikle Sache; *ik heb mijn horloge laten* ~ ich habe meine Uhr liegen lassen; *dat werk ligt mij niet* diese Arbeit liegt mir nicht; *lig toch niet te zaniken!* höre doch auf zu quengeln!; *het ligt aan u* es liegt an Ihnen; *dat ligt eraan ...* das kommt drauf an ...; *in scheiding* ~ in Scheidung liegen; *het ligt niet in mijn bedoeling* es ist nicht meine Absicht; *de kamer ligt op het zuiden* das Zimmer liegt nach Süden; *hij ligt op de divan te slapen* er schläft auf dem Sofa; *(Belg) iem* ~ *hebben* jmdn zum Besten haben^{182}
ligging Lage v^{21}: ~ *van het kind* Kindslage
lightrail Lightrail v^{28}, Light Rail v^{28}
ligplaats Liegeplatz m^6, Ankerplatz m^6
ligstoel Liegestuhl m^6
liguster Liguster m^9
ligweide Liegewiese v^{21}
lij *zn* Lee v^{28}, o^{39}: *in* (of: *aan)* ~ in Lee
lijdelijk *(passief)* untätig; *(bij verzet)* passiv
¹lijden *zn* Leiden o^{35}
²lijden *intr* **1** leiden^{199}: ~ *aan* leiden an^{+3}; ~ *onder* leiden unter^{+3} **2** *(schade hebben)* leiden^{199}: *te* ~ *hebben* zu leiden haben^{182} || *iem mogen* ~ jmdn leiden mögen^{210}
³lijden *tr* **1** *(verdragen)* erleiden^{199}, dulden: *de zaak lijdt geen uitstel* die Sache duldet keinen Aufschub **2** *(ondervinden)* leiden^{199}, erleiden^{199}: *honger* ~ Hunger leiden; *pijn* ~ Schmerzen (er)leiden; *geen twijfel* ~ außer allem Zweifel stehen^{279}
lijdend leidend; *(taalk)* passiv: ~*e vorm* Passiv o^{29}; Leideform v^{20}
lijdensweg Leidensweg m^5
lijder(es) 1 *(wie lijdt)* Leidende(r) m^{40a}, v^{40b} **2** *(wie*

ziek is) Kranke(r) m^{40a}, v^{40b}
lijdzaam geduldig, ergeben
lijdzaamheid Ergebung v^{28}, Geduld v^{28}
lijf 1 *(leven)* Leben o^{33}: *het ~ wagen* sein leben wagen **2** *(lichaam)* Leib m^7: *iets aan den lijve ondervinden* etwas am eigenen Leib erfahren[153]; *hij stond in levenden lijve voor ons* er stand leibhaftig vor uns; *iem te ~ gaan* jmdm zu Leibe gehen[168]; *iem tegen het ~ lopen* jmdm in die Arme laufen[198]; *blijf van mijn ~!* bleib mir vom Leibe!; *zich iem van het ~ houden* sich jmdm vom Leibe halten[183] **3** *(onderlijf, buik)* Leib m^7 || *dat heeft niets om het ~* das hat nichts auf sich
lijfarts Leibarzt m^6
lijfeigene Leibeigene(r) m^{40a}, v^{40b}
lijfelijk leiblich
lijfje Leibchen o^{35}
lijfrente Leibrente v^{21}
lijfspreuk Wahlspruch m^6
lijfstraf Körperstrafe v^{21}
lijfwacht *(bescherming)* Leibwache v^{21}
lijfwacht *(persoon)* Leibwächter m^9
lijk Leiche v^{21}, Leichnam m^5: *zo wit als een ~* leichenblass
lijkauto Leichenwagen m^{11}
lijkbleek leichenblass
lijken 1 *(overeenkomst hebben met)* ähneln^{+3}, gleichen^{176+3}: *ze lijkt op haar moeder* sie ähnelt *(of:* gleicht*)* ihrer Mutter; *het lijkt er niet naar* ich sehe überhaupt keine Übereinstimmung; *het lijkt nergens naar* es sieht nach nichts aus **2** *(schijnen)* scheinen[233]: *het lijkt erop, dat* es sieht aus, als ob; *dat lijkt alleen maar zo* das scheint nur so; *je lijkt wel gek* du bist wohl verrückt
lijken *(aanstaan)* gefallen[154]: *dat lijkt me wel wat* das hört sich gut an
lijkkist Sarg m^6
lijkkoets Leichenwagen m^{11}
lijkschouwing Leichenschau v^{20}
lijkverbranding Leichenverbrennung v^{20}
lijkwagen Leichenwagen m^{11}
lijkwit leichenblass
lijm Leim m^5
lijmen 1 leimen, kleben **2** *(herstellen)* kitten, leimen **3** *(overhalen)* überreden, beschwatzen
lijmpoging Kittversuch m^5
lijn 1 *(touw)* Leine v^{21} **2** *(telefoon)* Leitung v^{20}: *de ~ is dood* die Leitung ist tot; *blijft u aan de ~* bleiben Sie bitte am Apparat **3** *(sp)* Linie v^{21} **4** *(fig)(weg)* Linie v^{21}, Tendenz v^{20}: *geen vaste ~ in iets kunnen ontdekken* keine klare Linie erkennen können[194]; *dat ligt in de ~ der verwachting* das entspricht den Erwartungen; *op één ~ zitten* eine gemeinsame Linie verfolgen; *over de hele ~* auf der ganzen Linie **5** *(meetk)* Linie v^{21}: *rechte ~* gerade Linie **6** *(rimpel)* Linie v^{21}: *scherpe ~en in het gezicht* scharfe Linien im Gesicht **7** *(omtrek)* Linie v^{21}: *de slanke ~* die schlanke Linie; *in grote ~en* in groben Zügen **8** *(bus, tram)* Linie v^{21}

lijndienst Liniendienst m^5, Linienverkehr m^{19}
lijnen auf seine Linie achten
lijnkaart *(Belg)(ongev)* Sammelfahrschein m^5
lijnrecht 1 schnurgerade **2** *(volkomen)* vollkommen: *~ in strijd met* in krassem Widerspruch mit^{+3}
lijnrechter Linienrichter m^9
lijntje 1 Linie v^{21} **2** Leine v^{21} **3** *(streepje)* Strich m^5: *iem aan het ~ houden* jmdn hinhalten[183]; *zie ook* lijn
lijntoestel Linienmaschine v^{21}
lijntrekken trödeln, bummeln
lijntrekker Drückeberger m^9
lijnvliegtuig Linienflugzeug o^{29}
lijnvlucht Linienflug m^6
lijp doof, behämmert
lijst 1 *(van schilderij, spiegel)* Rahmen m^{11}: *de ~ van een deur* der Türrahmen **2** *(opgave)* Liste v^{21}: *(rapport)* een mooie ~ ein gutes Zeugnis; *alfabetische ~* alphabetisches Verzeichnis o^{29a} **3** *(rand, richel) (van meubels)* Leiste v^{21}
lijstaanvoerder 1 *(sp)* Tabellenführer m^9 **2** *(pol)* Listenführer m^9, Spitzenkandidat m^{14}
lijsten (ein)rahmen
lijster Drossel v^{21}
lijsterbes *(boom)* Eberesche v^{21}
lijsttrekker *zie* lijstaanvoerder 2
lijvig 1 *(mbt persoon)* beleibt, korpulent **2** *(mbt boek)* dickleibig
lijzig *(mbt spreken)* schleppend
lijzijde Leeseite v^{21}
¹**lik 1** *(het likken)* Lecken o^{39} **2** *(hoeveelheid)* Klecks m^5, Klacks m^5 **3** *(slag)* Maulschelle v^{21} || *een ~ uit de pan* ein Anpfiff
²**lik** *(gevangenis)* Kittchen o^{35}
likdoorn Hühnerauge o^{38}
likeur Likör m^5
likkebaarden sich^3 die Lippen lecken
likken lecken: *ijs ~* Eis lecken
likmevestje: *een vent van ~* eine Niete; *een programma van ~* ein mieses Programm
lik-op-stukbeleid Schnellverfahren o^{35}
¹**lila** *zn* Lila o^{33}
²**lila** *bn* lila, lilafarben, lilafarbig
lilliputter Liliputaner m^9
limiet Limit o^{29}, o^{36}: *iem een ~ stellen* jmdm ein Limit setzen
limonade Limonade v^{21}
limousine Limousine v^{21}
linde Linde v^{21}
lindeboom Lindenbaum m^6
lineair linear
linea recta schnurstracks
¹**linedansen** sich mit Linedancing o^{39} beschäftigen, sich mit Line-Dancing o^{39} beschäftigen
²**linedansen** Linedancing o^{39}, Line-Dancing o^{39}
linesman Linienrichter m^9
lingerie Damenwäsche v^{28}
linguïst Linguist m^{14}, Sprachwissenschaftler m^9

linguïstiek Linguistik v^{28}, Sprachwissenschaft v^{28}
linguïstisch linguistisch
liniaal Lineal o^{29}
linie Linie v^{21}
liniëren liniieren^{320}, linieren^{320}
¹link *zn* **1** Verbindung v^{20}: *een ~ leggen tussen twee zaken* zwei Sachen miteinander in Verbindung bringen^{139} **2** *(schakel)* Glied o^{31} **3** *(comp)* Link m^{13} *(2e nvl ook -)*
²link *bn, bw* **1** *(slim)* pfiffig, gewieft **2** *(jofel)* flippig **3** *(riskant)* brenzlig || *ik kijk wel ~ uit!* ich werde mich hüten!
linken *(comp)* verlinken
¹linker *zn (hand)* linke Hand v^{25}
²linker *bn* link
linkerarm linker Arm m^5
linkerbeen linkes Bein o^{29}
linkerd Schlauberger m^9
linkerhand linke Hand v^{25}, Linke v^{40b}: *aan de ~* zur Linken
linkerkant linke Seite v^{21}
linkerzijde linke Seite v^{21}; *(pol, ook)* Linke v^{40b}
¹links *zn (pol)* Linke v^{40b}
²links *bn* **1** *(lett en pol)* link: *een ~e groepering* eine linke Gruppe; *een ~e partij* eine Linkspartei **2** *(linkshandig)* linkshändig **3** *(onhandig)* linkisch
³links *bw* **1** *(lett en pol)* links: *~ houden* sich links halten^{183}; *~ van mij* links von mir; *iem ~ laten liggen* jmdn links liegen lassen^{197} **2** *(linkshandig)* links **3** *(onhandig)* linkisch
linksachter linker Verteidiger m^9
linksaf nach links
linksbuiten Linksaußen m^{11}
linkshandig linkshändig
¹linnen *zn (weefsel)* Leinwand v^{28}, Leinen o^{35}
²linnen *bn* leinen, Leinen...
linnengoed Leinenwäsche v^{28}, Wäsche v^{28}
linnenkast Wäscheschrank m^6
¹linoleum *zn* Linoleum o^{39}
²linoleum *bn* Linoleum...
lint Band o^{32}
lintje 1 Bändchen o^{35} **2** *(ridderorde)* Orden m^{11}
lintmeter *(Belg)* Messband o^{32}
lintworm Bandwurm m^8
linze *(plant, vrucht)* Linse v^{21}
linzensoep Linsensuppe v^{21}
lip 1 Lippe v^{21}: *op elkaars ~ zitten* dicht an dicht sitzen^{268} **2** *(van gesp)* Dorn m^5
lipgloss Lippengloss o *(2e nvl -; mv -)*, Lipgloss o *(2e nvl -; mv -)*
lipje Zunge v^{21}, Lasche v^{21}
liplezen Lippenlesen o^{39}
lippenstift Lippenstift m^5
liquidatie Liquidation v^{20}
liquide liquid(e), flüssig
liquideren liquidieren^{320}
liquiditeit Liquidität v^{28}
lire Lira v *(mv Lire)*

lis Iris v *(mv -)*, Schwertlilie v^{21}
lisdodde Rohrkolben m^{11}
lispelen lispeln
list List v^{20}
listig listig
listigaard Schlaukopf m^6, Schlauberger m^9
listigheid Listigkeit v^{28}, List v^{28}
litanie Litanei v^{20}
liter Liter m^9, o^{33} *(afk l)*: *met ~s tegelijk* literweise
literair literarisch: *~e kritiek* Literaturkritik v^{20}
literatuur Literatur v^{20}
literatuurgeschiedenis Literaturgeschichte v^{21}
literatuurlijst Literaturverzeichnis o^{29a}
literfles Literflasche v^{21}
lits-jumeaux Doppelbett o^{37}
litteken Narbe v^{21}: *vol ~s* vernarbt
liturgie Liturgie v^{21}
liturgisch liturgisch
live live, direkt
live-uitzending Livesendung v^{20}, Direktsendung v^{20}
living Wohnzimmer o^{33}
livrei Livree v^{21}
lob *(sp)* Lob m^{13} *(2e nvl ook -)*
lobbes herzensguter Mensch m^{14}; *(hond)* gütiger Koloss m^5
lobby Lobby v^{27}
locatie *(van film)* Drehort m^5
locomotief Lokomotive v^{21}
lodderig dösig, schläfrig
¹loden *zn (wollen stof)* Loden m^{11}
²loden *bn* Loden...
³loden *bn* **1** *(lett)* bleiern, Blei... **2** *(fig)* bleiern, bleischwer
loeder Luder o^{33}
loef Luv v^{28}, o^{39}: *(fig) iem de ~ afsteken* jmdm den Rang ablaufen^{198}
loefzijde Luvseite v^{21}
loei 1 *(iets groots)* Riesen... **2** *(harde klap)* knallender Schlag m^6: *iem een ~ verkopen* jmdm eine knallen
loeien 1 *(mbt dieren)* brüllen; *(mbt koeien)* muhen **2** *(mbt storm, vuur, sirene)* heulen
loeihard knallhart: *een ~ schot* eine Bombe
loeisterk bullenstark
loempia Frühlingsrolle v^{21}
loens schielend
loensen schielen
loep Lupe v^{21}
loepzuiver lupenrein
loer 1 *(het loeren)* Lauer v^{28}: *op de ~ staan* auf der Lauer stehen^{279} **2** *(streek)* Streich m^5: *iem een ~ draaien* jmdm einen Streich spielen
loeren lauern; *(gluren)* spähen: *~ op iem* auf jmdn lauern
¹lof *de (m)* **1** *(eer)* Lob o^{29}: *met ~* mit Auszeichnung; *iem ~ toezwaaien* jmdm Lob spenden **2** *(r-k)* Andacht v^{20}
²lof *het (witlof)* Chicorée v^{28}, m^{19}, Schikoree v^{28}, m^{19}

loffelijk lobenswert, löblich
loflied Loblied o^{31}
loftuiting Lobpreisung v^{20}
lofwaardig lobenswert, löblich
lofzang Lobgesang m^6
log *bn, bw* schwerfällig, plump
logaritme Logarithmus *m (2e nvl -; mv* -men)
logboek Logbuch o^{32}; *(algem)* Tagebuch o^{32}
loge Loge v^{21}
logé, logee Logiergast m^6, Logierbesuch m^5
logeerbed Gästebett o^{37}
logeergast *zie* logé
logeerkamer Fremdenzimmer o^{33}, Gästezimmer o^{33}
logen laugen
logenstraffen Lügen strafen
logeren wohnen: *uit ~ gaan* auf Logierbesuch gehen^{168}
logica Logik v^{28}
logies Unterkunft v^{25}: *~ en ontbijt* Übernachtung v^{20} und Frühstück
logisch logisch: *nogal ~! logo!*
logo Logo m^{13}, o^{36}
logopedie Logopädie v^{28}
logopedist(e) Logopäde m^{15}, Logopädin v^{22}
loipe Loipe v^{21}
lok Locke v^{21}, Haarlocke v^{21}
lokaal *zn (algem)* Lokal o^{29}, Raum m^6
lokaal *bn* lokal, örtlich, Orts…, Lokal…: *~ gesprek* Ortsgespräch o^{29}
lokaalverkeer Lokalverkehr m^{19}
lokaas Köder m^9
lokaliseren lokalisieren^{320}
lokaliteit Lokalität v^{20}, Raum m^6
loket Schalter m^9
loketambtenaar Schalterbeamte(r) m^{40a}
lokettist(e) Schalterbeamte(r) m^{40a}, Schalterbeamtin v^{22}
lokken 1 (an)locken, herbeilocken **2** *(door aas) (ook fig)* ködern **3** *(lokken tot)* verlocken
lokkertje, lokmiddel Lockmittel o^{33}
lol Spaß m^{19}: *~ hebben* sich amüsieren^{320}; Spaß haben^{182}; *~ maken* Spaß machen; *voor de ~* im *(of:* zum) Spaß; *de ~ is er voor mij af* mir ist der Spaß vergangen; *ergens ~ in hebben* Spaß an^{+3} etwas finden^{157}
lolbroek Spaßmacher m^9, Spaßvogel m^{10}
lolletje Spaß m^6
lollig spaßig, ulkig, witzig, lustig
lolly Lutscher m^9
lolmaker Spaßmacher m^9, Spaßvogel m^{10}
lommerd Leihhaus o^{32}
lommerig, lommerrijk schattig, schattenreich
lomp *zn* Lumpen m^{11}: *in ~en gekleed* zerlumpt
lomp *bn, bw* **1** *(mbt vorm)* plump **2** *(in beweging)* plump, schwerfällig **3** *(onhandig)* plump, linkisch **4** *(onbeleefd)* grob^{58}, rüde
lomperd 1 *(onhandig)* Tölpel m^9 **2** *(onbehouwen)* Grobian m^5

lompheid 1 Plumpheit v^{28} **2** *(onbeleefdheid)* Grobheit v^{28}; *zie ook* ²lomp
Londen London o^{39}
lonen (sich) lohnen: *het loont de moeite* es lohnt die Mühe, es lohnt sich
lonend *bn* lohnend; *(voordelig)* einträglich
long Lunge v^{21}
longdrink Longdrink m^{13}
longkanker Lungenkrebs m^5
longlist Longlist v^{27}, Long List v^{27}
longontsteking Lungenentzündung v^{20}
lonken äugeln: *naar iem ~* nach jmdm äugeln
lont Lunte v^{21}: *~ ruiken* Lunte riechen^{223}
loochenen leugnen
lood 1 Blei o^{39} **2** *(bouwk)* Lot o^{29}: *in het ~ staan* im Lot sein^{262} **3** *(dieplood)* Lot o^{29} ‖ *dat is ~ oud ijzer* das ist Jacke wie Hose; *met ~ in de schoenen* schweren Herzens; *uit het ~ geslagen zijn* fassungslos sein^{262}
loodgieter Klempner m^9, Installateur m^5
loodgietersbedrijf Installationsbetrieb m^5
loodje *(ter verzegeling)* Plombe v^{21}: *met een ~ verzegelen* plombieren^{320} ‖ *het ~ moeten leggen* den Kürzeren ziehen^{318}; *de laatste ~s wegen het zwaarst* das dicke Ende kommt nach
loodlijn Senkrechte v^{40b}, Lotrechte v^{40b}, Lot o^{29}
loodrecht lotrecht, senkrecht
¹**loods** *(persoon)* Lotse m^{15}
²**loods** *(berg-, werkplaats)* Schuppen m^{11}
loodsen lotsen
loodvrij bleifrei
loodzwaar *(ook fig)* bleischwer
loof Laub o^{39}, Laubwerk o^{39}; *(van aardappelen, knollen e.d.)* Kraut o^{39}
loofboom Laubbaum m^6
loofbos Laubwald m^8
looien gerben: *huiden ~* Felle gerben
¹**look** *(Eng) (stijl)* Look m^{13}
²**look** *(plantk)* Lauch m^5
loom 1 *(traag)* träge **2** *(zonder energie)* träge, matt: *~ weer* drückendes Wetter o^{39}
loomheid Trägheit v^{28}, Mattigkeit v^{28}
loon Lohn m^6: *~ in natura* Naturallohn; *hij heeft zijn verdiende ~* das geschieht ihm recht
loonarbeid Lohnarbeit v^{28}
loonbelasting Lohnsteuer v^{21}
loonbeleid Lohnpolitik v^{28}, Tarifpolitik v^{28}
loondienst: *in vaste ~ zijn* in einem festen Arbeitsverhältnis stehen^{279}
looneis Lohnforderung v^{20}
loongrens Einkommensgrenze v^{21}
loonmatiging Lohnzurückhaltung v^{28}
loonovereenkomst Tarifvertrag m^6
loonronde Lohnrunde v^{21}
loonsverhoging Lohnerhöhung v^{20}
loonsverlaging Lohnsenkung v^{20}
loontrekker Lohnempfänger m^9
loop 1 *(algem)* Lauf m^6: *de ~ der wereld* der Lauf der Welt **2** *(vlucht)* Flucht v^{20}: *op de ~ gaan* die

loopbaan

Flucht ergreifen[181] **3** *(voortgang in de tijd)* Lauf *m*[19], Verlauf *m*[19]: *in de ~ van de avond* im Lauf(e) des Abends; *in de ~ van een jaar* im Verlauf eines Jahres **4** *(van vuurwapen)* Lauf *m*[6]
loopbaan Laufbahn *v*[20]; *(van sterren)* Bahn *v*[20]
loopbrug Fußgängerbrücke *v*[21]
loopgraaf Schützengraben *m*[12]
loopje 1 *(korte loop)* kleiner Spaziergang *m*[6] **2** *(muz)* Lauf *m*[6] **3** *(foefje)* Kniff *m*[5], Trick *m*[13] || *een ~ met iem nemen* jmdn zum Besten haben[182]
loopjongen Laufbursche *m*[15]
looplamp Handlampe *v*[21]
looppas Laufschritt *m*[5]
loopplank Laufbrett *o*[31], Laufsteg *m*[5]
looprek *(voor minder validen)* Gehhilfe *v*[21]
loops brünstig; *(mbt teef)* läufig
loopster *(sp)* Läuferin *v*[22]
looptijd *(van wissel, lening)* Laufzeit *v*[20]
loopvlak Lauffläche *v*[21]
¹**loos**: *ginds is iets ~* drüben ist etwas los
²**loos 1** *(leeg)* taub **2** *(niet echt)* blind, falsch: *~ alarm* falscher Alarm *m*[5]
loot 1 *(scheut)* Schössling *m*[5], Spross *m*[5] **2** *(stek)* Ableger *m*[9] **3** *(telg)* Spross *m*[5]
lopen 1 *(mbt mensen, dieren, ook fig)* gehen[168], laufen[198]: *trappen ~* Treppen steigen; *alles laten ~*: *a) (incontinent zijn)* an*[+3] Inkontinenz leiden[199]; *hij loopt al naar de zestig* er geht schon auf die sechzig; *(fig) over zich heen laten ~* zu gefügig sein[262]; *niet over zich heen laten ~* sich behaupten; *ergens losjes overheen ~* flüchtig über*[+4] etwas hinweggehen **2** *(mbt zaken)* laufen[198], gehen[168]: *het onbelast ~ (van motor)* Leerlauf *m*[19]; *dat is te gek om los te ~!* das ist ja irre!; *de motor laten ~* den Motor laufen lassen[197]; *de winkel loopt goed* das Geschäft geht gut; *het loopt naar twaalf* es geht auf zwölf; *de meningen ~ uit elkaar* die Meinungen gehen auseinander **3** *(zich snel voortbewegen)* laufen[198]: *~ van heb ik jou daar* laufen was kannste, was kannste; *het op een ~ zetten* Reißaus nehmen[212]
lopend laufend: *~e band* Fließband *o*[32]; *de ~e werkzaamheden* die laufenden Arbeiten; *aan de ~e band (voortdurend)* laufend
loper 1 Läufer *m*[9] **2** *(sleutel)* Hauptschlüssel *m*[9]
lor 1 *(oude lap)* Lumpen *m*[11] **2** *(prul)* wertloses Ding *o*[31]; *(in mv)* wertloses Zeug *o*[39]: *een ~ van een boek* ein wertloses Buch || *het kan mij geen ~ schelen* es ist mir einerlei
lorrie Lore *v*[21]
los 1 *(niet bevestigd)* los, beweglich: *~ en vast goed* bewegliche und unbewegliche Habe *v*[28] **2** *(afzonderlijk)* einzeln: *~se onderdelen* Einzelteile *mv o*[29]; *(reserveonderdelen)* Ersatzteile *mv o*[29], *m*[5]; *~se nummers* Einzelhefte *mv o*[29]; *elk deel is ~ te koop* jeder Band ist einzeln erhältlich **3** *(niet vastzittend)* locker, lose: *een ~se tand* ein lockerer Zahn; *de grond ~ maken* den Boden locker machen; *de knoop zit ~* der Knopf ist lose **4** *(niet star)* locker, lose: *een ~se houding* eine lockere Haltung **5** *(lichtvaardig, losbandig)* leichtsinnig, locker || *een ~se arbeider* ein Gelegenheitsarbeiter; *~ werk* Gelegenheitsarbeit *v*[20]; *ze leven er maar op ~* sie leben in den Tag hinein; *erop ~ slaan* drauflosschlagen[241]; *zie ook losjes*
losbandig locker; *(ongunstig)* liederlich
losbandigheid Lockerheit *v*[28]; *(ongunstig)* Liederlichkeit *v*[28]
losbarsten 1 *(losgaan)* aufplatzen **2** *(uitbreken)* ausbrechen[137] **3** *(mbt onweer)* losbrechen[137]
losbinden lösen, losbinden[131], aufbinden[131]
losbladig Loseblatt...
losbol Bonvivant *m*[13]; *(ongunstig)* Wüstling *m*[5]
losbranden *(beginnen)* losschießen[238], loslegen
losbreken losbrechen[137]
losdraaien losdrehen; *(open)* aufdrehen
loser Loser *m*[9], Versager *m*[9]
losgaan sich lösen, sich lockern
losgeld Lösegeld *o*[31]
losgespen losschnallen
losgooien loswerfen[311]
loshangen *(mbt knoop)* locker sein[262]; *(mbt touw)* frei hängen[184]
losheid Lockerheit *v*[28]
losjes 1 *(niet hecht)* locker, lose **2** *(vluchtig)* leicht, leichthin
losknopen 1 *(van kleding)* aufknöpfen **2** *(van touw)* aufknüpfen
loskomen 1 *(vrijkomen van iets)* loskommen[193] (von*[+3]), sich lösen: *het vliegtuig kwam niet van de grond los* das Flugzeug kam nicht vom Boden los **2** *(beschikbaar worden)* frei werden[310] **3** *(mbt gevangene)* freikommen[193]
loskoppelen loskoppeln, abkoppeln
loskrijgen 1 loskriegen, losbekommen[193] **2** *(vrij krijgen)* (jmdn) freibekommen[193]
¹**loslaten** *intr* sich lösen: *de lijm laat los* der Kleber löst sich; *hij laat niet los* er lässt nicht locker
²**loslaten** *tr* **1** *(vrijlaten)* loslassen[197] **2** *(in de steek laten)* im Stich lassen[197] **3** *(verklappen)* preisgeben[166]
loslippig geschwätzig, redselig
loslopen 1 *(vrij rondlopen)* frei herumlaufen[198] **2** *(losraken)* sich lockern || *het zal wel ~!* das wird sich schon geben!; *dat is te gek om los te lopen!* das ist ja irre!
losmaken 1 losmachen, lösen, aufmachen, (auf)trennen: *de bovenste knoop ~* den obersten Knopf aufmachen; *de tongen ~* die Zungen lösen **2** *(aftroggelen)* loseisen: *geld ~* Geld loseisen **3** *(minder vast maken)* lockern: *de spieren ~* die Muskeln lockern
lospeuteren 1 *(losmaken)* aufnesteln **2** *(weten te krijgen)* ablocken; entlocken
losplaats Ausladeplatz *m*[6]
losprijs Lösegeld *o*[31]
losraken 1 *(vrij komen)* sich lösen **2** *(mbt knoop,*

veter) aufgehen[168] **3** *(weer vlot worden) de boot is losgeraakt* das Schiff ist wieder flott
losrukken losreißen[220]
löss Löss *m*[5], Löß *m*[5]
losscheuren losreißen[220]
losschroeven losschrauben
lossen 1 *(ontladen)* entladen[196], ausladen[196], löschen **2** *(proberen kwijt te raken)* abhängen || *een schot ~* einen Schuss abgeben[166]
losslaan losschlagen[241]
lossnijden losschneiden[250]
losspringen losspringen[276]
lostornen lostrennen, auftrennen
lostrekken herausziehen[318]
losweg leichthin
losweken abweichen, lösen
loszitten locker sein[262], locker sitzen[268]
lot 1 *(loterijbriefje)* Los *o*[29]: *het winnende ~ das grote Lot* Schicksal *o*[39]; *(wat het noodlot beschikt)* Geschick *o*[29], Los *o*[29]
loten 1 losen: *om iets ~* um etwas losen **2** *(door het lot verkrijgen)* gewinnen[174], ziehen[318]
loterij Lotterie *v*[21]
lotgenoot Schicksalsgenosse *m*[15]
lotgeval Schicksal *o*[29], Erlebnis *o*[29a]
loting Losen *o*[39]: *bij ~ bepalen* durch das Los bestimmen
lotion Lotion *v*[20], *v*[27]
lotje: *van ~ getikt zijn* einen Sparren haben[182]
lotto Lotto *o*[36]
lotus *(plantk)* Lotos *m* *(2e nvl -; mv -)*
lotusbloem Lotosblume *v*[21]
louche dubios, fragwürdig, zwielichtig
lounge Lounge *v*[27]
louter rein, lauter: *~ leugens* lauter Lügen; *~ uit gewoonte* lediglich aus Gewohnheit; *het is ~ onzin* es ist barer Unsinn; *het is ~ toeval* es ist reiner Zufall
louteren läutern
loven loben, rühmen, preisen[216]: *God ~* Gott loben; *~ en bieden* feilschen
loverboy Loverboy *m*[13]
loyaal loyal
loyaliteit Loyalität *v*[20]
lozen *(laten weglopen)* ableiten, abführen: *zijn water ~* sein Wasser abschlagen[241] **2** *(zien kwijt te raken)* loswerden[310]
lp Langspielplatte *v*[21] *(afk* LP *v*[27])
lpg Autogas *o*[29]
lso *(Belg) afk van lager secundair onderwijs (ongev)* Sekundarstufe I *v*[28]
lucht 1 *(gasvormige stof)* Luft *v*[28]: *~ inademen* Luft einatmen; *aan zijn gemoed ~ geven* sich[3] Luft machen; *dat is gebakken ~* das ist eine Luftnummer **2** *(dampkring)* Luft *v*[25], Atmosphäre *v*[21]: *uit de ~ komen vallen (Belg)* sehr erstaunt sein[262]; *(fig) een slag in de ~* ein Schlag ins Wasser; *dat hangt in de ~: a) (is onzeker)* das hängt in der Luft; *b) (dreigt te komen)* das liegt in der Luft; *het aanbod kwam uit de ~ vallen* das Angebot kam unerwartet; *een huis in de ~ laten vliegen* ein Haus sprengen; *het huis vloog in de ~* das Haus flog in die Luft **3** *(buitenlucht)* Luft *v*[28] **4** *(reuk, geur)* Geruch *m*[6]: *(de) ~ van iets krijgen* Wind von[+3] etwas bekommen[193] **5** *(uitspansel)* Himmel *m*[9]: *een blauwe ~* ein blauer Himmel || *het onweer is niet van de ~* das Gewitter nimmt kein Ende
luchtaanval Luftangriff *m*[5]
luchtafweer Flugabwehr *v*[28]
luchtalarm Fliegeralarm *m*[5], Luftalarm *m*[5]
luchtballon Luftballon *m*[5], *m*[13]
luchtbed Luftmatratze *v*[21]
luchtbel Luftblase *v*[21]
luchtbevochtiger Luftbefeuchter *m*[9]
luchtbezoedeling *(Belg)* Luftverschmutzung *v*[20]
luchtbrug *(luchtverbinding)* Luftbrücke *v*[21]; *(voetbrug)* Brücke *v*[21]
luchtdicht luftdicht, hermetisch
luchtdruk Luftdruck *m*[19]: *gebied van hoge ~* Hoch *o*[36]; *gebied van lage ~* Tief *o*[36]
luchten 1 *(aan de buitenlucht blootstellen)* lüften: *gevangenen ~* Häftlinge an die frische Luft führen **2** *(uiten)* Luft machen[+3]: *zijn hart ~* seinem Herzen Luft machen || *iem niet kunnen ~ (of zien)* jmdn nicht ausstehen können[194]
luchter 1 *(kandelaar)* Armleuchter *m*[9] **2** *(lichtkroon)* Kronleuchter *m*[9]
luchtfilter Luftfilter *m*[9]
luchtfoto Luftbild *o*[31], Luftaufnahme *v*[21]
luchtgekoeld luftgekühlt
luchtgevecht Luftkampf *m*[6], Luftgefecht *o*[29]
luchthartig sorglos, leichtherzig
luchthaven Flughafen *m*[12]
luchtig 1 *(niet compact)* locker: *~ deeg* lockerer Teig *m*[5] **2** *(mbt kleding)* luftig **3** *(fris)* luftig, frisch || *iets ~ opnemen* etwas leicht nehmen[212]; *~ over iets heenlopen* flüchtig über[+4] etwas hinweggehen[168]
luchtigjes leicht, leichthin; *zie ook* luchtig
luchtje: *een ~ scheppen* an die Luft gehen[168]; *(fig) er is (of: er zit) een ~ aan* hier ist etwas faul
luchtkanaal Luftkanal *m*[6]
luchtkasteel Luftschloss *o*[32]
luchtkoeling Luftkühlung *v*[28]: *met ~* luftgekühlt
luchtkoker Luftschacht *m*[6]
luchtkussenvaartuig, luchtkussenvoertuig Luftkissenfahrzeug *o*[29]
luchtlandingstroepen Luftlandetruppen *mv v*[21]
luchtledig luftleer
luchtlijn Fluglinie *v*[21]
luchtmacht Luftwaffe *v*[21]
luchtoorlog Luftkrieg *m*[5]
luchtpijp Luftröhre *v*[21]
luchtpiraat Luftpirat *m*[14]
luchtpomp Luftpumpe *v*[21]
luchtpost Luftpost *v*[28]: *per ~* per Luftpost
luchtreiziger Fluggast *m*[6], Flugpassagier *m*[5]
luchtruim Luftraum *m*[6]

luchtschip Luftschiff o^{29}
luchtspiegeling Luftspieg(e)lung v^{20}
luchtsprong Luftsprung m^6
luchtstreek Zone v^{21}: *gematigde luchtstreken* gemäßigte Zonen
luchtstrijdkrachten Luftstreitkräfte *mv* v^{25}
luchtvaart Luftfahrt v^{28}, Flugwesen o^{39}
luchtvaartmaatschappij Fluggesellschaft v^{20}
luchtverbinding Flugverbindung v^{20}
luchtverdediging Luftverteidigung v^{28}
luchtverkeer Luftverkehr m^{19}, Flugverkehr m^{19}
luchtverkeersleider Fugleiter m^9
luchtverontreiniging Luftverschmutzung v^{20}
luchtverversing Ventilation v^{20}, Entlüftung v^{20}
luchtvervuiling Luftverschmutzung v^{20}
luchtvracht Luftfracht v^{20}
luchtweerstand Luftwiderstand m^{19}
luchtziekte Luftkrankheit v^{28}
lucifer Streichholz o^{32}
lucifersdoosje Streichholzschachtel v^{21}
lucratief lukrativ, einträglich
ludiek spielerisch
luguber düster, unheimlich, gruselig
¹lui *zn mv* Leute *(mv)*
²lui *bn, bw* träge, faul, bequem: *een ~e stoel* ein bequemer Sessel
luiaard 1 Faulenzer m^9 2 *(dierk)* Faultier o^{29}
luid laut
¹luiden *intr* 1 *(weerklinken)* läuten, klingen¹⁹¹ 2 *(mbt mededelingen)* lauten
²luiden *tr* läuten: *de klok ~* die Glocke läuten
luidkeels aus vollem Hals(e), lauthals, laut
luidop *(Belg)* laut
luidruchtig laut, lautstark
luidruchtigheid Lärm m^{19}
luidspreker Lautsprecher m^9
luidsprekerbox Lautsprecherbox v^{20}
luier Windel v^{21}
luieren faulenzen
luifel Vordach o^{32}, Schirmdach o^{32}
luiheid Faulheit v^{28}, Trägheit v^{28}
luik 1 *(voor raam)* Fensterladen m^{12}, Laden m^{12} 2 *(algem)* Luke v^{21} 3 *(van triptiek)* Flügel m^9
Luik Lüttich o^{39}
luilak Faulpelz m^5
luilakken faulenzen
Luilekkerland Schlaraffenland o^{39}
luim Laune v^{21}, Stimmung v^{20}; *(kuur)* Grille v^{21}
luipaard Leopard m^{14}
luis Laus v^{25}: *vol luizen* verlaust
luister Glanz m^{19}, Pracht v^{28}; *(fig)* Ruhm m^{19}
luisteraar 1 *(algem)* Zuhörer m^9 2 *(van radio)* Hörer m^9: *geachte ~s!* verehrte Hörerinnen und Hörer!
luisterboek Hörbuch o^{32}, Audiobuch o^{32}
luisterdichtheid Einschaltquote v^{21}
luisteren 1 zuhören, hören, hinhören; *(sterker)* horchen: *gespannen ~* angespannt horchen; *luister eens goed!* hör mal gut zu!; *ik luister!* ich höre!; *aandachtig naar iem ~* jmdm aufmerksam zuhören; *naar een plaat ~* eine Platte hören; *zijn oor te ~ leggen* herumhorchen 2 *(geheten zijn)* hören auf⁺⁴ 3 *(afluisteren)* horchen, lauschen 4 *(gehoorzamen)* gehorchen: *naar iem ~* auf jmdn hören || *dat luistert nauw* das erfordert große Genauigkeit
luister- en kijkgeld Rundfunk- und Fernsehgebühr v^{20}
luisterrijk glänzend, prachtvoll
luistervaardigheid Hörverständnis o^{29a}
luistervaardigheidstoets Hörverständnistest m^{13}, m^5
luistervink Horcher m^9, Lauscher m^9
luit Laute v^{21}
luitenant Leutnant m^{13}: *eerste ~* Oberleutnant
luiwagen Schrubber m^9
luiwammes Faulpelz m^5
luizen: *iem erin ~* jmdn hereinlegen
luizenbaan: *hij heeft een ~* er hat einen bequemen Posten
luizenmarkt Flohmarkt m^6, Trödelmarkt m^6
luizig *(armzalig)* lausig, lumpig
lukken gelingen¹⁶⁹
lukraak aufs Geratewohl
lul *(inform)* 1 *(sukkel)* Trottel m^9 2 *(penis)* Schwanz m^6: *voor ~ staan* sich lächerlich machen
lulkoek *(inform)* Quark m^{19}, Quatsch m^{19}
lullen *(inform)* schwatzen, faseln
lullig *(inform)* läppisch, doof, dumm
lumineus glänzend
lummel 1 *(sufferd)* Trottel m^9 2 *(vlegel)* Lümmel m^9
lummelen herumlungern, trödeln
lummelig lümmelhaft
lumpsum Pauschalsumme v^{21}, Pauschale v^{21}
lunch Lunch m^5, m^{13} *(2e nvl ook -)*
lunchen lunchen
lunchpakket Lunchpaket o^{29}
lunchpauze Mittagspause v^{21}
lunchroom Konditorei v^{20}, Café o^{36}; *(in museum e.d.)* Erfrischungsraum m^6
luren: *iem in de ~ leggen* jmdn hereinlegen
lurken lutschen, nuckeln
lurven: *iem bij zijn ~ pakken* jmdn beim Wickel packen
lus 1 *(aan handdoek, kleding e.d.)* Aufhänger m^9 2 *(strik)* Schleife v^{21} 3 *(in tram)* Schlaufe v^{21} 4 *(voor ceintuur e.d.)* Schlaufe v^{21}
lust 1 *(begeerte, trek)* Lust v^{25}: *ik heb geen ~ om te eten* ich habe keine Lust zu essen 2 *(plezier)* Lust v^{28}, Vergnügen o^{39}, Freude v^{28}: *een ~ voor de ogen* eine Augenweide
lusteloos lustlos, matt
lusteloosheid Mattigkeit v^{28}, Lustlosigkeit v^{28}
lusten 1 *(believen, behagen)* belieben⁺³ 2 *(zin hebben in)* mögen²¹⁰; *'m ~* gern trinken²⁹³; *heel graag taart ~* Torte für sein Leben gern essen¹⁵²; *hij lust geen vlees* er mag kein Fleisch; *lust je nog wat?* willst du noch etwas?; *(fig)* *iem wel rauw ~* jmdn

nicht ausstehen können[194]; *ik lust hem rauw!* er mag nur kommen! || *hij zal ervan* ~ er kriegt noch sein Fett
lustgevoel Lustgefühl *o*[29]
lusthof Lustgarten *m*[12]
lustig lustig, fröhlich, munter
lustmoord Lustmord *m*[5]
lustmoordenaar Lustmörder *m*[9]
lustrum 1 *(periode)* Jahrfünft *o*[29] **2** *(feest)* fünfjährliche Jubiläumsfeier *v*[21]
luthers lutherisch: *de ~e Bijbel* die Lutherbibel
luttel 1 *(weinig)* wenig **2** *(klein)* klein, gering
luwen abflauen, sich legen; *(fig)* nachlassen[197]
luwte *(windvrije plaats)* Windschatten *m*[19]
luxe *zn* Luxus *m*[19a]
luxe *bn, bw* luxuriös, Luxus…
luxeartikel Luxusartikel *m*[9]
luxeauto Luxusauto *o*[36]
Luxemburg Luxemburg *o*[39]
Luxemburger Luxemburger *m*[9]
Luxemburgs luxemburgisch, Luxemburger
luxueus luxuriös
lyceum Gymnasium *o (2e nvl -s; mv Gymnasien)*
lymfklier Lymphknoten *m*[11]
lynchen lynchen
lynx Luchs *m*[5]
lyriek Lyrik *v*[28]
lyrisch lyrisch: *~ dichter* Lyriker *m*[9]

ma Mama v^{27}

maag Magen m^{11}: *een bedorven ~ hebben* sich[3] den Magen verdorben haben[182]; *het aan zijn ~ hebben* Magenbeschwerden haben[182]; *(fig) iem iets in de ~ splitsen* jmdm etwas aufschwatzen; *(fig) daar zit ik mee in mijn ~* das liegt mir schwer im Magen

maagd Jungfrau v^{20}

maagdelijk jungfräulich: *~ woud* Urwald m^8

maagdelijkheid Jungfräulichkeit v^{28}

maagkanker Magenkrebs m^5

maagklachten Magenbeschwerden *mv* v^{21}

maagkwaal Magenleiden o^{35}, Magenkrankheit v^{20}

maaglijder Magenkranke(r) m^{40a}, v^{40b}

maagpijn Magenschmerzen *mv* m^{16}

maagzuur: *last van ~ hebben* Sodbrennen o^{39} haben[182]

maagzweer Magengeschwür o^{29}

maaidorsmachine Mähdrescher m^9

maaien mähen

maaimachine Mähmaschine v^{21}

maak: *in de ~ zijn: a) (herstellen)* in Reparatur sein[262]; *b) (maken)* in Arbeit sein *(of:* vorbereitet werden)

maakloon Arbeitslohn, Macherlohn m^6

maaksel Erzeugnis o^{29a}, Produkt o^{29}

¹maal 1 *(keer)* Mal o^{29}: *voor de eerste ~* zum ersten Mal(e); *een enkele ~* dann und wann; *herhaalde malen* wiederholt; *de laatste ~* das letzte Mal 2 *(vermenigvuldigingsteken)* mal: *drie ~ vijf* drei mal fünf

²maal 1 *(maaltijd)* Mahl o^{32}, o^{29}, Essen o^{35} 2 *(hoeveelheid eten)* Portion v^{20}

maalstroom Mahlstrom m^6; *(fig)* Strudel m^9

maalteken Malzeichen o^{35}

maaltijd Mahlzeit v^{20}, Essen o^{35}: *aan de ~ zitten* bei Tisch sitzen[268]

maan Mond m^5: *halvemaan* Halbmond; *nieuwemaan* Neumond; *vollemaan* Vollmond; *bij heldere ~* bei hellem Mondschein; *mijn geld is naar de ~* mein Geld ist futsch; *loop naar de ~!* scher dich zum Teufel!; *hij kan naar de ~ lopen!* er kann mir den Buckel runterrutschen

maand Monat m^5: *per ~ betalen* monatlich zahlen; *betaling over 3 ~en* Ziel 3 Monate; *om de drie ~en* dreimonatlich *(of:* vierteljährlich); *de volgende ~ kom ik* nächsten Monat komme ich

maandag Montag m^5: *'s ~s* am Montag

maandags montäglich, Montags…

maandblad Monatsheft o^{29}, Monatsschrift v^{20}

maandelijks monatlich, Monats…

maandenlang monatelang

maandsalaris Monatsgehalt o^{32}

maandverband Damenbinde v^{21}

maanfase, maangestalte Mondphase v^{21}

maanlander Mondfähre v^{21}

maanlicht Mondlicht o^{39}

maanmannetje Mann m^8 im Mond

maansverduistering Mondfinsternis v^{24}

maanzaad Mohnsamen m^{11}

¹maar zn Aber o^{33}: *er is een ~ bij* die Sache hat ein Aber; *geen maren!* nur kein Aber!

²maar bw 1 *(waarschuwing, aanbeveling)* nur: *het is ~, dat je het weet* damit du es nur weißt 2 *(ergernis over het voortduren)* bloß, nur: *ze scheldt ~* sie schimpft nur; *en ~ staan* und stundenlang (herum)stehen[279] 3 *(een wens uitdrukkend)* nur, doch: *was hij er ~* wäre er nur da 4 *(slechts)* nur: *het kost ~ twee euro* es kostet nur zwei Euro

³maar vw 1 *(tegenstelling)* aber, jedoch; *(na ontkenning)* sondern: *niet hij, ~ zij* nicht er, sondern sie; *hij sliep, ~ zij hield de wacht* er schlief, sie jedoch wachte 2 *(een tegenwerping uitdrukkend)* aber: *~ waarom?* aber warum?

maarschalk Marschall m^6

maart März m^5 *(2e nvl ook -)*: *in ~* im März

maarts märzlich, März…

maas Masche v^{21}: *de mazen van de wet* die Maschen des Gesetzes

Maas *(rivier)* Maas v^{28}

¹maat 1 *(makker)* Kamerad m^{14}, Kumpan m^5 2 *(helper)* Gehilfe m^{15}; *(inform)* Kumpel m^9, m^{13} 3 *(bij het spel)* Partner m^9

²maat 1 Maß o^{29}, Größe v^{21}: *iem de ~ nemen* bei jmdm Maß nehmen[212]; *(fig) beneden de ~* unter aller Kritik; *we hebben niets in uw ~* wir haben nichts in Ihrer Größe; *met twee maten meten* mit zweierlei Maß messen[208] 2 *(muz)* Takt m^5: *in de ~ blijven* im Takt bleiben[134]

maatbeker Messbecher m^9

maatgevend maßgebend

maatgevoel Taktgefühl o^{39}

maatglas Messglas o^{32}

maathouden *(muz)* den Takt halten[183]; *(fig)* Maß halten[183]; *hij weet geen maat te houden* er kennt weder Maß noch Ziel

maatje Freund m^5, Freundin v^{22}: *met iem goede ~s zijn* mit[+3] jmdm gut auskommen[193]

maatjesharing Matjeshering m^5

maatkostuum Maßanzug m^6

maatregel Maßnahme v^{21}: *~en nemen* Maßnahmen ergreifen[181]; Maßnahmen treffen[289]; *geen halve ~en nemen* energisch vorgehen[168]

maatschappelijk gesellschaftlich, sozial: *~e po-*

sitie gesellschaftliche Stellung v^{20}; ~ *werk* Sozialarbeit v^{28}
maatschappij Gesellschaft v^{20}
maatschappijleer Gesellschaftslehre v^{28}, Sozialkunde v^{28}
maatstaf Maßstab m^6: *dat is geen ~* das ist nicht maßgebend
maatwerk Maßarbeit v^{20}
macaber makaber
macaroni Makkaroni *(mv)*
machinaal maschinell; *(fig)* mechanisch
machine Maschine v^{21}
machinebankwerker Maschinenschlosser m^9
machinegeweer Maschinengewehr o^{29} *(afk MG)*
machinekamer Maschinenraum m^6
machinepistool Maschinenpistole v^{21} *(afk MP)*
machinerie Maschinerie v^{21}
machineschrijven Maschine schreiben^{252}
machinist Maschinist m^{14}; *(spoorw)* Lokomotivführer m^9, Lokführer m^9
macho Macho m^{13}
macht 1 *(vermogen)* Macht v^{28}, Kraft v^{25}: *niet bij ~e zijn iets te doen* nicht in der Lage sein, etwas zu tun; *alles doen wat in iems ~ ligt* alles tun, was in^{+3} jmds Macht steht **2** *(sterkte, kracht)* Macht v^{28}: *uit alle ~ schreeuwen* aus Leibeskräften schreien^{253} **3** *(autoriteit, heerschappij)* Macht v^{28}, Gewalt v^{28}: *~ uitoefenen* Macht ausüben; *de ~ over het stuur verliezen* die Herrschaft über das Auto verlieren^{300}; *iets in zijn ~ hebben* etwas in der Gewalt haben^{182}; *honger naar ~* Machthunger m^{19}; *strijd om de ~* Machtkampf m^6 **4** *(persoon of personen, lichaam)* Gewalt v^{20}, Macht v^{25}: *de openbare ~* die öffentliche Gewalt **5** *(groot aantal)* Menge v^{21} **6** *(wisk)* Potenz v^{20}: *drie tot de derde ~* drei in der dritten Potenz
machteloos machtlos: *~ toezien* ohnmächtig zusehen^{261}
machteloosheid Machtlosigkeit v^{28}, Ohnmacht v^{20}
machthebber Machthaber m^9; *(iem die aan de touwtjes trekt)* Drahtzieher m^9, Strippenzieher m^9
machtig *bn* **1** mächtig: *iets ~ zijn* einer Sache^2 mächtig sein^{262} **2** *(indrukwekkend)* gewaltig, großartig **3** *(erg zwaar)* schwer: *~ eten* schweres Essen
machtig *bw* riesig, außerordentlich: *het was ~ mooi* es war außerordentlich schön
machtigen ermächtigen, bevollmächtigen
machtiging Ermächtigung v^{20}, Vollmacht v^{20}
machtsbasis Machtbasis *(mv Machtbasen)*
machtsevenwicht Gleichgewicht o^{39} der Kräfte
machtsmiddel Machtmittel o^{33}
machtsmisbruik Machtmissbrauch m^{19}
machtsovername Machtübernahme v^{28}
machtspolitiek Machtpolitik v^{28}
machtspositie Machtstellung v^{20}
machtsstrijd Machtkampf m^6

machtsverheffen potenzieren^{320}
machtsvertoon Machtentfaltung v^{28}
macrobiotisch makrobiotisch
made Made v^{21}
madeliefje *(plantk)* Gänseblümchen o^{35}
madonna Madonna v *(mv Madonnen)*
maestro Maestro m^{13} *(mv ook -stri)*, Meister m^9
maf bescheuert, blöde
maffen pennen, knacken
magazijn 1 *(bergplaats)* Lager o^{33}, o^{34}, Warenlager o^{33}, o^{34} **2** *(van vuurwapen)* Magazin o^{29}
magazijnbediende Lagerarbeiter m^9
magazijnier *(Belg)* Lagerarbeiter m^9, Lagerverwalter m^9
mager 1 *(algem)* mager: *~e melk* Magermilch v^{28} **2** *(lang en mager)* hager **3** *(vel over been)* dürr **4** *(fig)* mager, schwach: *een ~e troost* ein magerer *(of:* schwacher*)* Trost
magertjes 1 mager **2** *(krap, armoedig)* dürftig, knapp
magie Magie v^{28}, Zauberkunst v^{28}
magiër Magier m^9
magisch magisch
magistraal meisterhaft, großartig
magnaat Magnat m^{14}
magneet Magnet m^5, *(zelden)* m^{14}
magneetband Magnetband o^{32}
magneetkaart Magnetkarte v^{21}
magneetzweeftrein Magnetschwebebahn v^{20}
magnesium Magnesium o^{39}
magnetisch magnetisch
magnetiseren magnetisieren^{320}
magnetiseur Magnetiseur m^5
magnetisme Magnetismus m^{19a}
magnetron, magnetronoven Mikrowellenherd m^5
magnifiek prächtig, prachtvoll, wunderschön
mahoniehout Mahagoni o^{39}, Mahagoniholz o^{32}
mail *(comp)* Mail v^{27}, Z-Dui, Oostenr, Zwits o^{36}
mailadres Mailadresse v^{21}
mailbom Mailbomb v^{27}, Mailbombe v^{21}
mailbox Mailbox v^{20}
mailen (jmdn) mailen: *(aan) iem ~* jmdm mailen, jmdn anmailen
mailing Mailing o^{36} *(2e nvl ook -)*
mailinglijst Mailingliste v^{21}
maillot Strumpfhose v^{21}
mailtje Mail v^{27}, Z-Dui, Oostenr, Zwits o^{36}, E-Mail v^{27}, Z-Dui, Oostenr, Zwits o^{36}
mais, maïs Mais m^{19}
maiskolf Maiskolben m^{11}
maiskorrel Maiskorn o^{32}
maîtresse Mätresse v^{21}, Geliebte v^{40b}
majesteit Majestät v^{20}: *Zijne ~* Seine Majestät
majestueus majestätisch
majeur Dur o *(2e nvl -)*: *a ~* A-Dur
majoor Major m^5
mak zahm; *(soms)* fromm^{59}
makelaar Makler m^9: *~ in onroerend goed* Immobilienmakler

makelaardij Maklergeschäft o^{29}
makelaarsprovisie Maklergebühr v^{20}
makelij Fabrikation v^{20}, Machart v^{20}
maken 1 *(vervaardigen)* machen, herstellen, anfertigen **2** *(voortbrengen, scheppen)* machen, schaffen^{230}: *hij gaat het helemaal ~* er wird es noch weit bringen; *je hebt het ernaar gemaakt* du hast es dir selbst zuzuschreiben **3** *(doen, verrichten)* machen: *stampij ~ over iets* viel Aufhebens von^{+3} etwas machen; *hij heeft hier niets te ~* er hat hier nichts zu suchen **4** *(weer in orde maken)* machen, reparieren^{320} **5** *(veroorzaken)* machen, bewirken: *iem aan het lachen ~* jmdn lachen machen || *hoe maak je het?* wie geht es dir?; *ze ~ het goed* es geht ihnen gut; *daar heb je niets mee te ~* das geht dich nichts an; *hij kan me niets ~* er kann mir nichts anhaben; *ik laat me niet bang ~* ich lasse mich nicht einschüchtern
maker 1 Hersteller m^9 **2** *(schepper)* Schöpfer m^9 **3** *(auteur)* Verfasser m^9 **4** *(muz)* Komponist m^{14}
make-up Make-up o^{36}
makheid Zahmheit v^{28}
makkelijk *zie* gemakkelijk
makker Kamerad m^{14}, Freund m^5, Gefährte m^{15}
makkie: *een ~ hebben* es leicht haben^{182}
makreel Makrele v^{21}
¹mal *(model, patroon, vorm)* Schablone v^{21}
²mal *bn, bw (dwaas, zot)* närrisch, verrückt, albern: *~le praat* dummes Gerede; *doe niet zo ~!* mache keine Dummheiten!; *ben je ~?* ach was!; *ik ben niet zo ~!* so dumm bin ich nicht!; *iem voor de ~ houden* jmdn zum Besten halten^{183}
malafide mala fide, in böser Absicht
malaise 1 Malaise v^{21}, Mäläse v^{21} **2** *(handel)* Flaute v^{21} **3** *(econ)* Depression v^{20}
malaria Malaria v
¹malen *intr (niet goed bij het hoofd zijn)* spinnen^{272}: *hij is aan het ~* er spinnt || *wat maal ik erom!* was kümmert's mich!
²malen *tr* **1** *(met molen)* mahlen: *koffie ~* Kaffee mahlen **2** *(van water)* auspumpen
malheid Torheit v^{20}, Narrheit v^{20}
mali *(Belg)* Defizit o^{29}
maling: *iem in de ~ nemen* jmdn zum Narren halten^{183}; *ik heb er ~ aan!* ich pfeife darauf!; *ik heb ~ aan je!* ich huste dir was!
mallepraat Unsinn m^{19}, dummes Zeug o^{39}
malligheid 1 *(dwaze daad)* Torheit v^{20}, Verrücktheit v^{20} **2** *(gekheid)* Unsinn m^{19}
malloot Idiot m^{14}
mallotig verrückt
mals 1 *(zacht, sappig)* zart, saftig: *~ gras* saftiges Gras; *~ vlees* zartes Fleisch; *(toebereid)* saftiger Braten **2** *(mild)* mild: *~e regen* milder Regen
malt alkoholfreies Bier o^{29}
malversatie Veruntreuung v^{20}
mama Mama v^{27}, Mami v^{27}, Mutti v^{27}
mamma Mama v^{27}
mammoet Mammut o^{29}, o^{36}

mams Mami v^{27}, Mutti v^{27}
man Mann m^8: *de gewone ~* der Mann auf *(of:* von*)* der Straße; *~ en paard noemen* Ross und Reiter nennen^{213}; *als één ~ stond het volk op* das Volk erhob sich wie ein Mann; *dat kost tien euro de ~* das kostet zehn Euro pro Person; *we waren met vier ~* wir waren zu viert; *met ~ en macht* mit aller Macht
management Management o^{36}
managen managen
manager Manager m^9
manche 1 *(bij kaartspel)* Partie v^{21} **2** *(paardensport)* Durchgang m^6 **3** *(bij races)* Lauf m^6
manchet 1 Manschette v^{21} **2** *(op bier)* Schaumkrone v^{21}
manchetknoop Manschettenknopf m^6
manco Manko o^{36}
mand Korb m^6: *(fig) door de ~ vallen* sich verraten^{218}
mandaat Mandat o^{29}, Auftrag m^6
mandarijn, mandarijntje Mandarine v^{21}
mandekking *(sp)* Manndeckung v^{20}
mandenmaker Korbflechter m^9
mandenwerk Korbware v^{21} *(meestal mv)*
mandje Körbchen o^{35}
mandoline Mandoline v^{21}
manege 1 *(rijschool)* Reitschule v^{21} **2** *(rijbaan)* Manege v^{21}, Reitbahn v^{20}
¹manen *zn mv (haren)* Mähne *ev* v^{21}
²manen *ww* mahnen: *tot voorzichtigheid ~* zur Vorsicht mahnen
maneschijn Mondschein m^{19}
mangat Mannloch o^{32}
mangel *(werktuig)* Mangel v^{21}: *iem door de ~ halen* jmdn durch die Mangel drehen
mangelen mangeln: *iem ~* jmdn in der Mangel haben^{182}
mango Mango v^{27} *(mv ook Mangonen)*
manhaftig mannhaft, tapfer, unerschrocken
maniak Monomane m^{15}, Fanatiker m^9
manicure Maniküre v^{21}
manicuren maniküren
manie Manie v^{21}
manier 1 *(wijze van doen, van handelen)* Art v^{20}, Weise v^{21}, Art und Weise: *op deze ~* auf diese (Art und) Weise; *ieder op zijn ~* jeder nach seiner Art; *op de volgende ~* folgendermaßen; *op de een of andere ~* irgendwie; *dat is zijn ~ van doen* das ist seine Art; *dat is toch geen ~ van doen!* das ist doch keine Art!; *de ~ waarop hij zich gedraagt … die Art und Weise, wie er sich benimmt …;* *(Belg) bij ~ van spreken* sozusagen **2** *(omgangsvorm)* Manier v^{20}: *goede ~en hebben* gute Manieren haben^{182}
¹manifest Manifest o^{29}
²manifest *bn (duidelijk)* manifest, deutlich
manifestant Demonstrant m^{14}
manifestatie 1 *(betoging)* Kundgebung v^{20}; *(protestbetoging)* Demonstration v^{20} **2** *(cultureel)* Veranstaltung v^{20}

manifesteren, zich sich manifestieren[320]
manipulatie Manipulation v^{20}
manipuleren manipulieren[320]
manisch manisch
mank lahm: ~ *lopen* hinken, humpeln; *(mbt paard)* lahmen; *aan een euvel* ~ *gaan* an einem Übel leiden[199]
mankement 1 *(gebrek)* Mangel m^{10}, Fehler m^9 **2** *(van machine)* Defekt m^5, Mangel m^{10} **3** *(lichaamsgebrek)* Gebrechen o^{35}
manken *(Belg.)* hinken, humpeln
mankeren fehlen, mangeln: *dat mankeert er nog maar aan!* das fehlt gerade noch!; *het mankeert hem aan …* es fehlt (*of:* mangelt) ihm an[+3]; *wat mankeert je?* was fehlt dir?; *er mankeert stellig wat aan* es ist gewiss etwas nicht in Ordnung
mankracht menschliche Arbeitskraft v^{25}
manmoedig mannhaft, mutig
mannelijk 1 männlich **2** *(flink)* mannhaft
mannelijkheid 1 Männlichkeit v^{28} **2** *(moed, flinkheid)* Mannhaftigkeit v^{28}
mannenkoor Männerchor m^6
mannenstem Männerstimme v^{21}
mannentaal kräftige Sprache v^{28}
mannequin Mannequin o^{36}
mannetje 1 Männlein o^{35}, Männchen o^{35}, Kerlchen o^{35} **2** *(man)* Mann m^8: *zijn ~ staan* seinen Mann stehen[279]; *ik zal wel een ~ sturen* ich werde schon jemanden schicken **3** *(mannelijk dier)* Männchen o^{35}
mannetjes- männlicher …
mannetjesputter 1 Kraftmeier m^9; *(vrouw)* Mannweib o^{31} **2** *(knap in het vak)* Kanone v^{21}
manoeuvre Manöver o^{33}: *op ~ gaan* ins Manöver ziehen[318]; *op ~ zijn* im Manöver sein[262]
manoeuvreren manövrieren[320]
manometer Manometer o^{33}
mans Manns: *hij is ~ genoeg* er ist Manns genug; *zij is heel wat ~* sie steht ihren Mann
manschap 1 *(scheepv)* Mannschaft v^{20} **2** *(mil) manschappen* Soldaten *mv* m^{14}
manshoog mannshoch
manspersoon Mannsperson v^{20}, Mannsbild o^{31}
mantel Mantel m^{10} || *iets met de ~ der liefde bedekken* etwas mit dem Mantel der Liebe bedecken; *iem de ~ uitvegen* jmdn abkanzeln
mantelpak Kostüm o^{29}
mantelzak Manteltasche v^{21}
manufacturen Manufakturwaren *mv* v^{21}
manuscript Manuskript o^{29}: *in ~* handschriftlich
manusje-van-alles Faktotum o^{36} (*mv ook* Faktoten), Mädchen o^{35} für alles
manuur Arbeitsstunde v^{21}
manwijf Mannweib o^{31}
map Mappe v^{21}: *leren ~* Ledermappe
maquette Maquette v^{21}, Modell o^{29}
marathon Marathon m^{13}, Marathonlauf m^6
marchanderen feilschen
marcheren marschieren[320]

margarine Margarine v^{21}
marge 1 *(typ)* Rand m^8 **2** *(speelruimte)* Marge v^{21}, Spielraum m^6 **3** *(handel)* Marge v^{21}, Handelsspanne v^{21}
marginaal marginal, Marginal…, Rand…
margriet *(plantk)* Margerite v^{21}
Mariabeeld Marienbild o^{31}, Muttergottesbild o^{31}
Mariaverering Marienverehrung v^{28}
marihuana Marihuana o^{39}
marinade Marinade v^{21}
marine *zn* Marine v^{21}, Kriegsmarine
marinebasis Marinebasis v (*mv* -basen); *(in buitenland)* Marinestützpunkt m^5
marineblauw *bn* marine(blau)
marineofficier Marineoffizier m^5
marineren marinieren[320]
marinier Marineinfanterist m^{14}
marionet Marionette v^{21}
maritiem maritim: ~ *station* Marinestation v^{20}
marjolein *(plantk)* Majoran m^5
mark Mark v (*mv* -): *Duitse* ~ Deutsche Mark (*afk* DM)
markant markant
marker Marker m^9, m^{13}
markeren markieren[320]
marketing Marketing o^{39}, o^{39a}
markies 1 *(titel)* Marquis m (*2e nvl* -; *mv* -) **2** *(zonnescherm)* Markise v^{21}
markt Markt m^6: *morgen is er ~* morgen ist Markt; *naar de ~ gaan* auf den Markt (*of:* zum Markt) gehen[168]; *de zwarte ~* der Schwarzmarkt; *een ~ vinden* Absatz finden[157]; *gat in de ~* Marktnische v^{21}; *het artikel ligt goed in de ~* der Artikel ist marktgängig; *(Belg)* *het niet onder de ~ hebben* es nicht leicht haben[182] || *van alle ~en thuis zijn* in allen Sätteln gerecht sein[262]
marktaandeel Marktanteil m^5
marktdag Markttag m^5
markteconomie Marktwirtschaft v^{20}
marktkoopman Markthändler m^9
marktkraam Marktbude v^{21}, Marktstand m^6
marktonderzoek Marktforschung v^{20}
marktplaats, marktplein Marktplatz m^6
marktprijs Marktpreis m^5
marktwaarde Marktwert m^5
marktwerking Marktwirtschaft v^{20}, freie Marktwirtschaft v^{20}
marmelade Marmelade v^{21}
marmer Marmor m^5
marmeren marmorn, Marmor…
marmergroeve Marmorbruch m^6
marmot 1 *(alpenmarmot)* Murmeltier o^{29} **2** *(cavia)* Meerschweinchen o^{35}
Marokkaan Marokkaner m^9
Marokkaans marokkanisch
Marokko Marokko o^{39}
¹**mars** *zn* Marsch m^6: *een ~ spelen* einen Marsch spielen; *op ~ gaan* sich in Marsch setzen
²**mars** *tw* marsch: *voorwaarts ~!* vorwärts marsch!

Mars *(sterrenk, myth)* Mars m^{19a}
marsepein Marzipan o^{29}
marskramer Hausierer m^9
marsmannetje Marsmensch m^{14}
martelaar Märtyrer m^9
martelaarschap Martyrium o *(2e nvl -s; mv -rien)*
martelarij Marter v^{21}, Folter v^{21}
marteldood Märtyrertod m^5, Martertod m^5
martelen martern, foltern; *(kwellen)* quälen
marteling Marter v^{21}, Folter v^{21}
marter Marder m^9
marxisme Marxismus m^{19a}
marxist Marxist m^{14}
marxistisch marxistisch
mascotte Maskotte v^{21}, Maskottchen o^{35}
masker Maske v^{21}: *(fig) het ~ afdoen* die Maske fallen lassen[197]
maskerade 1 *(optocht)* Maskenzug m^6 **2** *(verkleding)* Maskerade v^{21}
maskeren maskieren[320], verbergen[126]
masochisme Masochismus m^{19a}
masochist Masochist m^{14}
massa 1 *(algem, nat)* Masse v^{21}: *soortelijke ~* Dichte v^{21} **2** *(hoeveelheid)* Menge v^{21}, Masse v^{21}: *bij ~'s* massenweise **3** *(menigte)* Menge v^{21}
massaal massenhaft, massig; *(groots)* massiv
massa-artikel Massenartikel m^9
massabijeenkomst Massenkundgebung v^{20}
massafabricage Massenfertigung v^{20}
massage Massage v^{21}
massagraf Massengrab o^{32}
massamedium Massenmedium o *(2e nvl -s; mv -medien)*
massamoord Massenmord m^5
massaproduct Massenprodukt o^{29}
massaspektakel Massenspektakel o^{33}
massavernietigingswapen Massenvernichtungswaffe v^{21}
masseren massieren[320]
masseur Masseur m^5
masseuse *(algem)* Masseurin v^{22}
¹**massief** *zn* Massiv o^{29}
²**massief** *bn* massiv
mast Mast m^5, m^{16}
master Master m^9
masterplan Masterplan m^6
masturbatie Masturbation v^{20}
masturberen masturbieren[320]
mat! *(schaken)* matt!
¹**mat** *zn* Matte v^{21}: *de groene ~* der Rasen
²**mat** *bn, bw* matt; *(handel ook)* flau
matador Matador m^5, m^{14}
match Spiel o^{29}, Match o^{36}, m^{13} *(mv ook -e)*
mate Maß o^{29}, Grad m^5: *in gelijke ~* in gleichem Maße; *in hoge ~* in hohem Maße; *in meerdere of mindere ~* mehr oder weniger; *een grote ~ van vertrouwen* ein hohes Maß an *(of:* von*)* Vertrauen; *in welke ~?* inwiefern?; *met ~* mit Maßen; *in zekere ~* in gewissem Maße

mateloos maßlos, außerordentlich
matennaaier Zuträger m^9
materiaal Material o *(2e nvl -s; mv Materialien)*
materialiseren materialisieren[320]
materialisme Materialismus m^{19a}
materialist Materialist m^{14}
materialistisch materialistisch
materie Materie v^{21}
¹**materieel** *zn* Material o *(2e nvl -s; mv Materialien)*
²**materieel** *bn* materiell: *materiële schade* Sachschaden m^{12}
materniteit *(Belg)* Entbindungsabteilung v^{20}
matglas Mattglas o^{39}
matheid 1 *(moeheid)* Mattigkeit v^{28} **2** *(mbt kleur)* Mattheit v^{28}
mathematica Mathematik v^{28}
mathematicus Mathematiker m^9
mathematisch mathematisch
matig mäßig
matigen mäßigen
matigheid Mäßigkeit v^{28}
matiging Mäßigung v^{28}
matinee Matinee v^{21}
matineus: *hij is ~* er ist ein Frühaufsteher
matje *(kleine)* Matte v^{21}: *(fig) iem op het ~ roepen* jmdn zur Verantwortung ziehen[318]
matrak *(Belg)* Schlagstock m^6, Gummiknüppel m^9
matras Matratze v^{21}
matrijs Matrize v^{21}, Mater v^{21}
matrixprinter Matrixdrucker m^9
matroos Matrose m^{15}: *licht ~* Leichtmatrose
mattenklopper Teppichklopfer m^9
mausoleum Mausoleum o *(2e nvl -s; mv -leen)*
mauwen miauen
mavodiploma mittlere Reife v^{28}
mavoschool Realschule v^{21}, Mittelschule v^{21}
maxi *(mode)* Maxi o^{39}
maximaal maximal, Maximal…: *het maximale bedrag* der Maximalbetrag
maximum Maximum o *(2e nvl -s; mv Maxima)*
maximumaantal Höchstzahl v^{20}
maximumbedrag Höchstbetrag m^6, Maximalbetrag m^6
maximumprijs Maximalpreis m^5, Höchstpreis m^5
maximumsnelheid Höchstgeschwindigkeit v^{20}
maximumstraf Maximalstrafe v^{21}, Höchststrafe v^{21}
maximumtemperatuur Höchsttemperatur v^{20}
mayonaise Mayonnaise v^{21}, Majonäse v^{21}
mazelen Masern *(mv)*
mazzel Dusel m^{19}, Massel m^{19}
mazzelen Dusel *(of:* Massel, Glück*)* haben[182]
me *pers vnw*[82] mir³, mich⁴
meander Mäander m^9
meao-school Fachoberschule v^{21}, Fachrichtung Wirtschaft

mecanicien Mechaniker *m*⁹
mechanica Mechanik *v*²⁰
mechaniek Mechanismus *m (2e nvl -; mv Mechanismen)*
mechanisch mechanisch
mechaniseren mechanisieren³²⁰
mechanisering Mechanisierung *v*²⁰
mechanisme Mechanismus *m (2e nvl -; mv Mechanismen)*
medaille Medaille *v*²¹
medaillon Medaillon *o*³⁶
mede *bw* mit, auch
medeaansprakelijk mitverantwortlich
medeaanwezig mit anwesend
medebewoner Mitbewohner *m*⁹
medeburger Mitbürger *m*⁹
mededeelzaam mitteilsam, offen(herzig)
mededelen *intr (een aandeel krijgen)* teilhaben¹⁸² (an⁺³)
mededelen *tr (berichten)* mitteilen; *(officieel)* anzeigen
mededeling 1 *(bericht)* Mitteilung *v*²⁰ **2** *(officieel)* Anzeige *v*²¹ **3** *(verklaring)* Aussage *v*²¹
mededinger Mitbewerber *m*⁹, Konkurrent *m*¹⁴
mededinging Konkurrenz *v*²⁰, Wettbewerb *m*⁵
mededogen Mitleid *o*³⁹, Erbarmen *o*³⁹
mede-eigenaar Miteigentümer *m*⁹, Mitinhaber *m*⁹
medeklinker Mitlaut *m*⁵, Konsonant *m*¹⁴
medelander Angehörige(r) *m*⁴⁰ᵃ einer ethnischen Minderheit, der auch in den Niederlanden wohnt
medeleerling Mitschüler *m*⁹
medeleven Anteilnahme *v*²⁸; *(rouwbeklag)* Beileid *o*³⁹
medelijden Mitleid *o*³⁹, Erbarmen *o*³⁹: *iem ~ inboezemen* jmds Mitleid erregen; *ik heb ~ met je!* du dauerst mich!
medemens Mitmensch *m*¹⁴, Nächste(r) *m*⁴⁰ᵃ, *v*⁴⁰ᵇ
medeondertekenen mitunterzeichnen
medepassagier Mitreisende(r) *m*⁴⁰ᵃ, *v*⁴⁰ᵇ
medeplichtig mitschuldig
medeplichtige Mitschuldige(r) *m*⁴⁰ᵃ, *v*⁴⁰ᵇ
medeplichtigheid Mittäterschaft *v*²⁸, Beihilfe *v*²⁸: *~ aan moord* Beihilfe zum Mord
medereiziger Mitreisende(r) *m*⁴⁰ᵃ, *v*⁴⁰ᵇ
medescholier Mitschüler *m*⁹
medeschuldig mitschuldig
medeschuldige Mitschuldige(r) *m*⁴⁰ᵃ, *v*⁴⁰ᵇ
medespeler Mitspieler *m*⁹
medestander, medestrijder Mitkämpfer *m*⁹
medestudent Kommilitone *m*¹⁵
medewerker Mitarbeiter *m*⁹
medewerking Mitarbeit *v*²⁸, Mitwirkung *v*²⁸: *~ verlenen aan iets* an⁺³ (*of:* bei⁺³) etwas mitwirken; *met ~ van* unter Mitwirkung⁺² (*of:* von⁺³)
medeweten Wissen *o*³⁹: *buiten mijn ~* ohne mein Wissen

medezeggenschap Mitbestimmungsrecht *o*²⁹, Mitbestimmung *v*²⁸
media *zn mv* Medien *(ev: Medium)*
mediaster Medienstar *m*¹³
mediastilte Medienstille *v*²⁸, Medienruhe *v*²⁸
mediator Vermittler *m*⁹, Mediator *m*¹⁶
medicament Medikament *o*²⁹
medicijn 1 *(geneesmiddel)* Medizin *v*²⁰, Arznei *v*²⁰ **2** *(geneeskunde)* Medizin *v*²⁸: *~en studeren* Medizin studieren³²⁰
medicus Arzt *m*⁶, Mediziner *m*⁹
medio Mitte *v*²¹: *~ mei* Mitte Mai
medisch medizinisch; *(mbt behandeling, advies)* ärztlich; *~ student* Medizinstudent *m*¹⁴; *~e verklaring* (ärztliches) Attest *o*²⁹
meditatie Meditation *v*²⁰
mediteren meditieren³²⁰
medium Medium *o (2e nvl -s; mv Medien)*
meebrengen 1 mitbringen¹³⁹ **2** *(fig)* mit sich bringen¹³⁹: *dat brengt de zaak met zich mee* das bringt die Sache mit sich
meedelen *zie* mededelen
meedenken mitdenken¹⁴⁰
meedingen sich mitbewerben³⁰⁹: *~ naar* sich mitbewerben³⁰⁹ um⁺⁴
meedoen *(met aan)* mitmachen (bei⁺³), teilnehmen²¹² (an⁺³), sich beteiligen (an⁺³)
meedogenloos schonungslos, rücksichtslos
mee-eten mitessen¹⁵²
mee-eter 1 *(med)* Mitesser *m*⁹ **2** *(gast)* Gast *m*⁶
meegaan 1 mitgehen¹⁶⁸, mitkommen¹⁹³: *(fig) met iem ~* mit jmdm einverstanden sein²⁶²; *met zijn tijd ~* mit der Zeit gehen **2** *(goed blijven)* halten¹⁸³
meegaand gefügig; *(toegevend)* nachgiebig
¹**meegeven** *intr (doorbuigen)* nachgeben¹⁶⁶
²**meegeven** *tr* mitgeben¹⁶⁶: *iem een boek ~* jmdm ein Buch mitgeben
meehelpen mithelfen¹⁸⁸⁺³
meekomen mitkommen¹⁹³
meekrijgen mitbekommen¹⁹³
meekunnen mitkönnen¹⁹⁴; *(op school)* mitkommen¹⁹³
meel Mehl *o*³⁹
meeldraad *(plantk)* Staubfaden *m*¹²
meeleven mitfühlen, mitempfinden¹⁵⁷
meelopen 1 mitgehen¹⁶⁸: *met iem een eindje ~* jmdn ein Stück begleiten **2** *(klakkeloos volgen)* mitlaufen¹⁹⁸
meeloper Mitläufer *m*⁹
meemaken 1 mitmachen **2** *(van reis)* miterleben **3** *(beleven)* miterleben **4** *(doorstaan)* durchmachen **5** *(bijwonen)* beiwohnen⁺³
meepraten mitreden, mitsprechen²⁷⁴: *daar weet ik van mee te praten!* ich kann ein Lied davon singen!; *maar wat ~* nur nachbeten
meeprater Nachbeter *m*⁹
¹**meer** *zn* See *m*¹⁷

²meer *bw* **1** mehr: *~ dan vroeger* mehr als früher; *~ en ~* mehr und mehr; *min of ~* mehr oder weniger **2** *(vaker)* öfter: *je moet wat ~ komen* du sollst öfter kommen **3** *(verder)* sonst: *wie waren er nog ~?* wer war sonst noch da?

³meer *onbep telw* mehr: *~ dan tien* mehr als zehn *(of:* über zehn); *hoe langer hoe ~* immer mehr; *hoe vroeger je komt des te ~ tijd hebben we* je eher du kommst, desto mehr Zeit haben wir; *onder ~* unter anderem; *zonder ~* ohne weiteres

ME'er Bereitschaftspolizist *m*¹⁴
meerdaags mehrtägig
meerder größer, höher, weiter: *het ~e loon* der höhere Lohn; *de ~e moeite* die größere Mühe; *ter ~e zekerheid* zur größeren Sicherheit
¹meerdere *zn* Vorgesetzte(r) *m*⁴⁰ᵃ, *v*⁴⁰ᵇ: *hij is mijn ~ in kennis* er ist mir an Kenntnissen überlegen
²meerdere *telw* mehrere
meerderheid 1 *(groter aantal)* Mehrheit *v*²⁰; *(van stemmen)* Majorität *v*²⁰: *met ~ van stemmen* mit Stimmenmehrheit **2** *(overmacht, overwicht)* Überlegenheit *v*²⁸
meerderjarig volljährig, mündig: *iem ~ verklaren* jmdn für mündig erklären
meerderjarigheid Volljährigkeit *v*²⁸, Mündigkeit *v*²⁸
meerekenen mitrechnen
meerijden mitfahren¹⁵³; *(op rijdier)* mitreiten²²¹
meerjarenplan Langzeitprogramm *o*²⁹
meerjarig mehrjährig
meerkeuzevraag Mehrwahlfrage *v*²¹
meerkleurendruk Mehrfarbendruck *m*⁵
meerkoet Blässhuhn *o*³²
meermaals, meermalen öfter, mehrmals
meerpaal Duckdalbe *v*²¹
meerprijs Mehrpreis *m*⁵
meerstemmig mehrstimmig
meervoud Mehrzahl *v*²⁰, Plural *m*⁵
meervoudig mehrfach
meervoudsvorm Mehrzahlform *v*²⁰, Pluralform *v*²⁰
meerwaarde Mehrwert *m*¹⁹
mees Meise *v*²¹
meeslepen 1 *(met zich slepen)* mitschleppen **2** *(mbt stroom)* mitreißen²²⁰ **3** *(mede ten val brengen)* mitreißen²²⁰ **4** *(mbt gevoelens)* hinreißen²²⁰, mitreißen²²⁰
meeslepend hinreißend
meesmuilen schmunzeln, ironisch lächeln
meespelen mitspielen
meespreken mitsprechen²⁷⁴
¹meest *bn* **1** *(het grootste deel)* meist: *de ~e tijd* die meiste Zeit **2** *(zeer veel)* größt, meist: *met de ~e aandacht* mit größter Aufmerksamkeit
²meest *bw (in de hoogste mate)* am meisten, meist: *de ~ barbaarse daad* die barbarischste Tat; *het ~ ertoe bijdragen* am meisten dazu beitragen²⁸⁸
meestal meist, meistens

meestbiedende Meistbietende(r) *m*⁴⁰ᵃ, *v*⁴⁰ᵇ
meestentijds meist, meistens
meester 1 *(in ambacht)* Meister *m*⁹ **2** *(leermeester)* Lehrer *m*⁹ **3** *(jurist)* Jurist *m*¹⁴, Volljurist *m*¹⁴: *Mr. Meyer* Dr. Meyer **4** *(autoriteit op zijn vakgebied)* Meister *m*⁹, Könner *m*⁹ **5** *(leider)* Herr *m*¹⁴ *(2e, 3e, 4e nvl ev: Herrn)*, Meister *m*⁹: *de toestand ~ zijn* die Situation unter Kontrolle haben¹⁸²; *een taal ~ zijn* eine Sprache beherrschen; *een opstand ~ worden* einen Aufstand bezwingen³¹⁹; *zich ~ maken van iets* sich einer Sache² bemächtigen
meesteres Herrin *v*²², Meisterin *v*²²
meesterhand Meisterhand *v*²⁵
meesterlijk meisterhaft, Meister…
meesterschap Meisterschaft *v*²⁸
meesterstuk Meisterstück *o*²⁹
meesterwerk Meisterwerk *o*²⁹
meestrijden mitkämpfen
meet *(sp)* Linie *v*²¹, Ziellinie *v*²¹ ‖ *van ~ (af) aan* von Anfang an
meetbaar messbar
meetellen mitzählen
meeting *(Eng)* Meeting *o*³⁶
meetinstrument Messinstrument *o*²⁹
meetkunde Geometrie *v*²⁸
meetkundig geometrisch
meetlat Messlatte *v*²¹
meetronen lotsen
meettechniek Messtechnik *v*²⁰
meeuw Möwe *v*²¹
meevallen 1 *(minder erg dan verwacht)* halb so schlimm sein²⁶²: *het werk valt mee* die Arbeit ist halb so schlimm; *hij is me meegevallen* er ist gar nicht so übel; *het valt reuze mee* es ist halb so wild; *het zal wel ~* es wird schon gehen **2** *(beter dan verwacht)* die Erwartungen übertreffen²⁸⁹
meevaller Glücksfall *m*⁶
meevechten mitkämpfen
meevoelen mitfühlen, mitempfinden¹⁵⁷
meevoeren mitführen
meewarig mitleidig, mitleidsvoll
meewarigheid Mitleid *o*³⁹
meewegen mitwiegen³¹²; *(fig)* mitzählen
meewerken mitwirken, mitarbeiten: *het weer werkt mee* das Wetter hilft mit
meezenden mitschicken
meezingen mitsingen²⁶⁵
meezitten Glück haben¹⁸²: *het zit mee* es klappt; *het zat hem niet mee* er hatte Pech
megabyte Megabyte *o*³⁶ *(2e nvl ook -; mv ook -)*
megafoon Megafon *o*²⁹, Megaphon *o*²⁹
mei Mai *m*⁵ *(2e nvl ook -):* in *~* im Mai
meid 1 *(meisje)* Mädchen *o*³⁵: *een aardige ~* ein nettes Mädchen; *een schattige kleine ~* eine süße Kleine **2** *(hulp)* Haushaltshilfe *v*²¹ **3** *(inform) (slet)* Dirne *v*²¹
meidoorn Weißdorn *m*⁵, Hagedorn *m*⁵
meikever Maikäfer *m*⁹
meiklokje Maiglöckchen *o*³⁵

meimaand Maimonat m^5, Mai m^5
meinedig meineidig
meineed Meineid m^5: *een ~ doen* einen Meineid schwören[260]
meisje 1 Mädchen o^{35} **2** *(vriendin)* Mädchen o^{35}, Freundin v^{22}
meisjesachtig mädchenhaft
meisjesgek Herzensbrecher m^9
meisjesnaam Mädchenname m^{18}
meisjesstem Mädchenstimme v^{21}
mej. *afk van mejuffrouw* Fräulein o^{35} (*afk* Frl.)
mejuffrouw Fräulein o^{35}
mekaar einander; *(1e pers)* uns; *(2e pers)* euch; *(3e pers)* sich: *dat komt voor ~* das geht in Ordnung
mekkeren *(ook fig)* meckern
melaats aussätzig
melaatse Aussätzige(r) m^{40a}, v^{40b}
melaatsheid Aussatz m^{19}, Lepra v^{28}
melancholie Melancholie v^{28}, Schwermut v^{28}
melancholiek melancholisch, schwermütig
melange Melange v^{21}, Mischung v^{20}
melden *ww* melden, berichten
melden, zich sich melden
melding Meldung v^{20}, Bericht m^5: *~ maken van iets* etwas erwähnen
mêleren melieren[320], mischen
melig 1 *(lett)* mehlig **2** *(fig)* fade, albern
melk Milch v^{28}: *volle ~* Vollmilch; *hij heeft veel in de ~ te brokken* er hat großen Einfluss; *hij heeft niets in de ~ te brokken* er hat nichts zu melden
melkachtig milchig
melkboer Milchmann m^8
melkchocolade Milchschokolade v^{21}
melken melken[207]
melkfabriek Molkerei v^{20}
melkfles Milchflasche v^{21}
melkgebit Milchgebiss o^{29}
melkkoe *(ook fig)* Milchkuh v^{25}
melkmachine Melkmaschine v^{21}
melkmuil Milchbart m^6, Grünschnabel m^{10}
melkpoeder Milchpulver o^{33}, Trockenmilch v^{28}
melkproduct Milchprodukt o^{29}
melktand Milchzahn m^6
melkvee Milchvieh o^{39}
melkveehouderij Milchviehhaltung v^{28}
Melkweg Milchstraße v^{28}
melodie Melodie v^{21}
melodieus melodiös
meloen Melone v^{21}
memo 1 Memo o^{36}, Notiz v^{20} **2** *(papiertje)* Notizzettel m^9
memoires Memoiren *(mv)*
memorabel memorabel, denkwürdig
memorandum Memorandum o (*2e nvl* -s; *mv* Memoranden *of* Memoranda)
memoreren erwähnen
memorie Gedächtnis o^{29a}; *(verhandeling)* Denkschrift v^{20}: *~ van toelichting* Begleitschreiben o^{35}; *(bij wetsvoorstellen)* Erläuterung v^{20} des Gesetzentwurfs; *kort van ~ zijn* ein kurzes Gedächtnis haben[182]
memoriseren memorieren[320]
men man
menagerie Menagerie v^{21}
meneer Herr m^{14} (*2e, 3e, 4e nvl ev: Herrn*): *~ Müller* Herr Müller; *~ de directeur* der Herr Direktor; *(als aanspreking)* Herr Direktor; *zeker ~* ja sicher, mein Herr!
menen 1 *(denken)* glauben, denken[140], meinen: *ik meen dat hij komt* ich glaube, er kommt **2** *(bedoelen)* meinen: *meende hij jou?* meinte er dich?; *dat meent u niet!* das ist nicht Ihr Ernst!
menens: *het was hem ~* er meinte es ernst; *nu is het ~!* jetzt gilt's!
mengeling Mischung v^{20}
mengelmoes Gemisch o^{29}, Mischmasch m^5
¹**mengen** *tr* **1** *(stoffen dooreen werken)* mischen, mixen, mengen **2** *(met iets anders in betrekking brengen)* in Verbindung bringen[139]
²**mengen, zich** sich einmischen, sich mischen
menging Mischung v^{20}
mengkleur Mischfarbe v^{21}
mengkraan Mischbatterie v^{21}
mengpaneel Mischpult o^{29}
mengsel Gemisch o^{29}, Mischung v^{20}
mengvoeder Mischfutter o^{39}
menie Mennige v^{28}
meniën mit Mennige bestreichen[286]
menig *onbep vnw*[68] mancher, manche, manches
menigeen mancher, manch einer
menigerlei mancherlei, vielerlei
menigmaal manches Mal, häufig, oft
menigte Menge v^{21}, Masse v^{28}
mening Meinung v^{20}, Ansicht v^{20}: *van ~ zijn* der Meinung sein[262]; *ik ben een andere ~ toegedaan* ich bin anderer Meinung; *van ~ veranderen* seine Meinung ändern; *volgens mijn ~* meiner Meinung (*of*: Ansicht) nach
meningsuiting Meinungsäußerung v^{20}: *vrijheid van ~* Meinungsfreiheit v^{28}
meningsverschil Meinungsverschiedenheit v^{20}
meniscus Meniskus m (*2e nvl* -; *mv* Menisken)
mennen lenken
¹**mens** *de (m)* **1** Mensch m^{14}: *de grote ~en* die Erwachsenen **2** *(personen)* Menschen *mv* m^{14}, Leute *(mv)*: *geen ~ op straat* keine Menschenseele auf der Straße; *geen ~ ter wereld* niemand auf der Welt; *onder de ~en komen* unter die Leute gehen[168]
²**mens** *het* Person v^{20}, Mensch o^{31}, Frau v^{20}: *een aardig ~* eine nette Frau
mensa Mensa v^{27} (*mv ook* Mensen)
mensaap Menschenaffe m^{15}
mensdom Menschheit v^{28}
menselijk menschlich
menselijkerwijs: *~ gesproken* nach menschlichem Ermessen

menselijkheid Menschlichkeit v^{20}
menseneter Menschenfresser m^9
mensengedaante Menschengestalt v^{20}
mensenhater Menschenhasser m^9, Menschenfeind m^5
mensenheugenis: *sinds ~* seit Menschengedenken
mensenkennis Menschenkenntnis v^{28}
mensenkinderen: *~!* Mensch!
mensenleven Menschenleben o^{35}
mensenmassa Menschenmasse v^{21}
mensenras Menschenrasse v^{21}
mensenrecht Menschenrecht o^{29}
mensenrechtenactivist Menschenrechtler m^9
mensenrechtenorganisatie Menschenrechtsorganisation v^{20}
mensenschuw menschenscheu
mensensmokkel 1 Menschenhandel m^{19} **2** *(illegaal over de grens brengen)* Einschleusung v^{28} (von Menschen), Ausschleusung v^{28} (von Menschen)
mensensmokkelaar Schleuser m^9, Schlepper m^9
mensenvriend Menschenfreund m^5
mensenzee wogende Menschenmenge v^{21}
mensheid *(mensdom)* Menschheit v^{28}
menslievend menschenfreundlich
menslievendheid Menschenfreundlichkeit v^{28}
mensonwaardig menschenunwürdig
menstruatie Menstruation v^{20}
menstrueren menstruieren^{320}
menswaardig menschenwürdig
menswetenschap Humanwissenschaft v^{20}
mentaal mental, geistig
mental coach Mentalcoach m^{13} (2e nvl ook -), Mental Coach m^{13} (2e nvl ook -)
mentaliteit Mentalität v^{20}
menthol Menthol o^{39}
mentor Mentor m^{16}
mentrix Mentorin v^{22}
menu 1 *(maaltijd)* Menü o^{36} **2** *(spijskaart)* Speisekarte v^{21} **3** *(comp)* Menü o^{36}
menubalk Menüleiste v^{21}, Menübalken m^{11}
menuet Menuett o^{29}, o^{36}
mep Schlag m^6, Hieb m^5: *iem een ~ geven* jmdm einen Hieb versetzen
meppen hauen^{185}
merci *tw* danke (schön)!
merel Amsel v^{21}, Schwarzdrossel v^{21}
meren *(scheepv)* festmachen, vertäuen
merendeel Mehrzahl v^{28}, größerer Teil m^5, Mehrheit v^{28}: *voor het ~* größtenteils; *het ~ van de ambtenaren* der größere Teil der Beamten
merendeels größtenteils
merg Mark o^{39}
mergel Mergel m^9
mergpijp Markknochen m^{11}
meridiaan Meridian m^5
merk 1 *(handelsmerk)* Marke v^{21}: *gedeponeerd ~* Schutzmarke **2** *(soort)* Sorte v^{21} **3** *(kenteken)* Kennzeichen o^{35}, Merkmal o^{29} **4** *(op goud en zilver)* Stempel m^9
merkartikel Markenartikel m^9
merkbaar merkbar, spürbar, merklich
merken 1 *(van merk voorzien)* markieren^{320} **2** *(bemerken, zien)* bemerken: *iem iets laten ~* jmdn etwas merken lassen^{197}; *niets laten ~* nichts merken lassen^{197}
merkloos markenlos: *~ product* No-Name-Produkt o^{29}
merkteken Kennzeichen o^{35}, Merkmal o^{29}
merkwaardig 1 *(opvallend)* bemerkenswert, auffallend **2** *(vreemd)* seltsam, merkwürdig
merkwaardigerwijs seltsamerweise
merkwaardigheid Merkwürdigkeit v^{20}
merrie Stute v^{21}
mes Messer o^{33}: *het ~ erin zetten* entschieden gegen^{+4} etwas vorgehen^{168}
mesjogge, mesjokke meschugge, verrückt
mespunt Messerspitze v^{21}
mess *(scheepv)* Messe v^{21}; *(mil)* Kasino o^{36}
messcherp messerscharf
messentrekker Messerstecher m^9
messing *(metaal)* Messing o^{39}
messteek Messerstich m^5
mest Mist m^{19}, Dünger m^9
mesten 1 *(land)* düngen^{212} **2** *(vee)* mästen
mesthoop Misthaufen m^{11}; *(fig)* Schweinestall m^6
mestkalf Mastkalb o^{32}
mestkever Mistkäfer m^9
meststof Dünger m^9, Düngemittel o^{33}
mestvaalt *zie* mesthoop
mestvee Mastvieh o^{39}
mestvork Mistgabel v^{21}
met 1 *(algem)* mit^{+3}; *(benevens)* nebst^{+3}, samt^{+3}: *huis ~ tuin* Haus mit *(of:* nebst, samt*)* Garten **2** *(ondanks)* trotz^{+2}, bei^{+3}: *~ al zijn geld* trotz all seines Geldes; *~ dat al* trotz alledem; *~ de beste wil* beim besten Willen **3** *(ten tijde van)* zu^{+3}: *~ Pasen* zu Ostern; *~ het begin van het jaar* zu Anfang des Jahres **4** *(ten getale van)* zu^{+3}: *~ zijn vieren* zu vieren *(of:* zu viert*)* **5** *(binnen)* in^{+3}: *~ een uur* in einer Stunde **6** *(mbt de hoeveelheid waarmee iets verandert)* um^{+4}: *~ 10% toenemen* um 10% zunehmen^{212}; *~ 10% dalen* um 10% sinken^{266}; *~ 10% groeien* um 10% wachsen^{302}; *~ 5 euro verlagen* um 5 Euro herabsetzen; *~ 5 euro verhogen* um 5 Euro steigern **7** *(ter gelegenheid van)* zu^{+3}: *~ zijn verjaardag* zu seinem Geburtstag **8** *(mbt de wijze; soms)* mit^{+3}: *~ ijver* mit Fleiß; *~ opzet* absichtlich; *~ scherp schieten* scharf schießen^{238}; *iem ~ rust laten* jmdn in Ruhe lassen^{197}; *~ vakantie gaan* in Urlaub gehen^{168}
¹metaal *de (v)* Metallindustrie v^{21}
²metaal *het* Metall o^{29}
metaalachtig metallisch
metaalbewerker Metallarbeiter m^9, Metaller m^9
metaaldetector Metalldetektor m^{16}

metaalglans metallischer Glanz m^{19}
metaalindustrie Metallindustrie v^{21}
metaalmoeheid Metallermüdung v^{28}
metafoor Metapher v^{21}
metaforisch metaphorisch
metalen 1 metallen, Metall… **2** *(mbt klank, stem)* metallisch
metallic metallic
metallurgisch metallurgisch
metamorfose Metamorphose v^{21}
metastase Metastase v^{21}
meteen 1 *(tegelijkertijd)* gleichzeitig, zugleich **2** *(onmiddellijk)* sofort, gleich
meten messen^{208}: *zich met iem ~* sich mit jmdm messen
meteoor Meteor m^5, *(zelden ook)* o^{29}
meteorologie Meteorologie v^{28}
meteorologisch meteorologisch: *~e dienst* Wetterdienst m^5; *~ instituut* Wetteramt o^{32}
meteoroloog Meteorologe m^{15}
meter 1 *(lengtemaat)* Meter m^9, o^{33} *(afk* m) **2** *(persoon die meet)* Messer m^9 **3** *(toestel)* Messgerät o^{29}, Messer m^9 **4** *(teller voor elektriciteit, gas enz.)* Zähler m^9
meter *(doopmoeder)* Patin v^{22}, Taufpatin v^{22}
meteropnemer *(van elektriciteit, gas)* Ableser m^9
metgezel Gefährte m^{15}
metgezellin Gefährtin v^{22}
methaan Methan o^{39}
methadon Methadon o^{39}
methode Methode v^{21}; *(wijze van handelen)* Verfahren o^{35}
methodiek Methodik v^{20}
methodisch methodisch, planmäßig
metier Metier o^{36}
meting Messung v^{20}
metriek *zn* Metrik v^{20}
metriek *bn* metrisch: *~ stelsel* metrisches System o^{29}
metrisch metrisch
metro U-Bahn v^{20}
metropool Metropole v^{21}
metrostation U-Bahnhof m^6
metrum Metrum o *(mv* Metren)
metselaar Maurer m^9
metselen mauern
metselkalk, metselspecie Mörtel m^9
metselwerk 1 *(gemetseld werk)* Mauerwerk o^{39} **2** *(metselaarswerk)* Maurerarbeit v^{28}
metten: *(fig) korte ~ maken* kurzen Prozess machen
metterdaad wirklich, tatsächlich
mettertijd 1 *(na verloop van tijd)* im Laufe der Zeit **2** *(langzamerhand)* allmählich
metterwoon: *zich ~ vestigen* sich niederlassen^{197}
metworst Mettwurst v^{25}
meubel Möbel o^{33}
meubelfabriek Möbelfabrik v^{20}

meubelmaker Tischler m^9, Schreiner m^9
meubelstuk Möbel o^{33}, Möbelstück o^{29}
meubilair Mobiliar o^{29}
meubileren möblieren^{320}
meug: *ieder zijn ~* jeder nach seinem Geschmack
meute Meute v^{21}
mevrouw Frau v^{20}; *(aanspreking)* gnädige Frau, Frau *(naam volgt; of indien zij een titel heeft, volgt titel): zat die ~ hier?* saß die Dame hier?
Mexicaan Mexikaner m^9
Mexicaans mexikanisch
Mexicaanse Mexikanerin v^{22}
Mexico Mexiko o^{39}
miauwen miauen
micro *(Belg)* Mikro o^{36}
microbe Mikrobe v^{21}
microchip Mikrochip m^{13}
micro-elektronica Mikroelektronik v^{28}
microfilm Mikrofilm m^5
microfoon Mikrofon o^{29}, Mikrophon o^{29}
micro-organisme Mikroorganismus m *(2e nvl -; mv -organismen)*
microprocessor Mikroprozessor m^{16}
microscoop Mikroskop o^{29}
microscopisch mikroskopisch
middag Mittag m^5; *(tijd na 12 uur)* Nachmittag m^5: *om 2 uur 's ~s* 2 Uhr nachmittags; *heden ~* heute Nachmittag
middagdutje Mittagsschlaf m^{19}, Mittagsschläfchen o^{35}
middageten, middagmaal Mittagessen o^{35}
middagpauze Mittagspause v^{21}
middagtemperatuur Mittagstemperatur v^{20}
middaguur *('s middags 12 uur)* Mittagsstunde v^{21}; *(uur in de namiddag)* Nachmittagsstunde v^{21}
middagvoorstelling Nachmittagsvorstellung v^{20}
middel 1 Mittel o^{33}: *door ~ van* mittels^{+2}, durch^{+4} **2** *(taille)* Taille v^{21} **3** *(geld)* Mittel *mv* o^{33}: *algemene ~en* öffentliche Mittel **4** *(geneesmiddel)* Mittel o^{33}, Heilmittel o^{33} **5** *(rechtsmiddel)* Rechtsmittel o^{33}
middelaar Vermittler m^9
middelbaar mittler: *~ beroepsonderwijs* Berufsfachschule v^{21}; *~ onderwijs (ongev)* weiterführende Schulen *mv* v^{21}; *van middelbare leeftijd* mittleren Alters; *een stad van middelbare grootte* eine mittelgroße Stadt
middeleeuwen Mittelalter o^{39}
middeleeuws mittelalterlich
middelgebergte Mittelgebirge o^{33}
middelgroot mittelgroß, mittler, Mittel…
middellands mittelländisch: *de Middellandse Zee* das Mittelmeer
middellang von mittlerer Länge
middellijn Durchmesser m^9, Diameter m^9
middelmaat Mittelmaß o^{29}
middelmatig mittelmäßig: *van ~e grootte* (von) mittlerer Größe

middelmatigheid Mittelmäßigkeit v^{28}
middelpunt Mittelpunkt m^5
middelst mittler, Mittel…
middeltje Mittel o^{33}; *(taille)* schlanke Taille v^{21}
middelvinger Mittelfinger m^9
¹**midden** *zn* Mitte v^{21}: *in het ~ van januari* Mitte Januar; *in het ~ van de nacht* mitten in der Nacht; *in het ~ van de stad* in der Stadtmitte; *dit blijft nog in het ~* das steht noch dahin; *iets in het ~ brengen* etwas vorbringen¹³⁹; *iets in het ~ laten* etwas dahingestellt sein lassen¹⁹⁷; *op het ~ van de dag* mitten am Tag; *te ~ van haar familie* inmitten⁺² ihrer Familie
²**midden** *bw* mitten: *~ op de dag* am helllichten Tage; *hij is ~ 60* er ist Mitte sechzig
Midden-Afrika Mittelafrika o^{39}
Midden-Amerika Mittelamerika o^{39}
middenberm Mittelstreifen m^{11}
middenbermbeveiliging Leitplanke v^{21}
middendoor entzwei, mittendurch
Midden-Europa Mitteleuropa o^{39}
middengewicht 1 *(krachtsport)* Mittelgewicht o^{39} **2** *(persoon)* Mittelgewichtler m^9
middenin mittendrin, in der Mitte *(zijn)*; die Mitte *(komen)*: *hij gaat ~ staan* er stellt sich in die Mitte; *hij staat ~* er steht in der Mitte; *hij staat er ~* er steht mittendrin
middenkader mittlerer Kader m^9
middenklasse 1 *(middenstand)* Mittelstand m^{19} **2** *(van kwaliteit)* Mittelklasse v^{21}
middenkoers Mittelkurs m^5
middenmoot *(fig)* Mittelfeld o^{31}
middenoor Mittelohr o^{37}
middenoorontsteking Mittelohrentzündung v^{20}
Midden-Oosten Mittlerer Osten m^{19}, Nahost m^{19}
middenrif Zwerchfell o^{29}
middenschip *(van kerk)* Mittelschiff o^{29}
middenschool integrierte Gesamtschule v^{21}
middenstand Mittelstand m^{19}
middenstander Einzelhändler m^9
middenstands- mittelständisch
middenweg *(fig)* Mittelweg m^5
middernacht Mitternacht v^{25}
middernachtelijk mitternächtlich
midgetgolf Minigolf o^{39}
midscheeps mittschiffs…, Mittschiffs…
midvoor Mittelstürmer m^9
midweek von Montag bis Freitag m^9
midwinter Mittwinter m^9
midzomer Mittsommer m^9
mier Ameise v^{21}: *rode ~* Rote Waldameise
mieren 1 *(peuteren)* herumfummeln an⁺³ **2** *(zeuren)* quengeln
miereneter Ameisenbär m^{14}
mierenhoop Ameisenhaufen m^{11}
mierennest Ameisennest o^{31}, Ameisenhaufen m^{11}

mieter *(inform):* *hoge ~* hohes Tier; *ik geef er geen ~ om!* ich schere mich den Teufel darum!; *iem op zijn ~ geven* jmdn verprügeln; *(de les lezen)* jmdm die Leviten lesen²⁰¹; *op zijn ~ krijgen* die Hose voll kriegen
mieteren *(inform)* **1** *(gooien)* schmeißen²⁴⁷ **2** *(vallen)* herunterfliegen¹⁵⁹, stürzen
mieters *(inform)* fein, toll: *~ mooi* verteufelt schön
mietje *(scheldw, inform)* warmer Bruder m^{10}, Schwule(r) m^{40a}: *laten wij elkaar geen ~ noemen!* wir wollen einander nichts vormachen!
miezeren nieseln
miezerig 1 *(mbt weer)* trübe **2** *(mbt persoon)* mick(e)rig
migraine Migräne v^{21}
migratie Migration v^{20}
mij *pers vnw*⁸² mir³, mich⁴
mijden (jmdn) meiden²⁰⁶
mijl Meile v^{21}: *Engelse ~* englische Meile
mijlenver meilenweit
mijlpaal *(ook fig)* Meilenstein m^5
mijmeren träumen: *over iets ~* über⁺⁴ etwas sinnieren³²⁰
mijmering Träumerei v^{20}
¹**mijn** *zn* **1** *(voor mijnbouw)* Bergwerk o^{29}, Grube v^{21}, Zeche v^{21}, Mine v^{21} **2** *(mil)* Mine v^{21}: *~en leggen* Minen legen
²**mijn** *bez vnw*⁸⁰ **1** *(van mij)* mein *m*, meine *v*, mein *o*: *ik heb ~ voet bezeerd* ich habe mir den Fuß *(of:* ich habe meinen Fuß*)* verletzt **2** *(zelfst)* der, die, das meine *(of:* meinige*)*: *jouw boek en het ~e* dein Buch und das meine *(of:* meinige*)*; *de ~en* die Meinen *(of:* die meinen, die Meinigen, die meinigen*)*; *het ~ en dijn* das Mein und Dein; *ik wil er het ~e van hebben* ich will es genau wissen
mijnbouw Bergbau m^{19}
mijnbouwkundig: *~ ingenieur* Bergingenieur m^5
mijnenlegger Minenleger m^9
mijnenveger Minensuchboot o^{29}
mijnenveld Minenfeld o^{31}
mijnerzijds meinerseits
mijngalerij, mijngang Stollen m^{11}
mijnheer Herr m^{14} *(2e, 3e, 4e nvl ev -n):* *~ de directeur* der Herr Direktor; *(als aanspreking)* Herr Direktor; *goedemorgen ~!* *(bijv.)* guten Morgen, Herr Doktor, Herr Lehrer, Herr Schmidt!; *~, u wenst?* was wünschen Sie?
mijningenieur Bergingenieur m^5
mijnramp Grubenkatastrophe v^{21}
mijnschacht Schacht m^6, Förderschacht m^6
mijnstreek Berg(bau)revier o^{29}; *(met kolenmijnen, ook)* Kohlenrevier o^{29}
mijnwerker Bergarbeiter m^9, Kumpel m^9, m^{13}
¹**mijt** *(stapel)* Haufen m^{11}, Miete v^{21}, Feim m^5
²**mijt** *(insect)* Milbe v^{21}
mijter Mitra *v* *(mv* Mitren*)*
mik *(brood)* Brot o^{29}

mikken 1 zielen: ~ op zielen auf⁺⁴ **2** *(streven naar)* anstreben **3** *(gooien)* werfen³¹¹
mikmak Kram *m*¹⁹, Plunder *m*¹⁹
mikpunt Zielscheibe *v*²¹
Milaan Mailand *o*³⁹
Milanees *zn* Mailänder *m*⁹
Milanees *bn* mailändisch
mild 1 *(vrijgevig)* großzügig **2** *(zacht)* mild
mildheid 1 *(goedgeefsheid)* Großzügigkeit *v*²⁸ **2** *(zachtheid)* Milde *v*²⁸
milicien *(Belg)* Wehrpflichtige(r) *m*⁴⁰ᵃ
milieu Umwelt *v*²⁰; *(sociaal)* Milieu *o*³⁶: *gunstig voor het* ~ umweltfreundlich
milieubeheer Umweltschutz *m*¹⁹
milieubeleid Umweltpolitik *v*²⁸
milieubescherming Umweltschutz *m*¹⁹
milieubeweging Ökobewegung *v*²⁰
milieubewust umweltbewusst
milieuheffing Umweltabgabe *v*²¹
milieuramp Umweltkatastrophe *v*²¹
milieuverontreiniging Umweltverschmutzung *v*²⁰
milieuvriendelijk umweltfreundlich
milieuwet Umwelt(schutz)gesetz *o*²⁹
militair *zn* Soldat *m*¹⁴: *de ~en* Militär *o*³⁹
militair *bn* militärisch, Militär…, militär…: ~*e academie* Militärakademie *v*²¹; ~ *e dienst* Wehrdienst *m*¹⁹; ~ *gerechtshof* Militärgericht *o*²⁹; ~ *gezag* Militärgewalt *v*²⁸; ~*e politie* Militärpolizei *v*²⁸
militant *zn (Belg)* engagiertes Mitglied *o*³¹, engagierter Anhänger *m*⁹: *vakbondsmilitant* engagiertes Gewerkschaftsmitglied *o*³¹
militant *bn* militant
militarisme Militarismus *m*¹⁹ᵃ
militaristisch militaristisch
military Military *v*²⁷
militie 1 Miliz *v*²⁰ **2** *(Belg, hist) (militaire dienstplicht)* Wehrpflicht *v*²⁸
militieplicht *(Belg)* Wehrpflicht *v*²⁸
miljard Milliarde *v*²¹ *(afk* Md., Mrd.)
miljardair Milliardär *m*⁵
miljoen Million *v*²⁰ *(afk* Mill., Mio.): *één* ~ *inwoners* eine Million Einwohner; *drie* ~ drei Millionen
miljoenennota Staatshaushaltsplan *m*⁶
miljoenenschade Millionenschaden *m*¹⁹
miljoenenwinst Millionengewinn *m*⁵
miljonair Millionär *m*⁵
milkbar Milchbar *v*²⁷
milkshake Milchmischgetränk *o*²⁹, Milchmixgetränk *o*²⁹
mille Mille *o (2e nvl -; mv -)*: *per* ~ per mille; *pro* ~ pro mille
millennium Millennium *o (2e nvl -s; mv Millennien)*
millibar Millibar *o*³⁶ *(afk* mbar, mb)
milligram Milligramm *o*²⁹ *(afk* mg)
milliliter Milliliter *m*⁹, *o*³³ *(afk* ml)
millimeter Millimeter *o*³³, *m*⁹ *(afk* mm)

millimeteren die Haare kurz schneiden²⁵⁰
milt Milz *v*²⁰
miltvuur Milzbrand *m*¹⁹, Anthrax *m*¹⁹ᵃ
mime 1 *(gebaar)* Gebärde *v*²¹ **2** *(mimespel)* Mimik *v*²⁸, Mimodrama *o (2e nvl -s; mv -dramen)*
mimespeler Pantomime *m*¹⁵
mimicry Mimikry *v*²⁸
mimiek Mimik *v*²⁸
mimosa Mimose *v*²¹
min 1 *(minus)* weniger, minus: *10* ~ *3* 10 weniger *(of:* minus) 3; ~ *2°* minus 2°; ~ *of meer* mehr oder weniger; ~ *5 m AP* 5 m unter Amsterdamer Pegel **2** *(zwak)* schwächlich: *een* ~ *kind* ein schwächliches Kind **3** *(gemeen)* schäbig: *het is* ~ *van hem* es ist schäbig von ihm || *zo* ~ *mogelijk* möglichst wenig; *hij is me te* ~ er ist mir zu gering
minachten gering schätzen: *geminacht* verachtet
minachtend geringschätzig, verächtlich
minachting Geringschätzung *v*²⁸: *iem met* ~ *behandelen* jmdn geringschätzig behandeln
minaret Minarett *o*²⁹
minarine *(Belg)* halbfette Margarine *v*²¹
-minded gesinnt, -begeistert, liebend
minder weniger, geringer, schlechter: ~*e kwaliteit* geringere Qualität *v*²⁰; *van* ~ *belang* von geringerer Bedeutung; *ze is er niet* ~ *om* sie ist darum nicht schlechter; *hij wou niet* ~ *zijn dan zijn broer* er wollte nicht hinter seinem Bruder zurückstehen; *niemand* ~ *dan de chef* kein Geringerer als der Chef; *met zijn broer wordt het* ~ mit seinem Bruder geht es abwärts
minderbedeeld einkommensschwach
minderbedeelde Minderbemittelte(r) *m*⁴⁰ᵃ, *v*⁴⁰ᵇ
mindere *(ondergeschikte)* Untergebene(r) *m*⁴⁰ᵃ, *v*⁴⁰ᵇ: *hij is de* ~ *van zijn broer* er steht hinter seinem Bruder zurück
¹**minderen** *intr* abnehmen²¹², nachlassen¹⁹⁷: *de pijn mindert* der Schmerz lässt nach
²**minderen** *tr* vermindern, verringern: *vaart* ~ die Geschwindigkeit vermindern
minderhedenvraagstuk Minderheitenfrage *v*²⁸
minderheid 1 *(het minder zijn)* Unterlegenheit *v*²⁰ **2** *(kleinste groep)* Minderheit *v*²⁰: *nationale* ~ nationale Minderheit; *religieuze* ~ religiöse Minderheit; *de* ~ *vormen* in der Minderzahl sein²⁶²
mindering Verminderung *v*²⁰, Minderung *v*²⁰: *in* ~ *brengen* in Abzug bringen¹³⁹
minderjarig minderjährig: ~*e Minderjährige(r)* *m*⁴⁰ᵃ, *v*⁴⁰ᵇ
¹**mindervalide** *zn* **1** *(geestelijk)* geistig Behinderte(r) *m*⁴⁰ᵃ, *v*⁴⁰ᵇ **2** *(lichamelijk)* Körperbehinderte(r) *m*⁴⁰ᵃ, *v*⁴⁰ᵇ
²**mindervalide** *bn* **1** geistig behindert **2** körperbehindert
minderwaardig minderwertig, geringwertig
minderwaardigheid Minderwertigkeit *v*²⁸
minderwaardigheidscomplex Minderwertigkeitskomplex *m*⁵
¹**mineraal** *zn* Mineral *o*²⁹ *(mv ook -iën)*

²**mineraal** bn mineralisch, Mineral-: *minerale bron* Mineralquelle *v*²¹
mineraalwater Mineralwasser *o*³⁴
mineur *(muz)* Moll *o*³⁹ᵃ: *a-mineur* a-Moll
mineurstemming Niedergeschlagenheit *v*²⁸
mini *(mode)* Mini *o*³⁹
miniatuur Miniatur *v*²⁰: *in* ~ im Kleinen
minibar Minibar *v*²⁷
¹**miniem** *zn (Belg, sp)* Junior *m*¹⁶
²**miniem** bn minimal, sehr klein, gering, winzig
minima Einkommensschwache(n) *mv m*⁴⁰ᵃ, *v*⁴⁰ᵇ
minimaal minimal, Minimal…: ~ *bedrag* Minimalbetrag *m*⁶; Mindestbetrag *m*⁶
minimaliseren minimalisieren³²⁰
minimum Minimum *o (2e nvl -s; mv* Minima), Mindestmaß *o*³⁹
minimumaantal Mindestzahl *v*²⁰
minimumbedrag Mindestbetrag *m*⁶
minimumloon Mindestlohn, Minimallohn *m*⁶
minimumprijs Mindestpreis, Minimalpreis *m*⁵
minister Minister *m*⁹; *(BRD)* Bundesminister; *(van een deelstaat); (van stadstaat)* Senator *m*¹⁶: ~ *van Binnenlandse Zaken* Innenminister; ~ *van Buitenlandse Zaken* Außenminister; ~ *van Defensie* Verteidigungsminister; ~ *van Economische Zaken* Wirtschaftsminister; ~ *van Financiën* Finanzminister; ~ *van Justitie* Justizminister; ~ *van Onderwijs* Kultusminister; ~ *van Verkeer en Waterstaat* Verkehrsminister
ministerie Ministerium *o (2e nvl -s; mv* -rien); *(BRD)* Bundesministerium: ~ *van Binnenlandse Zaken* Innenministerium; ~ *van Buitenlandse Zaken* Auswärtiges Amt *o*³²; Außenministerium; ~ *van Defensie* Verteidigungsministerium; ~ *van Economische Zaken* Wirtschaftsministerium; ~ *van Financiën* Finanzministerium; ~ *van Justitie* Justizministerium; ~ *van Onderwijs* Kultusministerium; ~ *van Verkeer en Waterstaat* Verkehrsministerium; *Openbaar Ministerie* Staatsanwaltschaft *v*²⁸
ministerieel ministeriell
minister-president Premier *m*¹³, Premierminister *m*⁹; *(in deelstaten)* Ministerpräsident *m*¹⁴
ministerraad Ministerrat *m*⁶
minnaar 1 Geliebte(r) *m*⁴⁰ᵃ, *v*⁴⁰ᵇ 2 *(van jacht, sport)* Liebhaber, Freund *m*⁵
minnares Geliebte *v*⁴⁰ᵇ, Freundin *v*²²
minne: *een zaak in der* ~ *schikken* etwas gütlich beilegen; *(jur)* sich mit jmdm vergleichen¹⁷⁶
minnekozen (lieb)kosen
minnelijk gütlich
¹**minnen** *intr* kosen
²**minnen** *tr* lieben
minnetjes schwach
minnezang Minnesang *m*¹⁹, Liebesgedicht *o*²⁹
minnezanger Minnesänger *m*⁹
minpunt Minuspunkt *m*⁵
minst mindest, wenigst, geringst: *het* ~ am wenigsten; *hij heeft de ~e fouten gemaakt* er hat die wenigsten Fehler gemacht; *hij heeft het ~e geld* er hat das wenigste Geld; *hij weet er niet het ~e van* er hat nicht die geringste Ahnung davon; *bij het ~e of geringste* bei der geringsten Kleinigkeit; *niet in het* ~ gar nicht; *op zijn* ~ mindestens; *ten ~e* mindestens; *een gevangenisstraf van ten ~e twee jaar* nicht unter zwei Jahren Gefängnis
minstbedeelden Einkommensschwache(n) *mv m*⁴⁰ᵃ, *v*⁴⁰ᵇ
minstens mindestens, wenigstens
minstreel Minstrel *m*¹³
minteken Minuszeichen *o*³⁵
minus minus, weniger
minuscuul winzig: ~ *klein* sehr klein
minutieus minutiös, minuziös, peinlich genau
minuut 1 Minute *v*²¹: *de* ~ *stilte (voor overledene)* die Gedenkminute; *op de* ~ *af* auf die Minute 2 *(van akte)* Original *m*⁵
minvermogend minderbemittelt
minzaam freundlich, liebenswürdig
miraculeus wunderbar, erstaunlich
mirakel Mirakel *o*³³, Wunder *o*³³
¹**mis** 1 *(niet raak)* daneben: ~!, ~ *poes!* gefehlt!; *glad* ~! weit gefehlt! 2 *(verkeerd)* falsch: *dat is* ~! das ist falsch; *het* ~ *hebben* sich irren; *hij heeft het niet zo ver* ~ er hat nicht so ganz Unrecht; *hij is lang niet* ~ er ist nicht auf den Kopf gefallen; *dat is lang niet* ~ das ist nicht von Pappe; *het is weer* ~ *met hem* es steht wieder schlecht um ihn
²**mis** *zn* Messe *v*²¹: ~ *voor overledene* Totenmesse, Seelenmesse; *de* ~ *lezen* die Messe lesen (*of:* zelebrieren)
misbaar Lärm *m*¹⁹, Spektakel *m*⁹
misbaksel Missgestalt *v*²⁰
misbruik Missbrauch *m*⁶: ~ *van sterkedrank* Alkoholmissbrauch; ~ *maken van zijn macht* seine Macht missbrauchen
misbruiken missbrauchen
misdaad Verbrechen *o*³⁵
misdaadbestrijding Verbrechensbekämpfung *v*²⁰
misdadig verbrecherisch
misdadiger Verbrecher *m*⁹: *gevaarlijke (zware)* ~ Schwerverbrecher
misdadigheid Kriminalität *v*²⁸
misdeeld bn *(arm)* arm, bedürftig: *geestelijk* ~ geistesschwach
misdeelden *zn mv* Arme(n) *mv m*⁴⁰ᵃ, *v*⁴⁰ᵇ
misdienaar Messdiener *m*⁹, Ministrant *m*¹⁴
misdoen 1 *(misdrijven)* verbrechen¹³⁷ 2 *(onrecht aandoen)* antun²⁹⁵
misdragen, zich sich schlecht benehmen²¹²
misdrijf Vergehen *o*³⁵, Verbrechen *o*³⁵: *plaats van het* ~ Tatort *m*⁵
misdrijven verbrechen¹³⁷
misdruk Fehldruck *m*⁵
miserabel miserabel, erbärmlich, elend
misère Misere *v*²¹, Not *v*²⁵, Elend *o*³⁹
misgaan misslingen²⁰⁹

misgeboorte Fehlgeburt v[20]
misgreep Fehlgriff m[5]
misgrijpen fehlgreifen[181]
misgunnen missgönnen, nicht gönnen
mishagen zn Missfallen o[39]
mishagen ww missfallen[154]: *het mishaagt mij* es missfällt mir
mishandelen misshandeln, malträtieren[320]
mishandeling Misshandlung v[20]
misinterpretatie Fehlinterpretation v[20]
miskend verkannt
miskennen verkennen[189]: *het is niet te ~* es ist unverkennbar
miskenning Verkennung v[20]
miskleun Fehlgriff m[5], Schnitzer m[9]
miskleunen einen Schnitzer machen
miskoop Fehlkauf m[6]
miskraam Fehlgeburt v[20]
misleiden täuschen, irreführen: *zich laten ~* sich täuschen lassen[197]
misleidend irreführend
misleider Betrüger m[9]
misleiding Täuschung v[20], Irreführung v[28]
mislopen intr (misgaan) misslingen[209], fehlschlagen[241]
mislopen tr 1 (niet treffen) verfehlen: *iem ~* jmdn verfehlen 2 (niet krijgen) verpassen: *iets ~* etwas verpassen; *hij is de prijs misgelopen* der Preis ist ihm entgangen
mislukkeling Versager m[9]
mislukken misslingen[209], fehlschlagen[241], scheitern: *mislukt genie* gescheiterte Existenz v[20]; *een mislukte dominee* ein verhinderter Pfarrer; *mislukte oogst* Missernte v[21]; *het mislukt* es missglückt
mislukking Misserfolg m[5], Fehlschlag m[6]
mismaakt missgestaltet, missgebildet
mismaaktheid Missbildung v[20]
mismaken entstellen, verunstalten
mismoedig missmutig, niedergeschlagen
misnoegd verstimmt, verärgert
misnoegen Missfallen o[39], Ärger m[19]
misoogst Missernte v[21]
mispel Mispel v[21]
mispeuteren (Belg) anstellen, verüben: *wat heeft hij mispeuterd?* was hat er angestellt (of: verübt)?
misplaatst unangebracht, unpassend: *strengheid is ~* Strenge ist fehl am Platz
misprijzen missbilligen, tadeln
mispunt (fig) Ekel o[39]: *~!* du Ekel!
misrekenen, zich sich verrechnen, sich täuschen
misrekening Fehlkalkulation v[20], Fehlrechnung v[20]
misschien vielleicht; etwa
misschieten fehlschießen, danebenschießen[238]
misschot Fehlschuss m[6]
mislijk 1 (onpasselijk) übel, schlecht: *ik ben ~* mir ist übel (of: schlecht); *ik word ~* mir wird übel (of: schlecht) 2 (fig) widerlich: *je wordt er ~ van* es ist zum Kotzen

misselijkheid 1 (lett) Übelkeit v[28] 2 (fig) Widerlichkeit v[28]
¹**missen** intr (ontbreken) fehlen: *ik mis mijn auto erg* das Auto fehlt mir sehr; *hij mist de nodige kennis* ihm fehlt das nötige Wissen; *hij miste daartoe de moed* ihm fehlte der Mut dazu; *dat kan niet ~* das kann nicht fehlen
²**missen** tr 1 (niet bereiken) verfehlen, verpassen: *het doel ~* das Ziel verfehlen; *zijn kans ~* seine Chance verpassen; *de trein ~* den Zug verpassen; *zijn uitwerking ~* seine Wirkung verfehlen 2 (kwijt zijn) vermissen, entbehren: *ik kan hem niet ~* ich kann ihn nicht entbehren; *hij kan niet gemist worden* er ist unabkömmlich; *iets moeten ~* etwas entbehren müssen[211]; *wij hebben je gisteren gemist* wir haben dich gestern vermisst; *ik mis mijn vulpen* ich vermisse meinen Füller 3 (geen doel treffen) verfehlen
misser (ook fig) Fehlschlag m[6]; (van schot) Fehlschuss m[6]
missie Mission v[20]
missionaris Missionar m[5]
misslaan fehlschlagen[241], danebenhauen[185]
misslag (ook fig) Fehlschlag m[6]
misstaan 1 (lett) nicht stehen[279] 2 (fig) schlecht anstehen[279]
misstand Missstand m[6]
misstap (ook fig) Fehltritt m[5]
misstappen fehltreten[291], danebentreten[291]
mist Nebel m[9]
mistachterlamp Nebelschlussleuchte v[21]
mistasten (ook fig) fehlgreifen[181]
mistbank Nebelbank v[25]
misten neblig sein[262], nebeln
mistgordijn Nebelschleier m[9]
misthoorn Nebelhorn o[32]
mistig neblig; (fig) vage
mistlamp Nebelscheinwerfer m[9]
mistletoe Mistel v[21]
mistroostig missmutig, niedergeschlagen, trübselig: *~ weer* trübes Wetter
mistvorming Nebelbildung v[20]
misvatting Irrtum m[8], Missverständnis o[29a]
misverstaan missverstehen[279], falsch verstehen[279]: *niet mis te verstaan* unmissverständlich
misverstand Missverständnis o[29a]: *hier heerst een ~!* hier liegt ein Missverständnis vor!
misvormd entstellt, verunstaltet
misvormen entstellen, verunstalten
misvorming Entstellung v[20], Verunstaltung v[20]
mitella Armschlinge v[21], Mitella v (mv Mitellen)
mitrailleur Maschinengewehr o[29] (afk MG)
mits vorausgesetzt, dass …
mix Mischung v[20]
mixdrank Mischgetränk o[29]
mixen mixen, mischen
mixer Mixer m[9]
mixtuur Mixtur v[20], Mischung v[20]
mkb afk van midden- en kleinbedrijf Mittel- und Kleinbetriebe (mv)

MKZ *afk van mond-en-klauwzeer* Maul- und Klauenseuche v^{28} (*afk* MKS)
ml *afk van milliliter* Milliliter m^9, o^{33} (*afk* ml)
mlk-school *(ongev)* Sonderschule v^{21} für Lernbehinderte
mm *afk van millimeter* Millimeter o^{33}, m^9 (*afk* mm)
mms *afk van multimedia message service* Multimedia Message Service *m of o* (*2e nvl* -; *mv* -s) (*afk* MMS)
mobben mobben
mobbing Mobbing o^{39}
mobiel mobil, beweglich: ~*e eenheid* Bereitschaftspolizei v^{28}; ~ *nummer* Handynummer v^{21}
mobieltje Handy o^{36}, Mobiltelefon o^{29}
mobilhome Wohnmobil o^{29}
mobilisatie Mobilmachung v^{20}
mobiliseren mobil machen, mobilisieren^{320}
mobiliteit Mobilität v^{28}, Beweglichkeit v^{28}
mobilofoon Funksprechgerät o^{29}, Sprechfunkgerät o^{29}
mocassin Mokassin m^5, m^{13}
modaal 1 *(taalk)* modal **2** *(gemiddeld)* durchschnittlich: *modale werknemer* Durchschnittsarbeitnehmer m^9; *Jan Modaal* Durchschnittsverdiener; ~ *inkomen* Durchschnittseinkommen o^{35}; mittleres Einkommen o^{35}
modaliteit Modalität v^{20}
modder Schlamm m^5, m^6: *iem, iets door de ~ halen* jmdn, etwas in den Dreck ziehen^{318}
modderbad Fangobad o^{32}, Moorbad o^{32}, Schlammbad o^{32}
modderen *(prutsen)* pfuschen
modderfiguur: *een ~ slaan* eine klägliche Figur machen
modderig schlammig; *(bevuild)* dreckig
modderpoel Schlammtümpel m^9; *(fig)* Sumpf m^6
moddervet *bn* feist, dick und fett
mode Mode v^{21}, Trend m^{13}: *dat is geen ~ meer* das ist aus der Mode; *aan ~ onderhevig zijn* der Mode unterliegen^{202}; *in de ~ zijn* in (der) Mode sein^{262}; *dat is erg in de ~* das ist große Mode; *uit de ~ raken* aus der Mode kommen^{193}
modeartikel Modeartikel m^9
modeblad Mode(n)zeitschrift v^{20}
modegek Modegeck m^{14}, Modenarr m^{14}
modegril Modelaune v^{21}
modekleur Modefarbe v^{21}
¹model *zn* **1** *(voorbeeld, ook persoon)* Modell o^{29} **2** *(vorm)* Form v^{20}: *uit zijn ~ raken* aus der Form geraten^{218}
²model *bn, bw* **1** *(correct)* vorschriftsmäßig **2** *(perfect)* musterhaft
modelactie Dienst m^5 nach Vorschrift
modelbedrijf Musterbetrieb m^5
modelbouw Modellbau m^{19}
modelleren modellieren^{320}
modelondernemer Vorzeigeunternehmer m^9
modelwoning Modellwohnung v^{20}, Musterwohnung v^{20}
modeontwerper Modeschöpfer m^9
modepop Modepuppe v^{21}
modern modern, neu, zeitgemäß, zeitgenössisch: *de ~e jeugd* die heutige Jugend; ~*e talen* neuere (*of:* lebende) Sprachen
moderniseren modernisieren^{320}, erneuern
modeshow Mode(n)schau v^{20}
modesnufje letzte modische Neuheit v^{20}
modeverschijnsel Modeerscheinung v^{20}
modezaak *(winkel)* Mode(n)geschäft o^{29}
modieus modisch
modificatie Modifikation v^{20}
modificeren modifizieren^{320}
modulatie Modulation v^{20}
module Modul o^{29}
moduleren modulieren^{320}
modus Modus *m* (*2e nvl* -; *mv* Modi)
moe müde: ~ *van het werken* müde von der Arbeit; *het werk ~ zijn* der Arbeit² müde sein^{262}; *ik ben het ~* ich bin (*of:* habe) es satt; *hij is het leven ~* er ist lebensmüde
moed Mut m^{19}: *met nieuwe ~* mit frischem Mut; ~ *geven* Mut geben^{166}; ~ *houden* nicht verzagen; *iem ~ inspreken* jmdm Mut machen; ~ *scheppen* Mut fassen; *de ~ laten zakken* den Mut sinken lassen^{197}; *het is mij bang te ~e* es ist mir ängstlich zumute (*of:* zu Mute); *hij heeft goede ~* er ist sehr zuversichtlich
moedeloos mutlos, niedergeschlagen
moedeloosheid Mutlosigkeit v^{28}
moeder Mutter v^{26}; *(ook)* Mutti v^{27}: *aanstaande ~* werdende Mutter
Moederdag Muttertag m^5
moederhuis *(Belg)* Entbindungsanstalt v^{20}, Entbindungsheim o^{29}
moederkoek Plazenta v^{27}, Mutterkuchen m^{11}
moederland Mutterland o^{32}
moederlief liebe Mutter v^{26}: *daar helpt geen ~ aan* da hilft kein Bitten und kein Flehen
moederliefde Mutterliebe v^{28}
moederlijk mütterlich
moederloos mutterlos
moedermaatschappij Muttergesellschaft v^{20}
moedermavo Realschule v^{21} für Erwachsene
moedermelk Muttermilch v^{28}
moeder-overste Oberin v^{22}
moederschap Mutterschaft v^{28}
moederszijde: *van ~* mütterlicherseits
moedertaal Muttersprache v^{21}
moedertje Mütterchen o^{35}
moedervlek Muttermal o^{29}, o^{32}
moederziel: ~ *alleen* mutterseelenallein
moedig mutig, tapfer
moedwil *(opzet)* Absicht v^{20}, Mutwille m^{18} (*geen mv*): *met ~* absichtlich, aus Mutwillen
moedwillig absichtlich, mutwillig
moeheid Müdigkeit v^{28}, Ermüdung v^{20}

moeilijk 1 schwer, schwierig **2** *(met veel moeite en last gepaard)* mühsam, mühselig

moeilijkheid Schwierigkeit v^{20}; *(last)* Unannehmlichkeit v^{20}: *in moeilijkheden geraken* in Schwierigkeiten geraten[218]; *er zit nog een ~ aan de zaak* die Sache hat noch einen Haken; *op grote moeilijkheden stuiten* auf[+4] große Schwierigkeiten stoßen[285]; *er ontstonden moeilijkheden* es gab Schwierigkeiten

moeite Mühe v^{21}; *(hulp)* Bemühungen mv v^{20}: *~ bij het slikken* Schluckbeschwerden mv v^{21}; *~ doen* sich[3] Mühe geben[166]; *alle ~ doen* alles aufbieten[130]; *doet u geen ~!* machen Sie sich[3] keine Mühe; *het gaat in één ~ door!* es ist ein Aufwaschen; *zich ~ geven* sich[3] Mühe geben[166]; *het heeft ons veel ~ gekost* es hat uns[+4] viel Mühe gekostet; *het loont de ~ niet* es lohnt sich nicht; *met ~ in zijn onderhoud voorzien* sich mühsam ernähren; *als het niet teveel ~ is* wenn es nicht zu viel Mühe macht; *het is de ~ (niet) waard* es lohnt sich (nicht)

moeiteloos mühelos

moeizaam mühsam, mühselig

moer Mutter v^{21} ‖ *dat kan me geen ~ schelen* das ist mir scheißegal; *daar klopt geen ~ van* das stimmt hinten und vorne nicht; *naar zijn ~ zijn* im Eimer sein[262]

moeras Sumpf m^6, Morast m^5, m^6

moerasachtig, moerassig sumpfig, morastig

moeren kaputtmachen, vermurksen

moersleutel Mutternschlüssel m^9

moertje *(van bout)* Mutter v^{21}

moes Mus o^{29}, Brei m^5

moesje *(mamma)* Mutti v^{27}

moesson Monsun m^5

moestuin Gemüsegarten m^{12}

moet *(indruksel)* Abdruck m^6

moet *(dwang)* Muss o^{39}, Müssen o^{39}

moeten 1 *(noodzakelijk, verplicht, logisch zijn)* müssen[211]: *iedereen moet sterven* jeder muss sterben; *moet dat nou?* muss das sein? **2** *(advies)* müssen[211]: *dat moet u ook eens lezen!* das müssen Sie auch mal lesen! **3** *(wenselijkheid)* müssen[211]: *hij moest eens een jaartje in dienst, dan ...* der müsste ein Jahr beim Militär sein, dann ... **4** *(bevel, opdracht)* sollen[269]: *je moet komen!* du sollst kommen!; *je moet de groeten hebben van ...* ich soll dich grüßen von[+3] ... **5** *(behoren)* sollen[269]: *je moest je schamen!* du solltest dich schämen! **6** *(bewering, gerucht)* sollen[269]: *hij moet erg ziek zijn* er soll sehr krank sein **7** *(onzekerheid)* sollen[269]: *moet dat een tuin voorstellen?* das soll einen Garten vorstellen? **8** *(Belg)* *(hoeven)* brauchen: *u moet niet komen* Sie brauchen nicht zu kommen **9** *(overige gevallen)* *als het dan moet, vooruit dan maar!* wenn schon, denn schon!; *dat moest er nog bijkomen!* das fehlte gerade noch!; *wat moet je?* was willst du?

Moezel Mosel v^{28}

moezel(wijn) Moselwein m^5, Mosel m^9

¹mof 1 *(voor de handen)* Muff m^5 **2** *(techn)* Muffe v^{21}

²mof *(scheldw)* Teutone m^{15}

moffelen *(techn)* Lack einbrennen[138]: *iets in de zak ~* etwas in der Tasche verschwinden lassen[197]

¹mogelijk bn möglich, etwaig, eventuell

²mogelijk bw womöglich: *de grootst ~e voordelen* die größtmöglichen Vorteile; *zo ~* wo möglich (of: wenn möglich); *zo veel ~* möglichst viel; *zo spoedig ~* möglichst bald; *dat is goed ~* das ist durchaus möglich; *al het ~e doen* alles Mögliche tun[295]; *zich zoveel ~ inspannen* sich so viel wie möglich anstrengen; *iets ~ maken* etwas ermöglichen; *in de kortst ~e tijd* in kürzester Zeit

mogelijkerwijs möglicherweise, vielleicht

mogelijkheid Möglichkeit v^{20}: *met geen ~* unmöglich

mogen 1 *(toestemming hebben)* dürfen[145]: *je mag uitgaan!* du darfst ausgehen **2** *(kunnen)* können[194]: *u mag ervan uitgaan, dat ...* Sie können davon ausgehen, dass ... **3** *(noodlot, veronderstelling, behoren)* sollen[269]: *het heeft niet ~ zijn!* es hat nicht sein sollen!; *mocht het regenen, dan ...* sollte es regnen, so ...; *hij mocht zich wel wat inspannen* er sollte sich etwas anstrengen **4** *(mogelijkheid)* können[194]: *je mocht anders te laat komen* du könntest sonst zu spät kommen **5** *(algem)* mögen[210]: *het moge hem goed gaan* möge es ihm gut gehen; *hij mag wel oppassen!* er mag sich in Acht nehmen!; *ik mag hem niet!* ich mag ihn nicht; *hij mag een deskundige zijn, maar ...* er mag ein Sachverständiger sein, aber ...; *wat hij ook mocht beweren, men geloofde hem niet* was er auch behauptet mochte, man glaubte ihm nicht ‖ *(afwijzend)* *het mocht wat!* ach was!; *ik mag sterven, als ...* ich will sterben, wenn ...

mogendheid Macht v^{25}: *grote ~* Großmacht v^{25}

mohammedaan Mohammedaner m^9

mohammedaans mohammedanisch

mok *(beker)* Becher m^9

moker Fausthammer m^{10}

mokerslag Hammerschlag m^6

mokka Mokka m^{13}

mokkel 1 *(inform)* Mieze v^{21} **2** *(dik meisje)* Dickerchen o^{33}

mokken schmollen

¹mol *(dierk, spion)* Maulwurf m^6

²mol 1 *(muz)* b o *(2e nvl -; mv -)* **2** *(toonaard)* Moll o *(2e nvl -; mv -)*

moleculair molekular, Molekular-

molecule Molekül o^{29}

molen Mühle v^{21}: *(fig)* *door de ~ gaan* scharf geprüft werden[310]

molenaar Müller m^9

molensteen Mühlstein m^5

molenwiek Mühlenflügel m^9

molestatie Belästigung v^{20}, Misshandlung v^{20}

molesteren belästigen, misshandeln

mollen kaputtmachen
mollig mollig
molm 1 *(van turf)* Torfmull m^5 **2** *(houtmolm, humus)* Mulm m^{19}
molotovcocktail Molotowcocktail m^{13}
molshoop Maulwurfshaufen m^{11}, Maulwurfshügel m^9
molton Molton m^{13}: ~ *deken* Moltondecke v^{21}
mom, mombakkes Maske v^{21}
moment Moment m^5, Augenblick m^5
momenteel augenblicklich, momentan
momentopname Momentaufnahme v^{21}
mompelen murmeln
monarch Monarch m^{14}
monarchie Monarchie v^{21}
monarchist Monarchist m^{14}
monarchistisch monarchistisch
mond 1 *(van mens)* Mund m^8; *(plat)* Maul o^{32}, Klappe v^{21}: *een grote ~ hebben* einen großen Mund haben[182]; *de ~ houden* den Mund halten[183]; *geen ~ opendoen* den Mund nicht auftun[295]; *een grote ~ opzetten* einen großen Mund haben[182]; *iem de ~ snoeren* jmdm den Mund stopfen; *de ~ van iets vol hebben* nicht aufhören von[+3] etwas zu reden; *iedereen heeft er de ~ vol van* jedermann spricht davon; *bij ~e van* durch[+4]; *met open ~ staan kijken* Mund und Augen aufsperren; *met de ~ vol tanden staan* sprachlos sein[262]; *iem naar de ~ praten* jmdm nach dem Mund reden; *het nieuwtje ging van ~ tot ~* die Nachricht ging von Mund zu Mund **2** *(van buis, geweer, kanon, rivier)* Mündung v^{20}
mondain mondän
monddood mundtot
¹**mondeling** *zn (examen)* mündliche Prüfung v^{20}
²**mondeling** *bn, bw* mündlich
monden münden (in[+4])
mond-en-klauwzeer Maul- und Klauenseuche v^{28}
mondharmonica Mundharmonika v^{27}
mondhoek Mundwinkel m^9
mondholte Mundhöhle v^{21}
mondiaal mondial, weltweit
mondig mündig: ~ *verklaren* mündig sprechen[274]
mondigheid Mündigkeit v^{28}
monding *(van kanon, rivier)* Mündung v^{20}
mondje Mündchen o^{35}: *(fig) ~ dicht!* halt den Mund!; *hij is niet op zijn ~ gevallen* er ist nicht auf den Mund gefallen
mondjesmaat kärglich, karg, spärlich
mondjevol: *een ~* ein m Mund voll
mondkapje Mundschutz m^5; *(med)* Atemschutz m^5
mond-op-mondbeademing Mund-zu-Mund-Beatmung v^{20}
mond-op-neusbeademing Mund-zu-Nase-Beatmung v^{20}
mondorgel Mundharmonika v^{27}

mondstuk Mundstück o^{29}
mond-tot-mondreclame Mundpropaganda v^{28}
mondvol: *een ~* ein m Mund voll
mondvoorraad Mundvorrat m^6, Proviant m^5
monetair Währungs-, monetär
moneybelt Geldgürtel m^9, Geldgurt m^5
monitor 1 *(techn)* Monitor m^{16} **2** *(Belg) (jeugdleider)* Jugendleiter m^9 **3** *(Belg) (studiementor)* Studienberater m^9, Mentor m^{16}
monitoraat *(Belg)* Studienberatung v^{20}
monitrice 1 *(Belg) (jeugdleidster)* Jugendleiterin v^{22} **2** *(Belg) (studiementrix)* Studienberaterin v^{22}, Mentorin v^{22}
monnik Mönch m^5
monnikenklooster Mönchskloster o^{34}
monnikenwerk Geduldsarbeit v^{20}
monnikspij Mönchskutte v^{21}
monochroom monochrom, einfarbig
monocle Monokel o^{33}
monocultuur Monokultur v^{20}
¹**monofoon** Monofon o^{29}, Monophon o^{29}, monofoner Klingelton m^6
²**monofoon** monofon, monophon
monogaam monogam
monogamie Monogamie v^{28}
monografie Monographie v^{21}, Monografie v^{21}
monogram Monogramm o^{29}
monoloog Monolog m^5, Selbstgespräch o^{29}
monopolie Monopol o^{29}
monopoliepositie Monopolstellung v^{20}
monotonie Monotonie v^{21}, Eintönigkeit v^{28}
monotoon monoton
monseigneur Monseigneur m^5, m^{13} *(afk Mgr.)*
¹**monster** *(staal)* Muster o^{33}, Probe v^{21}: *volgens ~ kopen* nach Muster *(of:* Probe) kaufen
²**monster** *(gedrocht)* Ungeheuer o^{33}
monsterachtig 1 scheußlich **2** *(afschrikwekkend)* ungeheuerlich
¹**monsteren** *intr (scheepv)* anmustern, anheuern
²**monsteren** *tr* **1** beurteilen, prüfen **2** *(inspecteren)* mustern
monsterlijk abscheulich, scheußlich
monstrueus monströs
montage Montage v^{21}
montagebouw Fertigbau m *(2e nvl -(e)s; mv -ten)*
montagefoto Phantombild o^{31}
monter munter, heiter
monteren montieren[320]
monterheid Munterkeit v^{28}, Heiterkeit v^{28}
monteur Monteur m^5, Mechaniker m^9
montuur *(van bril)* Gestell o^{29}, Brillenfassung v^{20}
monument Denkmal o^{32}
monumentaal monumental
monumentenzorg Denkmal(s)pflege v^{28}
mooi schön, hübsch: *het ~e* das Schöne; *~ zo!* schön!; *wel, nu nog ~er!* das wäre noch schöner!; *zich ~ maken* sich herausputzen; *je hebt ~ praten* du hast gut reden; *dat komt ~ uit* das trifft sich

mooidoenerij Schöntuerei v^{20}
mooipraten schönfärben, beschönigen
mooiprater Schmeichler m^9, Schönredner m^9
moois Schöne(s) o^{40c}: *iets ~* etwas Schönes; *dat is ook wat ~!* das ist ja eine schöne Geschichte!
moord Mord m^5: *de ~ op de rechter* der Mord an dem Richter; *poging tot ~* Mordversuch m^5; *een ~ begaan* einen Mord begehen[168] (*of:* verüben); *~ en brand schreeuwen* Zeter und Mord(io) schreien[253]; *(plat) stik de ~!* verrecke!
moordaanslag Mordanschlag m^6; *(pol)* Attentat o^{29}: *de ~ op ...* der Mordanschlag auf[+4] ...
moorddadig 1 mörderisch **2** *(geweldig)* toll
moorden morden: *~d (mbt werk, ziekte e.d.)* aufreibend; *~d klimaat* mörderisches Klima
moordenaar Mörder m^9
moordenares Mörderin v^{22}
moordgriet, moordmeid dufte Biene v^{21}
moordpartij Gemetzel o^{33}, Blutbad o^{32}
moordtuig, moordwapen Mordwaffe v^{21}
moordzaak Mordfall m^6, Mordsache v^{21}
moorkop *(gebak)* Mohrenkopf m^6
moot Stück o^{29}, Scheibe v^{21}
mop 1 *(koekje)* Plätzchen o^{35} **2** *(vlek)* Klecks m^5 **3** *(grap)* Witz m^5: *een flauwe ~* ein fauler Witz; *schuine ~* Zote v^{21}; *~pen tappen* Witze erzählen **4** *(liedje, wijsje)* Melodie v^{21}
mopperaar Meckerer m^9, Nörgler m^9
mopperen meckern, nörgeln, murren
mopperig mürrisch, nörgelig
moraal Moral v^{20}
moraliseren moralisieren[320]
moreel *zn* Moral v^{28}
moreel *bn, bw* moralisch
mores: *iem ~ leren* jmdn Mores lehren
morfine Morphium o^{39}, Morphin o^{39}
morgen *zn* Morgen m^{11}: *'s ~s* am Morgen, morgens; *'s ~s vroeg* frühmorgens; *vroeg in de ~* am frühen Morgen; *goede ~!* guten Morgen!; *op een ~* eines Morgens; *tegen de ~* gegen Morgen; *van de ~ tot de avond* vom Morgen bis zum Abend
morgen *bw* morgen: *~ vroeg* morgen früh; *de dag van ~* der morgige Tag; *~ brengen!* prost Mahlzeit!
morgenavond morgen Abend
morgenmiddag morgen Nachmittag; *(12 uur)* morgen Mittag
morgenochtend morgen früh
morgenrood Morgenrot o^{39}, Morgenröte v^{28}
morgenuur Morgenstunde v^{21}
morgenvroeg morgen früh
mormel 1 *(lelijk schepsel)* Scheusal o^{29} **2** *(lelijke hond)* Köter m^9

morning-afterpil Pille v^{21} danach
morrelen herumfingern: *aan iets ~* an[+3] etwas herumfingern
morren murren
morsdood mausetot
morsen kleckern: *op de jas ~* auf[+4] den Mantel kleckern
morseteken Morsezeichen o^{35}
morsig schmutzig, dreckig, schlampig
mortel Mörtel m^{19}
mortier Mörser m^9
mortiergranaat Mörsergranate v^{21}
mortuarium Mortuarium o *(2e nvl -s; mv -rien)*
mos Moos o^{29}: *met ~ begroeid* moosbedeckt
mosgroen moosgrün
moskee Moschee v^{21}
Moskou Moskau o^{39}
moslim Muslim m^5, m^{13} *(2e nvl ook -)*, Moslem m^{13}
moslima Muslima v^{27} *(mv ook Muslimen)*, Muslime v^{21}, Muslimin v^{22}, Moslime v^{21}, Moslemin v^{22}
moslims moslemisch
mossel Muschel v^{21}
mossig moosbewachsen, moosbedeckt
mosterd Senf m^5: *als ~ na de maaltijd komen* zu spät kommen[193]
mosterdpot Senftopf m^6
mosterdsaus Senfsoße v^{21}
¹**mot** *(een insect)* Motte v^{21}: *de ~ zit erin* es ist von Motten angefressen
²**mot** *(ruzie)* Zank m^{19}, Krach m^6: *~ hebben* sich zanken; *~ krijgen met iem* Krach mit jmdm bekommen[193]; *~ zoeken* Streit suchen
motel Motel o^{36}
motet *(muz)* Motette v^{21}
motie Antrag m^6, Votum o *(2e nvl -s; mv Voten of Vota):* *~ van vertrouwen* Vertrauensvotum, Vertrauensantrag; *~ van wantrouwen* Misstrauensvotum, Misstrauensantrag; *een ~ indienen* einen Antrag stellen
motief Motiv o^{29}
motivatie Motivation v^{20}, Motivierung v^{20}
motiveren motivieren[320], begründen
motivering Begründung v^{20}, Motivierung v^{20}
motor 1 Motor m^{16}, m^5: *de ~ afzetten* den Motor abstellen; *de ~ starten* den Motor einschalten **2** *(motorfiets)* Motorrad o^{32}
motoragent Motorradpolizist m^{14}
motorblok Motorblock m^6
motorboot Motorboot o^{29}
motorbrandstof Kraftstoff m^5, Treibstoff m^5
motorcross Motocross o *(2e nvl -; mv -e)*, Moto-Cross o *(2e nvl -; mv -e)*
motorfiets Motorrad o^{32}
motoriek Motorik v^{28}
motorisch motorisch
motoriseren motorisieren[320]
motorisering Motorisierung v^{20}
motorjacht Motorjacht v^{20}

motorkap Haube v^{21}, Motorhaube v^{21}
motorolie Motor(en)öl o^{29}
motorongeluk Motorradunfall m^6, Motorradunglück o^{29}
motorpanne, motorpech Motorpanne v^{21}
motorrace, motorrennen Motorradrennen o^{35}
motorrijder Motorradfahrer m^9
motorrijdster Motorradfahrerin v^{22}
motorrijtuigenbelasting Kraftfahrzeugsteuer v^{21}
motorschip Motorschiff o^{29}
motorsport Motorradsport m^{19}
motorvoertuig Kraftfahrzeug o^{29} (afk Kfz)
motregen Sprühregen m^{11}, Nieselregen m^{11}
motregenen nieseln
mottenballetje Mottenkugel v^{21}
mottig 1 (pokdalig) pockig **2** (mbt het weer) neblig
motto Motto o^{36}
mountainbike Mountainbike o^{36}
mousse Mousse v^{27}
mousseren moussieren^{320}, schäumen: ~de wijn Schaumwein m^5
mout Malz o^{39}
mouw Ärmel m^9: daar is wel een ~ aan te passen das lässt sich schon machen; overal een ~ aan weten te passen immer Rat wissen^{314}; iem iets op de ~ spelden jmdm einen Bären aufbinden^{131}; iets uit de ~ schudden etwas aus dem Ärmel schütteln
mozaïek Mosaik o^{37}, o^{29}
mp3 MP3
mp3-speler MP3-Spieler m^9
Mr. afk van meester (titel) Dr. jur.
MRI-scan MRT v^{28}, Magnetresonanztomographie v^{21}, Kernspintomographie v^{21}
MSN afk van Microsoft Network Microsoft Network o^{39}, o^{39a} (afk MSN)
msn'en chatten über MSN
mt afk van managementteam Managementteam o^{36}
mts afk van middelbaar technische school Fachoberschule v^{21} für Technik
mud Hektoliter m^9, o^{33}
mudvol gestopft voll, gedrängt voll
muesli Müsli o (2e nvl -s; mv -)
muezzin Muezzin m^{13}
muf 1 (onfris) muffig, dumpf **2** (saai) öde
mug Mücke v^{21}: van een ~ een olifant maken aus einer Mücke einen Elefanten machen
muggenbeet, muggenbult Mückenstich m^5
muggenolie Mückenschutzmittel o^{33}
muggensteek Mückenstich m^5
muggenziften Haarspalterei treiben^{290}
muggenzifter Haarspalter m^9
muggenzifterij Haarspalterei v^{20}
¹muil 1 (bek) Maul o^{32}, Fresse v^{21}, Schnauze v^{21} **2** (van groot roofdier, monster) Rachen m^{11}
²muil (schoeisel) Schlappen m^{11}, Pantoffel m^{17}
muildier Maultier o^{29}
muilezel Maulesel m^9

muilkorf Maulkorb m^6
muilkorven (fig): iem ~ jmdn mundtot machen
muis (ook anat en comp) Maus v^{25}
muisarm Mausarm m^5
muiscursor Mauszeiger m^9
muisgrijs mausgrau, mausfarbig
muisje Mäuschen o^{35}: dat ~ zal een staartje hebben die Sache wird noch ein Nachspiel haben; ~s Aniszucker m^{19}
muisklik Mausklick m^{13}
muismat (comp) Mausmatte v^{21}, Mauspad o^{36}, Mousepad o^{36}
muisstil mäuschenstill
muiten meutern
muiter Meuterer m^9
muiterij Meuterei v^{20}
muizenissen Grillen mv v^{21}
muizenval Mausefalle v^{21}, Mäusefalle v^{21}
mul bn locker
multi- Multi-, multi-
multiculti bn multikulti
multicultureel multikulturell: multiculturele samenleving multikulturelle Gesellschaft
multifunctioneel multifunktional
multilateraal multilateral
multimiljonair Multimillionär m^5
multinational multinationaler Konzern m^5, Multi m^{13}
multiplechoicetest Multiple-Choice-Test m^{13}, m^5, Multiplechoicetest m^{13}, m^5
multiplechoicevraag Multiple-Choice-Frage v^{21}, Multiplechoicefrage v^{21}
multiraciaal ethnisch gemischt
multivitamine Multivitamine v^{21}
multoband, multomap Ringbuch o^{32}
mum: in een ~ van tijd im Nu
mummelen mummeln, murmeln
mummie Mumie v^{21}
munitie Munition v^{28}
munitiedepot Munitionsdepot o^{36}, Munitionslager o^{33}
Munster Münster o^{39}
¹munt 1 Münze v^{21}: in vreemde ~ omrekenen in ausländische Währung umrechnen; (fig) ~ uit iets slaan Kapital aus^{+3} etwas schlagen^{241} **2** (munt voor automaat) Marke v^{21}, Münze v^{21} || met gelijke ~ betalen mit gleicher Münze heimzahlen
²munt (plantk) Minze v^{21}
munteenheid Währung(seinheit) v^{20}
munten münzen, prägen: het op iem gemunt hebben es auf jmdn abgesehen haben^{182}; die opmerking was op mij gemunt diese Bemerkung war auf mich gemünzt
muntstelsel Währungssystem o^{29}
muntstuk Geldstück o^{29}, Münze v^{21}
murmelen murmeln
murw mürbe, weich: ~ maken zermürben
mus Sperling m^5, Spatz m^{14}
museum Museum o (2e nvl -s; mv Museen)

musical Musical o^{36}
musiceren musizieren^{320}, Musik machen
musicus Musiker m^9
muskaat 1 *(specerij)* Muskat m^5 **2** *(wijn)* Muskateller m^9
muskaatdruif Muskateller m^9
muskaatnoot Muskatnuss v^{25}
muskaatwijn Muskateller m^9
muskiet Moskito m^{13}, Malariamücke v^{21}
muskietengaas, muskietennet Moskitonetz o^{29}
mutatie 1 *(wisseling)* Wechsel m^9 **2** *(wijziging)* Änderung v^{20} **3** *(biol)* Mutation v^{20}
muts 1 Mütze v^{21} **2** *(klederdracht)* Haube v^{21}
mutualist, mutualiste *(Belg)* Kassenpatient m^{14}
mutualiteit 1 *(wederkerigheid)* Mutualität v^{20} **2** *(Belg) (ziekenfonds)* Krankenkasse v^{21}
muur 1 *(buitenmuur)* Mauer v^{21}; *(binnenmuur)* Wand v^{25} **2** *(voetbal)* Mauer v^{21}
muurbloempje *(fig)* Mauerblümchen o^{35}
muurkrant Wandzeitung v^{20}
muurlamp Wandlampe v^{21}
muurschildering Wandgemälde o^{33}
muurtegel Wandkachel v^{21}, Wandfliese v^{21}
muurvast 1 *(mbt schroef, dop)* völlig fest **2** *(mbt onderhandelingen)* total festgefahren: *~ zitten* total festgefahren sein^{262}
muurverf Tünche v^{21}
muze Muse v^{21}: *de lichte ~* die leichte Muse
muzelman Moslem m^{13}
muziek 1 Musik v^{28} **2** *(gedrukte of geschreven muziek)* Noten *(mv)*: *iets op ~ zetten* etwas vertonen ‖ *(fig) daar zit ~ in* darin steckt Musik; *(fig) er zit ~ in die jongen* in dem Jungen steckt was drin
muziekbalk Notenlinien *mv* v^{21}
muziekboek Notenbuch o^{32}
muziekcassette Musikkassette v^{21}
muziekgezelschap Musikensemble o^{36}
muziekhandel Musikalienhandlung v^{20}
muziekinstrument Musikinstrument o^{29}
muziekkapel Musikkapelle v^{21}
muziekkorps Musikkorps *o (2e nvl -; mv -)*
muziekles Musikstunde v^{21}
muzieknoot Notenzeichen o^{35}, Note v^{21}
muziekpapier Notenpapier o^{29}
muziekschool Musikschule v^{21}
muzieksleutel Notenschlüssel m^9
muziekstandaard Notenständer m^9
muziekstuk Musikstück o^{29}
muziekuitvoering musikalische Darbietung v^{20}, Konzert o^{29}
muziekzaal Konzertsaal *m (2e nvl -(e)s; mv -säle)*
muzikaal musikalisch
muzikant Musikant m^{14}, Musiker m^9
mysterie Mysterium *o (2e nvl -s; mv Mysterien)*
mysterieus mysteriös, geheimnisvoll
mystiek *zn* Mystik v^{28}
mystiek *bn* mystisch
mythe Mythos *m (2e nvl -; mv Mythen)*

mythisch mythisch
mythologie Mythologie v^{21}

n

¹na *bw* nahe: *iem te na komen* jmdm zu nahe kommen[193]; *dat was zijn eer te na* das verbot ihm seine Ehre; *wat eten we na* was gibt es zum Nachtisch; *op één na* bis auf einen; *op 100 euro na* bis auf 100 Euro; *op mijn broer na* außer meinem Bruder; *op een beetje na* bis auf weniges; *bij lange na niet* bei weitem nicht; *mijn beste pak op één na* mein zweitbester Anzug

²na *vz* nach[+3]: *na mij* nach mir; *jaar na jaar* Jahr um Jahr; *dag na dag* Tag für Tag; *na gewerkt te hebben ...* nachdem er gearbeitet hatte ...

naad Naht v^{25} || *zich uit de ~ werken* sich abarbeiten

naadje: *het ~ van de kous willen weten* alles haarklein wissen wollen[315]

naadloos nahtlos

naaf Nabe v^{21}

naaidoos Nähkasten m^{12}

naaien 1 nähen **2** *(een boek)* heften **3** *(plat) (seksuele gemeenschap hebben)* vögeln, ficken, bumsen **4** *(plat) (beduvelen)* bescheißen[234]

naaigaren Nähgarn o^{29}

naaigerei Nähzeug o^{39}

naaimachine Nähmaschine v^{21}

naaister Näherin v^{22}; *(beroep)* Schneiderin v^{22}

¹naakt *zn* **1** *(model)* Nacktmodell o^{29} **2** *(schilderij)* Akt m^5

²naakt *bn, bw (ook fig)* nackt

naaktheid Nacktheit v^{28}, Blöße v^{28}

naaktloper Nudist m^{14}

naaktschilderij Akt m^5

naaktstrand Nacktbadestrand m^6

naald Nadel v^{21}

naaldboom Nadelbaum m^6

naaldhak Pfennigabsatz m^6, Bleistiftabsatz m^6

naaldhout Nadelholz o^{32}

naam Name m^{18}; *(reputatie)* Ruf m^{19}: *de ~ hebben van* im Ruf stehen[279+2]; *het mag geen ~ hebben* es ist nicht der² Rede wert; *een goede ~ hebben* einen guten Ruf haben[182]; *~ maken* sich³ einen Namen machen; *hoe was de ~ ook alweer?* wie war doch gleich Ihr Name?; *het kind bij zijn ware ~ noemen* das Kind beim rechten Namen nennen; *in ~ der wet* im Namen des Gesetzes; *onder een valse ~* unter falschem Namen; *op zijn eigen ~ handelen* im eigenen Namen handeln; *de zaak staat op de ~ van zijn vrouw* das Geschäft läuft auf den Namen seiner Ehefrau; *uit ~ van de chef* im Namen des Chefs; *een geleerde van ~* ein namhafter Gelehrter; *iem van ~ kennen* jmdn dem Namen nach kennen[189]

naambordje Namensschild o^{31}

naamgenoot Namensvetter m^{17}

naamgenote Namensschwester v^{21}

naamkaartje Besuchskarte v^{21}, Visitenkarte v^{21}

naamloos namenlos, anonym: *naamloze vennootschap* Aktiengesellschaft v^{20}

naamplaat Namensschild o^{31}

naamstemming *(Belg)* namentliche Abstimmung v^{20}

naamval Kasus *m (2e nvl -; mv -)*, Fall m^6

na-apen (jmdn) nachäffen, nachahmen

na-aperij Nachäfferei v^{20}

¹naar *bn, bw* **1** *(akelig)* unheimlich, leidig **2** *(onpasselijk)* übel, schlecht **3** *(onaangenaam)* unangenehm, scheußlich, eklig: *~ weer* unangenehmes Wetter; *de nare gewoonte* die leidige Gewohnheit; *ik ben ~* mir ist schlecht; *ik word ~* mir wird schlecht

²naar *bw*: *ja, maar het is er ook ~!* ja, aber es ist auch danach!; *de prijs is er ook ~* der Preis ist denn auch entsprechend

³naar *vz* **1** *(in de richting van, bij personen)* zu[+3]: *~ de dokter gaan* zum Arzt gehen[168] **2** *(in de richting van, bij zaken)* zu[+3]: *~ het station* zum Bahnhof; *~ het postkantoor* zur Post; *~ bed* zu Bett; *~ school* zur Schule; *~ stad* zur Stadt **3** *(naar binnen)* in[+4]: *~ de bioscoop* ins Kino; *~ een concert* ins Konzert; *~ school* in die Schule; *~ het buitenland* ins Ausland **4** *(bij aardr namen met lw)* in[+4]: *~ Zwitserland* in die Schweiz **5** *(bij aardr namen zonder lw; bij windstreken, bij beg. ww en bep. andere woorden)* nach[+3]: *~ Berlijn* nach Berlin; *~ Polen* nach Polen; *~ het noorden* nach Norden; *ruiken ~* riechen[223] nach; *~ huis* nach Hause; *~ rechts* nach rechts; *~ boven* nach oben **6** *(in bepaalde uitdrukkingen)* auf[+4]: *~ zijn kamer gaan* auf sein Zimmer gehen[168] **7** *(bij See, Meer, Küste)* an[+4]: *~ zee gaan* ans Meer fahren[153]; *~ de kust gaan* an die Küste fahren[153] **8** *(overeenkomstig)* nach[+3]: *~ mijn mening* meiner Meinung nach

⁴naar *vw (zoals)* wie: *~ men zegt* wie man sagt

naargeestig 1 *(treurig)* trübe **2** *(akelig)* düster

¹naargelang *vz* je nach[+3]: *~ van zaken* je nach den Umständen

²naargelang *vw: (al) ~* je nach[+3], je nachdem

naarling Ekel o^{33}

naarmate in dem Maße, wie; je nachdem: *~ hij werkt* je nachdem er arbeitet

naarstig fleißig, emsig

¹naast *bn* nächst: *in de ~e toekomst* in nächster Zukunft; *in mijn ~e omgeving* in meiner näheren Umgebung; *ten ~e bij* ungefähr

²naast *bw: hij staat mij het ~* er steht mir am nächsten; *dat ligt mij het ~ aan het hart* das liegt mir sehr am Herzen

naast *vz* neben *(bij rust*[+3]*, bij beweging gericht op doel*[+4]*): hij zit ~ mij* er sitzt neben mir; *hij gaat ~ mij zitten* er setzt sich neben mich; *vlak ~ het postkantoor* gleich neben dem Postamt; *je schenkt er ~ du gießt daneben; (voetbal) hij schoot ~ het doel* er schoss am Tor vorbei; *(fig) dat is er helemaal ~* das ist ganz falsch

naaste Nächste(r) *m*[40a]*, v*[40b]*: zijn ~n liefhebben* seine Nächsten lieben

naasten verstaatlichen, nationalisieren[320]

naastenliefde Nächstenliebe *v*[28]

nabehandeling Nachbehandlung *v*[20]

nabeschouwing nachträgliche Betrachtung *v*[20]

nabestaande Hinterbliebene(r) *m*[40a]*, v*[40b]

nabestellen nachbestellen

nabij *bn, bw* nah[60]*: het Nabije Oosten* Nahost *(zonder lw)*; der Nahe Osten; *zij was de dood ~* sie war dem Tod nahe; *zeer ~* sehr nahe, in nächster Nähe; *de tijd is ~ dat …* die Zeit ist nahe, wo …; *zij is om en ~ de twintig* sie ist etwa zwanzig Jahre alt; *tot ~ de grens* bis nahe an die Grenze; *iets van ~ bekijken* etwas aus der Nähe betrachten; *iem van ~ kennen* jmdn näher kennen[189]; *van zeer ~ op iem schieten* aus nächster Nähe auf jmdn schießen[238]

nabij *vz* nahe[+3]*: ~ de stad* nahe der Stadt

nabijgelegen nahe gelegen, benachbart

nabijheid Nähe *v*[28]

nabijzijnd nahe, nahe gelegen

nablijven 1 *(schoolblijven)* nachsitzen[268] **2** *(achterblijven)* zurückbleiben[134]

nabootsen nachahmen; *(namaken)* nachbilden

nabootsing Nachahmung *v*[20], Nachbildung *v*[20]

naburig benachbart: *~e staat* Nachbarstaat *m*[16]

nacht Nacht *v*[25]*: ~en lang* nächtelang; *goede ~!* gute Nacht!; *bij ~* nachts, in der Nacht; *'s ~s* nachts, in der Nacht; *tot diep in de ~* bis spät in die Nacht; *op een ~* eines Nachts

nachtarbeid Nachtarbeit *v*[28]

nachtbel Nachtglocke *v*[21]

nachtblind nachtblind

nachtbraken 1 *(vermaak zoeken)* nächtlichen Vergnügungen nachgehen[168] **2** *('s nachts werken)* nachts arbeiten

nachtbraker 1 *(boemelaar)* Nachtschwärmer *m*[9] **2** *(werker)* Nachtarbeiter *m*[9]

nachtclub Nachtklub *m*[13]

nachtcrème Nachtcreme *v*[27]

nachtdienst Nachtdienst *m*[5]

nachtdier Nachttier *o*[29]

nachtegaal Nachtigall *v*[20]

nachtelijk nächtlich, Nacht…

nachtgoed Nachtzeug *o*[39]

nachthemd, nachtjapon Nachthemd *o*[37]

nachtkluis Nachttresor *m*[5]

nachtleven Nachtleben *o*[39]

nachtmerrie Albtraum *m*[6], Alptraum *m*[6]

nachtploeg Nachtschicht *v*[20]

nachtpon Nachthemd *o*[37]

nachtrust Nachtruhe *v*[28]

nachtslot Nachtschloss *o*[32]*: op het ~ doen* den Nachtschlossriegel vorschieben[237]

nachttrein Nachtzug *m*[6]

nachtverblijf Nachtlager *o*[33], Nachtquartier *o*[29]

nachtvlucht Nachtflug *m*[6]

nachtvorst Nachtfrost *m*[6]

nachtwaker Nachtwächter *m*[9]

nachtwerk Nachtarbeit *v*[28]

nacijferen nachrechnen

nacompetitie Aufstiegsrunde *v*[21]

nadagen: *in zijn ~ zijn*: a) *(ouder worden)* (sichtlich) älter werden[310]; b) *(aftakelen, aflopen)* zu Ende gehen[168]

nadarafsluiting *(Belg)* Absperrgitter *o*[33]

nadat nachdem

nadeel Nachteil *m*[5]*; (schade)* Schaden *m*[12]*: iem ~ berokkenen* jmdm Schaden zufügen; *~ lijden* bij Schaden erleiden[199] bei[+3]*; in mijn ~* zu meinem Nachteil; *ten nadele van de firma* zuungunsten *(of:* zu Ungunsten) der Firma

nadelig nachteilig, schädlich; *~ voor de gezondheid zijn* der Gesundheit[3] schaden

¹**nadenken** *zn* Nachdenken *o*[39]*: zonder ~* ohne Nachdenken; *dat stemt tot ~* das stimmt nachdenklich

²**nadenken** *ww* nachdenken[140], überlegen, sich[3] überlegen: *over iets ~* über[+4] etwas nachdenken

nadenkend nachdenklich

nader näher; *(nauwkeuriger)* genauer: *iets ~s* etwas Näheres; *~ bericht* weitere Nachricht *v*[20]*; ~ gegevens* weitere Einzelheiten; *salaris ~ overeen te komen* Gehalt nach Vereinbarung; *tot ~ order* bis auf weiteres

naderbij näher

naderen 1 sich nähern[+3]*: hij nadert de zestig* er geht auf die sechzig zu **2** *(in aantocht zijn)* näher kommen[193], nahen: *bij het ~ van de vijand* beim Herannahen des Feindes

naderhand nachher, später, hinterher

nadering Herannahen *o*[39]

nadien danach, nachher

nadieselen nachdieseln

nadoen: *iem ~* jmdn nachahmen; *iets ~* etwas[+4] nachahmen; *(voor) iem iets ~* jmdm etwas nachahmen

nadorst Nachdurst *m*[19]

nadruk Nachdruck *m*[19]*: de ~ leggen op iets* etwas betonen *(of:* hervorheben); *met ~* nachdrücklich

nadrukkelijk nachdrücklich

nagaan 1 *(volgen)* nachgehen[168,+3], folgen[+3] **2** *(inspecteren)* kontrollieren[320] **3** *(zich voorstellen)* sich[3] vorstellen, sich[3] denken[140]*: moet je ~!* stell dir vor! **4** *(controleren)* (nach)prüfen: *iems gangen ~* jmdn auf Schritt und Tritt beobachten || *voor zover we kunnen ~* soweit wir feststellen können[194]

nagalm Nachhall *m*[5]*; (fig)* Nachklang *m*[19]

nagalmen nachhallen; *(fig)* nachklingen[191]

nageboorte Nachgeburt v^{20}
nagedachtenis Andenken o^{39}: ter ~ van iem zur Erinnerung an jmdn
nagel (ook spijker) Nagel m^{10}: op zijn ~s bijten an den Nägeln kauen
nagelbijten ww an den Nägeln kauen
nagelborstel Nagelbürste v^{21}
nagelgarnituur Nageletui o^{36}
nagellak Nagellack m^5
nagelnieuw nagelneu
nagelriem Nagelhaut v^{25}
nagelschaar Nagelschere v^{21}
nageltang Nagelzange v^{21}
nagelvijl Nagelfeile v^{21}
nagenoeg nahezu, fast
nagerecht Nachtisch m^5, Dessert o^{36}
nageslacht 1 (algem) Nachwelt v^{28} **2** (nakomelingschap) Nachkommenschaft v^{28}
nageven (als toegift) zugeben^{166}: dat moet men hem ~ das muss man ihm lassen
nahollen (jmdm) nacheilen, nachrennen^{222}
nahouden 1 (van leerling) nachsitzen lassen^{197} **2** (bezitten) (sich^3) halten^{183}: er een auto op ~ (sich^3) ein Auto halten
naïef naiv
naïeveling Naivling m^5
na-ijver 1 (afgunst) Neid m^{19} **2** (wedijver) Wetteifer m^{19}
naïviteit Naivität v^{28}
najaar Herbst m^5
najaarsmode Herbstmode v^{21}
najaarsopruiming Sommerschlussverkauf m^6
najagen nachjagen^{+3}; verfolgen: een doel ~ ein Ziel verfolgen
nakaarten nachkarten
nakauwen (ook fig) wiederkäuen
nakijken 1 (achternazien) nachsehen^{261+3}, nachblicken^{+3}, nachschauen^{+3} **2** (controleren) nachsehen^{261}, nachprüfen **3** (techn) überholen || het ~ hebben das Nachsehen haben^{182}
naklinken nachklingen^{191}, nachhallen
nakomeling Nachkomme m^{15}
nakomelingschap Nachkommenschaft v^{28}
nakomen nachkommen^{193+3}: nagekomen berichten später eingelaufene Nachrichten; een belofte ~ ein Versprechen halten^{183}; een gebod ~ ein Gebot befolgen; zijn verplichtingen ~ seinen Verpflichtungen nachkommen
nakomertje Nesthäkchen o^{35}
nalaten 1 (bij overlijden) hinterlassen^{197} **2** (vermaken) hinterlassen^{197}, vermachen **3** (zich onthouden van) unterlassen^{197} **4** (verzuimen) verfehlen, versäumen: ik kan niet ~ u te zeggen ich kann nicht umhin, Ihnen zu sagen
nalatenschap Hinterlassenschaft v^{20}, Erbschaft v^{20}, Nachlass m^5, m^6
nalatig (slordig) nachlässig, fahrlässig
nalatigheid Nachlässigkeit v^{20}, Fahrlässigkeit v^{20}
naleven befolgen

naleveren nachliefern
naleving Einhaltung v^{28}, Befolgung v^{28}
nalezen nachlesen^{201}
nalopen 1 (achternalopen) nachlaufen^{198+3} **2** (controleren) nachsehen^{261}
namaak Nachahmung v^{28}
namaken nachmachen^{+4}, nachahmen^{+4}; (van bankbiljet e.d.) fälschen
name: met ~ besonders, namentlich
namelijk nämlich
nameloos unsäglich, unsagbar, namenlos
namens namens^{+2}, im Namen^{+2}, im Auftrag^{+2}: ~ mij in meinem Namen
nameten nachmessen^{208}
namiddag Nachmittag m^5: in de ~ am Nachmittag, nachmittags
naoorlogs Nachkriegs…: ~e toestanden Nachkriegszustände mv m^6
napalm Napalm o^{39}
Napels Neapel o^{39}
napijn Nachschmerzen mv m^{16}
napluizen nachforschen^{+3}
¹napraten intr (blijven praten) sich hinterher unterhalten^{183}
²napraten tr (hetzelfde zeggen) (jmdm) nachplappern, (jmdm) nachbeten
naprater Nachbeter m^9
napret nachträgliches Vergnügen o^{39}
nar Narr m^{14}
narcis Narzisse v^{21}
narcose Narkose v^{21}: iem onder ~ brengen jmdn^{+4} narkotisieren^{320}
narcoticabrigade Rauschgiftdezernat o^{29}
narcoticum Narkotikum o (2e nvl -s; mv Narkotika)
narcotisch narkotisch
narcotiseren narkotisieren^{320}
narcotiseur Narkotiseur m^5, Anästhesist m^{14}
narekenen nachrechnen^{+4}
narennen nachrennen^{222+3}
narigheid Ärger m^{19}
narijden nachfahren^{153+3}; (op paard) nachreiten^{221+3}
naroepen (jmdm) nachrufen^{226}
narrig mürrisch
¹nasaal zn Nasallaut m^5
²nasaal bn, bw nasal
naschilderen nachmalen^{+4}
nascholen weiterbilden, fortbilden
nascholing Weiterbildung v^{20}, Fortbildung v^{20}
naschreeuwen (jmdm) nachschreien^{253}
naschrift Nachschrift v^{20} (afk NS)
naseizoen Nachsaison v^{27}
naslaan nachschlagen^{241+4}
naslagwerk Nachschlagewerk o^{29}
nasleep Nachspiel o^{29}, Folgeerscheinungen mv v^{20}
nasmaak Nachgeschmack m^{19}
naspel Nachspiel o^{29}

naspelen nachspielen
naspeuren, nasporen nachforschen[+3]
nasporing Nachforschung v^{20}; *(jur)* Ermittlung v^{20}: *~en doen* Nachforschungen anstellen
nastarren nachstarren[+3]
nastreven nachstreben[+3]: *een doel ~* ein Ziel anstreben
nasturen (jmdm etwas) nachschicken
nasynchronisatie Synchronisation v^{20}
nasynchroniseren synchronisieren[320]
nat *zn (vloeistof)* Nass o^{39}; *(kookvocht)* Sud m^5; *(water)* Wasser o^{39}
nat *bn, bw* nass[59]
nat *tw* *~!* *(geverfd)* frisch gestrichen!
natafelen noch bei Tisch sitzen bleiben[134]
natellen nachzählen[+4]
natheid Nässe v^{28}
natie Nation v^{20}
nationaal national, National…: *de nationale economie* die Volkswirtschaft; *~ elftal* Nationalelf v^{20}; *nationale feestdag* Nationalfeiertag m^5; *het ~ inkomen* das Volkseinkommen; *~ kampioen* Landesmeister m^9; *~ park* Nationalpark m^{13}
nationaalsocialisme Nationalsozialismus m^{19a}
nationaalsocialist Nationalsozialist m^{14}
nationaalsocialistisch nationalsozialistisch
nationalisatie Verstaatlichung v^{20}
nationaliseren verstaatlichen
nationalisme Nationalismus m^{19a}
nationalistisch nationalistisch
nationaliteit 1 Staatsangehörigkeit v^{28}, Staatsbürgerschaft v^{28} **2** *(mensen)* Nationalitäten *mv* v^{20}
natrappen 1 *(fig)* (jmdn) hinterher diffamieren[320] **2** *(voetbal)* nachhaken
natrekken 1 *(nareizen)* nachreisen[+3] **2** *(controleren)* nachgehen[168+3]
natrium Natrium o^{39}
nattig feucht
nattigheid Nässe v^{28}, Feuchtigkeit v^{28}: *(fig) ~ voelen* den Braten riechen[223]
natura: *in ~* Natural…, Sach…; *betaling in ~* Sachleistung v^{20}
naturalisatie Naturalisation v^{20}
naturaliseren naturalisieren[320]
naturalisme Naturalismus m^{19a}
naturel *(niet gekleurd)* naturfarben
naturisme Freikörperkultur v^{28} *(afk FKK)*
naturist Anhänger m^9 der Freikörperkultur
natuur Natur v^{20}: *van nature* von Natur aus
natuurbehoud Naturschutz m^{19}
natuurbescherming Naturschutz m^{19}
natuurgebied Naturlandschaft v^{20}: *beschermd ~* Naturschutzgebiet o^{29}
natuurgeneeswijze Naturheilverfahren o^{35}
natuurgetrouw naturgetreu
natuurkunde Physik v^{28}
natuurkundig physikalisch
natuurkundige Physiker m^9
natuurliefhebber Naturfreund m^5

natuurlijk natürlich; *(vanzelfsprekend, ook)* selbstverständlich
natuurmens Naturmensch m^{14}
natuurmonument Naturdenkmal o^{32}
natuurproduct Naturprodukt o^{29}, Naturerzeugnis o^{29a}
natuurramp Naturkatastrophe v^{21}
natuurreservaat Naturschutzgebiet o^{29}
natuurschoon Naturschönheit v^{20}
natuursteen Naturstein m^5
natuurtalent Naturtalent o^{29}
natuurverschijnsel Naturerscheinung v^{20}
natuurvoedingswinkel Naturkostladen m^{12}
natuurwetenschap Naturwissenschaft v^{20}
¹nauw *zn* **1** *(moeilijkheid, nood)* Enge v^{21}, Klemme v^{21}: *iem in het ~ brengen* jmdn in die Enge treiben[290]; *in het ~ raken* in[+4] Bedrängnis geraten[218]; *in het ~ zitten* in der Klemme sitzen[268] **2** *(zee-engte)* Meerenge v^{21}: *het Nauw van Calais* der Ärmelkanal
²nauw *bn, bw* **1** *(niet wijd, intiem)* eng, knapp: *~ bevriend* eng befreundet; *~ sluiten (van kleren)* eng (*of:* knapp) anliegen[202] **2** *(precies)* genau: *hij neemt het zeer ~* er nimmt es sehr genau; *niet zo ~ kijken* es nicht so genau nehmen[212]; *het komt er niet zo ~ op aan!* so genau braucht man es nicht zu nehmen!
nauwelijks kaum: *ik was ~ thuis, of …* ich war kaum zu Hause, da …
nauwgezet gewissenhaft, genau; *(stipt)* pünktlich
nauwgezetheid Gewissenhaftigkeit v^{28}, Genauigkeit v^{28}; *(stiptheid)* Pünktlichkeit v^{28}
nauwkeurig genau; *(grondig)* eingehend
nauwkeurigheid Genauigkeit v^{28}
nauwlettend genau, sorgfältig
nauwlettendheid Genauigkeit v^{28}, Sorgfalt v^{28}
nauwsluitend eng anliegend
n.a.v. *afk van naar aanleiding van* anlässlich[+2]
navel Nabel m^9: *tot boven de ~ reikend* nabelfrei
navelsinaasappel Navel v^{27}, Navelorange v^{21}
navelstreng Nabelschnur v^{25}
naveltruitje nabelfreies T-Shirt o^{36}
navenant (dem)entsprechend
navertellen nacherzählen[+4]
navigatie Navigation v^{28}
navigator *(persoon)* Navigator m^{16}
navigeren 1 navigieren[320] **2** *(manoeuvreren)* manövrieren[320]
NAVO NATO v^{28}, Nato
navoelen (jmdm etwas) nachempfinden[157]
navolgen nachfolgen[+3], folgen[+3]: *een voorbeeld ~* einem Beispiel folgen
navolgend nachstehend, nachfolgend
navolgenswaardig nachahmenswert
navolger Nachahmer m^9
navolging Nachahmung v^{20}: *in ~ van de Russen* nach dem Vorbild der Russen
navraag Nachfrage v^{21}: *bij ~* auf Nachfrage

navragen nachfragen (bei⁺³)
navullen nachfüllen
navulpak Nachfüllpackung v²⁰
naweeën (ook fig) Nachwehen mv v²¹
nawegen nachwiegen³¹²⁺⁴
nawerken nachwirken
nawerking Nachwirkung v²⁰
nazaat Nachkomme m¹⁵, Nachfahr m¹⁴
nazeggen nachsagen⁺⁴
nazenden (jmdm etwas) nachsenden²⁶³
nazi Nazi m¹³
nazicht (Belg) Kontrolle v²¹
nazien 1 (achternakijken) nachsehen⁺³ 2 (doorlezen) durchsehen²⁶¹ 3 (corrigeren) korrigieren³²⁰, nachsehen²⁶¹⁺⁴: *iets in een boek ~* etwas⁺⁴ in einem Buch nachschlagen²⁴¹
nazitten (vervolgen) (jmdm) nachsetzen
nazomer Nachsommer m⁹, Spätsommer m⁹
nazorg 1 (bij patiënten) Nachsorge v²⁸ 2 (bij machines) Wartung v²⁰
n.C., n.Chr. afk van na Christus nach Christus, nach Christo (afk n.Chr.); unserer Zeitrechnung (afk u.Z.)
necessaire Necessaire o³⁶, Nessessär o³⁶
nectar Nektar m⁵
nectarine Nektarine v²¹
nederig 1 (eenvoudig) einfach, bescheiden 2 (deemoedig) demütig
nederigheid Bescheidenheit v²⁸, Demut v²⁸
nederlaag Niederlage v²¹: *een ~ lijden* eine Niederlage erleiden¹⁹⁹
Nederland die Niederlande (mv)
Nederlander Niederländer m⁹
Nederlanderschap niederländische Staatsangehörigkeit v²⁸
¹**Nederlands** zn Niederländisch o⁴¹
²**Nederlands** bn niederländisch: *in het ~ vertalen* ins Niederländische übersetzen
Neder-Rijn Niederrhein m¹⁹
nederzetting Niederlassung v²⁰, Ansiedlung v²⁰
¹**nee** zn Nein o (2e nvl -(s); mv -(s))
²**nee** tw nein: *wel ~!* aber nein!; *~ zeker niet!* natürlich nicht!; *hij zegt van ~* er sagt Nein (of: nein); *~ toch!* aber nein!; *~ maar! wat ben je groot geworden!* nein! wie groß du geworden bist!
neef 1 (zoon van oom, tante) Vetter m¹⁷ 2 (zoon van broer, zuster) Neffe m¹⁵
neen zie nee
neer bw nieder, hinunter, herunter, hinab, herab: *op en ~* auf und ab, auf und nieder
neerbonzen hinknallen
neerbuigend herablassend
neerdalen herabsteigen²⁸¹, hinabsteigen²⁸¹; (mbt vliegtuig) niedergehen¹⁶⁸
neergaan hinuntergehen¹⁶⁸, hinabgehen¹⁶⁸; *~de beweging* Abwärtsbewegung v²⁰; *~de conjunctuur* rückläufige Konjunktur; *op- en ~* auf und ab gehen; (in bokswedstrijd) niedergehen¹⁶⁸
neergang Niedergang m⁶, Rückgang m⁶

neergooien hinwerfen³¹¹
neerhalen 1 (een muur) niederreißen²²⁰ 2 (neerschieten) abschießen²³⁸ 3 (bekritiseren) heruntermachen 4 (naar beneden halen) niederholen, einholen
¹**neerhangen** intr herabhängen¹⁸⁴, herunterhängen¹⁸⁴
²**neerhangen** tr hinhängen
neerkijken 1 (lett) hinuntersehen²⁶¹, heruntersehen²⁶¹ 2 (met minachting) herabsehen²⁶¹: *~ op iem* auf jmdn herabsehen
neerknielen niederknien, hinknien
neerkomen 1 (op de grond komen) landen (auf⁺³); *met een smak ~* aufschlagen²⁴¹ 2 (treffen) treffen²⁸⁹: *op hem komt alles neer* (ook) er ist für alles verantwortlich 3 (de strekking hebben) hinauslaufen¹⁹⁸ (auf⁺⁴): *de inhoud komt op het volgende neer* der Inhalt ist kurz folgender 4 (mbt vliegtuig) niedergehen¹⁶⁸, landen
neerkwakken hinknallen
neerlandicus Niederlandist m¹⁴
neerlaten herablassen¹⁹⁷, herunterlassen¹⁹⁷
¹**neerleggen** tr 1 (op iets leggen) hinlegen: *waar moet ik het boek ~?* wo soll ich das Buch hinlegen?; (fig) *iets naast zich ~* etwas nicht beachten 2 (deponeren) hinterlegen, deponieren³²⁰ 3 (afstand doen van) niederlegen: *het werk ~* die Arbeit niederlegen 4 (betalen) hinlegen, hinblättern 5 (doodschieten) töten, umlegen
²**neerleggen, zich** (erin berusten) sich abfinden¹⁵⁷ (mit⁺³), sich fügen⁺³
neerploffen (hin)fallen¹⁵⁴, (hin)plumpsen: *in een stoel ~* sich in einen Sessel plumpsen lassen¹⁹⁷
neerschieten 1 niederschießen²³⁸: *iem ~* jmdn niederschießen²³⁸ 2 (van vliegtuig) abschießen²³⁸
neerschrijven niederschreiben²⁵²
¹**neerslaan** intr 1 (bezinken, condenseren) sich niederschlagen²⁴¹ 2 (neervallen) hinstürzen
²**neerslaan** tr 1 (iem, zijn ogen, een opstand) niederschlagen²⁴¹ 2 (zijn kraag) herunterschlagen²⁴¹ 3 (doen bezinken) niederschlagen²⁴¹
neerslachtig niedergeschlagen, gedrückt
neerslag 1 Niederschlag m⁶: *er is kans op ~* es gibt möglicherweise Niederschlag; *een ~ van kalk* eine Kalkablagerung 2 (resultaat) Niederschlag m⁶: *zijn ~ vinden in* seinen Niederschlag finden¹⁵⁷ in⁺³
¹**neersmakken** intr hinschlagen²⁴¹, aufschlagen²⁴¹ (auf⁺⁴)
²**neersmakken** tr hinknallen (auf⁺⁴)
neersmijten hinschmeißen²⁴⁷
neersteken (jmdn) niederstechen²⁷⁷
¹**neerstorten** intr (neervallen) niederstürzen; (mbt parachutist) abstürzen: *het ~* der Absturz
²**neerstorten** tr (omlaag werpen) hinunterstürzen
neerstrijken 1 (mbt vogels) sich niederlassen¹⁹⁷; (mbt vliegtuig) niedergehen¹⁶⁸ 2 (zich vestigen) sich niederlassen¹⁹⁷ (in⁺³)

neertellen *(betalen)* hinlegen, hinblättern
neervallen 1 *(op de grond vallen)* hinfallen[154]; *(mbt hagel, regen)* niedergehen[168] **2** *(door oververmoeidheid)* umfallen[154]
neervlijen hinlegen
neerwaarts niederwärts, abwärts
neerwerpen hinwerfen[311], niederwerfen[311]
neerzetten 1 *(plaatsen)* hinsetzen, hinstellen: *een huis* ~ ein Haus bauen **2** *(theat, film)* darstellen: *een personage* ~ eine Figur darstellen **3** *(behalen)* erzielen: *een tijd* ~ eine Zeit erzielen
neerzien: *(fig) op iem* ~ auf jmdn herabsehen[261]
neet 1 Nisse v^{21} **2** *(fig) kale* ~ Habenichts m^5
¹**negatief** *zn* Negativ o^{29}
²**negatief** *bn, bw* negativ
negen neun: *alle* ~ alle neun *(of: alle neune); zie ook* ²**acht**
¹**negende** *zn (deel)* Neuntel o^{33}
²**negende** *rangtelw* der (die, das) neunte: *ten* ~ neuntens
negenjarig neunjährig
negenmaal neunmal
negental neun: *een* ~ etwa neun
negentien neunzehn
negentig neunzig
neger Neger m^9, Schwarze(r) m^{40a}
¹**negeren** quälen, zwiebeln, piesacken
²**negeren 1** *(ontkennen)* negieren[320] **2** *(geen notitie van iem of iets nemen)* ignorieren[320]
negerin Negerin v^{22}, Schwarze v^{40b}
negligé Negligé o^{36}, Negligee o^{36}: *in* ~ im Negligé *(of:* Negligee)
neigen neigen
neiging 1 Neigung v^{20}: ~ *tot iets* Neigung zu^{+3} etwas **2** *(sterker)* Hang m^{19}: ~ *tot liegen* Hang zum Lügen; ~ *tot overgeven* Brechreiz m^5 **3** *(beursterm)* Tendenz v^{20}: *een* ~ *tot dalen tonen* eine fallende Tendenz zeigen
nek Nacken m^{11}, Genick o^{29}: *zijn* ~ *breken* sich^3 das Genick brechen[137]; *(fig) iem de* ~ *breken* jmdm das Genick brechen[137]; *een stijve* ~ *hebben* einen steifen Nacken haben[182]; *iem de* ~ *omdraaien* jmdm den Hals umdrehen; *(fig) zijn* ~ *uitsteken* Kopf und Kragen riskieren[320]; *iem met de* ~ *aanzien* jmdn über die Schulter ansehen[261]; *over zijn* ~ *gaan* kotzen; *uit zijn* ~ *kletsen* faseln
nek-aan-nekrace Kopf-an-Kopf-Rennen o^{35}
nekken 1 *(doden)* (jmdm) den Hals umdrehen **2** *(de genadeslag geven)* zugrunde *(of:* zu Grunde*)* richten
nekslag *(fig)* Todesstoß m^6
nemen nehmen[212]: *de moeite* ~ sich^3 die Mühe nehmen; *de verantwoordelijkheid op zich* ~ die Verantwortung übernehmen; *een verplichting op zich* ~ eine Verpflichtung übernehmen; *tot vrouw* ~ zur Frau nehmen; *als u de moeite wilt* ~ *om boven te komen* wenn Sie sich heraufbemühen wollen; *(fig) dat neem ik niet!* das lasse ich mir nicht bieten!; *men moet alles maar* ~, *zoals het valt* man muss die Dinge nehmen, wie sie sind; *het ervan* ~ sich^3 etwas gönnen
neofascisme Neofaschismus m^{19a}
neonazisme Neonazismus m^{19a}
neonlicht Neonlicht o^{39}
nep Schwindel m^{19}
neppen neppen, übervorteilen
nepper 1 *(iets dat namaak is)* Imitation v^{20} **2** *(persoon die zich onecht gedraagt)* Wichtigtuer m^9 **3** *(afzetter)* Nepper m^9
nerf 1 *(plantk)* Nerv m^{16}, Ader v^{21} **2** *(in leer)* Narbe v^{21} **3** *(in hout, papier)* Faser v^{21}
nergens nirgends, nirgendwo; *(niets)* nichts: *dat dient* ~ *toe* das ist zu nichts nütze; ~ *over spreken* von nichts reden; *zich* ~ *mee bemoeien: a) (bekommeren)* sich um nichts kümmern; *b) (inmengen)* sich nicht einmischen; *dat is* ~ *goed voor* das taugt nichts; ~ *zijn: a) (op geen enkele plaats)* nirgendwo sein[262]; *b) (niets bereikt hebben)* erst am Anfang stehen[279]; *c) (niet meetellen)* weg vom Fenster sein[262]; *hij geeft* ~ *om* ihm ist alles egal
nering Geschäft o^{29}; *(handel)* Handel m^{19}
nerts *(dier, bont)* Nerz m^5
nerveus nervös
nerveusheid, nervositeit Nervosität v^{28}
nest 1 *(van dieren, bed, kleine plaats)* Nest o^{31} **2** *(van roofvogels, meestal)* Horst m^5 **3** *(eigenwijs meisje)* Kröte v^{21} **4** *(stel pannen, schalen)* Satz m^6 **5** *(worp)* Wurf m^6 || *(fig) uit een goed* ~ *komen* aus einem guten Stall kommen[193]
¹**nestelen** nisten
²**nestelen, zich** sich einnisten (in^{+3})
¹**net 1** *(algemeen, ook fig)* Netz o^{29} **2** *(internet)* Net o^{39}; *(van tv) op het eerste* ~ im ersten Programm
²**net** *zn: in het* ~ *schrijven* ins Reine schreiben[252]
³**net** *bn, bw* **1** *(fatsoenlijk, keurig)* anständig **2** *(schoon)* sauber **3** *(opgeruimd)* ordentlich
⁴**net** *bw* gerade, eben, genau: ~ *genoeg* gerade genug; ~ *mijn idee* genau meine Idee; ~ *van pas komen* gerade gelegen kommen; *hij is* ~ *zijn vader* er ist ganz der Vater; *hij is* ~ *thuis* er ist gerade nach Hause gekommen; *dat is* ~ *wat voor hem: a) (dat kan men van hem verwachten)* das sieht ihm ähnlich; *b) (dat moet hij net hebben)* das ist gerade das Richtige für ihn; ~ *zolang, tot* so lange, bis; ~ *zo!* eben!; *ik weet het zo* ~ *nog niet* das weiß ich noch nicht so recht; *ik blijf* ~ *zo lief thuis* ich bleibe genauso gern zu Hause
netbal Netzball m^6
netelig *(hachelijk)* misslich, heikel
netelroos Nesselsucht v^{28}, Nesselfieber o^{39}
netheid 1 *(keurigheid)* Anständigkeit v^{28} **2** *(zin voor orde)* Ordentlichkeit v^{28} **3** *(orde)* Ordnung v^{28}
nethemd Netzhemd o^{37}
netjes 1 *(naar behoren)* anständig **2** *(keurig)* sauber: ~ *werken* sauber arbeiten **3** *(ordelijk)* ordentlich **4** *(aardig, sierlijk)* sauber, fein: *dat is niet* ~ das ist nicht fein; ~ *schrijven* sauber schreiben[252];

wat ben je ~ vandaag! du hast dich aber heute fein gemacht!
netkaart Netzkarte v^{21}
netnummer Vorwahl v^{20}, Vorwahlnummer v^{21}
netspanning Netzspannung v^{20}
nettiquette Netiquette v^{28}
netto netto, Netto…
nettogewicht Nettogewicht o^{29}
nettoprijs Nettopreis m^5
nettowinst Nettogewinn m^5, Reingewinn m^5
netvlies Netzhaut v^{25}
netwerk Netz o^{29}; *(mbt leidingen, draden)* Netzwerk o^{29}: *het sociale ~* das soziale Netz; *mobiel ~* Mobilnetz o^{29}
netwerken *(comp)* netzwerken, netzwerkeln
netwerker Netzwerker m^9
neuken *(inform)* ficken, vögeln, bumsen
Neurenberg Nürnberg o^{39}
neuriën summen
neurologie Neurologie v^{28}
neuroloog Neurologe m^{15}
neurose Neurose v^{21}
neuroticus Neurotiker m^9
neus 1 *(algem)* Nase v^{21}: *hij doet alsof zijn ~ bloedt*: a) *(zich van de domme houden)* er stellt sich dumm; b) *(alsof er niets aan de hand is)* er tut so, als ob er nichts merkt; *een frisse ~ halen* frische Luft schnappen; *(fig) een fijne ~ voor iets hebben* ein feines Gespür für etwas haben[182]; *niet verder kijken dan zijn ~ lang is* nicht weiter sehen[261] als seine Nase; *dat komt mijn ~ uit* davon habe ich die Nase voll; *de ~ ophalen voor* die Nase rümpfen über[+4]; *zijn ~ snuiten* sich³ die Nase putzen; *iem iets aan zijn ~ hangen* jmdm etwas auf die Nase binden[131]; *iem bij de ~ hebben* jmdn an der Nase herumführen; *iem iets door de ~ boren* jmdn um etwas bringen[139]; *langs zijn ~ weg* nebenbei; *(raar) op zijn ~ kijken* ein langes Gesicht machen; *(Belg) van zijn ~ maken* sich aufregen **2** *(van schoen)* Spitze v^{21} **3** *(mbt wijn)* Blume v^{21}; *zie ook neusje*
neusbloeding Nasenbluten o^{39}
neusdruppels Nasentropfen *mv* m^{11}
neusgat Nasenloch o^{32}
neusholte Nasenhöhle v^{21}
neushoorn Nashorn o^{32}
neusje Näschen o^{35}: *(fig) het ~ van de zalm* das Feinste vom Feinen
neuslengte Nasenlänge v^{21}
neusverkoudheid Schnupfen m^{11}
neut *(borrel)* Schnaps m^6
neutraal neutral
neutraliseren neutralisieren[320]
neutraliteit Neutralität v^{20}
neutron Neutron o^{37}
neuzen 1 *(snuffelen)* schnüffeln **2** *(komen kijken)* sich umgucken
nevel Nebel m^9; *(waas)* Dunst m^{19}
nevelachtig 1 *(vaag)* nebelhaft **2** *(mistig)* neblig

nevelbank Nebelbank v^{25}
nevelig 1 *(vaag)* nebelhaft **2** *(mistig)* neblig
nevenactiviteit Nebenbeschäftigung v^{20}
nevenfunctie Nebentätigkeit v^{20}
neveninkomsten Nebeneinkünfte *mv* v^{25}
nevenproduct Nebenprodukt o^{29}
nevenschade Kollateralschaden m^{19}
nevenstaand nebenstehend
ngo *afk van niet-gouvernementele organisatie, non-governmental organization* Nichtregierungsorganisation v^{20} *(afk* NGO $v^{27})$
nicht 1 *(kind van oom, tante)* Kusine v^{21} **2** *(kind van broer, zuster)* Nichte v^{21} **3** *(mannelijke homo)* Tunte v^{21}, Schwule(r) m^{40a}
nicotine Nikotin o^{39}
niemand niemand, keine (keiner, keines): *~ anders dan hij* niemand anders als er; *anders ~* sonst niemand
niemandsland Niemandsland o^{39}
niemendal gar nichts
nier Niere v^{21}: *in hart en ~en* durch und durch
niersteen Nierenstein m^5
niersteenvergruizer Nierensteinzertrümmerer m^9
niesbui Niesanfall m^6
¹**niet** *(klinknagel)* Niet m^5, o^{29}, Niete v^{21}
²**niet** *de (m) (in loterij)* Niete v^{21}
³**niet** *het* Nichts o^{39}: *uit het ~ tevoorschijn roepen* aus dem Nichts hervorrufen[226]
⁴**niet** *bw* nicht: *om ~* umsonst; *ik vrees van ~* ich fürchte nein; *zo ~, dan …* wenn nicht, dann …; *ik geloof van ~* ich glaube nicht
nietapparaat Hefter m^9
nieten 1 *(met klinknagels)* (ver)nieten **2** *(met nietjes)* heften (an[+4])
nietig 1 *(ongeldig)* nichtig, ungültig: *~ verklaren* für nichtig erklären **2** *(zonder waarde)* nichtig **3** *(onbeduidend)* unbedeutend, winzig
nietigheid Nichtigkeit v^{28}, Ungültigkeit v^{28}
nietje Heftklammer v^{21}
nietmachine Hefter m^9, Heftmaschine v^{21}
niet-officieel inoffiziell
¹**niets** *zn* Nichts o^{29}
²**niets** *onbep vnw* nichts: *~ nieuws* nichts Neues; *het is ~!* das macht nichts!; *daar is ~ aan te doen!* da ist nichts zu machen!; *~ doen dan werken* immer nur arbeiten; *een vent van ~* eine Niete; *~ daarvan* nichts da!; *daar komt ~ van!* daraus wird nichts!; *voor ~* umsonst; *~ voor ~* nichts ist umsonst
³**niets** *bw* gar: *~ geen zin* gar keine Lust
nietsbetekenend nichts bedeutend
nietsdoen Nichtstun o^{39}
nietsnut Nichtsnutz m^5
nietsvermoedend nichts ahnend, ahnungslos
nietszeggend nichts sagend
¹**niettegenstaande** *vz* trotz[+2, zelden +3]: *~ dat* trotzdem
²**niettegenstaande** *vw* obwohl

niettemin trotzdem, dennoch
nietwaar nicht, nicht wahr, oder
nieuw neu, Neu…: *~e auto (ook)* Neuwagen m^{11}; *~e druk (ook)* Neudruck m^5; *~ gebouw (ook)* Neubau *m (2e nvl -s; mv -ten); de ~ere tijd* die Neuzeit; *in het ~ steken* neu einkleiden; *het ~e is eraf* es hat den Reiz des Neuen verloren; *dat is het ~ste* das ist das Neueste
nieuwbakken *(ook fig)* frisch gebacken
nieuwbouw Neubau *m (2e nvl -s; mv -ten)*
nieuweling Neuling m^5, Neueinsteiger m^9
nieuwemaan Neumond m^{19}
nieuwerwets neumodisch
nieuwigheid 1 *(nieuw denkbeeld e.d.)* Neuerung v^{20} 2 *(iets nieuws)* Neuheit v^{20}
nieuwjaar Neujahr o^{29}: *gelukkig ~!* prosit Neujahr!, ein glückliches neues Jahr!
nieuwjaarsbrief *(Belg)* Neujahrswunsch m^6
nieuwjaarsdag Neujahrstag m^5
nieuwjaarswens Neujahrswunsch m^6
nieuwkomer Neueinsteiger m^9, Neuling m^5
nieuwkuis *(Belg)* Reinigungsanstalt v^{20}, Reinigung v^{20}
nieuwprijs Neupreis m^5
nieuws 1 *(bericht, tijding)* Nachricht v^{20}; *(officieel)* Meldung v^{20}: *wat is er voor ~?* was gibt's Neues?; *dat is oud ~!* das ist doch kalter Kaffee! 2 *(nieuwsberichten)* Nachrichten *(mv): het laatste ~* die neuesten Nachrichten; *het plaatselijk ~* die Lokalnachrichten
nieuwsagentschap Nachrichtenagentur v^{20}
nieuwsbericht Nachricht v^{20}
nieuwsblad Zeitung v^{20}, Tageszeitung v^{20}
nieuwsbrief Rundschreiben o^{35}, Rundbrief m^5
nieuwsgaring Informationsbeschaffung v^{28}
nieuwsgierig *(met naar)* neugierig (auf^{+4})
nieuwsgierigheid Neugier v^{28}
nieuwslezer Nachrichtensprecher m^9
nieuwtje 1 *(iets nieuws)* Neuheit v^{20}, Novität v^{20} 2 *(bericht)* Neuigkeit v^{20}
Nieuw-Zeeland Neuseeland o^{39}
Nieuw-Zeelands neuseeländisch
niezen niesen
nihil nichts: *het resultaat was ~* das Ergebnis war gleich null
nijd Neid m^{19}, Missgunst v^{28}
nijdig 1 *(boos)* wütend, böse 2 *(vinnig)* grimmig
nijdigheid Ärger m^{19}, Wut v^{28}
nijgen sich verbeugen, sich verneigen
Nijl Nil m^{19}, m^{19a}
nijlbaars Nilbarsch m^5
nijlpaard Nilpferd o^{29}, Flusspferd o^{29}
nijpend bitter: *~e armoede* bittere Armut; *~ gebrek (aan)* erheblicher Mangel (an^{+3})
nijptang Kneifzange v^{21}, Beißzange v^{21}
nijver fleißig, emsig, betriebsam
nijverheid Industrie v^{21}, Gewerbe o^{33}
nikab Nikab m^{13}, Niqab m^{13}
nikkel Nickel o^{39}
nikkelen *bn* aus Nickel, Nickel…
niks: *een boek van ~* ein jämmerliches Buch; *een vent van ~* ein Schlappschwanz; *~ hoor!* ja, Pustekuchen!; *zie ook* niets
niksen herumsitzen^{268}, faulenzen
niksnut Nichtsnutz m^5, Taugenichts m^5
nimmer nie(mals)
nippel Nippel m^9
nippen nippen: *~ aan* nippen an^{+3}
nippertje: *op het ~: a) (tijdsbepaling)* im letzten Augenblick; *b) (maar net)* mit knapper Not
nis Nische v^{21}
niveau Niveau o^{36}, Ebene v^{21}: *op het hoogste ~* auf höchster Ebene
nivelleren *(ook fig)* nivellieren^{320}
nivellering Nivellierung v^{20}
nl. *afk van* namelijk nämlich
nobel nobel
Nobelprijs Nobelpreis m^5
Nobelprijswinnaar Nobelpreisträger m^9
noch noch: *~ … ~* weder … noch; *hij heeft ~ geld ~ goed* er hat weder Geld noch Gut
nochtans dennoch, trotzdem
no-claimkorting Schadenfreiheitsrabatt m^5
node ungern, widerstrebend, zögernd: *ik doe het ~* ich tue es ungern ‖ *van ~* vonnöten, nötig
nodeloos unnötig, *(bw ook)* unnötigerweise
noden einladen^{196}, bitten^{132}
¹**nodig** *zn: het ~e* das Nötige; *het hoogst ~e* das Notwendigste; *het ~e kosten* einiges kosten
²**nodig** *bn, bw* nötig, notwendig, dringend: *beslist ~* unbedingt nötig; *zo ~* wenn nötig; *het is hoog ~* es ist sehr nötig; *~ hebben* nötig haben^{182}; *iets hard ~ hebben* etwas dringend brauchen; *je hebt er niets ~!* du hast da nichts zu schaffen!; *ik moet er ~ heen* ich muss dringend hin; *het ~ vinden* es für nötig halten^{183}
nodigen einladen^{196}, bitten^{132}
noemen nennen^{213}: *om (maar) eens iets te ~* zum Beispiel; *een straat naar iem ~* eine Straße nach jmdm benennen^{213}; *iem ~ naar …* jmdn nennen nach^{+3} …
noemenswaard(ig) nennenswert
noemer Nenner m^9: *(fig) onder één ~ brengen* auf einen (gemeinsamen) Nenner bringen^{139}
¹**noest** *zn* Knorren m^{11}
²**noest** *bn, bw* emsig, unermüdlich
nog noch: *~ maar een week* nur noch eine Woche; *tot ~ toe* bis jetzt, bisher; *dat ontbrak er ~ maar aan* das fehlte gerade noch; *hij zal ~ wel komen* er wird schon noch kommen; *om ~ maar te zwijgen van* ganz zu schweigen von^{+3}; *dat is ~ zo gek niet* das ist gar nicht übel; *al is hij ~ zo dom* und wenn er noch so dumm ist
noga Nugat m^{13}, o^{36}, Nougat m^{13}, o^{36}
nogal ziemlich: *het gaat ~* es geht so ziemlich; *hij is ~ vlijtig* er ist ziemlich fleißig; *het is ~ niet koud* es ist ja nicht sehr kalt
nogmaals nochmals, abermals

no-goarea No-go-Area v^{27}
no-iron bügelfrei
nok 1 *(van dak)* First m^5 **2** *(techn)* Nocken m^9
nokkenas Nockenwelle v^{21}
nomade Nomade m^{15}
nominaal nominal, Nominal…: ~ *bedrag* Nominalbetrag m^6; *vaste nominale premie* Kopfpauschale v^{21}
nominatie 1 *(benoeming)* Ernennung v^{20} **2** *(voordracht)* Kandidatenliste v^{21}: *op de* ~ *staan* … nahe daran sein^{262} …
non Nonne v^{21}
nonchalance 1 Lässigkeit v^{28} **2** *(slordigheid)* Nachlässigkeit v^{28}; *(ernstiger)* Fahrlässigkeit v^{20}
nonchalant 1 lässig **2** *(slordig)* nachlässig; *(ernstiger)* fahrlässig
non-profit nicht auf Gewinn gerichtet
non-proliferatie Nonproliferation v^{28}
nonsens Unsinn m^{19}, Blödsinn m^{19}
non-stop nonstop
non-stopvlucht Non-Stop-Flug, Nonstopflug m^6
non-verbaal nonverbal
nood Not v^{25}: ~ *breekt wet* Not kennt kein Gebot; *geen* ~! keine Sorge!; *hij heeft geen* ~ er leidet keine Not; *als de* ~ *aan de man komt* wenn Not am Mann ist; *uit* ~ notgedrungen; *in geval van* ~ im Notfall, notfalls; *van de* ~ *een deugd maken* aus der Not eine Tugend machen
noodbrug Behelfsbrücke v^{21}
nooddeur Nottür v^{20}
noodgebied Katastrophengebiet o^{29}
noodgedwongen notgedrungen
noodgeval Notfall m^6
noodlanding Notlandung v^{20}
noodlijdend Not leidend
noodlot *(algem)* Schicksal o^{29}; *(ongunstig)* Verhängnis o^{29a}
noodlottig verhängnisvoll, fatal
noodmaatregel Notmaßnahme v^{21}
noodoplossing Notlösung v^{20}
noodrantsoen Notration v^{20}
noodrem Notbremse v^{21}
noodsein Notsignal o^{29}
noodsprong Notlösung v^{20}
noodtoestand Notlage v^{21}; *(jur)* Ausnahmezustand m^6, Notstand m^6
nooduitgang Notausgang m^6; *(in bus e.d.)* Notausstieg m^5
noodverband 1 *(lett)* Notverband m^6 **2** *(fig)* Notmaßnahme v^{21}
¹noodweer *(slecht weer)* Unwetter o^{33}
²noodweer *(verweer)* Notwehr v^{28}: *iem uit* ~ *doden* jmdn in Notwehr töten
noodzaak Notwendigkeit v^{20}: *zonder* ~ ohne Not; *uit* ~ notgedrungen; *door de situatie bepaalde* ~ Sachzwang m^6
noodzakelijk notwendig: *het strikt* ~*e* das unbedingt Notwendige
noodzakelijkerwijs notwendig(erweise)

noodzakelijkheid Notwendigkeit v^{20}
noodzaken nötigen, zwingen^{319}
nooit nie(mals): ~ *ofte nimmer* nie und nimmer
Noor Norweger m^9
¹noord *zn* Norden m^{19}
²noord *bn, bw* nördlich: *de wind is* ~ der Wind weht von Norden
Noord-Afrika Nordafrika o^{39}
Noord-Amerika Nordamerika o^{39}
Noord-Amerikaan Nordamerikaner m^9
Noord-Amerikaans nordamerikanisch
noordelijk nördlich: ~ *van Parijs* nördlich von Paris; ~ *van de stad* nördlich der Stadt
noorden Norden m^{19}: *het hoge* ~ der hohe Norden; *naar het* ~ nach Norden; *op het* ~ *liggen* nach Norden liegen^{202}; *ten* ~ *van Parijs* nördlich von Paris; *uit, van het* ~ aus, von Norden
noordenwind Nordwind m^5
noorderbreedte nördliche Breite v^{21}
noorderkeerkring nördlicher Wendekreis m^{19}
noorderlicht Nordlicht o^{31}, Polarlicht o^{31}
noorderzon: *(fig) met de* ~ *vertrekken* bei Nacht und Nebel verschwinden^{258}
Noord-Holland Nordholland o^{39}
noordoost, noordoostelijk nordöstlich
noordoosten Nordosten m^{19}
noordpool Nordpol m^{19}
noordpoolcirkel nördlicher Polarkreis m^{19}
noordpoolexpeditie Nordpolexpedition v^{20}
noordpoolgebied Nordpolargebiet o^{29}, Arktis v^{28}
¹noordwaarts *bn* nördlich
²noordwaarts *bw* nordwärts
noordwest, noordwestelijk nordwestlich
noordwesten Nordwesten m^{19}
noordwestenwind, noordwester Nordwestwind m^5
Noordzee Nordsee v^{28}
¹Noors *zn* Norwegisch o^{41}
²Noors *bn* norwegisch
Noorwegen Norwegen o^{39}
¹noot *(muz)* Note v^{21}: *veel noten op zijn zang hebben* anspruchsvoll sein^{262}
²noot 1 *(vrucht)* Nuss v^{25} **2** *(boom)* Nussbaum m^6
³noot *(aantekening)* Anmerkung v^{20}, Notiz v^{20}
nootmuskaat Muskatnuss v^{25}
nop 1 *(oneffenheid)* Noppe v^{21} **2** *(onder sportschoen)* Stollen m^{11}: *schoen met* ~*pen* Stollenschuh m^5
nopen 1 *(dwingen)* zwingen^{319}, nötigen **2** *(aanzetten)* veranlassen: *iem tot spoed* ~ jmdn zur Eile veranlassen
noppes nix, nichts
nor Kittchen o^{35}, Knast m^6, m^5
nordic walking Nordicwalking o^{39}, Nordic Walking o^{39}
noren Schnelllaufschlittschuhe *mv* m^5
norm Norm v^{20}: *de* ~ *halen* das Soll erfüllen
normaal *bn, bw* normal: ~ *gesproken* normaler-

weise; *hij is niet* ~ er ist nicht bei Verstand
normaalschool *(Belg)* pädagogische Hochschule v^{21}
normaalspoor Normalspur v^{20}
normalisatie 1 *(standaardisatie)* Normung v^{20}, Standardisierung v^{20} **2** *(van rivier)* Regulierung v^{20}
¹normaliseren *intr (normaal worden)* sich normalisieren^{320}
²normaliseren *tr* **1** *(standaardiseren)* normieren^{320} **2** *(van rivier)* regulieren^{320}
normaliter normalerweise
normeren normen, normieren^{320}
nors barsch, mürrisch, unwirsch
nostalgie Nostalgie v^{21}
nostalgisch nostalgisch
nota 1 *(rekening)* Rechnung v^{20} **2** *(pol)* Note v^{21}: *diplomatieke* ~ diplomatische Note ‖ ~ *nemen van iets* Kenntnis *(of:* Notiz*)* von etwas nehmen
nota bene *tw* **1** *(let wel)* nota bene!, wohlgemerkt! **2** *(warempel)* wahrhaftig!
notariaat Notariat o^{29}
notarieel notariell
notaris Notar m^5
notariskantoor Notariat o^{29}
notenbalk Notenlinien *mv* v^{21}
notendop Nussschale v^{21}: *(fig) in een* ~ kurz zusammengefasst
notenkraker Nussknacker m^9
notenschrift Notenschrift v^{20}
noteren notieren^{320}: *iets* ~ *(sich³)* etwas notieren; *een bestelling* ~ eine Bestellung vormerken
notering Notierung v^{20}
notie Ahnung v^{20}, Idee v^{21}: *niet de minste* ~ keine blasse Ahnung
notitie Notiz v^{20}: ~*s maken* sich³ Notizen machen; ~ *van iets nemen* Notiz von etwas nehmen^{212}; *hij nam geen* ~ *van mij* er beachtete mich nicht
notitieboekje Notizbuch o^{32}
notoir *(berucht)* notorisch; *(algemeen bekend)* allbekannt
notulen Protokoll o^{29}: *de* ~ *maken* das Protokoll führen; *in de* ~ *opnemen* protokollieren^{320}
notuleren protokollieren^{320}
notulist Protokollant m^{14}, Protokollführer m^9
nou = *ja, wat zal ik zeggen?* na ja, was soll ich sagen?; ~ *en of!* na, und ob!; *zie ook* nu
nouveauté Novität v^{20}, Neuheit v^{20}
novelle *(verhaal, wijzigingswet)* Novelle v^{21}
november November m^9 *(2e nvl ook* -*):* *in* ~ im November
novum Novum o *(2e nvl* -s; *mv* Nova*)*
nozem Halbstarke(r) m^{40a}, v^{40b}
¹nu *zn* Jetzt o^{39a}
²nu *bw* **1** jetzt, nun **2** *(tegenwoordig)* heute: *tot nu toe* bis jetzt, bisher **3** *(vanaf dit ogenblik)* jetzt, nun, nunmehr ‖ *nu gebeurde het, dat …* nun geschah es, dass …; *nu eens …, dan weer … bald …,* bald …; *nu en dan* dann und wann; *van nu af aan* von nun an
³nu *vw* nun, da; jetzt, da: *nu hij rijk is* nun, da er reich ist
⁴nu *tw* nun, denn, bloß: *hoe kun je dat nu doen?* wie kannst du das bloß tun?
nuance Nuance v^{21}
nuanceren nuancieren^{320}
nuancering Nuancierung v^{20}
nuchter nüchtern: *op de* ~*e maag* auf nüchternen Magen
nuchterheid Nüchternheit v^{28}
nucleair nuklear
nudisme Nudismus m^{19a}, Freikörperkultur v^{28}
nudist Nudist m^{14}, FKKler m^9
nuffig spröde, geziert
nuk Grille v^{21}, Laune v^{21}
nukkig launenhaft, launisch, grillenhaft
¹nul *zn* Null v^{20}: *hij is een* ~ er ist eine Null; ~ *op het rekest krijgen* abgewiesen werden^{310}
²nul *bn* null: *van* ~ *en gener waarde verklaren* für null und nichtig erklären
³nul *telw* null: *zijn invloed is gelijk* ~ sein Einfluss ist gleich null; *10° onder* ~ 10 Grad unter null; ~ *komma* ~ null Komma nichts; *in het jaar* ~ anno dazumal
nulgroei Nullwachstum o^{39}
nulmeridiaan Nullmeridian m^{19}
nulpunt Nullpunkt m^5
numeriek zahlenmäßig
nummer 1 *(cijfer)* Nummer v^{21}: *brieven onder* ~ Briefe unter Chiffre **2** *(persoon of zaak)* Nummer v^{21} ‖ *(bij wedstrijd)* ~ 1 *worden* Erster werden^{310}; *(inform) een* ~*tje maken* eine Nummer machen; *(fig) een* ~*tje weggeven* eine Show abziehen^{318}; *iem op zijn* ~ *zetten* jmdn zurechtweisen^{307}
nummerbord Nummernschild o^{31}
nummeren nummerieren^{320}
nummering Nummerierung v^{20}
nummermelder Rufnummernanzeige v^{21}
nummerplaat Nummernschild o^{31}
nummerweergave Rufnummernanzeige v^{21}
¹nurks *zn* Nörgler m^9
²nurks *bn* mürrisch
nut Nutzen m^{19}: *ik heb er veel* ~ *van gehad* es hat mir sehr genützt; *zich iets ten* ~*te maken* sich³ etwas zunutze *(of:* zu Nutze*)* machen; *van* ~ *zijn* nützen, helfen^{188+3}; *het is van geen* ~ es nützt nichts
nutsbedrijf Versorgungsbetrieb m^5: *openbare nutsbedrijven* Stadtwerke *mv* o^{29}
nutteloos nutzlos, unnütz: ~ *werk doen* unnütze Arbeit verrichten
nutteloosheid Nutzlosigkeit v^{28}
nuttig nützlich: ~ *gewicht* Nutzlast v^{20}; *het* ~*e met het aangename verenigen* das Angenehme mit dem Nützlichen verbinden^{131}
nuttigen verzehren, zu^{+3} sich nehmen^{212}
nuttiging Genuss m^{19}, Verzehr m^{19}

nv *afk van naamloze vennootschap* Aktiengesellschaft *v*[20] (*afk* AG)

¹nylon *de (kous)* Nylonstrumpf *m*[6]

²nylon *het, de (m) (stof)* Nylon *o*[39], *o*[39a]

³nylon *bn* aus Nylon, Nylon…

O

o *tw* oh!, o!: *o ja!* o ja!; *o jee!* herrje!; *o nee!* ach nein!; *o wee!* o weh!, auweh!; *o zo!* ach so!; *o-o!* oh, oh!

o.a. 1 *afk van onder andere* unter anderem (*afk* u.a.) **2** *afk van onder anderen* unter anderen (*afk* u.a.)

oase *(ook fig)* Oase v^{21}

obelisk Obelisk m^{14}

O-benen O-Beine *mv* o^{29}

ober Ober m^9, Kellner m^9: *~!* Herr Ober!

obesitas Obesität v^{28}, Obesitas v^{28}

object Objekt o^{29}: *indirect ~* Dativobjekt; *(direct) ~* Objekt, Akkusativobjekt

objectief *zn (lens)* Objektiv o^{29}

objectief *bn, bw* objektiv

objectiviteit Objektivität v^{28}

obligaat obligatorisch

obligatie Obligation v^{20}

obsceen obszön, schlüpfrig

obscuur obskur: *een ~ zaakje* ein zweifelhaftes Geschäft

obsederen faszinieren^{320}

observatie Beobachtung v^{20}, Observation v^{20}

observatiepost Beobachtungsposten m^{11}

observator 1 *(waarnemer)* Beobachter m^9 **2** *(sterrenkundige)* Observator m^{16}

observatorium Observatorium *o (2e nvl -s; mv* Observatorien)

observeren beobachten, observieren^{320}

obsessie Obsession v^{20}, Zwangsvorstellung v^{20}

obstakel Hindernis o^{29a}

obstinaat obstinat, starrsinnig

obstipatie Obstipation v^{20}

obstructie Obstruktion v^{20}: *~ voeren* obstruieren^{320}

obus *(Belg)* Granate v^{21}

occasie *(Belg)* (günstige) Gelegenheit v^{20}

occasion 1 Okkasion v^{20}, Gelegenheitskauf m^6 **2** *(auto)* Gebrauchtwagen m^{11}

occult okkult

occultisme Okkultismus m^{19a}

oceaan Ozean m^5: *Atlantische ~ (ook)* Atlantik m^{19}; *de Grote* (of: *de Stille*) *~ (ook)* der Pazifik

oceaanreus Ozeanriese m^{15}

och *zn* Ach o^{36}

och *tw* ach!: *~ kom!* ach was!

ochtend Morgen m^{11}

ochtendblad Morgenblatt o^{32}, Morgenzeitung v^{20}

ochtendeditie Morgenausgabe v^{21}

ochtendgloren Morgenrot o^{39}

ochtendhumeur: *een ~ hebben* ein Morgenmuffel sein^{262}

ochtendjas Morgenrock m^6, Morgenmantel m^{10}

ochtendkrant Morgenzeitung v^{20}, Morgenblatt o^{32}

ochtendschemering Morgendämmerung v^{28}

ochtendspits morgendliche Rushhour v^{27}

octaaf Oktave v^{21}

octaangehalte, octaangetal Oktanzahl v^{20}

octet Oktett o^{29}

octopus Oktopode m^{15}

octrooi Patent o^{29}: *voor iets ~ aanvragen* etwas zum Patent anmelden; *door een ~ beschermd* patentgeschützt

octrooirecht Patentrecht o^{29}

¹**oculair** *zn* Okular o^{29}

²**oculair** *bn* okular, Okular…

oculeren okulieren^{320}

ode Ode v^{21}

oecumene Ökumene v^{28}

oecumenisch ökumenisch

oedeem Ödem o^{29}

oef *tw* uff!

oefenboek Übungsbuch o^{32}

oefenen 1 *(trainen)* üben, trainieren^{320} **2** *(van deugden)* üben, sich üben in^{+3}: *geduld ~* Geduld üben

oefening Übung v^{20}: *~ baart kunst* Übung macht den Meister

oefenkamp Übungslager o^{33}

oefenmeester Trainer m^9

oefenstuk Übungsstück o^{29}

oefenterrein Übungsgelände o^{33}

oehoe Uhu m^{13}

oei *tw* ach!, au!

oen Blödmann m^8, Knallkopf m^6

oergezellig urgemütlich

oergezond kerngesund

oerknal Urknall m^{19}

oerkomisch urkomisch

oermens Urmensch m^{14}, Vorzeitmensch m^{14}

oeroud uralt

oerstom erzdumm

oertijd Urzeit v^{20}: *wereld in de ~* Urwelt v^{20}

oervervelend stinklangweilig

oerwoud Urwald m^8; *(fig)* Dschungel m^9, o^{33}

oester Auster v^{21}

oesterbank Austernbank v^{25}

oesterzwam Austernpilz m^5

oetc *afk van onderwijs in hun eigen taal en cultuur* Unterricht m^{19} in eigener Sprache und Kultur

oeuvre Gesamtwerk o^{29}, Œuvre o^{36}

oever Ufer o^{33}: *buiten de ~s treden* über die Ufer treten^{291}

oeverloos uferlos

of 1 *(nevenschikkend)* oder: *nu of nooit* jetzt oder nie; *of... of* entweder... oder; *een jaar of veertig* etwa vierzig Jahre; *een dag of wat* einige Tage; *niet meer of minder dan* nicht mehr oder weniger als **2** *(onderschikkend, in afhankelijke vragen)* ob: *hij wist niet of hij lachen of huilen zou* er wusste nicht, ob er lachen oder weinen sollte; *ik vroeg hem, of hij bij mij kwam, of dat ik bij hem zou komen* ich fragte ihn, ob er zu mir komme, oder ob ich zu ihm kommen solle; *heeft hij geld? nou en of!* hat er Geld? und ob! **3** *(in toegevende zinnen)* ob: *of je roept of schreeuwt, ik doe toch niet open* ob du rufst oder schreist, ich mache doch nicht auf; *weer of geen weer...* ob es gutes oder schlechtes Wetter ist... **4** *(in vergelijkende modale bijzinnen)* als ob; wie wenn; als: *hij deed, of hij het niet hoorde* er tat, als ob er es nicht hörte *(of:* als hörte er es nicht) **5** *(in bijzin na ontkennende hoofdzin) er zijn niet veel boeken, of hij heeft ze gelezen* es gibt nicht viele Bücher, die er nicht gelesen hat; *het duurde niet lang, of het begon te regenen* es dauerte nicht lange, da fing es an zu regnen; *het scheelde niet veel of hij was gevallen* es fehlte nicht viel, und er wäre gefallen; *ik kan niet uitgaan, of ik kom hem tegen* ich kann nicht ausgehen, ohne ihm zu begegnen; *ik kan niet anders zeggen, of uw boek bevalt me* ich kann Ihnen nichts anderes sagen, als dass Ihr Buch mir gefällt; *nauwelijks zag hij me, of...* kaum sah er mich, da...

¹**offensief** *zn* Offensive *v*²¹
²**offensief** *bn, bw* offensiv
offer Opfer *o*³³: *een ~ brengen* ein Opfer bringen¹³⁹
offerande Opfergabe *v*²¹, Opfer *o*³³
offeren opfern; *(betalen)* spenden
offerfeest Opferfeier *v*²¹
Offerfeest Opferfest *o*²⁹, Opferfeier *v*²¹
offergave Opfergabe *v*²¹
offerte Offerte *v*²¹, Angebot *o*²⁹: *een ~ doen* ein Angebot machen
officemanager Officemanager *m*⁹
official *(sp)* Funktionär *m*⁵
officieel offiziell, amtlich
officier 1 *(mil)* Offizier *m*⁵ **2** *(rechtswezen)* Staatsanwalt *m*⁶: *~ van justitie* Staatsanwalt *m*⁶
officieus inoffiziell, offiziös
offreren anbieten¹³⁰; *(handel)* offerieren³²⁰
offsetdruk Offsetdruck *m*⁵
offshore Offshore...: *~boring* Offshorebohrung *v*²⁰
offshoring Offshoring *o*³⁹
ofschoon obgleich, obwohl, obschon
ofte: *nooit ~ nimmer* nie und nimmer
oftewel, ofwel oder, beziehungsweise
ogen *(er uitzien)* aussehen²⁶¹
ogenblik Augenblick *m*⁵, Moment *m*⁵: *een ~je!* einen Augenblick bitte!; *in een ~* im Nu; *op dat ~* in dem Augenblick; *op het ~* im Augenblick, momentan, zurzeit; *op het ~, dat...* in dem Augenblick, wo...; *onder de omstandigheden van het ~* unter den jetzigen Umständen

¹**ogenblikkelijk** *bn* sofortig
²**ogenblikkelijk** *bw* sofort
ogenschijnlijk 1 *(schijnbaar)* scheinbar **2** *(naar het uiterlijk)* anscheinend, dem Anschein nach
ogenschouw Augenschein *m*¹⁹: *iets in ~ nemen* etwas in Augenschein nehmen²¹²
ohm Ohm *o (2e nvl -(s); mv -)*
ok *afk van operatiekamer* Operationssaal *m (2e nvl -s; mv -säle) (afk* OP)
OK o.k., O.K., okay, alles klar, abgemacht, einverstanden
oké okay, alles klar, abgemacht, einverstanden, o.k., O.K.
oker Ocker *m*⁹, *o*³³
okergeel *bn* ockergelb, ockerfarbig
oksel, okselholte Achselhöhle *v*²¹
oktober Oktober *m*⁹ *(2e nvl ook -)*
oleander Oleander *m*⁹
O.L.H. *(Belg) afk van Onze-Lieve-Heer:* O.L. H.-Hemelvaart Himmelfahrtstag *m*⁵
olie Öl *o*²⁹: *ruwe ~* Rohöl; *~ bijvullen* Öl nachfüllen; *~ controleren* Öl kontrollieren³²⁰
olieachtig ölig
oliebol 1 Krapfen *m*¹¹ **2** *(persoon)* Dummkopf *m*⁶
olieboring Ölbohrung *v*²⁰, Erdölbohrung *v*²⁰
olieboycot Ölboykott *m*¹³, *m*⁵
oliebron Ölquelle *v*²¹
oliecrisis Ölkrise *v*²¹
oliedom stockdumm
olie-embargo Ölembargo *o*³⁶
oliefilter Ölfilter *o*³³, *m*⁹
oliehoudend ölhaltig
oliekachel Ölofen *m*¹²
olielamp Öllampe *v*²¹
olieleiding Ölleitung *v*²⁰
oliën ölen
oliepijpleiding Ölleitung *v*²⁰, Pipeline *v*²⁷
olieproductie Ölförderung *v*²⁰
olieveld Erdölfeld *o*³¹, Ölfeld *o*³¹
olieverf Ölfarbe *v*²¹
olieverwarming Ölheizung *v*²⁰
olievlek Ölfleck *m*⁵, Ölflecken *m*¹¹: *zich als een ~ uitbreiden* um sich greifen¹⁸¹
olifant Elefant *m*¹⁴
olifantshuid Elefantenhaut *v*²⁵
olijf Olive *v*²¹; *(boom)* Olivenbaum *m*⁶
Olijfberg Ölberg *m*¹⁹
olijfboom Olivenbaum *m*⁶, Ölbaum *m*⁶
¹**olijfgroen** *zn* Olivgrün *o*³⁹
²**olijfgroen** *bn* olivgrün
olijfkleurig olivenfarbig, olivenfarben
olijfolie Olivenöl *o*²⁹
olijk schalkhaft
olijkerd Schelm *m*⁵, Schalk *m*⁵, *m*⁶
o.l.v. *afk van onder leiding van* unter (der) Leitung von⁺³

O.L.V. *(Belg) afk van Onze-Lieve-Vrouw:*
O.L.V.-Hemelvaart Mariä Himmelfahrt *v*[28]
olympiade Olympiade *v*[21]
olympisch olympisch: *~ kampioen* Olympiasieger *m*[9]; *de Olympische Spelen* die Olympischen Spiele
¹**om** *bw* **1** *(mbt een richting)* um[+4]: *de hoek om fietsen* um die Ecke radeln **2** *(verstreken)* herum, abgelaufen: *enige uren waren reeds om* einige Stunden waren schon herum; *uw tijd is om* Ihre Zeit ist abgelaufen; *hoe moet hij zijn tijd om krijgen?* wie soll er seine Zeit hinbringen? **3** *(ergens omheen)* um: *een sjaal om hebben* einen Schal umhaben[182]; *een sjaal om krijgen* einen Schal umbekommen[193] || *om en om iets doen* reihum etwas tun[295]; *dat is een uur om* das ist ein Umweg von einer Stunde; *een straatje om gaan* einen kleinen Spaziergang machen; *hij heeft hem om* er hat einen sitzen
²**om** *vz* **1** *(rondom)* um[+4] ... (herum): *om de tafel zitten* um den Tisch (herum) sitzen[268] **2** *(voorbij)* um[+4]: *om de hoek kijken* um die Ecke schauen **3** *(op het moment van)* um[+4]: *om negen uur* um neun Uhr **4** *(omstreeks)* um[+4] ... (herum): *om Pasen* um Ostern (herum); *om en bij de 60* etwa 60 **5** *(telkens na)* om *de drie uur* alle drei Stunden; *om de maand* jeden zweiten Monat; *om beurten* abwechselnd **6** *(wegens)* wegen[+2], für[+4]: *hij deed het om het geld* er tat es wegen des Geldes (*of:* fürs Geld); *bekend om het natuurschoon* bekannt wegen der Naturschönheit **7** *(met het doel, teneinde)* um: *hij kwam om mij te helpen* er kam, um mir zu helfen **8** *(in om te + onbepaalde wijs is om* vaak overbodig en wordt dan in het Duits niet vertaald): *ik ben bereid om u te helpen* ich bin bereit, Ihnen zu helfen; *geen stoel om op te zitten* kein Stuhl zum Sitzen; *om zo te zeggen* sozusagen; *het is om te lachen* es ist zum Lachen; *het is om gek te worden* es ist zum Verrücktwerden; *het is om wanhopig van te worden* es ist zum Verzweifeln
oma Oma *v*[27]; *(liefkozend)* Omi *v*[27]
omarmen umarmen
omarming Umarmung *v*[20]
ombinden umbinden[131]
omblazen umblasen[133]
ombouw Umbau *m (2e nvl -(e)s; mv -ten)*
ombouwen <u>u</u>mbauen
ombrengen 1 *(de tijd)* verbr<u>i</u>ngen[139], z<u>u</u>bringen[139] **2** *(doden)* <u>u</u>mbringen[139]
ombudsman Ombudsmann *m*[8] *(mv ook -leute)*
¹**ombuigen** *intr* sich biegen[129]
²**ombuigen** *tr* **1** *(lett)* umbiegen[129] **2** *(veranderen)* ändern, verändern
omdat weil, da
omdoen umtun[295], umhängen; *(een das, sjaal)* umbinden[131]; *(een ketting)* umlegen: *de veiligheidsgordel ~* sich anschnallen
¹**omdonderen** *intr (plat) (omvallen)* umfallen[154]
²**omdonderen** *tr (plat) (omverwerpen)* umschmeißen[247]

omdopen umtaufen
¹**omdraaien** *intr* **1** *(van mening veranderen)* umschwenken **2** *(keren)* (um)kehren
²**omdraaien** *tr (ronddraaien)* umdrehen, umwenden[308]
³**omdraaien, zich** sich umdrehen
omduwen umstoßen[285], umwerfen[311]
omelet Omelett *o*[29], *o*[36]
omgaan 1 *(rondgaan)* umhergehen[168]: *een straatje ~* einen kleinen Spaziergang machen **2** *(voorbijgaan)* vorübergehen[168]: *de dag ging om* der Tag ging vorüber **3** *(verkeren met)* verkehren (mit[+3]) **4** *(hanteren)* umgehen[168]: *hij kan goed met dieren ~* er kann gut mit Tieren umgehen **5** *(omvallen)* umkippen **6** *(verzet opgeven)* umschwenken: *het parlement ging om* das Parlament schwenkte um **7** *(gebeuren)* umgehen[168], vorgehen[168]: *dat gaat buiten ons om* damit haben wir nichts zu tun; *je weet niet, wat er in een kind omgaat* man weiß nicht, was in einem Kind vorgeht
omgaand <u>u</u>mgehend: *per ~e* umgehend
omgang Umgang *m*[19], Verkehr *m*[19]: *prettig in de ~* umgänglich; *hij is lastig in de ~* er ist schwierig im Umgang; *veel ~ met iem hebben* viel mit jmdm verkehren
omgangstaal Umgangssprache *v*[21]
omgekeerd umgekehrt: *de ~e wereld* die verkehrte Welt; *het ~e van mooi* das Gegenteil von schön; *juist ~* gerade umgekehrt
omgespen umschnallen
omgeven umgeben[166]
omgeving Umgebung *v*[20]
omgooien <u>u</u>mwerfen[311]
omhaal 1 *(drukte)* Getue *o*[39]: *met veel ~* umständlich **2** *(van woorden)* Weitschweifigkeit *v*[28] **3** *(bij voetbal)* Rückzieher *m*[9]
omhakken umhacken, umhauen[185]
omhalen 1 *(voetbal)* einen Rückzieher machen **2** *(Belg) (collecteren)* einsammeln
omhaling *(Belg)* Einsammlung *v*[20]
omhanden: *iets ~ hebben* eine Beschäftigung haben[182]
omhangen <u>u</u>mhängen
omheen herum: *ergens niet ~ kunnen* um[+4] etwas nicht herumkommen[193]
omheinen umzäunen, <u>ei</u>nzäunen
omheining Umzäunung *v*[20], Zaun *m*[6]
omhelzen umarmen: *iem ~* jmdn umarmen
omhelzing Umarmung *v*[20]
omhoog in die Höhe, empor, hoch: *handen ~!* Hände hoch!; *naar ~* hinauf; *van ~* von oben
omhooggaan in die Höhe gehen[168]; *(mbt prijzen, ook)* steigen[281], anziehen[318]
omhoogkomen 1 *(mbt water)* steigen[281] **2** *(zich oprichten)* sich aufrichten **3** *(vooruitkomen)* emporkommen[193]
¹**omhoogsteken** *intr* emporragen
²**omhoogsteken** *tr (van armen)* emporrecken, in die Höhe recken

omhoogtillen heben[186], hochheben[186]
omhoogvliegen emporfliegen[159], auffliegen[159]; *(mbt prijzen)* in die Höhe schnellen
omhoogzitten *(in moeilijkheden zitten)* in der Klemme sitzen[268]; *(fin)* in Geldnot sein
omhullen umhüllen, einhüllen
omhulsel Umhüllung v^{20}, Hülle v^{21}
omissie Unterlassung v^{20}
omkadering *(Belg) (ongev)* Stab-Studentenrate v^{21}
omkantelen umkippen
omkeer *zie* ommekeer
omkegelen umwerfen[311], umstoßen[285]
omkeren umkehren, umdrehen: *een kaart ~* eine Spielkarte aufdecken; *(fig) elk dubbeltje ~* jeden Pfennig umdrehen
omkiepen umkippen
omkijken 1 *(achterwaarts kijken)* sich umsehen[261]: *naar iem ~* sich nach jmdm umsehen **2** *(zorg tonen)* sich kümmern um[+4]
¹omkleden umziehen[318]: *zich ~* sich umziehen[318]
²omkleden *(met iets omgeven)* umkleiden
omklemmen umklammern
omknikkeren umstoßen[285], umwerfen[311]
omkomen *(sterven)* umkommen[193]: *een hoek ~* um eine Ecke herumkommen
omkoopbaar bestechlich
omkopen bestechen[277]
omkoping Bestechung v^{20}
¹omkrullen *intr* sich kräuseln, sich aufrollen
²omkrullen *tr* umbiegen[129]; *(lippen)* kräuseln
omlaag: *(naar) ~* nach unten; *(van de spreker af)* hinunter, hinab; *(naar de spreker toe)* herunter, herab; *van ~* von unten herauf *(of:* hinauf)
omlaaggaan hinuntergehen[168], hinabgehen[168]; *(mbt koers e.d.)* sinken[266]; *(plotseling)* fallen[154]
omleggen 1 *(om iets heen leggen)* umlegen, anlegen: *een verband ~* (jmdm) einen Verband anlegen **2** *(omkeren)* umdrehen, umwenden[308] **3** *(een rivier, het verkeer)* umleiten
omleiden umleiten
omliggend umliegend: *~e plaatsen* umliegende Orte, Nachbarorte *mv* m^5
omlijnd 1 *(met een lijn omgeven)* umrandet **2** *(duidelijk aangegeven)* umrissen
omlijnen 1 *(met een lijn omgeven)* umranden **2** *(duidelijk aangeven)* umreißen[220]
omlijsten einrahmen; *(fig ook)* umrahmen
omlijsting 1 *(de lijst)* Rahmen m^{11} **2** *(het omlijsten)* Umrahmung v^{20}
omloop 1 *(kringloop)* Kreislauf m^6 **2** *(circulatie)* Umlauf m^{19}, Zirkulation v^{20}: *in ~ brengen* in Umlauf bringen[139]; *in ~ zijn in (of:* im) Umlauf sein[262] **3** *(van molen, toren)* Umgang m^6
omloopsnelheid Umlauf(s)geschwindigkeit v^{20}
omlopen 1 *(een omweg maken)* einen Umweg machen **2** *(een wandeling maken)* spazieren gehen[168]: *nog een straatje ~* einen kleinen Spaziergang machen **3** *(van richting veranderen)* drehen **4** *(omverlopen)* umrennen[222], umlaufen[198] **5** *(rondlopen)* zirkulieren[320]
ommekeer Umschwung m^6, Wende v^{21}
ommezien: *in een ~* im Handumdrehen, im Nu
ommezijde Rückseite v^{21}: *aan ~* auf der Rückseite
ommezwaai Umschwung m^6, Wende v^{21}
ommuren ummauern
omnivoor Omnivore m^{15}
omploegen umpflügen
ompraten umstimmen, überreden
omranden umranden, umrändern
omrastering Drahtzaun m^6, Umzäunung v^{20}
omrekenen umrechnen
omrekening Umrechnung v^{20}
omrijden 1 *(rondrijden)* umherfahren[153]: *een eindje ~* eine Spazierfahrt machen **2** *(langs een omweg rijden)* umfahren[153] **3** *(omverrijden)* umfahren[153] **4** *(om iets heen rijden)* umfahren[153]
omringen umringen, umgeben[166]
omroep Rundfunk m^{19}
omroepbijdrage Rundfunk- und Fernsehgebühr v^{20}
omroepen *(telecom)* ansagen, durchsagen
omroeper *(telecom)* Sprecher m^9, Ansager m^9
omroepgids Programmzeitschrift v^{20}
omroepinstallatie Lautsprecheranlage v^{21}
omroeporkest Rundfunkorchester o^{33}
omroepster Sprecherin v^{22}, Ansagerin v^{22}
omroepvereniging Rundfunkanstalt v^{20}
omroeren umrühren, durchrühren
omruilen umtauschen
omruiling Umtausch m^5
omschakelen 1 *(lett)* umschalten **2** *(anders inrichten)* umschalten **3** *(aanpassen bij)* umstellen
omscholen umschulen
omscholing Umschulung v^{20}
omschoppen umtreten[291]
omschrijven 1 *(definiëren)* umschreiben[252] **2** *(beschrijven)* beschreiben[252]
omschrijving Umschreibung v^{20}, Beschreibung v^{20}
omschudden *(schuddend legen)* ausschütten
omsingelen *(een stad, vijand)* einschließen[245]; *(een huis)* umstellen; *(leger)* einkesseln
¹omslaan *intr* **1** *(omvallen)* umschlagen[241], umstürzen **2** *(plotseling veranderen)* umschlagen[241]: *in het tegendeel ~* ins Gegenteil umschlagen **3** *(om iets heen bewegen)* biegen[129]: *een hoek ~* um eine Ecke biegen
²omslaan *tr* **1** *(omkeren, omvouwen)* umschlagen[241] **2** *(omdoen)* umschlagen[241], umwerfen[311] **3** *(omverslaan)* umwerfen[311] **4** *(gelijk verdelen over)* umlegen, verteilen
omslachtig umständlich
omslag 1 Umschlag m^6 **2** *(van kosten)* Umlegung v^{20} **3** *(drukte, omhaal)* Umstand m^6 *(meestal mv)*
omslagdoek Umschlag(e)tuch o^{32}
omsluiten umschließen[245]

omsmijten umschmeißen[247], umwerfen[311]
omspelen umspielen
omspitten umgraben[180]
omspoelen *(reinigen)* ausspülen
omspringen umgehen[168]
omstander Umstehende(r) *m*[40a]
omstandig umständlich, ausführlich
omstandigheid 1 *(gesteldheid, toestand)* Umstand *m*[6], Verhältnis *o*[29a]: *de tegenwoordige omstandigheden* die gegenwärtige Verhältnisse; *in de gegeven omstandigheden* bei den gegebenen Umständen; *naar omstandigheden redelijk wel* den Umständen entsprechend recht gut; *naar omstandigheden handelen* je nach den Umständen handeln; *wegens omstandigheden* umstandshalber **2** *(breedvoerigheid)* Umständlichkeit *v*[28]
omstoten umstoßen[285]
omstreden umstritten
¹**omstreeks** *bw* ungefähr, etwa, zirka
²**omstreeks** *vz* um[+4] *(herum)*: ~ *Pasen* um Ostern (herum)
omstreken Umgebung *v*[20]
omstrengelen umschlingen[246]
omstuiven sausen um[+4]: *de hoek* ~ um die Ecke sausen
omstuwen umdrängen
omtrappen umtreten[291]
omtrek 1 *(buitenlijn, grenslijn)* Umriss *m*[5], Kontur *v*[20] **2** *(meetk) (van voorwerp)* Umfang *m*[6]: *binnen een* ~ *van ...* im Umkreis von[+3] ... **3** *(omstreken)* Umgebung *v*[20]
omtrekken 1 *(omvertrekken)* umreißen[220] **2** *(ergens omheen trekken)* umgehen[168]
¹**omtrent** *bw* ungefähr, etwa: *of daar* ~ oder da herum
²**omtrent** *vz* **1** *(betreffende)* in Bezug auf[+4], über[+4] **2** *(nabij)* um[+4] ... (herum): ~ *Pasen* um Ostern (herum)
omturnen umkrempeln, herumkriegen: *iem* ~ jmdn herumkriegen
omvallen umfallen[154]
omvang Umfang *m*[6]
omvangrijk umfangreich
omvatten umfassen
omver um..., über den Haufen, nieder...
omverblazen umblasen[133]
omverduwen umstoßen[285]
omvergooien umwerfen[311]
omverhalen umreißen[220], niederreißen[220]
omverlopen umrennen[222]
omverpraten überreden, bereden
omverrijden umfahren[153]
omverwerpen 1 *(tegen de grond werpen)* umstoßen[285], umwerfen[311] **2** *(doen vallen)* umwerfen[311]
omvliegen 1 sausen um[+4]: *de hoek* ~ um die Ecke sausen **2** *(mbt tijd)* dahinfliegen[159]
omvormen umformen, umbilden
omvouwen (um)falten
omwaaien umwehen

omwandelen herumspazieren[320], umherspazieren[320]
omwassen abwaschen[304], spülen
omweg Umweg *m*[5]: *langs een* ~ auf Umwegen; *zonder ~en (fig)* ohne Umschweife
omwenden umwenden[308], umdrehen
omwentelen 1 *(een steen)* umwälzen **2** *(een rad)* umdrehen
omwenteling 1 *(om een as)* Umdrehung *v*[20] **2** *(meetk)* Rotation *v*[20] **3** *(techn)* Drehung *v*[20], Tour *v*[20]: *aantal ~en* Drehzahl *v*[20] **4** *(revolutie)* Umwälzung *v*[20], Revolution *v*[20]
omwerken umarbeiten
omwerpen umwerfen[311]
¹**omwikkelen** umwickeln, wickeln um[+4]
²**omwikkelen** umwickeln
omwisselen (um)wechseln, umtauschen
omwonend umwohnend
omwonenden, omwoners Umwohner *mv m*[9]
omzeilen 1 umsegeln **2** *(fig) (uit de weg gaan)* umgehen[168], ausweichen[306]
omzendbrief *(Belg)* Rundbrief *m*[5], Rundschreiben *o*[35]
omzet Umsatz *m*[6]: *jaarlijkse* ~ Jahresumsatz
omzetbelasting Umsatzsteuer *v*[21]
¹**omzetten** *intr (snel lopen om iets)* rennen[222] um[+4]
²**omzetten** *tr* **1** *(doen verwisselen van plaats)* umstellen, umsetzen **2** *(muz)* transponieren[320] **3** *(chem)* umsetzen (in[+4]) **4** *(omschakelen)* umschalten, umstellen **5** *(verhandelen)* umsetzen
omzetting Umstellung *v*[20], Umsetzung *v*[20]; *zie ook* omzetten
omzichtig umsichtig, behutsam
omzien *zie* omkijken
¹**omzomen** umsäumen
²**omzomen** umsäumen
omzwaaien 1 *(in de rondte zwaaien)* herumschwenken **2** *(van studierichting veranderen)* umsatteln
omzwerven herumschweifen, umherschweifen, sich herumtreiben[290]
omzwerving Wanderung *v*[20], Irrfahrt *v*[20]
onaandoenlijk unempfindlich
onaangedaan ungerührt, unberührt
onaangediend, onaangemeld unangemeldet
onaangenaam *(niet plezierig)* unangenehm
onaangenaamheid Unannehmlichkeit *v*[20]
onaangepast unangepasst
onaangeraakt, onaangeroerd unberührt
onaangetast unangetastet
onaangevochten unangefochten
onaannemelijk 1 *(niet aanvaardbaar)* unannehmbar **2** *(mbt bewering)* unglaubwürdig
onaantastbaar unantastbar
onaantrekkelijk reizlos
onaanvaardbaar unannehmbar
onaanzienlijk 1 unansehnlich **2** *(niet groot)* unbedeutend, unbeträchtlich

onaardig unfreundlich || niet ~ (vrij goed) nicht übel
onachtzaam nachlässig, unachtsam
onaf unfertig
onafgebroken ununterbrochen
onafhankelijk unabhängig
onafhankelijkheid Unabhängigkeit v^{28}
onafscheidelijk unzertrennlich
onafzienbaar unabsehbar, unübersehbar
onappetijtelijk unappetitlich
onattent unaufmerksam
onbaatzuchtig uneigennützig, selbstlos
onbarmhartig unbarmherzig, erbarmungslos
onbeantwoord unbeantwortet, unerwidert
onbebouwd unbebaut
onbedaarlijk unbändig
onbedacht, onbedachtzaam unbesonnen
onbedekt (openlijk) unumwunden, unverhüllt
onbedorven unverdorben
onbedreven ungeübt, unbewandert
onbedrieglijk untrüglich, unfehlbar
onbeduidend unbedeutend
onbedwingbaar unbezwingbar
onbegaanbaar unwegsam
onbegonnen undurchführbar: *dat is een ~ werk* das ist verlorene Liebesmühe
onbegrensd unbegrenzt, grenzenlos
onbegrijpelijk unbegreiflich, unfassbar
onbehaaglijk unbehaglich
onbehagen Unbehagen o^{39}, Missbehagen o^{39}
onbeheerd herrenlos, unbeaufsichtigt
onbeheerst unbeherrscht
onbeholpen unbeholfen, ungeschickt
onbehoorlijk 1 (ongepast) ungehörig 2 (onwelvoeglijk) unanständig
onbehouwen (vlegelachtig) flegelhaft
onbehuisd obdachlos
onbekend unbekannt: *dat is hier ~* das kennt man hier nicht
onbekende Unbekannte(r) m^{40a}, v^{40b}
onbekendheid 1 (het niet bekend zijn) Unbekanntheit v^{28} 2 (het niet-kennen) Unkenntnis v^{28}
onbekommerd unbekümmert, unbesorgt
onbekwaam unfähig
onbekwaamheid Unfähigkeit v^{28}
onbelangrijk unbedeutend, unwichtig
onbelast 1 (niet belast) unbelastet, unbeschwert 2 (vrij van belasting) steuerfrei
onbeleefd unhöflich
onbeleefdheid Unhöflichkeit v^{20}
onbelemmerd ungehindert, unbehindert
onbemand unbemannt
onbemerkt unbemerkt
onbemiddeld unbemittelt
onbemind unbeliebt
onbenul Tollpatsch m^5, Tölpel m^9
onbenullig 1 (dom) albern, einfältig, tölpelhaft 2 (gering) unbedeutend, geringfügig
onbepaald unbestimmt: *voor ~e tijd* auf unbestimmte Zeit; *de ~e wijs* der Infinitiv
onbeperkt unbeschränkt, unbegrenzt: *~ gezag* unumschränkte Gewalt
onbeproefd unversucht
onberaden unbesonnen, unüberlegt
onbereikbaar unerreichbar
onberekenbaar unberechenbar
onberijdbaar unbefahrbar
onberispelijk tadellos, untad(e)lig
onberoerd (ook fig) unberührt
onbeschaafd 1 (ongeciviliseerd) unzivilisiert 2 (ongemanierd) ungeschliffen
onbeschaafdheid 1 (gebrek aan ontwikkeling) Unbildung v^{28} 2 (ongemanierdheid) Ungeschliffenheit v^{28}
onbeschaamd unverschämt
onbeschaamdheid Unverschämtheit v^{20}
onbeschadigd unbeschädigt, unversehrt
onbescheiden unbescheiden
onbeschoft unverschämt
onbeschoftheid Unverschämtheit v^{20}
onbeschreven unbeschrieben
onbeschrijfelijk unbeschreiblich
onbeschroomd freimütig, offen
onbeschut ungeschützt, unbeschützt
onbeslecht, onbeslist unentschieden
onbespoten ungespritzt
onbespreekbaar tabu
onbesproken 1 (niet besproken) unbesprochen 2 (onberispelijk) unbescholten 3 (niet gehuurd) nicht reserviert, frei
onbestaanbaar unmöglich: *dat is ~!* so was gibt's nicht!
onbestelbaar unzustellbar
onbestemd unbestimmt
onbestendig unbeständig, veränderlich
onbestuurbaar 1 (niet te leiden) unregierbar 2 (mbt vaar-, voertuig) unlenkbar
onbesuisd 1 (onnadenkend) unbesonnen 2 (onstuimig) ungestüm
onbetaalbaar unbezahlbar
onbetamelijk ungebührlich, unschicklich
onbetekenend unbedeutend
onbetrouwbaar unzuverlässig
onbetrouwbaarheid Unzuverlässigkeit v^{28}
onbetuigd: *zich niet ~ laten* regen Anteil nehmen^{212} (an^{+3})
onbetwist unbestritten, unangefochten
onbetwistbaar unstreitig, unanfechtbar
onbevaarbaar unschiffbar, unbefahrbar
onbevangen unbefangen
onbevestigd unbestätigt
onbevlekt unbefleckt, makellos
onbevoegd unbefugt; (jur) unzuständig
onbevooroordeeld unvoreingenommen
onbevredigd unbefriedigt
onbevredigend unbefriedigend
onbevreesd unerschrocken
onbewaakt unbewacht

onbeweeglijk 1 *(lett)* unbeweglich 2 *(onverzettelijk)* unerschütterlich
onbewerkt unbearbeitet; *(niet bewerkt, ook)* roh: ~ *staal* Rohstahl m^6; ~*e stoffen* Rohstoffe *mv* m^5
onbewezen unbewiesen
onbewogen 1 *(roerloos)* unbewegt 2 *(onaangedaan)* unbewegt, ungerührt
onbewolkt unbewölkt, wolkenlos, heiter
onbewoonbaar unbewohnbar
onbewust unbewusst
onbezet unbesetzt
onbezoldigd unbesoldet
onbezonnen unbesonnen, unüberlegt
onbezorgd sorglos, unbesorgt
onbezwaard 1 unbeschwert 2 *(vrij van lasten, van hypotheek)* unbelastet
onbillijk unbillig, ungerecht
onbrandbaar nicht brennbar, feuerfest
onbreekbaar unzerbrechlich, bruchfest
onbruik: *in* ~ *raken* außer Gebrauch kommen[193]
onbruikbaar unbrauchbar
onbuigzaam 1 *(niet buigzaam)* unbiegsam 2 *(koppig)* unbeugsam
onchristelijk unchristlich
oncollegiaal unkollegial
oncomfortabel unkomfortabel, unbequem
oncontroleerbaar unkontrollierbar
ondank Undank m^{19}
ondankbaar undankbar
ondankbaarheid Undankbarkeit v^{28}
¹**ondanks** *vz* trotz[+2, soms +3]: ~ *alles* trotz allem; ~ *dat alles* trotz alledem
²**ondanks** *vw* obwohl
ondeelbaar 1 unteilbar 2 *(zeer klein)* winzig: ~ *klein* unendlich klein
ondefinieerbaar undefinierbar
ondemocratisch undemokratisch
ondenkbaar undenkbar
¹**onder** *bw* unten: *naar* ~ nach unten; *a)* *(van spreker af)* hinunter; *b)* *(naar spreker toe)* herunter; *van* ~ von unten; ~ *in de fles* unten in der Flasche; *de zon is* ~ die Sonne ist untergegangen; *erop of eronder* entweder oder; *ten* ~ *gaan* zugrunde (*of:* zu Grunde) gehen[168]
²**onder** *vz* 1 *(mbt plaats)* unter *(bij beweging gericht op doel*[+4]*, anders*[+3]*): ~ de tafel liggen* unter dem Tisch liegen[202]; ~ *de tafel leggen* unter den Tisch legen; ~ *de brug door* unter der Brücke hindurch 2 *(minder dan)* unter[+3]: ~ *de zestig (jaar)* unter sechzig (Jahren) 3 *(onder de verantwoording van)* unter[+3]: ~ *zijn voorganger* unter seinem Vorgänger 4 *(in de kring van)* unter[+3]: ~ *andere* unter anderem; ~ *anderen* unter anderen; ~ *elkaar* unter sich, untereinander 5 *(gedurende)* unter[+3], während[+2]: ~ *het werk* unter (*of:* während) der Arbeit 6 *(bij het drinken, eten van)* bei[+3]: ~ *een glas wijn* bei einem Glas Wein
onderaan unten: *helemaal* ~ zuunterst
onderaannemer Subunternehmer m^9

onderaards unterirdisch
onderaf unten: *van* ~ von unten
onderafdeling Unterabteilung v^{20}
onderarm Unterarm m^5
onderbeen Unterschenkel m^9
onderbelichten 1 *(foto)* unterbelichten 2 *(te weinig aandacht geven)* zu wenig beachten
onderbetalen unterbezahlen
onderbewust unterbewusst
onderbewustzijn Unterbewusstsein o^{39}
onderbezet 1 *(met te weinig personeel)* unterbesetzt 2 *(met te weinig werk)* unterbeschäftigt
onderbinden unterbinden[131]; *(met riem of gesp)* anschnallen
onderbouw 1 *(bouwk)* Unterbau m (2e nvl -(e)s; *mv* -ten) 2 *(van school)* Unterstufe v^{21} 3 *(pol)* Basis v (*mv* Basen)
onderbouwen *(ook fig)* unterbauen, untermauern
onderbreken unterbrechen[137]
onderbreking Unterbrechung v^{20}
onderbrengen unterbringen[139]
onderbroek Unterhose v^{21}
onderbuikgevoel(ens) negative Gefühle *(mv)*
onderbuur Nachbar m^{15}, *(soms)* m^{17} unten
onderdaan Untertan m^{14}, m^{16}
onderdak Unterkunft v^{25}: *iem* ~ *verschaffen* jmdn bei[+3] sich aufnehmen[212]
onderdanig 1 *(ondergeschikt)* untergeben 2 *(onderworpen)* untertänig
onderdanigheid Untertänigkeit v^{28}
onderdeel 1 *(onderafdeling)* Unterabteilung v^{20} 2 *(bestanddeel)* Teil m^5, Bestandteil m^5 3 *(bij reparatie)* Ersatzteil o^{29}, Einzelteil o^{29} 4 *(van auto, fiets, machine e.d.)* Zubehörteil o^{29} 5 *(fractie)* Bruchteil m^5 6 *(mil)* Einheit v^{20}
onderdirecteur stellvertretender Direktor m^{16}
¹**onderdoen** *intr (de mindere zijn)* unterlegen sein[262]: *voor niemand* ~ keinem etwas nachgeben[166]
²**onderdoen** *tr (onderbinden)* unterbinden[131]; *(met riem, gesp)* anschnallen
onderdompelen untertauchen
onderdoor untendurch, unter[+3] hindurch: *er* ~ *gaan (lett)* hindurchgehen[168] unter[+3]; *(fig)* zugrunde (*of:* zu Grunde) gehen[168]
onderdrukken unterdrücken
onderdrukker Unterdrücker m^9
onderdrukking Unterdrückung v^{20}
onderduiken *(ook fig)* untertauchen
ondereinde unteres Ende o^{38}
onderen unten: *van* ~ unten; *naar* ~ nach unten
¹**ondergaan** untergehen[168]
²**ondergaan** 1 *(verduren)* erleiden[199] 2 *(doorstaan)* erdulden: *een operatie* ~ sich einer Operation[3] unterziehen[318]; *straf* ~ Strafe verbüßen; *de invloed* ~ *van* beeinflusst werden[310] von[+3]
ondergang Untergang m^6
ondergeschikt 1 *(afhankelijk)* untergeordnet:

aan iem, aan iets ~ maken jmdm, einer Sache unterordnen **2** *(lager in rang)* untergeben
ondergeschikte Untergebene(r) m^{40a}, v^{40b}
ondergeschoven untergeschoben
ondergetekende Unterzeichnete(r) m^{40a}, v^{40b}
ondergoed Leibwäsche v^{28}, Unterwäsche v^{28}
ondergraven *(ook fig)* untergraben[180]
ondergrens Untergrenze v^{21}
ondergrond 1 *(bodem)* Untergrund m^6 **2** *(fig)* Grundlage v^{21}, Basis v *(mv Basen)*
ondergronds 1 *(onder de grond)* unterirdisch: *~e parkeergarage* Tiefgarage v^{21}; *~e spoorweg* U-Bahn v^{20} **2** *(heimelijk)* im Untergrund: *~e beweging* Untergrundbewegung v^{20}
ondergrondse 1 *(metro)* U-Bahn v^{20} **2** *(verzetsbeweging)* Untergrundbewegung v^{20}
onderhand inzwischen
onderhandelaar Unterhändler m^9
onderhandelen verhandeln
onderhandeling Verhandlung v^{20}
onderhands: *iets ~ verkopen* etwas unter der Hand verkaufen
onderhavig betreffend, vorliegend: *in het ~e geval* im vorliegenden Fall
onderhemd Unterhemd o^{37}
onderhevig unterworfen[+3]: *aan bederf ~* verderblich; *aan (invoer)rechten ~* zollpflichtig; *dat is aan geen twijfel ~* das unterliegt keinem Zweifel
onderhoud 1 *(levensonderhoud)* Unterhalt m^{19}, Lebensunterhalt m^{19} **2** *(verzorging, voeding)* Versorgung v^{28} **3** *(van zaken)* Instandhaltung v^{20}, Unterhaltung v^{28}, Unterhalt m^{19}; *(van tuin, ook)* Pflege v^{28}; *(van machine, ook)* Wartung v^{20}: *in goede staat van ~* in gutem Zustand **4** *(gesprek)* Gespräch o^{29}, Unterredung v^{20}
¹**onderhouden** *tr* **1** *(doen voortduren)* unterhalten[183] **2** *(verzorgen)* ernähren, unterhalten[183], versorgen **3** *(naleven)* einhalten[183] **4** *(in stand houden)* instand *(of:* in Stand*)* halten[183]; *(van tuin, ook)* pflegen; *(van machine, ook)* warten **5** *(onder het oog brengen)* zur Rede stellen **6** *(aangenaam bezighouden)* unterhalten[183]
²**onderhouden, zich** sich unterhalten[183]
onderhoudend unterhaltend, unterhaltsam
onderhoudsbeurt Inspektion v^{20}
onderhoudskosten 1 *(voor personen)* Unterhaltskosten *(mv)* **2** *(voor zaken)* Erhaltungskosten *(mv)*
onderhoudsmonteur Wartungsmonteur m^5
onderhoudswerkzaamheden Instandhaltungsarbeiten *mv* v^{20}
onderhuur Untermiete v^{28}: *een woning van iem in ~ hebben* bei jmdm in *(of:* zur*)* Untermiete wohnen; *in ~ geven* untervermieten
onderhuurder Untermieter m^9
onderin unten: *het lag ~ de koffer* es lag unten im Koffer
onderjurk Unterkleid o^{31}
onderkaak Unterkiefer m^9

onderkant Unterseite v^{21}
onderkennen erkennen[189]
onderkin Doppelkinn o^{29}
onderkleding Unterkleidung v^{28}, Unterwäsche v^{28}
onderkoeld *(ook fig)* unterkühlt
¹**onderkomen** verkommen, verfallen
²**onderkomen** *zn* Unterkunft v^{25}, Unterkommen o^{35}
³**onderkomen** *ww* unterkommen[193]
onderlaag Unterschicht v^{20}
onderlaken Betttuch o^{32}
onderlangs unten an[+3] … vorbei
onderlegd beschlagen
onderlegger 1 Unterlage v^{21} **2** *(balk)* Träger m^9
onderlichaam Unterkörper m^9
onderliggen 1 *(lett)* unten liegen[202] **2** *(fig)* jmdm unterlegen sein[262]
onderlijf Unterleib m^7
onderling gegenseitig, wechselseitig; *(van twee)* beiderseitig; *(bw ook)* untereinander
onderlip Unterlippe v^{21}
onderlopen überschwemmt werden[310]
ondermaats unter dem Mindestmaß
ondermijnen *(ook fig)* unterminieren[320], untergraben[180]
ondermijning Unterminierung v^{20}, Untergrabung v^{28}
ondernemen unternehmen[212]
ondernemend unternehmend
ondernemer Unternehmer m^9, Unternehmerin v^{22}
onderneming Unternehmen o^{35}
ondernemingsgeest Unternehmungsgeist m^{19}
ondernemingsraad Betriebsrat m^6
onderofficier Unteroffizier m^5
onderonsje 1 *(kleine kring)* intime Gesellschaft v^{20} **2** *(gesprek)* vertrauliches Gespräch o^{29}
onderontwikkeld unterentwickelt
onderpand Pfand o^{32}
onderpastoor *(Belg)* *(r-k)* Kaplan m^6
onderricht Unterricht m^5
onderrichten unterrichten
onderschatten unterschätzen
onderschatting Unterschätzung v^{20}
onderscheid Unterschied m^5: *men moet ~ maken* man muss unterscheiden
¹**onderscheiden** *bn* **1** *(verschillend)* verschieden **2** *(uiteenlopend)* unterschieden
²**onderscheiden** *ww* **1** *(scheiden)* unterscheiden[232] **2** *(onderkennen)* unterscheiden[232], erkennen[189] **3** *(decoratie verlenen)* auszeichnen
³**onderscheiden, zich** sich unterscheiden[232]
onderscheiding 1 *(het onderscheiden)* Unterscheidung v^{20} **2** *(eerbied)* Ehrfurcht v^{28}, Respekt m^{19} **3** *(decoratie)* Auszeichnung v^{20}, Orden m^{11}: *(Belg, ond) met ~* mit Auszeichnung
onderscheidingsvermogen Unterscheidungsvermögen o^{39}

onderscheppen *(opvangen)* abfangen[155]
onderschrift Unterschrift v^{20}
onderschrijven *(ook fig)* unterschreiben[252]
onderspit: *het ~ delven* den Kürzeren ziehen[318]
onderspitten untergraben[180]
onderst unter; *(alleronderst)* unterst
onderstaan unter Wasser stehen[279]
onderstaand nachstehend
onderste Unterste(s) o^{40c}; *(van twee)* Untere(s) o^{40c}
ondersteboven auf den Kopf; *(verkeerd om)* verkehrt herum: *alles ~ gooien* alles durcheinander werfen[311]; *~ keren* das Unterste zuoberst kehren; *~ zetten* auf den Kopf stellen; *ik was er helemaal van ~* ich war ganz durcheinander
ondersteek Bettschüssel v^{21}, Bettpfanne v^{21}
onderstel 1 *(van auto, vliegtuig e.d.)* Untergestell o^{29}, Fahrgestell o^{29} 2 *(uit planken)* Gestell o^{29}
ondersteunen 1 *(stutten)* stützen 2 *(helpen, bijstaan)* unterstützen
ondersteuning 1 *(het ondersteunen)* Stützen o^{39} 2 *(hulp, bijstand)* Unterstützung v^{20}
onderstrepen unterstreichen[286]
onderstromen überschwemmt werden[310]
onderstuk Unterteil o^{29}, m^5
ondertekenaar Unterzeichner m^9
ondertekenen unterzeichnen, unterschreiben[252]
ondertekening 1 *(het ondertekenen)* Unterzeichnung v^{20} 2 *(handtekening)* Unterschrift v^{20}
ondertitel Untertitel m^9
ondertitelen untertiteln
ondertiteling Untertitelung v^{20}
ondertoon Unterton m^6
ondertrouw Aufgebot o^{29}: *in ~ gaan* das Aufgebot bestellen
ondertussen inzwischen, mittlerweile; *(niettemin)* indessen, allerdings
onderuit unten heraus, unten hinaus: *~ gaan (ook fig)* zu Fall kommen[193]; *(sp) een tegenstander ~ halen* einen Gegner umsäbeln; *ergens niet ~ kunnen* nicht umhinkönnen[194]
ondervangen abfangen[155]: *bezwaren ~* Bedenken beseitigen
onderverdelen unterteilen, (unter)gliedern (in[+4])
onderverdeling Unterteilung v^{20}, Untergliederung v^{20}
onderverhuren untervermieten
onderverzekerd unterversichert
onderverzekering Unterversicherung v^{20}
ondervinden 1 *(algem)* erfahren[153] 2 *(beleven)* erleben 3 *(ontmoeten)* begegnen[+3]
ondervinding Erfahrung v^{20}: *bij ~* aus Erfahrung
ondervoed unterernährt
ondervoeding Unterernährung v^{28}
ondervoorzitter Vizepräsident m^{14}
ondervraagde 1 *(iem die om informatie gevraagd wordt)* Befragte(r) m^{40a}, v^{40b} 2 *(iem die verhoord wordt)* Vernommene(r) m^{40a}, v^{40b}
ondervragen *(inlichtingen vragen)* befragen; *(verhoren)* vernehmen[212], verhören
ondervraging *(het vragen om informatie)* Befragung v^{20}; *(verhoor)* Verhör o^{29}, Vernehmung v^{20}
onderwaarderen unterbewerten
onderweg unterwegs
onderwereld Unterwelt v^{28}
onderwerp 1 *(stof, thema)* Gegenstand m^6, Thema o *(2e nvl -s; mv Themen)* 2 *(boven een brief)* Betreff m^5 3 *(taalk)* Subjekt o^{29}
onderwerpen unterwerfen[311]
onderwijl unterdessen
onderwijs 1 *(onderricht)* Unterricht m^5: *bijzonder ~* Privatunterricht; *openbaar ~* öffentlicher Unterricht; *schriftelijk ~* Fernunterricht; *speciaal ~* Sonderunterricht; *(Belg) technisch secundair ~* weiterführender technischer Unterricht; *(Belg) vernieuwd secundair ~* erneuerter weiterführender Unterricht; *voortgezet ~* weiterführender Unterricht; *(Belg) kunstsecundair ~* weiterführender Kunstunterricht; *~ in vreemde talen* Fremdsprachenunterricht; *ministerie van Onderwijs* Kultusministerium o *(2e nvl -s; mv -ministerien)*; *~ geven (aan iem)* (jmdm) Unterricht geben[166] *(of:* erteilen*)* 2 *(instellingen)* Unterrichtswesen o^{39}
onderwijsgevende Lehrkraft v^{25}
onderwijsinrichting, onderwijsinstelling Lehranstalt v^{20}
onderwijsinspecteur Schulrat m^6, Schulinspektor m^{16}
onderwijsinspectie Schulaufsichtsbehörde v^{21}
onderwijskracht Lehrkraft v^{25}
onderwijskunde Schulpädagogik v^{28}
onderwijspolitiek Bildungspolitik v^{28}
onderwijzen unterrichten, lehren: *iem (in het) Frans ~* jmdn in Französisch unterrichten
onderwijzend: *~ personeel* Lehrerschaft v^{20}
onderwijzer Lehrer m^9
onderwijzeres Lehrerin v^{22}
onderworpen 1 unterworfen 2 *(berustend)* ergeben 3 *(blootgesteld aan)* ausgesetzt[+3]
onderzeeboot Unterseeboot o^{29}, U-Boot o^{29}
onderzees unterseeisch, Untersee…
onderzetter Untersetzer m^9
onderzijde Unterseite v^{21}: *aan de ~* unterseits
onderzoek Untersuchung v^{20}; *(diepgaand)* Forschung v^{20}; *(toetsing, ook)* Prüfung v^{20}; *(jur, politie ook)* Ermittlung v^{20}; *(wetenschappelijk)* Forschung v^{20}; *een ~ instellen (naar)* eine Untersuchung anstellen (über[+4])
onderzoeken untersuchen; *(diepgaand)* forschen; *(controleren)* prüfen; *(jur, politie ook)* ermitteln; *(wetenschappelijk)* erforschen
onderzoeker Forscher m^9
onderzoeking Untersuchung v^{20}
onderzoeksrechter Untersuchungsrichter m^9
¹**ondeugd** 1 Untugend v^{20}; *(sterker)* Laster o^{33} 2 *(guitigheid)* Schelmerei v^{20}

²**ondeugd** *(persoon)* Schelm *m*⁵
ondeugdelijk 1 von schlechter Qualität **2** *(ongeschikt)* untauglich, ungeeignet
ondeugend 1 *(stout)* ungezogen **2** *(uitdagend)* pikant **3** *(schalks)* schelmisch, schalkhaft
ondeugendheid Ungezogenheit *v*²⁰, Schalkhaftigkeit *v*²⁰; *zie ook* ondeugend
ondiep 1 *(mbt water)* nicht tief; *(doorwaadbaar)* seicht **2** *(mbt afmeting)* nicht tief
ondiepe Nichtschwimmerbecken *o*³⁵
ondiepte seichte Stelle *v*²¹, Untiefe *v*²¹
ondier Untier *o*²⁹, Ungeheuer *o*³³
onding 1 Unding *o*²⁹ **2** *(prul)* wertloses Zeug *o*³⁹
ondoelmatig unzweckmäßig
ondoeltreffend unwirksam
ondoenlijk unmöglich
ondoordacht unüberlegt, unbesonnen
ondoordringbaar undurchdringlich
ondoorgrondelijk unergründlich
ondoorzichtig *(ook fig)* undurchsichtig
ondraaglijk unerträglich
ondubbelzinnig unzweideutig: *op ~e wijze* auf unmissverständliche Weise
onduidelijk 1 undeutlich **2** *(moeilijk te begrijpen)* unklar; *(sterker)* unverständlich
onduidelijkheid Undeutlichkeit *v*²⁸, Unklarheit *v*²⁰; *zie ook* onduidelijk
onecht 1 *(vals)* unecht, falsch **2** *(onwettig)* unehelich: *~ kind* uneheliches Kind
oneens uneinig: *zij zijn het met elkaar ~* sie sind (sich) uneinig; *zij is het ermee ~* sie ist damit nicht einverstanden
oneerbaar unsittlich, unanständig
oneerbiedig unehrerbietig, respektlos
oneerlijk unehrlich; *(door knoeierij)* unlauter
oneerlijkheid Unehrlichkeit *v*²⁸
oneetbaar ungenießbar, nicht essbar
oneffen uneben; *(hobbelig)* holprig
oneffenheid Unebenheit *v*²⁰, Holprigkeit *v*²⁸
oneigenlijk *(fig)* übertragen: *~ gebruik* Zweckentfremdung *v*²⁸
oneindig unendlich
oneindigheid Unendlichkeit *v*²⁸
oneliner Einzeiler *m*⁹, Oneliner *m*¹³
onenigheid Uneinigkeit *v*²⁰
onervaren unerfahren
onervarenheid Unerfahrenheit *v*²⁸
onesthetisch unästhetisch
oneven ungerade
onevenredig unverhältnismäßig
onevenwichtig unausgeglichen
onfatsoenlijk unanständig
onfeilbaar unfehlbar
onfeilbaarheid Unfehlbarkeit *v*²⁸
onfortuinlijk unglücklich
onfris *(niet fris, niet helder)* unsauber; *(mbt water, lucht, adem)* unrein
ongaarne ungern
ongans: *zich ~ eten* sich überessen¹⁵²

ongeacht *vz* ungeachtet⁺², trotz⁺²
ongebleekt ungebleicht
ongebonden ungebunden
ongebreideld zügellos, ungehemmt
ongebruikelijk ungebräuchlich, unüblich
ongebruikt unbenutzt, ungebraucht
ongecompliceerd unkompliziert
ongedaan: *~ maken* rückgängig machen
ongedeerd unversehrt, unverletzt; *(fig)* heil
ongedekt ungedeckt
ongedierte Ungeziefer *o*³⁹
ongedisciplineerd undiszipliniert
ongeduld Ungeduld *v*²⁸: *vol ~* voller Ungeduld
ongeduldig ungeduldig
ongedurig ruhelos, unruhig
ongedwongen 1 *(niet gedwongen)* freiwillig **2** *(ongekunsteld)* ungezwungen
ongeëvenaard einzigartig, unvergleichlich
ongefundeerd unbegründet
ongegeneerd ungeniert
ongegrond unbegründet
ongehavend unversehrt, heil
ongehinderd ungehindert
ongehoord *(fig)* unerhört
ongehoorzaam ungehorsam
ongehoorzaamheid Ungehorsam *m*¹⁹
ongehuwd unverheiratet, ledig
ongeïnteresseerd uninteressiert
ongekend 1 ungeahnt **2** *(enorm)* unerhört
ongekleed unbekleidet
ongekookt ungekocht, roh
ongekroond ungekrönt
ongekunsteld ungekünstelt
ongeldig ungültig; *(jur)* nichtig: *~ verklaren* für ungültig *(of:* für nichtig) erklären
ongelegen ungelegen: *het kwam mij erg ~* es kam mir sehr ungelegen
ongeletterd ungebildet
¹**ongelijk** *zn* Unrecht *o*³⁹: *zijn ~ bekennen* sein Unrecht eingestehen²⁷⁹; *~ geven* Unrecht geben¹⁶⁶; *~ hebben* Unrecht haben¹⁸²; *~ krijgen* Unrecht bekommen¹⁹³; *iem in het ~ stellen* jmdn ins Unrecht setzen
²**ongelijk** *bn, bw* **1** *(verschillend)* ungleich: *een ~e strijd* ein ungleicher Kampf **2** *(ongelijkmatig)* ungleichmäßig **3** *(oneffen)* uneben, holprig
ongelijkheid Ungleichheit *v*²⁰, Ungleichmäßigkeit *v*²⁰, Unebenheit *v*²⁰, Holprigkeit *v*²⁸; *zie ook* ²ongelijk
ongelijkmatig ungleichmäßig
ongelikt ungeschliffen, ungehobelt
ongelimiteerd unlimitiert, unbegrenzt
ongelofelijk unglaublich
ongelood bleifrei
ongeloof Unglaube *m*¹⁸ *(alleen ev)*
ongeloofwaardig unglaubwürdig, unglaubhaft
ongelovig ungläubig
ongelovige Ungläubige(r) *m*⁴⁰ᵃ, *v*⁴⁰ᵇ
ongelovigheid Ungläubigkeit *v*²⁸

ongeluk 1 *(tegenspoed)* Unglück o^{39}, Missgeschick o^{29}, Unheil o^{39} **2** *(ongeval)* Unfall m^6, Unglück o^{29}: *plaats van het ~* Unfallstelle v^{21}; *oorzaak van het ~* Unfallursache v^{21}; *per ~* aus Versehen; *een ~ zit in een klein hoekje* (das) Unglück kommt über Nacht **3** *(ongunstige toestand)* Unglück o^{39} || *een stuk ~* ein Ekel; *zich een ~ haasten* sich mächtig beeilen; *zich een ~ lachen* sich einen Bruch lachen
ongelukje Betriebsunfall m^6
ongelukkig 1 *(algem)* unglücklich: *~ genoeg was hij ziek* unglücklicherweise war er krank **2** *(invalide)* behindert
ongelukkige Unglückliche(r) m^{40a}, v^{40b}
ongelukkigerwijs unglücklicherweise
ongeluksdag Unglückstag m^5
ongeluksgetal Unglückszahl v^{20}
ongeluksvogel Unglücksvogel m^{10}, Pechvogel m^{10}
ongemak 1 *(ongerief)* Unbequemlichkeit v^{20} **2** *(hinder, last)* Beschwerde v^{21} **3** *(gebrek, kwaal)* Gebrechen o^{35}
ongemakkelijk 1 *(niet gerieflijk)* unbequem **2** *(lastig, moeilijk)* unbequem, lästig **3** *(mbt kind, leerling)* schwierig
ongemanierd unmanierlich, ungesittet
ongemeen ungemein, außerordentlich
ongemerkt *bw* unbemerkt, unbeachtet
ongemoeid unbehelligt, ungestört: *iem ~ laten* jmdn ungestört lassen^{197}
ongemotiveerd unmotiviert, unbegründet
ongenaakbaar *(fig)* unnahbar, unzugänglich
ongenade Ungnade v^{28}
ongenadig 1 *(onbarmhartig)* erbarmungslos, mitleid(s)los **2** *(zeer erg)* tüchtig, gehörig: *~ koud* abscheulich kalt
ongeneeslijk unheilbar
ongenegen abgeneigt^{+3}, abhold^{+3}: *iem niet ~ zijn* jmdm nicht abgeneigt sein
ongenietbaar ungenießbar
ongenoegen 1 *(ontevredenheid)* Missvergnügen o^{39}: *zich iems ~ op de hals halen* jmds Unwillen erregen **2** *(onenigheid)* Streit m^5
ongenood ungebeten
ongenuanceerd undifferenziert
ongeoefend ungeübt
ongeoorloofd unerlaubt, verboten
ongeopend ungeöffnet
ongeorganiseerd *(niet geleid)* ungeordnet; nicht organisiert
ongepast 1 *(misplaatst)* unpassend **2** *(onbetamelijk)* unziemlich, unanständig
ongepermitteerd unerlaubt, unangebracht
ongerechtigheid Ungerechtigkeit v^{20}
ongerechtvaardigd ungerechtfertigt
ongerede: *in het ~ raken: a) (verliezen)* abhanden kommen^{193}; verloren gehen^{168}; *b) (in de war raken)* in Unordnung geraten^{218}
ongeregeld 1 *(onregelmatig)* unregelmäßig **2** *(wanordelijk)* ungeordnet **3** *(zonder regels)* regellos: *~e goederen* Ramschware v^{21}
ongeregeldheid 1 *(wanordelijkheid)* Unordnung v^{28}, Regellosigkeit v^{28} **2** *(relletjes)* Krawalle *mv* m^5, Unruhen *mv* v^{21}
ongeremd ungehemmt
ongerept unberührt
ongerief Unbequemlichkeit v^{20}, Ungelegenheit v^{20}: *iem ~ veroorzaken* jmdm Ungelegenheiten bereiten
ongerieflijk unbequem, unbehaglich
ongerieflijkheid Unbequemlichkeit v^{20}
ongerijmd ungereimt, unsinnig
ongerust besorgt: *~ erover zijn, dat het niet goed zal gaan* um den Erfolg in Sorge sein; *zich ~ maken* sich^3 Sorgen machen (*um*$^{+4}$)
ongerustheid Besorgnis v^{24}
ongeschikt *(mbt personen)* unfähig; *(mbt personen en zaken)* ungeeignet, untauglich; *(mbt tijd)* ungelegen: *hij is niet ~* er ist ganz nett
ongeschonden unverletzt, unversehrt
ongeschoold ungeschult, ungelernt
ongeslagen ungeschlagen, unbesiegt
ongesteld 1 *(licht ziek)* unwohl, unpässlich **2** *(menstruatie hebbend)* menstruierend: *zij is ~* sie hat ihre Periode (*of:* ihre Regel)
ongesteldheid 1 Unwohlsein o^{39} **2** *(menstruatie)* Periode v^{21}, Regel v^{21}
ongestoord ungestört
ongestraft ungestraft
ongetrouwd unverheiratet, ledig
ongetwijfeld ohne Zweifel, zweifellos
ongevaarlijk ungefährlich
ongeval Unfall m^6, Unglück o^{29}: *~ met dodelijke afloop* Unfall mit tödlichem Ausgang
ongevallenverzekering Unfallversicherung v^{20}
ongeveer ungefähr, etwa, zirka
ongeveinsd unverstellt, ungeheuchelt
ongevoelig unempfindlich: *~ voor* unempfindlich gegen^{+4}
ongevraagd unaufgefordert, ungebeten
ongewapend unbewaffnet
ongewassen ungewaschen
ongewenst unerwünscht
ongewijzigd unverändert
ongewild ungewollt
ongewis ungewiss, unsicher
ongewoon 1 *(niet alledaags)* ungewöhnlich **2** *(niet gewend)* ungewohnt **3** *(zeer)* ungewöhnlich: *~ belangrijk* außergewöhnlich wichtig
ongezeglijk ungehorsam, unfolgsam
ongezellig ungemütlich
ongezien 1 *(ongemerkt)* ungesehen **2** *(zonder gezien te hebben)* unbesehen
ongezond ungesund
ongezouten 1 *(lett)* ungesalzen **2** *(fig)* unverblümt, ungeschminkt
ongrijpbaar ungreifbar
ongrondwettig verfassungswidrig

ongunstig ungünstig
onguur 1 *(ruw, gemeen)* schäbig, unlauter **2** *(schrikwekkend)* widerlich, garstig: *een ongure kerel* ein widerlicher Kerl
onhaalbaar *(onuitvoerbaar)* undurchführbar; *(onbereikbaar)* unerreichbar
onhandelbaar 1 *(mbt personen)* widerspenstig **2** *(mbt zaken)* schwer handhabbar
onhandig 1 *(lomp, links)* ungeschickt, linkisch **2** *(moeilijk te hanteren)* unhandlich
onhandigheid 1 Ungeschicktheit v^{28} **2** *(onhandige daad)* Ungeschicklichkeit v^{20}
onhebbelijk unmanierlich, taktlos, grob
onheil Unheil o^{39}, Katastrophe v^{21}
onheilsbode Unheilsbote m^{15}, Unglücksbote m^{15}
onheilspellend Unheil verkündend, unheimlich, ominös: *~e blik* unheimlicher Blick; *een ~ teken* ein Unheil verkündendes Zeichen
onherbergzaam unwirtlich
onherkenbaar nicht wieder zu erkennen
onherroepelijk unwiderruflich
onherstelbaar 1 *(mbt schade, verlies)* unersetzlich **2** *(niet ongedaan te maken)* nicht wieder gutzumachen
onheuglijk undenklich
onheus unhöflich, unfreundlich, grob
onhoorbaar unhörbar
onhoudbaar unhaltbar
onhygiënisch unhygienisch
oninteressant uninteressant
onjuist 1 *(onwaar)* unrichtig, falsch **2** *(niet ter zake dienend)* unzutreffend
onjuistheid Unrichtigkeit v^{20}
onkerkelijk unkirchlich, außerkirchlich
onkies unzart, taktlos
onklaar 1 *(onduidelijk)* unklar **2** *(defect)* defekt
onknap: *niet ~* hübsch
onkosten Unkosten *(mv)*; *(bij het werk)* Spesen *(mv)*: *~ maken* sich^4 in Unkosten stürzen
onkostenrekening Spesenrechnung v^{20}
onkreukbaar *(integer)* unbestechlich
onkruid Unkraut o^{32}
onkruidbestrijding Unkrautbekämpfung v^{28}
onkuis 1 *(onzedig)* unkeusch **2** *(ruw)* anstößig
onkunde Unkenntnis v^{28}, Unwissenheit v^{28}: *uit ~* aus Unkenntnis
onkundig unkundig: *iem ~ van iets laten* jmdn in^{+3} Unkenntnis über^{+4} etwas lassen^{197}
onkwetsbaar unverwundbar, unverletzbar
onlangs neulich, vor kurzem
onleesbaar 1 *(mbt schrift)* unleserlich **2** *(mbt inhoud)* unlesbar
online online
onlinedienst Onlinedienst m^5
onlineshop, onlinewinkel Onlineladen m^{12}, Onlinegeschäft o^{29}, Onlineshop m^{13}
onlineshopping Onlineshopping o^{39}
onlogisch unlogisch

onlosmakelijk unlöslich, unlösbar
onlust 1 *(gevoel van onbehagen)* Unlust v^{28} **2** *(twisten)* onlusten Wirren *mv* v^{21}
onmacht 1 *(machteloosheid)* Ohnmacht v^{20}, Unvermögen o^{39} **2** *(bezwijming)* Ohnmacht v^{20}
onmachtig ohnmächtig; *(niet in staat, ook)* nicht imstande, nicht im Stande
onmatig unmäßig
onmens Unmensch m^{14}
onmenselijk unmenschlich
onmerkbaar unmerkbar
onmetelijk unermesslich
^{1}**onmiddellijk** *bn* **1** *(dadelijk)* sofortig **2** *(rechtstreeks)* unmittelbar, direkt: *~ gevaar* direkte Gefahr; *in de ~e nabijheid* in nächster Nähe
^{2}**onmiddellijk** *bw* sofort, (so)gleich, unverzüglich: *~ om de hoek* gleich um die Ecke
onmin Zwietracht v^{28}, Uneinigkeit v^{20}
onmisbaar unentbehrlich
onmiskenbaar unverkennbar
onmogelijk unmöglich
onmogelijkheid Unmöglichkeit v^{20}
onmondig unmündig
onmuzikaal unmusikalisch
onnadenkend unbedacht, unüberlegt
onnaspeurbaar unerforschlich
onnatuurlijk unnatürlich
onnauwkeurig ungenau
onnauwkeurigheid Ungenauigkeit v^{20}
onnavolgbaar unnachahmlich
onneembaar uneinnehmbar
onnodig unnötig
onnoemelijk unsagbar, unbeschreiblich
onnozel 1 *(onschuldig)* unschuldig, harmlos **2** *(onervaren)* einfältig, grün **3** *(dom)* einfältig, albern **4** *(onbeduidend)* lächerlich
onnozelheid 1 *(onschuld)* Unschuld v^{28}, Harmlosigkeit v^{28} **2** *(domheid)* Einfältigkeit v^{28}
onomkeerbaar nicht umkehrbar
onomkoopbaar unbestechlich
onomstotelijk unumstößlich
onomwonden unumwunden
ononderbroken ununterbrochen
onontbeerlijk unentbehrlich
onontkoombaar unvermeidlich
onontwikkeld 1 *(niet tot ontwikkeling gekomen)* unentwickelt; *(econ)* unterentwickelt **2** *(zonder ontwikkeling)* ungebildet
onooglijk *(lelijk)* hässlich
onoorbaar 1 *(ontoelaatbaar)* unzulässig **2** *(onbetamelijk)* unschicklich
onopgehelderd ungeklärt
onopgemerkt unbemerkt, unbeachtet
onopgevoed unerzogen
onophoudelijk unaufhörlich, unablässig
onoplettend unaufmerksam
onoplosbaar unlösbar
onopvallend unauffällig
onopzettelijk unabsichtlich

onoverkomelijk unüberwindlich
onovertroffen unübertroffen
onoverwinnelijk unbesiegbar
onoverzichtelijk unübersichtlich
onpaar *(Belg)* ungerade
onpartijdig unparteiisch
onpasselijk unpässlich: *ik word ~* mir wird übel
onpeilbaar 1 unermesslich **2** *(ondoorgrondelijk)* unergründlich
onpersoonlijk unpersönlich
onplezierig unangenehm, unerfreulich
onpraktisch unpraktisch
onproductief unproduktiv
onraad Gefahr v^{20}: *~ bespeuren* Unrat wittern
onrecht Unrecht o^{39}: *ten ~e* zu Unrecht
onrechtmatig unrechtmäßig
onrechtmatigheid Unrechtmäßigkeit v^{20}
onrechtvaardig ungerecht
onrechtvaardigheid Ungerechtigkeit v^{20}
onredelijk 1 *(ongegrond)* unbegründet **2** *(onbillijk)* unangemessen
onregelmatig unregelmäßig
onregelmatigheid Unregelmäßigkeit v^{20}
onrein unrein
onrendabel unrentabel
onrijp unreif
onroerend unbeweglich: *~ goed* Immobilien *(mv)*
onrust Unruhe v^{28}
onrustbarend beunruhigend
onrustig unruhig
onruststoker Unruhestifter m^9, Aufwiegler m^9
ons *zn* hundert Gramm o^{29}: *een ~ kaas* hundert Gramm Käse
ons *pers vnw*[82] uns
ons *bez vnw*[80] unser(e): *we zijn met ~ achten* wir sind zu acht(en); *de, het onze* der, die, das unsrige (*of:* unsere); *de onzen* die Unseren, die unseren, die Unsrigen, die unsrigen
onsamenhangend unzusammenhängend
onschadelijk unschädlich, harmlos
onschatbaar unschätzbar
onschendbaar unverletzlich
onscherp unscharf
onschuld Unschuld v^{28}
onschuldig unschuldig: *iem ~ verklaren* jmdn für unschuldig erklären
onsmakelijk unappetitlich
onsportief unsportlich, unfair
onstandvastig unbeständig
onsterfelijk unsterblich
onsterfelijkheid Unsterblichkeit v^{28}
onstuimig stürmisch, ungestüm
onstuimigheid Ungestüm o^{39}
onstuitbaar unaufhaltsam
onsympathiek unsympathisch
ontaard 1 entartet **2** *(zeer)* fürchterlich
ontaarden entarten: *~ in* entarten zu[+3]
ontactisch taktlos

ontberen entbehren
ontbering Entbehrung v^{20}
ontbieden kommen lassen[197]
ontbijt Frühstück o^{29}
ontbijten frühstücken
ontbijtkoek Honigkuchen m^{11}
ontbinden 1 *(wisk)* zerlegen **2** *(van contract)* (auf)lösen **3** *(een huwelijk, de Kamer, een vennootschap)* auflösen **4** *(chem)* zersetzen
ontbinding 1 *(wisk)* Zerlegung v^{20} **2** *(van contract)* Lösung v^{20} **3** *(van huwelijk, Kamer)* Auflösung v^{20} **4** *(chem)* Zersetzung v^{28} **5** *(rotting)* Fäulnis v^{28}, Verwesung v^{28}
ontbladeren entblättern, entlauben
ontbloot entblößt: *niet van aanleg ~* nicht ohne Begabung
ontbloten entblößen
ontboezeming Herzenserguss m^6
ontbossen entwalden
ontbrandbaar entzündbar, entzündlich
ontbranden 1 *(lett)* sich entzünden **2** *(fig)* entbrennen[138]
ontbreken *(niet voorhanden zijn)* fehlen, mangeln: *~d bedrag* Fehlbetrag m^6; *er ~ nog 10 euro* es fehlen noch zehn Euro; *dat ontbreekt er nog maar aan!* das fehlt gerade noch!
ontcijferen entziffern
ontdaan bestürzt, entsetzt
ontdekken entdecken
ontdekker Entdecker m^9
ontdekking Entdeckung v^{20}
¹**ontdoen** *tr* entledigen[+2], befreien (von[+3]): *van vuil ~* von Schmutz befreien
²**ontdoen, zich**: *zich ~ van* sich entledigen[+2]; *zich van iem, van iets (lastigs) ~* sich³ jmdn, etwas vom Hals(e) schaffen
ontdooien abtauen, auftauen; *(fig)* auftauen
ontduiken *(van wet e.d.)* umgehen[168]: *de belasting ~* die Steuern hinterziehen[318]
ontegenzeglijk unbestreitbar, unstreitig
onteigenen enteignen
onteigening Enteignung v^{20}
ontelbaar 1 unzählbar **2** *(zeer veel)* unzählig
ontembaar *(ook fig)* unzähmbar
onterecht unberechtigt
onteren 1 entehren **2** *(schenden)* schänden
onterven enterben
ontevreden unzufrieden: *~ over* unzufrieden mit[+3]
ontevredenheid Unzufriedenheit v^{28}
ontfermen, zich sich erbarmen[+2]
ontfutselen ablisten: *iem zijn geld ~* jmdm sein Geld ablisten
ontgaan entgehen[168]: *dat ontgaat mij* das entgeht mir
ontgelden entgelten[170]: *hij moest het ~* er musste es entgelten
ontginnen 1 *(van grond)* urbar machen **2** *(mijnb)* abbauen, ausbeuten

ontginning 1 *(van grond)* Urbarmachung v^{20} **2** *(mijnb)* Abbau m^{19}
ontglippen 1 *(ontsnappen)* entschlüpfen, entwischen **2** *(mbt woord)* entfahren^{153}
ontgoochelen enttäuschen
ontgoocheling Enttäuschung v^{20}
ontgroeien entwachsen^{302}: *aan de kinderschoenen ~* den Kinderschuhen entwachsen
onthaal 1 *(ontvangst)* Aufnahme v^{21}; *(met voedsel en drank)* Bewirtung v^{20}: *een goed ~ vinden* eine gute Aufnahme finden^{157} **2** *(Belg) (receptie, ontvangstbalie)* Empfang m^6, Rezeption v^{20}
onthaalouders *(Belg) (ongev)* Gastfamilie v^{21}
onthaasten entschleunigen, einen Gang zurückschalten
onthaasting Entschleunigung v^{28}
onthalen aufnehmen^{212}; *(trakteren)* bewirten: *op iets ~* mit^{+3} etwas bewirten
onthand: *ik ben er erg door ~!* ich vermisse es sehr!
ontharen enthaaren
ontheemde Heimatlose(r) m^{40a}, v^{40b}
ontheffen entheben^{186+2}, entbinden^{131+2}
ontheffing Enthebung v^{20}, Befreiung v^{20}: *~ van belastingplicht* Steuerbefreiung
onthoofden enthaupten, köpfen
¹onthouden tr **1** *(niet geven)* vorenthalten^{183}: *iem zijn loon ~* jmdm den Lohn vorenthalten **2** *(in het geheugen houden)* behalten^{183}, sich^3 merken: *onthoud dat* merke dir das!; *iem iets helpen ~* jmdn an^{+4} etwas erinnern
²onthouden, zich: *zich ~ van* sich enthalten^{183+2}
onthouding 1 *(het niet meedoen)* Enthaltung v^{20} **2** *(het zich ontzeggen)* Enthaltung v^{28}
onthullen *(ook fig)* enthüllen
onthulling Enthüllung v^{20}
onthullingsjournalist Enthüllungsjournalist m^{14}
onthutst bestürzt, betroffen
ontijdig ungelegen; *(te vroeg)* vorzeitig
¹ontkennen intr *(niet bekennen)* leugnen
²ontkennen tr **1** *(niet erkennen)* leugnen, bestreiten^{287}, abstreiten^{287}: *een daad ~* eine Tat leugnen **2** *(niet bevestigen)* verneinen
ontkenning Verneinung v^{20}, Leugnung v^{20}; *zie ook* ontkennen
ontketenen *(fig)* entfesseln
ontkiemen *(ook fig)* (auf)keimen
ontkleden entkleiden, auskleiden
ontknoping Auflösung v^{20}, Lösung v^{20}
ontkomen entkommen^{193+3}, entrinnen^{225+3}: *aan een gevaar ~* einer Gefahr entrinnen
ontkoppelen 1 *(techn)* abkoppeln, entkoppeln, loskoppeln **2** *(automotor)* auskuppeln
ontkrachten entkräften
ontkurken entkorken
ontladen entladen^{196}
¹ontlasten tr entlasten
²ontlasten, zich *(ontlasting hebben)* sich entleeren

ontlasting 1 *(verlichting)* Entlastung v^{20} **2** *(stoelgang)* Stuhl(gang) m^{19} **3** *(uitwerpselen)* Stuhl m^6, Fäzes *(mv)*, Kot m^{19}
ontleden 1 zergliedern, zerlegen: *een lijk ~* eine Leiche sezieren^{320} **2** *(nauwkeurig onderzoeken)* analysieren^{320}
ontlenen 1 *(overnemen)* entlehnen **2** *(ontnemen)* entnehmen^{212}: *aan het rapport ~ wij* (aus) dem Bericht entnehmen wir **3** *(te danken hebben)* herleiten: *zijn naam aan iets ~* seinen Namen von etwas herleiten **4** *(ontvangen)* bekommen^{193}
ontlokken entlocken: *iem een bekentenis ~* jmdm ein Geständnis entlocken
ontlopen 1 *(ontsnappen)* entkommen^{193}, entgehen^{168} **2** *(mijden)* ausweichen^{306}: *iem ~* jmdm ausweichen **3** *(verschillen)* sich unterscheiden^{232}: *ze ~ elkaar niet veel* der Unterschied ist nicht groß
ontluiken sich entfalten
ontluisteren des Glanzes berauben
ontmaagden entjungfern
ontmantelen 1 *(van industrie)* demontieren^{320} **2** *(van organisatie)* auflösen
ontmanteling 1 Demontage v^{21} **2** Auflösung v^{20}; *zie ook* ontmantelen
ontmaskeren entlarven
ontmoedigen entmutigen
ontmoediging Entmutigung v^{20}
ontmoeten 1 *(toevallig)* begegnen^{+3} (+ sein), treffen^{289+4}: *een vriend ~* einem Freund begegnen **2** *(opzettelijk)* sich treffen^{289} **3** *(ondervinden)* stoßen^{285} auf^{+4}
ontmoeting *(ook sp)* Begegnung v^{20}, Treffen o^{35}: *vriendschappelijke ~* Freundschaftsspiel o^{29}
ontmoetingsplaats Begegnungsstätte v^{21}
ontnemen 1 *(afnemen)* abnehmen^{212}, fortnehmen^{212}: *een kind een mes ~* einem Kind ein Messer abnehmen **2** *(fig)* nehmen^{212}: *iem het leven ~* jmdm das Leben nehmen; *iem het woord ~* jmdm das Wort entziehen^{318}
ontnieter Enthefter m^9
ontnuchteren *(ook fig)* ernüchtern
ontnuchtering Ernüchterung v^{20}
ontoegankelijk *(ook fig)* unzugänglich
ontoelaatbaar unzulässig
ontoereikend ungenügend, unzureichend
ontoerekeningsvatbaar unzurechnungsfähig, schuldunfähig
ontoerekeningsvatbaarheid Unzurechnungsfähigkeit v^{28}, Schuldunfähigkeit v^{28}
ontoonbaar schmutzig, schäbig
ontplofbaar explosiv
ontploffen explodieren^{320}
ontploffing Explosion v^{20}
ontplooien entfalten
ontpoppen, zich sich entpuppen
ontraadselen enträtseln, entschlüsseln
ontraden abraten^{218}: *iem iets ~* jmdm von^{+3} etwas abraten

ontredderd 1 *(mbt personen)* erschüttert **2** *(mbt zaken)* zerrüttet
ontregelen durcheinander bringen¹³⁹
ontroerd gerührt, ergriffen, bewegt
ontroeren rühren, ergreifen¹⁸¹, bewegen
ontroering Rührung v^{28}
ontroostbaar untröstlich
ontrouw *zn* Untreue v^{28}
ontrouw *bn* untreu, treulos
ontroven rauben
ontruimen räumen
ontruiming Räumung v^{20}
ontschepen ausschiffen, landen
ontscheping Ausschiffung v^{20}
ontschieten *(vergeten)* entfallen¹⁵⁴
ontsieren verunzieren³²⁰; *(sterker)* verunstalten
ontslaan entlassen¹⁹⁷, kündigen⁺³: *iem op staande voet* ~ jmdn fristlos entlassen; *iem uit de gevangenis* ~ jmdn aus dem Gefängnis entlassen; *iem van zijn eed* ~ jmdn von seinem Eid (*of:* seines Eides) entbinden¹³¹
ontslag Entlassung v^{20}, Kündigung v^{20}: ~ *aanvragen* um seine Entlassung bitten¹³²; *iem zijn ~ geven* jmdn entlassen, jmdm kündigen; *zijn ~ indienen* seine Entlassung einreichen; *zijn ~ nemen* kündigen; ~ *op staande voet* Rausschmiss m^5; Rauswurf m^6
ontslagbescherming Kündigungsschutz m^{19}
ontslagvergoeding Kündigungsvergütung v^{20}, Abfindung v^{20}
ontslapen entschlafen²⁴⁰
ontsluieren *(ook fig)* entschleiern
ontsluiten 1 *(openen)* aufschließen²⁴⁵ **2** *(toegankelijk maken)* erschließen²⁴⁵
ontsluiting Aufschließung v^{28}, Erschließung v^{28}
ontsmetten desinfizieren³²⁰
ontsmetting Desinfektion v^{20}
ontsnappen 1 *(ontkomen)* entgehen¹⁶⁸, entrinnen²²⁵ **2** *(mbt gas, lucht)* entweichen³⁰⁶, ausströmen **3** *(uit gevangenschap)* entkommen¹⁹³, entwischen **4** *(sp)* sich loslösen: *uit het peloton* ~ sich aus dem Peloton lösen
ontsnapping 1 Entrinnen o^{39} **2** Entweichen o^{39}, Ausströmung v^{20} **3** Flucht v^{20}; *zie ook* ontsnappen
ontspannen *bn* entspannt, gelockert
ontspannen *tr (slapper maken)* entspannen, lockern
ontspannen, zich sich entspannen, sich erholen
ontspanner Auslöser m^9
ontspanning 1 *(foto)* Entspannung v^{20} **2** *(verpozing)* Entspannung v^{20}, Erholung v^{28}
ontsporen *(ook fig)* entgleisen
ontsporing Entgleisung v^{20}
ontspringen entspringen²⁷⁶
ontspruiten *(ook fig)* entsprießen²⁷⁵
ontstaan *zn* Entstehung v^{20}, Entstehen o^{39}
ontstaan *ww* entstehen²⁷⁹
ontsteken *intr (med)* sich entzünden
ontsteken *tr (doen ontbranden)* anzünden; *(techn)* zünden
ontsteker Zünder m^9
ontsteking 1 Anzünden o^{39} **2** *(med)* Entzündung v^{20} **3** *(techn)* Zündung v^{20}
ontsteld bestürzt, entsetzt
¹**ontstellen** *intr* erschrecken¹⁵¹, sich entsetzen
²**ontstellen** *tr* entsetzen, erschrecken
ontstellend entsetzlich: ~ *duur* schrecklich teuer; ~ *koud* entsetzlich kalt
ontsteltenis Schrecken m^{11}, Entsetzen o^{39}
ontstemd *(ook fig)* verstimmt
ontstemmen *(ook fig)* verstimmen
ontstemming Verstimmung v^{20}
ontstentenis 1 *(gebrek)* Ermangelung v^{28} **2** *(afwezigheid)* Abwesenheit v^{28}: *bij* ~ in⁺³ Ermangelung⁺², in⁺³ Abwesenheit⁺²
ontstoken entzündet
onttrekken entziehen³¹⁸: *zich aan zijn verplichtingen* ~ sich seinen Verpflichtungen entziehen; *aan de eigenlijke bestemming* ~ zweckentfremden; *het aan de eigenlijke bestemming* ~ die Zweckentfremdung
onttronen *(ook fig)* entthronen
ontucht Unzucht v^{28}: ~ *plegen* Unzucht treiben²⁹⁰
ontvallen 1 *(sterven)* entrissen werden³¹⁰: *aan zijn gezin* ~ seiner Familie entrissen werden **2** *(ontglippen)* entschlüpfen; *(mbt woord, ook)* entfahren¹⁵³
ontvangen 1 *(krijgen)* empfangen¹⁴⁶, erhalten¹⁸³, bekommen¹⁹³: *onderwijs* ~ Unterricht bekommen **2** *(begroeten)* empfangen¹⁴⁶: *(sp) de ~de ploeg* der Gastgeber **3** *(wie om een onderhoud verzoekt)* empfangen¹⁴⁶ **4** *(onthalen)* aufnehmen²¹²
ontvanger 1 *(persoon, toestel)* Empfänger m^9 **2** *(ambtenaar)* Einnehmer m^9: ~ *van de belastingen* Steuereinnehmer
ontvangst 1 *(onthaal)* Aufnahme v^{21} **2** *(het ontvangen)* Empfang m^{19}: *datum van* ~ Eingangsdatum o (2e nvl -s; mv -daten); *na* ~ *van* nach Empfang⁺²; *in* ~ *nemen* in Empfang nehmen²¹² **3** *(inkomsten)* Einnahmen *mv* v^{21} **4** *(telecom)* Empfang m^{19}
ontvankelijk 1 *(voor indrukken e.d.)* empfänglich (für⁺⁴) **2** *(jur)* zulässig: *niet* ~ *verklaren* als unzulässig abweisen³⁰⁷
ontvellen (ab)schürfen, aufschürfen
ontvelling Schürfung v^{20}, Abschürfung v^{20}
ontvetten entfetten
ontvlambaar *(ook fig)* entflammbar
ontvlammen 1 *(vlam vatten)* entflammen, sich entzünden **2** *(fig)* entflammen
ontvluchten entfliehen¹⁶⁰⁺³: *de stad* ~ der Stadt entfliehen
ontvluchting Flucht v^{20}
ontvoerder Entführer m^9
ontvoeren entführen
ontvoering Entführung v^{20}
ontvouwen entfalten
ontvreemden entwenden

ontwaken 1 erwachen, aufwachen **2** *(fig)* erwachen, sich regen

¹ontwapenen *intr (wapens afschaffen)* abrüsten

²ontwapenen *tr* entwaffnen

ontwapening 1 Entwaffnung *v²⁰* **2** *(afschaffen van wapens)* Abrüstung *v²⁸*

ontwapeningsconferentie Abrüstungskonferenz *v²⁰*

ontwaren gewahren, gewahr werden³¹⁰

ontwarren entwirren

ontwennen abgewöhnen: *iem iets ~* jmdm etwas abgewöhnen

ontwenning Abgewöhnung *v²⁸*; *(van alcohol, drugs)* Entziehung *v²⁰*

ontwenningskuur Entziehungskur *v²⁰*

ontwerp Entwurf *m⁶*; *(techn, ook)* Plan *m⁶*; *(concept)* Konzept *o²⁹*

ontwerpen entwerfen³¹¹; *(techn)* planen

ontwerper Entwerfer *m⁹*, Designer *m⁹*

ontwijken ausweichen³⁰⁶⁺³

ontwijkend ausweichend

ontwikkelaar *(foto)* Entwickler *m⁹*

ontwikkeld 1 entwickelt **2** *(beschaafd, kundig)* gebildet: *minder ~* zurückgeblieben

¹ontwikkelen *tr* **1** entwickeln **2** *(vormen)* bilden **3** *(ontplooien)* entfalten

²ontwikkelen, zich sich entwickeln

ontwikkeling 1 Entwicklung *v²⁰* **2** *(vorming)* Bildung *v²⁰*: *algemene ~* Allgemeinbildung *v²⁸* **3** *(beschaving)* Bildung *v²⁰* **4** *(ontplooiing)* Entfaltung *v²⁰*: *tot ~ komen* sich entwickeln

ontwikkelingshulp Entwicklungshilfe *v²⁸*

ontwikkelingsproject Entwicklungsprojekt *o²⁹*

ontworstelen entringen²²⁴⁺³

ontwortelen *(ook fig)* entwurzeln

ontwrichten 1 *(lett)* verrenken **2** *(fig)* zerrütten

ontwrichting 1 *(med)* Verrenkung *v²⁰* **2** *(fig)* Zerrüttung *v²⁰*

ontzag Respekt *m¹⁹*, Ehrfurcht *v²⁸*

ontzaglijk ungeheuer, riesig

¹ontzeggen *tr* **1** *(betwisten)* absprechen²⁷⁴: *iem het recht ~* jmdm das Recht absprechen **2** *(weigeren)* verweigern: *iem de toegang ~* jmdm den Zutritt verweigern

²ontzeggen, zich verzichten auf⁺⁴

ontzegging Verweigerung *v²⁰*: *~ van het rijbewijs* Führerscheinentzug *m¹⁹*

ontzenuwen entkräften, widerlegen

ontzet 1 *(ontsteld)* entsetzt **2** *(uit het verband gerukt)* aus dem Lot

ontzetten 1 *(uit een ambt zetten)* entheben¹⁸⁶: *iem uit zijn ambt ~* jmdn seines Amtes entheben; *(jur)* entziehen³¹⁸: *iem uit de ouderlijke macht ~* jmdm die elterliche Gewalt entziehen **2** *(bevrijden)* entsetzen, befreien

ontzettend entsetzlich: *~ rijk* furchtbar reich

ontzetting Entsetzen *o³⁹*

¹ontzien *tr* (ver)schonen

²ontzien, zich sich schonen

onuitgesproken unausgesprochen

onuitputtelijk unerschöpflich

onuitroeibaar unausrottbar

onuitspreekbaar unaussprechbar

onuitsprekelijk unaussprechlich

onuitstaanbaar unausstehlich

onuitvoerbaar unausführbar, undurchführbar

onvast 1 *(mbt grond)* weich **2** *(mbt slaap)* unruhig, leicht **3** *(op de benen)* unsicher **4** *(mbt karakter, weer)* unbeständig **5** *(mbt markt, prijzen)* schwankend

onvatbaar immun (gegen⁺⁴)

onveilig unsicher

onveiligheid Unsicherheit *v²⁰*

onveranderbaar unabänderlich

onveranderd unverändert

onveranderlijk unveränderlich

onverantwoord verantwortungslos

onverantwoordelijk unverantwortlich

onverbeterlijk unverbesserlich

onverbiddelijk unerbittlich, unnachsichtig

onverbloemd unumwunden

onverbrekelijk un(auf)löslich

onverdedigbaar unhaltbar

onverdeeld ungeteilt

onverdiend 1 unverdient **2** *(buiten zijn schuld)* unverschuldet

onverdienstelijk: *niet ~* (gar) nicht schlecht

onverdraagzaam unverträglich, intolerant

onverdroten unverdrossen, unentwegt

onverenigbaar unvereinbar

onverflauwd unvermindert

onvergankelijk unvergänglich, unsterblich

onvergeeflijk unverzeihlich

onvergelijkbaar unvergleichbar

onvergetelijk unvergesslich

onverhard nicht befestigt, unbefestigt

¹onverhoeds *bn* unerwartet

²onverhoeds *bw* unversehens

onverholen unverhohlen, unverhüllt

onverhoopt unverhofft

onverklaarbaar unerklärlich, unerklärbar

onverkoopbaar unverkäuflich

onverkort 1 *(mbt film, toneelstuk e.d.)* ungekürzt **2** *(mbt rechten)* uneingeschränkt

onverkwikkelijk unerfreulich

onverlaat Bösewicht *m⁵*, *m⁷*

onverlet 1 *(onbelemmerd)* ungestört, unbehindert **2** *(ongedeerd)* unverletzt

onvermijdelijk unvermeidlich

¹onverminderd *bn, bw* unvermindert

²onverminderd *vz* unbeschadet⁺²

onvermoed unvermutet

onvermoeibaar, onvermoeid unermüdlich

onvermogen Unvermögen *o³⁹*

onvermogend unvermögend

onvermurwbaar unerbittlich

onverpakt unverpackt

onverricht: *~er zake* unverrichteter Dinge

onversaagd unverzagt, unerschrocken
onverschillig 1 gleichgültig: *hij is mij* ~ er ist mir gleichgültig; ~ *voor lof of blaam* gleichgültig gegen Lob oder Tadel **2** *(om het even)* gleich, egal: *het is me totaal* ~ es ist mir ganz gleich *(of:* egal)
onverschilligheid Gleichgültigkeit v^{28}
onverschrokken unerschrocken, unverzagt
onverslijtbaar unverwüstlich
onverstaanbaar unverständlich
onverstandig unvernünftig
onverstoorbaar unerschütterlich
onvertaalbaar unübersetzbar
onverteerbaar *(ook fig)* unverdaulich
onvertogen unanständig
onvervaard unverzagt, unerschrocken
onvervalst unverfälscht; *(fig)* waschecht
onvervangbaar unersetzlich, unersetzbar
onvervreemdbaar unveräußerlich
onvervuld unerfüllt
onverwacht(s) unerwartet
onverwarmd ungeheizt
onverwijld unverzüglich
onverwoestbaar unverwüstlich
onverzadigbaar unersättlich, unstillbar
onverzadigd ungesättigt
onverzekerd nicht versichert
onverzettelijk unerschütterlich, unbeugsam
onverzorgd 1 *(slordig)* ungepflegt **2** *(zonder verzorging)* unversorgt
onvindbaar unauffindbar
onvoldaan 1 *(onbevredigd)* unbefriedigt, enttäuscht **2** *(niet betaald)* unbezahlt
onvoldoend ungenügend, unzureichend
onvoldoende Note v^{21} 'ungenügend': *een* ~ *krijgen* die Note 'ungenügend' bekommen[193]
onvolkomen unvollkommen; *(niet volledig, ook)* unvollständig
onvolledig unvollständig
onvolmaakt unvollkommen
onvolprezen sehr lobenswert
onvoltallig unvollzählig, nicht vollzählig
onvoltooid unvollendet
onvolwaardig *(met gebrek)* behindert
onvolwassen 1 *(niet volgroeid)* nicht ausgewachsen **2** *(geestelijk onrijp)* unreif
onvoorbereid unvorbereitet
onvoordelig unvorteilhaft
onvoorstelbaar unvorstellbar
onvoorwaardelijk unbedingt, bedingungslos: ~*e gevangenisstraf* Gefängnisstrafe ohne Bewährung
onvoorzichtig unvorsichtig
onvoorzichtigheid Unvorsichtigkeit v^{20}
onvoorzien unvorhergesehen
onvrede Unfriede m^{18} *(geen mv)*, Unfrieden m^{19}
onvriendelijk unfreundlich
onvrij unfrei
onvrijwillig unfreiwillig
onvrouwelijk unweiblich

onvruchtbaar *(ook fig)* unfruchtbar
onwaar unwahr: ~ *bericht* Falschmeldung v^{20}
onwaarachtig 1 unwahrhaftig **2** *(onoprecht)* unaufrichtig
onwaardig unwürdig, unwert: *hij is deze gunst* ~ er ist dieser Gunst^2 unwürdig *(of:* unwert)
onwaarheid Unwahrheit v^{20}
onwaarschijnlijk unwahrscheinlich
onwaarschijnlijkheid Unwahrscheinlichkeit v^{20}
onwankelbaar unerschütterlich
onweer Gewitter o^{33}; *(zwaar)* Unwetter o^{33}
onweerlegbaar unwiderlegbar
onweersbui Gewitterschauer m^9
onweerslucht 1 *(atmosfeer)* Gewitterluft v^{28} **2** *(bewolking)* Gewitterhimmel m^9
onweerstaanbaar unwiderstehlich; *(niet tegen te houden)* unaufhaltsam
onwel unwohl, unpässlich
onwelkom unwillkommen
onwellevend unhöflich
onwennig nicht heimisch
onweren gewittern: *het onweert* es gewittert; *ik hoor het* ~ ich höre das Gewitter
onwerkbaar: *een onwerkbare situatie* eine unmögliche Situation
onwerkelijk unwirklich
onwetend unwissend
onwetendheid Unwissenheit v^{28}
onwettig 1 *(strijdig met de wet)* ungesetzlich, gesetzwidrig **2** *(mbt kinderen)* unehelich
onwezenlijk unwirklich
onwijs 1 *(dwaas)* töricht **2** *(heel erg)* wahnsinnig: ~ *gaaf!* Spitze!
onwil Nichtwollen o^{39}; *(weerspannigheid)* Widerspenstigkeit v^{28}
onwillekeurig unwillkürlich
onwillig widerwillig
onwrikbaar 1 *(onomstotelijk)* unumstößlich **2** *(fig)* unerschütterlich
onzacht unsanft
onzalig unselig
onzedelijk unsittlich
onzeker 1 *(in twijfel)* unsicher **2** *(besluiteloos)* unentschlossen **3** *(onvast)* unsicher, schwankend **4** *(niet vaststaand)* unsicher, ungewiss
onzekerheid Ungewissheit v^{20}, Unsicherheit v^{20}
onzelfstandig unselbstständig, unselbständig
Onze-Lieve-Heer der liebe Gott
onzelieveheersbeestje Marienkäfer m^9
Onze-Lieve-Vrouw Unsere Liebe Frau v^{28}
onzerzijds unser(er)seits
onzevader Vaterunser o^{33}
onzichtbaar unsichtbar
onzijdig 1 *(neutraal)* neutral: *zich* ~ *houden* neutral bleiben[134] **2** *(onpartijdig)* unparteiisch **3** *(taalk)* sächlich
onzin Unsinn m^{19}: ~! Unsinn!, Quatsch!; ~ *verkopen* Unsinn reden
onzindelijk 1 *(vuil)* unsauber **2** *(mbt kind)* nicht

sauber; *(mbt huisdier)* nicht stubenrein
onzinnig unsinnig: ~ *duur* unsinnig teuer
onzuiver 1 unrein **2** *(bruto)* brutto **3** *(afdruk)* undeutlich **4** *(bedoelingen)* unlauter **5** *(redenering)* falsch, irrig **6** *(weegschaal)* ungenau
oog 1 *(algem) (gezichtsorgaan)* Auge o^{38}: *zijn ogen niet (kunnen) geloven* seinen Augen nicht trauen; *zijn ogen de kost geven* die Augen offen haben[182]; *een open ~ voor iets hebben* für[+4] etwas aufgeschlossen sein[262]; *hij heeft er ~ voor* er hat ein Auge dafür; *zijn ogen in zijn zak hebben* Tomaten auf den Augen haben[182]; *het ~ houden op iem, iets* jmdn, etwas im Auge behalten[183]; *grote ogen opzetten* (große) Augen machen; *de ogen voor iets sluiten* die Augen vor[+3] etwas verschließen[245]; *zijn ogen uitkijken* sich nicht satt sehen können[194] (an[+3]); *mijn ~ viel erop* mein Blick fiel darauf; *zover het ~ reikt* so weit das Auge reicht; *aan één ~ blind zijn* auf einem Auge blind sein[262]; *door het ~ van de naald kruipen* mit knapper Not entkommen[193]; *iem, iets in het ~ krijgen* jmdn, etwas erblicken; *in het ~ lopen* ins Auge fallen[154]; *in het ~ lopend* augenfällig; *in mijn ogen ...* meiner Ansicht nach ...; *met het ~ op* im Hinblick auf[+4]; *met het blote ~* mit bloßem Auge; *met een half ~ kijken naar* einen flüchtigen Blick werfen[311] auf[+4]; *iem naar de ogen zien* jmdm kriechen[195]; *iem iets onder het ~ brengen* jmdn auf[+4] etwas aufmerksam machen; *iets onder ogen krijgen* etwas sehen[261]; *een gevaar onder ogen zien* einer Gefahr[3] ins Auge sehen; *op het ~* dem Anschein nach; *iets op het ~ hebben* etwas im Auge haben[182]; *iem uit het ~ verliezen* jmdn aus dem Auge verlieren[300]; *iets voor ogen houden* etwas im Auge haben[182]; *het staat me nicht vor Augen* es schwebt mir nicht vor Augen **2** *(ronde opening)* Öhr o^{29}: *het ~ van een naald* das Nadelöhr **3** *(van haak, knoop, schakel)* Öse v^{21}
oogaandoening Augenleiden o^{35}
oogappel 1 *(pupil)* Pupille v^{21} **2** *(oogbol)* Augapfel m^{10} **3** *(dierbaar bezit)* Augenstern m^5
oogarts Augenarzt m^6, Augenärztin v^{22}
ooggetuige Augenzeuge m^{15}
ooggetuigenverslag Augenzeugenbericht m^5
ooghaar Augenwimper v^{21}
oogheelkundige Augenarzt m^6
ooghoek Augenwinkel m^9
ooghoogte: *op* ~ in Augenhöhe
oogje 1 *(klein oog)* Äuglein o^{35}: *een ~ op iem hebben* jmdn gern haben[182]; *een ~ dichtdoen* ein Auge zudrücken; *een ~ in het zeil houden* nach dem Rechten sehen[261] **2** *(ringetje)* Öse v^{21}
oogklep Augenklappe v^{21}: *~pen voor hebben* Scheuklappen tragen[288]
ooglid Augenlid o^{31}, Lid o^{31}
oogluikend: *iets ~ toelaten* etwas geflissentlich übersehen[261]
oogmerk 1 *(bedoeling)* Absicht v^{20}: *met het ~ in der Absicht* **2** *(doel)* Zweck m^5

oogontsteking Augenentzündung v^{20}
oogopslag Blick m^5: *in een ~* mit einem Blick
oogpunt *(ook fig)* Blickpunkt m^5
oogschaduw Lidschatten m^{11}
oogst Ernte v^{21}; *(van wijn)* Lese v^{21}
oogsten *(ook fig)* ernten
oogstopbrengst Ernteertrag m^6
oogsttijd Erntezeit v^{20}
oogverblindend *(ook fig)* blendend; *(fig ook)* glänzend
oogvlies Augenhaut v^{25}
oogwenk *(zeer korte tijd)* Augenblick m^5: *in een ~* im Nu
oogwimper Augenwimper v^{21}
ooievaar Storch m^6
ooit *je(mals)*: *als ik je ~ kan helpen* wenn ich dir irgendeinmal helfen kann; *wel heb je ~!* na, so was!
ook *(algem)* auch; *(bijgeval)* vielleicht, etwa: *niet alleen ... maar ~* nicht nur ... sondern auch; *hoe heet hij ~ weer?* wie heißt er doch gleich?; *hoe was dat ~ weer?* wie war das nur?; *hoe het ~ zij* wie dem auch sei; *waar dan ~* wo auch immer; *wie dan ~* wer auch immer
oom Onkel m^9
oor 1 *(gehoororgaan)* Ohr o^{37}: *iem een ~ aannaaien* jmdn übers Ohr hauen[185]; *iem de oren van het hoofd eten* jmdm die Haare vom Kopf fressen[162]; *dat gaat het ene ~ in, het andere uit* das geht zum einen Ohr herein, zum anderen wieder hinaus; *zijn oren niet geloven* seinen Ohren nicht trauen; *een open ~ voor iem, iets hebben* ein offenes Ohr für[+4] jmdn, etwas haben[182]; *ik heb er wel oren naar* das sagt mir wohl zu; *zijn ~ te luisteren leggen* sich umhören; *de oren spitsen* aufhorchen; *een open ~ vinden* ein geneigtes Ohr finden[157]; *geheel ~ zijn* ganz Ohr sein[262]; *aan één ~ doof zijn* auf einem Ohr taub sein[262]; *dat zal ik in mijn ~ knopen* das will ich mir hinter die Ohren schreiben; *met zijn oren staan te klapperen* mit den Ohren schlackern; *met een half ~ luisteren* mit halbem Ohr zuhören; *het is op een ~ na gevild* es ist fast fertig; *iets komt iem ter ore* etwas kommt jmdm zu Ohren; *tot over de oren in de schulden steken* bis über die Ohren in[+3] Schulden stecken; *tot over de oren verliefd zijn* bis über die Ohren verliebt sein[262]; *(Belg) op zijn beide (twee) oren slapen* sich[3] keine Sorgen machen **2** *(van kopje, kruik)* Henkel m^9
oorarts Ohrenarzt m^6
oorbaar schicklich, passend
oorbel Ohrring m^5
oorclip Ohr(en)klipp m^{13}
oord *(plaats)* Ort m^5; *(streek)* Gegend v^{20}
oordeel 1 *(mening)* Ansicht v^{20}, Meinung v^{20} **2** *(uitspraak, rechtspraak)* Urteil o^{29}: *dat laat ik aan uw ~ over* das überlasse ich Ihrem Urteil; *ik ben van ~* ich bin der Ansicht (*of:* der Meinung) **3** *(verstand)* Verstand m^{19}

oordeelkundig vernünftig
oordelen 1 *(rechtspreken)* ein Urteil sprechen[274] **2** *(tot een gevolgtrekking komen)* urteilen: *over iem, iets* ~ über[+4] jmdn, etwas urteilen; *te* ~ *naar ... nach*[+3] ... zu urteilen **3** *(van mening zijn)* der Meinung sein[262]
oorkonde Urkunde v^{21}
oorlel Ohrläppchen o^{35}
oorlog *(ook fig)* Krieg m^5: *koude* ~ kalter Krieg; *in tijd(en) van* ~ in Kriegszeiten; ~ *voeren tegen iem* gegen jmdn *(of:* mit jmdm) Krieg führen
oorlogsbodem Kriegsschiff o^{29}
oorlogsgevaar Kriegsgefahr v^{20}
oorlogsinvalide Kriegsbeschädigte(r) m^{40a}, v^{40b}
oorlogsjaar Kriegsjahr o^{29}
oorlogsmisdadiger Kriegsverbrecher m^9
oorlogspad: *op het* ~ *zijn* auf dem Kriegspfad sein[262]
oorlogsschip Kriegsschiff o^{29}
oorlogsslachtoffer Kriegsopfer o^{33}
oorlogssterkte Kriegsstärke v^{28}
oorlogstijd Kriegszeit v^{20}: *in* ~ in Kriegszeiten
oorlogsvloot Kriegsflotte v^{21}
oorlogszuchtig kriegerisch, kriegslüstern
oorlogvoerend Krieg führend
oorlogvoering Krieg(s)führung v^{20}
oorontsteking Ohrenentzündung v^{20}
oorschelp Ohrmuschel v^{21}
oorsmeer Ohrenschmalz o^{39}
oorsprong Ursprung m^6: *certificaat van* ~ Ursprungszeugnis o^{29a}; *land van* ~ Ursprungsland o^{32}; Herkunftsland o^{32}
oorspronkelijk ursprünglich
oortje Ohrhörer m^9, Ohrknopf m^6
oorverdovend ohrenbetäubend
oorvijg Ohrfeige v^{21}
oorworm, oorwurm Ohrwurm m^8
oorzaak Ursache v^{21}: ~ *en gevolg* Ursache und Wirkung; *kleine oorzaken hebben grote gevolgen* kleine Ursachen, große Wirkung
oorzakelijk ursächlich, kausal
¹oost *zn* Osten m^{19}: ~ *west, thuis best* eigener Herd ist Goldes wert
²oost *bn, bw* östlich: *de wind is* ~ der Wind kommt von Ost
Oostblok Ostblock m^{19}
Oost-Duitse DDR-Bürgerin v^{22}
Oost-Duitser DDR-Bürger m^9; *(omgangstaal)* Ossi m^{13}
Oost-Duitsland Deutsche Demokratische Republik v^{28} *(afk* DDR), Ostdeutschland o^{39}
oostelijk östlich: ~ *van Utrecht* östlich von Utrecht; ~ *van de stad* östlich der Stadt
oosten 1 Osten m^{19}: *ten* ~ *van* östlich von[+3], östlich[+2] **2** *(Levant)* Orient m^{19}: *het Nabije Oosten* der Nahe Osten, Nahost *(zonder lw); het Verre Oosten* der Ferne Osten, Fernost *(zonder lw)*
Oostenrijk Österreich o^{39}
Oostenrijker Österreicher m^9
Oostenrijks österreichisch
Oostenrijkse Österreicherin v^{22}
oostenwind Ostwind m^5
oosterburen östliche Nachbarn *mv* m^{15}, m^{17}
oosters östlich; *(mbt Oriënt)* orientalisch
Oost-Europa Osteuropa o^{39}
Oost-Europees osteuropäisch
oostkust Ostküste v^{21}
oostwaarts ostwärts
Oostzee Ostsee v^{28}
ootje: *iem in het* ~ *nemen* jmdn zum Besten haben[182]
ootmoed Demut v^{28}
ootmoedig demütig
¹op *bw* **1** *(omhoog)* auf; *(van spreker af)* hinauf; *(naar spreker toe)* herauf: *trap op en trap af* treppauf, treppab; *op en af* auf und ab *(heen en weer); op en neer lopen* auf und ab gehen[168] **2** *(mbt plaats)* auf: *hij had een bril op* er hatte eine Brille auf; *hij is op (uit bed)* er ist auf; *(afgemat)* er ist erschöpft; *mijn geld is op* mein Geld ist hin; *het bier is op* das Bier ist alle; *mijn geduld is op* ich bin mit meiner Geduld zu Ende; *tegen iem op kunnen* jmdm gewachsen sein[262]; *(bij ww, aansporend) schrijf op!* schreib nur!; *vertel maar op* erzähl nur!
²op *vz* **1** *(mbt plaats, ook fig)* auf *(bij rust*[+3], *bij beweging gericht op doel*[+4]*)*; an *(bij beweging gericht op doel*[+4], *anders*[+3]*)*; in *(bij beweging gericht op doel*[+4], *anders*[+3]*): op zijn kamer zijn* auf *(of:* in) seinem Zimmer sein[262]; *hij woont op de derde verdieping* er wohnt im dritten Stock; *op een plaats zijn* an einer Stelle sein[262]; *op een plaats zetten* an eine Stelle stellen; *op het bord schrijven* an die Tafel schreiben[252]; *op het bord staan* an der Tafel stehen[279]; *hij is nog op school* er geht noch in die Schule; *op kantoor zijn* im Büro sein[262]; *op straat zijn* auf der Straße sein[262]; *op een afdeling werken* in einer Abteilung arbeiten; *op zijn hoogst* höchstens; *op een diepte van ...* in einer Tiefe von[+3] ...; *op drie mijl van A.* drei Meilen von A. (entfernt) **2** *(mbt een tijd)* an[+3]; in[+3], auf[+4], zu[+3]: *op die dag* an dem Tag; *op de 1e maart* am 1. März; *op zekere dag* eines Tages; *op zekere avond* eines Abends; *op dit ogenblik* in diesem Augenblick; *op zijn laatst* spätestens; *op zijn vroegst* frühestens; *van vandaag op morgen* von heute auf morgen; *van de ene dag op de andere* von einem Tag zum anderen **3** *(mbt een ligging)* gegen[+4]: *het huis ligt op het oosten* das Haus liegt gegen Osten **4** *(mbt een wijze)* auf[+4], in[+3]: *op deze wijze* auf diese Weise *(of:* in dieser Weise); *op vriendelijke toon* in freundlichem Ton **5** *(mbt een oorzaak)* auf[+4]: *op zijn initiatief* auf seine Initiative **6** *(mbt een beperking)* auf zichzelf an sich; *op zijn hoogst* höchstens; *allen op mijn vader na* alle außer meinem Vater **7** *(in ruil voor)* gegen[+4] **8** *(mbt een herhaling)* über[+4]: *fout op fout maken* Fehler über Fehler machen
opa Opa m^{13}
opaal Opal m^5

opbaren aufbahren
opbellen anrufen[226]
opbergen 1 *(wegbergen)* aufräumen **2** *(wegsluiten)* wegschließen[245] **3** *(in iets opbergen)* einräumen
opbeuren 1 *(optillen)* aufheben[186], hochheben[186] **2** *(fig)* aufheitern, aufmuntern
opbiechten eingestehen[279], beichten
opbieden 1 *(hoger bieden)* mehr bieten[130] **2** *(kaartspel)* reizen **3** *(fig)* überbieten[130]
opbinden aufbinden[131]
opblaasbaar aufblasbar
opblaasboot Schlauchboot o[29]
opblazen 1 *(doen opzwellen)* aufblasen[133] **2** *(met springstof)* sprengen **3** *(fig)* aufbauschen
opblijven aufbleiben[134]
opbloei Aufschwung m[6]
opbloeien aufblühen, erblühen
opbod: *bij ~ verkopen* versteigern
opboksen ankämpfen: *tegen iem, iets ~* gegen jmdn, etwas ankämpfen
opborrelen hervorquellen[217], hervorsprudeln, aufsprudeln; *(fig)* aufwallen
opbouw *(het opbouwen)* Aufbau m[19]
opbouwen aufbauen
opbouwend aufbauend: *~e kritiek* konstruktive Kritik
¹opbreken *intr* **1** *(in keel opstijgen) (ook fig)* aufstoßen[285] **2** *(weggaan)* aufbrechen[137]
²opbreken *tr* **1** *(openbreken)* aufbrechen[137], aufreißen[220] **2** *(afbreken)* abbrechen[137]
opbrengen 1 *(opleveren)* eintragen[288], einbringen[139]: *rente ~* Zinsen tragen[288]; Zinsen bringen[139]; *dat heeft zijn geld opgebracht* das hat sich bezahlt gemacht **2** *(betalen)* aufbringen[139] **3** *(arresteren)* festnehmen[212] **4** *(bedekken met)* auftragen[288]: *verf ~* Farbe auftragen **5** *(begrip, geduld, moed)* aufbringen[139]
opbrengst Ertrag m[6]
opbruisen *(ook fig)* aufbrausen
opdagen erscheinen[233]: *komen ~* erscheinen[233]
opdat damit
opdelen aufteilen
opdienen auftragen[288], servieren[320]
opdiepen 1 *(met moeite vinden)* aufstöbern **2** *(uit diepte ophalen)* hervorziehen[318]
opdirken, zich sich aufdonnern, sich auftakeln
opdissen *(ook fig)* auftischen
opdoeken auflösen
opdoemen auftauchen
opdoen 1 *(kopen)* kaufen **2** *(zich verschaffen)* sammeln: *ervaringen ~* Erfahrungen sammeln **3** *(krijgen)* sich³ zuziehen[318]: *een ziekte ~* sich³ eine Krankheit zuziehen[318] **4** *(vernemen)* erfahren[153] **5** *(opdienen)* auftragen[288], servieren[320] **6** *(opdweilen)* aufwischen
¹opdoffen *tr* putzen
²opdoffen, zich sich herausputzen
opdoffer Schlag m[6], Hieb m[5]

opdonder *(plat)* **1** *(stomp, stoot)* Hieb m[5], Schlag m[6] **2** *(klein persoon)* Knirps m[5]
opdonderen *(plat)* sich zum Teufel scheren
opdraaien *(opwinden)* aufziehen[318] || *ik moet voor alles ~*: a) *(betalen)* ich muss für alles aufkommen[193]; b) *(de last dragen)* ich muss alles ausbaden; *ik moet er voor ~* ich habe die ganze Arbeit auf dem Hals
opdracht 1 *(last, taak)* Auftrag m[6]: *in ~ van* im Auftrag[+2]; *volgens ~* auftragsgemäß **2** *(toewijding)* Widmung v[20]
opdrachtgever Auftraggeber m[9]
opdragen 1 *(gelasten)* auftragen[288]: *iem iets ~* jmdm etwas auftragen[288] **2** *(toevertrouwen)* betrauen mit[+3] **3** *(toewijden)* widmen; *(naar boven dragen)* hinauftragen[288], herauftragen[288] **4** *(dragen tot het versleten is)* abtragen[288] **5** *(r-k) (de mis)* zelebrieren[320]
opdraven: *iem laten ~* jmdn kommen lassen[197]; jmdn antanzen lassen[197]
opdreunen herunterleiern, ableiern
opdrijven hochtreiben[290], hochschrauben
¹opdringen *intr (voorwaarts dringen)* vordrängen
²opdringen *tr* aufdrängen: *iem iets ~* jmdm etwas aufdrängen
³opdringen, zich sich aufdrängen
opdringerig zudringlich, aufdringlich
opdrinken trinken[293], austrinken[293]
opdrogen auftrocknen; *(mbt beek, rivier)* austrocknen; *(mbt bron; ook fig)* versiegen
opdruk Aufdruck m[5]
opdrukken aufdrucken
opduikelen aufstöbern, auftreiben[290]
¹opduiken *intr* auftauchen
²opduiken *tr (boven water halen)* heraufholen
opduvel *(plat)* Hieb m[5], Schlag m[6]
opduvelen *(plat)* verduften, verschwinden[258]
opdweilen aufwischen
opeen aufeinander, zusammen: *dicht ~ schrijven* gedrängt schreiben[252]
opeengepakt zusammengedrängt
opeenhopen anhäufen
opeenhoping Anhäufung v[20]
opeens auf einmal
opeenvolgen aufeinander folgen
opeenvolging Aufeinanderfolge v[21]
opeisbaar fällig: *het bedrag is per …~* der Betrag ist zum … fällig
opeisen 1 *(vorderen)* fordern; *(geld, stukken e.d.)* einfordern; *(bij eis tot teruggave)* zurückfordern **2** *(aanspraak maken)* beanspruchen: *gerechtelijk ~* einklagen; *de verantwoordelijkheid ~* die Verantwortung übernehmen[212]
open 1 offen: *een ~ been* ein offenes Bein; *~ dag* Tag der offenen Tür; *~ gesprek* offenes Gespräch; *~ plek in het bos* Lichtung v[20]; *~ deuren intrappen* offene Türen einrennen[222]; *met ~ raam slapen* bei offenem Fenster schlafen[240]; *mijn huis staat altijd voor je ~* meine Tür ist immer für dich offen; *~ en*

bloot unverhüllt **2** *(niet bezet)* frei, leer: *de betrekking is ~* die Stelle ist frei
openbaar *zn* Öffentlichkeit *v*[28]: *in het ~* in der Öffentlichkeit
openbaar *bn, bw* öffentlich: *de openbare mening* die öffentliche Meinung; *(jur) Openbaar Ministerie* Staatsanwaltschaft *v*[28]; *de openbare school* die öffentliche Schule *v*[20]; *het ~ vervoer* die öffentlichen Verkehrsmittel; *~ maken* veröffentlichen; *~ worden bekannt werden*[310]; *op de openbare weg* auf offener Straße
openbaarheid Öffentlichkeit *v*[28]: *~ aan iets geven* etwas an die Öffentlichkeit bringen[139]
openbaarmaking Veröffentlichung *v*[20]
openbaren offenbaren
openbaring Offenbarung *v*[20]
openbarsten aufbersten[127], aufplatzen
openblijven offen bleiben[134]
openbreken 1 *(met geweld openen)* aufbrechen[137] **2** *(wijzigen)* ändern
opendeurdag *(Belg)* Tag *m*[5] der offenen Tür
opendoen aufmachen, auftun[295], öffnen; *(met een sleutel)* aufschließen[245]: *er werd niet opengedaan* niemand machte auf
opendraaien aufdrehen
openduwen aufstoßen[285]
openen 1 *(open doen)* öffnen, aufmachen: *de ogen ~* die Augen aufmachen *(of:* öffnen) **2** *(beginnen)* eröffnen: *een zaak ~* ein Geschäft eröffnen; *een zitting ~* eine Sitzung eröffnen
opener Öffner *m*[9]
opengaan aufgehen[168], sich öffnen
openhalen aufreißen[220], aufritzen
openhartig offen(herzig)
openhartigheid Offenherzigkeit *v*[28], Offenheit *v*[28]
openheid Offenheit *v*[28]
openhouden offen halten[183]
opening 1 *(algem)* Öffnung *v*[20]: *~ van zaken geven* völligen Aufschluss geben[166] (über[+4]) **2** *(begin)* Eröffnung *v*[20]: *de ~ van de vijandelijkheden* die Eröffnung der Feindseligkeiten
openingsplechtigheid Eröffnungsfeier *v*[21]
openknopen aufknöpfen
openkrabben aufkratzen
openlaten offen lassen[197]
openleggen 1 *(een boek)* aufschlagen[241], öffnen **2** *(openbaren)* aufdecken: *zijn plannen ~* seine Pläne darlegen
openlijk 1 *(in het openbaar)* öffentlich **2** *(onverholen)* offen
openlucht: *in de ~* im Freien
openluchtbad Freibad *o*[32]
openluchtmuseum Freilichtmuseum *o (2e nvl -s; mv -museen)*
openluchtspel Freilichtaufführung *v*[20]
openluchttheater Freilichttheater *o*[33]
openmaken aufmachen, öffnen
openrukken, openscheuren aufreißen[220]

openslaan aufschlagen[241]
openslaand: *~e deur* Flügeltür *v*[20]; *~ raam* Flügelfenster *o*[33]
opensnijden aufschneiden[250]
opensperren aufsperren, aufreißen[220]
openspringen aufspringen[276]
openstaan offen stehen[279]: *~ voor nieuwe ideeën* für neue Ideen aufgeschlossen sein[262]
openstellen öffnen: *een weg voor het verkeer ~* eine Straße für den Verkehr freigeben[166]
op-en-top ganz und gar, durch und durch
opentrekken aufziehen[318]
openvallen 1 *(vallend opengaan)* aufgehen[168] **2** *(vacant worden)* frei werden[310]
openvouwen auffalten, auseinander falten
openzetten öffnen, aufmachen
opera Oper *v*[21]
operagebouw Opernhaus *o*[32]
operateur 1 *(van computer)* Operator *m*[16] **2** *(van film)* Operateur *m*[5] **3** *(chirurg)* Operateur *m*[5]
operatie Operation *v*[20]
operatief operativ
operatiekamer Operationssaal *m*[6] *(mv -säle)*
operatietafel Operationstisch *m*[5]
operationeel gebrauchsfähig; *(mil)* einsatzfähig
operator Operator *m*[16]
operazanger Opernsänger *m*[9]
opereren operieren[320]
operette Operette *v*[21]
opeten aufessen[152]; *(mbt dieren)* auffressen[162]
opflakkeren *(ook fig)* aufflackern
¹**opfleuren** *intr* aufblühen
²**opfleuren** *tr* aufmuntern
opflikker Hieb *m*[5], Schlag *m*[6]
opflikkeren 1 *(opvlammen)* aufflackern **2** *(plat) (opdonderen)* abhauen[185]
¹**opfokken** *tr* **1** *(grootbrengen)* aufziehen[318], aufzüchten **2** *(opwinden)* aufbringen[139]
²**opfokken, zich** sich hochschaukeln
¹**opfrissen** *intr* frisch werden[310]
²**opfrissen** *tr (mbt personen)* erfrischen; *(fig)* auffrischen
opgaan 1 *(opkomen, rijzen)* aufgehen[168]: *de zon gaat op* die Sonne geht auf **2** *(naar boven gaan)* hinaufgehen[168]; *(van berg)* hinaufsteigen[281]: *de trap ~* die Treppe hinaufgehen **3** *(mbt deling)* aufgehen[168] **4** *(afleggen)* machen: *voor een examen ~* ein Examen machen **5** *(opraken)* alle werden[310]: *het eten zal wel ~* das Essen wird schon alle werden; *zijn geld gaat op* sein Geld geht drauf **6** *(in beslag genomen worden)* aufgehen[168] in[+3]: *in zijn werk ~* in seiner Arbeit aufgehen **7** *(juist zijn)* stimmen, zutreffen[289]: *die regel gaat hier niet op* diese Regel trifft hier nicht zu || *er gaan stemmen op* es werden Stimmen laut; *in de menigte ~* sich in der Menge verlieren[300]; *de straat ~* auf die Straße gehen[168]; *het slechte pad ~* auf die schiefe Bahn geraten[218]
opgaand 1 *(mbt deling, zon)* aufgehend **2** *(op-*

opgang

waarts) aufsteigend: ~*e beweging* Aufwärtsbewegung v^{20}; ~*e lijn* aufsteigende Linie
opgang Aufgang m^6 ‖ ~ *maken: a) (bijval vinden)* Anklang finden[157]; *b) (in de mode komen)* im Kommen sein[262]
opgave 1 *(vermelding)* Angabe v^{21}: *onder* ~ *van ...* mit Angabe[+2] ... **2** *(lijst, staat)* Verzeichnis o^{29a}, Liste v^{21} **3** *(vraagstuk, taak)* Aufgabe v^{21}
opgeblazen 1 *(gezwollen)* aufgedunsen **2** *(verwaand)* aufgeblasen
opgebruiken aufbrauchen
opgelaten aufgeschmissen: *zich* ~ *voelen* aufgeschmissen sein[262]
opgeld *(fig):* ~ *doen* Anklang finden[157]
opgelegd: *een* ~*e kans* eine einmalige Chance
opgepropt voll gepfropft
opgeruimd 1 *(lett)* aufgeräumt **2** *(fig)* heiter
opgescheept: *met iem, iets* ~ *zitten* jmdn, etwas auf dem Hals haben[182]
opgeschoten: *een* ~ *jongen* ein halbwüchsiger Junge
opgesmukt 1 *(lett)* geschmückt **2** *(fig)* geziert
opgetogen entzückt, begeistert
¹**opgeven** *intr (roemen)* rühmen: *hoog van iem* ~ jmdn hoch rühmen
²**opgeven** *tr* **1** *(vermelden)* angeben[166]: *als reden* ~ als Grund angeben **2** *(afgeven)* hergeben[166]: *geef op!* her damit! **3** *(braken)* auswerfen[311], aushusten **4** *(gelasten te doen)* aufgeben[166]: *huiswerk* ~ Hausaufgaben aufgeben **5** *(verliezen)* aufgeben[166] **6** *(aanmelden)* sich (an)melden
opgewassen gewachsen: *tegen iem, iets* ~ *zijn* jmdm, einer Sache gewachsen sein[262]
opgewekt munter, heiter
opgewektheid Munterkeit v^{28}, Heiterkeit v^{28}
opgewonden aufgeregt, erregt
opgewondenheid Aufregung v^{20}, Erregung v^{20}
opgezet 1 *(mbt dode dieren)* ausgestopft **2** *(gezwollen)* aufgedunsen **3** *(Belg) (blij)* froh: ~ *zijn met iets* froh sein[262] über[+4] etwas, sich freuen über[+4] etwas
opgezwollen (auf)geschwollen
opgieten aufgießen[175], aufbrühen
opgooien hochwerfen[311]
opgraven ausgraben[180]
opgraving Ausgrabung v^{20}
opgroeien aufwachsen[302], heranwachsen[302]
ophaalbrug Zugbrücke v^{21}
ophaaldienst *(huisvuil)* Müllabfuhr v^{20}
ophalen 1 *(van kleding, schouders, neus)* hochziehen[318]; *(van net, anker)* einholen; *(van steken)* aufnehmen[212] **2** *(inzamelen)* einsammeln: *geld* ~ Geld einsammeln **3** *(afhalen)* abholen: *iem komen* ~ jmdn abholen **4** *(opfrissen)* auffrischen: *zijn Duits* ~ seine Deutschkenntnisse auffrischen **5** *(verbeteren)* verbessern: *zijn cijfer* ~ seine Note verbessern **6** *(openhalen)* aufreißen[220]
ophanden: ~ *zijn* bevorstehen[279]; *de* ~ *zijnde verkiezingen* die anstehenden Wahlen

¹**ophangen** *intr (telecom): ik moet nu* ~ ich muss jetzt aufhängen
²**ophangen** *tr* **1** aufhängen: *een schilderij* ~ ein Gemälde aufhängen **2** *(ter dood brengen)* (auf)hängen: *iem* ~ jmdn (auf)hängen; *zich* ~ *(ook)* sich erhängen
ophebben 1 *(algem)* aufhaben[182]: *zijn eten* ~ das Essen aufhaben; *huiswerk* ~ Schulaufgaben aufhaben; *het ontbijt* ~ gefrühstückt haben[182]; *wat* ~ beschwipst sein[262] **2** *(houden van)* mögen[210]: *veel met iem* ~ große Stücke auf jmdn halten[183]
ophef: *veel* ~ *van iets maken* viel Aufhebens von[+3] etwas machen; *met veel* ~ mit viel Lärm
opheffen 1 *(optillen)* aufheben[186], hochheben[186] **2** *(opslaan)* erheben[186]: *de ogen* ~ die Augen erheben **3** *(afschaffen) (van wet, beleg)* aufheben[186]; *(van vereniging)* auflösen: *belemmeringen* ~ Hindernisse beseitigen; *een zaak* ~ ein Geschäft auflösen **4** *(tenietdoen)* aufheben[186]: *krachten, die elkaar* ~ Kräfte, die sich aufheben
opheffingsuitverkoop Räumungsverkauf m^6
ophefmakend *(Belg)* sensationell
ophelderen *intr (weer helder worden)* sich aufheitern
²**ophelderen** *tr* aufklären
opheldering Aufklärung v^{20}
ophemelen herausstreichen[286]
ophijsen 1 *(zeilen)* (auf)hissen[2] *(kleding)* hochziehen[318]
ophitsen aufhetzen, aufstacheln
ophoepelen sich packen
ophogen erhöhen, aufschütten
ophokken einsperren
¹**ophopen** *tr* aufhäufen
²**ophopen, zich** sich häufen
ophoren sich (ver)wundern: *daar hoor ik van op!* das (ver)wundert mich!
¹**ophouden** *intr (stoppen, uitscheiden)* aufhören: *hou toch op!* hör doch auf!; *laten we erover* ~ reden wir nicht mehr davon; ~ *met schieten* das Schießen einstellen; ~ *met regenen* zu regnen aufhören; *het tijdschrift houdt op te bestaan* die Zeitschrift geht ein; *zonder* ~ unaufhörlich
²**ophouden** *tr* **1** *(op het hoofd houden)* aufbehalten[183] **2** *(tegenhouden)* aufhalten[183], zurückhalten[183] **3** *(uitsteken)* hinhalten[183]: *de hand* ~ die Hand hinhalten **4** *(hooghouden)* aufrechterhalten[183]: *de eer* ~ die Ehre aufrechterhalten
³**ophouden, zich** *(verblijven)* sich aufhalten[183] ‖ *een plas* ~ den Harn *(of:* Urin) halten[183]
opinie Meinung v^{20}: *de publieke* ~ die öffentliche Meinung, die Öffentlichkeit
opinieonderzoek Meinungsumfrage v^{21}
opium Opium o^{39}: ~ *schuiven* Opium rauchen
opjagen 1 hetzen: *dieren* ~ Tiere aufscheuchen **2** *(doen stijgen)* in die Höhe treiben[290]
opjutten aufreizen, aufstacheln
opkalefateren ausbessern, aufmöbeln
opkijken 1 aufsehen[261]: *(fig) tegen iem* ~ zu jmdm

aufsehen 2 *(verbaasd zijn)* sich (ver)wundern: *daar kijk ik van op!* das wundert mich!; *hij zal vreemd ~!* er wird Augen machen!

opkikkeren *intr* aufmuntern, sich erholen

opkikkeren *tr* aufmuntern

opkikkertje Stärkung v[20]; *(borrel)* Schnaps m[6]

opklapbaar hochklappbar

opklapbed Klappbett o[37]

opklappen hochklappen, aufklappen

opklaren *intr* sich aufklären

opklaren *tr* klären

opklaring Aufheiterung v[20]

opklimmen 1 *(naar boven klimmen)* hinaufsteigen[281], heraufsteigen[281] **2** *(groter, hoger worden)* aufsteigen[281]

opkloppen 1 *(lett)* schlagen[241]: *eiwit ~* Eiweiß schlagen **2** *(fig)* aufbauschen

opknappen *intr* sich erholen: *daar knap je van op!* das tut gut!; *het weer knapt op* das Wetter wird besser

opknappen *tr* **1** *(reinigen)* (mbt personen) frisch machen; *(van zaken)* auffrischen, aufarbeiten; *(van een huis)* herrichten **2** *(uitvoeren)* deichseln **3** *(tot taak geven)* aufhalsen: *iem ergens mee ~* jmdm etwas aufhalsen

opknopen (jmdn) aufknüpfen, (auf)hängen

opkoken aufkochen

opkomen 1 *(boven de horizon komen)* aufgehen[168]: *de zon komt op* die Sonne geht auf **2** *(naar boven komen)* heraufkommen[193]: *de trap ~* die Treppe heraufkommen **3** *(uit bed komen)* aufstehen[279] **4** *(ontkiemen)* aufgehen[168] **5** *(theat)* auftreten[291] **6** *(opgang maken)* aufkommen[193] **7** *(mbt koorts)* ausbrechen[137] **8** *(mbt onweer)* heraufziehen[318] **9** *(mbt vloed)* kommen[193] **10** *(in de geest oprijzen)* aufkommen[193] **11** *(verschijnen)* erscheinen[233], kommen[193] **12** *(mil)* einrücken: *moeten ~* eingezogen werden **13** *(opgroeien)* aufkommen[193] **14** *(zich verzetten tegen)* protestieren[320]: *tegen iets ~* gegen[+4] etwas protestieren; *tegen iem ~* sich jmdm widersetzen **15** *(opdraaien voor iets of iem)* aufkommen[193]: *voor de schade ~* für den Schaden aufkommen **16** *(verdedigen)* eintreten[291]: *voor iem, voor iets ~* für jmdn, für[+4] etwas eintreten; *(moeite doen voor iets)* etwas befürworten

opkomst 1 *(opgang)* Aufgang m[6]: *de ~ van de zon* der Sonnenaufgang **2** *(het kiemen)* Aufgehen o[39] **3** *(theat)* Auftritt m[5] **4** *(fig) (bloei)* Aufstieg m[5]: *een land in ~* ein aufstrebendes Land **5** *(eerste ontwikkeling)* Entstehung v[20] **6** *(bij vergadering)* Besuch m[5], Teilnahme v[21] **7** *(bij verkiezingen)* Wahlbeteiligung v[20] **8** *(mil)* Einberufung v[20] || *die muziek is weer in ~* diese Musik ist wieder im Kommen

opkopen aufkaufen

opkoper Aufkäufer m[9]

opkrabbelen sich aufraffen

opkrassen *(ophoepelen)* verduften

opkrijgen aufbekommen[193]

opkrikken 1 *(van auto)* mit einem Wagenheber anheben[186] **2** *(verbeteren)* anheben[186]

opkroppen hinunterschlucken, verbeißen[125]: *zijn woede ~* seine Wut unterdrücken

oplaadbaar aufladbar

oplaaien *(ook fig)* auflodern

opladen aufladen[196]

oplage Auflage v[21]

oplappen ausbessern, flicken

oplaten auflassen[197], steigen lassen[197]: *een vlieger ~* einen Drachen steigen lassen

oplawaai Schlag m[6], Stoß m[6]

oplazeren *(plat)* abhauen[185]

opleggen 1 auflegen: *iem de handen ~* jmdm die Hand auflegen **2** *(van schip)* auflegen **3** *(verplichten tot)* auferlegen: *een boete ~* eine Buße auferlegen; *iem een taak ~* jmdm eine Aufgabe zuweisen[307]; *iem het zwijgen ~* jmdm Schweigen auferlegen **4** *(dwingen te aanvaarden)* aufzwingen[319]

oplegger Auflieger m[9]: *truck met ~* Sattelzug m[6]

opleiden 1 ausbilden: *iem voor onderwijzer ~* jmdn zum Lehrer ausbilden **2** *(voor examen)* vorbereiten

opleiding 1 Ausbildung v[20] **2** *(voor examen)* Vorbereitung v[20] **3** *(vorming)* Bildung v[20]

opleidingscentrum, opleidingsinstituut Ausbildungsstätte v[21]

opletten aufpassen: *let op!* (ook) Achtung!

oplettend aufmerksam

oplettendheid Aufmerksamkeit v[28]

opleuken aufhübschen

opleven aufleben: *doen ~* beleben

opleveren 1 *(afleveren)* übergeben[166] **2** *(opbrengen)* (ein)bringen[139]: *winst ~* Gewinn bringen[139]; *het zoeken leverde niets op* die Suche blieb ohne Erfolg; *het onderzoek leverde niets nieuws op* die Untersuchung ergab nichts Neues

opleving Aufleben o[39], Belebung v[20]

oplezen vorlesen[201]; *(officieel)* verlesen[201]

¹**oplichten 1** *(optillen)* (auf)heben[186], lüften: *de hoed even ~* den Hut lüften; *(fig) de sluier ~* den Schleier lüften **2** *(bedriegen)* betrügen[294]

²**oplichten** *(helder worden)* sich aufhellen

oplichter Schwindler m[9], Betrüger m[9]

oplichting Betrug m[19], Schwindel m[19]

oplikken auflecken

oploop Auflauf m[6]

¹**oplopen** *intr* **1** *(naar boven lopen)* hinaufgehen[168]: *de trap ~* die Treppe hinaufgehen **2** *(naar boven gaan)* ansteigen[281]: *deze weg loopt sterk op* dieser Weg steigt stark an **3** *(toenemen)* ansteigen[281], steigen[281]: *de prijzen lopen op* die Preise ziehen an **4** *(botsen)* (an)prallen: *tegen iem ~* gegen jmdn (an)prallen

²**oplopen** *tr (krijgen)* sich³ zuziehen[318], davontragen[288]: *een ziekte ~* sich eine Krankheit zuziehen; *een wond ~* eine Wunde davontragen

oplopend *(mbt weg)* ansteigend

oplosbaar 1 *(in vloeistof)* löslich, auflösbar 2 *(van raadsel)* lösbar
oploskoffie Instantkaffee *m*[13], Pulverkaffee *m*[13]
oplosmiddel Lösungsmittel *o*[33]
¹oplossen *intr (in vloeistof)* sich lösen, sich auflösen (in[+3])
²oplossen *tr (ontwarren)* (auf)lösen, klären
oplossing Lösung *v*[20]
opluchten erleichtern: *dat lucht op!* das tut gut!
opluchting Erleichterung *v*[28]
opluisteren: *een feest ~* den Glanz eines Festes erhöhen
opmaak Aufmachung *v*[20]
¹opmaken *ww* 1 *(opeten)* aufessen[152] 2 *(verkwisten)* verschwenden 3 *(in orde maken)* machen: *het bed ~* das Bett machen; *het haar ~* die Haare machen 4 *(een contract e.d.)* aufstellen, aufsetzen; *(een rekening)* aufstellen, machen 5 *(de berekening maken van)* aufstellen: *een begroting ~* ein Budget aufstellen; *de inventaris ~* das Inventar aufnehmen[212]; *de kas ~* den Kassenbestand aufnehmen[212] 6 *(versieren)* garnieren[320] 7 *(typ)* aufmachen 8 *(make-up aanbrengen)* schminken 9 *(concluderen)* schließen[245]: *daaruit maak ik op, dat ...* daraus schließe ich, dass ...
²opmaken, zich *(zich gereedmaken)* sich anschicken
opmars Aufmarsch *m*[6]: *de computer is in ~* der Computer ist im Vormarsch
opmerkelijk 1 bemerkenswert 2 *(raar)* merkwürdig, sonderbar
opmerken bemerken
opmerking 1 *(uiting)* Bemerkung *v*[20] 2 *(aantekening)* Notiz *v*[20]
opmerkzaam aufmerksam: *iem op iets ~ maken* jmdn auf[+4] etwas aufmerksam machen
opmeten aufmessen[208], vermessen[208]
opmieteren *(plat)* abhauen[185]
opmonteren aufmuntern, aufheitern
opnaaien 1 *(vastnaaien op iets)* aufnähen (auf[+4]) 2 *(opjutten)* aufhetzen
opname Aufnahme *v*[21]
opnemen 1 *(algem)* aufnehmen[212] 2 *(met een doek wegnemen)* aufwischen 3 *(geld van de bank)* abheben[186]; *(lenen)* aufnehmen[212] 4 *(bekijken)* mustern 5 *(een plaats geven)* aufnehmen[212]: *in een gezin ~* in eine Familie aufnehmen 6 *(optekenen)* aufnehmen[212]: *bestellingen ~* Bestellungen aufnehmen 7 *(vastleggen op geluidsband of film)* aufnehmen[212], aufzeichnen 8 *(de meterstand)* ablesen[201]: *de tijd ~* die Zeit stoppen 9 *(beginnen)* aufnehmen[212]: *contact ~ met iem* Kontakt mit jmdm aufnehmen 10 *(hervatten)* aufgreifen[181]: *het gesprek weer ~* das Gespräch wieder aufgreifen 11 *(opvatten)* aufnehmen[212] 12 *(vakantiedagen)* nehmen[212] || *het tegen iem ~* es mit jmdm aufnehmen[212]; *het voor iem ~* für jmdn Partei ergreifen[181]
opnieuw aufs Neue, von neuem, wiederum

opnoemen nennen[213], aufzählen
opoe Oma *v*[27]
opofferen opfern
opoffering Opfer *o*[33]: *zich ~en getroosten* Opfer bringen[139]
opofferingsgezind opferwillig
oponthoud Aufenthalt *m*[5]; *(vertraging, ook)* Verzögerung *v*[20]
oppakken 1 *(opnemen)* aufnehmen[212], aufheben[186] 2 *(optillen)* hochheben[186] 3 *(inrekenen)* festnehmen[212]
oppas Betreuer *m*[9]; *(bij kinderen)* Babysitter *m*[9]
oppassen 1 *(opletten)* aufpassen, Acht geben[166]: *pas op!* pass auf!, Achtung! 2 *(zich gedragen)* sich benehmen[212] 3 *(zich in acht nemen)* sich hüten, sich in Acht nehmen[212] 4 *(verzorgen)* aufpassen: *op een kind ~* auf ein Kind aufpassen
oppassend ordentlich, tüchtig
oppasser Aufseher *m*[9], Wärter *m*[9]
oppeppen 1 (jmdn) aufputschen 2 (etwas) aufpeppen
oppepper Kick *m*[13] *(2e nvl ook -)*
opperbest ausgezeichnet, vorzüglich
opperbevel Oberbefehl *m*[19]
opperbevelhebber Oberbefehlshaber *m*[9]
oppercommando Oberkommando *o*[36]
opperen äußern, vorschlagen[241]: *bezwaren ~* Bedenken äußern; *een plan ~* einen Plan vorschlagen
oppergezag Oberherrschaft *v*[28]
opperhoofd Oberhaupt *o*[32]; *(van volksstam)* Häuptling *m*[5]
opperhuid Oberhaut *v*[28]
oppermachtig allmächtig
oppersen *(kleren)* aufbügeln
opperst 1 oberst 2 *(voornaamst)* höchst
oppervlak *zie* oppervlakte
oppervlakkig oberflächlich
oppervlakkigheid Oberflächlichkeit *v*[20]
oppervlakte 1 Oberfläche *v*[21] 2 *(grootte)* Oberfläche *v*[21], Fläche *v*[21]
Opperwezen Allmächtige(r) *m*[40a] *(geen mv)*
oppeuzelen aufknabbern
oppiepen anpiepsen: *iem ~* jmdn anpiepsen
oppikken 1 *(door vogels)* aufpicken 2 *(meenemen)* mitnehmen[212]; *(door politie)* aufgreifen[181]; *(schipbreukelingen)* auffischen; *(afhalen)* abholen 3 *(opvangen)* mitbekommen[193]
opplakken aufkleben
oppoetsen (auf)polieren[320]
oppompen aufpumpen
opponent Opponent *m*[14]
opponeren opponieren[320]
opporren *(aansporen)* antreiben[290]
opportunisme Opportunismus *m*[19a]
opportunist Opportunist *m*[14]
opportunistisch opportunistisch
opposant Gegner *m*[9], Widersacher *m*[9]
oppositie Opposition *v*[20]: *~ voeren* Opposition (be)treiben[299]

oppositiepartij Oppositionspartei v[20]
oppotten 1 *(opsparen)* horten **2** *(in een pot sparen)* eintopfen
opproppen voll pfropfen: *opgepropt zitten* zusammengedrängt sitzen[268]
oppuntstellen *(Belg)* regeln
oprakelen 1 *(vuur)* schüren **2** *(fig)* aufrühren
opraken ausgehen[168], zur Neige gehen[168]: *mijn geduld raakt op* mir geht die Geduld aus
oprapen 1 *(van de grond)* aufheben[186] **2** *(een gevallen steek)* aufnehmen[212] || *iem uit de goot ~* jmdn aus der Gosse auflesen[201]
oprecht aufrichtig, ehrlich
oprechtheid Aufrichtigkeit v[28], Ehrlichkeit v[28]
oprennen *(de trap)* hinaufrennen[222], heraufrennen[222]: *de straat ~* auf die Straße rennen[222]
oprichten tr **1** *(bouwen)* errichten **2** *(vestigen, stichten)* gründen: *een vereniging ~* einen Verein gründen **3** *(omhoogheffen)* aufrichten
oprichten, zich sich aufrichten
oprichter Gründer m[9]
oprichting 1 *(het bouwen)* Errichtung v[20] **2** *(het stichten)* Gründung v[20]
oprijden hinauffahren[153], herauffahren[153]; *(op rijdier)* hinaufreiten[221], heraufreiten[221]; *~ tegen* fahren[153] gegen[+4]; *(van achteren)* auffahren[153] auf[+4]; *een weg ~* auf eine Straße fahren
oprijlaan Auffahrt v[20], Zufahrt v[20]
oprijzen 1 *(omhoog rijzen)* emporragen, aufragen **2** *(gaan staan)* sich aufrichten **3** *(opkomen)* erwachen
oprisping Rülpser m[9], Aufstoßen o[39]
oprit Auffahrt v[20]
oproep Aufruf m[5]
oproepen 1 *(aansporen)* aufrufen[226] **2** *(mil)* einziehen[318] **3** *(ontbieden)* aufrufen[226]; *(getuigen)* aufrufen[226]; *(voor de zitting)* vorladen[196]: *sollicitanten ~* Bewerber zum Vorstellungsgespräch einladen[196] **4** *(tevoorschijn doen komen)* heraufbeschwören[260]: *verbazing ~* Erstaunen hervorrufen[226]
oproer 1 Aufruhr m[5] **2** *(opstand)* Aufstand m[6], Erhebung v[20]; *(van militairen)* Putsch m[5]
oproerig aufrührerisch, rebellisch
oproerkraaier, oproerling Aufwiegler m[9]
oproken aufrauchen
oprollen 1 aufrollen **2** *(onschadelijk maken)* hochgehen lassen[197]
oprotpremie Rückkehrprämie v[21]
oprotten abhauen[185]
opruien aufhetzen, aufwiegeln
opruimen 1 *(netjes maken)* aufräumen **2** *(uitverkopen)* ausverkaufen: *dat ruimt op!* das schafft Platz!
opruiming Ausverkauf m[6], Schlussverkauf m[6]
opruimingswerkzaamheden Aufräumarbeiten mv v[20]
oprukken vorrücken
oprustgesteld *(Belg)* **1** *(gepensioneerd)* pensioniert **2** *(mbt militair)* außer Dienst
opruststelling *(Belg)* Pensionierung v[20]
opscharrelen auftreiben[290]
opschenken aufgießen[175]
opschepen: *iem met iets ~* jmdm etwas aufhalsen; *zie ook* opgescheept
opscheppen 1 *(bijeenscheppen)* aufschaufeln **2** *(van eten)* (sich) auftun[295], sich bedienen: *(fig) ik heb het ook niet voor het ~* so viel habe ich auch nicht **3** *(opsnijden)* angeben[166]
opschepper Angeber m[9]
opschepperig angeberisch
opschepperij Angeberei v[20]
opschieten 1 *(naar boven schieten)* hochfahren[153] **2** *(groeien)* aufschießen[238] **3** *(vooruitkomen)* vorankommen[193] **4** *(voortmaken)* sich beeilen: *schiet op!* beeil dich!; *de tijd begint op te schieten die Zeit drängt* **5** *(overweg kunnen)* auskommen[193]; *zie ook* opgeschoten
opschik Putz m[19], Schmuck m[19]
opschikken aufrücken
opschilderen neu anstreichen[286]
opschorten aufschieben[237], verschieben[237]
opschrift 1 *(op brief, deur, fles e.d.)* Aufschrift v[20] **2** *(op gedenkteken, munt)* Inschrift v[20] **3** *(hoofd)* Überschrift v[20]: *het ~ van een boek* der Titel eines Buches
opschrijfboekje Notizbuch o[32]
opschrijven aufschreiben[252], notieren[320]; *(op de rekening zetten)* anschreiben[252] || *ten dode opgeschreven zijn* dem Tode geweiht sein[262]
¹**opschrikken** intr *(van schrik opspringen)* aufschrecken[251]
²**opschrikken** tr aufschrecken, aufscheuchen
opschroeven *(opdrijven)* hochschrauben
opschudden 1 *(losser maken)* aufschütteln **2** *(opschrikken)* wachrütteln, aufrütteln
opschudding Aufregung v[20], Erregung v[20]
¹**opschuiven** intr *(opschikken)* aufrücken
²**opschuiven** tr **1** *(lett)* weiterschieben[237] **2** *(doen opengaan)* zurückschieben[237] **3** *(uitstellen)* aufschieben[237]
opsieren *(ook fig)* ausschmücken
¹**opslaan** intr *(duurder worden)* aufschlagen[241]
²**opslaan** tr **1** *(algem)* aufschlagen[241]: *een bal ~* einen Ball aufschlagen **2** *(van deksel, luik enz.)* aufklappen **3** *(verhogen, duurder maken)* erhöhen, aufschlagen[241] **4** *(opbergen)* lagern, speichern: *goederen ~* Waren lagern; *gegevens ~* Daten speichern
opslag 1 *(het opslaan)* (ook sport) Aufschlag m[6] **2** *(muz)* Auftakt m[5] **3** *(verhoging van prijs, loon enz.)* Aufschlag m[6], Erhöhung v[20]: *om ~ vragen* um eine Gehaltserhöhung bitten[132] **4** *(het opbergen)* Lagerung v[20], Speicherung v[20]: *de ~ van gegevens* die Speicherung von Daten **5** *(opslagplaats)* Lager o[33], Speicher m[9]
opslagplaats, opslagruimte Lagerraum m[6]
opslagterrein Lagerplatz m[6]

opslobberen aufschlürfen
opslokken verschlingen[246]
opslorpen 1 (*drinken*) schlürfen **2** (*opzuigen*) aufsaugen[229]; (*meer techn*) absorbieren[320]
¹opsluiten *tr* einschließen[245], einsperren (in[+3, +4])
²opsluiten, zich sich einschließen[245]; (*fig*) sich zurückziehen[318]
opsluiting Haft *v*[28], Freiheitsentzug *m*[19]
opsmuk Schmuck *m*[19], Putz *m*[19]
opsmukken schmücken; (*fig*) ausschmücken
opsnijden (*ook fig*) aufschneiden[250]
opsnorren auftreiben[290], aufstöbern
opsnuiven einatmen; (*med*) inhalieren[320]
opsodemieter (*plat*) Hieb *m*[5], Schlag *m*[5]
opsodemieteren (*plat*) sich zum Teufel scheren
opsolferen (*Belg*) andrehen: *iem iets ~* jmdm etwas andrehen
opsommen aufzählen
opsomming Aufzählung *v*[20]
opsouperen durchbringen[139]
opsparen sparen, zusammensparen
opspatten aufspritzen
opspelden anstecken, anheften
opspelen (*razen*) toben, wettern
opsplitsen teilen, aufteilen
opsporen aufstöbern: *een misdadiger ~* einen Verbrecher ermitteln
opsporing Ermittlung *v*[20], Fahndung *v*[20]
opsporingsdienst (*van politie*) Fahndung *v*[20]: *fiscale ~* Steuerfahndung *v*[20]
opspraak: *in ~ brengen* ins Gerede bringen[139]; *in ~ komen* ins Gerede kommen[193]
opspreken: *spreek maar op!* heraus mit der Sprache!
opspringen aufspringen[276]; (*van schrik, uit de slaap*) auffahren[153], hochfahren[153]
opspuiten 1 (*omhoogspuiten*) aufwerfen[311]; (*van terrein*) aufspülen **2** (*van kennis*) herunterleiern
opstaan 1 (*gaan staan*) aufstehen[279], sich erheben[186] **2** (*uit bed komen*) aufstehen[279] **3** (*levend worden*) auferstehen[279] **4** (*in opstand komen*) sich auflehnen
opstaand: *~e kraag* Stehkragen *m*[11]; *~e rand* hoch stehender Rand
opstal Baulichkeiten *mv v*[20], Gebäude *o*[33]
opstand Aufstand *m*[6], Revolte *v*[21]: *in ~ komen tegen* sich auflehnen gegen[+4]
opstandeling Aufständische(r) *m*[40a]
opstandig 1 (*oproerig*) aufständisch, rebellisch **2** (*weerspannig*) widersetzlich
opstanding Auferstehung *v*[20]
opstap 1 (*trede*) Stufe *v*[21] **2** (*fig*) Sprungbrett *o*[31]
¹opstapelen *tr* aufstapeln
²opstapelen, zich sich häufen
opstappen 1 (*op fiets e.d.*) aufsteigen[281]; (*in tram e.d.*) einsteigen[281] **2** (*vertrekken*) gehen[168], fortgehen[168] **3** (*opzeggen*) kündigen
¹opsteken *intr* zunehmen[212], stärker werden[310]: *de wind steekt op* der Wind nimmt zu

²opsteken *tr* **1** (*in de hoogte steken*) (auf)heben[186]: *de vinger ~* sich melden **2** (*van haar*) aufstecken **3** (*leren van iets*) klüger werden[310] (von[+3]) **4** (*aansteken*) anstecken, anzünden
opstel Aufsatz *m*[6]: *een ~ maken* einen Aufsatz schreiben[252]
¹opstellen *tr* **1** (*ontwerpen*) entwerfen[311], aufstellen **2** verfassen, aufsetzen: *een brief ~* einen Brief aufsetzen **3** (*plaatsen*) aufstellen
²opstellen, zich sich aufstellen
opsteller Verfasser *m*[9]
opstelling 1 Aufstellung *v*[20] **2** (*standpunt*) Haltung *v*[20], Standpunkt *m*[5] **3** (*van brief e.d.*) Aufsetzen *o*[39]
opstijgen aufsteigen[281]
opstoken 1 (*beter doen branden*) schüren **2** (*verbranden*) verbrennen[138] **3** (*ophitsen*) aufhetzen
opstoker Aufhetzer *m*[9]; (*pol*) Aufwiegler *m*[9]
opstootje Krawall *m*[5]
opstopping Stauung *v*[20], Verkehrsstockung *v*[20]
opstormen hinaufstürmen, heraufstürmen
opstrijken 1 (*krijgen*) kassieren[320] **2** (*met strijkbout*) aufbügeln
opstropen aufkrempeln
opstuiven 1 (*mbt sneeuw, stof*) aufstieben[283] **2** (*mbt personen*) auffahren[153], aufbrausen
opsturen zusenden[263], zuschicken
¹optakelen *tr* **1** (*ophijsen*) hochwinden[313] **2** (*van schip*) auftakeln
²optakelen, zich (*fig*) sich aufdonnern
optekenen aufschreiben[252], notieren[320]
optellen 1 (*bijeentellen*) addieren[320], zusammenzählen **2** (*opsommen*) aufzählen
optelling, optelsom Addition *v*[20]
opteren: *voor iets ~* für[+4] etwas optieren[320]
opticien Optiker *m*[9]
optie 1 (*keuze*) Option *v*[20] **2** (*Belg*) (*keuzevak*) Wahlfach *o*[32]
optiek Optik *v*[28]
optillen aufheben[186], hochheben[186]
optimaal optimal
optimisme Optimismus *m*[19a]
optimist Optimist *m*[14]
optimistisch optimistisch
optisch optisch
optocht Zug *m*[6], Umzug *m*[6], Aufzug *m*[6]
optornen ankämpfen: *~ tegen* ankämpfen gegen[+4]
¹optreden *zn* **1** (*op toneel*) Auftreten *o*[39], Auftritt *m*[5] **2** (*manier van handelen*) Auftreten *o*[39], Vorgehen *o*[39]
²optreden *ww* **1** (*op toneel*) auftreten[291] **2** (*handelen*) auftreten[291], vorgehen[168]: *handelend ~* einschreiten[254]; *tegen iem ~* gegen jmdn vorgehen
optrekje kleine Wohnung *v*[20]
¹optrekken *intr* **1** (*mbt auto*) anziehen[318], beschleunigen **2** (*zich bezighouden*) sich beschäftigen: *met iem ~* sich mit jmdm beschäftigen **3** (*langzaam verdwijnen*) aufsteigen[281] **4** (*opmar-*

opzettelijk

optrekken tr 1 *(omhoogtrekken)* hochziehen[318]: *lonen ~* Löhne erhöhen; *zijn neus voor iets ~* die Nase über[+4] etwas rümpfen; *de schouders ~* die Achseln zucken 2 *(opbouwen)* errichten

optrommelen zusammentrommeln

optuigen 1 *(scheepv)* auftakeln 2 *(een paard)* aufzäumen 3 *(versieren)* schmücken

optutten, zich sich aufdonnern, sich aufbrezeln

¹opvallen auffallen[154]

opvallend auffallend, auffällig

opvang 1 Aufnahme v^{21} 2 *(steun)* Betreuung v^{28}

opvangcentrum 1 *(voor daklozen)* Obdachlosenasyl o^{29} 2 *(voor vluchtelingen)* Auffanglager o^{33} 3 *(voor mensen in nood)* Anlaufstelle v^{21}

opvangen auffangen[155]

opvaren hinauffahren[153]: *de rivier ~* den Fluss hinauffahren

opvarenden Passagiere *mv* m^5 und Bemannung v^{20}; *(alleen de bemanning)* Schiffsbesatzung v^{20}

opvatten 1 *(ter hand nemen)* aufnehmen[212]: *zijn studie weer ~* sein Studium wieder aufnehmen 2 *(gaan gevoelen)* empfinden[157]: *liefde voor iets ~* von Liebe für[+4] etwas ergriffen werden[310] 3 *(beschouwen)* auffassen

opvatting Auffassung v^{20}, Ansicht v^{20}

opvegen auffegen, aufkehren

opvijzelen *(fig)* aufmöbeln, verbessern

opvissen auffischen; *(fig, ook)* aufgabeln

opvlammen aufflammen; *(sterk)* auflodern

opvliegen 1 *(mbt vogel)* auffliegen[159]; *(de trap)* hinauffliegen[159] 2 *(driftig worden)* aufbrausen

opvliegend aufbrausend, jähzornig

opvoeden erziehen[318]

opvoedend erzieherisch, Erziehungs…

opvoeder Erzieher m^9

opvoeding Erziehung v^{28}

opvoedingsgesticht, opvoedingsinrichting Erziehungsanstalt v^{20}

opvoedkunde Pädagogik v^{28}

opvoedkundig pädagogisch

opvoedkundige Pädagoge m^{15}, Pädagogin v^{22}

opvoeren 1 *(opdrijven)* erhöhen, steigern, hinaufschrauben: *een opgevoerde brommer* ein frisiertes Moped 2 *(theat)* aufführen

opvoering 1 *(het opdrijven)* Erhöhung v^{20}, Steigerung v^{20} 2 *(theat)* Aufführung v^{20}

opvolgen 1 folgen[+3] 2 *(raad, bevel)* befolgen[+4]: *iem ~* jmdm nachfolgen

opvolger Nachfolger m^9

opvolging 1 *(mbt ambt enz.)* Nachfolge v^{21}; *(op de troon)* Thronfolge v^{21} 2 *(het naleven)* Befolgung v^{20}

opvouwbaar faltbar, zusammenlegbar: *opvouwbare boot* Faltboot o^{29}; *opvouwbare fiets* Klapprad o^{32}

opvouwen (zusammen)falten

opvragen anfordern, zurückfordern, abrufen[226]; *(geld van de bank)* abheben[186]: *informatie ~* Informationen anfordern

opvreten auffressen[162]: *hij wordt opgevreten van de zenuwen* er stirbt vor Nervosität

opvriezen wieder zu frieren anfangen[155]

opvrolijken aufheitern, aufmuntern

opvullen füllen

opwaaien aufwehen, aufwirbeln

opwaarderen aufwerten

¹opwaarts *bn* aufwärts gerichtet

²opwaarts *bw* aufwärts

opwachten 1 warten auf[+4] 2 *(met vijandige bedoeling)* (jmdm) auflauern

opwachting: *bij iem zijn ~ maken* jmdm seine Aufwartung machen

¹opwarmen tr 1 *(lett)* aufwärmen 2 *(fig)* erwärmen

²opwarmen, zich *(sp)* sich aufwärmen

opwegen aufwiegen[312]: *het een weegt tegen het ander op* das eine wiegt das andere auf; *het weegt tegen elkaar op* es gleicht sich aus

opwekken 1 *(wakker maken)* wecken: *argwaan ~* Argwohn wecken 2 *(levend maken)* auferwecken: *iem uit de dood ~* jmdn vom Tode auferwecken 3 *(prikkelen)* anregen 4 *(opvrolijken)* aufmuntern 5 *(doen ontstaan)* erzeugen: *elektriciteit ~* Elektrizität erzeugen 6 *(aansporen)* anregen

opwekkend 1 *(vrolijk stemmend)* ermunternd: *de eetlust ~* appetitanregend 2 *(med)* anregend

opwekking *(het doen ontstaan)* Erzeugung v^{20}

opwellen aufwallen, aufsteigen[281], (auf)quellen[217]: *~de driften* aufwallende Triebe

opwelling 1 Aufwallen o^{39}, Aufquellen o^{39} 2 *(opbruising)* Regung v^{20}, Ausbruch m^6

¹opwerken tr *(opnieuw bewerken)* aufbereiten

²opwerken, zich sich hocharbeiten (zu[+3])

¹opwerpen tr 1 *(omhoogwerpen)* hinaufwerfen[311], heraufwerfen[311] 2 *(barricade, dam)* aufwerfen[311] 3 *(vraag)* aufwerfen[311]

²opwerpen, zich sich aufwerfen[311] (zu[+3])

¹opwinden tr 1 aufwickeln 2 *(ophijsen)* aufwinden[313] 3 *(uurwerk)* aufziehen[318] 4 *(in geestdriftige stemming brengen)* begeistern

²opwinden, zich sich aufregen (über[+4])

opwindend 1 *(spannend)* aufregend 2 *(prikkelend)* erregend, aufreizend

opwinding Aufregung v^{20}, Erregung v^{20}

opwrijven blank reiben[219], polieren[320]

opzadelen 1 *(lett)* (auf)sattelen 2 *(fig)* aufhalsen: *iem met iets ~* jmdm etwas aufhalsen

opzeggen 1 *(afzeggen)* kündigen, beenden: *zijn abonnement ~* das Abonnement abbestellen; *iem ~* jmdm kündigen; *een contract ~* einen Vertrag kündigen 2 *(uit het hoofd zeggen)* aufsagen

opzegging Kündigung v^{20}, Abbestellung v^{20}

opzeggingstermijn Kündigungsfrist v^{20}

¹opzet *(ontwerp)* Entwurf m^6, Anlage v^{21}, Plan m^6

²opzet *(bedoeling, voornemen)* Absicht v^{20}; *(jur)* Vorsatz m^6: *met ~* absichtlich; *zonder ~* unabsichtlich

opzettelijk absichtlich

¹opzetten intr **1** *(zwellen)* (an)schwellen²⁵⁶ **2** *(naderen)* herankommen¹⁹³; *(mbt onweer)* aufziehen³¹⁸; *(mbt de vloed)* heraufkommen¹⁹³

²opzetten tr **1** *(op iets zetten)* aufsetzen: *een bril ~* eine Brille aufsetzen **2** *(grammofoonplaat)* auflegen **3** *(overeind zetten)* aufsetzen, aufstellen: *zijn kraag ~* seinen Kragen hochschlagen²⁴¹; *een tent ~* ein Zelt aufschlagen²⁴¹ **4** *(beginnen)* gründen **5** *(opstoken)* aufwiegeln, aufhetzen **6** *(een dier)* ausstopfen **7** *(op touw zetten)* organisieren³²⁰, veranstalten: *iets breed ~* etwas breit anlegen || *grote ogen ~* große Augen machen

opzicht 1 *(toezicht)* Aufsicht v²⁸ **2** *(betrekking)* Hinsicht v²⁰, Beziehung v²⁰: *ten ~e van* in Bezug auf⁺⁴; *in elk ~* in jeder Hinsicht; *in geen ~* in keiner Weise; *in vele ~en* in mancher Hinsicht

opzichter Aufseher m⁹

opzichtig auffällig, auffallend

opzichzelfstaand einzeln, vereinzelt

¹opzien zn Aufsehen o³⁹: *~ baren* Aufsehen erregen

²opzien ww **1** *(omhoogzien)* hinaufsehen²⁶¹ **2** *(de ogen opslaan)* aufsehen²⁶¹ **3** *(eerbiedigen)* emporblicken: *hoog tegen iem ~* hoch zu jmdm emporblicken **4** *(vrezen)* scheuen, mit Befürchtung entgegensehen²⁶¹: *tegen iets ~* etwas³ mit Befürchtung entgegensehen; *tegen de kosten ~* die Kosten scheuen; *er tegen ~ de waarheid te zeggen* sich scheuen, die Wahrheit zu sagen

opzienbarend Aufsehen erregend

opzitten 1 *(overeind zitten)* aufsitzen²⁶⁸ **2** *(mbt honden)* Männchen machen || *er zit niets anders op!* es bleibt mir (dir usw.) nichts anderes übrig!; *het zit erop!* das wäre geschafft!

opzoeken 1 aufsuchen **2** *(naslaan)* nachschlagen²⁴¹ **3** *(bezoeken)* aufsuchen, besuchen

opzuigen aufsaugen²²⁹

opzuipen 1 *(zijn geld)* versaufen²²⁸ **2** *(leeg drinken)* aussaufen²²⁸ **3** *(bier e.d.)* aufsaufen²²⁸

opzwellen (auf)schwellen²⁵⁶

opzwepen *(ook fig)* aufpeitschen

orakel Orakel o³³

orang-oetang Orang-Utan m¹³

¹oranje zn Orange o *(2e nvl -; mv -)*

²oranje bn orange, orange(n)farbig

Oranje *(vorstenhuis)* das Haus o³⁹ Oranien

Oranjeploeg niederländische Nationalmannschaft v²⁰

oratie *(inaugurele rede)* Antrittsrede v²¹

oratorium Oratorium o *(2e nvl -s; mv Oratorien)*

orchidee Orchidee v²¹

orde 1 *(regelmaat)* Ordnung v²⁸: *voor de goede ~* ordnungshalber; *~ op zaken stellen* seine Angelegenheiten in Ordnung bringen¹³⁹ **2** *(geregelde toestand)* Ordnung v²⁸: *de openbare ~* die öffentliche Ordnung; *iets in ~ brengen* (of: *maken*): *a)* etwas in Ordnung bringen¹³⁹; *b)* *(repareren)* reparieren³²⁰; *dat komt in ~!* das geht in Ordnung! **3** *(volgorde)* Ordnung v²⁸: *aan de ~ komen* zur Sprache kommen¹⁹³; *aan de ~ stellen* zur Diskussion stellen; *aan de ~ zijn* auf der Tagesordnung stehen²⁷⁹; *tot de ~ van de dag overgaan* zur Tagesordnung übergehen¹⁶⁸ **4** *(biol)* Ordnung v²⁰ **5** *(grootte)* Größe v²¹, Größenordnung v²⁸ **6** *(vereniging, kloosterorde)* Orden m¹¹: *~ van advocaten* Anwaltskammer v²¹; *een ~ verlenen* einen Orden verleihen²⁰⁰

ordebewaarder *(algem)* Ordner m⁹; *(politieman)* Ordnungshüter m⁹

ordelievend ordnungsliebend

ordelijk ordentlich, geordnet

ordeloos ungeordnet, unordentlich

ordenen ordnen

ordening Ordnung v²⁸

ordentelijk ordentlich, anständig

order 1 *(bevel)* Befehl m⁵, Auftrag m⁶; *(mil)* Order v²⁷, v²¹: *tot nader ~* bis auf weiteres; *ik ben tot uw ~s* ich stehe zu Ihren Diensten **2** *(opdracht, bestelling)* Auftrag m⁶, Bestellung v²⁰, Order v²⁷: *een ~ plaatsen* einen Auftrag erteilen

orderbevestiging Auftragsbestätigung v²⁰

orderportefeuille Auftragsbestand m⁶

ordeverstoorder Ruhestörer m⁹

ordeverstoring Ruhestörung v²⁰

ordinair ordinär

ordner Ordner m⁹

ordonnans Melder m⁹

oreren 1 reden **2** *(hoogdravend)* schwadronieren³²⁰

orgaan Organ o²⁹

orgaandonatie Organspende v²¹

organisatie Organisation v²⁰: *de rechterlijke ~* die Gerichtsverfassung

organisator Organisator m¹⁶

organisatorisch organisatorisch

organisch organisch

organiseren 1 organisieren³²⁰ **2** *(op touw zetten)* organisieren³²⁰, veranstalten

organisme Organismus m *(2e nvl -; mv -men)*

organist Organist m¹⁴

orgasme Orgasmus m *(2e nvl -; mv Orgasmen)*

orgel Orgel v²¹; *(draaiorgel)* Drehorgel v²¹; *(klein)* Leierkasten m¹²

orgelbespeling Orgelspiel o³⁹

orgelconcert Orgelkonzert o²⁹

orgeldraaier, orgelman Leierkastenmann m⁸

orgie Orgie v²¹

Oriënt Orient m¹⁹

oriëntatie Orientierung v²⁸

oriënteren orientieren³²⁰: *het ~de gesprek* das Sondierungsgespräch

oriëntering Orientierung v²⁸

oriënteringsvermogen Orientierungssinn m¹⁹

originaliteit Originalität v²⁰

origine Herkunft v²⁵, Abstammung v²⁸

¹origineel zn Original o²⁹

²origineel bn, bw **1** originell: *originele ideeën* originelle Ideen **2** *(oorspronkelijk)* original: *originele*

tekst Originaltext *m*⁵; *originele verpakking* Originalverpackung *v*²⁰
orkaan Orkan *m*⁵
orkaankracht Orkanstärke *v*²⁸
orkest Orchester *o*³³
orkestratie Orchestrierung *v*²⁰
orkestreren orchestrieren³²⁰
ornaat Ornat *m*⁵, *o*²⁹: *in vol ~* in vollem Ornat
ornament Ornament *o*²⁹
orthodox orthodox
orthodoxie Orthodoxie *v*²⁸
orthopedagoog Heilpädagoge *m*¹⁵
orthopedie Orthopädie *v*²⁸
orthopedisch orthopädisch
os Ochse *m*¹⁵: *slapen als een os* schlafen²⁴⁰ wie ein Dachs
OS *afk van Olympische Spelen* Olympische Spiele (*mv*) (*afk* OS)
ossenhaas Rinderfilet *o*³⁶; *(toebereid)* Lendenbraten *m*¹¹, Filetbraten *m*¹¹
ossenstaartsoep Ochsenschwanzsuppe *v*²¹
otter Otter *m*⁹
oud alt⁵⁸: *de ~e dag* das Alter; *mijn ~e heer* mein Alter Herr; *een oud-lid van de vereniging* ein früheres Vereinsmitglied; *de ~e lui* die Senioren; (*fig*) *een ~e rot* ein alter Hase; *een kind van een jaar ~* ein einjähriges Kind; *jong en ~* Alt und Jung; *~en en jongen* Alte und Junge; *~en van dagen* alte Leute; *~ en nieuw vieren* Silvester feiern; *hij is weer de ~e* er ist wieder der Alte; *zo ~ als de weg naar Rome* so alt wie die Welt; *hoe ~er, hoe gekker* Alter schützt vor Torheit nicht; *iem als ~ vuil behandelen* jmdn wie den letzten Dreck behandeln
oud- alt-, Alt-, ehemalig
oudbakken (*ook fig*) altbacken
oud-burgemeester ehemaliger Bürgermeister *m*⁹
oudedagsvoorziening Altersversorgung *v*²⁸
oudeheer Alte(r) *m*⁴⁰ᵃ
oudejaar Silvester *m*⁹, *o*³³
oudejaarsavond Silvesterabend *m*⁵
oudelui Alte *mv*⁴⁰
ouder Elternteil *m*⁵: *~s* Eltern
ouderavond Elternabend *m*⁵
oudercommissie Elternbeirat *m*⁶
ouderdom Alter *o*³³
ouderdomskwaal Altersbeschwerde *v*²¹
ouderdomspensioen Altersrente *v*²¹, Rente *v*²¹; *(van ambtenaren)* Pension *v*²⁰
ouderdomsuitkering Altersrente *v*²¹, Rente *v*²¹, Altersbezug *m*⁶, Altersgeld *o*³¹
ouderdomsvoorziening Altersversorgung *v*²⁸
ouderejaars (*student*) älteres Semester *o*³³
ouderhuis Elternhaus *o*³²
ouderlijk elterlich, Eltern-: *het ~e huis* das Elternhaus
ouderling Kirchenälteste(r) *m*⁴⁰ᵃ, *v*⁴⁰ᵇ
ouderloos elternlos

ouderpaar Elternpaar *o*²⁹
ouderschapstoelage Erziehungsgeld *o*³¹
ouderschapsverlof Erziehungsurlaub *m*⁵
ouderwets 1 altmodisch 2 *(echt)* richtig: *een ~e winter* ein richtiger Winter
oudgediende 1 *(oud-soldaat)* Veteran *m*¹⁴ 2 *(iem met ervaring)* alter Hase *m*¹⁵
oudheid 1 *(tijd)* Altertum *o*³⁹ 2 *(het oud-zijn)* Alter *o*³³ 3 *(voorwerp)* Altertümer *mv o*³² 4 *(tijdvak)* Altertum *o*³⁹, Antike *v*²⁸
oudheidkunde Archäologie *v*²⁸
oudheidkundig archäologisch
oudheidkundige Archäologe *m*¹⁵
oudjaar Silvester *m*⁹, *o*³³
oudje 1 *(man)* Alte(r) *m*⁴⁰ᵃ 2 *(vrouw)* Alte *v*⁴⁰ᵇ
oud-leerling ehemaliger Schüler *m*⁹
ouds: *van ~* von alters her
oudsher: *van ~* von alters her
oudste Älteste(r) *m*⁴⁰ᵃ, *v*⁴⁰ᵇ
oud-strijder Veteran *m*¹⁴
outbox Outbox *v*²⁰ (*mv ook* -es)
outfit Outfit *o*³⁶ (*2e nvl ook* -)
outillage Ausrüstung *v*²⁰, Ausstattung *v*²⁰
outilleren ausrüsten, ausstatten
outlet Outlet *o*³⁶
outplacement Outplacement *o*³⁶
output Output *m*¹³, *o*³⁶
outsider 1 *(niet-ingewijde)* Außenstehende(r) *m*⁴⁰ᵃ, *v*⁴⁰ᵇ 2 *(sp)* Außenseiter *m*⁹
outsourcen outsourcen
outsourcing Outsourcing *o*³⁹
ouverture Ouvertüre *v*²¹
ouvreuse Platzanweiserin *v*²²
ouwe: *de ~* der Alte *m*⁴⁰ᵃ
ouwehoer *(inform)* Quatschkopf *m*⁶
ouwehoeren *(inform)* quatschen
ouwel Oblate *v*²¹
ouwelijk ältlich
ov *afk van openbaar vervoer* öffentliche Verkehrsmittel (*mv*) (*afk* öV)
¹ovaal *zn* Oval *o*²⁹
²ovaal *bn* oval
ovatie Ovation *v*²⁰
ovationeel stürmisch, tosend
oven Ofen *m*¹²; *(in fornuis)* Backofen *m*¹²
ovenplaat Backblech *o*²⁹
ovenvers ofenfrisch
¹over *bw* 1 *(van de ene kant naar de andere)* über⁺⁴: *zij ging de straat ~* sie ging über die Straße; *~ en weer* hin und her; *(wederzijds)* gegenseitig; *~ en weer praten* hin und her reden 2 *(voorbij)* vorüber, vorbei: *de pijn is ~* die Schmerzen sind vorüber 3 *(ongebruikt)* übrig: *er is niet veel ~* es ist nicht viel übrig; *hij heeft tijd te ~* er hat Zeit im Überfluss 4 *(naar een andere plaats)* morgen zijn *we ~ (verhuisd)* morgen sind wir umgezogen; *hij is ~ (bevorderd)* er ist versetzt worden; *ze zijn ~ (op bezoek)* sie sind zu Besuch; *familie ~ hebben* Verwandtenbesuch haben¹⁸²

²**over** vz 1 *(mbt het bedekken van een oppervlak)* über *(bij rust⁺³, anders⁺⁴): een deken ~ het bed leggen* eine Decke über das Bett legen 2 *(aan de andere kant van)* über⁺³: *~ de grens wonen* über der Grenze wohnen 3 *(naar de andere kant van)* über⁺⁴: *~ de grens vluchten* über die Grenze fliehen¹⁶⁰ 4 *(van de ene kant naar de andere)* über⁺⁴: *de brug ~ de rivier* die Brücke über den Fluss 5 *(langs de oppervlakte van)* über⁺⁴: *de bal rolt ~ het veld* der Ball rollt über das Feld 6 *(meer dan)* über⁺⁴: *kinderen ~ de 12 jaar* Kinder über 12 Jahre; *het is ~ zessen* es ist über sechs (Uhr) 7 *(na)* in⁺³: *~ een week* in einer Woche 8 *(gedurende)* über⁺⁴: *~ een periode van 10 jaar* über eine Periode von 10 Jahren 9 *(wat betreft)* über⁺⁴: *heersen ~* herrschen über 10 *(via)* über⁺⁴: *wij rijden ~ Keulen* wir fahren über Köln 11 *(door, ten gevolge van)* über⁺⁴: *verdrietig zijn ~* traurig sein²⁶² über

¹**overal** vnw bw alles: *~ van weten* alles wissen³¹⁴
²**overal** vw *(op alle plaatsen)* überall
overall Overall *m*¹³
overbekend allbekannt, weit bekannt
overbelast überlastet
overbelasten überlasten
overbelasting Überlastung *v*²⁰
overbeleefd übertrieben höflich
overbelichten überbelichten
overbevissing Überfischung *v*²⁰
overbevolking Übervölkerung *v*²⁸
overbevolkt übervölkert
overblijfsel Überrest *m*⁵, Rest *m*⁵
overblijven 1 *(resteren)* (übrig) bleiben¹³⁴ 2 *(logeren)* übernachten 3 *(op school)* in der Mittagspause in der Schule bleiben¹³⁴
overbluffen verblüffen, verdutzen
overbodig überflüssig
overboeken (gireren) überweisen³⁰⁷
overboord über Bord
overbrengen 1 *(van de ene plaats naar de andere brengen)* bringen¹³⁹, überbringen¹³⁹: *naar het pakhuis ~* ins Lagerhaus bringen 2 *(zeggen)* ausrichten: *groeten ~* Grüße ausrichten 3 *(overdragen)* übertragen²⁸⁸: *een besmetting ~* eine Ansteckung übertragen 4 *(vertalen)* übersetzen 5 *(verklikken)* (jmdm etwas) zutragen²⁸⁸
overbrenging Überbringung *v*²⁰; *(techn)* Übertragung *v*²⁰, Übersetzung *v*²⁰; *zie ook* overbrengen
overbrieven (jmdm etwas) zutragen²⁸⁸
overbruggen überbrücken
overbrugging Überbrückung *v*²⁰
overbuur Gegenüber *o*³³
overcapaciteit Überkapazität *v*²⁰
overcompleet überzählig
overdaad Überfluss *m*¹⁹
overdadig überreichlich, üppig
overdag tagsüber
overdekken 1 *(geheel bedekken)* überdecken 2 *(met een dak)* überdachen: *overdekt zwembad* Hallenbad *o*³²

overdenken überdenken¹⁴⁰, nachdenken¹⁴⁰ über⁺⁴, sich³ überlegen
overdenking Überlegung *v*²⁰
overdoen 1 *(opnieuw doen)* noch einmal tun²⁹⁵, noch einmal machen, wiederholen 2 *(verkopen)* verkaufen
overdonderen verblüffen
overdosering Überdosierung *v*²⁰
overdosis Überdosis *v (mv -dosen)*
overdracht Übertragung *v*²⁰, Übergabe *v*²¹
overdrachtelijk übertragen, bildlich
overdragen übertragen²⁸⁸: *iets aan iem ~* jmdm etwas übertragen; *zijn vorderingen aan iem ~* seine Forderungen an jmdn abtreten²⁹¹
overdreven übertrieben
¹**overdrijven** vorüberziehen³¹⁸
²**overdrijven** übertreiben²⁹⁰
overdrijving Übertreibung *v*²⁰
overdruk zn 1 *(van artikel)* Sonderdruck *m*⁵ 2 *(spanning)* Überdruck *m*⁶
overduidelijk überdeutlich
overdwars quer: *~e doorsnede* Querschnitt *m*⁵
overeen *(over elkander)* übereinander: *(Belg) de armen ~* mit den Armen übereinander
¹**overeenkomen** intr *(overeenstemmen)* übereinstimmen: *in iets ~* in⁺³ etwas übereinstimmen; *~ met* übereinstimmen mit⁺³
²**overeenkomen** tr *(een overeenkomst sluiten)* vereinbaren: *een prijs ~* einen Preis vereinbaren
overeenkomend 1 *(gelijk)* übereinstimmend 2 *(gelijkend)* ähnlich
overeenkomst 1 *(gelijkheid)* Übereinstimmung *v*²⁰ 2 *(gelijkenis)* Übereinstimmung *v*²⁰, Ähnlichkeit *v*²⁰: *~ vertonen met* Ähnlichkeit aufweisen³⁰⁷ mit⁺³ 3 *(afspraak)* Übereinkunft *v*²⁵, Vereinbarung *v*²⁰ 4 *(contract)* Vertrag *m*⁶
¹**overeenkomstig** bn, bw ähnlich: *~e gevallen* ähnliche Fälle; *~ hiermede* dementsprechend; *~ zijn met* entsprechen²⁷⁴⁺³
²**overeenkomstig** vz gemäß⁺³, entsprechend⁺³: *~ zijn wens* seinem Wunsch gemäß; *hij wordt ~ zijn werk betaald* er wird seiner Arbeit entsprechend bezahlt
overeenstemmen übereinstimmen
overeenstemming Übereinstimmung *v*²⁰: *tot ~ komen* Übereinstimmung erreichen
overeind aufrecht, gerade: *~ komen (opstaan)* hochkommen¹⁹³; *~ gaan zitten* sich aufrichten; *iets ~ houden* etwas aufrechterhalten¹⁸³
overgaan 1 *(gaan)* gehen¹⁶⁸: *van het ene schip op het andere ~* von einem Schiff auf das andere gehen 2 *(verhuizen)* umziehen³¹⁸ 3 *(bevorderd worden)* versetzt werden³¹⁰ 4 *(in andere handen komen)* übergehen¹⁶⁸ (auf⁺⁴) 5 *(in een andere toestand komen)* übergehen¹⁶⁸: *tot ontbinding ~* in⁺⁴ Fäulnis übergehen 6 *(zich over iets bewegen)* gehen¹⁶⁸ über⁺⁴: *de brug ~* über die Brücke gehen¹⁶⁸ 7 *(voorbijgaan)* vorbeigehen¹⁶⁸, vorübergehen¹⁶⁸: *de pijn gaat over* der Schmerz geht vorbei

8 *(beginnen met iets)* übergehen[168]: *tot stemmen ~* zur Abstimmung übergehen **9** *(geluid geven)* gehen[168]: *de telefoon gaat over* das Telefon geht

overgang 1 Übergang m^6 **2** *(bevordering)* Versetzung v^{20} **3** *(med)* Wechseljahre mv o^{29}

overgangsexamen Versetzungsprüfung v^{20}

overgangsjaren Wechseljahre mv o^{29}

overgangsperiode Übergangsperiode v^{21}

overgangsrapport Versetzungszeugnis o^{29a}

overgankelijk transitiv

overgave 1 *(het overhandigen)* Übergabe v^{21} **2** *(capitulatie)* Übergabe v^{21} **3** *(toewijding)* Hingabe v^{28} **4** *(berusting)* Ergebung v^{28}

overgelukkig überglücklich

overgeven *intr (braken)* sich übergeben[166]

overgeven *tr* **1** *(overreiken)* übergeben[166]: *een boek ~* ein Buch übergeben **2** *(overdragen)* übergeben[166]: *een ambt ~* ein Amt übergeben

overgeven, zich 1 *(aan de vijand)* sich ergeben[166] **2** *(toevertrouwen)* sich anvertrauen **3** *(zich wijden aan)* sich hingeben[166] **4** *(verslaafd raken aan)* sich ergeben[166]

overgevoelig überempfindlich; *(sentimenteel)* empfindsam

overgewicht Übergewicht o^{39}

overgieten *(in een ander vat)* umgießen[175]

overgieten übergießen[175]

overgooien *intr (opnieuw gooien)* noch einmal werfen[311]

overgooien *tr (een bal)* herüberwerfen[311], hinüberwerfen[311]

overgooier Trägerkleid o^{31}

overgordijn Übergardine v^{21}

overgrootmoeder Urgroßmutter v^{26}

overgrootvader Urgroßvater m^{10}

overhaast übereilt, überstürzt

overhaasten überstürzen: *niets ~* nichts überstürzen

overhalen 1 *(bepraten)* überreden **2** *(ompraten)* umstimmen **3** *(een hendel)* umlegen

overhand Oberhand v^{28}: *de ~ hebben* die Oberhand haben[182]; *de ~ krijgen* die Oberhand gewinnen[174]; *die mening heeft thans de ~* die Meinung herrscht jetzt vor

overhandigen übergeben[166], überreichen

overheadprojector Overheadprojektor m^{16}

overhebben 1 *(overhouden)* übrig haben[182]: *ik heb nog iets over* ich habe noch etwas übrig **2** *(willen missen)* übrig haben[182]: *iets voor iem ~* etwas für jmdn übrig haben; *alles voor iem ~* alles für jmdn hergeben[166]; *daar heb ik geen geld voor over* dafür gebe ich mein Geld nicht her; *geen goed woord voor iem ~* jmdm kein gutes Wort gönnen; *ik zou er wat voor ~, als …* ich gäbe etwas dafür, wenn …

overheen über: *een kist waar een kleed ~ ligt* eine Kiste mit einer Decke darüber; *ik ben er nu ~* ich bin jetzt darüber hinweg; *over iets heen komen* über etwas hinwegkommen[193]; *jaren zijn er ~ gegaan* seitdem sind Jahre verstrichen; *ergens losjes ~ gaan* flüchtig über etwas hinweggehen[168]

overheerlijk vorzüglich, ausgezeichnet

overheersen beherrschen, vorherrschen, dominieren[320]: *een ~de kleur* eine vorherrschende Farbe; *een ~de positie* eine dominierende Stellung

overheerser Herrscher m^9

overheersing 1 *(onderdrukking)* Beherrschung v^{28}: *vreemde ~* Fremdherrschaft v^{28} **2** *(overvleugeling)* Vorherrschaft v^{28}

overheid Staat m^{16}, Behörde v^{21}

overheidsapparaat Verwaltungsapparat m^5

overheidsbedrijf Staatsbetrieb m^5

overheidsdienst Behörde v^{21}: *in ~ zijn* im öffentlichen Dienst stehen[279]

overheidsgezag Staatsgewalt v^{28}

overheidspersoneel öffentlicher Dienst m^5

overheidssubsidie staatliche Subvention v^{20}

overheidsuitgaven Ausgaben mv v^{21} der öffentlichen Hand

overheidswege: *van ~* staatlich, behördlich, behördlicherseits

overhellen 1 überhängen[184]: *het schip helt over naar bakboord* das Schiff hat Schlagseite nach Backbord **2** *(fig)* neigen (zu^{+3})

overhemd Oberhemd o^{37}

overhoop durcheinander

overhoopgooien durcheinander werfen[311]

overhoophalen 1 *(lett)* durcheinander werfen[311] **2** *(fig)* durcheinander bringen[139]

overhoopliggen: *met iem ~* sich mit jmdm überworfen haben[182]

overhoopschieten über den Haufen schießen[238]

overhoren prüfen, abfragen: *woordjes ~* Vokabeln abfragen; *de klas ~* die Klasse prüfen

overhoring Prüfung v^{20}

overhouden 1 *(als overschot)* übrig behalten[183] **2** *(van ziekte e.d.)* (zurück)behalten[183] ǁ *dat houdt niet over* das könnte besser sein

overig übrig: *het ~e* das Übrige, der Rest; *al het ~e* alles Übrige; *voor het ~e* übrigens

overigens übrigens

overijld übereilt

overjarig 1 *(van het vorige jaar)* vom vergangenen Jahr **2** *(plantk)* ausdauernd

overjas Mantel m^{10}

overkant andere Seite v^{21}: *aan de ~* auf der anderen Seite; *aan de ~ van de zee* jenseits^{+2} des Meeres; *naar de ~ (gaan enz.)* hinüber(gehen[168] usw.)

overkapping Überdachung v^{20}

overkoepelend: *~e organisatie* Dachverband m^6

overkoken überkochen

overkomelijk überwindbar

¹**overkomen 1** *(van elders komen)* herüberkommen[193] **2** *(over iets heen komen)* kommen[193] über^{+4}: *de rivier ~* über den Fluss kommen **3** *(begrepen worden)* ankommen[193]: *bij het publiek goed ~* beim Publikum gut ankommen

overkomen

²**overkomen** passieren³²⁰: *dat is mij nog nooit ~* das ist mir noch nie passiert
overkrijgen zu Besuch bekommen¹⁹³
¹**overladen** umladen¹⁹⁶
²**overladen** 1 *(te zwaar laden)* überladen¹⁹⁶ 2 *(overstelpen)* überhäufen: *een ~ programma* ein überladenes Programm
overland auf dem Landweg
overlangs der Länge nach
overlap Überlappung v²⁰, Überschneidung v²⁰
overlappen überlappen, sich überschneiden²⁵⁰
overlapping *zie* overlap
overlast *(hinder)* Belästigung v²⁰: *iem ~ aandoen* jmdn belästigen
overlaten 1 *(laten overblijven)* übrig lassen¹⁹⁷: *iets te wensen ~* etwas zu wünschen übrig lassen 2 *(zich niet bekommeren om)* überlassen¹⁹⁷: *aan zijn lot ~* seinem Schicksal überlassen 3 *(laten zorgen voor)* überlassen¹⁹⁷
overleden gestorben
overledene Verstorbene(r) m⁴⁰ᵃ, v⁴⁰ᵇ
overleg 1 *(nadenken)* Überlegung v²⁰: *met ~* mit Bedacht 2 *(beraadslaging)* Beratung v²⁰, Beratschlagung v²⁰: *~ plegen met* sich beraten²¹⁸ mit⁺³ 3 *(raadpleging)* Rücksprache v²¹: *in ~ met* nach Rücksprache mit⁺³; *in onderling ~* im gegenseitigen Einvernehmen
¹**overleggen** vorlegen: *stukken ~* Unterlagen vorlegen
²**overleggen** 1 *(overwegen)* überlegen 2 *(beraadslagen)* beratschlagen
¹**overlegging** Vorlage v²¹: *onder ~ van* gegen Vorlage⁺²
²**overlegging** Überlegung v²⁰
overleven überleben
overlevende Überlebende(r) m⁴⁰ᵃ, v⁴⁰ᵇ
overleveren 1 *(in handen stellen)* ausliefern, übergeben¹⁶⁶ 2 *(van verhalen)* überliefern
overlevering Überlieferung v²⁰
overlevingspensioen *(Belg)* Hinterbliebenenrente v²¹
overlezen noch einmal lesen²⁰¹
¹**overlijden** *zn* Tod m⁵: *bij het ~ van* beim Tode⁺²; *bij ~* im Todesfall
²**overlijden** *ww* sterben²⁸²
overloop 1 *(het overstromen)* Überlauf m⁶ 2 *(bij trap)* Treppenabsatz m⁶ 3 *(gang)* Flur m⁵
overlopen 1 *(over iets heen lopen)* gehen¹⁶⁸ über⁺⁴ 2 *(vervloeien)* überlaufen¹⁹⁸ 3 *(deserteren)* überlaufen¹⁹⁸: *naar de vijand ~* zum Feind überlaufen
overloper Überläufer m⁹
overmaat Übermaß o³⁹: *tot ~ van ramp* zu allem Unglück
overmacht 1 *(grotere macht)* Übermacht v²⁸ 2 *(meerderheid)* Übermacht v²⁸, Überzahl v²⁸ 3 *(force majeure)* höhere Gewalt v²⁰
overmachtig übermächtig, überlegen
overmaken 1 *(opnieuw maken)* noch einmal machen; *(omwerken)* umarbeiten 2 *(een bedrag)* überweisen³⁰⁷
overmannen übermannen, überwältigen
overmatig übermäßig
overmeesteren überwältigen
overmoed Übermut m¹⁹: *in ~* im Übermut
overmoedig übermütig
overmorgen übermorgen
overnachten übernachten
overnachting Übernachtung v²⁰
overname Übernahme v²¹
overnemen übernehmen²¹²: *iets uit een boek ~* etwas aus einem Buch übernehmen
overpakken umpacken
overpeinzen nachdenken¹⁴⁰ über⁺⁴
overpeinzing Nachdenken o³⁹
overplaatsen versetzen
overplaatsing Versetzung v²⁰
overplanten umpflanzen, verpflanzen
overproductie Überproduktion v²⁸
overreden überreden
overredingskracht Überredungskunst v²⁵
¹**overrijden** 1 *(over iets rijden)* fahren¹⁵³ über⁺⁴ 2 *(nog eens rijden)* noch einmal fahren¹⁵³
²**overrijden** überfahren¹⁵³: *iem ~* jmdn überfahren
overrijp überreif
overrompelen überrumpeln
overrompeling Überrump(e)lung v²⁰
overschaduwen 1 überschatten 2 *(overtreffen)* in den Schatten stellen
overschakelen umschalten
overschakeling Umschaltung v²⁰
overschatten überschätzen
overschenken umgießen¹⁷⁵
overschieten 1 *(overblijven)* übrig bleiben¹³⁴ 2 *(opnieuw schieten)* noch einmal schießen²³⁸
overschilderen noch einmal malen
overschot 1 *(rest)* Rest m⁵, Überrest m⁵: *het stoffelijk ~* die sterblichen Reste; *(Belg) ~ van gelijk hebben* vollkommen Recht haben¹⁸² 2 *(geld)* Überschuss m⁶
overschreeuwen überschreien²⁵³
overschrijden 1 *(stappen over)* überschreiten²⁵⁴: *de grens ~* die Grenze überschreiten 2 *(te ver gaan)* überschreiten²⁵⁴: *zijn bevoegdheid ~* seine Befugnisse überschreiten; *zijn tegoed ~* sein Guthaben überziehen³¹⁸
overschrijven 1 *(opnieuw schrijven)* noch einmal schreiben²⁵²; *(omwerken)* umschreiben²⁵² 2 *(afschrijven)* abschreiben²⁵² 3 *(van het klad)* ins Reine schreiben²⁵² 4 *(op een andere naam)* überschreiben²⁵² 5 *(overmaken)* überweisen³⁰⁷: *een bedrag ~* einen Betrag überweisen
¹**overslaan** *intr* 1 *(mbt stem)* sich überschlagen²⁴¹ 2 *(mbt brand, epidemie)* übergreifen (auf⁺⁴)
²**overslaan** *tr* 1 *(verzuimen, passeren, weglaten)* überschlagen²⁴¹ 2 *(een schoolklas)* überspringen²⁷⁶ 3 *(overladen)* umladen¹⁹⁶

overslag 1 *(wat over iets heen slaat)* Umschlag *m*⁶; *(aan kleren, ook)* Aufschlag *m*⁶ 2 *(van lading)* Umschlag *m*¹⁹

oversmokkelen: *iets de grens ~* etwas über die Grenze schmuggeln

overspannen *bn* 1 *(overdreven)* überspannt 2 *(overwerkt)* überanstrengt, überarbeitet 3 *(overprikkeld)* überreizt: *~ conjunctuur* überhitzte Konjunktur

overspannen *tr* 1 *(overwelven)* überspannen 2 *(te veel inspannen)* überanstrengen: *zich ~* sich überanstrengen

overspel Ehebruch *m*⁶: *~ plegen* Ehebruch begehen¹⁶⁸

overspelen noch einmal spielen

overspelig ehebrecherisch

overspoelen überspülen; *(ook fig)* überschwemmen, überfluten

overspringen 1 *(over iets heen springen)* überspringen²⁷⁶, springen²⁷⁶ über⁺⁴ 2 *(van het een op het andere overgaan)* überspringen²⁷⁶: *elektrische vonken springen over* elektrische Funken springen über

overspuiten noch einmal spritzen

overstaan: *ten ~ van* in Anwesenheit von⁺³

overstag: *~ gaan: a) (lett)* über Stag gehen¹⁶⁸; *b) (fig)* seine Meinung ändern

overstapje Umsteig(e)karte *v*²¹

overstappen 1 *(over iets stappen)* treten²⁹¹ über⁺⁴ 2 *(van trein, bus veranderen)* umsteigen²⁸¹ 3 *(van onderwerp, van baan veranderen)* hinüberwechseln 4 *(overgaan op)* umsteigen²⁸¹ (auf⁺⁴)

overste *(mil)* Oberstleutnant *m*¹³, *m*⁵

oversteekplaats Fußgängerüberweg *m*⁵

oversteken 1 *(naar de overzijde gaan)* überqueren: *de rivier, de straat ~* den Fluss, die Straße überqueren 2 *(ruilen)* tauschen: *tegelijk ~* Zug um Zug

overstelpen überhäufen

overstemmen 1 *(met meerderheid van stemmen)* überstimmen 2 *(door geluid)* übertönen

overstromen *(ook fig)* überschwemmen, überfluten

overstroming Überschwemmung *v*²⁰

overstuur: *mijn maag is ~* mein Magen ist verstimmt; *hij is helemaal ~* er ist ganz durcheinander

overtekenen *(naar een voorbeeld)* abzeichnen, nachzeichnen

overtellen nachzählen

overtikken 1 *(uittypen)* abtippen 2 *(opnieuw tikken)* noch einmal tippen

overtocht *(over water)* Überfahrt *v*²⁰

overtollig überflüssig

overtreden übertreten²⁹¹, verletzen

overtreder Übertreter *m*⁹: *~ van regels* Regelverletzer *m*⁹

overtreding Übertretung *v*²⁰: *in ~ zijn* sich einer Übertretung² schuldig machen

overtreffen übertreffen²⁸⁹: *iem in kennis ~* jmdn an⁺³ Kenntnissen übertreffen; *de vraag overtreft het aanbod* die Nachfrage übersteigt das Angebot

overtrek Überzug *m*⁶

¹**overtrekken** 1 *(naar de andere zijde trekken)* (hinüber)ziehen³¹⁸ über⁺⁴ 2 *(de lijnen natrekken)* durchzeichnen 3 *(mbt wolken, buien e.d.)* vorüberziehen³¹⁸, sich verziehen³¹⁸

²**overtrekken** 1 *(bekleden)* überziehen³¹⁸ 2 *(overdrijven)* überziehen³¹⁸, überspitzen

overtroeven übertrumpfen

overtuigd überzeugt

¹**overtuigen** *tr* überzeugen: *iem van iets ~* jmdn von⁺³ etwas überzeugen

²**overtuigen, zich** sich überzeugen

overtuigend überzeugend

overtuiging Überzeugung *v*²⁰: *tot de ~ komen* zu der Überzeugung kommen¹⁹³

overuren Überstunden *mv v*²¹

overvaart Überfahrt *v*²⁰

overval Überfall *m*⁶

overvallen überfallen¹⁵⁴

overvaller Räuber *m*⁹

overvaren überfahren¹⁵³

oververhit überhitzt

oververhitten überhitzen

oververmoeid übermüdet

oververmoeidheid Übermüdung *v*²⁸

oververzadigd übersättigt

overvleugelen überflügeln

overvliegen fliegen¹⁵⁹ über⁺⁴: *de oceaan ~* über den Ozean fliegen

overvloed Überfluss *m*¹⁹: *in ~* in (of: im) Überfluss; *een ~ van …* ein Überfluss an⁺³ …; *ten ~e* zu allem Überfluss

overvloedig reichlich

overvloeien überfließen¹⁶¹

overvoeren 1 *(te veel voer geven)* überfüttern 2 *(de markt)* überschwemmen

overvol überfüllt, übervoll

overvragen einen zu hohen Preis fordern

overwaaien 1 *(weggevoerd worden)* herüberwehen, hinüberwehen 2 *(overgaan)* vorbeigehen¹⁶⁸ 3 *(van elders komen)* komen ~ hinüberkommen¹⁹³; herüberkommen¹⁹³

overwaarde Mehrwert *m*¹⁹

overwaarderen überbewerten

¹**overweg** Bahnübergang *m*⁶

²**overweg**: *met iem ~ kunnen* mit jmdm auskommen¹⁹³

overwegen 1 *(overdenken)* erwägen³⁰³ 2 *(de doorslag geven)* überwiegen³¹²

overwegend *(hoofdzakelijk)* überwiegend

overweging Erwägung *v*²⁰: *iem iets in ~ geven* jmdm etwas zu bedenken geben¹⁶⁶; *in ~ nemen* in Erwägung ziehen³¹⁸

overweldigen überwältigen

overweldigend überwältigend

overwerk Mehrarbeit *v*²⁸

¹**overwerken** Überstunden machen: *twee uur ~* zwei Überstunden machen
²**overwerken, zich** sich überarbeiten
overwerkuren Überstunden *mv* v^{21}
overwicht *(meer macht of aanzien)* Überlegenheit v^{28}, Autorität v^{28}: *militair ~* militärische Überlegenheit
overwinnaar Sieger m^9; *zie ook* overwinnen
¹**overwinnen** *intr* siegen
²**overwinnen** *tr* besiegen, siegen über^{+4}, überwinden^{313}: *een gevoel ~* ein Gefühl überwinden; *moeilijkheden ~* Schwierigkeiten überwinden
overwinning 1 Sieg m^5: *~ op* Sieg über^{+4}; *zeker van de ~* siegesgewiss **2** *(van zichzelf)* Überwindung v^{28}
overwinningsroes Siegestaumel m^{19}
overwinteren überwintern
overwippen *(even bezoeken)* vorbeikommen^{193}: *komen ~* (bei jmdm) vorbeikommen
overwoekeren überwuchern
overzee: *Nederlanders ~* Niederländer in Übersee; *naar ~ gaan* nach Übersee auswandern; *van ~* aus Übersee
overzees überseeisch, Übersee…
overzetten 1 *(overvaren)* überfahren^{153} **2** *(vertalen)* übersetzen, übertragen^{288}
overzicht Übersicht v^{20}: *beknopt ~* Abriss m^5
overzichtelijk übersichtlich
¹**overzien** durchsehen^{261}
²**overzien** übersehen^{261}: *niet te ~* unabsehbar; *gemakkelijk te ~* übersichtlich
overzijde *zie* overkant
overzwemmen schwimmen^{257} über^{+4}: *de rivier ~* über den Fluss schwimmen^{257}
ov-jaarkaart Jahreskarte v^{21} für die öffentlichen Verkehrsmittel
ovulatie Ovulation v^{20}
oxidatie Oxidation v^{20}
oxide Oxid o^{29}
oxideren oxidieren^{320}
ozon Ozon m^{19}, o^{39}
ozongat Ozonloch o^{32}
ozonlaag Ozonschicht v^{28}

p

pa Papa m^{13}, Vater m^{10}
p/a *afk van* per adres per Adresse *(afk* p.A.)
paadje *(schmaler)* Pfad m^5
paaien *(tevredenstellen)* beschwichtigen
paal 1 Pfahl m^6; *(voor elektrische leidingen)* Mast m^5, m^{16} **2** *(doelpaal)* Pfosten m^{11} || *dat staat als een ~ boven water!* das steht unumstößlich fest; *aan iets ~ en perk stellen* einer Sache[3] Grenzen setzen
paaldansen Stange tanzen
paaldansen Stangentanzen o^{39}
paalwoning Pfahlbau *m (2e nvl -(e)s; mv -ten)*, Stelzenhaus o^{32}
paar *(twee bij elkaar behorende)* Paar o^{29}: *twee ~ schoenen* zwei Paar Schuhe
paar *(enige)* paar: *in een ~ woorden* mit ein paar Worten; *een ~ keer* ein paar Mal(e)
paar *bn (Belg)* gerade
paard Pferd o^{29} || *werken als een ~* arbeiten wie ein Pferd; *een gegeven ~ moet men niet in de bek zien* einem geschenkten Gaul sieht *(of:* schaut) man nicht ins Maul; *over het ~ getild zijn* auf dem hohen Ross sitzen[268]
paardenbloem Löwenzahn m^{19}
paardenfokker Pferdezüchter m^9
paardenfokkerij 1 *(het fokken)* Pferdezucht v^{28} **2** *(stoeterij)* Gestüt o^{29}
paardenkastanje Rosskastanie v^{21}
paardenkracht *(maat van arbeidsvermogen)* Pferdestärke v^{21} *(afk* PS)
paardenliefhebber Pferdeliebhaber m^9
paardenmarkt Pferdemarkt m^6
paardenmiddel *(fig)* Rosskur v^{20}, Gewaltkur v^{20}
paardensport Pferdesport m^{19}
paardensprong *(schaken)* Rösselsprung m^6
paardenstaart *(ook fig)* Pferdeschwanz m^6
paardenstal Pferdestall m^6
paardentram Pferdebahn v^{20}
paardenvlees Pferdefleisch o^{39}
paardrijden reiten[221]
paardrijder Reiter m^9
paarlemoer Perlmutter o^{39}, v^{28}
paars *zn* Violett o^{33}, o^{36}
paars *bn* violett
paarsgewijs paarweise; *(plantk)* paarig
paartijd Paarungszeit v^{20}

paartje Pärchen o^{35}
paasbrood 1 *(matse)* Matze v^{21} **2** *(krentenbrood)* Stollen m^{11}
paasdag Osterfeiertag m^5: *eerste ~* Ostersonntag; *tweede ~* Ostermontag
paasdrukte Osterverkehr m^{19}
paasei Osterei o^{31}
paashaas Osterhase m^{15}
paasvakantie Osterferien *(mv)*
paaszondag Ostersonntag m^5
pacemaker Herzschrittmacher m^9, Schrittmacher
pacht Pacht v^{20}: *in ~ geven* in Pacht geben[166]; *in ~ hebben* in Pacht haben[182]
pachten pachten
pachter Pächter m^9
pachtgeld, pachtprijs, pachtsom Pachtzins m^{16}, Pachtgeld o^{31}
pacifisme Pazifismus m^{19a}
pacifist Pazifist m^{14}
pacifistisch pazifistisch
pact Pakt m^5
¹pad *(koffiekussentje)* Pad o^{36}, Kaffeepad o^{36}
²pad *(weg)* Pfad m^5: *op ~ zijn* unterwegs sein[262]; *al vroeg op ~ zijn* schon früh auf den Beinen sein[262]
³pad *(dierk)* Kröte v^{21}: *(Belg) een ~ in iems korf zetten* jmdm entgegenarbeiten
paddenstoel Pilz m^5: *eetbare ~* Speisepilz; *als ~en uit de grond oprijzen* wie Pilze aus dem Boden schießen[238]
paddo halluzinogener Pilz m^5, Zauberpilz m^5
padvinder Pfadfinder m^9
padvinderij Pfadfinderbewegung v^{28}
paf *(versteld)* baff: *~ staan* baff sein[262]
paffen 1 *(roken)* paffen **2** *(schieten)* knallen
pafferig aufgedunsen, schwammig
pag. *afk van* pagina Seite v^{21} *(afk* S.)
page Page m^{15}, Edelknabe m^{15}
pagekopje *(kapsel)* Pagenkopf m^6, Bubikopf m^6
pagina Seite v^{21}
pais: *~ en vree* Friede(n) und Einigkeit
pak 1 *(bundel)* Packen m^{11}, Pack m^5, m^6, Bündel o^{33}; *(pakket)* Paket o^{29}: *een ~ boeken* ein Packen Bücher; *een ~ kranten* ein Pack(en) Zeitungen **2** *(kostuum)* Anzug m^6 **3** *(dracht)* Tracht v^{20} **4** *(vracht, laag)* Haufen m^{11}: *een ~ sneeuw* hoher Schnee || *een ~ slaag* eine Tracht Prügel; *iem een ~ slaag geven* jmdn verprügeln; *iem een ~ voor de broek geven* jmdm die Hosen stramm ziehen[318]; *bij de ~ken neerzitten* den Kopf hängen lassen[197]
pakezel Packesel m^9
pakhuis Lager o^{33}, Lagerhaus o^{32}
pakijs Packeis o^{39}
Pakistaan Pakistaner m^9
Pakistaans pakistanisch
Pakistaanse Pakistanerin v^{22}
Pakistan Pakistan o^{39}
pakje 1 Päckchen o^{35}, Paket o^{29} **2** *(stapeltje)* Bündel o^{33}: *het ~ bankbiljetten* das Bündel Geld-

pakken 266

scheine **3** *(sigaretten, thee enz.)* Packung v^{20}, Päckchen o^{35}

¹pakken *intr (houden, grijpen)* packen: *de sneeuw pakt niet* der Schnee backt nicht || *een kou ~* sich⁴ erkälten; *iem te ~ nemen* jmdn zum Besten haben[182]; *hij heeft het te ~*: *a) (is verkouden)* er hat sich erkältet; *b) (is verliefd)* er ist verliebt; *c) (hij heeft het door)* er hat den (richtigen) Dreh heraus

²pakken *tr* **1** *(inpakken)* packen: *iets in kisten ~* etwas in Kisten⁺⁴ packen; *iets in papier ~* etwas in Papier einpacken **2** *(beetpakken, grijpen)* ergreifen[181], packen: *een dief ~* einen Dieb festnehmen[212] **3** *(omhelzen)* an⁺⁴ sich drücken, umarmen **4** *(betrappen)* erwischen: *iem te ~ krijgen* jmdn erwischen **5** *(vangen)* fassen **6** *(boeien)* fesseln **7** *(tot zich nemen)* nehmen[212]: *er eentje ~ (een borrel)* einen heben[186] **8** *(opnemen)* nehmen[212]: *een boek ~* ein Buch nehmen

pakkend **1** *(boeiend)* fesselnd **2** *(effectief)* wirkungsvoll

pakkerd Kuss m^6

pakket Paket o^{29}; *(licht)* Päckchen o^{35}: *~ maatregelen* Maßnahmenkatalog m^5

pakking **1** Packung v^{20} **2** *(techn)* Dichtung v^{20}

pakpaard Lastpferd o^{29}

pakpapier Packpapier o^{29}

paksoi Pak-Choi m^{19}

¹pal Sperrklinke v^{21}; *(van slot)* Zuhaltung v^{20}; *(van geweer)* Sicherung v^{20}

²pal *bw* **1** *(vast)* fest: *~ staan* standhalten[183]; *~ staan voor de vrijheid* die Freiheit bis zum Äußersten verteidigen **2** *(juist, precies)* direkt

paleis **1** *(vorstelijk verblijf)* Schloss o^{32} **2** *(prachtig gebouw)* Palast m^6: *~ van justitie* Gerichtsgebäude o^{33}

Palestijn Palästinenser m^9

Palestijns palästinensisch

palet Palette v^{21}

paling Aal m^5: *gerookte ~* Räucheraal

palingboer Aalverkäufer m^9

palissade Palisade v^{21}

palissanderhout Palisanderholz o^{32}

pallet Palette v^{21}

¹palm *(boom, palmtak)* Palme v^{21}

²palm *(van de hand)* Handfläche v^{21}, Handteller m^9

palmboom Palme v^{21}

palmolie Palmöl o^{29}

Palmpasen Palmsonntag m^5

palmtak Palm(en)zweig m^5

palmtop *(comp)* Palmtop m^{13}

pamflet Pamphlet o^{29}

pamperen pampern

pampus: *voor ~ liggen* sich nicht mehr rühren können[194]; *(dronken)* stockbetrunken sein[262]

pan **1** *(kookpan)* Pfanne v^{21}; *(diep)* Topf m^6 **2** *(braadpan)* Bratpfanne v^{21} **3** *(dakpan)* Dachziegel m^9, Ziegel **4** *(duinpan)* Mulde v^{21} || *de ~ uit rijzen (mbt prijzen)* in die Höhe schießen[238]; *onder de ~nen zijn* versorgt sein[262]

pancreas Pankreas o *(2e nvl -; mv -kreaten)*

¹pand *de, het* **1** *(van jas)* Rockschoß m^6 **2** *(van jurk)* Teil m^5

²pand *het* **1** *(onderpand)* Pfand o^{32}: *in ~ geven* als Pfand geben[166] **2** *(perceel)* Haus o^{32}, Gebäude o^{33}

pandbrief Pfandbrief m^5

panden *(in beslag nemen)* pfänden; *(belenen)* verpfänden

pandjesbaas Pfandleiher m^9

pandjesjas Frack m^6

¹pandverbeuren *zn* Pfänderspiel o^{29}

²pandverbeuren *ww* Pfänderspiel machen

paneel **1** *(van deur e.d.)* Füllung v^{20}, Paneel o^{29} **2** *(schilderstuk)* Tafelbild o^{31}: *op ~ schilderen* auf⁺⁴ Holz malen **3** *(schakelbord)* Tafel v^{21}, Pult o^{29}

paneermeel Paniermehl o^{29}

panel Forum o *(2e nvl -s; mv Foren of Fora)*

paneren panieren[320]

panfluit Panflöte v^{21}

panharing Brathering m^5

paniek Panik v^{20}

paniekerig panikartig

paniekzaaierij Panikmache v^{28}

panikeren *(Belg)* in Panikstimmung geraten[218]

panisch panisch

panklaar kochfertig; *(van kip)* bratfertig

panne Panne v^{21}

pannendak Ziegeldach o^{32}

pannendekker Dachdecker m^9

pannenkoek Pfannkuchen m^{11}

pannenlap Topflappen m^{11}

pannenspons Topfkratzer m^9

panorama Panorama o *(2e nvl -s; mv Panoramen)*

pantalon Hose v^{21}

panter Panther m^9, Panter m^9

pantoffel Pantoffel m^{17}, Hausschuh m^5

pantoffelheld Pantoffelheld m^{14}

pantry Pantry v^{27}

pantser Panzer m^9

pantserauto Panzerwagen m^{11}

pantserdivisie Panzerdivision v^{20}

pantseren *(ook fig)* panzern

pantsering Panzerung v^{20}

pantserplaat Panzerplatte v^{21}

pantserwagen Panzerwagen m^{11}

panty Strumpfhose v^{21}

pap *(half vloeibaar gerecht)* Brei m^5 || *een vinger in de ~ hebben* ein Wörtchen mitzureden haben[182]; *ik kan geen ~ meer zeggen* ich bin ganz erschossen

papa Papa m^{13}, Vati m^{13}

papaja *(vrucht en boom)* Papaya v^{27}, Papaye v^{21}

papaver Mohn m^5

papegaai *(ook fig)* Papagei m^{14}, m^5

paperassen Papiere *mv* o^{29}

paperback Paperback o^{36}

paperclip Büroklammer v^{21}, Heftklammer v^{21}
papier Papier o^{29}: *hij heeft goede ~en: a) (goede getuigschriften)* er hat gute Zeugnisse; *b) (goede kansen)* er kann sich gute Chancen ausrechnen
papieren papieren, Papier…: ~ *bloemen* Papierblumen *mv* v^{21}; ~ *geld* Papiergeld o^{39}
papiergeld Papiergeld o^{39}
papier-maché Papiermaché o^{36}, Papiermaschee o^{36}
papiermand Papierkorb m^6
papiersnipper Papierschnitzel o^{33}, m^9
papierstrook Papierstreifen m^{11}
papiertje 1 Papierchen o^{35} **2** *(briefje)* Zettel m^9
papierwinkel Papierkram m^{19}
papkind *(slappeling)* Muttersöhnchen o^{35}
paplepel Dessertlöffel m^9: *met de ~ ingegeven* mit der Muttermilch eingesogen
pappa Papa m^{13}, Vati m^{13}
pappenheimer: *zijn ~s kennen* seine Pappenheimer kennen[189]
papperig *zie* pappig
pappie Papi m^{13}, Vati m^{13}
pappig 1 *(brijachtig, niet vast)* pappig, breiig **2** *(van personen)* aufgeschwemmt
paprika Paprika m^{13} *(mv ook -)*
paps Papi m^{13}, Vati m^{13}
papzak Dickwanst m^6
paraaf Paraphe v^{21}, Namenszug m^6
paraat parat, bereit; *(mil)* einsatzbereit
paraatheid Einsatzbereitschaft v^{28}
parabel Parabel v^{21}, Gleichnis o^{29a}
parachute Fallschirm m^5
parachutesprong Fallschirmabsprung m^6
parachutist Fallschirmspringer m^9; *(mil)* Fallschirmjäger m^9; *(mil)* ~*en* Fallschirmtruppen *(mv)*
paracommando *(Belg) (ongev)* Fallschirmjäger m^9
parade Parade v^{21}
paradepaard *(ook fig)* Paradepferd o^{29}
paraderen paradieren[320]
paradijs Paradies o^{29}
paradijselijk paradiesisch
paradox *zn* Paradox o^{29}
paradox *bn* paradox
paradoxaal paradox
paradoxie Paradoxie v^{21}
paraferen paraphieren[320], abzeichnen
paraffine Paraffin o^{29}
parafrase Paraphrase v^{21}
parafraseren paraphrasieren[320]
paragnost Paragnost m^{14}
paragnostisch paragnostisch
paragraaf Paragraph m^{14}, Paragraf m^{14}
paragraferen paragraphieren[320], paragrafieren[320]
parallel *zn* Parallele v^{21}
parallel *bn, bw* parallel, Parallel…: ~ *lopen* parallel laufen[198]

Paralympics, Paralympische Spelen Paralympics *(mv)*
¹**paramilitair** *zn* Paramilitär m^{13}
²**paramilitair** *bn* paramilitär(isch)
paranoïde paranoid
paranoot Paranuss v^{25}
paranormaal paranormal
paraplu Regenschirm m^5, Schirm m^5
parapluubak Schirmständer m^9
parapsychologie Parapsychologie v^{28}
parasiet Parasit m^{14}, Schmarotzer m^9
parasiteren schmarotzen
parasol Sonnenschirm m^5
parastataal *(Belg)* halbstaatlich
parastatale *(Belg)* halbstaatlicher Betrieb m^5
parcours Strecke v^{21}, Rennstrecke; *(paardensport)* Parcours *m (2e nvl -; mv -)*
pardoes *bw (plotseling)* plötzlich
¹**pardon** *zn* Pardon m^{19}, o^{39}, Verzeihung v^{28}: ~ *vragen* um Verzeihung bitten[132]; *geen ~ kennen* kein(en) Pardon kennen[189]
²**pardon** *tw* Entschuldigung!, Verzeihung!, entschuldigen Sie!, verzeihen Sie!: ~, *kunt u mij zeggen, waar … is?* verzeihen Sie, wo ist …?
parel *(ook fig)* Perle v^{21}
parelen perlen: ~*de lach* perlendes Lachen
parelhoen Perlhuhn o^{32}
parelsnoer Perlenschnur v^{25}
parelvisser Perlenfischer m^9
parelwit perlweiß
¹**paren** *intr (biol)* sich paaren; *zie ook* gepaard
²**paren** *tr (bijeenvoegen)* paaren: *hij paart vlijt aan degelijkheid* er paart Fleiß mit Gründlichkeit
pareo Pareo m^{13}
pareren parieren[320]
parfum Parfum o^{36}, Parfüm o^{29}, o^{36}
parfumeren parfümieren[320]
parfumerie Parfümerie v^{21}
¹**pari** *zn* Nennwert m^5: *boven ~* über pari; *onder ~* unter pari
²**pari** *bw* pari
paria Paria m^{13}
¹**Parijs** *zn* Paris o^{39}
²**Parijs** *bn* Pariser
Parijzenaar Pariser m^9
paring Paarung v^{20}
pariteit Parität v^{20}
park Park m^{13}, *soms* m^5, Anlagen *mv* v^{21}
parkeerautomaat Parkscheinautomat m^{14}
parkeerbiljet Parkschein m^5
parkeerder Parker m^9
parkeergarage Parkhaus o^{32}; *(ondergronds)* Tiefgarage v^{21}
parkeergeld Parkgebühr v^{20}
parkeergelegenheid Parkplatz m^6
parkeerhaven Parkbucht v^{20}
parkeerklem Parkkralle v^{21}
parkeermeter Parkuhr v^{20}, Parkometer o^{33}, m^9
parkeerontheffing Sonderparkerlaubnis v^{24}

parkeerplaats Parkplatz m^6, Parklücke v^{21}
parkeerruimte Parkraum m^6, Parkplatz m^6
parkeerschijf Parkscheibe v^{21}
parkeerstrook Parkstreifen m^{11}
parkeerterrein Parkplatz m^6
parkeervak Parkplatz m^6, Stellplatz m^6
parkeerverbod Parkverbot o^{29}
parkeren parken: *verboden te ~* Parken verboten; *op een andere plaats ~* umparken
parket 1 *(vloer, plaats in theater)* Parkett o^{29}, o^{36} **2** *(het Openbaar Ministerie)* Staatsanwaltschaft v^{28} || *iem in een moeilijk ~ brengen* jmdn in eine missliche Lage bringen^{139}
parketvloer Parkett(fuß)boden m^{12}
parkiet Wellensittich m^5
parlement Parlament o^{29}
parlementair *bn* parlamentarisch
parlementariër Parlamentarier m^9
parlementslid Parlamentsmitglied o^{31}
parlofoon *(Belg)* Türsprechanlage v^{21}
parmantig selbstsicher, stolz, keck
parochiaan Gemeinde(mit)glied o^{31}
parochie Pfarrgemeinde v^{21}, Gemeinde v^{21}, Pfarrei v^{20}
parochiehuis Gemeindehaus o^{32}
parochiekerk Pfarrkirche v^{21}, Parochialkirche v^{21}
parodie Parodie v^{21}
parodiëren parodieren^{320}
parool Parole v^{21}, Losung v^{20}
¹part: *mijn geheugen speelt me ~en* mein Gedächtnis lässt mich im Stich
²part 1 *(deel)* Teil m^5, o^{29} **2** *(aandeel)* Anteil m^5 **3** *(van sinaasappel e.d.)* Stück o^{29} || *~ noch deel aan iets hebben* an^{+3} etwas überhaupt nicht beteiligt sein^{262}; *voor mijn ~* meinetwegen
parterre Parterre o^{36}, Erdgeschoss o^{29}
participant Teilhaber m^9
participatie Beteiligung v^{20}, Partizipation v^{20}
participeren partizipieren^{320}, teilnehmen^{212}, teilhaben^{182} (an^{+3})
¹particulier *zn* Privatperson v^{20}
²particulier *bn, bw* privat, Privat…: *~e aangelegenheid* Privatangelegenheit v^{20}
partieel partiell, teilweise, Teil…
partij 1 *(gedeelte, hoeveelheid)* Partie v^{21} **2** *(spel)* Partie v^{21}: *~ biljart* Partie Billard **3** *(groep personen; ook pol)* Partei v^{20}: *(jur) eisende ~* Kläger m^9; *de strijdende ~en* die streitenden Parteien; *iems ~ kiezen* jmds Partei ergreifen^{181}; *~ kiezen voor, tegen* Partei ergreifen^{181} für^{+4}, gegen^{+4} **4** *(feest)* Party v^{27} **5** *(huwelijksverbintenis, -kandidaat)* Partie v^{21} **6** *(muz)* Partie v^{21} || *ook van de ~ zijn* mit von der Partie sein^{262}
partijbelang Parteiinteresse o^{38}
partijbestuur Parteivorstand m^6
partijcongres, partijdag Parteitag m^5
partijdig parteiisch
partijdigheid Parteilichkeit v^{28}
partijgenoot Parteifreund m^5
partijleider Parteiführer m^9
¹partijpolitiek *zn* Parteipolitik v^{28}
²partijpolitiek *bn, bw* parteipolitisch
partijtje 1 *(spel)* Partie v^{21} **2** *(feest)* Party v^{27}
partijtop Parteispitze v^{21}
partikel Partikel o^{33}, v^{21}
partituur Partitur v^{20}
partizaan Partisan m^{16}, m^{14}
partje Stückchen o^{35}, Scheibe v^{21}
partner Partner m^9
partnerruil Partnertausch m^{19}
parttime Teilzeit…
parttimebaan Teilzeitbeschäftigung v^{20}
parttimer Teilzeitkraft v^{21}, Teilzeitbeschäftigte(r) m^{40a}, v^{40b}
parttimewerk Teilzeitbeschäftigung v^{20}
party Party v^{27}
partydrug Partydroge v^{21}
parvenu Parvenü m^{13}, Emporkömmling m^5
¹pas *(goede gelegenheid) dat komt mij goed te ~* das kommt mir sehr zustatten; *dat kan bij iets te ~ komen* das kann man bei^{+3} etwas gebrauchen; *ik moet er altijd aan te ~ komen* ich muss immer hinzukommen; *dat komt niet te ~* das ist unpassend; *te ~ en te onpas* bei passender und unpassender Gelegenheit; *dat komt net van ~* das kommt gerade gelegen
²pas 1 *(stap)* Schritt m^5: *in de ~* im Gleichschritt; *met iem in de ~ blijven* mit jmdm Schritt halten^{183}; *op tien ~sen afstand* auf zehn Schritt Abstand **2** *(bergpas)* Pass m^6 **3** *(paspoort)* Pass m^6: *een ~ aanvragen* einen Pass beantragen; *de ~ is verlopen* der Pass ist abgelaufen
³pas *bn, bw (passend) iets ~ zagen* etwas auf Maß sägen; *~ zijn* genau passen
⁴pas *bw* **1** *(net geleden)* gerade, (so)eben: *hij is ~ aangekomen* er ist eben angekommen **2** *(niet meer dan)* erst: *ze is ~ zes jaar* sie ist erst sechs (Jahre alt) **3** *(niet vroeger dan)* erst: *~ om acht uur* erst um acht Uhr
pascontrole Passkontrolle v^{21}
Pasen Ostern *o (2e nvl -; mv -)*: *met ~* zu Ostern
pasfoto Passbild o^{31}
pasgeboren neugeboren
pasgetrouwd frisch verheiratet
pasje 1 *(kleine stap)* kleiner Schritt m^5 **2** *(legitimatiebewijs)* Ausweis m^5
paskamer Ankleidekabine v^{21}, Kabine v^{21}
pasklaar 1 *(lett)* zum Anprobieren fertig **2** *(fig)* maßgerecht, passend; *(fig) iets ~ maken voor* etwas zuschneiden^{250} auf^{+4}
pasmunt Kleingeld o^{39}
paspoort Pass m^6, Reisepass
pass *(sp)* Pass m^6: *foutieve ~* Fehlpass
passaat Passat m^5, Passatwind m^5
passage Passage v^{21}
passagebureau Reisebüro o^{36}
passagier Passagier m^5, Fahrgast m^6; *(luchtv, ook)* Fluggast m^6

passagiersboot Passagierschiff o^{29}
passagierstrein Personenzug m^6
passagiersvliegtuig Passagierflugzeug o^{29}
passant 1 *(voorbijganger)* Passant m^{14} **2** *(reiziger)* Durchreisende(r) m^{40a}; *zie ook* en passant
passen *(een bal spelen)* passen
passen *intr* **1** *(de juiste grootte hebben)* passen: *die jas past me* der Mantel passt mir; *de sleutel past in het slot* der Schlüssel passt in das Schloss; *~ bij* passen zu^{+3}; *bij elkaar ~* zusammenpassen; *(bij betaling)* heeft u het gepast? haben Sie es passend? **2** *(bij het kaartspel)* passen: *ik pas!* (ich) passe! **3** *(betamen)* passen, gehören **4** *(schikken)* passen, gelegen kommen^{193}: *het past me nu niet* es passt mir jetzt nicht **5** *(waken)* achten, aufpassen: *op de kinderen ~* auf die Kinder aufpassen || *ik pas ervoor* darauf verzichte ich
passen *tr* **1** *(aanmeten)* anprobieren^{320}, anpassen: *schoenen ~* Schuhe anprobieren **2** *(afmeten)* abmessen^{208} || *(fig) met veel ~ en meten* nach langem Hin und Her
passend passend: *~ bij* passend zu^{+3}; *~e arbeid* zumutbare Arbeit v^{20}; *regeling inzake ~e arbeid* Zumutbarkeitsregelung v^{20}
passer Zirkel m^9
passerdoos *(met tekengerei)* Reißzeug o^{29}
passeren *intr (gebeuren)* passieren^{320}, geschehen^{173} || *hij was de vijftig gepasseerd* er hatte die fünfzig überschritten
passeren *tr* **1** *(inhalen)* überholen: *iem links ~* jmdn links überholen; *mag ik even ~?* dürfte ich mal vorbei? **2** *(overtrekken, overgaan)* passieren^{320} **3** *(voorbijgaan)* vorbeigehen^{168}, vorübergehen^{168} **4** *(akte)* unterzeichnen **5** *(overslaan)* übergehen^{168}: *iem ~ (bij benoeming)* jmdn übergehen
passie Passion v^{20}
passief *zn* **1** *(het geheel der financiële verplichtingen)* Passiva *(mv)*, Passiven *(mv)* **2** *(taalk)* Passiv o^{29}
passief *bn* passiv
passiespel Passionsspiel o^{29}
passiviteit Passivität v^{28}
password Passwort o^{32}, Kennwort o^{32}
pasta 1 *(deegwaren)* Teigwaren *mv* v^{21}, Nudeln *mv* v^{21} **2** *(broodbelegsel)* Paste v^{21}, Pasta v *(mv Pasten)*
pastei Pastete v^{21}
pasteitje Pastetchen o^{35}
pastel Pastell o^{29}
pastelkleur Pastellfarbe v^{21}
pasteuriseren pasteurisieren^{320}
pastille Pastille v^{21}
pastoor Pfarrer m^9
pastoraal pastoral
pastoraat Pfarramt o^{32}
pastorie Pfarrhaus o^{32}
¹**pat** *zn (schaken)* Patt o^{36}
²**pat** *bn (schaken)* patt

patat, patates frites Pommes frites *(mv)*: *een ~(je) met* eine Pommes mit Mayo
patatkraam Würstchenbude v^{21}
patch *(comp)* Patch o^{36} (2e nvl ook -)
paté Pastete v^{21}
¹**patent** Patent o^{29}
²**patent** *bn, bw* vortrefflich, ausgezeichnet
patenteren patentieren^{320}
pater Pater m^9 *(mv ook* Patres*)*
¹**paternoster** *de (m) (rozenkrans)* Rosenkranz m^6
²**paternoster** *het (onzevader)* Paternoster o^{33}
paternosterlift Paternoster m^9
pathetisch pathetisch
pathologisch pathologisch
patholoog Pathologe m^{15}: *patholoog-anatoom* pathologischer Anatom m^{14}
pathos Pathos o^{39a}
patience Patience v^{21}
patiënt(e) Patient m^{14}, Patientin v^{22}
patisserie Konditorei v^{20}
patriarch Patriarch m^{14}
patriarchaal patriarchalisch
patriarchaat Patriarchat o^{29}
patrijs *(vogel)* Rebhuhn o^{32}
patrijspoort *(scheepv)* Bullauge o^{38}
patriot Patriot m^{14}
patriottisch patriotisch
patriottisme Patriotismus m^{19a}
patronaal *(Belg)* Arbeitgeber…
patronaat 1 *(Belg)* Arbeitgeber *mv* m^9 **2** Schirmherrschaft v^{28}, Patronat o^{29}
¹**patroon** *(mil)* Patrone v^{21}: *losse ~* Platzpatrone; *scherpe ~* scharfe Patrone
²**patroon 1** *(van behang, stoffen)* Muster o^{33} **2** *(knippatroon)* Schnittmuster o^{33} **3** *(model)* Modell o^{29}
³**patroon 1** *(beschermheer)* Schutzherr m^{14} *(2e, 3e, 4e nvl ev: -herrn)*, Gönner m^9 **2** *(beschermheilige)* Patron m^5 **3** *(werkgever)* Chef m^{13}
patrouille Streife v^{21}, Patrouille v^{21}
patrouilleauto Streifenwagen m^{11}
patrouilleren patrouillieren^{320}
patrouillewagen Streifenwagen m^{11}
¹**pats** *zn* Patsch m^5, Schlag m^6
²**pats** *tw* patsch!
patsen patschen
patser Protz m^5, m^{14}, Wichtigtuer m^9
patserig protzig
patstelling Patt o^{36}
pauk Pauke v^{21}
paukenist Paukist m^{14}
paus Papst m^6
pauselijk päpstlich
pauw Pfau m^{16}
pauze Pause v^{21}
pauzeren pausieren^{320}, eine Pause machen
paviljoen Pavillon m^{13}
pay-per-view Pay-per-View o^{39}
pay-tv Bezahlfernsehen o^{39}, Pay-TV o^{39}, o^{39a}, Gebührenfernsehen o^{39}

pc PC *m*[13] (2e nvl ook -; mv ook -)
pech Pech *o*[39], Panne *v*[21]: ~ *hebben* Pech haben[182]; ~ *met de wagen hebben* eine Panne mit dem Wagen haben[182]
pechdienst *(Belg)* Straßenwacht *v*[20]
pechlamp Warnblinkleuchte *v*[21]
pechstrook *(Belg)* Standspur *v*[20]
pedaal Pedal *o*[29]
pedaalemmer Treteimer *m*[9]
pedagogisch pädagogisch: ~*e academie* Pädagogische Hochschule *v*[21]
pedagoog Pädagoge *m*[15]
pedant pedantisch
peddel Paddel *o*[33]
peddelen *(kanoën)* paddeln
pedicure Pediküre *v*[21]
pedicuren pediküren
pee: *de* ~ *inhebben* sauer sein[262]
peen Möhre *v*[21], Karotte *v*[21]
peer 1 *(vrucht)* Birne *v*[21] **2** *(boom)* Birne *v*[21], Birnbaum *m*[6] **3** *(gloeilamp)* Birne *v*[21] ‖ *hij is een aardige* ~ er ist ein netter Kerl
pees Sehne *v*[21]
pegel *(ijskegel)* Eiszapfen *m*[11]
peigeren sterben[282], krepieren[320]
peignoir Morgenrock *m*[6]
peil 1 *(merkteken)* Stand *m*[19], Niveau *o*[36], Pegel *m*[9] **2** *(niveau)* Niveau *o*[36], Stufe *v*[21]: *(fig)* beneden ~ *zijn* unter allem Niveau sein[262]; *op* ~ *houden* aufrechterhalten[183]; *op een hoog* ~ *staan* auf einer hohen Stufe stehen[279] ‖ *daar is geen* ~ *op te trekken* darauf ist kein Verlass
peildatum Stichtag *m*[5]
peilen 1 *(diepte opnemen)* peilen, loten **2** *(plaats bepalen)* anpeilen, orten **3** *(hoeveelheid opmeten)* bestimmen **4** *(fig)* ergründen, ausloten: *de stemming* ~ die Stimmung ausloten
peiling Peilung *v*[20], Lotung *v*[20], Ortung *v*[20], Bestimmung *v*[20], Ergründung *v*[20]; *zie ook* peilen
peillood Senkblei *o*[29]
peilloos unermesslich
peilstok Peilstock *m*[6]
peinzen sinnen[267], grübeln: *over iets* ~ über[+4] etwas nachsinnen[267]; *ik peins er niet over ...* ich denke nicht im Entferntesten daran ...
peinzend sinnend, grübelnd
pek Pech *o*[29]
pekel 1 Pökel *m*[9] **2** *(strooizout)* Streusalz *o*[39]
pekelen (ein)pökeln
pekelharing Salzhering *m*[5]
pekelvlees Pökelfleisch *o*[39]
pekinees *(hond)* Pekinese *m*[15]
pelgrim Pilger *m*[9], Wallfahrer *m*[9]
pelgrimage, pelgrimsreis, pelgrimstocht Pilgerfahrt *v*[20], Wallfahrt *v*[20]
pelikaan Pelikan *m*[5]
pellen schälen, pellen: *(med) de amandelen* ~ die Mandeln ausschälen
peloton 1 *(mil)* Zug *m*[6] **2** *(wielersp)* Hauptfeld *o*[31]

pels Pelz *m*[5]
pelsdier Pelztier *o*[29]
pelshandel Pelzhandel *m*[19]
pelsmantel Pelzmantel *m*[10], Pelz *m*[5]
pen 1 *(schrijfpen, veer van vogel)* Feder *v*[21]: *in de* ~ *klimmen* zur Feder greifen[181]; *het is in de* ~ es wird vorbereitet **2** *(houten pen)* Holznagel *m*[10]; *(spie)* Keil *m*[5] **3** *(metalen pin)* Stift *m*[5], Nadel *v*[21] **4** *(van cello, van stekelvarken)* Stachel *m*[17]
penalty *(sp)* Elfmeter *m*[9], Strafstoß *m*[6]: *een* ~ *nemen* einen Elfmeter schießen[238]; *het nemen van* ~*'s* das Elfmeterschießen *o*[39]
penarie: *in de* ~ *zitten* in der Patsche sitzen[268]
pendant Pendant *o*[36], Gegenstück *o*[29]
pendelaar Pendler *m*[9]
pendeldienst Pendeldienst *m*[5]
pendelen pendeln
penetrant penetrant, durchdringend
penetratie Penetration *v*[20]
¹**penetreren** *intr* eindringen[143] (in[+4])
²**penetreren** *tr* penetrieren[320]
penhouder Federhalter *m*[9]
penibel peinlich
penicilline Penizillin *o*[29]
penis Penis *m* (2e nvl -; mv -se *of* Penes), Glied *o*[31]
penlight Penlight *o*[36]
pennen schreiben[252]
pennenstreek Federstrich *m*[5]
pennenstrijd Polemik *v*[20]
penning 1 *(algem)* Münze *v*[21] **2** *(van rechercheur)* Marke *v*[21]
penningmeester Kassenwart *m*[5], Schatzmeister *m*[9]
pens 1 *(dierk)* Pansen *m*[11] **2** *(inform) (buik)* Wanst *m*[6], Wampe *v*[21]: *zijn* ~ *vol eten* sich³ den Wanst voll schlagen[241] **3** *(als voedsel)* Kaldaunen *mv v*[21], Kutteln *mv v*[21]
penseel Pinsel *m*[9]
pensioen *(mbt ambtenaren)* Pension *v*[20]; *(mbt niet-ambtenaren)* Rente *v*[21]: *met* ~ *gaan* in Pension (*of:* auf Rente) gehen[168]
pensioenfonds Pensionskasse *v*[21], Rentenversicherungsanstalt *v*[20], Rentenkasse *v*[21]
pensioengerechtigd *(mbt ambtenaren)* pensionsberechtigt; *(mbt niet-ambtenaren)* rentenberechtigt: ~*e leeftijd* Pensionsalter *o*[33]; Rentenalter *o*[33]
pension Pension *v*[20]: *half* ~ Halbpension; *volledig* ~ Vollpension
pensioneren pensionieren[320], in den Ruhestand versetzen
pensionering Pensionierung *v*[20]
pensiongast Pensionsgast *m*[6], Hausgast *m*[6]
pensionhouder Pensionsinhaber *m*[9]
pensionprijs Pensionspreis *m*[5]
pentekening Federzeichnung *v*[20]
peper Pfeffer *m*[19]
peperbus Pfefferstreuer *m*[9]
peperduur sündhaft teuer

peperen pfeffern
peper-en-zoutstel Gewürzständer m^9
peperkoek Pfefferkuchen m^{11}
peperkorrel Pfefferkorn o^{32}
pepermolen Pfeffermühle v^{21}
pepermunt (plant) Pfefferminze v^{28}
pepermuntje Pfefferminzpastille v^{21}
pepermuntthee Pfefferminztee m^{13}
pepernoot Pfeffernuss v^{25}
pepmiddel Pepmittel o^{33}, Aufputschmittel o^{33}
pepperspray Pfefferspray m^{13}, o^{36}
per pro^{+4}, per^{+4}, je^{+4}: ~ *adres* per Adresse; ~ *mille* pro mille; ~ *post* durch die Post, per Post; ~ *schip* mit dem Schiff, per Schiff; ~ *vliegtuig* per Flugzeug, mit dem Flugzeug; ~ *1 maart* ab$^{+3\,of\,+4}$ 1. März
perceel 1 (stuk grond) Parzelle v^{21}, Grundstück o^{32} **2** (pand) Haus o^{32}, Gebäude o^{33}
percent Prozent o^{29}: *tegen 8* ~ zu 8 Prozent
percentage Prozentsatz m^6
percentsgewijze prozentual
percussie Perkussion v^{20}
perenboom Birnbaum m^6, Birne v^{21}
perfect perfekt
perfectie Perfektion v^{28}: *in de* ~ perfekt
perfectioneren perfektionieren^{320}
perfectionist Perfektionist m^{14}
perfide perfid(e)
perforatie Perforation v^{20}, Lochung v^{20}
perforator Perforator m^{16}, Locher m^9
perforeren perforieren^{320}, (durch)lochen
performance Performance v^{27}, Auftreten o^{39}
pergola Pergola v (mv Pergolen)
periferie Peripherie v^{21}
perikelen Affären mv v^{21}, Vorfälle mv m^6
periode Periode v^{21}
periodiek zn **1** (tijdschrift) Zeitschrift v^{20} **2** (salarisverhoging) regelmäßige Gehaltserhöhung v^{20}
periodiek bn, bw periodisch: ~ *aftreden* turnusmäßig zurücktreten^{291}
periscoop Periskop o^{29}
perk Beet o^{29}: *dat gaat alle ~en te buiten* das überschreitet jedes Maß; *binnen de ~en blijven* sich in Grenzen halten^{183}; *binnen de ~en der wet* innerhalb der gesetzlichen Grenzen
perkament Pergament o^{29}
permanent (kapsel) Dauerwelle v^{21}
permanent bn, bw permanent, ständig
permanenten eine Dauerwelle machen
permissie Genehmigung v^{20}, Erlaubnis v^{24}
permitteren tr erlauben, gestatten
permitteren, zich sich^3 erlauben: *dat kan ik mij niet* ~ das kann ich mir nicht leisten
perplex perplex, verblüfft, verdutzt
perron Bahnsteig m^5
pers (Perzisch tapijt) Perser m^9
pers (werktuig, journalisten) Presse v^{21}: *ter ~e gaan* gedruckt werden^{310}
Pers Perser m^9

persafdeling Pressestelle v^{21}
persagentschap Nachrichtenagentur v^{20}
persbericht Pressemeldung v^{20}
persbureau Pressebüro o^{36}
perschef Pressechef m^{13}
persconferentie Pressekonferenz v^{20}
persdienst Pressestelle v^{21}, Presseamt o^{32}
per se 1 (op zichzelf) an und für sich **2** (met alle geweld) unbedingt
persen pressen: *broeken* ~ Hosen dämpfen
persfotograaf Pressefotograf m^{14}
persiflage Persiflage v^{21}
persifleren persiflieren^{320}
perskaart Pressekarte v^{21}
personage 1 Person v^{20} **2** (theat) Figur v^{20}
personal computer Personalcomputer m^9
personalia Personalien (mv)
¹**personeel** zn (algem) Personal o^{39}, Angestellte mv m^{40a}; (van bedrijf) Betriebsangehörige mv m^{40a}, Belegschaft v^{20}
²**personeel** bn **1** (mbt iemands persoon) persönlich **2** (mbt één of meer personen) personell, personal
personeelsafdeling Personalabteilung v^{20}
personeelschef Personalchef m^{13}
personeelslid Mitarbeiter m^9
personenauto Personenauto o^{36} (afk Pkw, PKW)
personenlift Personenaufzug m^6
personentrein Reisezug m^6, Personenzug m^6
personenvervoer Personenbeförderung v^{20}
personenwagen Personenwagen m^{11}
personificatie Personifikation v^{20}
personifiëren personifizieren^{320}
persoon Person v^{20}: *jeugdig* ~ Jugendliche(r) m^{40a}, v^{40b}; *in eigen* ~ persönlich
persoonlijk persönlich: *strikt* ~ (van abonnement) nicht übertragbar
persoonlijkheid Persönlichkeit v^{28}
persoonsbeschrijving Personenbeschreibung v^{20}
persoonsbewijs Personalausweis m^5
persoonsgebonden personengebunden
persoonsvorm (taalk) Personalform v^{20}
perspectief Perspektive v^{21}
perspectivisch perspektivisch
persvrijheid Pressefreiheit v^{28}
pertinent entschieden, bestimmt: ~*e leugen* unverschämte Lüge v^{21}; *iets* ~ *verklaren* etwas mit aller Entschiedenheit erklären
Peru Peru o^{39}
Peruaan Peruaner m^9
Peruaans peruanisch
pervers pervers, abartig
perversie Perversion v^{20}
Perzië Persien o^{39}
perzik Pfirsich m^5
Perzisch persisch: *de ~e Golf* der Persische Golf; ~ *tapijt* Perserteppich m^5; Perser m^9
peseta Peseta v (mv Peseten), Pesete v^{21}

pessimisme Pessimismus m^{19a}
pessimist Pessimist m^{14}
pessimistisch pessimistisch
pest Pest v^{28}; *de ~ aan iem, iets hebben* jmdn, etwas wie die Pest hassen; *(inform) krijg de ~!* hol dich der Teufel!; *de ~ inhebben* ärgerlich sein^{262}; *de ~ inkrijgen* ärgerlich werden^{310}
pestbui Stinklaune v^{21}
pesten piesacken, schikanieren^{320}
pesterig schikanös
pesterij Schikane v^{21}
pesthekel: *een ~ aan iem hebben* jmdn hassen wie die Pest
pesthumeur Stinklaune v^{21}
pesticide Pestizid o^{29}
pestkop Quälgeist m^7
pestlijder Pestkranke(r) m^{40a}, v^{40b}
pesto Pesto o^{36}, m^{13}
pestvent elender Kerl m^5
pet Mütze v^{21}: *~ met klep* Schirmmütze; *dat gaat boven mijn ~* das geht über meinen Verstand; *er met de ~ naar gooien* pfuschen; *(niet veel doen)* faulenzen; *het is ~* es ist Scheiße; *van iem geen hoge ~ op hebben* von^{+3} jmdm keine hohe Meinung haben^{182}; *het is huilen met de ~ op* es ist zum Heulen; *zie ook petje*
peterselie Petersilie v^{21}
petieterig winzig
petitie Petition v^{20}, Bittschrift v^{20}
petje Mützchen o^{35}: *ik neem mijn ~ af voor deze prestatie* ich ziehe meinen Hut vor dieser Leistung
petrochemisch petrochemisch
petroleum 1 Petroleum o^{39} 2 *(aardolie)* Erdöl o^{39}
pets Schlag m^6, Hieb m^5
petsen klatschen, schlagen^{241}
petticoat Petticoat m^{13}
petto: *in ~ hebben* in petto haben^{182}
petunia Petunie v^{21}
peuk Stummel m^9; *(van sigaret, ook)* Kippe v^{21}
peul Schote v^{21}, Hülse m^{21}; *zie ook peultjes*
peulenschil *(fig)* Kleinigkeit v^{20}, Pappenstiel m^5
peulerwt Zuckererbse v^{21}
peultjes Zuckererbsen mv v^{21}
peulvrucht Hülsenfrucht v^{25}
peut *(oplosmiddel)* Terpentin o^{29}
peuter Kleinkind o^{31}, Knirps m^5
peuteren 1 *(in tanden, vuur)* stochern: *in zijn neus ~* in der Nase bohren 2 *(knutselen)* tüfteln, basteln; *aan iets ~* an^{+3} etwas herumfummeln
peuterig *(mbt schrift)* kritz(e)lig
peuterspeelzaal Kindertagesstätte v^{21}
peutertuin *(Belg)* Kindertagesstätte v^{21}
peuzelen schmausen, knabbern (an^{+3})
pezen 1 *(hard lopen, rijden)* rasen 2 *(hard werken)* schuften 3 *(hard leren)* büffeln
pezig sehnig; *(mbt gestalte)* drahtig
pianist Pianist m^{14}, Klavierspieler m^9
¹**piano** *(instrument)* Klavier o^{29}
²**piano** *zn (muz) (het zacht spelen of zingen)* Piano o^{36}
³**piano** *bw (muz)* piano
pianoconcert Klavierkonzert o^{29}
pianoles Klavierstunde v^{21}
pianomuziek Klaviermusik v^{28}
pianospel Klavierspiel o^{39}
pianospelen Klavier spielen
pianostemmer Klavierstimmer m^9
pias Hanswurst m^5, *(iron ook)* m^6
piccolo 1 *(muz)* Pikkolo o^{36} 2 *(bediende)* Pikkolo m^{13}
picknick Picknick o^{29}, o^{36}
picknicken picknicken
pick-up 1 *(grammofoon)* Plattenspieler m^9 2 *(vrachtauto)* Pritschenwagen m^{11}
pictogram Piktogramm o^{29}
pief Typ m^{16}
¹**piek** 1 *(hoogtepunt)* Spitze v^{21} 2 *(haar)* Strähne v^{21} 3 *(bergtop)* Spitze v^{21}, Gipfel m^9
²**piek** *(gulden)* Gulden m^{11}
piekeraar Grübler m^9
piekeren grübeln: *ik piek er niet over!* ich denke nicht daran!
piekerig strähnig
piekfijn piekfein, tipptopp
piekhaar strähniges Haar o^{39}
piekuur Spitzenzeit v^{20}; *(in het verkeer)* Stoßzeit v^{20}, Hauptverkehrszeit v^{20}
pielen *(prutsen)* fummeln
piemel *(penis)* Pimmel m^9
piemelen 1 *(prutsen)* fummeln 2 *(urineren)* pinkeln
pienter gescheit, klug; *(gewiekst)* schlau
piepen 1 *(algem)* piepen, piepsen; *(scherper)* quieken 2 *(van deur, remmen)* quietschen 3 *(klagend geluid)* wimmern || *hij is 'm gepiept* er ist auf und davon; *'m ~ stiften gehen*^{168}
pieper 1 *(iem die piept)* Pieper m^9 2 *(aardappel)* Kartoffel v^{21} 3 *(oproepapparaat)* Piepser m^9
piepjong blutjung
piepklein winzig
piepschuim Styropor o^{39}
piepstem Piepsstimme v^{21}
piepzak: *in de ~ zitten* in tausend Ängsten schweben
¹**pier** 1 *(landhoofd)* Mole v^{21}, Pier m^5, m^{13} 2 *(van luchthaven)* Flugsteig m^5
²**pier** *(worm)* Regenwurm m^8: *zo dood als een ~* mausetot
piercen piercen
piercing Piercing o^{39}
pierenbad Planschbecken o^{35}
pierewaaien bummeln, sumpfen
pierewaaier Liederjan m^5
pies *(inform) zie pis*
piesen *(inform) zie pissen*
Piet: *hoge piet* hohes Tier o^{29}; *Zwarte ~* Knecht Ruprecht; *hij voelt zich weer een hele piet (na ziek-*

te) er ist wieder ganz auf der Höhe; *hij is een hele piet* er ist ein großer Herr; *voor ~ Snot staan dastehen*²⁷⁹ wie die Kuh vorm Scheunentor
piëteit Pietät *v*²⁰
pietepeuterig 1 *(heel klein)* winzig **2** *(overdreven precies)* pingelig
pieterig winzig, mick(e)rig
pieterman *(Zwarte Piet)* Knecht Ruprecht
pietlut Kleinigkeitskrämer *m*⁹, Haarspalter *m*⁹
pietluttig kleinlich, pingelig, pedantisch
pietluttigheid Kleinlichkeit *v*²⁰, Pedanterie *v*²¹
pietsje: *een ~* ein bisschen
pigment Pigment *o*²⁹
pij Kutte *v*²¹
pijl Pfeil *m*⁵: *~ en boog* Pfeil und Bogen
pijler Pfeiler *m*⁹
pijlkoker Pfeilköcher *m*⁹
pijlsnel pfeilschnell
pijn Schmerz *m*¹⁶ *(meestal mv):* ~ *in de maag* Magenschmerzen *mv m*¹⁶; *~ hebben* Schmerzen haben¹⁸²; *~ lijden* Schmerzen leiden¹⁹⁹; *de ~ verlichten* die Schmerzen lindern; *met ~ en moeite* mit Mühe und Not; *~ doen* wehtun²⁹⁵; schmerzen
pijnbank Folter *v*²¹, Folterbank *v*²⁵: *iem op de ~ leggen* jmdn auf die Folter spannen
pijnboom Kiefer *v*²¹
pijnigen peinigen, quälen, foltern: *zijn hersens ~* sich³ das Gehirn abmartern
pijniging Peinigung *v*²⁰, Folterung *v*²⁰
pijnlijk 1 *(pijn veroorzakend)* schmerzhaft: *een ~e operatie* eine schmerzhafte Operation **2** *(pijn doend)* schmerzend: *~e voeten* schmerzende Füße **3** *(wat verdriet doet)* schmerzlich **4** *(netelig, penibel)* peinlich: *een ~e stilte* eine peinliche Stille **5** *(zeer nauwkeurig)* peinlich
pijnloos schmerzlos
pijnstillend schmerzstillend
pijnstiller Schmerzmittel *o*³³
pijp 1 *(tabaks-, orgelpijp)* Pfeife *v*²¹ **2** *(buis voor gas, vloeistof)* Rohr *o*²⁹ **3** *(broekspijp)* Hosenbein *o*²⁹ **4** *(gang van hol)* Röhre *v*²¹ **5** *(drop, kaneel, lak)* Stange *v*²¹ || *hij is de ~ uit* er ist abgekratzt
pijpenkrul Ringellocke *v*²¹
pijpenla(de) *(fig)* Schlauch *m*⁶
pijpenrager Pfeifenreiniger *m*⁹
pijpensteel Pfeifenrohr *o*²⁹: *(fig) het regent pijpenstelen* es regnet Bindfäden
pijpleiding, pijplijn Rohrleitung *v*²⁰, Pipeline *v*²⁷
pijpsleutel Steckschlüssel *m*⁹
pijptabak Pfeifentabak *m*¹⁹
¹**pik** *(haat)* Pik *m*⁵, *m*¹³: *de ~ op iem hebben* einen Pik auf jmdn haben¹⁸²
²**pik** *(penis)* Pimmel *m*⁹, Schwanz *m*⁶
³**pik** *(houweel)* Pickel *m*⁹
⁴**pik** *(met snavel)* Hieb *m*⁵
pikant pikant
pikdonker stockfinster, stockdunkel
pikhouweel Spitzhacke *v*²¹, Pickel *m*⁹

pikken 1 *(met de snavel steken, oppikken)* picken **2** *(stelen)* klauen || *een bioscoopje ~* ins Kino gehen¹⁶⁸; *dat pik ik niet* das lasse ich mir nicht gefallen
pikzwart pechschwarz, rabenschwarz
pil 1 *(medicijn, anticonceptiepil)* Pille *v*²¹ **2** *(dik boek)* Wälzer *m*⁹ **3** *(dikke snee brood)* Butterbrot *o*²⁹
pilaar Pfeiler *m*⁹, Säule *v*²¹
piloot *(luchtv)* Pilot *m*¹⁴, Flugzeugführer *m*⁹: *eerste ~* Flugkapitän *m*⁵; *tweede ~* Kopilot
pils, pilsener Pils *o* *(2e nvl -; mv -)*, Pils(e)ner *o*³³
pimpelen picheln, zechen
pimpelpaars blaurot, violett
pimpen pimpen
pin *(van hout, metaal)* Stift *m*⁵
pinapparaat Bezahlautomat *m*¹⁴
pinautomaat Bezahlautomat *m*¹⁴
pincet Pinzette *v*²¹
pincode PIN *v*²⁸, persönliche Geheimzahl *v*²⁰
pinda Erdnuss *v*²⁵
pindakaas Erdnussbutter *v*²⁸
pindasaus Soße *v*²¹ auf der Basis von Erdnüssen
pineut: *hij is de ~* er ist der Dumme
pingelen feilschen; *(voetbal)* fummeln
pingpong Tischtennis *o*³⁹ᵃ
pingpongen Tischtennis spielen
pinguïn Pinguin *m*⁵
pink kleiner Finger *m*⁹
pinken: *bij de ~ zijn* gewitzt sein²⁶²
pinksterbloem Wiesenschaumkraut *o*³⁹
pinksterdag Pfingstfeiertag *m*⁵: *eerste ~* Pfingstsonntag *m*⁵; *tweede ~* Pfingstmontag *m*⁵
Pinksteren Pfingsten *o (2e nvl -; mv -):* *met ~* zu Pfingsten
pinksterfeest Pfingstfest *o*²⁹
pinkstergemeente Pfingstgemeinde *v*²¹
pinnen 1 *(betalen)* mit der Karte zahlen **2** *(geld opnemen)* Geld aus dem Automaten abheben¹⁸⁶
pinnig 1 *(gierig)* knauserig **2** *(vinnig)* bissig
pinpas Scheckkarte *v*²¹, Kreditkarte *v*²¹
pioen(roos) Pfingstrose *v*²¹
pion 1 *(stuk)* Stein *m*⁵ **2** *(schaken)* Bauer *m*¹⁵
pionier *(ook fig)* Pionier *m*⁵
pionierswerk *(ook fig)* Pionierarbeit *v*²⁸
pips: *er ~ uitzien* spitz aussehen²⁶¹
piraat Pirat *m*¹⁴, Seeräuber *m*⁹
piramide Pyramide *v*²¹
piramidespel Pyramidenspiel *o*²⁹
pirouette Pirouette *v*²¹
pis *(inform)* Harn *m*¹⁹, Piss *m*¹⁹, Pisse *v*²⁸
pisang Banane *v*²¹ || *de ~ zijn* der Dumme sein²⁶²
pisnijdig stinkwütend
pispaal Prügelknabe *m*¹⁵
pissebed *(insect)* Kellerassel *v*²¹
pissen *(inform)* harnen, pissen, pinkeln
pissig *(inform)* sauer
pistache Pistazie *v*²¹
piste Piste *v*²¹

pistolet Brötchen o^{35}
pistool Pistole v^{21}
pit 1 *(van kaars, olielamp)* Docht m^5 **2** *(gaspit)* Flamme v^{21} **3** *(in vruchtvlees)* Kern m^5: zonder ~ kernlos || er zit ~ in hem er hat Mumm
pitje: *op een laag ~ (ook fig)* auf Sparflamme
pits *(sp)* Box v^{20}
pitten *(slapen)* pennen
pittig 1 *(energiek)* schneidig: *een ~ meisje* ein rassiges Mädchen **2** *(kruidig)* würzig; *(mbt wijn)* rassig || *een ~ proefwerk* eine gepfefferte Klassenarbeit
pittoresk pittoresk, malerisch
pixel Pixel o^{33} (2e nvl ook -), Bildpunkt m^5
pizza Pizza v^{27} *(mv ook Pizzen)*
pizzakoerier Pizzakurier m^5, Pizzabote m^{15}
pizzeria Pizzeria v^{27}
pk *afk van paardenkracht* Pferdestärke v^{21} (*afk* PS)
PKN *afk van Protestantse Kerk in Nederland* Protestantische Kirche v^{21} in den Niederlanden (*afk* PKN)
plaag Plage v^{21}
plaaggeest Quälgeist m^7, Quäler m^9
plaagziek quälerisch
plaaster *(Belg)* Stuck m^{19}, Gips m^5
plaat 1 *(algem)* Platte v^{21}: *(muz) een nieuwe ~ opzetten* eine neue Platte auflegen **2** *(gravure)* Stich m^5 **3** *(afbeelding)* Bild o^{31} **4** *(zandbank)* Sandbank v^{25} || *de ~ poetsen* ausreißen^{220}
plaatje kleine Platte v^{21}, Bildchen o^{35}; *zie ook* plaat
plaats 1 *(algem)* Ort m^5: *~ van bestemming* Bestimmungsort; *ter ~e* an Ort und Stelle; *~ van het misdrijf* Tatort **2** *(dorp, stadje)* Ortschaft v^{20} **3** *(binnenplaats)* Hof m^6 **4** *(plek, ruimte)* Stelle v^{21}, Platz m^6: *een vacante ~* eine offene Stelle; *zekere ~* Toilette v^{21}; *in de eerste ~* an erster Stelle; *in uw ~* an Ihrer Stelle; *stel je in mijn ~* versetz dich in meine Lage; *in ~ van …* anstatt^{+2} …, statt^{+2} …; *in ~ van de vader kwam de dochter* (an)statt^{+2} des Vaters kam die Tochter; *in de ~ komen* an die Stelle treten^{291}; *iets op zijn ~ leggen* etwas an seinen Platz legen; *(fig) iem op zijn ~ zetten* jmdm den Kopf waschen^{304}; *op enkele ~en* stellenweise; *de ambulance was onmiddellijk ter ~e* der Krankenwagen war sofort zur Stelle; *daar ter ~e* dort; *hier ter ~e* hier; *de teleurstelling maakte ~ voor vreugde* die Enttäuschung wich der Freude **5** *(passage in boek e.d.)* Stelle v^{21} **6** *(staan-, zitplaats, positie)* Platz m^6: *strengheid is hier niet op zijn ~* Strenge ist hier fehl am Platz
plaatsbepaling Ortsbestimmung v^{20}, Ortung v^{20}
plaatsbepalingssysteem Ortungssystem o^{29}
plaatsbespreking Platzreservierung v^{20}
plaatsbewijs 1 *(spoorw e.d.)* Fahrschein m^5, Fahrkarte v^{21} **2** *(toegangsbewijs)* Eintrittskarte v^{21}
plaatschade Blechschaden m^{12}
plaatselijk örtlich, lokal: *~e krant* Lokalzeitung v^{20}; *~e tijd* Ortszeit v^{20}; *~e verdoving* örtliche Betäubung v^{20}

¹plaatsen *tr* **1** *(plaats geven)* stellen, setzen; *(machine, stoelen, een monument)* aufstellen: *een advertentie ~* eine Annonce (in eine Zeitung) einrücken; *orders ~* Aufträge erteilen; *waar wilt u die meubels ~?* wo wollen Sie diese Möbel hinstellen?; *mensen ~* Leute unterbringen^{139}; *ik kan zijn opmerking niet ~* ich verstehe seine Bemerkung nicht; *hier geen fietsen ~!* keine Fahrräder abstellen!; *een artikel in de krant ~* einen Artikel in die Zeitung setzen; *in een tehuis ~* in einem Heim unterbringen^{139}; *onder militair bestuur ~* der³ Militärverwaltung unterstellen **2** *(een bal plaatsen)* platzieren^{320} **3** *(geld beleggen)* anlegen: *een lening ~* eine Anleihe unterbringen^{139} **4** *(plaats toekennen in wedstrijd)* setzen: *hij is als nummer één geplaatst* er wurde als Nummer eins gesetzt
²plaatsen, zich sich qualifizieren^{320}
plaatsgebrek Platzmangel m^{19}
plaatsgrijpen, plaatshebben stattfinden^{157}
plaatsing 1 *(van meubels)* Aufstellung v^{20} **2** *(onderbrenging)* Unterbringung v^{20} **3** *(sp)* Platzierung v^{20}, Qualifizierung v^{20} **4** *(van advertentie)* Einrückung v^{20} **5** *(in inrichting)* Einweisung v^{20}; *zie ook* plaatsen
plaatsmaken: *voor iets ~* Platz für^{+4} etwas machen; *plaats voor iem maken* jmdm Platz machen
plaatsnaam Ortsname m^{18}
plaatsnemen Platz nehmen^{212} (an, auf, hinter, neben, in, unter, vor, zwischen^{+3}), sich setzen (an, auf, hinter^{+4} enz.)
plaatsruimte Raum m^{19}, Platz m^{19}
plaatstaal Stahlblech o^{29}
plaatsvervangend stellvertretend
plaatsvervanger 1 Stellvertreter m^9 **2** *(sp en op het werk)* Ersatzmann m^8 *(mv ook Ersatzleute)*
plaatsvervanging Stellvertretung v^{20}
plaatsvinden stattfinden^{157}, erfolgen
placemat Platzdeckchen o^{35}
placenta Plazenta v^{27} *(mv ook Plazenten)*
pladijs *(Belg) (schol)* Scholle v^{21}
plafond 1 *(zoldering)* Decke v^{21} **2** *(luchtv)* Gipfelhöhe v^{21} **3** *(maximum)* Höchstgrenze v^{21}: *(fig) hij zit aan zijn ~* er hat seine Leistungsgrenze erreicht
plafonnière Deckenleuchte v^{21}
plag Sode v^{21}, Plagge v^{21}
plagen 1 *(kwellen)* plagen, quälen **2** *(treiteren)* ärgern; *(goedaardig)* necken: *mag ik u even ~?* *(beleefdheidsformule)* darf ich Sie einen Augenblick stören?
plager Quälgeist m^7
plagerig quälerisch; *(goedaardig)* neckisch
plagerij Quälerei v^{20}; *(goedaardig)* Neckerei v^{20}
plagiaat Plagiat o^{29}
plaid Plaid m^{13}, o^{36}
plak 1 *(medaille)* Medaille v^{21} **2** *(schijf)* Scheibe v^{21} || *onder de ~ zitten* unter dem Pantoffel stehen^{279}; *zie ook* plaque

plakband Kleb(e)streifen m^{11}
plakboek Buch o^{32} zum Einkleben
plakkaat 1 Plakat o^{29} **2** *(vlek)* Klecks m^5
plakken 1 *(kleven)* kleben, haften: *een band ~ einen Reifen flicken* **2** *blijven ~* hängen bleiben[134]; *hij is de hele avond blijven ~* er ist den ganzen Abend hängen geblieben
plakker *(sticker)* Aufkleber m^9
plakkerig klebrig
plakpleister Kleb(e)pflaster o^{33}
plaksel 1 Klebstoff m^5 **2** *(pap)* Kleister m^9
plamuren spachteln
plamuur Grundiermasse v^{21}, Spachtelmasse v^{21}
plamuurmes Spachtel m^9, v^{21}
plan 1 *(algem)* Plan m^6: *~nen maken* Pläne machen; *het ~ voor een aanslag beramen* einen Anschlag planen; *volgens ~* planmäßig **2** *(ontwerp)* Plan m^6, Entwurf m^6 **3** *(voornemen)* Absicht v^{20}, Vorhaben o^{35}: *van ~ zijn* die Absicht haben[182]; *met het ~* in der Absicht; *zijn ~ trekken*: a) *(bedenken wat men wil)* einen Beschluss fassen; b) *(zijn gang gaan)* seine eigenen Wege gehen[168]; c) *(Belg)* sich retten **4** *(niveau)* Niveau o^{36}, Stufe v^{21}: *op een hoger ~ staan* auf einem höheren Niveau stehen[279]
planbureau Planungsbehörde v^{21}
plan de campagne Schlachtplan m^6
planeconomie Planwirtschaft v^{28}
planeet Planet m^{14}
planetarium Planetarium o (2e nvl -s; mv Planetarien)
plank 1 *(algem)* Brett o^{31}: *zo stijf als een ~* steif wie ein Brett; *de ~ misslaan* danebenhauen[185]; *dat is van de bovenste ~* das ist Spitzenklasse **2** *(vloerplank)* Diele v^{21} **3** *(scheepv)* Planke v^{21} **4** *(zeer dik)* Bohle v^{21} **5** *(over een sloot)* Steg m^5
plankenkoorts Lampenfieber o^9
plankgas Vollgas o^{39}: *~ geven* Vollgas geben[166]
plankton Plankton o^{39}
plankzeilen surfen
plannen planen
planning Planung v^{20}, Planen o^{39}
planologie Raumplanung v^{20}
planoloog Stadtplaner m^9
plant Pflanze v^{21}
plantaardig pflanzlich: *~ vet* Pflanzenfett o^{29}
plantage Plantage v^{21}
planten 1 *(poten)* pflanzen **2** *(aanplanten)* anpflanzen **3** *(stevig vastzetten)* setzen
plantenetend Pflanzen fressend
planteneter Pflanzenfresser m^9
plantengroei Pflanzenwuchs m^{19}, Vegetation v^{20}
plantentuin botanischer Garten m^{12}
plantenziekte Pflanzenkrankheit v^{20}
planter Pflanzer m^9
plantgoed Pflanzgut o^{39}
plantkunde Botanik v^{28}, Pflanzenkunde v^{28}
plantsoen Anlagen *mv* v^{21}, Park m^{13}, *soms* m^5
plaque Zahnbelag m^6, Plaque v^{27}

plaquette Plakette v^{21}
plas 1 *(op straat)* Pfütze v^{21} **2** *(poel)* Pfuhl m^5, Tümpel m^9 **3** *(meer)* See m^{17} **4** *(bloed, gemorste vloeistof)* Lache v^{21} **5** *(grote hoeveelheid vocht)* Menge v^{21} **6** *(urine)* Urin m^{19}
plasje: *een ~ doen* Pipi machen
plasma Plasma o (2e nvl -s; mv Plasmen)
plasmascherm Plasmabildschirm m^5, Plasmaschirm m^5
plasma-tv Plasma-TV o^{39a}
plassen *(in water bewegen)* planschen **2** *(urineren)* urinieren[320], pinkeln
plastic Plastik o^{39}; *(ook)* Kunststoff m^5
plasticbom Plastikbombe v^{21}
plastiek Plastik v^{20}
plastificeren plastifizieren[320]
plastisch plastisch
¹**plat** *zn* **1** *(plat gedeelte)* Fläche v^{21} **2** *(plat dak)* Flachdach o^{32} **3** *(streektaal)* Platt o (2e nvl -(s))
²**plat** *bn, bw* **1** *(vlak)* flach, platt: *~ bord* flacher Teller m^9; *~te neus* platte Nase v^{21}; *~ vlak* flache Ebene v^{21}; *~ op zijn buik liggen* platt auf dem Bauch liegen[202] **2** *(niet beschaafd)* platt, vulgär: *~ praten* Platt sprechen[274] **3** *(zonder koolzuur)* still: *~ water* stilles Wasser || *de haven is ~* die Hafenarbeiter streiken; *de fabriek gaat ~* die Fabrik wird lahm gelegt
plataan Platane v^{21}
plateau Plateau o^{36}, Hochebene v^{21}
platenboek Bildband m^6, Bilderbuch o^{32}
platenbon Gutschein m^5 für eine Schallplatte
platenspeler Plattenspieler m^9
platform Plattform v^{20}
¹**platina** *zn* Platin o^{39}
²**platina** *bn* aus Platin
platleggen *(door staking)* lahm legen
platliggen flach liegen[202]
platlopen *(lett)* zertreten[291]: *(fig) bij iem de deur ~* jmdm die Tür einrennen[222]
platspuiten ruhig stellen
plattegrond 1 *(grondtekening)* Grundriss m^5 **2** *(kaart)* Plan m^6; *(van stad)* Stadtplan m^6 **3** *(van schoolklas)* Klassenspiegel m^9
plattekaas *(Belg)* Quark m^{19}
platteland Land o^{39}
plattelands- ländlich, Land-
plattrappen *(vertrappen)* zertreten[291]
platreden *(fig)*: *platgetreden paden* ausgetretene Pfade
platvis Plattfisch m^5
platvloers derb, grob, platt
platvoet Plattfuß m^6
platzak blank, abgebrannt
plausibel plausibel, einleuchtend
plaveien pflastern
plaveisel Pflaster o^{33}
plavuis Fliese v^{21}, Steinplatte v^{21}
playback Play-back, Playback o (2e nvl -; mv -s)
playboy Playboy m^{13}

plebejer Plebejer *m*[9]
plebs Plebs *m*[19]
plechtig feierlich
plechtigheid Feierlichkeit *v*[20]: *feestelijke* ~ Festakt *m*[5]
plee Klo *o*[36], Örtchen *o*[35]
pleegkind Pflegekind *o*[31]
pleegouders Pflegeeltern *(mv)*
plegen 1 *(gewoon zijn)* pflegen **2** *(begaan)* verüben, begehen[168]: *geweld* ~ Gewalt gebrauchen; *een staatsgreep* ~ einen Staatsstreich durchführen; *verraad* ~ Verrat üben
pleidooi Plädoyer *o*[36] [pleddwajjee]
plein Platz *m*[6]
¹pleister *(hechtpleister)* Pflaster *o*[33]: *(fig) de* ~ *op de wond* das Trostpflaster
²pleister *(gips)* Gips *m*[19]; *(op muren)* Putz *m*[19]
pleisteren *(een muur)* verputzen
pleisterplaats Rastplatz *m*[6]
pleisterwerk 1 *(het pleisteren)* Putzarbeit *v*[28] **2** *(bepleistering)* Putz *m*[19] **3** *(versiering)* Stuckverzierung *v*[20]
pleit Rechtsstreit *m*[5] || *het* ~ *is beslecht* die Entscheidung ist gefallen
pleitbezorger *(fig)* Anwalt *m*[6], Fürsprecher *m*[9]
pleiten plädieren[320]: ~ *voor* plädieren für[+4]; *dat pleit voor hem* das spricht für ihn
pleiter Anwalt *m*[6], Verteidiger *m*[9]
plek 1 *(vlek)* Fleck *m*[5] **2** *(plaats)* Stelle *v*[21]
plenair Plenar-: ~*e vergadering* Plenarversammlung *v*[20]; Vollversammlung *v*[20]
plensbui Platzregen *m*[11], Gussregen *m*[11]
plenty sehr viel, jede Menge
plenzen in Strömen regnen
pletten 1 *(met wals platpersen)* walzen **2** *(verbrijzelen)* zerquetschen
pletter: *te* ~ *slaan* zerschmettern; *te* ~ *vallen* zerschellen; *hij viel te* ~ er stürzte zu Tode; *zich te* ~ *werken* sich zu Tode schuften; *zich te* ~ *vervelen* sich zu Tode langweilen
pleuren schmeißen[247], knallen
pleuris Pleuritis *v (mv* Pleuritiden*)*
plevier, pluvier Regenpfeifer *m*[9]
plexiglas Plexiglas *o*[39]
plezant lustig, vergnüglich
plezier Vergnügen *o*[39], Freude *v*[28], Spaß *m*[19]: *veel* ~*!* viel Vergnügen!; ~ *hebben* (of: *maken*) sich amüsieren[320]; *dat doet me* ~*!* das freut mich!; ~ *hebben in* Spaß haben[182] an[+3]; *ik heb er geen* ~ *in* es macht mir kein Vergnügen; *doe me het* ~ *niet meer te schreeuwen!* tu mir den Gefallen und schrei nicht mehr!; *met alle* ~ mit dem größten Vergnügen; *voor zijn* ~ zu seinem Vergnügen
plezierboot Ausflugsdampfer *m*[9]
plezieren (er)freuen
plezierig 1 *(mbt zaken)* erfreulich, angenehm: *een* ~*e vakantie* angenehme Ferien; *iets* ~ *vinden* etwas angenehm finden[157] **2** *(mbt personen)* nett: *een* ~*e collega* ein netter Kollege

plezierjacht Jacht *v*[20], Yacht *v*[20]
plezierreis Vergnügungsreise *v*[21], Vergnügungsfahrt *v*[20]
plicht Pflicht *v*[20]: *zijn* ~ *doen* seine Pflicht tun[295]; *zijn* ~ *vervullen* seine Pflicht erfüllen
plichtmatig pflichtmäßig, pflichtgemäß
plichtpleging Höflichkeit *v*[20]
plichtsbesef Pflichtgefühl *o*[39]
plichtsgetrouw pflichttreu
plichtsvervulling Pflichterfüllung *v*[28]
plichtsverzuim Pflichtverletzung *v*[20]
plint Fußleiste *v*[21]
plisserok Plisseerock *m*[6]
¹ploeg 1 *(arbeiders)* Gruppe *v*[21], Kolonne *v*[21] **2** *(bij ploegendienst)* Schicht *v*[20]: *in* ~*en werken* Schichtarbeit machen **3** *(sp)* Mannschaft *v*[20]
²ploeg *(landbouwwerktuig)* Pflug *m*[6]
ploegen pflügen
ploegendienst Schichtarbeit *v*[28], Schicht *v*[20]
ploegenklassement Mannschaftswertung *v*[20]
ploegleider Mannschaftsführer *m*[9]
ploegschaar Pflugschar *v*[20]
ploert Lump *m*[14], Schuft *m*[5]
ploeteraar Arbeitstier *o*[29]
ploeteren sich abrackern
plof 1 *(van gas)* Puff *m*[6] **2** *(geluid van vallend, stotend lichaam)* Plumps *m*[5]: ~*!* plumps!
ploffen 1 puffen **2** plumpsen **3** *(van woede)* platzen; *zie ook* plof
plomberen *(van tanden)* füllen
plomp plump; *(ruw)* grob
plompen plumpsen
plompweg geradeheraus, ungeniert
¹plons *zn* Plumps *m*[5]
²plons *tw* plumps!
plonzen plumpsen
plooi Falte *v*[21]: *in* ~*en vallen* Falten werfen[311]; *(fig) de* ~*en gladstrijken* die letzten Mängel beseitigen
plooibaar *(fig)* geschmeidig, flexibel
¹plooien *tr* **1** *(lett)* falten **2** *(regelen)* einrichten: *(fig) ik zal het wel* ~ ich werde es schon machen
²plooien, zich *(fig)* sich fügen
plooirok Faltenrock *m*[6]
plotseling plötzlich
pluche Plüsch *m*[19]: *beer van* ~ Plüschbär *m*[14]
pluchen Plüsch-
plug 1 *(voor schroeven)* Dübel *m*[9] **2** *(stekker)* Stöpsel *m*[9], Stecker *m*[9]
pluim 1 *(op helm, hoed)* Feder *v*[21], Federbusch *m*[6] **2** *(kwastje aan muts)* Troddel *v*[21], Quaste *v*[21] **3** *(bloeiwijze)* Rispe *v*[21] **4** *(compliment)* Lob *o*[29], Kompliment *o*[29]
pluimage Gefieder *o*[33]: *(fig) vogels van diverse* ~ Leute aller Art
pluimvee Federvieh *o*[39], Geflügel *o*[39]
pluimveehouder Geflügelhalter *m*[9], Geflügelzüchter *m*[9]
¹pluis *(vlokje)* Fussel *v*[21], *m*[9]

²pluis *bn, bw: die zaak is niet* ~ die Sache ist nicht geheuer; *het is daar niet* ~ es geht dort nicht mit rechten Dingen zu
pluizen *(pluisjes afgeven)* fusseln
pluk 1 *(het plukken)* Pflücken o^{39} **2** *(oogst)* Ernte v^{21} ‖ *een* ~ *haar* ein Haarbüschel
¹plukken *intr (trekken)* zupfen
²plukken *tr* **1** pflücken **2** *(veren uittrekken)* rupfen **3** *(fig)* ernten: *de vruchten van zijn werk* ~ die Früchte seiner Arbeit ernten
plunderaar Plünderer m^9
plunderen plündern
plundering Plünderung v^{20}
plunje Klamotten *(mv); (pak)* Kluft v^{20}
plunjezak Kleidersack m^6; *(scheepv)* Seesack m^6
¹plus *zn* Plus o^{39a}
²plus *vz* plus+², und
plusminus ungefähr, etwa, rund
pluspunt Pluspunkt m^5
plussen nachdenken¹⁴⁰, hin und her überlegen
plutonium Plutonium o^{39}
pneumatisch pneumatisch: *~e hamer* Presslufthammer m^{10}
po Nachttopf m^6, Topf m^6
pochen prahlen, angeben¹⁶⁶
pocher Prahler m^9, Angeber m^9
pocheren pochieren³²⁰
pochet Einstecktuch o^{32}
pocketboek Taschenbuch o^{32}
podium Podium *o (2e nvl -s; mv Podien)*
poedel Pudel m^9
poedelen plätschern
poedelnaakt pudelnackt, splitternackt
poedelprijs Trostpreis m^5
poeder *(ook apoth)* Pulver o^{33}; *(toiletartikel)* Puder m^9
poederbrief Pulverbrief m^5
poederchocolade Kakaopulver o^{39}
poederdoosje Puderdose v^{21}
poederen pudern
poedersneeuw Pulverschnee m^{19}
poedersuiker Puderzucker m^{19}
poedervorm Pulverform v^{28}
poef *(zitkussen)* Puff m^5, m^{13}
poeha Wirbel m^9, Tamtam o^{39}: *veel* ~ *over iets maken* viel Lärm um+⁴ etwas machen
poel Pfuhl m^5, Tümpel m^9
poelet Suppenfleisch o^{39}
poelier Geflügelhändler m^9
poema Puma m^{13}
poen *(geld)* Pinke v^{28}, Moneten *(mv)*
poep *(inform)* Kacke v^{28}, Kot m^{19}, Scheiße v^{28}
poepen *(inform)* scheißen²³⁴, kacken, einen Haufen machen: *in zijn broek* ~ in die Hose machen
poeper(d) *(inform)* Po(po) m^{13}
poepje *(inform)* Furz m^6, Wind m^5, Pup(s) m^5: *een* ~ *laten* einen fahren lassen¹⁹⁷
poes Katze v^{21}; *(roep)* Miez(e)!: *dat is niet voor de* ~ das ist kein Pappenstiel
poesje Kätzchen o^{35}, Miezchen o^{35}
poeslief katzenfreundlich
poespas 1 *(mengelmoes)* Mischmasch m^5 **2** *(opgeblazenheid)* Theater o^{39}
poet Beute v^{21}
poëtisch poetisch, dichterisch
poets Streich m^5: *iem een* ~ *bakken* jmdm einen Streich spielen
poetsdoek Putztuch o^{32}
poetsen putzen: *schoenen* ~ Schuhe putzen
poetser Putzer m^9
poetsvrouw Raumpflegerin v^{22}, Putzfrau v^{20}
poëzie Poesie v^{21}
poëziealbum Poesiealbum *o (2e nvl -s; mv -alben)*
pof *(krediet) op de* ~ auf Borg, auf Pump
poffen 1 *(op krediet kopen)* auf Pump kaufen **2** *(op krediet leveren)* auf Pump liefern **3** *(van kastanjes)* rösten
pogen versuchen, probieren³²⁰
poging Versuch m^5: ~ *tot diefstal* versuchter Diebstahl m^6; *een uiterste* ~ ein letzter Versuch; *al mijn ~en* all meine Bemühungen; *een* ~ *doen* einen Versuch machen
pogrom Pogrom m^5, o^{29}
pointe Pointe v^{21} [pwɛ̃:ntə]
pok Pocke v^{21}: *de ~ken* die Pocken
pokdalig pockennarbig
poken stochern
poker Poker o^{39}, m^{19}
pokeren pokern, Poker spielen
pokken Pocken *mv* v^{21}
pokkenbriefje Impfschein m^5
pol Büschel o^{33}
polair polar: *~e lucht* Polarluft v^{28}
polarisatie Polarisierung v^{20}
polariseren polarisieren³²⁰
polder Polder m^9
polderland Marschland o^{39}
polemiek Polemik v^{20}
polemiseren polemisieren³²⁰
polemologie Polemologie v^{28}
Polen Polen o^{39}
poliep Polyp m^{14}
polijsten polieren³²⁰
polikliniek Poliklinik v^{20}
poliklinisch poliklinisch, ambulant
polio Polio v^{28}, Kinderlähmung v^{28}
poliopatiënt Poliokranke(r) m^{40a}, v^{40b}
polis Police v^{21}
polishouder Policeninhaber m^9
politicologie Politologie v^{28}
politicoloog Politologe m^{15}
politicus Politiker m^9
politie Polizei v^{20}: *vanwege de* ~ polizeilich
politieagent Polizist m^{14}
politieapparaat Polizeiapparat m^5
politiebeambte Polizeibeamte(r) m^{40a}, Polizeibeamtin v^{22}

politiebericht Durchsage v^{21} der Polizei
politiebewaking Polizeischutz m^{19}
politiebureau Polizeiwache v^{21}
politieel polizeilich, Polizei…
politiehond Polizeihund m^5
¹**politiek** zn Politik v^{20}: *binnenlandse ~* Innenpolitik; *buitenlandse ~* Außenpolitik; *economische ~* Wirtschaftspolitik; *financiële ~* Finanzpolitik; *betreffende de binnenlandse ~* innenpolitisch; *betreffende de buitenlandse ~* außenpolitisch
²**politiek** bn, bw politisch
politiemaatregel Polizeimaßnahme v^{21}
politiemacht *(aantal agenten)* Polizeiaufgebot o^{29}
politieman Polizist m^{14}, Polizeibeamte(r) m^{40a}
politieonderzoek polizeiliche Ermittlungen *mv* v^{20}
politiepatrouille Polizeistreife v^{21}
politiepost Polizeiposten m^{11}
politierapport Polizeibericht m^5
politierechter Einzelrichter m^9
politiestaat Polizeistaat m^{16}
politietoezicht Polizeiaufsicht v^{28}
politiewezen Polizeiwesen o^{39}
politioneel polizeilich
politiseren politisieren³²⁰
politoeren polieren³²⁰
polka Polka v^{27}
pollen Pollen m^{11}, Blütenstaub m^{19}
pollepel Kochlöffel m^9
polo *(sp)* Polo o^{39}, Polospiel o^{39}
polonaise Polonaise v^{21}, Polonäse v^{21}
poloshirt Polohemd o^{37}
pols 1 *(polsader, polsslag)* Puls m^5: *zwakke ~* schwacher Puls 2 *(gewricht)* Handgelenk o^{29}
polsader Pulsader v^{21}
polsbandje Handgelenkbändchen o^{35}
polsen: *iem ~ over een benoeming* bei jmdm wegen einer Ernennung vorfühlen
polshorloge Armbanduhr v^{20}
polsslag Pulsschlag m^6, Puls m^5
polsstok Sprungstab m^6
polsstokhoogspringen Stabhochsprung m^{19}
polyester Polyester m^9
polyfonie Polyphonie v^{28}, Polyfonie v^{28}
¹**polyfoon** Polyfon o^{29}, Polyphon o^{29}, polyfoner Klingelton m^6
²**polyfoon** polyfon, polyphon
polygamie Polygamie v^{28}
polytechnisch polytechnisch
polytheen Polyäthylen o^{29}
pomp 1 *(algem)* Pumpe v^{21} 2 *(benzinepomp)* Zapfsäule v^{21} 3 *(benzinestation)* Tankstelle v^{21}
pompbediende Tankwart m^5
pompen
pompeus pompös
pompoen Kürbis m^5 (2e nvl -ses; mv -se)
pompstation 1 *(gebouw)* Pumpstation v^{20} 2 *(benzinepomp)* Tankstelle v^{21}

poncho Poncho m^{13}
pond Pfund o^{29}: *per ~* per Pfund; *het ~ sterling* das Pfund Sterling
poneren *(veronderstellen)* annehmen²¹²: *een stelling ~* eine These aufstellen
ponsband Lochstreifen m^{11}
ponskaart Lochkarte v^{21}
ponsmachine *(voor kaarten)* Lochmaschine v^{21}
pont Fähre v^{21}, Fährboot o^{29}
pontificaal *(plechtig)* feierlich
ponton Ponton m^{13}
pony Pony o^{36}
ponyhaar Pony m^{13}, Ponyfrisur v^{20}
pooier *(souteneur)* Zuhälter m^9
pook Schüreisen o^{35}, Schürhaken m^{11}
¹**pool** *(van tapijt e.d.)* Pol m^5
²**pool** *(aardr, nat)* Pol m^5
Pool Pole m^{15}
poolcirkel Polarkreis m^5
poolijs Polareis o^{39}
poollicht Polarlicht o^{31}
Pools polnisch
poolshoogte: *~ nemen (fig)* sich erkundigen
Poolster Polarstern m^{19}
poolstreek Polarzone v^{21}
poolzee Polarmeer o^{29}, Eismeer o^{29}
poon Knurrhahn m^6
poort Tor o^{29}; *(klein)* Pforte v^{21}
poortje kleines Tor o^{29}, Pförtchen o^{35}
poos Weile v^{28}, Zeit v^{28} lang
poot 1 *(lidmaat van dier)* Pfote v^{21}; *(van insecten, vogels)* Bein o^{29}; *(van roofdieren)* Tatze v^{21} 2 *(inform)* Pfote v^{21}; *(hand, handschrift)* Pfote v^{21}, Klaue v^{21}: *blijf er met je poten af!* Pfoten weg!; *geen ~ uitsteken* keinen Finger rühren 3 *(van stoel, tafel)* Bein o^{29}; *(van fauteuil)* Fuß m^6 || *op zijn achterste poten gaan staan (ook fig)* sich auf die Hinterbeine stellen; *op hoge poten* aufgebracht; *op zijn ~ spelen* wettern; *een brief op poten* ein geharnischter Brief; *iets op poten zetten* etwas auf die Beine stellen; *zijn ~ stijf houden* nicht nachgeben¹⁶⁶
pootgoed *(plantk)* Pflanzgut o^{39}, Setzlinge *mv* m^5
pootje Pfötchen o^{35}, Füßchen o^{35}, Beinchen o^{35}: *op zijn ~s terecht komen (fig)* gut ausgehen¹⁶⁸; *iem ~ haken* jmdm ein Bein stellen; *zie ook* poot
pootjebaden im Wasser (of: im Meer) waten
pop 1 *(ook van insect)* Puppe v^{21} 2 *(muziek)* Pop o^{39}, o^{39a} || *daar heb je de ~pen aan het dansen* da hast du die Bescherung
popart Pop-Art v^{28}
popelen: *~ van ongeduld* vor Ungeduld brennen¹³⁸
popfestival Popfestival o^{36}
popgroep Popgruppe v^{21}
¹**popiejopie** 1 *(populair iem)* populäre Gestalt v^{20}, populäre Figur v^{20} 2 *(ongunstig)* Proll m^{13}
²**popiejopie** 1 *(populair)* populär, beliebt 2 *(ongunstig)* prollig

popje Püppchen o^{35}: *mijn ~!* mein Herzchen!
popmuziek Popmusik v^{28}
poppenkast 1 *(lett)* Puppenspiel o^{29}, Kasperletheater o^{33} **2** *(fig)* Theater o^{39}
popperig puppig, winzig
populair populär
populariseren popularisieren^{320}
populariteit Popularität v^{28}
populier Pappel v^{21}
pop-up *(comp)* Pop-up o^{36}
por Stoß m^6, Puff m^6, Schubs m^5
poreus porös
porie Pore v^{21}
porno Porno m^{13}
pornografie Pornographie v^{21}, Pornografie v^{21}
pornografisch pornographisch, pornografisch
¹**porren** *intr (in het vuur)* stochern (in^{+3})
²**porren** *tr* **1** *(duwen)* stoßen^{285} **2** *(aansporen)* anspornen, antreiben^{290}: *daarvoor is hij niet te ~* dafür ist er nicht zu haben
porselein Porzellan o^{29}
porseleinen porzellanen, Porzellan-
¹**port** *(wijn)* Portwein m^5
²**port** *(porto)* Porto o^{36} *(mv ook Porti),* Postgebühr v^{20}; *vrij van ~* portofrei
portaal 1 *(van kerk e.d.)* Portal o^{29} **2** *(vestibule)* Flur m^5, Vorhalle v^{21}, Diele v^{21}
portable Reiseschreibmaschine v^{21}, Kofferschreibmaschine v^{21}
portefeuille 1 *(mapje voor papieren)* Brieftasche v^{21}; *(voor grotere stukken)* Mappe v^{21} **2** *(ambtelijke dienst)* Geschäftsbereich m^5, Ressort o^{36}, Amtsbereich m^5: *minister zonder ~* Minister ohne Geschäftsbereich
portemonnee Portemonnaie o^{36}, Portmonee o^{36}
portie 1 *(hoeveelheid)* Portion v^{20}: *een grote ~ geduld hebben* eine große Dosis Geduld haben^{182} **2** *(aandeel, deel)* Anteil m^5, Teil m^5: *legitieme ~* Pflichtteil; *hij heeft zijn ~ gehad* er hat sein(en) Teil weg
portiek Hauseingang m^6
¹**portier** *(persoon)* Portier m^{13} [portjee], Pförtner m^9
²**portier** *(deur)* Wagentür v^{20}, Tür v^{20}
portiershokje Pförtnerloge v^{21}, Portier(s)loge v^{21}
porto *zie* ²port
portofoon Sprechfunkgerät o^{29}, Funksprechgerät o^{29}
portret Porträt o^{36}, o^{29}, Bild o^{31}: *(fig) een lastig ~* ein lästiger Mensch
portretschilder Porträtmaler m^9, Porträtist m^{14}
portretteren porträtieren^{320}
Portugal Portugal o^{39}
¹**Portugees** *zn (inwoner)* Portugiese m^{15}
²**Portugees** *zn (taal)* Portugiesisch o^{41}
³**Portugees** *bn* portugiesisch
portvrij portofrei
pose Pose v^{21}

poseren posieren^{320}: *voor een schilder ~* einem Maler Modell stehen^{279}; einem Maler Modell sitzen^{268}
positie 1 *(betrekking)* Position v^{20}, Stellung v^{20} **2** *(toestand)* Lage v^{21}: *maatschappelijke ~* gesellschaftliche Stellung; *in ~ zijn (van vrouwen)* in anderen Umständen sein^{262} **3** *(plaats)* Standort m^5, Position v^{20} **4** *(houding)* Position v^{20}
¹**positief** *zn (foto)* Positiv o^{29}
²**positief** *bn, bw* positiv
positiejapon Umstandskleid o^{31}
positieven: *niet bij zijn ~ zijn*: a) *(bewusteloos)* bewusstlos sein^{262}; b) *(niet goed bij zinnen)* nicht ganz bei Verstand sein^{262}; *weer bij zijn ~ komen* wieder zu^{+3} sich kommen^{193}
¹**post 1** *(algem) (plaats)* Posten m^{11} **2** *(ambt, betrekking)* Posten m^{11}, Stellung v^{20}, Stelle v^{21} **3** *(van deur, raam)* Pfosten m^{11}
²**post 1** *(PTT)* Post v^{20}: *per ~* per *(of:* mit der, durch die*)* Post **2** *(postkantoor)* Postamt o^{32}, Post v^{20}: *naar de ~ brengen* zur Post bringen^{139}
postagentschap Poststelle v^{21}
postassignatie *(Belg)* Postanweisung v^{20}
postauto Postauto o^{36}
postbeambte Postbeamte(r) m^{40a}, Postbeamtin v^{22}
postbestelling Postzustellung v^{28}
postbode Postbote m^{15}, Briefträger m^9
postbox, postbus Post(schließ)fach o^{32}
postcheque Postscheck m^{13}
postcheque-en-girodienst Postscheckamt o^{32}
postcode Postleitzahl v^{20}
postduif Brieftaube v^{21}
postelein Portulak m^5, m^{13}
¹**posten** *(op de post doen)* zur Post bringen^{139}
²**posten 1** *(bij staking)* Streikposten aufstellen (vor^{+3}) **2** *(op de uitkijk staan)* Posten stehen^{279}
poster *(affiche)* Poster m^9, o^{33}
posteren postieren^{320}, aufstellen
poste restante postlagernd
posterijen Postwesen o^{39}, Post v^{20}
postkamer Poststelle v^{21}
postkantoor Postamt o^{32}, Post v^{20}
postkoets Postkutsche v^{21}
postmandaat *(Belg)* Postanweisung v^{20}
postmeester *(Belg)* Leiter m^9 des Postamts
postnummer *(Belg)* Postleitzahl v^{20}
postorderbedrijf Versandhaus o^{32}
postpakket Postpaket o^{29}
postpapier Briefpapier o^{29}
postrekening Postscheckkonto o^{36} *(2e nvl -s; mv ook -konten en -konti)*
postuum postum, posthum
postuur Gestalt v^{20}, Figur v^{20}, Statur v^{20}: *flink van ~* stattlich; *klein van ~* von kleiner Gestalt
postvatten (einen) Posten beziehen^{318}: *het idee heeft postgevat* die Idee hat Fuß gefasst
postwissel Postanweisung v^{20}
postzegel Briefmarke v^{21}: *een ~ van 39 cent* eine

Briefmarke zu 39 Cent; *speciale ~* Sonderbriefmarke

postzegelverzameling Briefmarkensammlung v^{20}

postzending Postsendung v^{20}

¹pot 1 *(vaatwerk)* Topf m^6: *~ten en pannen* Kochgeschirr o^{39}; *gewone ~* Hausmannskost v^{28}; *eten wat de ~ schaft* essen, was auf den Tisch kommt **2** *(po)* Nachttopf m^6, Topf m^6 **3** *(inzet bij het spel)* Pot m^{19}, Spielkasse v^{21}; *(sp) in de ~ zetten* einsetzen || *de ~ bier* das (Glas) Bier; *het is een ~ nat* es ist gehupft wie gesprungen; *hij kan me de ~ op* er kann mir den Buckel runterrutschen; *zie ook* potje

²pot *(inform) (lesbienne)* Lesbe v^{21}

potdicht 1 *(geheel dicht)* fest verschlossen **2** *(mbt personen)* verschwiegen wie das Grab **3** *(mbt verkeerswegen)* verstopft

potdoof stocktaub

potdorie *tw* potz Blitz!, potztausend!

poten 1 *(in de grond zetten)* pflanzen, setzen **2** *(van vis)* aussetzen

potent potent

potentaat Potentat m^{14}

potentie Potenz v^{20}

¹potentieel *zn* Potenzial o^{29}, Potential o^{29}

²potentieel *bn* potenziell, potentiell

potig handfest, stämmig, stramm

potje Töpfchen o^{35}: *het ~ bier* das (Glas) Bier; *het ~ jam* das Glas Marmelade; *hij maakt er een ~ van* er treibt es zu bunt; *een ~ voetballen* eine Partie Fußball spielen

potkachel Kanonenofen m^{12}

potlood Bleistift m^5: *rood ~* Rotstift m^5

potloodslijper Bleistiftspitzer m^9

potpourri Potpourri o^{36}

potsierlijk possierlich, drollig

potten 1 *(sparen)* sparen, Geld zurücklegen **2** *(van plant)* (ein)topfen

pottenbakker Töpfer m^9

pottenkijker Topfgucker m^9

potverteren die Ersparnisse verjubeln

potvis Pottwal m^5

poule *(sport)* Gruppe v^{21}

pover 1 *(armoedig)* ärmlich **2** *(schraal)* dürftig

powerpointpresentatie Powerpoint-Präsentation v^{20}

praal Pomp m^{19}, Pracht v^{28}, Prunk m^{19}

praalgraf Grabmal o^{32}, *soms* o^{29}

praalwagen Prunkwagen m^{11}

praat 1 *(het geklets)* Geplauder o^{39}: *iem aan de ~ houden* jmdn aufhalten[183]; *(aan het lijntje houden)* jmdn hinhalten[183]; *aan de ~ komen* ins Gespräch kommen[193] *wat is dat voor ~?* was sind das für Reden? || *hij kreeg zijn auto niet aan de ~* er konnte sein Auto nicht in Gang bringen **2** *(het gesprokene)* Rede v^{21}:

praatgraag redselig

praatgroep Gesprächsgruppe v^{21}

praatje Plauderei v^{20}: *~s (geroddel)* Gerede o^{39}; Klatsch m^{19}; *~s over iem rondstrooien* jmdn ins Gerede bringen[139]; *veel ~s hebben* große Töne spucken; *met iem een ~ maken* mit jmdm plaudern

praatjesmaker Angeber m^9, Großmaul o^{32}

praatpaal Notrufsäule v^{21}

praatprogramma Talkshow v^{27} [to:ksjoo]

praats: *~ hebben* große Töne spucken

praatstoel: *op zijn ~ zitten* kein Ende finden können[194]

praatziek schwatzhaft, geschwätzig

pracht Pracht v^{28}, Prunk m^{19}: *een ~ van een huis* ein Prachthaus

prachtexemplaar Prachtexemplar o^{29}

prachtig prächtig, prachtvoll, wunderschön: *een ~ uitzicht* eine herrliche Aussicht; *~ van kleur* farbenprächtig

prachtkerel Prachtkerl m^5

prachtstuk Prachtstück o^{29}

prachtwerk Prachtwerk o^{29}

practicus Praktiker m^9

pragmaticus Pragmatiker m^9

pragmatiek, pragmatisch pragmatisch

prairie Prärie v^{21}

prak Happen m^{11}: *in de ~ rijden* zu Schrott fahren[153]

prakje 1 *(kliekje)* Rest m^5 **2** *(maaltijd)* Essen o^{35}

prakken zermanschen

¹prakkeseren, prakkiseren *intr (peinzen)* grübeln

²prakkeseren, prakkiseren *tr (uitdenken)* sich³ ausdenken[140], ersinnen[267]

praktijk Praxis *v (mv Praxen)*: *man van de ~* Mann der Praxis; *op de ~ gericht* praxisbezogen; *in ~ brengen* in die Praxis umsetzen; *de ~ verleren* aus der Übung kommen[193]; *de ~ van een arts* die Praxis eines Arztes

praktijkruimte Praxis *v (mv Praxen)*

praktijkscholing praktische Schulung v^{20}

praktikant Praktikant m^{14}

praktisch praktisch; *(bijna)* fast, beinahe

praktiseren praktizieren[320]

pralen prahlen

praline Praline v^{21}

prat: *~ gaan op* sich rühmen[+2]

praten 1 *(iets zeggen)* reden, sprechen[274]: *je hebt gemakkelijk ~!* du hast leicht reden; *praat me er niet van!* reden wir nicht mehr davon; *laten we er niet meer over ~!* sprechen wir nicht mehr darüber!; *laat de mensen maar ~!* lass die Leute nur reden!; *iem aan het ~ krijgen* jmdn zum Sprechen bringen[139]; *hij praat maar wat* er faselt bloß; *zich eruit ~* sich herausreden; *eromheen ~* drum herumreden; *daar weet ik van mee te ~* davon kann ich ein Lied singen; *al dat ~* all das Gerede **2** *(babbelen)* plaudern, schwatzen **3** *(roddelen)* klatschen

prauw Prau v^{23}

precair prekär, heikel
precedent Präzedenzfall m^6
precies genau, präzis(e): ~ *om 3 uur* Punkt drei Uhr; *het is* ~ *3 uur* es ist gerade 3 Uhr; ~ *op tijd* pünktlich; *hij is erg* ~ er ist sehr pünktlich; *hij kijkt niet zo* ~ er nimmt es nicht so genau
preciseren präzisieren^{320}
precisie Präzision v^{28}, Genauigkeit v^{28}
predestinatie Prädestination v^{28}
predicaat Prädikat o^{29}
predikant (*dominee*) Pfarrer m^9
prediken predigen
preek Predigt v^{20}
preekstoel Kanzel v^{21}
prefab vorgefertigt
preferent bevorrechtigt: ~*e aandelen* Vorzugsaktien *mv* v^{21}; ~*e crediteuren* bevorrechtigte Gläubiger *mv* m^9
prefereren vorziehen^{318}, bevorzugen: *zij prefereert sinaasappels boven appels* sie bevorzugt Orangen vor Äpfeln, sie zieht Apfelsinen^{+4} Äpfeln vor
pregnant prägnant
prehistorisch prähistorisch, vorgeschichtlich
prei Porree m^{13}
preken predigen
prematuur vorzeitig, verfrüht
premie Prämie v^{21}; (*van sociale verzekering*) Beitrag m^6: *jaarlijkse* ~ Jahresprämie
premiebetaler Beitragszahler m^9
premieheffing Einziehen o^{39} der Sozialbeiträge
premier Premierminister m^9, Premier m^{13}, Ministerpräsident m^{14}
première Premiere v^{21}
premievrij prämienfrei; (*sociale verzekering*) beitragsfrei
premiewoning (*ongev*) subventionierte Wohnung v^{20}
preminiem (*Belg*) junges Mitglied o^{31} (von etwa 6-10 Jahren) eines Sportvereins
prenataal pränatal
prent 1 (*plaat*) Bild o^{31} **2** (*gravure*) Stich m^5
prentbriefkaart Ansichtskarte v^{21}
prenten (ein)prägen: *in het geheugen* ~ ins Gedächtnis (ein)prägen
prentenboek Bilderbuch o^{32}
prepaid prepaid, vorausbezahlt
prepaid kaart Prepaidkarte v^{21}
preparaat Präparat o^{29}
¹prepareren *tr* präparieren^{320}
²prepareren, zich: *zich* ~ (*voor*) sich vorbereiten auf^{+4} (*of*: für^{+4})
preselectie (*Belg*) Vorrunde v^{21}
¹present *zn* Geschenk o^{29}: *iem iets* ~ *geven* jmdm etwas schenken; ~ *krijgen* geschenkt bekommen^{193}
²present *bn* anwesend, gegenwärtig
presentabel präsentabel, vorzeigbar
presentatie Präsentation v^{20}

presentator (*telecom*) Moderator m^{16}, Präsentator m^{16}
presenteerblaadje Tablett o^{36}, o^{29}
presenteren 1 (*voorstellen*) vorstellen, präsentieren^{320} **2** (*aanbieden*) anbieten^{130}, präsentieren^{320} **3** (*optreden als presentator*) moderieren^{320} **4** (*mil*) präsentieren^{320}
presentexemplaar Freiexemplar o^{29}
presentie Präsenz v^{28}, Anwesenheit v^{28}
presentiegeld Diäten (*mv*), Sitzungsgeld o^{31}
presentielijst Anwesenheitsliste v^{21}
president 1 (*staatshoofd*) Präsident m^{14} **2** (*voorzitter*) Vorsitzende(r) m^{40a}, v^{40b}
president-commissaris Vorsitzende(r) m^{40a} des Aufsichtsrates
president-directeur Generaldirektor m^{16}
presidentieel präsidial: *een presidentiële rede* eine Rede des Präsidenten
presidentschap Präsidentschaft v^{20}
presidentsverkiezing Präsidentenwahl v^{20}
pressen pressen
pressie 1 (*druk*) Druck m^{19} **2** (*dwang*) Zwang m^6
pressiegroep Pressionsgruppe v^{21}
pressiemiddel Druckmittel o^{33}
prestatie Leistung v^{20}
prestatieloon Leistungslohn m^6
prestatievermogen Leistungsfähigkeit v^{28}
presteren leisten: *goed* ~ eine gute Leistung erbringen^{139}
prestige Prestige o^{39}
pret Vergnügen o^{39}, Spaß m^{19}, Freude v^{28}: *dolle* ~ riesiger Spaß; *voor de* ~ zum Spaß; ~ *hebben* sich amüsieren^{320}
pretendent Prätendent m^{14}, Anwärter m^9
pretenderen prätendieren^{320}, behaupten
pretentie Anmaßung v^{20}: *zonder* ~ anspruchslos; *veel* ~*s hebben* anmaßend sein^{262}
pretentieus prätentiös, anmaßend
pretje Vergnügen o^{35}, Spaß m^6
pretpark Vergnügungspark m^{13}, *soms* m^5, Erlebnispark m^{13}, *soms* m^5
prettig angenehm, gemütlich: *ik voel me niet erg* ~ ich fühle mich nicht recht wohl
preuts spröde, prüde
preutsheid Sprödigkeit v^{28}, Prüderie v^{28}
prevaleren prävalieren^{320}, überwiegen^{312}
prevelen murmeln
preventie Prävention v^{20}
preventief 1 präventiv: ~ *middel* Präventivmittel o^{33} **2** (*jur*) vorläufig: *preventieve hechtenis* Untersuchungshaft v^{28}
prieel Gartenlaube v^{21}, Laube v^{21}
priegelig winzig, fummelig
priem Ahle v^{21}, Pfriem m^5
priester Priester m^9
priesteres Priesterin v^{22}
priesterschap Priesteramt o^{39}, Priestertum o^{39}
prijken prangen
prijs Preis m^5; (*in loterij, ook*) Treffer m^9, Gewinn

prijsbeheersing m^5: *kostende* ~ Selbstkostenpreis; ~ *per stuk* Einzelpreis; *hoge* ~ *stellen op* großen Wert legen auf^{+4}; *beneden de* ~ unter dem Preis; *ver beneden de* ~ *verkopen* zu Schleuderpreisen verkaufen; *sterk in* ~ *verhoogde artikelen* verteuerte Waren; *op* ~ *stellen* schätzen; *tegen de* ~ *van* zum Preis von^{+3}; *voor geen* ~ um keinen Preis
prijsbeheersing Preiskontrolle v^{21}
prijsbewust preisbewusst
prijscontrole Preiskontrolle v^{21}
prijsdaling Preissenkung v^{20}, Preisrückgang m^6: *plotselinge* ~ Preissturz m^6
prijsgeven preisgeben^{166}
prijskaartje Preisschild o^{31}
prijsklasse Preisklasse v^{21}
prijslijst Preisliste v^{21}, Preisverzeichnis o^{29a}
prijsopgave Preisangabe v^{21}
prijspeil Preisniveau o^{36}
prijsschommeling Preisschwankung v^{20}
prijsstijging Preissteigerung v^{20}, Preiserhöhung v^{20}
prijsstop Preisstopp m^{13}
prijsuitreiking Preisverteilung v^{20}
prijsvechter 1 *(bedrijf dat op prijs concurreert)* Preisbrecher m^9, Preiskämpfer m^9 2 *(iem die vecht voor een prijs)* Preiskämpfer m^9
prijsverhoging Preiserhöhung v^{20}, Preissteigerung v^{20}
prijsverlaging Preissenkung v^{20}
prijsverschil Preisunterschied m^5
prijsvorming Preisgestaltung v^{20}
prijsvraag Preisausschreiben o^{35}: *een* ~ *uitschrijven* ein Preisausschreiben veranstalten
prijswinnaar Preisträger m^9
¹**prijzen** *(de prijs vermelden)* auszeichnen
²**prijzen** *(loven)* preisen^{216}, loben, rühmen: *zich gelukkig* ~ sich glücklich preisen
prijzenswaardig lobenswert, löblich; *(te waarderen)* anerkennenswert
prijzig teuer
prik 1 *(steek)* Stich m^5 2 *(met naald)* Einstich m^5: *een* ~ *krijgen* eine Spritze bekommen^{193} 3 *(prikilmonade)* Brause(limonade) v^{21} || *dat is hier vaste* ~ das ist hier gang und gäbe
prikactie Warnstreik m^{13}, m^5
prikbord schwarzes Brett o^{31}, Pinnwand v^{25}
prikje: *voor een* ~ für einen Spottpreis
prikkel 1 *(doorn)* Stachel m^{17} 2 *(biol, psych)* Reiz m^5 3 *(aansporing)* Ansporn m^{19}, Anreiz m^5
prikkelbaar reizbar, empfindlich
prikkeldraad Stacheldraht m^6
prikkeldraadversperring Drahtverhau m^5
prikkelen 1 *(op de huid, tong)* prickeln 2 *(irriteren)* reizen 3 *(aansporen)* anregen
prikkelend prickelnd; reizend
prikkeling Prickeln o^{39}: ~ *van een zenuw* Nervenreiz m^5
prikken 1 *(steken)* stechen^{277} 2 *(vaststeken)* stecken, heften 3 *(bepalen)* festsetzen 4 *(injecteren)* spritzen

prikklok Stechuhr v^{20}
pril früh, zart: ~ *le jeugd* frühe Jugend
prima prima, hervorragend
¹**primaat** *de (m) (zoogdier)* Primat m^{14}
²**primaat** *het (voorrang)* Primat m^5, o^{29}
primair primär: ~*e kleuren* Primärfarben *mv* v^{21}; ~ *getal* Primzahl v^{20}
primeur: *de* ~ *hebben* als Erste(r) eine Nachricht bringen^{139}; als Erste(r) eine Nachricht bekommen^{193}
primitief primitiv
primula Primel v^{21}
primus *(kooktoestel)* Petroleumkocher m^9
principe Prinzip o *(2e nvl -s; mv -ien, soms -e)*, Grundsatz m^6: *in* ~ im Prinzip, grundsätzlich; *uit* ~ prinzipiell, grundsätzlich
principieel prinzipiell, grundsätzlich
prins Prinz m^{14}
prinselijk prinzlich
prinses Prinzessin v^{22}
prinsessenboon Prinzessbohne v^{21}
prinsheerlijk fürstlich
print Ausdruck m^5
printen ausdrucken
printer Drucker m^9
prior Prior m^{16}
priori: *a* ~ a priori, von vornherein
prioriteit Priorität v^{20}
prisma Prisma o *(2e nvl -s; mv Prismen)*
privaatrecht Privatrecht o^{39}
privacy privater Lebensbereich m^5
privatiseren privatisieren^{320}
privé privat, persönlich
privéleven Privatleben o^{39}
privilege Privileg o^{29} *(mv meestal -ien)*
privilegiëren privilegieren^{320}
pro pro: *het* ~ *en contra* das Pro und Kontra
probaat probat, erprobt, bewährt
probeersel Versuch m^5
proberen probieren^{320}, versuchen
probleem Problem o^{29}, Frage v^{21}
probleemgericht problemorientiert
probleemloos problemlos
probleemstelling Problemstellung v^{20}
problematiek Problematik v^{28}
problematisch problematisch
procedé Verfahren o^{35}
procederen prozessieren^{320}, einen Prozess führen
procedure Verfahren o^{35}
procent Prozent o^{29}: *tegen 8* ~ zu 8 Prozent
procentueel prozentual
proces Prozess m^5: *iem een* ~ *aandoen* einen Prozess gegen jmdn anstrengen; *zonder vorm van* ~ ohne jeden Prozess
processie Prozession v^{20}
proces-verbaal 1 *(schriftelijk vastgelegd verslag)* Protokoll o^{29} 2 *(bekeuring)* Anzeige v^{21}
proclamatie Proklamation v^{20}

proclameren proklamieren³²⁰
procuratie Prokura *v (mv Prokuren)*, Vollmacht *v*²⁰
procuratiehouder Prokurist *m*¹⁴
procureur Prozessbevollmächtigte(r) *m*⁴⁰ᵃ
procureur-generaal Generalstaatsanwalt *m*⁶
pro Deo kostenlos, kostenfrei
producent Produzent *m*¹⁴
produceren produzieren³²⁰
product Produkt *o*²⁹
productie Produktion *v*²⁸: *iets in* ~ *nemen* die Produktion von⁺³ etwas aufnehmen²¹²; *in* ~ *komen* in Produktion gehen¹⁶⁸
productief produktiv: *zijn tijd* ~ *maken* seine Zeit (aus)nutzen
productieproces Produktionsprozess *m*⁵
productievermogen Produktionskraft *v*²⁵, Leistungsfähigkeit *v*²⁸
productiviteit Produktivität *v*²⁸: *stijging van de* ~ Produktivitätssteigerung *v*²⁰
proef 1 Probe *v*²¹: *iem op de* ~ *stellen* jmdn auf die Probe stellen; *bij wijze van* ~ versuchsweise **2** *(chem, nat)* Versuch *m*⁵, Experiment *o*²⁹: *proeven nemen* Versuche anstellen
proefbestelling Probeauftrag *m*⁶
proefdier Versuchstier *o*²⁹
proefdraaien Probe laufen¹⁹⁸: *een motor laten* ~ einen Motor Probe laufen lassen¹⁹⁷
proefkonijn Versuchskaninchen *o*³⁵
proeflokaal Ausschank *m*⁶, Probierstube *v*²¹
proefneming Experiment *o*²⁹, Versuch *m*⁵
proefnummer Probenummer *v*²¹
proefondervindelijk experimentell
proefpersoon Versuchsperson *v*²⁰
proefproces Musterprozess *m*⁵
proefproject Modellversuch *m*⁵
proefrijden Probe fahren¹⁵³
proefrit Probefahrt *v*²⁰
proefschrift Dissertation *v*²⁰, Doktorarbeit *v*²⁰
proeftijd Probezeit *v*²⁰; *(bij voorwaardelijke veroordeling)* Bewährungsfrist *v*²⁰
proefwerk Klassenarbeit *v*²⁰: *een* ~ *maken* eine Klassenarbeit schreiben²⁵²
proefzending Probesendung *v*²⁰
proesten prusten; *(niezen)* niesen
proeve Probe *v*²¹, Versuch *m*⁵
proeven 1 *(van drank, eten)* kosten, probieren³²⁰ **2** *(een smaak waarnemen)* schmecken **3** *(fig)* erkennen¹⁸⁹, spüren
proeverij Probe *v*²¹
prof 1 *(professor)* Professor *m*¹⁶ *(afk Prof.)* **2** *(professional)* Profi *m*¹³
profaan profan
profeet Prophet *m*¹⁴
professional *(sp)* Profi *m*¹³, Berufssportler *m*⁹
professioneel professionell
professor Professor *m*¹⁶: ~ *in de medicijnen* Professor der *(of:* für*)* Medizin
profeteren prophezeien

profetie Prophezeiung *v*²⁰
profetisch prophetisch
proficiat *tw* ich gratuliere!, Glückwunsch
profiel Profil *o*²⁹
profijt Profit *m*⁵, Nutzen *m*¹⁹: ~ *trekken van iets aus*⁺³ etwas Profit schlagen²⁴¹
profijtig *(Belg)* **1** *(zuinig)* sparsam, wirtschaftlich **2** *(goedkoop)* billig
profileren profilieren³²⁰
profiteren profitieren³²⁰: ~ *van* profitieren von⁺³
prognose Prognose *v*²¹
programma Programm *o*²⁹: *volgens* ~ programmgemäß
programmablad Programmheft *o*²⁹
programmatisch programmatisch
programmeertaal Programmiersprache *v*²¹
programmeren programmieren³²⁰
programmeur Programmierer *m*⁹
progressie Progression *v*²⁰
progressief progressiv: ~ *tarief* Stufentarif *m*⁵
project Projekt *o*²⁹, Plan *m*⁶, Entwurf *m*⁵
projecteren 1 *(ontwerpen)* projektieren³²⁰, planen **2** *(in tekening, op een scherm)* projizieren³²⁰ **3** *(psych)* projizieren³²⁰
projectgroep Projektgruppe *v*²¹
projectie Projektion *v*²⁰
projectieapparaat Projektor *m*¹⁶
projectiel Geschoss *o*²⁹, Projektil *o*²⁹
projectiescherm Bildwand *v*²⁵
projectontwikkelaar Projektentwickler *m*⁹
projector Projektor *m*¹⁶
proleet Prolet *m*¹⁴
proletariaat Proletariat *o*²⁹
proletariër Proletarier *m*⁹
prolongatie Prolongation *v*²⁰, Verlängerung *v*²⁰
prolongeren prolongieren³²⁰, verlängern
proloog Prolog *m*⁵, Vorspiel *o*²⁹
promenade Promenade *v*²¹
promenadeconcert Promenadenkonzert *o*²⁹
promillage Promillesatz *m*⁵
promille Promille *o (2e nvl -(s); mv -)*
prominent prominent
promoten promoten, Werbung machen für⁺⁴
promotie 1 *(bevordering tot hogere rang)* Beförderung *v*²⁰, Aufstieg *m*⁵; *(tot doctor)* Promotion *v*²⁰: ~ *maken* befördert werden³¹⁰ **2** *(reclame)* Promotion *v*²⁸ **3** *(sp)* Aufstieg *m*⁵
promotiecompetitie *(sp)* Aufstiegsrunde *v*²¹
promotiekansen Aufstiegsmöglichkeiten *mv v*²⁰
promotiewedstrijd *(sp)* Aufstiegsspiel *o*²⁹
promoting Promotion *v*²⁸
promotor 1 *(bevorderaar)* Förderer *m*⁹ **2** *(van doctor)* Doktorvater *m*¹⁰ **3** *(sp)* Promotor *m*¹⁶
promovendus Doktorand *m*¹⁴
promoveren 1 promovieren³²⁰ **2** *(sp)* aufsteigen²⁸¹
prompt *bn, bw* prompt, sofort; *(stipt)* pünktlich
pronken prunken, prahlen
pronkerig prunkhaft

pronkstuk Prunkstück o^{29}
pronkzucht Prunksucht v^{28}
prooi *(ook fig)* Beute v^{28}, Raub m^6
proost *tw* prost!, prosit!, zum Wohl!
prop 1 *(algem)* Ball m^6 **2** *(in afvoerbuis, bloedvat)* Pfropf m^5 **3** *(plug, stop)* Pfropfen m^{11} **4** *(papier)* Kugel v^{21} **5** *(van zacht materiaal)* Bausch m^5, m^6: ~ watten Wattebausch **6** *(in de mond)* Knebel m^9 || *met iets op de ~pen komen* etwas aufs Tapet bringen^{139}
propaangas Propan(gas) o^{39}
propaganda Propaganda v^{28}
propagandistisch propagandistisch
propageren propagieren^{320}
propeller Propeller m^9
proper sauber
propje Kügelchen o^{35}
proportie Proportion v^{20}, Verhältnis o^{29a}: *de zaak neemt reusachtige ~s aan* die Sache nimmt ungeheure Ausmaße an
proportioneel proportional
proppen pfropfen: *~ in* pfropfen in^{+4}
propvol gepfropft voll, proppenvoll
prosit *tw* prost!, prosit!, zum Wohl!
prospectus Prospekt m^5
prostaat Prostata *v (mv Prostatae)*
prostituee Prostituierte v^{40b}
prostitutie Prostitution v^{28}
protectie 1 *(bescherming)* Schutz m^{19} **2** *(steun, voorspraak)* Protektion v^{20}
protectionisme Protektionismus m^{19a}
protectionistisch protektionistisch
proteïne Protein o^{29}
protest Protest m^5: *~ aantekenen* Protest erheben^{186} (gegen^{+4})
protestactie Protestaktion v^{20}
¹**protestant** *zn* Protestant m^{14}
²**protestant** *bn* protestantisch, evangelisch
protestants protestantisch, evangelisch
protestbetoging Protestkundgebung v^{20}
protesteren protestieren^{320}
protestmars Protestmarsch m^5
protestmeeting Protestkundgebung v^{20}
protestwake Mahnwache v^{21}
prothese Prothese v^{21}
protocol Protokoll o^{29}
protocollair protokollarisch
protocolleren protokollieren^{320}
protonkaart *(Belg)* Chipkarte v^{21}
prototype Prototyp m^{16}
protserig protzig, protzenhaft
proviand Proviant m^5
provider Provider m^9
¹**provinciaal** *zn* Provinzbewohner m^9
²**provinciaal** *bn, bw* provinzial; *(kleinsteeds)* provinziell
provincie Provinz v^{20}
provisie 1 Provision v^{20} **2** *(voorraad)* Vorrat m^6
provisorisch provisorisch

provocatie Provokation v^{20}
provoceren provozieren^{320}
proza Prosa v^{28}
prozaïsch prosaisch
pruik Perücke v^{21}
pruilen schmollen
pruilerig schmollend
pruim 1 Pflaume v^{21}; *(kwets)* Zwetsche, Zwetschge v^{21} **2** *(tabak)* Priem m^5
pruimen 1 *(tabak)* priemen, Tabak kauen **2** *(eten)* schmausen || *(fig) iem niet kunnen ~* jmdn nicht leiden können^{194}; *het eten is niet te ~* das Essen schmeckt scheußlich
pruimenboom Pflaumenbaum m^6
Pruisen Preußen o^{39}
Pruisisch preußisch
prul wertloses Ding o^{31}; *(in mv)* wertloses Zeug o^{39}: *hij is een ~ (in zijn vak)* er ist ein Stümper; *een ~ van een vent* eine Flasche
¹**prut** *zn* **1** *(bezinksel)* Satz m^{19} **2** *(modder)* Schlamm m^{19}, Dreck m^{19}
²**prut** *bn, bw* mies
pruts *(Belg)* wertloses Ding o^{31}
prutsding wertloses Ding o^{31}
prutsen 1 *(knoeien)* stümpern **2** *(knutselen)* (herum)basteln
prutswerk 1 *(knoeiwerk)* Pfuscharbeit v^{20} **2** *(knutselwerk)* Bastelarbeit v^{20}
pruttelen 1 *(mopperen)* murren **2** *(borrelend koken)* brodeln *(mbt water)*; brutzeln *(in vet)*
psalm Psalm m^{16}
psalmboek Psalter m^9
pseudo- pseudo-, Pseudo-
pseudoniem Pseudonym o^{29}
psyche Psyche v^{21}
psychiater Psychiater m^9
psychiatrie Psychiatrie v^{21}
psychiatrisch psychiatrisch
psychisch psychisch
psychologie Psychologie v^{28}
psychologisch psychologisch
psycholoog Psychologe m^{15}
psychopaat Psychopath m^{14}
psychose Psychose v^{21}
psychosomatisch psychosomatisch
psychotherapeut Psychotherapeut m^{14}
psychotherapie Psychotherapie v^{28}
PTT Post- und Fernmeldewesen o^{39}; *(in Duitsland)* Deutsche Bundespost
puber pubertierende(r) Jugendliche(r) m^{40a}, v^{40b}
puberteit Pubertät v^{28}
publicatie 1 Publikation v^{20}, Veröffentlichung v^{20} **2** *(bekendmaking)* Bekanntmachung v^{20}
publiceren publizieren^{320}, veröffentlichen
publicist Publizist m^{14}
publiciteit Publizität v^{28}: *~ aan iets geven* etwas^3 Publizität verschaffen
public relations Public Relations *(mv)*, Publicrelations *(mv)*, Öffentlichkeitsarbeit v^{28} *(afk PR)*

¹publiek *zn* Publikum *o*³⁹: *het grote ~* die breite Masse

²publiek *bn, bw* öffentlich: *~ domein* öffentliches Eigentum *o*³⁹; *de ~e opinie* die öffentliche Meinung; *~e vrouw* Prostituierte *v*⁴⁰ᵇ; Dirne *v*²¹; *~e werken* Stadtwerke *mv o*²⁹; *iets ~ maken* etwas publik machen

publiekrecht öffentliches Recht *o*³⁹
publieksprijs Publikumspreis *m*⁵; *(toneel e.d.)* Zuschauerpreis *m*⁵
publiekswissel Publikumswechsel *m*⁹
puck Puck *m*¹³
pudding Pudding *m*⁵, *m*¹³
puf *zn (lust)* Puste *v*²⁸: *ik heb er geen ~ in* mir fehlt die Puste dazu
puffen schnaufen; *(mbt locomotief)* keuchen
pui Fassade *v*²¹, Front *v*²⁰
puik prima, fein, spitze
puilen (hervor)quellen²¹⁷
puimsteen Bimsstein *m*⁵
puin 1 *(stukken steen)* Schutt *m*¹⁹ **2** *(bouwval, ruïne)* Trümmer *(mv)* **3** *(fig)* Schrott *m*⁵: *een auto in ~ rijden* einen Wagen zu Schrott fahren¹⁵³
puinhoop 1 *(lett)* Schutthaufen *m*¹¹, Trümmerhaufen *m*¹¹ **2** *(fig)* Wust *m*¹⁹, Durcheinander *o*³⁹
puist Pustel *v*²¹; *(puistje)* Pickel *m*⁹
puisterig pick(e)lig
puit 1 *(kikvors)* Frosch *m*⁶ **2** *(vis)* Aalmutter *v*²¹
puk *(klein persoon)* Knirps *m*⁵
pukkel 1 *(puistje)* Pickel *m*⁹ **2** *(mil)* Tornister *m*⁹
pul 1 *(vaas)* Vase *v*²¹ **2** *(bierpul)* Krug *m*⁶
pulken fummeln, bohren: *in de neus ~* in der Nase bohren
pull Pulli *m*¹³
pullover Pullover *m*⁹, Pulli *m*¹³
pulp Pulp *m*¹⁶
pulseren pulsieren³²⁰
pummel Lümmel *m*⁹, Rüpel *m*⁹
pump Pumps *m (2e nvl -; mv -)*
punaise Heftzwecke *v*²¹, Reißzwecke *v*²¹
punctie Punktion *v*²⁰
punctueel pünktlich
punk 1 *(stroming)* Punk *m*¹⁹ *(2e nvl ook -)* **2** *(punker)* Punk *m*¹³ *(2e nvl ook -)*, Punker *m*⁹, Punkerin *v*²²
¹punt *het (plaats, ogenblik, feit)* Punkt *m*⁵: *het dode ~* der tote Punkt; *~en van overeenkomst* Berührungspunkte; *het ~ in kwestie* der fragliche Punkt; *het mooiste ~ van de stad* die schönste Ecke der Stadt; *~ voor ~* Punkt für Punkt; *het ~ is echter dat …* das Problem ist aber, dass …; *op het ~ staan te vertrekken* im Begriff sein²⁶² abzureisen; *op dit ~ geeft hij niet toe* in diesem Punkt gibt er nicht nach

²punt *de* **1** *(puntig uiteinde)* Spitze *v*²¹: *de ~ van een tafel* die Ecke eines Tisches; *een ~ aan een potlood slijpen* einen Bleistift (an)spitzen **2** *(hoek van een lap)* Zipfel *m*⁹ **3** *(stuk taart)* ein Stück *o*²⁹ Kuchen

³punt *de, het* **1** Punkt *m*⁵: *overwinning op ~en* Punktsieg *m*⁵; *nederlaag op ~en* Punktniederlage *v*²¹; *ergens een ~ achter zetten* einen Schlussstrich unter⁺⁴ etwas ziehen³¹⁸; *op ~en winnen* nach Punkten siegen **2** *(cijfer)* Note *v*²¹

puntbaard Spitzbart *m*⁶
punten (an)spitzen, zuspitzen
puntenlijst Schulzeugnis *o*²⁹ᵃ
puntenslijper Bleistiftspitzer *m*⁹
punter *(ongev)* Kahn *m*⁶
punteren punktieren³²⁰
puntgaaf tadellos
punthoofd: *je krijgt er een ~ van!* es ist wirklich zum Verzweifeln!
puntig 1 *(spits, scherp)* spitz(ig), scharf **2** *(snedig)* witzig, treffend
puntje 1 *(kleine punt)* Pünktchen *o*³⁵ **2** *(stip)* Tupfen *m*¹¹ **3** *(broodje)* Brötchen *o*³⁵ ‖ *als ~ bij paaltje komt* wenn es darauf ankommt; *daar kan jij een ~ aan zuigen* davon kannst du dir eine Scheibe abschneiden; *iets tot in de ~s kennen* etwas aus dem Effeff können¹⁹⁴; *alles wat tot in de ~s verzorgd* alles war tipptopp in Ordnung
puntkomma Semikolon *o*³⁶, Strichpunkt *m*⁵
puntsgewijze punktweise
puntzak Tüte *v*²¹
¹pupil *(pleegkind)* Mündel *o*³³, *m*⁹; *(leerling)* Schüler *m*⁹
²pupil *(van het oog)* Pupille *v*²¹
puppy Welpe *m*¹⁵
puree Püree *o*³⁶: *in de ~ zitten* in der Patsche sitzen²⁶⁸
purgeren purgieren³²⁰, abführen
puritein Puritaner *m*⁹
puriteins puritanisch
purper Purpur *m*¹⁹
purperachtig purpurhaft
purperen purpurn, Purpur…
purperrood purpurrot
purser Purser *m*⁹
pus Eiter *m*¹⁹
pushen 1 *(duwen)* stoßen²⁸⁵ **2** *(promoten)* pushen
put 1 *(kuil)* Grube *v*²¹ **2** *(waterput)* Brunnen *m*¹¹ **3** *(waterafvoerput)* Gully *m*¹³, *o*³³ ‖ *(fig) in de ~ zitten* einen Moralischen haben¹⁸²; *dat is een bodemloze ~* das ist ein Fass ohne Boden
putsch Putsch *m*⁵
putten schöpfen
puur pur, rein: *pure chocola* bittere Schokolade; *pure onzin* reiner Unsinn; *~ slecht* durch und durch schlecht; *whisky ~* Whisky pur
puzzel 1 *(legpuzzel)* Puzzle *o*³⁶, Puzzlespiel *o*²⁹ **2** *(denkpuzzel)* Rätsel *o*³³ **3** *(fig)* Rätsel *o*³³
puzzelen 1 *(legpuzzels)* puzzeln **2** *(denkpuzzels)* Rätsel lösen
pyjama Pyjama *m*¹³ [puudzjaama], Schlafanzug *m*⁶
pyromaan Pyromane *m*¹⁵
pyrrusoverwinning Pyrrhussieg *m*⁵
python Python *m*¹³ *(mv ook Pythonen)*

q

qua qua: ~ *grootte* was die Größe betrifft; ~ *inhoud* vom Inhalt her
quarantaine Quarantäne v^{21}
quartair quartär: ~*e sector* quartärer Sektor m^{16}
quasi 1 quasi, gleichsam, angeblich: *quasi-geleerde* Scheingelehrte(r) m^{40a}, v^{40b}; *hij luisterde ~ aandachtig* er hörte scheinbar aufmerksam zu
  2 *(Belg) (bijna)* fast, beinahe: *het is ~ onmogelijk* es ist fast unmöglich
quatsch Quatsch m^{19}
queue Schlange v^{21}, Reihe v^{21}
quiche Quiche v^{27}
quilt Quilt m^{13}
quilten quilten
quitte quitt [kwit]: ~ *zijn* quitt sein[262]
qui-vive: *op zijn ~ zijn* auf dem Quivive sein[262]
quiz Quiz *o* (*2e nvl -; mv -*)
quizmaster Quizmaster m^9
quizzen quizzen
quorum Quorum o^{39}
quota, quote Quote v^{21}
quotiënt Quotient m^{14}
quotum Quote v^{21}

r

ra Rah v^{20}, Rahe v^{21}

raad 1 *(adviserend of besturend orgaan)* Rat m^6: ~ *van beheer*, ~ *van bestuur* Verwaltungsrat; ~ *van toezicht*, ~ *van commissarissen* Aufsichtsrat; *Hoge Raad* Oberstes Gericht (der Niederlande); *(BRD)* Bundesgerichtshof m^6; *Raad van Europa* Europarat; *lid van de* ~ Gemeinderat; *(in stad)* Stadtrat; *lid van de* ~ *zijn (ook)* im Rat sitzen^{268} **2** *(advies)* Rat m^{19}: *hij wil geen* ~ *aannemen* er lässt sich^3 nicht raten; *iem* ~ *geven* jmdm raten^{218}; jmdm einen Rat geben^{166}; ~ *inwinnen* sich^3 Rat holen; *overal* ~ *voor weten* für alles Rat wissen^{314}; *geen* ~ *meer weten* sich^3 keinen Rat mehr wissen^{314}; *naar (iems)* ~ *luisteren* auf^{+4} (jmds) Rat hören; *iem om* ~ *vragen* jmdn um Rat fragen; *op iems* ~ auf^{+4} jmds Rat hin; *bij iem te rade gaan* jmdn zurate (*of*: zu Rate) ziehen^{318}; *ten einde* ~ *zijn* weder aus noch ein wissen^{314}

raadgevend beratend
raadgever Ratgeber m^9, Berater m^9
raadgeving Rat m^{19}, Ratschlag m^6
raadhuis Rathaus o^{32}
raadplegen zurate (*of*: zu Rate) ziehen^{318}: *iem, iets* ~ jmdn, etwas zurate (*of*: zu Rate) ziehen^{318}; *een dokter* ~ einen Arzt konsultieren^{320}
raadsbesluit Ratsbeschluss m^6
raadsel Rätsel o^{33}
raadselachtig rätselhaft
raadsheer *(schaken)* Läufer m^9
raadslid Stadtrat m^6, Gemeinderat m^6, Stadträtin v^{22}, Gemeinderätin v^{22}
raadsman 1 Berater m^9 **2** *(jur)* Rechtsanwalt m^6
raadsvrouw 1 Beraterin v^{22} **2** *(jur)* Rechtsanwältin v^{22}
raadszetel Sitz m^5 im Gemeinderat
raadszitting Ratssitzung v^{20}
raadzaal Rathaussaal m^6 *(mv -säle)*
raadzaam ratsam, empfehlenswert
raaf Rabe m^{15}
raak getroffen: *een rake opmerking* eine treffende Bemerkung; *maar* ~ *praten* ins Blaue hineinreden; *maar* ~ *schieten* ins Blaue hineinschießen^{238}; *het schot is* ~ der Schuss trifft; *die klap was* ~ der Hieb hat gesessen; *(fig) die was* ~! das hat gesessen; *het is weer* ~ es geht wieder hoch her; ~ *schieten*, ~ *slaan* treffen^{289}

raaklijn Berührungslinie v^{21}, Tangente v^{21}
raakpunt *(ook fig)* Berührungspunkt m^5
raakvlak 1 *(wisk)* Tangentialebene v^{21} **2** *(fig)* Berührungspunkt m^5
raam 1 *(venster)* Fenster o^{33}: *bij* (*of*: *voor*) *het* ~ *staan* am Fenster stehen^{279}; *met open* ~ *slapen* bei offenem Fenster schlafen^{240} **2** *(lijst, omlijsting)* Rahmen m^{11} **3** *(kader)* Rahmen m^{11}
raambiljet Anschlag m^6
raamkozijn Fensterrahmen m^{11}
raap *(plantk)* Rübe v^{21} || *recht voor zijn* ~ geradeheraus
raar 1 *(vreemd)* sonderbar, merkwürdig, komisch: *een rare vent* ein komischer Kauz; ~ *van iets opkijken* sich wundern; *zich* ~ *gedragen* sich sonderbar benehmen^{212}; *wat* ~! merkwürdig! **2** *(niet wijs)* verrückt **3** *(onpasselijk)* schlecht, übel: *ik voel me zo* ~ mir ist schlecht
raaskallen faseln, Unsinn reden
raat Wabe v^{21}
rabarber Rhabarber m^{19}
rabat *(korting)* Rabatt m^5
rabbi Rabbi *m (2e nvl -(s); mv -nen of -s)*
rabbijn Rabbiner m^9
race Rennen o^{35}
raceauto Rennwagen m^{11}
racebaan Rennbahn v^{20}
racefiets Rennrad o^{32}
racen *(te voet)* ein Rennen laufen^{198}; *(met auto, fiets, motor)* ein Rennen fahren^{153}
racisme Rassismus m^{19a}
racist Rassist m^{14}
racistisch rassistisch
racket Schläger m^9
¹**rad** *zn* Rad o^{32}: ~ *van avontuur* Glücksrad o^{32}; *iem een* ~ *voor de ogen draaien* jmdm blauen Dunst vormachen
²**rad** *bn, bw* schnell, flink, rasch
radar Radar m^5, o^{29}
radarcontrole Radarkontrolle v^{21}; *(verdekt)* Radarfalle v^{21}; *(pop)* Flitzerblitzer m^9
radarinstallatie Radaranlage v^{21}
raddraaier Rädelsführer m^9
radeloos ratlos, verzweifelt
raden raten^{218}; *(goed gissen)* erraten: *iem iets* ~ jmdm etwas raten; *geraden!* erraten!; *dat is je geraden!* das lass dir geraten sein!
raderwerk *(ook fig)* Getriebe o^{33}
radiaalband Gürtelreifen m^{11}, Radialreifen m^{11}
radiateur Kühler m^9
radiator *(verwarmingselement)* Radiator m^{16}, Heizkörper m^9
¹**radicaal** *zn* Radikale(r) m^{40a}, v^{40b}
²**radicaal** *bn, bw* radikal
radicaliseren (sich) radikalisieren^{320}
radicalisme Radikalismus *m (2e nvl -; mv Radikalismen)*
radijs Radieschen o^{35}
radio 1 *(omroep)* Rundfunk m^{19} **2** *(zendstati-*

on) Radio *(zonder lw)*: Radio Luxemburg Radio Luxemburg **3** *(toestel)* Rundfunkgerät *o*²⁹, Radiogerät *o*²⁹: *draagbare ~* Kofferradio *o*³⁶ **4** *(uitzending)* Radio *o*³⁹, Rundfunk *m*¹⁹: *ik heb het door de ~ gehoord* ich habe es im Radio *(of:* im Rundfunk) gehört; *voor de ~* im Rundfunk; *naar de ~ luisteren* Radio *(of:* Rundfunk) hören
radioactief radioaktiv: *~ afval* Atommüll *m*¹⁹
radioactiviteit Radioaktivität *v*²⁸
radioamateur Funkamateur *m*⁵
radiocassetterecorder Radiorekorder *m*⁹, Radiorecorder *m*⁹
radiogids Rundfunkzeitschrift *v*²⁰
radiografisch: *~ bestuurd* ferngelenkt
radioloog Radiologe *m*¹⁵
radioprogramma Radioprogramm *o*²⁹
radiostation Rundfunkstation *v*²⁰
radiotelefonie Funksprechverkehr *m*¹⁹
radiotoestel Radiogerät *o*²⁹, Rundfunkgerät *o*²⁹
radio-uitzending Rundfunksendung *v*²⁰
radiozender Rundfunksender *m*⁹
radium Radium *o*³⁹
rafel Franse *v*²¹
¹**rafelen** *intr* fransen
²**rafelen** *tr* zerfransen
rafelig fransig, ausgefranst
raffinaderij Raffinerie *v*²¹
raffinement Raffinement *o*³⁶
raffineren raffinieren³²⁰
rag Spinn(en)gewebe *o*³³
rage Hype *m*¹³, Mode *v*²¹: *het is een ~* es ist große Mode
ragebol *(woeste haardos)* Wuschelkopf *m*⁶
ragfijn hauchfein, hauchzart
ragout Ragout *o*³⁶
rail 1 *(spoorstaaf)* Schiene *v*²¹: *uit de ~s lopen* aus den Schienen springen²⁷⁶ **2** *(richel waarover wieltjes lopen)* Schiene *v*²¹ **3** *(spoor)* Gleis *o*²⁹, Bahn *v*²⁰: *per ~* mit der Bahn ‖ *(fig) iets op de ~s zetten* etwas anbahnen
railverkeer Schienenverkehr *m*¹⁹
rakelings hart, haarscharf: *~ gaan langs* fast streifen; *iem ~ voorbijgaan* hart an jmdm vorbeigehen¹⁶⁸
¹**raken** *intr (geraken tot)* geraten²¹⁸, kommen¹⁹³: *bevriend ~* sich anfreunden; *verloren ~* verloren gehen¹⁶⁸; *buiten zichzelf ~* außer⁺⁴,⁺³ sich geraten; *aan de drank ~* sich dem Trunk ergeben¹⁶⁶; *aan het vertellen ~* ins Erzählen kommen¹⁹³; *met iem aan de praat ~* mit jmdm ins Gespräch kommen¹⁹³; *zie ook* geraken
²**raken** *tr* **1** *(treffen)* treffen²⁸⁹ **2** *(aangaan, betreffen)* angehen¹⁶⁸, betreffen²⁸⁹ **3** *(beroeren)* berühren: *(fig) iems hart ~* jmds Herz rühren; *dat raakt me niet* das berührt mich nicht
raket Rakete *v*²¹: *een ~ lanceren* eine Rakete abschießen²³⁸
raketschild Raketenschild *m*⁵
rakker *(deugniet)* Racker *m*⁹, Schlingel *m*⁹

rally Rallye *v*²⁷
ram 1 *(schaap)* Widder *m*⁹ **2** *(konijn)* Rammler *m*⁹
ramadan Ramadan *m*¹⁹, *m*¹⁹ᵃ
ramen *(begroten)* veranschlagen (mit⁺³); *(schatten)* schätzen (auf⁺⁴)
raming Veranschlagung *v*²⁰, Schätzung *v*²⁰: *~ der kosten* Kosten(vor)anschlag *m*⁶
rammel: *een pak ~* eine Tracht Prügel
rammelaar *(speelgoed)* Klapper *v*²¹
rammelen 1 *(ratelen, klepperen)* klappern, rasseln; *(mbt voertuig)* rumpeln: *met een bos sleutels ~* mit einem Schlüsselbund rasseln; *op een piano ~* auf einem Klavier klimpern **2** *(slecht gecomponeerd zijn)* nicht stimmen **3** *(schudden)* schütteln, rütteln: *iem door elkaar ~* jmdn kräftig schütteln **4** *(knorren)* knurren
rammelkast 1 *(piano)* Klimperkasten *m*¹² **2** *(wagen)* Klapperkasten *m*¹²
rammen 1 *(beuken)* rammen **2** *(een auto, schip)* rammen **3** *(slaan)* schlagen²⁴¹: *iem in elkaar ~* jmdn zusammenschlagen
rammenas Rettich *m*⁵
ramp Katastrophe *v*²¹, Unheil *o*³⁹: *dat is (toch) geen ~* das ist (doch) kein Beinbruch
rampendienst Technisches Hilfswerk *(afk* THW)
rampgebied Katastrophengebiet *o*²⁹
rampspoed 1 *(tegenslag)* Missgeschick *o*²⁹ **2** *(onheil)* Unheil *o*³⁹
rampspoedig, rampzalig unheilvoll
ramsj Ramsch *m*⁵
ranch Ranch *v (2e nvl -; mv -(e)s)*
rancune Groll *m*¹⁹: *~ tegen iem hebben* einen Groll gegen jmdn hegen
rancuneus nachtragend
rand 1 *(omtrek)* Rand *m*⁸, Kante *v*²¹: *de ~ van het aanrecht* die Kante der Anrichte; *~ van de tafel* Tischkante; *aan de ~ van de afgrond* am Rand des Abgrundes; *tot de ~ gevuld* randvoll **2** *(omlijsting)* Rand *m*⁸, Rahmen *m*¹¹ **3** *(geweven rand)* Borte *v*²¹
randapparatuur peripheres Gerät *o*²⁹, Zusatzgerät *o*²⁹
randgroep Randgruppe *v*²¹
randje: *op het ~* an der Grenze; *dat was op het ~* das ist noch einmal gut gegangen
random *(comp)*: *~ access* wahlfreier Zugriff *m*⁵
randverschijnsel Randerscheinung *v*²⁰
randvoorwaarde Vorbedingung *v*²⁰
rang *zn* Rang *m*⁶: *oudste in ~* Rangälteste(r) *m*⁴⁰ᵃ, *v*⁴⁰ᵇ; *een hotel van de eerste ~* ein erstklassiges Hotel
range Skala *v*²⁷ *(mv ook* Skalen)
rangeren rangieren³²⁰
ranglijst Rangliste *v*²¹; *(sp ook)* Tabelle *v*²¹
rangnummer Rangnummer *v*²¹
rangorde Rangordnung *v*²⁰
rangschikken ordnen: *~ onder* zählen zu⁺³; *(indelen in groepen)* klassifizieren³²⁰
rangschikking 1 Ordnung *v*²⁰ **2** *(ordening)* Rang-

rangordening v^{20}, Klassifizierung v^{20}
rangtelwoord Ordnungszahl v^{20}
rank *zn* **1** *(twijg)* Ranke v^{21} **2** *(loot)* Trieb m^5
rank *bn, bw* rank, schlank: *een ~e boot* ein instabiles Boot
rankheid Rankheit v^{28}
ransel 1 *(mil)* Tornister m^9 **2** *(ranseling)* Prügel *mv* m^9: *iem een pak ~ geven* jmdm den Ranzen voll hauen[185]
ranselen prügeln
rantsoen Ration v^{20}
rantsoeneren rationieren[320]
ranzig ranzig
rap *bn, bw* **1** *(vlug)* rasch **2** *(vaardig)* flink
rapen *(verzamelen)* sammeln; *(oppakken)* aufheben[186]; *(haastig)* raffen
rapport 1 *(verslag)* Bericht m^5; *(van deskundige)* Gutachten o^{35}: *~ uitbrengen over* Bericht erstatten über[+4], ein Gutachten abgeben[166] über[+4] **2** *(school)* Zeugnis o^{29a} **3** *(mil)* Rapport m^5
rapportage Berichterstattung v^{20}
rapportcijfer Zensur v^{20}, Note v^{21}
rapportenvergadering Zensurenkonferenz v^{20}
rapporteren 1 *(berichten)* berichten **2** *(mil)* melden
rapporteur Berichterstatter m^9
rapsodie Rhapsodie v^{21}
rara: *~, wat is dat?* rate mal, was ist denn das?
rariteit Rarität v^{20}
ras *zn* Rasse v^{21}
ras *bn, bw* rasch, geschwind; *(weldra)* bald
rasecht: *een ~e Berlijner* ein richtiger Berliner
rashond Rassehund m^5
rasp Raspel v^{21}, Reibe v^{21}
raspaard Rassepferd o^{29}
raspen raspeln; *(van aardappel, kaas, noten)* reiben[219]: *geraspte kaas* Reibkäse m^9
rassendiscriminatie Rassendiskriminierung v^{20}
rassenhaat Rassenhass m^{19}
rassenstrijd Rassenkampf m^6
raster *(hekwerk)* Gitter o^{33}
raster *(glasplaat met netwerk)* Raster m^9
rasterwerk Gitter o^{33}
raszuiver rasserein
rat Ratte v^{21}
rataplan: *de hele ~* der ganze Kram
ratatouille Ratatouille v^{27}, o^{36}
ratel 1 *(houten klepper)* Knarre v^{21} **2** *(kletskous)* Plappermaul o^{32} **3** *(mond)* Klappe v^{21}
ratelen 1 *(algem)* rasseln, rattern: *~de machinegeweren* ratternde Maschinengewehre; *de wekker ratelt* der Wecker rasselt **2** *(met ratel)* knarren **3** *(mbt schrijfmachine)* klappern **4** *(praten)* plappern
ratelkous Plappermaul o^{32}, Plappertasche v^{21}
ratelslang Klapperschlange v^{21}
ratificatie Ratifizierung v^{20}
ratificeren ratifizieren[320]
rationaliseren rationalisieren[320]

rationalistisch rationalistisch
rationeel 1 *(verstandelijk, doordacht)* rational **2** *(doelmatig)* rationell
ratjetoe Mischmasch m^5
rato: *naar ~* verhältnismäßig
rats: *in de ~ zitten* in der Patsche sitzen[268]
rattengif, rattenkruit Rattengift o^{29}
rattenkruit Rattengift o^{29}
rauw 1 *(ongekookt)* roh: *~ vlees* rohes Fleisch **2** *(ontveld)* wund: *~e plek* wunde Stelle **3** *(schor)* rau: *~e keel* rauer Hals; *~e stem* raue Stimme **4** *(grof)* grob, roh, rau
rauwkost Rohkost v^{28}
ravage 1 *(verwoesting)* Verwüstung v^{20} **2** *(bende)* wildes Durcheinander o^{39}
rave Rave m^{13}, o^{36}
ravijn Schlucht v^{20}; *(met beek)* Klamm v^{20}
ravotten sich balgen, herumtollen
rayon 1 *(gebied)* Bezirk m^5 **2** *(afdeling)* Abteilung v^{20}
razen *(tekeergaan)* rasen, toben, wüten
razend rasend, wütend, toll: *~ veel geld* schrecklich viel Geld; *~ op iem zijn* wütend auf jmdn sein[262]; *ben je ~?* bist du toll?; *het is om ~ te worden* es ist zum Verrücktwerden
razernij Raserei v^{28}
razzia Razzia *v* (*mv* Razzien): *een ~ houden* eine Razzia machen
r&b *afk van rhythm-and-blues* Rhythm and Blues *m* (2e *nvl* - - -) *(afk* R & B)
reactie Reaktion v^{20}
¹reactionair *zn* Reaktionär m^5
²reactionair *bn, bw* reaktionär
reactor Reaktor m^{16}
reageerbuis Reagenzglas o^{32}
reageerbuisbaby Retortenbaby o^{36}
reageren reagieren[320]: *~ op* reagieren auf[+4]
realisatie Realisierung v^{20}, Realisation v^{20}
realiseerbaar realisierbar
realiseren realisieren[320]: *zich iets ~* etwas realisieren, etwas erkennen[189]
realisme Realismus m^{19a}
realist Realist m^{14}
realistisch realistisch
realiteit Realität v^{20}
realitysoap Realitysoap v^{27}, Reality-Soap v^{27}
reallifesoap Reallifesoap v^{27}, Real-Life-Soap v^{27}
rebel Rebell m^{14}
rebelleren rebellieren[320]
rebellie Rebellion v^{20}
rebels 1 rebellisch **2** *(woest)* wütend
rebound Rebound m^{13}
recalcitrant widerspenstig
recapitulatie Rekapitulation v^{20}
recapituleren rekapitulieren[320]
recensent Rezensent m^{14}
recenseren rezensieren[320]
recensie Rezension v^{20}
recent neu: *van ~e datum* neueren Datums

recentelijk neulich, vor kurzem
recept Rezept o^{29}
receptie 1 *(ontvangst)* Empfang m^6 **2** *(in hotel)* Empfang m^6, Rezeption v^{20}
receptief rezeptiv
receptionist Empfangschef m^{13}
receptioniste Empfangsdame v^{21}
reces Parlamentsferien *(mv)*
recessie Rezession v^{20}
recette Einnahmen *mv* v^{21}
rechaud Rechaud m^{13}, o^{36}
recherche Kriminalpolizei v^{28}, Kripo v^{27}
rechercheren recherchieren^{320}
rechercheur Kriminalbeamte(r) m^{40a}, Fahnder m^9
¹**recht** *zn* **1** *(gerechtigheid)* Gerechtigkeit v^{28}: *iem ~ doen* jmdm Gerechtigkeit widerfahren lassen^{197} **2** *(rechtsregels)* Recht o^{39}: *burgerlijk ~* bürgerliches Recht **3** *(studie)* Jura *(zonder lw)*: *~en studeren* Jura studieren^{320} **4** *(rechtspraak)* Recht o^{39}: *~ spreken* Recht sprechen^{274} **5** *(gelijk)* Recht o^{39}: *in zijn ~ staan* im Recht sein^{262} **6** *(bevoegdheid, aanspraak)* Recht o^{29}: *~ van bestaan hebben* eine Daseinsberechtigung haben^{182}; *alle ~en voorbehouden* alle Rechte vorbehalten; *~ op iets hebben* ein Anrecht auf^{+4} etwas haben^{182} **7** *(belasting)* Zoll m^6, Steuer v^{21}
²**recht** *bn, bw* **1** *(niet scheef)* gerade: *de ~e weg: a) (lett)* der gerade Weg; *b) (fig)* der rechte Weg; *~ staan* gerade stehen^{279}; *(fig) iets ~ zetten* etwas berichtigen **2** *(omhoog gericht)* gerade, aufrecht **3** *(rechtvaardig)* (ge)recht **4** *(juist)* recht, richtig: *~ tegenover mij* mir genau gegenüber
rechtaan geradeaus
rechtbank Gericht o^{29}
rechtbuigen gerade biegen^{129}
rechtdoor geradeaus
rechteloos rechtlos: *~ maken* rechtlos machen
¹**rechter** *zn* **1** *(persoon)* Richter m^9 **2** *(het college)* Gericht o^{29}: *voor de ~ brengen* vor den Richter bringen^{139}
²**rechter** *bn* recht: *de ~ deur* die rechte Tür
rechterarm rechter Arm m^5
rechterbeen rechtes Bein o^{29}
rechter-commissaris Untersuchungsrichter m^9
rechterhand *(ook fig)* rechte Hand v^{25}: *aan uw ~* zu Ihrer Rechten
rechterkant rechte Seite v^{21}: *aan de ~* auf der rechten Seite
rechterlijk richterlich: *~e macht* richterliche Gewalt v^{20}
rechteroever rechtes Ufer o^{33}
rechtervoet rechter Fuß m^6
rechterzijde rechte Seite v^{21}; *(pol)* Rechte v^{40b}: *aan de ~* auf der rechten Seite
rechtgeaard rechtschaffen
rechthebbende Berechtigte(r) m^{40a}, v^{40b}
rechthoek Rechteck o^{29}
rechthoekig rechteckig

rechtlijnig g(e)radlinig
rechtmatig rechtmäßig
rechtop aufrecht, gerade: *~ lopen* aufrecht gehen^{168}; *~ zetten* aufrecht hinstellen; *~ gaan zitten* sich aufrichten
¹**rechts** *zn (pol)* Rechte v^{40b}
²**rechts** *bn* **1** recht: *het ~e huis* das rechte Haus **2** *(rechtshandig)* rechtshändig || *~e partij* Rechtspartei v^{20}
³**rechts** *bw* rechts: *~ houden* sich rechts halten^{183}; *~ zijn* rechtshändig sein^{262}
rechtsachter rechter Verteidiger m^9
rechtsaf nach rechts
rechtsbijstand Rechtshilfe v^{28}
rechtsbuiten Rechtsaußen m^{11}
rechtschapen rechtschaffen, redlich
rechtscollege Richterkollegium *o (2e nvl -s; mv -kollegien)*
rechtsgebied 1 *(bevoegdheid)* Gerichtsbarkeit v^{28} **2** *(ressort)* Gerichtsbezirk m^5 **3** *(al wat de rechtspraak betreft)* juristisches Gebiet o^{29}
rechtsgebouw Gerichtsgebäude o^{33}
rechtsgeding Prozess m^5, Gerichtsverfahren o^{35}
rechtsgeldig rechtskräftig
rechtsgeleerde Jurist m^{14}
rechtsgelijkheid Gleichberechtigung v^{28}
rechtshandig rechtshändig
rechtskundig rechtskundig, juristisch: *~ adviseur* Rechtsberater m^9
rechtsmiddel Rechtsmittel o^{33}
rechtsom rechts(her)um
rechtsorde Rechtsordnung v^{28}
rechtspersoon juristische Person v^{20}
rechtspersoonlijkheid Rechtsfähigkeit v^{28}
rechtspositie Rechtsstellung v^{20}
rechtspraak 1 *(jurisprudentie)* Rechtsprechung v^{20} **2** *(rechtspleging)* Rechtspflege v^{28}
rechtspreken Recht sprechen^{274}
rechtsstaat Rechtsstaat m^{16}
rechtstaan gerade stehen^{279}
rechtstreeks direkt, unmittelbar: *~e verbinding* direkte Verbindung; *~e vlucht* Direktflug m^6
rechtsvervolging gerichtliche Verfolgung v^{20}: *een ~ tegen iem instellen* jmdn gerichtlich verfolgen; *iem van ~ ontslaan* jmdn freisprechen^{274}
rechtsvordering Klage v^{21}: *een ~ tegen iem instellen* Klage gegen jmdn erheben^{186}
rechtswege: *van ~* von Rechts wegen
rechtswinkel Rechtsberatungsstelle v^{21}
rechtszaak Rechtssache v^{21}, Rechtsfall m^6
rechtszaal Gerichtssaal m^6 *(mv -säle)*
rechtszitting Gerichtsverhandlung v^{20}
rechttoe: *~, rechtaan* immer geradeaus
rechttrekken *(ook fig)* zurechtrücken
rechtuit 1 *(in rechte richting)* geradeaus **2** *(ronduit)* geradeheraus
rechtvaardig gerecht
rechtvaardigen rechtfertigen
rechtvaardiging Rechtfertigung v^{20}

rechtzetten 1 *(lett)* gerade stellen **2** *(rectificeren)* berichtigen, richtig stellen
rechtzinnig rechtgläubig
recidivist Rückfalltäter m^9, Wiederholungstäter m^9
recipiëren einen Empfang geben[166]
recital Recital o^{36}
recitatief Rezitativ o^{29}
reciteren rezitieren[320]
reclamant Reklamant m^{14}
reclamatie Reklamation v^{20}, Beschwerde v^{21}
reclame 1 *(bezwaar(schrift))* Reklamation v^{20}, Beschwerde v^{21} **2** *(openbare aanprijzing)* Reklame v^{21}, Werbung v^{28}: ~ *maken* Reklame machen; werben[309]
reclameaanbieding Werbeangebot o^{29}
reclameartikel Werbeartikel m^9
reclamebanner Werbebanner o^{33}
reclameblok Werbeblock m^6, Werbepause v^{21}
reclamebureau Werbebüro o^{36}, Werbeagentur v^{20}
reclamecampagne Werbekampagne v^{21}
reclameren reklamieren[320]
reclamespot Werbespot m^{13}
reclamezuil Litfaßsäule v^{21}
reclasseren resozialisieren[320]
reclassering 1 Resozialisierung v^{20} **2** *(de organisatie)* Resozialisierungshilfe v^{28}
reclasseringsambtenaar Bewährungshelfer m^9
recommanderen empfehlen[147]
reconstructie Rekonstruktion v^{20}
reconstrueren rekonstruieren[320]
record Rekord m^5; *(sp, ook)* Höchstleistung v^{20}: *het ~ breken* den Rekord brechen[137]; *een ~ vestigen* einen Rekord aufstellen
recorder Rekorder m^9, Recorder m^9
recordhouder Rekordhalter m^9, Rekordinhaber m^9
recordpoging Rekordversuch m^5
recreatie Erholung v^{28}
recreatiegebied Erholungsgebiet o^{29}
recreatiesport Freizeitsport m^5
recreëren sich erholen
recruiter Recruiter m^9
rectificatie Berichtigung v^{20}
rectificeren berichtigen
rector 1 *(van atheneum, gymnasium)* Direktor m^{16} **2** *(r-k)* Rektor m^{16} **3** *(univ)* Rektor m^{16}
rectoraat Direktorat o^{29}, Rektorat o^{29}
rectrice, rectrix Direktorin v^{22}, Rektorin v^{22}; *zie ook rector*
reçu Empfangsschein m^5
recyclen wieder verwenden[308], recyceln
recycling Recycling o^{39}
redacteur Redakteur m^5
redactie Redaktion v^{20}
redactioneel redaktionell
redactrice Redakteurin v^{22}
reddeloos rettungslos

redden 1 retten: *iem van de verdrinkingsdood ~* jmdn vor dem Ertrinken retten; *~d zwemmen* Rettungsschwimmen o^{39}; *zich eruit ~* sich herauswinden[313] **2** *(klaar krijgen)* schaffen
redder Retter m^9
redding Rettung v^{20}
reddingsboot Rettungsboot o^{29}
reddingsploeg Rettungsmannschaft v^{20}
reddingspoging Rettungsversuch m^5
reddingswerk Rettungsarbeiten *mv* v^{20}
¹rede 1 *(redevoering)* Rede v^{21}: *een ~ houden* eine Rede halten[183] **2** *(denkvermogen)* Verstand m^{19}, Vernunft v^{28}: *met ~ begaafd* vernünftig; *naar ~ luisteren* Vernunft annehmen[212]; *iem tot ~ brengen* jmdn zur Vernunft bringen[139] **3** *(het spreken)* Rede v^{21}: *iem in de ~ vallen* jmdm ins Wort fallen[154]
²rede *(ankerplaats)* Reede v^{21}
redelijk 1 *(met rede begaafd)* vernunftbegabt, vernünftig **2** *(billijk)* angemessen, gerecht: *een ~e prijs* ein angemessener Preis **3** *(tamelijk)* ziemlich: *~ goed* ziemlich gut
redelijkerwijze 1 *(terecht)* gerechterweise **2** *(met billijkheid)* berechtigterweise
redelijkheid Angemessenheit v^{28}: *in ~* mit Recht
redeloos 1 unvernünftig **2** *(ongegrond)* grundlos
reden 1 *(beweeggrond)* Grund m^6, Beweggrund m^6: *daar heb ik mijn ~ voor* dafür habe ich meine Gründe; *om die ~* aus diesem Grund; *om ~ dat hij … weil er …*; *er is ~ om aan te nemen dat …* es besteht Grund zur Annahme, dass … **2** *(argument)* Grund m^6 **3** *(wisk)* Verhältnis o^{29a}
redenaar Redner m^9
redenatie Argumentation v^{20}
redeneren 1 *(praten)* reden **2** *(argumenteren)* argumentieren[320]: *ik redeneer zo …* ich denke so …
redenering Argumentation v^{20}
reder Reeder m^9
rederij Reederei v^{20}
redetwisten disputieren[320], sich streiten[287]
redevoering Rede v^{21}
redigeren redigieren[320]
reduceren reduzieren[320]
reductie Reduktion v^{20}: *~ op de prijs* Preisnachlass m^5, m^6
reductieprijs reduzierter Preis m^5
ree *(hert)* Reh o^{29}: *jong ~* Rehkitz o^{29}
reebok Rehbock m^6
reebout Rehkeule v^{21}; *(gebraden)* Rehbraten m^{11}
reeds bereits, schon
reëel 1 *(werkelijk bestaand)* reell, wirklich: *de reële waarde* der Realwert **2** *(van de werkelijkheid uitgaand)* realistisch: *reële politiek* Realpolitik v^{28}
reeks 1 *(rij)* Reihe v^{21} **2** *(opeenvolging)* Serie v^{21}
reep 1 *(linnen, papier)* Streifen m^{11} **2** *(chocolade)* Tafel v^{21}, Riegel m^9
reet 1 *(kier)* Ritze v^{21}, Spalt m^5: *~ van de deur* Türspalt m^5 **2** *(plat) (zitvlak)* Arsch m^6
referaat Referat o^{29}

referendum Volksentscheid m^5
referent 1 *(rapporteur)* Berichterstatter m^9 **2** *(wie een referaat houdt)* Referent m^{14}
referentie *(inlichting)* Referenz v^{20}
referentiekader Bezugsrahmen m^{11}
refereren 1 referieren^{320}; ~ *over* referieren über^{+4} **2** *(verwijzen)* sich beziehen^{318} (auf^{+4})
referte Bezugnahme v^{21}: *onder* ~ *aan uw brief* unter Bezugnahme auf Ihren Brief
reflectant Bewerber m^9, Interessent m^{14}
reflecteren reflektieren^{320}
reflectie Reflexion v^{20}
reflector Reflektor m^{16}
reflex Reflex m^5
Reformatie Reformation v^{20}
reformatorisch reformatorisch
reformvoeding Reformkost v^{28}
refrein Refrain m^{13}, Kehrreim m^5
refter Remter m^9, Rempter m^9
regeerder Regierende(r) m^{40a}, v^{40b}
regel 1 *(voorschrift, gewoonte)* Regel v^{21}: *een* ~ *in acht nemen* eine Regel befolgen; *in de* ~ in der Regel; *volgens de* ~*s van de kunst* nach allen Regeln der Kunst; *in strijd met de* ~*s* gegen die Regeln **2** *(lijn)* Linie v^{21} **3** *(korte mededeling)* Zeile v^{21}
regelaar Regler m^9
regelbaar regelbar, regulierbar
regelen regeln; *(techn, ook)* regulieren^{320}
regelgeving 1 *(het geven van voorschriften)* Regelung v^{20} **2** *(gegeven voorschriften)* Vorschriften *(mv)*, Verordnungen *(mv)*
regeling 1 Regelung v^{20}; *(techn)* Regulierung v^{20} **2** *(verordening)* Regelung v^{20}
regelmaat Regelmäßigkeit v^{20}, Gleichtakt m^{19}
regelmatig regelmäßig
regelmatigheid Regelmäßigkeit v^{20}
regelrecht 1 geradewegs, direkt **2** *(op de man af)* direkt; *(bw, ook)* geradeheraus
regen Regen m^{11}: *zure* ~ saurer Regen; *van de* ~ *in de drup komen* aus dem *(of:* vom) Regen in die Traufe kommen^{193}
regenachtig regnerisch
regenboog Regenbogen m^{11}
regenboogvlies Regenbogenhaut v^{25}
regenbui Regenschauer m^9, Regenguss m^6
regendruppel Regentropfen m^{11}
regenen *(ook fig)* regnen
regenereren regenerieren^{320}
regenfront Regenfront v^{20}
regenjas Regenmantel m^{10}
regenkleding Regenkleidung v^{28}
regenmeter Regenmesser m^9
regenpak Regenmontur v^{20}
regent 1 *(pol)* Regent m^{14} **2** *(van weeshuis e.d.)* Vorsteher m^9, Leiter m^9 **3** *(Belg, ongev)* Mittelschullehrer m^9
regentijd Regenzeit v^{20}
regenton Regenfass o^{32}, Regentonne v^{21}
regenval Regenfall m^6

regenvlaag Regenbö v^{20}, Regenschauer m^9
regenweer Regenwetter o^{39}
regenworm Regenwurm m^8
regeren regieren^{320}
regering Regierung v^{20}
regeringsbeleid Regierungspolitik v^{28}
regeringsbesluit Regierungsbeschluss m^6
regeringscrisis Regierungskrise v^{21}
regeringskringen Regierungskreise *mv* m^5
regeringsleider Regierungschef m^{13}
regeringspartij Regierungspartei v^{20}
regeringsprogramma Regierungsprogramm o^{29}
regeringsverklaring Regierungserklärung v^{20}
regeringswege: *van* ~ von Regierungsseite
regie Regie v^{28}
regime Regime o^{33}, o^{36}
regiment Regiment o^{31}
regio Region v^{20}: *per* ~ regional
regionaal regional
regisseren Regie führen
regisseur Regisseur m^5, Spielleiter m^9
register 1 *(ook muz)* Register o^{33} **2** *(ook fig)* *alle* ~*s openzetten* alle Register ziehen^{318}
registratie Registrierung v^{20}
registreren registrieren^{320}
reglement Reglement o^{36}; *(statuten)* Satzung v^{20}
reglementair reglementarisch
reglementeren reglementieren^{320}
regressie Regression v^{20}
regressief regressiv
reguleren regulieren^{320}
regulering Regulierung v^{20}
rehabilitatie Rehabilitation v^{20}
rehabiliteren rehabilitieren^{320}
¹**rei 1** *(koor)* Chor m^6 **2** *(dans)* Reigen m^{11}
²**rei** *(Belg)* Kanal m^6, Gracht v^{20}
reiger Reiher m^9: *blauwe* ~ Graureiher
reiken reichen: *tot aan het plafond* ~ bis zur Decke reichen
reikhalzen sich sehnen: ~ *naar* sich sehnen nach^{+3}
reikhalzend sehnsuchtsvoll
reiki Reiki o^{39}
reikwijdte Reichweite v^{21}
rein rein
reïncarnatie Reinkarnation v^{20}
reinheid Reinheit v^{28}
reinigen *(ook fig)* reinigen
reiniging 1 *(het reinigen)* Reinigung v^{20} **2** *(reinigingsdienst)* Müllabfuhr v^{20}
reinigingsmiddel Reinigungsmittel o^{33}
reis Reise v^{21}: *enkele* ~ *(kaartje)* einfache Fahrkarte; *enkele* ~ *Arnhem!* einfach Arnheim, bitte!; *een* ~ *naar het buitenland* eine Reise ins Ausland; *op* ~ *gaan* auf Reisen gehen^{168}; *goede* ~*!* gute Reise!
reisbureau Reisebüro o^{36}
reisdeclaratie Reisekostenabrechnung v^{20}

reisgelegenheid Transportmittel *o*³³
reisgenoot Reisegefährte *m*¹⁵
reisgezelschap Reisegesellschaft *v*²⁰
reisgids *(persoon en boek)* Reiseführer *m*⁹
reiskosten Reisekosten *(mv)*, Reisespesen *(mv)*
reisleider Reiseleiter *m*⁹
reisorganisator Reiseveranstalter *m*⁹
reisplanner Reiseplaner *m*⁹
reizen reisen: *per trein ~* mit der Bahn reisen *(of:* fahren)
reizend reisend; *(rondtrekkend)* wandernd, Wander...
reiziger Reisende(r) *m*⁴⁰ᵃ, *v*⁴⁰ᵇ
reizigersverkeer Personenverkehr *m*¹⁹
reizigersvervoer Personenbeförderung *v*²⁰
rek *(rekbaarheid)* Dehnbarkeit *v*²⁸: *de ~ is eruit:* a) *(lett)* es dehnt sich nicht mehr; b) *(fig)* der Elan ist weg
rek 1 *(sp)* Reck *o*²⁹, *o*³⁶ 2 *(stelling)* Gestell *o*²⁹, Regal *o*²⁹; *(droogrek)* Trockner *m*⁹ 3 *(lepelrek)* Löffelbrett *o*³¹
rekbaar *(ook fig)* dehnbar
rekenen *intr* 1 *(cijferen)* rechnen: *uit het hoofd ~* im Kopf rechnen 2 *(rekening houden met)* rechnen mit⁺³: *reken maar!* darauf kannst du Gift nehmen! 3 *(vertrouwen op)* rechnen mit⁺³, sich verlassen¹⁹⁷ auf⁺⁴
rekenen *tr* 1 *(als prijs vragen)* (be)rechnen 2 *(houden voor)* halten¹⁸³ für⁺⁴, rechnen zu⁺³: *iem tot zijn vrienden ~* jmdn zu seinen Freunden rechnen 3 *(veronderstellen)* voraussetzen
rekenfout Rechenfehler *m*⁹
Rekenhof *(Belg)* Rechnungshof *m*⁶
rekening Rechnung *v*²⁰; *(bij bank)* Konto *o*³⁶ *(mv ook* Konten *en* Konti): *~ en verantwoording doen* Rechenschaft ablegen; *een ~ openen* ein Konto eröffnen; *~ houden met iets* etwas berücksichtigen; *~ houden met iem* auf jmdn Rücksicht nehmen²¹²; *de ~ graag!* zahlen bitte!; *in ~ brengen* in Rechnung stellen; *per slot van ~* schließlich; *dat is voor mijn ~ (ook fig)* das geht auf meine Rechnung
rekeningafschrift Kontoauszug *m*⁶
rekening-courant Kontokorrent *o*²⁹
rekeninghouder Kontoinhaber *m*⁹
rekeningnummer 1 *(bij bank)* Kontonummer *v*²¹ 2 *(van nota)* Rechnungsnummer *v*²¹
Rekenkamer Rechnungshof *m*⁶; *(in BRD)* Bundesrechnungshof *m*⁶
rekenliniaal Rechenschieber *m*⁹
rekenmachine Rechenmaschine *v*²¹
rekenschap Rechenschaft *v*²⁸: *zich ~ van iets geven* sich über⁺⁴ etwas im Klaren sein²⁶²
rekensom Rechenaufgabe *v*²¹
rekest Bittgesuch *o*²⁹, Eingabe *v*²¹: *een ~ indienen* ein Bittgesuch einreichen
rekken *intr* sich dehnen
rekken *tr* 1 *(langer, wijder maken)* dehnen, strecken 2 *(lang doen duren)* in die Länge ziehen³¹⁸:

zijn leven ~ sein Leben fristen
rekruteren 1 *(mil)* einberufen²²⁶, einziehen³¹⁸ 2 *(fig)* rekrutieren³²⁰
rekruut Rekrut *m*¹⁴
rekstok Reckstange *v*²¹, Reck *o*²⁹, *o*³⁶
rekverband Streckverband *m*⁶
rekwisiet Requisit *o*³⁷
rel Krawall *m*⁵: *het is een hele ~ geworden* es hat viel Staub aufgewirbelt
relaas Bericht *m*⁵
relais Relais *o (2e nvl -; mv -)*
relateren beziehen³¹⁸ (auf⁺⁴)
relatie 1 *(betrekking)* Verbindung *v*²⁰, Beziehung *v*²⁰; *(in zaken)* Geschäftsverbindung 2 *(persoon)* Bekannte(r) *m*⁴⁰ᵃ, *v*⁴⁰ᵇ, Freund *m*⁵
relatief relativ, verhältnismäßig
relatiegeschenk Werbegeschenk *o*²⁹
relativeren relativieren³²⁰
relativiteit Relativität *v*²⁰
relaxed gelöst, relaxed
relaxen relaxen
relayeren übertragen²⁸⁸
relevant relevant
relict Relikt *o*²⁹
reliëf Relief *o*³⁶, *o*²⁹: *in ~* erhaben; *(fig) ~ aan iets geven* einer Sache³ Relief geben¹⁶⁶
religie Religion *v*²⁰
religieus religiös
relikwie Reliquie *v*²¹
reling Reling *v*²⁷, *v*²³
relletje 1 *(opstootje)* Krawall *m*⁵ 2 *(opschudding)* Aufruhr *m*⁵
rem 1 Bremse *v*²¹: *de ~ aanzetten* die Bremse betätigen 2 *(remming)* Hemmung *v*²⁰: *alle ~men losgooien* sich gehen lassen¹⁹⁷
rembekrachtiging Servobremse *v*²¹
remblok Bremsklotz *m*⁶
rembours: *onder ~* per *(of:* unter) Nachnahme
remedial teacher Lehrer *m*⁹ der Förderunterricht erteilt
remedie 1 *(med)* Heilmittel *o*³³ 2 *(fig)* Rezept *o*²⁹: *~ voor verveling* Rezept gegen Langeweile
remigrant Remigrant *m*¹⁴, Rückwanderer *m*⁹
remigratie Rückwanderung *v*²⁰
remise 1 *(van geld)* Überweisung *v*²⁰ 2 *(van tram, bus)* Depot *o*³⁶ 3 *(sp)* Remis *o (2e nvl -; mv -)* [remi̯e̯ː]: *het spel eindigde in ~* das Spiel endete unentschieden
remlicht Bremslicht *o*³¹, Bremsleuchte *v*²¹
remmen *(ook fig)* bremsen
remming Hemmung *v*²⁰
rempedaal Bremspedal *o*²⁹
remspoor Bremsspur *v*²⁰
remvoering Bremsbelag *m*⁶
remweg Bremsweg *m*⁵
¹**ren** 1 *(snelle loop)* Lauf *m*⁶, Rennen *o*³⁹ 2 *(harddraverij)* Pferderennen *o*³⁹
²**ren** *(kippenloop)* Auslauf *m*⁶
renbaan Rennbahn *v*²⁰

rendabel rentabel
rendement 1 *(opbrengst)* Ertrag m^6, Rendite v^{21} **2** *(nuttig effect)* Nutzeffekt m^5
renderen sich rentieren^{320}, sich lohnen
rendez-vous Verabredung v^{20}
rendier Ren o^{29}, o^{36}, Rentier o^{29}
rennen rennen^{222}
renner Rennfahrer m^9
renovatie Renovierung v^{20}
renoveren renovieren^{320}, erneuern
renpaard Rennpferd o^{29}
rensport Rennsport m^{19}
rentabiliteit Rentabilität v^{28}
rente 1 *(opbrengst van een kapitaal)* Zins m^{16} *(meestal mv)*: ~ wegens te late betaling Verzugszinsen; ~ op ~ Zinseszins(en) **2** *(inkomsten uit vermogen, pensioen)* Rente v^{21}
rentegevend verzinslich
renteloos zinslos
rentenier Privatmann m *(2e nvl -(e)s; mv -leute)*
rentenieren privatisieren^{320}
renteopbrengst Zinsertrag m^6
renteverschil Zinsspanne v^{21}
rentevoet Zinsfuß m^6, Zinssatz m^6
rentmeester Verwalter m^9
rentree Comeback o^{36} *(2e nvl ook -)*, Come-back o^{36} *(2e nvl ook -)*, Rückkehr v^{20}
reorganisatie Reorganisation v^{20}
reorganiseren reorganisieren^{320}
rep: in ~ en roer brengen in Aufregung versetzen
reparateur Mechaniker m^9
reparatie Reparatur v^{20}, Ausbesserung v^{20}: ~s *(aan gebouw bijv.)* Instandsetzungsarbeiten $mv v^{20}$
reparatiewerkplaats Reparaturwerkstatt v *(mv -stätten)*
repareren reparieren^{320}, wiederherstellen
¹**repatriëren** *intr* heimkehren
²**repatriëren** *tr* repatriieren^{320}
repertoire Repertoire o^{36}, Spielplan m^6
repeteren 1 *(herhalen)* wiederholen **2** *(instuderen)* proben, einstudieren^{320}
repetitie 1 *(herhaling)* Wiederholung v^{20} **2** *(herhaalde oefening)* Repetition v^{20}, Probe v^{21} **3** *(proefwerk)* Klassenarbeit v^{20}
repliek Replik v^{20}: iem van ~ dienen jmdm geharnischt antworten
reportage Reportage v^{21}
reporter Reporter m^9, Berichterstatter m^9
¹**reppen** *tr (aanroeren)* erwähnen: over (of: van) iets ~ etwas erwähnen
²**reppen, zich** sich beeilen
represaille Repressalie v^{21} *(meestal mv)*
representant Repräsentant m^{14}, Vertreter m^9
representatie Repräsentation v^{20}
representatief repräsentativ
representeren repräsentieren^{320}
repressie Repression v^{20}
repressief repressiv

reprimande Rüge v^{21}, Verweis m^5
reprise 1 Wiederholung v^{20} **2** *(film)* Reprise v^{21}
reproduceren reproduzieren^{320}
reproductie Reproduktion v^{20}
reptiel Reptil o *(2e nvl -s; mv -ien, zelden -e)*
republiek Republik v^{20}
republikein Republikaner m^9
republikeins republikanisch
reputatie Ruf m^{19}, Leumund m^{19}
requiem Requiem o^{36}
requisitoir *(ook fig)* Plädoyer o^{36}
research Forschung v^{20}
reservaat Reservat o^{29}
reserve 1 *(voorraad)* Reserve v^{21} **2** *(voorbehoud)* Vorbehalt m^5 **3** *(terughoudendheid)* Zurückhaltung v^{28} **4** *(sp)* Ersatzspieler m^9 **5** *(plaatsvervanger)* Ersatzmann m^8
reserveband Reservereifen m^{11}, Ersatzreifen m^{11}
reservegetal Zusatzzahl v^{20}
reserveonderdeel Ersatzteil o^{29}, soms m^5
reserveren reservieren^{320}; *(van geld)* zurücklegen
reservewiel Reserverad o^{32}, Ersatzrad o^{32}
reservoir Reservoir o^{29}
residentie Residenz v^{20}
residu Rest m^5, Rückstand m^6
resistent resistent
resolutie Resolution v^{20}
resoluut resolut, entschlossen
resonantie Resonanz v^{20}
resoneren resonieren^{320}
resp. *afk van* respectievelijk beziehungsweise *(afk bzw.)*
respect Respekt m^{19}, Achtung v^{28}: ~ voor iem hebben Respekt vor jmdm haben^{182}
respectabel respektabel
respecteren respektieren^{320}, achten: zich doen ~ sich³ Respekt verschaffen
respectief jeweilig
¹**respectievelijk** *bn* jeweilig
²**respectievelijk** *bw* respektive, beziehungsweise
respijt Aufschub m^6, Frist v^{20}
respons Respons m^5
respons(ie) Respons m^5
ressentiment Ressentiment o^{36}
ressort Ressort o^{36}, Amtsbereich m^5
ressorteren ressortieren^{320}: ~ onder ressortieren bei^{+3}
rest Rest m^5: ~jes *(van het eten)* Reste; voor de ~ übrigens
restant Rest m^5, m^7, Restbestand m^6
restaurant Restaurant o^{36}, Gaststätte v^{21}
restauratie 1 Restauration v^{20} **2** *(restaurant)* Gaststätte v^{21}
restauratierijtuig, restauratiewagen Speisewagen m^{11}
restaureren restaurieren^{320}
resten übrig bleiben^{134}

resteren übrig bleiben[134]: *~d bedrag* Restbetrag *m*[6]
restitueren (zurück)erstatten
restitutie Rückerstattung *v*[20], Erstattung
restrictie Restriktion *v*[20], Vorbehalt *m*[5]
restrictief restriktiv, einschränkend
resultaat Resultat *o*[29], Ergebnis *o*[29a]; *(gunstig)* Erfolg *m*[5]: *zonder ~ blijven* ergebnislos bleiben[134]; *geen ~ opleveren* kein Resultat bringen[139]
resulteren 1 *(voortvloeien)* resultieren (aus[+3]) **2** *(als gevolg hebben)* resultieren (in[+3])
resumé Resümee *o*[36], Zusammenfassung *v*[20]
resumeren resümieren[320], zusammenfassen
resusfactor Rhesusfaktor *m*[19]
retentiegebied Überflutungsgebiet *o*[29], Entlastungsraum *m*[6]
retoriek Rhetorik *v*[20], Redekunst *v*[28]
retorisch rhetorisch
retort Retorte *v*[21]
retoucheren retuschieren[320]
retour *zn (retourbiljet)* Rückfahrkarte *v*[21]
retour *bw* zurück || *(fig) op zijn ~ zijn* zurückgehen[168]; *hij is op zijn ~* mit ihm geht es abwärts
retourbiljet Rückfahrkarte *v*[21]
retourneren retournieren[320], zurücksenden[263]
retourtje Rückfahrkarte *v*[21]
retourvracht Rückfracht *v*[20]
retriever Retriever *m*[9]
retrospectief retrospektiv
return 1 *(terugslag)* Return *m*[13] **2** *(returnwedstrijd)* Rückspiel *o*[29]
reu Rüde *m*[15]
reuk 1 *(reukzin)* Geruch *m*[19]; *(van hond, wild)* Witterung *v*[20] **2** *(geur)* Geruch *m*[6], Duft *m*[6] **3** *(fig)* Geruch *m*[19]
reukloos geruchlos
reukorgaan Riechorgan *o*[29], Geruchsorgan *o*[29]
reuma Rheuma *o*[39]
reumatiek Rheumatismus *m (2e nvl -; mv* Rheumatismen)
reumatisch rheumatisch
reünie Treffen *o*[35]; *(van oud-klasgenoten)* Klassentreffen *o*[35]
reus Riese *m*[15]
reusachtig riesig, riesenhaft: *~ succes* Riesenerfolg *m*[5]; *~ groot* riesengroß
reut 1 *(zaken)* Plunder *m*[19] **2** *(mensen)* Bande *v*[21]
reutelen röcheln
reutemeteut *zie* reut
reuze *bn* riesig, fabelhaft: *dat is ~!* das ist ja fabelhaft!
reuze *bw* riesig, gewaltig
reuzebof Mordsglück *o*[39]
reuzeherrie Mordskrach *m*[19]
reuzehonger Riesenhunger *m*[19]
reuzekerel Mordskerl *m*[5]
reuzel Schweineschmalz *o*[29], Schmalz *o*[29]
reuzeleuk sehr amüsant, köstlich
reuzenkracht Riesenkraft *v*[25]

reuzenrad Riesenrad *o*[32]
reuzenslalom Riesenslalom *m*[13]
reuzepret Mordsspaß *m*[19], Heidenspaß *m*[19]
reuzesucces Riesenerfolg *m*[5]
revalidatie Rehabilitation *v*[20], Reha *v*[27]
revalidatiekliniek Rehabilitationsklinik *v*[20], Rehaklinik *v*[20], Reha *v*[27]
revalideren rehabilitieren[320]
revaluatie Aufwertung *v*[20]
revalueren aufwerten
revanche Revanche *v*[21]: *~ nemen* sich revanchieren[320]
revancheren, zich sich revanchieren[320]
reverentie Reverenz *v*[20]
rêverie Reverie *v*[21]
revers *(op-, omslag)* Revers *o (2e nvl -; mv -)*
reviseren überholen: *geheel ~* generalüberholen
revisie 1 *(jur)* Revision *v*[20] **2** *(techn)* Überholung *v*[20]
revival Revival *o*[36]
revolutie Revolution *v*[20]
¹**revolutionair** *zn* Revolutionär *m*[5]
²**revolutionair** *bn, bw* revolutionär
revolver Revolver *m*[9]
revue Revue *v*[21] || *iets de ~ laten passeren* etwas Revue passieren lassen[197]
Riagg *afk van* Regionale Instelling voor Ambulante Geestelijke Gezondheidszorg regionales Institut *o*[29] für ambulante Psychiatrie
riant 1 *(aantrekkelijk)* reizend **2** *(royaal)* beachtlich; *(mbt ruimte)* geräumig
rib 1 Rippe *v*[21]: *~ kneuzen* eine Rippe quetschen; *dat is een ~ uit je lijf!* das reißt ein großes Loch in den Geldbeutel! **2** *(scheepv)* Rippe *v*[21], Spant *o*[37] **3** *(wisk)* Kante *v*[21]
ribbel 1 *(verhoogd)* Rippe *v*[21], Riffel *v*[21] **2** *(verlaagd)* Rille *v*[21], Riffel *v*[21]
ribbenkast Brustkorb *m*[6]
ribeye Ribeyesteak *o*[36], Ribeye-Steak *o*[36]
ribfluweel Kord(samt) *m*[5], Cord(samt) *m*[5]
ribfluwelen Kord..., Cord...: *~ broek* Kordhose *v*[21]; Cordhose *v*[21]
richel Leiste *v*[21]
¹**richten** *tr* richten; *(van schreden, van iem)* lenken: *een brief aan iem ~* einen Brief an jmdn richten; *het oog op iets ~* den Blick auf[+4] etwas richten; *de blik ten hemel ~* zum Himmel aufblicken; *een verzoek tot iem ~* eine Bitte an jmdn richten; *het woord tot iem ~* das Wort an jmdn richten
²**richten, zich 1** *(met naar)* sich richten nach[+3] **2** *(met tot iem)* sich an jmdn wenden[308]
richting Richtung *v*[20]: *(sp) de bal werd van ~ veranderd* der Ball wurde abgefälscht; *~ Londen gaan* in Richtung London gehen[168]; *in de ~ van het zuiden* in Richtung Süden
richtingaanwijzer Blinkleuchte *v*[21], Blinker *m*[9]
richtlijn Richtlinie *v*[21]
richtprijs Richtpreis *m*[5]
richtsnoer *(ook fig)* Richtschnur *v*[20]

ridder Ritter m^9
ridderen einen Orden verleihen[200]
ridderlijk ritterlich
ridderorde Orden m^{11}
ridderzaal Rittersaal m^6 *(mv -säle)*
ridicuul lächerlich
riedel 1 *(loopje)* Jingle m^{13} *(2e nvl ook -; mv ook -)* **2** *(slagzin)* Phrase v^{21} **3** *(reeks, rij)* Reihe v^{21}
riek Gabel v^{21}
rieken riechen[223]
riem 1 *(om iets vast te binden)* Riemen m^{11}; *(van hond)* Leine v^{21} **2** *(gordel)* Riemen m^{11}, Gürtel m^9, Gurt m^5 **3** *(roeispaan)* Ruder o^{33}, Riemen m^{11}
riet 1 *(grassoort)* Ried o^{29}, Schilfrohr o^{29}: *een huis met ~ dekken* ein Haus mit Rohr decken **2** *(rietstengel)* Schilfrohr o^{29}, Schilf o^{29}: *beven als een ~* zittern wie Espenlaub
rieten schilfen, Schilf…, Rohr…: *~ dak* Schilfdach o^{32}; *~ meubelen* Korbmöbel $mv\ o^{33}$
rietje Trinkhalm m^5, Strohhalm m^5
rietsuiker Rohrzucker m^{19}
rif *(klip)* Riff o^{29}
rigoureus rigoros
rij 1 Reihe v^{21}: *in de ~ staan (bijv. voor loket)* Schlange stehen[279]; *op de ~ af* der Reihe nach **2** *(file)* Schlange v^{21}
rijbaan *(van weg)* Fahrbahn v^{20}
rijbewijs Führerschein m^5: *het ~ halen* den Führerschein machen; *het ~ intrekken* jmdm den Führerschein entziehen[318]
rijbroek Reithose v^{21}
¹rijden *intr* **1** *(in, op een voertuig)* fahren[153]: *verkeerd ~* sich verfahren; *door rood ~* eine rote Ampel überfahren; *we gaan een eindje ~* wir machen eine Tour **2** *(op een dier)* reiten[221]: *op welk paard wil je ~?* welches Pferd willst du reiten? **3** *(schaatsen)* Schlittschuh laufen[198]
²rijden *tr (vervoeren)* fahren[153]: *mest ~* Mist fahren; *zijn auto in puin ~* seinen Wagen zu Bruch fahren; *een rondje ~* eine Runde fahren || *zit niet zo op die stoel te ~!* rutsche nicht so auf dem Stuhl herum!
rijder 1 *(ruiter)* Reiter m^9 **2** *(van voertuig)* Fahrer m^9 **3** *(schaatser)* Schlittschuhläufer m^9
rijdier Reittier o^{29}
rijendik in dichten Reihen
rijervaring Fahrpraxis v^{28}
rijexamen Fahrprüfung v^{20}
rijgedrag Fahrverhalten o^{39}
rijgen 1 *(aan een snoer)* anreihen, aufreihen **2** *(met grote steken naaien)* heften, reihen
rijggaren Reihgarn o^{29}
rijglaars Schnürstiefel m^9
rijinstructeur Fahrlehrer m^9
¹rijk *zn* Reich o^{29}; *(overheid)* Staat m^{16}: *het ~ alleen hebben* allein (zu Hause) sein[262]; *op kosten van het ~* auf Staatskosten
²rijk *zn*: *~ en arm* Reich und Arm; *~en en armen* Reiche und Arme mv^{40}

³rijk *bn, bw* reich; *(mbt inhoud)* reichhaltig
rijkaard Reiche(r) m^{40a}, v^{40b}
rijkdom Reichtum m^8
rijke Reiche(r) m^{40a}, v^{40b}
rijkelijk reichlich; *~ genoeg* mehr als genug
rijkelui reiche Leute *(mv)*
rijksambtenaar Staatsbeamte(r) m^{40a}
rijksbegroting Staatshaushalt m^5
rijksbelasting Staatssteuer v^{21}
rijksdienst *(instantie)* Staatsbehörde v^{21}
rijksinstelling staatliche Institution v^{20}
rijksmuseum staatliches Museum o *(2e nvl -s; mv Museen)*: *het Rijksmuseum (in Amsterdam)* das Rijksmuseum
rijksoverheid Staat m^{19}
rijkspolitie staatliche Polizei v^{28}
rijkssubsidie staatliche Subvention v^{20}
rijksuniversiteit staatliche Universität v^{20}
Rijkswacht *(Belg) (ongev)* staatliche Polizei v^{28}
rijkswachter *(Belg)* Mitglied o^{31} der staatlichen Polizei
rijksweg Staatsstraße v^{21}; *(BRD)* Bundesstraße v^{21}
rijkswege: *van ~* von Staats wegen
rijlaars Reitstiefel m^9
rijles Fahrstunde v^{21}; *(in manege)* Reitstunde v^{21}
rijm Reim m^5: *op ~ brengen* in Reime bringen[139]
rijmelaar Dichterling m^5, Reimschmied m^5
rijmelen Reime schmieden
rijmen 1 *(op rijm dichten)* reimen **2** *(rijm hebben)* sich reimen: *~ op* sich reimen auf^{+4} **3** *(overeenstemmen)* sich reimen **4** *(in overeenstemming brengen)* sich³ zusammenreimen: *dat valt niet te ~ met …* ich kann mir das nicht zusammenreimen
Rijn Rhein m^{19}
rijnaak Rheinkahn m^6
Rijndal Rheintal o^{39}
rijnschip Rheinschiff o^{29}
rijnwijn Rheinwein m^5
¹rijp *(rijm)* Reif m^{19}; *(losser)* Raureif m^{19}
²rijp *bn* reif: *op ~ere leeftijd* im reiferen Alter; *na ~ beraad* nach reiflicher Überlegung
rijpaard Reitpferd o^{29}
rijpen reifen
rijpheid Reife v^{28}
rijping Reifung v^{28}
rijs 1 *(twijg)* Reis o^{31} **2** *(takken)* Reisig o^{39}
rijschool 1 *(autorijschool)* Fahrschule v^{21} **2** *(manege)* Reitschule v^{21}
rijsnelheid Fahrgeschwindigkeit v^{20}
rijst Reis m^{19}
rijstebrij, rijstepap Reisbrei m^5
rijstkorrel Reiskorn o^{32}
rijstrook Fahrspur v^{20}, Fahrstreifen m^{11}
rijsttafel Reistafel v^{21}
rijtaks *(Belg)* Kraftfahrzeugsteuer v^{21}
rijten reißen[220]: *in stukken ~* zerreißen[220]
rijtijd Fahrzeit v^{20}

rijtoer Spazierfahrt v^{20}
rijtuig Wagen m^{11}; *(huurrijtuig)* Droschke v^{21}
rijvaardigheid Fahrtüchtigkeit v^{28}
rijven *(Belg) (harken)* harken
rijweg Fahrbahn v^{20}
rijwiel Fahrrad o^{32}
rijwielpad Fahrradweg m^5, Radweg m^5
rijwielstalling Fahrradwache v^{21}
rijzen 1 *(omhooggaan)* steigen^{281}, aufgehen^{168}: *de barometer rijst* das Barometer steigt **2** *(gisten)* aufgehen^{168} **3** *(zich oprichten)* sich erheben^{186} **4** *(opkomen)* aufkommen^{193} **5** *(oprijzen)* sich erheben^{186}
rijzig hoch gewachsen: *~ van gestalte* von hohem Wuchs
rijzweep Reitpeitsche v^{21}, Reitgerte v^{21}
rillen zittern: *~ van de kou* vor^{+3} Kälte zittern; *(fig) het is om van te ~* es ist schauderhaft
rillerig fröstelnd: *ik ben ~* mich fröstelt
rilling 1 *(huivering)* Schauder m^9: *er ging een koude ~ door zijn leden* es überlief ihn kalt **2** *(koortsrilling)* Schüttelfrost m^6
rimboe Dschungel m^9, zelden o^{33}
rimpel 1 *(in huid)* Falte v^{21}, Runzel v^{21}; *(in vrucht)* Runzel v^{21}; *(in stof)* Falte v^{21} **2** *(golfje)* Kräuselung v^{20}
rimpelen *intr (mbt huid)* sich runzeln; *(mbt water)* sich kräuseln
rimpelen *tr (van voorhoofd)* runzeln; *(van water)* kräuseln
rimpelig runz(e)lig
ring 1 Ring m^5: *~en om de ogen* Ringe unter den Augen; *gouden ~* Goldring m^5 **2** *(om de maan)* Hof m^6
ringbaan *(weg)* Ringstraße v^{21}
ringband Ringbuch o^{32}, Ringheft o^{29}
ringeloren kujonieren^{320}, schikanieren^{320}
ringen beringen: *vogels ~* Vögel beringen
ringetje: *er uitzien om door een ~ te halen* wie aus dem Ei gepellt sein^{262}
ringslang Ringelnatter v^{21}
ringsleutel Ringschlüssel m^9
ringtone Klingelton m^6, Rington m^6, Ringtone m^{13}
ringvaart Ringkanal m^6
ringvinger Ringfinger m^9
ringweg Ring m^5, Ringstraße v^{21}
rinkelen 1 *(mbt metaal, glas)* klirren **2** *(mbt geld)* klimpern **3** *(mbt telefoon)* klingeln
rinoceros Rhinozeros o^{29a} *(2e nvl ook -)*
riolering Kanalisation v^{20}
riool Abzugskanal m^6, Kanal
rioolkolk Gully m^{13}, o^{36}
rioolnet Sielnetz o^{29}
rioolwater Abwasser o^{34} *(vaak mv)*
risico Risiko o^{36} *(mv ook Risiken)*: *(bij verzekering) een eigen ~ van …* eine Selbstbeteiligung von …; *een ~ aanvaarden* ein Risiko auf sich nehmen^{212}; *hij wil geen ~ nemen* er will kein Risiko eingehen; *op eigen ~* auf eigenes Risiko
risicowedstrijd Risikowettkampf m^6
riskant riskant
riskeren riskieren^{320}
rit 1 *(het rijden)* Fahrt v^{20}; *(op rijdier)* Ritt m^5 **2** *(afstand)* Fahrt v^{20}; *(bij wielrennen)* Etappe v^{21}; *(bij schaatsen)* Lauf m^6
ritme Rhythmus *m (2e nvl -; mv Rhythmen)*
ritmisch rhythmisch
¹rits *(serie)* Reihe v^{21}
²rits *(ritssluiting)* Reißverschluss m^6
¹ritselen *intr (geluid maken)* rascheln
²ritselen *tr (voor elkaar brengen)* deichseln
ritssluiting Reißverschluss m^6
¹ritueel *zn* Ritual o^{29}
²ritueel *bn, bw* rituell
rivaal Rivale m^{15}
rivaliseren rivalisieren^{320}
rivaliteit Rivalität v^{20}
rivier Fluss m^6; *(groot, ook)* Strom m^6
rivierarm Flussarm m^5
rivierbedding Flussbett o^{37}
riviermond Flussmündung v^{20}
rivierpolitie Wasserschutzpolizei v^{20}
riviervaart Flussschifffahrt v^{28}
r.-k. *afk van rooms-katholiek* römisch-katholisch *(afk r.-k., röm.-kath.)*
rob Robbe v^{21}
robbedoes Wildfang m^6
robbenjacht Robbenjagd v^{20}, Robbenfang m^6
robijn Rubin m^5
robot Roboter m^9
robuust robust, kräftig
rochel *(fluim)* Schleim m^5, Auswurf m^6
rochelen 1 *(fluimen opgeven)* Schleim absondern **2** *(een keelgeluid maken)* röcheln
rock Rock m^{19}, m^{19a}
rocker Rocker m^9
rock-'n-roll Rock'n'Roll *m (2e nvl Rock'n'Roll(s))*
rococo Rokoko o^{39}, o^{39a}
roddel Klatsch m^{19}
roddelaar(ster) Klatschmaul o^{32}, Klatschtante v^{21}
roddelen klatschen
rodehond Röteln *(mv)*
rodekool Rotkohl m^{19}, Rotkraut o^{39}
Rode Kruis Rotes Kreuz o^{39}: *het ~* das Rote Kreuz
rodelbaan Rodelbahn v^{20}
rodelen rodeln
roe *zie* roede
roebel Rubel m^9
roede 1 *(twijg, penis)* Rute v^{21} **2** *(voor gordijn, traploper)* Stange v^{21}
roedel Rudel o^{33}, Rotte v^{21}
roeibaan Regattastrecke v^{21}
roeiboot Ruderboot o^{29}
roeien rudern
roeier Ruderer m^9

roeiriem, roeispaan Ruder o^{33}, Riemen m^{11}
roeisport Rudersport m^{19}
roeister Ruderin v^{22}
roeitochtje Bootsfahrt v^{20}
roeiwedstrijd Ruderregatta v (mv -regatten)
roekeloos leichtsinnig, tollkühn
roekeloosheid Leichtsinn m^{19}, Tollkühnheit v^{28}
roem 1 *(lof)* Ruhm m^{19} **2** *(in kaartspel)* Sequenz v^{20}
Roemeen Rumäne m^{15}
¹Roemeens *zn* Rumänisch o^{41}
²Roemeens *bn* rumänisch
roemen 1 *(loven)* rühmen, loben: *op iets ~ sich einer Sache² rühmen* **2** *(in kaartspel)* eine Sequenz ansagen
Roemenië Rumänien o^{39}
roemer Römer m^9
roemloos ruhmlos
roemrijk ruhmreich
roemrucht(ig) berühmt
roep Ruf m^5
roepen 1 rufen²²⁶: *ik voel me er niet toe geroepen* ich habe wenig Lust dazu **2** *(wekken)* wecken
roeper Rufer m^9
roeping Berufung v^{20}
roepletter Rufzeichen o^{35}
roepnaam Rufname m^{18}
roer Ruder o^{33}, Steuerruder o^{33}: *(fig) aan het ~ staan* am Ruder sein²⁶²; *(ook fig) het ~ omgooien* das Ruder herumwerfen³¹¹; *hou je ~ recht!* bleib senkrecht!
roerdomp Rohrdommel v^{21}
roerei Rührei o^{31}
roeren rühren: *zijn mond ~* schnattern; *zijn mond weten te ~* nicht auf den Mund gefallen sein²⁶²
roerend 1 *(aandoenlijk)* rührend **2** *(niet vast)* beweglich: *~ goed* Mobilien *(mv)*; bewegliche Güter *(mv)* || *het ~ eens zijn* sich ganz einig sein²⁶²
roerganger Rudergänger m^9, Rudergast m^6
Roergebied Ruhrgebiet o^{39}
roerig lebhaft, unruhig
roerloos unbeweglich, reg(ungs)los
roerspaan Rührer m^9
roerzeef Passiersieb o^{29}
roes Rausch m^6
roest Rost m^{19}: *een laag ~* eine Rostschicht
roesten rosten, Rost ansetzen
roestig rostig
roestplek, roestvlek Rostfleck m^5
roestvrij rostfrei: *~ staal* rostfreier Stahl
roestwerend rostbeständig
roet Ruß m^{19}: *(fig) iem ~ in het eten gooien* jmdm die Suppe versalzen
roetzwart rußschwarz
roezemoezen rumoren, lärmen
roffel Wirbel m^9, Trommelwirbel
roffelen *(op de trom)* wirbeln
rog Rochen m^{11}

rogge Roggen m^{11}
roggebrood Roggenbrot o^{29}
rok 1 *(van vrouwen)* Rock m^6 **2** *(van mannen)* Frack m^6
roken 1 rauchen **2** *(vis, vlees)* räuchern
roker Raucher m^9
rokerig rauchig
rokkostuum Frack m^6
rol 1 *(lijst)* Liste v^{21} **2** *(theat)* Rolle v^{21}: *de ~len omkeren* die Rollen (ver)tauschen **3** *(opgerold iets)* Rolle v^{21}
rolbezetting Rollenbesetzung v^{20}
rolgordijn Rouleau o^{36}, Rollo o^{36}
rollade Rollbraten m^{11}
rollator Rollator m^{16}, Gehwagen m^{11}, Gehwägelchen o^{35}
rollebollen 1 *(buitelen)* purzeln **2** *(vrijen)* es (mit jmdm) treiben²⁹⁰
¹rollen *intr* **1** rollen; *(buitelen, ook)* sich wälzen: *(fig) aan het ~ brengen* ins Rollen bringen¹³⁹; *de donder rolt* der Donner (g)rollt; *de kinderen rolden over elkaar* die Kinder purzelten übereinander; *(fig) ergens in ~* in⁺⁴ etwas hineinkommen¹⁹³ **2** *(makkelijk gaan)* sich durchschlagen²⁴¹
²rollen *tr* **1** *(plat maken)* rollen, walzen; *(gras)* mähen: *een sigaret ~* eine Zigarette rollen **2** *(stelen)* klauen
rollenspel Rollenspiel o^{29}
rollerskate Rollerskate m^{13}
rolletje: *het gaat op ~s* es läuft wie am Schnürchen
rolluik Rollladen m^{12}, m^{11}
rolmodel Rollenmodell o^{29}
rolschaats Rollschuh m^5
rolschaatsen Rollschuh laufen¹⁹⁸
rolstoel Rollstuhl m^6
roltrap Rolltreppe v^{21}
rolverdeling Rollenverteilung v^{20}
ROM *afk van* Read Only Memory Fest(wert)speicher m^9 *(afk* ROM)
roman Roman m^5: *~ in brieven* Briefroman
romance Romanze v^{21}
romancier Romanschriftsteller m^9
romanticus Romantiker m^9
romantiek Romantik v^{28}
romantisch romantisch
Rome Rom o^{39}
Romein Römer m^9
Romeins römisch: *~e cijfers* römische Ziffern
romig sahnig
rommel 1 *(warboel)* Wust m^{19}, Durcheinander o^{39}: *~ maken* alles in Unordnung bringen¹³⁹ **2** *(oude spullen)* Gerümpel o^{39} **3** *(ondeugdelijke waar)* Schund m^{19} || *de hele ~* der ganze Kram
rommelen 1 *(snuffelen)* (herum)stöbern, (herum)kramen **2** *(dof dreunen)* grollen; *(in buik, maag)* knurren **3** *(knoeien)* pfuschen **4** *(regelen)* deichseln || *in de club begon het te ~* im Verein begann es zu brodeln

rommelig unordentlich, wüst
rommelmarkt Flohmarkt *m*⁶, Trödelmarkt *m*⁶
rommelzolder Abstellraum *m*⁶
rommelzooitje Krempel *m*¹⁹, Trödel *m*¹⁹
romp Rumpf *m*⁶
rompslomp Kram *m*¹⁹, Umstände *mv m*⁶: *administratieve ~* Papierkram
rond *zn: in het ~ kijken* um⁺⁴ sich blicken, umherblicken; *drie kilometer in het ~* drei Kilometer im Umkreis
rond *bn, bw* rund: *een ~ getal* eine runde Zahl; *~ 25 euro* etwa 25 Euro; *~ voor iets uitkomen* etwas offen gestehen²⁷⁹; *een wet ~ hebben* ein Gesetz fertig haben¹⁸²
rond *vz* um⁺⁴ ... (herum): *~ de tafel* um den Tisch (herum)
rondbazuinen ausposaunen
rondborstig offen(herzig)
rondbrengen austragen²⁸⁸
rondbrieven herumerzählen, herumtragen²⁸⁸
ronddelen herumreichen, herumgeben¹⁶⁶
ronddobberen umhertreiben²⁹⁰
ronddraaien *intr* sich herumdrehen
ronddraaien *tr* herumdrehen
ronddwalen herumirren, umherirren
ronde 1 Runde *v*²¹: *het gerucht doet de ~* das Gerücht kursiert **2** *(sp)* Runde *v*²¹, Durchgang *m*⁶; *(wielerwedstrijd)* Rundfahrt *v*²⁰
ronden runden
rondfietsen herumradeln, umherradeln
rondgaan herumgehen¹⁶⁸: *het praatje gaat rond* es geht die Rede
rondgang Runde *v*²¹, Rundgang *m*⁶
rondgeven herumgeben¹⁶⁶, herumreichen
rondhangen herumlungern
ronding Rundung *v*²⁰
rondje: *een ~ geven* eine Runde ausgeben¹⁶⁶
rondkijken umherblicken, sich umsehen²⁶¹
rondkomen auskommen¹⁹³: *hij kan goed ~* er hat sein gutes Auskommen
rondleiden (herum)führen
rondleiding Führung *v*²⁰
rondlopen herumgehen¹⁶⁸, umhergehen¹⁶⁸: *met een plan ~* sich mit einem Plan tragen²⁸⁸
rondlummelen herumlungern
rondneuzen herumstöbern, herumschnüffeln
rondom *bw* rundherum
rondom *vz* um⁺⁴ ... (herum): *~ de tafel* um den Tisch herum
rondpunt *(Belg) (verkeersplein)* Kreisel *m*⁹
rondreis Rundreise *v*²¹
rondreizen herumreisen, umherreisen
rondrijden herumfahren¹⁵³, umherfahren¹⁵³
rondrit Rundfahrt *v*²⁰
rondscharrelen 1 *(doelloos)* herumtrödeln **2** *(bezig zijn)* herumhantieren³²⁰
rondschrijven Rundschreiben *o*³⁵, Rundbrief *m*⁵
rondslenteren herumschlendern, umherschlendern
rondslingeren: *iets laten ~* etwas herumliegen lassen¹⁹⁷
rondsluipen herumschleichen²⁴², umherschleichen²⁴²
rondsnuffelen herumschnüffeln
rondstrooien *(ook fig)* ausstreuen
rondte Runde *v*²¹: *uren in de ~* im ganzen Umkreis; *in de ~ draaien* sich drehen
rondtrekken herumziehen³¹⁸, umherziehen³¹⁸
ronduit rundheraus; *(bepaald)* schlicht: *~ gezegd* rundheraus gesagt; *dat is ~ gelogen* das ist schlicht gelogen
rondvaart Rundfahrt *v*²⁰
rondvaartboot Rundfahrtboot *o*²⁹
rondvertellen herumerzählen, herumtragen²⁸⁸
rondvliegen herumfliegen¹⁵⁹, umherfliegen¹⁵⁹
rondvlucht Rundflug *m*⁶
rondvraag Rundfrage *v*²¹
rondwandelen herumspazieren³²⁰, umherspazieren³²⁰
¹**rondweg** *zn* Ringstraße *v*²¹
²**rondweg** *bw* rundheraus
rondzwerven herumstreifen, umherstreifen
ronken 1 *(snurken)* schnarchen **2** *(mbt motor)* brummen
ronselen (an)werben³⁰⁹
röntgenapparaat Röntgenapparat *m*⁵, Röntgengerät *o*²⁹
röntgenfoto Röntgenaufnahme *v*²¹, Röntgenbild *o*³¹
röntgenonderzoek Röntgenuntersuchung *v*²⁰
¹**rood** *zn (rode kleur)* Rot *o*³³; *(blos)* Röte *v*²⁸
²**rood** *bn* rot⁵⁹: *het Rode Kruis* das Rote Kreuz; *~ potlood* Rotstift *m*⁵; *rode wijn* roter Wein, Rotwein *m*⁵; *~ worden* rot werden³¹⁰; *het verkeerslicht staat op ~* die Ampel zeigt Rot; *in de rode cijfers komen* in die roten Zahlen kommen¹⁹³
roodachtig rötlich
roodborstje Rotkehlchen *o*³⁵
roodbruin rotbraun
roodgloeiend rot glühend: *de telefoon staat ~* das Telefon klingelt fortwährend
roodharig rothaarig
roodheid Röte *v*²⁸
roodhuid Rothaut *v*²⁵
Roodkapje Rotkäppchen *o*³⁹
roodvonk Scharlach *m*¹⁹, Scharlachfieber *o*³⁹
¹**roof** *(het roven; het geroofde)* Raub *m*⁵
²**roof** *(op wond)* Schorf *m*⁵, Kruste *v*²¹
roofbouw Raubbau *m*¹⁹: *~ plegen op* Raubbau treiben²⁹⁰ mit⁺³
roofdier Raubtier *o*²⁹
roofdrukken raubkopieren³²⁰
roofkopie Raubkopie *v*²¹
roofmoord Raubmord *m*⁵
roofoverval Raubüberfall *m*⁶
roofvogel Raubvogel *m*¹⁰
¹**rooien** *(klaarspelen)* fertig bringen¹³⁹
²**rooien** *(landb)* ausgraben¹⁸⁰; *(een bos, bomen)* roden

rooilijn Bauflucht v^{20}, Baufluchtlinie v^{21}
rook Rauch m^{19}; *(fig)* in ~ opgaan in Rauch aufgehen^{168}; *onder de* ~ *van Amsterdam* in der Nähe von Amsterdam
rookartikelen Rauchwaren *mv* v^{21}
rookbom Rauchbombe v^{21}
rookcoupé Raucherabteil o^{29}
rookmelder Rauchmelder m^9
rookpaal Raucherzone v^{21}
rookpluim Rauchfahne v^{21}
rookspek Räucherspeck m^{19}
rookvlees Rauchfleisch o^{39}, Räucherfleisch o^{39}
rookwolk Rauchwolke v^{21}
rookworst Rauchwurst v^{25}
room Sahne v^{28}; *(fig)* Rahm: *(fig) de* ~ *is er al af* das Beste ist schon weg
roomboter Butter v^{28}
roomijs Sahneeis o^{39}
roomkaas Sahnekäse m^9, Butterkäse m^9
roomkleurig cremefarben
roomklopper Schneebesen m^{11}
rooms katholisch: *~er zijn dan de paus* päpstlicher sein als der Papst
roomsaus Sahnesoße v^{21}
roomse Katholik m^{14}, Katholikin v^{22}
rooms-katholiek römisch-katholisch
roomsoes Windbeutel m^9
roos 1 *(plantk)* Rose v^{21} 2 *(van kompas)* Windrose v^{21} 3 *(van schietschijf)* Schwarze(s) o^{40c}: *in de* ~ *schieten* ins Schwarze treffen^{289} 4 *(haarroos)* Schuppen *mv* v^{21} || *op rozen zitten* auf Rosen gebettet sein^{262}; *slapen als een* ~ schlafen^{240} wie ein Murmeltier
rooskleurig *(fig)* rosig: *de toekomst is niet* ~ die Zukunft sieht nicht rosig aus; ~ *voorstellen* im rosigsten Licht erscheinen lassen^{197}
rooster 1 *(raamwerk)* Rost m^5 2 *(als afsluiting van openingen)* Gitter o^{33}; *(Belg) iem op het* ~ *leggen* jmdn auf den Zahn fühlen 3 *(schema)* Plan m^6; *(school)* Stundenplan m^6: *volgens* ~ *aftreden* turnusgemäß ausscheiden^{232}
roosteren rösten
roosterwerk Gitterwerk o^{39}
¹**ros** *zn (paard)* Ross o^{29}: *stalen* ~ Stahlross o^{29}
²**ros** *bn* rot, rötlich: *~se baard* fuchsroter Bart; *~se buurt* Amüsierviertel o^{33}
rosbief Roastbeef o^{36}
rosé Rosé m^{13}, Roséwein m^5
rossig rötlich; *(mbt haar)* rotblond
¹**rot** *zn (rat)* Ratte v^{21}: *een oude* ~ ein alter Hase
²**rot** *zn* 1 *(het rot zijn)* Fäulnis v^{28} 2 *(rotte plek)* faule Stelle v^{21}
³**rot** *bn, bw* 1 *(in staat van bederf)* faul: *~te appel* fauler Apfel 2 *(mbt hout)* morsch 3 *(naar)* faul, beschissen: *zich* ~ *lachen* sich totlachen; *zich* ~ *voelen* sich beschissen fühlen
rotan Rotan m^5, Rotang m^5
rotatie Rotation v^{20}
rotbui Stinklaune v^{21}

rotding Dreckding o^{29}
roteren rotieren^{320}
rotonde *(verkeersplein)* Kreisel m^9
rotor Rotor m^{16}; *(van motor ook)* Läufer m^9
rots Felsen m^{11}, Fels m^{18}
rotsachtig felsig: *~e bodem* felsiger Boden
rotsblok Felsblock m^6
rotsspleet Felsspalt m^5, Felsritze v^{21}
rotstekening Felszeichnung v^{20}, Felsbild o^{31}
rotstreek Gemeinheit v^{20}
rotsvast felsenfest
rotswand Fels(en)wand v^{25}
rotten (ver)faulen, (ver)modern
rottig 1 *(onaangenaam)* mies 2 *(onbenullig)* lumpig
rottigheid Unannehmlichkeit v^{20}
rotting *(het rotten)* Fäulnis v^{28}
rottweiler Rottweiler m^9
rotweer Sauwetter o^{39}
rotzak *(scheldw, plat)* Scheißkerl m^5
rotzooi Mist m^{19}
rotzooien 1 *(rommel veroorzaken)* schweinigeln 2 *(harrewarren)* sich zanken 3 *(onpraktisch werken)* schludern
rouge Rouge o^{36}
roulatie Umlauf m^{19}
rouleren 1 in *(of:* im*)* Umlauf sein^{262} 2 *(beurtelings waargenomen worden)* rollieren^{320}, roulieren^{320}
roulette Roulett o^{29}, o^{36}, Roulette o^{36}
route Route v^{21}
routeplanner Routenplaner m^9
routine Routine v^{28}
routineonderzoek Routineuntersuchung v^{20}
routinewerk Routinearbeit v^{20}
rouw Trauer v^{28}: *in de* ~ *zijn* trauern; *in diepe* ~ *dompelen* in tiefe Trauer versetzen
rouwband Trauerbinde v^{21}, Trauerflor m^5
rouwbeklag Beileid o^{39}, Beileidsbezeigung v^{20}
rouwbrief Trauerbrief m^5
rouwdienst Trauerfeier v^{21}, Trauergottesdienst m^5
rouwen trauern: *om iem* ~ um jmdn trauern
rouwig traurig: *ik ben er niet* ~ *om!* ich bedau(e)re es nicht!
rouwkamer, rouwkapel Leichenhalle v^{21}
rouwkrans Trauerkranz m^6
rouwplechtigheid Trauerfeier v^{21}
rouwstoet Trauerzug m^6
roven rauben
rover Räuber m^9
roversbende Räuberbande v^{21}
royaal großzügig; *(vrijgevig)* nobel, freigebig: *een royale fooi* ein nobles Trinkgeld; *een* ~ *huis* ein geräumiges Haus; *een royale bui hebben* die Spendierhosen anhaben^{182}; *hij erkende dat* ~ er gab es großzügig zu; *een royale overwinning* ein hoher Sieg
royalty Tantieme v^{21}

royeren *(schrappen als lid)* ausschließen²⁴⁵
roze *bn* rosafarben; *(onverbuigbaar)* rosa
rozemarijn Rosmarin *m*¹⁹
rozenbottel Hagebutte *v*²¹
rozengeur: *het is niet alles ~ en maneschijn* es herrscht nicht eitel Sonnenschein
rozenkrans Rosenkranz *m*⁶
rozenstruik Rosenstrauch *m*⁸, Rosenstock *m*⁶
rozig 1 *(rooskleurig)* rosig **2** *(loom)* wohlig
rozijn Rosine *v*²¹
RSI *afk van repetitive strain injury* RSI-Syndrom *o*³⁹, RSI *o*³⁹ᵃ
rubber *zn* Gummi *m*¹³, *o*³⁶, Kautschuk *m*¹⁹
rubber *bn* aus Gummi, Gummi…
rubberband *(van auto e.d.)* Gummireifen *m*¹¹
rubberboot Schlauchboot *o*²⁹
rubberen aus Gummi, Gummi…
rubberhandschoen Gummihandschuh *m*⁵
rubberzool Gummisohle *v*²¹
rubriceren rubrizieren³²⁰
rubriek Rubrik *v*²⁰
ruchtbaar bekannt: *~ maken* bekannt machen
ruchtbaarheid: *~ aan iets geven* etwas bekannt machen
rudiment Rudiment *o*²⁹
rudimentair rudimentär
rug Rücken *m*¹¹; *je kan m'n ~ op!* rutsch mir den Buckel runter!; *dat is weer achter de ~!* das ist überstanden!; *met de handen op de ~* die Hände auf dem Rücken; *er liep een koude rilling over mijn ~* es überlief mich eiskalt
rugby Rugby *o*³⁹ *(2e nvl ook -)*
rugbyen Rugby spielen
rugdekking Rückendeckung *v*²⁰
ruggelings rücklings
ruggengraat *(ook fig)* Rückgrat *o*²⁹
ruggenmerg Rückenmark *o*³⁹
ruggensteun 1 *(lett)* Rückenstütze *v*²¹ **2** *(fig)* Rückhalt *m*⁵
ruggensteunen stützen
ruggespraak Rücksprache *v*²⁸
rugleuning Rückenlehne *v*²¹
rugpijn Rückenschmerz *m*¹⁶
rugslag Rückenschwimmen *o*³⁹: *100 m ~* 100 m Rücken
rugvin Rückenflosse *v*²¹
rugwaarts rückwärts; Rückwärts… *v*²⁰
rugwervel Rückenwirbel *m*⁹
rugzak Rucksack *m*⁶
rugzaktoerist Rucksacktourist *m*¹⁴, Backpacker *m*⁹
rugzwemmen rückenschwimmen²⁵⁷
rui Mauser *v*²⁸
rui *(Belg) (in straatnamen)* Kanal *m*⁶, Gracht *v*²⁰
ruien *(mbt vogels)* (sich) mausern
ruif Raufe *v*²¹, Futterraufe *v*²¹
ruig 1 *(borstelig, ruw)* struppig **2** *(grof, harig)* rau **3** *(fig)* roh, rau; *(mbt taal)* derb: *het gaat er ~ toe* es geht wüst zu

ruigte 1 *(wild gewas)* Gestrüpp *o*²⁹ **2** *(het ruig zijn)* Struppigkeit *v*²⁸, Rauheit *v*²⁸, Rohheit *v*²⁸, Derbheit *v*²⁸; *zie ook* ruig
ruiken riechen²²³; *(jagerstaal)* wittern: *gevaar ~* Gefahr wittern
ruiker Strauß *m*⁶, Blumenstrauß *m*⁶
ruil 1 Tausch *m*⁵: *in ~ voor* im Tausch für⁺⁴ *(of:* gegen⁺⁴*)* **2** *(uitwisseling)* Austausch *m*¹⁹
ruilen 1 tauschen **2** *(omruilen)* umtauschen
ruilhandel Tauschhandel *m*¹⁹
ruilmiddel Tauschmittel *o*³³
ruilverkaveling Flurbereinigung *v*²⁰
¹ruim *zn (van schip)* Schiffsraum *m*⁶
²ruim *bn* **1** *(zich ver uitstrekkend)* weit: *in ~e kring* in weitem Kreis **2** *(veel ruimte biedend)* geräumig; *(mbt kleding)* weit: *een ~ huis* ein geräumiges Haus **3** *(open)* frei: *~e blik* Fernblick *m*¹⁹ **4** *(uitgebreid)* reichhaltig: *een ~e keus* eine große Auswahl **5** *(mbt tijd)* reichlich **6** *(rijkelijk)* reichlich: *in ~e mate* in reichem Maße; *gebruik van iets maken van*⁺³ etwas reichlich Gebrauch machen; *het niet ~ hebben* nur knapp auskommen¹⁹³ **7** *(niet bekrompen)* großzügig
³ruim *bw* **1** *(op grote afstand)* weit: *~ uit elkaar staan* weit auseinander stehen²⁷⁹ **2** *(overvloedig)* reichlich: *~ meten* reichlich messen²⁰⁸; *~ wonen* ein geräumiges Haus haben¹⁸² **3** *(onbekrompen)* großzügig: *~ denken* großzügig denken¹⁴⁰ **4** *(meer dan)* gut: *~ vijf jaar* gut fünf Jahre; *~ een uur* eine gute Stunde
ruimen 1 *(een stad, vesting)* räumen **2** *(schoonmaken)* reinigen **3** *(opruimen)* räumen: *sneeuw ~* Schnee räumen; *iem uit de weg ~* jmdn aus dem Weg räumen
ruimhartig großzügig
ruimschoots reichlich
ruimte Raum *m*⁶; *(heelal, ook)* Weltraum *m*¹⁹: *iem de ~ geven* jmdm Raum geben¹⁶⁶; *~ maken* Raum schaffen²³⁰; *~ sparen* Raum sparen; *in de ~ zwammen* ins Blaue hineinreden
ruimtecapsule Raumkapsel *v*²¹
ruimtegebrek Raummangel *m*¹⁹, Platzmangel *m*¹⁹
ruimtelaboratorium Raumlabor *o*³⁶, *o*²⁹
ruimtelijk räumlich
ruimtepak Raumanzug *m*⁶
ruimteschip Raumfahrzeug *o*²⁹, Raumschiff *o*²⁹
ruimtestation Raumstation *v*²⁰
ruimtevaarder Astronaut *m*¹⁴, Raumfahrer *m*⁹
ruimtevaart Weltraumfahrt *v*²⁸, Raumfahrt *v*²⁸
ruimteveer Raumfähre *v*²¹
ruimtevrees Platzangst *v*²⁵
ruin Wallach *m*⁵
ruïne Ruine *v*²¹; *(mv)* Trümmer *mv*
ruïneren ruinieren³²⁰
ruis Geräusch *o*²⁹, Rauschen *o*³⁹
ruisen rauschen
ruit 1 *(glazen plaat)* Scheibe *v*²¹, Glasscheibe **2** *(op stoffen)* Karo *o*³⁶ **3** *(vierhoek)* Raute *v*²¹

¹ruiten *de* Karo *(zonder lw; geen mv)*
²ruiten *bn* kariert
ruitenaas Karoass *o*²⁹
ruitenboer Karobube *m*¹⁵
ruitensproeier Scheibenwaschanlage *v*²¹
ruitenwisser Scheibenwischer *m*⁹
ruiter Reiter *m*⁹
ruiterlijk offen, unumwunden, rundheraus: ~ *voor iets uitkomen* etwas offen gestehen²⁷⁹
ruiterpad Reitweg *m*⁵
ruitersport Reitsport *m*¹⁹
ruitjespapier kariertes Papier *o*²⁹
ruitvormig rautenförmig
ruk 1 Ruck *m*⁵: *een ~ aan de teugel geven* einen Ruck am Zügel geben¹⁶⁶ **2** *(afstand)* Strecke *v*²¹ **3** *(tijdsduur)* Weile *v*²⁸: *in één ~ door* in einem fort
rukken zerren; *(harder)* reißen²²⁰: *aan een touw ~* an einem Seil zerren; *iem iets uit de handen ~* jmdm etwas aus den Händen reißen; *de woorden uit hun verband ~* die Worte aus dem Zusammenhang reißen
rukwind Windstoß *m*⁶
rul locker
rum Rum *m*¹³
rumba Rumba *v*²⁷
rumoer 1 *(lawaai)* Lärm *m*¹⁹ **2** *(opschudding)* Aufregung *v*²⁰
rumoeren lärmen, tosen
rumoerig lärmend, laut, unruhig
run 1 *(grote toeloop)* Run *m*¹³, Ansturm *m*⁶ (auf⁺⁴) **2** *(sp)* Lauf *m*⁶ **3** *(comp)* Durchlauf *m*⁶
rund 1 Rind *o*³¹ **2** *(scheldw)* Rindvieh *o*³⁹; *(voor vrouw)* blöde Kuh *v*²⁵ ‖ *bloeden als een ~* bluten wie ein Schwein
runderlap Stück *o*²⁹ Rindfleisch
rundleer Rind(s)leder *o*³³
rundleren rind(s)ledern
rundvee Rindvieh *o*³⁹
rundvlees Rindfleisch *o*³⁹; *(toebereid)* Rinderbraten *m*¹¹
runnen leiten
rups Raupe *v*²¹
rupsband Raupe(nkette) *v*²¹, Gleiskette *v*²¹
rupsvoertuig Raupenfahrzeug *o*²⁹
Rus Russe *m*¹⁵
rush 1 *(stormloop)* Rush *m*¹³, Ansturm *m*⁶ **2** *(sp)* Rush *m*¹³
Rusland Russland *o*³⁹
Russin Russin *v*²²
¹Russisch *zn* Russisch *o*⁴¹
²Russisch *bn* russisch
rust 1 Ruhe *v*²⁸: *zich te(r) ~e begeven* sich schlafen legen **2** *(innerlijke vrede)* Ruhe *v*²⁸, Frieden *m*¹¹: *iem met ~ laten* jmdn in Ruhe lassen¹⁹⁷; *tot ~ komen* zur Ruhe kommen¹⁹³ **3** *(sp)* Halbzeit *v*²⁰ **4** *(muz)* Pause *v*²¹: *een kwart ~* eine Viertelpause
rustdag Ruhetag *m*⁵
rusteloos 1 *(zonder ophouden)* rastlos **2** *(zonder innerlijke rust)* rastlos, ruhelos, unruhig

rusten *(rust houden; slapen)* ruhen; *(pauzeren)* rasten: *wat ~* ein wenig ausruhen; *we zullen dat maar laten ~* wir wollen das auf sich³ beruhen lassen; *~ op (ook fig)* ruhen auf⁺³
rustgevend beruhigend
rusthuis Erholungsheim *o*²⁹
rustiek rustikal
rustig ruhig: *zich ~ houden* sich ruhig verhalten¹⁸³
rustplaats Ruheplatz *m*⁶, Ruhestätte *v*²¹: *laatste ~* letzte Ruhestätte
rustpunt Ruhepunkt *m*⁵
rustsignaal Halbzeitpfiff *m*⁵
ruststand *(sp)* Halbzeitstand *m*⁶
rustverstoorder Ruhestörer *m*⁹
rustverstoring Ruhestörung *v*²⁰
ruw 1 *(ruig)* rau **2** *(oneffen)* rau: *~e handen* raue Hände **3** *(niet bewerkt)* roh: *~e olie* Rohöl *o*²⁹ **4** *(niet nauwkeurig)* grob, roh **5** *(wild, onstuimig)* rau: *~ weer* raues Wetter **6** *(onbeschaafd)* roh, grob, derb: *~ spelen* hart spielen
ruwharig zottig, struppig, rauhaarig
ruwweg grob
ruzie Streit *m*⁵, Zank *m*¹⁹: *~ maken* Streit anfangen¹⁵⁵; *~ zoeken* Streit suchen; *hooglopende ~ hebben* sich heftig streiten²⁸⁷
ruzieachtig zänkisch, zanksüchtig
ruziemaker Zänker *m*⁹
ruziën sich streiten²⁸⁷, sich zanken

S

saai langweilig, fade: *het is daar een ~e boel!* das ist vielleicht ein müder Laden!
saamhorig zusammengehörig
saamhorigheid Zusammengehörigkeit *v*[28]
saampjes zusammen
sabbat Sabbat *m*[5]
sabbatical (year) Sabbatical *o*[36], Sabbatjahr *o*[29]
sabbelen lutschen; *(mbt zuigeling)* nuckeln
sabel *(wapen)* Säbel *m*[9]
sabotage Sabotage *v*[21]: *~ plegen* Sabotage begehen[168]; Sabotage treiben[290]
saboteren sabotieren[320]
saboteur Saboteur *m*[5]
sacrament Sakrament *o*[29]
Sacramentsdag Fronleichnam *m*[19] *(meestal zonder lw)*, Fronleichnamsfest *o*[29]
sacristie Sakristei *v*[20]
sadisme Sadismus *m*[19a]
sadist Sadist *m*[14]
sadistisch sadistisch
safari Safari *v*[27]: *op ~ gaan* auf Safari gehen[168]
safaripark Safaripark *m*[13]
¹**safe** *zn* Tresor *m*[5], Geldschrank *m*[6], Safe *m*[13], *o*[36]
²**safe** *bn* sicher
safeloket Safe *m*[13], *o*[36], Schließfach *o*[32]
saffraan *(specerij)* Safran *m*[19]
saffraangeel safrangelb
sage Sage *v*[21]: *rijk aan ~n* sagenreich
sago Sago *m*[19]
Sahara Sahara *v*[28]
¹**saillant** *zn* Vorsprung *m*[6]
²**saillant** *bn* markant
Saksen Sachsen *o*[39]
Saksisch sächsisch
salade Salat *m*[5]
salamander Salamander *m*[9]
salami Salami *v*[27] *(mv ook -)*
salariëren bezahlen; *(ambtenaren)* besolden
salariëring Bezahlung *v*[20], Besoldung *v*[20]
salaris Gehalt *o*[32]: *vast ~* festes Gehalt; *een ~ ontvangen* ein Gehalt beziehen[318]
salariseis Gehaltsanspruch *m*[6]
salarisschaal Gehaltsstufe *v*[21]
salarisverhoging Gehaltserhöhung *v*[20]
salderen saldieren[320]
saldo Saldo *m*[13] *(mv ook Salden en Saldi): batig ~* Aktivsaldo; *nadelig ~* Passivsaldo
salesmanager Salesmanager *m*[9], Verkaufsleiter *m*[9]
salespromotion Salespromotion *v*[28], Verkaufsförderung *v*[28]
salie Salbei *m*[19], *v*[28]
salmiak Salmiak *m*[19], *o*[39]
salon Salon *m*[13]
salpeter Salpeter *m*[19]
salpeterzuur Salpetersäure *v*[28]
salto Salto *m*[13] *(mv ook Salti)*
salueren salutieren[320]: *iem ~* vor jmdm salutieren
¹**saluut** *zn (mil)* Salut *m*[5]
²**saluut** *tw (heil)* Heil!
saluutschot Salutschuss *m*[6]
salvo *(ook fig)* Salve *v*[21]
samba Samba *v*[27]
samen *(bijeen)* zusammen, beisammen; *(met elkaar)* zusammen, miteinander: *het ~ eens zijn* sich einig sein[262]
samenbrengen zusammenbringen[139]
samenbundelen bündeln
samendoen zusammentun[295]
samendrukken zusammendrücken
samenduwen zusammenpressen, zusammendrücken
samengaan zusammengehen[168]
samengesteld zusammengesetzt: *~e interest* Zinseszins *m*[16] *(meestal mv)*
samengroeien zusammenwachsen[302]
samenhang Zusammenhang *m*[6]
samenhangen zusammenhängen[184]
samenklank Zusammenklang *m*[6]
samenknijpen zusammenkneifen[192]
samenknopen verknüpfen, verknoten
samenkomen *zie* bijeenkomen
samenkomst *zie* bijeenkomst
samenkoppelen kuppeln, koppeln
samenleven zusammenleben
samenleving Gesellschaft *v*[20]
samenloop: *de ~ van omstandigheden* das Zusammentreffen verschiedener Umstände
samenlopen zusammenkommen[193], zusammentreffen[289]
¹**samenpakken** *tr* zusammenpacken
²**samenpakken, zich** *(mbt wolken)* sich zusammenballen; *(mbt onweer)* sich zusammenziehen[318]
samenpersen zusammenpressen
samenraapsel Mischmasch *m*[5]: *~ van leugens* Lügengewebe *o*[33]
samenroepen zusammenrufen[226]
samenscholen sich ansammeln
samenscholing Ansammlung *v*[20]
samensmelten zusammenschmelzen[248], verschmelzen[248]; *(fig)* (miteinander) verschmelzen[248], fusionieren[320]: *de bedrijven zijn samengesmolten* die Betriebe haben fusioniert

samensmelting *(ook fig)* Verschmelzung v^{20}
samenspannen sich verschwören^{260}
samenspel Zusammenspiel o^{29}
samenspraak Wechselgespräch o^{29}, Dialog m^5
samenstel Komplex m^5, Struktur v^{20}, Gefüge o^{33}
samenstellen 1 *(algem)* zusammenstellen, zusammensetzen **2** *(vervaardigen)* herstellen **3** *(schrijven)* verfassen **4** *(vormen)* bilden **5** *(een overzicht)* zusammenstellen
samensteller Hersteller m^9; *(van tijdschrift, programma e.d.)* Mitarbeiter m^9
samenstelling 1 *(wijze waarop iets is samengesteld)* Zusammensetzung v^{20} **2** *(het bijeenplaatsen)* Zusammenstellung v^{20}; *zie ook* samenstellen
samentreffen zusammentreffen^{289}
¹**samentrekken** *tr* zusammenziehen^{318}
²**samentrekken, zich** sich zusammenziehen^{318}
samenvallen zusammenfallen^{154}, zusammentreffen^{289}
samenvatten zusammenfassen
samenvatting Zusammenfassung v^{20}
samenvloeien zusammenfließen^{161}
samenvloeiing Zusammenfluss m^{19}
samenvoegen zusammenfügen; *(combineren van schoolklassen e.d.)* zusammenlegen
samenvouwen zusammenfalten
samenwerken 1 *(mbt personen)* zusammenarbeiten **2** *(mbt zaken)* zusammenwirken
samenwerking Zusammenarbeit v^{28}
samenwerkingsverband Arbeitsgemeinschaft v^{20}
samenwonen *(bij elkaar wonen)* zusammenwohnen; *(ongehuwd)* zusammenleben
samenzijn Beisammensein o^{39}, Zusammensein o^{39}
samenzweerder Verschwörer m^9
samenzweren sich verschwören^{260}
samenzwering Verschwörung v^{20}
samsam: ~ *doen* halbe-halbe machen
sanatorium Sanatorium o *(2e nvl -s; mv -rien)*
sanctie Sanktion v^{20}: ~*s uitvaardigen tegen* Sanktionen verhängen gegen^{+4}
sanctioneren sanktionieren^{320}
sandaal Sandale v^{21}
sandwich Sandwich m, o *(2e nvl - of -(e)s; mv -(e)s of -e); (Belg)* Brötchen o^{35}
saneren sanieren^{320}
sanering Sanierung v^{20}
¹**sanitair** *zn* Sanitäranlagen *mv* v^{21}
²**sanitair** *bn* sanitär, hygienisch
santé *tw* prosit!, zum Wohl!
santenkraam: *de hele* ~ der ganze Kram
sap Saft m^6: *een glas* ~ ein Glas Saft
sapcentrifuge Entsafter m^9
sappel: *zich* ~ *maken:* a) *(ploeteren)* sich abrackern; b) *(bezorgd zijn)* besorgt sein^{262}
sappelen sich abrackern
sappig saftig
saprijk saftreich, saftig

sarcasme Sarkasmus m *(2e nvl -; mv Sarkasmen)*
sarcastisch sarkastisch
sardientje Sardine v^{21}
Sardinië Sardinien o^{39}
sarong Sarong m^{13} *(2e nvl ook -)*
sarren quälen, piesacken; *(een dier)* quälen
SARS *afk van severe acute respiratory syndrome* schweres akutes respiratorisches Syndrom o^{39}, SARS, Sars o^{39a}
sas: *in zijn* ~ *zijn* gut aufgelegt sein^{262}
Satan Satan m^5
satanisch satanisch, teuflisch
satanswerk Teufelswerk o^{29}
satelliet Satellit m^{14}: *uitzending via* ~ Satellitenübertragung v^{20}
satellietbaan Satellitenbahn v^{20}
satellietfoto Satellitenfoto o^{36}
satellietopname Satellitenaufnahme v^{21}
satellietstaat Satellitenstaat m^{16}
satésaus kräftig gewürzte Soße v^{21} auf der Basis von Erdnüssen
satijn Atlas m *(2e nvl -(ses); mv -se)*, Satin m^{13}
satijnen Atlas…, Satin…: ~ *jurk* Atlaskleid o^{31}
satijnzacht seidenweich
satire Satire v^{21}
saucijs Saucischen o^{35}
sauna Sauna v^{27} *(mv ook Saunen)*
saus 1 *(algem)* Soße v^{21}; *(voor tabak, ook)* Beize v^{21} **2** *(verf)* Tünche v^{21}
sauskom Sauciere v^{21}, Soßenschüssel v^{21}
sauslepel Soßenlöffel m^9
sauteren sautieren^{320}
sauzen 1 *(van tabak)* soßen, beizen **2** *(een muur e.d.)* tünchen **3** *(regenen)* gießen^{175}
savooi(e)kool Wirsing m^{19}, Wirsingkohl m^{19}
savoureren genießen^{172}
sax Saxophon o^{29}, Saxofon o^{29}
saxofonist Saxophonist m^{14}, Saxofonist m^{14}
saxofoon Saxophon o^{29}, Saxofon o^{29}
S-bocht S-Kurve v^{21}
scala Skala v^{27} *(mv ook Skalen)*
scalpel Skalpell o^{29}
scalperen skalpieren^{320}
scandaleus skandalös
scanderen skandieren^{320}
Scandinavië Skandinavien o^{39}
Scandinaviër Skandinavier m^9
Scandinavisch skandinavisch
Scandinavische Skandinavierin v^{22}
scannen scannen, abtasten
scanner Scanner m^9
scanning Scanning o^{36} *(2e nvl ook -)*
scenario 1 *(theat)* Szenario o^{36} **2** *(film)* Drehbuch o^{32}
scenarioschrijver Drehbuchautor m^{16}
scene Szene v^{21}
scène Szene v^{21}, Auftritt m^5: *in* ~ *zetten* in Szene setzen
scepsis Skepsis v^{28}

scepter Zepter o^{33}, m^9: *de ~ zwaaien* das Zepter schwingen[259] (*of:* führen)
sceptisch skeptisch
schaaf Hobel m^9
schaafbank Hobelbank v^{25}
schaafwond Schürfwunde v^{21}
schaak Schach o^{36}: *~ staan* im Schach stehen[279]; *~ zetten* Schach bieten[130]
schaakbord Schachbrett o^{31}
schaakkampioen Schachmeister m^9
schaakmat (schach)matt: *iem ~ zetten* jmdn (schach)matt setzen
schaakmeester Schachmeister m^9
schaakpartij Schachpartie v^{21}: *afgebroken ~* Hängepartie v^{21}
schaakspel Schachspiel o^{29}
schaakspelen Schach spielen
schaakspeler Schachspieler m^9
schaakstuk Schachfigur v^{20}
schaaktoernooi Schachturnier o^{29}
schaal 1 (*schaalverdeling*) Skala v^{27} (*mv ook* Skalen), Maßstab m^6: *de ~ van Richter* die Richterskala; *op een ~ van een op veertig* im Maßstab eins zu vierzig; *op ~ tekenen* maßstab(s)getreu zeichnen **2** (*van ei*) Schale v^{21} **3** (*van weekdier*) Schild m^5 **4** (*schotel*) Schale v^{21}, Schüssel v^{21} **5** (*weegschaal*) Waage v^{21} **6** (*toonladder*) Tonleiter v^{21}, Skala v^{27} (*mv ook* Skalen) **7** (*fig*) Umfang m^6
schaaldier Schal(en)tier o^{29}, Krustentier o^{29}
schaambeen Schambein o^{29}
schaamdelen Schamteile *mv* m^5
schaamhaar Schamhaar o^{29}
schaamlippen Schamlippen *mv* v^{21}
schaamrood *zn* Schamröte v^{28}
schaamrood *bn* schamrot
schaamstreek Schamgegend v^{20}, Intimbereich m^5
schaamte Scham v^{28}: *valse ~* falsche Scham
schaamtegevoel Schamgefühl o^{39}
schaamteloos schamlos, unverschämt
schaamteloosheid Schamlosigkeit v^{20}, Unverschämtheit v^{20}
schaap (*ook fig*) Schaf o^{29}: *onnozel ~* Schafskopf m^6; *het ~ met vijf poten* der Tausendsassa
schaapachtig dämlich, blöde
schaapherder Schäfer m^9, Schafhirt m^{14}
schaapje Schäfchen o^{35}: (*fig*) *zijn ~s op het droge hebben* sein Heu im Trocknen haben[182]
schaar 1 (*knipwerktuig, ook van kreeft*) Schere v^{21} **2** (*ploegschaar*) Schar v^{20}
schaars *bn* knapp, spärlich: *geld is ~* Geld ist knapp; *~ worden* knapp werden[310]; *~ artikel* Mangelware v^{21}
schaars *bw* (*op karige wijze*) spärlich: *~ bevolkt* spärlich besiedelt; *~ gekleed* spärlich bekleidet; *~ verlicht* spärlich beleuchtet
schaarsheid Knappheit v^{28}
schaarste Knappheit v^{28} (an[+3])
schaats Schlittschuh m^5: *een scheve ~ rijden* krumme Sachen machen
schaatsen *zn* Eislauf m^{19}, Schlittschuhlaufen o^{39}
schaatsen *ww* Schlittschuh laufen[198], Eis laufen[198]
schaatsenrijden *zie* schaatsen
schaatser Schlittschuhläufer m^9, Eisläufer m^9
schaatsplank Rollerbrett o^{31}, Skateboard o^{36}
schabouwelijk (*Belg*) arg, schlecht
schacht 1 (*van laars, lans*) Schaft m^6 **2** (*van veer, pen*) Kiel m^5 **3** (*van lift, mijn*) Schacht m^6
schacht (*Belg*) (*ongev*) Erstsemester o^{33}
schade Schaden m^{12}: *materiële ~* Sachschaden; *~ aan gewassen* Flurschaden; *zijn ~ inhalen* das Versäumte nachholen; *~ lijden* Schaden erleiden[199]; (*iem*) *~ toebrengen* (jmdm) Schaden zufügen; *~ veroorzaken* Schaden verursachen; *iem de ~ vergoeden* jmdm den Schaden ersetzen; *het onderwijs lijdt ~* der Unterricht wird beeinträchtigt; *door ~ en schande wordt men wijs* durch Schaden wird man klug
schadebedrag Schadenbetrag m^6
schadebeperking Schaden(s)begrenzung v^{20}
schadeberekening Schaden(s)berechnung v^{20}
schadeclaim Schaden(s)ersatzforderung v^{20}
schade-expert Schadensachbearbeiter m^9
schadelijk schädlich: *~ insect, ~ wezen, ~e plant* Schädling m^5; *~ voor het milieu* umweltschädlich
schadeloosstellen entschädigen
schadeloosstelling Entschädigung v^{20}: *eis tot ~* Schaden(s)ersatzklage v^{21}
schaden schaden[+3], schädigen[+4]
schadepost Verlustposten m^{11}
schadevergoeding Schaden(s)ersatz m^{19}, Entschädigung v^{20}: *plicht tot ~* Ersatzpflicht v^{28}; *~ geven* Schaden(s)ersatz leisten
schadeverzekering Schaden(s)versicherung v^{20}
schadevrij unfallfrei
schaduw Schatten m^{11}: *je kunt niet in zijn ~ staan* du kannst ihm das Wasser nicht reichen
schaduwachtig schattenhaft
schaduwbeeld (*ook fig*) Schattenbild o^{31}
schaduwen (*schaduw aanbrengen*) schattieren[320]; *iem ~* jmdn beschatten
schaduwkabinet Schattenkabinett o^{29}
schaduwrijk *bn* schattig, schattenreich
schaduwzijde (*ook fig*) Schattenseite v^{21}
schaffen schaffen[230]: *raad ~* Rat schaffen
schaften 1 (*pauzeren*) Pause machen **2** (*eten*) essen[152]
schaftlokaal Kantine v^{21}
schafttijd Arbeitspause v^{21}
schakel 1 Glied o^{31} **2** (*fig*) Bindeglied o^{31}
schakelaar Schalter m^9
schakelarmband Gliederarmband o^{32}
schakelbord Schaltbrett o^{31}, Schalttafel v^{21}
schakelen 1 (*aaneenhechten*) verbinden[131] **2** (*mbt auto*) schalten **3** (*elektr*) schalten: *parallel ~* parallel schalten; *in serie ~* in Reihe schalten
schakeling Schaltung v^{20}: (*auto*) *automatische ~* Automatik v^{20}

schakelschema Schaltschema o³⁶
schakelstation Schaltstation v²⁰
schaken 1 *(sp)* Schach spielen **2** *(ontvoeren)* entführen
schaker *(sp)* Schachspieler m⁹
schakeren schattieren³²⁰, nuancieren³²⁰
schakering Schattierung v²⁰, Nuance v²¹
schalks schalkhaft, schelmisch
schallen schallen²³¹, hallen
schamel 1 *(armoedig)* ärmlich **2** *(slecht)* dürftig **3** *(karig)* kärglich
schamen, zich sich schämen: *zich over iem, over iets ~* sich wegen jmds, sich wegen⁺² einer Sache schämen; *zich voor iem ~* sich vor jmdm schämen; *zich dood ~* sich zu Tode schämen
schampen streifen
schamper verächtlich, geringschätzig
schamperen höhnen, spotten
schampschot Streifschuss m⁶
schandaal Skandal m⁵: *bij een ~ betrokken zijn* in einen Skandal verwickelt sein²⁶²
schandaleus skandalös
schandalig skandalös, schändlich
schande Schande v²⁸: *iem te ~ maken* jmdm Schande bringen¹³⁹; *~ van iets spreken* über⁺⁴ etwas empört sein²⁶²
schandelijk schändlich: *~ duur* sündhaft teuer
schandknaap Strichjunge m¹⁵
schandvlek Schandfleck m⁵
schans Schanze v²¹
schansspringen zn Skispringen o³⁹, Schispringen o³⁹
schap Schrankbrett o³¹, Regal o²⁹
schapenbout Hammelkeule v²¹; *(toebereid)* Hammelbraten m¹¹
schapenfokker Schafzüchter m⁹
schapenhok Schafstall m⁶
schapenkaas Schafkäse m⁹
schapenvacht Schafpelz m⁵
schapenvel Schaffell o²⁹
schapenvlees Schaffleisch o³⁹; *(toebereid)* Hammelbraten m¹¹
schapenwolkje Schäfchenwolke v²¹ *(meestal mv)*
schappelijk 1 *(mbt prijs)* kulant **2** *(mbt personen)* umgänglich **3** *(behoorlijk)* fair || *er nog ~ afkomen* glimpflich davonkommen¹⁹³
schar Kliesche v²¹
¹scharen tr *(opstellen)* scharen
²scharen, zich sich scharen, sich stellen: *zich ~ aan de zijde van ...* sich auf die Seite⁺² ... stellen; *zich achter iem, iets ~* sich hinter jmdn, hinter⁺⁴ etwas stellen
scharminkel wandelndes Gerippe o³³
scharnier Scharnier o²⁹
scharrel Flirt m¹³
scharrelaar 1 *(sjacheraar)* Schacherer m⁹ **2** *(prutser)* Pfuscher m⁹ **3** *(met meisjes)* Schürzenjäger m⁹
scharrelei Landei o³¹

scharrelen 1 *(mbt kippen)* scharren **2** *(in laden, kasten)* herumwühlen, kramen **3** *(sjacheren)* schachern **4** *(vrijen)* flirten || *bij elkaar ~* zusammenraffen
scharrelkip Freilandhuhn o³²
scharrelpartijtje Flirt m¹³, Techtelmechtel o³³
scharreltje Schätzchen o³⁵
schat Schatz m⁶
schatbewaarder *(Belg)* Schatzmeister m⁹
schateren schallend lachen: *~ van het lachen* aus vollem Halse lachen
schaterend: *~ gelach* schallendes Gelächter o³³
schaterlach schallendes Gelächter o³³
schaterlachen schallend lachen
schatgraver Schatzgräber m⁹
schatje Schätzchen o³⁵, Liebling m⁵
schatkamer Schatzkammer v²¹
schatkist *(staatskas)* Staatskasse v²¹
schatrijk steinreich
schattebout Liebling m⁵, Schatz m⁶
schatten schätzen, abschätzen; *(door taxateur)* taxieren³²⁰, bewerten: *iets grof ~* etwas über den Daumen peilen
schattig goldig, niedlich, süß
schatting Schätzung v²⁰, Taxation v²⁰, Taxierung v²⁰: *naar ~* schätzungsweise
schaven 1 *(met schaaf)* hobeln **2** *(huiden)* schaben **3** *(fig)* feilen **4** *(afschuren)* zijn huid ~ sich³ die Haut schürfen
schavot Schafott o²⁹
schavuit Schurke m¹⁵, Schuft m⁵
schede Scheide v²¹
schedel Schädel m⁹
schedelbasisfractuur Schädelbasisbruch m⁶
scheef bn, bw schief: *een scheve voorstelling van iets geven* eine falsche Vorstellung von etwas geben¹⁶⁶; *~ trekken (mbt deuren)* sich verziehen³¹⁸; *hij zet een ~ gezicht* er macht ein schiefes Maul; *het zit ~* es ist schief gegangen
scheeflopen: *zijn hakken ~* die Absätze ablaufen¹⁹⁸
scheel bn, bw schielend; *(fig)* scheel: *schele hoofdpijn* Migräne v²¹; *~ oog* schielendes Auge o³⁸
scheelheid Schielen o³⁹
scheelzien schielen
scheen, scheenbeen Schienbein o²⁹
scheenbeschermer Schienbeinschoner m⁹
scheepsagentuur Schiffsagentur v²⁰
scheepsbouw Schiff(s)bau m¹⁹
scheepsbouwer Schiff(s)bauer m⁹
scheepslading Schiffsladung v²⁰
scheepspapieren Schiffspapiere mv o²⁹
scheepsradio Seefunk m¹⁹
scheepsramp Schiffskatastrophe v²¹
scheepsrecht: *driemaal is ~* aller guten Dinge sind drei
scheepsromp Schiffsrumpf m⁶
scheepsruim Schiffsraum m⁶
scheepsschroef Schiffsschraube v²¹

scheepsvolk Seeleute *(mv)*; *(van een bepaald schip)* Schiffsbesatzung v^{20}
scheepswerf Schiffswerft v^{20}
scheepvaart Schifffahrt v^{28}: *Raad voor de Scheepvaart* Seeamt o^{32}
scheepvaartmaatschappij Schifffahrtsgesellschaft v^{20}
scheepvaartroute Schifffahrtsweg m^{5}
scheepvaartverkeer Schiffsverkehr m^{19}
scheerapparaat Rasierapparat m^{5}: *elektrisch* ~ Elektrorasierer m^{9}
scheergerei Rasierzeug o^{39}
scheerkop Scherkopf m^{6}
scheerkwast Rasierpinsel m^{9}
scheerlijn Spannschnur v^{25}, v^{20}; *(van een tent)* Zeltleine v^{21}
scheermes Rasiermesser o^{33}
scheermesje Rasierklinge v^{21}
scheerwol Schurwolle v^{28}, Scherwolle v^{28}
scheerzeep Rasierseife v^{21}
scheet Furz m^{6}, Pup m^{5}, Pups m^{5}: *een* ~ *laten* furzen, einen Furz lassen^{197}
scheidbaar trennbar
¹scheiden *intr* sich trennen, sich scheiden^{232}: *hier* ~ *onze wegen* hier trennen *(of:* scheiden*)* sich unsere Wegen; *zij gaan* ~ sie wollen sich scheiden lassen
²scheiden *tr* trennen, scheiden^{232}: *een muur scheidt de tuinen* eine Mauer trennt die Gärten; *een gescheiden vrouw* ein geschiedener Mann
³scheiden, zich sich trennen, sich scheiden^{232}
scheiding 1 *(algem, ook bij huwelijk)* Scheidung v^{20}, Trennung v^{20}, Ehescheidung v^{20}: *in* ~ *liggen* in Scheidung liegen^{202} 2 *(in het haar)* Scheitel m^{9} 3 *(tussen de aanhangers van een partij, enz.)* Spaltung v^{20}
scheidingslijn, scheidslijn Trennlinie v^{21}
scheidsmuur *(fig)* Barriere v^{21}; *(lett)* Trennwand v^{25}
scheidsrechter Schiedsrichter m^{9}
scheikunde Chemie v^{28}
scheikundig chemisch
scheikundige Chemiker m^{9}
¹schel: *de* ~*len vallen iem van de ogen* es fällt jmdm wie Schuppen von den Augen
²schel *bn, bw* 1 *(mbt geluid)* schrill, grell, gellend 2 *(mbt kleur, licht)* grell
schelden schimpfen, schelten^{235}: *iem de huid vol* ~ jmdn mit Schimpfwörtern überschütten; *op iem* ~ auf jmdn schelten *(of:* schimpfen*)*
scheldnaam Schimpfname m^{18}
scheldwoord Schimpfwort o^{32}
schele Schieler m^{9}
schelen 1 *(verschillen)* differieren^{320}, verschieden sein^{262}: *ze* ~ *twee jaar* sie sind im Alter zwei Jahre auseinander; *zij* ~ *haast niets (in leeftijd)* sie sind fast gleich alt; *(in lengte)* sie sind fast gleich lang; *dat scheelt veel* das macht einen großen Unterschied 2 *(mankeren)* fehlen: *wat scheelt je?* was fehlt dir?; *het scheelde weinig of ...* es fehlte wenig, so ... || *het kan mij niets* ~ es ist mir egal; *wat kan het je* ~? was kümmert es dich?; *het kon hem weinig* ~ es kümmerte ihn wenig
schelheid 1 *(van geluid)* Schrillheit v^{28}, Grellheit v^{28} 2 *(van kleur, licht)* Grellheit v^{28}
schelklinkend schrill, grell
schelm Schurke m^{15}, Schelm m^{5}
schelp Muschel v^{21}
schelpdier Schalentier o^{29}, Muschel v^{21}
schelvis Schellfisch m^{5}
schema Schema o^{36} *(mv ook* Schemen *of* Schemata*)*
schematisch schematisch
schematiseren schematisieren^{320}
schemer Dämmerung v^{20}, Zwielicht o^{39}
schemerachtig dämm(e)rig; *(fig)* unklar, vage
¹schemerdonker *zn* Dämmerlicht o^{39}
²schemerdonker *bn* dämm(e)rig
schemeren dämmern: *het schemert* es dämmert; *het licht schemert door de bladeren* das Licht schimmert durch die Blätter; *het schemert me voor de ogen* es flimmert mir vor den Augen; *er schemert mij zoiets voor de geest* ich habe eine vage Vorstellung davon
schemerig dämm(e)rig
schemering Dämmerung v^{20}, Zwielicht o^{39}: *de* ~ *valt* die Dämmerung bricht an
schemerlamp Schirmlampe v^{21}; *(groot)* Stehlampe v^{21}
schemerlicht Dämmerlicht o^{39}
schemertoestand Dämmerzustand m^{6}
schenden 1 *(ontwijden)* schänden; *(van meisje, ook)* entehren 2 *(ontsieren)* verschandeln 3 *(beschadigen)* beschädigen: *geschonden* a) *(mbt gezicht)* entstellt; b) *(mbt voorwerpen)* schadhaft 4 *(niet nakomen, niet ontzien)* verletzen
schending Schändung v^{20}, Beschädigung v^{20}, Verletzung v^{20}, Entehrung v^{20}; *zie ook* schenden
schenkel Schenkel m^{9}
schenken 1 *(gieten)* (ein)schenken, (ein)gießen^{175}; *(serveren)* servieren^{320} 2 *(geven)* schenken, spenden: *iem zijn vertrouwen* ~ jmdm sein Vertrauen schenken
schenking Gabe v^{21}, Spende v^{21}; *(jur)* Schenkung v^{20}: *een* ~ *(aan iem) doen* eine Schenkung (an jmdn) machen
schennis Schändung v^{20}, Entehrung v^{20}
schep Schaufel v^{21}; *(lepel)* Löffel m^{9}: *dat kost een* ~ *geld* das kostet einen Haufen Geld
schepen *(Belg)* Beigeordnete(r) m^{40a}
schepencollege *(Belg)* Magistrat m^{5}
schepje *(kleine)* Schaufel v^{21}; *(lepeltje)* Löffelchen o^{35}: *er een* ~ *opdoen:* a) *(de prijs verhogen)* den Preis erhöhen; b) *(meer moeite doen)* sich mehr anstrengen; c) *(overdrijven)* übertreiben^{290}
schepnet Kescher m^{9}, Käscher m^{9}
¹scheppen *(voortbrengen)* schaffen^{230}: *orde* ~ Ordnung schaffen

²**scheppen** 1 (*vaste stoffen verplaatsen*) schaufeln 2 (*putten, ademen*) schöpfen: *een luchtje* ~ frische Luft schöpfen; *vermaak* ~ *in* seine Freude haben¹⁸² an⁺³ 3 (*sp*) unterlaufen¹⁹⁸ || *een fietser* ~ einen Radfahrer umfahren¹⁵³

scheppend: ~ *vermogen* Schöpferkraft *v*²⁵; schöpferische Kraft *v*²⁵

schepper Schöpfer *m*⁹

schepping Schöpfung *v*²⁰

scheppingsdrang Schaffensdrang *m*¹⁹

scheppingskracht Schaffenskraft *v*²⁸

schepsel Geschöpf *o*²⁹

¹**scheren** (*snel bewegen*) streichen²⁸⁶: *zwaluwen* ~ *over het water* Schwalben streichen über das Wasser; *scheer je weg!* scher dich fort!

²**scheren** (*afsnijden*) rasieren³²⁰; (*van heg, dier*) scheren²³⁶

scherf Scherbe *v*²¹; (*dun, fijn; ook van granaat*) Splitter *m*⁹

schering (*van weefsel*) Kette *v*²¹: ~ *en inslag* (*fig*) gang und gäbe

scherm 1 Schirm *m*⁵ 2 (*kamerscherm*) Wandschirm *m*⁵ 3 (*theat*) Vorhang *m*⁶: (*fig*) *achter de* ~*en blijven* hinter den Kulissen bleiben¹³⁴

schermen fechten¹⁵⁶: *met woorden* ~ das große Wort führen

schermutselen scharmützeln; (*met woorden*) plänkeln

schermutseling Scharmützel *o*³³; (*met woorden*) Geplänkel *o*³³

¹**scherp** *zn* (*van mes e.d.*) Schneide *v*²¹: *met* ~ *schieten* scharf schießen²³⁸; *met* ~ *geladen* mit scharfer Munition geladen

²**scherp** *bn, bw* 1 (*algem*) scharf⁵⁸: ~*e blik* scharfer Blick *m*¹⁹; ~ *zeilen* hart am Wind segeln 2 (*mbt dolk*) scharf⁵⁸, spitz 3 (*mbt geluid*) scharf⁵⁸, durchdringend 4 (*meetk*) spitz: ~*e hoek* spitzer Winkel *m*⁵ 5 (*mbt kou, wind*) scharf⁵⁸, eisig 6 (*mbt pijn*) scharf⁵⁸, stechend 7 (*mbt toezicht*) scharf⁵⁸, streng 8 (*mbt vloeistof*) scharf⁵⁸, ätzend, beißend 9 (*mbt woord*) scharf⁵⁸, beißend

scherpen 1 (*slijpen*) schärfen, wetzen, schleifen²⁴³; (*van potlood*) spitzen 2 (*van zintuigen, verstand*) schärfen

scherphoekig spitzwink(e)lig

scherpschutter Scharfschütze *m*¹⁵

scherpslijper 1 (*muggenzifter*) Haarspalter *m*⁹ 2 (*ophitser*) Scharfmacher *m*⁹

scherpslijperij 1 (*muggenzifterij*) Haarspalterei *v*²⁰ 2 (*ophitsing*) Scharfmacherei *v*²⁰

scherpte Schärfe *v*²⁸; (*strengheid*) Härte *v*²⁸

scherpziend (*ook fig*) scharfsichtig

scherpzinnig scharfsinnig

scherts Scherz *m*⁵, Spaß *m*⁶

schertsen scherzen, spaßen

schertsend scherzend, scherzhaft

schertsfiguur Witzfigur *v*²⁰

schets 1 (*ook fig*) Skizze *v*²¹ 2 (*ontwerp*) Entwurf *m*⁶ 3 (*beschrijving*) Schilderung *v*²⁰ 4 (*kort overzicht*) Abriss *m*⁵

schetsboek Skizzenbuch *o*³²

schetsen 1 skizzieren³²⁰ 2 (*ontwerpen*) entwerfen³¹¹ 3 (*beschrijven*) schildern, darstellen

schetsmatig skizzenhaft

schetstekening Skizze *v*²¹

schetteren (*mbt trompetten*) schmettern

scheur Riss *m*⁵; (*barst*) Sprung *m*⁶: *de* ~ *opentrekken* eine große Klappe haben¹⁸²

¹**scheuren** *intr* (*mbt muur*) einen Riss (*of:* Risse) bekommen¹⁹³ || *door een bocht* ~ brausend durch eine Kurve fahren¹⁵³

²**scheuren** *tr* reißen²²⁰: *niet* ~*d* reißfest; *in stukken* ~ zerreißen²²⁰; *zijn kleren waren gescheurd* seine Kleider waren zerrissen

scheuring Spaltung *v*²⁰

scheurkalender Abreißkalender *m*⁹

scheut 1 (*uitloper*) Schössling *m*⁵, Trieb *m*⁵ 2 (*hoeveelheid vloeistof*) Schuss *m*⁶: *een* ~ *melk* ein Schuss Milch 3 (*van pijn*) Stich *m*⁵

scheutig (*vrijgevig*) freigebig, spendabel

scheutigheid Freigebigkeit *v*²⁸

scheutje Schuss *m*⁶, ein wenig

schichtig scheu, kopfscheu

¹**schielijk** *bn* rasch, geschwind

²**schielijk** *bw* hastig, plötzlich: ~ *eten* hastig essen¹⁵²

schier (*bijna*) fast, beinahe

schiereiland Halbinsel *v*²¹

schietbaan Schießstand *m*⁶

¹**schieten** *zn* Schießen *o*³⁹

²**schieten** *ww* schießen²³⁸: *daar schiet me iets te binnen!* da fällt mir etwas ein!; *iets laten* ~ etwas schießen lassen¹⁹⁷; *in de hoogte* ~ in die Höhe schießen; *in de kleren* ~ in die Kleider fahren¹⁵³; *in de lucht* ~ in die Luft schießen; *de tranen* ~ *hem in de ogen* die Tränen schießen ihm in die Augen; *er naast* ~ danebenschießen; *op iem* ~ auf jmdn schießen; *uit de grond* ~ aufschießen

schietgebedje Stoßgebet *o*²⁹

schietlood Senklot *o*²⁹, Lot *o*²⁹, Senkblei *o*²⁹

schietschijf Schießscheibe *v*²¹

schietstoel Schleudersitz *m*⁵

schiettent Schießbude *v*²¹

schietterrein Schießplatz *m*⁶, Schießstand *m*⁶

schiettuig Schusswaffen *mv v*²¹, Waffen *mv v*²¹

schietvereniging Schützenverein *m*⁵

¹**schiften** *intr* (*mbt melk*) gerinnen²²⁵

²**schiften** *tr* 1 (*sorteren*) sortieren³²⁰ 2 (*afzonderen*) trennen 3 (*doorkijken en ordenen*) sichten

schijf 1 (*algem*) Scheibe *v*²¹ 2 (*damschijf*) Damestein *m*⁵ 3 (*grammofoonplaat*) Schallplatte *v*²¹ 4 (*deel van een katrol*) Rolle *v*²¹

schijfrem Scheibenbremse *v*²¹

schijn Schein *m*¹⁹, Anschein *m*¹⁹: ~ *bedriegt* der Schein trügt; *geen* ~ *van kans* nicht die geringste Chance; *het heeft de* ~ *alsof …* es hat den Anschein, als ob …; *de* ~ *ophouden* den Schein wahren; *de* ~ *wekken* den Anschein erwecken; *voor de* ~ zum Schein

schijnbaar scheinbar: *hij heeft ~ gelijk* er hat anscheinend Recht
schijndood *zn* Scheintod m^{19}
schijndood *bn* scheintot
schijnen scheinen^{233}: *naar het schijnt* allem Anschein nach
schijngestalte Phase v^{21}
schijngevecht Scheingefecht o^{29}
schijnheilig scheinheilig
schijnsel Schein m^5, Schimmer m^9
schijntje Kleinigkeit v^{20}: *ik kocht het voor een ~* ich kaufte es für eine Kleinigkeit
schijnvertoning Ablenkungsmanöver o^{33}: *het is maar een ~* das ist alles nur Theater
schijnwerper Scheinwerfer m^9
schijt (inform) Scheiße v^{28}, Kacke v^{28}: *ik heb ~ aan die mensen!* ich scheiße auf diese Leute!
schijten (inform) scheißen^{234}, kacken
schijterij (inform) Scheißerei v^{28}, Dünnschiss m^{19}: *aan de ~ zijn* Dünnschiss haben^{182}
schijthuis (inform) **1** (plee) Scheißhaus o^{32} **2** (fig) Angsthase m^{15}, Hosenscheißer m^9
schik 1 (tevreden stemming) Vergnügen o^{39}, Freude v^{28}: *ik ben ermee in mijn ~* ich freue mich darüber; *hij is niet in zijn ~* er ist nicht gut gelaunt; *enorm in zijn ~ zijn* sehr vergnügt sein^{262} **2** (plezier) Spaß m^6: *~ hebben* Spaß haben^{182}; *hij heeft ~ in zijn leven* er hat Spaß am Leben; *ik heb er geen ~ in* es gefällt mir nicht
schikken *intr* (gelegen komen) passen: *als het u schikt!* wenn es Ihnen passt!
schikken *tr* **1** (ordenen) ordnen; (van meubels, ook) gruppieren^{320}, platzieren^{320}: *bloemen ~* Blumen ordnen **2** (regelen) einrichten: *ik zal het zo ~, dat ...* ich werde es so einrichten, dass ...
schikken, zich sich ergeben^{166}, sich fügen: *zich in zijn lot ~* sich in sein Schicksal ergeben (*of:* fügen); *zich naar de omstandigheden ~* sich in die Umstände fügen; *zich naar iem ~* sich jmdm fügen; *zich om een tafel ~* sich um einen Tisch setzen; *zie ook* geschikt
schikking 1 (ordening) Ordnung v^{28}; (van figuren op schilderstuk e.d.) Anordnung v^{28} **2** (overeenkomst) Einigung v^{20}: *de minnelijke ~* die gütliche Einigung; (jur) der Vergleich; *een ~ tot stand brengen* einen Vergleich zustande (*of:* zu Stande) bringen^{139}
schil Schale v^{21}
schild 1 (van ridder, insect, het wapen) Schild m^5: (fig) *iets in zijn ~ voeren* etwas im Schilde führen **2** (uithangbord) Schild o^{31}
schilder 1 (huisschilder) Maler m^9, Anstreicher m^9 **2** (kunstschilder) Maler m^9
schilderachtig malerisch
schilderen 1 (met verf) malen; (verven) anstreichen^{286} **2** (beschrijven) schildern
schilderij Gemälde o^{33}
schilderijententoonstelling Gemäldeausstellung v^{20}

schildering 1 (het schilderen) Malen o^{39} **2** (wijze van schilderen) Malweise v^{21} **3** (het geschilderde) Malerei v^{20} **4** (beschrijving) Schilderung v^{20}, Darstellung v^{20}
schilderkunst Malerei v^{28}
schildersatelier Maleratelier o^{36}
schildersbedrijf Malerbetrieb m^5
schildersezel Staffelei v^{20}
schilderstuk Gemälde o^{33}, Bild o^{31}
schilderwerk (aan huizen e.d.) Malerarbeiten *mv* v^{20}, Anstrich m^5: *het ~ bladdert* der Anstrich blättert ab
schildklier Schilddrüse v^{21}
schildpad 1 (dier) Schildkröte v^{21} **2** (stof) Schildpatt o^{39}
schilfer 1 (van huid) Schuppe v^{21} **2** (van muur e.d.) Abschilferung v^{20} **3** (van hout, metaal) Splitter m^9
schilferen 1 (mbt huid) sich (ab)schuppen **2** (mbt muur) abblättern
schillen schälen
schim Schatten m^{11}
schimmel (paard, zwam) Schimmel m^9
schimmelen schimmeln, schimm(e)lig werden^{310}
schimmelig schimm(e)lig
schimp Schimpf m^5: *~ en smaad* Schimpf und Schande
schimpen schimpfen, schmähen: *~ op iets* auf^{+4} etwas schimpfen
schimpscheut Seitenhieb m^5, Stichelei v^{20}
schip (scheepv, van kerk) Schiff o^{29}: *schoon ~ maken* reinen Tisch machen; (fig) *het ~ in gaan* baden gehen^{168}
schipbreuk Schiffbruch m^6: *~ lijden* (ook fig) Schiffbruch erleiden^{199}; (fig, ook) scheitern
schipbreukeling Schiffbrüchige(r) m^{40a}, v^{40b}
schipper Schiffer m^9
schipperen taktieren^{320}: *hij wil altijd ~* er sucht immer Kompromisse
schitteren (ook fig) glänzen; (mbt ogen, ster, zon, ook) leuchten
schitterend glänzend, glanzvoll, leuchtend
schittering Glänzen o^{39}, Leuchten o^{39}; (praal) Glanz m^{19}; *zie ook* schitteren
schizofrenie Schizophrenie v^{21}
schlager Schlager m^9
schnitzel Schnitzel o^{33}
schoeisel Schuhe *mv* m^5, Schuhwerk o^{39}
schoen Schuh m^5: *hoge ~* Stiefel m^5; *lage ~* Halbschuh; *de ~ knelt (me)* der Schuh drückt (mich); *iem iets in de ~en schuiven* jmdm etwas in die Schuhe schieben^{237}; *vast in zijn ~en staan* seiner Sache gewiss sein^{262}; *de moed zinkt hem in de ~en* das Herz rutscht ihm in die Hose; *ik zou niet graag in zijn ~en staan* ich möchte nicht in seiner Haut stecken; *de stoute ~en aantrekken* sich^3 ein Herz fassen; (Belg) *in nauwe ~tjes zitten* sich in einer misslichen Lage befinden^{157}

schoenenzaak Schuhgeschäft o^{29}
schoener Schoner m^9
schoenlepel Schuhlöffel m^9
schoenmaat Schuhgröße v^{21}, Schuhnummer v^{21}
schoenmaker Schuhmacher m^9, Schuster m^9
schoensmeer Schuhcreme v^{27}, Schuhwichse v^{21}
schoenveter Schnürsenkel m^9
schoenzool Schuhsohle v^{21}
schoep Schaufel v^{21}
schoffel Schuffel v^{21}
schoffelen schuffeln
¹schoft *(schoelje)* Schuft m^5, Lump m^{14}
²schoft *(schouder)* Widerrist m^5
schofterig schuftig, schurkisch
schok 1 *(stoot)* Stoß m^6; *(hevig)* Erschütterung v^{20} **2** *(elektrisch)* Schlag m^6 **3** *(beroering)* Schock m^{13}, m^5
schokbeton Rüttelbeton m^{13}, m^5
schokbreker Stoßdämpfer m^9
¹schokken *intr* **1** schütteln **2** *(mbt wagens e.d.)* rumpeln, rütteln, holpern **3** *(betalen)* blechen
²schokken *tr (verbijsteren)* erschüttern
schokvrij stoßfest
¹schol 1 *(aardkluit, ijsschots, deel van aardkorst)* Scholle v^{21} **2** *(vis)* Scholle v^{21}, Goldbutt m^5
²schol *tw (Belg)* prost
scholekster Austernfischer m^9
scholen *(opleiden)* schulen, ausbilden
scholengemeenschap *(ongev)* Gesamtschule v^{21}
scholier 1 Schüler m^9 **2** *(Belg, sp)* Junior m^{16}
scholing Schulung v^{20}, Ausbildung v^{20}
schommel 1 *(speelgoed)* Schaukel v^{21} **2** *(dikke vrouw)* Maschine v^{21}
schommelen 1 *(op golven, op de schommel)* schaukeln **2** *(mbt slinger)* pendeln, (hin und her) schwingen^{259} **3** *(mbt koersen, prijzen)* schwanken **4** *(waggelend lopen)* watscheln
schommeling *(van koersen, prijzen, temperatuur)* Schwankung v^{20}
schommelstoel Schaukelstuhl m^6
schoof Garbe v^{21}
schooien betteln
schooier 1 *(bedelaar)* Bettler m^9 **2** *(landloper)* Vagabund m^{14} **3** *(schoft)* Schuft m^5, Lump m^{14}
school 1 Schule v^{21}: *openbare ~* Gemeinschaftsschule; *bijzondere ~* Bekenntnisschule, Konfessionsschule; *~ moeten blijven* nachsitzen müssen^{211}; *~ maken* Schule machen; *naar ~ gaan* in die Schule (*of:* zur Schule) gehen^{168}; *op ~* in der Schule; *op ~ doen* einschulen; *op een andere ~ doen* umschulen; *op een goede ~ zijn* eine gute Schule besuchen; *van ~ nemen* ausschulen; *van ~ veranderen* die Schule wechseln; *vrij van ~* schulfrei **2** *(groep vissen)* Schwarm m^6 **3** *(methode)* Schule v^{21}
schooladviesdienst Schulberatung v^{20}
schoolagenda Aufgabenheft o^{29}
schoolarts Schularzt m^6

schoolbank Schulbank v^{25}
schoolbestuur Schulträger m^9
schoolbezoek Schulbesuch m^5
schoolblijven nachsitzen^{268}, nachbrummen
schoolboek Schulbuch o^{32}
schoolbord Wandtafel v^{21}
schoolbus Schulbus m^5 (2e nvl -ses; mv -se)
schoolclub Schülerverein m^5
schoolgaan die Schule besuchen
schoolgaand: *~e jongen* Schuljunge m^{15}; *~e kinderen* Schuljugend v^{28}; *~ meisje* Schulmädchen o^{35}
schoolgebouw Schulgebäude o^{33}
schoolhoofd Schulleiter m^9
schooljaar Schuljahr o^{29}
schooljeugd Schuljugend v^{28}
schooljuffrouw Lehrerin v^{22}
schoolkameraad Schulkamerad m^{14}
schoolkeuze Wahl v^{20} der Schule
schoolkind Schulkind o^{31}
schoolkrant Schülerzeitung v^{20}
schoolleider Schulleiter m^9
schoollokaal Klassenzimmer o^{33}
schoolmeisje Schulmädchen o^{35}
schoolonderzoek *(ongev)* Vorprüfung v^{20}
schoolparlement Schülermitverwaltung v^{20}
schoolplein Schulhof m^6
schoolproject Schulprojekt o^{29}
schoolradio Schulfunk m^{19}
schoolreisje Schulausflug m^6, Klassenfahrt v^{20}
schoolreünie Klassentreffen o^{35}
schoolslag *(sp)* Brustschwimmen o^{39}: *100 m ~* 100 m Brust
schooltas Schulmappe v^{21}, Schultasche v^{21}; *(op de rug gedragen)* Schulranzen m^{11}
schooluitzending *(telecom)* Schulfunk m^{19}, Schulfernsehen o^{39}
schoolvak Schulfach o^{32}
schoolvakantie Schulferien *(mv)*
schoolverlater Schulabgänger m^9: *voortijdig ~* Schulabbrecher m^9
schoolvoorbeeld Musterbeispiel o^{29}, Paradebeispiel o^{29}
schoolwerk Schularbeiten *mv* v^{20}, Schulaufgaben *mv* v^{21}
schoolziek schulkrank
schoon 1 *(mooi)* schön: *zijn kans ~ zien* seine Chance nutzen **2** *(niet vuil)* sauber, rein **3** *(helemaal)* völlig
schoondochter Schwiegertochter v^{26}
schoonheid Schönheit v^{20}
schoonheidsfout(je) Schönheitsfehler m^9
schoonheidskoningin Schönheitskönigin v^{22}
schoonheidsleer Ästhetik v^{20}
schoonheidssalon Kosmetiksalon m^{13}
schoonheidsspecialiste Kosmetikerin v^{22}
schoonheidsverzorging Schönheitspflege v^{28}
schoonheidswedstrijd Schönheitswettbewerb m^5

schoonhouden rein halten[183], sauber halten[183]
schoonmaak Saubermachen o^{39}; *(in huis)* Hausputz m^{19}: *de grote ~* das Großrein(e)machen
schoonmaakbeurt Saubermachen o^{39}
schoonmaakster Putzfrau v^{20}
schoonmaken sauber machen, reinigen
schoonmaker Putzer m^9
schoonmoeder Schwiegermutter v^{26}
schoonouders Schwiegereltern *(mv)*
schoonrijden Eiskunstlauf m^{19}
schoonrijder Eiskunstläufer m^9
schoonschrift Schönschrift v^{28}
schoonspringen *zn* Kunstspringen o^{39}
schoonvader Schwiegervater m^{10}
schoonzoon Schwiegersohn m^6
schoonzuster Schwägerin v^{22}
schoorsteen 1 *(op dak, scheepv)* Schornstein m^5 **2** *(van fabriek)* Schlot m^5, Fabrikschornstein m^5 **3** *(schoorsteenmantel)* Kamin m^5
schoorsteenveger Schornsteinfeger m^9
schoorvoetend ungern; *(aarzelend)* zögernd
schoot 1 Schoß m^6: *(fig) het hoofd in de ~ leggen* sich fügen **2** *(scheepv)* Schot v^{20}
schoothondje Schoßhündchen o^{35}
schop *(trap)* Fußtritt m^5, Tritt m^5: *vrije ~* Freistoß m^6; *iem een ~ geven* jmdm einen Tritt *(of:* Fußtritt*)* versetzen *(of:* geben*)*
schop *(schep)* Schaufel v^{21}; *(spade)* Spaten m^{11}
schoppen treten[291]: *iem ~* jmdn treten; *(fig) tegen iem aan ~* gegen jmdn anrennen[222] || *kinderen in de wereld ~* Kinder in die Welt setzen; *herrie ~* Krach machen; *het ver ~* es weit bringen[139]
schoppen *zn (kaartspel)* Pik o^{36}, Schippen *(zonder lw, alleen mv)*
schoppenaas Pikass o^{29}
schor heiser
schorem Gesindel o^{39}, Mob m^{19}, Pack o^{39}
schoren abstützen
schorheid Heiserkeit v^{28}
schorpioen Skorpion m^5
schorriemorrie *zie* schorem
schors Rinde v^{21}
schorsen 1 *(van ambtenaar)* suspendieren[320] **2** *(sp)* sperren **3** *(van vergadering)* unterbrechen[137] **4** *(van proces)* aussetzen
schorseneer Schwarzwurzel v^{21}
schorsing 1 Suspension v^{20} **2** *(sp)* Sperrung v^{20} **3** Unterbrechung v^{20} **4** Aussetzung v^{20}; *zie ook* schorsen
schort Schürze v^{21}
schorten *(haperen)* hapern, fehlen: *wat schort eraan?* wo hapert es denn?
schot 1 *(met wapen; sp)* Schuss m^6: *buiten ~ blijven* außer Schussweite bleiben[134] **2** *(afscheiding)* Verschlag m^6, Scheidewand v^{25}, Trennwand v^{25} **3** *(scheepv)* Schott o^{37}: *waterdicht ~* wasserdichtes Schott || *er zit geen ~ in het werk* die Arbeit kommt nicht voran; *er komt ~ in* die Sache kommt in Fluss

Schot Schotte m^{15}
schotel 1 *(schaal)* Schüssel v^{21}; *(kom)* Schale v^{21}: *vliegende ~* fliegende Untertasse **2** *(gerecht)* Platte v^{21}
schotelantenne Parabolantenne v^{21}, Schüsselantenne v^{21}; *(inform)* Schüssel v^{21}
schoteltje 1 *(klein bord)* Schüsselchen o^{35} **2** *(van kopje)* Untertasse v^{21}
Schotland Schottland o^{39}
¹schots *zn* Eisscholle v^{21}, Scholle
²schots *bn, bw:* ~ *en scheef* kreuz und quer
Schots *bn* schottisch: *met een ~e ruit* mit Schottenmuster; *~e rok* Schottenrock m^6
schotwond Schusswunde v^{21}
schouder Schulter v^{21}, Achsel v^{21}: *een jurk met blote ~s* ein schulterfreies Kleid; *de ~s ophalen* die Achseln zucken; *(fig) z'n ~(s) onder iets zetten* sich hinter[+4] etwas klemmen
schouderblad Schulterblatt o^{32}
schouderklopje: *iem een ~ geven* jmdm auf die Schulter klopfen; *(fig)* jmdm ein Kompliment machen
schoudertas Schultertasche v^{21}, Umhängetasche v^{21}
schouw *(schoorsteen)* Kamin m^5
schouwburg Theater o^{33}, Schauspielhaus o^{32}: *naar de ~ gaan* ins Theater gehen[168]
schouwen *(dijken, sloten)* inspizieren[320]
schouwspel Schauspiel o^{29}
schraag Bock m^6, Auflagerbock m^6
schraal 1 *(mager, ook mbt grond)* mager, dürr: *een schrale troost* ein schwacher Trost **2** *(mbt kost)* karg[59], schmal[59] **3** *(mbt huid, weer, wind)* rau
schragen (unter)stützen; *(fig)* unterstützen
schram Schramme v^{21}
schrammen schrammen, ritzen
schrander klug[58], gescheit, intelligent
schranderheid Klugheit v^{28}, Intelligenz v^{28}
schranzen futtern
¹schrap *zn (streep)* Strich m^5
²schrap *bw:* ~ *zich ~ zetten tegen (ook fig)* sich (an)stemmen gegen[+4]
¹schrapen *intr (inhalig zijn)* raffgierig sein[262] || *zijn keel ~* sich räuspern
²schrapen *tr* **1** *(van aardappels, wortels)* schaben **2** *(van vis)* schuppen
schraperig raffgierig, raffsüchtig
schrappen 1 *(van aardappels, wortels)* schaben **2** *(van vis)* schuppen **3** *(doorstrepen)* streichen[286]
schrede Schritt m^5
schreef Strich m^5, Linie v^{21}: *dat gaat over de ~!* das geht zu weit!
schreeuw Aufschrei m^5, Schrei m^5
schreeuwen 1 *(algem, ook mbt aap, papegaai, pauw, varken)* schreien[253] **2** *(gillen, krijsen)* kreischen
schreeuwend schreiend: *~e kleuren* schreiende Farben; *~ duur* furchtbar teuer
schreeuwer 1 Schreier m^9, Schreihals m^6 **2** *(snoe-*

schreien

ver) Großmaul o^{32}, Angeber m^9
schreien 1 *(huilen)* weinen: *van vreugde ~* vor^{+3} Freude weinen 2 *(grienen)* flennen
schriel 1 *(gierig)* karg, filzig 2 *(mager)* mager
schrift *(handschrift, lettertekens)* Schrift v^{20}; *(cahier)* Schreibheft o^{29}, Heft: *op ~ brengen* zu Papier bringen^{139}; aufschreiben^{252}; *ik heb het op ~* ich habe es schriftlich
Schrift (Heilige) Schrift v^{28}, Bibel v^{21}
schriftelijk schriftlich; *(per brief)* brieflich
schrijden schreiten^{254}
schrijfbenodigdheden Schreibbedarf m^{19}
schrijffout Schreibfehler m^9
schrijfgerei Schreibzeug o^{39}
schrijfmachine Schreibmaschine v^{21}: *met de ~ geschreven* maschine(n)geschrieben
schrijfpapier Schreibpapier o^{29}
schrijftaal Schriftsprache v^{21}
schrijftafel Schreibtisch m^5
schrijfwijze *(spelling)* Rechtschreibung v^{28}
schrijlings rittlings
schrijnen brennen^{138}: *de wond schrijnt* die Wunde brennt; *~de armoede* bittere Armut
schrijnwerker Tischler m^9, Schreiner m^9
¹schrijven *zn* Schreiben o^{35}, Brief m^5
²schrijven *ww* schreiben^{252}: *iem ~* jmdm schreiben, an jmdn schreiben; *een boek ~* ein Buch schreiben *(of:* verfassen)
schrijver 1 *(iem die schrijft)* Schreiber m^9 2 *(van artikelen, boeken)* Autor m^{16}; *(letterkundige, ook)* Schriftsteller m^9 3 *(auteur van een genoemd werk)* Verfasser m^9
schrijverij Schreiberei v^{20}, Geschreibe o^{39}
schrik Schrecken m^{11}, Schreck m^5: *iem ~ aanjagen* jmdn in Schrecken versetzen; *de ~ sloeg mij om het hart* der Schreck(en) fuhr mir durch *(of:* in) die Glieder
schrikaanjagend Schrecken erregend
schrikbarend schrecklich, entsetzlich
schrikbeeld Schreckbild o^{31}
schrikdraad Elektrozaun m^6
schrikkeldans Damenwahl v^{28}
schrikkeljaar Schaltjahr o^{29}
schrikken erschrecken^{151}: *wakker ~* aus dem Schlaf aufschrecken^{251}; *zich dood ~* zu Tode erschrecken^{151}; *iem laten ~* jmdn erschrecken *(zwak vervoegd)*
schrikkerig schreckhaft
schril 1 *(mbt geluid)* schrill, grell 2 *(mbt kleuren)* grell 3 *(mbt tegenstelling)* krass, schroff
schrobben schrubben, scheuern
schrobber Schrubber m^9
schrobbering Rüffel m^9, Ausputzer m^9
schroef 1 *(algem)* Schraube v^{21} 2 *(bankschroef)* Schraubstock m^6 3 *(van snaarinstrument)* Wirbel m^9 4 *(scheepsschroef)* Schraube v^{21} || *alles staat op losse schroeven* alles ist in Frage gestellt
schroefdop Schraubdeckel m^9
schroefdraad Gewinde o^{33}

schroeien ansengen, versengen
schroeven schrauben
schroevendraaier Schraubenzieher m^9
schrokken schlingen^{246}, gierig essen^{152}: *naar binnen ~* hinunterschlingen
schrokkerig gierig, gefräßig
schromelijk gewaltig, fürchterlich
schromen sich scheuen: *zonder ~* ohne Scheu
schrompelen schrumpfen
schrompelig schrump(e)lig, schrumpfig
schroom Scheu v^{28}: *zonder ~* ohne Scheu
schroot 1 *(hagel)* Schrot m^5, o^{29} 2 *(lat)* Latte v^{21} 3 *(oud ijzer)* Schrott m^5, Altmetall o^{29}: *tot ~ verwerken* verschrotten
schub Schuppe v^{21}
schuchter schüchtern, zaghaft
schuchterheid Schüchternheit v^{28}, Zaghaftigkeit v^{28}
schudden schütteln: *iem de hand ~* jmdm die Hand schütteln; *iem wakker ~* jmdn aus dem Schlaf rütteln; *iem door elkaar ~* jmdn durchschütteln; *het hoofd ~* den Kopf schütteln; *~ van het lachen* sich vor Lachen schütteln || *dat kun je wel ~* das kannst du dir aus dem Kopf schlagen
schuier Bürste v^{21}
schuif 1 Schieber m^9 2 *(grendel)* Riegel m^9
schuifdak Schiebedach o^{32}
schuifdeur Schiebetür v^{20}
schuifelen 1 *(sloffen)* schlurfen, latschen 2 *(als teken van misnoegen)* scharren
schuifje (kleiner) Schieber m^9
schuifraam Schiebefenster o^{33}
schuiftrompet Zugtrompete v^{21}
schuifwand Schiebewand v^{25}
schuilen 1 *(zich verbergen)* sich verbergen^{126}: *daar schuilt iets achter* es steckt etwas dahinter 2 *(staan schuilen)* unterstehen^{279}; *(gaan schuilen)* sich unterstellen 3 *(te vinden zijn)* liegen^{202}, stecken^{278}
schuilgaan sich verbergen^{126}, sich verstecken
schuilhoek Schlupfwinkel m^9, Versteck o^{29}
schuilhouden, zich sich versteckt halten^{183}
schuilnaam Deckname m^{18}, Pseudonym o^{29}
schuilplaats 1 Unterschlupf m^5, Versteck o^{29} 2 *(toevluchtsoord)* Zufluchtsort m^5 3 *(mil)* Unterstand m^6
schuim 1 Schaum m^6: *opspattend ~ van golven (ook)* Gischt m^5, v^{20} 2 *(geklopt eiwit)* Schaum m^{19}, Schnee m^{19} 3 *(gespuis)* Auswurf m^{19}
schuimblusapparaat Schaumlöscher m^9
schuimen schäumen
schuimklopper Schneebesen m^{11}
schuimplastic Schaumstoff m^5
schuimrubber Schaumgummi m^{13}
schuimwijn Schaumwein m^5
schuin 1 *(scheef)* schräg: *~e lijn* schräge Linie 2 *(hellend)* abschüssig 3 *(dubbelzinnig)* zweideutig
schuinte Schräge v^{21}; *(het hellen)* Neigung v^{28}

schuit Kahn *m*⁶, Schute *v*²¹
schuitje 1 *(kleine boot)* Kahn *m*⁶, Nachen *m*¹¹ **2** *(van luchtballon)* Gondel *v*²¹ **3** *(spoel)* Schiffchen *o*³⁵ **4** *(blokvorm)* Block *m*⁶ || *in hetzelfde ~ zitten* im gleichen Boot sitzen²⁶⁸
schuiven 1 schieben²³⁷: *de stoelen bij elkaar ~* die Stühle zusammenrücken **2** *(van opium)* rauchen **3** *(in het damspel)* ziehen³¹⁸ **4** *(geld betalen, dokken)* blechen || *(fig) laat hem maar ~* lass ihn nur machen
schuiver 1 *(opiumschuiver)* Opiumraucher *m*⁹ **2** *(sp)* Roller *m*⁹: *een ~ maken* ausrutschen
schuld Schuld *v*²⁰: *nationale ~* Staatsschuld; *~ bekennen* sich schuldig bekennen¹⁸⁹; *iem de ~ van iets geven* jmdm für⁺⁴ etwas die Schuld geben¹⁶⁶; *~ aan iets hebben* an⁺³ etwas schuld sein²⁶²; *buiten mijn ~* ohne meine Schuld; *(jur) door grove ~* durch grobe Fahrlässigkeit; *dood door ~* fahrlässige Tötung; *diep in de ~(en) zitten (ook)* hoch verschuldet sein²⁶²; *de ~ van iets op zich nemen* die Schuld an⁺³ etwas auf sich nehmen²¹²
schuldbekentenis 1 *(document)* Schuldschein *m*⁵ **2** *(belijdenis)* Schuldbekenntnis *o*²⁹ᵃ
schuldbewijs Schuldschein *m*⁵
schuldbewust schuldbewusst
schuldeiser Gläubiger *m*⁹
schuldenaar Schuldner *m*⁹
schuldig schuldig: *zich aan iets ~ maken* sich³ etwas zuschulden (*of:* zu Schulden) kommen lassen¹⁹⁷; *zich aan een misdrijf ~ maken (ook)* sich eines Verbrechens schuldig machen; *aan een misdrijf ~ zijn* an einem Verbrechen schuldig sein²⁶²; *iem ~ verklaren* jmdn schuldig sprechen²⁷⁴
schuldige Schuldige(r) *m*⁴⁰ᵃ, *v*⁴⁰ᵇ
schuldkwijting Schuldenerlass *m*⁵
schulp 1 *(versiersel)* Rüsche *v*²¹ **2** *(schelp)* Muschel *v*²¹: *(fig) in zijn ~ kruipen* klein beigeben¹⁶⁶
schunnig 1 *(armoedig)* schäbig: *zich ~ gedragen* sich schäbig benehmen²¹² **2** *(obsceen)* schweinisch, schlüpfrig
schunnigheid 1 *(armoedigheid)* Schäbigkeit *v*²⁰ **2** *(obsceniteit)* Schweinerei *v*²⁰, Sauerei *v*²⁰
schuren scheuern, reiben²¹⁹; *(met schuurpapier)* schmirgeln: *blank ~* blank scheuern
schurft Krätze *v*²⁸; *(bij dieren)* Räude *v*²¹
schurftig krätzig: *een ~e hond* ein räudiger Hund
schurk Schurke *m*¹⁵, Halunke *m*¹⁵
schurkenstaat Schurkenstaat *m*¹⁶
¹**schut**: *voor ~ staan* sich blamieren³²⁰; *iem voor ~ zetten* jmdn blamieren
²**schut 1** *(scherm)* Schirm *m*⁵ **2** *(kamerscherm)* Wandschirm *m*⁵ **3** *(stuw)* Schütz *o*²⁹ **4** *(beschutting)* Schutz *m*¹⁹
schutspatroon *(r-k)* Schutzheilige(r) *m*⁴⁰ᵃ, *v*⁴⁰ᵇ
schutter Schütze *m*¹⁵
schutteren *(onhandig doen)* stümpern
schuttersfeest Schützenfest *o*²⁹
schutting Zaun *m*⁶, Bretterzaun *m*⁶
schuur *(groot)* Scheune *v*²¹; *(klein)* Schuppen *m*¹¹

schuurpapier Schmirgelpapier *o*²⁹
schuw scheu, furchtsam
schuwen scheuen
schuwheid Scheu *v*²⁸, Furchtsamkeit *v*²⁸
schwalbe Schwalbe *v*²¹
scooter Motorroller *m*⁹
scootmobiel Elektromobil *o*²⁹
score 1 *(aantal behaalde punten)* Spielstand *m*⁶ **2** *(uitslag)* Ergebnis *o*²⁹ᵃ, Endstand *m*⁶
scorebord Anzeigetafel *v*²¹
scoren erzielen, scoren: *een doelpunt ~* ein Tor schießen²³⁸
scouting Pfadfinderbewegung *v*²⁸
scrabble® Scrabble *o*³⁶
screensaver Screensaver *m*⁹, Bildschirmschoner *m*⁹
screentest Probeaufnahme *v*²¹
script *(van film)* Drehbuch *o*³², Skript *o*³⁶, *o*³⁷
scriptie Referat *o*²⁹; *(voor academisch examen)* Diplomarbeit *v*²⁰
scrollen scrollen
scrupule Skrupel *m*⁹, Bedenken *o*³⁵
scrupuleus skrupulös, peinlich genau
sculptuur Skulptur *v*²⁰
sec trocken, herb, dry
seconde Sekunde *v*²¹
secondelijm Sekundenkleber *m*⁹
second opinion Zweitmeinung *v*²⁰
secreet 1 *(afscheidsel)* Sekret *o*²⁹ (2e nvl ook -) **2** *(mispunt)* Ekel *o*³³
secretaire Sekretär *m*⁵
secretaresse Sekretärin *v*²²
secretariaat Sekretariat *o*²⁹
secretarie *(van gemeente)* Gemeindeamt *o*³²
secretaris 1 *(persoon belast met correspondentie)* Sekretär *m*⁵, Schriftführer *m*⁹: *particulier ~* Privatsekretär **2** *(gemeentesecretaris)* Stadtdirektor *m*¹⁶ **3** *(vogel)* Sekretär *m*⁵
secretaris-generaal Generalsekretär *m*⁵
secretie Sekretion *v*²⁰, Absonderung *v*²⁰
sectie 1 *(anat)* Sektion *v*²⁰, Autopsie *v*²¹ **2** *(deel van gebied)* Abschnitt *m*⁵ **3** *(afdeling)* Abteilung *v*²⁰, Sektion *v*²⁰ **4** *(in school)* Fachbereich *m*⁵
sector 1 *(meetk)* Sektor *m*¹⁶ **2** *(afdeling)* Sektor *m*¹⁶, Bereich *m*⁵: *~ van het front* Frontabschnitt *m*⁵; *de oostelijke ~ van Berlijn* der Ostsektor Berlins
secundair sekundär
secuur genau, präzis(e), pünktlich
¹**sedert** *bw* seitdem, seither
²**sedert** *vz* seit⁺³: *~ kort* seit kurzem
³**sedert** *vw* seit(dem)
sedertdien seitdem, seither
seffens *(Belg)* (so)gleich, sofort
segment Segment *o*²⁹
sein Signal *o*²⁹, Zeichen *o*³⁵
¹**seinen** *intr (door tekens) (radio)* funken; *(morse)* morsen; *(met lichtsignalen)* blinken: *met vlaggen ~* Flaggensignale geben¹⁶⁶

²**seinen** *tr* **1** *(bekendmaken)* signalisieren³²⁰ **2** *(telegrafisch)* telegrafieren³²⁰, telegraphieren³²⁰
seinlamp Signallampe *v*²¹
seinlicht Signallicht *o*³¹
seinvlag Signalflagge *v*²¹
seismograaf Seismograph *m*¹⁴, Seismograf *m*¹⁴
seismologisch seism(olog)isch: ~ *station* Erdbebenwarte *v*²¹
seizoen 1 *(jaargetijde)* Jahreszeit *v*²⁰ **2** *(periode met bepaalde kenmerken)* Saison *v*²⁷; *(theat, ook)* Spielzeit *v*²⁰
seizoenarbeid Saisonarbeit *v*²⁸
seizoenopruiming Saisonschlussverkauf *m*⁶
seks Sex *m*¹⁹, *m*¹⁹ᵃ
sekse Geschlecht *o*³¹
seksfilm Sexfilm *m*⁵
seksleven Sexualleben *o*³⁹
seksualiteit Sexualität *v*²⁸
seksueel sexuell, geschlechtlich: *seksuele voorlichting* Sexualaufklärung *v*²⁸
sekte Sekte *v*²¹
selderie, selderij Sellerie *m (2e nvl -s; mv -(s); of v; mv -)*
selderieknol Sellerieknolle *v*²¹
selecteren selektieren³²⁰, auswählen
selectie Selektion *v*²⁸, Auswahl *v*²⁸
selectief selektiv
selfmade man Selfmademan *m (2e nvl -s; mv Selfmademen)*
selfservice Selbstbedienung *v*²⁰
sellotape Sellotape *o*³⁶, *m*¹³, Tesafilm *m*⁵, transparentes Klebeband *o*³²
semester Semester *o*³³, Halbjahr *o*²⁹
semi- halb, Halb…
seminarie Seminar *o*²⁹; *(r-k)* Priesterseminar *o*²⁹; *(prot)* Predigerseminar *o*²⁹
semipermanent *(ongev)* provisorisch
senaat Senat *m*⁵
senator Senator *m*¹⁶
seniel senil: ~*e aftakeling* Altersschwäche *v*²⁸
seniliteit Senilität *v*²⁸
¹**senior** *zn* Senior *m*¹⁶
²**senior** *bn* senior *(afk* sen.)
seniorenkaart Seniorenpass *m*⁶
sensatie Sensation *v*²⁰: ~ *verwekken* Sensation erregen; *op* ~ *belust* sensationslüstern
sensatiepers Sensationspresse *v*²⁸
sensationeel sensationell
sensibel sensibel
sensibiliteit Sensibilität *v*²⁸
sensitief sensitiv
sensitiviteit Sensitivität *v*²⁸
sensitivitytraining Sensitivitätstraining *o*³⁹
sensor Sensor *m*¹⁶
sensueel sensuell, sinnlich
sentiment Sentiment *o*³⁶, Gefühl *o*²⁹
sentimentaliteit Sentimentalität *v*²⁰
sentimenteel sentimental, empfindsam
separaat separat, getrennt: ~ *zenden* mit getrennter Post senden²⁶³
separatisme Separatismus *m*¹⁹ᵃ
separatist Separatist *m*¹⁴
separeren separieren³²⁰, absondern, trennen
seponeren einstellen: *de zaak wordt geseponeerd* das Verfahren wird eingestellt
september September *m*⁹ *(2e nvl ook -)*
serenade Serenade *v*²¹, Ständchen *o*³⁵
sergeant Unteroffizier *m*⁵
sergeant-majoor Feldwebel *m*⁹
serie Serie *v*²¹, Reihe *v*²¹; *(opeenvolging)* Folge *v*²¹; *(sp)* Vorlauf *m*⁶, Qualifikationsvorlauf *m*⁶: ~ *postzegels* Satz *m*⁶ Briefmarken
seriemoordenaar Serienmörder *m*⁹
serieproductie Serienproduktion *v*²⁰
serieus seriös, ernsthaft
sérieux: *au* ~ *nemen* ernst nehmen²¹²
sering Flieder *m*⁹
serpentine Papierschlange *v*²¹, Luftschlange *v*²¹
serre Veranda *v (mv Veranden)*
serum Serum *o (2e nvl -s; mv Seren of Sera)*
serveerster Serviererin *v*²², Kellnerin *v*²²
server *(comp)* Server *m*⁹
serveren 1 *(opdienen)* auftragen²⁸⁸, servieren³²⁰ **2** *(sp)* aufschlagen²⁴¹
servet Serviette *v*²¹
servetring Serviettenring *m*⁵
service 1 *(dienstbetoon)* Kundendienst *m*¹⁹, Service *m, o, (2e nvl -; mv -s)* **2** *(sp)* Aufschlag *m*⁶
servicedienst Kundendienst *m*⁵
serviceflat *(tehuis)* Seniorenheim *o*²⁹; *(individueel)* Seniorenwohnung *v*²⁰
servicegame Aufschlagspiel *o*²⁹
servicekosten Unterhaltskosten *(mv)*
Servië Serbien *o*³⁹
Serviër Serbe *m*¹⁵
servies(goed) Service *o (2e nvl -(s); mv -)*
¹**Servisch** *zn* Serbisch *o*⁴¹
²**Servisch** *bn* serbisch
servobesturing Servolenkung *v*²⁰
sesam Sesam *m*¹³
sessie Session *v*²⁰, Sitzung *v*²⁰
set Satz *m*⁶
sexappeal Sexappeal *m*¹⁹
sextant Sextant *m*¹⁴
sexy sexy
sf *afk van sciencefiction* Sciencefiction *v*²⁸, Science-Fiction *v*²⁸ *(afk* SF)
sfeer Atmosphäre *v*²¹; *(fig: gebied)* Sphäre *v*²¹
shabby schäbig, armselig
shag Shag *m*¹³, Feinschnitt *m*⁵
shampoo Shampoo *o*³⁶, Schampon *o*³⁶, Schampun *o*³⁶
shanty Shanty *o*³⁶
sharia Scharia *v*²⁸, Scheria *v*²⁸
sheet Transparent *o*²⁹
sheriff Sheriff *m*¹³
sherry Sherry *m*¹³
shilling Schilling *m*⁵ *(mv na telwoord onverbogen)*

shirt Shirt o^{36}, Freizeithemd o^{37}; *(sp)* Trikot o^{36}
shirtreclame Trikotwerbung v^{28}
shit 1 *(hasj)* Shit m^{19}, o^{39} **2** *(inform) (rotzooi)* Scheiße v^{28}
shock Schock m^{13}, zelden m^5
shockproof stoßsicher
shocktherapie Schockbehandlung v^{20}
shortlist Shortlist v^{27}, Short List v^{27}
shorts Shorts *(mv)*
short story Kurzgeschichte v^{21}
shot 1 *(opname)* Aufnahme v^{21} **2** *(injectie)* Schuss m^6 **3** *(belangrijk persoon)* hohes Tier o^{29}
shovel Löffelbagger m^9
show *(expositie)* Ausstellung v^{20}, Schau v^{20}; *(theat)* Show v^{27}
showdown Show-down m^{13}, Showdown m^{13}
showroom Ausstellungsraum m^6
shredder Schredder m^9
shuttle 1 *(verkeer)* Shuttle m^{13} **2** *(badminton)* Federball m^6 **3** *(ruimteveer)* Raumfähre v^{21}
Siberië Sibirien o^{39}
siberisch: *dat laat me* ~ das ist mir Wurs(ch)t
Siciliaan Sizilianer m^9
Siciliaans sizilianisch
Sicilië Sizilien o^{39}
sidderen zittern, beben
siddering Zittern o^{39}
sier: *goede* ~ *maken* sich gütlich tun^{295}
sieraad 1 *(bijou)* Schmuck m^5, Schmuckstück o^{29} **2** *(fig)* Zierde v^{21}
sieren schmücken, zieren: *(fig) het siert hem, dat* ... es gereicht ihm zur Ehre, dass ...
siergewas Zierpflanze v^{21}
sierlijk zierlich, anmutig, elegant
sierlijkheid Zierlichkeit v^{28}, Eleganz v^{28}, Anmut v^{28}
sierplant Zierpflanze v^{21}
sierstrip Zierleiste v^{21}
sigaar Zigarre v^{21}: *hij is altijd de* ~ er ist immer der Dumme
sigarenpeuk Zigarrenstummel m^9
sigaret Zigarette v^{21}
sigarettenpapier Zigarettenpapier o^{29}
sigarettenpeuk Kippe v^{21}
sigarettenpijpje Zigarettenspitze v^{21}
signaal Signal o^{29}
signalement Personalbeschreibung v^{20}
signaleren 1 *(aanwezigheid constateren)* bemerken, sichten **2** *(wijzen op)* hinweisen^{307} auf^{+4}
signalisatie *(Belg)* Ausschilderung v^{20}, Beschilderung v^{20}
signatuur Signatur v^{20}; *(karakter)* Charakter m^5: *(pol) van linkse, rechtse* ~ links, rechts orientiert
signeren *(van boek, schilderij)* signieren^{320}
¹**sijpelen** *zn* Sickern o^{39}
²**sijpelen** *ww* sickern
sijs Zeisig m^5
sik 1 *(baard)* Spitzbart m^6: *zij krijgt er een* ~ *van* es hängt ihr zum Hals heraus **2** *(geit)* Ziege v^{21}

sjaal

sikkel Sichel v^{21}: ~ *van de maan* Mondsichel
sikkeneurig verdrießlich, mürrisch
Silezië Schlesien o^{39}
Sileziër Schlesier m^9
Silezisch schlesisch
silhouet Silhouette v^{21}, Schattenriss m^5
silo Silo m^{13}, o^{36}
simkaart SIM-Karte v^{21}
simpel 1 *(eenvoudig)* einfach, simpel **2** *(onnozel)* einfältig, beschränkt
simpelheid 1 *(eenvoudigheid)* Einfachheit v^{28} **2** *(onnozelheid)* Einfältigkeit v^{28}
simplistisch einfältig, simplifizierend
simulant Simulant m^{14}
simulatie Simulation v^{20}
simuleren simulieren^{320}
¹**simultaan** *zn* Simultanspiel o^{29}
²**simultaan** *bn* simultan
simultaanpartij Simultanpartie v^{21}
simultaanschaken simultan Schach spielen, simultan spielen
sinaasappel Apfelsine v^{21}, Orange v^{21}
sinaasappelsap Orangensaft m^6, Apfelsinensaft
¹**sinds** *bw* *(van die tijd af)* seitdem
²**sinds** *vz* seit^{+3}: ~ *14 dagen* seit 14 Tagen
³**sinds** *vw* *(van het tijdstip af dat)* seit(dem)
sindsdien seitdem, seither
sinecure Sinekure v^{21}: *dat is geen* ~ das ist keine leichte Aufgabe
singel 1 *(gracht)* Ringwall m^6, Gracht v^{20} **2** *(bosbouw)* Mantel m^{10} **3** *(buikriem van paard)* Sattelgurt m^5 **4** *(band)* Gurt m^5
singelen *(sp)* im Einzel spielen
singer-songwriter Singer-Songwriter *m (2e nvl - -s; mv - -)*
single 1 *(sp)* Einzel o^{33}, Einzelspiel o^{29} **2** *(grammofoonplaat)* Single v^{27} *(mv ook -)*
sinister unheilvoll, sinister
sint Sankt: *de* ~ Sankt Nikolaus *m (2e nvl -)*
sintel Schlacke v^{21}, Zinder m^9
sintelbaan *(sp)* Aschenbahn v^{20}
sinterklaas Nikolaus *m (2e nvl -; mv -e)*: *(fig) voor* ~ *spelen* den Wohltäter spielen
Sinterklaas Sankt Nikolaus *m (2e nvl -)*
sinterklaasavond Nikolausabend m^5
sint-juttemis: *met* ~ am Nimmerleinstag
sip betreten
sirene Sirene v^{21}
siroop Sirup m^5
sissen 1 *(scherp geluid maken)* zischen **2** *(mbt kat, vos, locomotief)* fauchen
sisser: *met een* ~ *aflopen* keine unangenehmen Folgen haben^{182}
sitdownstaking Sitzstreik m^{13}
site Site v^{27}, Seite v^{21}
situatie Situation v^{20}, Lage v^{21}, Zustand m^6
situatietekening Lageskizze v^{21}
situeren situieren^{320}
sjaal Schal m^{13}, m^5

sjabloon (ook fig) Schablone v²¹
sjacheraar Schacherer m⁹
sjacheren schachern
sjah Schah m¹³
sjalot Schalotte v²¹
sjans: ~ *hebben* gut ankommen¹⁹³
sjeik Scheich m¹³, m⁵
sjekkie Selbstgedrehte v⁴⁰ᵇ
sjerp Schärpe v²¹
sjezen 1 (*hardlopen*) sausen **2** (*zakken voor examen*) durchfallen¹⁵⁴, durchfliegen¹⁵⁹: *gesjeesd student* verbummelter Student
sjilpen zwitschern, schilpen
sjirpen zirpen
sjoege: *geen* ~ *van iets hebben* keine blasse Ahnung von⁺³ etwas haben¹⁸²; *geen* ~ *geven* nicht reagieren³²⁰
sjofel, sjofeltjes schäbig, armselig
sjokken schlurfen, trotten
sjorren 1 (*vastbinden*) zurren **2** (*trekken*) zerren
sjotten (*Belg*) (*een balletje trappen*) eine Runde kicken
sjouw Plackerei v²⁰, Schufterei v²⁰: *dat is een hele* ~*!* das ist aber eine Plackerei!
¹**sjouwen** *intr* sich abrackern, sich abmühen, schuften
²**sjouwen** *tr* schleppen
skai Skai o³⁹, o³⁹ᵃ
skate Skate m¹³
skateboard Roll(er)brett o³¹, Skateboard o³⁶
skateboarden skateboarden, skaten, Roll(er)brett fahren¹⁵³
skaten skaten
skeeler Inlineskate m¹³, Inlineskater m⁹, Inliner m⁹
skeeleren skaten, inlineskaten
skelet Skelett o²⁹
skelter (*sp*) Gokart m¹³ (2e nvl ook -)
sketch Sketch m (2e nvl -(es); mv -e(s) of -s), Sketsch m⁵
ski Ski m⁷ (mv ook -), Schi m⁷ (mv ook -)
¹**skiën** *zn* Skifahren o³⁹, Schifahren o³⁹, Skilaufen o³⁹, Schilaufen o³⁹
²**skiën** *ww* Ski (*of:* Schi) fahren¹⁵³, Ski (*of:* Schi) laufen¹⁹⁸
skiër Skiläufer m⁹, Schiläufer m⁹, Skifahrer m⁹, Schifahrer m⁹
skiff Skiff o²⁹
skilift Skilift m⁵, m¹³, Schilift m⁵, m¹³
skipas Skipass m⁶, Schipass m⁶
skipiste Skipiste v²¹, Schipiste v²¹
skischans Sprungschanze v²¹
skischoen Skischuh m⁵, Schischuh m⁵
sla Salat m⁵, Kopfsalat m⁵
slaaf Sklave m¹⁵
slaafs sklavisch
slaag: ~ *krijgen* Prügel bekommen¹⁹³
slaags: ~ *raken* aneinander geraten²¹⁸
¹**slaan** *intr* **1** schlagen²⁴¹: *de bliksem is in de toren geslagen* der Blitz hat in den Turm eingeschlagen; *met de deur* ~ die Tür zuschlagen **2** (*betreffen*) sich beziehen (auf⁺⁴): *dat slaat op mij!* das bezieht sich auf mich! || *zijn tong slaat dubbel* er lallt
²**slaan** *tr* schlagen²⁴¹: (*damspel*) *een schijf* ~ einen Stein schlagen; *de trommel* ~ die Trommel schlagen; *iem in elkaar* ~ jmdn zusammenschlagen
¹**slaap** (*anat*) Schläfe v²¹
²**slaap** (*het slapen*) Schlaf m¹⁹: ~ *hebben* schläfrig sein²⁶²; ~ *krijgen* schläfrig werden³¹⁰; *in* ~ *sussen* (*ook fig*) einschläfern; *in* ~ *vallen* einschlafen²⁴⁰
slaapbank Schlafcouch v²⁷, v²⁰, Bettcouch v²⁷, v²⁰
slaapdronken schlaftrunken
slaapkamer Schlafzimmer o³³
slaapkop Langschläfer m⁹; (*suffer*) Schlafmütze v²¹
slaapmiddel Schlafmittel o³³
slaapmutsje (*drankje*) Schlaftrunk m⁶
slaapplaats Schlafstelle v²¹, Schlafstätte v²¹
slaaptablet Schlafpille v²¹, Schlaftablette v²¹
slaapverwekkend einschläfernd
slaapwandelaar Schlafwandler m⁹, Nachtwandler m⁹
slaapwandelen schlafwandeln, nachtwandeln
slaapzaal Schlafsaal m⁶ (*mv -säle*)
slaapzak Schlafsack m⁶
slaatje Salat m⁵ || (*fig*) *ergens een* ~ *uit slaan* seinen Schnitt bei⁺³ etwas machen
slabakken (*Belg*) (*slecht gaan*) schlecht gehen, abflauen, daniederliegen²⁰²: *de -de economie* die daniederliegende Wirtschaft
slabbetje Lätzchen o³⁵, Latz m⁶
slachten schlachten
slachthuis Schlachthaus o³², Schlachthof m⁶
slachting 1 (*het slachten*) Schlachtung v²⁰ **2** (*massamoord*) Gemetzel o³³
slachtoffer 1 (*persoon*) Opfer o³³ **2** (*offerdier*) Opfertier o²⁹
slachtpartij Blutbad o³², Gemetzel o³³
slachtvee Schlachtvieh o³⁹
slacouvert Salatbesteck o²⁹
¹**slag 1** (*klap*) Schlag m⁶, Hieb m⁵ **2** (*van hart, pols, klok, zuiger*) Schlag m⁶: *op* ~ *van elven* Schlag elf; *van* ~ *zijn:* a) (*mbt klok*) verkehrt schlagen²⁴¹; b) (*fig*) durcheinander sein²⁶² **3** (*bij het kaartspel*) Stich m⁵ **4** (*mil*) Schlacht v²⁰: ~ *leveren* eine Schlacht liefern **5** (*van machine*) Tour v²⁰, Umdrehung v²⁰ **6** (*roeien*) Schlag m⁶ **7** (*zwemmen*) Zug m⁶ **8** (*schaatsen*) Schritt m⁵ **9** (*dammen*) Schlagen o³⁹ || *er zit een* ~ *in het wiel* das Rad eiert; *geen* ~ *doen* keinen Handschlag tun; *de* ~ *te pakken krijgen* den Dreh heraushaben¹⁸²; *zijn* ~ *slaan* seinen Schnitt machen; *aan de* ~ *gaan* an die Arbeit gehen¹⁶⁸; *druk aan de* ~ *zijn* fleißig bei der Arbeit sein²⁶²; (*fig*) *een* ~ *in de lucht* ein Schlag ins Wasser; *iets met de Franse* ~ *doen* etwas oberflächlich tun²⁹⁵; *een* ~ *om de arm houden* sich ein Hintertürchen offen halten¹⁸³; *hij was*

slag 1 *(soort)* Art v^{20}, Schlag m^6: *mensen van zijn ~* Leute von seinem Schlag **2** *(duiventil)* Taubenschlag m^6
slagader Arterie v^{21}, Schlagader v^{21}
slagboom Schlagbaum m^6, Schranke v^{21}; *(spoorw)* Bahnschranke v^{21}, Schranke
slagboormachine Schlagbohrmaschine v^{21}
slagen gelingen[169], Erfolg haben[182]; *(bij examen)* durchkommen[193], bestehen[279]: *hij is geslaagd voor het examen* er hat die Prüfung bestanden; *ik slaag in iets* etwas gelingt mir; *de tekening is goed geslaagd* die Zeichnung ist (gut) gelungen; *ben je naar je zin geslaagd?* hast du etwas Passendes gefunden?
slager Metzger m^9, Fleischer m^9
slagerij Metzgerei v^{20}, Fleischerei v^{20}
slaghoedje Zündhütchen o^{35}
slaghout *(sp)* Schlagholz o^{32}
slaginstrument Schlaginstrument o^{29}
slagregen Sturzregen m^{11}, Platzregen m^{11}
slagroom Schlagsahne v^{28}, Sahne v^{28}
slagtand Stoßzahn m^6; *(wild zwijn)* Hauer m^9
slagvaardig schlagfertig; *(energiek)* tatkräftig
slagveld Schlachtfeld o^{31}
slagwerk *(muz)* Schlagzeug o^{39}
slagwerker Schlagzeuger m^9
slagzij Schlagseite v^{21}
slagzin Schlagwort o^{32}, o^{29}
slak 1 *(dierk)* Schnecke v^{21} **2** *(van metaal, steenkool)* Schlacke v^{21}
slaken: *een kreet ~* aufschreien[253]
slakkengang: *(fig) met een ~ gaan* im Schneckentempo gehen[168]
slakkenhuis(je) 1 Schneckenhaus o^{32} **2** *(med)* Schnecke v^{21}
slakom Salatschüssel v^{21}
slalom Slalom m^{13}
slamix Marinade v^{21}, Salatsoße v^{21}
slampamper Müßiggänger m^9
slang 1 *(dierk)* Schlange v^{21} **2** *(voor gas, vloeistof)* Schlauch m^6 **3** *(econ)* Schlange v^{21}: *monetaire ~* Währungsschlange v^{21}
slank schlank: *de ~e lijn* die schlanke Linie; *zo ~ als een den* schlank wie eine Tanne
slaolie Salatöl o^{29}, Speiseöl o^{29}
slap 1 *(niet strak gespannen, niet stevig)* schlaff: *de ~pe lach hebben* einen Lachkrampf haben[182]; *zich ~ lachen* sich kaputtlachen **2** *(van koffie, soep)* dünn **3** *(niet doortastend)* schwach, schlaff: *~ geklets* fades Geschwätz **4** *(handel)* lustlos, matt, flau
slapeloos schlaflos
slapen schlafen[240]; *(inform)* pennen: *gaan ~* schlafen gehen[168]; *~ als een marmot* schlafen wie ein Dachs; *slaap lekker!* schlaf wohl!
slaper 1 Schläfer m^9; *(fig)* Träumer m^9 **2** *(logé)* Schlafgast m^6
slaperig schläfrig
slapheid 1 Schlaffheit v^{28} **2** Schwäche v^{21} **3** Flaute v^{21}; *zie ook* slap
slapjes 1 *(handel)* flau, lustlos **2** *(na ziekte)* schwach, flau **3** *(niet energiek)* lasch, lax
slappeling Schwächling m^5
slapte *zie* slapheid
slasaus Salatsoße v^{21}, Dressing o^{36}
slash Schrägstrich m^5
slavenarbeid Sklavenarbeit v^{20}
slavendrijver *(fig)* Leuteschinder m^9
slavernij Sklaverei v^{28}
slavin Sklavin v^{22}
¹Slavisch *zn* Slawisch o^{41}
²Slavisch *bn* slawisch
slecht schlecht: *een ~ cijfer* eine schlechte Note; *~ gehumeurd* schlecht (*of:* übel) gelaunt; *hij ziet er ~ uit* er sieht schlecht aus; *het ziet er ~ uit* es sieht schlimm aus; *hij is er ~ aan toe* er ist schlecht (*of:* übel) daran; *een ~e betaler* ein säumiger Zahler; *dat is ~ te horen* das kann man kaum hören
slechten 1 *(van huis)* abreißen[220] **2** *(van dijk, wal)* abtragen[288] **3** *(van vesting)* schleifen
slechthorend schwerhörig
slechts nur, bloß, lediglich
slechtvalk Wanderfalke m^{15}
sledehond Schlittenhund m^5
slee Schlitten m^{11}: *(fig) een ~ van een wagen* ein Straßenkreuzer
sleedoorn Schlehdorn m^5, Schwarzdorn m^5
sleeën Schlitten fahren[153]
sleep 1 *(deel van japon)* Schleppe v^{21} **2** *(scheepv)* Schleppzug m^6 **3** *(stoet)* Zug m^6: *een hele ~ kinderen* eine große Kinderschar
sleepasperge Stangenspargel m^9
sleepboot Schleppdampfer m^9, Schlepper m^9
sleepkabel Schleppseil o^{29}; *(mbt auto)* Abschleppseil o^{29}
sleepkosten Abschleppkosten *(mv)*
sleepnet Schleppnetz o^{29}
sleeptouw Schlepptau o^{29} || *(ook fig) op ~ nemen* in Schlepp nehmen[212]
Sleeswijk-Holstein Schleswig-Holstein o^{39}
slenteren schlendern
¹slepen *intr* schleppen, schleifen: *over de grond ~* auf dem Boden schleifen; *met z'n linkervoet ~* den linken Fuß nachziehen[318]
²slepen *tr* schleppen: *zich naar huis ~* sich nach Hause schleppen; *iem door het examen ~* jmdn durch die Prüfung bringen[139]
slepend schleppend: *~e gang* schleppender Gang; *~e ziekte* schleichende Krankheit
slet *(scheldw, inform)* **1** *(slordige vrouw)* Schlampe v^{21} **2** *(hoer)* Dirne v^{21}
sleuf 1 *(smalle groef)* Rille v^{21} **2** *(uitgraving)* Rinne v^{21} **3** *(van brievenbus, spaarpot)* Einwurf m^6, Schlitz m^5 **4** *(bosbouw)* Schneise v^{21}

sleur Schlendrian m^{19}, Trott m^5
sleuren schleppen, zerren, ziehen³¹⁸
sleutel Schlüssel m^9: *Engelse* ~ Engländer m^9
sleutelbeen Schlüsselbein o^{29}
sleutelbloem Schlüsselblume v^{21}
sleutelbos Schlüsselbund m^5, o^{29}
sleutelen basteln: *aan een auto* ~ an einem Wagen basteln
sleutelfiguur Schlüsselfigur v^{20}
sleutelhanger Schlüsselanhänger m^9
sleutelpositie Schlüsselstellung v^{20}
slib Schlamm m^5, m^6
sliding *(voetbal)* Slidingtackling o^{36}
sliert 1 *(lange rij) (personen)* Kette v^{21}, Reihe v^{21}; *(voertuigen)* Kolonne v^{21} **2** *(haar)* Strähne v^{21} **3** *(regen, vermicelli)* Faden m^{12}
slijk Schlamm m^5, m^6 || *door het ~ halen* durch den Schmutz ziehen³¹⁸
slijm Schleim m^5
slijmbal *zie* slijmerd
slijmen *(ook fig)* schleimen
slijmerd *(inform)* Schleimscheißer m^9
slijmerig *(ook fig)* schleimig
slijmjurk *zie* slijmerd
slijmvlies Schleimhaut v^{25}
slijpen 1 *(scherp maken)* schleifen²⁴³, wetzen, schärfen **2** *(diamanten, glaswerk)* schleifen²⁴³ **3** *(een potlood)* (an)spitzen
slijpsteen Schleifstein m^5, Wetzstein m^5
slijtage Abnutzung v^{28}, Verschleiß m^{19}
¹slijten *intr* sich abnutzen: *de jas begint te* ~ der Mantel wird schon kahl
²slijten *tr* **1** *(van kleding)* verschleißen²⁴⁴, abnutzen, abtragen²⁸⁸ **2** *(verkopen)* verkaufen, vertreiben²⁹⁰ **3** *(doorbrengen)* verbringen¹³⁹
slijter *(van drank)* Wein- und Spirituosenhändler m^9
slijterij Wein- und Spirituosenhandlung v^{20}
slikgrond Schlammboden m^{12}
slikken 1 *(innemen)* schlucken: *iets* ~ etwas hinunterschlucken **2** *(accepteren)* schlucken, hinnehmen²¹²: *heel wat moeten* ~ viel einstecken müssen²¹¹
slim *(schrander)* klug⁵⁸, gescheit; *(sluw)* schlau: *iem te* ~ *af zijn* jmdm überlisten
slimheid Klugheit v^{28}, Gescheitheit v^{28}, Schlauheit v^{28}; *zie ook* slim
slimmerd Schlaukopf m^6
slimmigheid Schlauheit v^{28}
slinger 1 *(bocht, lus)* Schleife v^{21} **2** *(manoeuvre)* Schlenker m^9 **3** *(versiering)* Girlande v^{21} **4** *(draaiende arm)* Kurbel v^{21}; *(van pomp)* Schwengel m^9 **5** *(van uurwerk)* Pendel o^{33} **6** *(werptuig)* Schleuder v^{21}
¹slingeren *intr* **1** *(regelmatig heen en weer gaan)* schwingen²⁵⁹, pendeln **2** *(zwaaiende beweging maken)* baumeln, schaukeln: *met de benen* ~ mit den Beinen schlenkern **3** *(mbt vaartuig)* schlingern, rollen **4** *(mbt voertuig)* schlingern; *(slippen)* schleudern **5** *(mbt dronkaard)* taumeln, schwanken **6** *(ordeloos ergens liggen)* herumliegen²⁰²
²slingeren *tr* schleudern
³slingeren, zich sich schlängeln, sich winden³¹³ || *iem op de bon* ~ jmdm einen Strafzettel verpassen
slingerplant Schlingpflanze v^{21}
slinken 1 abnehmen²¹², schwinden²⁵⁸ **2** *(bij het koken)* einkochen **3** *(mbt geld, voorraad)* zusammenschrumpfen
slinks hinterlistig, arglistig, tückisch: ~*e streek* Tücke v^{21}; *op* ~*e wijze* tückisch
slip 1 *(afhangend deel)* Zipfel m^9 **2** *(strookje)* Zettel m^9 **3** *(broekje)* Slip m^{13} || *(met voertuig) in een* ~ *raken* ins Schleudern geraten²¹⁸
slipgevaar Rutschgefahr v^{28}, Schleudergefahr v^{28}
slipje Slip m^{13}
slippen 1 *(mbt auto, fiets)* rutschen, schlittern: *ik slipte* ich kam ins Rutschen **2** *(mbt koppeling)* schleifen || *(ongemerkt) mee naar binnen* ~ mit hineinschlüpfen
slipper Slipper m^9 *(mv ook -s)*
slippertje: *een* ~ *maken* einen Seitensprung machen
sliptong kleine Seezunge v^{21}
slissen lispeln
slobberen 1 *(slurpen)* schlürfen **2** *(mbt kleren)* schlottern, schlenkern
slobberkleding Schlabberlook m^{13}
slobbroek *(voor baby's)* Strampelhose v^{21}
sloddervos 1 *(vrouw)* Schlampe v^{21} **2** *(man)* Schluderer m^9
sloeber: *arme* ~ armer Schlucker m^9
sloep Schaluppe v^{21}, Rettungsboot o^{29}
sloerie *(scheldw, inform)* **1** *(slons)* Schlampe v^{21} **2** *(slet)* Dirne v^{21}
slof *zn* **1** *(pantoffel)* Pantoffel m^{17}: *(fig) alles op z'n* ~*fen doen* alles ganz bequem tun²⁹⁵ **2** *(strijkstok)* Frosch m^6 **3** *(pak)* Stange v^{21}: *een* ~ *sigaretten* eine Stange Zigaretten
sloffen schlurfen, latschen: *(fig) iets laten* ~ etwas schleifen lassen¹⁹⁷
slogan Slogan m^{13}
slok Schluck m^5, m^6; *(teug, ook)* Zug m^6: *in één* ~ in einem Zug
slokdarm Speiseröhre v^{21}
slokken schlingen²⁴⁶
slons *zie* sloddervos
slonzen schlampen, schludern
slonzig schlampig, schlud(e)rig
sloof *(zwoegende vrouw)* Arbeitstier o^{29}
sloom träge: *slome duikelaar* Trottel m^9
¹sloop *(van kussen)* Kissenbezug m^6, Kissenüberzug m^6
²sloop *(het slopen) (van huizen)* Abbruch m^{19}; *(van auto's, vliegtuigen)* Verschrottung v^{20}
sloopauto schrottreifes Auto o^{36}
sloot 1 *(greppel)* Graben m^{12}: *van de wal in de* ~ *raken* vom Regen in die Traufe kommen¹⁹³; *hij*

slootwater *(slechte soep, slechte koffie)* Plempe v^{21}, Brühe v^{21}

slop Gasse v^{21}; *(doodlopend)* Sackgasse v^{21}: *(fig) in het ~ raken* in eine Sackgasse geraten²¹⁸

slopen 1 *(afbreken)* abreißen²²⁰, abbrechen¹³⁷; *(slechten)* schleifen **2** *(machines, stellages)* abbauen; *(voertuigen, vliegtuigen)* verschrotten; *(vaartuigen)* abwracken **3** *(ondermijnen)* abzehren, verzehren: *een ~ de ziekte* eine schleichende Krankheit

sloper 1 *(ondernemer)* Abbruchunternehmer m^9 **2** *(handelaar)* Schrotthändler m^9

sloperij 1 *(voor auto's)* Autoverwertung v^{20} **2** *(voor huizen)* Abbruchfirma v *(mv -firmen)*

slordig 1 nachlässig **2** *(ordeloos)* unordentlich **3** *(ongeveer)* etwa, ungefähr, zirka: *een ~ e drie miljoen* etwa drei Millionen

slorpen schlürfen

slot 1 *(sluitmiddel, ook van vuurwapen)* Schloss o^{32}; *(van boeken, kleding, sieraden)* Schließe v^{21}: *achter ~ en grendel* hinter Schloss und Riegel; *achter ~ houden* unter Verschluss halten¹⁸³; *achter ~ zetten* einsperren; *op ~* verschlossen; *op ~ doen* verschließen²⁴⁵ **2** *(kasteel)* Schloss o^{32} **3** *(einde)* Schluss m^6: *ten ~te* zum Schluss; *per ~ van rekening* schließlich, letzten Endes

slotakkoord Schlussakkord m^5

slotsom 1 *(resultaat)* Ergebnis o^{29a}, Resultat o^{29} **2** *(gevolgtrekking)* Schlussfolgerung v^{20}, Schluss m^6

sloven sich abrackern, sich (ab)plagen

slow motion *zn* Zeitlupentempo o^{39}

slow motion *bn* Zeitlupen...; *in ~* in Zeitlupe

sluier Schleier m^9

sluik *bn* schlicht, glatt

sluikhandel Schleichhandel m^{19}, Schwarzhandel m^{19}

sluikreclame Schleichwerbung v^{28}

sluikstorten *(Belg)* illegal Müll abladen¹⁹⁶

sluimeren schlummern

sluimering Schlummer m^{19}

sluipen (sich) schleichen²⁴²: *naar binnen ~* hineinschleichen; *er is een fout in de rekening geslopen* es hat sich ein Fehler in die Rechnung eingeschlichen

sluipmoord Meuchelmord m^5

sluipmoordenaar Meuchelmörder m^9

sluipschutter Heckenschütze m^{15}

sluipweg Schleichweg m^5

sluis Schleuse v^{21}

sluiten *intr* **1** *(dichtgaan)* schließen²⁴⁵ **2** *(passen)* (an)schließen²⁴⁵ **3** *(kloppen, logisch zijn)* schlüssig sein²⁶² **4** *(geen verlies opleveren)* stimmen

²sluiten *tr* **1** *(dichtmaken)* schließen²⁴⁵, zumachen **2** *(opbergen)* schließen²⁴⁵ **3** *(beëindigen)* schließen²⁴⁵ **4** *(aangaan)* schließen²⁴⁵, abschließen²⁴⁵

sluiting 1 *(handeling)* Schließen o^{39}, Schließung v^{20}: *~ van de zendtijd* Sendeschluss m^{19}; *na ~ van de beurs* nach Börsenschluss **2** *(middel tot sluiten)* Verschluss m^6: *luchtdichte ~* luftdichter Verschluss **3** *(van bedrijf)* Stilllegung v^{20}

sluitingstijd 1 *(van winkels)* Geschäftsschluss m^{19}, Ladenschluss m^{19} **2** *(van cafés)* Sperrstunde v^{21}

sluizen schleusen

slungel Schlaks m^5

slurf 1 *(snuit)* Rüssel m^9 **2** *(van vliegtuigen)* Fluggastbrücke v^{21}

slurpen schlürfen

sluw 1 *(listig)* schlau **2** *(geslepen)* gerissen

sluwheid 1 Schlauheit v^{28} **2** Gerissenheit v^{28}

smaad Schmach v^{28}; *(jur)* Beleidigung v^{20}

smaak 1 Geschmack m^6: *de ~ van iets te pakken krijgen* an⁺³ etwas Geschmack finden¹⁵⁷; *dat is een kwestie van ~* das ist Geschmack(s)sache; *in de ~ vallen* Anklang finden¹⁵⁷; *iets op ~ afmaken* etwas abschmecken **2** *(trek, eetlust)* Appetit m^5: *met ~ eten* mit Appetit essen¹⁵²

smaakje *(bijsmaak)* Beigeschmack m^{19}

smaakloos geschmacklos

smaakmaker *(persoon)* Trendsetter m^9

smaakvol geschmackvoll

smachten schmachten, lechzen (nach⁺³)

smadelijk schmählich, schmachvoll

smak 1 *(bons)* Schlag m^6, Knall m^5 **2** *(val)* Fall m^{19} **3** *(grote hoeveelheid)* Menge v^{21}

smakelijk 1 *(lekker)* schmackhaft, appetitlich: *eet ~* guten Appetit! **2** *(vrolijk)* herzlich, genüsslich: *~ lachen* herzlich lachen; *~ vertellen* genüsslich erzählen

smakeloos geschmacklos

¹smaken *intr (smaak hebben)* schmecken: *hoe smaakt het?* wie schmeckt es?

²smaken *tr (genieten)* genießen¹⁷², erleben: *het genoegen ~* das Vergnügen haben¹⁸²

¹smakken *intr* **1** *(vallen)* hart fallen¹⁵⁴, hart aufschlagen²⁴¹ (auf⁺⁴) **2** *(geluid maken)* schmatzen

²smakken *tr (gooien)* schmeißen²⁴⁷

smal schmal⁵⁹: *~ le zijde* Schmalseite v^{21}

smaldeel Geschwader o^{33}

smalen: *op iem ~* über jmdn herziehen³¹⁸

smalfilm Schmalfilm m^5

smalletjes schmal, mager

smalltalk Smalltalk m^{13}, o^{36}, Small Talk m^{13}, o^{36}

smalspoor Schmalspur v^{25}

smaragd Smaragd m^5

smart 1 *(lichamelijke pijn)* Schmerz m^{16} **2** *(verdriet)* Schmerz m^{16}, Kummer m^{19} **3** *(verlangen)* Sehnsucht v^{25}

smartdrug Smartdrug v^{27}, intelligente Droge v^{21}

smartelijk 1 *(pijnlijk)* schmerzhaft **2** *(verdriet veroorzakend)* schmerzlich

smartengeld Schmerzensgeld o^{39}

smartlap Schnulze v^{21}

smash Smash m^{13} *(2e nvl ook -)*, Schmetterball m^6

smashen schmettern
smeden *(ook fig)* schmieden
smederij *(smidse)* Schmiede v21
smeekbede Flehen o39, inständige Bitte v21
smeekschrift Bittgesuch o29
smeer 1 *(smeermiddel)* Schmiere v21 **2** *(dierlijk vet)* Fett o29, Talg m19
smeerboel Sauerei v20, Schweinerei v20
smeergeld Schmiergeld o31
smeerkaas Schmierkäse, Streichkäse m9
smeerkees Schmierfink, Schmutzfink m14, m16
smeerlap 1 *(viezerik)* Schmierfink, Schmutzfink m14, m16 **2** *(eerloos persoon)* Schuft m5, Lump m14
smeerolie Schmieröl o29
smeerpijp 1 *(voor afvalwater)* Abwasserleitung v20 **2** *(persoon)* Schmierfink, Schmutzfink m14, m16
smeerpoets *zie* smeerkees
smeken flehentlich bitten132+4, flehen (zu+3)
smelten schmelzen248: *het vlees smelt op de tong* der Braten zergeht auf der Zunge
smeltkroes Schmelztiegel m9
smeltpunt Schmelzpunkt m5
smeren 1 *(invetten)* (ab)schmieren; *(met olie)* ölen **2** *(van boter, vet voorzien)* (be)schmieren, (be)streichen286 **3** *hem ~ (ervandoor gaan)* abhauen185; verduften || *(fig) de keel ~* sich3 die Kehle schmieren
smerig 1 *(vuil)* schmutzig, dreckig **2** *(vettig)* schmierig **3** *(schunnig)* schmutzig, obszön
smering Schmierung v20, Ölen o39
smeris Bulle m15
smet Fleck m5; *(fig)* Makel m9: *een ~ op iem werpen* jmdm einen Makel anhängen184
smetteloos fleckenlos; *(meestal fig)* makellos
smeuïg 1 *(zacht, gebonden)* sämig **2** *(smakelijk) (ook fig)* unterhaltsam, unterhaltend
smeulen glimmen179; *(ook fig)* schwelen
smid Schmied m5
smidse Schmiede v21
smiecht Lumpenkerl m5, Hundsfott m5, m8
smiespelen flüstern, tuscheln
smiezen: *iem in de ~ hebben* jmdn durchschauen; *iets in de ~ hebben* etwas wittern; *dat loopt in de ~* das springt ins Auge
smijten schmeißen247: *met geld ~* mit Geld um sich schmeißen
smikkelen schnabulieren320
smiley Smiley o36
smoel 1 *(mond)* Maul o32, Fresse v21, Klappe v21: *hou je ~* halt die Klappe **2** *(gezicht)* Fresse v21: *iem op zijn ~ slaan* jmdm die Fresse polieren320
smoelenboek Fratzenbuch o32, Gesichterbuch o32
smoelwerk Fratze v21, Fresse v21
smoesje Ausrede v21, Ausflucht v25
smoezelig schmudd(e)lig, angeschmutzt
smoezen *(zacht praten)* tuscheln
smog Smog m13 *(2e nvl ook -)*

smoking Smoking m13
smokkel Schmuggel m19
smokkelaar Schmuggler m9; *(van mensen)* Schleuser m9, Schlepper m9
smokkelarij Schmuggelei v20, Schmuggel m19
smokkelen 1 schmuggeln **2** *(van mensen)* schleusen, schleppen **3** *(oneerlijk zijn)* schwindeln, mogeln
¹**smoor:** *de ~ inhebben* sauer sein262
²**smoor** *zie* smoordronken, smoorverliefd
smoordronken sternhagelvoll
smoorheet erstickend heiß
smoorverliefd hoffnungslos verliebt
¹**smoren** *intr (stikken)* ersticken
²**smoren** *tr* **1** *(doen stikken)* ersticken: *iets in de kiem ~* etwas im Keim ersticken **2** *(gaar laten worden)* schmoren **3** *(techn)* drosseln
smos *(Belg): broodje ~ (ongev)* Schinkenbrötchen o35
smout Schmalz o29
sms *afk van short message service* **1** *(techniek)* SMS **2** *(berichtje)* SMS v; *Oostenr en Zwits ook* o *(2e nvl -; mv -)*
sms'en simsen
smullen schlemmen, schnabulieren320: *(fig) van iets ~* etwas genießen172
smulpaap Schlemmer m9
smurrie Matsch m19
snaak Spaßvogel m10, Schelm m5
snaaks drollig, spaßig, schelmisch
snaar *(muz, sp)* Saite v21; *(fig) een gevoelige ~ raken* eine empfindliche Saite bei jmdm berühren
snaarinstrument Saiteninstrument o29
snack Snack m13
snackbar Snackbar v27, Imbissstube v21
snakken 1 *(vurig verlangen)* sich sehnen (nach+3), schmachten (nach+3) **2** *(hijgend happen)* schnappen, ringen224: *naar adem ~* nach+3 Atem ringen
¹**snappen** *intr (happen)* schnappen
²**snappen** *tr* **1** *(betrappen)* erwischen, ertappen **2** *(begrijpen)* kapieren320, verstehen279
snars: *geen ~* einen Dreck, nicht die Bohne; *hij begrijpt er geen ~ van* davon versteht er nicht die Bohne
snater Maul o32, Schnabel m10
snateren schnattern
snauw Anschnauzer m9: *iem een ~ geven* jmdn anschnauzen
snauwen anschnauzen, anfahren153: *tegen iem ~* jmdn anschnauzen
snauwerig barsch, bissig
snavel Schnabel m10
snede 1 *(het snijden)* Schnitt m5 **2** *(wond)* Schnitt m5, Schnittwunde v21 **3** *(snit)* Schnitt m5 **4** *(afgesneden stuk)* Schnitte v21, Scheibe v21 **5** *(scherp gedeelte)* Schneide v21
snedig schlagfertig, scharfsinnig
sneer höhnische Bemerkung v20
sneeuw Schnee m19: *eeuwige ~* Firn m5, m16;

Firnschnee m^{19}; *er valt ~* es schneit; *(Belg) zwarte ~ zien* darben

sneeuwbal Schneeball m^6
sneeuwblind schneeblind
sneeuwbril Schneebrille v^{21}
sneeuwen *(ook fig)* schneien
sneeuwgrens Schneegrenze v^{21}
sneeuwjacht Schneetreiben o^{39}, Schneegestöber o^{33}
sneeuwketting Schneekette v^{21}
sneeuwklas *(Belg): op ~ gaan* mit der Klasse in den Wintersport fahren^{153}
sneeuwklokje Schneeglöckchen o^{35}
sneeuwploeg *(machine)* Schneepflug m^6
sneeuwpop Schneemann m^8
sneeuwschoen Schneeschuh m^5
sneeuwstorm Schneesturm m^6
sneeuwval Schneefall m^6 *(meestal mv)*
sneeuwvlok Schneeflocke v^{21}
sneeuwvrij schneefrei
sneeuwwit schneeweiß
snel 1 *(vlug)* schnell, rasch, geschwind **2** *(modern)* flott, modern: *een ~le auto* ein Flitzer
snelbuffet Schnellimbiss m^5
snelheid Geschwindigkeit v^{20}: *een ~ van 450 km per uur* eine Stundengeschwindigkeit von 450 km; *op ~ komen* auf Touren kommen^{193}
snelheidsbegrenzer Tempobegrenzer m^9, Tempomat m^{14}
snelheidsbeperking Tempolimit o^{36}, o^{29}
snelheidscontrole Geschwindigkeitskontrolle v^{21}
snelheidsduivel, snelheidsmaniak Raser m^9
snelkoker, snelkookpan Schnellkochtopf m^6
snelkoppeling *(comp)* Verknüpfung v^{20}
snellen eilen
sneltrein Schnellzug m^6, D-Zug m^6
snelverkeer Schnellverkehr m^{19}
snelwandelen Gehen o^{39}
snelweg Autobahn v^{20}: *de elektronische ~* die Datenautobahn
snerpen *(pijn veroorzaken)* schneiden^{250}: *een ~de kou* eine schneidende Kälte
snert 1 *(erwtensoep)* Erbsensuppe v^{21} **2** *(onzin)* Quatsch m^{19} **3** *(rotzooi)* Mist m^{19}
snertvent Dreckskerl m^5
snertweer Sauwetter o^{39}
sneu schade: *wat ~!* wie schade!
sneuvelen 1 *(omkomen)* umkommen^{193}, fallen^{154} **2** *(breken)* zerbrechen^{137} || *het record sneuvelde* der Rekord wurde gebrochen
snibbig schnippisch, bissig
snijbiet Mangold m^{19}
snijbloem Schnittblume v^{21}
snijboon Schnittbohne v^{21}: *een rare ~* ein wunderlicher Kauz
snijbrander Schneidbrenner m^9
snijden 1 *(algem, ook fig)* schneiden^{250}: *de lijnen ~ elkaar* die Linien schneiden sich; *de sfeer was om te ~* die Atmosphäre war zum Zerreißen gespannt; *in de begroting ~* den Etat kürzen **2** *(te veel laten betalen)* übervorteilen
snijtand Schneidezahn m^6
snijwond Schnittwunde v^{21}
¹**snik**: *hij is niet goed ~* er ist übergeschnappt
²**snik** Schluchzer m^9: *de laatste ~* der letzte Atemzug
snikheet erstickend heiß
snikken schluchzen
snip *(vogel)* Schnepfe v^{21}
snipper *(stukje)* Schnitzel m^9, o^{33}
snipperdag Urlaubstag m^5
snipperen schnippeln, schnitzeln
snipverkouden: *~ zijn* einen argen Schnupfen haben^{182}
snit Schnitt m^5, Zuschnitt m^5, Fasson v^{27}
snob Snob m^{13}
snoeien 1 zurückschneiden^{250}, stutzen **2** *(bezuinigen)* einschränken: *in de begroting ~* den Etat kürzen
snoek Hecht m^5
snoekbaars Zander m^9
snoekduik, snoeksprong Hechtsprung m^6
snoep Süßigkeiten *mv* v^{20}
snoepen naschen
snoeper Nascher m^9: *(fig) oude ~* Lustgreis m^5
snoeperij, snoepgoed Süßigkeiten *mv* v^{20}
snoepje Bonbon m^{13}, o^{36}, Süßigkeit v^{20}
snoepreisje angebliche Dienstreise v^{21}
snoer Schnur v^{25}, *(zelden)* v^{20}
snoeren: *iem de mond ~* jmdn mundtot machen
snoerloos schnurlos
snoes Herzchen o^{35}
snoeshaan: *een rare ~* ein sonderbarer Kauz
snoet 1 *(snuit, bek)* Schnauze v^{21} **2** *(mond)* Schnauze v^{21}, Maul o^{32} **3** *(gezicht)* Fratze v^{21}
snoeven angeben^{166}, prahlen, aufschneiden^{250}
snoezig reizend, niedlich, süß
snol *(scheldw, inform)* Dirne v^{21}, Nutte v^{21}, Flittchen o^{35}
snood ruchlos, niederträchtig, verrucht
snor 1 *(van personen)* Schnurrbart m^6 **2** *(van dieren)* Schnurrhaar o^{29} || *dat zit ~* das ist o.k.
snorren *(een brommend geluid maken)* s(chn)urren, schwirren, summen
snorscooter *(ongev)* leichter Motorroller m^9
snot *(neusvocht)* Rotz m^{19}
snotaap, snotjongen Rotzjunge m^{15}
snotneus *(ook fig)* Rotznase v^{21}
snotteren 1 rotzen **2** *(grienen)* flennen
snuffelen schnüffeln
snufje 1 *(nieuwigheid)* Neuheit v^{20}: *het nieuwste ~* die letzte Neuheit **2** *(geringe hoeveelheid)* Prise v^{21}: *een ~ peper* eine Prise Pfeffer
snugger gescheit, klug^{58}
snuisterijen Nippsachen *(mv)*, Nippes *(mv)*
snuit 1 Schnauze v^{21}; *(van insect, olifant, zwijn)* Rüssel m^9 **2** *(gezicht)* Schnauze v^{21}

snuiten 1 *(neus reinigen)* schnäuzen: *zijn neus ~* sich schnäuzen **2** *(een kaars)* putzen
snuiter Kauz *m⁶*, Vogel *m¹⁰*
snuiven 1 schnauben²⁴⁹: *van woede ~* vor Wut schnauben **2** *(drugs gebruiken)* schnupfen
snurken schnarchen
so 1 *(Ned) afk van schriftelijke overhoring* (schriftliche) Arbeit *v²⁰* **2** *(Belg) afk van secundair onderwijs* weiterführender Schulen *(mv)*
soap Soap *v²⁷*
soapie Soapie *m¹³*
soapopera Seifenoper *v²¹*
soapster Soapstar *m¹³*
sober 1 *(eenvoudig)* einfach, schlicht; *(met weinig tevreden)* genügsam: *een ~e stijl* ein nüchterner Stil **2** *(armoedig)* dürftig, karg
sociaal sozial: *sociale bijstand* Sozialhilfe *v²⁸*; *de gemeentelijke sociale dienst* das Sozialamt der Gemeinde; *sociale lasten* Sozialabgaben *mv v²¹*; *sociale partners* Sozialpartner *mv m⁹*; Tarifpartner *mv m⁹*; *~ product* Sozialprodukt *o²⁹*; *sociale voorzieningen (uitkeringen)* Sozialleistungen *mv v²⁰*; *(Belg) ~ assistent* Sozialarbeiter *m⁹*
socialisme Sozialismus *m¹⁹ᵃ*
socialist Sozialist *m¹⁴*
socialistisch sozialistisch
sociëteit Klub *m¹³*, Verein *m⁵*
sociologie Soziologie *v²⁸*
sociologisch soziologisch
socioloog Soziologe *m¹⁵*
sodemieter *(scheldw, plat)* Arschloch *o³²*: *een arme ~* ein armer Schlucker; *als de ~* dalli, dalli! ‖ *iem op zijn ~ geven* jmdn verprügeln
¹sodemieteren *intr (plat)* **1** *(vallen)* stürzen **2** *(zaniken)* quengeln
²sodemieteren *tr (plat) (smijten)* schmeißen²⁴⁷
soebatten betteln, (flehentlich) bitten¹³²
soelaas 1 *(verzachting)* Linderung *v²⁰* **2** *(troost)* Trost *m¹⁹*
soep Suppe *v²¹* ‖ *een auto in de ~ rijden* ein Auto zu Bruch fahren¹⁵³; *iets in de ~ laten lopen* etwas vermasseln
soepballetje Suppenklößchen *o³⁵*
soepblokje Suppenwürfel *m⁹*
soepel geschmeidig, biegsam, elastisch
soepgroente Suppengemüse *o³³*, Suppengrün *o³⁹*
soeplepel Suppenlöffel *m⁹*
soepvlees Suppenfleisch *o³⁹*
soepzootje Durcheinander *o³⁹*, Chaos *o³⁹ᵃ*
soesa Umstände *mv m⁶*, Rummel *m¹⁹*
¹soeverein *zn* Souverän *m⁵*
²soeverein *bn, bw* souverän, überlegen: *~ gebied* Hoheitsgebiet *o²⁹*; *~e rechten* Hoheitsrechte *mv o²⁹*
soevereiniteit Souveränität *v²⁸*
soezen 1 *(suffen)* (vor sich hin) dösen **2** *(mijmeren)* seinen Gedanken nachhängen¹⁸⁴
soezerig dösig

sof Pleite *v²¹*, Fiasko *o³⁶*, Reinfall *m⁶*
sofa Sofa *o³⁶*, Couch *v²⁷*, *v²⁰*
softbal Softball *m¹⁹*
softballen Softball spielen
softdrink Softdrink *m¹³*, Soft Drink *m¹³*
softie Softie *m¹³*
softijs Softeis *o³⁹*
software Software *v²⁷*
softwarepakket Softwarepaket *o²⁹*
soigneren pflegen, betreuen
sojaboon Sojabohne *v²¹*
sok 1 *(kous)* Socke *v²¹*: *een held op ~ken* ein Angsthase; *hij zet er de ~ken in* er nimmt die Beine in die Hand; *iem van de ~ken praten* dauernd auf jmdn einreden; *iem van de ~ken rijden* jmdn über den Haufen fahren¹⁵³ **2** *(techn)* Muffe *v²¹* **3** *(sukkel)* Trottel *m⁹*
sokkel Sockel *m⁹*
solarium Solarium *o (2e nvl -s; mv* Solarien*)*
soldaat Soldat *m¹⁴*: *~ 1e klasse* Gefreite(r) *m⁴⁰ᵃ*; *iets ~ maken* etwas alle machen
soldeer Lot *o²⁹*, Lötmetall *o²⁹*
soldeerbout Lötkolben *m¹¹*
soldeersel Lot *o²⁹*, Lötmetall *o²⁹*
solden *(Belg)* **1** *(winkelrestant)* Restposten *m¹¹* **2** *(seizoenopruiming)* Schlussverkauf *m⁶*
solderen löten
soldij Sold *m⁵*
solfège Solfeggio *o (2e nvl -s; mv* Solfeggien*)*
solidair solidarisch: *zich ~ verklaren met iem* sich mit jmdm solidarisch erklären
solidariteit Solidarität *v²⁸*
solide solid(e)
solist Solist *m¹⁴*
¹solitair *zn (eenling) (mens, dier)* Einzelgänger *m⁹*
²solitair *bn, bw* solitär
sollen: *met een hond ~* ausgelassen mit einem Hund spielen; *niet met zich laten ~* nicht mit⁺³ sich spaßen lassen¹⁹⁷
sollicitant Bewerber *m⁹*
sollicitatie Bewerbung *v²⁰*
sollicitatiebrief Bewerbungsschreiben *o³⁵*
sollicitatiegesprek Vorstellungsgespräch *o²⁹*, Bewerbungsgespräch *o²⁹*, Einstellungsgespräch *o²⁹*
solliciteren sich⁴ bewerben³⁰⁹: *~ naar* sich⁴ bewerben um⁺⁴
¹solo *zn* Solo *o³⁶ (mv ook* Soli*)*
²solo *bw* solo
solutie Gummilösung *v²⁰*
solvabel solvent, zahlungsfähig
solvabiliteit Solvenz *v²⁰*, Zahlungsfähigkeit *v²⁸*
solvent solvent, zahlungsfähig
som 1 *(uitkomst van optelling)* Summe *v²¹*: *8−5=3* acht weniger *(of:* minus*)* fünf ist *(of:* macht, gibt*)* drei; *5+3=8* fünf und *(of:* plus*)* drei ist *(of:* macht, gibt*)* acht; *3×5=15* drei mal fünf ist *(of:* macht, gibt*)* fünfzehn; *15:3=5* fünfzehn (geteilt) durch drei ist *(of:* macht, gibt*)* fünf; *3²=9* drei hoch zwei

ist neun; $3^3=27$ drei hoch drei ist siebenundzwanzig; $\sqrt{9}=3$ die Wurzel aus neun ist drei; *de derdemachtswortel van 27 is 3* die dritte Wurzel aus siebenundzwanzig ist drei **2** *(opgave)* Rechenaufgabe v^{21}: *~men maken* Rechenaufgaben machen **3** *(bedrag)* Summe v^{21}, Betrag m^6: *een ~ geld* eine Geldsumme

somber 1 *(donker)* düster; *(mbt weer)* trübe **2** *(droevig)* düster, trübe

somberte 1 *(duisternis)* Düsterkeit v^{28} **2** *(treurigheid)* Düsterkeit v^{28}, Trübheit v^{28}

sommatie Aufforderung v^{20}, Mahnung v^{20}

sommeren auffordern, mahnen

sommige manche[68], einige

soms 1 *(nu en dan)* zuweilen, bisweilen, manchmal **2** *(misschien)* etwa, vielleicht

sonde Sonde v^{21}

sonderen sondieren[320]

soort 1 *(categorie)* Art v^{20}, Sorte v^{21}: *een raar ~ mensen* ein sonderbarer Menschenschlag; *enig in zijn ~* einzigartig; *~ zoekt ~* Gleich und Gleich gesellt sich gern **2** *(kwaliteit)* Sorte v^{21}: *goederen van de eerste ~* Waren erster Qualität **3** *(biol)* Gattung v^{20}, Art v^{20}

soortelijk spezifisch

soortgelijk derartig, ähnlich

soortgenoot Artgenosse m^{15}

soos Klub m^{13}: *op de ~ eten* im Klub essen[152]

sop *(zeepwater)* Seifenwasser o^{39}: *iem in zijn eigen ~ gaar laten koken* jmdn in seinem eigenen Fett schmoren lassen[197] || *het ruime ~* die offene See; *het ruime ~ kiezen* in See stechen[277]

soppen eintauchen

sopraan *(stem)* Sopran m^5

sopraan *(zangeres)* Sopranistin v^{22}; *(jongen)* Sopranist m^{14}

sorbet Sorbet m^{13}, o^{36}, Sorbett m^5, o^{29}

sorteren sortieren[320]: *effect ~* Wirkung erzielen; *goed gesorteerd* (gut) assortiert

sortering Sortierung v^{20}: *ruime ~* reiche Auswahl v^{20}; reiches Sortiment o^{29}

sortiment Sortiment o^{29}, Auswahl v^{20}

soufflé Auflauf m^6

soul Soul m^{19}

sound Sound m^{13}

soundtrack Soundtrack m^{13}

souper Souper o^{36}

souteneur Zuhälter m^9

souterrain Souterrain o^{36}, Kellergeschoss o^{29}

souvenir Souvenir o^{36}, Andenken o^{35}

sovjet Sowjet m^{13}

Sovjet-Unie Sowjetunion v^{28} *(afk* SU*)*

spa *(mineraalwater)* Mineralwasser o^{34}

spaak *zn (van wiel)* Speiche v^{21}

spaak *bw: dat loopt ~* das geht schief

spaakbeen Speiche v^{21}

spaan 1 *(stukje hout)* Span m^6 **2** *(schuimspaan)* Schaumlöffel m^9 **3** *(roeispaan)* Ruder o^{33}

spaanplaat Spanplatte v^{21}

¹**Spaans** *zn* Spanisch o^{41}

²**Spaans** *bn* spanisch

³**Spaans** *bw: het ~ benauwd hebben* eine Heidenangst haben[182]

spaarbank Sparkasse v^{21}: *geld op de ~ zetten* Geld auf die Sparkasse bringen[139]

spaarbankboekje Spar(kassen)buch o^{32}

spaarder Sparer m^9

spaargeld Spargeld o^{31}, Ersparnisse *mv* v^{24}

spaarlamp Energiesparlampe v^{21}

spaarpot Sparbüchse v^{21}

spaarzaam sparsam

spade Spaten m^{11}

spagaat Spagat m^5, o^{29}

spaghetti Spaghetti *(mv)*

spalk Schiene v^{21}

spalken schienen

spam Spam o^{36}

spamfilter Spamfilter m^9, o^{33}

spammen spammen

span *(gespan)* Gespann o^{29}: *het ~ paarden* das Gespann Pferde

spandoek Transparent o^{29}, Spruchband o^{32}

Spanjaard Spanier m^9

Spanje Spanien o^{39}

spankracht Spannkraft v^{28}

spannen spannen: *het zal erom ~!* es wird spannend!

spannend spannend

spanning Spannung v^{20}

spant 1 *(van dak)* Sparren m^{11} **2** *(van schip)* Spant o^{37}

spanwijdte Spannweite v^{21}

spar 1 *(naaldboom)* Tanne v^{21}; *(fijne spar)* Fichte v^{21} **2** *(spant)* Sparren m^{11}

sparappel Tannenzapfen m^{11}

sparen 1 sparen: *moeite noch kosten ~* weder Mühe noch Kosten sparen **2** *(ontzien)* schonen: *iem ~* jmdn schonen; *zijn krachten ~* seine Kräfte schonen **3** *(verzamelen)* sammeln: *postzegels ~* Briefmarken sammeln

sparringpartner Sparringspartner m^9

spartelen zappeln

spat *(spetter, vlek)* Spritzer m^9 || *geen ~ uitvoeren* keinen Finger krumm machen

spatader Krampfader v^{21}

spatbord 1 *(van auto)* Kotflügel m^9 **2** *(van motor)fiets)* Schutzblech o^{29}

spatel Spachtel m^9, v^{21}, Spatel m^9, v^{21}

spatten spritzen; *(mbt vonken)* sprühen: *uit elkaar ~* (zer)platzen

speaker 1 *(omroeper)* Sprecher m^9 **2** *(luidspreker)* Lautsprecher m^9

specerij Gewürz o^{29}, Würze v^{21}

specht Specht m^5

¹**speciaal** *bn* speziell, Sonder…, Spezial…: *speciale aanbieding* Sonderangebot o^{29}; *speciale prijs* Sonderpreis m^5

²**speciaal** *bw* speziell, besonders, eigens

speciaalzaak Fachgeschäft o^{29}, Spezialgeschäft o^{29}

specialiseren spezialisieren^{320}: *zich ~ in* sich spezialisieren auf^{+4}

specialisme Spezialgebiet o^{29}

specialist Spezialist m^{14}; *(in geneeskunde, ook)* Facharzt m^6

specialistisch Spezial…: *~e kennis* Spezialwissen o^{39}

specialiteit Spezialität v^{20}

specie *(bouwk)* Mörtel m^9

specificatie Spezifikation v^{20}

specificeren spezifizieren^{320}

specifiek spezifisch

spectaculair spektakulär, Aufsehen erregend

spectrum Spektrum o *(2e nvl -s; mv* Spektra *of* Spektren*)*

speculaas Spekulatius m *(2e nvl -; mv -)*

speculant Spekulant m^{14}

speculeren spekulieren^{320}

speech Speech m^5 *(mv ook -es)*, Ansprache v^{21}

speechen eine Ansprache halten^{183}

speed 1 *(snelheid)* Speed m^{13} **2** *(middel)* Speed o^{36}

speedboot Schnellboot o^{29}; *(sp)* Rennboot o^{29}

speeksel Speichel m^{19}

speelautomaat Spielautomat m^{14}

speelbal *(ook fig)* Spielball m^6

speelbank Spielbank v^{20}

speelfilm Spielfilm m^5

speelgoed Spielzeug o^{39}; *(artikelen)* Spielwaren mv v^{21}

speelgoedzaak Spielwarengeschäft o^{29}

speelhelft 1 *(halve speelduur)* Spielzeithälfte v^{21}, Halbzeit v^{20} **2** *(veld)* Spielfeldhälfte v^{21}

speelkaart Spielkarte v^{21}

speelkameraad Spielkamerad m^{14}

speelkwartier Schulpause v^{21}

speelplaats Spielplatz m^6

speelruimte *(tussenruimte) (ook fig)* Spielraum m^6

speels spielerisch

speelseizoen Spielzeit v^{20}

speelsheid Verspieltheit v^{28}

speeltafel Spieltisch m^5

speeltje Spielzeug o^{29}

speeltuin Spielplatz m^6

speelveld Spielfeld o^{31}, Spielfläche v^{21}

speen 1 *(tepel)* Zitze v^{21} **2** *(op zuigfles)* Sauger m^9 **3** *(fopspeen)* Schnuller m^9, Lutscher m^9

speenvarken Spanferkel o^{33}

speer Speer m^5

speerwerpen *zn* Speerwerfen o^{39}

spek Speck m^5: *gerookt ~* Räucherspeck

spekglad spiegelglatt

spekken spicken

spekpannenkoek Speckpfannkuchen m^{11}

spektakel 1 *(schouwspel)* Spektakel o^{33} **2** *(lawaai)* Spektakel m^9, Lärm m^{19}

spel Spiel o^{29}: *een ~ kaarten* ein Kartenspiel; *gelijk ~* Unentschieden o^{35}; *ruw ~* rohes *(of:* hartes*)* Spiel; *zijn leven op het ~ zetten* sein Leben aufs Spiel setzen

spelbederf unsportliches Verhalten o^{39}

spelbederver Spielverderber m^9

spelbepaler Spielmacher m^9

spelbreker Spielverderber m^9

speld 1 *(naaigerei)* Stecknadel v^{21}: *er is geen ~ tussen te krijgen!: a) (iem praat maar door)* man kommt nicht zu Wort!; *b) (het sluit als een bus)* es ist nichts dagegen einzuwenden!; *men kan een ~ horen vallen* man kann eine Nadel fallen hören **2** *(broche)* Nadel v^{21}

spelden feststecken, heften: *een zoom ~* einen Saum feststecken

speldenprik *(ook fig)* Nadelstich m^5

speldje *(broche)* Nadel v^{21}, Anstecknadel v^{21}

spelen 1 *(algem)* spielen: *dat speelt hem door het hoofd* das geht ihm im Kopfe herum **2** *(een rol spelen)* mitspielen

spelenderwijs spielend

speler Spieler m^9

spelfout Rechtschreib(ungs)fehler m^9

spelleider Spielleiter m^9

spelleiding Spielleitung v^{20}

spellen buchstabieren^{320}

spelling Rechtschreibung v^{28}

spelonk Höhle v^{21}

spelregel *(sp)* Spielregel v^{21}

spelt Dinkel m^9, Spelz m^5, Spelt m^5

spencer Pullunder m^9

spenderen ausgeben^{166}: *~ aan* ausgeben^{166} für^{+4}

sperma Sperma o *(2e nvl -s; mv* Spermen*)*, Samen m^{11}

spermabank Spermabank v^{20}, Samenbank v^{20}

spervuur Sperrfeuer o^{33}

sperwer Sperber m^9

sperzieboon Prinzessbohne v^{21}, Brechbohne v^{21}

spetter 1 *(spat)* Spritzer m^9 **2** *(vrouw)* Klasseweib o^{31} **3** *(man)* toller Typ m^{16}, m^{14}

spetteren spritzen; *(mbt vonken)* sprühen

speurder Kriminalbeamte(r) m^{40a}

¹**speuren** *intr (nasporen)* fahnden

²**speuren** *tr (het spoor volgen)* spüren, wittern

speurhond Spürhund m^5

speurtocht Streifzug m^6, Suche v^{21}

speurzin Spürsinn m^{19}

spichtig 1 *(puntig)* spitz **2** *(mager)* hager

spie Keil m^5

spieden spähen

spiegel Spiegel m^9

spiegelbeeld Spiegelbild o^{31}

spiegelei 1 Spiegelei o^{31} **2** *(spoorw)* Kelle v^{21}

¹**spiegelen** *intr* spiegeln

²**spiegelen, zich** sich spiegeln: *zich in het water ~* sich im Wasser spiegeln; *zich aan iem ~* sich³

jmdn zum Vorbild nehmen[212]
spiegelglad spiegelglatt
spiegeling Spiegelung *v*[20]
spieken abgucken, spicken
spiekpapiertje Spickzettel *m*[9]
spier Muskel *m*[17]: *gescheurde* ~ Muskelriss *m*[5]; *een* ~ *verrekken* einen Muskel zerren; *geen* ~ *vertrekken* keine Miene verziehen[318]
spierbal Muskelbündel *o*[33]
spierkracht Muskelkraft *v*[25]
spiernaakt splitter(faser)nackt
spierpijn Muskelschmerz *m*[16], Muskelkater *m*[9]
spierwit schneeweiß; *(doodsbleek)* kreideweiß
spies Spieß *m*[5]
spijbelaar Schwänzer *m*[9]
spijbelen (die Schule) schwänzen
spijker Nagel *m*[10]: ~*s op laag water zoeken* kritteln
spijkerbroek Jeans *(mv)*, Bluejeans *(mv)*, Blue Jeans *(mv)*, Nietenhose *v*[21]
spijkeren nageln
spijkerhard stahlhart, steinhart
spijkerjasje Jeansjacke *v*[21]
spijkerpak Jeansanzug *m*[6]
spijkerschrift Keilschrift *v*[28]
spijl Stab *m*[6]
spijs Speise *v*[21]
spijskaart Speisekarte *v*[21]
spijsvertering Verdauung *v*[28]
spijt Bedauern *o*[39]: *tot mijn* ~ zu meinem Bedauern; ~ *van iets hebben* etwas bedauern
spijten bedauern, Leid tun[295]: *het spijt me!* ich bedauere (es)!, es tut mir Leid!; *het spijt me voor hem* es tut mir Leid für ihn
spijtig bedauerlich: *het is* ~! es ist schade
spike Spike *m*[13]: *(schoenen)* ~*s* Spikes *mv m*[13]
spikkel Tupfen *m*[11], Sprenkel *m*[9]
spiksplinternieuw funkelnagelneu
spil 1 *(as)* Achse *v*[21] 2 *(fig)* Mittelpunkt *m*[5] 3 *(sp)* Mittelläufer *m*[9]
spilziek verschwenderisch
spilzucht Verschwendungssucht *v*[28]
spin *(dierk)* Spinne *v*[21]
spinazie Spinat *m*[19]: ~ *à la crème* Rahmspinat
spindoctor Spin Doctor *m*[13], Medienberater *m*[9], PR-Berater *m*[9]
spinet Spinett *o*[29]
spinnaker Spinnaker *m*[9]
spinnen 1 *(draden maken)* spinnen[272] 2 *(mbt katten)* schnurren
spinnenweb Spinn(en)gewebe *o*[33]
spinnerij Spinnerei *v*[20]
spinnewiel Spinnrad *o*[32]
spinnijdig giftig, stocksauer
spinrag Spinn(en)gewebe *o*[33]
spion Spion *m*[5]; *(ongunstig)* Spitzel *m*[9]
spionage Spionage *v*[28]
spioneren spionieren[320]
spiraal Spirale *v*[21]

spiraaltje *(voorbehoedmiddel)* Spirale *v*[21]
spirit Schwung *m*[19]
spiritus Spiritus *m* (2e nvl -; mv -se)
spit 1 *(braadspit)* Spieß *m*[5] 2 *(med)* Hexenschuss *m*[19]
¹**spits** *zn* 1 *(top)* Spitze *v*[21]: *iets op de* ~ *drijven* etwas auf die Spitze treiben[290] 2 *(mil)* Spitze *v*[21] 3 *(spitsuur)* Spitzenzeit *v*[20] 4 *(sp)* Spitze *v*[21]
²**spits** *bn, bw* 1 *(puntig)* spitz 2 *(bits)* spitz 3 *(scherpzinnig)* scharfsinnig || *een* ~*e vent* ein kluger Kopf
spitsen spitzen: *gespitst zijn op iets* auf[+4] etwas gefasst sein[262]
spitskool Spitzkohl *m*[5]
spitsroede: ~*n lopen* Spießruten laufen[198]
spitsstrook Spitzenzeitfahrstreifen *m*[11], Stoßzeitfahrstreifen *m*[11]
spitstechnologie *(Belg)* Spitzentechnologie *v*[21]
spitsuur Hauptverkehrszeit *v*[20], Stoßzeit *v*[20]
spitsverkeer Stoßverkehr *m*[19], Berufsverkehr *m*[19]
spitsvondig spitzfindig
spitten graben[180]
spleet Spalt *m*[5], Spalte *v*[21]
spleetogig schlitzäugig
¹**splijten** *intr* sich spalten[270]
²**splijten** *tr* spalten[270]
splijtstof Spaltmaterial *o* (2e nvl -s; mv -ien)
splinter Splitter *m*[9]
splinteren splittern
splinternieuw (funkel)nagelneu
splinterpartij Splitterpartei *v*[20]
split 1 *(spleet)* Schlitz *m*[5] 2 *(steenslag)* Splitt *m*[5]
¹**splitsen** *tr* 1 *(verdelen)* teilen; *(splijten)* spalten[270] 2 *(een kabel, touw)* spleißen[273] 3 *(atomen)* spalten[270]
²**splitsen, zich** sich teilen; *(mbt weg)* sich gabeln
splitsing Teilung *v*[20], Spaltung *v*[20], Gabelung *v*[20]: ~ *van autosnelweg* Autobahndreieck *o*[29]; *zie ook* splitsen
spoed Eile *v*[28]: ~ *maken* eilen, sich beeilen; *met de meeste* ~ schleunigst
spoedbestelling Eilzustellung *v*[20]
spoedcursus Schnellkurs *m*[5]
spoeddebat Dringlichkeitsdebatte *v*[21]
spoedeisend dringend, dringlich
¹**spoeden** *intr* eilen
²**spoeden, zich** sich beeilen
spoedgeval Notfall *m*[6], dringender Fall *m*[6]
¹**spoedig** *bn* baldig
²**spoedig** *bw* bald[65]: *ik kom (zeer)* ~! ich komme (recht) bald!
spoel Spule *v*[21]
spoelbak Spülbecken *o*[35]
spoelen 1 *(reinigen)* spülen: *zijn mond* ~ den Mund spülen 2 *(verplaatsen)* spülen, schwemmen 3 *(op een spoel winden)* (auf)spulen
spoeling 1 *(het spoelen)* Spülen *o*[39] 2 *(van wc)* Spülung *v*[20] 3 *(veevoeder)* Schlempe *v*[21]
spoiler Spoiler *m*[9]

spoken spuken, geistern: *het spookt in dit huis* in diesem Haus spukt es; *het kan op zee geducht* ~ das Meer kann furchtbar toben
sponning Nut v^{20}, Falz m^5
spons Schwamm m^6
sponsor Sponsor m^{16}, m^{13}
sponsoren sponsern
sponsoring Sponsoring o^{39}, Sponsorschaft v^{20}
spontaan spontan
spontaniteit Spontaneität v^{20}, Spontanität v^{20}
spook Gespenst o^{31}; *(scheldw)* Kröte v^{21}: *je ziet spoken!* du siehst Gespenster!
spookachtig gespensterhaft, gespenstisch
spookrijder Geisterfahrer m^9, Falschfahrer m^9
¹**spoor** *(van bloem, haan, ruiter)* Sporn m *(2e nvl -(e)s; mv Sporen)*: *een paard de sporen geven* einem Pferd die Sporen geben¹⁶⁶; *zijn sporen verdienen* sich³ die Sporen verdienen
²**spoor 1** *(algem, ook fig)* *(afdruk)* Spur v^{20}: *niet de geringste* ~ nicht die geringste Spur; *iem op het* ~ *zijn* jmdm auf der Spur sein²⁶² **2** *(afdruk in het wegdek)* Spurrille v^{21} **3** *(spoorweg, trein)* Bahn v^{20}: *met het* ~ *reizen* mit dem Zug *(of:* mit der Bahn*)* fahren¹⁵³; *per* ~ mit der Bahn **4** *(rails)* Gleis o^{29}: *met enkel* ~ eingleisig; *met dubbel* ~ doppelgleisig; *de trein komt binnen op* ~ 2 der Zug fährt auf Gleis 2 ein **5** *(spoorwegbedrijf)* Bahn v^{20}, Eisenbahn v^{20}
spoorbaan Gleis o^{29}, Schienenweg m^5
spoorboekje Kursbuch o^{32}
spoorboom Eisenbahnschranke v^{21}
spoorbreedte Spurbreite v^{21}, Spurweite v^{21}
spoorbrug Eisenbahnbrücke v^{21}
spoorkaartje Fahrkarte v^{21}
spoorlijn Bahnlinie v^{21}, Bahnverbindung v^{20}
spoorloos spurlos
spoorrail, spoorstaaf Schiene v^{21}
spoorstudent Fahrstudent m^{14}
spoortrein Eisenbahnzug m^6, Zug m^6
spoorverbinding Eisenbahnverbindung v^{20}
spoorvorming Bildung v^{20} von Spurrillen: *~!* Spurrillen!
spoorwagen Eisenbahnwagen m^{11}
spoorweg Eisenbahn v^{20}
spoorwegmaatschappij Eisenbahngesellschaft v^{20}
spoorwegnet Eisenbahnnetz o^{29}, Bahnnetz o^{29}
spoorwegovergang Bahnübergang m^6
sporadisch sporadisch, vereinzelt
spore Spore v^{21}
¹**sporen** *(mbt fiets, wagen)* spuren
²**sporen** *(reizen)* mit der Bahn reisen
sporenplant Sporenpflanze v^{21}
¹**sport** *(ontspanning)* Sport m^5 *(mv ook -arten)*: *aan* ~ *doen* Sport (be)treiben²⁹⁰
²**sport** *(van ladder)* Sprosse v^{21}
sportartikel Sportartikel m^9
sportclub Sportklub m^{13}, Sportverein m^5
sporten Sport (be)treiben²⁹⁰

sporter Sportler m^9
sporthal Sporthalle v^{21}
sportief sportlich
sportiviteit Sportlichkeit v^{28}
sportpark Sportanlage v^{21}, Sportstätte v^{21}
sporttas Sporttasche v^{21}
sportveld Sportplatz m^6
sportvereniging Sportverein m^5
sportvrouw Sportlerin v^{22}
sportwagen Sportwagen m^{11}
sportzaal Sporthalle v^{21}
¹**spot** *(reclamefilmpje, lamp)* Spot m^{13}
²**spot** *(ironie)* Spott m^{19}: *bittere* ~ bitterer Spott
spotgoedkoop spottbillig
spotkoopje: *het was een* ~ es war spottbillig
spotlight Spotlight o^{36}
spotprent Karikatur v^{20}
spotprijs Spottpreis m^5
spotten 1 spotten (über⁺⁴) **2** *(de draak steken met)* spaßen: *hij laat niet met zich* ~ er lässt nicht mit⁺³ sich spaßen
spotter Spötter m^9
spouwmuur Hohlmauer v^{21}
spraak Sprache v^{21}
spraakgebrek Sprachfehler m^9, Sprachstörung v^{20}
spraakkunst Sprachlehre v^{21}, Grammatik v^{20}
spraakstoornis Sprachstörung v^{20}
spraakzaam gesprächig: *niet* ~ einsilbig
sprake: *er is* ~ *van (men zegt), dat …* es geht die Rede, dass …; *als er* ~ *is van geld* wenn es sich um Geld handelt; *iets ter* ~ *brengen* etwas zur Sprache bringen¹³⁹
sprakeloos sprachlos
sprank *(vonk)* Funke m^{18}, Funken m^{11}
sprankelen *(ook fig)* funkeln, sprühen
sprankje Funke m^{18}, Funken m^{11}, Schimmer m^9: *het* ~ *hoop* der Schimmer (von) Hoffnung
spray Spray m^{13}, o^{36}
sprayen sprayen
spreekbeurt Referat o^{29}, Vortrag m^6
spreekbuis *(ook fig)* Sprachrohr o^{29}
spreekkamer Sprechzimmer o^{33}
spreektaal Umgangssprache v^{21}
spreekuur Sprechstunde v^{21}
spreekvaardigheid Sprachfertigkeit v^{28}
spreekwoord Sprichwort o^{32}
spreekwoordelijk sprichwörtlich
spreeuw Star m^5
spreiden 1 *(uitspreiden)* (aus)breiten: *iets over een aantal weken* ~ etwas auf einige Wochen verteilen **2** *(uiteenplaatsen)* spreizen: *de benen* ~ die Beine spreizen
spreiding 1 Ausbreitung v^{20}, Verteilung v^{20} **2** Spreizung v^{20}; *zie ook* spreiden
spreidsprong, spreidstand Grätsche v^{21}
spreken sprechen²⁷⁴, reden: *een taal* ~ eine Sprache sprechen; *iem* ~ jmdn sprechen; *dat spreekt vanzelf* das versteht sich; *hij is slecht te* ~ er ist

übel gelaunt; *we ~ elkaar nader!* wir sprechen uns noch!; *(aan de telefoon) met wie spreek ik?* mit wem spreche ich?; *daar spreekt u mee!* am Apparat!; *(zeer) te ~ zijn over iets* mit[+3] etwas sehr zufrieden sein[262]; *van zich doen ~* von sich[3] reden machen; *om niet te ~ van ...* geschweige denn ...
sprekend sprechend: *een ~ bewijs* ein schlagender Beweis; *~e film* Tonfilm m^5; *~e kleuren* helle Farben
spreker 1 *(redenaar)* Redner m^9: *de vorige ~* der Vorredner **2** *(woordvoerder)* Sprecher m^9
sprenkelen sprengen, besprengen
spreuk Spruch m^6
spriet 1 *(voelhoorn)* Fühler m^9 **2** *(gras)* Halm m^5 **3** *(scheepv)* Spriet o^{29} **4** *(mager persoon)* Bohnenstange v^{21}
springconcours Springturnier o^{29}
springen 1 *(algem)* springen[276]: *je kunt hoog of laag ~* und wenn du dich auf den Kopf stellst; *wij zitten er om te ~* wir brauchen es dringend; *(fig) hij staat te ~ om ...* er brennt darauf ...; *op de fiets ~* sich aufs Fahrrad schwingen[259]; *het stoplicht sprong op rood* die Ampel sprang auf Rot; *(fig) eruit ~* herausragen **2** *(barsten)* springen[276]: *de buis is gesprongen* das Rohr ist geplatzt; *gesprongen lippen* gesprungene Lippen **3** *(doen ontploffen)* sprengen: *een mijn doen ~* eine Mine sprengen; *de speelbank laten ~* die Spielbank sprengen; **4** *(uitsteken)* herausspringen[276] **5** *(failliet gaan)* Bankrott machen: *op ~ staan (mbt bank, zaak)* vor dem Bankrott stehen[279]
springer Springer m^9
springkasteel Hüpfburg v^{20}
springlading Sprengladung v^{20}
springlevend springlebendig, quicklebendig
springnet Sprungtuch o^{32}
springplank *(ook fig)* Sprungbrett o^{31}
springschans Sprungschanze v^{21}
springstof Sprengstoff m^5, Sprengmittel o^{33}
springstok Sprungstab m^6
springtij Springtide v^{21}, Springflut v^{20}
springtouw Sprungseil o^{29}, Springseil o^{29}
springvloed Springflut v^{20}
springzeil Sprungtuch o^{32}
sprinkhaan Heuschrecke v^{21}
sprinklerinstallatie Sprinkleranlage v^{21}
sprint Sprint m^{13}
sprinten sprinten
sprinter 1 *(sp)* Sprinter m^9 **2** *(trein)* S-Bahn v^{20}
sprits Spritzkuchen m^{11}
sproeien sprengen
sproeier 1 *(van gieter)* Brause v^{21} **2** *(van douche)* Brause v^{21} **3** *(in tuin)* Rasensprenger m^9, Sprenger m^9 **4** *(in carburateur)* Düse v^{21}
sproeikop Düse v^{21}, Brause v^{21}; *zie ook* sproeier
sproeiwagen Sprengwagen m^{11}
sproet Sommersprosse v^{21}
sprokkelen Holz sammeln
sprong Sprung m^6; *(groot)* Satz m^6: *in één ~* mit einem Sprung *(of:* Satz); *de prijzen gaan met ~en omhoog* die Preise steigen sprunghaft an
sprookje Märchen o^{35}
sprookjesachtig märchenhaft
sprot Sprotte v^{21}
spruit 1 *(plantk)* Trieb m^5, Spross m^5, Schössling m^5 **2** *(telg)* Sprössling m^5
spruiten sprießen[275]
spruitjes Rosenkohl m^{19}
spugen 1 spucken **2** *(overgeven)* sich erbrechen[137]
spuien 1 *(water)* ablassen[197] **2** *(uiten)* von sich[3] geben[166]: *kritiek ~* Kritik von sich geben
spuigat Speigat(t) o^{37}, o^{36}
spuit 1 *(instrument)* Spritze v^{21} **2** *(injectie)* Spritze v^{21} **3** *(geweer)* Knarre v^{21}
spuitbus Sprühdose v^{21}, Spraydose v^{21}
spuiten *(algem)* spritzen; *(van drugs, ook)* fixen, schießen[238]: *een auto ~* ein Auto spritzen; *de tuin ~* den Garten sprengen
spuiter Spritzer m^9; *(van drugs, ook)* Fixer m^9
spuitgast Feuerwehrmann m^8 (mv ook -leute)
spuitje Spritze v^{21}
spuitwater Sprudel m^9, Sprudelwasser o^{34}
spul 1 *(gereedschap, waar)* Zeug o^{39}, Sachen *(mv)* **2** *(kleding)* Sachen *(mv)*, Klamotten *(mv)* **3** *(groep)* Bande v^{21}: *het hele ~* die ganze Bande **4** *(problemen)* Schwierigkeiten *(mv)*
spurt Spurt m^{13}
spurten spurten
sputteren 1 *(in pan)* brutzeln **2** *(mbt motor)* stottern **3** *(mopperen)* murren
spuug Spucke v^{28}, Speichel m^{19}
spuwen speien[271], spucken: *bloed ~* Blut spucken *(of:* speien); *vuur ~* Feuer speien
spyware *(comp)* Spyware v^{21}
squadron Staffel v^{21}
squash Squash o^{39a}
sr. *afk van senior* senior *(afk* sen.)
staaf Stab m^6; *(van edelmetaal)* Barren m^{11}: *~ goud* Goldbarren
staak 1 Stange v^{21} **2** *(persoon)* Bohnenstange v^{21}
staakt-het-vuren Feuereinstellung v^{20}
¹**staal 1** *(metaal)* Stahl m^6 **2** *(med)* Eisen o^{39}
²**staal** *(monster)* Muster o^{33}, Probe v^{21}
staalborstel Drahtbürste v^{21}
staalkaart 1 *(lett)* Musterkarte v^{21} **2** *(bonte mengeling)* bunte Sammlung v^{20}
staalkabel Drahtseil o^{29}
staaltje Probe v^{21}
staalwol Stahlwolle v^{28}
staan stehen[279]: *hoe ~ de zaken? (fig)* wie geht's?; *zoals de zaken nu ~* wie die Dinge jetzt liegen; *het staat 2-1 es steht 2:1; blijven ~* stehen bleiben[134]; *er staat een stevige bries* es weht eine steife Brise; *gaan ~* aufstehen; *die jas staat u goed* der Mantel steht Ihnen gut; *zijn eten laten ~* sein Essen stehen lassen[197]; *laat ~* geschweige denn; *wie weet wat ons nog te wachten staat* wer weiß, was uns[3] noch alles bevorsteht; *hij staat te lezen* er steht

und liest; *ik sta al een uur te wachten* ich warte schon eine Stunde; *achter iem, achter iets* ~ zu jmdm, zu[+3] etwas stehen; *bij het raam* ~ am Fenster stehen; *bij het raam gaan* ~ sich ans Fenster stellen; *boven iem* ~ über jmdm stehen; *daar sta ik buiten* damit habe ich nichts zu tun; *het stoplicht staat op groen* die Ampel steht auf Grün; *ik sta erop dat …* ich bestehe darauf, dass …; *ik sta op mijn recht!* ich bestehe auf meinem Recht!; *het huis staat op instorten* das Haus droht einzustürzen; *tegenover iem* ~ *(ook fig)* jmdm gegenüberstehen; *hoe sta jij daar tegenover?* wie stehst du dazu?; *3 staat tot 5 als …* 3 verhält sich zu 5 wie …; *tot* ~ *brengen* zum Stehen bringen[139]

staand: ~*e hond* Vorstehhund m^5; ~*e klok* Standuhr v^{20}; ~*e lamp* Stehlampe v^{21}; ~*e receptie* Stehempfang m^6; ~*e uitdrukking* Redensart v^{20}; *op zichzelf* ~ *geval* Einzelfall m^6; *iets* ~*e houden* bei[+3] etwas bleiben[134]; *zich* ~ *houden:* a) *(lett)* sich auf den Beinen halten[183]; b) *(fig)* sich behaupten

staande während[+2]: ~ *de vergadering* während der Sitzung

staanplaats Stehplatz m^5; *(voor taxi's)* Stand m^6

staar Star m^5: *grauwe* ~ grauer Star

staart 1 *(van dier)* Schwanz m^6; *(lang en behaard, ook)* Schweif m^5: *(fig) met de* ~ *tussen de benen afdruipen* den Schwanz einziehen[318] **2** *(vlecht)* Zopf m^6 **3** *(van komeet)* Schweif m^5 **4** *(van vliegtuig)* Heck o^{29} **5** *(van optocht, vlieger)* Schwanz m^6 **6** *(overschot)* Rest m^5

staartbeen Steißbein o^{29}

staartvin Schwanzflosse v^{21}

staartvlak Leitwerk o^{29}

staat 1 *(toestand)* Stand m^6, Zustand m^6: *burgerlijke* ~ Familienstand; *de* ~ *van zijn gezondheid* sein Gesundheitszustand; *in goede* ~ in gutem Zustand; *in* ~ *stellen* instand (*of:* in Stand) setzen; *in* ~ *zijn* imstande (*of:* im Stande) sein[262]; *tot alles in* ~ *zijn* zu allem fähig sein[262]; ~ *maken op* rechnen auf[+4] **2** *(pol)* Staat m^{16} **3** *(lijst)* Liste v^{21}

staathuishoudkunde Volkswirtschaftslehre v^{28}

staatkunde 1 *(wetenschap)* Staatslehre v^{28} **2** *(toepassing daarvan)* Politik v^{28}

staatkundig politisch

staatkundige Staatsmann m^8, Politiker m^9

staatsbelang Staatsinteresse o^{38}

staatsbestel Staatssystem o^{29}

staatsburger Staatsbürger m^9; *(ook)* Staatsangehörige(r) m^{40a}

staatsburgerschap Staatsbürgerschaft v^{28}, Staatsangehörigkeit v^{28}

staatsgeheim Staatsgeheimnis o^{29a}

staatsgreep Staatsstreich m^5, Putsch m^5

staatshoofd Staatsoberhaupt o^{32}

staatshuishouding Staatshaushalt m^5

staatsinrichting Staatssystem o^{29}; *(het leervak)* Staatsbürgerkunde v^{28}

staatsinstelling staatliche Institution v^{20}

staatsman Staatsmann m^8

staatsrecht Staatsrecht o^{39}

staatsrechtelijk staatsrechtlich

staatsruif Staatskasse v^{21}: *uit de* ~ *eten* von der Staatskasse zehren

staatsschuld Staatsschuld v^{20}

staatssecretaris Staatssekretär m^5

staatswege: *van* ~ vonseiten (*of:* von Seiten) des Staates, staatlich

stabiel stabil

stabilisatie Stabilisierung v^{20}

stabiliseren stabilisieren[320]

stabiliteit Stabilität v^{28}

stabiliteitspact Stabilitätspakt m^5

stacaravan Wohnwagen m^{11}

stad Stadt v^{25}: *grote* ~ Großstadt; *kleine* ~ Kleinstadt; *de* ~ *uit zijn* verreist sein[262]

stadhuis Rathaus o^{32}, Stadthaus o^{32}

stadion Stadion o (2e nvl -s; mv Stadien)

stadium Stadium o (2e nvl -s; mv Stadien)

stads städtisch

stadsbestuur Stadtverwaltung v^{20}, Magistrat m^5

stadscentrum Innenstadt v^{25}, Stadtmitte v^{21}

stadsdeel 1 *(stadswijk)* Stadtteil m^5, Stadtviertel o^{33} **2** *(bestuurlijke eenheid)* Stadtbezirk m^5

stadslicht *(van auto)* Standlicht o^{39}

stadsschouwburg Stadttheater o^{33}

stadswijk Stadtteil m^5, Stadtviertel o^{33}, Stadtbezirk m^5

staf Stab m^6: *generale* ~ Generalstab

stafchef Generalstabschef m^{13}

staffelen eine Staffelrechnung machen

stafhouder *(Belg) (ongev)* Vorsitzende(r) m^{40a}, v^{40b} der Anwaltskammer

stafkaart Generalstabskarte v^{21}

staflid Mitglied o^{31} des Stabes

stafofficier Generalstäbler m^9

stag Stag o^{29}, o^{37}

stage Praktikum o (2e nvl -s; mv Praktika): ~ *lopen* als Praktikant arbeiten

stageplaats Praktikantenstelle v^{21}

stagiair Praktikant m^{14}

stagnatie Stockung v^{20}; *(econ)* Stagnation v^{20}

stagneren stocken, stagnieren[320]

sta-in-de-weg Hindernis o^{29a}

¹**staken** intr *(het werk neerleggen)* streiken ‖ *de stemmen* ~ die Stimmen sind gleich

²**staken** tr einstellen: *de betalingen* ~ die Zahlungen einstellen; *de studie* ~ das Studium abbrechen[137]

staker Streikende(r) m^{40a}, v^{40b}

staking 1 *(van betaling, productie e.d.)* Einstellung v^{20}; *(van studie)* Abbruch m^6 **2** *(mbt arbeiders enz.)* Streik m^{13}, *zelden mv:* *in* ~ *gaan* in (den) Streik treten[291]; *in* ~ *zijn* streiken ‖ ~ *van stemmen* Stimmengleichheit v^{28}

stakingskas Streikkasse v^{21}

stakker armer Schlucker m^9

stal Stall m^6

¹**stalen** bn **1** *(lett)* stählern, Stahl…: ~ *meubelen*

Stahlrohrmöbel *mv o*³³; ~ *ros* Drahtesel *m*⁹ **2** *(fig)* eisern, stählern: ~ *zenuwen* stählerne Nerven

stalen *ww (ook fig)* stählen

stalken stalken

stalker stalker *m*⁹

stalking Stalking *o*³⁹

stallen *(van auto, fiets e.d.)* abstellen

stalles *zn mv* Sperrsitz *m*⁵

stalletje *(kraam)* Stand *m*⁶, Bude *v*²¹

stalling 1 *(het stallen)* Abstellen *o*³⁹ **2** *(fietsen)* Fahrradstand *m*⁶; *(auto's)* Garage *v*²¹

stam Stamm *m*⁶

stamboekvee Herdbuchvieh *o*³⁹

stamboom Stammbaum *m*⁶

stamcel Stammzelle *v*²¹

stamelen stammeln

stamgast Stammgast *m*⁶

stamkapitaal Stammkapital *o*²⁹ *(mv ook* Stammkapitalien*)*

stamkroeg Stammkneipe *v*²¹

stammen stammen

stampen 1 stampfen; *(als teken van bijval e.d.)* trampeln **2** *(met moeite leren)* pauken

stamper 1 *(werktuig)* Stampfer *m*⁹; *(in vijzel)* Stößel *m*⁹; *(van stratenmakers)* Ramme *v*²¹ **2** *(plantk)* Stempel *m*⁹

stampij Tamtam *o*³⁹: *veel* ~ *maken over iets* großes Tamtam um⁺⁴ *etwas* machen

stamppot Eintopfgericht *o*²⁹, Eintopf *m*⁶

stampvoeten aufstampfen, trampeln

stampvol gerammelt voll

stand 1 *(houding)* Stand *m*¹⁹, Stellung *v*²⁰: ~ *van een schakelaar* Stellung eines Schalters **2** *(toestand, gesteldheid)* Stand *m*⁶: ~ *van de barometer* Barometerstand; *de* ~ *van zaken* der Stand der Dinge **3** *(sp)* Stand *m*⁶: *de* ~ *is o-o* der Stand ist 0:0 **4** *(rang)* Stand *m*⁶: *burgerlijke* ~ Standesamt *o*³²; *overeenkomstig zijn* ~ standesgemäß **5** *(ligging)* Lage *v*²¹: *winkel op uitstekende* ~ Laden in bester Geschäftslage **6** *(wezen, bestaan)* Stand *m*¹⁹: *in* ~ *houden* aufrechterhalten¹⁸³; *tot* ~ *brengen* zustande (*of:* zu Stande) bringen¹³⁹; *tot* ~ *komen* zustande (*of:* zu Stande) kommen¹⁹³

stand *(kraam)* Stand *m*⁶

standaard *zn* **1** *(vaandel)* Standarte *v*²¹ **2** *(scheepv)* Stander *m*⁹ **3** *(steun)* Ständer *m*⁹ **4** *(muntwezen)* Währung *v*²⁰ **5** *(maatstaf)* Standard *m*¹³

standaard *bw* als Standard, Standard...

standaardisatie Standardisation *v*²⁰

standaardiseren standardisieren³²⁰

standaardwerk Standardwerk *o*²⁹

standbeeld Statue *v*²¹, Standbild *o*³¹

stand-by alarmbereit

standhouden 1 *(staande blijven)* standhalten¹⁸³, sich behaupten, sich halten¹⁸³ **2** *(blijven bestaan)* Bestand haben¹⁸²

standhouder Aussteller *m*⁹, Standinhaber *m*⁹

standing Rang *m*⁶, Ansehen *o*³⁹

standje 1 Tadel *m*⁹ **2** *(houding)* Stellung *v*²⁰

standlicht *(Belg)* Standlicht *o*³¹

standplaats 1 Standort *m*⁵ **2** *(vaste plaats)* Standort *m*⁵, Standplatz *m*⁶, Stand *m*⁶: ~ *van taxi's* Taxistand

standpunt Standpunkt *m*⁵: *van dit* ~ *beschouwd* von diesem Standpunkt aus; *op het* ~ *staan* auf dem Standpunkt stehen²⁷⁹; *zijn* ~ *bepalen ten opzichte van een kwestie* Stellung nehmen²¹² zu einer Frage

standsverschil Standesunterschied *m*⁵

stand-upcomedian Stand-up-Comedian *m*¹³

standvastig standhaft, beharrlich

stang Stange *v*²¹: *(fig) iem op* ~ *jagen* jmdn auf die Palme bringen¹³⁹

stank Gestank *m*¹⁹

stante pede auf der Stelle

stap *(ook fig)* Schritt *m*⁵: *gerechtelijke ~pen doen* gerichtlich vorgehen¹⁶⁸ (gegen⁺⁴); *op* ~ *gaan* sich auf den Weg machen; ~ *voor* ~ Schritt für Schritt

¹stapel *zn* **1** *(opgetaste hoop)* Stapel *m*⁹, Stoß *m*⁶ **2** *(scheepv)* Stapel *m*⁹: *van* ~ *lopen* vom Stapel laufen¹⁹⁸; *(fig)* vonstatten gehen¹⁶⁸; *te hard van* ~ *lopen* voreilig sein²⁶²

²stapel *bn* völlig verrückt: ~ *op* verrückt auf⁺⁴

stapelbed Etagenbett *o*³⁷, Stockbett *o*³⁷

stapelen stapeln, aufstapeln

stapelgek völlig verrückt

stapelhuis *(Belg)* Lager *o*³³, Lagerhaus *o*³²

stapelwolk Quellwolke *v*²¹

stappen 1 gehen¹⁶⁸, schreiten²⁵⁴; *(fig) over iets heen* ~ sich über⁺⁴ etwas hinwegsetzen²⁴ **2** *(een stap doen)* steigen²⁸¹ in⁺⁴, treten²⁹¹ in⁺⁴: *in een plas* ~ in eine Pfütze treten; *in de auto, in de trein* ~ ins Auto, in den Zug steigen **3** *(boemelen)* bummeln

stapvoets im Schritt

star starr

staren starren, stieren

start Start *m*¹³: *koude* ~ Kaltstart; *(sp) staande* ~ stehender Start; *valse* ~ Fehlstart

startbaan Startbahn *v*²⁰, Rollbahn *v*²⁰, Piste *v*²¹

startblok Startblock *m*⁶: *(fig) in de ~ken staan* startbereit sein²⁶²

starten starten

starter Starter *m*⁹

startgeld Startgeld *o*³¹

startmotor Anlasser *m*⁹

startpagina *(comp)* Leitseite *v*²¹, Startseite *v*²¹

startschot Startschuss *m*⁶

startsein Startsignal *o*²⁹

statafel Stehtisch *m*⁵

Staten-Generaal Generalstaaten *(mv)*

statief Stativ *o*²⁹

statiegeld Pfand *o*³²: ~ *op blikjes en wegwerpflessen* Dosenpfand *o*³²

statig 1 *(deftig)* würdig, würdevoll: *een ~e eik* eine mächtige Eiche **2** *(plechtig)* feierlich

station 1 *(algem) (halte)* Station *v*²⁰: *het* ~ *binnenrijden (mbt trein)* einlaufen¹⁹⁸ **2** *(gebouw)* Bahn-

stationair
hof *m*⁶: *centraal ~* Hauptbahnhof; *ik breng je naar het ~* ich bringe dich zur Bahn
stationair stationär: *het ~ draaien* der Leerlauf *m*⁶
stationcar Kombi *m*¹³, Kombiwagen *m*¹¹
stationeren stationieren³²⁰
stationschef Bahnhofsvorsteher *m*⁹
stationsgebouw Bahnhofsgebäude *o*³³
stationsrestauratie Bahnhofsrestaurant *o*³⁶
statisch statisch
statistiek Statistik *v*²⁰
statistisch statistisch
statten in die Stadt gehen¹⁶⁸
status Status *m (2e nvl -; mv -)*
statusbalk Statusleiste *v*²¹, Statusbalken *m*¹¹
status-quo Status quo *m (2e nvl - -)*
statutair statutarisch, statutengemäß
statuut Statut *o*³⁷, Satzung *v*²⁰
staven 1 *(bekrachtigen)* bestätigen 2 *(bewijzen)* beweisen³⁰⁷: *met bewijzen ~* mit Beweisen belegen
stayer Steher *m*⁹
steak Steak *o*³⁶
stedelijk städtisch, Stadt...
stedeling Städter *m*⁹, Stadtbewohner *m*⁹
stedenbouw Städtebau *m*¹⁹
stedenbouwkundig städtebaulich
stedenbouwkundige Stadtplaner *m*⁹
¹**steeds** *bn, bw (als in de stad)* städtisch
²**steeds** *bw* immer, stets
steeg 1 *(straatje)* Gasse *v*²¹ 2 *(weg)* Weg *m*⁵
steek 1 *(van angel, mes, dolk enz.)* Stich *m*⁵ 2 *(scheepv)* Stek *m*¹³ 3 *(bij borduren, naaien)* Stich *m*⁵ 4 *(bij breien, haken)* Masche *v*²¹: *een ~ laten vallen* eine Masche fallen lassen¹⁹⁷ 5 *(toespeling)* Stich *m*⁵: *~ onder water* Seitenhieb *m*⁵ 6 *(pijn)* Stich *m*⁵ || *(fig) een ~ laten vallen* einen Fehler machen; *(fig) dat houdt geen ~!* das ist nicht stichhaltig!; *iem in de ~ laten* jmdn im Stich lassen¹⁹⁷; *ik begrijp er geen ~ van!* ich begreife nicht die Bohne davon!
steekhoudend stichhaltig
steekpartij Messerstecherei *v*²⁰
steekpenningen Bestechungsgelder *mv o*³¹
steekproef Stichprobe *v*²¹
steeksleutel Gabelschlüssel *m*⁹
steekvlam Stichflamme *v*²¹
steekwagen Stechkarren *m*¹¹, Sackkarren *m*¹¹
steekwapen Stichwaffe *v*²¹
steel Stiel *m*⁵; *(van bloem, ook)* Stängel *m*⁹
steels verstohlen, heimlich
steen 1 Stein *m*⁵ 2 *(bouwmateriaal)* Backstein *m*⁵, Ziegelstein *m*⁵, Ziegel *m*⁹: *de eerste ~ leggen* den Grundstein legen 3 *(dobbelsteen)* Würfel *m*⁹ || *~ en been klagen* laut klagen
steenbok Steinbock *m*⁶
Steenbokskeerkring Wendekreis *m*¹⁹ des Steinbocks
steenboor Steinbohrer *m*⁹

steendruk Steindruck *m*⁵, Lithographie *v*²¹, Lithografie *v*²¹
steengoed *bn* klasse, spitze: *dat is ~!* das ist klasse! *(of:* Klasse!*)*
steengrillen steingrillen
steengroeve Steinbruch *m*⁶
steenhouwer Steinmetz *m*¹⁴
steenkolen *zie* steenkool
steenkolenmijn Steinkohlenbergwerk *o*²⁹, Steinkohlenzeche *v*²¹
steenkool Steinkohle *v*²¹ *(vaak mv)*
steenkoud eiskalt
steenpuist Furunkel *m*⁹, *o*³³
steenrijk steinreich
steentje Steinchen *o*³⁵: *zijn ~ (aan iets) bijdragen* sein Scherflein (zu⁺³ etwas) beitragen²⁸⁸
steenuil Steinkauz *m*⁶, Steineule *v*²¹
steenweg *(Belg)* Landstraße *v*²¹
steenworp Steinwurf *m*⁶
¹**steevast** *bn* fest
²**steevast** *bw* ständig
steiger 1 *(scheepv)* Landungsbrücke *v*²¹, Landungssteg *m*⁵ 2 *(bouw)* Gerüst *o*²⁹, Baugerüst *o*²⁹: *in de ~s staan* eingerüstet sein²⁶²
steigeren *(mbt paard)* sich bäumen
steil 1 *(min of meer loodrecht)* steil, schroff; *(naar beneden, ook)* jäh 2 *(star)* starr
stek 1 *(van plant)* Steckling *m*⁵, Ableger *m*⁹ 2 *(vaste plek)* Platz *m*⁶, Lieblingsplatz *m*⁶
stekel Stachel *m*¹⁷
stekelbaars Stichling *m*⁵
stekelig *(ook fig)* stach(e)lig
stekelvarken Stachelschwein *o*²⁹
steken 1 *(prikken)* stechen²⁷⁷ 2 *(pijn veroorzaken)* stechen²⁷⁷: *de zon steekt* die Sonne sticht 3 *(uitspitten)* stechen²⁷⁷: *zoden ~* Rasen stechen 4 *(opbergen, stoppen, ergens in doen)* stecken: *iets in zijn zak ~* etwas in die Tasche stecken; *de hoofden bij elkaar ~* die Köpfe zusammenstecken; *zich in schulden ~* Schulden machen 5 *(bevestigen)* stecken 6 *(zich bevinden)* stecken²⁷⁸: *de sleutel steekt in het slot* der Schlüssel steckt im Schloss || *in brand ~* in Brand stecken; *er steekt wat achter* es steckt etwas dahinter; *blijven ~* stecken bleiben¹³⁴
stekend stechend
stekken durch Stecklinge vermehren
stekker Stecker *m*⁹
stel 1 *(set)* Satz *m*⁶, Garnitur *v*²⁰: *een goed ~ hersens hebben* Grütze im Kopf haben¹⁸² 2 *(het paar)* Paar *o*²⁹: *een raar ~* ein seltsames Gespann 3 *(een aantal)* einige: *een heel ~ mensen* eine Menge Leute 4 *(kooktoestel)* Kocher *m*⁹ || *op ~ en sprong* auf der Stelle
stelen stehlen²⁸⁰: *(fig) om te ~* entzückend
stellage 1 *(rek)* Stellage *v*²¹ 2 *(steiger)* Gerüst *o*²⁹ 3 *(verhoging)* Podest *o*²⁹, *m*⁵
stellen 1 *(plaatsen)* stellen, setzen: *ramen ~* Fenster richten; *het is slecht met haar gesteld* es geht ihr schlecht; *een vraag ~* eine Frage stellen; *iem*

verantwoordelijk ~ **voor** jmdn verantwortlich machen für[+4]; **vertrouwen in iem** ~ sein Vertrauen auf jmdn setzen **2** *(in een toestand brengen)* setzen, versetzen: *in werking, buiten werking* ~ in Betrieb, außer Betrieb setzen **3** *(genoegen nemen met)* auskommen[193]: *het iem goed, slecht kunnen* ~ gut, schlecht mit jmdm auskommen; *heel wat met iem te* ~ *hebben* seine liebe Not mit jmdm haben[182] **4** *(bepalen)* stellen: *een diagnose* ~ eine Diagnose stellen **5** *(op schrift brengen)* schreiben[252], abfassen **6** *(veronderstellen)* annehmen[212]: *iets* ~ *(zeggen)* etwas sagen

stellend: ~*e trap* Positiv *m*[5]; Grundstufe *v*[21]

stellig 1 *(werkelijk)* entschieden **2** *(zeker)* bestimmt, gewiss, sicher: *het* ~*e voornemen* der feste Vorsatz; *iets* ~ *beweren* etwas mit großer Bestimmtheit behaupten

stelling 1 *(probleem)* Problemstellung *v*[20] **2** *(wijze waarop iets gesteld is)* Stellung *v*[20], Position *v*[20]: ~ *nemen tegen* Stellung nehmen[212] gegen[+4] **3** *(stellage)* Stellage *v*[21], Gestell *o*[29]; *(steiger)* Gerüst *o*[29] **4** *(thesis)* These *v*[21] **5** *(wisk)* Lehrsatz *m*[6]

stellingname Stellungnahme *v*[21]

stelpen stillen: *bloed* ~ Blut stillen

stelplaats *(Belg)* **1** *(voor treinen)* Abstellbahnhof *m*[6] **2** *(loods)* Depot *o*[36]

stelregel Grundsatz *m*[6], Prinzip *o*[29] *(mv ook* Prinzipien)

stelsel System *o*[29]

stelselmatig systematisch, planmäßig

stelt Stelze *v*[21]: *de boel op* ~*en zetten* alles auf den Kopf stellen

steltloper *(persoon en vogel)* Stelzenläufer *m*[9]

stem Stimme *v*[21]: *zijn* ~ *kwijt zijn* seine Stimme verloren haben[182]; *zijn* ~ *op iem uitbrengen* jmdm seine Stimme geben[166]; *er gaan* ~*men op* … Stimmen werden laut, …

stembiljet *(stembriefje)* Stimmzettel *m*[9]

stembureau Wahllokal *o*[29]

stembus Wahlurne *v*[21]

stemgeluid Stimme *v*[21], Klang *m*[6] der Stimme

stemgerechtigd stimmberechtigt

stemlokaal Wahllokal *o*[29]

stemmen stimmen; *(bij verkiezing)* wählen

stemmig dezent

stemming 1 Stimmung *v*[20] **2** *(het stemmen)* Abstimmung *v*[20], Stimmabgabe *v*[21]: *tot* ~ *overgaan* zur Abstimmung schreiten[254]; *zich van* ~ *onthouden* sich der Stimme enthalten[183]

stemmingmakerij Stimmungsmache *v*[28]

stempel 1 *(algem)* Stempel *m*[9]: *(fig) zijn* ~ *op iets drukken* einer Sache[3] seinen Stempel aufdrücken; *van de oude* ~ von altem Schrot und Korn **2** *(afdruk met reliëf)* Prägung *v*[20]

stempelaar Unterstützungsempfänger *m*[9]

stempelautomaat *(in bus, tram)* Entwerter *m*[9]

stempelen 1 *(brieven)* stempeln, abstempeln **2** *(munten)* prägen **3** *(Belg) (werkloos zijn)* arbeitslos sein[262]: *(mbt steuntrekkers) gaan* ~ stempeln gehen[168]

stempelgeld *(Belg) (pop)* Arbeitslosengeld *o*[39], Unterstützungsgeld *o*[31]

stemplicht Wahlpflicht *v*[20]

stemrecht Stimmrecht *o*[39], Wahlrecht *o*[39]

stemverheffing Stimmaufwand *m*[19]

stemvork Stimmgabel *v*[21]

stemwijzer Wahl-O-Mat *m*[14], Wahlberatung *v*[28] mit Hilfe des Computers

stencil *(afdruk)* Abzug *m*[6]

stencilen vervielfältigen

stenen *bn* steinern, Stein…

stengel Stängel *m*[9]: *zoute* ~ Salzstange *v*[21]

steno Steno *v*[28]

stenograaf Stenograf *m*[14], Stenograph *m*[14]

stenograferen stenografieren[320], stenographieren[320]

stenografie Stenografie *v*[21], Stenographie *v*[21]

stenografisch stenografisch, stenographisch

stenogram Stenogramm *o*[29]

stenotypist Stenotypist *m*[14]

step 1 *(dans)* Stepp *m*[13] **2** *(autoped)* Roller *m*[9]

steppe Steppe *v*[21]

steppen 1 *(een step dansen)* steppen, Stepp tanzen **2** *(met autoped)* rollern

steps Stepps *(mv)*

ster Stern *m*[5]; *(beroemdheid)* Star *m*[13]: *vallende* ~ Sternschnuppe *v*[21]; *vaste* ~ Fixstern; *zij is een* ~ *in wiskunde* sie ist ein Ass in Mathematik

¹stereo *zn* **1** *(stereometrie)* Stereometrie *v*[28] **2** *(stereofonie)* Stereo *o*[39] **3** *(stereoapparatuur)* Stereoanlage *v*[21]

²stereo *bn* stereo, Stereo…

stereo-installatie Stereoanlage *v*[21]

sterfbed 1 *(doodsbed)* Sterbebett *o*[37] **2** *(wijze van sterven)* Tod *m*[5]

sterfdag Sterbetag *m*[5], Todestag *m*[5]

sterfelijk sterblich

sterfelijkheid Sterblichkeit *v*[28]

sterfgeval Sterbefall *m*[6], Todesfall *m*[6]

sterfte 1 *(het sterven)* Sterben *o*[39] **2** *(aantal sterfgevallen)* Sterblichkeit *v*[28], Mortalität *v*[28]

sterftecijfer Sterblichkeitsziffer *v*[21], Sterbeziffer *v*[21]

steriel steril

sterilisatie Sterilisation *v*[20], Sterilisierung *v*[20]

steriliseren sterilisieren[320]

sterk *(algem)* stark[58]; *(krachtig, ook)* kräftig; *(onverslijtbaar, ook)* strapazierfähig: *100 man* ~ 100 Mann stark; ~ *aanbevelen* sehr empfehlen[147]; *dat lijkt me* ~ das glaube ich nicht; *ik maak me* ~, *dat* … ich wette, dass …

sterkedrank starkes Getränk *o*[29], Schnaps *m*[6]

sterken stärken, kräftigen

sterkgebouwd kräftig gebaut, stämmig

sterkstroom Starkstrom *m*[19]

sterkte *(algem)* Stärke *v*[21]; *(kracht, ook)* Kraft *v*[25]: *(mil) effectieve* ~ Effektivstärke *v*[28]; *de* ~ *van het materiaal* die Festigkeit des Materials; ~! Hals- und Beinbruch!; *iem veel* ~ *wensen* jmdm viel Kraft wünschen

stern Seeschwalbe v^{21}
sterrenbeeld Sternbild o^{31}
sterrenhemel Sternhimmel m^{19}
sterrenkunde Astronomie v^{28}, Sternkunde v^{28}
sterrenkundige Astronom m^{14}
sterrenstelsel Sternsystem o^{29}
sterrenwacht Sternwarte v^{21}
sterretje Sternchen o^{35}: ~s zien Sterne sehen^{261}
sterrit Sternfahrt v^{20}
sterveling(e) Sterbliche(r) m^{40a}, v^{40b}: geen ~ keine Sterbensseele
sterven 1 sterben^{282}: ~ van honger sterben vor^{+3} Hunger; op ~ na dood zijn in den letzten Zügen liegen^{202}; op ~ liggen im Sterben liegen^{202} **2** (wemelen) wimmeln von^{+3}
stethoscoop Stethoskop o^{29}
steun 1 (stut) Stütze v^{21} **2** (ondersteuning) Unterstützung v^{20}, Stütze v^{21}: ~ verlenen Unterstützung gewähren **3** (houvast) Halt m^{19} **4** (uitkering) Arbeitslosengeld o^{39}, Fürsorge v^{28}
steunbeer Strebepfeiler m^9
¹**steunen** (kermen) stöhnen, ächzen
²**steunen** intr **1** (leunen) sich stützen, sich lehnen: op een stok ~ sich auf einen Stock stützen **2** (vertrouwen op) sich stützen (auf^{+4})
³**steunen** tr **1** (stutten) stützen **2** (steun verlenen aan) unterstützen: een motie ~ einen Antrag unterstützen
steunkous Stützstrumpf m^6
steunpilaar 1 (lett) Stützpfeiler m^9 **2** (fig) Stütze v^{21}
steunpunt Stützpunkt m^5
steuntrekker Unterstützungsempfänger m^9
steunzool Einlage v^{21}
steur Stör m^5
steven Steven m^{11}
stevenen steuern
stevig 1 (sterk) kräftig: ~e bries steife Brise; ~e handdruk fester Händedruck; ~e schoenen festes Schuhwerk **2** (flink) kräftig, tüchtig: ~ eten tüchtig essen^{152}
steward Steward m^{13}, Flugbegleiter m^9
stewardess Stewardess v^{20}, Flugbegleiterin v^{22}
stichtelijk erbaulich
stichten 1 (grondvesten) gründen, stiften **2** (doen ontstaan) stiften: brand ~ Brand stiften **3** (in godsdienstige stemming brengen) erbauen
stichter (oprichter) Gründer m^9, Stifter m^9
stichting 1 (het stichten) Gründung v^{20} **2** (lichaam met rechtspersoonlijkheid) Stiftung v^{20} **3** (instelling) Anstalt v^{20} **4** (godsdienstige stemming) Erbauung v^{20}
stick (sp) Schläger m^9, Hockeyschläger m^9
sticker Aufkleber m^9, Sticker m^9
stickie Joint m^{13}
stiefdochter Stieftochter v^{26}
stiefkind Stiefkind o^{31}
stiefmoeder Stiefmutter v^{26}
stiefvader Stiefvater m^{10}

stiefzoon Stiefsohn m^6
stiekem 1 (heimelijk) heimlich **2** (achterbaks) hinterhältig
stiekemerd Heimtücker m^9
stielman (Belg) Fachmann m^8 (mv meestal Fachleute)
stier Stier m^5; (mannelijk rund, ook) Bulle m^{15}
stierengevecht Stierkampf m^6
stierlijk schrecklich: ~ vervelend stinklangweilig
Stiermarken die Steiermark v^{28}
¹**stift 1** (puntig voorwerp, viltstift) Stift m^5 **2** (potloodstaafje, ballpointvulling) Mine v^{21}
²**stift** (sticht) Stift o^{29}
stifttand Stiftzahn m^6
stijf 1 (mbt ledematen, rug, spieren) steif: ~ van de kou steif (of: starr) vor Kälte; ~ staan van het vuil starren von (of: vor) Schmutz **2** (vormelijk) förmlich, steif **3** (houterig) hölzern, steif **4** (stevig) steif, fest: hij hield het kind ~ tegen zich aan er hielt das Kind fest an^{+4} sich gedrückt || ~ staan van de fouten strotzen von (of: vor) Fehlern
stijfkop Starrkopf m^6; (een kind) Trotzkopf m^6
stijfkoppig starrköpfig, trotzköpfig
stijfsel 1 (voor textiel) Stärke v^{21} **2** (plaksel) Kleister m^9
stijgbeugel Steigbügel m^9
stijgen steigen^{281}: ~ met steigen um^{+4}; ~ tot steigen auf^{+4}
stijging Steigerung v^{20}, Anstieg m^5: ~ van de temperatuur Temperaturanstieg
¹**stijl 1** (opstaande paal) Pfosten m^{11}: de ~ van een deur der Türpfosten **2** (spijl) Stab m^6
²**stijl** (uitdrukkingsvorm) Stil m^5: in ~ stilvoll
stijlbloempje Stilblüte v^{21}
stijlloos stillos
¹**stijven** (van textiel) stärken
²**stijven** (sterken) bestärken: iem in iets ~ jmdn in^{+3} etwas bestärken
stikdonker stockfinster, stockdunkel
stikheet erstickend heiß
¹**stikken** ersticken: ~ van het lachen vor^{+3} Lachen ersticken || ~ van het geld im Geld ersticken; het stikt hier van de toeristen es wimmelt hier von Touristen
²**stikken** (naaien) steppen
stikstof Stickstoff m^{19}
stikvol gerammelt voll, gepfropft voll
stil still: ~le agent Geheimpolizist m^{14}; ~le armoede verborgene Armut; een ~le getuige ein stummer Zeuge
stileren stilisieren^{320}
stiletto Schnappmesser o^{33}
¹**stilhouden** intr (stoppen) (an)halten^{183}
²**stilhouden** tr (verzwijgen) geheim halten^{183}
stilleggen 1 (van bedrijven, mijnen) stilllegen **2** (van verkeer) lahm legen
stillen stillen; (dorst) löschen; (pijn) lindern
stilletjes 1 (zachtjes) leise **2** (stiekem) heimlich
stilleven Stillleben o^{35}

stilliggen 1 *(niet bewegen)* still liegen[202] **2** *(niet functioneren)* stillliegen[202]

stilstaan stillstehen[279]; *(mbt water, ook)* stehen[279]: *bij een onderwerp ~* bei einem Thema verweilen

stilstand 1 Stillstand *m*[19]: *tot ~ brengen* stoppen **2** *(Belg) (halte)* Haltestelle *v*[21]

stilte 1 Stille *v*[28]: *minuut ~* Schweigeminute *v*[21]; *in diepe ~* in tiefer Stille; *de ~ voor de storm* die Stille vor dem Sturm **2** *(kalmte)* Ruhe *v*[28]: *~!* Ruhe! || *in ~* heimlich

stilzetten abstellen

stilzitten 1 *(zich niet verroeren)* still sitzen[268] **2** *(niets doen)* stillsitzen[268], müßig sein[262]

stilzwijgen *zn* Schweigen *o*[39]

stilzwijgen *ww* schweigen[255]

stimulans Stimulans *o* *(2e nvl -; mv Stimulanzien of Stimulantia)*

stimuleren stimulieren[320], anregen: *~d middel* Aufputschmittel *o*[33]

stinken stinken[284]: *erin ~* hereinfallen[154]

stip Punkt *m*[5], Tupfen *m*[11]

stipendium Stipendium *o* *(2e nvl -s; mv Stipendien)*

stippelen punktieren[320]; *(een stof)* tüpfeln

stippellijn punktierte Linie *v*[21]

stipt pünktlich, gewissenhaft; *(precies)* genau: *~ op tijd* pünktlich

stiptheid Pünktlichkeit *v*[28], Gewissenhaftigkeit *v*[28]

stiptheidsactie Dienst *m*[5] nach Vorschrift

stockeren *(Belg) (van goederen)* lagern

stoeien 1 *(ravotten)* sich balgen **2** *(vrijen)* herumspielen

stoel Stuhl *m*[6]; *(met armleuning)* Sessel *m*[9]: *iets niet onder ~en of banken steken* kein(en) Hehl aus[+3] etwas machen

stoelen *(berusten op)* sich gründen (auf[+4])

stoelgang Stuhlgang *m*[19], Stuhl *m*[19]

stoeltjeslift Sessellift *m*[5], *m*[13], Sesselbahn *v*[20]

stoep 1 *(stenen opstap)* Türstufe *v*[21]: *bij iem op de ~ staan* bei jmdm vor der Tür stehen[279] **2** *(trottoir)* Bürgersteig *m*[5], Gehsteig *m*[5]

stoer 1 *(flink)* rüstig **2** *(robuust)* stramm, stämmig, robust: *~ doen* sich aufspielen

stoet 1 *(optocht)* Zug *m*[6], Aufzug *m*[6] **2** *(gevolg)* Gefolge *o*[33]: *een ~ mensen* eine Menge Leute

stoeterij Gestüt *o*[29]

¹**stof** *het* Staub *m*[19]: *~ afnemen* Staub wischen; *~ doen opwaaien* Staub aufwirbeln

²**stof** *de (materie, onderwerp, weefsel)* Stoff *m*[5]: *vaste ~* fester Stoff; *kort van ~ zijn* kurz angebunden sein[262]; *lang van ~* langatmig

stofdoek Staubtuch *o*[32], Staublappen *m*[11]

stoffeerder *(van meubels)* Polsterer *m*[9]; *(van woningen)* Raumausstatter *m*[9]

stoffelijk materiell, stofflich

¹**stoffen** *bn* aus Stoff, Stoff...

²**stoffen** *ww* Staub wischen

stoffer Handfeger *m*[9], Handbesen *m*[11]: *~ en blik* Schaufel und Besen

stofferen 1 *(bekleden)* polstern **2** *(een kamer)* ausschlagen[241], ausstatten

stoffig staubig, bestaubt

stofjas Kittel *m*[9], Arbeitsmantel *m*[10]

stofkap Schutzhaube *v*[21]

stofwisseling Stoffwechsel *m*[9]

stofzuigen staubsaugen (staubsaugte, staubgesaugt), saugen (saugte, gesaugt)

stofzuiger Staubsauger *m*[9]

stok 1 *(dunne stam)* Stock *m*[6]: *de ~ van een roos* der Stock einer Rose **2** *(stuk hout)* Stock *m*[6], Stab *m*[6]: *met een ~ lopen* am Stock gehen[168] **3** *(sp)* Kartenstock *m*[6] || *(fig) het met iem aan de ~ hebben* Krach mit jmdm haben[182]

stokboon Stangenbohne *v*[21]

stokbrood Stangenbrot *o*[29]

stokdoof stocktaub

¹**stoken** *intr* **1** *(verwarmen)* heizen **2** *(opruien)* hetzen

²**stoken** *tr* **1** *(als brandstof gebruiken)* heizen mit[+3], brennen[138]: *cokes ~* mit Koks heizen, Koks brennen **2** *(distilleren)* brennen[138]: *brandewijn ~* Branntwein brennen

stoker 1 Heizer *m*[9] **2** *(opruier)* Hetzer *m*[9]

stokje Stöckchen *o*[35], Stäbchen *o*[35]: *een ~ vanille* eine Stange Vanille || *ergens een ~ voor steken* einer Sache[3] einen Riegel vorschieben[237]; *van zijn ~ vallen* aus den Latschen kippen

stokken stocken, aussetzen

stokoud steinalt

stokpaardje Steckenpferd *o*[29]

stokstijf 1 stocksteif **2** *(volhardend)* steif und fest

stokvis Stockfisch *m*[5]

stola Stola *v (mv Stolen)*

stollen gerinnen[225], stocken, erstarren

stolp Glasglocke *v*[21], Glocke *v*[21]

stolsel Gerinnsel *o*[33]

stom 1 *(sprakeloos)* stumm: *~me film* Stummfilm *m*[5] **2** *(dom)* blöd, dumm: *~ geluk* blindes Glück

stoma Stoma *o (2e nvl -s; mv Stomata)*

stomdronken stockbetrunken

¹**stomen** *intr (varen)* dampfen

²**stomen** *tr* **1** *(gaar maken)* dämpfen **2** *(reinigen)* (chemisch) reinigen

stomerij Reinigungsanstalt *v*[20], Reinigung *v*[20]

stomheid: *met ~ geslagen* völlig sprachlos

stommelen poltern

stommeling Dummkopf *m*[6], Dussel *m*[9]

stommetje: *~ spelen* sich stumm stellen

stommiteit Dummheit *v*[20], Torheit *v*[20]

¹**stomp** *(stoot)* Puff *m*[6], Stoß *m*[6]

²**stomp** *(kort stuk)* Stumpf *m*[6], Stummel *m*[9]

³**stomp** *bn, bw* stumpf

stompen puffen, stoßen[285]

stompje Stummel *m*[9]

stompzinnig stumpfsinnig

stompzinnigheid Stumpfsinn *m*[19]

stomtoevallig rein zufällig
stomverbaasd sehr erstaunt: ~ *zijn* baff sein[262]
stomvervelend stinklangweilig
stoof Kiek v^{20}, Kieke v^{21}
stoofappel Kochapfel m^{10}
stookolie Heizöl o^{29}
stoom Dampf m^6: ~ *afblazen* Dampf ablassen[197]
stoomboot Dampfschiff o^{29}, Dampfer m^9
stoomcursus Schnellkurs m^5
stoomketel Dampfkessel m^9
stoommachine Dampfmaschine v^{21}
stoomstrijkijzer Dampfbügeleisen o^{35}
stoomturbine Dampfturbine v^{21}
¹stoot 1 *(duw, kort geluid)* Stoß m^6: *de eerste* ~ *tot iets geven* den Anstoß zu etwas geben[166] **2** *(massa)* Menge v^{21}, Haufen m^{11}
²stoot *(knappe meid)* tolle Motte v^{21}
stootblok Prellbock m^6
stootkussen Puffer m^9; *(van schip)* Fender m^9
¹stop *zn* **1** Stöpsel m^9, Pfropfen m^{11} **2** *(elektr)* Sicherung v^{20} **3** *(in sok e.d.)* gestopfte Stelle v^{21} **4** *(het stopzetten van iets)* Stopp m^{13}: *sanitaire* ~ Pinkelpause v^{21} **5** *(pauze)* Halt m^5, m^{13}
²stop *tw* halt!, stopp!
stopbord Stoppschild o^{31}
stopcontact Steckdose v^{21}
stoplicht 1 *(van auto)* Stopplicht o^{31} **2** *(verkeerslicht)* Verkehrsampel v^{21}: *door het rode* ~ *heenrijden* die rote Ampel überfahren[153]
stopnaald Stopfnadel v^{21}
stoppel Stoppel v^{21}
stoppelbaard Stoppelbart m^6
¹stoppen *intr* **1** *(stilstaan)* halten[183], anhalten[183], stoppen **2** *(ophouden)* aufhören: ~ *met roken* mit dem Rauchen aufhören
²stoppen *tr* **1** *(een opening opvullen)* stopfen; *(een lek)* dichten **2** *(in iets steken)* stecken: *iem geld in de hand* ~ jmdm Geld zustecken; *iem in de gevangenis* ~ jmdn einsperren; *iets in zijn zak* ~ etwas in die Tasche stecken; *iem onder de grond* ~ jmdn verscharren
stopperspil Stopper m^9
stopplaats Haltestelle v^{21}
stopsein Haltesignal o^{29}, Stoppsignal o^{29}
stoptrein Personenzug m^6, Bummelzug m^6
stopverbod Halteverbot o^{29}
stopverf Fensterkitt m^5
stopwatch Stoppuhr v^{20}
stopwoord Flickwort o^{32}, Lieblingswort o^{32}
stopzetten 1 *(fabriek, verkeer)* stilllegen **2** *(machine, auto)* stoppen **3** *(activiteit)* einstellen
storen stören; *(lastigvallen, ook)* belästigen: *zich niet* ~ *aan* sich nicht kümmern um[+4]; *iem in zijn werk* ~ jmdn bei der Arbeit stören
storing Störung v^{20}
storingvrij störungsfrei
storm Sturm m^6: *een* ~ *in een glas water* ein Sturm im Wasserglas
stormachtig *(ook fig)* stürmisch

stormen 1 *(hard waaien)* stürmen **2** *(rennen)* stürmen, stürzen: *hij kwam uit het huis* ~ er stürzte aus dem Hause
stormloop 1 Sturmlauf m^6 **2** *(run)* Ansturm m^6
stormlopen 1 *(aanvallen)* stürmen **2** *het liep storm om plaatsen* man riss sich um Plätze; *het loopt storm* es herrscht großer Andrang
stormschade Sturmschaden m^{12}
stormvloed Sturmflut v^{20}
stormvloedkering Sturmflutwehr o^{29}
stort Müllkippe v^{21}, Mülldeponie v^{21}
stortbak 1 *(van wc)* Spülkasten m^{12} **2** *(bak waarin iets wordt gestort)* Container m^9
stortbui Regenguss m^6
¹storten *intr* stürzen
²storten *tr* **1** *(doen vallen)* schütten; *(beton)* gießen[175]; *(tranen)* vergießen[175]; *puin* ~ Schutt abladen[196]; *iem in het ongeluk* ~ jmdn ins Unglück stürzen **2** *(betalen)* einzahlen: *geld op een rekening* ~ Geld auf ein Konto einzahlen
storting Einzahlung v^{20}
stortingsbewijs Einzahlungsbeleg m^5
stortingskaart Zahlkarte v^{21}
stortkoker Müllschlucker m^9
stortplaats Müllkippe v^{21}, Schuttabladeplatz m^6
stortregen Gussregen m^{11}, Platzregen m^{11}
stortregenen stürmisch regnen
stortvloed Sturzflut v^{20}; *(fig)* Flut v^{20}, Strom m^6: ~ *van woorden* Wortschwall m^{19}
stoten stoßen[285]: *iets fijn* ~ etwas zu Pulver stoßen; *zijn hoofd* ~: a) *(lett)* sich[4] am Kopf stoßen; b) *(fig)* sich[3] eine Abfuhr holen; *op de vijand* ~ auf den Feind stoßen; *tegen elkaar* ~ aufeinander stoßen[285]; *zijn hoofd tegen de muur* ~ mit dem Kopf an die Wand stoßen; *iem voor het hoofd* ~ jmdn vor den Kopf stoßen
stotteraar Stotterer m^9
stotteren stottern
stout *bn, bw* **1** *(ondeugend)* unartig, ungezogen **2** *(stoutmoedig)* kühn; *(sterker)* verwegen
stouterd Racker m^9
stoutmoedig kühn
stoutmoedigheid Kühnheit v^{28}
stouwen 1 *(scheepv)* stauen **2** *(veel eten en drinken)* spachteln
¹stoven *intr* schmoren
²stoven *tr* schmoren, dämpfen, dünsten
stoverij *(Belg)* Haschee o^{36}
¹straal *(algem)* Strahl m^{16}; *(van cirkel)* Halbmesser m^9, Radius m (2e nvl -; mv Radien)
²straal *bw* *(volkomen)* völlig, total: *iem* ~ *negeren* jmdn schneiden[250]
straalaandrijving Strahlantrieb m^5, Düsenantrieb m^5
straalbezopen sternhagelvoll
straaljager Düsenjäger m^9
straalkachel Heizstrahler m^9, Strahler m^9
straalstroom Jetstream m^{13} (2e nvl ook -)
straalvliegtuig Düsenflugzeug o^{29}, Strahlflugzeug o^{29}

straat Straße v^{21}: *de Straat van Gibraltar* die Straße von Gibraltar; *de ~ op gaan* auf die Straße gehen[168]; *langs de ~ lopen* durch die Straßen gehen[168]
straatarm bettelarm
straathond (*zwerfhond*) Straßenköter m^9
straatje Gasse v^{21} || *een ~ omlopen* einen Spaziergang machen
straatkant Straßenseite v^{21}
straatlantaarn Straßenlaterne v^{21}
Straatsburg Straßburg o^{39}
straatsteen Pflasterstein m^5
straatverlichting Straßenbeleuchtung v^{20}
straatweg Straße v^{21}
¹**straf** *zn* Strafe v^{21}: *bijkomende ~* Nebenstrafe; *dat is op ~fe van … verboden* das wird mit … bestraft; *op ~fe des doods verbieden* bei Todesstrafe verbieten[130]; *voor ~* zur Strafe
²**straf** *bn, bw* 1 (*sterk*) stark, kräftig 2 (*energiek*) energisch 3 (*streng*) scharf, streng
strafbaar strafbar: *~ stellen* unter Strafe stellen
strafbepaling Strafbestimmung v^{20}
strafblad Strafregister o^{33}
strafcel Isolierzelle v^{21}
straffeloos straflos, ungestraft
straffen (be)strafen
strafgevangene Strafgefangene(r) m^{40a}, v^{40b}
strafgevangenis Straf(vollzugs)anstalt v^{20}
strafinrichting Strafanstalt v^{20}
strafproces Strafprozess m^5, Strafverfahren o^{35}
strafpunt Strafpunkt m^5
strafrecht Strafrecht o^{33}: *het Wetboek van Strafrecht* das Strafgesetzbuch (*afk* StGB)
strafschop Strafstoß m^6, Elfmeter m^9
strafschopgebied Strafraum m^6
strafvervolging Strafverfolgung v^{20}
strafwerk Strafarbeit v^{20}
strak 1 (*gespannen*) straff: *de broek zit te ~* die Hose sitzt zu stramm; *~ aanhalen* straff anziehen[318] 2 (*star*) starr, unverwandt: *~ voor zich uit kijken* starr vor sich hin blicken
strakjes, straks 1 (*over enige ogenblikken*) gleich, bald: *tot ~!* bis nachher! 2 (*zo-even*) vorhin, soeben
stralen 1 strahlen 2 (*blinken*) glänzen: *~ van geluk* vor Glück strahlen 3 (*afgewezen worden*) durchfallen[154]
straling Strahlung v^{20}
stram 1 (*stijf*) steif 2 (*flink*) stramm
stramien 1 (*lett*) Stramin m^5 2 (*fig*) Schema o^{36} (*mv ook Schemata of Schemen*)
strand Strand m^6
stranden 1 (*aanspoelen*) angespült werden[310] 2 (*vastraken*) stranden 3 (*mislukken*) scheitern
strandstoel (*beschuttende gevlochten stoel*) Strandkorb m^6; (*ligstoel*) Strandliege v^{21}
strandtent Strandkiosk m^5, Strandlokal o^{29}
strapless trägerlos
strategie (*ook fig*) Strategie v^{21}

strategisch strategisch
streefdatum Zieldatum o (*2e nvl -s; mv Zieldaten*)
¹**streek** 1 (*strijkende beweging*) Strich m^5: *~ met de penseel* Pinselstrich 2 (*windstreek*) Strich m^5 3 (*gebied*) Gegend v^{20}: *in deze ~* in dieser Gegend; *de bevolking van deze ~* die einheimische Bevölkerung 4 (*richting van de haartjes*) Strich m^5 || *hij komt weer op ~* er erholt sich wieder; *nu ben ik goed op ~* ich bin jetzt im besten Zuge; *mijn maag is van ~* mein Magen ist verstimmt; *hij was helemaal van ~* er war völlig außer Fassung
²**streek** (*laakbare daad, handeling*) Streich m^5: *een ~ uithalen* einen Streich verüben; *achter iems streken komen* jmdm auf die Schliche kommen[193]
streekroman Heimatroman m^5
streekschool 1 (*voor de streek*) Mittelpunktschule v^{21} 2 (*leerlingwezen*) Berufsschule v^{21}
streep 1 (*haal*) Strich m^5: *een ~ door iets halen*: a) (*lett*) etwas durchstreichen[286]; b) (*fig*) jmdm einen Strich durch+[4] etwas machen 2 (*lijn*) Strich m^5; (*kleurig*) Streifen m^{11}: *met strepen gestreift* 3 (*distinctief*) Dienstgradabzeichen o^{35} || (*fig*) *een ~ zetten onder iets* einen Schlussstrich unter+[4] etwas ziehen[318]
streepje: (*fig*) *een ~ voor hebben* bei jmdm einen Stein im Brett haben[182]
streepjescode Strichkode m^{13}, EAN-Code m^{13}
¹**strekken** *intr* 1 (*reiken*) reichen: *zover strekt zijn macht niet* so weit reicht seine Macht nicht 2 (*toereikend zijn*) reichen: *zolang de voorraad strekt* solange der Vorrat reicht 3 (*dienen*) gereichen: *tot eer ~* zur Ehre gereichen; *een daartoe ~d besluit* ein entsprechender Beschluss
²**strekken** *tr* (*uitrekken*) strecken: *zijn ledematen ~* die Glieder strecken
strekkend: *de ~e meter* der laufende Meter
strekking 1 (*het strak trekken*) Strecken o^{39}, Streckung v^{20} 2 (*bedoeling, doel*) Zweck m^5 3 (*tendens*) Tendenz v^{20}, Tenor m^{19}
strelen 1 (*aaien*) streicheln: *de kat ~* die Katze streicheln 2 (*aangenaam aandoen*) schmeicheln+[3]: *dat streelt zijn ijdelheid* das schmeichelt seiner Eitelkeit; *dat streelt het gehemelte* das kitzelt den Gaumen; *zich gestreeld voelen* sich geschmeichelt fühlen
streling Streicheln o^{39}: *~ van het gehemelte* Gaumenkitzel m^{19}
¹**stremmen** *intr* gerinnen[225]
²**stremmen** *tr* 1 (*van melk*) zum Gerinnen bringen[139] 2 (*het verkeer*) lahm legen; (*een doorgang*) sperren
stremming 1 (*van melk*) Gerinnung v^{20} 2 (*tot stilstand komen*) Stockung v^{20}, Stagnation v^{20}
¹**streng** *zn* 1 (*katoen, wol, e.d.*) Strang m^6 2 (*hoofdhaar*) Strähne v^{21} 3 (*touw*) Strang m^6
²**streng** *bn, bw* streng: *ten ~ste* strengstens
strengelen (sich) schlingen[246]: *in elkaar gestrengeld* verschlungen

strengheid Strenge *v*²⁸
strepen *ww* mit Streifen versehen²⁶¹
stress Stress *m*⁵
stretcher 1 *(ligstoel)* Liege *v*²¹ **2** *(smal bed)* Feldbett *o*³⁷
¹streven *zn (het ijverig bezig zijn)* Bestreben *o*³⁹, Bemühen *o*³⁹
²streven *ww* streben: *naar iets ~* nach⁺³ etwas streben; *wij ~ ernaar …* wir sind bemüht, …
striem *(streep over de huid)* Striemen *m*¹¹
striemen 1 *(pijn doen)* peitschen **2** *(mbt woorden)* verletzen
strijd 1 *(gevecht)* Kampf *m*⁶: *de ~ om het bestaan* der Kampf ums Dasein; *om ~* um die Wette; *ten ~e trekken* in den Kampf ziehen³¹⁸ **2** *(onenigheid)* Streit *m*⁵: *in ~ met onze afspraak* gegen⁺⁴ unsere Verabredung; *in ~ met de wet* dem Gesetz zuwider⁺³; *in ~ handelen met een voorschrift* gegen⁺⁴ eine Vorschrift verstoßen²⁸⁵; *dat is in ~ met de goede zeden* das verstößt gegen die guten Sitten; *uw verklaringen zijn met elkaar in ~* Ihre Aussagen widersprechen²⁷⁴ sich
strijden kämpfen; *(met woorden)* streiten²⁸⁷, sich streiten²⁸⁷
strijdig gegensätzlich: *~ zijn met* im *(of:* in*)* Widerspruch stehen²⁷⁹ mit⁺³
strijdkrachten Streitkräfte *mv v*²⁵
strijdperk Kampfplatz *m*⁶, Arena *v* (*mv* Arenen): *in het ~ treden* in die Schranken treten²⁹¹
strijdvraag Streitfrage *v*²¹
strijkbout Bügeleisen *o*³⁵
strijkconcert Streichkonzert *o*²⁹
¹strijken *intr* **1** streichen²⁸⁶, streifen: *over het water ~* über das Wasser streichen, das Wasser streifen **2** *(zich toe-eigenen)* davontragen²⁸⁸: *met de prijs gaan ~* den Preis davontragen; *met de winst gaan ~* den Gewinn einstecken
²strijken *tr* **1** *(neerhalen)* einholen, herunterholen: *een sloep ~* ein Boot aussetzen; *de vlag ~* die Fahne einholen; *de zeilen ~* die Segel herunterholen **2** *(wasgoed)* bügeln
strijker *(muz)* Streicher *m*⁹
strijkgoed Bügelwäsche *v*²⁸
strijkijzer Bügeleisen *o*³⁵
strijkinstrument Streichinstrument *o*²⁹
strijkje Ensemble *o*³⁶
strijkkwartet Streichquartett *o*²⁹
strijkmuziek Streichmusik *v*²⁸
strijkplank Bügelbrett *o*³¹, Bügeltisch *m*⁵
strijkstok Bogen *m*¹¹: *er blijft heel wat aan de ~ hangen* es wird viel abgerahmt
strik 1 *(knoop met lussen)* Schleife *v*²¹: *een ~ maken* eine Schleife binden¹³¹ **2** *(valstrik)* Schlinge *v*²¹: *~ken zetten* Schlingen legen
strikje Fliege *v*²¹
strikken 1 *(tot een strik binden)* binden¹³¹ **2** *(vangen)* in einer Schlinge fangen¹⁵⁵
strikt 1 *(precies)* strikt, genau **2** *(streng)* streng, strikt

strikvraag Fangfrage *v*²¹
stringent stringent
strip 1 *(techn)* Lasche *v*²¹ **2** *(beeldverhaal)* Comicstrip *m*¹³ **3** *(verpakking)* Durchdrückverpackung *v*²⁰ **4** *(van strippenkaart)* Abschnitt *m*⁵ **5** *(strook)* Streifen *m*¹¹ **6** *(airstrip)* Piste *v*²¹
strippen strippen
strippenkaart Sammelfahrschein *m*⁵
striptease Striptease *m*¹⁹ᵃ, *o*³⁹ᵃ
stripverhaal Comic *m*¹³, Comicstrip *m*¹³
stro Stroh *o*³⁹; *(strooisel)* Streu *v*²⁰
strobloem Strohblume *v*²¹
strobreed: *iem geen ~ in de weg leggen* jmdm die Steine aus dem Weg räumen
stroef 1 *(mbt oppervlak)* rau **2** *(niet goed bewegend)* schwergängig: *het slot gaat ~* das Schloss dreht sich schwer **3** *(mbt personen)* stur **4** *(mbt stijl)* holp(e)rig **5** *(moeizaam)* zäh
stroefheid 1 Rauheit *v*²⁸ **2** Schwergängigkeit *v*²⁸ **3** Sturheit *v*²⁸ **4** Holp(e)rigkeit *v*²⁸ **5** Zähheit *v*²⁸; *zie ook* stroef
strofe Strophe *v*²¹
strohalm Strohhalm *m*⁵: *zich aan een ~ vasthouden* sich an einen Strohhalm klammern
stroken übereinstimmen (mit⁺³), entsprechen²⁷⁴⁺³
stromen strömen, fließen¹⁶¹
stromend fließend: *~ water* fließendes Wasser
stroming *(ook fig)* Strömung *v*²⁰
strompelen stolpern, humpeln
stronk 1 *(van boom)* Stumpf *m*⁶, Strunk *m*⁶ **2** *(van koolplant e.d.)* Strunk *m*⁶
stront *(inform)* Dreck *m*¹⁹, Scheiße *v*²⁸
strontje Gerstenkorn *o*³²
strooibiljet Flugblatt *o*³²
¹strooien *bn* strohern, Stroh…
²strooien *ww* streuen
strook Streifen *m*¹¹: *~ papier* Papierstreifen; *(afscheurbaar)* Abschnitt *m*⁵
stroom 1 *(rivier)* Strom *m*⁶, Fluss *m*⁶: *(fig) tegen de ~ oproeien* gegen den Strom schwimmen²⁵⁷ **2** *(stroming)* Strom *m*⁶, Strömung *v*²⁰ **3** *(elektr)* Strom *m*⁶: *onder ~ staan* unter Strom stehen²⁷⁹ || *een ~ van vluchtelingen* ein Strom von Flüchtlingen
stroomafnemer Stromabnehmer *m*⁹
stroomafwaarts stromab, stromabwärts
stroomlijn Stromlinie *v*²¹
stroomnet Stromnetz *o*²⁹, Elektrizitätsnetz *o*²⁹
stroomop(waarts) stromauf, stromaufwärts
stroomopwekking Stromerzeugung *v*²⁸
stroomsterkte Stromstärke *v*²¹
stroomverbruik Stromverbrauch *m*¹⁹
stroomversnelling *(lett)* Stromschnelle *v*²¹
stroop Sirup *m*⁵: *iem ~ om de mond smeren* jmdm Honig um den Mund schmieren
strooplikken, stroopsmeren schönreden
strooptocht Raubzug *m*⁶
strop 1 *(lus)* Schlinge *v*²¹ **2** *(scheepv)* Stropp *m*¹³

3 *(stropdas)* Krawatte *v*²¹ **4** *(tegenvaller)* Pech *o*³⁹, Verlust *m*⁵; *(bij koop)* Fehlkauf *m*⁶

stropdas Krawatte *v*²¹, Schlips *m*⁵

stropen *intr* **1** *(mbt stroper)* wildern **2** *(op rooftocht zijn)* plündernd herumstreifen

stropen *tr* **1** *(omhoogschuiven)* hochschieben²³⁷: *zijn mouwen omhoog ~* seine Ärmel aufkrempeln **2** *(villen)* abhäuten

stroper 1 *(wilddief)* Wilderer *m*⁹, Wilddieb *m*⁵ **2** *(plunderaar)* Plünderer *m*⁹

stroperig zähflüssig

strot Kehle *v*²¹, Gurgel *v*²¹: *iem bij de ~ grijpen* jmdn an der Kehle packen; *iem naar de ~ vliegen* jmdm an die Gurgel fahren¹⁵³

strubbeling Reiberei *v*²⁰

structureel strukturell

structureren strukturieren³²⁰

structuur Struktur *v*²⁰

struik Strauch *m*⁸

struikelblok Hindernis *o*²⁹ᵃ

struikelen stolpern, straucheln; *(in morele zin)* einen Fehltritt begehen¹⁶⁸

struikgewas Gebüsch *o*²⁹, Dickicht *o*²⁹

struis *bn* kräftig, stämmig

struisvogel Strauß *m*⁵

struisvogelpolitiek Vogel-Strauß-Politik *v*²⁸

stucwerk Stuckatur *v*²⁰, Stuckarbeit *v*²⁰

studeerkamer Studierzimmer *o*³³, Arbeitszimmer *o*³³

student Student *m*¹⁴: *~ in de medicijnen* Student der Medizin, Medizinstudent; *zich als ~ inschrijven* sich immatrikulieren³²⁰

studente Studentin *v*²²

studentencorps Studentenverbindung *v*²⁰

studentenflat Studentenwohnheim *o*²⁹

studentenhaver Studentenfutter *o*³⁹

studentikoos studentisch, burschenhaft

studeren studieren³²⁰: *voor arts ~* Medizin studieren; *(muz) elke dag ~* täglich üben; *voor een examen ~* sich auf ein Examen vorbereiten

studie 1 Studium *o (2e nvl -s; mv Studien)*, Untersuchung *v*²⁰: *~ van iets maken* etwas untersuchen; *de medische ~* das medizinische Studium **2** *(geschrift)* Studie *v*²¹, Untersuchung *v*²⁰ **3** *(tekening, schets)* Studie *v*²¹

studieadviseur Studienberater *m*⁹

studiebeurs Stipendium *o (2e nvl -s; mv Stipendien)*

studieboek Lehrbuch *o*³²

studiebol Büffler *m*⁹, hervorragender Student *m*¹⁴

studiegenoot Kommilitone *m*¹⁵

studiehuis Studienhaus *o*³²

studiemeester *(Belg)* Aufsichtführende(r) *m*⁴⁰ᵃ, *v*⁴⁰ᵇ

studiereis Studienreise *v*²¹

studietoelage Studienbeihilfe *v*²¹

studio Studio *o*³⁶

stuf Radiergummi *m*¹³

stuff Drogen *mv v*²¹, Stoff *m*⁵

stug 1 *(onbuigzaam)* steif **2** *(stuurs)* störrisch; *(flink, energiek)* tüchtig; *(stevig)* stark || *dat lijkt me ~* das ist kaum zu glauben

stuifmeel Blütenstaub *m*¹⁹, Pollen *m*¹¹

stuip: *iem de ~en op het lijf jagen* jmdm einen Schrecken einjagen

stuiptrekken zucken

stuiptrekking Zuckung *v*²⁰

stuit *(anat)* Steiß *m*⁵

stuitbeen Steißbein *o*²⁹

¹**stuiten** *intr* **1** *(mbt bal)* springen²⁷⁶, zurückprallen **2** *(niet verder kunnen)* prallen (auf⁺⁴), stoßen²⁸⁵ (auf⁺⁴): *op moeilijkheden ~* auf Schwierigkeiten stoßen

²**stuiten** *tr* *(tot staan brengen)* aufhalten¹⁸³, zum Stehen bringen¹³⁹: *iets in z'n vaart ~* etwas in seinem Lauf hemmen; *een niet te ~ woordenvloed* ein unaufhaltsamer Wortschwall

stuitend empörend; *(kwetsend)* anstößig

stuiter Murmel *v*²¹

stuiteren aufspringen²⁷⁶, aufprallen: *een bal laten ~* einen Ball aufspringen lassen

stuitje Steiß *m*⁵

stuiven 1 stauben, stäuben, stieben²⁸³: *het stuift* es staubt; *(Belg) het zal er ~* es wird da heiß hergehen **2** *(snel voortbewegen)* flitzen

stuiver: *geen ~ waard zijn* keinen Pfennig wert sein²⁶²

stuivertje-wisselen Bäumchen wechseln

¹**stuk** *zn* **1** *(voorwerp, brok, gedeelte)* Stück *o*²⁹: *een ~ zeep* ein Stück Seife; *een lekker ~* eine dufte Biene; *30 ~s vee* 30 Stück Vieh; *een ~ of tien* etwa zehn; *een ~ duurder zijn* viel teurer sein²⁶²; *aan één ~ door* ununterbrochen; *iets in ~ken scheuren* etwas zerreißen²²⁰; *op geen ~ken na* überhaupt nicht; *per ~ verkopen* stückweise verkaufen **2** *(toneelstuk)* Stück *o*²⁹, Theaterstück *o*²⁹ **3** *(lap)* Flicken *m*¹¹ **4** *(kanon)* Geschütz *o*²⁹ **5** *(van schaakspel)* Figur *v*²⁰ **6** *(geschreven artikel)* Stück *o*²⁹, Artikel *m*⁹ **7** *(document, akte)* Schriftstück *o*²⁹, Akte *v*²¹, Urkunde *v*²¹, Unterlagen *mv v*²¹ || *van zijn ~ zijn* außer Fassung sein²⁶²; *iem van zijn ~ brengen* jmdn aus dem Konzept bringen¹³⁹; *(Belg) op het ~ van ...* was ...⁺⁴ betrifft, betreffs⁺²

²**stuk** *bn, bw* entzwei, kaputt

stukadoor Stuckateur *m*⁵, Gipser *m*⁹

stukbreken zerbrechen¹³⁷

stukgaan kaputtgehen¹⁶⁸

stukgoederen Stückgüter *mv o*³²

stukgooien kaputtschmeißen²⁴⁷

stukje: *bij ~s en beetjes* nach und nach

stukloon Akkordlohn *m*⁶, Stücklohn *m*⁶

stukmaken zerstören, kaputtmachen

¹**stukslaan** *intr* zerspringen²⁷⁶, zerschellen

²**stukslaan** *tr* zerschlagen²⁴¹

stuktrappen zertreten²⁹¹

stulp *(armoedige woning)* Hütte *v*²¹

stumper 1 *(sukkel)* Trottel *m*⁹, Stümper *m*⁹ **2** *(stakker)* Schlucker *m*⁹

stumperachtig, stumperig stümperhaft
stunt Stunt *m*[13], Kunststück *o*[29]
stuntelen stümpern
stuntelig täppisch, unbeholfen
stunten *(kunstvliegen)* Kunstflüge ausführen
stuntprijs Schleuderpreis *m*[5]
sturen 1 *(zenden)* senden[263], schicken: *iem het veld uit ~* jmdn vom Platz verweisen[307] **2** *(een dier, vliegtuig, voertuig)* lenken **3** *(een schip)* steuern
stut Stütze *v*[21], Stützbalken *m*[11]
stuur 1 *(van schip, vliegtuig)* Steuer *o*[33] **2** *(van auto)* Steuer *o*[33], Lenkrad *o*[32] **3** *(van fiets, motor)* Lenkstange *v*[21]
stuurbekrachtiging Servolenkung *v*[20]
stuurboord Steuerbord *o*[29]
stuurgroep Lenkungsausschuss *m*[6]
stuurinrichting Steuerung *v*[20], Lenkung *v*[20]; *(van vliegtuig)* Leitwerk *o*[29]
stuurloos steuerlos
stuurman Steuermann *m* (2e nvl -(e)s; mv -leute)
stuurs unwirsch, mürrisch
stuurslot Lenkradschloss *o*[32]
stuw Wehr *o*[29]; *(van stuwmeer)* Talsperre *v*[21]
stuwbekken Staubecken *o*[35]
stuwdam Staudamm *m*[6]; *(van stuwmeer)* Talsperre *v*[21]
stuwen 1 *(voortduwen)* treiben[290]: *de ~de kracht* die treibende Kraft **2** *(stouwen)* stauen
stuwing 1 *(stuwkracht)* Antriebskraft *v*[25], Schub *m*[6] **2** *(het stouwen)* Stauen *o*[39]
stuwkracht 1 *(lett)* Antriebskraft *v*[25], Schub *m*[6] **2** *(fig)* treibende Kraft *v*[25]
stuwmeer Stausee *m*[17]
subcommissie Unterausschuss *m*[6]
subiet 1 *(plotseling)* plötzlich **2** *(dadelijk)* sofort
subject Subjekt *o*[29]
subjectief subjektiv
subjectiviteit Subjektivität *v*[28]
subliem herrlich, ausgezeichnet
subsidie Subvention *v*[20], Beihilfe *v*[21]
subsidiëren subventionieren[320]
substantie Substanz *v*[20]
substantief Substantiv *o*[29], Hauptwort *o*[32]
substitueren substituieren[320]
substitutie Substitution *v*[20]
subtiel subtil, nuanciert, sehr fein
succes Erfolg *m*[5]: *een ~ boeken* einen Erfolg erzielen; *veel ~!* viel Erfolg!
succesnummer Schlager *m*[9], Spitzenreiter *m*[9]
successiebelasting Erbschaft(s)steuer *v*[21]
successief *bn* sukzessiv
successierecht Erbschaft(s)steuer *v*[21]
successievelijk *bw* sukzessive
successtuk Erfolgsstück *o*[29]
succesvol erfolgreich
sudderen schmoren
sudoku Sudoku *o*[36]
suède Wildleder *o*[33]

suf dösig, benommen: *zich ~ denken* sich den Kopf zerbrechen[137]
suffen dösen: *zitten te ~* dösen
suffer(d) Döskopp *m*[6], Dussel *m*[9]
sufheid Benommenheit *v*[28]
suggereren suggerieren[320]
suggestie Suggestion *v*[20]: *iem een ~ doen* jmdm einen Vorschlag machen
suggestief suggestiv
suiker Zucker *m*[9]
suikerbiet Zuckerrübe *v*[21]
Suikerfeest Zuckerfest *o*[29]
suikergehalte Zuckergehalt *m*[19]
suikerklontje Zuckerwürfel *m*[9]
suikeroom Erbonkel *m*[9]
suikerpot Zuckerdose *v*[21]
suikerriet Zuckerrohr *o*[29]
suikertante Erbtante *v*[21]
suikerzakje Zuckerbeutel *m*[9]
suikerzieke(r) Zuckerkranke(r) *m*[40a], *v*[40b], Diabetiker *m*[9]
suikerziekte Zuckerkrankheit *v*[28], Diabetes *m*[19a]
suite 1 *(kamers)* Suite *v*[21] **2** *(muz)* Suite *v*[21]
suizen 1 *(snellen)* sausen **2** *(ruisen)* säuseln
sukade Sukkade *v*[21]
sukkel Trottel *m*[9] || *aan de ~ zijn* kränkeln
sukkelen 1 *(ziekelijk zijn)* kränkeln: *hij sukkelt met zijn knie* sein Knie ist nicht in Ordnung **2** *(sjokkend voortgaan)* trotten
sukkelgangetje: *in een ~* im Schneckentempo
sul Tropf *m*[6], Trottel *m*[9]
sulky Sulky *o*[36]
sullig einfältig, trott(e)lig; *(goedig)* gutmütig
sultan Sultan *m*[5]
summier summarisch, bündig
summum Gipfel *m*[9], Inbegriff *m*[5]
¹super *zn (benzine)* Super *o*[39], Superbenzin *o*[29]
²super *bn, bw* spitze, super, klasse
superbenzine *zie* ¹super
superette *(Belg)* kleiner Selbstbedienungsladen *m*[12]
¹superieur *zn* Vorgesetzte(r) *m*[40a], *v*[40b], Chef *m*[13]
²superieur *bn, bw* **1** *(beter)* überlegen **2** *(voortreffelijk)* vorzüglich, hervorragend
superioriteit Superiorität *v*[28], Überlegenheit *v*[28]
supermarkt Supermarkt *m*[6]
supersonisch supersonisch: *~ vliegtuig* Überschallflugzeug *o*[29]
supervisie Aufsicht *v*[28], Leitung *v*[28]
suppoost Wärter *m*[9], Aufseher *m*[9]
support *(ondersteuning)* Unterstützung *v*[20]
supporter Anhänger *m*[9]: *~ die zijn club overal volgt* Schlachtenbummler *m*[9]
¹surfen *zn* Surfing *o*[39] *(ook comp)*
²surfen *ww* surfen *(ook comp)*
surfer Surfer *m*[9] *(ook comp)*
surfplank Surfbrett *o*[31]
surplus Surplus *o* (2e nvl -; mv -), Überschuss *m*[6]
surprise Überraschung *v*[20]

surrealisme Surrealismus m^{19a}
surrogaat Ersatz m^{19}, Surrogat o^{29}
surseance Aufschub m^6: ~ *van betaling* gerichtlicher Zahlungsaufschub m^6
surveillance Aufsicht v^{28}, Beaufsichtigung v^{20}
surveillancewagen Funkstreifenwagen m^{11}, Peterwagen m^{11}
surveillant Aufseher m^9, Aufsichtführende(r) m^{40a}
surveilleren (die) Aufsicht führen; *(door politie e.d.)* Streife fahren^{153}
sushi Sushi o^{36}
suspect suspekt, verdächtig
sussen beruhigen, beschwichtigen
SUV *afk van sport utility vehicle* Sport Utility Vehicle o^{36}, m^{13}, Geländewagen m^{11}, SUV o^{36}, m^{13} *(2e nvl ook -; mv ook -)*
s.v.p. *afk van s'il vous plaît* bitte
sweater Pullover m^9, Pulli m^{13}
sweatshirt Sweatshirt o^{36}
syllabus Syllabus *m (2e nvl -; mv - of Syllabi)*, Zusammenfassung v^{20}
symboliek Symbolik v^{28}
symbolisch symbolisch
symboliseren symbolisieren^{320}
symbool Symbol o^{29}, Sinnbild o^{31}
symfonie *(ook fig)* Sinfonie v^{21}, Symphonie v^{21}
symfonieorkest Sinfonieorchester o^{33}, Symphonieorchester o^{33}
symmetrie Symmetrie v^{21}
symmetrisch symmetrisch
sympathie Sympathie v^{21}
sympathiek sympathisch
sympathisant Sympathisant m^{14}
sympathiseren sympathisieren^{320}
symposium Symposium *o (2e nvl -s; mv Symposien)*
symptomatisch symptomatisch
symptoom Symptom o^{29}
synagoge Synagoge v^{21}
synchroniseren synchronisieren^{320}
synchroon synchron
syndicaat Syndikat o^{29}
syndroom Syndrom o^{29}
synode Synode v^{21}
synoniem *zn* Synonym o^{29}
²**synoniem** *bn* synonym
syntaxis Syntax v^{20}, Satzlehre v^{28}
synthese Synthese v^{21}
synthesizer Synthesizer m^9
synthetisch synthetisch: ~*e stof* synthetischer Stoff, Kunststoff m^5
Syrië Syrien o^{39}
Syriër Syrer m^9, Syrier m^9
Syrisch syrisch
systeem System o^{29}
systeemanalist Systemanalytiker m^9
systeemanalyse Systemanalyse v^{21}
systeembeheerder Systembetreuer m^9, Systemverwalter m^9
systeembouw Montagebau m^{19}
systeemontwerper Systemanalytiker m^9
systematiek Systematik v^{20}
systematisch systematisch
systematiseren systematisieren^{320}

t

t *(ton, nl. 1000 kg)* Tonne v^{21} *(afk t)*
taai 1 *(ook fig)* zäh: ~ *vlees* zähes Fleisch; *hou je ~! bleib* gesund! **2** *(mbt vloeistof)* zähflüssig **3** *(vervelend)* öde, langweilig **4** *(sterk)* zäh: *een ~e kerel* ein zäher Bursche
taaiheid Zähigkeit v^{28}, Zähflüssigkeit v^{28}, Langweiligkeit v^{28}; *zie ook* taai
taaitaai Lebkuchen m^{11}
taak Aufgabe v^{21}, Auftrag m^6: *de burgemeester heeft tot ~* es ist die Aufgabe des Bürgermeisters; *zich iets tot ~ stellen* sich³ etwas zur Aufgabe machen; *zich van zijn ~ kwijten* sich seines Auftrags entledigen
taakbalk *(comp)* Aufgabenleiste v^{21}, Aufgabenbalken m^{11}
taakleerkracht, taakleraar *(Belg)* Lehrer m^9 der Förderunterricht erteilt
taakstraf gemeinnützige Arbeit v^{20} als Ersatzstrafe
taal Sprache v^{21}: *vreemde ~* Fremdsprache; *onderwijs in de vreemde talen* Fremdsprachenunterricht m^{19}; *~ noch teken geven* kein Lebenszeichen von sich geben¹⁶⁶; *ik zal duidelijke ~ spreken* ich werde mich klar und deutlich ausdrücken
taalcursus Sprachkurs m^5
taaleigen Idiom o^{29}
taalgebruik Sprachgebrauch m^6
taalgevoel Sprachgefühl o^{39}
taalkunde Sprachwissenschaft v^{28}, Linguistik v^{28}
taallab, taallaboratorium *(Belg)* Sprachlabor o^{36}, o^{29}
taalonderwijs Sprachunterricht m^5
taalvaardigheid Sprachgewandtheit v^{28}
taart Torte v^{21}, Kuchen m^{11}: *(fig) een ouwe ~* eine alte Schachtel
taartje Törtchen o^{35}
tabak Tabak m^{19}: *(fig) van iets ~ hebben* von⁺³ etwas die Nase voll haben¹⁸²
tabaksplant Tabakpflanze v^{21}
tabaksplantage Tabakpflanzung v^{20}
tabel Tabelle v^{21}; *(lijst)* Verzeichnis o^{29a}
tabernakel Tabernakel o^{33}, m^9
tablet 1 *(apoth)* Tablette v^{21} **2** *(reep)* Tafel v^{21}: *een ~ chocolade* eine Tafel Schokolade
tabloid Tabloid v^{27}, Boulevardblatt o^{32}, Boulevardzeitung v^{20}
tabloidformaat Tabloidformat o^{29}, Tabloid-Format o^{29}
¹taboe *zn* Tabu o^{36}
²taboe *bn* tabu
taboeret Hocker m^9
tachograaf Tachograph m^{14}, Tachograf m^{14}
tachometer Tachometer m^9, o^{33}
tachtig achtzig
tackle Tackling o^{36}
tact Takt m^{19}: *met veel ~* taktvoll
tacticus Taktiker m^9
tactiek Taktik v^{20}
tactisch taktisch
tactloos taktlos
tactloosheid Taktlosigkeit v^{20}
tactvol taktvoll
tafel 1 Tisch m^5: *aan ~ zitten* bei Tisch sitzen²⁶⁸; *aan de ~ zitten* am Tisch sitzen²⁶⁸; *ter ~ brengen* aufs Tapet bringen¹³⁹ **2** *(plaat)* Tafel v^{21} **3** *(tabel)* Tabelle v^{21}: *de ~ van vermenigvuldiging* das Einmaleins; *de ~s van 1 t/m 10* das kleine Einmaleins; *de ~s van 1 t/m 20* das große Einmaleins
tafelen tafeln
tafelkleed Tischdecke v^{21}
tafellaken Tischtuch o^{32}
tafelservies Tafelservice o^{33} *(2e nvl ook -)*
tafeltennis Tischtennis o^{39a}
tafeltennissen Tischtennis spielen
tafereel 1 *(afbeelding)* Bild o^{31}, Szene v^{21} **2** *(beschrijving)* Schilderung v^{20}, Beschreibung v^{20}
tag *(ook comp)* Tag o^{36}
taggen *(ook comp)* taggen
tagliatelle Tagliatelle *(mv)*, Tagliati *(mv)*
tai chi Tai-Chi o^{39}, o^{39a}
taille Taille v^{21}
tailleren taillieren³²⁰
tak 1 *(dik en aan de stam)* Ast m^6 **2** *(dun, zijtak)* Zweig m^5: *~ van een gewei* Stange v^{21} eines Geweihs; *~ van een rivier* Flussarm m^5 **3** *(deel van familie)* Zweig m^5 **4** *(branche)* Zweig m^5, Sparte v^{21}
takel *(hijswerktuig)* Flaschenzug m^6, Takel o^{33}
takelen *(ophijsen)* winden³¹³, hochwinden³¹³
takelwagen Abschleppwagen m^{11}, Kranwagen m^{11}
taks *(hoeveelheid)* Maß o^{29}; *(belasting)* Steuer v^{21}
tal: *~ van ...* zahlreiche; *zonder ~* zahllos
talen *(met naar)* verlangen nach⁺³; sich kümmern um⁺⁴; sich interessieren für⁺⁴
talenkennis Sprachkenntnisse *(mv)*
talenknobbel Sprachtalent o^{29}: *hij heeft een ~* er ist sprachbegabt
talenpracticum Sprachlabor o^{36}, o^{29}
talent Talent o^{29}, Begabung v^{20}: *~ voor schilderen* Talent zum Malen; *zij heeft veel ~* sie ist sehr talentiert
talentvol talentvoll, talentiert, begabt
talg Talg m^5
talgkliertje Talgdrüse v^{21}
talisman Talisman m^5

talk 1 *(vet)* Talg m^5 **2** *(delfstof)* Talk m^{19}
talkpoeder Talkpuder m^9
talkshow Talkshow v^{27}
talloos zahllos, unzählig, unzählbar
talmen zaudern, zögern
talrijk zahlreich
talud Böschung v^{20}
tam *(ook fig)* zahm
tamboer Trommler m^9
tamboerijn Tamburin o^{29}
tamboerkorps Spielmannszug m^6
tamelijk ziemlich
tampon Tampon m^{13}
tamtam Tamtam o^{36}
tand 1 *(anat, van blad, rad, zaag)* Zahn m^6: *zijn ~en laten zien:* a) *(mbt dieren)* die Zähne fletschen; b) *(fig)* jmdm die Zähne zeigen; *(fig) iem aan de ~ voelen* jmdm auf den Zahn fühlen **2** *(van eg, hark, kam, vork)* Zinke v^{21}
tandaanslag Zahnbelag m^6
tandarts Zahnarzt m^6
tandartsassistente Zahnarzthelferin v^{22}
tandbederf Karies v^{28}, Zahnfäule v^{28}
tandem Tandem o^{36}
tandenborstel Zahnbürste v^{21}
tandenknarsend zähneknirschend
tandenstoker Zahnstocher m^9
tandfloss Zahnseide v^{21}
tandglazuur Zahnschmelz m^{19}
tandheelkunde Zahnmedizin v^{28}, Zahnheilkunde v^{28}
tandpasta Zahnpasta v *(mv -pasten)*, Zahnpaste v^{21}
tandpijn Zahnschmerzen *(mv)*
tandplak Zahnbelag m^6, Plaque v^{27}
tandprothese Zahnprothese v^{21}, Zahnersatz m^6
tandrad Zahnrad o^{32}
tandsteen Zahnstein m^{19}
tandtechnicus Zahntechniker m^9
tandvlees Zahnfleisch o^{39}
tandwiel Zahnrad o^{32}
tang 1 *(gereedschap)* Zange v^{21}: *dat slaat als een ~ op een varken* das passt wie die Faust aufs Auge **2** *(feeks)* alte Hexe v^{21}
tanga, tangaslip Tangaslip m^{13}
tango Tango m^{13}
tangverlossing Zangengeburt v^{20}
tanig: *een ~ gezicht* ein gegerbtes Gesicht
tank 1 *(reservoir)* Tank m^{13}, *soms* m^5, Behälter m^9 **2** *(gevechtswagen)* Panzer m^9
tankauto Tankwagen m^{11}
tankboot Tanker m^9, Tankschiff o^{29}
tanken tanken
tanker Tanker m^9
tankstation Tankstelle v^{21}
tankwagen Tankwagen m^{11}
tante Tante v^{21}: *je ~!* du kannst mich!; *is me dat een dikke ~!* ist das aber eine Maschine!
tantième Tantieme v^{21}

tap 1 *(algem)* Zapfen m^{11} **2** *(van as)* Zapfen, Achszapfen m^{11} **3** *(tapkast)* Theke v^{21}
tapa Tapa v^{27}, m^{13} *(meestal mv)*
tape 1 *(geluidsband)* Tonband o^{32} **2** *(plakband)* Klebeband o^{32}
tapenade Tapenade v^{21}
taperecorder Tonbandgerät o^{29}
tapijt Teppich m^5
tapijttegel Teppichfliese v^{21}
tapkast Theke v^{21}
tappen 1 zapfen: *wijn op flessen ~* Wein in Flaschen füllen **2** *(laten vloeien)* (ab)zapfen
tapperij Schenke v^{21}, Schänke v^{21}
taps konisch, kegelförmig, zapfenförmig
taptoe Zapfenstreich m^5
tapvergunning Schankkonzession v^{20}
tarbot Steinbutt m^5, Tarbutt m^5
tarief Tarif m^5: *speciaal ~* Sondertarif; *volgens ~* tarifmäßig, tariflich, laut Tarif
tariefgroep *(bij belastingen)* Steuerklasse v^{21}
tariefwijziging *(algem)* Tarifänderung v^{20}
tarra Tara v *(mv Taren)*
tarten 1 *(tergen)* ärgern **2** *(uitdagen)* herausfordern **3** *(trotseren)* trotzen^{+3} **4** *(overtreffen)* spotten^{+2}: *dat tart iedere beschrijving* das spottet jeder Beschreibung
tarwe Weizen m^{12}
tarwebrood Weizenbrot o^{29}
tas 1 Tasche v^{21} **2** *(akte-, schooltas)* Mappe v^{21}
tasje Handtasche v^{21}
tasjesdief Taschendieb m^5
tast: *op de ~* tastend; *op de ~ naar de deur lopen* sich zur Tür tasten
tastbaar greifbar, handgreiflich: *een ~ bewijs* ein handgreiflicher Beweis; *tastbare resultaten* greifbare Ergebnisse
tasten 1 *(zoekend voelen)* tasten **2** *(onzeker lopen)* tappen || *in het duister ~* im Finstern tappen
tastzin Tastsinn m^{19}
tattoo Tattoo m^{13}, o^{36}
t.a.v. 1 *afk van ten aanzien van* in Bezug auf **2** *afk van ter attentie van* zu Händen^{+2}, zu Händen von^{+3}
taxateur Taxator m^{16}, Schätzer m^9
taxatie Taxation v^{20}, Schätzung v^{20}
taxatieprijs Taxpreis m^5
taxeren taxieren^{320}, schätzen; *(ramen)* veranschlagen: *getaxeerde waarde* Taxwert m^5
taxfree steuerfrei, zollfrei
taxi Taxi o^{36}, Taxe v^{21}
taxichauffeur Taxifahrer m^9
taxiën rollen
taxionderneming Taxiunternehmen o^{35}
taxirit Taxifahrt v^{20}
taxistandplaats Taxistand m^6
tb, tbc *afk van tuberculose* Tuberkulose v^{21} *(afk* Tb, Tbc*)*
¹te, ten, ter *bw* **1** *(overmatig, buitensporig)* zu: *te vroeg* zu früh; *te veel* zu viel **2** umso *(met vergro-*

tende trap): des te beter umso besser

²**te, ten, ter** *vz* **1** *(mbt plaats, ook fig)* in *(bij beweging gericht op doel*⁺⁴*, anders*⁺³*);* auf *(bij rust*⁺³*, bij beweging gericht op doel*⁺⁴*),* zu⁺³: *te lijf gaan* zu Leibe rücken **2** *(met het doel van)* zu⁺³: *ter inzage* zur Ansicht **3** *(mbt tijd)* um⁺⁴; zu⁺³: *te allen tijde* zu jeder Zeit **4** *(mbt de manier of het middel)* in⁺³; mit⁺³; zu⁺³: *te vuur en te zwaard verwoesten* mit Feuer und Schwert verwüsten

teakhout Teakholz *o*³⁹

team Mannschaft *v*²⁰, Team *o*³⁶

teamgeest Teamgeist *m*¹⁹

teamverband: *in ~ werken* im Team arbeiten

teamwork Teamarbeit *v*²⁸

technicus Techniker *m*⁹

techniek Technik *v*²⁰

technisch technisch: *~e hogeschool* technische Hochschule (*afk* TH); *~e universiteit* technische Universität *v*²⁰ (*afk* TU)

technisch-onderwijsassistent *(ongev)* technischer Assistent *m*¹⁴ beim Unterricht

techno Techno *o*¹⁹, *o*³⁹, *m*³⁹ᵃ, *m*¹⁹ᵃ

technocraat Technokrat *m*¹⁴

technologie Technologie *v*²¹

technologisch technologisch

teckel Dackel *m*⁹, Dachshund *m*⁵, Teckel *m*⁹

teder zärtlich

tederheid Zärtlichkeit *v*²⁸

teef *(wijfjeshond)* Hündin *v*²²

teek Zecke *v*²¹

teelaarde **1** *(humus)* Humus *m*¹⁹ᵇ **2** *(teelgrond)* Ackerkrume *v*²¹

teelbal Hode *m*¹⁵, *v*²¹, Hoden *m*¹¹, Testikel *m*⁹

teelt *(van dieren, planten)* Zucht *v*²⁸; *(van landbouwgewassen, ook)* Anbau *m*¹⁹

¹**teen** *(twijg)* Weidenrute *v*²¹, Weidengerte *v*²¹

²**teen** **1** *(lichaamsdeel)* Zehe *v*²¹, Zeh *m*¹⁶: *(fig) iem op zijn tenen trappen* jmdm auf die Zehen treten²⁹¹; *(fig) hij is op zijn tenen getrapt* er fühlt sich auf den Schlips getreten²⁶¹ **2** *(deel van sok)* Spitze *v*²¹

¹**teer** *zn* Teer *m*¹⁹

²**teer** *bn* zart: *een tere gezondheid* eine zarte Gesundheit; *een tere huid* eine zarte Haut; *een tere kwestie* eine heikle Frage

teergevoelig *(gauw gekwetst)* empfindlich

teerling Würfel *m*⁹: *de ~ is geworpen* die Würfel sind gefallen

tegel **1** *(voor vloer)* Fliese *v*²¹, Platte *v*²¹ **2** *(voor muur)* Fliese *v*²¹, Kachel *v*²¹

tegelijk, tegelijkertijd zugleich, gleichzeitig

tegelzetter Fliesenleger *m*⁹, Plattenleger *m*⁹

tegemoet entgegen⁺³: *~ gaan* (of: *lopen*) entgegengehen¹⁶⁸⁺³; *~ zien* entgegensehen²⁶¹⁺³; *iets ~ zien* einer Sache³ entgegensehen²⁶¹

tegemoetkomen *(ook fig)* entgegenkommen¹⁹³⁺³: *iems wensen ~* jmds Wünschen entgegenkommen; *in de kosten ~* einen Teil der Kosten übernehmen²¹²

tegemoetkoming **1** *(wijze van doen)* Entgegenkommen *o*³⁹ **2** *(vergoeding)* Unterstützung *v*²⁰, Beihilfe *v*²¹: *~ in de kosten* Beitrag *m*⁶ zu den Kosten

¹**tegen** *zn*: *het voor en het ~* das Für und das Wider

²**tegen** *bw (vijandig, afwijzend ten opzichte van) ~ zijn* dagegen sein²⁶²

³**tegen** *vz* **1** *(in de andere richting)* gegen⁺⁴: *~ de stroom* gegen den Strom **2** *(in strijd met)* gegen⁺⁴, zuwider⁺³, wider⁺⁴: *dat is ~ de wet* das ist gegen das Gesetz; *~ de verwachting* wider Erwarten **3** *(vijandig, afwijzend ten opzichte van)* gegen⁺⁴: *~ iets zijn* gegen etwas sein²⁶²; *beschermen ~* schützen gegen⁺⁴ (*of:* vor⁺³); *~ iets kunnen* etwas vertragen können¹⁹⁴ **4** *(gekeerd naar)* gegen⁺⁴, zu⁺³, gegenüber⁺³: *~ iem spreken* zu jmdm sprechen²⁷⁴; *~ iem blaffen* jmdn anbellen **5** *(kort voor)* gegen⁺⁴: *~ de avond* gegen Abend **6** *(bijna)* an⁺⁴, gegen⁺⁴: *~ de 60 schepen* an die (*of:* gegen) 60 Schiffe **7** *(in aanraking met)* gegen⁺⁴, an⁺⁴: *leunen ~* lehnen gegen⁺⁴ (*of:* an⁺⁴) **8** *(mbt een bepaalde tijd)* auf⁺⁴: *het loopt ~ drie uur* es geht auf drei Uhr **9** *(mbt een prijs of percentage)* zu⁺³: *~ 5%* zu 5%

tegenaan: *ergens ~ lopen:* a) *(lett)* gegen⁺⁴ etwas anlaufen¹⁹⁸; b) *(fig)* zufällig auf⁺⁴ etwas stoßen²⁸⁵; *ergens ~ zitten kijken* nicht den Mut zu⁺³ etwas haben¹⁸²; *ergens (flink) ~ gaan* sich (mächtig) ins Zeug legen; *er hard ~ gaan (sp)* hart einsteigen²⁸¹

tegenaanval Gegenangriff *m*⁵, Gegenschlag *m*⁶

tegenargument Gegenargument *o*²⁹

tegenbeeld **1** *(pendant)* Gegenstück *o*²⁹ **2** *(contrast)* Gegenteil *o*²⁹

tegenbericht Abmeldung *v*²⁰: *zonder ~* ohne Nachricht Ihrerseits

tegendeel Gegenteil *o*²⁹: *de bewering van het ~* die gegenteilige Behauptung

tegengaan entgegentreten²⁹¹⁺³

tegengas: *~ geven* entgegenwirken⁺³

tegengesteld entgegengesetzt, gegensätzlich

tegenhanger Gegenstück *o*²⁹

tegenhebben gegen⁺⁴ sich haben¹⁸²

tegenhouden **1** *(de beweging beletten)* aufhalten¹⁸³ **2** *(verhinderen)* verhindern

tegenkomen *(ontmoeten)* begegnen⁺³: *iem ~* jmdm begegnen

tegenlicht Gegenlicht *o*³¹

tegenligger *(in het wegverkeer)* entgegenkommender Wagen *m*¹¹: *~s!* Gegenverkehr!

tegenlopen quer gehen¹⁶⁸, schief gehen¹⁶⁸

tegenmaatregel Gegenmaßnahme *v*²¹

tegenop hinauf: *ergens niet ~ kunnen* gegen⁺⁴ etwas nicht ankommen können¹⁹⁴

tegenover gegenüber⁺³

tegenovergesteld entgegengesetzt: *in ~e richting gaan* in die entgegengesetzte Richtung gehen¹⁶⁸; *in het ~e geval* im gegenteiligen Fall

tegenoverstellen entgegensetzen⁺³

tegenpartij Gegenseite v^{21}, Gegenpartei v^{20}; *(bij ongeluk)* Unfallgegner m^9
tegenslag Missgeschick o^{29}, Rückschlag m^6
tegenspartelen sich sträuben, sich wehren
tegenspeler Gegenspieler m^9
tegenspoed Missgeschick o^{29}, Pech o^{39}
tegenspraak Widerspruch m^6, Widerrede v^{21}: *in ~ zijn met* in Widerspruch stehen^{279} mit^{+3}; *met elkaar in ~ zijn* sich widersprechen^{274}
tegenspreken 1 widersprechen^{274+3}: *iem ~* jmdm widersprechen^{274}; *hij moet altijd ~* er hat immer etwas einzuwenden **2** *(de juistheid van iets ontkennen)* dementieren^{320}
tegensputteren aufmucken, murren
tegenstaan zuwider sein^{262}: *het staat mij tegen, zoiets te doen!* es geht mir gegen den Strich, so etwas zu tun!
tegenstand Widerstand m^6: *~ bieden* Widerstand leisten; *~ ondervinden* auf^{+4} Widerstand stoßen^{285}
tegenstander Gegner m^9, Widersacher m^9
tegenstelling Gegensatz m^6, Kontrast m^5: *in ~ met* im Gegensatz zu^{+3}
tegenstreven entgegenwirken^{+3}
tegenstrever Gegner m^9, Widersacher m^9
tegenstribbelen 1 sich sträuben **2** *(tegensputteren)* (auf)mucken, murren
tegenstrijdig widersprüchlich, gegensätzlich: *~e belangen* entgegengesetzte Interessen; *~e gevoelens* widersprüchliche Gefühle
tegenstrijdigheid Widerspruch m^6
tegenvallen enttäuschen, hinter den Erwartungen zurückbleiben^{134}: *dat valt me tegen!* das enttäuscht mich!; *dat valt tegen!* das ist eine Enttäuschung!; *het valt vaak tegen* es läuft oft auf eine Enttäuschung hinaus; *het product valt tegen* das Produkt bleibt hinter den Erwartungen zurück
tegenvaller 1 *(teleurstelling)* Enttäuschung v^{20} **2** *(tegenslag)* Rückschlag m^6
tegenvoeter *(ook fig)* Antipode m^{15}
tegenvoorstel Gegenvorschlag m^6
tegenwaarde Gegenwert m^5
¹**tegenwerken** *intr* sich quer legen
²**tegenwerken** *tr* entgegenarbeiten: *iem ~* jmdm entgegenarbeiten
tegenwerking Widerstand m^6
tegenwerpen einwenden^{308}
tegenwerping Einwand m^6, Einwendung v^{20}
tegenwind Gegenwind m^5
¹**tegenwoordig** *bn* **1** *(aanwezig)* anwesend **2** *(van deze tijd)* heutig, gegenwärtig: *~e tijd* Gegenwart v^{28}; *(taalk)* Präsens o (2e nvl -; mv Präsentia of Präsenzien); Gegenwart v^{28}; *in de ~e tijd* heutzutage
²**tegenwoordig** *bw* heute, heutzutage, gegenwärtig
tegenwoordigheid Anwesenheit v^{28}, Gegenwart v^{28}: *~ van geest* Geistesgegenwart v; *in ~ van* in Anwesenheit^{+2}

tegenzin Widerwille m^{18}: *met ~* widerwillig
tegenzitten 1 *(mbt werk)* nicht gelingen^{169} **2** *(mbt weer, omstandigheden)* ungünstig sein^{262}: *het zit me tegen!* ich habe kein Glück!
tegoed *zn* Guthaben o^{35}: *~ bij een bank* Bankguthaben
tegoedbon Gutschein m^5
tehuis Zuhause o^{39}, Heim o^{29}: *geen ~ hebben* obdachlos sein^{262}; *~ voor ouden van dagen* Altersheim, Altenheim
teil Wanne v^{21}
teint Teint m^{13}
teisteren heimsuchen
tekeergaan rasen, toben
teken 1 Zeichen o^{35}: *een ~ des tijds* ein Zeichen der Zeit; *een ~ van leven geven* ein Lebenszeichen von^{+3} sich geben^{166} **2** *(sein)* Signal o^{29}
tekenaar Zeichner m^9
tekendriehoek Zeichendreieck o^{29}
tekenen 1 *(afbeelden)* zeichnen **2** *(ondertekenen)* zeichnen, unterschreiben^{252} **3** *(beschrijven)* schildern **4** *(karakteristiek zijn)* kennzeichnen, charakterisieren^{320} || *zo'n leventje, daar teken ik voor!* solch ein Leben würde mir ganz gut gefallen!
tekenend *(fig)* kennzeichnend
tekenfilm Zeichenfilm m^5
tekening Zeichnung v^{20}; *(ondertekening)* Unterzeichnung v^{20}, Unterschrift v^{25}: *ter ~ liggen* zur Unterzeichnung ausliegen^{202}
tekenleraar Zeichenlehrer m^9
tekenplank Reißbrett o^{31}
tekenpotlood, tekenstift Zeichenstift m^5
tekort *zn* Defizit o^{29}, Fehlbetrag m^6, Manko o^{36}: *het ~ aan werkkrachten* der Mangel an^{+3} Arbeitskräften
tekortdoen benachteiligen
tekortkoming Unzulänglichkeit v^{20}, Mangel m^{10}
tekortschieten versagen, nicht ausreichen
tekst Text m^5; *(van brief ook)* Wortlaut m^5: *iem ~ en uitleg (van iets) geven* jmdm etwas haarklein auseinander setzen
tekstdichter Textdichter m^9
tekstverwerker Textverarbeitungsgerät o^{29}
tekstverwerking Textverarbeitung v^{20}
tel: *de ~ kwijt zijn* nicht zu verzählen; *zeer in ~ zijn* sehr geschätzt sein^{262}; *hij is niet in ~* man schätzt ihn nicht sonderlich; *in twee ~len klaar zijn* im Handumdrehen fertig sein^{262}; *op zijn ~len passen* aufpassen; *(Belg) van geen ~ zijn* unwichtig sein^{262}
telastlegging Anschuldigung v^{20}, Anklage v^{21}
teldatum Stichtag m^5
telecommunicatie Fernmeldewesen o^{39}, Telekommunikation v^{28}
telefoneren anrufen^{226}, telefonieren^{320}
telefonisch telefonisch, fernmündlich
telefonist Telefonist m^{14}
telefoon Telefon o^{29}, Fernsprecher m^9: *de ~ gaat* das Telefon läutet; *de ~ aannemen* den Anruf

entgegennehmen[212]; *de ~ opnemen* den Hörer abnehmen[212]; *de ~ wordt niet opgenomen* es meldet sich keiner; *er is ~ voor u!* Sie werden am Telefon verlangt!
telefoonaansluiting Fernsprechanschluss m^6, Telefonanschluss m^6
telefoonabonnee Fernsprechteilnehmer m^9
telefoonautomaat Münzfernsprecher m^9
telefoonbeantwoorder Anrufbeantworter m^9
telefoonboek Telefonbuch o^{32}
telefooncel Fernsprechzelle v^{21}, Telefonzelle v^{21}: *publieke ~* öffentliche Fernsprechzelle, öffentliche Telefonzelle
telefooncentrale Fernmeldeamt o^{32}; *(van bedrijf, ministerie e.d.)* Telefonzentrale v^{21}
telefoondienst Fernsprechamt o^{32}
telefoongesprek Telefongespräch o^{29}: *lokaal ~* Ortsgespräch o^{29}; *interlokaal ~* Ferngespräch
telefoongids Telefonbuch o^{32}
telefoonkaart 1 *(voor telefooncel)* Telefonkarte v^{21} **2** *(voor mobieltje)* Handykarte v^{21}, Mobiltelefonkarte v^{21}, Telefonkarte v^{21}
telefoonkosten Telefongebühren, Fernsprechgebühren *mv* v^{20}
telefoonnummer Telefonnummer v^{21}
telefoontje Anruf m^5
telefoontoestel Telefonapparat m^5, Fernsprechapparat m^5
telegraaf Telegraf m^{14}, Telegraph m^{14}
telegraferen telegrafieren[320], telegraphieren[320]
telegram Telegramm o^{29}: *een ~ aanbieden* ein Telegramm aufgeben[166]
telegramkosten Telegrammgebühr v^{20}
telegramstijl Telegrammstil m^{19}
telelens Teleobjektiv o^{29}
telemarketing Telemarketing o^{39}, o^{39a}
telen 1 *(kweken)* ziehen[318], züchten; anbauen **2** *(fokken)* züchten
teleobjectief Teleobjektiv o^{29}
teleonthaal *(Belg)* Telefonseelsorge v^{21}
telepathie Telepathie v^{28}
teler Züchter m^9
telerecording Fernsehaufzeichnung v^{20}
telescoop Teleskop o^{29}
teletekst Bildschirmtext m^5, Videotext m^5
teleurstellen enttäuschen
teleurstelling Enttäuschung v^{20}
televisie 1 Fernsehen o^{39}: *op de ~* im Fernsehen; *commerciële ~* Werbefernsehen **2** *(toestel)* Fernseher m^9
televisieantenne Fernsehantenne v^{21}
televisiebeeld Fernsehbild o^{31}
televisiebewerking Fernsehfassung v^{20}
televisiekijker Fernsehzuschauer m^9
televisieomroeper Fernsehansager m^9
televisieomroepster Fernsehansagerin v^{22}
televisiescherm Fernsehschirm m^5, Bildschirm m^5
televisietoestel Fernsehgerät o^{29}, Fernseher m^9

televisie-uitzending Fernsehsendung v^{20}, Fernsehübertragung v^{20}
telex Telex *o* (2e nvl -; mv -(e)), Fernschreiber m^9: *per ~* fernschriftlich
telexapparaat Fernschreiber m^9
telexbericht Fernschreiben o^{35}
telexen telexen
telexist Fernschreiber m^9
telexverkeer Telexverkehr v^{19}, Fernschreibverkehr m^{19}
telg Spross m^5, Sprössling m^5
telkens 1 *(elke keer)* jedes Mal: *~ drie* jeweils drei **2** *(heraaldelijk)* immer wieder, ständig: *~ na een paar stappen stilstaan* alle paar Schritte halten[183]
tellen zählen: *dat telt niet (mee)!* das gilt nicht!; *op zijn vingers ~* an den Fingern zählen
teller Zähler m^9
telling Zählung v^{20}: *een ~ houden* eine Zählung durchführen
telwoord Zahlwort o^{32}
temeer: *~ omdat* umso mehr, als; zumal(, da)
temmen zähmen, bändigen
tempel Tempel m^9
temperament Temperament o^{29}
temperatuur Temperatur v^{20}
temperatuurschommelingen Temperaturschwankungen *mv* v^{20}
temperatuurverschil Temperaturunterschied m^5
temperatuurwisseling Temperaturwechsel m^9
temperen dämpfen, mäßigen
tempo 1 *(snelheid)* Tempo o^{36}, Geschwindigkeit v^{20}: *het ~ opvoeren* das Tempo beschleunigen **2** *(muz)* Tempo o^{36} *(mv meestal Tempi)*
temporiseren verzögern
ten zu, zum, zur: *~ eerste* erstens; *zie ook* te
tendens Tendenz v^{20}
tendentieus tendenziös
teneinde um, damit: *~ u te bewijzen ...* um Ihnen zu beweisen ...
tengel Pfote v^{21}, Klaue v^{21}
tenger 1 *(teer)* zart **2** *(rank)* schmächtig
ten gevolge van infolge[+2]
tenietdoen widerrufen[226], aufheben[186]
tenietgaan verloren gehen[168]
tenlastelegging *zie* telastlegging
tenminste 1 wenigstens **2** *(in ieder geval)* jedenfalls **3** *(dan al)* überhaupt
tennis Tennis o^{39a}
tennisbaan Tennisplatz m^6
tennisbal Tennisball m^6
tennisracket Tennisschläger m^9
tennissen Tennis spielen
tenor Tenor $m^{\sim}$
tenslotte *(per slot van rekening)* schließlich
tent 1 Zelt o^{29} **2** *(op kermis, markt)* Bude v^{21} **3** *(café e.d.)* Lokal o^{29} || *iem uit zijn ~ lokken* jmdn aus der Reserve (heraus)locken
tentamen Prüfung v^{20}

entamineren prüfen
entenkamp Zeltlager o^{33}
entoonspreiden entfalten, zur Schau tragen[288]
entoonstellen ausstellen; zur Schau stellen
entoonstelling Ausstellung v^{20}
entstok Zeltstange v^{21}, Zeltstock m^6
entzeil Zeltplane v^{21}
enuitvoerlegging Vollzug m^6, Vollstreckung v^{20}
enzij es sei denn, dass
epel Brustwarze v^{21}; *(van zoogdier)* Zitze v^{21}
er zu, zum, zur; *zie ook* te
eraardebestelling Beerdigung v^{20}
erdege tüchtig, gehörig
erecht *bn (gerechtvaardigd)* richtig, berechtigt
erecht *bw* **1** mit Recht: ~ *beweert hij* mit Recht behauptet er **2** *(terug)* wieder da
erechtbrengen: *hij brengt er niets van terecht* er bringt nichts zustande (*of:* zu Stande)
erechtkomen 1 *(op de plaats van bestemming komen)* ankommen[193]: *het geld is niet terechtgekomen* das Geld hat sich nicht (wieder) gefunden **2** *(belanden)* geraten[218], landen: *je weet niet, waar je terechtkomt!* man weiß nicht, wohin man gerät!; *hij kwam lelijk terecht* er stürzte unglücklich **3** *(in orde komen)* sich finden[157]: *dat zal wel ~!* das wird sich schon finden!; *daar komt niets van terecht!* daraus wird nichts!; *hij zal wel ~!* der findet seinen Weg schon!
erechtkunnen: *ik kon bij hem niet terecht* er konnte mich nicht empfangen; *in dit land kun je met Duits terecht* in diesem Land kommt man mit Deutsch durch
erechtstaan vor Gericht stehen[279]
erechtstellen hinrichten
erechtstelling Hinrichtung v^{20}
erechtwijzen zurechtweisen[307], tadeln
erechtwijzing Zurechtweisung v^{20}, Tadel m^9
erechtzitting Gerichtsverhandlung v^{20}
eren zehren: ~ *op* zehren von[+3]
ergen reizen, herausfordern
erhandstelling Übergabe v^{21}
ering *(tbc)* Schwindsucht v^{28}
erloops beiläufig, nebenbei
erm Ausdruck m^6: *technische ~* technischer Fachausdruck; *iets in bedekte ~en zeggen* etwas verblümt sagen; *in de ~en vallen* in Betracht kommen[193]; *volgens de ~en van de wet* nach dem Wortlaut des Gesetzes
ermiet Termite v^{21}
ermijn 1 *(tijdruimte)* Frist v^{20}, Zeitraum m^6; *(vastgesteld tijdstip)* Termin m^5: ~ *van betaling* Zahlungsfrist; *een ~ vaststellen* eine Frist; *(tijdstip)* einen Termin bestimmen; *op korte ~* kurzfristig; *op lange ~* langfristig **2** *(gedeeltelijke betaling)* Rate v^{21}, Teilzahlung v^{20}: *betaling in ~en* Ratenzahlung v^{20}
termijnbetaling Ratenzahlung v^{20}
terminal Terminal m^{13}, o^{36}

terminus *(Belg)* Endhaltestelle v^{21}
ternauwernood kaum, mit knapper Not
terneergeslagen niedergeschlagen
terpentijn Terpentin o^{25}
terrarium Terrarium o *(mv Terrarien)*
terras Terrasse v^{21}
terrein 1 *(stuk grond, veld)* Gelände o^{33} **2** *(fig) (gebied)* Gebiet o^{29}, Bereich m^5: *het ~ van de wetenschap* das Gebiet der Wissenschaft; *dat hoort niet op mijn ~* das ist nicht mein Ressort; ~ *verliezen* (an) Boden verlieren[300]
terreinwagen Geländewagen m^{11}
terreur Terror m^{19}
terreuralarm Terroralarm m^5
terriër Terrier m^9
terrine Terrine v^{21}
territoriaal territorial: *territoriale wateren (ook)* Hoheitsgewässer *mv* o^{33}
territorium Territorium o *(2e nvl -s; mv Territorien)*
terroriseren terrorisieren[320]
terrorisme Terrorismus m^{19a}
terrorist Terrorist m^{14}
terroristisch terroristisch
terstond gleich, sogleich, unverzüglich
terts *(muz)* Terz v^{20}
terug 1 zurück: *heen en ~* hin und zurück; *enige jaren ~* vor einigen Jahren; *van 10 euro ~ hebben* auf 10 Euro herausgeben[166]; *ik heb niet ~!* ich kann nicht herausgeben! **2** *(Belg) (weer, opnieuw)* wieder, aufs Neue, von neuem: *hij is ~ ziek geworden* er ist wieder krank geworden
terugbellen zurückrufen[226]
terugbetalen zurückzahlen
terugbetaling Rückzahlung v^{20}
terugblik Rückblick m^5, Rückschau v^{20}
terugblikken zurückblicken
terugbrengen 1 *(bij eigenaar bezorgen)* zurückbringen[139] **2** *(verkleinen)* reduzieren[320]: *tot op de helft ~* auf die Hälfte reduzieren **3** *(herleiden tot)* zurückführen auf[+4]
terugdeinzen zurückschrecken[251]: *(fig) voor het risico ~* vor dem Risiko zurückschrecken
terugdoen: *iets ~* sich revanchieren[320]
terugdraaien zurückdrehen; *(fig)* zurückschrauben
terugdringen zurückdrängen
teruggaan zurückgehen[168]
teruggang Rückgang m^6
teruggave Rückgabe v^{21}; *(van geld, belasting, ook)* Rückerstattung v^{20}
teruggeven zurückgeben[166]; *(van geld, belasting)* zurückerstatten: *van 10 euro ~* auf 10 Euro herausgeben[166]
terughouden zurückhalten[183], abhalten[183]: *iem van iets ~* jmdn von[+3] etwas zurückhalten
terughoudend zurückhaltend, reserviert
¹**terugkaatsen** *intr (mbt geluid)* widerhallen
²**terugkaatsen** *tr* **1** *(van geluid)* zurückwerfen[311]

terugkeer 346

2 *(van licht)* reflektieren[320], zurückwerfen[311] **3** *(van bal)* zurückgeben
terugkeer Rückkehr v^{28}; *(naar huis)* Heimkehr v^{28}
terugkeren 1 zurückkehren **2** *(zich herhalen)* wiederkehren **3** *(naar huis)* heimkehren
terugkomen zurückkommen[193], wiederkommen[193]: *op iets ~* auf[+4] etwas zurückkommen; *van een idee ~* von einer Idee abkommen[193]
terugkomst Rückkehr v^{28}
terugkrabbelen einen Rückzieher machen
terugkrijgen zurückbekommen[193], zurückerhalten[183]
teruglopen zurückgehen[168]: *de prijzen lopen terug* die Preise sinken[266]
teruglopend rückläufig
terugmars Rückmarsch m^6
terugnemen zurücknehmen[212]: *de snelheid ~* das Tempo drosseln
terugreis Rückreise v^{20}; *(naar huis)* Heimreise v^{21}
terugreizen zurückreisen
terugrijden zurückfahren[153]
terugroepactie Rückrufaktion v^{20}
terugroepen zurückrufen[226]
terugschakelen zurückschalten
terugschrikken *(met voor)* zurückschrecken[251] vor[+3]
terugslaan zurückschlagen[241]
terugslag Rückschlag m^6
terugspringen zurückspringen[276]
terugstorten zurückzahlen
terugtocht 1 Rückreise v^{21}, Rückfahrt v^{20}; *(te voet)* Rückmarsch m^6 **2** *(mil)* Rückzug m^6
terugtrappen zurücktreten[291]
terugtraprem Rücktrittbremse v^{21}
terugtreden zurücktreten[291]
terugtrekken zurückziehen[318]
terugverlangen *(met naar)* zurückverlangen (nach[+3]), sich sehnen (nach[+3])
terugvinden zurückfinden[157], wieder finden[157]
terugvragen zurückverlangen, zurückfordern
terugweg Rückweg m^5; *(naar huis)* Heimweg m^5
terugwerkend: *met ~e kracht tot 1 juli* rückwirkend vom 1. Juli
terugwijzen zurückweisen[307]
terugwinnen zurückgewinnen[174]
terugzeggen antworten
terugzenden zurücksenden[263], zurückschicken
terugzetten zurückstellen
terugzien 1 *(een terugblik werpen op)* zurücksehen[261], zurückblicken **2** *(weerzien)* wieder sehen[261]
¹**terwijl** *bw (in die tijd)* indessen, inzwischen
²**terwijl** *vw* **1** *(in de tijd dat)* während: *~ ik schreef, las hij* während ich schrieb, las er **2** *(op het moment dat)* indem: *~ hij dit zei, stond hij op* indem er dies sagte, stand er auf
terzelfder: *~ tijd* zur selben (*of:* zur gleichen) Zeit

terzijde *bw* **1** *(naar opzij)* seitwärts **2** *(aan de zijkant)* beiseite: *geld ~ leggen* Geld beiseite legen; *iem ~ staan* jmdm zur Seite stehen[279]
test Test m^{13}, m^5, Prüfung v^{20}
testament Testament o^{29}: *bij ~ bepalen* testamentarisch verfügen
testamentair testamentarisch: *~e beschikking* letztwillige Verfügung
testbeeld *(telecom)* Testbild o^{31}
testcase Testfall m^6
testen testen
testikel Testikel m^9, Hode v^{21}, m^{15}, Hoden m^{11}
testmethode Testmethode v^{21}
testpiloot Testpilot m^{14}
teststrijder Testfahrer m^9
tetanus Tetanus m^{19a}, Wundstarrkrampf m^{19}
tetteren 1 *(schetterend blazen)* schmettern **2** *(luid spreken)* trompeten **3** *(veel drinken)* zechen, bechern
teug Zug m^6, Schluck m^5: *in één ~* auf einen Zug, in einem Zug
teugel Zügel m^9: *iem de vrije ~ laten* jmdm freie Hand lassen[197]; *zijn hartstochten de vrije ~ laten* seinen Leidenschaften freien Lauf lassen[197]; *(ook fig) de ~ strak houden* die Zügel kurz halten[183]
teugelloos zügellos
teut *bn* besoffen, benebelt, blau
teuten *(talmen)* trödeln
tevens zugleich
¹**tevergeefs** *bn* vergeblich
²**tevergeefs** *bw* vergebens
tevoorschijn zum Vorschein, hervor…: *~ brengen* hervorbringen[139]; zum Vorschein bringen[139]; *~ halen* hervorholen; *~ komen* hervorkommen[193]; zum Vorschein kommen[193]
tevoren 1 *(vroeger)* früher, zuvor: *als ~* wie früher; *een jaar ~* ein Jahr zuvor **2** *(vooraf)* vorher, im Voraus
tevreden zufrieden: *~ met* (*of:* over) *iets zijn* mit[+3] etwas zufrieden sein[262]
tevredenheid Zufriedenheit v^{28}
tevredenstellen zufrieden stellen: *zich met weinig ~* sich mit[+3] wenig begnügen
tevree zufrieden
tewaterlating Stapellauf m^6
teweegbrengen verursachen, herbeiführen
tewerkstellen beschäftigen, einsetzen
¹**textiel** *zn* Textilien *(mv)*, Textilwaren *(mv)*
²**textiel** *bn* textil, Textil…
textielindustrie Textilindustrie v^{21}
tezamen zusammen
tgv *afk van* train à grande vitesse Hochgeschwindigkeitszug m^6, TGV m^{13} (2e nvl ook -)
t.g.v. 1 *afk van* ten gevolge van infolge[+2] **2** *afk van* ter gelegenheid van anlässlich[+2]
thans 1 *(op dit moment)* jetzt, nun **2** *(in onze tijd)* heutzutage, heute
theater Theater o^{33}
theatraal theatralisch

thee Tee m^{19}: *slappe* ~ dünner Tee; *sterke* ~ starker Tee; *een kopje* ~ eine Tasse Tee
theeblad 1 *(plantk)* Teeblatt o^{32} **2** *(dienblad)* Teebrett o^{31}
theebuiltje Teebeutel m^9
theedoek Geschirrtuch o^{32}
theekopje Teetasse v^{21}
theelepeltje Teelöffel m^9
theepot Teekanne v^{21}
theezakje Teebeutel m^9
thema 1 Thema o (2e nvl -s; mv Themen), Gegenstand m^6 **2** *(oefening)* Aufgabe v^{21}
thematisch thematisch
theocraat Theokrat m^{14}
theologie Theologie v^{21}
theoloog Theologe m^{15}
theoreticus Theoretiker m^9
theoretisch theoretisch
theorie Theorie v^{21}
therapeut Therapeut m^{14}
therapeutisch therapeutisch
therapie Therapie v^{21}
thermiek Thermik v^{28}
thermometer Thermometer o^{33}
thermosfles Thermosflasche v^{21}
thermoskan Thermoskanne v^{21}
thermostaat Thermostat m^5, m^{14}
these These v^{21}
thesis *(Belg)* *(ond, ongev)* Diplomarbeit v^{20}
thriller Thriller m^9
thuis 1 *(naar huis)* nach Haus(e): *wel* ~*!* kommen Sie gut nach Hause! **2** *(in zijn huis)* zu Haus(e): ~ *zijn (ook fig)* zu Hause sein^{262}; *de kinderen wonen niet meer* ~ die Kinder sind aus dem Haus
thuisbankieren Homebanking o^{39}, Home-Banking o^{39}
thuisbezorgen ins Haus schicken; zustellen
thuisbioscoop Heimkino o^{36}
thuisblijven zu Hause bleiben^{134}
thuisbrengen 1 nach Hause bringen^{139} **2** *(weten te plaatsen)* (jmdn) unterbringen^{139}
thuisclub Heimmannschaft v^{20}
thuishoren 1 *(afkomstig zijn)* stammen (aus^{+3}): *in A.* ~ aus A. stammen; *waar hoort hij thuis?* wo ist er zu Hause? **2** *(op zijn plaats zijn)* hingehören
thuiskomen heimkommen^{193}
thuiskomst Heimkehr v^{28}
thuismarkt Inlandsmarkt m^6
thuisraken *(met in)* sich hineinfinden^{157} in^{+4}
thuisreis Heimreise v^{21}, Heimfahrt v^{20}
thuiswedstrijd Heimspiel o^{29}
thuiswerk Heimarbeit v^{20}
thuiswerker Heimarbeiter m^9
TIA *afk van transient ischaemic attack* transitorische ischämische Attacke v^{21} *(afk* TIA*)*
tic 1 *(zenuwtrekking)* Tic m^{13} **2** *(aanwensel)* Fimmel m^9, Tick m^{13} **3** *(scheut)* Schuss m^6: *cola met een* ~ Cola mit Schuss
ticket Ticket o^{36}

tiebreak Tie-Break m^{13}, o^{36}, Tiebreak m^{13}, o^{36}
¹tien *zn* **1** *(cijfer)* Zehn v^{20} **2** *(cijferwaardering)* Eins v^{20}
²tien *telw* zehn; *zie ook* ²*acht*
tiener Teenager m^9
tieneurobiljet Zehneuroschein m^5
tienkamp Zehnkampf m^6
tienrittenkaart Zehnerkarte v^{21}
tiental Zehner m^9: *een* ~ *dagen* zehn Tage; ~*len mensen* Dutzende *(of:* dutzende) (von) Menschen
tientje Zehneuroschein m^5: *dat kost een* ~ das kostet zehn Euro
tieren 1 *(razen)* toben **2** *(schreeuwen)* lärmen **3** *(welig groeien)* üppig wachsen^{302}
tierig 1 *(welig)* üppig **2** *(opgewekt)* munter
tiet *(inform)* Titte v^{21}, Zitze v^{21}
tij *(eb en vloed)* Gezeiten *(mv)*; *(scheepv)* Tide v^{21}: *opkomend* ~ Flut v^{20}; *vallend* ~ Ebbe v^{21}
tijd Zeit v^{20}; *(taalk, ook)* Tempus o (2e nvl -; mv Tempora): *de komende* ~ in der nächsten *(of:* in nächster) Zeit; *de laatste* ~ in der letzten *(of:* in letzter) Zeit; *de* ~ *na de oorlog* die Nachkriegszeit; *de* ~ *van voor de oorlog* die Vorkriegszeit; *vrije* ~ Muße v^{28}; *(taalk) de tegenwoordige* ~ das Präsens; *(taalk) de verleden* ~ das Präteritum; *(taalk) de toekomende* ~ das Futur; *een* ~ *geleden* vor einiger Zeit; *een* ~ *lang* eine Zeit lang; *neem de* ~*!* lass dir Zeit!; *(sp) de* ~ *opnemen* die Zeit stoppen; *het is hoog* ~ es ist höchste Zeit; *bij* ~ *en wijle* von Zeit zu Zeit; *in de eerste* ~ anfangs; *in onze* ~ heutzutage; *in minder dan geen* ~ im Nu; *op zijn* ~ gelegentlich; *te allen* ~*e* zu jeder Zeit; *van* ~ *tot* ~ dann und wann
tijdbom Zeitbombe v^{21}
tijdelijk 1 *(voor een tijdje)* vorübergehend, zeitweilig; *een* ~ *e aanstelling* ein befristetes Arbeitsverhältnis; ~ *uitstellen* einstweilen aufschieben^{237}; ~ *gesloten* vorübergehend geschlossen **2** *(voorlopig)* vorläufig
tijdens während^{+2}
tijdgebrek Zeitmangel m^{19}
tijdig 1 *(op tijd)* rechtzeitig **2** *(vroeg)* früh, zeitig **3** *(binnen de gestelde tijd)* fristgemäß
tijding Nachricht v^{20}
tijdlang: *een* ~ eine Zeit lang
tijdmelding Zeitansage v^{21}
tijdnood Zeitnot v^{28}
tijdpassering Zeitvertreib m^5
tijdperk Zeitalter o^{33}, Ära v *(mv* Ären*)*, Periode v^{21}
tijdrit Zeitfahren o^{39}
tijdrovend zeitraubend
tijdsbestek Zeitraum m^6, Frist v^{20}
tijdschema Zeitplan m^6
tijdschrift Zeitschrift v^{20}
tijdstip Zeitpunkt m^5, Augenblick m^5: *op dit* ~ zu diesem Zeitpunkt
tijdsverloop Zeitraum m^6
tijdsverschil Zeitunterschied m^5

tijdvak Epoche v^{21}, Periode v^{21}
tijdverdrijf Zeitvertreib m^5
tijdverlies Zeitverlust m^{19}
tijger Tiger m^9
tik (*klap*) Klaps m^5: ~ *om de oren* Ohrfeige v^{21}
tikfout Tippfehler m^9
tikje: *een ~ te snel* ein bisschen zu schnell
tikkeltje: *een ~* eine Idee, eine Spur
¹**tikken** *intr* **1** (*een tikkend geluid laten horen*) ticken **2** (*aanraken*) tippen || *iets op de kop ~* etwas auftreiben²⁹⁰
²**tikken** *tr* klopfen; (*typen*) tippen: *een brief ~* einen Brief tippen
tikkertje (*kinderspel*) Fangen o^{39}
¹**til** (*duivenhok*) Taubenschlag m^6
²**til**: *er is iets op ~* es braut sich etwas zusammen
tilapia Tilapia m^{13} (*mv ook* Tilapien)
¹**tillen** *intr* heben¹⁸⁶; (*fig*) *ergens zwaar aan ~* etwas schwer nehmen²¹²
²**tillen** *tr* (auf)heben¹⁸⁶, hochnehmen²¹²; (*fig*) *ze wilden me ~* sie wollten mich hochnehmen
tillift Patientenlifter m^9, Krankenheber m^9
timbre Timbre o^{36}
timen timen
time-out Time-out o^{36} (*2e nvl ook* -), Auszeit v^{20}
timide zaghaft, schüchtern
timing Timing o^{36}
timmeren zimmern, tischlern: *graag aan de weg ~* gern im Licht der Öffentlichkeit stehen²⁷⁹
timmerman Zimmermann *m* (*2e nvl -(e)s; mv -leute*); (*in de bouw*) Bauschreiner m^9
timmermanswerkplaats Zimmerwerkstatt *v* (*mv -stätten*)
tin Zinn o^{39}
tingelen klingeln; (*op de piano*) klimpern
tinnen zinnern, Zinn...
tinnetje Büchse v^{21}
tint 1 (*kleurschakering*) Farbe v^{21}, Farbton m^6 **2** (*gelaatskleur*) Teint m^{13}
tintelen 1 (*flonkeren*) funkeln, glitzern **2** (*steken*) prickeln: *mijn vingers ~ van de kou* die Finger prickeln mir vor Kälte
tinteling Funkeln o^{39}, Prickeln o^{39}; *zie ook* tintelen
tinten färben, tönen: *getinte glazen* getönte Gläser; *het artikel is liberaal getint* der Artikel hat einen liberalen Anstrich
tintje Anstrich m^{19}, Note v^{28}: *een godsdienstig ~* ein religiöser Anstrich; *een politiek ~* eine politische Note; *Duits met een Keuls ~* kölnisch gefärbtes Deutsch
¹**tip** (*punt, uiteinde*) Zipfel m^9
²**tip 1** (*inlichting, wenk*) Tipp m^{13}, Wink m^5 **2** (*fooi*) Trinkgeld o^{31}
tipgever Informant m^{14}
tippel Spaziergang m^6
tippelaar Wanderer m^9
tippelen tippeln, marschieren³²⁰, spazieren³²⁰; (*mbt prostituee*) auf den Strich gehen¹⁶⁸

¹**tippen** (*licht aanraken*) tippen: (*fig*) *daar kun je niet aan ~* daran ist nicht zu tippen
²**tippen** *tr* **1** (*afpunten*) stutzen **2** (*een tip geven*) (jmdm) einen Tipp geben¹⁶⁶
tipsy angeheitert, beschwipst
tiptoets Tipptaste v^{21}
tiptop tipptopp
tirade Tirade v^{21}
tiran Tyrann m^{14}
tirannie Tyrannei v^{20}
tissue Papiertaschentuch o^{32}
titaan (*chem*) Titan o^{39}
titel Titel m^9: ~ *van doctor* Doktortitel
titelblad Titelblatt o^{32}, Titelseite v^{21}
titelhouder (*sp*) Titelhalter m^9
titelverdediger Titelverteidiger m^9
titularis (*Belg*) (*ond*) Klassenlehrer m^9
tjalk Tjalk v^{20}
tjilpen zwitschern, tschilpen
tjirpen zirpen
tjokvol gerammelt voll
tl-buis Neonröhre v^{21}, Leuchtstoffröhre v^{21}
t.n.v. *afk van* ten name van auf den Namen ... lautend, auf den Namen ... laufend
toa *afk van* technisch-onderwijsassistent (*ongev*) technischer Assistent m^{14} beim Unterricht
toast (*sneetje geroosterd brood*) Toast m^5, m^{13}
toasten (*roosteren*) toasten
toastje (*hartig hapje*) Schnittchen o^{35}
tobbe Wanne v^{21}
tobben 1 (*zwoegen*) sich plagen, sich abmühen **2** (*piekeren*) grübeln (über⁺⁴): *met iem, met iets ~* mit jmdm, mit⁺³ etwas seine liebe Not haben¹⁸²
tobber(d) Grübler m^9; (*stakker*) Schlucker m^9
toch 1 (*desondanks*) doch, dennoch, trotzdem: *hij wil het ~ proberen* er will es dennoch versuchen **2** (*immers*) doch: *je weet ~, wat je me beloofd hebt* du weißt doch, was du mir versprochen hast **3** (*inderdaad*) doch **4** (*ter uitdrukking van gevoelens*) doch: *hou ~ eindelijk eens op!* hör doch endlich auf!; *het is ~ al laat* es ist sowieso schon spät; *hij was me ~ kwaad!* der war vielleicht wütend!
tocht 1 (*trek*) Zug m^{19}: *op de ~ zitten* im Zug sitzen²⁶⁸ **2** (*expeditie*) Expedition v^{20} **3** (*reis*) Reise v^{21}, Fahrt v^{20}, Tour v^{20} **4** (*herdenkingstocht*) Gedenken o^{39}: *stille ~ voor ...* Gedenken für⁺⁴ ...
tochten ziehen³¹⁸
tochtig 1 (*winderig*) zugig **2** (*bronstig*) brünstig
tochtje Ausflug m^6, Tour v^{20}; (*met vervoermiddel*) Fahrt v^{20}
tochtstrip Dichtungsstreifen m^{11}
tochtvrij zugfrei
¹**toe** *bn* verschlossen
²**toe** *bw* zu: *deur ~!* Tür zu!; *dat doet er niet ~* das tut nichts zur Sache; *ik ben er nog niet aan ~* ich bin noch nicht so weit; *hij is er slecht aan ~* er ist übel dran; *nu weet ik waar ik aan ~ ben!* jetzt weiß ich, woran ich bin!; *ik kom er niet aan ~* ich komme nicht dazu!; *wat eten we ~?* was haben wir

als Nachtisch?; *naar iem ~ gaan* zu jmdm hingehen[168]; *tot daar ~* bis dahin

toe *tw*: *~, help eens!* bitte, hilf mal!; *~, ga weg!* na, geh fort!; *~, kom eens hier!* du, komm mal her!; *~ maar!*: a) *(ga je gang)* nur zu!; b) *(spreek op)* schieß los!; c) *(verwonderd)* na, so was!

toebedelen zuteilen, zuweisen[307]; *(mbt lot)* bescheren

toebehoren *zn* Zubehör o[29], m[5]: *stofzuiger met ~* Staubsauger mit Zubehör

toebehoren *ww* (zu)gehören

toebereiden zubereiten

toebereidselen Vorbereitungen *mv* v[20]

toebijten 1 *(lett)* zubeißen[125]; *(mbt vissen, ook fig)* anbeißen[125] **2** *(toesnauwen)* anschnauzen

toebrengen beibringen[139], zufügen: *iem een wond ~* jmdm verwunden

toedekken zudecken

toedichten zuschreiben[252]

toedienen verabreichen: *iem een geneesmiddel ~* jmdm ein Medikament verabreichen; *een sacrament ~* ein Sakrament spenden

toedoen *zn* Zutun o[39]: *buiten mijn ~* ohne mein Zutun

toedoen *ww* **1** *(dichtdoen)* zumachen, zutun[295] **2** *(helpen)* beitragen[288]; *hij kan er veel aan ~* er kann viel dazu beitragen; *er het zwijgen ~* schweigen[255]

toedraaien *(dichtdraaien)* zudrehen: *iem de rug ~* jmdm den Rücken zukehren

toedracht Hergang m[6], Verlauf m[6]

toedragen *tr* entgegenbringen[139]

toedragen, zich sich zutragen[288]

toe-eigenen, zich sich aneignen, sich zueignen

toefluisteren zuflüstern

toegaan 1 *(dichtgaan)* zugehen[168] **2** *(gebeuren)* zugehen[168], hergehen[168]: *het ging er wild toe* es ging heiß her

toegang 1 *(entree)* Zutritt m[19], Eintritt m[19]: *verboden ~!* Zutritt verboten! **2** *(ingang)* Eingang m[6] **3** *(weg)* Zugang m[6]; *(voor voertuigen)* Zufahrt v[20]

toegangsbewijs Eintrittskarte v[21]

toegangscode Passwort o[32], Kennwort o[32]

toegangsprijs Eintrittspreis m[5]

toegankelijk zugänglich

toegedaan zugetan: *iem ~ zijn* jmdm zugetan sein[262]; *de mening ~ zijn* der Meinung sein[262]

toegeeflijk 1 *(inschikkelijk)* nachgiebig **2** *(niet streng)* nachsichtig

toegeeflijkheid Nachgiebigkeit v[28], Nachsicht v[28]; *zie ook* toegeeflijk

toegepast angewandt: *~e wetenschap* angewandte Wissenschaft v[20]

¹**toegeven** *intr* *(inwilligen)* nachgeben[166]: *de wijste geeft toe* der Klügere gibt nach

²**toegeven** *tr* **1** *(erkennen)* zugeben[166], zugestehen[279], einräumen **2** *(onderdoen voor)* nachgeben[166] **3** *(handel) iets ~* etwas zugeben[166]

toegevend nachsichtig, nachgiebig

toegevoegd: *~e waarde* Mehrwert m[19]

toegewijd ergeben; *zie ook* toewijden

toegift *(muz)* Zugabe v[21]

toehappen zubeißen[125]; *(fig)* anbeißen[125]

toehoorder Zuhörer m[9]

toehoren *(aanhoren)* (jmdm) zuhören

toejuichen zujubeln: *iem ~* jmdm zujubeln; *een voorstel ~* einen Vorschlag begrüßen

toejuiching Beifall m[19], Beifallsruf m[5]

toekennen 1 *(het recht van iem op iets erkennen)* zuerkennen[189]: *iem een beloning ~* jmdm eine Belohnung zuerkennen; *grote waarde aan iets ~* einer Sache³ großen Wert beimessen[208] **2** *(toewijzen)* zusprechen[274]: *iem een recht ~* jmdm ein Recht zusprechen

toekenning Zuerkennung v[20]; *(jur)* Zusprechung v[20]

toekeren: *iem de rug ~* jmdm den Rücken zukehren; *(fig)* jmdm den Rücken kehren

toekijken zusehen[261]

toeknikken zunicken: *iem ~* jmdm zunicken

toekomen 1 *(toesturen)* zukommen[193]: *doen ~* zukommen lassen[197] **2** *(toebehoren)* zustehen[279]: *dit geld komt u toe* dieses Geld steht Ihnen zu **3** *(naderen)* zukommen[193]: *op iem ~* auf jmdn zukommen[193] **4** *(rondkomen)* auskommen[193]

toekomst Zukunft v[25]

toekomstig (zu)künftig

toekunnen auskommen[193]: *met het geld ~* mit dem Geld auskommen

toelaatbaar zulässig: *de maximaal toelaatbare snelheid* die höchstzulässige Geschwindigkeit

toelachen: *iem ~* jmdm zulachen; *dat plan lacht me wel toe!* dieser Plan sagt mir wohl zu!; *het geluk lacht hem toe* das Glück lacht ihm

toelage 1 Zulage v[21] **2** *(subsidie)* Zuschuss m[6]

toelaten 1 *(toestaan)* zulassen[197], gestatten, erlauben **2** *(binnenlaten)* zulassen[197]

toelating Zulassung v[20]

toelatingsexamen Zulassungsprüfung v[20]

¹**toeleggen** *tr* **1** *(dichtleggen)* zudecken **2** *(erop toegeven)* zusetzen: *er geld op ~* Geld zusetzen **3** *(zijn best doen)* anlegen auf⁺⁴: *het erop ~ om …* es darauf anlegen, …

²**toeleggen, zich:** *zich ~ op* sich verlegen auf⁺⁴

toeleverancier Zulieferer m[9]

toelichten erläutern

toelichting 1 Erläuterung v[20] **2** *(motivering)* Begründung v[20]

toeloop Zulauf m[6]

toelopen zulaufen[198]: *hij kwam op mij ~* er kam auf mich zugelaufen; *spits ~* spitz zulaufen

toeluisteren zuhören

toemaatje *(Belg)* Extra o[36]: *een ~ krijgen* etwas dazubekommen[193]; *iem een ~ geven* jmdm etwas dazugeben[166]

¹**toen** *bw* **1** *(op die tijd)* damals: *van ~ af* von da an **2** *(vervolgens)* dann

²**toen** *vw* als: *~ ik jong was* als ich jung war

toenadering Annäherung v^{20}
toename Zunahme v^{21}, Zuwachs m^6
toenemen zunehmen^{212}: *in krachten ~* an Kräften zunehmen
toeneming Zunahme v^{21}
toenmalig damalig
toentertijd damals
toepasselijk 1 *(passend)* passend: *een ~ woord* ein passendes Wort **2** *(aangewend kunnende worden)* anwendbar, zutreffend: *dat is hier niet ~* das ist hier nicht anwendbar; *dat is ook op hem ~* das gilt auch für ihn
toepassen anwenden^{308}: *de wet ~* das Gesetz handhaben; *zie ook* toegepast
toepassing Anwendung v^{20}: *in ~ brengen* anwenden^{308}; *van ~ zijn* anwendbar sein^{262}
toer 1 *(tocht)* Tour v^{20} **2** *(één rij steken)* Reihe v^{21}, Tour v^{20} **3** *(lastig werk)* Strapaze v^{21}: *een hele ~* ein hartes Stück Arbeit **4** *(kunststukje)* Kunststück o^{29} **5** *(omwenteling) (techn)* Tour v^{20}, Umdrehung v^{20}: *(fig) over zijn ~en zijn* durchgedreht sein^{262}
toerbeurt Turnus *m (2e nvl -; mv -se)*: *bij ~* im Turnus, turnusgemäß
¹**toereiken** *intr* (aus)reichen
²**toereiken** *tr* reichen, hinhalten^{183}
toereikend ausreichend, hinreichend
toerekenbaar zurechnungsfähig: *verminderd ~* vermindert zurechnungsfähig
toeren eine Tour machen
toerental Drehzahl v^{20}
toerenteller Drehzahlmesser m^9
toerisme Tourismus m^{19a}, Fremdenverkehr m^{19}
toerist Tourist m^{14}
toeristenbranche Fremdenverkehrsgewerbe o^{33}
toeristisch touristisch
toernooi Turnier o^{29}
toeroepen zurufen^{226}: *iem iets ~* jmdm etwas zurufen
toeschietelijk entgegenkommend
toeschietelijkheid Entgegenkommen o^{39}
toeschieten herbeistürzen: *op iem ~* auf jmdn zuschießen^{238}
toeschouwer Zuschauer m^9
toeschreeuwen *zie* toeroepen
toeschrijven zuschreiben^{252+3}: *iets aan iem ~* jmdm etwas zuschreiben; *waaraan is dat toe te schrijven?* welchem Umstand ist das zuzuschreiben?
toeslaan zuschlagen^{241}
toeslag 1 *(toewijzing op veiling, extra bedrag)* Zuschlag m^6 **2** *(extra loon)* Zulage v^{21}
toesnauwen (jmdn) anfahren^{153}
toespelen: *iem de bal ~* jmdm den Ball zuspielen
toespeling Anspielung v^{20}
toespijs 1 *(dessert)* Nachtisch m^5 **2** *(bijgerecht)* Beilage v^{21}
toespraak Ansprache v^{21}, Rede v^{21}
toespreken zureden: *iem ~* jmdm zureden

toestaan 1 *(veroorloven)* erlauben, gestatten **2** *(verlenen)* gewähren, einräumen: *een verzoek ~* eine Bitte gewähren
toestand 1 Zustand m^6 **2** *(situatie)* Lage v^{21}: *economische ~* Wirtschaftslage
toesteken reichen: *iem de hand ~* jmdm die Hand reichen
toestel 1 *(apparaat)* Apparat m^5, Gerät o^{29} **2** *(vliegtuig)* Flugzeug o^{29}, Maschine v^{21}
toestemmen einwilligen, bewilligen: *~ in iets* mit^{+3} etwas einverstanden sein^{262}
toestemming Einwilligung v^{20}, Zustimmung v^{20}
toestoppen 1 *(dichtmaken)* zustopfen **2** *(geven)* zustecken **3** *(instoppen)* zudecken
toestromen herbeiströmen
toesturen (zu)schicken, (zu)senden^{263}
toet *(gezicht)* Gesicht o^{31}, Schnäuzchen o^{35}
¹**toetakelen** *tr* zurichten: *iem lelijk ~* jmdn übel zurichten
²**toetakelen, zich** sich aufdonnern
toetasten zugreifen^{181}, zulangen
¹**toeter** *zn (claxon)* Hupe v^{21}
²**toeter** *bn* betrunken
toeteren hupen
toetje Nachtisch m^5
toetreden 1 *(deelnemen aan)* beitreten^{291+3}: *tot een partij ~* einer Partei beitreten **2** *(op iem toegaan)* auf jmdn zutreten^{291}
toetreding Beitritt m^5 (zu^{+3})
toets 1 *(test)* Test m^{13}, m^5, Prüfung v^{20}: *(fig) de ~ doorstaan* die Probe bestehen^{279} **2** *(van piano, apparatuur)* Taste v^{21}
toetsen prüfen, testen
toetsenbord Tastatur v^{20}; *(van muziekinstrument, ook)* Klaviatur v^{20}
toetsing Prüfung v^{20}
toetssteen *(fig)* Prüfstein m^5
¹**toeval** *(med)* epileptischer Anfall m^6
²**toeval** *(onvoorzien geval)* Zufall m^6: *bij ~* zufällig(erweise)
toevallen zufallen^{154}
toevallig zufällig; *(bw ook)* zufälligerweise
toevalstreffer Zufallstreffer m^9
toeven verweilen
toeverlaat Stütze v^{21}; *(iem van wie men veel verwacht)* Hoffnungsträger m^9
toevertrouwen anvertrauen: *iem een geheim ~* jmdm ein Geheimnis anvertrauen
toevloed Zustrom m^{19}: *de ~ van bezoekers* der Zustrom von Besuchern
toevlucht Zuflucht v^{20}
toevluchtsoord Zufluchtsort m^5
toevoegen 1 *(bij iets voegen)* (hin)zufügen: *zout ~* Salz hinzufügen; *aan een spijs zout ~* einer Speise Salz zufügen **2** *(toewijzen)* beigeben^{166}, beiordnen
toevoer Zufuhr v^{20}
toevoeren zuführen
toewenden zuwenden^{308}: *iem de rug ~* jmdm

den Rücken wenden[308]
toewensen wünschen: *iem iets* ~ jmdm etwas wünschen
toewijden weihen, widmen: *zijn leven aan de kunst* ~ sein Leben der Kunst widmen (*of:* weihen)
toewijding 1 (*opdracht*) Widmung v^{20} **2** (*ijver*) Hingabe v^{28}: *met* ~ mit Hingabe
toewijzen 1 (*jur*) zuerkennen[189], zusprechen[274]: *iem een raadsman* ~ jmdm einen Rechtsanwalt beiordnen **2** (*toekennen*) zuweisen[307]: *iem een woning* ~ jmdm eine Wohnung zuweisen
toewijzing Zuerkennung v^{20}, Zuteilung v^{20}, Zuweisung v^{20}; *zie ook* toewijzen
toezeggen zusagen, versprechen[274]
toezegging Zusage v^{21}, Versprechen o^{35}
toezenden zusenden[263], zuschicken
toezicht Aufsicht v^{28}: (*lid van de*) *raad van* ~ Aufsichtsrat m^6; ~ *houden op iem, op iets* jmdn, etwas beaufsichtigen
toezien 1 (*toezicht houden*) beaufsichtigen: *op het werk* ~ die Arbeit beaufsichtigen **2** (*naar iets kijken*) zusehen[261]
toezwaaien zuwinken[+3]: *iem lof* ~ jmdm Lob spenden
tof 1 (*betrouwbaar*) prima **2** (*gezellig*) toll, dufte: *een ~fe meid* ein duftes Mädchen
toffee Toffee o^{36}
toga Talar m^5
toilet Toilette v^{21}: *naar het* ~ *gaan* zur (*of:* auf die, in die) Toilette gehen
toiletartikel Toilettenartikel m^9
toiletpapier Toilettenpapier o^{29}
tokkelen (*muz*) zupfen
tokkelinstrument Zupfinstrument o^{29}
tol (*sp*) Kreisel m^9
tol (*tolgeld*) Zoll m^6; (*Oostenr*) Maut v^{20}: ~ *heffen van* Zoll erheben[186] auf[+4]
tolerant tolerant, duldsam
tolerantie Toleranz v^{20}
tolereren tolerieren[320], dulden
tolk Dolmetscher m^9
tolken dolmetschen
tollen kreiseln: *in het rond* ~ sich wie ein Kreisel drehen
tolweg gebührenpflichtige Straße v^{21}; (*Oostenr*) Mautstraße v^{21}
tomaat Tomate v^{21}
tomatenpuree Tomatenmark o^{39}
tomatensaus Tomatensoße v^{21}
tomatensoep Tomatensuppe v^{21}
tombe 1 (*grafzerk*) Grabplatte v^{21} **2** (*praalgraf*) Sarkophag m^5, Prunksarg m^6
tomeloos zügellos, hemmungslos
ton 1 (*gewichtsmaat, tonvormige boei, vat*) Tonne v^{21} **2** (*vat*) Fass o^{32} **3** (*scheepsmaat*) Bruttoregistertonne v^{21} (*afk* BRT) **4** (*geld*) *een* ~ hfl 100.000
tondeuse Haarschneidemaschine v^{21}
toneel 1 (*podium*) Bühne v^{21}: *draaibaar* ~ Drehbühne **2** (*schouwburg-, toneelwezen*) Theater o^{39} **3** (*onderdeel van een bedrijf*) Szene v^{21}, Auftritt m^5 || (*fig*) *een aandoenlijk* ~ eine rührende Szene; *op het* ~ *verschijnen: a*) (*lett*) auf die Bühne erscheinen[233]; *b*) (*fig*) auf die Bildfläche erscheinen[233]
toneelaanwijzing Bühnenanweisung v^{20}
toneelgezelschap Ensemble o^{36}
toneelkijker Opernglas o^{32}
toneelrecensent Theaterkritiker m^9
toneelschool Schauspielschule v^{21}
toneelschrijver Theaterdichter m^9, Dramatiker m^9
toneelspelen spielen; (*ook fig*) Theater spielen
toneelspeler Schauspieler m^9, Akteur m^5
toneelstuk Theaterstück o^{29}, Bühnenstück o^{29}
toneeluitvoering Theateraufführung v^{20}
tonen 1 (*laten zien*) sehen lassen[197], zeigen: *iem iets* ~ jmdm etwas zeigen, jmdn etwas sehen lassen[197]; *zijn pas* ~ seinen Pass vorzeigen **2** (*te kennen geven*) zeigen, beweisen[307]
toner Toner m^9
tong 1 (*algem*) Zunge v^{21}: *over de* ~ *gaan* ins Gerede kommen[193] **2** (*van gesp*) Dorn m^5, Stift m^5 **3** (*van schoen*) Zunge v^{21}, Lasche v^{21} **4** (*vis*) Seezunge v^{21}, Zunge v^{21}
tongenworst Zungenwurst v^{25}
tongriem Zungenbändchen o^{35}: *ze is goed van de* ~ *gesneden* sie ist redegewandt
tongval Mundart v^{20}, Dialekt m^5
tongzoen Zungenkuss m^6
tonic Tonic o^{36} (*2e nvl ook* -)
tonijn Thunfisch m^5, Tunfisch m^5
tonnage Tonnage v^{21}, Tonnengehalt m^5
tonsil Tonsille v^{21}
tooi Schmuck m^5
tooien schmücken
toom 1 (*teugel*) Zaum m^6, Zügel m^9 **2** (*groep hoenders*) Schar v^{20}: *een* ~ *kippen* ein Hühnervolk || *in* ~ *houden* im Zaum halten[183]
toon (*klank, kleurschakering*) Ton m^6: *op zachte* ~ in sanftem Ton; (*fig*) *de juiste* ~ *aanslaan* den richtigen Ton finden[157]
toonaangevend tonangebend
toonaard Tonart v^{20}
toonbaar: ~ *zijn* sich sehen lassen können[194]
toonbank Ladentisch m^5, Theke v^{21}
toonbeeld Muster o^{33}, Vorbild o^{31}
toonder Inhaber m^9: *cheque aan* ~ Inhaberscheck m^{13}
toonhoogte Tonhöhe v^{21}
toonladder Tonleiter v^{21}
toonloos klanglos, tonlos
toonsoort Tonart v^{20}
toonsterkte Tonstärke v^{21}
toontje: *een* ~ *lager zingen* gelindere Saiten aufziehen[318]; *een* ~ *lager alstublieft!* nicht so laut bitte!
toonzaal Ausstellungshalle v^{21}

toonzetten vertonen, komponieren[320]
toonzetting Vertonung v^{20}, Komposition v^{20}
toorn Zorn m^{19}: *in ~ ontstoken* zornentbrannt
toornig zornig: *iem ~ maken* jmdn erzürnen
toorts Fackel v^{21}
toost Toast m^5, m^{13}: *een ~ uitbrengen op iem* einen Toast auf jmdn ausbringen[139]
toosten toasten
¹**top** *(hoogste punt, bovenste uiteinde)* Spitze v^{21}; *(van berg, ook)* Gipfel m^9; *(van boom, ook)* Wipfel m^9; *(van mast)* Topp m^5, m^{13}, m^{16}: *~je van de vinger* Fingerkuppe v^{21}; *van ~ tot teen* vom Scheitel bis zur Sohle; *(Belg) hoge ~pen scheren* Erfolg haben[182]
²**top** *tw* topp!
topaas Topas m^5
topconferentie Gipfelkonferenz v^{20}, Gipfeltreffen o^{35}
topfiguren Spitzen *mv* v^{21}
topfunctionaris Spitzenfunktionär m^5
topgevel Giebel m^9
tophit Schlager m^9
topic Thema *o (2e nvl -s; mv* Themen*)*
topje *(kleding)* Top o^{36}, Sonnentop o^{36}
topklasse Spitzenklasse v^{21}
topless topless, busenfrei
topografie Topographie v^{21}, Topografie v^{21}
toppen *(bomen, planten)* köpfen
topper Spitzenreiter m^9, Schlager m^9
topprestatie Spitzenleistung v^{20}, Gipfelleistung v^{20}
toppunt 1 *(hoogste punt)* Gipfel m^9, Höhepunkt m^5: *het ~ van geluk* der Gipfel des Glücks; *op het ~ van roem staan* auf dem Gipfel des Ruhms angelangt sein; *dat is het ~!* das ist der Gipfel! 2 *(meetk, sterrenk)* Scheitel m^9
topsalaris Spitzengehalt o^{32}, Spitzeneinkommen o^{39}: *iem met een ~* Spitzenverdiener m^9
topscorer *(sp)* Torschützenkönig m^5
topsnelheid Spitzengeschwindigkeit v^{20}
topspin Topspin m^{13}
topsport Hochleistungssport m^{19}, Spitzensport m^{19}
topsporter Spitzensportler m^9
topvoetballer Spitzenfußballer m^9
topvorm Topform v^{28}, Bestform v^{28}
topwedstrijd Spitzenspiel o^{29}
tor Käfer m^9
toreador Toreador m^5, m^{14}
toren Turm m^6
torenflat Hochhaus o^{32}
torenklok Turmglocke v^{21}; *(uurwerk)* Turmuhr v^{20}
torenvalk Turmfalke m^{15}
tornado Tornado m^{13}
tornen auftrennen: *(fig) daar valt niet aan te ~!* daran gibt es nichts zu rütteln!; *(fig) ergens niet aan ~* es dabei belassen[197]
torpederen torpedieren[320]

torpedo Torpedo m^{13}
torpedoboot Torpedoboot o^{29}
torpedojager Zerstörer m^9
torsen *(zwaar dragen)* schleppen: *zijn leed ~* sein Leid tragen[288]
torsie *(techn)* Torsion v^{20}
tortelduif Turteltaube v^{21}
toss Seitenwahl v^{28}
tossen die Seitenwahl vornehmen[212]
¹**tot** *vz* 1 *(mbt plaats)* bis[+4], bis nach[+3], bis an[+4], bis zu[+3]: *~ Berlijn* bis (nach) Berlin; *~ hier* bis hierher; *~ daar* bis dahin; *~ en met blz. 40* bis einschließlich Seite 40; *~ zijn knieën* bis an die Knie; *~ de bushalte* bis zur Haltestelle 2 *(mbt tijd)* bis[+4]; *(met lw)* bis zu[+3]: *~ maandag* bis Montag; *~ morgen* bis morgen; *~ nu toe* bis jetzt, bisher; *~ het eind van de maand* bis zum Monatsende; *~ en met 6 mei* bis zum 6. Mai (einschließlich) 3 *(mbt hoeveelheid, graad)* bis zu[+3]: *~ vervelens toe* bis zum Überdruss; *personen ~ vijftig jaar* Personen bis zu fünfzig Jahren; *personen ~ en met vijftig jaar* Personen bis zum vollendeten fünfzigsten Lebensjahr 4 *(mbt het zich richten op iem of iets)* an[+4], zu[+3] 5 *(mbt functie, toestand, resultaat)* zu[+3]: *a ~ de derde macht* a hoch drei
²**tot** *vw* bis: *wacht, ~ ik kom!* warte, bis ich komme!
¹**totaal** *zn* Ganze(s) o^{40c}; *(bedrag)* Gesamtsumme v^{21}, Gesamtbetrag m^6
²**totaal** *bn, bw* total, völlig, vollständig; *(bij optelling)* insgesamt: *het totale aantal* die Gesamtzahl; *het totale bedrag* der Gesamtbetrag; *de totale indruk* der Totaleindruck; *totale uitverkoop* Totalausverkauf m^6; *~ anders* ganz anders; *~ vergeten* ganz und gar vergessen[299]; *ik ben ~ op* ich bin total kaputt
totaalbedrag Gesamtbetrag m^6, Gesamtsumme v^{21}
totalisator Totalisator m^{16}
totalitair totalitär, Total...
totaliteit Totalität v^{28}, Gesamtheit v^{28}
total loss schrottreif: *een auto ~ rijden* ein Auto schrottreif fahren[153]; *de auto is ~* der Wagen hat Totalschaden
totdat bis
tot-en-met äußerst, durch und durch: *hij is gierig ~* er ist äußerst geizig
toto Toto o^{36}, m^{13}
totstandkoming Zustandekommen o^{39}
toucheren 1 *(sp)* touchieren[320] 2 *(van salaris)* empfangen[146] 3 *(med)* touchieren[320]
touchscreen Touchscreen m^{13}, Berührungsbildschirm m^5, Kontaktbildschirm m^5, Sensorbildschirm m^5
toupet Toupet o^{36}
touringcar Reiseomnibus m^5 (*2e nvl -ses; mv -se*)
tournee Tournee v^{27}, v^{21}, Gastspielreise v^{21}
tourniquet Drehkreuz o^{29}
touroperator Reiseveranstalter m^9
touw 1 *(dun)* Schnur v^{25}, Bindfaden m^{12} 2 *(stevig)*

Strick *m*⁵, Seil *o*²⁹ **3** *(scheepstouw)* Tau *o*²⁹, Leine *v*²¹, Reep *o*²⁹ ‖ *(fig)* ik kan er geen ~ aan vastknopen ich kann nicht klug daraus werden; *in ~ zijn* sehr beschäftigt sein²⁶²; *iets op ~ zetten* etwas veranstalten

touwladder Strickleiter *v*²¹
touwtje Bindfaden *m*¹²; *(dikker)* Schnur *v*²⁵
touwtjespringen seilhüpfen, seilspringen²⁷⁶
t.o.v. *afk van ten opzichte van* in Bezug auf⁺⁴
tovenaar Zaub(e)rer *m*⁹, Zauberkünstler *m*⁹
tovenarij Zauberei *v*²⁰
toverdrank Zaubertrank *m*⁶
toveren zaubern
toverij Zauberei *v*²⁰
toverslag: *als bij ~* wie durch Zauberhand
toverspreuk Zauberspruch *m*⁶
traag träge: *geestelijk ~* geistig träge
traagheid Trägheit *v*²⁸
¹**traan** *(druppel oogvocht)* Träne *v*²¹: *tranen met tuiten schreien* bitterlich weinen; *tot tranen bewogen* zu Tränen gerührt; *ik zal er geen ~ om laten* mir soll es recht sein
²**traan** *(visolie)* Tran *m*¹⁹
traangas Tränengas *o*²⁹
traanklier Tränendrüse *v*²¹
tracé Trasse *v*²¹
trachten versuchen
tractie: *(spoorw)* elektrische ~ elektrischer Antrieb *m*¹⁹
tractor Traktor *m*¹⁶, Trecker *m*⁹, Schlepper *m*⁹
traditie Tradition *v*²⁰
traditioneel traditionell
trafo Trafo *m*¹³ *(2e nvl ook -)*
tragedie Tragödie *v*²¹, Trauerspiel *o*²⁹
tragiek Tragik *v*²⁸
tragikomedie Tragikomödie *v*²¹
tragikomisch tragikomisch
tragisch tragisch: *iets ~ opvatten* etwas tragisch nehmen²¹²
trailer Trailer *m*⁹
trainen trainieren³²⁰
trainer Trainer *m*⁹, Übungsleiter *m*⁹
¹**traineren** *intr* sich in die Länge ziehen³¹⁸
²**traineren** *tr* in die Länge ziehen³¹⁸
training Training *o*³⁶
trainingspak Trainingsanzug *m*⁶
traite *(handel)* Tratte *v*²¹
traject Strecke *v*²¹
traktatie festliche Bewirtung *v*²⁰: *dat is een ~ voor mij* das esse ich für mein Leben gern
traktement Gehalt *o*³², Besoldung *v*²⁰
trakteren 1 bewirten; einladen¹⁹⁶ **2** *(met op)* bewirten mit⁺³; einladen zu⁺³; *~ op een rondje* eine Runde (aus)geben¹⁶⁶
tralie Gitterstab *m*⁶; *(mv: traliewerk)* Gitter *o*³³: *achter de ~s zitten* hinter Schloss und Riegel sitzen²⁶⁸
traliehek Gitter *o*³³
tralievenster Gitterfenster *o*³³

tram Straßenbahn *v*²⁰
tramhalte Straßenbahnhaltestelle *v*²¹
tramlijn Straßenbahnlinie *v*²¹
trampoline Trampolin *o*²⁹
tramrail Straßenbahnschiene *v*²¹
tramwagen Straßenbahnwagen *m*¹¹
¹**trance** *(muziek)* Trance *m*¹⁹ᵃ
²**trance** *(hypnotische of droomtoestand)* Trance *v*²¹
trancheren tranchieren³²⁰, transchieren³²⁰
tranen tränen
tranquillizer Tranquilizer *m*⁹
transactie Transaktion *v*²⁰, Geschäft *o*²⁹
trans-Atlantisch transatlantisch
transfer *(handel, sp)* Transfer *m*¹³
transferbedrag *(sp)* Transfersumme *v*²¹
transfereren transferieren³²⁰
transferium Parkplatz *m*⁶ mit guter Verkehrsanbindung
transferlijst *(sp)* Transferliste *v*²¹
transfersom *(sp)* Transfersumme *v*²¹
transformatie Transformation *v*²⁰
transformator Transformator *m*¹⁶ *(afk Trafo m¹³)*
transformeren transformieren³²⁰
transfusie Transfusion *v*²⁰
transistor Transistor *m*¹⁶
transistorradio Transistorradio *o*³⁶
transitief transitiv
transito Transit *m*⁵, Durchfuhr *v*²⁰
transitogoederen Transitgüter *mv o*³²
transitoverkeer Transitverkehr *m*¹⁹
transmissie Transmission *v*²⁰, Übertragung *v*²⁰
transparant transparent, durchscheinend
transpiratie Transpiration *v*²⁰
transpireren transpirieren³²⁰, schwitzen
transplantatie Transplantation *v*²⁰
transplanteren transplantieren³²⁰
transport 1 *(vervoer)* Transport *m*⁵, Beförderung *v*²⁰ **2** *(boekh)* Übertrag *m*⁶, Vortrag *m*⁵ **3** *(jur: overdracht)* Übertragung *v*²⁰
transportband Transportband *o*³², Förderband *o*³²
transporteren transportieren³²⁰, befördern; *(boekh)* übertragen²⁸⁸, vortragen²⁸⁸
transportmiddel Transportmittel *o*³³, Beförderungsmittel *o*³³
transportonderneming Transportunternehmen *o*³⁵, Spedition *v*²⁰
transvestiet Transvestit *m*¹⁴
trant Stil *m*⁵, Art *v*²⁰, Manier *v*²⁰, Weise *v*²¹
¹**trap** *(van raket)* Stufe *v*²¹, Raketenstufe *v*²¹
²**trap 1** *(schop)* Fußtritt *m*⁵, Tritt; *(tegen bal)* Stoß *m*⁶; *(sp)* vrije ~ Freistoß; *iem een ~ geven* jmdm einen Tritt geben¹⁶⁶ **2** *(alle treden)* Treppe *v*²¹; *(trede)* Stufe *v*²¹: *~ op, ~ af lopen* treppauf, treppab laufen¹⁹⁸ **3** *(graad)* Stufe *v*²¹
trapas Kurbelachse *v*²¹
trapeze Trapez *o*²⁹

trapezium Trapez o^{29}
trapgevel Treppengiebel m^9
trapleuning Treppengeländer o^{33}
traploper Treppenläufer m^9
trappelen trampeln; *(mbt baby)* strampeln: ~ *van de kou* vor Kälte stampfen
trappelzak Strampelsack m^6
trappen 1 *(schoppen)* treten^{291}: *de bal in het doel* ~ den Ball ins Tor treten; *iem* ~ jmdn treten; *hij is van school getrapt* er ist aus der Schule hinausgeflogen; *iem de deur uit* ~ jmdn zur Tür hinausbefördern 2 *(hard treden)* treten^{291}, stampfen: *in de hondenpoep* ~ in Hundedreck treten; *daar trap ik niet in* darauf falle ich nicht herein 3 *(fietsen)* strampeln
trappenhuis Treppenhaus o^{32}
trapper *(pedaal)* Pedal o^{29}
trapportaal Treppenabsatz m^6
trapsgewijs stufenweise: ~ *vaststellen (van prijzen e.d.)* staffelförmig festsetzen; ~ *oplopen (mbt prijzen e.d.)* sich staffeln
trapveldje Bolzplatz m^6
trapvormig stufenförmig
trauma Trauma o (2e nvl -s; mv Traumen of -ta)
traumahelikopter Rettungshubschrauber m^9
traumatisch traumatisch
traverse Traverse v^{21}
travestiet Transvestit m^{14}
trawler Trawler m^9
trechter Trichter m^9
tred Schritt m^5, Tritt m^5: *(ook fig) gelijke* ~ *met iem houden* mit jmdm Schritt halten^{183}
trede 1 *(deel van een trap)* Stufe v^{21} 2 *(sport)* Sprosse v^{21} 3 *(stap)* Schritt m^5
treden treten^{291}
treeplank Trittbrett o^{31}
trefcentrum *(Belg)* Nachbarschaftshaus o^{32}
¹**treffen** zn 1 *(sp)* Treffen o^{35} 2 *(mil)* Gefecht o^{29}
²**treffen** ww treffen^{289}; *(ontroeren)* rühren: *een regeling* ~ eine Vereinbarung treffen; *een schikking* ~ einen Vergleich schließen^{245}; *de juiste toon* ~ den richtigen Ton treffen; *hij heeft het daar goed, slecht getroffen* er hat es dort gut, schlecht getroffen; *iem thuis* ~ jmdn zu Hause antreffen
treffend 1 *(raak)* treffend; *een ~e gelijkenis* eine täuschende Ähnlichkeit; *een ~ uitdrukking* ein treffender Ausdruck 2 *(aandoenlijk)* rührend
treffer Treffer m^9
trefwoord Stichwort o^{32}
trefwoordenregister Stichwortverzeichnis o^{29a}
trefzeker treffsicher
trefzekerheid Treffsicherheit v^{28}
trein Zug m^6: *de* ~ *van twee uur* der Zweiuhrzug; *met de* ~ *gaan* mit dem Zug fahren^{153}; *het loopt als een* ~ es läuft wie geschmiert
treincoupé Eisenbahnabteil o^{29}, Abteil o^{29}
treinongeluk Zugunglück, Eisenbahnunglück o^{29}
treinreis Bahnfahrt v^{20}, Eisenbahnfahrt

treinstel Zug m^6, Zuggarnitur v^{20}
treinverkeer Eisenbahnverkehr m^{19}, Zugverkehr m^{19}
treiteraar Quäler m^9, Quälgeist m^7
treiteren quälen, piesacken, triezen
trek 1 *(het trekken)* Zug m^6, Ziehen o^{39} 2 *(slag bij het kaartspel)* Stich m^5 3 *(begeerte)* Lust v^{28}: *ik heb er geen* ~ *in* ich habe keine Lust dazu 4 *(eetlust)* Appetit m^5: ~ *in vlees hebben* Appetit auf^{+4} Fleisch haben^{182} 5 *(lijn van gelaat, karakter)* Zug m^6 || *(fig) aan zijn ~ken komen* auf seine Kosten kommen^{193}; *in grote ~ken schetsen* in großen Zügen darstellen; *in* ~ *zijn* beliebt (of: gesucht, begehrt) sein^{262}
trekbal *(bij voetbal)* Rückzieher m^9
trekhaak Zughaken m^{11}; *(om auto weg te slepen)* Abschleppstange v^{21}
¹**trekken** intr ziehen^{318}: *aan de noodrem* ~ die Notbremse ziehen; *met één been* ~ ein Bein nachziehen^{318}; *het trekt hier* es zieht hier
²**trekken** tr ziehen^{318}: *een mes* ~ ein Messer ziehen; *de aandacht* ~ die Aufmerksamkeit auf sich ziehen; *loon* ~ Lohn beziehen^{318}; *pensioen* ~ (eine) Pension beziehen^{318}; *veel publiek* ~ viele Besucher anziehen^{318}; *(handel) een wissel (op iem)* ~ einen Wechsel (auf jmdn) ziehen
trekker 1 *(persoon die trekt)* Zieher m^9: *deze zanger is een grote* ~ dieser Sänger zieht enorm 2 *(kampeerder)* Zeltler m^9 3 *(van lamp e.d.)* Zug m^6 4 *(tractor)* Traktor m^{16}, Trecker m^9, Schlepper m^9 5 *(vakantieganger)* Wanderer m^9 6 *(van vuurwapen)* Abzug m^6 7 *(truck)* Sattelschlepper m^9
trekking *(loterij)* Ziehung v^{20}
trekkracht *(ook fig)* Zugkraft v^{25}
trekpleister Zugpflaster o^{33}; *(fig)* Attraktion v^{20}
trekschakelaar Zugschalter m^9
trekschuit Treckschute v^{21}
trektocht Wanderung v^{20}, Fußwanderung v^{20}
trekvermogen Zugkraft v^{28}
trekvogel Zugvogel m^{10}
trend Trend m^{13}
trendsetter Trendsetter m^9
trendy modisch
treuren trauern: ~ *om* (of: *over*) trauern um^{+4} (of: über^{+4})
treurig 1 *(bedroefd)* traurig, betrübt 2 *(erbarmelijk)* traurig, erbärmlich
treurmars Trauermarsch m^6
treurmuziek Trauermusik v^{20}
treurspel Trauerspiel o^{29}, Tragödie v^{21}
treurwilg Trauerweide v^{21}, Tränenweide v^{21}
treuzelaar Trödelfritze m^{15}
treuzelarij Trödelei v^{20}
treuzelen trödeln
tribunaal Tribunal o^{29}
tribune Tribüne v^{21}
¹**tricot** het *(stof)* Trikot m^{13}, zelden o^{36}
²**tricot** het, de *(m) (kledingstuk)* Trikot o^{36}
triest traurig, trübselig; *(somber)* düster

trilbeton Rüttelbeton m^{13}, m^5
trillen 1 *(bibberen)* zittern (vor^{+3}): *met ~de stem* mit zitternder Stimme; *doen ~* erschüttern **2** *(nat)* schwingen^{259}, vibrieren^{320}
trilling *(het trillen)* Zittern o^{39}; *(nat)* Schwingung v^{20}, Vibration v^{20}
trillingsgetal Schwingungszahl v^{20}
trilogie Trilogie v^{21}
trimbaan Trimm-dich-Pfad m^5
trimester Trimester o^{33}
trimmen 1 *(sp)* sich trimmen **2** *(knippen)* trimmen: *een hond ~* einen Hund trimmen
trimmer *(sp)* Trimmer m^9
triomf Triumph m^5: *in ~* im Triumph
triomfantelijk triumphierend
triomferen triumphieren^{320}
triomftocht Triumphzug m^6; *(fig)* Siegeszug m^6
trip 1 *(uitstapje)* Ausflug m^6, Trip m^{13} **2** *(drugs)* Trip m^{13}: *een ~ maken* auf dem Trip sein^{262}
triplex Sperrholz o^{39}
trippelen trippeln
triviaal trivial
troebel trübe; *(fig)* verwirrt
troebelen Wirren mv v^{21}, Unruhen mv v^{21}
troebelheid Trübe v^{28}, Trübheit v^{28}
troef 1 *(bij kaartspel)* Trumpf m^6: *harten is ~* Herz ist Trumpf; *zijn laatste ~ uitspelen* den letzten Trumpf ausspielen **2** *(persoon, omstandigheid)* Trumpfass o^{29}, Trumpf m^6 || *(fig) alle troeven in handen hebben* alle Trümpfe in der Hand haben^{182}
troefkaart Trumpfkarte v^{21}
troep 1 *(menigte)* Haufen m^{11}, Schar v^{20}, Bande v^{21} **2** *(mil)* troepen Truppen mv v^{21} **3** *(zooi)* Dreckhaufen m^{11} **4** *(rommel)* Dreck(s)zeug o^{39}: *het was er een ~!* das war ein Saustall!; *ik lust die ~ niet* ich mag das Zeug nicht
troepenbeweging Truppenbewegung v^{20}
troepenmacht Streitkraft v^{25} *(meestal mv)*
troeteldier Kuscheltier o^{29}
troetelen liebkosen, hätscheln
troetelkind Herzenskind o^{31}
troetelnaam Kosename m^{18}
troeven trumpfen: *(fig) iem ~* jmdn abtrumpfen
trofee Trophäe v^{21}
troffel Maurerkelle v^{21}, Kelle v^{21}
trog Trog m^6; *(geol, ook)* Graben m^{12}
trolleybus Oberleitungsomnibus m^5 *(2e nvl -ses; mv -se)* *(afk* Obus)
trom Trommel v^{21}: *met de stille ~ vertrekken* sang- und klanglos verschwinden^{258}
trombone Posaune v^{21}
trombose Thrombose v^{21}
trommel 1 *(trom)* Trommel v^{21} **2** *(blikken doos)* Dose v^{21}, Büchse v^{21}
trommelaar Trommler m^9
trommelen trommeln
trommelvel, trommelvlies Trommelfell o^{29}
trompet Trompete v^{21}

trompetten trompeten
trompetter, trompettist Trompeter m^9
^{1}**tronen 1** thronen **2** *(fig)* herrschen
^{2}**tronen** *(verleiden) iem ergens heen ~* jmdn zum Mitgehen überreden
tronie Visage v^{21}, Fratze v^{21}
troon Thron m^5
troonopvolger Thronfolger m^9, Thronerbe m^{15}
troonopvolging Thronfolge v^{28}
troonpretendent Thronanwärter m^9
troonsafstand Abdankung v^{20}
troost Trost m^{19}: *een kopje ~* eine Tasse Kaffee; *geestelijke ~* geistlicher Zuspruch m^{19}; *dat is een schrale ~* das ist ein schwacher Trost, ein magerer Trost
troosteloos trostlos
troosteloosheid Trostlosigkeit v^{28}
troosten trösten
troostend tröstend; *(sterker)* trostreich
troostprijs Trostpreis m^5
troostrijk trostreich
troostvol trostvoll
tropen Tropen *(mv)*
tropenkoorts Tropenfieber o^{33}
tropisch tropisch: *~e hitte* tropische Hitze
tros 1 *(bloeiwijze, bundel vruchten)* Traube v^{21}: *~ druiven* Weintrauben mv v^{21}; *(fig) een ~ bijen* eine Traube Bienen **2** *(mil)* Tross m^5 **3** *(kabel)* Trosse v^{21}
trostomaat Strauchtomate v^{21}
^{1}**trots** *zn* Stolz m^{19}; *(ongunstig)* Hochmut m^{19}
^{2}**trots** *bn (gunstig)* stolz; *(ongunstig)* hochmütig, überheblich
trotseren trotzen^{+3}: *iem ~* jmdm trotzen
trottoir Bürgersteig m^5, Gehsteig m^5
^{1}**trouw** *zn* Treue v^{28}: *te goeder ~* auf Treu und Glauben; *te goeder ~ zijn* ahnungslos sein^{262}; *te kwader ~* in böser Absicht
^{2}**trouw** *bn, bw* treu: *een ~ bezoeker* ein ständiger Besucher; *iem ~ blijven* jmdm treu bleiben^{134}
trouwakte Heiratsurkunde v^{21}, Trauschein m^5
trouwboekje Familienbuch o^{32}
trouwdag Hochzeitstag m^5
trouweloos treulos
trouwen 1 *(huwen)* heiraten, sich verheiraten: *hij trouwt met mijn zuster* er heiratet meine Schwester, er verheiratet sich mit meiner Schwester; *wanneer zijn zij getrouwd?* wann haben sie geheiratet?; *ze zijn al jaren getrouwd* sie sind schon jahrelang verheiratet **2** *(in het huwelijk verbinden)* (jmdn) trauen
trouwens übrigens: *~ de zaak is nog niet duidelijk* die Sache ist ohnehin *(of:* sowieso) noch nicht klar
trouwerij Hochzeit v^{20}
trouwhartig treuherzig
trouwpartij Hochzeitsfeier v^{21}, Hochzeitsfest o^{29}
trouwplannen: *~ hebben* Heiratspläne haben^{182}
trouwplechtigheid Trauung v^{20}

trouwring Ehering m^5, Trauring
truc Trick m^{13}, Kunstgriff m^5, Kniff m^5
trucfilm Trickfilm m^5
truck Sattelschlepper m^9: ~ *met oplegger* Sattelzug m^6
truffel Trüffel v^{21}
trui Pullover m^9: *(sp) de gele* ~ das gelbe Trikot; *de groene* ~ das grüne Trikot
trust Trust m^5, m^{13}
trustkantoor Treuhandstelle v^{21}
trustmaatschappij Treuhandgesellschaft v^{20}
trut 1 *(scheldw)* Zicke v^{21}, Trine v^{21} 2 *(burgerlijke vrouw)* Normalo v^{27}
try-out Probe v^{21}, Erprobung v^{20}; *(van toneelstuk)* Voraufführung v^{20}
tsaar Zar m^{14}
T-shirt T-Shirt o^{36}
Tsjech Tscheche m^{15}
¹Tsjechisch *zn* Tschechisch o^{41}
²Tsjechisch *bn* tschechisch
Tsjecho-Slowakije Tschechoslowakei v^{28} *(met lw)*
tso *het (Belg) afk van* technisch secundair onderwijs weiterführender technischer Unterricht m^{19}
tsunami Tsunami *m (2e nvl -; mv -s)*
tuba Tuba *v (mv Tuben)*
¹tube *(kokertje)* Tube v^{21}
²tube *(tubeless band)* Rennreifen m^{11}
tuberculose Tuberkulose v^{21}
tucht Zucht v^{28}, Disziplin v^{28}
tuchtcommissie *(sp)* Sportgericht o^{29}
tuchtigen züchtigen
tuchtrecht Disziplinarrecht o^{39}
tui Abspannseil o^{29}, Schrägseil o^{29}
tuien festmachen
tuig 1 *(van trekdier)* Geschirr o^{29} 2 *(scheepv)* Takelage v^{21}, Takelwerk o^{39} 3 *(fig)* Gesindel o^{39}
tuigage Takelage v^{21}, Takelwerk o^{39}
tuigen 1 *(van paard)* zäumen, (dem Pferd) das Geschirr anlegen 2 *(van schip)* auftakeln
tuil Blumenstrauß m^6, Bukett o^{36}, o^{29}
tuimelen purzeln, fallen^{154}, stürzen
tuimeling Purzelbaum m^6; *(val)* Fall m^6, Sturz m^6
tuimelraam Kippfenster o^{33}
tuin Garten m^{12}; *(fig) iem om de* ~ *leiden* jmdn hinters Licht führen
tuinarchitect Garten(bau)architekt m^{14}
tuinbank Gartenbank v^{25}
tuinboon Puffbohne v^{21}, Saubohne v^{21}
tuinbouw Gartenbau m^{19}
tuinbouwbedrijf Gärtnerei v^{20}
tuinbroek Latzhose v^{21}
tuincentrum Gartencenter o^{33}
tuinder Gärtner m^9
tuinderij Gärtnerei v^{20}, Gartenbaubetrieb m^5
tuindorp Gartenstadt v^{25}
tuinen: *erin* ~ hereinfallen^{154} (auf^{+4})
tuinfeest Gartenfest o^{29}, Gartenparty v^{27}

tuinhuisje Gartenhäuschen o^{35}, Gartenlaube v^{21}
tuinier Gärtner m^9
tuinieren gärtnern, im Garten arbeiten
tuinkers Gartenkresse v^{21}
tuinman Gärtner m^9
tuinslang Gartenschlauch m^6
tuit Tülle v^{21}, Schnabel m^{10}
tuiten 1 spitzen: *de lippen* ~ die Lippen spitzen 2 *(toeten)* gellen
¹tuk *zn: iem* ~ *nemen* jmdn zum Besten halten^{183}
²tuk *bn (begerig naar)* erpicht, versessen: ~ *zijn op iets* scharf auf^{+4} etwas sein^{262}
tukje Nickerchen o^{35}, Schläfchen o^{35}
tulband 1 *(een doek)* Turban m^5 2 *(gebak)* Napfkuchen m^{11}, Topfkuchen m^{11}
tule Tüll m^5
tulen Tüll…: ~ *gordijnen* Tüllgardinen *mv* v^{21}
tulp Tulpe v^{21}
tulpenbol Tulpenzwiebel v^{21}
tulpvakantie Maiferien *(mv)*
tumor Tumor m^{16}, Geschwulst v^{25}
tumult Tumult m^5, Lärm m^{19}, Unruhe v^{21}
tumultueus tumultuarisch, tumultuös
tune Melodie v^{21}, Weise v^{21}
tuner Tuner m^9
tuner-versterker Receiver m^9
Tunesië Tunesien o^{39}
Tunesiër Tuneser m^9, Tunesier m^9
Tunesisch tunesisch, Tuneser
tunnel Tunnel m^9; *(onder de weg door)* Straßenunterführung v^{20}
tunnelvisie Tunnelblick m^5
turbine Turbine v^{21}
turbulent turbulent, stürmisch, ungestüm
turbulentie Turbulenz v^{20}
tureluurs: *het is om* ~ *van te worden* das ist zum Wahnsinnigwerden
turen 1 *(strak)* starren 2 *(zoekend)* spähen
turf 1 *(stofnaam)* Torf m^5 2 *(dreumes)* Dreikäsehoch m^{13} 3 *(dik boek)* Wälzer m^9
turfmolm Torfmull m^{19}, Torfstreu v^{28}
Turijn Turin o^{39}
Turk Türke m^{15}
Turkije Türkei v^{28} *(met lw): naar* ~ *gaan* in die Türkei reisen
¹Turks *zn* Türkisch o^{41}
²Turks *bn* türkisch
turnen turnen
turner Turner m^9
turnlokaal Turnhalle v^{21}
turnvereniging Turnverein m^5
turven *(tellen)* mit Strichen zählen
tussen *vz* 1 *(mbt plaats)* zwischen *(bij rust*$^{+3}$, *bij beweging*$^{+4}$): ~ *zijn vrienden zitten* zwischen seinen Freunden sitzen^{268}; ~ *zijn vrienden gaan zitten* sich zwischen seine Freunde setzen; *er van* ~ *gaan* abhauen^{185}; *dat blijft* ~ *ons* das bleibt unter^{+3} uns 2 *(mbt tijd)* zwischen^{+3}: ~ *de middag* um die Mittagszeit

tussenbeide 1 *(niet slecht en niet goed)* mäßig, leidlich **2** *(nu en dan)* mitunter, von Zeit zu Zeit **3** *(tussen beide partijen)* ~ komen: *a)* *(hinderend, vijandig)* dazwischentreten²⁹¹; *b)* *(schikkend)* sich ins Mittel legen; *c)* *(ingrijpend met gezag)* einschreiten²⁵⁴
tussendoor zwischendurch
tussendoortje Appetithappen *m*¹¹, Häppchen *o*³¹, Imbiss *m*⁵
tussenhandel Zwischenhandel *m*¹⁹
tussenin: *daar* ~ dazwischen
tussenkomst 1 *(inmenging)* Intervention *v*²⁰ **2** *(bemiddeling)* Vermittlung *v*²⁰
tussenlanding Zwischenlandung *v*²⁰: *een* ~ *maken* zwischenlanden; *het vliegtuig heeft een* ~ *gemaakt* das Flugzeug ist zwischengelandet
tussenmaat Zwischengröße *v*²¹
tussenmuur Zwischenwand *v*²⁵
tussenpersoon Vermittler *m*⁹
tussenpoos: *bij tussenpozen* von Zeit zu Zeit; *met regelmatige tussenpozen* in regelmäßigen Abständen; *zonder tussenpozen* unausgesetzt
tussenschot Zwischenwand *v*²⁵, Trennwand *v*²⁵: *(scheepv)* waterdicht ~ Schott *o*²⁹, *o*³⁷
tussentijd Zwischenzeit *v*²⁰
tussentijds zwischenzeitlich: ~ *akkoord* Zwischenabkommen *o*³⁵; ~ *moet hij niets gebruiken* er soll zwischendurch nichts essen
tussenuit: *dat stak er* ~ das ragte heraus; *er* ~ *knijpen* sich davonmachen
tussenuur Zwischenstunde *v*²¹
tussenverdieping Zwischengeschoss *o*²⁹, Zwischenstock *m*¹⁹
tussenvoegen 1 einschieben²³⁷, einfügen **2** *(bij tv, film)* einblenden
tussenwand Zwischenwand *v*²⁵, Scheidewand *v*²⁵
tussenweg *(fig)* Mittelweg *m*⁵
tut *zn* Trine *v*²¹
tutoyeren duzen
tv *afk van televisie* Television *v*²⁸ (*afk* TV *o*³⁹ᵃ); *zie ook* televisie en samenstellingen met televisie-
t.w. *afk van te weten* und zwar, nämlich
twaalf zwölf
twaalfuurtje Mittagsbrot *o*³⁹, Imbiss *m*⁵
twaalfvingerige darm Zwölffingerdarm *m*⁶
¹**twee** *(cijfer)* Zwei *v*²⁰; *(cijferwaardering)* Sechs *v*²⁰
²**twee** *telw* zwei; *(duidelijkheidshalve vaak)* zwo: *alle* ~ alle beide; *met zijn* ~*ën* zu zweit; *iets in* ~*ën delen* etwas halbieren³²⁰; *voor* ~ *uitleggingen vatbaar* doppeldeutig
tweearmig zweiarmig, beidarmig
tweebaansweg zweispurige Straße *v*²¹
tweede *rangtelw* zweit: ~ *auto* Zweitwagen *m*¹¹; ~ *woning* Zweitwohnung *v*²⁰; *de Tweede Kamer* die Zweite Kammer; *hij werd* ~ er wurde Zweiter; *ten* ~ zweitens
tweedehands 1 *(mbt boeken)* antiquarisch **2** *(mbt voertuigen)* Gebraucht…: ~ *auto* Gebrauchtwagen *m*¹¹
tweedejaarsstudent Student *m*¹⁴ im dritten *(of:* im vierten*)* Semester
tweedekansonderwijs zweiter Bildungsweg *m*⁵: *via het* ~ auf dem zweiten Bildungsweg
tweedelijns(gezondheids)zorg *(ongev)* fachärztliche und spezialistische Gesundheitsfürsorge *v*²⁸
tweederangs zweitklassig
tweedracht Zwietracht *v*²⁸
tweegevecht Zweikampf *m*⁶, Duell *o*²⁹
tweehandig zweihändig, beidhändig
tweekapper Doppelwohnung *v*²⁰
tweeledig zweigliedrig, zweiteilig: *dat kan men* ~ *opvatten* das ist doppeldeutig
tweeling Zwilling *m*⁵: *dat is een* ~ das sind Zwillinge
tweelingbroer Zwillingsbruder *m*¹⁰
tweelingzuster Zwillingsschwester *v*²¹
tweemaster, tweemastschip Zweimaster *m*⁹
tweepersoons für zwei Personen: ~*bed* Doppelbett *o*³⁷; ~*bobslee* Zweierbob *m*¹³; *(scheepv)* ~*hut* Doppelkabine *v*²¹; ~*(hotel)kamer* Doppelzimmer *o*³³; Zweibettzimmer *o*³³
tweeslachtig 1 *(hermafrodiet)* zwitterhaft **2** *(plantk)* zweigeschlechtig **3** *(fig)* zwiespältig, zweideutig
tweespalt Zwiespalt *m*⁵, *m*⁶, Zwietracht *v*²⁸
tweespraak Zwiegespräch *o*²⁹, Dialog *m*⁵
tweesprong Weggab(e)lung *v*²⁰; *(fig)* Scheideweg *m*⁵
tweestemmig zweistimmig
tweestrijd Zwiespalt *m*⁵, *m*⁶: *in* ~ *zijn* (of: *staan*) sich in einem Zwiespalt befinden¹⁵⁷
tweetaktmotor Zweitaktmotor *m*¹⁶, *m*⁵
tweetal zwei; *(twee personen)* Paar *o*²⁹
tweetalig zweisprachig
tweeverdiener Doppelverdiener *m*⁹
tweevoud Zweifache(s) *o*⁴⁰ᶜ: *in* ~ in zweifacher Ausfertigung
tweevoudig zweifach
tweewegkraan Zweiwegehahn *m*⁶
tweewieler Zweirad *o*³²
tweezijdig zweiseitig, bilateral
twijfel Zweifel *m*⁹: *in geval van* ~ im Zweifelsfall; *het lijdt geen* ~ es unterliegt keinem Zweifel; *zijn* ~ *over iets hebben* gewisse Zweifel über⁺⁴ etwas nicht loswerden³¹⁰; *boven alle* ~ *verheven* über jeden Zweifel erhaben; *buiten* ~ ohne Zweifel; *zonder* ~ zweifellos
twijfelaar Zweifler *m*⁹
twijfelachtig zweifelhaft, fraglich
twijfelen zweifeln: ~ *aan* zweifeln an⁺³; *wij* ~ *of hij komt* wir zweifeln, dass er kommt
twijfelgeval Zweifelsfall *m*⁶
twijg Zweig *m*⁵, Reis *o*³¹
twinkelen glänzen, funkeln, blinken
twinset Twinset *m*¹³, *o*³⁶ *(2e nvl ook -)*

twintig zwanzig
¹**twist** *(ruzie)* Streit m^5, Auseinandersetzung v^{20}; *(heftig)* Zwist m^5, Hader m^{19}; *(geschil)* Streitigkeit v^{20}
²**twist** *(dans)* Twist m^{13}
twistappel Zankapfel m^{10}
¹**twisten** *(ruziën)* (sich) streiten[287], sich zanken
²**twisten** *(een twist dansen)* twisten
twistgesprek Wortstreit m^5, Streitgespräch o^{29}
twistpunt Streitpunkt m^5, strittiger Punkt m^5
twistziek streitsüchtig, zänkisch
twoseater Zweisitzer m^9
tycoon Tycoon m^{13} [taik<u>oe</u>:n]
tyfoon Taifun m^5
tyfus Typhus m^{19a}
type 1 *(typ)* Type v^{21}, Letter v^{21} **2** *(model, voorbeeld)* Typ m^{16} **3** *(eigenaardig persoon)* Type v^{21}: *wat een ~!* das ist vielleicht eine Type!; *origineel ~* Original o^{29}
typen Maschine schreiben[252]; *(inform)* tippen: *getypt (ook)* maschine(n)geschrieben
typeren typisieren[320], charakterisieren[320]
typerend typisch, charakteristisch
typering Typisierung v^{20}, Charakterisierung v^{20}
typisch typisch, kennzeichnend, bezeichnend; *(inform: zonderling, vreemd)* seltsam
typist, typiste Schreibkraft v^{25}
typografie Typographie v^{21}, Typografie v^{21}
typografisch typographisch, typografisch
t.z.t. *afk van te zijner tijd* zu gelegener *(of:* zu gegebener*)* Zeit

u

u Sie[82, 83]: *u bent er vroeg* Sie sind früh da; *oma, u hebt dat beloofd* Oma, du hast das versprochen
ufo *afk van unidentified flying object* Ufo, UFO o[36] *(2e nvl ook -)*
ui Zwiebel v[21]
uiensoep Zwiebelsuppe v[21]
uier Euter o[33]
uil 1 *(vogel)* Eule v[21]; *(grote uil)* Uhu m[13] 2 *(stommeling)* Schafskopf m[6], Dummkopf m[6]
uilenbal 1 *(lett)* Gewölle o[33] 2 *(sufferd)* Dummkopf m[6]
uilskop, uilskuiken *zie* uil 2
uiltje: *een ~ knappen* ein Nickerchen machen
¹uit *bw (van spreker af)* aus[+3] ...(hinaus); *(naar spreker toe)* aus[+3] ... (heraus): *hij gaat de stad ~* er geht aus der Stadt (hinaus); *hij komt de stad ~* er kommt aus der Stadt (heraus); *hij is ~ (niet thuis)* er ist nicht zu Hause; *hij is ~ jagen* er ist jagen gegangen; *(sp; mbt een bal) ~ gaan* ins Aus rollen; *de bal is ~* der Ball ist im Aus; *hij is op een krant ~* er ist ausgegangen, um eine Zeitung zu kaufen; *hij is erop ~ om ons te hinderen* er legt es darauf an, uns zu hindern; *op zijn voordeel ~ zijn* auf seinen Vorteil bedacht sein[262]; *het boek is ~* das Buch ist heraus; *het is ~ tussen ons* wir sind geschiedene Leute; *de school is ~* die Schule ist aus; *van Keulen ~* von Köln aus
²uit *vz* aus[+3]: *~ de mode zijn* aus der Mode sein[262]
uitademen *(lett)* ausatmen; *(fig)* atmen
uitademing Ausatmung v[20]
uitbannen verbannen
uitbarsten ausbrechen[137]: *in snikken ~* in Weinen ausbrechen
uitbarsting Ausbruch m[6]: *~ van woede* Wutausbruch
uitbaten betreiben[290], führen
uitbater Inhaber m[9], Geschäftsführer m[9]
uitbeelden 1 *(met woorden)* schildern 2 *(in beeld, op het toneel)* darstellen
uitbeelding Schilderung v[20], Darstellung v[20]
uitbesteden 1 *(van kind)* unterbringen[139] 2 *(van werk)* vergeben[166] 3 *(van bepaalde activiteiten)* Outsourcing o[39]
uitbesteding 1 *(van kind)* Unterbringung v[20] 2 *(van werk)* Vergabe v[21]
uitbetalen aus(be)zahlen

uitbetaling Aus(be)zahlung v[20]
uitbijten 1 *(aantasten)* zerfressen[162] 2 *(door scherp vocht verwijderen)* ätzen
¹uitblazen *intr* Atem schöpfen
²uitblazen *tr* ausblasen[133]: *de laatste adem ~* sein Leben aushauchen
uitblijven ausbleiben[134]
uitblinken sich auszeichnen, sich hervortun[295]
uitblinker Kanone v[21]; *(sp, ook)* Ass o[29]
uitbloeien ausblühen, verblühen
uitbouw Anbau m *(2e nvl -(e)s; mv -ten)*
uitbouwen ausbauen
uitbraak Ausbruch m[6]
uitbraken 1 *(van voedsel)* (er)brechen[137] 2 *(fig)* ausstoßen[285], ausspeien[271]
uitbrander Rüffel m[9]
¹uitbreiden *ww* 1 *(uitspreiden)* ausbreiten 2 *(groter maken)* erweitern, ausdehnen: *zijn kennis ~* seine Kenntnisse erweitern
²uitbreiden, zich sich ausbreiten, sich verbreiten
uitbreiding Ausbreitung v[28], Ausdehnung v[28]: *voor ~ vatbaar* erweiterungsfähig, ausbaufähig; *zie ook* uitbreiden
¹uitbreken *zn* Ausbruch m[6]
²uitbreken *ww* ausbrechen[137]: *er een dagje ~* sich einen Tag freimachen
uitbrengen 1 *(scheepv)* ausbringen[139] 2 *(uiten)* herausbringen[139], hervorbringen[139]: *hij kon geen woord ~* er konnte kein Wort herausbringen 3 *(bekendmaken)* abgeben[166]: *een advies ~* ein Gutachten abgeben; *een rapport ~* einen Bericht erstatten 4 *(op de markt brengen)* herausbringen[139]
uitbroeden ausbrüten; *(fig, ook)* aushecken
uitbuiten ausnutzen; *(sterker)* ausbeuten
uitbundig überschwänglich; *(mbt toejuiching, vreugde)* stürmisch
uitchecken auschecken
uitdagen herausfordern
uitdager Herausforderer m[9]
uitdaging Herausforderung v[20]
uitdelen austeilen, verteilen
uitdenken *(bedenken)* sich³ ausdenken[140]; *(spitsvondig)* ausklügeln
uitdeuken ausbeulen
uitdiepen 1 *(dieper maken)* austiefen, vertiefen 2 *(bestuderen)* eingehend untersuchen
uitdijen sich ausdehnen
uitdoen 1 *(uittrekken)* ausziehen[318] 2 *(uitdoven)* ausmachen
uitdokteren ausknobeln
uitdossen herausputzen
¹uitdoven *intr (uitgaan)* erlöschen[150]
²uitdoven *tr* löschen; *(een sigaret)* ausdrücken
uitdraai *(comp)* Ausdruck m[5]
¹uitdraaien *intr* hinauslaufen[198]: *waar zal dat op ~?* worauf läuft das hinaus?
²uitdraaien *tr* 1 *(uitdoen)* ausdrehen, abschalten, ausschalten 2 *(naar buiten draaien)* herausdrehen 3 *(computerbestand)* ausdrucken

uitdragen *(verkondigen)* verbreiten
uitdrager Altwarenhändler *m*⁹, Trödler *m*⁹
uitdrinken austrinken²⁹³, leeren
uitdrogen austrocknen
uitdrukkelijk ausdrücklich; *(met klem)* nachdrücklich
¹**uitdrukken** *tr* **1** *(uitpersen)* auspressen, ausdrücken **2** *(uiten)* ausdrücken, äußern
²**uitdrukken, zich** sich ausdrücken: *zacht uitgedrukt* gelinde gesagt
uitdrukking 1 Ausdruck *m*⁶: *tot ~ komen* zum Ausdruck kommen¹⁹³ (in⁺³) **2** *(spreekwijze)* Redensart *v*²⁰
uiteen auseinander
uiteendrijven auseinander treiben²⁹⁰
uiteengaan auseinander gehen¹⁶⁸
uiteenhouden auseinander halten¹⁸³
uiteenlopen 1 *(mbt lijnen)* auseinander laufen¹⁹⁸ **2** *(mbt mensen, meningen)* auseinander gehen¹⁶⁸ **3** *(variëren)* variieren³²⁰
uiteenlopend auseinander gehend, unterschiedlich
uiteenspatten zerplatzen
uiteenvallen auseinander fallen¹⁵⁴
uiteenzetten 1 *(lett)* auseinander stellen **2** *(fig)* auseinander setzen, darlegen
uiteenzetting Darlegung *v*²⁰, Ausführungen *mv v*²⁰
uiteinde Ende *o*³⁸: *een zalig ~!* guten Rutsch ins neue Jahr!
uiteindelijk 1 *(ten slotte)* schließlich, letztendlich **2** *(definitief)* endgültig
¹**uiten** *ww* äußern
²**uiten, zich** sich äußern
uitentreuren immer wieder; *(tot vervelens toe)* bis zum Überdruss
uiteraard natürlich, selbstverständlich
¹**uiterlijk** *zn* Äußere(s) *o*⁴⁰ᶜ, Aussehen *o*³⁹
²**uiterlijk** *bn* äußer: *de ~e schijn* der äußere Anschein
³**uiterlijk** *bw* äußerlich; *(op z'n laatst)* spätestens
uitermate überaus, äußerst
¹**uiterst** *bn* äußerst: *zijn ~e best doen* sein Äußerstes tun²⁹⁵; *in het ~e geval* äußerstenfalls
²**uiterst** *bw* äußerst: *~ belangrijk* äußerst wichtig; *~ nauwkeurig* genau(e)stens
uiterste 1 *(wat het verst uiteenligt)* Extrem *o*²⁹: *de ~n raken elkaar* die Extreme berühren sich; *van het ene ~ in het andere vallen* von einem Extrem ins andere fallen¹⁵⁴ **2** *(het laatste)* das Äußerste, das Letzte: *het ~ wagen* das Äußerste wagen; *iem tot het ~ brengen* jmdn bis zum Äußersten reizen; *zich tot het ~ inspannen* sein Letztes hergeben¹⁶⁶
uiterwaard(en) Deichvorland *o*³⁹, Vorland
uitfoeteren: *iem ~* jmdn ausschimpfen
uitgaan ausgehen¹⁶⁸: *het huis ~* das Haus verlassen¹⁹⁷; *de kamer ~* aus dem Zimmer gehen¹⁶⁸; *op een baan ~* eine Stelle suchen; *het woord gaat uit op een n* das Wort endet auf n; *onze gedachten gaan uit naar de slachtoffers* unsere Gedanken gelten den Opfern; *het vuur gaat uit* das Feuer geht aus
uitgaand ausgehend: *~e post* ausgehende Post; *het ~ publiek (theater)* das Theaterpublikum; *(bioscoop)* das Kinopublikum; *hiervan ~e* dies vorausgesetzt
uitgaansverbod Ausgangssperre *v*²¹
uitgang 1 *(algem)* Ausgang *m*⁶; *(in bus, tram)* Ausstieg *m*⁵ **2** *(van woord)* Endung *v*²⁰
uitgangspunt Ausgangspunkt *m*⁵; *(fig ook)* Eckpunkt *m*⁵
uitgave 1 *(van geld)* Ausgabe *v*²¹ **2** *(van boek)* Ausgabe *v*²¹; *(druk, editie)* Auflage *v*²¹
uitgebreid ausgedehnt, umfassend: *een ~e bibliotheek* eine umfangreiche Bibliothek; *~e activiteiten* umfangreiche Aktivitäten *mv v*²⁰
uitgebreidheid Ausdehnung *v*²⁰, Umfang *m*⁶
uitgehongerd ausgehungert
uitgekookt *(ook fig)* ausgekocht
uitgelaten ausgelassen, übermütig
uitgeleefd abgelebt
uitgeleide: *iem ~ doen* jmdm das Geleit geben¹⁶⁶
uitgelezen auserlesen, ausgesucht
uitgemaakt ausgemacht: *dat is een ~e zaak* das ist eine ausgemachte Sache
uitgeput erschöpft: *de voorraad raakt ~* der Vorrat geht aus
uitgerekend 1 *(op eigen voordeel bedacht)* gerissen **2** *(juist)* ausgerechnet
uitgeslapen 1 *(lett)* ausgeschlafen **2** *(fig) (slim)* schlau, pfiffig; gerissen
uitgesloten ausgeschlossen
uitgesproken ausgesprochen: *een ~ tegenstander* ein erklärter Gegner
uitgestrekt ausgedehnt
uitgestrektheid Ausdehnung *v*²⁰, Weite *v*²¹
uitgeven 1 *(besteden)* ausgeben¹⁶⁶ **2** *(waardepapieren e.d.)* emittieren³²⁰ **3** *(doen verschijnen) een boek ~:* a) *(de uitgave bezorgen)* ein Buch herausgeben (of: herausbringen); b) *(drukken en in de handel brengen)* verlegen; *het boek wordt uitgegeven bij* das Buch erscheint bei⁺³ **4** *(zich voordoen) zich als ...* ~ sich als ... ausgeben¹⁶⁶
uitgever *(van boeken)* Verleger *m*⁹; *(van krant, tijdschrift, ook)* Herausgeber *m*⁹
uitgeverij Verlag *m*⁵
uitgewerkt ausgearbeitet, detailliert
uitgezocht ausgesucht, auserlesen
¹**uitgezonderd** *vz* außer⁺³: *~ jou heb ik niemand* außer dir habe ich niemand
²**uitgezonderd** *vw* ausgenommen
uitgifte 1 Ausgabe *v*²¹ **2** *(emissie)* Emission *v*²⁰
uitglijden ausgleiten¹⁷⁸, ausrutschen
uitgommen ausradieren³²⁰
uitgooi *(sp: door keeper)* Abwurf *m*⁶
uitgooien 1 *(sp: door keeper)* abwerfen³¹¹ **2** *(snel uitdoen)* abwerfen³¹¹
uitgraven 1 *(opgraven)* ausgraben¹⁸⁰ **2** *(uitdiepen)* ausschachten

uitgraving Ausgrabung v^{20}, Ausschachtung v^{20}
uitgroeien sich entwickeln, wachsen[302]
uithaal (uitval) Ausfall m^6
uithakken aushauen[185]
uithalen intr **1** (arm, been uitstrekken) ausholen: *de bokser haalde uit* der Boxer holte aus **2** (fig) anfahren[153] **3** (uitwijken) ausweichen[306]
uithalen tr **1** (loshalen) aufräufeln: *een trui ~* einen Pullover aufräufeln **2** (leeghalen) ausnehmen[212], ausräumen: *de kast ~* den Schrank ausräumen; *een nestje ~* ein Nest ausnehmen **3** (helpen) nützen: *dat haalt niets uit* das nützt nichts **4** (uitvoeren) anstellen: *wat heb je uitgehaald?* was hast du angestellt?
uithangbord Aushängeschild o^{31}
uithangen intr **1** (zich ophouden) stecken: *waar hangt hij uit?* wo steckt er? **2** (buiten hangen) heraushängen[184]
uithangen tr **1** (de was) aufhängen: *de vlag ~* flaggen[153] (zich voordoen als) spielen: *de grote meneer ~* den großen Herrn spielen
uitheems fremdländisch, exotisch
uithoek entlegener Winkel m^9
uithollen (ook fig) aushöhlen
uitholling (ook fig) Aushöhlung v^{20}: *~ overdwars!* (op verkeersbord) Querrinne!
uithoren (jmdn) ausfragen, aushorchen
uithouden 1 (volhouden) aushalten[183], durchhalten[183] **2** (verdragen) aushalten
uithoudingsvermogen Ausdauer v^{28}
uiting 1 (uitlating) Äußerung v^{20} **2** (het uiten) Ausdruck m^6: *~ geven aan zijn verbolgenheid* seinen Ärger zum Ausdruck bringen[139]; *de ~ van blijdschap* die Äußerung der Freude; *tot ~ komen* zum Ausdruck kommen[193]
uitje: *een ~ hebben* mal ausgehen[168]
uitjouwen ausbuhen
uitkafferen (jmdn) anschnauzen
uitkeren 1 (uitbetalen) auszahlen **2** (dividend) ausschütten
uitkering 1 (het uitkeren) Auszahlung v^{20} **2** (de uitgekeerde som) ausgezahlte Summe v^{21} **3** (van dividend) Ausschüttung v^{20} **4** (van sociale verzekering) Leistung v^{20}; (bijstand) Sozialhilfe v^{21}
uitkeringsgerechtigde Leistungsbezieher m^9
uitkeringsorgaan Leistungsträger m^9
uitkeringstrekker Leistungsbezieher m^9; (bijstand) Sozialhilfeempfänger m^9
uitkienen ausknobeln
uitkiezen (aus)wählen
uitkijk 1 (uitzicht) Ausblick m^5, Aussicht v^{21} **2** (uitkijktoren) Aussichtsturm m^6 **3** (scheepv) Ausguck m^5
uitkijken 1 ausschauen, Ausschau halten[183] (nach[+3]): (fig) *zijn ogen ~* große Augen machen **2** (trachten te krijgen) sich umsehen[261] (nach[+3]): *naar een baan ~* sich nach einer Stelle umsehen **3** (uitzicht geven) (hinaus)gehen[168] (auf[+4]): *het raam kijkt uit op het plein* das Fenster geht auf den Platz (hinaus) **4** (opletten) aufpassen: *kijk uit!* Vorsicht!
uitkijktoren Aussichtsturm m^6
uitklaren zollamtlich abfertigen
¹**uitkleden** ww ausziehen[318], auskleiden
²**uitkleden, zich** sich ausziehen, sich auskleiden
uitknijpen ausquetschen, auspressen
uitknippen ausschneiden[250]; (licht) ausknipsen
uitknobbelen ausknobeln
uitkoken auskochen
uitkomen 1 (iets verlaten) (heraus)kommen[193] aus[+3]: (fig) *ik kom er helemaal niet uit!* damit werde ich nicht fertig! **2** (mbt bloemen, zaden) aufgehen[168]; (mbt bomen, planten) ausschlagen[241] **3** (mbt boek, film) herauskommen[193] **4** (mbt de waarheid) ans Licht kommen[193] **5** (mbt misdrijf) herauskommen[193] **6** (eruitzien) sich ausnehmen[212] **7** (rondkomen met) auskommen[193]: *met zijn salaris ~* mit seinem Gehalt auskommen **8** (in het oog vallen) hervortreten[291] **9** (kloppen) stimmen: *dat komt uit!* das stimmt!; *dat komt goed uit!* das trifft sich gut! **10** (uitvallen) sich treffen[289]: *het kwam me zo niet uit, dat we ...* es traf sich, dass wir ...; *dat komt mij niet goed uit!* das passt mir nicht recht! **11** (mbt voorspelling) eintreffen[289], sich erfüllen **12** (in wedstrijd) spielen **13** (bij het kaartspel) ausspielen **14** (toegang geven) gehen[168] (auf[+4]) **15** (overstemmen) übertönen: *boven iets ~* etwas übertönen
uitkomst 1 (afloop, uitslag) Ergebnis o^{29a}, Resultat o^{29} **2** (van som) Ergebnis o^{29a} || *~ brengen* Abhilfe schaffen[230]
uitkopen: *iem ~* jmdn abfinden[157]
uitkramen verzapfen, reden
uitkrijgen 1 (van bijv. schoenen) ausbekommen[193] **2** (oplossen) lösen **3** (een boek) auslesen[201]
uitkunnen: *er niet over ~ dat ...* sich nicht genug darüber wundern können, dass ...
uitlaat Auspuff m^5
uitlaatgas Auspuffgas o^{29}, Abgas o^{29}
uitlaatklep Auslassventil o^{29}
uitlachen auslachen
uitladen ausladen[196]
¹**uitlaten** ww hinauslassen[197]: *de hond ~* den Hund ausführen
²**uitlaten, zich 1** sich äußern **2** *zich over iem, iets ~* sich über jmdn, über[+4] etwas äußern
uitlating Äußerung v^{20}
uitleentermijn Leihfrist v^{20}
uitleg Erklärung v^{20}; (interpretatie) Deutung v^{20}
uitleggen 1 (verklaren) auslegen, erklären; (interpreteren) deuten **2** (ruimer maken) auslassen[197]
uitlekken 1 (lett) abtropfen: *groente laten ~* Gemüse abtropfen lassen[197] **2** (fig) durchsickern
¹**uitlenen** zn Ausleihen o^{39}
²**uitlenen** ww ausleihen[200]
uitleven, zich sich ausleben
uitleveren ausliefern (an[+4])
uitlevering Auslieferung v^{20}

uitlezen auslesen[201], zu Ende lesen[201]
uitlijnen auswuchten
uitloggen sich ausloggen
uitlokken 1 *(uitnodigen)* einladen[196] 2 *(doen ontstaan)* auslösen: *het ene woord lokt het andere uit* ein Wort gibt das andere
¹**uitlopen** intr 1 *(mbt vloeistof)* auslaufen[198]: *het vat ~* aus dem Fass auslaufen 2 *(naar buiten lopen)* auslaufen[198] 3 *(mbt machine)* auslaufen[198]; *(mbt vliegtuig, voertuig)* ausrollen 4 *(sp: mbt keeper)* herauslaufen[198] 5 *(plank)* ausschlagen[241]; *(kiemen)* keimen 6 *(eindigen)* auslaufen[198]: *waar moet dat op ~?* wohin soll das führen?; *dat loopt op een prijsverhoging uit* das führt zu einer Preiserhöhung 7 *(uitmonden)* münden
²**uitlopen** tr *(ten einde lopen)* zu Ende laufen[198]
uitloper Ausläufer *m*⁹
uitloten auslosen
uitloven *(een beloning, prijs)* aussetzen
uitmaken 1 *(doven)* ausmachen, löschen 2 *(verbreken)* (auf)lösen 3 *(vormen)* bilden 4 *(bepalen)* feststellen: *dat moet hij met zichzelf ~* das muss er mit sich selbst ausmachen 5 *iem ~ (uitschelden)* jmdn schelten[235]; *iem voor dief ~* jmdn einen Dieb schelten ‖ *dat maakt niets uit!* das macht nichts!
uitmeten ausmessen[208]: *(fig) iets breed ~* viel Aufhebens von⁺³ etwas machen
uitmonden münden (in⁺⁴)
uitmonsteren herausputzen
uitmonstering Kleidung *v*²⁸
uitmunten sich auszeichnen
uitmuntend ausgezeichnet, hervorragend
uitnodigen einladen[196]
uitnodiging Einladung *v*²⁰
uitoefenen *(ambacht, beroep, praktijk, invloed)* ausüben; *kritiek ~* Kritik üben (an⁺³)
uitoefening Ausübung *v*²⁸
¹**uitpakken** intr 1 *(onthalen)* aufwarten (mit⁺³) 2 *(vertellen)* auspacken: *tegen iem ~* jmdm die Meinung sagen ‖ *hoe zal dat ~?* wie wird das ausgehen?
²**uitpakken** tr *(van verpakking ontdoen)* auspacken
uitpersen auspressen
uitpikken 1 *(de ogen)* aushacken 2 *(fig)* herausgreifen[181], auswählen
uitpluizen *(fig): iets ~* einer Sache³ nachspüren
uitpraten ausreden: *iem laten ~* jmdn ausreden lassen[197]; *ze moeten het eens ~* sie müssen sich mal aussprechen
uitprinten ausdrucken
uitproberen ausprobieren[320]
uitpuilen *(mbt zakken)* überquellen[217]; *(mbt ogen)* hervorquellen[217]; *~de ogen* Glotzaugen *mv o*³⁸
uitputten 1 *(krachteloos maken)* erschöpfen: *volkomen uitgeput* völlig erschöpft 2 *(verbruiken) (middelen, krachten, reserves)* erschöpfen; *(voorraden)* aufzehren ‖ *een onderwerp ~d behandelen* ein Thema erschöpfend behandeln
uitputting Erschöpfung *v*²⁰
uitraken *(mbt verloving)* in die Brüche gehen[168]
uitrangeren: *iem, iets ~* jmdn, etwas auf ein totes Gleis schieben[237]
uitreiken 1 *(ter hand stellen)* überreichen 2 *(prijzen)* verleihen[200] 3 *(voedsel)* verteilen 4 *(communie)* austeilen
uitreis Ausreise *v*²¹
uitrekenen ausrechnen
¹**uitrekken** ww recken: *de hals ~* den Hals recken; *een elastiek ~* ein Gummiband dehnen
²**uitrekken, zich** sich strecken
uitrit Ausfahrt *v*²⁰
uitroeien *(verdelgen)* ausrotten, vertilgen
uitroeiing Ausrottung *v*²⁰, Vertilgung *v*²⁰
uitroep Ausruf *m*⁵, Schrei *m*⁵
uitroepen ausrufen[226]
uitroepteken Ausrufezeichen *o*³⁵
¹**uitrukken** intr *(mbt brandweer, militairen)* ausrücken
²**uitrukken** tr *(verwijderen)* ausreißen[220]
uitrusten *(rust nemen)* sich ausruhen
²**uitrusten** 1 *(van het nodige voorzien)* ausrüsten 2 *(fig)* ausstatten
uitrusting Ausrüstung *v*²⁰, Ausstattung *v*²⁰
uitschakelen ausschalten
uitschakeling Ausschaltung *v*²⁰
¹**uitscheiden** *(afscheiden)* ausscheiden[232]
²**uitscheiden** *(ophouden)* aufhören: *ik ben uitgescheiden* ich habe aufgehört
uitscheiding Ausscheidung *v*²⁰
uitschelden ausschimpfen, beschimpfen
uitscheuren (her)ausreißen[220]
¹**uitschieten** intr *(onwillekeurig bewegen)* ausrutschen
²**uitschieten** tr 1 *(door schieten wegnemen)* ausschießen[238] 2 *(snel uittrekken)* fahren[153] aus⁺³
uitschieter 1 *(rukwind)* Bö *v*²⁰ 2 *(iets bijzonders)* Spitzenleistung *v*²⁰
uitschijnen *(Belg): iets laten ~* etwas durchblicken lassen[197]
uitschijter *(inform)* Rüffel *m*⁹
uitschot *(handel)* Ausschuss *m*¹⁹ ‖ *het ~ van de maatschappij* der Abschaum der Gesellschaft
uitschrijven 1 *(algem)* ausschreiben[252]: *een recept ~* ein Rezept ausschreiben; *verkiezingen ~* Wahlen ausschreiben; *een prijsvraag ~* ein Preisausschreiben veranstalten; *een vergadering ~* eine Versammlung einberufen[226] 2 *(schrappen)* austragen[288]
uitschuiven ausziehen[318]; *(hydraulisch)* ausfahren[153]
¹**uitslaan** intr *(mbt muur)* schwitzen; *(verkleuren)* sich verfärben ‖ *de vlammen slaan het dak uit* die Flammen schlagen aus dem Dach heraus; *~de brand* Großfeuer *o*³³
²**uitslaan** tr 1 *(door slaan verwijderen)* ausschla-

gen[241]: *een spijker er ~* einen Nagel herausschlagen[241] **2** *(vleugels, armen)* ausbreiten; *(sp: benen)* spreizen

uitslag 1 *(van magneetnaald, wijzer)* Ausschlag m^6 **2** *(med)* Ausschlag m^6 **3** *(op muur)* Feuchtigkeit v^{28}, Schimmel m^9 **4** *(resultaat)* Ergebnis o^{29a}, Resultat o^{29}

uitslapen ausschlafen[240]

uitsloven, zich sich abmühen

uitslover Arbeitstier o^{29}; *(kruiper)* Kriecher m^9

uitsluiten ausschließen[245]

uitsluitend *bn, bw* ausschließlich

uitsluiting Ausschluss m^6

uitsluitsel Aufschluss m^6

uitsmijten: *iem de deur ~* jmdn rausschmeißen[247]

uitsmijter 1 *(van bar, nachtclub)* Rausschmeißer m^9 **2** *(gerecht)* strammer Max m^{19a}

uitsnijden 1 (her)ausschneiden[250] **2** *(in hout)* ausschnitzen

uitspannen *(een net, paarden)* ausspannen

uitspanning Ausflugslokal o^{29}

uitspansel Firmament o^{39}

uitsparen 1 sparen: *iets ~* sich³ etwas ersparen **2** *(ruimte openlaten)* aussparen

uitspatting Ausschweifung v^{20}

uitspelen *intr (een uitwedstrijd spelen)* auswärts spielen

uitspelen *tr (ten einde spelen)* zu Ende spielen; *(in het spel brengen)* ausspielen: *een kaart ~* eine Karte ausspielen

uitspoken 1 *(uitbroeden)* aushecken **2** *(uitvoeren)* anstellen, treiben[290]

uitspraak 1 *(wijze van spreken)* Aussprache v^{21} **2** *(uitlating)* Aussage v^{21} **3** *(beslissing)* Entscheidung v^{20} **4** *(vonnis)* Urteil o^{29}: *de ~ van de jury* der Spruch der Geschworenen

uitspreiden ausbreiten; *(van benen)* spreizen

uitspreken 1 *(zijn dank, een woord)* aussprechen[274] **2** *(gevoelens)* äußern **3** *(een vonnis)* (aus)sprechen[274], verkünden **4** *(ten einde spreken)* aussprechen[274], ausreden

uitspringen 1 *(uitsteken)* vorspringen[276] **2** *(fig) ergens goed ~* bei etwas gut wegkommen[193]

uitpuwen ausspeien[271], ausspucken

uitstaan *intr* sich verzinsen: *~ tegen 8%* sich mit acht Prozent verzinsen

uitstaan *tr* ausstehen[279]: *angst ~* Angst ausstehen; *iem niet kunnen ~* jmdn nicht ausstehen können[194]; *ik heb met hem niets uit te staan* ich habe mit ihm nichts zu schaffen; *wat heb ik daarmee uit te staan?* was geht das mich an?; *veel met iem moeten ~* seine liebe Not mit jmdm haben[182]

uitstaand: *~e gelden* ausstehende Gelder; *~e vorderingen* Außenstände *(mv)*

uitstallen ausstellen; *(fig)* zur Schau stellen

uitstalling Auslage v^{21}

uitstalraam *(Belg)* Schaufenster o^{33}

uitstapje Ausflug m^6; *(tijdens grotere reis)* Abstecher m^9

uitstappen aussteigen[281]

uitsteeksel Vorsprung m^6

uitstek: *bij ~* ganz besonders, überaus

¹uitsteken *intr* vorspringen[276], vorstehen[279]: *~ boven (ook fig)* überragen; hinausragen über⁺⁴

²uitsteken *tr* **1** *(door steken verwijderen)* ausstechen[277] **2** *(uitstrekken)* ausstrecken: *zijn hand ~* die Hand ausstrecken; *(fig) geen hand ~* keinen Finger rühren; *de vlag ~* die Flagge aushängen

¹uitstekend ausgezeichnet, hervorragend

²uitstekend vorspringend, vorstehend

uitstel 1 Aufschub m^6, Moratorium o *(2e nvl -s; mv Moratorien)*: *~ van betaling* Zahlungsaufschub; *(fig) ~ van executie* Galgenfrist v^{20}; *zonder ~* unverzüglich; *iem ~ verlenen* jmdm Aufschub gewähren; *iem ~ van militaire dienst verlenen* jmdn vom Militärdienst zurückstellen **2** *(Belg, jur)* met *~* mit Bewährung; *drie maanden met ~* drei Monate Freiheitsstrafe mit Bewährung

uitstellen aufschieben[237], verschieben[237], hinausschieben[237]: *tot een andere dag ~* auf einen anderen Tag verlegen; *de zaak kan niet uitgesteld worden* die Sache duldet keinen Aufschub

uitsterven aussterben[282]

uitstippelen vorzeichnen

uitstoot *(emissie)* Emission v^{20}, Auswurf m^6

uitstorten ausschütten: *zijn hart voor iem ~* jmdm sein Herz ausschütten

uitstorting *(het uitstorten)* Ausschütten o^{39}; *(van bloed, sperma)* Erguss m^6: *de ~ van de Heilige Geest* die Ausgießung des Heiligen Geistes

uitstoten 1 *(algem)* ausstoßen[285] **2** *(buitensluiten)* ausschließen[245] **3** *(van afvalstoffen)* emittieren[320], auswerfen[311]

uitstraling Ausstrahlung v^{20}

¹uitstrekken *ww* ausstrecken

²uitstrekken, zich sich ausdehnen, sich erstrecken: *zich op de grond ~* sich auf dem Boden hinstrecken

uitstrijkje Ausstrich m^5

uitstrooien *(ook fig)* ausstreuen

uitstroom *(van arbeidskrachten)* Abwanderung v^{20}

uitsturen ausschicken, aussenden[263]: *iem op iets ~* jmdn nach⁺³ etwas ausschicken

uittekenen: *iem ~* jmdn zeichnen

uittellen: *(boksen) uitgeteld worden* ausgezählt werden[310]; *(fig) uitgeteld zijn* kaputt sein[262]

uittesten austesten, ausprobieren[320]

uittikken tippen

uittocht Auszug m^6

uittorenen *(ook fig)* hinausragen (über⁺⁴)

uittrap Abschlag m^6, Abstoß m^6

uittrappen 1 *(doven)* austreten[291] **2** *(in het spel brengen)* abschlagen[241] **3** *(uit het veld trappen)* ins Aus treten[291]

uittreden 1 *(als lid)* austreten[291] **2** *(uit een functie)* ausscheiden[232]: *vervroegd ~* vorzeitig ausscheiden

uittreding Austritt m^5, Ausscheiden o^{39}

¹uittrekken *intr* losziehen³¹⁸: *ze trekken erop uit om … sie ziehen los, um …*

²uittrekken *tr* **1** ausziehen³¹⁸ **2** *(kleding)* ausziehen³¹⁸ **3** *(een bedrag)* bereitstellen **4** *(tijd)* zur Verfügung stellen **5** *(een boek)* ausziehen³¹⁸

uittreksel 1 *(chem, farm)* Auszug m^6, Extrakt m^5 **2** *(van boek)* Auszug m^6 **3** *(van rekening)* Kontoauszug m^6

uittypen tippen

uitvaardigen erlassen¹⁹⁷; *(bevel)* ausgeben¹⁶⁶: *sancties ~ Sanktionen verhängen*

uitvaart *(begrafenis)* Beerdigung v^{20}; *(r-k, uitvaartdienst)* Seelenamt o^{32}

uitval Ausfall m^6; *(sp en fig ook)* Rundschlag m^6, Rundumschlag m^6

uitvallen 1 *(algem)* ausfallen¹⁵⁴ **2** *(mbt naaldboom)* nadeln **3** *(mil, bij het schermen)* ausfallen¹⁵⁴ **4** *(tijdens een wedstrijd)* ausscheiden²³² **5** *(fig) tegen iem ~* jmdn anfahren¹⁵³ || *goed, slecht ~* gut, schlecht ausfallen¹⁵⁴

uitvaller Ausgeschiedene(r) m^{40a}, v^{40b}

uitvalsweg Ausfallstraße v^{21}

uitvaren 1 *(lett)* auslaufen¹⁹⁸, ausfahren¹⁵³ **2** *(razen, tieren)* toben: *tegen iem ~* jmdn anfahren¹⁵³

uitvechten: *iets ~* etwas ausfechten¹⁵⁶; *het onder elkaar ~* es miteinander ausmachen

uitverkiezen (aus)erwählen

uitverkocht ausverkauft; *(mbt boek)* vergriffen

uitverkoop Ausverkauf m^6

uitverkopen ausverkaufen

uitverkoren auserwählt

uitvinden erfinden¹⁵⁷; *(achter iets komen)* herausfinden¹⁵⁷

uitvinder Erfinder m^9

uitvinding Erfindung v^{20}

uitvissen *(fig)* herausfinden¹⁵⁷, herausbekommen¹⁹³

uitvlakken ausradieren³²⁰: *(fig) dat moet je niet ~!* das ist kein Pappenstiel!

uitvloeisel Ausfluss m^6, Folge v^{21}

uitvlucht Ausflucht v^{25}, Ausrede v^{21}

uitvoegstrook Ausfädelspur v^{20}, Abbiegespur v^{20}

uitvoer 1 *(export)* Ausfuhr v^{28}, Export m^{19} **2** *(comp)* Output m^{13}, o^{36} || *ten ~ brengen* ausführen, durchführen

uitvoerbaar ausführbar, durchführbar

uitvoerder *(bouwk)* Bauführer m^9

uitvoeren 1 *(exporteren)* ausführen, exportieren³²⁰ **2** *(een bevel, bestelling, reparatie)* ausführen: *een vonnis ~* ein Urteil vollstrecken **3** *(een besluit, plan)* ausführen, durchführen **4** *(een opdracht)* ausführen, erledigen **5** *(een opera e.d.)* aufführen **6** *(comp)* ausdrucken || *het boek is goed uitgevoerd* das Buch ist gut ausgestattet; *niets ~* keinen Finger krumm machen; *wat voer jij daar uit?* was machst du da?

uitvoerend: *~e macht* Exekutivgewalt v^{20}

uitvoerig ausführlich; *(en grondig)* eingehend

uitvoering 1 *(van bevel, bestelling, reparatie)* Ausführung v^{28} **2** *(van besluit, plan)* Ausführung v^{28}, Durchführung v^{28}: *aan een plan ~ geven* einen Plan ausführen **3** *(van opdracht)* Ausführung v^{28}, Erledigung v^{28} **4** *(van vonnis)* Vollstreckung v^{20} **5** *(van opera e.d.)* Aufführung v^{20} **6** *(van boek)* Ausstattung v^{20}

uitvoeroverschot Ausfuhrüberschuss m^6

uitvoerproduct Exportartikel m^9

uitvoervergunning Ausfuhrgenehmigung v^{20}

uitvragen: *iem ~* jmdn ausfragen; *ik ben uitgevraagd* ich habe keine weiteren Fragen mehr

uitvreten *(uitspoken)* ausfressen¹⁶²

uitwas *(ook fig)* Auswuchs m^6

uitwasemen ausdünsten

uitwaseming Ausdünstung v^{20}, Dunst m^6

uitwassen *(reinigen)* auswaschen³⁰⁴

uitwatering Entwässerung v^{20}

uitwedstrijd Auswärtsspiel o^{29}

uitweg Ausweg m^5

uitweiden ausführlich berichten (über^{+4})

¹uitwendig *bn* äußer, äußerlich: *voor ~ gebruik* für den äußerlichen Gebrauch

²uitwendig *bw* äußerlich

¹uitwerken *intr*: *de verdoving, de medicijn is uitgewerkt* die Betäubung, das Medikament wirkt nicht mehr

²uitwerken *tr* **1** *(algem)* ausarbeiten **2** *(een som)* ausrechnen, lösen

uitwerking 1 *(algem)* Ausarbeitung v^{20} **2** *(van som)* Ausrechnen o^{39}, Lösung v^{20} **3** *(effect)* Wirkung v^{20}: *~ hebben op* sich auswirken auf^{+4}

uitwerpselen Exkremente *mv* o^{29}, Kot m^{19}; *(van wild)* Losung v^{20}

uitwijkeling *(Belg)* Auswanderer m^9

uitwijken 1 *(opzijgaan)* ausweichen³⁰⁶: *voor een auto ~* einem Auto ausweichen **2** *(zich in ballingschap begeven)* ins Exil gehen¹⁶⁸ **3** *(Belg) (emigreren)* auswandern

uitwijzen 1 *(tonen)* zeigen: *de tijd zal het ~* die Zukunft wird es lehren **2** *iem ~ (over de grens zetten)* jmdn ausweisen³⁰⁷

uitwijzing Ausweisung v^{20}

uitwisselen austauschen (gegen^{+4})

uitwisseling Austausch m^{19}

uitwisselingsstudent Austauschstudent m^{14}

uitwissen auswischen, wegwischen; *(de sporen van een misdrijf)* beseitigen; *(een schuld)* sühnen

uitwringen auswringen³¹⁶

uitwuiven: *iem ~* jmdm nachwinken

uitzendarbeid Leiharbeit v^{28}

uitzendbranche Verleihbranche v^{21}, Zeitarbeitsbranche v^{21}

uitzendbureau Büro o^{36} für Zeitarbeit, Zeitarbeitsfirma v *(mv -firmen)*

uitzenden 1 *(telecom)* senden²⁶³, übertragen²⁸⁸ **2** *iem ~* jmdn ausschicken, aussenden²⁶³

uitzending 1 *(telecom)* Sendung v^{20}, Übertra-

gung v^{20} **2** *(het uitsturen)* Aussendung v^{20}
uitzendkracht Zeitarbeitnehmer m^9, Leihkraft v^{25}
uitzendwerk Leiharbeit v^{28}
uitzet Aussteuer v^{21}
¹**uitzetten** *intr* **1** *(zich uitbreiden)* sich ausdehnen: *metaal zet door warmte uit* Metall dehnt sich durch Erwärmung aus **2** *(mbt hout)* quellen²¹⁷
²**uitzetten** *tr* **1** *(uitschakelen)* ausschalten **2** *(uit een plaats zetten)* aussetzen: *een sloep ~* ein Boot aussetzen; *iem de deur ~* jmdn vor die Tür setzen; *iem het land ~* jmdn ausweisen³⁰⁷; *geld op rente ~* Geld verzinsen
uitzetting 1 *(nat)* Ausdehnung v^{20} **2** *(uit het land)* Ausweisung v^{20} **3** *(uit een woning)* Zwangsräumung v^{20}
uitzettingsbevel 1 *(uit woning)* Räumungsbefehl m^5 **2** *(uit land)* Ausweisungsbefehl m^5
uitzicht 1 Aussicht v^{20}, Ausblick m^5 **2** *(vooruitzicht)* Aussicht v^{20} (auf⁺⁴)
uitzichtloos aussichtslos
uitzieken sich auskurieren³²⁰
¹**uitzien** *intr* **1** aussehen²⁶¹: *er goed ~* gut aussehen; *het ziet ernaar uit, dat het gaat regenen* es sieht nach Regen aus **2** *(proberen te krijgen)* sich umsehen²⁶¹ (nach⁺³): *naar een gelegenheid ~* sich nach einer Gelegenheit umsehen **3** *(verlangen naar)* sich sehnen (nach⁺³) || *de kamer ziet uit op de tuin* das Zimmer geht auf den Garten
²**uitzien** *tr (tot het einde zien)* zu Ende sehen²⁶¹: *een film ~* einen Film zu Ende sehen
uitzingen *(volhouden)* aushalten¹⁸³
uitzinnig zügellos, wahnsinnig: *~ zijn van vreugde* vor Freude außer⁺³ sich sein²⁶²
uitzitten: *een straf ~* eine Strafe verbüßen; *zijn tijd ~* seine Zeit absitzen
uitzoeken 1 *(uitkiezen)* aussuchen **2** *(onderzoeken)* untersuchen; *(met succes)* herausfinden¹⁵⁷
uitzonderen ausnehmen²¹²
uitzondering Ausnahme v^{21}: *bij (wijze van) ~* ausnahmsweise; *met ~ van* mit Ausnahme⁺²; *een ~ op de regel* eine Ausnahme von der Regel
uitzonderingspositie Ausnahmestellung v^{20}
uitzonderlijk außergewöhnlich
uitzuigen *(lett)* aussaugen²²⁹; *(fig)* ausbeuten
uitzuiger Ausbeuter m^9
uitzwaaien: *iem ~* jmdm nachwinken
uitzwermen ausschwärmen
uk, ukkepuk Knirps m^5
ultimatum Ultimatum o^{36} *(mv ook Ultimaten)*
ultimo: *~ juni* ultimo Juni
¹**ultra** *zn (Lat)* Ultra m^{13}
²**ultra** *bn (Lat)* ultra…, Ultra…
umpire Schiedsrichter m^9, Umpire m^{13} *(2e nvl -)*
UMTS *afk van universal mobile telecommunications system* UMTS o^{39a}
unaniem einstimmig, einmütig
unanimiteit Einstimmigkeit v^{28}, Einmütigkeit v^{28}

underdog Unterlegene(r) m^{40a}, v^{40b}
underground Underground m^{19}
understatement Understatement o^{36}, Untertreibung v^{20}
unfair unfair
uni uni
unicum Unikum o *(2e nvl -s; mv Unika)*
unie Union v^{20}
unief *(Belg)* Uni v^{27}, Universität v^{20}
uniek einmalig, einzigartig
¹**uniform** *zn* Uniform v^{20}
²**uniform** *bn* einheitlich, Einheits…, uniform: *~ tarief* einheitlicher Tarif, Einheitstarif m^5
¹**uniseks** *zn* Unisex m^{19} *(2e nvl ook -)*
²**uniseks** *bn*: *~ kleding* Partnerlook m^{19}
universeel universal, universell: *~ middel* Universalmittel o^{33}
universitair akademisch: *~e studie* Universitätsstudium o *(2e nvl -s; mv -studien)*
universiteit Universität v^{20}; *(inform)* Uni v^{27}: *de open ~* die Fernuniversität
universum Universum o^{39}
update Update o^{36}
updaten updaten
upgrade Upgrade o^{36}
upgraden upgraden
upload Upload m^{13}, v^{20}
uploaden uploaden, aufladen¹⁹⁶
upper class Upperclass v^{28}, Oberschicht v^{20}
up-to-date up to date, zeitgemäß
uranium Uran o^{39}
urbaan städtisch, urban: *urbane villa* Stadtvilla *(mv Stadtvillen)*
urban Urban m^{19a}
urenlang stundenlang
urgent dringend
urgentie Dringlichkeit v^{28}
urgentieverklaring Dringlichkeitsbescheinigung v^{20}
urinaal Urinal o^{29}
urine Urin m^5, Harn m^5
urineblaas Harnblase v^{21}
urineren urinieren³²⁰, harnen
urinoir öffentliche Toilette v^{21}; *(voor mannen)* Pissoir o^{29}, o^{36}
URL *afk van uniform resource locator* URL v^{27}, m^{13}
urn Urne v^{21}
uroloog Urologe m^{15}
USA die USA *(mv; alleen met lw)*
usance Brauch m^6, Usance v^{21}
USSR UdSSR v^{28}
utiliteitsbouw Nutzbau m *(2e nvl -(e)s; mv -ten)*
utopie Utopie v^{21}
utopisch utopisch
uur 1 *(60 minuten, lesuur)* Stunde v^{21}: *130 km per ~* 130 km/h, 130 Kilometer pro Stunde, 130 Stundenkilometer; *om het ~* jede Stunde; *de bussen rijden om het ~* die Busse fahren im Stundentakt;

uurdienst

(de treinen vertrekken) op de hele en halve uren jede Stunde und jede halbe Stunde; *op elk ~* zu jeder Stunde; *over een ~* in einer Stunde; *we hebben het derde ~ natuurkunde* wir haben in der dritten Stunde Physik **2** *(tijdstip)* Uhr *v: om drie ~* um drei Uhr
uurdienst Stundentakt *m*^{5}
uurgemiddelde Stundendurchschnitt *m*^{5}
uurloon Stundenlohn *m*^{6}
uurtje: *tot in de kleine ~s* bis nach Mitternacht
uurwerk 1 *(horloge, klok)* Uhr *v*^{20} **2** *(het raderwerk)* Uhrwerk *o*^{29}
uurwijzer Stundenzeiger *m*^{9}
uw *bez vnw*^{80} Ihr(e); *(bij familie)* dein(e) *(mv)*, euer(e)
uwerzijds Ihrerseits

V

v.a. *afk van vanaf* ab[+3]

vaag unbestimmt, vag(e), ungenau: *vage lijnen* verschwommene Linien; *een ~ voorgevoel* ein dunkles Vorgefühl; *iets in het vage laten* etwas im Ungefähren halten[183]

vaagheid Vagheit v^{20}

vaak *bw* oft[65], häufig, öfters

vaal fahl, blass, farblos

vaan Fahne v^{21}, Banner o^{33}

vaandel Fahne v^{21}

vaandrig Fähnrich m^5, Fahnenjunker m^9

vaantje Fähnchen o^{35}

vaardiepte Wassertiefe v^{21}

vaardig gewandt, geübt, geschickt

vaardigheid Gewandtheit v^{28}, Fertigkeit v^{20}: *technische vaardigheden* technische Fertigkeiten

vaargeul Fahrrinne v^{21}

vaarroute Fahrweg m^5, Fahrstrecke v^{21}

vaars Färse v^{21}

vaart 1 *(tocht met schip)* Fahrt v^{20}: *de grote ~* die große Fahrt; *de kleine ~* die kleine Fahrt; *de wilde ~* die Trampschifffahrt; *een schip in de ~ brengen* ein Schiff in Dienst stellen; *een schip uit de ~ nemen* ein Schiff auflegen 2 *(kanaal)* Kanal m^6 3 *(snelheid)* Geschwindigkeit v^{20}, Fahrt v^{28}: *het zal zo'n ~ niet lopen* es wird nicht so schlimm kommen; *~ achter iets zetten* etwas beschleunigen; *in volle ~* in voller Fahrt; *behouden ~!* gute Fahrt!

vaartje *(snelheid)* Tempo o^{36}: *met een ~* in hohem Tempo

vaartuig Fahrzeug o^{29}, Schiff o^{29}

vaarwater Fahrwasser o^{39}: *iem in het ~ zitten* jmdm in die Quere kommen[193]

vaarweg Wasserweg m^5

¹**vaarwel** *zn* Lebewohl o^{36}, o^{29}

²**vaarwel** *tw:* ~! leb(e) wohl!, leben Sie wohl!

vaas Vase v^{21}

vaat Geschirr o^{29}: *de ~ doen* spülen

vaatdoek Spüllappen m^{11}: *zo slap als een ~* sehr schlapp

vaatje: *uit een ander ~ tappen* andere Saiten aufziehen[318]

vaatwasmachine, vaatwasser Geschirrspüler m^9

vaatziekte Gefäßkrankheit v^{20}

vacant offen, frei

vacatiegeld Tagegeld o^{31}

vacature offene Stelle v^{21}, freie Stelle v^{21}: *er komt daar een ~* da wird eine Stelle frei; *die ~ is al vervuld* diese Stelle ist schon besetzt

vaccin Vakzine v^{21}, Vakzin o^{29}, Impfstoff m^5

vaccinatie Vakzination v^{20}, Impfung v^{20}

vaccinatiebewijs Impfschein m^5

vaccineren vakzinieren[320], impfen

vacht Fell o^{29}; *(fig)* Pelz m^5

vacuüm Vakuum *o (2e nvl -s; mv Vakuen of Vakua)*

vader Vater m^{10}: *daar helpt geen lieve ~ of moeder aan* da hilft kein Bitten und kein Flehen; *(iron) neen, ~, dat gaat niet!* nein, mein lieber Freund, das geht nicht!

vaderen *zn mv* Vorfahren *mv* m^{14}

vaderland Vaterland o^{32}; *(geboorteland)* Heimat v^{20}: *(fig) voor het ~ weg* ungehemmt

vaderlander Patriot m^{14}

vaderlandsliefde Vaterlandsliebe v^{28}

vaderlijk väterlich: *~ erfdeel* väterliches Erbe

vadsig träge, faul

vadsigheid Trägheit v^{28}, Faulheit v^{28}

vagebond Vagabund m^{14}, Landstreicher m^9

vagevuur Fegefeuer o^{39}

vagina Vagina *v (mv Vaginen)*, Scheide v^{21}

vak 1 Fach o^{32}: *het ~ biologie* das Fach Biologie; *facultatief ~* Wahlfach; *verplicht ~* Pflichtfach; *een man van het ~* ein Fachmann 2 *(deel van een vlak)* Feld o^{31}

vakantie *(van bedrijven)* Urlaub m^5; *(van scholen)* Ferien *(mv)*: *met ~ zijn* auf *(of:* im, in*)* Urlaub sein[262]; *met ~ thuis zijn* die Ferien zu Hause verbringen[139]; *met ~ gaan* auf *(of:* in*)* Urlaub gehen[168]; auf *(of:* in*)* Urlaub fahren

vakantiedag Ferientag m^5, Urlaubstag m^5

vakantieganger Urlauber m^9, Ferienreisende(r) m^{40a}, v^{40b}

vakantiespreiding Ferienstaffelung v^{20}

vakantiewerk Ferienarbeit v^{28}

vakbekwaam fachkundig

vakbekwaamheid Fachkenntnisse *mv* v^{24}

vakbeurs Fachmesse v^{21}

vakbeweging Gewerkschaften *mv* v^{20}

vakbond Gewerkschaft v^{20}

vakbondsleider Gewerkschaftsführer m^9

vakdiploma Facharbeiterzeugnis o^{29a}

vakgebied Fachgebiet o^{29}

vakje 1 Fach o^{32} 2 *(van formulier, puzzel)* Kästchen o^{35} 3 *(van bureau)* Fach o^{32} 4 *(deel van een vlak)* Feld o^{31}

vakkennis Fachkenntnisse *mv* v^{24}, Fachwissen o^{39}

vakkenpakket Prüfungsfächer *mv* o^{32}

vakkundig fachkundig, fachgemäß: *iets ~ repareren* etwas fachmännisch reparieren[320]

vakliteratuur Fachliteratur v^{20}

vakman Fachmann m^8 *(mv meestal Fachleute)*

vakopleiding Fachausbildung v^{20}
vakterm Fachausdruck m^6
vaktijdschrift Fachzeitschrift v^{20}
vakvereniging Gewerkschaft v^{20}: *lid van ~* Gewerkschaft(l)er m^9
vakwerk 1 *(vakkundig werk)* Facharbeit v^{20} **2** *(bouwk)* Fachwerk o^{39}
¹val *(het vallen) (ook fig)* Fall m^6; *(krachtig)* Sturz m^6: *de ~ van het kabinet* der Sturz der Regierung; *ten ~ komen* zu Fall kommen^{193}; *ten ~ brengen* stürzen
²val *(scheepv)* Fall o^{37}, Tau o^{29}
³val *(om te vangen)* Falle v^{21}: *in de ~ lopen* in die Falle gehen^{168}
valavond *(Belg)* Abenddämmerung v^{28}: *(Belg) bij ~* in der Abenddämmerung
valeriaan Baldrian m^5
valhelm Sturzhelm m^5
valhoogte Fallhöhe v^{21}
valide 1 *(gezond)* arbeitsfähig **2** *(geldig)* gültig
validiteit 1 *(lichamelijke geschiktheid)* Arbeitsfähigkeit v^{28} **2** *(geldigheid)* Gültigkeit v^{28}
valk Falke m^{15}
valkuil Fallgrube v^{21}; *(fig)* Fallstrick m^5
vallei Tal o^{32}
¹vallen *zn*: *het ~ van de avond* die (her)einbrechende Nacht; *tegen het ~ van de avond* gegen Abend; *het ~ van het water* das Fallen des Wassers
²vallen *ww* fallen^{154}; *(krachtig)* stürzen; *(sneuvelen)* fallen^{154}: *de avond valt* es wird Abend; *het kabinet viel* die Regierung wurde gestürzt; *de schemering valt* die Dämmerung bricht herein; *er ~ klappen* es gibt *(of:* setzt) Hiebe; *er valt sneeuw* es fällt Schnee; *er vielen boze woorden* es fielen böse Worte; *komen te ~* hinfallen; *(zich) laten ~* (sich) fallen lassen^{197}; *iets van de prijs laten ~* etwas vom Preis nachlassen^{197}; *het huis valt aan een neef* die Wohnung fällt an einen Vetter; *in slaap ~* einschlafen^{240}; *dat valt onder dezelfde categorie* das gehört in dieselbe Kategorie; *op de grond ~* zu Boden fallen; *over iets ~* über^{+4} etwas fallen; *(fig)* Anstoß an^{+3} etwas nehmen^{212} || *met hem valt niet te spotten* er lässt nicht mit sich spaßen; *daarover valt te praten* darüber lässt sich reden; *er valt weinig van te zeggen* man kann noch nicht viel darüber sagen; *daar valt veel voor te zeggen* das hat viel für sich; *er valt wat te snoepen* es gibt etwas zu naschen

vallend: *~e ziekte* Epilepsie v^{21}; *lijder aan ~e ziekte* Epileptiker m^9
valling *(Belg)* **1** *(verkoudheid)* Schnupfen m^{11}; *(erger)* Erkältung v^{20} **2** *(neiging)* Neigung v^{20}
valpartij Sturz m^6
valreep Fallreep o^{29}
vals 1 falsch: *~ geld* Falschgeld o^{31}; *~e naam* falscher Name m^{18}; *~e sleutel* Nachschlüssel m^9; *~e start* Fehlstart m^{13} **2** *(kwaad)* böse **3** *(geniepig)* falsch, hinterlistig

valscherm Fallschirm m^5
valschermtroepen Fallschirmjäger mv m^9
valselijk fälschlich
valsemunter Falschmünzer m^9
valsheid Falschheit v^{28}: *~ in geschrifte* Urkundenfälschung v^{20}
valstrik 1 *(fig)* Fallstrick m^5 **2** *(lett)* Schlinge v^{21}: *in een ~ lopen* jmdm ins Garn gehen^{168}
valuta Währung v^{20}, Valuta v *(mv* Valuten): *vreemde ~* fremde Währung
valutahandel Devisenhandel m^{19}
valutamarkt Devisenmarkt m^6
valutatransactie Devisengeschäft o^{29}
vamp Vamp m^{13}
vampier Vampir m^5
¹van *zn* Familienname m^{18}
²van *bw* davon: *er iets ~ nemen* etwas davon nehmen^{212}; *wat zeg je daar ~?* was sagst du dazu?; *daar komt niets ~* daraus wird nichts; *daar is niets ~ aan* das stimmt nicht
³van *vz* **1** *(toebehorend aan, behorend bij)* wordt uitgedrukt met 2e nvl; *(inform)* von^{+3}: *de fiets ~ mijn broer* das Rad meines Bruders; *het dak ~ het huis* das Dach des Hauses; *het ambt ~ burgemeester* das Amt eines Bürgermeisters; *het beroep ~ arts* der Beruf eines Arztes; *de rol ~ verrader* die Rolle eines Verräters; *de hoofdstad ~ België* die Hauptstadt Belgiens *(of:* von Belgien); *de straten ~ Parijs* die Straßen von Paris; *de prijs ~ 4 stoelen* der Preis von 4 Stühlen **2** *(gemaakt door)* wordt uitgedrukt met 2e nvl; *(inform)* von^{+3}: *een schilderij ~ Rembrandt* ein Gemälde Rembrandts **3** *(mbt degene die (datgene dat) de handeling uitvoert)* wordt uitgedrukt met 2e nvl; *(inform)* von^{+3}: *de mededeling ~ de directeur* die Mitteilung des Direktors; *het rollen ~ de donder* das Rollen des Donners **4** *(mbt degene die (datgene dat) de handeling ondergaat)* wordt uitgedrukt met 2e nvl; *(inform)* von^{+3}: *het beleg ~ de stad* die Belagerung der Stadt **5** *(inhoudend, omvattend)* wordt uitgedrukt met 2e nvl *of* met von^{+3}: *woorden ~ troost* Worte des Trostes; *geen spoor ~ medelijden* keine Spur von Mitleid **6** *(mbt de oorzaak)* wordt uitgedrukt met 2e nvl *of* met von^{+3}, vor^{+3}: *tranen ~ berouw* Tränen der Reue; *moe ~ het wachten* müde vom Warten; *beven ~ angst* zittern vor Angst **7** *(mbt plaats, ook fig)* von^{+3}: *5 km ~ het dorp* 5 km vom Dorf **8** *(mbt tijd)* von^{+3}: *~ nu af aan* von jetzt an; *~ toen af aan* von da an; *de dag ~ heden* der heutige Tag; *de dag ~ morgen* der morgige Tag; *de dag ~ gisteren* der gestrige Tag; *~ de week* diese Woche **9** *(mbt herkomst)* von^{+3}, aus^{+3}: *zij is ~ Keulen* sie ist aus Köln **10** *(vervaardigd uit)* aus^{+3}: *een stoel ~ hout* ein Stuhl aus Holz **11** *(wat betreft)* von^{+3}, an^{+3}: *jong ~ jaren* jung von *(of:* an) Jahren **12** *(een deel van een groter geheel aangevend)* von^{+3}: *een ~ de mannen* einer von den Männern; *(ook met 2e nvl)* einer der Männer **13** *(mbt een eigenschap)* wordt uitgedrukt met 2e nvl *of*

met von[+3]: *een mens ~ goede wil* ein Mensch guten Willens; *een man ~ karakter* ein Mann von Charakter **14** *(over)* von[+3]: *geen flauw idee ~ iets hebben* keine blasse Ahnung von etwas haben[182] **15** *(onvertaald): hij zei – ja* er sagte ja *(of:* Ja); *ik geloof ~ niet* ich glaube nicht

vanaf ab[+3, soms +4], von[+3] ... an: *~ maandag* von Montag an; *~ 1 juli* ab erstem (1.) Juli, vom ersten (1.) Juli an; *~ heden* ab heute

vanavond heute Abend

vandaag heute: *~ de dag* heutzutage

vandaan: *waar ~?* woher?; *waar halen (krijgen) we het ~?* wo nehmen wir es her?; *(fig) waar haal je het ~?* wie kommst du darauf?; *waar komt dat ~?* woher kommt das?; *ik moet hier ~* ich muss fort von hier

vandaar 1 *(daarom)* daher: *~, dat ik schrijf!* daher *(of:* deswegen) schreibe ich! **2** *(van die plaats)* von da her

vandalisme Vandalismus *m*[19a], Wandalismus *m*[19a]

vandoor: *ik moet er ~* ich muss gehen; *zijn vrouw is er ~* seine Frau ist ihm davongelaufen; *haar man is er ~* ihr Mann ist ihr davongelaufen

vaneen voneinander, auseinander

vangen fangen[155]; *(verdienen)* einnehmen[212]

vangnet Fangnetz *o*[29]

vangrail Leitplanke *v*[21]

vangst Fang *m*[19]

vangzeil Sprungtuch *o*[32], Fangtuch *o*[32]

vanhier von hier

vanille Vanille *v*[28]

vanille-ijs Vanilleeis *o*[39]

vanillesuiker Vanillezucker *m*[9]

vanmiddag 1 *(omstreeks 12 uur)* heute Mittag **2** *(na 14 uur)* heute Nachmittag

vanmorgen heute Morgen

vannacht heute Nacht; *(in de afgelopen nacht, ook)* in der vergangenen Nacht

vanochtend heute Morgen

vanouds von alters her, von jeher

vanuit aus[+3], von[+3] ... aus

vanwaar 1 *(van welke plaats)* woher **2** *(om welke reden)* woher, weshalb

vanwege 1 *(uit naam van)* vonseiten[+2], von Seiten[+2], seitens[+2] **2** *(om)* wegen[+2]

vanzelf von selbst: *dat spreekt ~* das versteht sich; *dat gaat ~* das geht von alleine

vanzelfsprekend selbstverständlich

vaporisateur Zerstäuber *m*[9]

¹varen *zn (plantk)* Farn *m*[5], Farnpflanze *v*[21]

²varen *ww* fahren[153]; *(fig) ergens wel bij ~* sich gut bei[+3] etwas stehen; *een plan laten ~* einen Plan aufgeben[166]

variabel variabel, veränderlich

variant Variante *v*[21]

variatie Variation *v*[20]: *voor de ~* zur Abwechslung

variëren variieren[320]

variété Varieté *o*[36], Varietee *o*[36]

variëteit Varietät *v*[20]

varken Schwein *o*[29]: *wild ~* Wildschwein; *(fig) hij is een ~* er ist ein Schwein

varkensfokker Schweinezüchter *m*[9]

varkenskarbonade Schweinekotelett *o*[36]

varkenspest Schweinepest *v*[28]

varkensstal Schweinestall *m*[6], Schweinekoben *m*[11]

varkensvlees Schweinefleisch *o*[39]; *(toebereid)* Schweinebraten *m*[11]

varkensvoer 1 *(lett)* Schweinefutter *o*[39] **2** *(slecht voedsel)* Schweinefraß *m*[19]

varkentje Ferkel *o*[33]: *hij zal dat ~ wel wassen* er wird das Kind schon schaukeln

vaseline Vaseline *v*[28]

¹vast *bn* **1** fest: *~e baan* feste Stelle; *~ inkomen* festes Einkommen; *~e klant* fester Kunde *m*[15]; Stammkunde *m*[15]; *~e prijzen* feste Preise **2** *(voortdurend)* ständig: *~ lid (van een commissie)* ständiges Mitglied *o*[31]; *~e woonplaats* ständiger *(of:* fester) Wohnsitz; *~ weer* beständiges Wetter **3** *(andere vertalingen) een ~e hand hebben* eine sichere Hand haben[182]; *~ goed* Immobilien *(mv)*; *~e huurder* Dauermieter *m*[9]

²vast *bw* **1** *(intussen)* schon: *ga maar ~ vooruit, ik kom zo!* geh schon voraus, ich komme gleich nach! **2** *(stevig, stellig)* fest; *(stellig, ook)* bestimmt: *iets ~ beloven* etwas fest versprechen[274]; *~ slapen* fest schlafen[240]; *hij komt ~* er kommt bestimmt; *u kunt er ~ op rekenen!* Sie können sich darauf verlassen!; *~ en zeker* ganz gewiss

vastberaden entschlossen

vastbijten: *(ook fig) zich ~ in iets* sich in[+3] etwas festbeißen[125]

vastbinden festbinden[131] (an[+3])

vasteland Festland *o*[39]; *(de oever)* Land *o*[39]

¹vasten *zn* Fasten *(mv): de ~ begint* die Fasten fangen an; *in de ~* in der Fastenzeit

²vasten *ww* fasten

Vastenavond Fastnacht *v*[28]; *(Z-Dui, Oostenr)* Fasching *m*[5], *m*[13]

vastendag Fasttag *m*[5]

vastgespen festschnallen

vastgoed Immobilien *(mv)*

vastgrijpen ergreifen[181]

vastheid Festigkeit *v*[28], Sicherheit *v*[28]

vasthouden festhalten[183]: *aan zijn eis ~* auf seiner Forderung bestehen[279]; *zich ~ aan* sich festhalten an[+3]

vasthoudend: *~ zijn* nicht lockerlassen[197]; nicht nachgeben[166]

vastigheid Sicherheit *v*[28]

vastklampen: *zich ~ aan* sich festklammern an[+3]; *(fig)* sich klammern an[+4]

vastknopen zuknöpfen: *er een dagje aan ~* noch einen Tag anhängen; *(fig) daar kan ik geen touw aan ~!* darauf kann ich mir keinen Vers machen!

¹vastleggen *tr* **1** *(vastmaken)* festmachen: *iets ~*

vastleggen *aan* etwas festmachen an[+3] **2** *(registreren)* festlegen: *iets schriftelijk ~* etwas schriftlich festlegen, festhalten[183]

²**vastleggen, zich** sich festlegen, sich binden[131]

vastliggen festliegen[202]; *(mbt hond)* an der Kette liegen[202]

vastlopen (sich) festlaufen[198]: *de motor is vastgelopen* der Motor hat sich festgefressen; *de onderhandelingen zijn vastgelopen* die Verhandlungen sind festgefahren

vastmaken festmachen (an[+3])

vastnaaien festnähen, annähen

vastpakken anfassen, anpacken

vastpinnen festnageln: *(fig) iem op iets ~* jmdn auf[+4] etwas festnageln

vastrecht Grundgebühr v^{20}

vastroesten einrosten

vastschroeven festschrauben, anschrauben

vaststaan feststehen[279]

vaststellen **1** *(bepalen)* festsetzen, bestimmen: *de prijs ~* den Preis festsetzen **2** *(besluiten)* festlegen **3** *(constateren)* feststellen

vaststelling Festsetzung v^{20}, Festlegung v^{20}, Feststellung v^{20}

vastzetten **1** *(vast maken)* befestigen (an[+3]) **2** *(van geld)* festlegen **3** *iem ~ (in de gevangenis)* jmdn festsetzen, jmdn einsperren **4** *(door redenering)* jmdn in die Enge treiben[290]

vastzitten festsitzen[268]; *(in de gevangenis)* (ein)sitzen[268]: *aan een belofte ~ (fig)* an ein Versprechen gebunden sein[262]; *het overleg zit vast* die Verhandlungen sind in eine Sackgasse geraten

¹**vat**: *ik heb geen ~ op hem* ich kann ihm nicht beikommen; *~ op iem krijgen* Einfluss auf jmdn gewinnen[174]

²**vat** *(ton)* Fass o^{32}, Tonne v^{21}: *wijn van het ~* Wein vom Fass, offener Wein

vatbaar: *~ voor kou zijn* empfindlich gegen[+4] Kälte sein[262]; *voor rede ~ zijn* Vernunft annehmen[212]; *niet voor verbetering ~* unverbesserlich

Vaticaan Vatikan m^{19}

vatten **1** *(algem)* fassen: *in goud ~* in[+4] Gold fassen; *de slaap niet kunnen ~* nicht einschlafen können[194]; *vuur ~* Feuer fangen[155]; *(fig)* aufbrausen **2** *(van misdadiger)* ergreifen[181], festnehmen[212] **3** *(begrijpen)* verstehen[279]: *dat vat ik niet!* das verstehe ich nicht!; *vat je?* verstanden?

vazal Vasall m^{14}

vbo *afk van voorbereidend beroepsonderwijs (ongev)* vorbereitender berufsbildender Unterricht m^{19}

v.C., v.Chr. *afk van voor Christus* vor Christus, vor Christo *(afk* v.Chr.); vor unserer Zeitrechnung *(afk* v.u.Z.)

vechten kämpfen: *met iem ~* sich mit jmdm schlagen[241]; *ze ~ met elkaar* sie schlagen sich; *voor zijn leven ~* um sein Leben kämpfen

vechter 1 *(lett)* Kämpfer m^9 **2** *(iem die taai volhardt)* Kämpfernatur v^{20}

vechtersbaas, vechtjas Raufbold m^5

vechtlust Kampflust v^{28}, Streitlust v^{28}

vechtpartij Schlägerei v^{20}, Prügelei v^{20}

vedergewicht Federgewicht o^{29}

vedette Star m^{13}

vee Vieh o^{39}: *een kudde ~* eine Viehherde

veearts Tierarzt m^6

veefokker Viehzüchter m^9

veefokkerij Viehzucht v^{28}

¹**veeg** *zn* **1** *(met bezem)* Bürsten o^{39} **2** *(met doek)* Wischen o^{39} **3** *(klap)* Hieb m^5: *~ uit de pan* Seitenhieb m^5

²**veeg** *bn, bw*: *een ~ teken* ein böses Vorzeichen; *het vege lijf redden* nur das nackte Leben retten

veehandel Viehhandel m^{19}

veehouder Viehhalter m^9

veehouderij Viehhaltung v^{28}

veejay *afk van videojockey* Videojockei m^{13}, Videojockey m^{13}, VJ *(2e nvl ook -)*

veekoper Viehhändler m^9

veel **1** *(als eenheid gezien)* viel[60]: *~ eten* viel essen[152]; *~ geld* viel Geld; *~ moeite* viel Mühe; *~ plezier!* viel Spaß! **2** *(veel afzonderlijke dingen, velerlei)* viel(e), viel(e): *~ huizen* viel(e) Häuser; *~ hoge huizen* viele hohe Häuser; *~ roem verwerven* sich³ großen Ruhm erwerben[309]; *het scheelt ~* es macht einen großen Unterschied; *het scheelde niet ~, of ...* es fehlte nicht viel, so ...; *~ te ~ viel* zu viel; *het doet me ~ plezier!* es freut mich sehr!; *weet ik ~!* was weiß ich!

veelal gewöhnlich, meistens

veelbelovend viel versprechend

veelbetekenend bedeutungsvoll: *een ~e blik* ein bedeutsamer Blick

veeleer eher

veeleisend anspruchsvoll

veelheid Vielheit v^{28}, Menge v^{21}

veelomvattend umfassend, umfangreich

veelpleger Mehrfachtäter m^9

veelschrijver Vielschreiber m^9

veelsoortig vielfältig, verschiedenartig

veelstemmig vielstimmig

veelvormig vielförmig

veelvoud Vielfache(s) o^{40c}: *het kleinste gemene ~* das kleinste gemeinsame Vielfache

veelvoudig *(veelvuldig)* vielfach, mehrfach

veelvraat *(mens en dier)* Vielfraß m^5

veelvuldig 1 *(talrijk)* mannigfach, mannigfaltig **2** *(dikwijls)* häufig

veelzeggend viel sagend, bedeutungsvoll

veelzijdig *(ook fig)* vielseitig

veem 1 *(vennootschap)* Lagerhausgesellschaft v^{20} **2** *(het pakhuis)* Lagerhaus o^{32}

veemarkt Viehmarkt m^6

veen Moor o^{29}; *(veengrond)* Moorboden m^{12}

veenbes Moosbeere v^{21}

¹**veer** *(van vogel, techn)* Feder v^{21}: *zo licht als een ~* federleicht; *vroeg uit de veren* früh aus den Federn

veer *(veerboot)* Fähre v^{21}
veerboot Fähre v^{21}; *(groter)* Fährschiff o^{29}
veerdienst Fährdienst m^5
veerkracht 1 *(lett)* Elastizität v^{28} **2** *(fig)* Vitalität v^{28}, Spannkraft v^{28}
veerkrachtig 1 *(lett)* elastisch **2** *(fig)* vital
veerman Fährmann m^8 *(mv ook Fährleute)*
veerpont Fähre v^{21}, Fährschiff o^{29}
veertien vierzehn: *om de ~ dagen* alle vierzehn Tage
veertig vierzig
veertigurig: *~e werkweek* 40-Stunden-Woche, Vierzigstundenwoche v^{21}
veestal Viehstall m^6
veestapel Viehbestand m^6
veeteelt Viehzucht v^{28}
veevervoer Viehtransport m^5
veganist Veganer m^9
vegen wischen; *(met bezem, stoffer)* kehren, fegen: *mijnen ~* Minen räumen; *de voeten ~* sich³ die Füße abtreten²⁹¹
veger *(voorwerp)* Besen m^{11}, Feger m^9
vegetariër Vegetarier m^9
vegetarisch vegetarisch
vegetatie Vegetation v^{20}
vegeteren vegetieren³²⁰
vehikel Vehikel o^{33}; *(inform)* Nuckelpinne v^{21}
veilen versteigern
veilig sicher: *de kust is ~* *(fig)* die Luft ist rein; *op een ~e afstand* in gebührender Entfernung; *de ~ste partij kiezen (fig)* sichergehen¹⁶⁸
veiligheid Sicherheit v^{28}
veiligheidsdienst Sicherheitsdienst m^5
veiligheidsglas Sicherheitsglas o^{32}
veiligheidsgordel Sicherheitsgurt m^5
veiligheidshalve sicherheitshalber
veiligheidsklep Sicherheitsventil o^{29}
veiligheidskooi knautschfreie Zone v^{21}
veiligheidsmaatregel Sicherheitsmaßnahme v^{21}, Sicherheitsvorkehrung v^{20}
veiligheidsoverwegingen: *uit ~* aus Sicherheitsgründen
Veiligheidsraad *(VN)* Weltsicherheitsrat m^{19}
veiligheidsspeld Sicherheitsnadel v^{21}
veiling Auktion v^{20}, Versteigerung v^{20}
veilingsite Auktionssite v^{21}, Auktionsseite v^{27}, Versteigerungsseite v^{21}, Versteigerungssite v^{21}
veinzen heucheln, vortäuschen: *medelijden ~* Mitleid heucheln; *hij veinst te slapen* er stellt sich schlafend
vel 1 *(algem)* Haut v^{25}: *~ over been* nur noch Haut und Knochen; *het is om uit je ~ te springen!* man möchte aus der Haut fahren; *iem het ~ over de oren halen* jmdm das Fell über die Ohren ziehen³¹⁸ **2** *(behaarde dierenhuid)* Fell o^{29} **3** *(afgestroopt dierenvel)* Balg m^6 **4** *(blad papier)* Blatt o^{32}, Bogen m^{11}
veld Feld o^{31}: *het ~ ruimen* das Feld räumen; *~ winnen* (an) Boden gewinnen¹⁷⁴; *in het open ~* auf freiem Feld; *in geen ~en of wegen* weit und breit; *(fig) uit het ~ slaan* aus der Fassung bringen¹³⁹; *(sp) iem het ~ uit sturen* jmdn des Feldes *(of:* vom) Feld verweisen³⁰⁷; *uit het ~ gestuurd worden* Feldverweis erhalten¹⁸³
veldbed Feldbett o^{37}
veldbloem Feldblume v^{21}
veldfles Feldflasche v^{21}
veldhospitaal Feldlazarett o^{29}
veldloop Querfeldeinlauf m^6, Geländelauf m^6
veldmaarschalk Feldmarschall m^6
veldmuis Feldmaus v^{25}
veldoverwicht Feldüberlegenheit v^{28}
veldrijden, veldrit Querfeldeinrennen o^{35}
veldsla Feldsalat m^{19}
veldslag Feldschlacht v^{20}, Schlacht
veldtocht Feldzug m^6
veldwerk Feldforschung v^{20}, Feldarbeit v^{28}
veldwerker Feldforscher m^9
¹velen *ww:* iem niet kunnen ~ jmdn nicht ausstehen können¹⁹⁴; *hij kan niets ~:* a) *(lichamelijk)* er kann nichts vertragen; b) *(anders)* er kann nichts ertragen
²velen *telw* viele; *zie ook* veel
velerlei vielerlei, mancherlei, allerlei
velg Felge v^{21}
velgrem Felgenbremse v^{21}
vellen 1 *(doen vallen): bomen ~* Bäume fällen; *iem ~* jmdn fällen; *(doden)* jmdn erschlagen²⁴¹ **2** *(uitspreken)* verkünden: *een vonnis ~* ein Urteil verkünden || *door griep geveld* an⁺³ Grippe erkrankt
velo *(Belg) (fiets)* Fahrrad o^{32}, Rad o^{32}
velours Velours *m (2e nvl -; mv -)*
ven Moorsee m^{17}
vendel Fahne v^{21}
vendelzwaaien Fahnenschwingen o^{39}
venerisch venerisch: *~e ziekte* venerische Krankheit, Geschlechtskrankheit v^{20}
Venetië *(de stad)* Venedig o^{39}
venijn *(ook fig)* Gift o^{29}
venijnig 1 *(vergiftig)* giftig **2** *(fig)* giftig, boshaft, gehässig; *~e kou* schneidende Kälte
venkel Fenchel m^{19}
vennoot Teilhaber m^9, Gesellschafter m^9
vennootschap Handelsgesellschaft v^{20}; *(ook)* Gesellschaft v^{20}: *besloten ~ (bv)* Gesellschaft mit beschränkter Haftung *(afk* GmbH); *naamloze ~ (n)* Aktiengesellschaft *(afk* AG); *~ onder firma* offene Handelsgesellschaft
vennootschapsbelasting Körperschaftssteuer v^{21}
venster Fenster o^{33}
vensterbank Fensterbank v^{25}, Fensterbrett o^{31}
vensterenveloppe Fensterbriefumschlag m^6
vent Kerl m^5, Bursche m^{15}
venten Straßenhandel treiben²⁹⁰; *(van huis tot huis)* hausieren³²⁰ *(mit*⁺³*)*
venter Straßenhändler m^9; *(van huis tot huis)* Hausierer m^9

ventiel Ventil o²⁹
ventilatie Ventilation v²⁰, Lüftung v²⁰
ventilatiesysteem Lüftungsanlage v²¹
ventilator Ventilator m¹⁶
ventileren 1 *(lett)* ventilieren³²⁰, lüften **2** *(uiten)* kundtun²⁹⁵, äußern
ventje Kerlchen o³⁵
ver weit, fern: *~re neef* entfernter (*of:* weitläufiger) Vetter; *een ~re reis* eine weite Reise; *het Verre Oosten* der Ferne Osten; *~ gezocht* weit hergeholt; *~ achterblijven bij* weit zurückbleiben¹³⁴ hinter⁺³; *~ in de veertig* weit über (die) vierzig; *het niet ~ brengen* es nicht weit bringen¹³⁹; *hij ging zo ~ te beweren …* er verstieg sich zu der Behauptung …; *niet ~ van het dorp* unweit des Dorfes (*of:* unweit vom Dorf); *~ van rijk* nichts weniger als reich; *in de ~re toekomst* in ferner Zukunft; *ik denk er in de ~ste verte niet aan!* ich denke nicht im Traum daran!; *op ~re afstand* in weiter Ferne; *van ~re* von weitem
veraangenamen angenehmer machen
verachtelijk verächtlich
verachten verachten: *iem ~* jmdn verachten
verachting Verachtung v²⁸
verademen aufatmen
verademing Erleichterung v²⁰
veraf weit entfernt, weitab
verafgelegen entlegen, weit entfernt
verafgoden: *iem ~* jmdn vergöttern
verafschuwen verabscheuen
veralgemenen verallgemeinern
veranda Veranda *v (mv* Veranden*)*
¹veranderen *intr* sich ändern: *het weer verandert* das Wetter ändert sich; *de wind verandert voortdurend* der Wind dreht sich ständig; *hij is erg veranderd* er hat sich sehr geändert; *van beroep ~* den Beruf wechseln; *van gedachten ~* sich anders besinnen; *van godsdienst ~* die Religion wechseln; *van kleur ~* die Farbe wechseln; *van mening ~* seine Meinung ändern; *van plaats ~* seinen Platz wechseln; *van woning ~* die Wohnung wechseln
²veranderen *tr* **1** *(algem)* ändern: *dat verandert niets aan de zaak* das ändert nichts an der Sache **2** *(wijzigingen aanbrengen)* abändern **3** *(tot iets volkomen anders maken)* verwandeln
verandering 1 *(het wijzigen)* Änderung v²⁰: *~ in iets brengen* an etwas⁺³ eine Änderung vornehmen²¹²; *we krijgen ~ van weer* wir bekommen anderes Wetter **2** *(geringe wijziging)* Abänderung v²⁰ **3** *(totale wijziging)* Verwandlung v²⁰ **4** *(afwisseling)* Abwechslung v²⁰, Wechsel m⁹: *voor de ~* zur Abwechslung
veranderlijk veränderlich; *(mbt weer, ook)* unbeständig
verantwoord vertretbar, fundiert: *een ~e beslissing* eine vertretbare Entscheidung
verantwoordelijk verantwortlich: *iem voor iets ~ stellen* jmdn für⁺⁴ etwas verantwortlich machen; *~ zijn voor* verantwortlich sein für⁺⁴
verantwoordelijkheid Verantwortung v²⁸, Verantwortlichkeit v²⁸: *~ dragen* Verantwortung tragen²⁸⁸; *de ~ op zich nemen* die Verantwortung übernehmen²¹²
¹verantwoorden *tr* verantworten: *een bedrag ~* über einen Betrag Rechenschaft ablegen
²verantwoorden, zich sich verantworten: *zich voor iets moeten ~* sich für⁺⁴ etwas verantworten müssen²¹¹
verantwoording 1 *(rekenschap)* Verantwortung v²⁸, Rechenschaft v²⁸: *iem ter ~ roepen* jmdn zur Rechenschaft (*of:* zur Verantwortung) ziehen³¹⁸; *~ afleggen* Rechenschaft ablegen **2** *(verantwoordelijkheid)* Verantwortung v²⁰, Verantwortlichkeit v²⁰
¹verbaal *zn (proces-verbaal)* Strafmandat o²⁹
²verbaal *bn* verbal
verbaasd erstaunt: *~ zijn* staunen, erstaunt sein²⁶²; *iem ~ doen staan* jmdn in Staunen (ver)setzen
verbalisant Protokollant m¹⁴
verbaliseren ein Strafmandat ausstellen: *iem ~* jmdm ein Strafmandat erteilen
verband 1 *(verbintenis)* Vertrag m⁶ **2** *(samenwerkingsvorm, kader)* Rahmen m¹¹, Zusammenhang m⁶: *in Europees ~* in europäischem Rahmen **3** *(windsel)* Verband m⁶, Binde v²¹ **4** *(samenhang)* Zusammenhang m⁶, Beziehung v²⁰, Verbindung v²⁰: *~ leggen tussen twee dingen* zwei Dinge miteinander in Zusammenhang bringen¹³⁹; *in ~ met* im (*of:* in) Zusammenhang mit⁺³; *in dit ~* in diesem Zusammenhang
verbandmiddelen Verband(s)material o³⁹
verbandtrommel Verband(s)kasten m¹², m¹¹
verbannen *(ook fig)* verbannen
verbanning Verbannung v²⁰
¹verbazen *tr* erstaunen, in Erstaunen versetzen
²verbazen, zich staunen, sich (ver)wundern: *zich over iets ~* über⁺⁴ etwas staunen, sich über⁺⁴ etwas (ver)wundern
verbazend erstaunlich
verbazing Erstaunen o³⁹, Staunen o³⁹: *van de ene ~ in de andere vallen* aus dem Staunen nicht herauskommen¹⁹³; *tot mijn stomme ~* zu meinem großen Erstaunen
verbeelden, zich 1 *(zich inbeelden)* sich³ einbilden **2** *(zich voorstellen)* sich³ vorstellen
verbeelding 1 *(het zich inbeelden)* Einbildung v²⁰: *alles louter ~* alles nur Einbildung **2** *(fantasie)* Fantasie v²¹, Phantasie v²¹ **3** *(verwaandheid)* Einbildung v²⁸
verbeiden erwarten: *lang verbeid* lange ersehnt
verbergen 1 *(geheimhouden)* verbergen¹²⁶ **2** *(verstoppen)* verstecken
verbeten 1 *(ingehouden)* verhalten: *~ woede* verhaltene Wut **2** *(fel, vastberaden)* verbissen
¹verbeteren *intr* sich (ver)bessern, besser werden³¹⁰

verbeteren tr 1 *(beter maken)* (ver)bessern 2 *(herstellen)* ausbessern, reparieren[320], wiederherstellen 3 *(corrigeren)* verbessern, korrigieren[320]
verbetering Verbesserung v^{20}, Reparatur v^{20}, Wiederherstellung v^{20}, Korrektur v^{20}; *zie ook* verbeteren
verbeurdverklaren beschlagnahmen
verbeurdverklaring Beschlagnahme v^{21}
¹**verbeuren** tr verwirken, verlieren[300]: *zijn leven ~* sein Leben verwirken
²**verbeuren, zich** sich verheben[186]
verbeuzelen vergeuden
verbieden verbieten[130], untersagen: *de invoer ~* die Einfuhr sperren
verbijsterd fassungslos, bestürzt
verbijsteren aus der Fassung bringen[139]
verbijsterend bestürzend, erschütternd
verbijstering Bestürzung v^{28}
verbijten verbeißen[125]: *het lachen ~* (sich³) das Lachen verbeißen; *zich van woede ~* fast ersticken vor Wut
¹**verbinden** tr verbinden[131]: *(med) iem ~* jmdn verbinden; *daaraan zijn voordelen verbonden* damit sind Vorteile verbunden
²**verbinden, zich** sich (ver)binden[131]: *zich tot iets ~* sich zu+³ etwas verpflichten; *zie ook* verbonden
verbinding Verbindung v^{20}: *in ~ staan met* in Verbindung stehen[279] mit+³; *zich in ~ stellen met* in Verbindung treten[291] mit+³, sich in Verbindung setzen mit+³
verbintenis 1 *(verplichting)* Verpflichtung v^{20}, Verbindlichkeit v^{20} 2 *(contract)* Vertrag m^6, Kontrakt m^5 3 *(persoonlijke band)* Verbindung v^{20}
verbitterd 1 *(heftig)* erbittert 2 *(vol woede en wrok)* erbittert, verbittert
verbittering Verbitterung v^{20}
verbleken 1 *(bleek worden)* erblassen 2 *(mbt kleuren)* verblassen, verbleichen[135] 3 *(fig)* verbleichen[135]
verblijd erfreut, froh
verblijden erfreuen, beglücken: *iem met iets ~* jmdn mit+³ etwas erfreuen; *zich over iets ~* sich über+⁴ etwas freuen
verblijdend erfreulich
verblijf Aufenthalt m^5
verblijfkosten Aufenthaltskosten *(mv)*
verblijfplaats Aufenthaltsort m^5; *(domicilie)* Wohnsitz m^5
verblijfsstatus Aufenthaltsstatus m *(2e nvl -; mv -)*
verblijfsvergunning Aufenthaltsgenehmigung v^{20}
verblijven 1 *(vertoeven)* sich aufhalten[183]: *ik verblijf, met vriendelijke groeten …* ich verbleibe mit freundlichen Grüßen 2 *(wonen)* wohnen
verblikken: *~ noch verblozen* keine Miene verziehen[318]
verblind 1 *(lett)* geblendet 2 *(fig)* geblendet, betört

verblinden 1 *(lett)* blenden 2 *(fig)* (ver)blenden, betören
verbloemd verblümt, verhüllt
verbloemen 1 *(niet laten merken)* verhehlen, vertuschen 2 *(bedekt zeggen)* verschleiern
verbluffen verblüffen
verbod Verbot o^{29}
verbodsbepaling Verbotsbestimmung v^{20}
verboemelen 1 *(van geld)* verjubeln 2 *(van tijd)* verbummeln
verbolgen erzürnt, zornig, aufgebracht
verbond 1 *(verdrag)* Bündnis o^{29a}: *een ~ sluiten* ein Bündnis schließen[245] 2 *(vereniging)* Bund m^6, Verband m^6
verbonden 1 verbunden: *verkeerd ~* falsch verbunden 2 *(verenigd)* verbündet, alliiert
verbondenheid Verbundenheit v^{28}
verborgen 1 *(onzichtbaar gemaakt)* verborgen, versteckt: *~ gebreken* versteckte Mängel 2 *(geheim)* geheim
verbouwen 1 *(telen)* anbauen, anpflanzen 2 *(door bouwen wijzigen)* umbauen; *(tot iets anders)* ausbauen (zu+³)
verbouwereerd 1 *(onthutst)* bestürzt 2 *(verbluft)* verdutzt, perplex
verbouwing Umbau m^{19}; *(tot iets anders)* Ausbau m^{19}
verbranden verbrennen[138]
verbranding Verbrennung v^{20}
verbrandingsmotor Verbrennungsmotor m^{16}, m^5
verbrandingsproces Verbrennungsprozess m^5
verbrassen verprassen, vergeuden
verbreden verbreitern
verbreding Verbreiterung v^{20}
verbreiden verbreiten
verbreiding Verbreitung v^{20}
verbreken 1 *(stukmaken)* zerbrechen[137] 2 *(afbreken)* abbrechen[137], lösen: *de betrekkingen ~* die Beziehungen abbrechen; *het stilzwijgen ~* das Schweigen brechen[137]; *de verloving ~* die Verlobung lösen; *(elektr, telecom) het contact, de verbinding ~* den Kontakt, die Verbindung unterbrechen[137] 3 *(schenden)* brechen[137]: *een contract ~* einen Vertrag brechen
verbrijzelen zerschmettern, zertrümmern
verbrodden *(Belg)* verderben[297], verpfuschen
verbroederen, zich sich verbrüdern
verbroedering Verbrüderung v^{20}
verbrokkelen zerbröckeln
verbruien verderben[297]: *het bij iem ~* es mit jmdm verderben
verbruik Verbrauch m^{19}; *(van levens- en genotmiddelen, ook)* Konsum m^{19}
verbruiken 1 *(algem)* verbrauchen 2 *(volledig verbruiken, uitputten)* erschöpfen
verbruiker Konsument m^{14}, Verbraucher m^9
verbruiksbelasting Verbrauch(s)steuer v^{21}
verbruiksgoederen Verbrauchsgüter mv o^{32}

verbuigen 1 (*ombuigen*) verbiegen[129] **2** (*taalk*) beugen, deklinieren[320], flektieren[320]
verbuiging 1 (*lett*) Verbiegung v^{20} **2** (*taalk*) Beugung v^{20}, Deklination v^{20}, Flexion v^{20}
verchromen verchromen
verdacht verdächtig: *er ~ uitzien* verdächtig aussehen[261]; *iem ~ maken* jmdn verdächtigen; *dat komt mij ~ voor* das kommt mir verdächtig vor; *ik was er niet op ~* ich war darauf nicht gefasst
verdachte (*voor de aanklacht*) Verdächtige(r) m^{40a}, v^{40b}; (*tijdens het onderzoek*) Beschuldigte(r) m^{40a}, v^{40b}; (*tijdens het proces*) Angeklagte(r) m^{40a}, v^{40b}
verdachtmaking Verdächtigung v^{20}
verdagen vertagen: *~ tot* vertagen auf^{+4}
verdaging Vertagung v^{20}
verdampen verdampfen; (*langzaam*) verdunsten
verdedigbaar 1 (*te verdedigen*) haltbar **2** (*te rechtvaardigen*) vertretbar
verdedigen verteidigen; (*mening, standpunt, ook*) verfechten[156], vertreten[291]
verdediger 1 (*ook jur*) Verteidiger m^9 **2** (*sp*) Verteidiger m^9, Abwehrspieler m^9
verdediging Verteidigung v^{20}
verdeeld geteilt: *de meningen zijn ~* die Meinungen sind geteilt
verdeeldheid Uneinigkeit v^{20}
verdeelsleutel Verteilerschlüssel m^9
verdekt verdeckt
verdelen 1 (*in delen scheiden*) (ver)teilen: *iets in vieren ~* etwas in vier Stücke teilen **2** (*uitdelen*) verteilen **3** (*in delen afmeten*) verteilen, aufteilen, einteilen, unterteilen
verdelgen vertilgen
verdeling Teilung v^{20}, Verteilung v^{20}, Aufteilung v^{20}, Einteilung v^{20}, Unterteilung v^{20}; *zie ook* verdelen
verdenken verdächtigen: *iem van diefstal ~* jmdn des Diebstahls verdächtigen
verdenking Verdacht m^5, m^6: *reden tot ~* Verdachtsgrund m^6; *~ koesteren tegen iem* einen Verdacht gegen jmdn hegen; *onder ~ staan* im Verdacht stehen[279]
verder 1 weiter: *~ zeg ik niets weiter* sage ich nichts **2** (*als voorvoegsel bij ww*) weiter…, fort…: *~ gaan* weitergehen[168]; fortfahren[153]; *~ lezen* weiterlesen[201]; *~ spelen* weiterspielen
verderf Verderben o^{39}
verderfelijk verderblich
verderfelijkheid Verderblichkeit v^{28}
verderven verderben[297]
¹**verdichten** *tr* **1** (*verzinnen*) erdichten, fingieren[320] **2** (*nat, techn*) verdichten, komprimieren[320]
²**verdichten, zich** sich verdichten
verdichting 1 Erdichtung v^{20} **2** Verdichtung v^{20}, Komprimierung v^{20}; *zie ook* verdichten
verdichtsel 1 (*verzinsel*) Erdichtung v^{20} **2** (*fabel*) Fabel v^{21}, Märchen o^{35}

verdienen verdienen: *op deze auto verdient hij 1000 euro* an diesem Auto verdient er 1000 Euro; *dat heb ik niet aan hem verdiend* das habe ich nicht um ihn verdient
verdienste 1 (*loon*) Verdienst m^5, Einkommen o^{35}: *zonder ~ zijn* ohne Verdienst sein[262] **2** (*winst*) Gewinn m^5 **3** (*verdienstelijkheid*) Verdienst o^{29}
verdienstelijk verdient, verdienstvoll: *een ~e poging* ein lobenswerter Versuch; *zich ~ maken jegens* sich verdient machen um^{+4}; *hij maakt zich graag ~* er ist sehr dienstbeflissen
¹**verdiepen** *tr* (*dieper maken*) vertiefen, austiefen: (*fig*) *zijn kennis ~* sein Wissen vertiefen
²**verdiepen, zich** sich vertiefen (in^{+4})
verdieping 1 (*het dieper maken*) Vertiefung v^{20} **2** (*bouwk*) Stockwerk o^{29}, Stock m^{19}, Etage v^{21}, Geschoss o^{29}: *zes ~en hoog* sechs Stock hoch; *de gelijkvloerse ~* das Erdgeschoss; das Parterre; *eerste ~* erster Stock; *op de derde ~ wonen* im dritten Geschoss wohnen; *een ~ op een gebouw zetten* ein Gebäude aufstocken
verdikke(me) *tw* (*inform*) zum Kuckuck noch mal!
verdikking Verdickung v^{20}
verdisconteren 1 (*handel*) diskontieren[320] **2** (*incalculeren*) einkalkulieren[320]
verdoemen verdammen
verdoemenis Verdammnis v^{28}: (*inform*) *naar de ~ gaan* zum Teufel gehen[168]
verdoen (*geld, tijd*) vertun[295], vergeuden
verdoezelen vertuschen, verschleiern
verdomboekje: *bij iem in het ~ staan* es bei jmdm versiebt haben[182]
verdomd (*plat*) **1** (*vervloekt*) verdammt, verflucht **2** (*erg*) verdammt, verflucht
verdommen (*plat*): *de motor verdomt het* der Motor streikt; *ik verdom het!* ich tue es nicht!; *het kan me niks ~* es ist mir scheißegal
verdommenis *zie* verdoemenis
verdoofd betäubt
verdorie *tw* (*inform*) potz Blitz!, potztausend!
verdorren verdorren, ausdorren, ausdörren
verdorven verdorben
verdoven betäuben: *plaatselijk ~* örtlich betäuben; *~d middel*: a) (*med*) Betäubungsmittel o^{33}; b) (*drugs*) Rauschgift o^{29}; *aan de ~de middelen verslaafd zijn* süchtig sein[262]
verdoving Betäubung v^{20}; (*med*) Narkose v^{21}: *plaatselijke ~* örtliche Betäubung
verdraagzaam duldsam, tolerant
verdraagzaamheid Duldsamkeit v^{28}, Toleranz v^{28}
verdraaid 1 (*vervelend*) verflixt **2** (*kapot gedraaid*) überdreht **3** (*verkeerd*) verdreht; (*handschrift*) verstellt **4** (*erg*) verflixt, verflucht
verdraaien 1 (*algem*) verdrehen **2** (*verkeerd draaien en stuk maken*) überdrehen, verdrehen **3** (*verkeerd weergeven*) verdrehen, entstellen, verstellen
verdraaiing Verdrehung v^{20}, Entstellung v^{20},

Verstellung v20; zie ook verdraaien
verdrag Vertrag m6, Pakt m5, Abkommen o35
verdragen 1 (verduren) ertragen288 **2** (bestand zijn tegen) vertragen: regen kunnen ~ Regen vertragen können194; elkaar ~ sich vertragen288; iem goed kunnen ~ gut mit jmdm auskommen193
verdriet Kummer m19, Verdruss m5: iem ~ aandoen jmdm Kummer bereiten; ~ hebben Kummer haben182
verdrietig 1 (verdriet hebbend) betrübt **2** (van verdriet getuigend) bekümmert, betrübt **3** (verdriet veroorzakend) verdrießlich **4** (onaangenaam) unangenehm
verdrievoudigen verdreifachen
verdrijven 1 (verjagen) vertreiben290 **2** (doorbrengen) sich3 vertreiben290: de tijd ~ sich die Zeit vertreiben
verdringen verdrängen: zij ~ elkaar voor het theater sie drängen sich vor dem Theater
¹verdrinken intr (in het water omkomen) ertrinken293
²verdrinken tr (in het water doen omkomen) ertränken **2** (met drinken uitgeven) vertrinken293
verdrogen vertrocknen
verdrukken unterdrücken
verdrukking 1 (onderdrukking) Unterdrückung v20 **2** (nood) Bedrängnis v24: in de ~ komen in Bedrängnis geraten218; tegen de ~ in trotz allem
verdubbelen verdoppeln
verduidelijken verdeutlichen
¹verduisteren intr (duister worden) sich verdunkeln: (fig) zijn geest is verduisterd sein Geist ist umnachtet
²verduisteren tr **1** (duister maken) verdunkeln **2** (achteroverdrukken) unterschlagen241, veruntreuen
verduistering Verdunk(e)lung v20, Unterschlagung v20, Veruntreuung v20, Umnachtung v20; zie ook verduisteren
verdunnen verdünnen
verdunning Verdünnung v20
verduren ertragen288, aushalten183: het zwaar te ~ hebben einen schweren Stand haben182
verdwaald verirrt: ~ raken sich verirren
verdwaasd töricht, verblendet
verdwalen sich verirren
verdwazing Verrücktheit v28, Verblendung v20
verdwijnen verschwinden258: verdwijn uit mijn ogen! geh mir aus den Augen!
veredelen veredeln
veredelingsbedrijf Vered(e)lungsbetrieb m5
vereenvoudigen vereinfachen
vereenvoudiging Vereinfachung v20
vereenzamen vereinsamen
vereenzelvigen identifizieren320, gleichsetzen: zich ~ met sich identifizieren mit+3
vereerder Verehrer m9
vereeuwigen verewigen
vereffenen 1 (betalen) begleichen176, ausgleichen176 **2** (schikken, bijleggen) beilegen
vereffening 1 (betaling) Begleichung v20 **2** (bijlegging) Beilegung v20
vereisen erfordern
vereiste (het gevorderde) Erfordernis o29a; (gestelde eis) Anforderung v20
¹veren bn Feder…: ~ bed Federbett o37
²veren ww federn: ~d federnd
verenen vereinen: met vereende krachten mit vereinten Kräften
verenigbaar vereinbar
verenigen vereinigen, vereinen: een verenigd Europa ein vereintes Europa; de Verenigde Naties die Vereinten Nationen; de Verenigde Staten die Vereinigten Staaten; een verenigde zitting eine Plenarsitzung; zich tot een concern ~ sich zu einem Konzern zusammenschließen245; deze meningen zijn niet met elkaar te ~ diese Auffassungen lassen sich nicht miteinander vereinbaren; daarmee kan ik me ~! damit bin ich einverstanden!
vereniging 1 (club) Verein m5, Klub m13; (groep, organisatie) Vereinigung v20; (bond) Verband m6; (van studenten) Verbindung v20 **2** (samenvoeging) Vereinigung v20, Zusammenschluss m6: coöperatieve ~ Genossenschaft v20
vereren 1 (aanbidden) verehren **2** (de eer aandoen) beehren: iem met een bezoek ~ jmdn mit einem Besuch beehren
¹verergeren intr sich verschlimmern, schlimmer werden310
²verergeren tr verschlimmern, schlimmer machen
verering Verehrung v28
verf Farbe v21: in de ~ staan frisch angestrichen sein262; (fig) niet goed uit de ~ komen nicht überzeugen
verfbom Farbbeutel m9
verfdoos Farbenkasten m12, m11, Malkasten m12, m11
verfijnen verfeinern
verfijning Verfeinerung v20
verfilmen verfilmen
verfkwast Pinsel m9
verflaag Farbschicht v20
verflauwen nachlassen197, abflauen
verfoeien verabscheuen
verfoeilijk abscheulich, verabscheuenswert
verfomfaaien zerknittern, zerknautschen
verfraaien verschönern, schmücken
verfraaiing Verschönerung v20
verfrissen erfrischen, erquicken
verfrissing Erfrischung v20, Erquickung v20
verfrol, verfroller Farbroller m9, Farbrolle v21
verfrommelen zerknüllen
verfspuit Spritzpistole v21
verfstof Farbstoff m5
vergaan 1 (voorbijgaan) vergehen168 **2** (verteren) zerfallen154, vermodern **3** (ophouden te bestaan)

vergaand

untergehen[168], umkommen[193], sterben[282]: *ik verga van de kou* ich sterbe vor Kälte **4** *(aflopen)* ergehen[168]: *hoe zal het ons ~? wie wird es uns[3] ergehen?*
vergaand weitgehend, weit gehend
vergaarbak *(ook fig)* Sammelbecken o^{35}
vergaderen eine Versammlung abhalten[183], tagen
vergadering *(georganiseerde bijeenkomst)* Versammlung v^{20}, Sitzung v^{20}; *(congres)* Tagung v^{20}; *(conferentie)* Konferenz v^{20}: *algemene ~* Generalversammlung; *algemene ~ van aandeelhouders* Hauptversammlung; *buitengewone ~* außerordentliche Versammlung; *gewone ~* ordentliche Versammlung; *een ~ bijeenroepen* (of: *uitschrijven*) eine Versammlung einberufen[226]
vergaderplaats Versammlungsort m^5
vergaderzaal Sitzungssaal m *(2e nvl -(e)s; mv -säle)*
vergallen vergällen: *iems genoegen ~* jmdm die Freude vergällen
vergalopperen, zich sich vergaloppieren[320]
vergankelijk vergänglich
vergapen, zich bestaunen: *zich aan een auto ~* ein Auto bestaunen
vergaren sammeln
vergassen vergasen
vergasser Vergaser m^9
vergasten bewirten: *iem op iets ~* jmdn mit[+3] etwas bewirten
¹vergeefs *bn* vergeblich: *~e pogingen* vergebliche Versuche
²vergeefs *bw* vergebens, umsonst
vergeetachtig vergesslich
vergeetboek: *in het ~ raken* in Vergessenheit geraten[218]
vergeet-mij-nietje Vergissmeinnicht o^{29}
vergelden vergelten[170]
vergelding Vergeltung v^{20}
vergelen vergilben
vergelijk 1 *(jur)* Vergleich m^5 **2** *(overeenkomst)* Einigung v^{20}; *(compromis)* Kompromiss m^5, o^{29}
vergelijkbaar vergleichbar
vergelijken vergleichen[176]
vergelijkend vergleichend: *een ~ onderzoek* eine Vergleichsuntersuchung
vergelijking 1 Vergleich m^5: *in ~ met* im Vergleich zu[+3]; *een ~ maken* einen Vergleich anstellen; *een ~ trekken* einen Vergleich ziehen[318]; *dat is geen ~!* das ist doch gar kein Vergleich! **2** *(wisk)* Gleichung v^{20}: *een ~ van de tweede graad* eine Gleichung zweiten Grades
vergemakkelijken erleichtern
vergen (er)fordern, verlangen: *dat vergt veel geld* das erfordert viel Geld
vergenoegd vergnügt, zufrieden
vergetelheid Vergessenheit v^{28}
vergeten vergessen[299]: *ik ben ~ ...* ich habe vergessen ...

vergeven 1 *(vergiffenis schenken)* vergeben[166], verzeihen[317]: *iem iets ~* jmdm etwas vergeben (of: verzeihen) **2** *(schenken)* vergeben[166] **3** *(vergiftigen)* vergiften: *~ zijn van ... voll*[+2] *... stecken, voll von*[+3] *... sein*[262]
vergevensgezind versöhnlich
vergeving Vergebung v^{20}, Verzeihung v^{20}: *iem om ~ vragen* jmdn um Verzeihung bitten[132] **2** *(het schenken)* Vergabe v^{21}; *zie ook* vergeven
vergevorderd fortgeschritten, vorgerückt: *op ~e leeftijd* in vorgerücktem Alter
vergewissen: *zich van iets ~* sich einer Sache² vergewissern
vergezellen begleiten
vergezicht Aussicht v^{20}
vergezocht weit hergeholt
vergiet Durchschlag m^6
vergieten vergießen[175]
vergif Gift o^{29}
vergiffenis Verzeihung v^{20}, Vergebung v^{20}: *ik vraag u ~!* ich bitte Sie um Verzeihung!
vergift Gift o^{29}
vergiftig giftig
vergiftigen *(ook fig)* vergiften
vergiftiging Vergiftung v^{20}
vergissen, zich sich irren, sich täuschen
vergissing Irrtum m^8, Versehen o^{35}: *bij ~* versehentlich; *er is een ~ in het spel* es liegt ein Irrtum vor
vergoeden 1 *(terugbetalen)* ersetzen, erstatten, vergüten **2** *(goedmaken)* ersetzen; *(ter compensatie)* ausgleichen[176], wettmachen
vergoeding 1 *(het vergoeden)* Erstattung v^{20}, Vergütung v^{20} **2** *(schadeloosstelling)* Entschädigung v^{20}; *(van schade)* Ersatz m^{19} **3** *(het bedrag)* Vergütung v^{20}: *tegen ~ van 5 euro* gegen Zahlung von 5 Euro
vergoedingenlijst *(van zorgverzekeraar e.d.)* Leistungskatalog m^5
vergoelijken beschönigen
vergokken verspielen
vergooien *(verloren doen gaan)* *(zijn leven)* wegwerfen[311]; *(verkwisten)* vergeuden
vergrendelen verriegeln
vergrendeling Verriegelung v^{20}: *centrale ~* Zentralverriegelung
vergrijp Vergehen o^{35}, Verstoß m^6: *~ tegen de goede zeden* Verstoß gegen die guten Sitten
vergrijpen, zich sich vergreifen[181]: *zich aan iem, aan iets ~* sich an jmdm, an[+3] etwas vergreifen
vergrijzen (grijze haren krijgen) ergrauen: *een vergrijsde bevolking* eine überalterte Bevölkerung
vergrijzing Überalterung v^{20}
vergroeien verwachsen[302]
vergrootglas Vergrößerungsglas o^{32}, Lupe v^{21}
vergroten vergrößern; *(oppervlak, volume, kennis)* erweitern; *(handel)* ausweiten, erweitern; *(welvaart, zelfbewustzijn)* heben[186]; *(kapitaal, productie, weerstand)* erhöhen; *(druk, inspanning)*

verstärken: *(taalk)* ~ *de trap* Komparativ m^5
vergroting Vergrößerung v^{20}, Erweiterung v^{20}, Hebung v^{20}, Erhöhung v^{20}, Verstärkung v^{20}; *zie ook* vergroten
verguld 1 vergoldet: ~ *op snee* mit Goldschnitt; ~*e lijst* Goldrahmen m^{11} **2** *(gevleid)* geschmeichelt, angetan; *(blij)* erfreut, entzückt
vergunnen erlauben, gestatten: *dat was hem niet vergund* das war ihm nicht vergönnt
vergunning *(toestemming)* Erlaubnis v^{24}, Bewilligung v^{20}; *(machtiging)* Genehmigung v^{20}; *(ambtelijk)* Konzession v^{20}: *een ~ aanvragen* eine Genehmigung beantragen; *iem een ~ verlenen* jmdm eine Genehmigung erteilen
verhaal 1 *(mondeling verslag)* Geschichte v^{21}; *(verslag)* Bericht m^5; *(vertelling)* Erzählung v^{20} **2** *(schadeloosstelling)* Entschädigung v^{20}; *(schadevergoeding)* Schadenersatz m^{19}; *(aanspraak op vergoeding)* Ersatzanspruch m^6 **3** *(herstel van krachten) weer op ~ komen* sich erholen
verhalen *intr (vertellen)* erzählen; *(verslag doen)* berichten
¹**verhalen** *tr (zich schadeloosstellen)* sich schadlos halten^{183}: *de schade op iem ~* jmdn für den Schaden haftbar machen
verhandelen handeln in^{+3}, handeln mit^{+3}
verhandeling 1 *(betoog)* *(mondeling)* Vortrag m^6; *(schriftelijk)* Abhandlung v^{20} **2** *(Belg, ond)* Referat o^{29}
¹**verhangen** *tr (anders hangen)* umhängen
²**verhangen, zich** sich erhängen
verhapstukken regeln, erledigen
verhard 1 *(hard gemaakt)* gehärtet; *(van weg)* befestigt **2** *(hard geworden)* verhärtet **3** *(fig)* verhärtet; *(verstokt)* verstockt
¹**verharden** *intr (ook fig)* sich verhärten
²**verharden** *tr (ver)härten; (van weg)* befestigen; *(fig)* verhärten
verharding *(het verharden)* Verhärtung v^{20}; *(van wegen)* Befestigung v^{20}; *(fig)* Verhärtung v^{20}
verharen (sich) haaren
verheerlijken verherrlichen: *God ~* Gott preisen^{216}
verheffen erheben^{186}
verheffend erhebend: *een weinig ~ schouwspel* ein wenig erhebender Anblick
verheffing Erhebung v^{20}
verheimelijken verheimlichen
¹**verhelderen** *intr (opklaren, helder worden)* sich aufklären
²**verhelderen** *tr (verduidelijken)* verdeutlichen, erhellen
verhelen verheimlichen, verhehlen: *iets voor iem ~* jmdm etwas verhehlen; *ik verheel het niet* ich mache keinen Hehl daraus
verhelpen beheben^{186}, beseitigen, abhelfen^{188+3}: *een euvel ~* ein Übel beheben; *dat is gemakkelijk te ~!* dem ist leicht abzuhelfen!
verhemelte *(anat)* Gaumen m^{11}

verheugd froh, erfreut
¹**verheugen** *tr* (er)freuen: *zijn bezoek verheugt ons* sein Besuch erfreut uns; *het verheugt me dat … es* freut mich, dass …
²**verheugen, zich** sich freuen: *zich op een uitstapje ~* sich auf einen Ausflug freuen; *zich over iets ~* sich über^{+4} etwas freuen; *zich ~ in een goede gezondheid* sich einer guten Gesundheit² erfreuen
verheven erhaben; *(mbt stijl, taalgebruik)* gehoben: *~ gedachten* erhabene Gedanken; *een ~ stijl* ein gehobener Stil; *boven iedere lof ~* über alles Lob erhaben
verhinderen *(iets)* verhindern; *(iem)* hindern
verhindering Verhinderung v^{20}: *(iem) bij ~* im Verhinderungsfall
verhippen: *ik verhip van de kou* ich bin halb erfroren; *(inform) verhip!* verdammt (noch mal)!
verhitten erhitzen: *een verhitte discussie* eine erregte Diskussion
verhoeden verhüten^{+4}, vorbeugen^{+3}
verhogen 1 *(hoger maken)* erhöhen **2** *(vermeerderen)* erhöhen; *(van productie, snelheid, spanning, vraag, waarde)* steigern; *(van prijzen)* erhöhen, heraufsetzen: *~ met … tot …* erhöhen um^{+4} … auf^{+4}, heraufsetzen um^{+4} … auf^{+4}; *(van niveau, stemming)* heben^{186}; *(van lonen, uitkeringen)* anheben^{186}
verhoging 1 *(het verhogen)* Erhöhung v^{20}, Steigerung v^{20}, Hebung v^{20}, Anhebung v^{20}: *een ~ met 5%* eine Erhöhung um^{+4} 5% **2** *(verhoogd gedeelte van vloer)* Podest o^{29}, m^5 **3** *(hogere lichaamstemperatuur)* Temperatur; *zie ook* verhogen
¹**verhongeren** *intr* verhungern
²**verhongeren** *tr* aushungern
verhoor Verhör o^{29}, Vernehmung v^{20}: *iem een ~ afnemen* jmdn verhören (*of:* vernehmen)^{212}; *een ~ ondergaan* verhört werden^{310}
verhoren 1 *(ondervragen)* verhören, vernehmen^{212} **2** *(vervullen)* erhören
verhouden, zich sich verhalten^{183}: *a verhoudt zich tot b als 2 tot 3* a verhält sich zu b wie 2 zu 3
verhouding Verhältnis o^{29a}: *in ~ tot* im Verhältnis zu^{+3}; *naar ~* verhältnismäßig
verhoudingsgewijs verhältnismäßig
verhuiskosten Umzugskosten *(mv)*
verhuiswagen Möbelwagen m^{11}
¹**verhuizen** *intr (van woning veranderen)* umziehen^{318}; *(naar andere gemeente, ook)* übersiedeln
²**verhuizen** *tr (de inboedel van anderen overbrengen)* den Umzug übernehmen^{212}
verhuizer Möbelpacker m^9
verhuizing *(het verhuizen)* Umzug m^6; *(naar andere plaats)* Übersiedlung v^{20}
verhullen verhüllen
verhuren vermieten
verhuurder Vermieter m^9
verifiëren verifizieren^{320}, überprüfen
verijdelen vereiteln: *iems hoop ~* jmds Hoffnungen zunichte machen

vering Federung v^{20}
verjaardag 1 Geburtstag m^5 2 *(gedenkdag)* Jahrestag m^5
verjaardagscadeau Geburtstagsgeschenk o^{29}
verjaardagsfeest Geburtstagsfeier v^{21}
verjaardagsgeschenk Geburtstagsgeschenk o^{29}
verjagen verjagen, verscheuchen
verjaren 1 *(jarig zijn)* Geburtstag haben[182] 2 *(jur)* verjähren
verjaringstermijn Verjährungsfrist v^{20}
¹verjongen *intr* sich verjüngen
²verjongen *tr* verjüngen
verjongingskuur Verjüngungskur v^{20}
verkabelen verkabeln
verkalken verkalken
verkalking Verkalkung v^{20}
verkankeren vom Krebs zerfressen werden[310]; *(fig)* verseuchen
verkapt verkappt
verkassen umziehen[318]
verkavelen parzellieren[320]
verkaveling Parzellierung v^{20}
verkeer 1 *(omgang)* Verkehr m^{19}, Umgang m^{19}: *kost en inwoning met huiselijk ~* Kost und Logis mit Familienanschluss; *seksueel ~* Geschlechtsverkehr, Sexualverkehr 2 *(het zich bewegen over openbare wegen)* Verkehr m^{19}: *doorgaand ~* Durchgangsverkehr 3 *(voertuigen, personen)* Verkehr m^{19}: *plaatselijk ~* Ortsverkehr; *tegemoetkomend ~* Gegenverkehr
verkeerd 1 *(niet juist)* falsch, verkehrt, unrichtig; *(telecom)* ~ *verbonden* falsch verbunden; *(telecom) een ~ nummer draaien* sich verwählen; ~ *rijden* sich verfahren[153]; ~ *verstaan* falsch verstehen[279]; *(fig) de ~e voor zich hebben* sich in der Person irren; *(fig) dan heb je met mij toch aan de ~ voor!* da kennst du mich aber schlecht!; *ik vind het ~* ich halte es nicht für richtig; *alles gaat vandaag ~* alles geht heute schief; *hij is van de ~e kant* er ist schwul 2 *(omgekeerd)* verkehrt (herum)
verkeersaanbod Verkehrsaufkommen o^{39}
verkeersbord Verkehrsschild o^{31}
verkeersbrigadier Schülerlotse m^{15}
verkeersdrempel Bodenschwelle v^{21}
verkeersleider *(luchtv)* Fluglotse m^{15}, Flugleiter m^9
verkeersleiding 1 *(luchtv)* Flugsicherung v^{20} 2 *(luchtv) (regelend orgaan)* Flugleitung v^{20}
verkeerslicht Verkehrsampel v^{21}
verkeersmiddel Verkehrsmittel o^{33}
verkeersongeluk, verkeersongeval Verkehrsunfall m^6
verkeersopstopping Verkehrsstau m^5, m^{13}
verkeersovertreding Verkehrsdelikt o^{29}
verkeersplein Kreisel m^9; *(van autosnelwegen)* Autobahnkreuz o^{29}
verkeerspolitie Verkehrspolizei v^{28}
verkeersregel Verkehrsregel v^{21}, Verkehrsvorschrift v^{20}: *zich aan de ~s houden* sich an die Verkehrsregeln halten[183]
verkeersteken Verkehrszeichen o^{35}
verkeerstoren Kontrollturm m^6, Tower m^9
verkeerswisselaar *(Belg) (klaverblad)* Autobahnkreuz o^{29}
verkennen erkunden, auskundschaften: *het terrein ~: a) (lett)* das Gelände erkunden; *b) (fig)* bei jmdm vorfühlen
verkenner 1 Erkunder m^9 2 *(vliegtuig)* Aufklärer m^9 3 *(padvinder)* Pfadfinder m^9
verkenning Erkundung v^{20}
verkeren 1 *(omgang hebben)* verkehren 2 *(zich bevinden)* sich befinden[157]: *in de mening ~* glauben; *in twijfel ~* im Zweifel sein 3 *(veranderen)* sich verwandeln
verkering: *(vaste) ~ hebben* einen (festen) Freund (*of*: eine (feste) Freundin) haben[182]
verketteren verketzern
verkiesbaar wählbar: *zich ~ stellen* sich zur Wahl stellen
verkieslijk erwünscht, wünschenswert
verkiezen 1 *(kiezen)* wählen: *iem tot president ~* jmdn zum Präsidenten wählen 2 *(de voorkeur geven)* vorziehen[318], bevorzugen: *het ene boven het andere ~* das eine dem anderen vorziehen 3 *(wensen, willen)* wünschen, wollen[315]: *zoals u verkiest!* wie Sie wünschen!
verkiezing Wahl v^{20}: *evenredige ~* Verhältniswahl; *getrapte ~en* indirekte Wahlen; *rechtstreekse ~en* direkte Wahlen; *tussentijdse ~en* vorgezogene Wahlen
verkiezingscampagne Wahlkampagne v^{21}
verkiezingsleus Wahlparole v^{21}
verkiezingsprogram Wahlprogramm o^{29}
verkiezingsstrijd Wahlkampf m^6
¹verkijken *tr (verloren laten gaan)* verpassen: *de kans is verkeken* die Chance ist verpasst
²verkijken, zich 1 *(verkeerd kijken)* sich versehen[261] 2 *(zich vergissen)* sich irren
verkikkerd: ~ *zijn op* vernarrt sein in[+4]
verklaarbaar erklärbar; *(begrijpelijk)* erklärlich, verständlich
verklaard erklärt, entschieden
verklanken vertonen
verklappen verraten[218], ausplaudern
verklaren 1 *(uitleggen)* erklären, deuten, auslegen; *(toelichten)* erläutern 2 *(plechtig uitspreken)* erklären; *(door een getuige)* aussagen: *iem gezond ~* jmdn gesundschreiben[252]; *iem ziek ~* jmdn krankschreiben[252]; *iem schuldig ~* jmdn für schuldig erklären; *onder ede ~* unter Eid aussagen
verklaring Erklärung v^{20}, Deutung v^{20}, Auslegung v^{20}, Erläuterung v^{20}, Aussage v^{21}; *(bevestiging)* Bescheinigung v^{20}: *een geneeskundige ~* eine ärztliche Bescheinigung
¹verkleden *tr* 1 *(omkleden)* umziehen[318], umkleiden: *een kind ~* ein Kind umziehen 2 *(vermommen)* verkleiden
²verkleden, zich 1 *(omkleden)* sich umziehen[318],

verkleinen verkleinern
verkleining Verkleinerung *v*[20]
verkleinwoord Verkleinerungswort *o*[32]
verkleumd erstarrt (vor Kälte)
verkleumen vor Kälte erstarren
verkleuren *intr (de kleur verliezen)* die Farbe verlieren[300]; *(verbleken)* verblassen, verschießen[238]: *hij verkleurde* er verfärbte sich
verkleuren *tr (van kleur doen veranderen)* verfärben
verklikken verraten[218]
verklikker 1 *(persoon)* Verräter *m*[9] **2** *(toestel)* Anzeiger *m*[9]
verklikkerlamp Kontrolllampe *v*[21]
verklungelen vertrödeln, vertun[295]
verknallen *(bederven)* vermasseln
verkneukelen, zich sich heimlich freuen
verknippen verschneiden[250] || *(fig) verknipt* bekloppt; *(seksueel)* verklemmt
verknocht: *aan iem, iets ~ zijn* an jmdm, etwas[3] hängen[184]
verknoeien 1 *(bederven)* verderben[297], verpfuschen, vermasseln **2** *(verspillen)* verschwenden, vertun[295], vergeuden
verknollen vermasseln, verpfuschen: *het bij iem verknold hebben* bei jmdm unten durch sein[262]
verkoelen *intr (sich)* abkühlen: *~de dranken* erfrischende Getränke
verkoelen *tr* erfrischen
verkoeling Abkühlung *v*[20], Erfrischung *v*[20]
verkommeren verkümmern
verkondigen verkünd(ig)en
verkondiging Verkünd(ig)ung *v*[20]
verkoop Verkauf *m*[6]; *(handel in het groot)* Vertrieb *m*[5]; *(afzet)* Absatz *m*[6]: *openbare ~* Auktion, Versteigerung *v*[20]; *gedwongen ~* Zwangsversteigerung; *losse ~* Einzelverkauf
verkoopleider Verkaufsleiter *m*[9]
verkoopprijs Verkaufspreis *m*[5]
verkooppunt Verkaufsstelle *v*[21]
verkoopster Verkäuferin *v*[22]
verkopen 1 verkaufen; *(verhandelen)* vertreiben[290]: *publiek ~* öffentlich versteigern; *aan iem iets ~* jmdm (*of:* an jmdn) etwas verkaufen; *dat artikel ~ we niet* diesen Artikel führen wir nicht **2** *(ten beste geven)* auftischen: *leugens ~* Lügen auftischen **3** *(toedienen)* versetzen: *iem een dreun ~* jmdm einen Schlag versetzen
verkoper Verkäufer *m*[9]
verkoping 1 *(het verkopen)* Verkauf *m*[6] **2** *(veiling)* Versteigerung *v*[20], Auktion *v*[20]
verkorten (ver)kürzen; *(van kleding)* kürzen: *een redevoering ~* eine Rede kürzen; *verkorte arbeidstijd* Kurzarbeit *v*[28]; *een reis ~* eine Reise abkürzen
verkouden erkältet; *(neusverkouden)* verschnupft: *~ zijn* einen Schnupfen haben[182]; *(erger)* sich erkältet haben
verkoudheid Schnupfen *m*[11]; *(erger)* Erkältung *v*[20]
verkrachten vergewaltigen
verkrachter Vergewaltiger *m*[9]
verkrachting Vergewaltigung *v*[20]
verkrampen (sich) verkrampfen
verkramping, verkramptheid Verkrampfung *v*[20]
verkreukelen zerknittern
verkrijgbaar erhältlich, lieferbar, zu haben: *niet meer ~* nicht mehr zu haben, nicht mehr lieferbar; *(mbt boek, ook)* vergriffen; *inlichtingen ~ bij …* Auskunft erteilt …
verkrijgen 1 *(ontvangen)* erhalten[183], bekommen[193] **2** *(verwerven)* erwerben[309] **3** *(bemachtigen)* erlangen; *(met veel inspanning)* erringen[224]
verkroppen 1 *(gevoelens onderdrukken)* verbeißen[125] **2** *(onaangename dingen verwerken)* verschmerzen
verkrotten verfallen[154], verkommen[193]
verkruimelen verkrümeln
verkwanselen verschachern, verscheuern
verkwikken erquicken, erfrischen
verkwikking Erquickung *v*[20], Erfrischung *v*[20]
verkwisten verschwenden, vergeuden
verkwistend verschwenderisch
verkwisting Verschwendung *v*[20], Vergeudung *v*[20]
verladen verladen[196]
verlagen 1 *(lager maken)* senken; *(concreet)* niedriger machen; *(van kosten)* herabsetzen; *(van prijs, tarief)* ermäßigen; *(muz)* erniedrigen: *iem in rang ~* jmdn degradieren[320]; *de prijs met 5% tot een miljoen ~* den Preis um 5% auf eine Million senken; *tegen verlaagde prijzen* zu herabgesetzten Preisen **2** *(onteren)* erniedrigen
verlaging Senkung *v*[20], Herabsetzung *v*[20], Ermäßigung *v*[20], Erniedrigung *v*[20], Degradation *v*[20]
verlamd gelähmt
¹**verlammen** *intr* lahm werden[310]
²**verlammen** *tr* lähmen
verlamming Lähmung *v*[20]
¹**verlangen** *zn (behoefte, eis)* Verlangen *o*[35]; *(wens)* Wunsch *m*[6]; *(hunkering)* Sehnsucht *v*[25]: *op ~* auf[+4] Wunsch
²**verlangen** *ww* **1** verlangen: *naar iem ~* nach jmdm verlangen **2** *(begeren)* verlangen; *(eisen)* fordern: *verlangd salaris* Gehaltsansprüche *mv m*[6]; *wat verlangt u?* Sie wünschen?
verlanglijstje Wunschzettel *m*[9]
¹**verlaten** *zn* Verlassen *o*[39]: *bij het ~ van het land* bei der Ausreise
²**verlaten** *bn* **1** *(achtergelaten) (persoon)* verlassen; *(zaak)* zurückgelassen **2** *(eenzaam)* verlassen, öde
³**verlaten** *ww* **1** verlassen[197]: *de dienst ~* aus dem Dienst ausscheiden[232]; *de partij ~* aus der Partei austreten[291] **2** *(niet meer steunen)* aufgeben[166]
⁴**verlaten, zich** *(later komen)* sich verspäten
verlatenheid Verlassenheit *v*[28], Einsamkeit *v*[28]
¹**verleden** *zn* Vergangenheit *v*[28]

²**verleden** *bn* vorig, vergangen, letzt: ~ *week* letzte Woche
verlegen 1 *(beschroomd)* verlegen; *(schuchter)* schüchtern 2 *(ergens geen raad mee wetend)* verlegen 3 *(behoefte hebbend aan)* verlegen (um⁺⁴)
verlegenheid Verlegenheit *v*²⁸
verleggen 1 *(anders leggen)* anders hinlegen 2 *(elders leggen)* woandershin legen, verlegen
verleidelijk verführerisch, verlockend
verleiden verführen, verleiten
verleiding 1 *(verlokking)* Verführung *v*²⁰, Verlockung *v*²⁰ 2 *(verzoeking)* Versuchung *v*²⁰
verlenen *(toestaan)* gewähren, einräumen; *(verschaffen)* verleihen²⁰⁰, geben¹⁶⁶: *iem gratie* ~ jmdn begnadigen; *iem een gunst* ~ jmdm eine Gunst gewähren; *hulp* ~ Hilfe leisten; *(handel) iem korting* ~ jmdm Rabatt gewähren; *iem krediet* ~ jmdm einen Kredit gewähren *(of:* einräumen); *iem een onderscheiding* ~ jmdm einen Orden verleihen
verlengen verlängern; *(handel)* prolongieren³²⁰
verlenging Verlängerung *v*²⁰; *(handel)* Prolongation *v*²⁰
verlengsnoer Verlängerungsschnur *v*²⁵
verlengstuk Verlängerungsstück *o*²⁹
verlening Gewährung *v*²⁰, Einräumung *v*²⁰, Verleihung *v*²⁰; *zie ook* verlenen
verleppen (ver)welken, verblühen
verleren verlernen
verlet 1 *(uitstel)* Aufschub *m*⁶ 2 *(tijdverlies)* Zeitverlust *m*¹⁹
verleuteren verquatschen, verplaudern
verlevendigen neu beleben
verlicht 1 *(helder beschenen)* beleuchtet 2 *(waar lichten schijnen)* erleuchtet; *(feestelijk)* illuminiert 3 *(vrij van vooroordelen)* aufgeklärt, erleuchtet
verlichten 1 *(beschijnen)* beleuchten 2 *(van licht voorzien)* erhellen, erleuchten, illuminieren³²⁰ 3 *(inzicht brengen)* erleuchten 4 *(minder zwaar maken)* erleichtern; *zie ook* verlicht
verlichting 1 Beleuchtung *v*²⁰ 2 *(opbeuring)* Trost *m*¹⁹: *dat schonk mij* ~ das brachte mir Trost 3 *(het brengen van inzicht)* Erleuchtung *v*²⁰: *(hist) de* ~ die Aufklärung 4 *(opluchting)* Erleichterung *v*²⁰; *zie ook* verlichten
verliefd verliebt: ~ *zijn op* verliebt sein²⁶² in⁺⁴; ~ *worden op* sich verlieben in⁺⁴
verliefdheid Verliebtheit *v*²⁸
verlies Verlust *m*⁵: *een zwaar* ~ *lijden* einen schweren Verlust erleiden¹⁹⁹; *een* ~ *goedmaken* einen Verlust wettmachen; *niet tegen zijn* ~ *kunnen* ein schlechter Verlierer sein²⁶²
verliescijfers *(geld)* rote Zahlen *mv v*²⁰
verliezen verlieren³⁰⁰: *de ~de partij* die unterlegene Partei; *hoogte* ~ an Höhe verlieren; *de moed* ~ den Mut verlieren
verliezer Verlierer *m*⁹
verlinken verpfeifen²¹⁴

verloederen verludern, verlottern
verlof 1 *(toestemming)* Erlaubnis *v*²⁴; *(vrijaf)* Urlaub *m*⁵: ~ *vragen* um⁺⁴ Erlaubnis bitten¹³²; ~ *vragen (vrijaf vragen)* Urlaub beantragen; *met* ~ *gaan* in⁺⁴ *(of:* auf⁺⁴) Urlaub gehen¹⁶⁸ 2 *(vergunning)* Schankkonzession *v*²⁰
verlofpas Urlaubsschein *m*⁵
verlokkelijk verlockend
verlokken verlocken
verloochenen verleugnen
verloofde Verlobte(r) *m*⁴⁰ᵃ, *v*⁴⁰ᵇ
verloop 1 *(ontwikkeling, afloop)* Verlauf *m*⁶, Ablauf *m*⁶, Hergang *m*⁶ 2 *(het verstrijken)* Verlauf *m*⁶: *na* ~ *van enige dagen* nach Verlauf einiger Tage; *na* ~ *van tijd* nach einiger Zeit 3 *(het achteruitgaan)* Rückgang *m*⁶, Niedergang *m*⁶ 4 *(wisseling)* Fluktuation *v*²⁰
¹**verlopen** *bn* 1 *(verstreken)* verstrichen 2 *(niet meer geldig)* abgelaufen, ungültig 3 *(verliederlijkt)* verkommen
²**verlopen** *ww* 1 *(zijn beloop nemen)* ablaufen¹⁹⁸, verlaufen¹⁹⁸ 2 *(minder worden)* nachlassen¹⁹⁷: *de zaken* ~ das Geschäft lässt nach 3 *(verstrijken)* vergehen¹⁶⁸, verstreichen²⁸⁶ 4 *(vervallen)* ablaufen¹⁹⁸: *mijn visum verloopt morgen* mein Visum läuft morgen ab
verloren verloren: *een* ~ *brief* ein verloren gegangener Brief; *in een* ~ *ogenblikje* in ein paar freien Minuten; ~ *gaan (of:* raken) verloren gehen¹⁶⁸; *in de menigte* ~ *gaan* sich in der Menge verlieren³⁰⁰
verloskunde Geburtshilfe *v*²⁸, Obstetrik *v*²⁸
verloskundig Geburts…, Entbindungs…
verloskundige Geburtshelfer *m*⁹, Geburtshelferin *v*²²
verlossen 1 *(bevrijden)* befreien, erlösen 2 *(bij een bevalling helpen)* entbinden¹³¹
verlossing 1 *(bevrijding)* Erlösung *v*²⁰, Befreiung *v*²⁰ 2 *(bevalling)* Entbindung *v*²⁰
verloten verlosen, auslosen
verloting Verlosung *v*²⁰, Auslosung *v*²⁰
verloven, zich sich verloben: *verloofd zijn met* verlobt sein²⁶² mit⁺³
verloving Verlobung *v*²⁰
verluiden verlauten: *niets laten* ~ nichts verlauten lassen¹⁹⁷; *naar verluidt* wie verlautet
verluieren, verlummelen vertun²⁹⁵
verlustigen, zich *(met in)* sich erfreuen an⁺³
vermaak Vergnügen *o*³⁹, Vergnügung *v*²⁰
vermaakscentrum Vergnügungscenter *o*³³
vermaard renommiert, berühmt, namhaft
vermaardheid Renommiertheit *v*²⁸, Berühmtheit *v*²⁸
¹**vermageren** *intr* abmagern
²**vermageren** *tr* abzehren
vermagering Abmagerung *v*²⁰
vermageringskuur Abmagerungskur *v*²⁰
vermakelijk amüsant, belustigend
vermakelijkheidsbelasting Vergnügungssteuer *v*²¹

vermaken *tr* **1** *(genoegen geven)* amüsieren[320], belustigen, unterhalten[183] **2** *(legateren)* hinterlassen[197], vermachen **3** *(anders maken)* umarbeiten, ändern

¹**vermaken, zich** sich amüsieren[320]

vermanen 1 *(aansporen)* ermahnen **2** *(berispen)* zurechtweisen[307], tadeln

vermaning 1 *(aansporing)* Ermahnung v[20] **2** *(berisping)* Zurechtweisung v[20], Tadel m[9]

vermannen, zich sich zusammennehmen[212]

¹**vermeerderen** *intr* sich vermehren, sich erhöhen, zunehmen[212]: *de bevolking is met 10 % vermeerderd* die Bevölkerung hat um 10 % zugenommen; *een bedrag van … vermeerderd met de kosten* ein Betrag von … zuzüglich der Kosten

²**vermeerderen** *tr* vermehren, steigern, erhöhen

vermelden 1 *(berichten)* erwähnen **2** *(aangeven)* angeben[166]

vermeldenswaard(ig) erwähnenswert

vermelding Erwähnung v[20]

vermengen (ver)mischen, vermengen

vermenging Vermischung v[20], Mischung v[20], Vermengung v[20]

¹**vermenigvuldigen** *tr* **1** *(rekenen)* multiplizieren[320], malnehmen[212] **2** *(tot een veelvoud maken)* vervielfachen, vervielfältigen

²**vermenigvuldigen, zich** sich vermehren

vermenigvuldiging 1 *(rekenen)* Multiplikation v[20] **2** *(vermeerdering)* Vervielfachung v[20], Vervielfältigung v[20] **3** *(voortplanting)* Vermehrung v[20], Fortpflanzung v[20]

vermetel verwegen, vermessen; *(roekeloos)* tollkühn

vermetelheid Verwegenheit v[20], Vermessenheit v[20]; *(roekeloosheid)* Tollkühnheit v[20]

vermicelli Fadennudeln *mv* v[21]

vermijden (ver)meiden[206]

¹**verminderen** *intr* sich verringern, sich vermindern, abnehmen[212], nachlassen[197], geringer werden[310]: *de koorts vermindert* das Fieber lässt nach; *in waarde ~* an Wert verlieren[300]

²**verminderen** *tr (kleiner maken)* verringern, vermindern; *(vooral verlagen)* herabsetzen; *(beperken)* drosseln: *de pijn ~* den Schmerz lindern; *verminderd met de onkosten* abzüglich der Unkosten

vermindering Verringerung v[20], Verminderung v[20], Herabsetzung v[20], Drosselung v[20], Abnahme v[21]: *de (stelselmatige) ~ van personeel* der Personalabbau; *zie ook* verminderen

verminken verstümmeln

vermissen vermissen: *hij wordt sinds de oorlog vermist* er ist im Krieg verschollen

vermiste Vermisste(r) m[40a], v[40b]

vermits *(Belg)* da, weil

vermoedelijk vermutlich, mutmaßlich

¹**vermoeden** *zn* Vermutung v[20]; *(veronderstelling)* Annahme v[21]: *ik heb geen flauw ~* ich habe nicht die geringste Ahnung

²**vermoeden** *ww* **1** vermuten; *(veronderstellen)* annehmen[212] **2** *(een voorgevoel hebben)* ahnen

vermoeid ermüdet, müde: *er ~ uitzien* abgespannt aussehen[261]

vermoeidheid Müdigkeit v[28], Ermüdung v[20]

¹**vermoeien** *tr* ermüden, müde machen; *(sterker)* abmatten

²**vermoeien, zich** sich anstrengen

vermoeiend ermüdend; *(inspannend)* anstrengend, strapaziös

¹**vermogen** *zn* **1** *(bezit, rijkdom)* Vermögen o[35] **2** *(macht, kracht)* Vermögen o[39], Macht v[28], Kraft v[25]: *naar mijn beste ~* nach bestem Vermögen **3** *(gave, geschiktheid)* Vermögen o[39], Fähigkeit v[20], Kraft v[25] **4** *(capaciteit)* Leistung v[20]

²**vermogen** *ww* vermögen[210]

vermogend vermögend, wohlhabend

vermogensaanwas Vermögenszuwachs m[6]

vermogensbelasting Vermögen(s)steuer v[21]

vermolmen vermorschen, vermodern

¹**vermommen** *tr (verkleden)* vermummen; *(maskeren)* maskieren[320]

²**vermommen, zich**: *zich ~ als* sich verkleiden als

vermomming Vermummung v[20], Verkleidung v[20]

vermoorden ermorden, umbringen[139]

vermorsen verschütten

vermorzelen zerquetschen, zermalmen

vermout Wermut m[19], Wermutwein m[5]

vermurwen erweichen: *niet te ~* unerbittlich

¹**vernauwen** *tr* enger machen

²**vernauwen, zich** enger werden[310]

vernauwing Verengung v[20]

vernederen demütigen, erniedrigen

vernedering Demütigung v[20], Erniedrigung v[20]

verneembaar vernehmbar, hörbar: *duidelijk ~* vernehmlich

vernemen 1 *(horen)* vernehmen[212], hören **2** *(te weten komen)* erfahren[153], hören

verneuken *(inform)* bescheißen[234]

vernielen zerstören, kaputtmachen

vernieling Zerstörung v[20], Vernichtung v[20]: *in de ~ helpen* kaputtmachen; *in de ~ raken* kaputtgehen[168]

vernielzucht Zerstörungswut v[28]

vernietigen 1 *(verwoesten)* vernichten, zerstören **2** *(tenietdoen)* für nichtig erklären

vernietiging 1 Vernichtung v[20], Zerstörung v[20] **2** Nichtigkeitserklärung v[20]; *zie ook* vernietigen

vernieuwbouw *(renovatie)* Renovierung v[20]

vernieuwen erneuern

vernieuwing Erneuerung v[20]

vernis Firnis m (2e nvl -ses; mv -se); *(fig)* Tünche v[21]

vernissage Vernissage v[21]

vernoemen (be)nennen[213] nach[+3]

vernuft 1 *(verstand)* Geist m[19]: *het menselijk ~* der menschliche Geist **2** *(scherpzinnigheid)* Scharfsinn m[19] **3** *(inventiviteit)* Erfindungsgabe v[28]

vernuftig 1 *(scherpzinnig)* scharfsinnig **2** *(vinding-*

veronaangenamen

rijk) erfinderisch, ingeniös
veronaangenamen unangenehm machen
veronachtzamen vernachlässigen
veronderstellen voraussetzen, annehmen[212]: *verondersteld, dat ...* angenommen, dass ...
veronderstelling Annahme v^{21}: *in de ~, dat ...* in der Annahme, dass ...; *ik verkeerde in de ~, dat ...* ich nahm an, dass ...
verongelijkt: *een ~ gezicht* ein pikiertes Gesicht; *zich ~ voelen* sich zurückgesetzt fühlen
verongelukken verunglücken: *hij is verongelukt* er ist tödlich verunglückt
verontreinigen verunreinigen
verontreiniging Verunreinigung v^{20}
verontrusten beunruhigen: *zich over iets ~* sich wegen^{+2} etwas beunruhigen
verontschuldigen entschuldigen: *zich laten ~* sich entschuldigen lassen[197]
verontschuldiging Entschuldigung v^{20}: *iem zijn ~en aanbieden voor iets* jmdn für^{+4} etwas um Entschuldigung bitten[132]
verontwaardigd empört, entrüstet
verontwaardiging Empörung v^{28}, Entrüstung v^{20}
veroordeelde Verurteilte(r) m^{40a}, v^{40b}
veroordelen 1 verurteilen: *iem tot een gevangenisstraf ~* jmdn zu einer Freiheitsstrafe verurteilen **2** *(afkeuren)* verurteilen, missbilligen
veroordeling Verurteilung v^{20}
veroorloven erlauben, gestatten: *dat kan ik mij niet ~* das kann ich mir nicht leisten
veroorzaken verursachen
verorberen verzehren, verspeisen
verordenen verfügen, anordnen, bestimmen
verordening Verordnung v^{20}, Verfügung v^{20}, Anordnung v^{20}, Bestimmung v^{20}: *gemeentelijke ~* Gemeindeordnung v^{20}
verouderd 1 *(oud geworden)* gealtert **2** *(in onbruik geraakt)* veraltet: *een ~ standpunt* ein überwundener Standpunkt
verouderen 1 *(oud worden)* altern; *(in onbruik raken)* veralten
veroveraar Eroberer m^9
veroveren erobern
verovering Eroberung v^{20}
verpachten verpachten
verpachter Verpächter m^9
verpakken verpacken, einpacken (in$^{+3, +4}$)
verpakking Verpackung v^{20}
verpanden verpfänden; *(in de lommerd)* versetzen
verpatsen verkloppen, verschleudern
verpauperen verarmen
verpersoonlijking Personifizierung v^{20}
verpesten 1 *(bederven)* verpesten; *(epidemisch)* verseuchen **2** *(fig)* verderben[297], vermiesen
verpieteren 1 *(verkommeren)* verkümmern **2** *(mbt voedsel)* zerkochen
verpinken *(Belg)* blinzeln: *zonder (te) ~* ohne eine Miene zu verziehen[318]
¹**verplaatsen** *tr* **1** *(elders vestigen)* verlegen **2** *(elders plaatsen)* umstellen **3** *(van standplaats doen veranderen)* versetzen **4** *(van tijd)* verlegen: *een afspraak ~* einen Termin verlegen **5** *(wegdrukken)* verdrängen
²**verplaatsen, zich 1** *(zich voortbewegen)* sich fortbewegen; sich verlagern **2** *(zich inleven)* sich versetzen
verplaatsing Verlegung v^{20}, Umstellung v^{20}, Versetzung v^{20}, Verdrängung v^{20}, Verlagerung v^{20}; *zie ook* verplaatsen
verplaatsingskosten Umzugskosten *(mv)*
verplanten verpflanzen, umpflanzen
verpleeghuis Pflegeheim o^{29}
verpleegkundige Krankenpfleger m^9, Krankenschwester v^{21}
verpleegster Krankenschwester v^{21}
verplegen pflegen
verpleger Krankenpfleger m^9
verpleging 1 *(het verplegen, verpleegd worden)* Pflege v^{28} **2** *(ziekenzorg)* Krankenpflege v^{28}: *zij gaat in de ~* sie wird Krankenschwester
verpletteren zerschmettern: *een ~de nederlaag* eine vernichtende Niederlage; *~de overmacht* erdrückende Übermacht; *een ~de tijding* eine niederschmetternde Nachricht
verplicht 1 *(genoodzaakt)* verpflichtet; *(gedwongen)* gezwungen: *wij zagen ons ~ direct terug te keren* wir sahen uns genötigt, sofort zurückzukehren; *zich ~ voelen om ...* sich verpflichtet fühlen, ... **2** *(voorgeschreven)* pflicht..., Pflicht...: *~e bijdrage* Pflichtbeitrag m^6; Zwangsbeitrag m^6; *~ verzekerd* pflichtversichert
verplichten verpflichten, nötigen; *(dwingen)* zwingen[319]
verplichting 1 *(het verplicht-zijn, het verplichten)* Verpflichtung v^{20}: *een ~ op zich nemen* eine Verpflichtung übernehmen[212] **2** *(taak)* Aufgabe v^{21} **3** *(het gebonden-zijn)* Verpflichtung v^{20}, Verbindlichkeit v^{20}: *zijn financiële ~en nakomen* seinen Zahlungsverpflichtungen nachkommen[193]
verpoten verpflanzen, umpflanzen
verpotten umtopfen
verpozen, zich sich erholen
verpozing Erholung v^{28}
¹**verpraten** *tr* verplaudern
²**verpraten, zich** sich verplappern
verprutsen 1 *(verknoeien)* verpfuschen, verderben[297] **2** *(verkwisten)* vergeuden
verraad Verrat m^{19}: *~ plegen* Verrat üben; *~ jegens iem plegen* Verrat an jmdm begehen[168]
verraden verraten[218]
verrader Verräter m^9
verraderlijk verräterisch; *(geniepig)* heimtückisch: *een ~e bocht* eine gefährliche Kurve
verrassen überraschen
verrassing Überraschung v^{20}
verre *zie* ver

verregaand 1 *(vergaande)* weitgehend, weit gehend 2 *(buitensporig)* maßlos, unerhört
verregenen verregnen
verreikend weitreichend, weit reichend
verrekenen tr verrechnen
verrekenen, zich sich verrechnen
verrekening 1 Verrechnung v^{20} 2 *(misrekening)* Fehlrechnung v^{20}
verrekijker Fernglas o^{32}, Fernrohr o^{29}
verrekken intr *(sterven)* krepieren^{320}, verrecken: ~ van de kou krepieren vor Kälte
verrekken tr *(ontwrichten) (van ledematen)* sich^3 verrenken; *(van spieren)* sich^3 (ver)zerren
verrekking *(ontwrichting) (van ledematen)* Verrenkung v^{20}; *(van spieren)* Verzerrung v^{20}
verrekt tw *(fig)* verflucht!, verflixt!
verreweg weitaus, bei weitem
verrichten 1 *(doen)* verrichten, ausführen: *betalingen* ~ Zahlungen leisten; *formaliteiten* ~ Formalitäten erledigen 2 *(presteren)* leisten
verrichting Verrichtung v^{20}, Ausführung v^{20}, Erledigung v^{20}, Leistung v^{20}; *zie ook* verrichten
verrijken tr 1 *(rijker maken)* bereichern 2 *(van hoger gehalte maken)* anreichern: *verrijkt uranium* angereichertes Uran
verrijken, zich sich bereichern
verrijking 1 Bereicherung v^{20} 2 *(chem)* Anreicherung v^{20}
verrijzen 1 *(opstaan)* (auf)erstehen^{279} 2 *(opkomen)* aufschießen^{238}: *als paddenstoelen uit de grond* ~ wie Pilze aus der Erde schießen^{238} 3 *(oprijzen)* sich erheben^{186}
verrijzenis Auferstehung v^{20}
verroeren rühren, regen: *zich niet* ~ sich nicht rühren; *geen vin* ~ sich gar nicht rühren
verroesten verrosten: *(fig) verroest!* verflixt!
verrot 1 *(bedorven, vergaan)* faul, verfault 2 *(zeer slecht)* morsch 3 *(verrekt)* furchtbar
verrotten verfaulen, vermodern; *(tot ontbinding overgaan)* verwesen: *(inform) het kan me niks* ~! es ist mir scheißegal!
verrottingsproces Fäulnisprozess m^5
verruilen umtauschen; *(bij vergissing)* vertauschen, verwechseln
verruimen erweitern; *(fig)* ausweiten: *zijn blik* ~ den Blick erweitern
verruiming Erweiterung v^{20}; *(fig)* Ausweitung v^{20}
verrukkelijk entzückend, herrlich, vorzüglich
verrukking Entzücken o^{39}, Bezauberung v^{20}
verrukt entzückt
verruwen verrohen
verruwing Verrohung v^{20}
¹**vers** zn 1 *(regel, couplet, dichtvorm)* Vers m^5 2 *(gedicht)* Gedicht o^{29}
²**vers** bn, bw frisch
versagen verzagen
verschaffen verschaffen, beschaffen: *zich toegang* ~ sich Zutritt verschaffen

verschalen schal werden^{310}: *verschaald bier* schales *(of:* abgestandenes) Bier
verschalken 1 *(te slim af zijn)* überlisten; *(foppen)* foppen; *(een dier vangen)* fangen^{155} 2 *(nuttigen)* sich^3 zu Gemüte führen
verschansen verschanzen: *(ook fig) zich* ~ *achter iets* sich hinter^{+3} etwas verschanzen
¹**verscheiden** bn, telw mehrere
²**verscheiden** ww hinscheiden^{232}, verscheiden^{232}
verscheidenheid 1 *(afwisseling)* Vielfalt v^{28}, Mannigfaltigkeit v^{28} 2 *(het verschil)* Verschiedenartigkeit v^{28}
verschepen 1 *(vervoeren)* verschiffen 2 *(overladen)* umschiffen
¹**verscherpen** intr sich verschärfen
²**verscherpen** tr verschärfen
verscheurdheid Zerrissenheit v^{28}
verscheuren zerreißen^{220}
verschiet 1 *(horizon)* Horizont m^5 2 *(verte)* Ferne v^{28} 3 *(perspectief, toekomst)* Perspektive v^{21}: *(fig) iets in het* ~ *hebben* etwas in^{+3} Aussicht haben^{182}
¹**verschieten** intr *(verbleken)* verblassen, verschießen^{238}: *van schrik* ~ vor Schreck erblassen
²**verschieten** tr *(schietend verbruiken)* verschießen^{238}
verschijnen erscheinen^{233}: *in de deur* ~ in der Tür erscheinen; *voor iem* ~ vor jmdm erscheinen
verschijning Erscheinung v^{20}
verschijnsel Erscheinung v^{20}, Phänomen o^{29}; *(van ziekte)* Symptom o^{29}, Anzeichen o^{35}
verschil Unterschied m^5; *(wisk)* Differenz v^{20}: ~ *in leeftijd* Altersunterschied; ~ *van mening* Meinungsverschiedenheit v^{20}
verschillen *(zich onderscheiden)* sich unterscheiden^{232}, verschieden sein^{262}; *(als verschil hebben)* differieren^{320}: *de meningen* ~ die Meinungen sind geteilt; *van mening* ~ verschiedener Meinung *(of:* Ansicht) sein^{262}; *dat verschilt veel* das macht einen großen Unterschied; *de prijzen* ~ *10 euro* die Preise differieren um 10 Euro; *waarin* ~ *zij?* wodurch unterscheiden sie sich?; *zij* ~ *bijna 10 jaar* der Altersunterschied zwischen beiden ist fast zehn Jahre; *ze* ~ *bijna niets in leeftijd* sie sind fast gleich alt
¹**verschillend** bn, bw 1 *(afwijkend)* unterschiedlich, verschieden: ~*e belangen hebben* verschiedene Interessen haben^{182} 2 *(niet gelijk)* ungleich 3 *(uiteenlopend)* verschiedenartig
²**verschillend** vnw *(verscheiden)* mehrere
verscholen zn versteckt, verborgen
¹**verschonen** tr *(van schone lakens voorzien)* frisch beziehen^{318}; *(van een klein kind)* sauber machen
²**verschonen, zich** die Wäsche wechseln, frische Wäsche anziehen^{318}
verschoning 1 *(schoon ondergoed)* frische Wäsche v^{28} 2 *(verontschuldiging)* Entschuldigung v^{20}: ~ *vragen* um Entschuldigung bitten^{132}
verschoppeling Ausgestoßene(r) m^{40a}

verschoppen *(verstoten)* ausstoßen[285]
verschralen rau werden[310]
¹verschrijven *tr* verschreiben[252]
²verschrijven, zich sich verschreiben[252]
verschrijving Schreibfehler *m*[9]
verschrikkelijk schrecklich, entsetzlich, furchtbar, fürchterlich: ~ *koud* furchtbar kalt
¹verschrikken *intr* erschrecken[151]
²verschrikken *tr* erschrecken
verschrikking Schrecken *m*[11]
verschroeien versengen
verschrompelen (zusammen)schrumpfen
verschuilen, zich sich verstecken: *(fig) zich achter iem* ~ sich hinter jmdm verstecken
¹verschuiven *intr* sich verschieben[237]
²verschuiven *tr* **1** verschieben[237] **2** *(opschorten)* verschieben[237], verlegen
verschuiving Verschiebung *v*[20], Verlegung *v*[20]; *zie ook* verschuiven
verschuldigd schuldig: *het ~e bedrag* der schuldige Betrag; *de ~e eerbied* die schuldige Achtung; *het ~e geld* das geschuldete Geld; *iem geld ~ zijn* jmdm Geld schuldig sein[262]; *ik ben hem veel ~* ich verdanke ihm viel
versgebakken frischbacken, frisch gebacken
versheid Frische *v*[28]
versie Version *v*[20], Fassung *v*[20]
versierder Schürzenjäger *m*[9]
versieren 1 *(verfraaien)* (aus)schmücken **2** *(sieren)* schmücken **3** *(voor elkaar krijgen)* schaffen **4** *(te pakken weten te krijgen)* organisieren[320] **5** *(verleiden)* aufreißen[220], anmachen
versiering 1 Verzierung *v*[20], Ausschmückung *v*[20] **2** *(muz)* Verzierung *v*[20]
versjacheren verschachern
versjouwen umstellen, schleppen
verslaafd süchtig, abhängig: *aan de drank* ~ alkoholsüchtig; *aan drugs* ~ rauschgiftsüchtig
verslaafde Süchtige(r) *m*[40a], *v*[40b]
verslaan 1 *(overwinnen)* schlagen[241] **2** *(verslag uitbrengen van)* berichten über[+4]
verslag Bericht *m*[5]; *(notulen)* Protokoll *o*[29]: ~ *geven* (of: *doen*) *van* berichten über[+4]
verslagen 1 *(overwonnen)* geschlagen, besiegt **2** *(terneergeslagen)* niedergeschlagen
verslagenheid Niedergeschlagenheit *v*[28]
verslaggever Berichterstatter *m*[9]
verslaggeving Berichterstattung *v*[20]
¹verslapen *tr* verschlafen[240]
²verslapen, zich (sich) verschlafen[240]
¹verslappen *intr* **1** *(slap worden)* erschlaffen **2** *(verflauwen)* abflauen, nachlassen[197]
²verslappen *tr* erschlaffen: *zijn greep* ~ seinen Griff lockern
verslaving Sucht *v*[25], *v*[20]
¹verslechteren *intr* sich verschlechtern, sich verschlimmern
²verslechteren *tr* verschlechtern
versleten 1 abgenutzt, verschlissen; *(mbt kleren, schoeisel)* abgetragen; *(kaal)* fadenscheinig **2** *(krachteloos)* verbraucht
¹verslijten *intr* sich abnutzen, verschleißen[244]
²verslijten *tr* **1** *(doen slijten)* abnutzen, verschleißen[244]; *(van kleren, schoeisel)* abtragen[288] **2** *(houden voor)* halten[183] für[+4] **3** *(doorbrengen)* verbringen[139]
verslikken, zich sich verschlucken: *zich ~ in* sich verschlucken an[+3]
verslinden verschlingen[246]
verslingerd: ~ *zijn aan iets* auf[+4] etwas versessen sein[262]
versloffen verwahrlosen lassen[197]
¹verslonzen *intr* *(verloederen)* verschlampen
²verslonzen *tr* *(verwaarlozen)* verwahrlosen lassen[197]
versluieren verschleiern
versmachten verschmachten: *van dorst* ~ vor Durst verschmachten
versmaden 1 *(verwerpen)* verschmähen **2** *(te gering achten)* verachten
¹versmallen *intr* sich verschmälern
²versmallen *tr* verschmälern
versnapering Leckerbissen *m*[11], Süßigkeit *v*[20]
versnellen beschleunigen: *versnelde weergave (van film)* Zeitraffer *m*[9]; *(van film) in versneld tempo* im Zeitraffertempo
versnelling 1 Beschleunigung *v*[20] **2** *(mechanisme)* Übersetzung *v*[20], Gang *m*[6]: *in de eerste* ~ *zetten* den ersten Gang einlegen **3** *(schakelinrichting)* Gangschaltung *v*[20]: *een auto met automatische* ~ ein Auto mit Automatik
versnellingsbak Getriebe *o*[33]
versnellingshendel Schalthebel *m*[9]
versnellingspook Schaltknüppel *m*[9]
versnijden *(in stukken snijden)* zerschneiden[250]
versnipperaar Reißwolf *m*[6]
¹versnipperen *intr (in vele delen uiteenvallen)* zersplittern
²versnipperen *tr* **1** *(in snippers snijden)* zerschnippeln **2** *(te veel verdelen)* verzetteln: *zijn krachten* ~ seine Kräfte verzetteln
versnoepen vernaschen
¹versoepelen *intr* sich lockern
²versoepelen *tr* lockern
verspelen verspielen
versperren sperren
versperring 1 Sperrung *v*[20] **2** *(middel)* Sperre *v*[21]
verspillen verschwenden, vergeuden
verspilling Verschwendung *v*[20], Vergeudung *v*[20]
versplinteren zersplittern
¹verspreiden *tr (uitzenden)* verbreiten: *een gerucht* ~ ein Gerücht verbreiten; *(uiteen doen gaan)* zerstreuen
²verspreiden, zich 1 sich verbreiten, sich (aus)breiten **2** *(uiteengaan)* sich zerstreuen
verspreiding Verbreitung *v*[20], Zerstreuung *v*[28], Ausbreitung *v*[28]; *zie ook* verspreiden
verspreken, zich sich versprechen[274]

verspreking Versprecher *m*⁹
verspringen 1 *(overslaan)* überspringen²⁷⁶ 2 *(op een andere datum vallen)* auf einen anderen Tag fallen¹⁵⁴
verspringen *zn* Weitsprung *m*¹⁹
verspringen *ww* weitspringen²⁷⁶
verspringer Weitspringer *m*⁹
verstaan *tr* 1 *(horen)* verstehen²⁷⁹ 2 *(begrijpen)* verstehen²⁷⁹, begreifen¹⁸¹: *iem iets te ~ geven* jmdm etwas zu verstehen geben¹⁶⁶
verstaan, zich sich beraten²¹⁸: *zich met iem (over iets) ~* sich mit jmdm (über⁺⁴ etwas) beraten
verstaanbaar verständlich: *zich niet ~ kunnen maken* mit seiner Stimme nicht durchdringen¹⁴³
verstand Verstand *m*¹⁹: *hij heeft ~ van muziek* er versteht sich auf⁺⁴ Musik; *iem iets aan het ~ brengen* jmdm etwas klar machen; *hij is niet goed bij zijn ~* er ist nicht recht bei Verstand; *dat gaat mijn ~ te boven* das geht über meinen Verstand; *met dien ~e, dat ...* unter der Voraussetzung, dass ...
verstandelijk geistig, intellektuell
verstandhouding Einvernehmen *o*³⁹: *in goede ~* in gutem Einvernehmen
verstandig 1 *(met verstand begaafd)* vernünftig, verständig; *(intelligent)* klug⁵⁸; *(knap)* gescheit: *wees toch ~!* sei doch vernünftig! 2 *(van inzicht getuigend)* verstandig, vernünftig
verstandshuwelijk Vernunftehe *v*²¹
verstandskies Weisheitszahn *m*⁶
verstandsverbijstering Geistesverwirrung *v*²⁸
verstappen, zich sich³ den Fuß vertreten²⁹¹
verstarren erstarren
verstedelijken verstädtern
versteend versteinert
verstek *(jur)* Abwesenheit *v*²⁸: *bij ~ veroordelen* in Abwesenheit verurteilen; *~ laten gaan* nicht erscheinen²³³
verstek *(techn)* Gehrung *v*²⁰: *onder ~ zagen* auf Gehrung sägen
verstekeling blinder Passagier *m*⁵
verstelbaar verstellbar
versteld verblüfft, überrascht, verdutzt
verstellen 1 *(repareren)* flicken, ausbessern 2 *(anders stellen)* verstellen
verstenen *intr* versteinern; *(fig)* erstarren: *van kou ~* vor Kälte erstarren
verstenen *tr* versteinern
versterken 1 *(sterker maken)* (ver)stärken 2 *(versterkingen aanleggen)* befestigen
versterkend: *~ middel* stärkendes Mittel *o*³³
versterker *(foto; van geluid)* Verstärker *m*⁹
versterking 1 Verstärkung *v*²⁰: *~ krijgen* Verstärkung erhalten¹⁸³ 2 *(mil: stelling)* Befestigung *v*²⁰
versterven 1 *(zich onthouden van aardse genoegens)* Enthaltsamkeit üben, Askese üben 2 *(bewust voedsel en drank weigeren om te kunnen sterven)* Nahrung und Flüssigkeit verweigern, um sterben zu können: *een patiënt laten ~* einem Patienten Nahrung und Flüssigkeit vorenthalten, um ihn sterben zu lassen
verstevigen (ver)stärken, (be)festigen
versteviger Festiger *m*⁹, Haarfestiger *m*⁹
verstijfd steif, erstarrt, starr: *~ van kou* steif vor Kälte; *~ van schrik* starr vor Schreck
¹**verstijven** *intr* (sich) versteifen, steif werden³¹⁰, erstarren
²**verstijven** *tr* versteifen
verstikken ersticken
verstikking Erstickung *v*²⁰
verstikkingsdood Erstickungstod *m*⁵
¹**verstoken** *bn*: *~ zijn van iets* etwas entbehren
²**verstoken** *ww (als brandstof verbruiken)* verbrennen¹³⁸, verfeuern, verheizen
verstokt eingefleischt, verstockt: *een ~ vrijgezel* ein eingefleischter Junggeselle
verstolen verstohlen, heimlich
verstommen verstummen: *verstomd staan* sprachlos sein²⁶²
verstoord verärgert, verstimmt
verstoppen 1 *(verbergen)* verstecken 2 *(verstopt doen raken)* verstopfen
verstoppertje: *~ spelen* Versteck(en) spielen
verstopping 1 *(het verstopt zijn)* Verstopfung *v*²⁰ 2 *(opstopping)* Stau *m*¹³, *m*⁵ 3 *(obstipatie)* Stuhlverstopfung *v*²⁰
verstoren 1 *(hinderen)* stören 2 *(bederven)* zerstören
verstoring Störung *v*²⁰: *~ van de orde* Ordnungsstörung
verstoten verstoßen²⁸⁵
verstouten, zich sich erkühnen
verstouwen 1 *(verstuwen)* verstauen 2 *(verwerken)* verkraften: *(van eten) hij kan veel ~* er ist kein Kostverächter
¹**verstrakken** *intr* sich spannen, sich straffen
²**verstrakken** *tr* spannen, straffen
verstraler Weitstrahler *m*⁹
verstrekken verschaffen, beschaffen, besorgen: *iem geld ~* jmdm Geld beschaffen; *inlichtingen ~* Auskunft erteilen; *voedsel ~* Nahrung verabreichen
verstrekkend weitreichend, weit reichend
verstrekking Verschaffung *v*²⁸, Beschaffung *v*²⁸, Besorgung *v*²⁸, Verabreichung *v*²⁰, Erteilung *v*²⁰; *zie ook* verstrekken
verstrijken ablaufen¹⁹⁸, vergehen¹⁶⁸
verstrikken: *zich in zijn eigen woorden ~* sich in Widersprüche verstricken; *in een schandaal verstrikt raken* in einen Skandal verstrickt werden³¹⁰
verstrooid 1 *(verspreid)* verstreut 2 *(afwezig)* zerstreut
verstrooien zerstreuen
verstrooiing Zerstreuung *v*²⁰
verstuiken verstauchen
verstuiking Verstauchung *v*²⁰
verstuiven zerstäuben
verstuiver Zerstäuber *m*⁹

versturen versenden[263], verschicken
versuft benommen, betäubt
versukkeling: *in de* ~ *raken* herunterkommen[193]; *(mbt zaken)* ins Hintertreffen kommen[193]
vertaalslag Übertragung v[20]
vertaalwerk Übersetzungsarbeit v[20]
vertakken, zich sich gabeln, sich verzweigen
vertakking Gabelung v[20], Verzweigung v[20]
vertalen 1 *(in een andere taal overzetten)* übersetzen, übertragen[288] 2 *(in een andere vorm weergeven)* übertragen[288], umsetzen
vertaler Übersetzer m[9]
vertaling Übersetzung v[20]
verte v[21]: *in de* ~ in der Ferne; *uit de* ~ *herkennen* von weitem erkennen
vertederen erweichen, rühren
vertedering Erweichung v[20], Rührung v[28]
verteerbaar verdaulich: *licht* ~ leicht verdaulich
vertegenwoordigen 1 *(uitmaken)* darstellen 2 *(handelen voor)* vertreten[291]
vertegenwoordiger Vertreter m[9]
vertegenwoordiging Vertretung v[20]
vertekenen verzerren
¹vertellen *tr* erzählen: *(fig) hij heeft hier niets te* ~ er hat hier nichts zu sagen
²vertellen, zich sich verzählen
verteller Erzähler m[9]
vertelling Erzählung v[20]
¹verteren *intr* 1 *(als voedsel verwerkt worden)* verdaut werden[310] 2 *(vergaan)* vermodern, verfaulen
²verteren *tr* 1 *(als voedsel verwerken)* verdauen: *zijn maag kan dat niet* ~ sein Magen verdaut das nicht 2 *(opmaken)* ausgeben[166], verzehren 3 *(doen vergaan)* zerfressen[162], zersetzen, verzehren
vertering 1 *(spijsvertering)* Verdauung v[28] 2 *(consumptie)* Verzehr m[19] 3 *(kosten)* Zeche v[21]
¹verticaal *zn* Vertikale v[21], Senkrechte v[40b]
²verticaal *bn, bw* vertikal, senkrecht
vertier *(drukte)* Betrieb m[19]: *er is hier veel* ~ hier herrscht ein lebhaftes Treiben 2 *(ontspanning)* Unterhaltung v[28]
vertikken 1 *(weigeren te doen)* (gar) nicht daran denken[140]: *ik vertik het!* ich werde es hübsch bleiben lassen! 2 *(niet langer werken)* nicht funktionieren[320]
vertillen, zich sich verheben
vertimmeren 1 *(verbouwen)* umbauen 2 *(aan verbouwing besteden)* verbauen
vertoeven verweilen, sich aufhalten[183]
vertolken 1 *(vertalen)* dolmetschen, übersetzen 2 *(tot uitdrukking brengen)* zum Ausdruck bringen[139]: *iems gevoelens* ~ jmds Gefühlen Ausdruck verleihen[200] 3 *(uitbeelden)* (theat) darstellen; *(muz)* spielen, interpretieren[320]
vertolker Interpret m[14], Darsteller m[9]
vertolking *(muz)* Interpretation v[20], Wiedergabe v[21]; *(theat)* Darstellung v[20]

¹vertonen *tr* 1 *(laten zien)* (vor)zeigen, vorweisen[307]: *een film* ~ einen Film vorführen 2 *(opvoeren)* zeigen, vorführen, aufführen, spielen 3 *(doen blijken)* aufweisen[307], zeigen
²vertonen, zich sich zeigen, sich sehen lassen[197]
vertoning 1 *(het laten zien)* Vorzeigen o[39], Vorweisen o[39] 2 *(het vertoonde)* Schauspiel o[29], Aufführung v[20], Vorführung v[20]: *(fig) een vreemde* ~ ein sonderbares Schauspiel
vertoon 1 *(het laten zien)* Vorlage v[28]: *op* ~ *van* gegen Vorlage⁺² 2 *(praal)* Aufwand m[19]
¹vertragen *intr* sich verlangsamen, sich verzögern: *een vertraagde trein* ein verspäteter Zug; *vertraagde weergave van film* Zeitlupe v[21]
²vertragen *tr* 1 *(trager maken)* verlangsamen, verzögern 2 *(uitstellen)* verschleppen; *(rekken)* in die Länge ziehen[318]
vertraging 1 *(het vertragen)* Verlangsamung v[20], Verzögerung v[20]; *(van proces, ook)* Verschleppung v[20] 2 *(oponthoud)* Verspätung v[20]: ~ *hebben* Verspätung haben[182]
vertrappen zertreten[291]
vertreden, zich sich ergehen[168], sich die Beine vertreten[291]
vertrek 1 *(lokaal)* Raum m[6]; *(kamer)* Zimmer o[33] 2 *(afreis)* Abreise v[21], Abfahrt v[20], Abgang m[19]; *(van vliegtuig)* Abflug m[6] 3 *(verhuizing)* Wegzug m[6]
vertrekhal Wartehalle v[21]
¹vertrekken *intr* 1 *(afreizen)* abreisen; *(mbt bus, schip, trein)* abfahren[153], abgehen[168]; *(mbt vliegtuig)* abfliegen[159] 2 *(weggaan)* weggehen[168], fortgehen[168]
²vertrekken *tr* verziehen[318]: *geen spier* ~ keine Miene verziehen
vertrekpunt *(fig)* Ausgangspunkt m[5]
vertrektijd, vertrekuur Abfahrt(s)zeit v[20]; *(luchtv)* Abflugzeit v[20]
vertroetelen verhätscheln, verzärteln
vertroosten trösten
vertroostend tröstlich, trostreich
vertroosting Trost m[19], Tröstung v[20]
vertrouwd 1 vertraut: *een ~e vriend* ein vertrauter Freund 2 *(betrouwbaar)* zuverlässig
vertrouwelijk vertraulich: *strikt* ~ streng vertraulich
vertrouweling(e) Vertraute(r) m[40a], v[40b]
¹vertrouwen *zn* Vertrauen o[39]; *(in toekomst)* Zuversicht v[28]: *vol* ~ zuversichtlich; ~ *in iem hebben* Vertrauen zu jmdm haben[182]; *iem in* ~ *nemen* jmdn ins Vertrauen ziehen[318]; *in iem* ~ *stellen* Vertrauen auf jmdn (*of*: in) jmdn setzen; *op goed* ~ in gutem Glauben
²vertrouwen *ww* 1 *(ver)trauen⁺³: *hij is niet te* ~ ihm ist nicht zu trauen; *ik vertrouw het zaakje niet* ich traue dem Braten nicht; *iem blind* ~ jmdm blind vertrauen 2 *(rekenen op)* vertrauen auf⁺⁴, sich verlassen[197] auf⁺⁴
vertrouwensarts Vertrauensarzt m[6]

vertrouwenspersoon Vertrauensperson v^{20}
vertrouwenspositie Vertrauensstellung v^{20}
vertwijfelen verzweifeln
vertwijfeling Verzweiflung v^{28}: *tot ~ brengen* zur Verzweiflung bringen[139]
veruit weitaus, bei weitem
vervaardigen herstellen, (an)fertigen
vervaardiging Herstellung v^{28}, Anfertigung v^{28}, Fertigung v^{28}
vervaarlijk furchtbar, fürchterlich
vervagen sich verwischen, verschwimmen[257]
verval 1 *(achteruitgang)* Verfall m^{19} **2** *(in rivier)* Gefälle o^{33}
vervaldag, vervaldatum Verfall(s)tag m^5
vervallen *bn* **1** *(bouwvallig, afgesleten, verstreken)* verfallen **2** *(armoedig)* verkommen, heruntergekommen, verfallen
vervallen *ww* **1** *(bouwvallig worden)* verfallen[154] **2** *(achteruitgaan)* verfallen[154] **3** *(invorderbaar worden)* verfallen[154] **4** *(verstrijken)* verstreichen[286], ablaufen[198]: *de termijn is ~* die Frist ist abgelaufen **5** *(van eigenaar verwisselen)* verfallen[154], fallen[154] an^{+4} **6** *(niet meer gelden)* wegfallen[154], erlöschen[150], hinfällig werden[310] **7** *(niet plaatsvinden)* ausfallen[154], nicht stattfinden[157] **8** *(raken, komen tot)* verfallen[154] in^{+4}
vervalsen *(namaken)* fälschen
vervalsing Fälschung v^{20}
vervangen ersetzen
vervanger Vertreter m^9; *(sp)* Ersatzspieler m^9
vervanging *(van persoon)* Vertretung v^{20}; *(sp)* Auswechslung v^{20}, Ersatz m^{19}
vervangingsmiddel Ersatzmittel o^{33}
vervangingspool Vertretungspool m^{13}
vervangingswaarde Wiederbeschaffungswert m^5
verveeld gelangweilt: *(Belg) ~ zitten met iets mit*$^{+3}$ etwas nichts anzufangen wissen[314]
vervelen *tr* langweilen: *iem met iets ~* jmdn mit^{+3} etwas langweilen; *het verveelt mij allang!* ich bin's längst satt!; *tot ~s toe* bis zum Überdruss
vervelen, zich sich langweilen
vervelend 1 *(saai)* öde, langweilig: *stierlijk ~* stinklangweilig **2** *(onaangenaam)* ärgerlich, hässlich, unangenehm **3** *(onhebbelijk)* garstig **4** *(niet lekker)* unwohl **5** *(onbehaaglijk)* ungut
verveling Lang(e)weile v^{28}
verven 1 *(schilderen)* (an)streichen[286], malen: *pas geverfd!* frisch gestrichen! **2** *(met kleurstof bewerken)* färben
verversen 1 *(opfrissen)* erfrischen: *de lucht ~* frische Luft hereinlassen[197] **2** *(door nieuwe vervangen)* wechseln: *olie ~* Öl wechseln
verversing *(verfrissing)* Erfrischung v^{20}
vervlakken verflachen, abflauen; *(vervagen)* sich verwischen
vervlakking Verflachung v^{20}
vervliegen verfliegen[159]: *in rook ~* in Rauch aufgehen[168]

vervloeken verfluchen: *iem ~* jmdn verfluchen
vervloeking Verfluchung v^{20}
vervloekt verflucht, verdammt
vervluchtigen sich verflüchtigen, verfliegen[159]
vervoegen 1 *(taalk)* konjugieren[320], beugen, flektieren[320] **2** *zich bij iem ~* sich an jmdn wenden[308]
vervoeging *(taalk)* Konjugation v^{20}, Beugung v^{20}, Flexion v^{20}
vervoer 1 *(transport)* Beförderung v^{28}, Transport m^5: *~ over lange afstand* Fernverkehr m^{19} **2** *(vervoermiddel)* Transportmittel o^{33}, Beförderungsmittel o^{33}: *het openbaar ~* die öffentlichen Verkehrsmittel
vervoerbedrijf Transportunternehmen o^{35}
vervoerder Frachtführer m^9, Transporteur m^5
vervoeren befördern, transportieren[320]: *naar het ziekenhuis ~* ins Krankenhaus befördern
vervoering Verzückung v^{20}, Ekstase v^{21}
vervoermiddel Transportmittel o^{33}, Beförderungsmittel o^{33}
vervolg Fortsetzung v^{20}: *in ~ op ons schrijven* im Anschluss an unser Schreiben; *in het ~* künftig, in Zukunft
vervolgen 1 *(achtervolgen)* verfolgen **2** *(aanklagen)* verfolgen, gerichtlich vorgehen[168] gegen^{+4} **3** *(voortzetten)* fortsetzen; *(verder spreken)* fortfahren[153]
vervolgens 1 *(daarna)* darauf(hin), dann, danach **2** *(naderhand)* nachher
vervolger Verfolger m^9
vervolging Verfolgung v^{20}: *een ~ instellen tegen iem* einen Prozess gegen jmdn anstrengen
vervolgingswaanzin Verfolgungswahn m^{19}
vervolgverhaal Fortsetzungsroman m^5
vervolmaken vervollkommnen
vervormen 1 verformen, umbilden **2** *(van beeld, geluid)* verzerren
vervorming Verformung v^{20}, Umbildung v^{20}, Verzerrung v^{20}; *zie ook* vervormen
vervrachten verfrachten
vervreemding 1 *(het overdragen)* Veräußerung v^{20} **2** *(theat)* Verfremdung v^{20} **3** *(het vreemd worden aan)* Entfremdung v^{20}
vervroegen früher ansetzen, vorverlegen, vorziehen[318]: *vervroegde verkiezingen* vorgezogene Wahlen; *het vervroegd pensioen* der vorgezogene Ruhestand; *met vervroegd pensioen gaan* in den Vorruhestand treten[291]
¹**vervuilen** *intr* verunreinigt werden[310], verschmutzen
²**vervuilen** *tr* verunreinigen, verschmutzen
vervuiling Verunreinigung v^{20}, Verschmutzung v^{20}
vervullen 1 *(vol maken)* erfüllen **2** *(vervangen)* einnehmen[212] **3** *(verwezenlijken)* erfüllen **4** *(bekleden)* bekleiden **5** *(nakomen)* erfüllen; *(van dienstplicht)* (ab)leisten
vervulling Erfüllung v^{20}; *(van dienstplicht)* Ableistung v^{20}: *in ~ gaan* in Erfüllung gehen[168]

verwaaid zerzaust
verwaand eingebildet, dünkelhaft
verwaandheid Einbildung v^{28}, Dünkel m^{19}
verwaardigen würdigen^{+2}: *iem geen blik ~* jmdn keines Blickes würdigen
verwaarlozen vernachlässigen; *(van ziekte)* verschleppen: *een verwaarloosde griep* eine verschleppte Grippe; *zijn plicht ~* seine Pflicht vernachlässigen; *dat is te ~* das kann man unberücksichtigt lassen
verwaarlozing Vernachlässigung v^{20}; *(van ziekte)* Verschleppung v^{20}; *zie ook* verwaarlozen
verwachten erwarten; *(hopend verwachten)* sich^3 versprechen^{274}: *een kind ~* ein Kind erwarten; *zoals te ~ was* wie erwartet; *wij ~ daar niet veel van!* wir versprechen uns^3 nicht viel davon!; *zoiets kan men van hem ~!* das sieht ihm ähnlich!
verwachting Erwartung v^{20}: *in ~ zijn* schwanger sein^{262}
¹**verwant** *zn* Verwandte(r) m^{40a}, v^{40b}
²**verwant** *bn* verwandt
verwantschap Verwandtschaft v^{20}
verward 1 *(in de war)* wirr, verwirrt: *~e haren* verwirrte Haare **2** *(onsamenhangend)* wirr, verworren: *~ spreken* wirr sprechen; *~ raken in* sich verfangen^{155} in^{+3}
verwarmen erwärmen; *(een gebouw, een ruimte)* (be)heizen
verwarming 1 *(het verwarmen)* Erwärmung v^{28}; *(van ruimte, gebouw)* Heizung v^{28}, Beheizung v^{28} **2** *(installatie)* Heizung v^{20}: *centrale ~* Zentralheizung
verwarmingsinstallatie Heizanlage v^{21}
verwarren 1 verwirren **2** *(door elkaar halen)* verwechseln: *ik verwar hem met zijn broer* ich verwechsle ihn mit seinem Bruder
verwarring 1 Verwirrung v^{20} **2** *(het door elkaar halen)* Verwechslung v^{20} **3** *(chaos)* Durcheinander o^{39}
verwateren *(ook fig)* verwässern
verwedden verwetten
verweer 1 *(verdediging)* Verteidigung v^{20} **2** *(jur)* Einrede v^{21} **3** *(verzet)* Widerstand m^6
verweerd verwittert
verweerschrift Verteidigungsschrift v^{20}
verwekken erregen, erzeugen, erwecken, hervorrufen^{226}: *een kind ~* ein Kind zeugen
verwelken *(ook fig)* (ver)welken
verwelkomen willkommen heißen^{187}, begrüßen
verwennen verwöhnen
verwennerij Verwöhnung v^{28}
verwensen verwünschen
verwensing Verwünschung v^{20}
¹**verweren** *(door het weer)* verwittern
²**verweren, zich 1** *(zich verdedigen)* sich verteidigen, sich wehren **2** *(zich verzetten)* sich widersetzen, sich sträuben (gegen^{+4})
verwerkelijken verwirklichen
verwerken *(ook psychisch)* verarbeiten
verwerkingseenheid: *centrale ~* Zentraleinheit v^{20}
verwerpelijk verwerflich
verwerpen verwerfen^{311}
verwerven erwerben^{309}: *bekendheid ~* allgemein bekannt werden^{310}; *kennis ~* sich^3 Kenntnisse erwerben
verwerving Erwerbung v^{20}
verwezenlijken verwirklichen
verwezenlijking Verwirklichung v^{20}
verwijderd entfernt, fern
¹**verwijderen** *tr* entfernen
²**verwijderen, zich** sich entfernen
verwijdering Entfernung v^{20}
verwijfd weibisch, weichlich, feminin
verwijfdheid weibisches Benehmen o^{39}
verwijsbriefje, verwijskaart Überweisungsschein m^5
verwijt Vorwurf m^6
verwijten vorwerfen^{311}
verwijtend vorwurfsvoll
verwijzen überweisen^{307}, verweisen^{307}: *een patiënt naar een specialist ~* einen Patienten an einen Facharzt überweisen; *we ~ naar onze brief van ...* wir nehmen Bezug auf^{+4} (*of*: beziehen uns auf) unser Schreiben vom ...
verwijzing *(in een tekst)* Verweis m^5, Verweisung v^{20}; *(van patiënt)* Überweisung v^{20}: *onder ~ naar* unter Bezug auf^{+4}, mit Bezug auf^{+4}
verwikkelen verwickeln: *in een discussie verwikkeld zijn* in eine Diskussion verwickelt sein^{262}
verwikkeling Verwick(e)lung v^{20}
verwilderd verwildert: *~e blik* verstörter Blick
verwisselbaar austauschbar: *verwisselbare onderdelen* auswechselbare Teile
verwisselen 1 austauschen, wechseln, umtauschen; *(onderdelen)* auswechseln: *van eigenaar ~* den Besitzer wechseln; *van kleren ~* die Kleider wechseln **2** *(verwarren)* verwechseln
verwisseling Auswechs(e)lung v^{20}, Wechsel m^9, Umtausch m^5, Verwechs(e)lung v^{20}; *zie ook* verwisselen
verwittigen benachrichtigen, verständigen
verwittiging Benachrichtigung v^{20}
verwoed 1 heftig, wütend **2** *(hartstochtelijk)* leidenschaftlich
verwoesten zerstören
verwoesting Zerstörung v^{20}
verwonden verletzen, verwunden
verwonderd verwundert, erstaunt
¹**verwonderen** *tr* (ver)wundern, erstaunen
²**verwonderen, zich** sich verwundern, staunen
verwondering Verwunderung v^{28}, Staunen o^{39}
verwonderlijk verwunderlich, erstaunlich
verwonding Verletzung v^{20}, Verwundung v^{20}
verwonen an Miete bezahlen
verworvenheid Errungenschaft v^{20}
verwringen verdrehen, verzerren: *een verwrongen gezicht* ein verzerrtes Gesicht

verzachten mildern; *(van pijn, leed, nood)* lindern: ~*de omstandigheid* mildernder Umstand m^6
verzachting Linderung v^{28}, Milderung v^{28}; *zie ook* verzachten
verzadigd gesättigt, satt: *de markt is* ~ der Markt ist gesättigt
verzadigen sättigen: *hij is niet te* ~ er ist unersättlich
verzadiging Sättigung v^{28}
verzadigingspunt Sättigungspunkt m^5
verzaken 1 *(van geloof)* verleugnen, abschwören^{260+3} 2 *(van plicht)* versäumen, vernachlässigen 3 *(bij het kaartspel)* nicht bedienen, verzichten || *de wereld* ~ der Welt^3 entsagen
verzaking Verleugnung v^{20}, Abschwörung v^{20}, Versäumnis o^{29a}, Vernachlässigung v^{20}, Entsagung v^{20}; *zie ook* verzaken
verzakken 1 *(mbt bodem, weg, gebouw)* (ab)sacken, sich senken 2 *(med)* vorfallen^{154}
verzakking 1 *(van de grond)* Bodensenkung v^{20} 2 *(van gebouw)* Senkung v^{20} 3 *(van baarmoeder)* Gebärmuttervorfall m^6
verzamelaar Sammler m^9
verzamelbundel Sammelband m^6
verzamelen *tr* sammeln
verzamelen, zich sich (ver)sammeln
verzameling Sammlung v^{20}; *(ophoping)* Ansammlung v^{20}; *(wisk)* Menge v^{21}
verzamelingenleer Mengenlehre v^{28}
verzamelplaats Sammelplatz m^6, Sammelstelle v^{21}
verzamelwoede Sammelwut v^{28}
verzanden *(ook fig)* versanden
verzegelen versiegeln
verzeilen: *ergens verzeild raken* irgendwohin verschlagen werden^{310}
verzekeraar Versicherer m^9
verzekerd versichert: ~ *bedrag* Versicherungssumme v^{21}; *verplicht* ~ pflichtversichert; *vrijwillig* ~ freiwillig versichert; *u kunt ervan* ~ *zijn, dat* … Sie können versichert sein, dass …; *van iets* ~ *zijn* von etwas überzeugt sein^{262}; *zijn toekomst is* ~ seine Zukunft ist gesichert
verzekerde Versicherte(r) m^{40a}, v^{40b}
verzekeren *tr* versichern: *zijn leven* ~ sein Leben versichern; *ik verzeker u, dat …* ich versichere Ihnen, dass …
verzekeren, zich sich versichern: *zich van hulp* ~ sich^4 der Hilfe^2 versichern; *zich van een plaats* ~ sich^3 einen Platz sichern; *zie ook* verzekerd
verzekering Versicherung v^{20}: *aanvullende* ~ Zusatzversicherung; *onderlinge* ~ Versicherung auf Gegenseitigkeit; *sociale* ~ Sozialversicherung; *verplichte* ~ Pflichtversicherung; ~ *tegen brandschade* Feuerversicherung; ~ *tegen inbraak* Einbruch(s)diebstahlversicherung; ~ *tegen ongevallen* Unfallversicherung; ~ *tegen wettelijke aansprakelijkheid* Haftpflichtversicherung
verzekeringsmaatschappij Versicherungsgesellschaft v^{20}
verzekeringsnemer Versicherungsnehmer m^9
verzekeringsovereenkomst Versicherungsvertrag m^6
verzekeringspolis Versicherungspolice v^{21}, Versicherungsschein m^5
verzekeringspremie Versicherungsprämie v^{21}
verzekeringsvoorwaarden Versicherungsbedingungen *mv* v^{20}
verzelfstandigen verselbstständigen, verselbständigen
verzenden versenden^{263}, verschicken
verzender Absender m^9
verzendhuis Versandhaus o^{32}, Versandgeschäft o^{29}
verzending Versendung v^{20}, Versand m^{19}: *bericht van* ~ Versandanzeige v^{21}
verzendkosten Versandkosten *(mv)*
verzet 1 *(tegenstand)* Widerstand m^6; *(protest)* Protest m^5: *in* ~ *komen* sich auflehnen; *het verstand komt daartegen in* ~ der Verstand sträubt sich dagegen 2 *(jur)* Einspruch m^6: ~ *aantekenen* Einspruch erheben^{186} 3 *(ontspanning)* Erholung v^{28} 4 *(van fiets)* Gang m^5
verzetje Zerstreuung v^{20}
verzetsbeweging Widerstandsbewegung v^{20}
verzetsstrijder Widerstandskämpfer m^9
¹**verzetten** *tr* 1 *(verplaatsen)* versetzen, verschieben^{237} 2 *(van tijd)* verlegen: *een vergadering* ~ *naar 8 uur* eine Versammlung auf 8 Uhr verlegen 3 *(ontspannen)* zerstreuen, ablenken
²**verzetten, zich** sich wehren, Widerstand leisten: *zich tegen iets* ~ sich gegen^{+4} etwas wehren; *zich tegen de straf* ~ sich der Strafe^3 widersetzen || *veel werk* ~ tüchtig arbeiten
verzieken vergiften, verseuchen, verderben^{297}
verziend *(ook fig)* weitsichtig
verziendheid Weitsichtigkeit v^{28}
verzilveren versilbern; *(te gelde maken, ook)* einlösen
¹**verzinken** *(galvaniseren)* verzinken
²**verzinken** *intr (wegzinken)* versinken^{266}
³**verzinken** *tr (techn) (doen verdwijnen)* versenken: *verzonken schroef* Versenkschraube v^{21}
verzinnen ersinnen^{267}, sich^3 ausdenken^{140}
verzinsel Erfindung v^{20}, Erdichtung v^{20}
verzitten: *gaan* ~ den Platz wechseln
verzoek Bitte v^{21}; *(form)* Ersuchen o^{35}; *(schriftelijk)* Gesuch o^{29}, Antrag m^6: *een* ~ *afwijzen* eine Bitte abweisen^{307}; *iem een* ~ *doen* jmdn bitten^{132}; *op* ~ auf Wunsch
verzoeken 1 *(vragen)* bitten^{132+4}; *(form)* ersuchen^{+4}, nachsuchen um^{+4}, verlangen: *iem om hulp* ~ jmdn um^{+4} Hilfe bitten 2 *(uitnodigen)* bitten^{132}, einladen^{196}; *(dringend)* auffordern: *als ik u* ~ *mag!* wenn ich bitten darf!; ~ *van iets verschoond te blijven* sich^3 etwas verbitten
verzoeking Versuchung v^{20}

verzoekschrift Gesuch o^{29}, Eingabe v^{21}: *een ~ indienen* eine Eingabe machen
verzoenen versöhnen: *zich met iem ~* sich mit jmdm versöhnen (*of:* aussöhnen)
verzoenend versöhnend, versöhnlich
verzoening Versöhnung v^{20}, Aussöhnung v^{20}
verzolen besohlen, mit Sohlen versehen^{261}
verzonken (*techn*) versenkt: *~ schroef* versenkte Schraube v^{21}
verzorgd gepflegt
verzorgen (*van het nodige voorzien*) versorgen; (*kinderen, zieken*) pflegen, betreuen: *de bloemen ~* die Blumen versorgen; *een gezin ~* eine Familie ernähren
verzorgende Betreuer m^9, Betreuerin v^{22}
verzorger Pfleger m^9, Betreuer m^9
verzorging Pflege v^{28}, Betreuung v^{28}
verzorgingsflat Seniorenwohnheim o^{29}
verzorgingsstaat Sozialstaat m^{16}, Betreuungsstaat m^{16}
verzorgster Pflegerin v^{22}, Betreuerin v^{22}
verzot vernarrt, erpicht, versessen: *~ zijn op iem* in jmdn vernarrt sein^{262}; *~ zijn op iets* auf^{+4} etwas versessen (*of:* erpicht) sein^{262}
verzuchten seufzen, stöhnen
verzuim 1 Versäumnis o^{29a}, Unterlassung v^{20} **2** (*jur*) Verzug m^{19}: *in ~ stellen* in Verzug setzen
verzuimen 1 (*nalaten*) unterlassen^{197}, versäumen **2** (*de gelegenheid*) versäumen, verpassen **3** (*zijn plicht, de school*) versäumen
¹**verzuipen** *intr* ersaufen^{228}, ertrinken^{293}
²**verzuipen** *tr* ersäufen, ertränken; (*mbt motor*) absaufen^{228}: *zijn geld ~* sein Geld versaufen^{228}
verzuren: *iems leven ~* jmdm das Leben vergällen
¹**verzwakken** *intr* schwächer werden^{310}, nachlassen^{197}: *de belangstelling verzwakt* das Interesse lässt nach
²**verzwakken** *tr* (*zijn gezondheid, een land, de vijand*) schwächen
verzwakking Schwächung v^{20}
verzwaren erschweren (*ook fig*): *een straf ~* eine Strafe verschärfen
verzwelgen verschlingen^{246}
verzwijgen verschweigen^{255}, verheimlichen
verzwikken sich³ verrenken
vest Weste v^{21}, Jacke v^{21}
vestiaire Kleiderablage v^{21}, Garderobe v^{21}
vestibule Flur m^5, Diele v^{21}, Vorhalle v^{21}
¹**vestigen** *tr* **1** (*stichten*) gründen; *gevestigd zijn* (*mbt particulieren*) wohnhaft sein^{262}; (*mbt maatschappijen*) den Geschäftssitz haben^{182}; *die zaak is te A. gevestigd* dieses Geschäft hat seinen Sitz in A. **2** (*richten*) richten: *de aandacht ~ op* die Aufmerksamkeit richten auf^{+4}; *zijn hoop op iem ~* seine Hoffnung auf^{+4} jmdn setzen
²**vestigen, zich** sich niederlassen^{197} (in^{+3})
vestiging (*stichting*) Gründung v^{20}; (*filiaal*) Niederlassung v^{20}; (*nederzetting*) Siedlung v^{20}: *plaats van ~* (*van personen*) Wohnsitz m^5; (*van rechtspersoon*) Sitz m^5; (*van bedrijven*) Standort m^5; *vrijheid van ~* Freizügigkeit v^{28}
vestigingsplaats Standort m^5
vesting Festung v^{20}
vestzak Westentasche v^{21}
¹**vet** *zn* Fett o^{29}; (*spijsvet, ook*) Schmalz o^{29}: *in het ~ zetten* einfetten; *iem zijn ~ geven* jmdm sein(en) Teil geben^{166}
²**vet** *bn* fett: *een ~ baantje* eine einträgliche Stelle; *~te handen* fettige Hände
vetarm fettarm, mager
veter Schnürsenkel m^9
veteraan Veteran m^{14}
veteranenteam Altherrenmannschaft v^{20}
veteranenziekte Legionärskrankheit v^{28}
¹**veterinair** *zn* Veterinär m^5, Tierarzt m^6
²**veterinair** *bn* veterinär
vetgehalte Fettgehalt m^{19}
¹**vetmesten** *zn* Mästung v^{20}
²**vetmesten** *ww* mästen
veto Veto o^{36}: *zijn ~ over iets uitspreken* sein Veto gegen^{+4} etwas einlegen
vetpot: *het is daar geen ~* da ist Schmalhans Küchenmeister
vetpuistje Mitesser m^9
vetspuit Schmierpistole v^{21}
vettig fettig
vettigheid Fettigkeit v^{28}
vetvlek Fettfleck m^5, Fettflecken m^{11}
vetzucht Fettsucht v^{28}
vetzuur Fettsäure v^{21}
veulen Füllen o^{35}, Fohlen o^{35}
vezel Faser v^{21}: *plantaardige ~* Pflanzenfaser
vezelig faserig
vezelplant Faserpflanze v^{21}
vgl. *afk van* vergelijk vergleiche (*afk* vgl.)
via via^{+4}, über^{+4}; (*door*) durch^{+4}
viaduct Viadukt m^5, o^{29}, Überführung v^{20}
viagra 1 (*medicijn*) Viagra o^{27} **2** (*pil*) Viagra v^{27}
vibrafoon Vibraphon o^{29}, Vibrafon o^{29}
vibratie Vibration v^{20}, Schwingung v^{20}
vibrator Vibrator m^{16}
vibreren vibrieren^{320}, schwingen^{259}
vicaris Vikar m^5
vicepresident Vizepräsident m^{14}
vice versa vice versa (*afk* v.v.)
vicieus: *vicieuze cirkel* Teufelskreis m^5
video 1 (*techn*) Video o^{39} **2** (*apparaat*) Videogerät o^{29}, Videorekorder m^9, Videorecorder m^9
videoband Video o^{36}, Videoband o^{32}
videocamera Videokamera v^{27}
videocassette Videokassette v^{21}
videocassetterecorder Videokassettenrekorder m^9, Videokassettenrecorder m^9
videoclip Videoclip m^{13}
videofilm Videofilm m^5
videofoon Bildtelefon o^{29}
videoplaat Videoplatte v^{21}, Bildplatte

videorecorder Videorekorder m^9, Videorecorder m^9
videotheek Videothek v^{20}
viditel Bildschirmtext m^5
vief lebhaft, aufgeweckt, munter
¹**vier** zn Vier v^{20}
²**vier** telw vier
vierbaans vierspurig
¹**vierde** zn Viertel o^{33}
²**vierde** telw der (die, das) vierte: *Willem de Vierde* Wilhelm der Vierte (IV.)
vieren 1 *(een feest)* feiern; *(plechtig)* begehen¹⁶⁸ **2** *(een touw)* fieren
vierentwintiguurszorg Rundumbetreuung v^{28}
vierhoek Viereck o^{29}
vierhoekig viereckig
viering *(van een feest)* Feier v^{21}
vierjarenplan Vierjahresplan m^6
¹**vierkant** zn Quadrat o^{29}
²**vierkant** bn, bw viereckig, quadratisch; *(in maatnamen)* Quadrat…: *een ~e kerel: a) (eerlijk)* ein ehrlicher Kerl; *b) (stevig)* ein stämmiger Kerl; *~e meter* Quadratmeter m^9, o^{33}; *iem ~ de deur uitgooien* jmdn hochkant(ig) hinauswerfen³¹¹; *iem ~ uitlachen* jmdm ins Gesicht lachen; *iem ~ de waarheid zeggen* jmdm ungeschminkt die Wahrheit sagen; *~ weigeren* rundweg abschlagen²⁴¹
vierkantsvergelijking Gleichung v^{20} zweiten Grades
vierkleurendruk Vierfarbendruck m^5
viermotorig viermotorig
viersprong Kreuzweg m^5; *(fig, ook)* Scheideweg m^5
viertaktmotor Viertaktmotor m^{16}, m^5
vieruurtje *(Belg) (ongev)* Nachmittagskaffee m^{19}
viervoeter Vierfüßer m^9
vierwielaandrijving Vierradantrieb m^5
vies 1 *(vuil)* schmutzig, dreckig **2** *(mbt geur, smaak)* widerlich, ekelhaft: *een vieze lucht* ein widerlicher Geruch; *een ~ woord* ein unanständiges Wort; *een ~ gezicht zetten* ein angewidertes Gesicht aufsetzen; *ik ben er ~ van* ich ekle mich davor
viespeuk Schmutzfink m^{14}, m^{16}
Vietnam Vietnam o^{39}
¹**Vietnamees** zn Vietnamese m^{15}
²**Vietnamees** bn vietnamesisch
viewdata Bildschirmtext m^5
viewer Diabetrachter m^9, Gucki m^{13}
viezerik Schmutzfink m^{14}, m^{16}, Ferkel o^{33}
viezigheid Dreck m^{19}, Schmutzigkeit v^{20}
vignet Vignette v^{21}
vijand Feind m^5
vijandelijk feindlich, gegnerisch
vijandelijkheid Feindseligkeit v^{20}: *de vijandelijkheden openen* die Feindseligkeiten eröffnen
vijandig feindlich, feindselig
vijandigheid Feindlichkeit v^{20}, Feindseligkeit v^{20}
vijandschap Feindschaft v^{28}

¹**vijf** zn Fünf v^{20}
²**vijf** telw fünf
¹**vijfde** zn Fünftel o^{33}
²**vijfde** telw der (die, das) fünfte: *Willem de Vijfde* Wilhelm der Fünfte (V.)
vijfenvijftigplusser Senior m^{16} über 55
vijfenzestigplusser Senior m^{16} (über 65)
vijfhoek Fünfeck o^{29}, Pentagon o^{29}
vijfkamp Fünfkampf m^{19}, Pentathlon o^{39}
vijftiger Fünfziger m
vijftigplusser Senior m^{16} über 50
vijg Feige v^{21}: *(Belg) dat zijn ~en na Pasen* das ist reichlich spät
vijgenblad Feigenblatt o^{32}
vijl Feile v^{21}
vijlen feilen
vijs *(Belg)* Schraube v^{21}
vijver Teich m^5, Weiher m^9
¹**vijzel** *(stampvat)* Mörser m^9
²**vijzel** *(dommekracht)* Schraubenwinde v^{21}
villa Villa v (mv Villen), Landhaus o^{32}
villapark, villawijk Villenviertel o^{33}
villen (ab)häuten, abdecken
vilt Filz m^5
viltje Bierdeckel m^9
viltstift Filzstift m^5, Filzschreiber m^9
vin 1 *(van vis)* Flosse v^{21} **2** *(puist)* Finne v^{21}, Pustel v^{21} || *(fig) geen ~ verroeren* kein Glied rühren
vinden finden¹⁵⁷; *(ontdekken, opsporen, ook)* ausfindig machen: *het met iem kunnen ~* gut mit jmdm auskommen¹⁹³; *hoe vindt u dat?* was sagen Sie dazu?; *voor een grap is hij altijd te ~* für einen Spaß ist er immer zu haben; *ik vind het terecht* ich halte es für richtig
vinder Finder m^9
vindersloon Finderlohn m^{19}
vinding 1 *(ontdekking)* Entdeckung v^{20} **2** *(uitvinding)* Erfindung v^{20}
vindingrijk erfinderisch
vindingrijkheid Erfindungsgabe v^{28}
vindplaats Fundort m^5, Fundstelle v^{21}; *(van delfstoffen)* Vorkommen o^{35}; *(fig)* Fundgrube v^{21}
vinger Finger m^9: *middelste ~* Mittelfinger; *(fig) lange ~s hebben* lange Finger machen; *zich³ de ~s aflikken* sich³ die Finger lecken; *(fig) zijn ~s branden* den sich³ die Finger verbrennen¹³⁸; *(van iem) iets door de ~s zien* (bei jmdm) etwas durch die Finger sehen²⁶¹; *een ~ in de pap hebben* seine Finger dazwischen haben¹⁸²; *iem op de ~s kijken* jmdm auf die Finger sehen²⁶¹
vingerafdruk Fingerabdruck m^6
vingerdoekje kleine Serviette v^{21}
vingerhoed Fingerhut m^6
vingertop Fingerspitze v^{21}, Fingerkuppe v^{21}
vingerverf Fingerfarbe v^{21}
vingervlug fingerfertig
vingervlugheid Fingerfertigkeit v^{28}
vingerwijzing Fingerzeig m^5
vink Fink m^{14}

vinken abhaken
vinkenslag *(Belg)*: *op ~ zitten* auf dem Sprung sein[262]
vinnig 1 *(mbt antwoord)* bissig, spitz, scharf **2** *(mbt kou)* beißend, schneidend **3** *(mbt strijd)* heftig, erbittert **4** *(venijnig)* boshaft
violet violett
violist Geiger *m*[9], Violinist *m*[14]
violoncel Violoncello *o*[36] *(mv ook -celli)*
¹**viool** *(plantk)* Veilchen *o*[35]
²**viool** *(muz)* Geige *v*[21], Violine *v*[21]
vioolconcert Violinkonzert *o*[29]
vioolmuziek Violinmusik *v*[28]
viooltje Veilchen *o*[35]: *driekleurig ~* Stiefmütterchen *o*[35]; *Kaaps ~* Usambaraveilchen
vip VIP, V.I.P. *v*[27]; *(inform)* Promi *m*[13]
virtueel virtuell: *~ beeld* virtuelles Bild
virtuoos Virtuose *m*[15]
virtuositeit Virtuosität *v*[28]
virus Virus *m en o (2e nvl -; mv Viren)*
virusinfectie Virusinfektion *v*[20]
virusscanner Virenscanner *m*[9], Virusscanner *m*[9]
vis Fisch *m*[5]: *het is vlees noch ~* es ist weder Fisch noch Fleisch
visakte Angelschein *m*[5]
¹**vis-à-vis** *zn* Visavis *o*[33]
²**vis-à-vis** *bw en vz* vis-à-vis[+3], vis-a-vis[+3], gegenüber[+3]
viscouvert Fischbesteck *o*[29]
visgraat Fischgräte *v*[21]; *(dessin)* Fischgrätenmuster *o*[33]
vishengel Angelrute *v*[21]
visie *(kijk, mening)* Auffassung *v*[20], Sicht *v*[20]
visioen Vision *v*[20], Gesicht *o*[29]
¹**visionair** *zn* Visionär *m*[5]
²**visionair** *bn* visionär
visitatie Visitation *v*[20]
visite Besuch *m*[5]: *bij iem op ~ gaan* jmdn besuchen; *op ~ zijn* auf (of: zu) Besuch sein[262]
visitekaartje Visitenkarte *v*[21]
visiteren visitieren[320], durchsuchen
vissen fischen; *(hengelen)* angeln: *bij iem naar iets ~* jmdn aushorchen
vissenbloed Fischblut *o*[39]
visser Fischer *m*[9]
visserij Fischerei *v*[28]
vissersboot Fischerboot *o*[29]
vissershaven Fischer(ei)hafen *m*[12]
vissersslatijn Fischerlatein *o*[39]
visserssvloot Fischereiflotte *v*[21]
visserssvrouw Fischer(s)frau *v*[20]
vissnoer Angelschnur *v*[25]
vissoep Fischsuppe *v*[21]
visstick Fischstäbchen *o*[35]
visualiseren visualisieren[320]
visueel visuell
visum Visum *o (2e nvl -s; mv Visen of Visa)*
visumplicht Visumzwang *m*[19]
visvangst Fischfang *m*[19]

visvergunning Angelschein *m*[5]
viswater Fischwasser *o*[33]
vitaal lebenswichtig, vital
vitaliteit Vitalität *v*[28]
vitamine Vitamin *o*[29]: *rijk aan ~n* vitaminreich
vitrage 1 *(de stof)* Tüll *m*[5] **2** *(gordijnen)* Gardinen *mv v*[21]
vitrine 1 *(glazen kast)* Vitrine *v*[21] **2** *(etalage)* Schaukasten *m*[12]
vitten kritteln, mäkeln: *~ op* bekritteln, bemäkeln; *hij heeft altijd wat op mij te ~* er hat immer etwas an mir auszusetzen
vizier *(aan helm, vuurwapen)* Visier *o*[29]: *iem in het ~ hebben* jmdn auf die Kimme haben[182]
vj *afk van videojockey* Videojockei *m*[13], Videojockey *m*[13], VJ *(2e nvl ook -)*
vla 1 *(nagerecht)* Pudding *m*[5], *m*[13] **2** *(soort vruchtentaart, ongev)* Obstkuchen *m*[11]
vlaag 1 *(windstoot)* Windstoß *m*[6] **2** *(aanval)* Anwandlung *v*[20], Anfall *m*[6]: *de ~ van woede* der Wutanfall; *bij vlagen* dann und wann
vlaai *zie* vla 2
¹**Vlaams** *zn* Flämisch *o*[41]
²**Vlaams** *bn* flämisch
Vlaanderen Flandern *o*[39]
vlag Fahne *v*[21]; *(scheepv)* Flagge *v*[21]: *met ~ en wimpel* mit Glanz und Gloria; *onder goedkope ~* unter billiger Flagge
vlaggen 1 *(de vlag uitsteken)* flaggen **2** *(sp)* die Fahne heben[186] **3** *(zichtbaar zijn van ondergoed)* blitzen: *je vlagt!* bei dir blitzt es!
¹**vlak** *zn* **1** *(vlakte)* Fläche *v*[21] **2** *(terrein, gebied)* Ebene *v*[21]: *op het economisch ~* auf wirtschaftlicher Ebene
²**vlak** *bn* flach, eben: *het ~ke land* das Flachland
³**vlak** *bw* **1** *(horizontaal)* flach **2** *(dichtbij, onmiddellijk)* gerade, direkt, hart: *~ bij* ganz nahe; *ik zeg het je ~ in je gezicht* ich sage es dir gerade ins Gesicht; *~ om de hoek* direkt um die Ecke; *~ tegenover mij* gerade mir gegenüber; *~ voor mij* dicht vor mir
vlakaf *(Belg)* unumwunden, unverblümt
vlakgom Radiergummi *m*[13]
vlakte Fläche *v*[21], Ebene *v*[21]: *ik sloeg hem tegen de ~* ich schlug ihn zu Boden; *tegen de ~ gaan* zu Boden gehen[168]; *(fig) zich op de ~ houden* mit seiner Meinung hinter dem Berg halten[183]
vlaktemaat Flächenmaß *o*[29]
vlam *(ook fig)* Flamme *v*[21]; *(in hout)* Maser *v*[21]: *~ vatten* Feuer fangen[155]
Vlaming Flame *m*[15]
vlammen 1 flammen **2** *(fig)* leuchten, glühen
vlammenzee Flammenmeer *o*[29]
vlas Flachs *m*[19]
vlasblond flachsblond
vlashaar Flachshaar *o*[29]
vlassen: *op iets ~* sich auf[+4] etwas spitzen
vlecht Zopf *m*[6]
vlechten flechten[158]: *(ook fig) iets ~ in* etwas einflechten in[+4]

vlechtwerk Flechtwerk o^{29}
vleermuis Fledermaus v^{25}
vlees *(ook van vruchten)* Fleisch o^{39}: *bevroren ~ (ook)* Gefrierfleisch; *gebraden ~* gebratenes Fleisch, Braten m^{11}
vleesboom Muskelgeschwulst v^{25}, Myom o^{29}
vleesextract Fleischbrühe v^{21}
vleesgerecht Fleischgericht o^{29}
vleeskeuring Fleischbeschau v^{28}
vleeskleur Fleischfarbe v^{28}
vleesmolen Fleischwolf m^6
vleesnat Fleischbrühe v^{21}
vleespastei Fleischpastete v^{21}
vleesverwerkend Fleisch verarbeitend
vleesvork Tranchiergabel v^{21}, Tranchiergabel v^{21}
vleeswaren Fleischwaren *(mv)*; *(voor de boterham)* Aufschnitt m^{19}
vleet: *(fig) bij de ~* in Hülle und Fülle
vlegel 1 *(dorswerktuig)* Dreschflegel m^9 **2** *(kwajongen)* Flegel m^9 **3** *(lomperik)* Grobian m^5
vlegelachtig flegelhaft, rüpelhaft
vleien schmeicheln^{+3}: *iem ~* jmdm schmeicheln; *zich met de hoop ~, dat ...* sich der Hoffnung^3 hingeben, dass ...
vleiend schmeichelnd, schmeichlerisch: *dit is niet erg ~ voor hem* dies ist nicht sehr schmeichelhaft für ihn
vleier Schmeichler m^9
vleierij Schmeichelei v^{20}, Geschmeichel o^{39}
¹vlek *(gehucht)* Flecken m^{11}
²vlek Fleck m^5, Flecken m^{11}; *(van inkt, verf, ook)* Klecks m^5: *blinde ~ (in oog)* blinder Fleck
vlekkeloos fleckenlos; *(fig)* makellos
vlekken flecken
vlerk 1 *(vleugel)* Flügel m^9; *(dichterlijk)* Fittich m^5, Schwinge v^{21} **2** *(hand)* Pfote v^{21}: *blijf er met je ~en af!* Pfoten weg!; *iem bij zijn ~en pakken* jmdn am Wickel packen **3** *(vlegel)* Flegel m^9
vlet Jolle v^{21}
vleug Strich m^{19}: *met de ~* mit dem Strich
vleugel Flügel m^9; *(sp, pol) de rechter ~* der rechte Flügel; *(muz) iem aan de ~ begeleiden* jmdn am Flügel begleiten
vleugellam flügellahm
vleugelmoer Flügelmutter v^{21}, Flügelschraube v^{21}
vleugelspeler Außenstürmer m^9
vleugelverdediger Außenverteidiger m^9
vleugje Hauch m^5: *een ~ hoop* ein Hoffnungsschimmer
vlezig fleischig
vlieg Fliege v^{21}: *geen ~ kwaad doen* keiner Fliege etwas zuleide *(of:* zu Leide) tun^{295}
vliegangst Flugangst v^{28}
vliegbasis Fliegerhorst m^5
vliegbiljet Flugschein m^5, Flugticket o^{36}
vliegdekschip Flugzeugträger m^9
vliegen fliegen^{159}: *de tijd vliegt* die Zeit verfliegt; *hij vloog de trap af* er rannte die Treppe hinunter; *er eentje laten ~* einen gehen lassen^{197}; *hij ziet ze ~* er ist bekloppt; *in brand ~* Feuer fangen^{155}; *elkaar in de haren ~* sich in die Haare geraten^{218}; *in de lucht laten ~* in die Luft sprengen; *erin ~* auf^{+4} etwas hereinfallen^{154}; *iem erin laten ~* jmdn hereinlegen; *de auto vloog uit de bocht* das Auto flog aus der Kurve; *ze vliegt voor hem* sie gehorcht ihm blind
vliegend fliegend: *~e schotel* fliegende Untertasse v^{21}; *(sp) ~e start* fliegender Start m^{13}; *in ~e vaart* in rasender Fahrt
vliegengaas Fliegengitter o^{33}
vliegenier Flieger m^9
vliegenmepper Fliegenklappe v^{21}
vliegenraam *(Belg) (hor)* Fliegenfenster o^{33}
vliegensvlug blitzschnell
vliegenzwam Fliegenpilz m^5
vlieger 1 *(speelgoed)* Drachen m^{11} **2** *(vliegenier)* Flieger m^9 || *die ~ gaat niet op* die Tour zieht nicht
vliegeren Drachen steigen lassen^{197}
vliegerij Flugwesen o^{39}
vlieggewicht *(sp)* Fliegengewicht o^{39}
vlieghaven Flughafen m^{12}, Flugplatz m^6
vlieghoogte Flughöhe v^{21}
vliegmaatschappij Fluggesellschaft v^{20}
vliegramp Flugzeugkatastrophe v^{21}
vliegsport Flugsport m
vliegtuig Flugzeug o^{29}; *(inform)* Kiste v^{21}
vliegtuigbemanning Crew v^{27}
vliegtuigkaper Flugzeugentführer m^9
vliegtuigkaping Flugzeugentführung v^{20}
vliegveld Flugplatz m^6, Flughafen m^{12}
vliegverbod Flugverbot o^{29}
vliegwiel Schwungrad o^{32}
vlier Holunder m^9
vliering Oberboden m^{12}
vlies 1 *(biol)* Haut v^{25} **2** *(dun laagje)* Film m^5
vlijen 1 *(neerleggen)* hinlegen **2** *(zacht neerleggen)* schmiegen: *zij vlijde haar hoofd tegen zijn schouder* sie schmiegte den Kopf an seine Schulter
vlijmscherp messerscharf; *(fig)* beißend
vlijt Fleiß m^{19}, Emsigkeit v^{28}
vlijtig fleißig, emsig
vlinder Schmetterling m^5, Falter m^9: *~s in de buik hebben* Schmetterlinge im Bauch haben^{182}
vlinderdasje Fliege v^{21}
vlinderslag Schmetterlingsstil m^{19}: *200 m ~* 200 m Schmetterling
vlo Floh m^6
vloed Flut v^{20}; *(overstroming)* Überflutung v^{20}: *een ~ van tranen* eine Flut von Tränen
vloedgolf Flutwelle v^{21}
vloedlijn Strandlinie v^{21}
vloei *zie* vloeipapier
vloeibaar flüssig: *~ maken* flüssig machen
vloeiblad Löschblatt o^{32}
vloeien fließen^{161}, rinnen^{225}; *(menstrueren)* menstruieren^{320}

vloeiend fließend: *hij spreekt ~ Spaans* er spricht fließend Spanisch
vloeipapier 1 *(opzuigend)* Löschpapier o^{29} **2** *(dun papier)* Seidenpapier o^{29} **3** *(voor sigaretten)* Zigarettenpapier o^{29}
vloeistof Flüssigkeit v^{20}
vloeitje Zigarettenpapier o^{29}
vloek Fluch m^6: *in een ~ en een zucht* im Handumdrehen
vloeken fluchen: *die kleuren ~* die Farben beißen^{125} sich
vloer Fußboden m^{12}: *houten ~* Holz(fuß)boden; *(fig) de ~ met iem aanvegen* jmdn zur Sau machen; *hij komt daar veel over de ~* er geht da ein und aus
vloerbedekking Bodenbelag m^6, Fußbodenbelag m^6
vloeren *(sp)* zu Boden werfen^{311}
vloerkleed Teppich m^5
vloerschakeling Knüppelschaltung v^{20}
vloertegel Fußbodenplatte v^{21}, Fliese v^{21}
vloerverwarming Bodenheizung v^{20}
vlok Flocke v^{21}
vlonder 1 *(bruggetje)* Steg m^5 **2** *(losse houten vloer)* Lattenrost m^5 **3** *(pallet)* Palette v^{21}
vlooien flöhen
vlooienmarkt Flohmarkt m^6
vloot Flotte v^{21}
vlootbasis Flottenbasis *v (mv -basen)*
¹**vlot** *zn* Floß o^{30}
²**vlot** *bn, bw* flott: *~ van de hand gaan* reißenden Absatz finden^{157}; *een ~ verloop hebben* reibungslos verlaufen^{198}; *een schip ~ krijgen* ein Schiff flottmachen; *~ spreken* fließend sprechen^{274}
vlotten: *het gesprek wil niet ~* das Gespräch kommt nicht in Fluss; *het werk vlot niet* die Arbeit kommt nicht vom Fleck
vlottend: *~ kapitaal* Umlaufvermögen o^{35}
vlotter *(drijver)* Schwimmer m^9
vlucht 1 *(het vliegen)* Flug m^6: *rechtstreekse ~* Direktflug **2** *(troep vogels)* Flug m^6, Strich m^5, Schwarm m^6 **3** *(afstand tussen vleugeleinden)* Spannweite v^{21} **4** *(het vluchten)* Flucht v^{28}, Fliehen o^{39} **5** *(bloei)* Aufschwung m^6
vluchteling Flüchtling m^5
vluchtelingenkamp Flüchtlingslager o^{33}
vluchten fliehen^{160}, flüchten
vluchtheuvel *(verkeer)* Verkehrsinsel v^{21}
vluchthuis *(Belg)* Frauenhaus o^{32}
vluchtig flüchtig
vluchtmisdrijf *(Belg) (jur)* Fahrerflucht v^{28}: *~ plegen* Fahrerflucht begehen
vluchtrecorder Flug(daten)schreiber m^9
vluchtstrook Standspur v^{20}
vlug schnell, rasch: *iem te ~ af zijn* jmdm zuvorkommen^{193}; *~ ter been zijn* gut zu Fuß sein^{262}; *~ van begrip zijn* eine schnelle Auffassungsgabe haben^{182}
vluggertje *(inform) (snelle seksuele gemeenschap)* schnelle Nummer v^{21}
vlugheid Schnelligkeit v^{28}, Raschheit v^{28}
vmbo *afk van voorbereidend middelbaar beroepsonderwijs (ongev)* berufsbildender Sekundarunterricht m^{19} der Unter- und Mittelstufe
¹**vocaal** *zn* Vokal m^5, Selbstlaut m^5
²**vocaal** *bn* vokal: *vocale muziek* Vokalmusik v^{28}
vocabulaire Vokabular o^{29}
vocht 1 *(vochtigheid)* Feuchtigkeit v^{28}: *voor ~ bewaren* vor Nässe schützen **2** *(vloeistof)* Flüssigkeit v^{20}
vochtig feucht
vochtigheid Feuchtigkeit v^{28}
vochtigheidsgraad Feuchtigkeitsgrad m^5
vochtvlek Stockfleck m^5
vod 1 *(lap, lomp)* Lumpen m^{11}, Lappen m^{11}, Fetzen m^{11} **2** *(prullig geschrift)* Wisch m^5 || *iem achter de ~den zitten* jmdn auf Trab bringen^{139}; *iem bij zijn ~den pakken* jmdn beim Wickel packen
vodje: *het ~ papier* der Fetzen Papier
¹**voeden** *tr* nähren; *(van computer, van dieren)* füttern; *(borstvoeding geven)* stillen; *(elektriciteit, stoom, water toevoeren)* speisen; *(techn)* beschicken
²**voeden, zich** sich ernähren
voeder Futter o^{39}
voederbiet Futterrübe v^{21}
voederen füttern
voedergewas Futterpflanze v^{21}
voederkrib Futterkrippe v^{21}
voeding 1 *(het voeden)* Ernährung v^{28}; *(van baby)* Stillung v^{28} **2** *(met elektriciteit, stoom, water)* Speisung v^{20} **3** *(voedsel)* Nahrung v^{28} **4** *(techn)* Beschickung v^{20}
voedingsmiddel Nahrungsmittel o^{33}
voedingsstoornis Ernährungsstörung v^{20}
voedingsvezels Ballaststoffe *(mv)*
voedingswaarde Nährwert m^5
voedsel Nahrung v^{28}: *(fig) ~ geven aan iets* einer Sache³ Nahrung geben^{166}
voedselgebrek Nahrungsmangel m^{19}
voedselvergiftiging Nahrungsmittelvergiftung v^{20}
voedzaam nahrhaft
voeg Fuge v^{21}: *het leven is uit zijn ~en gerukt* das Leben ist aus den Fugen geraten
voege *(Belg)*: *in ~ treden* in Kraft treten^{291}
¹**voegen** *tr* **1** *(onderling verbinden)* fugen **2** *(van muur)* fugen **3** *(toevoegen)* fügen: *de rente bij het kapitaal ~* die Zinsen zum Kapital schlagen^{241}; *iets bij de stukken ~* etwas zu den Akten legen
²**voegen, zich** sich fügen: *zich naar anderen ~* sich anderen fügen; *zich bij iem ~* sich jmdm anschließen
voegwoord Konjunktion v^{20}, Bindewort o^{32}
voelbaar fühlbar; *(merkbaar, ook)* spürbar
¹**voelen** *ww* **1** *(tastzin)* fühlen **2** *(gevoelen)* fühlen, empfinden^{157}: *voor die methode voel ik niet veel!* diese Methode sagt mir nicht zu! **3** *(bespeuren, merken)* spüren

voelen, zich sich fühlen: *zich niet lekker ~* sich unwohl fühlen; *ik voel me beter* mir ist besser; *zie ook* gevoelen
voeler, voelhoorn Fühler m^9
voeling Fühlung v^{28}: *~ krijgen met de vijand* mit dem Feind in Fühlung kommen[193]
voelspriet Fühler m^9
voer Futter o^{39}: *droog ~* Trockenfutter
voeren *(voederen)* füttern: *(fig) iem ~* jmdn auf die Palme bringen[139]
voeren *(leiden, brengen)* führen
voeren *(van voering voorzien)* füttern
voering 1 *(van kledingstuk)* Futter o^{33} 2 *(techn)* Futter o^{33}, Einlage v^{21} 3 *(van rem)* Belag m^6
voertaal Verkehrssprache v^{21}; *(bij onderhandelingen)* Verhandlungssprache v^{21}
voertuig Fahrzeug o^{29}
voet Fuß m^6: *belastingvrije ~* Steuerfreibetrag m^6; *iem de ~ dwars zetten* sich jmdm in den Weg stellen; *hij krijgt geen ~ aan de grond* er erreicht nicht das Geringste; *~ bij stuk houden* auf seinem Standpunkt beharren; *geen ~ buiten de deur zetten* immer in der Stube hocken; *met blote ~en lopen* barfuß gehen[168]; *onder de ~ lopen* überrennen[222]; *op staande ~* sofort; *iem op staande ~ ontslaan* jmdn fristlos entlassen[197]; *zich uit de ~en maken* sich aus dem Staube machen; *~ voor ~* Schritt für Schritt; *(Belg) met iems ~en spelen* jmdn zum Narren haben[182]; *jmdn zum Narren halten*[183]; *(Belg) ergens zijn ~en aan vegen* sich nicht anstrengen
voetbal Fußball m^6
voetbalbond Fußballverband m^6
voetbalclub Fußballklub m^{13}, Fußballverein m^5
voetbalelftal Fußballmannschaft v^{20}, Fußballelf v^{20}
voetbalfan Fußballfan m^{13}
voetbalkampioen Fußballmeister m^9
voetballen Fußball spielen
voetballer Fußballer m^9, Fußballspieler m^9
voetbalploeg Fußballmannschaft v^{20}
voetbalschoen Fußballschuh m^5
voetbalspel Fußballspiel o^{29}
voetbalveld Fußballfeld o^{31}
voetbalwedstrijd Fußballspiel o^{29}
voetbreed Fußbreit m^{19a}: *geen ~ wijken* keinen Fußbreit weichen[306]
voeteinde Fußende o^{38}
voetganger Fußgänger m^9
voetgangersgebied Fußgängerzone v^{21}
voetje Füßchen o^{35}: *een wit ~ bij iem hebben* bei jmdm einen Stein im Brett haben[182]
voetlicht Rampenlicht o^{31}: *voor het ~ brengen* *(fig)* an die Öffentlichkeit bringen[139]; *voor het ~ komen* ins Rampenlicht treten[291]; *(fig) im Rampenlicht stehen*[279]
voetnoot Fußnote v^{21}
voetpad Fußweg m^5
voetrem Fußbremse v^{21}

voetspoor Fußspur v^{20}: *iems ~ volgen* in jmds Spuren treten[291]
voetstap 1 *(trede)* Schritt m^5 2 *(voetspoor)* Fußstapfe v^{21}, Fußstapfen m^{11}: *(fig) in iems ~pen treden* in jmds Fußstapfen treten[291]
voetstoots ohne weiteres
voettocht Fußtour v^{20}, Wanderung v^{20}
voetverzorging Fußpflege v^{28}, Pediküre v^{28}
voetzool Fußsohle v^{21}
vogel Vogel m^{10}: *een slimme ~* ein Schlaumeier; *een vreemde ~* ein wunderlicher Kauz; *(Belg) een ~ voor de kat zijn* rettungslos verloren sein[262]
vogelbescherming Vogelschutz m^{19}
vogelgriep Vogelgrippe v^{21}, Geflügelgrippe v^{21}, Hühnergrippe v^{21}
vogelhuis Vogelhaus o^{32}, Voliere v^{21}
vogelkers Vogelkirsche v^{21}
vogelkooi Vogelbauer o^{33}, m^9, Vogelkäfig m^5
vogelnest Vogelnest o^{31}; *(van roofvogel)* Horst m^5
vogelpest Geflügelpest v^{28}, Hühnerpest v^{28}, Vogelpest v^{28}
vogelpik *(Belg) (darts)* Darts o^{39a}, Dartspiel o^{29}
vogelstation Vogelwarte v^{21}
vogelverschrikker Vogelscheuche v^{21}
vogelvlucht 1 *(lett)* Vogelflug m^6 2 *(vogelperspectief)* Vogelperspektive v^{21} || *iets in ~ afbeelden* etwas in großen Zügen darstellen
Vogezen Vogesen *(mv)*
voicemail Voicemail v^{27}
vol *bn, bw* voll: *~le broer* leiblicher Bruder m^{10}; *een ~ jaar* ein volles Jahr; *~le melk* Vollmilch v^{28}; *~ verwachting* erwartungsvoll; *~ gas geven* Vollgas geben[166]; *hij zit ~ plannen* er steckt voller Pläne; *hij is er ~ van* er ist voll davon; *met het ~ste recht* mit vollem Recht; *ten ~le* vollständig
volautomatisch vollautomatisch
¹**volbloed** *zn* Vollblut o^{39}, Vollblüter m^9, Vollblutpferd o^{29}
²**volbloed** *bn* vollblütig, Vollblut…
volbrengen vollbringen[139], vollführen
voldaan 1 *(tevreden)* zufrieden: *~ over iets zijn* zufrieden mit[+3] etwas sein[262] 2 *(betaald)* bezahlt; *(op rekening)* Betrag erhalten: *voor ~ tekenen* quittieren[320]
¹**voldoen** *intr (tevreden stellen)* zufrieden stellen[+4], erfüllen[+4], entsprechen[274+3], genügen[+3]: *dat product heeft niet voldaan* das Produkt hat sich nicht bewährt; *aan de eisen ~* den Anforderungen entsprechen; *aan een plicht ~* eine Pflicht erfüllen; *aan een verzoek ~* einer Bitte entsprechen; *aan de voorwaarden ~* die Bedingungen erfüllen; *(handel) aan de vraag ~* die Nachfrage befriedigen; *in een betrekking ~* sich in einer Stelle bewähren
²**voldoen** *tr (betalen)* begleichen[176], bezahlen || *aan een belofte ~* ein Versprechen halten; *aan een bevel ~* einem Befehl gehorchen; *zie ook* voldaan

¹voldoende zn ausreichende Note v²¹
²voldoende bn genügend, ausreichend: ~ geld hebben genügend Geld haben¹⁸²; over ~ bewijzen beschikken über ausreichende Beweise verfügen; dat is ~ das genügt
³voldoende bw genügend, hinlänglich: dat is ~ bekend das ist hinlänglich bekannt
voldoening 1 (tevredenheid) Befriedigung v²⁸, Genugtuung v²⁰: ~ schenken Befriedigung gewähren; iem ~ geven jmdm Genugtuung geben¹⁶⁶ 2 (betaling) Bezahlung v²⁰
voldongen: een ~ feit eine vollendete Tatsache
voleindigen vollenden, vollbringen¹³⁹
volgeboekt ausgebucht
volgeling 1 (aanhanger) Anhänger m⁹ 2 (discipel) Schüler m⁹, Jünger m⁹
¹volgen intr (komen na) folgen⁺³: als volgt wie folgt; hieruit volgt hieraus geht hervor; kort daarna volgde een explosie kurz darauf erfolgte eine Explosion
²volgen tr 1 (achterna gaan) folgen⁺³: iem ~ jmdm folgen 2 (aanhouden, gaan langs) folgen⁺³, verfolgen⁺⁴: een politiek ~ eine Politik verfolgen; een weg ~ einen Weg verfolgen 3 (bijhouden) verfolgen⁺⁴: de ontwikkelingen ~ die Entwicklungen verfolgen 4 (bezoeken) besuchen, hören: een college ~ eine Vorlesung hören; een cursus ~ einen Kursus besuchen 5 (handelen naar) folgen⁺³, befolgen⁺⁴
volgend folgend, nächst: de ~e keer nächstes Mal; de ~ morgen am folgenden Morgen; het ~e jaar nächstes Jahr; de ~e voorwaarden folgende Bedingungen; ~e week vrijdag am Freitag nächster Woche; de 1e van de ~e maand am 1. nächsten Monats
volgens zufolge⁺³ (doorgaans achter het zn), nach⁺³, gemäß⁺³: ~ afspraak wie verabredet; ~ art. 5 gemäß Paragraph (of: Paragraf) 5; ~ de berichten den Nachrichten zufolge; ~ contract vertragsgemäß; ~ mij nach meiner Meinung; ~ uw brief Ihrem Brief zufolge
volgnummer 1 laufende Nummer v²¹ 2 (in winkel e.d.) Nummer v²¹
volgorde Reihenfolge v²¹
volgroeien auswachsen³⁰²
volgzaam folgsam, fügsam
volharden durchhalten¹⁸³, beharren: bij zijn besluit ~ auf seinem Entschluss beharren; in het geloof ~ im Glauben beharren
volhardend beharrlich, ausdauernd
volharding 1 Ausdauer v²⁸, Beharrlichkeit v²⁸ 2 (standvastigheid) Standhaftigkeit v²⁸
volhardingsvermogen Ausdauer v²⁸
volheid (het vol zijn) Vollheit v²⁸; (fig) Fülle v²⁸
¹volhouden intr durchhalten¹⁸³: u moet ~! Sie müssen durchhalten!; tot het einde ~ bis zum Ende durchhalten; hij houdt maar vol er gibt nicht auf
²volhouden tr aushalten¹⁸³, durchhalten¹⁸³: zijn beschuldiging ~ seine Beschuldigung aufrechterhalten¹⁸³; een staking ~ einen Streik durchhalten
volk Volk o³²: goed ~! gut Freund!
volkenkunde Völkerkunde v²⁸
volkenmoord Völkermord m⁵
volkomen 1 (volmaakt) vollkommen, vollendet 2 (geheel) vollständig, völlig
volkorenbrood Vollkornbrot o²⁹
volksaard zie volkskarakter
volksdans Volkstanz m⁶
volkskarakter Volkscharakter m⁵, Nationalcharakter m⁵
volkslied 1 Volkslied o³¹ 2 (nationale hymne) Nationalhymne v²¹
volksmenigte Volksmenge v²¹, Menschenmenge v²¹
volksraadpleging 1 (plebisciet) Volksabstimmung v²⁰ 2 (gemeente) Bürgerentscheid m⁵ 3 (i.v.m. wetgeving) Volksentscheid m⁵
volksrepubliek Volksrepublik v²⁰
volksstam Volksstamm m⁶
volksstemming Volksabstimmung v²⁰
volkstuintje Schrebergarten m¹²
volksuniversiteit Volkshochschule v²¹
volksverhuizing Völkerwanderung v²⁰
volksvertegenwoordiger Volksvertreter m⁹
volksverzekering Sozialversicherung v²⁰
volle: ten ~ völlig, vollständig
volledig vollständig, völlig, komplett: een ~e betrekking eine Ganztagsstelle; met ~ pension mit Vollpension
volledigheid Vollständigkeit v²⁸: voor de ~ der² Vollständigkeit halber
volledigheidshalve der Vollständigkeit² halber
volleerd ausgelernt: een ~ toneelspeler ein hervorragender Schauspieler
vollemaan Vollmond m⁵
volleren vollieren³²⁰
volley Volley m¹³
volleybal Volleyball m⁶
volleyballen Volleyball spielen
vollopen sich füllen, voll laufen¹⁹⁸
volmaakt vollkommen, vollendet: ~ gelukkig restlos glücklich; het is mij ~ onverschillig es ist mir völlig egal
volmaaktheid Vollkommenheit v²⁸
volmacht Vollmacht v²⁰: bij ~ in Vollmacht (afk i.V.)
volmaken vervollkommnen
volmaking Vervollkommnung v²⁰
volmondig offen
volontair Volontär m⁵
volop in Hülle und Fülle, reichlich, vollauf: ~ bezig zijn vollauf beschäftigt sein²⁶²
volslagen vollkommen, völlig, total
volstaan sich beschränken: men kan met de eenvoudigste regels ~ man kann sich auf die einfachsten Regeln beschränken; met die verklaring kunt u ~! diese Erklärung genügt!; u kunt ~ met te

volstrekt 1 *(absoluut)* absolut **2** *(onbeperkt)* absolut, uneingeschränkt
volt Volt *o (2e nvl - of -(e)s; mv -):* drie ~ drei Volt
voltallig vollzählig
voltijds Vollzeit-: ~ *onderwijs* Vollzeitschule v^{28}; Vollzeitunterricht m^{19}
voltooien vollenden, fertig stellen: *zijn studie* ~ das Studium absolvieren^{320}
voltooiing Vollendung v^{20}, Fertigstellung v^{20}
voltreffer Volltreffer m^9
voltrekken vollziehen^{318}, vollstrecken: *een vonnis* ~ ein Urteil vollstrecken
voltrekking Vollstreckung v^{20}, Vollzug m^{19}
voluit *(ten volle)* ganz: *een naam* ~ *schrijven* einen Namen ausschreiben^{252}
volume 1 Volumen o^{35} **2** *(sterkte van geluid)* Lautstärke v^{21}
volumineus voluminös, sehr umfangreich
volvet vollfett
volwaardig vollwertig
volwassen erwachsen
volwassene Erwachsene(r) m^{40a}, v^{40b}
volwasseneneducatie Erwachsenenbildung v^{20}
volwassenheid Reife v^{28}, Erwachsensein o^{39}
volzet *(Belg)* besetzt, voll besetzt
vondeling Findelkind o^{31}: *te* ~ *leggen* aussetzen
vondst 1 Fund m^5 **2** *(idee)* Einfall m^6
vonk Funke m^{18}
vonkelen, vonken funkeln, Funken sprühen
vonnis Urteil o^{29}; *(de uitspraak)* Urteilsspruch m^6: *een* ~ *uitspreken* ein Urteil verkünden; *bij* ~ *van* durch Urteil von^{+3}
vonnissen ein Urteil fällen
voogd Vormund m^5, m^8
voogdij, voogdijschap Vormundschaft v^{20}
¹voor *zn* Furche v^{21}
²voor *zn* Für o^{39a}: *het* ~ *en tegen* das Für und Wider
³voor *bw* vorn(e): ~ *ligt de tuin* vorn liegt der Garten; ~ *in het huis* vorn im Haus; *van* ~ *tot achter* von vorn bis hinten; *van* ~ *af (aan)* von vorn an; *hij is* ~ *in de veertig* er ist Anfang vierzig; *hij is … * ~ er hat einen Vorsprung von^{+3} …; *(sp)* ~ *staan* führen; *iem* ~ *zijn (bij hulp e.d.)* jmdm zuvorkommen^{193}
⁴voor *vz* **1** *(mbt plaats, ook fig)* vor *(bij beweging gericht op doel*$^{+4}$*, anders*$^{+3}$*):* ~ *iem staan* vor jmdm stehen^{279}; ~ *iem gaan staan* sich vor jmdn stellen; ~ *zich uit staren* vor sich hin starren; *(fig) houd dat* ~ *je!* behalte das für dich! **2** *(vroeger dan)* vor^{+3}: ~ *de 15e* vor dem 15.; *kwart* ~ *vier* Viertel vor vier; ~ *alles* vor allem **3** *(gedurende)* für^{+4}, auf^{+4}: ~ *een paar weken op reis zijn* für *(of:* auf*)* einige Wochen verreist sein^{262}; ~ *altijd* für *(of:* auf*)* immer **4** *(ten aanzien van)* vor^{+3}: *angst* ~ Angst vor; *eerbied* ~ Ehrfurcht vor; *veilig* ~ sicher vor **5** *(ten behoeve van, ten gunste van)* für^{+4}: *een boek* ~ *kinderen* ein Buch für Kinder; *daar is veel* ~ *das* hat viel für sich; ~ *arts studeren* Medizin studieren^{320} **6** *(tegen)* für^{+4}, gegen^{+4}: *een middeltje* ~ *de hoofdpijn* ein Mittel für *(of:* gegen*)* Kopfschmerzen; *gevoelig* ~ *kou* empfindlich gegen Kälte **7** *(wat betreft)* für^{+4}: ~ *vandaag* für heute; *ik* ~ *mij* ich für meine Person; ~ *Frans een vier hebben*^{182} in Französisch eine Vier haben^{182} **8** *(in plaats van)* für^{+4}: *ik betaal* ~ *hem* ich zahle für ihn; *eens* ~ *al(tijd)* ein für alle Mal **9** *(mbt een herhaling)* für^{+4}: *stap* ~ *stap* Schritt für Schritt **10** *(wegens)* für^{+4}, wegen^{+2}: *dankbaar zijn* ~ *iets* dankbar sein für etwas **11** *(ten koste van)* für^{+4}: ~ *geld kopen* für Geld kaufen; ~ *alles in de wereld* um alles in der Welt **12** *(mbt een gelijkstelling)* für^{+4}: *wat* ~ *een man?* was für ein Mann?
⁵voor *vw* bevor, ehe: *hij is er,* ~ *hij het weet* er ist da, bevor *(of:* ehe*)* er es weiß
vooraan vorn(e): ~ *zitten* vorn *(of:* vorne*)* sitzen^{268}
vooraanstaand prominent, führend
vooraanzicht Vorderansicht v^{20}
vooraf vorab, im Voraus, vorher, zuvor
voorafgaan vorangehen^{168+3}, vorausgehen^{168+3}
voorafgaand vorangehend, vorhergehend: ~ *e bespreking* Vorbesprechung v^{20}
voorafje Vorspeise v^{21}
vooral 1 *(voornamelijk)* besonders, insbesondere **2** *(bovenal)* hauptsächlich; *(met name)* namentlich; *(vóór alles)* vor allem || *ga er* ~ *niet heen!* gehen Sie auf keinen Fall hin!
vooraleer bevor, ehe
vooralsnog fürs Erste, vorläufig, vorerst
voorarrest Untersuchungshaft v^{28}
vooravond 1 *(begin van de avond)* früher Abend m^5 **2** *(avond van tevoren)* Vorabend m^5: *(fig) aan de* ~ *staan van grote gebeurtenissen* am Vorabend großer Ereignisse stehen^{279}
voorbaat: *bij* ~ *danken* im Voraus danken
voorband Vorderreifen m^{11}
voorbarig voreilig, vorschnell
voorbedacht: *met ~en rade* vorsätzlich; *moord met ~en rade* vorsätzlicher Mord
voorbede *(voorspraak)* Fürbitte v^{21}
voorbeeld 1 Beispiel o^{29}: *een goed* ~ *geven* mit gutem Beispiel vorangehen^{168} **2** *(model, toonbeeld)* Muster o^{33} **3** *(ideaal voorbeeld)* Vorbild o^{31}: *iem tot* ~ *nemen* sich^3 jmdn zum Vorbild nehmen^{212}; *een* ~ *stellen* ein Exempel statuieren^{320}; *iem ten* ~ *stellen* jmdn als Vorbild hinstellen **4** *(bij het schrijven, tekenen e.d.)* Vorlage v^{21}
voorbeeldig vorbildlich, musterhaft, mustergültig: *~e leerling* Musterschüler m^9
voorbehoedmiddel Verhütungsmittel o^{33}
voorbehoud Vorbehalt m^5: *onder* ~ *mededelen* unter^{+3} Vorbehalt mitteilen; *zonder enig* ~ ohne Vorbehalt
voorbehouden 1 vorbehalten^{183}: *ik behoud mij het recht voor* ich behalte mir das Recht vor **2** *(Belg)* reservieren^{320}

voorbereiden

voorbereiden vorbereiten: *op het ergste voorbereid zijn* auf das Schlimmste gefasst sein[262]; *iem op iets ~* jmdn auf[+4] etwas vorbereiten
voorbereiding Vorbereitung v^{20}
voorbereidselen Vorbereitungen *mv* v^{20}
voorbespreking Vorbesprechung v^{20}
¹**voorbij** *bn* vergangen
²**voorbij** *bw* vorbei, vorüber: *het onweer trekt ~* das Unwetter zieht vorbei
³**voorbij** *vz* vorbei an[+3], vorüber an[+3]: *~ de kruising* an der Kreuzung vorbei (*of:* vorüber)
voorbijgaan vorbeigehen[168], vorübergehen[168]: *het huis ~* an dem Hause vorbeigehen (*of:* vorübergehen); *geen gelegenheid laten ~* keine Gelegenheit versäumen
voorbijgaand vorübergehend
voorbijganger Passant m^{14}, Vorübergehende(r) m^{40a}, v^{40b}
voorbijkomen vorbeikommen[193] (an[+3])
voorbijlopen vorbeigehen[168] (an[+3])
voorbijpraten: *zijn mond ~* sich verplappern
voorbijrennen vorbeirennen[222] (an[+3])
voorbijrijden vorbeifahren (an[+3]); (*passeren*) überholen
voorbode Vorbote m^{15}
voordat ehe, bevor
voordeel Vorteil m^5, Nutzen m^{19}: *zijn ~ doen met iets* sich[3] etwas zunutze (*of:* zu Nutze) machen; *~ bij iets hebben* von etwas profitieren[320]; *~ opleveren* Vorteil (*of:* Nutzen) bringen[139]; *in zijn ~ zu* seinem Vorteil; *in het ~ zijn* im Vorteil sein[262]
voordeelregel (*sp*): *de ~ toepassen* Vorteil gelten lassen[197]
voordelig vorteilhaft
voordeur Haustür v^{20}, Vordertür v^{20}
voordeurdeler unverheiratet Zusammenwohnende(r) m^{40a}, v^{40b}
¹**voordoen** *ww* 1 (*voorbinden*) umbinden[131], vorbinden[131] 2 (*doen als voorbeeld*) vormachen: *iets ~* etwas vormachen
²**voordoen, zich** 1 (*zich uitgeven voor*) sich ausgeben[166] (für[+4]): *hij doet zich voor als Duitser* er gibt sich als Deutscher aus 2 (*voorkomen*) sich ergeben[166], eintreten[291], auftreten[291]: *problemen die zich ~* auftretende Probleme; *als de gelegenheid zich voordoet* wenn sich die Gelegenheit ergibt
voordracht 1 (*het voordragen*) Vortrag m^6 2 (*de wijze van voordragen*) Vortragsweise v^{21} 3 (*lezing*) Vortrag m^6 4 (*kandidatenlijst*) Kandidatenliste v^{21} 5 (*aanbeveling*) Vorschlag m^6: *op ~ van de minister* auf Vorschlag des Ministers
voordragen 1 (*voorleggen, toelichten*) vortragen[288] 2 (*reciteren*) vortragen[288]: *een gedicht ~* ein Gedicht vortragen 3 (*op de voordracht plaatsen*) vorschlagen[241]
voorechtelijk vorehelich
vooreerst vorläufig, vorerst
voorgaan 1 (*prioriteit hebben*) vorgehen[168]

398

2 (*vóór iem gaan*) vor(aus)gehen[168] 3 (*een godsdienstoefening leiden*) leiten 4 (*mbt een uurwerk*) vorgehen[168]
voorgaand vorhergehend: *het ~e* das Vorhergehende; *het ~e jaar* das Vorjahr; *in het ~e hoofdstuk* im vorhergehenden Kapitel
voorgebergte Vorgebirge o^{33}
voorgerecht Vorgericht o^{29}
voorgeschiedenis Vorgeschichte v^{21}
voorgeslacht Vorfahren *mv* m^{14}, m^{15}
voorgevel Fassade v^{21}, Vorderfront v^{20}
voorgeven vorgeben[166]; (*voorwenden, ook*) vorschützen
voorgevoel Ahnung v^{20}, Vorgefühl o^{29}: *ik had er een ~ van* ich ahnte es
voorgift Vorgabe v^{21}
voorgoed 1 (*definitief*) endgültig 2 (*voor altijd*) für (*of:* auf) immer
voorgoochelen vorgaukeln: *iem iets ~* jmdm etwas vorgaukeln
voorgrond Vordergrund m^6: *zich op de ~ plaatsen* sich in den Vordergrund schieben[237]; *op de ~ staan* im Vordergrund stehen[279]; *op de ~ treden* in den Vordergrund treten[291]
voorhand Vorderhand v^{28} ‖ *op ~* im Voraus
voorhanden (*beschikbaar*) vorhanden; (*in voorraad*) vorhanden, vorrätig
voorhebben 1 vorhaben[182]: *een schort ~* eine Schürze vorhaben 2 (*voor zich hebben*) vor³ sich haben[182] 3 (*voordeel hebben boven*) voraushaben[182]: *iets op iem ~* etwas (vor) jmdm voraushaben[182] 4 (*bedoelen*) vorhaben[182]
voorheen früher, ehemals
voorhoede 1 (*mil*) Vorhut v^{20} 2 (*fig*) Spitze v^{21} 3 (*sp*) Sturm m^6
voorhoedespeler Stürmer m^9
voorhoofd Stirn v^{20}
voorhoofdsholteontsteking Stirnhöhlenentzündung v^{20}
voorhouden vorhalten[183]: *iem zijn gedrag ~* jmdm sein Benehmen vorhalten
voorhuid Vorhaut v^{25}
voorin vorn
vooringenomen voreingenommen: *~ tegen iem zijn* jmdm gegenüber voreingenommen sein[262]
voorjaar Frühjahr o^{29}, Frühling m^5
voorjaarsbeurs Frühjahrsmesse v^{21}
voorjaarsmode Frühjahrsmode v^{21}
voorjaarsmoeheid Frühjahrsmüdigkeit v^{28}
voorkant Vorderseite v^{21}
voorkauwen (jmdm etwas) vorkauen
voorkennis Vorwissen o^{39}
voorkeur Vorzug m^6: *het recht van ~* das Vorzugsrecht; *bij ~* vorzugsweise; *aan iets de ~ geven* einer Sache³ den Vorzug geben[166]; *de ~ geven aan wijn boven bier* Wein dem Bier vorziehen
voorkeursbehandeling Vorzugsbehandlung v^{20}
¹**voorkomen** 1 (*vlugger zijn dan*) zuvorkom-

men[193+3]: *iems wensen* ~ jmds Wünschen zuvorkommen **2** *(beletten)* verhindern, verhüten; vorbeugen[+3]: *een ongeluk* ~ einen Unfall verhüten (*of:* verhindern)

²**voorkomen** *zn* Aussehen *o*[39], Äußere(s) *o*[40c]

¹**voorkomen** *ww* **1** *(voor de deur komen)* vorfahren[153]: *de auto laten* ~ den Wagen vorfahren lassen[197] **2** *(voor iem komen)* überholen: *iem* ~ jmdn überholen **3** *(voor de rechter komen)* vor Gericht erscheinen[233] **4** *(gebeuren)* vorkommen[193]: *zoiets komt meer voor* so etwas kommt häufiger vor **5** *(aanwezig zijn)* vorkommen[193]: *die dieren komen hier niet voor* diese Tiere kommen hier nicht vor **6** *(lijken)* vorkommen[193]: *dat komt me vreemd voor!* das kommt mir sonderbar vor!

voorkomend zuvorkommend, gefällig

voorkoming Vermeidung *v*[20], Verhütung *v*[20]: ~ *van schade* Schaden(s)verhütung; *ter* ~ *van misverstanden* zur Vermeidung von Missverständnissen

voorlaatst vorletzt

voorlaten vorlassen[197]: *iem* ~ jmdn vorlassen

voorleggen *(voor iem leggen)* vorlegen: *iem een brief* ~ jmdm einen Brief vorlegen

voorlezen vorlesen[201]; *(officieel)* verlesen[201]

voorlichten *(voorlichting verschaffen)* aufklären, unterrichten: *iem over iets* ~ jmdn über[+4] etwas aufklären

voorlichter Sprecher *m*[9]

voorlichting Aufklärung *v*[20]: *seksuele* ~ (sexuelle) Aufklärung

voorlichtingsdienst Informationsamt *o*[32]; *(van regering)* Presseamt *o*[32]

voorliefde Vorliebe *v*[21]: *de* ~ *voor* die Vorliebe für[+4]

voorliegen vorlügen[204]: *iem iets* ~ jmdm etwas vorlügen

voorlopen 1 *(voorop lopen)* vorangehen[168] **2** *(mbt uurwerk)* vorgehen[168]

voorloper 1 *(hij die voorloopt)* Vorläufer *m*[9] **2** *(voorbode)* Vorbote *m*[15]

voorlopig vorläufig, provisorisch; *(alvast, zolang)* vorläufig, einstweilen; ~*e hechtenis* Untersuchungshaft *v*[28]; ~*e raming* Voranschlag *m*[6]

voormalig ehemalig, früher

voormiddag Vormittag *m*[5]

voorn Plötze *v*[21]

¹**voornaam 1** *(aanzienlijk)* vornehm **2** *(belangrijk)* wichtig, bedeutend: *de ~ste reden* der Hauptgrund

²**voornaam** Vorname *m*[18]

voornaamwoord Fürwort *o*[32]: *het persoonlijk* ~ das Personalpronomen

voornamelijk 1 *(hoofdzakelijk)* hauptsächlich **2** *(vooral)* insbesondere, besonders

¹**voornemen** *zn* Vorhaben *o*[35], Absicht *v*[20]: *we hebben het* ~ … wir beabsichtigen …

²**voornemen, zich** sich³ vornehmen[212]

voornemens: ~ *zijn* beabsichtigen

voornoemd oben genannt, vorgenannt
vooronderstellen voraussetzen, annehmen[212]
vooronderstelling 1 Voraussetzung *v*[20] **2** Annahme *v*[21]
vooronderzoek Voruntersuchung *v*[20]
vooroordeel Vorurteil *o*[29]
vooroorlogs Vorkriegs…
voorop *(aan het hoofd)* voran, vorauf, vorn
vooropgaan vorangehen[168]
vooropleiding Vorbildung *v*[20]
voorstellen 1 *(aannemen)* voraussetzen **2** *(als eerste punt noemen)* vorausschicken
voorzetten voraussetzen: *de vooropgezette mening* die vorgefasste Meinung
voorouders Vorfahren *mv m*[14], *m*[15]
voorover vornüber, kopfüber, nach vorn
vooroverleg Vorbesprechung *v*[20]
voorpagina *(van krant)* Titelseite *v*[21]; *(van boek)* Titelblatt *o*[32]: *de* ~ *halen* Schlagzeilen *mv v*[21] machen
voorpret Vorfreude *v*[21]
voorproefje *(fig)* Kostprobe *v*[21], (kleiner) Vorgeschmack *m*[19]
voorprogramma Vorprogramm *o*[29]
voorprogrammeren vorprogrammieren[320]
voorraad Vorrat *m*[6]; *(handel, ook)* Bestand *m*[6]: *in* ~ *hebben* vorrätig (*of:* auf, am Lager) haben[182]
voorradig vorrätig, vorhanden
voorrang 1 *(prioriteit)* Vorrang *m*[19], Priorität *v*[28]: *met* ~ *behandelen* vorrangig behandeln; *de* ~ *hebben boven* den Vorrang haben[182] vor[+3] **2** *(in het verkeer)* Vorfahrt *v*[28]: ~ *hebben* (die) Vorfahrt haben[182]; *geen* ~ *verlenen* die Vorfahrt nicht beachten
voorrangsbord Vorfahrt(s)schild *o*[31]
voorrangsregel Vorfahrt(s)regel *v*[21]
voorrangsweg Vorfahrt(s)straße *v*[21]
voorrecht Vorrecht *o*[29]
voorrijden 1 *(voorop rijden)* vorausfahren[153] **2** *(voor de deur rijden)* vorfahren[153]
voorrijkosten Anfahrtskosten *(mv)*
voorronde *(sp)* Vorrunde *v*[21]; *(atletiek)* Vorlauf *m*[6]
voorruit Windschutzscheibe *v*[21], Frontscheibe *v*[21]
voorschieten vorschießen[238]
voorschoot Schürze *v*[21]
voorschot Vorschuss *m*[6]: *een* ~ *krijgen* einen Vorschuss erhalten[183]
voorschotelen auftischen
voorschrift Vorschrift *v*[20]: *(jur)* ~*en* Auflagen *mv v*[21]; *op* ~ *van de dokter* auf ärztliche Verordnung; *volgens* ~ laut Vorschrift
voorschrijven 1 vorschreiben[252] **2** *(van geneesmiddel)* verordnen, verschreiben[252]
voorseizoen Vorsaison *v*[27]
voorshands einstweilen
voorsorteerstrook Einordnungsspur *v*[20]
voorsorteren *(van verkeer)* einordnen

voorspannen vorspannen, spannen vor^{+4}: *(fig) iem ergens ~* jmdn vor seinen Karren spannen
voorspel *(ook fig)* Vorspiel o^{29}
voorspelbaar voraussagbar, vorhersagbar
voorspelen vorspielen: *iem iets ~* jmdm etwas vorspielen
voorspellen voraussagen, vorhersagen, prophezeien: *dat voorspelt niet veel goeds!* das verheißt nichts Gutes!
voorspelling Voraussage v^{21}, Vorhersage v^{21}, Prophezeiung v^{20}
voorspiegelen vorspiegeln: *iem iets ~* jmdm etwas vorspiegeln
voorspoed Glück o^{39}; *(welstand)* Wohlstand m^{19}
voorspoedig glücklich: *een ~e reis* eine glückliche Reise; *alles verliep ~* alles verlief glatt
voorspraak Fürsprache v^{21}: *iems ~ zijn* als Fürsprecher für jmdn auftreten^{291}
voorsprong Vorsprung m^6: *een ~ op iem hebben* einen Vorsprung vor jmdm haben^{182}
voorstaan 1 *(staan wachten)* vorgefahren sein^{262}: *de auto staat voor* das Auto ist vorgefahren **2** *(vooraan staan)* führen: *met 3-2 ~ liggen* mit 3-2 führen **3** *(heugen)* vor Augen stehen^{279}, vorschweben **4** *zich op iets laten ~* sich auf^{+4} etwas einbilden
voorstad Vorstadt v^{25}, Vorort m^5
voorstander Befürworter m^9, Verfechter m^9
¹**voorste** *zn: de ~* der (die) Vorderste; *(van twee; mnl)* der Vordere^{40a}; *(van twee; vrl)* die Vordere^{40b}
²**voorste** *bn* vorderst; *(van twee)* vorder
voorsteken *(Belg) (inhalen)* überholen
voorstel Vorschlag m^6; *(in vergadering)* Antrag m^6: *een ~ tot sluiting van het debat* ein Antrag auf^{+4} Beendung der Debatte; *op ~ van* auf Antrag^{+2}
voorstelbaar vorstellbar
¹**voorstellen 1** *(introduceren)* vorstellen: *iem (aan een ander) ~* jmdn (einem anderen) vorstellen; *mag ik u (aan u) ~?* darf ich bekannt machen? **2** *(een voorstel doen)* vorschlagen^{241} **3** *(afbeelden)* vorstellen, darstellen: *wat moet dat ~?* was soll das vorstellen?
²**voorstellen, zich 1** *(zich introduceren)* sich^4 vorstellen **2** *(zich voor de geest halen)* sich^3 vorstellen **3** *(van plan zijn)* beabsichtigen
voorstelling 1 *(afbeelding)* Darstellung v^{20} **2** *(van film, theat)* Vorstellung v^{20} **3** *(herinnering)* Vorstellung v^{20} **4** *(introductie)* Vorstellung v^{20}
voorstellingsvermogen Vorstellungsvermögen o^{39}
voorstemmen dafür stimmen
voorsteven Vordersteven m^{11}, Vorsteven m^{11}
voort fort, weiter; *(vooruit)* vorwärts
voortaan (zu)künftig
voortand Vorderzahn m^6, Schneidezahn m^6
¹**voortbestaan** *zn* Fortbestehen o^{39}, Fortbestand m^{19}
²**voortbestaan** *ww* fortbestehen^{279}

¹**voortbewegen** *ww* fortbewegen
²**voortbewegen, zich** sich fortbewegen
voortbrengen hervorbringen^{139}, erzeugen
voortbrengsel Erzeugnis o^{29a}, Produkt o^{29}
voortduren fortdauern, andauern
voortdurend ständig, fortwährend, dauernd
voorteken Vorzeichen o^{35}, Anzeichen o^{35}
voortent Vorzelt o^{29}
voortgaan 1 *(verder gaan)* weitergehen^{168}, fortschreiten^{254} **2** *(voortzetten)* fortfahren^{153}: *met zijn werk ~* mit seiner Arbeit fortfahren; *~ met spelen* fortfahren zu spielen
voortgang 1 *(voortzetting)* Fortgang m^{19} **2** *(vooruitgang)* Fortschritt m^5: *~ maken* Fortschritte machen
voortgezet fortgesetzt: *school voor ~ onderwijs* weiterführende Schule v^{21}
voorthelpen weiterhelfen^{188}: *iem ~* jmdm weiterhelfen
voortijdig vorzeitig
voortkomen 1 *(verder komen)* vorwärts kommen^{193}, weiterkommen^{193} **2** *(voortvloeien)* hervorgehen^{168} (aus^{+3}) **3** *(afkomstig zijn)* entstammen^{+3}: *uit een oud geslacht ~* einem alten Geschlecht entstammen
voortleven fortleben, weiterleben
voortmaken sich beeilen
voortouw: *het ~ nemen* die Initiative ergreifen^{181}
voortplanten, zich sich fortpflanzen
voortplanting Fortpflanzung v^{28}
voortreffelijk vorzüglich, vortrefflich
voortrekken vorziehen^{318+3}: *deze leerling wordt boven de andere leerlingen voorgetrokken* dieser Schüler wird den anderen Schülern vorgezogen
voortrekker *(fig)* Wegbereiter m^9
voorts weiter, ferner; *(bovendien)* außerdem
voortschrijden 1 *(verder schrijden)* dahinschreiten^{254} **2** *(vorderen)* fortschreiten^{254}
voortslepen fortschleppen, weiterschleppen
voortsnellen dahineilen
voortstappen weiterschreiten^{254}
voortstuwen vorwärts treiben^{290}, antreiben^{290}
voortvarend energisch
voortvarendheid Energie v^{28}, Eifer m^{19}
voortvloeien *(ergens uit volgen)* hervorgehen^{168}, sich ergeben^{166}: *daaruit vloeit voort* daraus geht hervor, daraus ergibt sich
voortvluchtig flüchtig: *~e* Flüchtling m^5
voortzetten fortsetzen, weiterführen
voortzetting 1 *(het voortzetten)* Fortsetzung v^{20}, Weiterführung v^{20} **2** *(vervolg)* Fortsetzung v^{20}
vooruit 1 *(van tevoren)* vorher **2** *(verder)* voraus: *zijn tijd ~ zijn* seiner Zeit^3 voraus sein^{262}
vooruitbetalen voraus(be)zahlen
vooruitbetaling Voraus(be)zahlung v^{20}
vooruitgaan 1 *(eerder gaan)* vorausgehen^{168} **2** *(voorwaarts gaan)* vorwärts gehen^{168}; *(mbt vaar- en voertuig)* vorwärts fahren^{153} **3** *(vorderingen maken)* Fortschritte *(mv)* machen: *de zieke*

vooruitgaat vooruit mit dem Kranken geht es aufwärts
vooruitgang (vordering) Fortschritt *m*⁵; (van zieke) Besserung *v*²⁸
vooruitgang Vorderausgang *m*⁶
vooruithelpen weiterhelfen¹⁸⁸⁺³
vooruitkomen 1 (verder komen) vorwärts kommen¹⁹³, weiterkommen¹⁹³ **2** (naar voren komen) nach vorn kommen¹⁹³
vooruitlopen 1 (voor iem lopen) vorausgehen¹⁶⁸; (hard) vorauslaufen¹⁹⁸ **2** (van tevoren iets doen) vorgreifen¹⁸¹⁺³: *op de gebeurtenissen* ~ den Ereignissen vorgreifen
vooruitsnellen vorauseilen
vooruitsteken *intr* vorragen: *een ~de kin* ein vorgeschobenes Kinn
vooruitsteken *tr* vorstrecken
vooruitstrevend fortschrittlich, progressiv
vooruitzicht Aussicht *v*²⁰: *iem iets in het ~ stellen* jmdm etwas in Aussicht stellen
vooruitzien vorausschauen
vooruitziend vorausschauend, weitsichtig
voorvader Vorfahr *m*¹⁴, Ahn *m*¹⁶, *m*¹⁴
voorval Vorfall *m*⁶, Begebenheit *v*²⁰, Ereignis *o*²⁹ᵃ
voorvallen geschehen¹⁷³, vorfallen¹⁵⁴, sich ereignen
voorvechter Vorkämpfer *m*⁹, Verfechter *m*⁹
voorverkiezing Vorwahl *v*²⁰
voorverkoop Vorverkauf *m*¹⁹
voorvoegsel Vorsilbe *v*²¹, Präfix *o*²⁹
voorwaar fürwahr, wahrlich, wirklich
voorwaarde 1 (vooraf gestelde beperking) Bedingung *v*²⁰: *op* (of: *onder*) ~, *dat ...* unter der Bedingung, dass ... **2** (noodzakelijke voorwaarde) Voraussetzung *v*²⁰
voorwaardelijk bedingt: (jur) *drie maanden* ~ drei Monate Freiheitsstrafe mit Bewährung
voorwaarts *bn, bw* vorwärts
voorwas Vorwäsche *v*²¹
voorwenden vorschützen, vorgeben¹⁶⁶
voorwendsel Vorwand *m*⁶: *onder* ~ *van vriendschap* unter dem Vorwand der Freundschaft
voorwerp 1 (zaak, object) Gegenstand *m*⁶: *gevonden ~en* Fundsachen *mv v*²¹; *bureau van gevonden ~en* Fundbüro *o*³⁶ **2** (taalk) Objekt *o*²⁹: *lijdend ~* Akkusativobjekt *o*²⁹; *meewerkend ~* Dativobjekt *o*²⁹
voorwiel Vorderrad *o*³²
voorwielaandrijving Frontantrieb *m*⁵
voorwoord Vorwort *o*²⁹
voorzeggen: *iem iets* ~ jmdm etwas vorsagen
voorzeker sicher(lich), gewiss
voorzet (hoge bal van opzij) Flanke *v*²¹; (pass) Vorlage *v*²¹
voorzetsel Präposition *v*²⁰, Verhältniswort *o*³²
voorzetselvoorwerp Präpositionalobjekt *o*²⁹
voorzetten 1 (plaatsen voor) vorsetzen: *iem iets* ~ jmdm etwas vorsetzen **2** (vooruitzetten) vorsetzen: *het rechterbeen* ~ das rechte Bein vorsetzen **3** (een uurwerk) vorstellen **4** (sp) flanken

voorzichtig vorsichtig
voorzichtigheid Vorsicht *v*²⁸
voorzichtigheidshalve vorsichtshalber
voorzien 1 (vooruitzien) voraussehen²⁶¹: *zoals te* ~ *is* voraussichtlich **2** (verzorgen) versehen²⁶¹, versorgen: *in een behoefte* ~ ein Bedürfnis befriedigen; *in zijn levensonderhoud* ~ sich ernähren; *in de vacature is* ~ die Stelle ist besetzt; *iem* ~ *van* jmdn versehen mit⁺³ **3** (regelen) vorsehen²⁶¹: *de wet heeft daar niet in* ~ das ist im Gesetz nicht vorgesehen || *ik heb het niet op hem* ~ ich mag ihn nicht; *het op iem* ~ *hebben* es auf jmdn abgesehen haben¹⁸²
voorzienigheid Vorsehung *v*²⁸
voorziening 1 (het voorzien) Versorgung *v*²⁸: *de* ~ *van levensmiddelen* die Versorgung mit Lebensmitteln **2** (maatregel) Maßnahme *v*²¹, Vorkehrung *v*²⁰ **3** (tot algemeen nut) Einrichtung *v*²⁰: *sanitaire ~en* Sanitäreinrichtungen *mv v*²⁰; *sociale ~en* soziale Einrichtungen
voorzijde Vorderseite *v*²¹
voorzitter Vorsitzende(r) *m*⁴⁰ᵃ, *v*⁴⁰ᵇ, Präsident *m*¹⁴
voorzitterschap Vorsitz *m*¹⁹: *het* ~ *bekleden* den Vorsitz haben¹⁸²; *het* ~ *neerleggen* den Vorsitz abgeben¹⁶⁶
voorzorg Vorsorge *v*²⁸: *uit* ~ zur Vorsorge
voorzorgsmaatregel Vorsorge *v*²⁸: *~en nemen* Vorkehrungen treffen²⁸⁹
voos 1 (sponsachtig) mürbe, schwammig **2** (mbt gestel) morsch, hinfällig **3** (bedorven) faul
¹vorderen (vooruitkomen) vorwärts kommen¹⁹³, vorankommen¹⁹³, Fortschritte machen: *op gevorderde leeftijd* in vorgerücktem Alter; *het werk vordert goed* die Arbeit geht gut voran
²vorderen 1 (eisen) fordern, verlangen; (jur) beantragen **2** (van overheidswege opeisen) einziehen³¹⁸: *privébezit* ~ Privatbesitz einziehen **3** (in beslag nemen) beschlagnahmen: *auto's* ~ Autos beschlagnahmen
vordering 1 (vooruitgang) Fortschritt *m*⁵ **2** (eis) Forderung *v*²⁰: *uitstaande ~en* Außenstände *mv m*⁶
voren *bw* vorn(e): *als* ~ wie oben; *naar* ~ nach vorn(e); *iets naar* ~ *brengen* etwas vorbringen¹³⁹; *van* ~ *(tot) voren(e)*; *van* ~ *af aan* von vorn(e)
vorig 1 (vroeger) vorig, früher **2** (onmiddellijk voorafgaand) vorig: *het ~e jaar* das vorige (of: vergangene) Jahr
vork Gabel *v*²¹; (splitsing, ook) Gab(e)lung *v*²⁰: *weten, hoe de* ~ *in de steel zit* wissen, wie sich die Sache verhält
vorkheftruck Gabelstapler *m*⁹
vorm Form *v*²⁰: *de ~en in acht nemen* den Anstand wahren; *(sp) in* ~ *zijn* in Form sein²⁶²; *het is maar voor de* ~ es ist nur der Form wegen; *zonder* ~ *van proces* ohne jeden Prozess
vormelijk förmlich, formell

vormeloos zie vormloos
vormen 1 (de gedaante hebben van) bilden **2** (de gedaante geven van) bilden, formen, gestalten: een kring ~ einen Kreis bilden **3** (r-k) firmen
vormend bildend
vormgeving Gestaltung v^{20}, Formgebung v^{20}
vorming Bildung v^{20}
vormingscentrum (ongev) Bildungsstätte v^{21}
vormleer Formenlehre v^{28}
vormloos formlos
vormsel Firmung v^{20}
¹vorst (bouwk) First m^5
²vorst (persoon) Fürst m^{14}
³vorst (het vriezen) Frost m^6: bij ~ bei Frostwetter
vorstelijk fürstlich
vorstendom Fürstentum o^{32}
vorstschade Frostschaden m^{12}
vorstverlet Arbeitsausfall m^6 durch Frost
vorstvrij frostfrei
vos Fuchs m^6
vossen ochsen, büffeln
voteren bewilligen: een bedrag ~ einen Betrag bewilligen
voucher Voucher o^{36}, m^{13}, o^{33}, m^9
vouw Falte v^{21}, Kniff m^5
vouwen falten: niet ~! nicht knicken!
vouwfiets Klapp(fahr)rad o^{32}
vraag 1 (ondervraging) Frage v^{21}: iem een ~ stellen jmdm eine Frage stellen **2** (verzoek) Bitte v^{21} **3** (vraagstuk) Frage v^{21}: het is de ~, of ... es fragt sich, ob ...; het is nog de ~ es steht noch dahin; het is zeer de ~ es ist sehr fraglich **4** (handel) Nachfrage v^{21}: ~ en aanbod Angebot und Nachfrage; veel ~ naar lebhafte Nachfrage nach^{+3} ...; er is veel ~ naar dat artikel dieser Artikel ist stark gefragt
vraagbaak (boek, persoon) Ratgeber m^9
vraaggesprek Interview o^{36}
vraagprijs Angebotspreis m^5; (bij huizen) Verhandlungsbasis v (mv -basen)
vraagstuk 1 (probleem) Frage v^{21} **2** (opgave) Aufgabe v^{21}
vraagteken Fragezeichen o^{35}
vraagzin Fragesatz m^6
vraatzucht Gefräßigkeit v^{28}, Fressgier v^{28}
vraatzuchtig gefräßig, fressgierig
vracht 1 (lading) Fracht v^{20}: de ~ hout (op een wagen) die Fuhre Holz **2** (last) Last v^{20}: onder de ~ bezwijken unter der Last zusammenbrechen^{137} **3** (grote hoeveelheid) Ladung v^{20}: een ~ werk eine Masse Arbeit
vrachtauto Lastkraftwagen m^{11} (afk LKW, Lkw), Lastauto o^{36}, Laster m^9
vrachtboot Frachtschiff o^{29}, Frachter m^9
vrachtbrief Frachtbrief m^5
vrachtgoed Frachtgut o^{32}, Fracht v^{20}
vrachtschip Frachtschiff o^{29}, Frachter m^9
vrachttarief Frachttarif m^5, Frachtsatz m^6
vrachtvervoer Güterbeförderung v^{28}
vrachtwagen zie vrachtauto

vrachtwagencombinatie Lastzug m^6
¹vragen intr (met naar) sich erkundigen nach^{+3}: naar iems gezondheid ~ sich nach jmds Befinden erkundigen
²vragen tr **1** fragen^{+4}: iem iets ~ jmdn etwas fragen; iem de weg ~ jmdn nach dem Weg fragen **2** (verzoeken) bitten^{132+4}: inlichtingen ~ aan iem jmdn um Auskunft bitten **3** (ondervragen) (be)fragen^{+4} **4** (uitnodigen) bitten^{132+4}, einladen^{196+4} **5** (eisen) verlangen, fordern
vragend fragend: ~ voornaamwoord Fragefürwort o^{32}; Interrogativpronomen o^{35} (mv ook -pronomina)
vragenderwijs fragend
vragenlijst Fragebogen m^{11}, Frageliste v^{21}
vragensteller Fragesteller m^9
vrager Frager m^9
vrede Frieden m^{11}: ~ hebben met sich abfinden^{157} mit^{+3}
vredelievend friedfertig
vredelievendheid Friedfertigkeit v^{28}
vredesbeweging Friedensbewegung v^{20}
vredesmissie Friedenseinsatz m^6, Befriedungsmission v^{20}
vredesnaam: in ~ in Gottes Namen
vredesonderhandelingen Friedensverhandlungen mv v^{20}
vredesoperatie Friedensoperation v^{20}
vredesproces Friedensprozess m^5
vredestijd: in ~ in Friedenszeiten
vredesverdrag Friedensvertrag m^6
vredesvoorwaarde Friedensbedingung v^{20}
vredig friedlich
vreedzaam friedlich; (vredelievend) friedfertig
vreemd 1 (algem) fremd; (uitheems, ook) fremdländisch: de ~e taal die Fremdsprache; een ~ woord ein Fremdwort; ik ben hier ~ ich bin hier fremd, ich weiß hier nicht Bescheid **2** (raar) sonderbar, seltsam: ~e bestanddelen fremdartige Bestandteile; ~ doen sich sonderbar benehmen^{212} **3** (verbaasd) erstaunt, verwundert: ~ van iets opzien sich wundern
¹vreemde (onbekende) Fremde(r) m^{40a}, v^{40b}: dat heeft hij van geen ~ das liegt in der Familie
²vreemde (vreemd land) Fremde v^{28}: in den ~ leven in der Fremde leben
vreemdeling(e) 1 (onbekende) Fremde(r) m^{40a}, v^{40b} **2** (buitenlander) Ausländer m^9, Ausländerin v^{22}
vreemdelingendienst Ausländerbehörde v^{21}
vreemdelingenindustrie Fremdenindustrie v^{21}
vreemdelingenpolitie Fremdenpolizei v^{28}
vreemdelingenverkeer Fremdenverkehr m^{19}
vreemdgaan fremdgehen^{168}
vreemdsoortig fremdartig, seltsam
vrees Furcht v^{28}, Angst v^{25}
vreetpartij Fresserei v^{20}
vreetzak Fresssack m^6, Fresser m^9
vrek Geizhals m^6, Geizkragen m^{11}

vrekkig geizig
vreselijk fürchterlich, schrecklich, furchtbar: ~ *aardige mensen* riesig nette Leute
vreten *zn* Fressen o^{39}, Fraß m^5 || *een raar stuk* ~ ein seltsamer Vogel
vreten *tr* fressen[162]
vreugde Freude v^{21}: *tot* ~ *stemmen* freudig stimmen
vreugdekreet Freudenruf m^5, Freudenschrei m^5
vreugdeloos freudlos
vreugdevol freudvoll
vreugdevuur Freudenfeuer o^{33}
vrezen fürchten; *(bang zijn dat iets zal gebeuren, ook)* befürchten: *de dood* ~ den Tod fürchten; *het ergste* ~ das Schlimmste (be)fürchten; *iem* ~ sich vor jmdm fürchten; *het is te* ~ es ist zu befürchten
vriend Freund m^5: *iem te* ~ *houden* gut Freund bleiben[134]; *weer goede* ~*en worden* sich wieder vertragen[288]
vriendelijk freundlich; *(mbt dank, woorden, ook)* verbindlich
vriendelijkheid Freundlichkeit v^{20}, Verbindlichkeit v^{20}
vriendendienst Freundschaftsdienst m^5
vriendenkring Freundeskreis m^5
vriendin Freundin v^{22}
vriendjespolitiek Vetternwirtschaft v^{28}
vriendschap Freundschaft v^{20}
vriendschappelijk freundschaftlich: ~*e wedstrijd* Freundschaftsspiel o^{29}
vriendschapsband Freundschaftsbande *mv* o^{29}
vriescel Gefrierraum m^6
vriesdrogen gefriertrocknen
vrieskist Gefriertruhe v^{21}
vriesvak Gefrierfach o^{32}
vriesweer Frostwetter o^{39}
vriezen frieren[163]: *het vriest hard* es friert stark
vriezer Gefrieranlage v^{21}, Gefriertruhe v^{21}
vrij *zn (vrijloop)* Leerlauf m^6
vrij *bn, bw* frei: ~ *beroep* freier Beruf m^5; ~ *entree* freier Eintritt m^5; ~*e meningsuiting* freie Meinungsäußerung v^{20}; ~*e tijd* Freizeit v^{20}; *directe* ~*e trap* direkter Freistoß m^6; *uit* ~*e beweging* aus freien Stücken; ~ *van invoerrechten* zollfrei; ~ *van koorts* fieberfrei; ~ *krijgen* freibekommen[193]; *ik ben zo* ~ *u te melden dat* … ich bin so frei (*of:* ich erlaube mir), Ihnen zu melden, dass …
vrij *bw (tamelijk)* ziemlich: ~ *goed* ziemlich gut; ~ *laat* ziemlich spät
vrijaf frei: ~ *hebben* frei haben[182]
vrijblijvend unverbindlich, freibleibend
vrijbuiter Freibeuter m^9
vrijdag Freitag m^5: *Goede Vrijdag* Karfreitag
vrijdags am Freitag; *(iedere vrijdag)* freitags
vrijdenker Freidenker m^9
vrijelijk frei: ~ *spreken* frei sprechen[274]
vrijemarkteconomie Marktwirtschaft v^{20}, freie Marktwirtschaft v^{20}
vrijen 1 *(verkering hebben)* einen Freund (*of:* eine Freundin) haben[182] **2** *(minnekozen)* knutschen **3** *(geslachtsgemeenschap hebben)* sich lieben, ins Bett gehen[168]
vrijer Geliebte(r) m^{40a}, Freund m^5
vrijetijdsbesteding Freizeitgestaltung v^{20}
vrijetijdsmaatschappij Freizeitgesellschaft v^{20}, Erlebnisgesellschaft v^{20}, Spaßgesellschaft v^{20}
vrijgeleide *(vrije doortocht)* freies Geleit o^{29}
vrijgeven freigeben[166]
vrijgevig freigebig, gebefreudig
¹**vrijgezel** *zn* Junggeselle m^{15}, Junggesellin v^{22}
²**vrijgezel** *bn* ledig, unverheiratet
vrijhandel Freihandel m^{19}
vrijhaven Freihafen m^{12}
vrijheid Freiheit v^{20}: ~ *van drukpers* Pressefreiheit; ~ *van gedachte* Gedankenfreiheit; ~ *van vestiging* Freizügigkeit v^{28}; *ik neem de* ~ ich nehme mir die Freiheit, ich erlaube mir
vrijheidsberoving Freiheitsberaubung v^{20}
vrijheidsstraf Freiheitsstrafe v^{21}
vrijheidsstrijder Freiheitskämpfer m^9
vrijhouden freihalten[183]
vrijkaart Freikarte v^{21}
vrijkomen 1 *(mbt gevangene)* freigelassen werden[310], freikommen[193] **2** *(loskomen)* frei werden[310]: ~ *de energie* frei werdende Energie; *met de schrik* ~ mit dem Schrecken davonkommen[193]
vrijkopen freikaufen, loskaufen
vrijlaten 1 *(de vrijheid geven)* freilassen[197] **2** *(verlof geven)* freie Hand lassen[197]: *iem volkomen* ~ jmdm vollkommen freie Hand lassen **3** *(onbezet laten)* frei lassen[197]
vrijlating Freilassung v^{20}
vrijloop Freilauf m^6, Leerlauf m^6
vrijmaken 1 *(bevrijden van last, verplichting)* befreien **2** *(bij douane)* verzollen
vrijmetselaar Freimaurer m^9
vrijmetselaarsloge Freimaurerloge v^{21}
vrijmetselarij Freimaurerei v^{28}
vrijmoedig freimütig, offen: ~ *spreken (ook)* freiheraus sprechen[274]
vrijmoedigheid Freimut m^{19}, Offenheit v^{28}
¹**vrijpleiten** *tr* freisprechen[274], entlasten: *iem* ~ *van iets* jmdn von[+3] etwas freisprechen
²**vrijpleiten, zich** sich rechtfertigen
vrijpostig dreist, keck
vrijspraak Freisprechung v^{20}, Freispruch m^6
vrijspreken freisprechen[274]
vrijstaan *(toegestaan zijn)* freistehen[279]
vrijstaand 1 *(sp, ongedekt)* frei stehend **2** *(alleenstaand)* frei stehend **3** *(niet gebruikt)* freistehend
vrijstellen freistellen, befreien: *vrijgesteld van belastingen* von Steuern befreit
vrijstelling Freistellung v^{20}, Befreiung v^{20}: ~ *van belasting* Steuerbefreiung
vrijster: *oude* ~ alte Jungfer v^{21}
vrijuit freiheraus: ~ *gaan* (straf)frei ausgehen[168]; ~ *spreken* frei von der Leber weg reden
vrijwaren bewahren (vor[+3]), behüten (vor[+3])

vrijwaring Gewährleistung v^{20}
vrijwel nahezu: ~ *hetzelfde* nahezu dasselbe
vrijwillig freiwillig; *~e dood* Freitod m^5
vrijwilliger Freiwillige(r) m^{40a}, v^{40b}
vroedvrouw Geburtshelferin v^{22}, Hebamme v^{21}
vroeg früh(zeitig): *'s morgens* ~ morgens früh; *vanmorgen* ~ heute früh; *in ~ere tijden* in früheren Zeiten; *op een ~ uur* zu früher Stunde; *~ of laat* früher oder später
vroeger 1 *(eertijds)* früher, einst **2** *(voormalig)* früher, ehemalig
vroegmis Frühmesse v^{21}
vroegpensioen 1 *(mbt ambtenaren)* Frühpensi-on v^{20} **2** *(mbt niet-ambtenaren)* Frührente v^{21}
vroegte Frühe v^{28}: *heel in de* ~ in aller Frühe
vroegtijdig frühzeitig
vrolijk 1 fröhlich, heiter, lustig **2** *(aangeschoten)* angeheitert
vrolijkheid Fröhlichkeit v^{28}, Heiterkeit v^{28}, Lustigkeit v^{28}
vroom fromm⁵⁹
vroomheid Frömmigkeit v^{28}
vrouw 1 Frau v^{20}: *publieke* ~ Freudenmädchen o^{35}; Dirne v^{21} **2** *(echtgenote)* Frau v^{20}, Ehefrau v^{20}, Gattin v^{22} **3** *(kaartspel)* Dame v^{21} **4** *(van hond)* Frauchen o^{35}
vrouwelijk 1 *(van het vrouwelijke geslacht)* weiblich: *~ arts* Ärztin v^{22}; *~e beambte* Beamtin v^{22} **2** *(van een vrouw, bij een vrouw passend)* frauenhaft, fraulich, weiblich: *~ beroep* Frauenberuf m^5
vrouwenarts Frauenarzt m^6, Frauenärztin v^{22}
vrouwenbeweging Frauenbewegung v^{28}
vrouwenemancipatie Frauenemanzipation v^{28}
vrouwengek Weibernarr m^{14}
vrouwenpraat Weibergeschwätz o^{39}
vrouwenstem Frauenstimme v^{21}
vrouwtje 1 *(kleine vrouw, vrouwtjelief, bazin van hond)* Frauchen o^{35} **2** *(dierk)* Weibchen o^{35}
vrouwvolk Frauen *mv* v^{20}
vrouwvriendelijk frauenfreundlich
vrucht Frucht v^{25}: *~en afwerpen* Frucht *(of:* Früchte) tragen²⁸⁸; *met ~* mit Erfolg
vruchtafdrijving Abtreibung v^{20}
vruchtbaar fruchtbar
vruchtbaarheid Fruchtbarkeit v^{28}
vruchtbeginsel Fruchtknoten m^{11}
vruchtboom Obstbaum m^6
vruchtdragend 1 *(vrucht opleverend)* fruchttragend **2** *(fig)* fruchtbringend, fruchtbar
vruchteloos fruchtlos, vergeblich
vruchtenijs Fruchteis o^{39}
vruchtenlimonade Fruchtlimonade v^{21}
vruchtensap Fruchtsaft m^6, Obstsaft m^6
vruchtentaart Obstkuchen m^{11}, Obsttorte v^{21}
vruchtgebruik Nießbrauch m^{19}, Nutznießung v^{28}
vruchtvlees Fruchtfleisch o^{39}
vruchtwater Fruchtwasser o^{39}
VS *afk van Verenigde Staten* Vereinigte Staaten *mv* m^{16} (*afk* USA)

V-snaar Keilriemen m^{11}
vso *afk van voortgezet speciaal onderwijs* weiterführender Sonderunterricht m^{19}
¹**vuil** *zn* **1** *(viezigheid)* Schmutz m^{19}, Dreck m^{19}; *(modder)* Schlamm m^5, m^6 **2** *(vuilnis)* Müll m^{19}, Unrat m^{19}
²**vuil** *bn, bw* **1** *(vies)* schmutzig, dreckig: *gauw ~ worden* leicht schmutzen **2** *(schunnig)* schmutzig, dreckig, unflätig **3** *(gemeen)* gemein, niederträchtig || *~ zaakje* ein schmutziges Geschäft
vuil(ig)heid 1 *(het vuil zijn)* Schmutzigkeit v^{20} **2** *(uitwerpselen)* Kot m^{19}, Dreck m^{19}
vuilmaken schmutzig machen, beschmutzen: *(fig) zijn handen niet aan iets ~* sich³ nicht die Finger mit⁺³ etwas schmutzig machen; *ik zal er niet veel woorden over ~* ich werde darüber kein Wort verlieren³⁰⁰
vuilnis Müll m^{19}
vuilnisbak Mülleimer m^9, Kehrichteimer m^9
vuilnisbelt Schuttabladeplatz m^6, Müllabladeplatz m^6, Müllkippe v^{21}, Mülldeponie v^{21}
vuilnisman Müllmann m^8
vuilnisstortkoker Müllschlucker m^9
vuilniszak Müllbeutel m^6, Müllsack m^6
vuiltje Stäubchen o^{35}: *een ~ in het oog hebben* etwas im Auge haben¹⁸²; *er is geen ~ aan de lucht* es ist alles in Butter
vuilverbranding Müllverbrennung v^{28}; *(de installatie)* Müllverbrennungsanlage v^{21}
vuilverwerking Müllverwertung v^{28}
vuist *(dichtgesloten hand)* Faust v^{25} || *voor de ~ dichten (of: spreken)* aus dem Stegreif dichten *(of:* sprechen)
vuistje Fäustchen o^{35}: *in zijn ~ lachen* sich³ (eins) ins Fäustchen lachen
vulgair vulgär, ordinär
vulkaan Vulkan m^5
vulkanisch vulkanisch
vullen füllen; *(van tijd)* ausfüllen; *(bottelen)* abfüllen: *de avond ~* den Abend ausfüllen; *een fles ~* eine Flasche füllen
vulling 1 *(vulsel)* Füllung v^{20} **2** *(van tand)* Füllung v^{20} **3** *(in kleding)* Polster o^{33} **4** *(van spuitbus e.d.)* Patrone v^{21} **5** *(van pen e.d.)* Mine v^{21}
vulpen(houder) Füller m^9, Füllfederhalter m^9
vulpotlood Füllstift m^5, Drehbleistift m^5
vulsel Füllung v^{20}
vuns, vunzig 1 *(muf)* muffig, moderig **2** *(schunnig)* unflätig
¹**vuren** *zn (het vuren)* Feuern o^{39}: *het ~ staken* das Feuer einstellen
²**vuren** *ww* feuern
vurenhout Fichtenholz o^{39}
vurig 1 *(gloeiend, fonkelend)* feurig **2** *(hartstochtelijk)* feurig, heiß: *een ~ gebed* ein inbrünstiges Gebet; *~e liefde* heiße Liebe v^{21}; *een ~e wens* ein sehnlicher Wunsch **3** *(ontstoken)* entzündet: *een ~e huid* eine brennende Haut
vurigheid 1 Feuer o^{39}, Inbrunst v^{28} **2** *(hartstochte-*

lijkheid) Leidenschaft v^{28}, Glut v^{20} **3** *(van koren)* Brand m^{19}; *zie ook* vurig

VUT *afk van vervroegde uittreding* Vorruhestand m^{19}

VUT-regeling Vorruhestandsregelung v^{20}

vutten vorzeitig in den Ruhestand treten^{291}

vuur 1 Feuer o^{33}: *zich het ~ uit de sloffen lopen* sich die Beine ablaufen^{198}; *vol ~ voor iets zijn* Feuer und Flamme für^{+4} etwas sein^{262}; *vol ~ aan iets beginnen* mit Feuereifer etwas anfangen^{155}; *~ en vlam spuwen* Gift und Galle speien^{271}; *hij werd zo rood als ~* er wurde rot wie Feuer; *in ~ geraken* Feuer fangen^{155}; *iets uit het ~ slepen* etwas erringen^{224} **2** *(ijver)* Feuer o^{39}, Glut v^{20}: *in het ~ van het gevecht* in der Hitze des Gefechts **3** *(ziekte in koren)* Brand m^{19}

vuurbestendig feuerbeständig

vuurdoop Feuertaufe v^{21}: *de ~ ontvangen* die Feuertaufe erhalten^{183}

vuurgevecht Feuergefecht o^{29}

vuurgloed Glut v^{28}, Feuerschein m^5

vuurkracht Feuerkraft v^{28}

vuurlijn, vuurlinie Feuerlinie v^{21}

vuurmond *(kanon)* Geschütz o^{29}

vuurpijl Rakete v^{21}

vuurproef Feuerprobe v^{21}: *de ~ doorstaan* die Feuerprobe bestehen^{279}

vuurrood feuerrot: *~ van schaamte worden* vor Scham feuerrot werden^{310}

vuurschip Feuerschiff o^{29}, Leuchtschiff o^{29}

vuurspuwend Feuer speiend

vuurtoren Leuchtturm m^6

vuurvast feuerfest

vuurwapen Feuerwaffe v^{21}

vuurwerk Feuerwerk o^{39}: *~ afsteken* Feuerwerk abbrennen^{138}

vuurzee Feuermeer o^{29}, Flammenmeer o^{29}

VVV *afk van Vereniging voor Vreemdelingenverkeer* Fremdenverkehrsverein m^5

v.w.b. *afk van voor wat betreft* in Bezug auf^{+4}, bezüglich^{+2}, bez.$^{+2}$

vwo *afk van voorbereidend wetenschappelijk onderwijs* Gymnasium *o (2e nvl -s; mv -sien)*

vzw *(Belg) afk van vereniging zonder winstoogmerk stichting (ongev)* Stiftung v^{20}

W

WA *afk van wettelijke aansprakelijkheid* Haftpflicht v^{28}: *WA-verzekering* Haftpflichtversicherung v^{20}

waaghals Wagehals m^6

waagschaal Waagschale v^{21}: *zijn leven in de ~ stellen* sein Leben aufs Spiel setzen

waagstuk Wagestück o^{29}, Wagnis o^{29a}

waaien wehen; *(met waaier)* fächeln: *laat maar ~!* lass laufen!; *hij laat (alles) maar ~* er kümmert sich um^{+4} nichts

waaier Fächer m^9

waaiervormig fächerförmig

waakhond Wachhund m^5

waaks wachsam

waaksheid Wachsamkeit v^{28}

waakvlam Sparflamme v^{21}

waakzaam wachsam: *een ~ oog houden op iets* ein wachsames Auge auf^{+4} etwas haben^{182}

waakzaamheid Wachsamkeit v^{28}

¹**Waal** *(rivier)* Waal v^{28}

²**Waal** *(inwoner van Wallonië)* Wallone m^{15}

¹**Waals** *zn* Wallonisch o^{41}

²**Waals** *bn* wallonisch

Waalse Wallonin v^{22}

waan Wahn m^{19}: *iem in de ~ brengen dat ...* jmdn glauben machen, dass ...; *ik was (of: verkeerde) in de ~* ich lebte in dem Wahn; *(zwakker)* ich glaubte

waandenkbeeld Wahnidee v^{21}

waanvoorstelling Wahnvorstellung v^{20}

waanzin Wahnsinn m^{19}, Irrsinn m^{19}

waanzinnig wahnsinnig, irrsinnig

¹**waar** *zn* Ware v^{21}

²**waar** *bn* wahr; *(waarachtig)* wahrhaft: *iets voor ~ houden* etwas für wahr halten^{183}; *hij is daarvoor de ware* er ist der rechte Mann dazu; *het is ~ ook!:* a) *(je hebt gelijk)* da hast du Recht!; b) *(bij een invallende gedachte)* was ich noch sagen wollte!

³**waar** *bw* wo: *~ ben je?* wo bist du?; *~ ga je heen?* wohin gehst du?; *~ kom je vandaan?* woher kommst du?

⁴**waar** *vw* da, weil

waaraan *vnw bw* **1** *(vragend)* woran?, an was?: *~ denkt u* woran *(of:* an was*)* denken Sie?; *~ heb ik dat te danken?* welchem Umstand verdanke ich das? **2** *(betrekkelijk)* an$^{+3, +4}$ *(+ betr vnw)*, woran: *de firma ~ ik schrijf* die Firma, an die *(of:* woran*)* ich schreibe

waarachter *vnw bw* **1** *(vragend)* wohinter?: *~ zal ik de stoel zetten?* wohinter soll ich den Stuhl setzen? **2** *(betrekkelijk)* hinter$^{+3, +4}$ *(+ betr vnw)*, wohinter: *de boom ~ ik sta* der Baum, hinter dem *(of:* wohinter*)* ich stehe

¹**waarachtig** *bn, bw* wahrhaft, wahrhaftig

²**waarachtig** *tw* wirklich, richtig

waarbij *vnw bw* **1** *(vragend)* wobei? **2** *(betrekkelijk)* bei, zu^{+3} *(+ betr vnw)*, wobei, wozu: *de bus ~ ik sta* der Omnibus, bei dem *(of:* wobei*)* ich stehe

waarborg **1** *(garantie)* Gewähr v^{28}, Garantie v^{21} **2** *(waarborgsom)* Kaution v^{20}: *een ~ stellen* eine Kaution stellen *(of:* leisten*)* **3** *(jur)* Bürgschaft v^{20}

waarborgen gewährleisten, verbürgen

waarborgfonds Garantiefonds *m (2e nvl -; mv -)*

waarborgkaart *(Belg)* Scheckkarte v^{21}

waarborgsom Kaution v^{20}

waarboven *vnw bw* **1** *(vragend)* worüber? **2** *(betrekkelijk)* über$^{+3, +4}$ *(+ betr vnw)*, worüber; *zie ook* waarachter

¹**waard** *(persoon)* Wirt m^5, Gastwirt m^5

²**waard** *bn* wert^{+4}: *dat is een euro ~* das ist einen Euro wert; *dat is niet de moeite ~* das ist nicht der Mühe wert

waarde Wert m^5: *aangegeven ~* Wertangabe v^{21}; *getaxeerde ~* Taxwert; *toegevoegde ~* Mehrwert; *~ aan iets hechten* Wert auf^{+4} etwas legen; *in ~ verminderen* an Wert verlieren^{300}; *brief met aangegeven ~* Wertbrief m^5; *op de juiste ~ schatten* richtig bewerten; *ter ~ van* im Wert von^{+3}

waardebepaling Bewertung v^{20}

waardebon Gutschein m^5

waardeloos wertlos: *~ maken* entwerten

waardeloosheid Wertlosigkeit v^{28}

waardeoordeel Werturteil o^{29}

waardepapier Wertpapier o^{29}

waarderen **1** *(de waarde bepalen)* bewerten **2** *(op prijs stellen)* schätzen: *een kunstenaar weten te ~* einen Künstler zu würdigen wissen^{314}

waardering **1** *(waardebepaling)* Bewertung v^{20} **2** *(achting)* Achtung v^{28}, Anerkennung v^{28}: *~ hebben voor iem* jmdm Achtung entgegenbringen^{139}

waardestijging Wertzuwachs m^6

waardevast wertbeständig

waardevol wertvoll

waardig würdig, würdevoll: *een betere zaak ~ zijn* einer bessern Sache würdig sein

waardigheid Würde v^{28}: *menselijke ~* Menschenwürde; *dat is beneden mijn ~* das ist unter meiner Würde

waardigheidsbekleder Würdenträger m^9

waardin Wirtin v^{22}

waardoor *vnw bw* **1** *(vragend)* wodurch? **2** *(betrekkelijk)* durch^{+4} *(+ betr vnw)*, wodurch: *de deur ~ hij binnenkwam* die Tür, durch die er hereinkam

waargebeurd wirklich geschehen

waarheen *vnw bw* **1** *(vragend)* wohin? **2** *(betrekke-*

waarheid Wahrheit v^{20}: *ik ben om de ~ te zeggen niet blij* ich bin, ehrlich gesagt, nicht froh
waarin *vnw bw* **1** *(vragend)* worin?; *(richting)* wohinein? **2** *(betrekkelijk) (bij een zich bevinden)* in^{+3} (+ *betr vnw*), worin; *(bij een richting)* in^{+4} (+ *betr vnw*), worein: *het huis ~ ik woon* das Haus, in dem ich wohne; *zie ook* waarachter
waarlijk wahrlich, wirklich: *zo ~ helpe mij God almachtig!* so wahr mir Gott helfe!
waarmaken *tr* wahr machen, beweisen^{307}
waarmaken, zich sich bewähren
waarmee *vnw bw* **1** *(vragend)* womit? **2** *(betrekkelijk)* mit^{+3} (+ *betr vnw*), womit
waarmerk Stempel m^9, Beglaubigungsvermerk m^5; *(van de kwaliteit van iets)* Gütezeichen o^{35}
waarmerken beglaubigen
waarna *vnw bw* wonach, worauf; nach^{+3} (+ *betr vnw*), worauf
waarnaar *vnw bw* **1** *(vragend)* wonach? **2** *(betrekkelijk)* nach^{+3} (+ *betr vnw*), wonach
waarnaast *vnw bw* **1** *(vragend)* woneben? **2** *(betrekkelijk)* neben$^{+3, +4}$ (+ *betr vnw*), woneben; *zie ook* waarachter
waarnemen *intr (tijdelijk vervullen)* vertreten^{291}; *(een praktijk)* stellvertretend übernehmen^{212}: *voor iem ~* jmdn vertreten
waarnemen *tr* **1** *(opmerken)* wahrnehmen^{212}; *(observeren)* beobachten **2** *(benutten)* nutzen, nützen
waarnemend stellvertretend: *de ~e directeur* der stellvertretende Direktor
waarnemer 1 *(iem die observeert)* Beobachter m^9 **2** *(plaatsvervanger)* Stellvertreter m^9
waarneming Wahrnehmung v^{20}, Beobachtung v^{20}, Stellvertretung v^{20}, Vertretung v^{20}; *zie ook* waarnemen
waarom *zn* Warum o^{39}
waarom *vnw bw* **1** *(vragend) (om welke reden)* warum?, weshalb?; *(om welke zaak, om wat)* worum?, um was?: *~ gaat het hier?* worum (um was) handelt es sich hier? **2** *(betrekkelijk)* um^{+4} (+ *betr vnw*), worum
waaromheen *vnw bw* **1** *(vragend)* worum herum?, um was herum? **2** *(betrekkelijk)* um^{+4} (+ *betr vnw*), herum
waaromtrent *vnw bw* **1** *(vragend)* worüber? **2** *(betrekkelijk)* über^{+4} (+ *betr vnw*), worüber; *(plaatselijk)* an^{+3} (+ *betr vnw*), ungefähr, wo … ungefähr
waaronder *vnw bw* **1** *(vragend)* worunter? **2** *(betrekkelijk)* unter$^{+3, +4}$ (+ *betr vnw*), worunter; *zie ook* waarachter
waarop *vnw bw* **1** *(vragend)* worauf? **2** *(betrekkelijk)* auf$^{+3, +4}$ (+ *betr vnw*), worauf: *de dag ~* der Tag, an dem; *de manier ~ hij dat doet* die Art und Weise, wie er das macht; *de voorwaarde ~* die Bedingung, unter der; *zie ook* waarachter
waarover *vnw bw* **1** *(vragend)* worüber?, wovon? **2** *(betrekkelijk)* über$^{+3, \text{zelden} +4}$ (+ *betr vnw*), worüber; von^{+3} (+ *betr vnw*), wovon; *zie ook* waarachter
waarschijnlijk wahrscheinlich
waarschijnlijkheid Wahrscheinlichkeit v^{20}: *naar alle ~* aller Wahrscheinlichkeit nach
waarschuwen 1 warnen: *~ voor* warnen vor^{+3} **2** *(verwittigen)* verständigen: *de dokter ~ den* Arzt rufen^{226} **3** *(dreigend vermanen)* verwarnen
waarschuwing 1 Warnung v^{20} **2** *(dreigende vermaning)* Verwarnung v^{20}; *(ter herinnering)* Mahnung v^{20}
waarschuwingsbord Warnschild o^{31}
waarschuwingssignaal Warnsignal o^{29}
waartegen *vnw bw* **1** *(vragend)* wogegen? **2** *(betrekkelijk)* gegen^{+4} (+ *betr vnw*), wogegen
waartoe *vnw bw* **1** *(vragend)* wozu? **2** *(betrekkelijk)* zu^{+3} (+ *betr vnw*), wozu
waartussen *vnw bw* **1** *(vragend)* wozwischen? **2** *(betrekkelijk)* zwischen$^{+3, +4}$ (+ *betr vnw*), wozwischen; *zie ook* waarachter
waaruit *vnw bw* **1** *(vragend)* woraus? **2** *(betrekkelijk)* aus^{+3} (+ *betr vnw*), woraus
waarvan *vnw bw* **1** *(vragend)* wovon? **2** *(betrekkelijk)* von^{+3} (+ *betr vnw*), wovon: *het boek ~ de titel me ontschoten is* das Buch, dessen Titel mir entfallen ist; *de gebeurtenis ~ je sprak* der Vorfall, von dem du sprachst
waarvoor *vnw bw* **1** *(vragend)* wofür?, wovor?, wozu? **2** *(betrekkelijk) (voor welke zaak)* für^{+4} (+ *betr vnw*), wofür; *(plaatselijk)* vor^{+3} (+ *betr vnw*), wovor; *(tot welk doel)* zu^{+3} (+ *betr vnw*), wozu
waarzeggen wahrsagen
waarzegger Wahrsager m^9
waarzegster Wahrsagerin v^{22}
waas Hauch m^5, Schleier m^9
wacht 1 *(één persoon)* Wächter m^9, Wache v^{21}; *(mil)* Wachposten m^{11} **2** *(de gezamenlijke wachters)* Wache v^{21}: *op ~ staan* Wache stehen^{279} **3** *(wachtgebouw)* Wache v^{21}, Wachstube v^{21} **4** *(theat)* Stichwort o^{29}, Merkwort o^{32} || *(fig) in de ~ slepen* einheimsen; *iem de ~ aanzeggen* jmdn eindringlich verwarnen; *(Belg) van ~ zijn (ve dokter, apotheker)* Nacht- oder Wochenenddienst haben^{182}
¹**wachten** *intr* warten: *dat kan ~* damit hat es Zeit; *ze laten op zich ~* sie lassen auf^{+4} sich warten; *de betaling laat op zich ~* die Zahlung steht noch aus; *op iem, op iets ~* auf jmdn, auf^{+4} etwas warten; *op een goede gelegenheid ~* eine gute Gelegenheit abwarten; *na een uur ~ nachdem ich (enz)* eine Stunde gewartet hatte; *mij wacht een zware taak* eine schwere Aufgabe steht mir bevor!; *hij weet, wat hem te ~ staat* er weiß, was ihm bevorsteht
²**wachten, zich** sich hüten (vor^{+3}), sich in Acht nehmen^{212} (vor^{+3}): *wacht u voor zakkenrollers!* vor Taschendieben wird gewarnt!
wachtgeld Wartegeld o^{31}: *op ~ stellen* in den Wartestand versetzen

wachtkamer Wartezimmer o^{33}, Warteraum m^6; *(spoorw)* Wartesaal *m* (2e nvl -(e)s; mv -säle)
wachtlijst Warteliste v^{21}
wachtmeester *(van politie)* Wachtmeister m^9
wachtpost Wache v^{21}, Wachposten m^{11}
wachttijd Wartezeit v^{20}; *(bij verzekering e.d. ook)* Karenzfrist v^{20}
wachtwoord 1 *(mil)* Parole v^{21}, Losung v^{20}, Kennwort o^{32} **2** *(leus)* Parole v^{21} **3** *(theat)* Stichwort o^{29}, Merkwort o^{32} **4** *(comp)* Passwort o^{32}
Wadden Watten o^{37}
waddeneiland Watteninsel v^{21}
Waddenzee Wattenmeer o^{29}
waden waten
wafel 1 *(gebak)* Waffel v^{21} **2** *(mond)* Klappe v^{21}
wafelijzer Waffeleisen o^{35}
¹wagen *zn* **1** *(voertuig)* Wagen m^{11} **2** *(sterrenk)* Wagen m^{11} **3** *(van schrijfmachine)* Wagen m^{11}
²wagen *ww* wagen, sich getrauen: *ik zal me er niet aan ~* ich lasse die Finger davon; *ik durf het niet te ~* ich wage es nicht; *het erop ~* es darauf ankommen lassen[197]
wagenbestuurder *(van tram)* Wagenführer m^9
wagenlading Wagenladung v^{20}, Fuhre v^{21}
wagenpark Wagenpark m^{13}, Fuhrpark m^{13}
wagenwijd sperrweit, sperrangelweit
wagenziek reisekrank
waggelen wackeln, wanken; *(dronken)* torkeln; *(mbt eenden e.d.)* watscheln
wagon Waggon m^{13}, Wagon m^{13}, Eisenbahnwagen m^{11}, Wagen m^{11}
wak *zn (open plaats in ijs)* Wake v^{21}
waken wachen: *bij iem ~* bei jmdm wachen; *over iem ~* über jmdn wachen; *ervoor ~ dat …* dafür Sorge tragen, dass …
wakend wach, wachsam: *een ~ oog houden op iets* ein wachsames Auge haben[182] auf[+4]
wakker 1 *(niet slapend) (ook fig)* wach: *iem ~ maken* jmdn wecken; *~ schudden (ook fig)* wachrütteln; *~ worden* aufwachen; *(fig)* erwachen **2** *(monter)* munter **3** *(flink)* tüchtig
wal 1 *(omwalling)* Wall m^6, Ringwall m^6 **2** *(waterkant)* Ufer o^{33}, Land o^{39}; *(aanlegplaats)* Kai m^{13}: *aan ~ gaan* an Land gehen[168]; *troepen aan ~ brengen* Truppen landen; *van ~ steken: a) (lett)* ablegen; *b) (fig)* loslegen **3** *(onder de oog)* Ring m^5
walgelijk widerlich, ekelhaft, eklig
walgen sich ekeln (vor[+3]): *ik walg mich (of: mir) ekelt*; *ik walg ervan!* es ekelt mich an!; *ik walg van hem* ich ek(e)le mich vor ihm
walging Ekel m^{19}, Abscheu m^{19}
walkant Ufer o^{33}, Uferseite v^{21}
walkietalkie Walkie-Talkie o^{36} (2e nvl ook -)
walkman® Walkman m^{13} (mv ook Walkmen)
walletje: *van twee ~s eten* es mit beiden Seiten halten[183]
Wallonië Wallonien o^{39}
walm Qualm m^{19}
walmen qualmen

walnoot *(vrucht, boom)* Walnuss v^{25}
walrus Walross o^{29}
wals 1 *(dans)* Walzer m^9 **2** *(rol)* Walze v^{21}
walsen walzen; *(dansen, meestal)* einen Walzer tanzen
walserij Walzwerk o^{29}
walvis Wal m^5
walvisvangst Walfang m^{19}
wanbedrijf *(Belg) (jur)* Verbrechen o^{35}
wanbeheer, wanbeleid Misswirtschaft v^{20}
wanbestuur Missmanagement o^{39}
wanbetaler säumiger Zahler m^9, Nichtzahler m^9
wanbetaling Nichtzahlung v^{20}
wand Wand v^{25}: *houten ~* Holzwand
wandaad Untat v^{20}, Freveltat v^{20}
wandbekleding Wandverkleidung v^{20}
wandbetimmering Täfelung v^{20}
wandelaar Spaziergänger m^9
wandelen spazieren[320]: *gaan ~* einen Spaziergang machen
wandeling Spaziergang m^6, Bummel m^9: *een ~ maken* einen Spaziergang machen || *in de ~ heet dat …* gemeinhin heißt das …
wandelkaart Wanderkarte v^{21}
wandelpad Fußweg m^5
wandelstok Spazierstock m^6
wandeltocht Wanderung v^{20}
wandkaart Wandkarte v^{21}
wandkast Wandschrank m^6
wandlamp Wandleuchte v^{21}
wandluis Wanze v^{21}
wandmeubel Schrankwand v^{25}
wandschildering Wandmalerei v^{20}
wandtapijt Wandteppich m^5
wandversiering Wandschmuck m^5
wanen wähnen, meinen, glauben
wang Wange v^{21}, Backe v^{21}
wangedrag schlechte Führung v^{20}
wangedrocht Missgeburt v^{20}, Ungetüm o^{29}
wanhoop Verzweiflung v^{20}
wanhoopsdaad Verzweiflungstat v^{20}
wanhoopskreet Verzweiflungsschrei m^5
wanhopen verzweifeln: *aan iets ~* an[+3] etwas verzweifeln
wanhopig verzweifelt: *het is om ~ te worden* es ist zum Verzweifeln; *iem ~ maken* jmdn zur Verzweiflung bringen[139]
wankel schwankend, wack(e)lig: *een ~e gezondheid* eine schwankende Gesundheit
wankelen 1 wanken, schwanken: *zijn overtuiging raakte aan het ~* seine Überzeugung kam ins Wanken **2** *(weifelen)* schwanken
wankelmoedig wankelmütig
wanklank Missklang m^6, Misston m^6
¹wanneer *bw* wann: *~ komt hij?* wann kommt er?
²wanneer *vw (als; telkens als; zolang als)* wenn
wanorde Unordnung v^{28}
wanordelijk unordentlich
wanordelijkheid Unordnung v^{28}: *wanordelijkhe-*

den (opstootjes) Unruhen *mv v²¹*
vanprestatie Nichterfüllung *v²⁰*
vansmaak Geschmacklosigkeit *v²⁸*
vanstaltig missgestaltet, monströs
vanstaltigheid Monstrosität *v²⁰*
vant *(handschoen)* Fausthandschuh *m⁵*
vant 1 *(scheepv)* Tauwerk *o³⁹*, Want *v²⁰ (meestal mv)* **2** *(netten)* Netze *mv o²⁹*
vant *vw* denn
vantoestand Missstand *m⁶*, Schieflage *v²¹*
vantrouwen *zn* Misstrauen *o³⁹*
vantrouwen *ww* misstrauen⁺³
vantrouwend, wantrouwig misstrauisch
vanverhouding Missverhältnis *o²⁹ᵃ*
vapen 1 *(strijdtuig)* (ook fig) Waffe *v²¹*: *hij moest onder de ~s komen* er wurde eingezogen (of: einberufen); *onder de ~s roepen* einziehen³¹⁸ **2** *(legerafdeling)* Truppengattung *v²⁰*, Waffe *v²¹* **3** *(teken, schild)* Wappen *o³⁵*
vapenbeheersing Rüstungsbeschränkung *v²⁰*
vapendepot Waffendepot *o³⁶*
vapenen *tr* bewaffnen
vapenen, zich sich bewaffnen; *(fig)* sich wappnen; *zie ook* gewapend
vapenfeit 1 *(krijgsverrichting)* Kampfhandlung *v²⁰* **2** *(belangrijke daad)* Heldentat *v²⁰*
vapengeweld Waffengewalt *v²⁸*
vapenhandel Waffenhandel *m¹⁹*
vapenindustrie Rüstungsindustrie *v²¹*
vapenstilstand Waffenstillstand *m⁶*
vapenstok Schlagstock *m⁶*
vapensysteem Waffensystem *o²⁹*
vapentuig Waffen *mv v²¹*
vapenvergunning Waffenschein *m⁵*
vapenwedloop Wettrüsten *o³⁹*
vapperen flattern, wehen
war Verwirrung *v²⁰*: *het is in de ~* es ist in Unordnung; *hij is in de ~*: a) *(hij vergist zich)* er irrt sich; b) *(hij is van zijn stuk)* er ist durcheinander; *iem in de ~ brengen* jmdn verwirren; *in de ~ raken* in Verwirrung geraten²¹⁸; *(bij het spreken)* sich verheddern; *de zaak is hopeloos in de ~* die Karre ist total verfahren
warboel Durcheinander *o³⁹*, Wirrwarr *m¹⁹*
ware: *als het ~* gleichsam
warempel wahrhaftig, wirklich
waren *zn (goederen)* Waren *mv v²¹*
warenhuis 1 *(winkelbedrijf)* Warenhaus *o³²*, Kaufhaus *o³²* **2** *(broeikas)* Treibhaus *o³²*
warenwet Lebensmittelgesetz *o²⁹*
warhoofd Wirrkopf *m⁶*
warm warm⁵⁸: *een ~e ontvangst* ein warmer Empfang; *een ~ voorstander van de theorie* ein warmer Verfechter der Theorie; *~e wijn* Glühwein *m⁵*; *ik heb het ~* mir ist warm; *ik krijg het ~* mir wird warm; *(fig) ik krijg het er ~ van* mir wird dabei ungemütlich; *iem ~ maken voor iets* jmdn für⁺⁴ etwas begeistern; *(eten) ~ houden* warm halten¹⁸³

warmbloedig warmblütig: *~ dier* Warmblüter *m⁹*
warmen wärmen
warmlopen warm laufen¹⁹⁸: *~ voor iets* sich für⁺⁴ etwas begeistern
warmpjes warm: *~ instoppen* warm einmummen; *er ~ bij zitten* warm in der Wolle sitzen²⁶⁸
warmte *(ook fig)* Wärme *v²⁸*
warmtebron Wärmequelle *v²¹*
warmtefront Warmfront *v²⁰*
warmtepomp Wärmepumpe *v²¹*
warmwaterkraan Warmwasserhahn *m⁶*
warmwaterverwarming Warmwasserheizung *v²⁰*
warmwatervoorziening 1 Warmwasserversorgung *v²⁸* **2** *(apparaat)* Warmwasserbereiter *m⁹*
warnest, warnet Wirrwarr *m¹⁹*, Gewirr(e) *o³⁹*
warrelen wirbeln: *het warrelt me voor (de) ogen* mir dreht sich alles
warreling Wirbel *m⁹*, Wirrwarr *m¹⁹*
warrig verwirrt
wars abgeneigt⁺³, abhold⁺³
wartaal verworrenes Zeug *o³⁹*
warwinkel Wirrwarr *m¹⁹*
¹was *(bijenwas)* Wachs *o³⁹ (soorten: mv -e)*: *de vloer in de ~ zetten* den Boden wachsen; *ski's in de ~ zetten* Skier (of: Schier) wachsen; *goed in de slappe ~ zitten* Kies haben¹⁸²
²was *(reiniging; wasgoed)* Wäsche *v²⁸*: *fijne ~* feine Wäsche; *mijn goed is in de ~* meine Sachen sind in der Wäsche; *in de ~ doen* in die Wäsche geben¹⁶⁶; *de ~ doen* die Wäsche waschen³⁰⁴; *goed blijven in de ~* waschecht sein²⁶²
wasautomaat Waschautomat *m¹⁴*
wasbak Waschbecken *o³⁵*
wasbenzine Waschbenzin *o³⁹*
wasbox Wäschetruhe *v²¹*
wasdom *(de groei)* Wachstum *o³⁹*
wasdroger Wäschetrockner *m⁹*
wasecht waschecht
wasem Dampf *m⁶*, Dunst *m⁶*
wasemen dampfen, dunsten
wasgoed Wäsche *v²⁸*
washandje Waschhandschuh *m⁵*
wasknijper Wäscheklammer *v²¹*
waskrijt Wachs(mal)stift *m⁵*
waslap Waschlappen *m¹¹*
waslijn Wäscheleine *v²¹*
waslijst Wäschezettel *m⁹*: *(fig) een ~ van klachten* eine ganze Litanei von Klagen
wasmachine Waschmaschine *v²¹*
wasmand Waschkorb *m⁶*
waspoeder Waschpulver *o³³*
¹wassen *(groeien)* wachsen³⁰²; *(mbt het water)* steigen²⁸¹: *de ~de maan* der zunehmende Mond; *het is ~de maan* der Mond nimmt zu
²wassen *(reinigen)* waschen³⁰⁴: *zijn handen ~* sich³ die Hände waschen
³wassen *bn* wächsern: *~ beeld* Wachsfigur *v²⁰*; *het*

wassen

is maar een ~ neus es ist nur eine Formalität
⁴**wassen** *ww (met was bestrijken)* wachsen, einwachsen
wasserette Waschsalon m^{13}
wasserij Wäscherei v^{20}
wastafel: *vaste ~* Waschbecken o^{35}
wasverzachter Weichspüler m^9
wasvoorschrift Waschanleitung v^{20}
¹**wat** *onbep vnw* etwas, was: *hij zegt ~* er sagt etwas; *dat is ~ anders* das ist etwas anderes; *~ hij ook zegt* was immer er sagt
²**wat** *vrag vnw*[86, 87] **1** *(zelfst, bijvoegl)* was, welch: *~ is er?* was ist?; *~ is er aan de hand?* was ist los?; *~ te doen?* was jetzt?; *~ voor een boek is dat?* was für ein Buch ist das?; *~ voor boeken leest u?* was für Bücher lesen Sie?; *~ zeg je?* wie bitte?; *~ zijn uw boeken?* welches sind Ihre Bücher? **2** *(uitroepend vnw)* was, welch, wie: *en ~ dan nog!* und wenn schon!; *~ een pech!* welch ein Unglück!; *~ een onzin!* so ein Blödsinn!; *~ zie jij er uit!* wie du aussiehst!; *~ aardig!* wie nett!
³**wat** *betr vnw* was: *dat is alles ~ wij hebben* das ist alles, was wir haben
⁴**wat** *bw* was, etwas, ein wenig, sehr: *het gaat ~ beter* es geht etwas besser; *iet(s) of ~ later* etwas später; *hij was ~ blij* er war sehr froh; *hij is ~ trots* er ist ganz stolz; *heel ~ mooier* bedeutend schöner
water Wasser o^{33}; *(bij geprepareerde vloeistoffen zoals reukwater, mineraalwater)* Wasser o^{34}; *(zweet)* Schweiß m^{19}, Wasser o^{39}: *dicht ~* zugefror(e)nes Wasser; *hard ~* hartes Wasser; *hoog ~* Hochwasser; *laag ~* Niedrigwasser; *stilstaand ~* stehendes Wasser; *stromend ~* fließendes Wasser; *territoriale ~en* Hoheitsgewässer; *zoet ~* Süßwasser; *zout ~* Salzwasser; *de ~en van Frankrijk* die Gewässer von Frankreich; *het ~ komt je in de mond* das Wasser läuft einem im Mund zusammen; *op elkaar lijken als twee druppels ~* sich gleichen[176] wie ein Ei dem andern; *~ in de wijn doen (fig)* zurückstecken; *het land is onder ~ gelopen* das Land ist überschwemmt; *een schip te ~ laten* ein Schiff vom Stapel lassen[197]
waterafstotend Wasser abstoßend
waterafvoer Wasserabfluss m^6, Entwässerung v^{20}
waterbed Wasserbett o^{37}
waterbehoefte Wasserbedarf m^{19}
waterbouwkunde Wasserbau m^{19}
waterbouwkundig wasserbaulich: *~ ingenieur* Wasserbauingenieur m^5
waterbouwkundige Wasserbauingenieur m^5
watercloset Wasserklosett o^{36}, o^{29}
waterdamp Wasserdampf m^6
waterdicht wasserdicht; *(fig)* hieb- und stichfest
waterdruppel Wassertropfen m^{11}
wateren *(urineren)* urinieren[320], Wasser lassen[197]
waterfiets Tretboot o^{29}
watergladheid *(Belg)* Wasserglätte v^{28}, Aquaplaning o^{39}, o^{39a}

waterglas *(drinkglas en chem)* Wasserglas o^{32}
watergruwel rote Grütze v^{21}
waterhoen(tje) Teichhuhn o^{32}
waterhoofd *(ook fig)* Wasserkopf m^6
waterhoogte Wasserstand m^6: *de ~n (berichten)* die Wasserstandsmeldungen
waterhuishouding Wasserhaushalt m^5
waterig wässrig, wässerig
waterijs(je) Fruchteis o^{39}
waterjuffer Wasserjungfer v^{21}
waterkanon Wasserwerfer m^9
waterkans *(Belg)* sehr kleine Chance v^{21}
waterkant Ufer o^{33}
waterkering Wehr o^{29}
waterkers Brunnenkresse v^{21}
waterkoeling Wasserkühlung v^{20}
waterkoud feuchtkalt, nasskalt
waterkraan Wasserhahn m^6
waterkracht Wasserkraft v^{25}
waterlanders Tränen *mv* v^{21}
waterleiding Wasserleitung v^{20}
waterleidingbedrijf Wasserwerk o^{29}
waterlelie Seerose v^{21}, Wasserrose v^{21}
waterloop *(wetering)* Wasserlauf m^6
Waterman Wassermann m^8
watermeloen Wassermelone v^{21}
watermerk Wasserzeichen o^{35}
watermeter Wasserzähler m^9, Wasseruhr v^{20}
watermolen Wassermühle v^{21}
¹**waterpas** *zn* Wasserwaage v^{21}
²**waterpas** *bn, bw* waagerecht, horizontal
waterpeil Wasserstand m^6, Pegelstand m^6
waterplant Wasserpflanze v^{21}
waterpokken Wasserpocken *mv* v^{21}
waterpolitie Wasserschutzpolizei v^{20}
waterpolo Wasserball m^{19}
waterpomp Wasserpumpe v^{21}
waterpomptang Wasserpumpenzange v^{21}
waterproof *bn* waterproof, wasserdicht
waterput Brunnen m^{11}
waterrad Wasserrad o^{32}
waterrat *(ook fig)* Wasserratte v^{21}
waterrijk wasserreich
waterschaarste Wassermangel m^{19}
waterschade Wasserschaden m^{12}
waterschap Wasserwirtschaftsverband m^6
waterscheiding Wasserscheide v^{21}
waterschildpad Wasserschildkröte v^{21}
waterschuw wasserscheu
waterscooter Jetski m^{13}, m^7 *(2e nvl ook -; mv ook -)*
waterski Wasserski m^7, Wasserschi m^7
waterskiën *ww* Wasserski *(of:* Wasserschi*)* fahren[153]
watersnood Überschwemmungskatastrophe v^{21}
waterspiegel Wasserspiegel m^9
watersport Wassersport m^{19}: *beoefenaar van de ~* Wassersportler m^9
waterstand Wasserstand m^6

waterstof Wasserstoff m^{19}
waterstraal Wasserstrahl m^{16}
watertanden: *hij watertandt ervan* er leckt sich^3 die Finger danach; *iem doen ~* jmdm den Mund wässerig machen; *het is om te ~!* dabei läuft jmdm das Wasser im Munde zusammen!
watertoren Wasserturm m^6
watertrappe(le)n *zn* Wassertreten o^{39}
watertrappe(le)n *ww* Wasser treten^{291}
waterval Wasserfall m^6
waterverbruik Wasserverbrauch m^{19}
waterverf Wasserfarbe v^{21}
waterverplaatsing Wasserverdrängung v^{28}
watervliegtuig Wasserflugzeug o^{29}, Flugboot o^{29}
watervogel Wasservogel m^{10}
watervoorziening Wasserversorgung v^{28}
waterweg Wasserstraße v^{21}, Wasserweg m^5
waterwingebied Wasserschutzgebiet o^{29}
waterzak Wasserschlauch m^6
waterzonnetje wässerige Sonne v^{28}
waterzuivering Klärung v^{20}
waterzuiveringsinstallatie 1 *(van afval-, rioolwater)* Kläranlage v^{21} **2** *(van drinkwater)* Filteranlage v^{21}
watje Watte v^{21}, Wattebausch m^5, m^6; *(fig)* Warmduscher m^9, Weichei o^{31}
watt Watt o^{35} *(afk W)*
watten Watte v^{21} *(ev): dot ~* Wattebausch m^5, m^6; *(fig) iem in de ~ leggen* jmdn in Watte packen
wattenstaafje Wattestäbchen o^{35}
watteren (aus)wattieren^{320}
wauwelaar Schwätzer m^9
wauwelen schwatzen
wax Wachs o^{29}
waxen wachsen
waxinelichtje Teelicht o^{31}, o^{29}
wazig neblig, dunstig, diesig
wc *afk van watercloset* WC o^{36} *(2e nvl ook -; mv ook -)*, Klosett o^{36}, o^{29}
wc-papier Toilettenpapier o^{39}, Klosettpapier o^{39}, WC-Papier o^{39}
we wir^{82}
¹**web** *het (ook fig)* Netz o^{29}, Spinnengewebe o^{33}
²**web** World Wide Web *(afk* Web o^{39}, o^{39a}*)*, Net o^{39}
webadres Webadresse v^{21}, Netzadresse v^{21}, Internetadresse v^{21}
webbrowser Webbrowser m^9
webcam Webcam v^{27}
weblink Weblink m^{13}, o^{36} *(2e nvl ook -)*
weblog Weblog o^{36}
webloggen webloggen
webmaster Webmaster m^9
webserver Webserver m^9
website Website v^{27}, Webseite v^{21}
webwinkel Webshop m^{13}, Webgeschäft o^{29}, Webladen m^{12}
wecken einmachen, einwecken
weckfles, weckglas Weckglas o^{32}
wedde Besoldung v^{20}, Gehalt o^{32}
wedden wetten: *om iets ~* um^{+4} etwas wetten; *waarom gewed?* was gilt die Wette?
weddenschap Wette v^{21}: *een ~ aangaan* (of: *aannemen*) eine Wette eingehen^{168}
weddeschaal *(Belg)* Gehaltsstufe v^{21}
wederdienst Gegendienst m^5, Gegenleistung v^{20}
wederdoop Wiedertaufe v^{21}
wederdoper Wiedertäufer m^9
wedergeboorte Wiedergeburt v^{20}
wederhelft Ehehälfte v^{21}, bessere Hälfte v^{21}
wederhoor: *het recht van hoor en ~ toepassen* beide Parteien hören
wederkeer Wiederkehr v^{28}, Rückkehr v^{28}
wederkeren *zie* weerkeren
wederkerend *(taalk)* reflexiv, rückbezüglich: *~ voornaamwoord* Reflexivpronomen o^{35} *(mv ook* -pronomina*)*; rückbezügliches Fürwort o^{32}
wederkerig gegenseitig: *~ voornaamwoord* reziprokes Fürwort o^{32}
wederkomst Wiederkehr v^{28}, Rückkehr v^{28}
wederom wiederum
wederopbloei Wiederaufblühen o^{39}
wederopbouw Wiederaufbau m^{19}
wederoprichting Wiederaufrichtung v^{20}
wederopstanding Auferstehung v^{20}
wederpartij Gegenpartei v^{20}
wederrechtelijk widerrechtlich, gesetzwidrig
wedervaren widerfahren^{153}
wedervraag Gegenfrage v^{21}, Rückfrage v^{21}
wederwaardigheid Widerwärtigkeit v^{20}; *(lotgevallen)* Erlebnisse *mv* o^{29a}
wederzijds beiderseitig, gegenseitig, wechselseitig
wedijver Wetteifer m^{19}
wedijveren wetteifern: *met iem ~* mit jmdm wetteifern
wedkamp Wettkampf m^6
wedloop Wettlauf m^6
wedstrijd Wettkampf m^6; *(balsport)* Spiel o^{29}; *(autorace, wielrennen, skiën)* Rennen o^{35}; *(roeien, zeilen)* Regatta *v (mv* Regatten*): een ~ houden* einen Wettkampf austragen^{288}
weduwe Witwe v^{21}: *onbestorven ~* Strohwitwe
weduwepensioen Witwenrente v^{21}; *(van ambtenaren)* Witwengeld o^{31}
weduwnaar Witwer m^9
¹**wee** *zn* **1** *(smart, pijn)* Weh o^{29}, Schmerz m^{16}: *zijn wel en ~!* sein Wohl und Wehe; *in wel en ~* in Freud und Leid; *~ je gebeente!* wehe dir! **2** *(bij baring)* Wehe v^{21} *(meestal mv)*
²**wee** *bn* fade; übel: *~ë smaak* fader Geschmack; *ik ben zo ~!* mir ist übel!; *ik word ~, als ik eraan denk!* mir wird übel, wenn ich daran denke!
weed Heu o^{39}, Grass o^{39}
weeffout Webfehler m^9
weefgetouw Webstuhl m^6
weefsel *(ook anat, fig)* Gewebe o^{33}

weefstoel Webstuhl m^6
weegbree Wegerich m^5
weegbrug Brückenwaage v^{21}
weegschaal Waage v^{21}
¹week *(tijdperk)* Woche v^{21}: *de goede* ~ die Karwoche; *komende* ~ nächste Woche; *verleden* ~ (die) vergangene Woche; *de volgende* ~ nächste Woche; *door de* ~ an Wochentagen; *tweemaal per* ~ zweimal wöchentlich
²week: *in de* ~ *zetten* einweichen
³week *bn* weich; *(fig)* verweichlicht
weekblad Wochenblatt o^{32}, Wochenzeitung v^{20}
weekdag Wochentag m^5
weekdier Weichtier o^{29}
weekeinde, weekend Wochenende o^{38}
weekendtas Reisetasche v^{21}
weekhartig weich(herzig)
weekkaart Wochenkarte v^{21}
weeklacht Wehklage v^{21}
weeklagen wehklagen, jammern
weekloon Wochenlohn m^6
weekmarkt Wochenmarkt m^6
weekoverzicht Wochenschau v^{20}
weelde 1 *(vooral in uiterlijk vertoon)* Luxus m^{19a}, Aufwand m^{19}, Pracht v^{28}: *in* ~ *leven* im Luxus leben **2** *(overdadigheid)* Üppigkeit v^{28}: *een* ~ *van bloemen* eine Blumenpracht **3** *(overvloedige hoeveelheid)* Überfülle v^{28} **4** *(geluk(zaligheid))* Wonne v^{21}
weeldeartikel Luxusartikel m^9
weelderig 1 *(overdadig)* luxuriös, üppig, verschwenderisch, prunkvoll **2** *(mbt plantengroei, lichaamsontwikkeling)* üppig: *een* ~ *figuur* eine üppige Figur
weemoed Wehmut v^{28}
weemoedig wehmütig, wehmutsvoll
Weens Wiener, *(het accent)* wienerisch
¹weer 1 *(toestand van de dampkring)* Wetter o^{39}: *tegen het* ~ *bestand* wetterfest; ~ *of geen* ~ bei jedem Wetter; *door* ~ *en wind* bei Wind und Wetter **2** *(weersgesteldheid)* Witterung v^{20}
²weer *(weerstand)* Wehr v^{28}, Widerstand m^6: *zich te* ~ *stellen* sich wehren; *in de* ~ *zijn* beschäftigt sein^{262}; *vroeg in de* ~ *zijn* früh auf den Beinen sein^{262}
³weer *bw* wieder; *(terug)* zurück: *heen en* ~ *lopen* hin und her gehen^{168}; *hij is er* ~ er ist wieder da; *hoe heet hij ook* ~? wie heißt er doch gleich?; *telkens* ~ immer wieder
weerbaar wehrhaft; *(mil)* wehrfähig
weerballon Wetterballon m^{13}, m^5
weerbarstig 1 *(koppig)* widerspenstig **2** *(niet buigzaam)* unnachgiebig: ~ *haar* widerspenstiges Haar
weerbericht 1 *(voorspelling)* Wettervorhersage v^{21} **2** *(overzicht)* Wetterbericht m^5
weerga: *zonder* ~ einzigartig, ohnegleichen
weergalm Widerhall m^5, Echo o^{36}
weergalmen widerhallen; *(weerklinken)* ertönen, erschallen
weergaloos unvergleichlich, beispiellos
weergave Wiedergabe v^{21}
weergeven wiedergeben^{166}
weerglans 1 *(lett)* Widerschein m^{19}, Abglanz m^{19} **2** *(fig)* Abglanz m^{19}
weerhaak Widerhaken m^{11}
weerhaan 1 *(lett)* Wetterfahne v^{21}, Wetterhahn m^6 **2** *(fig)* wetterwendischer Mensch m^{14}
weerhouden 1 abhalten^{183}, zurückhalten^{183}: *iem van iets* ~ jmdn von etwas abhalten; *dat zal me niet* ~ *de waarheid te zeggen!* das wird mich nicht (daran) hindern, die Wahrheit zu sagen! **2** *(Belg)* aufrechterhalten^{183}: *de beslissing is* ~ die Entscheidung ist aufrechterhalten
weerkaart Wetterkarte v^{21}
¹weerkaatsen *intr (teruggekaatst worden)* reflektiert werden^{310}, sich widerspiegeln; *(mbt geluid)* widerhallen
²weerkaatsen *tr (terugkaatsen)* reflektieren^{320}, widerspiegeln; *(van geluid)* widerhallen
weerkaatsing 1 Reflexion v^{20} **2** Widerhall m^5 **3** Widerspiegelung v^{20}; *zie ook* weerkaatsen
weerkeren wiederkehren, zurückkehren
weerklank Widerhall m^5: ~ *vinden (instemming, ook)* Anklang finden^{157}
weerklinken (wider)hallen, ertönen, erschallen
weerkomen 1 *(nog eens)* wieder kommen^{193} **2** *(terug komen)* zurückkommen^{193}
weerkunde Wetterkunde v^{28}
weerkundig wetterkundlich
weerkundige Meteorologe m^{15}
weerlegbaar widerlegbar, widerleglich
weerleggen widerlegen
weerlegging Widerlegung v^{20}
weerlicht Wetterleuchten o^{39}: *als de* ~! wie der Blitz!
weerlichten wetterleuchten
weerloos wehrlos
weerom wieder, zurück
weeromkomen wiederkommen^{193}, zurückkommen^{193}
weeroverzicht Wetterbericht m^5
weerplicht Wehrpflicht v^{28}
weerprofeet Wetterprophet m^{14}
weerschijn 1 *(het teruggekaatste licht)* Widerschein m^5, Abglanz m^{19} **2** *(terugkaatsing van licht)* Schimmer m^9
weerschijnen 1 *(algem)* widerscheinen^{233} **2** *(van diamanten, zijde)* schillern
weerschip Wetterschiff o^{29}
weersgesteldheid Witterung v^{20}; *(weerstoestand)* Wetterlage v^{21}
weerskanten: *van* ~ von beiden Seiten, beiderseits; *aan* ~ *van de sloot* auf beiden Seiten des Grabens
weerslag Rückschlag m^6, Rückwirkung v^{20}
weerspannig widerspenstig
¹weerspiegelen *tr* widerspiegeln
²weerspiegelen, zich sich widerspiegeln: *de*

maan weerspiegelt zich in het water der Mond spiegelt sich im Wasser wider

weerspiegeling Widerspiegelung v^{20}

weerstaan widerstehen^{279+3}

weerstand *(ook nat)* Widerstand m^6: ~ *bieden* Widerstand leisten

weerstandskas Streikkasse v^{21}

weerstandsvermogen Widerstandsfähigkeit v^{28}

weerstation Wetterstation v^{20}

weersverandering Wetterumschlag m^6

weersvoorspelling Wettervorhersage v^{21}

weerszijden *zie* weerskanten

weervinden wieder finden^{157}, zurückfinden^{157}

weerwerk Respons m^5, Reaktion v^{20}

weerwil: *in* ~ *van* ungeachtet^{+2}, trotz^{+2}

weerwoord Entgegnung v^{20}, Erwiderung v^{20}

weerzien *zn* Wiedersehen o^{35}: *tot* ~ *s!* auf Wiedersehen!

weerzien *ww* wieder sehen^{261}

weerzin Widerwille m^{18} *(geen mv)*: *met* ~ mit Widerwillen, widerwillig

weerzinwekkend widerwärtig, widerlich

wees Waise v^{21}: *halve* ~ Halbwaise

weesgegroet(je) Ave-Maria o^{36} *(2e nvl ook -; mv ook -)*

weeshuis Waisenhaus o^{32}

weeskind Waisenkind o^{31}, Waise v^{21}

weet Wissen o^{39}: *nergens* ~ *van hebben* von^{+3} nichts eine Ahnung haben^{182}; *het is maar een* ~*!* man muss es nur wissen; *iets aan de* ~ *komen* etwas erfahren^{153}

weetal Alleswisser m^9

weetgierig wissbegierig

weetgierigheid Wissbegier(de) v^{28}

¹**weg** *zn* 1 *(algem)* Weg m^5 [week]: *het is een hele* ~ es ist ein weiter Weg; *met iets weten sich* ^{3} *zu helfen wissen*^{314}; *iem in de* ~ *komen* jmdm in die Quere kommen^{193}; *hij loopt in de* ~ er läuft mir vor den Füßen; *iem niets in de* ~ *leggen (fig)* jmdm nichts in den Weg legen; *iem iets in de* ~ *leggen* jmdm Steine in den Weg legen; *langs deze* ~ auf diesem Weg(e); *op* ~ *gaan* sich auf den Weg machen; *op* ~ *zijn naar* … auf dem Weg sein^{262} nach^{+3} *(of:* zu^{+3}*)* …; *hij is (goed) op* ~ *om rijk te worden* er ist auf dem besten Weg, reich zu werden; *iem op* ~ *helpen (fig)* jmdm auf die Sprünge helfen^{188}; *op de ingeslagen* ~ *voortgaan (fig)* auf dieselbe Weise fortfahren^{153}; *iem uit de* ~ *gaan (ook fig)* jmdm aus dem Wege gehen^{168}; *iem uit de* ~ *ruimen* jmdn beseitigen 2 *(grote weg)* Straße v^{21}: *secundaire* ~ Nebenstraße

²**weg** *bw* weg [wek], fort: *er zijn enige balen* ~ einige Ballen fehlen; ~ *daar!, wil je* ~ *wezen!* weg da!; *handen* ~ Hände weg!; ~ *met de tiran!* nieder mit dem Tyrannen!; ~ *ermee!* fort damit!; *helemaal* ~ *van iem* (of: *van iets) zijn* ganz weg von jmdm (*of:* von^{+3} etwas) sein^{262}; *veel van iem* ~ *hebben* jmdm ähnlich sehen^{261}; *het heeft er veel van* ~*, alsof* …

es sieht danach aus, als ob …

wegaanduiding Wegmarkierung v^{20}

wegbereider Wegbereiter m^9

wegberm Straßenböschung v^{20}

wegblazen wegblasen^{133}

wegblijven wegbleiben^{134}

wegbonjouren 1 *(afschepen)* abfertigen 2 *(ontslaan)* (jmdm) den Laufpass geben^{166} 3 *(uit een gezelschap e.d.)* hinauskomplimentieren^{320}

wegbranden wegbrennen^{138}

wegbreken wegbrechen^{137}

wegbrengen fortbringen^{139}, wegbringen^{139}; *(van arrestant)* abführen: *iem* ~ *(naar het station e.d.)* jmdn begleiten, wegbringen

wegcijferen nicht in Betracht ziehen^{318}: *zichzelf* ~ sich selbst außer Acht lassen

wegcode *(Belg)* Verkehrsvorschriften *mv* v^{20}

wegcontact Bodenhaftung v^{28}

wegdek Straßendecke v^{21}: *slecht* ~ Straßenschäden *mv* m^{12}

wegdenken wegdenken^{140}

wegdoen 1 *(opbergen)* wegtun^{295}, weglegen; *(in de zak)* wegstecken 2 *(van de hand doen)* wegtun^{295}; *(van personeel)* entlassen^{197}

wegdraaien *(van beeld, geluid)* ausblenden

wegdragen wegtragen^{288}, forttragen^{288}

wegdrijven wegtreiben^{290}, forttreiben^{290}

wegduiken sich ducken; *(in het water en fig)* untertauchen

wegduwen wegdrängen, fortdrängen, wegstoßen^{285}

¹**wegen** *intr* wiegen^{312}

²**wegen** *tr* wiegen^{312}; *(fig)* wägen^{303}

wegenaanleg Straßenbau m^{19}

wegenbelasting Kraftfahrzeugsteuer v^{21}

wegenbouw Straßenbau m^{19}

wegenkaart Straßenkarte v^{21}

wegennet Straßennetz o^{29}

wegens wegen^{+2}: ~ *het slechte weer* wegen des schlechten Wetters

Wegenverkeersreglement Straßenverkehrsordnung v^{20} *(afk* StVO)

wegenwacht 1 *(persoon)* Straßenwacht v^{20} 2 *(dienst)* Straßenwacht v^{20}, Pannendienst m^5

Wegenwacht Straßenwacht v^{21}

weggaan weggehen^{168}, fortgehen^{168}

weggebruiker Verkehrsteilnehmer m^9

weggeefprijs Schleuderpreis m^5

weggeven weggeben^{166}, verschenken: *een nummer* ~ eine Nummer zum Besten geben

weggooien wegwerfen^{311}: *dat is weggegooid geld* das ist rausgeschmissenes Geld

weggooifles Einwegflasche v^{21}, Wegwerfflasche v^{21}

weggraaien, weggrissen grapschen

weghalen wegholen

wegjagen wegjagen, fortjagen

wegkijken: *iem* ~ *(uit een kamer bijv.)* jmdn hinausekeln

wegkomen wegkommen[193]: *goed bij iets* ~ gut davonkommen; *slecht bij iets* ~ schlecht bei[+3] etwas wegkommen; *maak, dat je wegkomt!* pack dich!

wegkruipen wegkriechen[195], fortkriechen[195]; *(zich verstoppen)* sich verkriechen[195]

wegkruising Straßenkreuzung *v*[20]

wegkwijnen (da)hinsiechen; *(mbt planten vooral)* verkümmern: *van verdriet* ~ sich abhärmen

weglachen bagatellisieren[320]

weglaten weglassen[197]; *(letters)* auslassen[197]

wegleggen weglegen: *ik zal het voor je* ~*!* ich will es dir aufheben!; *(geld; om te sparen)* zurücklegen; *het was voor hem weggelegd zijn land te redden* ihm war es vorbehalten, sein Land zu retten

wegleiden wegführen, fortführen

wegligging Straßenlage *v*[21]

weglopen weglaufen[198], fortlaufen[198]; *(de benen nemen)* davonlaufen[198]: *van huis* ~ von zu Hause ausreißen[220]; *dat loopt niet weg* das hat keine Eile; *met iem* ~ *(fig)* für jmdn schwärmen; *met iets* ~ *(fig)* für[+4] etwas schwärmen

wegmaken 1 *(van vlekken)* entfernen **2** *(bewusteloos maken)* narkotisieren[320], betäuben **3** *(kwijtmaken)* verlegen, verlieren[300]

wegmoffelen heimlich verschwinden lassen[197]

wegnemen wegnehmen[212]: *geld* ~ *(stelen)* Geld wegnehmen; *bezwaren* ~ Beschwerden beseitigen; *de indruk willen* ~ *dat ...* nicht den Eindruck erwecken wollen, dass ...; *moeilijkheden* ~ Schwierigkeiten beheben[186] *(of:* beseitigen) || *dat neemt niet weg dat hij gelijk heeft!* aber trotzdem hat er Recht!

wegomlegging Umleitung *v*[20]

wegpesten vergraulen

wegpinken wegwischen

wegpiraat Verkehrsrowdy *m*[13]

wegpoetsen wegputzen, wegwischen

wegpromoveren wegloben, fortloben

wegraken 1 *(zoekraken)* abhanden kommen[193] **2** *(bewusteloos worden)* ohnmächtig werden[310]

wegrennen wegrennen[222], fortrennen[222]

wegrestaurant Raststätte *v*[21], Rasthof *m*[6]

wegrijden wegfahren[153], fortfahren[153]; *(op rijdier)* wegreiten[221], fortreiten[221]

wegroesten verrosten

wegrotten wegfaulen, abfaulen

wegruimen wegräumen, aufräumen; *(fig)* aus dem Wege räumen

wegrukken wegreißen[220]: *de dood heeft hem weggerukt* der Tod hat ihn dahingerafft

wegschoppen wegtreten[291], mit dem Fuß wegstoßen[285]

¹**wegschuiven** *intr (opschikken)* wegrücken

²**wegschuiven** *tr (stoel, bord)* wegschieben[237], beiseite schieben[237]; *(gordijnen, grendel)* zurückschieben[237]

wegslaan wegschlagen[241], fortschlagen[241]

wegslepen wegschleppen, fortschleppen; *(van auto)* abschleppen

wegslikken hinunterschlucken

wegsluipen (sich) wegschleichen[242], fortschleichen[242], davonschleichen[242]

¹**wegspoelen** *intr* weggeschwemmt, weggespült werden[310]

²**wegspoelen** *tr* fortspülen, wegspülen, wegschwemmen

wegsterven 1 *(wegkwijnen)* (da)hinsterben[282]; *(afsterven)* absterben[282] **2** *(mbt geluid)* verhallen

wegstompen wegstoßen[285], fortstoßen[285]: *de bal* ~ den Ball (weg)fausten

wegstoppen verstecken, wegstecken

wegsturen wegschicken, fortschicken

wegtreiteren wegmobben

wegtrekken wegziehen[318], fortziehen[318]

wegvagen wegfegen; *(van indrukken)* wegwischen

wegvak Straßenabschnitt *m*[5]

wegvallen 1 wegfallen[154], fortfallen[154] **2** *(verdwijnen)* ausfallen[154]

wegverharding Straßenbefestigung *v*[20]

wegverkeer Straßenverkehr *m*[19]

wegversmalling Fahrbahnverengung *v*[20]

wegversperring Straßensperre *v*[21]

wegvliegen 1 wegfliegen[159], fortfliegen[159] **2** *(ontsnappen)* entfliegen[159] **3** *(weglopen)* davoneilen **4** *(goed verkocht worden)* reißenden Absatz finden[157]

wegwaaien wegwehen, fortwehen

wegwedstrijd Straßenrennen *o*[35]

wegwerken wegarbeiten, wegschaffen: *een achterstand* ~ einen Rückstand aufarbeiten

wegwerker Straßenarbeiter *m*[9]

wegwerpartikel Wegwerfartikel *m*[9], Einwegartikel *m*[9]

wegwerpen wegwerfen[311], fortwerfen[311]

wegwijs: ~ *zijn* Bescheid wissen[314]; *iem* ~ *maken (in iets)* jmdn (in[+4] etwas) einführen

wegwijzer 1 *(bord)* Wegweiser *m*[9] **2** *(gids, handleiding)* Führer *m*[9]

wegzenden wegschicken, fortschicken

wegzetten 1 wegsetzen, wegstellen **2** *(kleinerend behandelen)* herabsetzen

wegzinken versinken[266]

¹**wei** *(van melk)* Molke *v*[28]

²**wei** *zie* weide

weide *(voor het vee)* Weide *v*[21]; *(om hooi te winnen)* Wiese *v*[21]

¹**weiden** *intr (grazen)* weiden, grasen

²**weiden** *tr (laten grazen)* weiden lassen[197]

weids pompös, prunkvoll, stattlich

weifelaar wankelmütiger Mensch *m*[14]

weifelachtig unschlüssig, unentschlossen

weifelen schwanken, unschlüssig sein[262]

weigerachtig 1 *(persoon)* ablehnend **2** *(antwoord)* abschlägig

¹**weigeren** *intr (niet functioneren)* versagen: *het geweer weigert* das Gewehr versagt

²**weigeren** *tr* **1** *(met lijdend voorwerp, bijwoorde-*

lijke bepaling) verweigern; *(met volgende al of niet uitgedrukte onbep w)* sich weigern: *iem de toegang ~* jmdm den Eintritt verweigern; *dienst ~* den Wehrdienst verweigern; *ze ~ te gehoorzamen* sie weigern sich zu gehorchen **2** *(afwijzen)* ablehnen, abschlagen[241], ausschlagen[241]: *een geschenk ~* ein Geschenk ablehnen

weigering Weigerung v^{20}, Verweigerung v^{20}, Ablehnung v^{20}, Versagung v^{20}; *zie ook* weigeren

weiland Weide v^{21}, Weideland o^{32}

weinig wenig[60]; *(onbeduidend, ook)* gering: *een ~* ein wenig; *~ mensen* wenig(e) Leute; *de ~e uren* die wenigen Stunden; *~ of niets* so gut wie nichts; *in ~ tijd* in kurzer Zeit; *in ~ woorden* mit wenig(en) Worten; *van ~ betekenis* von geringer Bedeutung

wekelijks wöchentlich

weken *intr* weichen

weken *tr* weichen, einweichen

wekenlang wochenlang

wekken 1 *(wakker maken)* (auf)wecken **2** *(veroorzaken)* erregen, erwecken

wekker Wecker m^9

wekkerradio Radiowecker m^9

wel *zn* **1** *(bron)* Quelle v^{21} **2** *(voor het gebruik in orde gemaakt)* Brunnen m^{11}

wel *zn (welzijn)* Wohl o^{39}: *het ~ en wee* das Wohl und Wehe

wel *bw* **1** *(goed, gezond)* wohl[65]: *~ bekome het u!* wohl bekomm's!; *~ thuis!* kommen Sie gut nach Hause!; *dank u ~!* danke schön!; *je moet echter ~ bedenken …* du musst allerdings bedenken, …; *hij is niet ~* er fühlt sich nicht wohl; *we zijn allen ~* wir sind alle wohlauf **2** *(minstens)* gut, gut und gern: *dat kost ~ 1000 euro* das kostet gut und gern 1000 Euro **3** *(weliswaar)* zwar, wohl: *het is ~ verboden, maar iedereen doet het* es ist zwar verboten, aber jeder macht es **4** *(waarschijnlijk)* wohl, schon: *je zult ~ moe zijn* du wirst wohl müde sein **5** *(bij het tegenspreken van een ontkenning)* doch, aber: *vandaag niet, morgen ~* heute nicht, aber morgen; *hij is ~ rijk, maar niet gezond* er ist zwar reich, aber nicht gesund **6** *(uitdrukking van berusting, twijfel, enz.)* wohl, schon: *zie je nou ~!* siehst du wohl!; *dat kan ~ zijn, maar …* das ist schon möglich, doch … **7** *(uitdrukking van geruststelling)* schon: *je zult het ~ redden* du wirst es schon schaffen || *kom hier en ~ onmiddellijk!* komm (hier)her, und zwar sofort!; *ze kwam alleen, door de sneeuw nog ~* sie kam allein, und sogar durch den Schnee; *eens per week en ~ op woensdag* einmal in der Woche, nämlich am Mittwoch; *~ een bewijs dat …* gewiss ein Beweis, dass …; *zeg dat ~!* genau!; *alles goed en ~, maar …* alles schön und gut, aber …; *wat denk je ~!* wo denkst du hin!

¹**wel** *tw: ~wel!* sieh mal einer an!; *~, hoe gaat het?* nun, wie geht's?; *~ allemachtig!* du meine Güte!

welaan *tw* nun denn!, also los!

welbehagen 1 *(goedvinden)* Gutdünken o^{39}: *naar ~* nach Gutdünken **2** *(welgevallen)* Wohlbehagen o^{39}, Wohlgefallen o^{39}: *gevoel van ~* Wohlgefühl o^{39}

welbekend wohl bekannt

welbeschouwd genau betrachtet

welbespraakt beredt, redegewandt

welbespraaktheid Beredsamkeit v^{28}

welbesteed gut benutzt

welbevinden Wohlbefinden o^{39}

welbewust ganz bewusst, wissentlich

weldaad Wohltat v^{20}

weldadig wohltuend, angenehm

weldadigheid 1 *(liefdadigheid)* Wohltätigkeit v^{28} **2** *(het weldoen)* Wohltat v^{20}

weldadigheidsinstelling Wohltätigkeitsverein m^5

weldenkend redlich, rechtschaffen

weldoen wohl tun[295]

weldoener Wohltäter m^9

weldoordacht wohlerwogen, wohl überlegt

weldra (als)bald

weleer ehemals, einst

welgeaard richtig: *een ~e Hollander* ein richtiger Holländer

welgedaan wohlgenährt, beleibt

welgelegen in schöner Lage, schön gelegen

welgemanierd wohlanständig, manierlich: *een ~ kind* ein wohlerzogenes Kind

welgemeend wohl gemeint

welgemoed wohlgemut

welgeschapen wohlgestaltet, wohlgeformt

welgesteld wohlhabend, gut situiert

welgeteld genau: *~ tien keer* genau zehn Mal

¹**welgevallen** *zn* **1** *(welbehagen)* Wohlgefallen o^{39}: *met ~* mit[+3] Wohlgefallen **2** *(goeddunken)* Gutdünken o^{39}, Belieben o^{39}: *naar ~* nach[+3] Belieben, nach[+3] Gutdünken

²**welgevallen** *ww: zich veel laten ~* sich[3] viel(es) gefallen lassen[197]

welgevallig angenehm

welgezind wohlgesinnt

welhaast fast, beinahe

welig üppig: *~e plantengroei* üppiger Pflanzenwuchs

welingelicht wohl unterrichtet, gut informiert: *van ~e zijde vernemen* aus zuverlässiger Quelle vernehmen[212]

weliswaar zwar, freilich, allerdings

¹**welk** *onbep vnw*[78] welch

²**welk** *vrag vnw*[87] welcher, welche, welches: *~e man?* welcher Mann?

³**welk** *betr vnw*[78, 79] der, die, das, die

¹**welkom** *zn* Willkommen o^{39}

²**welkom** *bn* willkommen: *~e gast* willkommener Gast; *iem ~ heten* jmdn willkommen heißen[187]

³**welkom** *tw* willkommen!

welkomstgroet Willkommensgruß m^6

welkomstwoord Begrüßungswort o^{29}

wellen 1 *(verhitten)* heiß werden lassen[197] **2** *(laten weken)* quellen

welles *tw* doch!
welletjes genug: *het is zo* ~! jetzt reicht's!
wellicht vielleicht, möglicherweise
welluidend *(algem)* wohlklingend; *(mbt het gesprokene vooral)* wohllautend
welluidendheid Wohlklang m^{19}, Wohllaut m^{19}
wellust 1 *(zielsgenot)* Wonne v^{21}, Hochgenuss m^6 2 *(verrukking)* Entzücken o^{39} 3 *(zingenot)* Wollust v^{25}
wellusteling Wollüstling m^5
wellustig wollüstig
welmenend wohlmeinend
welnee aber nein!
welnemen Erlaubnis v^{24}: *met uw* ~ mit Ihrer Erlaubnis
welnu *tw* nun denn!
weloverwogen wohl überlegt, wohlerwogen
welp *(jong dier) (van hond, vos)* Welpe m^{15}; *(van leeuw, beer e.a.)* Junge(s) o^{40c}
welslagen Gelingen o^{39}, Erfolg m^5
welsprekend 1 beredt, redegewandt 2 *(overtuigend)* überzeugend
welsprekendheid Beredsamkeit v^{28}
welstand 1 Wohlstand m^{19} 2 *(gezondheid)* Wohlbefinden o^{39}
welste: *van je* ~ ungeheuer, furchtbar, riesig; *een lawaai van je* ~ ein Heidenlärm
welterusten angenehme Ruhe!, ich wünsche wohl zu ruhen!, gute Nacht!
welteverstaan wohlverstanden
welvaart Wohlstand m^{19}
welvaartsmaatschappij Wohlstandsgesellschaft v^{28}
welvaartsstaat Wohlfahrtsstaat m^{16}
welvaren 1 *(voorspoed)* Wohlstand m^{19} 2 *(gezondheid)* Wohlbefinden o^{39}: *hij ziet eruit als Hollands* ~ er strotzt vor^{+3} Gesundheit
welvarend 1 *(mbt bezit)* wohlhabend, vermögend 2 *(bloeiend)* blühend 3 *(gezond)* gesund
welven, zich sich wölben
welverdiend wohlverdient
welving 1 *(het welven)* Wölbung v^{20} 2 *(gewelf)* Gewölbe o^{33} 3 *(ronding)* Rundung v^{20}
welvoorzien wohl versehen
welwillend wohlwollend
welwillendheid Wohlwollen o^{39}
welzeker gewiss!
welzijn 1 *(welvaren)* Wohl o^{39}: *het algemene* ~ das allgemeine Wohl, das Gemeinwohl 2 *(gezondheid)* Wohl(befinden) o^{39}
welzijnswerk, welzijnszorg Sozialarbeit v^{28}
wemelen wimmeln
wendbaar wendig
¹**wenden** *tr (keren)* wenden^{308}: *hoe je het ook wendt of keert* wie man die Sache auch dreht und wendet
²**wenden, zich** sich wenden^{308}: *zich schriftelijk tot iem* ~ sich schriftlich an jmdn wenden; *hij wendde zich tot zijn tafeldame* er wandte sich zu seiner Tischnachbarin

wending Wendung v^{20}
wenen weinen
Wenen Wien o^{39}
¹**Wener** *zn* Wiener m^9
²**Wener** *bn* Wiener
wenk Wink m^5: *een niet mis te verstane* ~ ein Wink mit dem Zaunpfahl; *iem op zijn* ~*en gehoorzamen* jmdm aufs Wort gehorchen
wenkbrauw Augenbraue v^{21}, Braue v^{21}: *de* ~*en fronsen* die Augenbrauen zusammenziehen^{318}
wenken winken^{+3}: *de ober* ~ dem Ober winken
¹**wennen** *intr* sich gewöhnen: *men went aan alles* man gewöhnt sich an alles
²**wennen** *tr* gewöhnen *(haben)*: *iem aan orde* ~ jmdn an Ordnung gewöhnen
wens Wunsch m^6: *naar* ~ nach^{+3} Wunsch
wensdroom Wunschtraum m^6
wenselijk wünschenswert, erwünscht
wenselijkheid: *ik zie de* ~ *van die maatregel niet in* ich sehe nicht ein, dass diese Maßregel wünschenswert *(of:* erwünscht*)* wäre
wensen 1 *(toewensen)* wünschen: *iem alle goeds* ~ jmdm alles Gute wünschen 2 *(verlangen)* (sich^3) wünschen: *alle gewenste inlichtingen* jede erwünschte Auskunft; *veel te* ~ *overlaten* viel zu wünschen übrig lassen; *het is te* ~ *dat* ... es wäre wünschenswert, dass ...
wenskaart Glückwunschkarte v^{21}
¹**wentelen** *intr* sich drehen: *zich* ~ sich wälzen
²**wentelen** *tr* wälzen, drehen
wenteling 1 Umdrehung v^{20}, Drehung v^{20} 2 *(het wentelen)* Wälzen o^{39}, Drehen o^{39}
wenteltrap Wendeltreppe v^{21}, Spindeltreppe v^{21}
wereld Welt v^{20}: *de derde* ~ die Dritte Welt; *de* ~ *om ons heen* die Umwelt; *de hele* ~ *weet het* die ganze Welt *(of:* alle Welt*)* weiß es; *weten wat er in de* ~ *te koop is* Bescheid wissen^{314}; *iem naar de andere* ~ *helpen* jmdn ins Jenseits befördern; *ter* ~ *komen* auf die *(of:* zur*)* Welt kommen^{193}; *wat ter* ~ *heeft hem daartoe bewogen?* was in aller Welt hat ihn dazu bewogen?; *voor niets ter* ~ um nichts in der Welt; *een zaak uit de* ~ *helpen* eine Sache aus der Welt schaffen^{230}; *die zaak is uit de* ~ diese Sache ist erledigt; *een man, een vrouw van de* ~ ein Weltmann, eine Weltdame
Wereldbank Weltbank v^{28}
wereldberoemd weltberühmt
wereldbeschouwing Weltanschauung v^{20}
wereldbol Erdkugel v^{21}
wereldburger 1 *(mens)* Erdenbürger m^9 2 *(kosmopoliet)* Weltbürger m^9
werelddeel Erdteil m^5
werelderfgoed Welt(kultur)erbe o^{39}
wereldgebeuren Weltgeschehen o^{39}
wereldgebeurtenis Weltereignis o^{29a}
wereldgeschiedenis Weltgeschichte v^{28}
wereldhandel Welthandel m^{19}
wereldhaven Welthafen m^{12}
wereldheerschappij Weltherrschaft v^{28}

wereldhervormer Weltverbesserer m^9
wereldkaart Weltkarte v^{21}, Erdkarte v^{21}
wereldkampioen Weltmeister m^9: ~ *boksen* Boxweltmeister
wereldkampioenschap Weltmeisterschaft v^{20}
wereldklasse Weltklasse v^{28}
wereldkundig weltkundig: ~ *maken* bekannt machen; ~ *worden* weltkundig werden^{310}
wereldleider Weltführer m^9, Weltleiter m^9
wereldlijk weltlich: ~ *gezag* weltliche Gewalt
wereldliteratuur Weltliteratur v^{28}
wereldmacht Weltmacht v^{25}
wereldmarkt Weltmarkt m^{19}
wereldnaam Weltruf m^{19}
wereldomvattend weltweit; *(over de hele wereld reikend)* weltumspannend
wereldoorlog Weltkrieg m^5
wereldrecord Weltrekord m^5
wereldrecordhouder Weltrekordler m^9
wereldreis Weltreise v^{21}
wereldreiziger Weltreisende(r) m^{40a}, v^{40b}
werelds weltlich: ~*e goederen (ook)* Erdengüter, irdische Güter
wereldschokkend welterschütternd
wereldstad Weltstadt v^{25}
wereldtentoonstelling Weltausstellung v^{20}
wereldtitel Weltmeistertitel m^9
wereldvermaard weltberühmt, weltbekannt
wereldvoedselprogramma Welternährungsprogramm o^{29}
wereldvreemd weltfremd
wereldwijd weltweit
wereldwinkel Dritte-Welt-Laden m^{12}
wereldwonder Weltwunder o^{33}
wereldzee Weltmeer o^{29}, Ozean m^5
weren *tr* abwehren, fern halten^{183}, verhüten: *iem ~* jmdn nicht zulassen^{197}; *onheil ~* Unheil verhüten
weren, zich 1 *(zich verdedigen)* sich wehren **2** *(zijn best doen)* sich anstrengen
werf 1 *(scheepv)* Werft v^{20} **2** *(grond om huis)* Hof m^6 **3** *(Belg)* Baustelle v^{21}: *verboden op de ~ te komen* Betreten der Baustelle verboten
werk 1 *(het werken)* Arbeit v^{28}: *ik doe alleen mijn ~* ich tue nur meinen Job; *aan het ~ gaan* an die Arbeit gehen^{168} **2** *(baan)* Arbeit v^{28}, Beschäftigung v^{20}: *aangenomen ~* Akkordarbeit; *vast ~* Dauerbeschäftigung; *iem te ~ stellen* jmdn beschäftigen **3** *(het resultaat)* Arbeit v^{20}; *(vooral voortbrengsel van de geest)* Werk o^{29}: *de ~en van Vondel* Vondels Werke **4** *(daad)* Werk o^{29}, Tat v^{20} **5** *(mechanisme)* Werk o^{29} || *publieke ~en* Stadtwerke; *~ in uitvoering!* Achtung Bauarbeiten!; *onpartijdig te ~ gaan* unparteiisch vorgehen^{168}; *rechtvaardig te ~ gaan* gerecht verfahren^{153}; *hij heeft lang ~* er braucht lange; *ik zal er dadelijk ~ van maken* ich werde sogleich dafür sorgen; *alles in het ~ stellen* alle Kräfte aufbieten^{130}; *er is veel ~ aan de winkel* wir haben alle Hände voll zu tun;

dat is geen ~! das ist keine Art!
werkaanbieding *(Belg)* offene Stelle v^{21}
werkbalk *(comp)* Symbolleiste v^{21}, Arbeitsleiste v^{21}
werkbank Werkbank v^{25}
werkbij Arbeitsbiene v^{21}
werkcollege Seminar o^{29}
werkdag 1 *(tegenstelling van zondag)* Wochentag m^5, Werktag m^5 **2** *(tegenstelling van werkloze dag)* Arbeitstag m^5
werkelijk wirklich, tatsächlich: ~*e dienst* aktiver Dienst; *een ~ gevaar* eine reelle Gefahr
werkelijkheid Wirklichkeit v^{20}
werkelijkheidszin Realitätssinn m^{19}
werken 1 *(werk verrichten)* arbeiten, schaffen: *hard ~* schwer arbeiten, schuften; *zich omhoog ~* sich emporarbeiten; *ze gaat uit ~* sie ist Putzfrau **2** *(uitwerking hebben, invloed uitoefenen)* wirken **3** *(functioneren)* funktionieren, arbeiten || *zijn eten naar binnen ~* das Essen (in sich) hineinschlingen^{246}; *iem de kamer uit ~* jmdn hinausbefördern
werkend berufstätig: ~*e vrouwen* berufstätige Frauen; ~*e vulkaan* tätiger Vulkan
werker Arbeiter m^9: *maatschappelijk ~* Sozialarbeiter
werkezel Arbeitstier o^{29}
werkgelegenheid Arbeitsplätze *mv* m^6: *volledige ~* Vollbeschäftigung; *peil van de ~* Beschäftigungsgrad m^5
werkgelegenheidsakkoord Beschäftigungspakt m^5
werkgelegenheidspeil Beschäftigungsgrad m^5
werkgever Arbeitgeber m^9
werkgeversorganisatie Arbeitgeberverband m^6
werkgroep Arbeitsgruppe v^{21}
werking 1 *(uitwerking, invloed)* Wirkung v^{20}, Effekt m^5: *deze wet treedt onmiddellijk in ~* dieses Gesetz tritt mit sofortiger Wirkung in Kraft **2** *(het werken)* Betrieb m^{19}, Tätigkeit v^{28}: *buiten ~ stellen* außer Betrieb setzen; *(van maatregelen e.d.)* außer Kraft setzen; *in ~ zijn* in Betrieb sein^{262}
werkje 1 *(werk)* Arbeit v^{20}: *een vervelend ~* ein langweiliges Stück Arbeit **2** *(patroon)* Muster o^{33}
werkkamer Arbeitszimmer o^{33}
werkkapitaal Betriebskapital o^{29} *(mv ook -ien)*
werkklimaat Arbeitsklima o^{36}
werkkracht 1 *(persoon)* Arbeitskraft v^{25} **2** *(kracht om te werken)* Arbeitskraft v^{28}, Energie v^{28}
werkkring 1 *(taak)* Arbeitsbereich m^5, Wirkungsbereich m^5 **2** *(baan)* Stellung v^{20}: *een aangename ~* ein angenehmer Beruf
werklieden Arbeiter *mv* m^9, Arbeitsleute *(mv)*
werkloos 1 *(zonder werk)* arbeitslos, erwerbslos **2** *(nietsdoend)* müßig, untätig
werkloosheid 1 *(het zonder werk zijn)* Arbeitslosigkeit v^{28}, Erwerbslosigkeit v^{28} **2** *(het nietsdoen)* Untätigkeit v^{28}
werkloosheidsuitkering Arbeitslosengeld o^{39}

werkloze Arbeitslose(r) m^{40a}, v^{40b}, Erwerbslose(r) m^{40a}, v^{40b}
werklunch Arbeitsessen o^{35}
werklust Arbeitslust v^{28}
werkmaatschappij Tochtergesellschaft v^{20}
werkman Arbeiter m^9
werkmeester Werkmeister m^9
werkmethode Arbeitsmethode v^{21}
werknemer Arbeitnehmer m^9
werkongeval Betriebsunfall m^6
werkplaats Werkstatt *v (mv -stätten)*
werkplek Arbeitsplatz m^6
werkput Baugrube v^{21}
werkschuw arbeitsscheu
werkstaking Arbeitseinstellung v^{20}, Streik m^{13}, Ausstand m^6
werkster 1 *(vrouwelijke werker)* Arbeiterin v^{22}: *maatschappelijk* ~ Sozialarbeiterin **2** *(schoonmaakster)* Putzfrau v^{20}
werkstraf gemeinnützige Arbeit v^{20} als Ersatzstrafe
werkstudent Werkstudent m^{14}
werkstuk Arbeit v^{20}
werktafel Arbeitstisch m^5
werktekening Arbeitsvorlage v^{21}
werkterrein Arbeitsfeld o^{31}, Arbeitsgebiet o^{29}
werktijd Arbeitszeit v^{20}; *(bij ploegendienst)* Arbeitsschicht v^{20}: *glijdende* ~*en* gleitende Arbeitszeit; *verkorting van de* ~ Arbeitszeitverkürzung v^{20}
werktuig 1 *(gereedschap, toestel)* Werkzeug o^{29}, Gerät o^{29} **2** *(voor gymnastiek)* Gerät o^{29} **3** *(persoon)* Werkzeug o^{29}
werktuigbouwkunde Maschinenbau m^{19}
werktuigbouwkundige Maschinenbauer m^9
werktuigkundig mechanisch: ~ *ingenieur* Maschinenbauingenieur m^5
werktuiglijk mechanisch, automatisch
werkverdeling Arbeits(ver)teilung v^{20}
werkvergunning Arbeitsgenehmigung v^{20}
werkverschaffing Arbeitsbeschaffung v^{28}
werkvloer Arbeitsplatz m^6: *de mensen van de* ~ Personal o^{39}; Arbeiter *mv* m^9
werkvolk Arbeitsleute *(mv)*, Arbeiter *mv* m^9
werkvoorziening Arbeitsbeschaffung v^{28}
werkvrouw *(Belg)* Putzfrau v^{20}
werkweek Arbeitswoche v^{21}
werkwijze Arbeitsmethode v^{21}, Arbeitsweise v^{21}
werkwillige Arbeitswillige(r) m^{40a}, v^{40b}
werkwoord Verb o^{37}, Zeitwort o^{32}
werkzaam 1 *(werkend)* tätig, beschäftigt: *bij iem* ~ *zijn* bei jmdm beschäftigt sein^{262} **2** *(vlijtig)* fleißig **3** *(uitwerking hebbend)* wirksam, effektiv: *een* ~ *middel* ein wirksames Mittel; *werkzame vulkaan* tätiger Vulkan
werkzaamheden Arbeit v^{20}: *alle op kantoor voorkomende* ~ alle Büroarbeiten
werkzaamheid 1 *(het werkzaam zijn)* Tätigkeit v^{20} **2** *(vlijt)* Fleiß m^{19} **3** *(uitwerking)* Wirkung v^{20}

werkzoekende Arbeit(s)suchende(r) m^{40a}, v^{40b}
werpen werfen^{311}; *(bommen uit een vliegtuig)* abwerfen^{311}; *(met dobbelstenen, ook)* würfeln: *troepen in de strijd* ~ Truppen einsetzen; *alle verdenking van zich* ~ jeden Verdacht von^{+3} sich werfen
wervel Wirbel m^9
wervelen wirbeln
wervelkolom Wirbelsäule v^{21}
wervelstorm Wirbelsturm m^6
wervelwind Wirbelwind m^5
werven 1 (an)werben^{309} **2** *(Belg) (aanstellen in een betrekking)* einstellen, anstellen
wesp Wespe v^{21}
wespennest Wespennest o^{31}
wespensteek Wespenstich m^5
wespentaille Wespentaille v^{21}
¹west *zn* Westen m^{19}
²west *bw, bn* westlich: *de wind is* ~ der Wind kommt von West
West-Afrika Westafrika o^{39}
West-Duitsland Westdeutschland o^{39}
westelijk westlich: ~ *Afrika* westliches Afrika; ~ *van Utrecht* westlich von Utrecht; ~ *van de stad* westlich der Stadt
westen Westen m^{19}: *buiten* ~ bewusstlos; *ten* ~ *van* westlich von^{+3}, westlich^{+2}
westenwind Westwind m^5
western Western *m (2e nvl -(s); mv -)*
westers westlich, abendländisch: *de* ~*e kerk* die abendländische Kirche
West-Europa Westeuropa o^{39}
West-Europees westeuropäisch: *West-Europese tijd* westeuropäische Zeit *(afk* WEZ)
westkust Westküste v^{21}
westwaarts westwärts
wet Gesetz o^{29}: *ijzeren* ~ ehernes Gesetz; ~ *op … Gesetz über*$^{+4}$ …; ~ *van Ohm* ohmsches Gesetz; *kracht van* ~ *hebben* Gesetzeskraft haben^{182}; *iem de* ~ *voorschrijven* jmdn bevormunden; *iets bij de* ~ *voorzien* etwas gesetzlich festlegen; *volgens de* ~ nach dem Gesetz
Wetb., wetboek Gesetzbuch o^{32} *(afk* GB): *Burgerlijk* ~ Bürgerliches Gesetzbuch *(afk* BGB); ~ *van koophandel* Handelsgesetzbuch *(afk* HGB); ~ *van strafrecht* Strafgesetzbuch *(afk* StGB)
¹weten *zn* Wissen o^{39}: *bij (of: naar) mijn* ~ soviel ich weiß; *buiten mijn* ~ ohne mein Wissen
²weten *ww* wissen^{314}: *hij weet niet beter* er weiß es nicht anders; *iem iets laten* ~ jmdn etwas wissen lassen^{197}; *iets te* ~ *komen* etwas erfahren^{153}; *(na zoeken)* etwas ausfindig machen; *(na vragen)* etwas erfragen; *niet dat ik weet!* nicht dass ich wüsste!; *ik weet er niets op* ich weiß keinen Rat; *het samen* ~ (sich) einig sein^{262}; *te* ~ nämlich; *ik weet er niets van* ich habe keine Ahnung; *weet ik veel?* was weiß ich?; *niets van iem willen* ~ von jmdm nichts wissen wollen^{315}; *ik weet er alles van!* ich weiß Bescheid!; *hij wil het wel* ~ er macht kei-

n(en) Hehl daraus; *van geen ophouden* ~ nicht lockerlassen[197]
wetenschap Wissenschaft *v*[20]
wetenschappelijk wissenschaftlich
wetenschapper Wissenschaftler *m*[9]
wetenswaardig wissenswert
wetenswaardigheid Wissenswerte(s) *o*[40c]
wetgevend gesetzgebend: *~e macht* gesetzgebende Gewalt *v*[28]; *~e vergadering* gesetzgebende Versammlung *v*[28]
wetgever Gesetzgeber *m*[9]
wetgeving Gesetzgebung *v*[20]
wethouder Beigeordnete(r) *m*[40a], *v*[40b]; *(in Bremen, Hamburg, Berlijn)* Senator *m*[16]
wetmatig gesetzmäßig
wetsartikel Paragraph *m*[14], Paragraf *m*[14], Artikel *m*[9]
wetsbepaling gesetzliche Bestimmung *v*[20]
wetsdokter *(Belg)* Gerichtsmediziner *m*[9]
wetsontwerp Gesetzentwurf *m*[6], Gesetzesvorlage *v*[21]
wetsovertreding Gesetzesübertretung *v*[20]: *een ~ plegen* das Gesetz übertreten[291]
wetsvoorstel Gesetzesvorlage *v*[21]
wetswijziging Gesetzesänderung *v*[20]; *(binnen een wet)* Gesetzesnovelle *v*[21]
wettelijk gesetzlich: *~e aansprakelijkheid* Haftpflicht *v*[20]; *~ erfdeel* Pflichtteil *m*[5], *o*[29]
wetteloos gesetzlos
wetten wetzen, schärfen, schleifen[243]
wettig gesetzlich, gesetzmäßig, legitim: *~ betaalmiddel* gesetzliches Zahlungsmittel; *~ bewijs* rechtsgültiger Beweis; *~ deel* gesetzlicher Teil; *~ kind* eheliches Kind
wettigen 1 *(wettig maken)* legitimieren[320] 2 *(rechtvaardigen)* rechtfertigen; *zie ook* gewettigd
weven weben[305]
wever Weber *m*[9]
weverij Weberei *v*[20]
wezel Wiesel *o*[33]: *hij is zo bang als een ~* er ist ein Angsthase
wezen *zn* 1 *(bestaan)* Dasein *o*[39] 2 *(aard, natuur)* Wesen *o*[35]: *het ~ van de zaak* das Wesen *(of:* der Kern) der Sache; *in ~ heeft hij gelijk* im Grunde hat er Recht 3 *(schepsel)* Wesen *o*[35], Geschöpf *o*[29], Individuum *o* *(2e nvl -s; mv Individuen)* 4 *(voorkomen)* Aussehen *o*[39], Miene *v*[21]
²**wezen** *ww* sein[262]: *bij wie moet u ~?* zu wem möchten Sie?; *hij mag er ~* er kann sich sehen lassen[197]; *we zijn ~ kijken* wir haben es uns angesehen; *ik ben ~ vragen* ich habe mich erkundigt
wezenlijk 1 wirklich, tatsächlich 2 *(essentieel)* wesentlich
wezenloos 1 *(zonder gevoel, uitdrukking, verstand)* starr, leer, stumpf 2 *(suf)* benommen, geistesabwesend 3 *(onwezenlijk)* wesenlos 4 *(verbijsterd)* entgeistert ‖ *zich ~ lachen* sich totlachen
whirlpool Whirlpool *m*[13]
whisky Whisky *m*[13]
whisky-soda Whisky Soda *m* *(2e nvl -; mv -)*
wichelroede Wünschelrute *v*[21]
wichelroedeloper Wünschelrutengänger *m*[9]
wicht *(kind)* Knirps *m*[5], Wicht *m*[5]; *(min)* Gör *o*[37]
¹**wie** *onbep vnw* wer (immer)
²**wie** *vrag vnw* wer[85]: *~ is die dame?* wer ist diese Dame?; *~ zijn de lui?* wer sind diese Leute?; *~ lopen daar?* wer geht da?; *~ komen er al zo?* wer kommt denn alles?
³**wie** *betr vnw* der
wiebelen 1 *(wiegelen)* wippen 2 *(onvast staan)* wackeln
wieden jäten
wiedes: *dat is nogal ~!* das versteht sich!
wiedeweerga: *als de ~* blitzschnell
wieg Wiege *v*[21]; *(fig, ook)* Heimat *v*[20]: *van de ~ af* von der Wiege an
wiegelen sich wiegen
wiegelied Wiegenlied *o*[31]
¹**wiegen** *intr* sich wiegen: *met de heupen ~* sich in den Hüften wiegen
²**wiegen** *tr* wiegen: *een kind ~* ein Kind wiegen; *iem met beloften in slaap ~* jmdn mit Versprechungen vertrösten; *zijn geweten in slaap ~* sein Gewissen einschläfern
wiek 1 *(vleugel)* Flügel *m*[9]: *hij is in zijn ~ geschoten* er ist beleidigt 2 *(molenwiek)* Flügel *m*[9]
wiel *(rad)* Rad *o*[32]: *iem in de ~en rijden* jmdm in die Quere kommen[193]
wielbasis Radstand *m*[6]
wieldop Radkappe *v*[21]
wielerbaan Radrennbahn *v*[20], Rennpiste *v*[21]
wielersport Radsport *m*[19]
wielerwedstrijd Radrennen *o*[35]
wielklem Parkkralle *v*[21]
wielophanging Radaufhängung *v*[28]: *onafhankelijke ~* Einzelradaufhängung
wielrenner Radrennfahrer *m*[9]
wielrijden Rad fahren[153]; *(pop)* radeln
wielrijder Radfahrer *m*[9], Radler *m*[9]
wieltje Rädchen *o*[35]: *de zaak loopt op ~s* es geht wie geschmiert
wier Seegras *o*[32], Tang *m*[5]
wierook Weihrauch *m*[19]
wiet Heu *o*[39], Grass *o*[39]
wig Keil *m*[5]
wij wir[82]
wijd weit; *(ruim, ook)* geräumig: *~ en zijd* weit und breit; *van ~ en zijd* von nah und fern
wijdbeens mit gespreizten Beinen
wijden 1 *(inzegenen)* weihen: *iem tot priester ~* jmdn zum Priester weihen 2 *(toewijden)* widmen, weihen: *veel zorg aan iets ~* große Sorgfalt auf[+4] etwas verwenden[308]
wijdhoeklens Weitwinkelobjektiv *o*[29]
wijding Weihe *v*[21]
wijdlopig weitläufig, weitschweifig
wijdte Weite *v*[21]
wijdvertakt weit verzweigt

wijf Weib o³¹: *hij is een oud ~* er ist ein Waschweib

wijfje 1 Frauchen o³⁵ **2** *(dier)* Weibchen o³⁵

wijk 1 *(vlucht)* Flucht v²⁸, Rückzug m⁶: *de ~ nemen* die Flucht ergreifen¹⁸¹; *de ~ nemen naar Amerika* nach Amerika (ent)fliehen¹⁶⁰ **2** *(stadswijk)* *(algem)* Viertel o³³, Stadtteil m⁵, Ortsteil m⁵; *(van politieagent, kelner)* Revier o²⁹; *(van postbode)* Zustellbezirk m⁵

wijkagent für ein Revier zuständiger Polizist m¹⁴

wijkblad Stadtteilzeitung v²⁰

wijken 1 *(toegeven)* nachgeben¹⁶⁶, weichen³⁰⁶ **2** *(niet horizontaal, niet verticaal lopen)* abweichen³⁰⁶: *de muur wijkt* die Mauer ist außer Lot ‖ *voor niemand ~* vor niemand(em) weichen³⁰⁶

wijkgebouw Nachbarschaftshaus o³², *(in grotere wijk)* Bürgerhaus o³²; *(prot)* Gemeindehaus o³²

wijkverpleegster, wijkzuster Gemeindeschwester v²¹

wijlen *bn* verstorben, selig: *~ de Heer A.* der verstorbene Herr A.; *~ mijn oom* mein seliger Onkel

wijn Wein m⁵: *warme ~* Glühwein; *rode ~* roter Wein, Rotwein; *witte ~* weißer Wein, Weißwein; *~ op flessen* Flaschenwein; *~ op fust* Fasswein

wijnazijn Weinessig m⁵

wijnberg Weinberg m⁵

wijnbergslak Weinbergschnecke v²¹

wijnboer, wijnbouwer Winzer m⁹

wijndruif Weinbeere v²¹, Weintraube v²¹

wijnfles Weinflasche v²¹

wijngaard Weinberg m⁵, Weingarten m¹²

wijngaardslak Weinbergschnecke v²¹

wijnglas Weinglas o³²

wijnhandelaar Weinhändler m⁹

wijnjaar Weinjahr o²⁹

wijnkaart Weinkarte v²¹

wijnkelder Weinkeller m⁹

wijnkoeler Weinkühler m⁹

wijnoogst 1 Weinernte v²¹ **2** *(pluk)* Weinlese v²¹

wijnpers Weinpresse v²¹, Kelter v²¹

wijnrank Weinranke v²¹

wijnstok Weinstock m⁶, Weinrebe v²¹

wijnstreek Weingegend v²⁰, Weinbaugebiet o²⁹

wijntje Wein m⁵

wijnverbruik Weinkonsum m¹⁹

wijnvlek Weinfleck m⁵; *(op de huid)* Feuermal o²⁹

¹wijs, wijze *zn* **1** *(manier van doen)* Weise v²¹; *(gewoonte, gebruik)* Art v²⁰: *wijze van betaling* Zahlungsweise; *wijze van doen* Handlungsweise; *(procédé)* Verfahren o³⁵; *de wijze waarop* die Art und Weise, wie; *bij wijze van proef* probeweise; *bij wijze van spreken* sozusagen; *bij wijze van uitzondering* ausnahmsweise; *op de wijze al* dieses (*of:* in dieser) Weise; *ieder op zijn wijze* jeder nach seiner Weise (*of:* auf seine Weise) **2** *(muz)* Melodie v²¹, Weise v²¹: *op de ~ van* nach der Melodie⁺² **3** *(taalk)* Modus m (*2e nvl* -; *mv Modi*) ‖ *van de ~ raken:* a) *(lett)* aus der Melodie kommen¹⁹³; b) *(de kluts kwijtraken)* die Fassung verlieren³⁰⁰; *van de ~ brengen* aus der Fassung bringen¹³⁹

²wijs *bn* **1** *(verstandig en bedachtzaam)* weise: *hij is niet goed ~* er ist nicht recht bei Trost(e); *ben je (wel) ~?* was fällt dir ein?; *wees nu ~ en laat het erbij!* sei vernünftig und lass es gut sein! **2** *(allesbehalve dom)* klug, gescheit: *ik kan er niet ~ uit worden!* ich kann nicht klug daraus werden!; *je wordt niet ~ uit hem* aus ihm wird man nicht klug **3** *(bedachtzaam)* besonnen ‖ *iem wat ~ maken* jmdm etwas weismachen; *zichzelf wat ~ maken* sich³ selbst etwas einreden

wijsbegeerte Philosophie v²⁸

wijselijk (wohl)weislich

wijsgeer Philosoph m¹⁴

wijsgerig philosophisch

wijsheid Weisheit v²⁸, Klugheit v²⁸; *zie ook* ²wijs

wijsheidstand *(Belg)* *(verstandskies)* Weisheitszahn m⁶

wijsje Melodie v²¹, Weise v²¹

wijsmaken weismachen, vormachen

wijsneus Naseweis m⁵, Klugschwätzer m⁹

wijsvinger Zeigefinger m⁹

wijten zuschreiben²⁵²: *dat heb je hem te ~!* das verdankst du ihm!; *dat is aan zijn traagheid te ~* daran ist seine Trägheit schuld; *dat heeft hij aan zichzelf te ~* das hat er sich³ selbst zuzuschreiben; *de vertraging is aan staking te ~* die Verzögerung ist einem Streike zuzuschreiben

wijting Merlan m⁵, Wittling m⁵

wijwater Weihwasser o³⁹

¹wijze *de (persoon)* Weise(r) m⁴⁰ᵃ, v⁴⁰ᵇ

²wijze *zie* ¹wijs

¹wijzen *intr* (hin)weisen³⁰⁷, zeigen: *met de vinger naar iem ~* mit dem Finger auf jmdn zeigen; *alles wijst erop dat ...* alles weist darauf hin, dass ...; *hij verontschuldigde zich door erop te ~, dat ...* er entschuldigte sich, indem er darauf hinwies, dass ...; *iem op iets ~* jmdn auf⁺⁴ etwas aufmerksam machen

²wijzen *tr* zeigen, weisen³⁰⁷: *iem de deur ~* jmdn vor die Tür setzen; *een vonnis ~* ein Urteil fällen

wijzer 1 *(van uurwerk)* Zeiger m⁹: *met de ~s van de klok mee* im Uhrzeigersinn **2** *(wegwijzer)* Wegweiser m⁹

wijzerplaat Zifferblatt o³²

wijzigen (ver)ändern; *(gedeeltelijk)* abändern; *(geheel of bijna geheel)* umändern

wijziging Änderung v²⁰, Veränderung v²⁰, Abänderung v²⁰: *een ~ aanbrengen* eine Änderung vornehmen²¹²; *een ~ ondergaan* abgeändert werden³¹⁰; *zie ook* wijzigen

wikkelen 1 (ein)wickeln **2** *(verwikkelen)* verwickeln: *een land in een oorlog ~* ein Land in einen Krieg verwickeln

wikkeling Wick(e)lung v²⁰

wikken (er)wägen³⁰³: *na lang ~ en wegen* nach reiflicher Erwägung

wil Wille m¹⁸: *uiterste ~* letzter Wille; *buiten mijn*

wild ~ ohne meinen Willen; *met de beste ~ van de wereld* beim besten Willen; *tegen ~ en dank* mit Widerwillen; *iem ter ~le zijn* jmdm zu Willen sein[262]; *uit vrije ~* aus freien Stücken

wild zn **1** *(mbt dieren)* Wild o[39]; *(vlees van wild)* Wildbret o[39]: *grof ~* Hochwild; *overstekend ~* Wildwechsel m[19]; *klein ~* Niederwild **2** *(natuurstaat)* (freie) Natur v[28]: *in het ~ groeiende planten* wild wachsende Pflanzen; *in het ~e weg schieten* aufs Geratewohl schießen[238]

wild bn wild: *een ~e boel* ein wüstes Treiben; *~ zwijn* Wildschwein o[29]

wilddief Wilddieb m[5], Wilderer m[9]

wilde Wilde(r) m[40a], v[40b]

wildebras Wildfang m[6]

wildeman Rohling m[5], Wilde(r) m[40a], Tollkopf m[6]

wildernis Wildnis v[24]

wildgroei Wildwuchs m[6]

wildkansel Hochsitz m[5]

wildpark Wildpark m[13], *soms* m[5]

wildplassen pinkeln in der Öffentlichkeit, wildpinkeln

wildschaar Geflügelschere v[21]

wildschade Wildschaden m[12]

wildstand Wildbestand m[6]

wildviaduct Grünbrücke v[21]

wildvreemd wildfremd, ganz fremd

wilg Weide v[21]

wilgenkatje Weidenkätzchen o[35]

willekeur 1 *(vrije verkiezing)* Belieben o[39]: *naar ~* nach eigenem Ermessen **2** *(grilligheid)* Willkür v[28]

willekeurig willkürlich: *op iedere ~e manier* auf jede beliebige Art

willekeurigheid Willkür v[28]

willen wollen[315]: *wil je meerijden?* willst *(of:* möchtest) du mitfahren?; *waar wilt u naartoe?* wo wollen Sie hin?; *dat wil er bij mij niet in!* ich kann das nicht glauben!; *wil ik dat doen?* soll ich das tun?; *~ we gaan?* sollen *(of:* wollen) wir gehen?; *ik zou wel ~ weten, of ...* ich möchte (gern) wissen, ob ...; *dat zou ik wel ~!* das möchte ich schon!; *dat wil zeggen* das heißt

willens 1 *(van plan)* willens: *ik ben ~* ich bin willens, ich habe die Absicht **2** *(met opzet)* vorsätzlich: *~ en wetens* wissentlich

willig 1 *(gewillig, gehoorzaam)* willig **2** *(handel)* freundlich: *~e markt* fester Markt

willoos willenlos

wils: *elk wat ~* für einen jeden etwas nach seinem Geschmack

wilsbeschikking: *uiterste (of:* laatste*) ~* letztwillige Verfügung

wilsbesluit Willenserklärung v[20]

wilskracht Willensstärke v[28], Willenskraft v[28]

wimpel Wimpel m[9]

wimper Wimper v[21]

wind Wind m[5]: *de ~ draait (ook fig)* der Wind dreht sich; *de ~ gaat liggen* der Wind legt sich; *de ~ steekt op* der Wind erhebt sich; *als de ~!* augenblicklich!; *een ~ laten* einen Wind fahren lassen[197]; *einen gehen lassen; ~ mee hebben* günstigen Wind haben[182]; *~ tegen hebben* Gegenwind haben[182]; *hij heeft er de ~ onder* bei ihm herrscht strenge Disziplin; *(fig) de ~ van voren krijgen* sein Fett abbekommen[193]; *een waarschuwing in de ~ slaan* eine Warnung in den Wind schlagen[241]; *het gaat hem voor de ~* es geht ihm gut

windas Winde v[21]

windbuks Windbüchse v[21]

windei Windei o[31]: *dat zal hem geen ~eren leggen!* das wird sein Schaden nicht sein!

winden 1 *(wikkelen)* wickeln, winden[313] **2** *(ophijsen)* aufwinden[313] || *men kan hem om de vinger ~* man kann ihn um den (kleinen) Finger wickeln

windenergie Windenergie v[28]

winderig windig: *~ weer* windiges Wetter

windhond Windhund m[5], Windspiel o[29]

windhoos Windhose v[21]

winding Windung v[20]

windjack Windjacke v[21]

windje 1 Windchen o[35], Lüftchen o[35] **2** *(buikwind)* Wind m[5]; *zie ook* wind

windkracht Windstärke v[28]

windkrachtcentrale Windkraftwerk o[29]

windmolen Windmühle v[21]

windowdressing Windowdressing o[39]

windrichting Windrichtung v[20]

windroos Windrose v[21]

windscherm Windschutz m[19]

windsnelheid Windgeschwindigkeit v[20]

windsterkte Windstärke v[28]

windstil windstill

windstoot Windstoß m[6]; *(hevig)* Bö v[20]

windstreek 1 *(op kompas)* Strich m[5] **2** *(luchtstreek)* Himmelsgegend v[20]

windsurfen windsurfen

windsurfer Windsurfer m[9]

windsurfing Windsurfing o[39]

windtunnel Windkanal m[6]

windvaan Windfahne v[21], Wetterfahne v[21]

windvlaag Windstoß m[6], Bö v[20]

windwijzer Windfahne v[21], Wetterfahne v[21]

wingerd Weinrebe v[21], Weinstock m[6]

winkel Laden m[12], Geschäft o[29] || *er is werk aan de ~* jetzt heißt es arbeiten; *er is veel werk aan de ~* wir (sie) haben alle Hände voll zu tun

winkelbediende Verkäufer m[9]

winkelcentrum Einkaufszentrum o *(2e nvl -s; mv -zentren)*, Geschäftszentrum

winkelchef Geschäftsführer m[9]

winkeldief Ladendieb m[5]

winkeldochter Ladenhüter m[9]

winkelen Einkäufe machen, einkaufen

winkelhaak 1 *(instrument)* Winkel m[9], Winkelhaken m[11] **2** *(scheur)* Winkelriss m[5]

winkelier Ladenbesitzer m[9]

winkeljuffrouw Verkäuferin v^{22}
winkelketen Ladenkette v^{21}
winkelpromenade Fußgängerzone v^{21}
winkelsluiting Ladenschluss m^{19}
winkelstraat Geschäftsstraße v^{21}, Ladenstraße v^{21}
winkelwagen Einkaufswagen m^{11}
winnaar 1 *(iem die wint)* Gewinner m^9 **2** *(van prijs)* Preisträger m^9 **3** *(overwinnaar)* Sieger m^9
winnen 1 gewinnen^{174}: *de beker ~* den Pokal gewinnen; *de harten ~* die Herzen gewinnen; *het van iem ~* jmdm überlegen sein^{262}; *wij hebben gewonnen* wir haben gesiegt **2** *(inzamelen)* gewinnen^{174}, sammeln: *5 kilo ~* 5 Kilo zunehmen^{212}; *iem voor iets ~* jmdn für etwas gewinnen
winning Gewinnung v^{28}
winst Gewinn m^5; *(voordeel, ook)* Nutzen m^{19}; *(opbrengst, ook)* Ausbeute v^{21}: *~ op* Gewinn an^{+3}; *~ maken* Gewinn erzielen; *~ opleveren* Gewinn abwerfen^{311}
winstaandeel Gewinnanteil m^5
winstbejag Profitsucht v^{28}, Gewinnsucht v^{28}
winst-en-verliesrekening Gewinn-und-Verlust-Rechnung v^{20}
winstgevend Gewinn bringend, einträglich
winstgevendheid Profitabilität v^{28}, Gewinnträchtigkeit v^{28}
winstmarge Verdienstspanne v^{21}, Gewinnspanne v^{21}
winstoogmerk Gewinnstreben o^{35}
winstuitkering Gewinnausschüttung v^{20}
winter Winter m^9: *'s ~s* im Winter, winters; *in de ~* im Winter
winterdag Wintertag m^5: *bij ~* an Wintertagen
winterjas Wintermantel m^{10}
winterkleren Winterkleidung v^{28}
winterkoninkje Zaunkönig m^5
winterlandschap Winterlandschaft v^{20}
winterslaap Winterschlaf m^{19}
wintersport Wintersport m^{19}
wintersportbeoefenaar Wintersportler m^9
wintersportplaats Wintersportort m^5
wintertijd Winterzeit v^{28}: *in de ~* zur Winterzeit
winterweer Winterwetter o^{39}
win-winsituatie Win-win-Situation v^{20}
¹**wip 1** *(sprong)* Katzensprung m^6: *het is maar een ~!* es ist nur ein Katzensprung! **2** *(coïtus)* Nummer v^{21}: *een ~je maken* eine Nummer machen ‖ *in een ~ was het klaar* im Handumdrehen war es fertig
²**wip** *(wipplank)* Wippe v^{21}: *op de ~ staan (fig)* auf der Kippe stehen^{279}
wipbrug Zugbrücke v^{21}, Klappbrücke v^{21}
wipneus Stülpnase v^{21}, Stupsnase v^{21}
¹**wippen** *intr* **1** *(algem)* wippen: *hij wipt naar binnen* er huscht herein; *even naar de buurman ~* auf einen Sprung beim Nachbarn hineinschauen **2** *(huppelen)* hüpfen **3** *(inform) (seksuele gemeenschap hebben)* bumsen

²**wippen** *tr* stürzen; rauswerfen^{311}
wipplank Schaukelbrett o^{31}, Wippe v^{21}
wirwar: *een ~ van nauwe straatjes* ein Gewirr von engen Gassen; *een ~ van indrukken* ein Wirrwarr von Eindrücken
wis gewiss, sicher, bestimmt: *een ~se dood* ein sicherer Tod; *wel ~ en zeker* aber sicher
wiskunde Mathematik v^{28}
wiskundig mathematisch
wiskundige Mathematiker m^9
wispelturig launisch: *een ~ mens* ein launenhafter Mensch; *~ weer* wechselhaftes Wetter
wissel 1 Wechsel m^9: *getrokken ~* gezogener Wechsel; *(sp) een ~ inzetten* einen Auswechselspieler einsetzen **2** *(aan rails)* Weiche v^{21} ‖ *een ~ op de toekomst trekken* auf die Zukunft hoffen
wisselbad Wechselbad o^{32}
wisselbeker Wanderpokal m^5
wisselen wechseln: *blikken ~* Blicke wechseln; *van gedachten ~ over* Gedanken austauschen über^{+4}; *geld ~* Geld wechseln; *van plaats ~* den Platz wechseln; *~ tegen* wechseln gegen^{+4}; *ik kan niet ~ (heb geen wisselgeld)* ich kann nicht herausgeben^{166}
wisselgeld Wechselgeld o^{39}; *(klein geld, ook)* Kleingeld o^{39}
wisseling Wechsel m^9: *~ van de jaargetijden* Wechsel der Jahreszeiten
wisselkantoor Wechselstube v^{21}
wisselkoers Wechselkurs m^5
wisselslag Lagen *mv* v^{21}
wisselspeler Auswechselspieler m^9, Ersatzspieler m^9
wisselstroom Wechselstrom m^6
wisselvallig unbeständig, wechselhaft: *~e resultaten* wechselhafte Resultate
wisselvalligheden *(van de fortuin, van het lot)* Wechselfälle *mv* m^6
wisselvalligheid Unbeständigkeit v^{28}
wisselwachter Weichenwärter m^9
wisselwerking Wechselwirkung v^{20}
wissen wischen; *(comp)* löschen
wisser Wischer m^9
wissewasje Kleinigkeit v^{20}, Bagatelle v^{21}
¹**wit** *zn (kleur)* Weiß o^{39}, o^{39a}: *een heel ~* ein Weißbrot; *het ~ van een ei* das Weiße o^{40c} im Ei; *het ~ van het oog* das Weiße o^{40c} im Auge
²**wit** *bn* weiß: *(fig) ~te boorden* Beamte(n) *mv* m^{40a}; *een ~te kerst* weiße Weihnachten; *~te pomp* freie Tankstelle; *de ~te vlag* die weiße Fahne; *de wereld van het ~te doek* die Welt der Leinwand
witgoed 1 *(textiel)* Weißwaren *mv* v^{21} **2** *(elektrische huishoudartikelen)* Elektrogeräte *mv* o^{29}
witgoud Weißgold o^{39}
witkalk Tünche v^{21}, Weißkalk m^{19}
witkiel Gepäckträger m^9, Träger m^9
witlof Chicorée v^{28}, m^{19}, Schikoree v^{28}, m^{19}
witsel Tünche v^{21}
wittebrood Weißbrot o^{29}

wittebroodsweken Flitterwochen *mv* v^{21}
wittekool Weißkohl m^{19} (*mv* Weißkohlköpfe)
witten tünchen, weißen
witwassen waschen^{304}: *het ~ van geld* die Geldwäsche v^{28}
WK *afk van wereldkampioenschap* Weltmeisterschaft v^{20} (*afk* WM)
wodka Wodka m^{13}
woede Wut v^{28}, Zorn m^{19}: *aanval van ~* Wutanfall m^6; *uitbarsting van ~* Wutausbruch m^6; *ingehouden ~* verhaltene Wut; *opgekropte ~* aufgestaute Wut
woeden wüten, rasen, toben
woedend wütend
woeker Wucher m^{19}
woekeraar Wucherer m^9, Halsabschneider m^9
woekeren wuchern
woekering Wucherung v^{20}
woekerplant Schmarotzerpflanze v^{21}
woekerrente Wucherzinsen *mv* m^{16}
woelen wühlen; *(in papieren e.d., ook)* herumkramen; *(in de slaap)* sich hin und her werfen^{311}
woelig unruhig; *(mbt kleine kinderen e.d., ook)* zapp(e)lig
woelwater Zappelphilipp m^5, m^{13}
woensdag Mittwoch m^5
woensdagavond Mittwochabend m^5
woensdags mittwochs, Mittwoch…
woerd Enterich m^5, Erpel m^9
woest: *een ~ gebergte* ein raues Gebirge; *~e golven* tobende Wellen; *~e gronden* wüstes (*of*: unbebautes) Land o^{39}; *een ~ kind* ein wildes (*of*: ungezügeltes) Kind; *een ~ mens* ein wilder (*of*: ungestümer) Mensch; *een ~e streek* eine wüste Gegend; *iem ~ maken* jmdn wild machen; *het gaat daar ~ toe* es geht dort wüst zu
woesteling Rohling m^5, Wüterich m^5
woestenij Wüstenei v^{20}, Einöde v^{21}, Öde v^{21}
woestheid 1 *(landschap)* Wüstheit v^{20}, Öde v^{21} **2** *(het woest zijn)* Wut v^{28}, Wildheit v^{28}
woestijn Wüste v^{21}
wok Wok *m* (*2e nvl* -; *mv* -s)
wokken wokken
wol Wolle v^{21}: *onder de ~ gaan* (of: *kruipen*) unter die Decke kriechen^{195}
wolf 1 Wolf m^6 **2** *(in de tanden)* Zahnfäule v^{28}
wolfraam Wolfram o^{39}
wolk Wolke v^{21}: *een ~ van een baby* ein Prachtkerl von einem Baby; *een ~ van stof* eine Staubwolke; *hij is in de ~en* er ist im sieb(en)ten Himmel
wolkbreuk Wolkenbruch m^6
wolkeloos wolkenlos
wolkenkrabber Wolkenkratzer m^9
wolkje Wölkchen o^{35}: *een ~ melk* ein Tropfen Milch; *er is geen ~ aan de lucht* es ist kein Wölkchen am Himmel
wollen wollen: *~ sjaal* wollener Schal, Wollschal m^{13}

wolvin Wölfin v^{22}
¹wond *zn* Wunde v^{21} (*ook fig*)
²wond *bn* wund: *~e plek* wunde Stelle
wonder Wunder o^{33}: *een ~ van schoonheid* ein Wunder an Schönheit; *~en doen* Wunder tun^{295}; *het is geen ~, dat …* es ist kein Wunder, dass …
wonderbaar wunderbar, wundervoll
wonderbaarlijk erstaunlich, wunderbar
wonderdoener Wundertäter m^9
wonderkind Wunderkind o^{31}
wonderlijk 1 *(als een wonder)* wunderbar **2** *(zonderling)* wunderlich, sonderbar
wondermiddel Wundermittel o^{33}
wonderteken Mirakel o^{33}
wonderwel vortrefflich, besonders gut
wondkoorts Wundfieber o^{33}
wondroos Wundrose v^{21}
wonen wohnen: *we gaan in A ~* wir ziehen nach A; *in een nieuw huis gaan ~* eine neue Wohnung beziehen^{318}; *in iems buurt komen ~* in^{+4} jmds Nachbarschaft ziehen^{318}; *op zichzelf ~* separat wohnen
woning Wohnung v^{20}: *gemeubileerde ~* möblierte Wohnung
woningblok Wohnblock m^{13}, m^6
woningbouw Wohnungsbau m^{19}
woningbouwvereniging Wohnungsbaugenossenschaft v^{20}, Baugenossenschaft
woningbureau Wohnungsamt o^{32}
woningnood Wohnungsnot v^{28}
woningruil Wohnungstausch m^{19}
woningwetwoning Sozialwohnung v^{20}
woonachtig wohnhaft, ansässig
woonblok Wohnblock m^{13}, m^6
woonhuis Wohnhaus o^{32}
woonkamer Wohnzimmer o^{33}, Wohnstube v^{21}
woonkeuken Wohnküche v^{21}
woonplaats Wohnort m^5; *(officieel)* Wohnsitz m^5
woonruimte Wohnraum m^6
woonst *(Belg)***1** *(woning)* Wohnung v^{20} **2** *(woonplaats)* Wohnsitz m^5
woonwagen Wohnwagen m^{11}
woon-werkverkeer Pendelverkehr m^{19}
woonwijk Wohnviertel o^{33}
woon-zorgcomplex Seniorenwohnanlage v^{21} mit Betreuung
woord *(op zich zelf staand)* Wort o^{32}; *(in zinsverband)* Wort o^{29}: *de ~en in een woordenboek* die Wörter in einem Wörterbuch; *dat waren zijn laatste ~en* das waren seine letzten Worte; *geen stom ~* kein Sterbenswörtchen; *een ~ van dank* ein Wort des Dankes; *een goed ~ voor iem doen* ein gutes Wort für jmdn einlegen; *geen goed ~ voor iets over hebben* etwas völlig ablehnen; *het hoge ~ is eruit* das entscheidende Wort ist gefallen; *het hoogste ~ hebben* das große Wort führen; *wie zal het ~ doen?* wer soll das Wort führen?; *hij kan heel goed zijn ~ doen: a) (welbespraakt)* er ist be-

redt; *b) (vrijmoedig)* er ist nicht auf den Mund gefallen; *~en (met iem) hebben* sich zanken; *(zijn) ~ houden* (sein) Wort halten³¹⁸³; *~en krijgen* aneinander geraten²¹⁸; *het ~ nemen* das Wort ergreifen¹⁸¹; *het ~ voeren* das Wort führen; *het ~ vragen* sich zu Wort melden; *daar heb ik geen ~en voor* ich bin sprachlos; *iem aan zijn ~ houden* jmdn beim Wort nehmen²¹²; *in één ~* mit einem Wort; *in ~en (voluit geschreven)* in Worten; *op mijn ~!* auf mein Wort!; *op mijn ~ van eer!* auf Ehrenwort!; *iem te ~ staan* jmdm Rede (und Antwort) stehen²⁷⁹

woordaccent Wortakzent *m*⁵
woordblind wortblind
woordelijk wörtlich: *~ verstaan* Wort für Wort verstehen²⁷⁹
woordenboek Wörterbuch *o*³²
woordenlijst Wörterverzeichnis *o*²⁹ᵃ
woordenschat Wortschatz *m*⁶
woordenstrijd Wortstreit *m*⁵
woordenwisseling Wortwechsel *m*⁹
woordje 1 *(lett)* Wörtchen *o*³⁵: *een ~ meespreken* ein Wort mitreden **2** *(in een leerboek)* Vokabel *v*²¹
woordkeus Wortwahl *v*²⁸
woordschikking Wortfolge *v*²¹
woordsoort Wortart *v*²⁰
woordvoerder Wortführer *m*⁹, Sprecher *m*⁹; *(van regering, van ministerie)* Sprecher *m*⁹
woordvorming Wortbildung *v*²⁰
¹**worden** *zelfst ww* werden³¹⁰: *niets is, alles wordt* nichts ist, alles wird
²**worden** *hulpww van de lijdende vorm* werden³¹⁰: *er wordt gedanst* es wird getanzt; *het boek wordt gedrukt* das Buch wird gedruckt
³**worden** *koppelww* werden³¹⁰: *ziek ~* krank werden; *een goede leraar ~* ein guter Lehrer werden; *wat is er van hem geworden?* was ist aus ihm geworden?
wording 1 *(het worden)* Werden *o*³⁹: *in (staat van) ~* im Werden **2** *(het ontstaan)* Entstehen *o*³⁹ **3** *(ontwikkelingsgang)* Werdegang *m*⁶
wordingsgeschiedenis Entstehungsgeschichte *v*²¹; *(ontwikkelingsgang)* Werdegang *m*⁶
wordingsproces Werdegang *m*⁶
wordprocessing Textverarbeitung *v*²⁰
wordprocessor Textverarbeitungsgerät *o*²⁹
work-out Workout *o*³⁶, Work-out *o*³⁶
worm Wurm *m*⁸
worp Wurf *m*⁶
worst Wurst *v*²⁵: *droge* (of: *harde*) *~* Dauerwurst; *eindje ~* Wurstzipfel *m*⁹
worstelaar Ringer *m*⁹, Ringkämpfer *m*⁹
¹**worstelen** *zn* Ringen *o*³⁹
²**worstelen** *ww* ringen²²⁴; *(ernstiger)* kämpfen: *tegen de storm ~* gegen den Sturm ankämpfen
worsteling 1 *(strijd)* Ringkampf *m*⁶ **2** *(het worstelen)* Ringen *o*³⁹
worstel(wed)strijd Ringkampf *m*⁶
wortel *(ook fig en wisk)* Wurzel *v*²¹; *(groente)* Möhre *v*²¹, Karotte *v*²¹: *~ schieten (lett)* Wurzeln schlagen²⁴¹
wortelen wurzeln (in⁺³), Wurzeln schlagen²⁴¹
wortelteken Wurzelzeichen *o*³⁵
worteltje Möhre *v*²¹, Karotte *v*²¹
worteltrekken die Wurzel (aus einer Zahl) ziehen³¹⁸
woud Wald *m*⁸
would-be Möchtegern…: *~ aristocraat* Möchtegernaristokrat *m*¹⁴
wraak Rache *v*²⁸: *dat schreeuwt om ~* das schreit nach Rache; *~ nemen op iem* sich an jmdm rächen
wraakneming, wraakoefening Rache *v*²⁸, Racheakt *m*⁵
wraakzucht Rachsucht *v*²⁸, Rachgier *v*²⁸
wraakzuchtig rachsüchtig, rachgierig
¹**wrak** *zn* Wrack *o*³⁶: *(fig) hij is een ~ geworden* er ist (nur noch) ein Wrack
²**wrak** *bn* wrack: *een ~ke gezondheid* eine schwache Gesundheit; *een ~ schip* ein wrackes Schiff
wraken: *een getuige ~* einen Zeugen ablehnen
wrakhout Treibholz *o*³⁹
wrakstukken Bruchstücke *mv o*²⁹, Trümmer *(mv)*
wrang *bn, bw* herb, scharf, säuerlich: *(fig) de ~e vruchten* die bitteren Früchte
wrangheid Herbheit *v*²⁸; *(fig)* Bitterkeit *v*²⁸
wrap Wrap *m*¹³, *o*³⁶
wrat Warze *v*²¹
wreed, wreedaardig grausam
wreedaardigheid, wreedheid Grausamkeit *v*²⁰
wreef Spann *m*⁵, Rist *m*⁵
wreken *(ook fig)* rächen: *iem ~* jmdn rächen; *zich voor iets op iem ~* sich für⁺⁴ etwas an jmdm rächen
wreker Rächer *m*⁹
wrevel Ärger *m*¹⁹, Verdruss *m*⁵
wrevelig ärgerlich, verärgert, missmutig
wriemelen wimmeln, kribbeln: *aan iets zitten te ~* an⁺³ etwas herumfummeln
wrijven reiben²¹⁹: *zich (in) de handen ~* sich³ die Hände reiben; *de meubels ~* die Möbel polieren³²⁰; *de vloer ~* den Boden bohnern
wrijving *(ook fig)* Reibung *v*²⁰
wrikken rütteln
¹**wringen** *intr (mbt schoenen)* drücken
²**wringen** *tr* winden³¹³, ringen²²⁴; *(van wasgoed)* wringen³¹⁶: *zijn handen ~* die Hände ringen; *iem iets uit de handen ~* jmdm etwas aus den Händen winden
wroeging Gewissensbisse *mv m*⁵
wroeten wühlen; *(krabbend)* scharren
wrok Groll *m*¹⁹: *een ~ tegen iem koesteren* einen Groll gegen jmdn hegen
wrokken grollen: *tegen iem ~ (mit)* jmdm grollen
wrong *(van haar)* Knoten *m*¹¹
wuft flatterhaft, leichtfertig, frivol

wuiven 1 *(met iets zwaaien)* schwingen[259]: *met zijn hand* ~ mit der Hand winken; *met vlaggetjes* ~ Fähnchen schwingen **2** *(mbt rietpluimen)* sich wiegen

wulps sinnlich, wollüstig

wulpsheid Wollust v^{28}, Sinnlichkeit v^{28}

wurgen erwürgen, erdrosseln

wurm Wurm m^8; *(fig)* Wurm o^{32}: *het arme* ~ das arme Wurm

wurmen *(zwoegen)* sich schinden[239]: *zich door een opening* ~ sich durch eine Öffnung winden[313]

www *afk van world wide web* World Wide Web o^{39}, o^{39a} *(afk* WWW)

X

X *(Romeins cijfer)* X
xantippe Xanthippe v^{21}
x-as x-Achse v^{21}, Abszissenachse v^{21}
X-benen X-Beine *mv* o^{29}
X-benig x-beinig, X-beinig
x-stralen X-Strahlen *mv* m^{16}, Röntgenstrahlen
xtc *afk van ecstasy* Ecstasy o^{27}, o^{39a} (*afk* XTC o^{39a})
xylofoon Xylophon o^{29}, Xylofon o^{29}

y

y *(letter, klank)* y *o (2e nvl -; mv -)* [<u>uup</u>sielon]
y-as y-Achse v^{21}, Ordinatenachse v^{21}
yen Yen *m (2e nvl -(s); mv -(s); mv na telwoord onverbogen)*
yoga Yoga m^{19}, m^{19a}, o^{39}, o^{39a}, Joga m^{19}, m^{19a}, o^{39}, o^{39a}
yoghurt Joghurt m^{19}, o^{39} *(2e nvl ook -; soorten: mv -(s))*, Jogurt m^{19}, o^{39} *(2e nvl ook -; soorten: mv -(s))*
ypsilon Ypsilon o^{36} *(2e nvl ook -)*
yuppie Yuppie m^{13}

Z

zaad 1 *(ook fig)* Samen m^{11}: *(fig) op zwart ~ zitten* knapp bei Kasse sein²⁶² **2** *(nakomelingen)* Samen m^{11}, Nachkommenschaft v^{28} **3** *(het gezaaide)* Aussaat v^{20} **4** *(zaaizaad)* Saatgut o^{39}, Sämereien *mv* v^{20} **5** *(sperma)* Samen m^{19}
zaadbal Hoden m^{11}
zaadlozing, zaaduitstorting Samenerguss m^6
zaag Säge v^{21}
zaagblad Sägeblatt o^{32}
zaagbok Sägebock m^6, Holzbock m^6
zaagmeel Sägemehl o^{39}
zaagmolen Sägemühle v^{21}
zaagsel Sägemehl o^{39}
zaaien säen: *tweedracht ~* Zwietracht säen
zaaigoed Saatgut o^{39}, Sämereien *mv* v^{20}
zaailing *(plant)* Sämling m^5
zaaisel Saat v^{20}
zaaizaad Saatgut o^{39}, Sämereien *mv* v^{20}
zaak 1 *(ding)* Sache v^{21}, Ding o^{29} **2** *(aangelegenheid)* Angelegenheit v^{20}, Sache v^{21}: *kennis van zaken* Sachkenntnis v^{24}; *gedane zaken nemen geen keer* geschehen ist geschehen **3** *(jur)* Sache v^{21}, Fall m^6: *in zake X tegen Y* in der Sache X gegen Y **4** *(bedrijf)* Geschäft o^{29}, Betrieb m^5, Unternehmen o^{35}; *(handel)* Geschäft o^{29}: *lopende zaken* laufende Geschäfte; *een ~ oprichten* ein Geschäft gründen; *een eigen ~ beginnen* sich selbstständig (*of:* selbständig) machen; *een ~ drijven* ein Geschäft betreiben²⁹⁰; *op kosten van de ~* auf Geschäftskosten; *voor zaken op reis zijn* geschäftlich verreist sein²⁶² || *de gang van zaken* der Geschäftsgang; *(de toedracht)* der Hergang; *ter zake dienende* sachdienlich; *ter zake kundig* sachkundig
zaakgelastigde Geschäftsträger m^9
zaakje 1 *(algem)* Sache v^{21}, Geschäft o^{29}: *een lastig ~* eine schwierige Angelegenheit; *(fig) een vies ~* ein schmutziges Geschäft; *pak dat hele ~ maar mee!* nimm den ganzen Kram nur mit! **2** *(genitaliën)* Gehänge o^{33}
zaaks: *het is niet veel ~* es ist nichts Besonderes
zaakvoerder *(Belg)* Geschäftsführer m^9
zaakwaarnemer Sachwalter m^9; *(jur)* Geschäftsführer m^9
zaal Saal *m* (2e nvl -(e)s; *mv* Säle)
zaalhandbal Hallenhandball m^{19}
zaalhuur Saalmiete v^{21}
zaalsport Hallensport m^{19}
zaalwachter Saalordner m^9
zacht 1 *(niet hard)* weich: *~e eieren* weiche Eier; *~ water* weiches Wasser **2** *(goedig)* sanft, zart **3** *(niet streng)* sanft, milde: *een ~ klimaat* ein mildes Klima; *~ uitgedrukt* gelinde gesagt **4** *(de zinnen aangenaam aandoend)* sanft, zart, weich: *~e handen* zarte Hände; *~ licht* sanftes (*of:* weiches) Licht **5** *(niet luid)* leise: *~ spreken* leise sprechen²⁷⁴; *de radio ~er zetten* das Radio leiser stellen **6** *(haast onmerkbaar)* leise, sanft: *~ oplopend* sanft steigend **7** *(niet snel)* langsam: *~ rijden* langsam fahren¹⁵³ **8** *(geleidelijk)* allmählich || *een ~e dood* ein sanfter Tod; *een ~ verwijt* ein sanfter Vorwurf; *voor een ~ prijsje* zu einem günstigen Preis
zachtaardig sanft(mütig)
zachtheid Weichheit v^{28}, Sanftheit v^{28}, Milde v^{28}, Zartheit v^{28}: *de ~ van een stem* der leise Klang einer Stimme
zachtjes 1 *(mbt geluid)* leise: *~ doen* leise sein²⁶² **2** *(bedaard; haast onmerkbaar)* sachte, sanft: *~ aan!* sachte!, gemach! **3** *(langzaam)* langsam: *~ lopen* langsam gehen¹⁶⁸
zachtmoedig sanftmütig
zachtmoedigheid Sanftmut v^{28}
zachtzinnig sanftmütig, sanft
zadel Sattel m^{12}: *vast in het ~ zitten* fest im Sattel sitzen²⁶²
zadeldak Satteldach o^{32}
zadelen satteln
zadelmaker Sattler m^9
zadeltas(je) Satteltasche v^{21}
zadeltuig Sattelzeug o^{39}
zagemeel *(Belg)* Sägemehl o^{39}
zagen 1 sägen **2** *(op viool)* kratzen **3** *(zaniken)* nörgeln, faseln **4** *(snurken)* sägen, schnarchen
zak 1 *(in kleren)* *(ook fig)* Tasche v^{21}: *iem in zijn ~ hebben* jmdn in die Tasche stecken; *hij leeft op zijn vaders ~* er liegt seinem Vater auf der Tasche; *weinig geld op ~ hebben* wenig Geld in der Tasche haben¹⁸²; *uit eigen ~ betalen* aus eigener Tasche bezahlen **2** *(voor verpakking)* Sack m^6; *(klein)* Tüte v^{21}, Beutel m^9: *papieren ~* Papiersack **3** *(buidel)* Beutel m^9 **4** *(scheldw, inform)* Sack m^6: *stomme ~!* blöder Sack! || *(inform) ik begrijp er geen ~ van* ich verstehe nicht die Bohne davon; *dat kon hij in zijn ~ steken* das galt ihm
zakagenda Taschenkalender m^9
zakboekje Notizbuch o^{32}
zakdoek Taschentuch o^{32}
zakelijk 1 *(de zaak betreffend)* sachlich: *de ~e inhoud* der sachliche Inhalt; *~ recht* dingliches Recht **2** *(handel)* geschäftlich **3** *(objectief)* sachlich, objektiv **4** *(bondig)* sachlich
zakelijkheid Sachlichkeit v^{28}
zakenbrief Geschäftsbrief m^5
zakenkabinet Sach-Kabinett o^{29}, Übergangsregierung v^{20}
zakenleven Geschäftsleben o^{39}

zakenman Geschäftsmann m^8 *(mv meestal Geschäftsleute)*
zakenmensen Geschäftsleute *(mv)*
zakenreis Geschäftsreise v^{21}
zakenrelatie 1 Geschäftsverbindung v^{20} **2** *(persoon)* Geschäftspartner m^9
zakenvriend Geschäftsfreund m^5
zakenvrouw Geschäftsfrau v^{20}
zakgeld Taschengeld o^{39}
zakhorloge Taschenuhr v^{20}
zakkammetje Taschenkamm m^6
zakken 1 fallen^{154}, sinken^{266}: *laten* (of: *doen*) ~ senken; *in elkaar* ~ zusammensinken^{266}; *zijn broek laten* ~ die Hose herunterlassen^{197}; *de koersen* ~ die Kurse fallen; *door het ijs* ~ auf dem Eis einbrechen^{137} **2** *(niet slagen)* durchfallen^{154}
zakkenroller Taschendieb m^5
zakkenvuller Profitjäger m^9
zaklantaarn Taschenlampe v^{21}
zakloep Taschenlupe v^{21}
zakmes Taschenmesser o^{33}
zakrekenmachientje Taschenrechner m^9
zaktelefoon Handy o^{36}, Mobiltelefon o^{29}
zakwoordenboek Taschenwörterbuch o^{32}
zalf Salbe v^{21}
zalig 1 selig: ~ *verklaren* selig sprechen^{274}; ~ *Kerstmis!* gesegnete Weihnachten! **2** *(heerlijk)* himmlisch
zaligheid 1 Seligkeit v^{28} **2** *(genot)* Wonne v^{21} **3** *(iets overheerlijks)* Köstlichkeit v^{20}
zaligmakend selig machend
zaligspreking Seligpreisung v^{20}
zaligverklaring Seligsprechung v^{20}
zalm Lachs m^5
zalmforel Lachsforelle v^{21}
zalmkleurig lachsfarbig, lachsfarben
zalvend salbungsvoll
zand Sand m^{19} || *als droog* ~ *aan elkaar hangen* zusammenhanglos sein^{262}; *in het* ~ *bijten* ins Gras beißen^{125}; *iem* ~ *in de ogen strooien* jmdm Sand in die Augen streuen; ~ *erover!* Schwamm drüber!
zandafgraving Sandgrube v^{21}
zandbak Sandkasten m^{12}, Sandkiste v^{21}
zandbank Sandbank v^{25}
zanderig sandig
zandgroeve Sandgrube v^{21}
zandgrond Sandboden m^{12}
zandig sandig
zandkleurig sandfarben, sandfarbig
zandkorrel Sandkorn o^{32}
zandlaag Sandschicht v^{20}
zandloper Sanduhr v^{20}
zandmannetje Sandmann m^{19}, Sandmännchen o^{39}
zandsteen Sandstein m^5
zandstorm Sandsturm m^6
zandstralen sandstrahlen
zandverstuiving Sandverwehung v^{20}

zandvlakte Sandfläche v^{21}
zandweg Sandweg m^5
zandwoestijn Sandwüste v^{21}
zandzak Sandsack m^6
zang Gesang m^6
zanger Sänger m^9
zangerig melodisch, melodiös
zangkoor Chor m^6
zangleraar Gesang(s)lehrer m^9
zangles Gesang(s)stunde v^{21}
zanglijster Singdrossel v^{21}
zangnummer Gesang(s)stück o^{29}
zangonderwijs Gesang(s)unterricht m^5
zangstem Singstimme v^{21}
zangvereniging Gesangverein m^5
zangvogel Singvogel m^{10}
zaniken nörgeln, quengeln
zat 1 *(verzadigd)* satt, gesättigt **2** *(dronken)* besoffen **3** *(beu)* satt: *ik ben het* ~ ich habe die Nase voll **4** *(in overvloed)* in Hülle und Fülle: *geld* ~ Geld in Hülle und Fülle
zaterdag Samstag m^5; *(vooral N-Dui)* Sonnabend m^5
¹**zaterdags** *bn* samstäglich, sonnabendlich
²**zaterdags** *bw* am Samstag, am Sonnabend, samstags, sonnabends
zatlap Saufbold m^5, Trunkenbold m^5
¹**ze** *pers vnw* sie^{82}
²**ze** *onbep vnw* man, die Leute
zebra 1 *(dierk)* Zebra o^{36} **2** *(oversteekplaats)* Zebrastreifen m^{11}
zebrapad Zebrastreifen m^{11}
zede Sitte v^{21}: ~*n en gewoonten* Sitten und Gebräuche; *vergrijp tegen de* ~*n* Verstoß gegen die Sitten; *meisje van lichte* ~*n* leichtes Mädchen
zedelijk 1 *(overeenkomstig de goede zeden)* sittlich, moralisch **2** *(eerbaar)* sittsam
zedelijkheid Sittlichkeit v^{28}, Moralität v^{28}
zedeloos sittenlos
zedeloosheid Sittenlosigkeit v^{28}
zedenbederf Sittenverfall m^{19}
zedendelict Sittlichkeitsdelikt o^{29}, Sexualverbrechen o^{35}
zedenkunde, zedenleer Sittenlehre v^{21}
zedenmisdrijf Sittlichkeitsverbrechen o^{35}, Sexualstraftat v^{20}
zedenpolitie Sittenpolizei v^{28}
zedenpreek Moralpredigt v^{20}
zedenzaak 1 *(politiezaak)* Sexualdelikt o^{29}, Sexualstraftat v^{20} **2** *(rechtszaak)* Sittenprozess m^5
zedig sittsam
zedigheid Sittsamkeit v^{28}
zee 1 Meer o^{29}, See v^{21}: *de vakantie aan* ~ *doorbrengen* den Urlaub am Meer verbringen^{139}; *in volle* ~ auf hoher See; *de volle* ~ *op* aufs offene Meer hinaus; ~ *kiezen* in See gehen^{168}; *naar* ~ *gaan:* a) *(als uitje)* an die See fahren^{153}; b) *(zeeman worden)* Seemann werden^{310} **2** *(golf)* See v^{21}: *hoge* ~ hohe See **3** *(overvloed)* Meer o^{29}: *een* ~ *van*

zeeaal *tranen* ein Meer von Tränen || *met iem in ~ gaan* es mit jmdm wagen
zeeaal Meeraal *m*⁵
zeearend Seeadler *m*⁹
zeearm Meeresarm *m*⁵
zeebanket Hering *m*⁵
zeebeving Seebeben *o*³⁵
zeebodem Meeresgrund *m*⁶, Meeresboden *m*¹²
zeebonk Seebär *m*¹⁴
zee-engte Meerenge *v*²¹, Meeresstraße *v*²¹
zeef Sieb *o*²⁹
zeefdruk Siebdruck *m*⁵
zeegang Seegang *m*¹⁹
zeegat: *het ~ uitgaan* in See stechen²⁷⁷
zeegezicht 1 *(uitzicht op zee)* Meeresblick **2** *(schilderij)* Seestück *o*²⁹
zeehaven Seehafen *m*¹²
zeeheld Seeheld *m*¹⁴
zeehond Seehund *m*⁵
zeeklas *(Belg):* op ~ gaan mit der Klasse an die See fahren¹⁵³
zeeklimaat Seeklima *o*³⁹, Meeresklima *o*³⁹
zeekoe Seekuh *v*²⁵
zeekreeft Hummer *m*⁹
Zeeland Seeland *o*³⁹
zeeleeuw Seelöwe *m*¹⁵
zeelieden Seeleute *(mv)*
zeeloods Seelotse *m*¹⁵
zeelt Schlei *m*⁵, Schleie *v*²¹
¹**zeem** *(zeemleer)* Waschleder *o*³⁹
²**zeem** *(lap)* Lederlappen *m*¹¹, Fensterleder *o*³³
zeemacht 1 *(marine)* Seestreitkräfte *mv v*²⁵, Marine *v*²¹ **2** *(zeemogendheid)* Seemacht *v*²⁵
zeeman Seemann *m* (2e nvl -(e)s; mv Seeleute)
zeemeermin Meerjungfrau *v*²⁰, Seejungfrau
zeemeeuw Seemöwe *v*²¹
zeemijl Seemeile *v*²¹
zeemlap Fensterleder *o*³³, Ledertuch *o*³²
zeemleer Waschleder *o*³⁹
zeemleren waschledern
zeemogendheid Seemacht *v*²⁵
zeemonster Seeungeheuer *o*³³
zeen Sehne *v*²¹, Flechse *v*²¹
zeenatie Seefahrernation *v*²⁰
zeeolifant Seeelefant *m*¹⁴
zeeotter Seeotter *m*⁹
zeep Seife *v*²¹: *groene ~* grüne Seife; *zachte ~* Schmierseife; *stuk ~* Stück Seife; *iem om ~ brengen* jmdn um die Ecke bringen¹³⁹; *iets om ~ helpen* etwas gegen die Wand fahren¹⁵³
zeepaardje Seepferdchen *o*³⁵
zeepaling Meeraal *m*⁵
zeepbakje Seifenschale *v*²¹
zeepbel *(ook fig)* Seifenblase *v*²¹
zeepost Seepost *v*²⁸
zeeppoeder Seifenpulver *o*³³
zeepsop Seifenlauge *v*²¹
¹**zeer** *zn* Übel *o*³³: *oud ~* altes Übel; *~ doen* wehtun²⁹⁵; *iem ~ doen* jmdm wehtun²⁹⁵; *zich ~ doen* sich³ wehtun²⁹⁵; *dat doet ~* das tut weh, das schmerzt
²**zeer** *bn* schmerzhaft, schmerzend: *zere ogen* entzündete Augen; *een zere plek* eine schmerzhafte Stelle; *een zere vinger* ein böser *(of:* schlimmer*)* Finger
³**zeer** *bw* sehr⁶⁵; *dank u ~!* danke sehr!; *dat komt ~ van pas* das kommt gerade recht; *~ wel mogelijk* durchaus möglich
zeereis Seereise *v*²¹
zeerob 1 *(zeeman)* Seebär *m*¹⁴ **2** *(zeehond)* Robbe *v*²¹, Seehund *m*⁵
zeeroof Seeraub *m*⁵
zeerover Seeräuber *m*⁹, Pirat *m*¹⁴
zeeroverij Seeräuberei *v*²⁰
zeerst: *ten ~e verwonderd* höchst erstaunt; *ten ~e aanbevelen* bestens empfehlen¹⁴⁷; *ten ~e bedanken* verbindlichst danken⁺³
zeeschip Seeschiff *o*²⁹
zeeschuimer Seeräuber *m*⁹, Pirat *m*¹⁴
zeeslag Seeschlacht *v*²⁰
zeesleper Hochseeschlepper *m*⁹
zeesluis Seeschleuse *v*²¹
zeespiegel Meeresspiegel *m*⁹
zeestraat Meeresstraße *v*²¹, Seestraße
zeestrijdkrachten Seestreitkräfte *mv v*²⁵
zeestroming Meeresströmung *v*²⁰
zeetong Seezunge *v*²¹
Zeeuw Seeländer *m*⁹
Zeeuws seeländisch
zeevaarder Seefahrer *m*⁹
zeevaart Seeschifffahrt *v*²⁸, Seefahrt *v*²⁸
zeevarend seefahrend
zeevarende Seefahrer *m*⁹
zeevis Seefisch *m*⁵
zeevisserij Seefischerei *v*²⁸, Hochseefischerei *v*²⁸
zeevolk Seevolk *o*³²
zeevracht Seefracht *v*²⁰
zeewaardig seetüchtig, seefähig: *~ verpakt* seemäßig verpackt
zeewater Seewasser *o*³⁹, Meerwasser *o*³⁹
zeeweg Seeweg *m*⁵: *langs de ~* auf dem Seeweg
zeewier Seetang *m*⁵, Seegras *o*³²
zeewind Seewind *m*⁵
zeeziek seekrank
zeeziekte Seekrankheit *v*²⁸
zeezout Seesalz *o*³⁹, Meersalz *o*³⁹
zeg: *~, Henk, heb je hem gezien?* du, Heinz, hast du ihn gesehen?; *leuk, ~!* fein, was!
zege Sieg *m*⁵: *de ~ behalen* den Sieg erringen²²⁴
¹**zegel** Siegel *o*³³: *vrij van ~* frei von Stempelgebühren || *onder het ~ van geheimhouding* unter dem Siegel der Verschwiegenheit
²**zegel** *(gegomd papieren strookje)* Marke *v*²¹
zegelen 1 *(afsluiten en waarmerken)* versiegeln **2** *(een zegel aanbrengen)* siegeln
zegelring Siegelring *m*⁵
zegen Segen *m*¹¹: *daar rust geen ~ op* es bringt keinen Segen; *mijn ~ heb je!* meinen Segen hast du!

zegenbede Segenswunsch m^6
zegenen segnen
zegening Segnung v^{20}, Segen m^{11}
zegenrijk segensreich
zegepalm Siegespalme v^{21}
zegepralen triumphieren^{320}
zegerijk siegreich
zegetocht Siegeszug m^6, Triumphzug m^6
zegevieren siegen, triumphieren^{320}
zegevierend siegreich, triumphierend
zegge: *DM 1000,-, ~ duizend Deutsche Mark* 1000,- DM, in Worten eintausend Deutsche Mark; *~ en schrijve* sage und schreibe
zeggen zn Sagen o^{39}: *naar zijn ~* nach seiner Angabe; *hij heeft het voor het ~* er hat das Sagen; *als ik het voor het ~ had!* wenn es nach mir ginge!
²zeggen ww sagen: *dat is toch vreselijk, zeg nou zelf!* das ist doch schrecklich, oder?; *zeg dat wel!* da hast du (*of:* da haben Sie) Recht!; *die heeft het hem flink gezegd!* der hat's ihm aber gegeben!; *zo gezegd, zo gedaan* gesagt, getan; *het is om zo te ~ afgelopen* es ist sozusagen zu Ende; *dat zegt nog niets!* das besagt noch nichts!; *wat heb je op hem te ~?* was hast du an ihm auszusetzen?; *wat heb je daarop te ~?* was hast du dagegen einzuwenden?; *eerlijk gezegd* offen gesagt; *dat zegt niet veel* das besagt nicht viel; *daar is niet veel voor te ~* das hat viel für sich; *dat zegt wel wat* das will schon etwas heißen; *dat wil ~ (d.w.z.)* das heißt (d.h.); *daar zeg je zoiets!* da hast du wirklich Recht!
zeggenschap Verfügungsrecht o^{29}, Verfügungsgewalt v^{28}
zeggingskracht Beredsamkeit v^{28}
zegje: *iem zijn ~ laten doen* jmdn seinen Senf dazugeben lassen^{197}
zegsman Gewährsmann m^8 (*mv ook* Gewährsleute)
zegswijze Redensart v^{20}
zeiken (*inform*) **1** (*urineren, stortregenen*) pissen **2** (*zeuren*) meckern
zeikerd (*inform*) Meckerfritze m^{15}
zeil 1 (*van schip, windmolen*) Segel o^{33}: *de ~en hijsen* die Segel hissen **2** (*over boot e.d.*) Plane v^{21} **3** (*in bed*) Gummiunterlage v^{21} **4** (*van tent*) Zeltplane v^{21} **5** (*vloerbedekking*) Linoleum o^{39} || *onder ~ gaan:* a) (*lett*) unter Segel gehen^{168}; b) (*fig*) einschlafen^{240}
zeilboot Segelboot o^{29}
zeildoek 1 (*voor zeilen*) Segeltuch o^{29} **2** (*pakzeil*) Plane v^{21}
zeilen segeln
zeiler Segler m^9
zeiljacht Segeljacht v^{20}, Segelyacht v^{20}
zeilklaar segelfertig, segelklar
zeilplank Surfbrett o^{31}
zeilschip Segelschiff o^{29}, Segler m^9
zeilsport Segelsport m^{19}
zeiltocht Segelfahrt v^{20}
zeilvereniging Segelklub m^{13}
zeilvliegen Drachenfliegen o^{39}
zeilvlieger 1 (*persoon*) Drachenflieger m^9 **2** (*toestel*) Drachen m^{11}
zeilwedstrijd Segelregatta v (*mv* -regatten)
zeis Sense v^{21}; (*van de dood, vooral*) Hippe v^{21}
¹zeker bn, bw **1** (*veilig*) sicher **2** (*betrouwbaar*) sicher, zuverlässig: *zoveel is ~* so viel steht fest **3** (*vast overtuigd*) gewiss, sicher, bestimmt, entschieden: *~ van zijn zaak zijn* seiner Sache² gewiss (*of:* sicher) sein^{262}; *~ van iem zijn* sich auf jmdn verlassen können^{194} **4** (*gerust*) sicher **5** (*waarschijnlijk, stellig*) sicher, gewiss, bestimmt; (*Belg*) *~ en vast* ganz gewiss, ganz sicher
²zeker onbep vnw (*niet nader aan te duiden*) gewiss: *een ~e heer Smit* ein (*gewisser*) Herr Smit; *een ~e plaats* ein gewisser Ort; *in ~e zin* gewissermaßen; *op ~e dag* eines Tages; *tot op ~e hoogte* bis zu einem gewissen Grade
³zeker tw: *vast en ~* ganz gewiss
zekerheid 1 (*veiligheid*) Sicherheit v^{20} **2** (*het zeker zijn*) Sicherheit v^{28}, Gewissheit v^{28}, Bestimmtheit v^{28}: *iets met ~ weten* etwas bestimmt (*of:* sicher) wissen^{314} **3** (*waarborg*) Sicherheit v^{20}: *~ stellen* Sicherheit leisten
zekering Sicherung v^{20}
zelden selten: *~ of nooit* wenig
zeldzaam 1 (*schaars*) selten: *een ~ dier* ein seltenes Tier **2** (*buitengewoon*) außerordentlich, außergewöhnlich: *een zeldzame schoonheid* eine seltene (*of:* außergewöhnliche) Schönheit
zeldzaamheid Seltenheit v^{20}
zelf 1 (*in eigen persoon*) selber, selbst: *vader ~ heeft het verteld* Vater selbst hat es erzählt; *hij is de beleefdheid ~* er ist die Höflichkeit selbst **2** (*in tegenstelling met de rest*) selbst: *de auto ~ bleef onbeschadigd* das Auto selbst blieb unbeschädigt
zelfachting Selbstachtung v^{28}
zelfbediening Selbstbedienung v^{28}
zelfbedieningswinkel Selbstbedienungsladen m^{12}
zelfbedrog Selbstbetrug m^{19}
zelfbehagen Selbstgefälligkeit v^{28}
zelfbeheersing Selbstbeherrschung v^{28}
zelfbehoud Selbsterhaltung v^{28}
zelfbeklag Selbstbemitleidung v^{20}
zelfbeschikking Selbstbestimmung v^{28}
zelfbeschikkingsrecht Selbstbestimmungsrecht o^{39}
zelfbeschuldiging Selbstbeschuldigung v^{20}
zelfbestuur Selbstverwaltung v^{20}
zelfbevrediging Selbstbefriedigung v^{28}
zelfbewust selbstbewusst
zelfbewustzijn Selbstbewusstsein o^{39}
zelfde: *deze ~* eben derselbe (*of:* dieselbe)
zelfdiscipline Selbstdisziplin v^{28}
zelfdoding Selbsttötung v^{20}
zelfgenoegzaam selbstzufrieden
zelfgenoegzaamheid Selbstzufriedenheit v^{28}
zelfhulp Selbsthilfe v^{28}, Eigenhilfe v^{28}

zelfingenomen selbstgefällig
zelfingenomenheid Selbstgefälligkeit v^{28}
zelfkennis Selbsterkenntnis v^{28}
zelfkritiek Selbstkritik v^{20}
zelfmoord Selbstmord m^5: *poging tot* ~ Selbstmordversuch m^5; ~ *plegen* Selbstmord begehen^{168}
zelfmoordaanslag Selbstmordattentat o^{29}
zelfmoordterrorist Selbstmordattentäter m^9
zelfontspanner Selbstauslöser m^9
zelfopoffering Selbstaufopferung v^{20}
zelfoverschatting Selbstüberschätzung v^{20}
zelfportret Selbstbildnis o^{29a}
zelfrespect Selbstachtung v^{28}
zelfs 1 *(tegen de verwachting in)* selbst, sogar **2** *(wat sterker is)* sogar: *of* ~ oder gar
zelfstandig selbstständig, selbständig: ~ *naamwoord* Substantiv o^{29}, Hauptwort o^{32}
zelfstandige Freiberufler m^9
zelfstandigheid 1 *(onafhankelijkheid)* Selbstständigkeit v^{28}, Selbständigkeit v^{28} **2** *(bestanddeel)* Substanz v^{20} **3** *(elk voorwerp op zichzelf)* Ding o^{29}
zelfverdediging Selbstverteidigung v^{28}
zelfverloochening Selbstverleugnung v^{20}
zelfvernedering Selbsterniedrigung v^{20}
zelfvertrouwen Selbstvertrauen o^{39}
zelfverwijt Gewissensbisse *mv* m^5
zelfverzekerd selbstsicher
zelfvoldaan selbstzufrieden
zelfwerkzaamheid Selbsttätigkeit v^{28}, Selbstbetätigung v^{28}
zelfzucht Selbstsucht v^{28}, Egoismus m^{19a}
zelfzuchtig selbstsüchtig, egoistisch
zelve *zie* zelf
zemel *(van graankorrel)* Kleie v^{21}
zemelaar Nörgelfritze m^{15}, Nörgler m^9
zemelen nörgeln; *(temerig praten)* salbadern
¹**zemen** *bn* sämischledern: ~ *lap* Fensterleder o^{33}; Ledertuch o^{32}
²**zemen** *ww* abledern, putzen: *ramen* ~ Fenster putzen
zendamateur Funkamateur m^5
zendapparaat Funkgerät o^{29}, Sendegerät o^{29}
zendeling Missionar m^5
zenden 1 *(sturen)* senden^{263}, schicken **2** *(uitzenden)* senden^{263} *(zwak)*, ausstrahlen
zender *(zendapparaat)* Sendegerät o^{29}; *(zendstation)* Sender m^9
zending 1 *(het zenden, het gezondene, opdracht)* Sendung v^{20} **2** *(missie)* Mission v^{20}
zendinstallatie Sendeanlage v^{21}
zendmast Sendemast m^{16}, m^5
zendstation Sendestation v^{20}
zendtijd Sendezeit v^{20}
zenig sehnig
zenit Zenit m^{19}; *(fig, ook)* Gipfelpunkt m^5
zenuw Nerv m^{16}: *de* ~*en hebben* äußerst nervös sein^{262}; *in de* ~*en zitten* sich ängstigen; *het op*

de ~*en krijgen* die Nerven verlieren^{300}; *dat werkt op mijn* ~*en* das geht (*of:* fällt) mir auf die Nerven; *over zijn* ~*en (heen) zijn* mit den Nerven fertig sein^{262}
zenuwaandoening Nervenkrankheit v^{20}
zenuwachtig nervös: *dat maakt me* ~ das macht mich nervös, das geht mir auf die Nerven
zenuwachtigheid Nervosität v^{28}
zenuwarts Nervenarzt m^6, Neurologe m^{15}
zenuwbehandeling Wurzelbehandlung v^{20}
zenuwcrisis Nervenkrise v^{21}
zenuwgestel Nervensystem o^{29}: *hij heeft een sterk, zwak* ~ er hat starke, schwache Nerven
zenuwinrichting psychiatrische Klinik v^{20}
zenuwknoop Nervenknoten m^{11}
zenuwkwaal, zenuwlijden Nervenleiden o^{35}
zenuwontsteking Nervenentzündung v^{20}
zenuwpatiënt(e) Nervenkranke(r) m^{40a}, v^{40b}
zenuwpees *(fig)* Nervenbündel o^{33}
zenuwslopend nervenaufreibend, nervenzerfetzend, nervtötend: *een* ~*e week* eine stressige Woche
zenuwstelsel Nervensystem o^{29}
zenuwtrekking Nervenzucken o^{39}
zenuwziek nervenkrank
zenuwzieke Nervenkranke(r) m^{40a}, v^{40b}
zenuwziekte Nervenkrankheit v^{20}
zero tolerance Nulltoleranz v^{26}
¹**zes** *zn* Sechs v^{20}
²**zes** *telw* sechs
zesachtstemaat Sechsachteltakt m^{19}
¹**zesde** *het* Sechstel o^{33}
²**zesde** *telw* der (die, das) sechste: *Karel de Zesde* Karl der Sechste (VI.)
zesmaandelijks sechsmonatlich, halbjährlich
zesmaands sechsmonatig, halbjährig
zestien sechzehn
zestig sechzig
zestiger Sechziger m^9
zet 1 *(daad van zetten)* Zug m^6: *een* ~ *doen* einen Zug tun^{295} (*of:* machen) **2** *(duw, stoot)* Stoß m^6, Ruck m^5 **3** *(sprong)* Satz m^6, Sprung m^6 **4** *(geestigheid)* Wort o^{29}, Einfall m^6; *(daad)* Streich m^5
zetel 1 *(zitplaats, stoel)* Sitz m^5, Sessel m^9: *een* ~ *in het bestuur* ein Sitz im Vorstand **2** *(Belg)* (fauteuil) Armsessel m^9, Lehnsessel m^9 **3** *(plaats van vestiging)* Sitz m^5
zetelen *(mbt regering, bestuur)* seinen Sitz haben^{182}
zetfout Setzfehler m^9, Satzfehler m^9
zetmeel Stärke v^{21}: ~ *van mais* Maisstärke v^{28}
zetpil Zäpfchen o^{35}
zetsel *(typ)* Satz m^{19}, Schriftsatz m^{19}
zetten 1 *(doen zitten)* setzen: *iem in de gevangenis* ~ jmdn einsperren **2** *(plaatsen)* stellen, setzen; *(van edelstenen)* fassen: *een huis laten* ~ ein Haus bauen lassen^{197}; *bij het schaken* ~ beim Schach ziehen^{318}; *iets in elkaar* ~ etwas zusammensetzen; *de wekker op 5 uur* ~ den Wecker auf 5 (Uhr) stel-

len; *uit het land* ~ ausweisen[307] **3** *(bereiden)* kochen, machen: *koffie, thee* ~ Kaffee, Tee kochen || *een fractuur* ~ eine Fraktur richten; *iem niet kunnen* ~ jmdn nicht ausstehen können[194]; *iem iets betaald* ~ jmdm etwas heimzahlen; *een ernstig gezicht* ~ ein ernstes Gesicht machen; *zich over iets heen* ~ sich über[+4] etwas hinwegsetzen; *ik kan die deun niet uit mijn hoofd* ~ die Weise geht mir nicht aus dem Kopf; *dat moet je uit je hoofd* ~ das musst du dir aus dem Kopf schlagen
zetter *(typ)* Setzer *m*[9], Schriftsetzer *m*[9]
zetterij Setzerei *v*[20]
zetting 1 *(typ) (het zetten)* Satz *m*[19]; *(van edelstenen)* Fassung *v*[20] **2** *(vaststelling)* Festsetzung *v*[20] **3** *(muz)* Arrangement *o*[36]
zeug 1 *(moedervarken)* Mutterschwein *o*[29], Sau *v*[25], *v*[20] **2** *(van wild zwijn)* Wildsau *v*[25], *v*[20]
zeulen schleppen
zeur Nörgelfritze *m*[15]
zeuren 1 nörgeln, quengeln; *(temen)* salbadern **2** *(drenzen)* knatschen **3** *(kletsen)* quasseln **4** *(iem aan het hoofd malen)* jmdm in den Ohren liegen[202]
zeurkous, zeurpiet Nörgelfritze *m*[5]
¹**zeven** *zn* Sieben *v*[20]
²**zeven** *ww* sieben, seihen
³**zeven** *telw* sieben
¹**zevende** *zn* Siebtel *o*[33]
²**zevende** *telw* der (die, das) siebente *(of:* siebte*)*: *Hendrik de Zevende* Heinrich der Siebte (VII.)
Zevengebergte Siebengebirge *o*[39]
zevenklapper Knallfrosch *m*[6]
zevenmaandskind Siebenmonatskind *o*[31]
zevenmijlslaarzen Siebenmeilenstiefel *mv m*[9]
zevenslaper Siebenschläfer *m*[9]
zeventien siebzehn
zeventig siebzig
zever Geifer *m*[19], Speichel *m*[19]
zeveren 1 *(kwijlen)* geifern **2** *(wauwelen)* faseln
zgn. *afk van* zogenaamd so genannt *(afk* sog.*)*
zich sich[88]
zicht *(het zien)* Sicht *v*[28]: *bij goed* ~ bei guter Sicht; *in (het)* ~ *zijn* in Sicht sein[262]; *in (het)* ~ *komen* in Sicht kommen[193]; *op* ~ *betaalbaar* auf *(of:* bei*)* Sicht zahlbar; *op* ~ *zenden* zur Ansicht senden[263]
zichtbaar sichtbar
zichtrekening *(Belg)* Kontokorrent *o*[29]
zichzelf sich selber, sich selbst: *van* ~ *is hij wat verlegen* er ist von Natur etwas schüchtern; *van* ~ *heet zij Krause* sie ist eine geborene Krause
zie *(bij verwijzing)* siehe
zieden sieden[264]: *~d heet* siedend heiß; *~d van woede* wutschnaubend
ziedend *(woedend)* wütend
ziehier sieh, sehen Sie
ziek krank[58]: ~ *worden* krank werden[310]; erkranken; *ik ben zo* ~ *als een hond* mir ist hundeelend; *zich* ~ *melden* sich krankmelden

ziekbed Krankenbett *o*[37], Krankenlager *o*[33]
ziekbriefje Krankenschein *m*[5]
zieke Kranke(r) *m*[40a], *v*[40b]
ziekelijk 1 *(aanhoudend min of meer ziek)* kränklich **2** *(abnormaal)* krankhaft
ziekenauto Krankenwagen *m*[11], Rettungswagen *m*[11]
ziekenbezoek Krankenbesuch *m*[5]
ziekenfonds Krankenkasse *v*[21]
ziekenfondsarts Kassenarzt *m*[6]
ziekenfondspas Krankenversichertenkarte *v*[21], Versichertenkarte *v*[21]
ziekengeld Krankengeld *o*[31]
ziekenhuis Krankenhaus *o*[32]: *naar het* ~ *brengen* ins Krankenhaus einliefern
ziekenkamer Krankenzimmer *o*[33]
ziekenvervoer Krankentransport *m*[5]
ziekenwagen Krankenwagen *m*[11]: ~ *van de GGD met een arts* Notarztwagen *m*[11]
ziekte Krankheit *v*[20]: *wegens* ~ krankheitshalber; *de* ~ *van Pfeiffer* das pfeiffersche Drüsenfieber
ziektebeeld Krankheitsbild *o*[31]
ziektegeval Krankheitsfall *m*[6]
ziektekiem Krankheitserreger *m*[9]
ziekteverlof *(bij ziekte)* Erholungsurlaub: *ze is met* ~ sie ist krankgeschrieben
ziekteverloop Krankheitsverlauf *m*[6]
ziekteverwekker Krankheitserreger *m*[9]
ziekteverzekering Krankenversicherung *v*[20]
ziektewet: *in de* ~ *lopen* Krankengeld beziehen[318]
ziel Seele *v*[21]: *geen levende* ~ keine Menschenseele; *deze stad telt 100.000* ~*en* diese Stadt hat 100.000 Einwohner; *met zijn* ~ *onder de arm lopen* sich langweilen; *ter* ~*e gaan* das Zeitliche segnen
zielenheil Seelenheil *o*[39]
zielenpoot bedauernswerter Mensch *m*[14]
zielenrust *zie* zielsrust
zielental Einwohnerzahl *v*[20]
zielig bedauernswert, traurig: ~! wie traurig!
zielloos 1 *(zonder ziel)* seelenlos **2** *(dood)* entseelt
zielsbedroefd tief betrübt, tief bekümmert
zielsblij seelenvergnügt
zielsgelukkig selig
zielsgesteldheid Gemütsverfassung *v*[20]
zielsrust 1 *(gemoedsrust)* Seelenruhe *v*[28] **2** *(eeuwige zaligheid)* ewige Seligkeit *v*[28]
zielsveel innig, von ganzem Herzen
zielsverhuizing Seelenwanderung *v*[28]
zielsverlangen Herzenswunsch *m*[19]
zielsverrukking, zielsvervoering Verzückung *v*[20], Ekstase *v*[21]
zieltogen in den letzten Zügen liegen[202]
zielzorg Seelsorge *v*[28]
zielzorger Seelsorger *m*[9]
¹**zien** *zn* Sehen *o*[39], Anblick *m*[19]: *tot* ~*s!* auf Wiedersehen!
²**zien** *ww* sehen[261], schauen: *bleek* ~ blass ausse-

hen; *zie je wel!* siehst du! (*of:* siehste!); *hij ziet er altijd zo boos uit* er schaut immer so böse drein; *we zullen ~* wir wollen mal sehen; *dat mag gezien worden* das kann (*of:* darf) sich sehen lassen; *dat kun je niet aan de mensen ~* das kann man den Leuten nicht ansehen; *ik zie het aan je, dat ...* ich sehe es dir an, dass ...; *zie beneden!* siehe unten!; *veel in iets ~* sich³ viel von etwas versprechen²⁷⁴; *ik heb het ~ aankomen* ich habe es kommen sehen; *ik heb het hem laten ~* ich habe es ihm gezeigt; *het verkeer laat een toename ~* der Verkehr hat eine Zunahme zu verzeichnen; *de kamer ziet uit op de tuin* das Zimmer sieht auf den Garten; *te ~ krijgen* zu sehen bekommen¹⁹³; *mij niet gezien!* ohne mich!; *het niet meer ~ zitten* die Hoffnung aufgegeben haben¹⁸²

ziende sehend: *~ blind* mit sehenden Augen blind
zienderogen zusehends, sichtlich
zienswijze (*mening*) Ansicht *v*²⁰
zier: *de man heeft geen ~tje gevoel* der Mann hat nicht das geringste Gefühl; *het interesseert me geen ~* es interessiert mich nicht im Geringsten
ziezo *tw* so!
zigeuner Zigeuner *m*⁹
zigeunerin Zigeunerin *v*²²
zigeunerkamp Zigeunerlager *o*³³
zigzag zickzack, im Zickzack
zigzaggen zickzacken
¹**zij** *zn* (*vrouwelijk persoon*) Sie *v*²⁷
²**zij** *pers vnw* sie⁸²
zijaanzicht Seitenansicht *v*²⁰
¹**zijde** (*stof*) Seide *v*²¹
²**zijde, zij** (*kant*) Seite *v*²¹: *~ spek* Speckseite; *dat is zijn zwakke ~* das ist seine schwache Seite; *wij hebben het gelijk aan onze ~* wir sind im Recht; *aan beide ~n* auf (*of:* zu) beiden Seiten; *aan deze* (*of: gene*) *~ van de rivier* diesseits (*of:* jenseits) des Flusses; *steken in de ~* Seitenstechen *o*³⁹; *op zijn andere ~ gaan liggen* sich auf die andere Seite drehen; *van bevriende ~* von zuverlässiger Seite; *van wel ingelichte ~* aus zuverlässiger Quelle; *ik van mijn ~* ich meinerseits; *van moeders ~* mütterlicherseits; *van vaders ~* väterlicherseits; *van de ~ van de regering* seitens⁺² der Regierung
zijdeachtig seidenartig
zijdelings Seiten..., indirekt: *een ~ verwijt* ein indirekter Vorwurf; *~ naar iem kijken* jmdm einen Seitenblick zuwerfen³¹¹; *~ betrokken zijn bij* indirekt beteiligt sein²⁶² an⁺³
zijden 1 (*van zijde*) seiden, Seiden...: *~ jurk* seidenes Kleid; (*ook*) Seidenkleid *o*³¹ **2** (*als van zijde*) seidig, seidenartig
zijderups Seidenraupe *v*²¹
zijdeur Seitentür *v*²⁰, Nebentür *v*²⁰
zijig seidig, seidenartig
zijingang Seiteneingang *m*⁶
zijinstromer Quereinsteiger *m*⁹, Seiteneinsteiger *m*⁹

zijkamer Nebenzimmer *o*³³, Nebenraum *m*⁶
zijkanaal Seitenkanal *m*⁶
zijkant Seite *v*²¹
zijlijn (*sp, spoorw*) Seitenlinie *v*²¹
zijmuur Seitenmauer *v*²¹, Seitenwand *v*²⁵
¹**zijn** *zn* Sein *o*³⁹
²**zijn** *ww* sein²⁶²: *als vader ~de ...* als Vater ...; *is er een God?* gibt es einen Gott?; *wat is er?* was gibt's?; *was ist los?*; *wat is er met hem?* was hat er?; *hij mag er ~* er kann (*of:* darf) sich sehen lassen; *moet er nog hout ~?* wird noch Holz benötigt?; *er was eens een koning* es war (ein)mal ein König; *er is wat met mijn fiets* mein Fahrrad ist nicht in Ordnung; *je bent er!* (hebt het gehaald) du hast es geschafft!; *hoe is het?* wie geht's?; *nu weet je wat dat is* jetzt weißt du, was das heißt; *dat kan wel ~* das mag sein; *het kan best ~* es ist schon möglich; (*fig*) *waar ~ we?* wo sind wir stehen geblieben?; *het is hier prettig fietsen* es radelt sich hier angenehm; *het is te begrijpen* es lässt sich verstehen, es ist zu verstehen; *het is best te doen* das lässt sich schon machen
³**zijn** *bez vnw*⁸⁰ **1** (*van hem*) sein *m*, seine *v*, sein *o*: *hij heeft ~ voet bezeerd* er hat sich³ den Fuß (*of:* er hat seinen Fuß) verletzt **2** (*zelfst*) der, die, das seine (*of:* seinige): *de ~en* die Seinen, die seinen; *mijn boek en het ~e* mein Buch und das seine (*of:* das seinige); *hij heeft het ~e gedaan* er hat das Seine (*of:* das seinige) getan; *het ~e ervan denken* sich³ sein Teil dabei denken¹⁴⁰
zijnerzijds seinerseits
zijopening Seitenöffnung *v*²⁰
zijpad Seitenpfad *m*⁵
zijraam Seitenfenster *o*³³
zijrivier Nebenfluss *m*⁶
zijspan Beiwagen *m*¹¹
zijspiegel Außenspiegel *m*⁹
zijspoor Nebengleis *o*²⁹: (*fig*) *op een ~ staan* ausrangiert sein²⁶²; *iem op een ~ zetten* jmdn kaltstellen
zijstraat Seitenstraße *v*²¹, Nebenstraße *v*²¹
zijtak 1 (*van boom*) Zweig *m*⁵; (*dikker*) Ast *m*⁶ **2** (*van familie*) Nebenlinie *v*²¹ **3** (*van rivier*) Arm *m*⁵
zijuitgang Nebenausgang *m*⁶
zijvenster Seitenfenster *o*³³
zijvleugel Seitenflügel *m*⁹
zijwaarts Seiten..., seitwärts: *~e beweging* Seitenbewegung *v*²⁰; *één pas ~* ein Seitenschritt
zijweg Seitenweg *m*⁵, Nebenweg *m*⁵
zijwind Seitenwind *m*⁵
zilt salzig: *het ~e nat* das Meer, die See
zilver Silber *o*³⁹: *fijn ~* Feinsilber
zilverdraad 1 (*metaal*) Silberdraht *m*⁶ **2** (*in weefsel*) Silberfaden *m*¹²
zilveren silbern, Silber...: *~ bruiloft* silberne Hochzeit, Silberhochzeit *v*²⁸
zilvergehalte Silbergehalt *m*¹⁹
zilverhoudend silberhaltig

zilverkleurig silberfarben, silberfarbig
zilvermeeuw Silbermöwe v^{21}
zilvermijn Silbermine v^{21}, Silberbergwerk o^{29}
zilverpapier Silberpapier o^{39}, Stanniol o^{29}
zilversmid Silberschmied m^5
zilverspar Weißtanne v^{21}, Silbertanne
zilverwerk 1 *(ook fig)* Silberarbeit v^{20} **2** *(lett)* Silberzeug o^{39}, Silber o^{39}, Silberwaren *mv* v^{21}; *(op tafel)* Silbergeschirr o^{39}
zin 1 *(zielsvermogen, verstand, betekenis)* Sinn m^5: *dat heeft helemaal geen ~ (nut)* das hat gar keinen Zweck; *niet goed bij zijn ~nen zijn* nicht recht bei Verstand sein^{262}; *kwaad in de ~ hebben* Böses im Sinn haben^{182}; *in zekere ~ heb je gelijk* in gewissem Sinne hast du Recht; *in de ~ van de wet* im Sinne des Gesetzes **2** *(wil, lust)* Wille m^{18} *(geen mv)*, Lust v^{28}: *zijn eigen ~ doen* nach eigenem Ermessen handeln; *iems ~ doen* jmdm zu Willen sein^{262}; *iem zijn ~ geven* jmdm seinen Willen lassen^{197}; *ik heb er geen ~ in* ich habe keine Lust dazu; *~ in een sigaret hebben* Lust auf eine Zigarette haben^{182}; *gaat het naar uw ~?* sind Sie zufrieden?; *het ieder naar de ~ maken* es jedem recht machen; *tegen mijn ~* gegen meinen Willen; *hij is van ~s een boek te schrijven* er beabsichtigt, ein Buch zu schreiben **3** *(volzin)* Satz m^6
zindelijk reinlich, sauber, rein; *(mbt hond, kat)* stubenrein
zinderen flimmern
zingen singen^{265}: *zuiver ~* rein singen
zink Zink o^{39}
¹zinken *bn (van zink gemaakt)* zinken, Zink…
²zinken *ww* versinken^{266}, sinken^{266}: *in een diepe slaap ~* in tiefen Schlaf sinken; *hij is diep gezonken* er ist tief gesunken; *een schip doen ~* ein Schiff versenken; *de boot zonk* das Schiff sank
zinker 1 *(onder dijk)* Durchlass m^6 **2** *(buis onder water)* Unterwasserrohr o^{29} **3** *(aan visnet)* Bleigewicht o^{29}, Senker m^9
zinloos sinnlos; *(nutteloos)* zwecklos
zinloosheid Sinnlosigkeit v^{20}, Zwecklosigkeit v^{28}
zinnebeeld Sinnbild o^{31}, Symbol o^{29}
zinnebeeldig sinnbildlich, symbolisch
zinnelijk sinnlich: *~ genot* sinnlicher Genuss, Sinnengenuss m^6; *~ waarneembaar* sinnlich wahrnehmbar
zinnelijkheid Sinnlichkeit v^{28}
¹zinnen *(peinzen)* sinnen^{267}: *hij zat op wraak te ~* er sann auf Rache
²zinnen *(bevallen)* gefallen^{154}: *dat zinde hem niet* das gefiel ihm nicht
zinnig vernünftig
zinrijk sinnreich
zins *zie* zin
zinsbegoocheling Sinnestäuschung v^{20}
zinsbouw Satzbau m^{19}: *leer van de ~* Syntax v^{20}
zinsdeel Satzteil m^5, Satzglied o^{31}
zinsnede Satzteil m^5
zinsontleding Satzanalyse v^{21}

zinspelen anspielen: *~ op* anspielen auf^{+4}
zinspeling Anspielung v^{20}
zinspreuk 1 *(leus)* Sinnspruch m^6 **2** *(devies)* Wahlspruch m^6, Devise v^{21}
zinsverband Kontext m^5, Zusammenhang m^6
zinswending Wendung v^{20}, Redewendung v^{20}
zintuig Sinn m^5, Sinnesorgan o^{29}
zintuiglijk sinnlich
zinvol sinnvoll, sinnreich
zit Sitz m^{19}: *dat is een hele ~* das dauert lange
zitbad Sitzbad o^{32}
zitbank Sitzbank v^{25}
zitje 1 *(plekje)* Plätzchen o^{35} **2** *(tafel met stoelen)* Sitzgruppe v^{21}
zitkamer Wohnzimmer o^{33}
zitplaats Sitzplatz m^6
zit-slaapkamer Wohnschlafzimmer o^{33}
zitten sitzen^{268}: *waar zit je toch?* wo steckst du denn?; *hoe zit de zaak?* wie verhält sich die Sache?; *daar zit hem de moeilijkheid* da hapert's; *dat zit nog* das ist noch die Frage; *hij zit:* a) *(in gevangenis)* er sitzt; b) *(sp: goal)* Tor; *dat zit wel goed* das ist in Ordnung; *dat zit mij niet lekker* ich habe kein gutes Gefühl dabei; *blijven ~ (ook: op school)* sitzen bleiben^{134}; *het blijft niet ~* es hält nicht; *gaan ~* sich setzen, Platz nehmen^{212}; *laten ~* sitzen lassen^{197}; *ik zal het er niet bij laten ~* ich werde es nicht dabei bewenden lassen; *(fig) laat maar ~* lass sein; *(fig) het niet meer zien ~* nicht mehr weiterwissen^{314}; *dat zit in het bloed* das liegt im Blut; *de zaak zit goed in elkaar* die Sache hat Hand und Fuß; *het geld zit in de zaak* das Geld steckt im Geschäft; *met een probleem ~* ein Problem haben^{182}; *daar zit niets anders op* da bleibt nichts andres übrig; *dat zit er weer op!* das ist wieder erledigt!; *ze ~ te eten* sie essen; *hij zit te lezen* er liest; *zit niet altijd te liegen!* lüge nicht immer!; *zit niet te zeuren!* quengle nicht so!
zittenblijver *(in de klas)* Sitzenbleiber m^9
zitting 1 *(vergadering)* Sitzung v^{20}; *(jur)* Termin m^5: *de rechtbank houdt ~* das Gericht tagt; *~ nemen in het bestuur* in dem Vorstand einen Sitz erhalten^{183}; *op de ~ verschijnen* zum Termin erscheinen^{233} **2** *(zittingstijd)* Legislaturperiode v^{21} **3** *(van stoel)* Sitz m^5
zittingsperiode Legislaturperiode v^{21}
zitvlak Gesäß o^{29}, Popo m^{13}
zitvlees *~ hebben* Sitzfleisch haben^{182}
¹zo *bw* so; *(zodanig)* solch, derartig: *dat is niet zo* dem ist nicht so; *het zij zo* es sei so; *zo iemand* so einer; *(om) zo te zeggen* sozusagen; *zo'n man* so ein Mann, solch ein Mann, ein solcher Mann; *goed zo!* recht so!; *zo zeer* dermaßen; *zo en zoveel* soundso viel; *ik kom zo* ich komme gleich; *zo dadelijk, zo meteen* (so)gleich, sofort; *en zo verder* und so weiter *(afk* usw.*)*
²zo *vw* **1** *(vergelijkend)* wie: *zo de ouden zongen* wie die Alten sungen; *hij is, zo zegt men, rijk* er soll reich sein **2** *(voorwaardelijk)* wenn: *zo niet, dan*

zoal

zal ik ... wenn nicht, so werde ich ...; *zo mogelijk* wenn möglich; *zo nodig* wenn nötig

zoal: *aan wie ~ heeft hij dit verteld?* wem alles hat er dies erzählt?

zoals wie

¹**zodanig** *aanw vnw* derartig, solch

²**zodanig** *bw* in solcher Weise, derart, dermaßen

zodat sodass, so dass

zode Plagge v^{21}

zodoende somit, also, folglich

zodra sobald

zoek: *mijn hoed is ~* mein Hut ist fort; *die jongen is ~* der Junge ist verschwunden; *we zijn op ~ naar ...* wir sind auf der Suche nach^{+3} ...; *het eind is ~* das Ende ist nicht abzusehen

zoeken 1 suchen: *dat is ver gezocht* das ist weit hergeholt; *niet meer weten waar men het ~ moet* weder aus noch ein wissen³¹⁴; *dat had ik niet achter hem gezocht!* das hätte ich ihm nicht zugetraut! **2** *(proberen)* (ver)suchen: *iem ~ te bedriegen* jmdn zu betrügen (ver)suchen

zoeker Sucher m^9

zoeklicht Scheinwerfer m^9

zoekmachine Suchmaschine v^{21}

zoekmaken verlegen, verlieren³⁰⁰

zoekraken verloren gehen¹⁶⁸

zoekterm *(comp)* Suchbegriff m^5

zoel schwül, drückend

zoemen *(ook elektr)* summen

zoemer Summer m^9

zoen *(kus)* Kuss m^6; *(inform)* Schmatz m^5, m^6

zoenen küssen || *om te ~* zum Anbeißen

zoet süß; *(fig)* lieblich, anmutig; *(mbt kinderen)* brav, artig: *de kinderen ~ houden* auf die Kinder aufpassen

zoetekauw Süßmaul o^{32}

zoeten süßen, süß machen

zoethoudertje *(iron)* Beruhigungspille v^{21}

zoetig süßlich

zoetigheid Süßigkeit v^{20}

zoetje Süßstofftablette v^{21}

zoetsappig süßlich

zoetstof Süßstoff m^5

zoetzuur *bn* süßsauer

zoeven 1 *(mbt insecten, pijlen, granaat)* schwirren **2** *(mbt auto)* sausen

zo-even (so)eben

zog 1 *(moedermelk)* Muttermilch v^{28} **2** *(van schip)* Kielwasser o^{33}, Sog m^5

zogen säugen: *de moeder zoogt haar kind* die Mutter stillt *(of: säugt)* ihr Kind

zogenaamd so genannt; *(in schijn)* angeblich

zogenoemd so genannt

zogezegd sozusagen; *(vrijwel)* nahezu

zogoed als so gut wie: *~ af* so gut wie fertig

zoiets so etwas; *(inform)* so was: *het kost ~ van 5 euro* es kostet etwa 5 Euro

zojuist (so)eben

¹**zolang** *bw (ondertussen)* inzwischen, unterdessen, einstweilen: *wij blijven ~ hier* wir bleiben einstweilen hier

²**zolang** *vw* solang(e): *~ je koorts hebt, moet je in bed blijven* solang(e) du Fieber hast, musst du im Bett bleiben

zolder 1 Boden m^{12}, Dachboden m^{12} **2** *(als pakruimte)* Boden m^{12} **3** *(zoldering)* Decke v^{21}

zoldering Decke v^{21}

zolderkamer Bodenkammer v^{21}, Dachkammer v^{21}

zoldertrap Bodentreppe v^{21}

zomaar nur so; mir nichts, dir nichts: *hij sprong ~ in het water* er sprang mir nichts, dir nichts ins Wasser; *hij liep ~ de deur uit* er ging ohne weiteres zur Tür hinaus; *ik zei het ~* ich sagte es nur so

zomede sowie, wie auch

zomen säumen

zomer Sommer m^9: *'s ~s* im Sommer, sommers; *in de ~* im Sommer

zomeravond Sommerabend m^5

zomerdag Sommertag m^5

zomerhuisje Sommerhäuschen o^{35}, Ferienhaus o^{32}

zomermaand Sommermonat m^5

zomers sommerlich: *een ~e dag* ein sommerlicher Tag, ein Sommertag

zomervakantie Sommerurlaub m^5, Sommerferien *(mv)*

zomin ebenso wenig: *net ~ als* ebenso wenig wie

zon Sonne v^{21}: *voor niets gaat de ~ op* umsonst ist der Tod; *zich in de ~ koesteren* sich sonnen

zo'n *aanw vnw* so ein, solch ein: *in ~ geval* in einem solchen Fall; *het kost ~ honderd euro* es kostet um die hundert Euro

zonaanbidder Sonnenanbeter m^9

zondaar Sünder m^9

zondag Sonntag m^5: *des ~s, 's ~s* am Sonntag, sonntags; *op een ~* an einem Sonntag

zondags Sonntags...; sonntäglich

zondagsrust Sonntagsruhe v^{28}

zondagsschool Sonntagsschule v^{21}

zonde Sünde v^{21}; *(jammer)* schade: *het is ~* es ist schade!; *~ van dat mooie huis* schade um das schöne Haus

zondebok Sündenbock m^6

zonder ohne^{+4}: *~ aanleiding* ohne Anlass; *~ gekheid!* Spaß beiseite!; *~ meer* ohne weiteres; *~ pardon* erbarmungslos; *~ dat hij ... ohne dass er ...*; *~ te (+ onbep w)* ohne zu

¹**zonderling** *zn* Sonderling m^5, Kauz m^6

²**zonderling** *bn, bw* **1** *(merkwaardig)* sonderbar, merkwürdig, eigenartig **2** *(vreemd)* seltsam

zondeval Sündenfall m^{19}

zondig 1 *(met zonde beladen)* sündhaft **2** *(zondigend)* sündig

zondigen sündigen; *(bewust)* freveln; *(tegen algemene regels)* verstoßen²⁸⁵

zondvloed Sintflut v^{28}, Sündflut v^{28}

zone Zone v^{21}: *verboden* ~ Sperrzone
zoneclips Sonnenfinsternis v^{24}
zon- en feestdagen Sonn- und Feiertage *mv* m^5
zonenummer *(Belg) (telecom)* Vorwahl v^{20}, Vorwahlnummer v^{21}
zonet gerade, (so)eben
zonlicht Sonnenlicht o^{39}
zonnebad Sonnenbad o^{32}
zonnebaden sich sonnen
zonnebank Sonnenbank v^{25}
zonnebloem Sonnenblume v^{21}
zonnebrand Sonnenbrand m^6
zonnebrandolie Sonnenöl o^{29}
zonnebril Sonnenbrille v^{21}
zonnecentrum Sonnenstudio o^{36}
zonnecollector Sonnenkollektor m^{16}, Solarkollektor m^{16}
zonne-energie Sonnenenergie v^{28}, Solarenergie v^{28}
zonneklaar sonnenklar
zonneklep *(in auto)* Sonnenblende v^{21}
zonnen sich sonnen
zonnescherm 1 *(parasol)* Sonnenschirm m^5 **2** *(markies)* Markise v^{21}, Sonnendach o^{32}
zonneschijn Sonnenschein m^{19}
zonneslag *(Belg)* Sonnenstich m^5
zonnesteek Sonnenstich m^5
zonnestelsel Sonnensystem o^{29}
zonnestraal Sonnenstrahl m^{16}
zonnestudio Sonnenstudio o^{36}
zonnetje Sonne v^{21}: *iem in het* ~ *zetten* jmdn ins rechte Licht setzen
zonnevlek Sonnenfleck m^5
zonnewijzer Sonnenuhr v^{20}
zonnig sonnig
zonsondergang Sonnenuntergang m^6
zonsopgang, zonsopkomst Sonnenaufgang m^6
zonsverduistering Sonnenfinsternis v^{24}
zonwering Sonnenschutz m^5
zonzijde Sonnenseite v^{21}
zoogdier Säugetier o^{29}
zooi *zie* zootje
zool Sohle v^{21}
zoölogie Zoologie v^{28}, Tierkunde v^{28}
zoölogisch zoologisch
zoöloog Zoologe m^{15}
zoom Saum m^6; *(buitenrand, ook)* Rand m^8; *(van bos)* Waldsaum; *(van rivier)* Uferrand
zoomen zoomen
zoomlens Zoomobjektiv o^{29}
zoon Sohn m^6
zootje 1 *(hoeveelheid)* Menge v^{21} **2** *(boeltje)* Krempel m^{19}, Kram m^{19}
zorg 1 *(zorgvuldigheid)* Sorgfalt v^{28}; *(veel)* ~ *besteden aan* (große) Sorgfalt verwenden auf^{+4} **2** *(zorgzaamheid)* Sorge v^{28}, Obhut v^{28} **3** *(het zorgen voor)* Sorge v^{28} (für^{+4}): ~ *dragen voor iets* Sorge tragen^{288} für^{+4} etwas; *de* ~ *voor iem op zich nemen* die Sorge für jmdn übernehmen^{212} **4** *(bezorgdheid)* Sorge v^{28}, Besorgnis v^{24}; *(ongerustheid)* Sorge v^{21}: *zich* ~*en maken over* sich^3 Sorgen machen über^{+4}; *zich* ~*en maken om* sich^3 Sorgen machen um^{+4}; *vrij van* ~*en* sorgenfrei; *dat is van later* ~ das findet sich später schon; *het zal mij een* ~ *zijn!* das ist nicht mein Bier!
zorgdragend sorgsam, fürsorglich
zorgelijk 1 *(zorg veroorzakend)* Besorgnis erregend, beängstigend **2** *(onrustbarend)* bedenklich: *de toestand is* ~ der Zustand ist bedenklich
zorgeloos 1 sorglos **2** *(zonder zorgen)* unbekümmert **3** *(nonchalant)* unachtsam
zorgeloosheid 1 Sorglosigkeit v^{28} **2** Unbekümmertheit v^{28} **3** Unachtsamkeit v^{28}; *zie ook* zorgeloos
zorgen sorgen: ~ *voor* sorgen für^{+4}, Sorge tragen$^{+4\,288}$ für; *voor zieken* ~ Kranke betreuen
zorgenkind *(ook fig)* Sorgenkind o^{31}
zorgpas Krankenversichertenkarte v^{21}
zorgplicht Sorgepflicht v^{28}
zorgtoeslag *(ongev)* Bürgerversicherungszulage v^{21}, Bürgerversicherungszuschlag m^6
zorgverzekeraar Krankenversicherer m^9
zorgvuldig sorgfältig
zorgvuldigheid Sorgfalt v^{28}
zorgwekkend Besorgnis erregend
zorgzaam sorgsam, fürsorglich
¹zot *zn* Narr m^{14}, Tor m^{14}
²zot *bn* **1** *(dwaas)* töricht, närrisch: *ben je* ~*!* bist du verrückt! **2** *(dom)* albern, dumm
zotheid 1 Torheit v^{20} **2** *(domheid)* Dummheit v^{20}
¹zout *zn* Salz o^{29}
²zout *bn* salzig: ~*e haring* Salzhering m^5; ~*e krakeling* Salzbrezel v^{21}; ~*e stengel* Salzstange v^{21}; ~ *water* Salzwasser o^{34}
zoutarm salzarm
zouteloos fade; *(fig, ook)* abgeschmackt
zouten salzen; *(inzouten, ook)* einpökeln
zoutig salzig
zoutjes *(stengels, krakelingen)* Salzgebäck o^{29}
zoutloos salzlos, salzfrei
zoutpot Salzfass o^{32}
zoutstrooier Salzstreuer m^9; *(auto)* Streuwagen m^{11}, Streufahrzeug o^{29}
zoutvaatje Salzfässchen o^{35}, Salznäpfchen o^{35}
zoutzak 1 *(lett)* Salzsack m^6 **2** *(fig)* Waschlappen m^{11}, Schlappschwanz m^6
zoutzuur Salzsäure v^{21}
zoveel so viel: ~ *als so viel wie*; ~ *als niets* so viel wie nichts; *nog eenmaal* ~ noch einmal so viel; ~ *mogelijk* so viel wie möglich, möglichst viel; ~ *te beter* umso besser; ~ *te meer* umso mehr
¹zover soweit; *(fig, ook)* soviel: ~ *ik zien kan* soweit ich sehen kann; ~ *ik weet* soviel ich weiß
²zover so weit: ~ *zijn we nog niet* so weit sind wir noch nicht; *we zijn het* ~ *eens geworden, dat …* wir haben uns dahin geeinigt, dass …; *(tot)* ~ bis dahin
zowaar wahrlich, wahrhaftig

zowat ungefähr, etwa
zowel sowohl: ~ als sowohl als (auch); sowohl wie (auch); ~ het een, als het andere sowohl das eine wie das andere
z.o.z. afk van zie ommezijde bitte wenden! (afk b.w.)
zozeer so sehr, derart: niet ~ ... als (wel) nicht so sehr ... als (vielmehr)
zozo: het is maar ~ es ist nur soso (of: lala)
¹zucht (med) Sucht v^{25}
²zucht Seufzer m^9: een ~ slaken aufseufzen
³zucht 1 (begeerte) Trieb m^{19}, Sucht v^{25}: ~ naar macht Machtgier v^{28}; ~ naar vrijheid Freiheitsdrang m^{19} **2** (sterke neiging, dikwijls minder gunstig) Hang m^{19} **3** (instinct) Trieb m^5: ~ tot zelfbehoud Selbsterhaltungstrieb
zuchten 1 seufzen **2** (steunen) stöhnen
zuchtje 1 (kleine zucht) schwacher Seufzer m^9 **2** (van wind) Windhauch m^5, Hauch: er is geen ~ wind es weht kein Lüftchen
¹zuid zn Süden m^{19}
²zuid bw, bn südlich: de wind is ~ der Wind kommt von Süd
Zuid-Afrika Südafrika o^{39}
¹Zuid-Afrikaans zn (de taal) Afrikaans o^{39a}
²Zuid-Afrikaans bn südafrikanisch
Zuid-Amerika Südamerika o^{39}
Zuid-Amerikaans südamerikanisch
zuidelijk südlich; (van zuidelijk land) südländisch
zuiden Süden m^{19}: met vakantie naar het ~ gaan in den Ferien in den Süden fahren^{153}; ten ~ van südlich von^{+3}, südlich^{+2}
zuidenwind Südwind m^5
zuiderkeerkring südlicher Wendekreis m^5
zuiderling 1 (uit een zuidelijk land) Südländer m^9 **2** (uit het zuiden van het land) hij is een ~ er kommt aus dem Süden
zuidkust Südküste v^{21}
zuidpool (aspunt) Südpol m^{19}
Zuidpool (gebied) Südpolargebiet o^{39}, Antarktis v^{28}
zuidpoolcirkel südlicher Polarkreis m^{19}
zuidpoolexpeditie Südpolexpedition v^{20}
zuidpoolgebied Südpolargebiet o^{39}, Antarktis v^{28}
zuidvruchten Südfrüchte mv v^{25}
zuidwaarts südwärts
zuidwestelijk südwestlich
zuidwesten Südwesten m^{19}
zuidwester 1 (hoed) Südwester m^9 **2** (wind) Südwestwind m^5
zuidzijde Südseite v^{21}
zuigeling Säugling m^5
zuigelingenzorg Säuglingsfürsorge v^{28}
zuigen saugen^{229}
zuiger (van pomp e.d.) Kolben m^{11}
zuigerklep Ventil o^{29}
zuigfles Saugflasche v^{21}

zuiging Sog m^5
zuigkracht Saugkraft v^{25}
zuil Säule v^{21}
zuinig 1 (spaarzaam) sparsam; (voordelig, economisch) ökonomisch, wirtschaftlich: een ~e auto ein sparsames Auto, ein Sparauto; ~ zijn met sparsam sein^{262} mit^{+3}; ~ op iets zijn etwas schonen **2** (teleurgesteld) verdrießlich: ~ kijken verdrießlich dreinschauen || was hij kwaad? niet ~! war er böse? und ob!
zuinigheid Sparsamkeit v^{28}
zuinigjes spärlich: ~ lachen gequält lächeln
zuipen saufen^{228}
zuiplap Säufer m^9, Trunkenbold m^5
zuippartij Saufgelage o^{33}
zuivel Molkereiprodukte mv o^{29}
zuivelbereiding Milchverwertung v^{20}
zuivelfabriek Molkerei v^{20}
zuivelproduct Molkereiprodukt o^{29}
zuiver rein: een ~ geweten ein reines Gewissen; ~e lucht reine Luft; ~e winst reiner Gewinn, Reingewinn m^5; niet ~ in de leer nicht rechtgläubig
zuiveren reinigen, säubern: het bloed ~ das Blut reinigen; water ~ Wasser klären; een wond ~ eine Wunde säubern; de partij ~ die Partei säubern
zuiverheid Reinheit v^{28}: ~ van bedoelingen Lauterkeit v^{28} der Absichten
zuivering Reinigung v^{20}, Säuberung v^{20}; (van water) Klärung v^{20}; zie ook zuiveren
zuiveringsactie Säuberungsaktion v^{20}
zuiveringsinstallatie Kläranlage v^{21}
zulk solch(e)$^{76, 77}$, derartig: ~ een man solch ein Mann, ein solcher Mann; ~e mensen solche Leute; ~e praktijken solche (of: derartige) Praktiken; ~ mooi weer solch schönes Wetter
zulks so etwas, solches
zullen 1 (om een toekomst zonder meer uit te drukken) werden^{310}: u zult het zien! Sie werden es sehen! **2** (in de 1e pers ook) wollen (als de wil van het onderwerp van invloed is): ik zal het je zeggen! ich will es dir sagen!; we ~ het wel klaar spelen! das werden wir schon schaffen! **3** (als modaal hulpww van waarschijnlijkheid) werden^{310}: hij zal wel aangekomen zijn er wird schon angekommen sein **4** (voor de conditionalis) werden^{310}: als ik het kon, zou ik het doen wenn ich es könnte, täte ich es (of: würde ich es tun); dat zou wat moois zijn! das wäre ja noch schöner!; wat zou je ervan zeggen, als ... wie wäre es, wenn ... **5** (voor dezelfde modaliteit als bij 2, bescheiden uitgedrukt) dürfen^{145}: het zal u daar wel bevallen es dürfte Ihnen da schon gefallen **6** (voor mogelijkheid) mögen^{210}: het zal één uur geweest zijn, toen ... es mag ein Uhr gewesen sein, als ...; wie zou hem dat gezegd hebben? wer mag ihm das gesagt haben? **7** (om de wil van een ander uit te drukken) sollen^{269}: zal ik het voor je doen? soll ich es für dich tun?; (ook in voorschriften) gij zult niet stelen du sollst nicht stehlen; (in

beloften, toezeggingen e.d.) je zult je geld terug hebben du sollst dein Geld zurückbekommen; *(achteraf bekeken) hij zou zijn vaderland niet weerzien* er sollte sein Vaterland nie wieder sehen**8** *(van een handeling, die juist gebeuren zou)* sollen[269]; *(voor 1e persoon) wollen: de trein zou juist vertrekken* der Zug sollte gerade abfahren; *ik zou juist uitgaan* ich wollte gerade ausgehen**9** *(in vragen, om besluiteloosheid uit te drukken, of waarin schijnbaar om raad gevraagd wordt)* sollen[269]: *wat zou (moest) ik doen?* was sollte ich tun?; *(om een gevolgtrekking van waarschijnlijkheid uit te drukken) men zou menen, dat het nu uit was* man sollte meinen, dass es jetzt aus wäre**10** *(andere gevallen)* meinen, denken[140]: *zou je denken?* meinst du?; *dat zou ik denken!* das will ich meinen!

zult Sülze v^{21}

zurig ein wenig sauer, säuerlich

zuring Ampfer m^9

¹**zus** Schwester v^{21}

²**zus** *bw* so: *nu eens ~, dan weer zo* bald so, bald so

zusje Schwesterchen o^{35}, Schwester v^{21}

zuster Schwester v^{21}; *(r-k, ook)* Nonne v^{21}; *(prot)* Diakonissin v^{22}: *(ja) ze ~!* ja Kuchen!

zusterhuis 1 *(r-k)* Kloster o^{34}**2** *(bij ziekenhuis)* Schwesternhaus o^{32}

zusterlijk schwesterlich

zustermaatschappij Schwesterfirma *v (mv -firmen)*

zusterpartij Schwesterpartei v^{20}

zusterstad Partnerstadt v^{25}

¹**zuur** *zn* **1** *(chem)* Säure v^{21} **2** *(algem)* Saure(s) o^{40c}: *in het ~ leggen* in Essig einlegen; *augurken in het ~* saure Gurken, Essiggurken; *het zoet en het ~ (van het leven)* Freud und Leid (des Lebens); *het ~ hebben (in de maag)* Sodbrennen haben[182]

²**zuur** *bn* sauer: *~ verdiend geld* sauer verdientes Geld; *zure regen* saurer Regen; *een zure vent* ein sauertöpfischer Kerl; *~ kijken* eine saure Miene machen; *~ worden* sauer werden[310]; *nu ben je ~!* jetzt bist du geliefert!

zuurkool Sauerkraut o^{39}

zuurpruim Sauertopf m^6

zuurstof Sauerstoff m^{19}

zuurstofapparaat Sauerstoffapparat m^5

zuurstofcilinder Sauerstoffflasche v^{21}

zuurtje Drops *m, o (2e nvl -; mv -)*

zuurzoet sauersüß

zwaai 1 *(zwaaiende beweging)* Schwung m^6**2** *(sp) (draaiend)* Welle v^{21}**3** *(verandering van richting)* Schwenkung v^{20}

zwaaien schwingen[259]: *in het rond ~* herumfuchteln; *met de doek ~* das Tuch schwenken; *voor jou zwaait er wat!* dir blüht etwas!

zwaailicht Blaulicht o^{31}

zwaan Schwan m^6

zwaantje *(Belg) (pop)* Mitglied o^{31} der staatlichen Polizei auf einem Motorrad

¹**zwaar** *bn (algem)* schwer: *~ bier* Starkbier o^{29}; *zware industrie* Schwerindustrie v^{28}; *zware jongen* schwerer Junge; *zware mist* dichter Nebel; *~ weer* schweres Unwetter; *~ werk* schwere Arbeit; *te ~ zijn* übergewichtig sein[262]; *iem die te ~ is* Übergewichtige(r) m^{40a}, v^{40b}

²**zwaar** *bw (erg)* schwer, stark: *~ gewond* schwer verletzt; *~ verkouden* stark erkältet; *~ ziek* schwer krank

zwaarbeladen schwer beladen

zwaard Schwert o^{31}

zwaargebouwd stämmig, starkknochig

zwaargewapend schwer bewaffnet

¹**zwaargewicht** *(gewichtsklasse)* Schwergewicht o^{39}

²**zwaargewicht 1** *(bokser)* Schwergewicht o^{29}**2** *(belangrijk persoon)* gewichtige Persönlichkeit v^{20}

zwaarlijvig beleibt, korpulent

zwaarmoedig schwermütig

zwaarmoedigheid Schwermut v^{28}

zwaarte 1 *(gewicht)* Schwere v^{28}, Gewicht o^{39} **2** *(van hout)* Stärke v^{28}**3** *(zwaartekracht)* Schwere v^{28}**4** *(ernst)* Schwere v^{28}

zwaartekracht Schwerkraft v^{28}

zwaartepunt *(ook fig)* Schwerpunkt m^5

zwaarwegend schwerwiegend

zwaarwichtig gewichtig, schwerwiegend

zwabber Mopp m^{13}; *(scheepv)* Schwabber m^9: *aan de ~ zijn* sumpfen

zwabberen 1 *(met zwabber werken)* moppen; *(scheepv)* schwabbern**2** *(aan de zwabber zijn)* sumpfen

zwachtel Wickel m^9, Bandage v^{21}

zwachtelen bandagieren[320], verbinden[131]

zwager Schwager m^{10}

¹**zwak** *zn* **1** *(zwak punt)* Schwäche v^{21}, schwache Seite v^{21}**2** *(voorliefde)* Schwäche v^{21}: *een ~ voor iem hebben* eine Schwäche für jmdn haben[182]

²**zwak** *bn, bw* schwach[58]: *het ~ke geslacht* das schwache (*of:* zarte) Geschlecht; *~ke valuta* weiche Währung; *~ bezet* schwach besetzt; *~ maken* schwach machen, schwächen; *~ van karakter zijn* einen schwachen Charakter haben[182]

zwakheid Schwäche v^{21}, Schwachheit v^{20}

zwakjes schwach, schwächlich

zwakkeling Schwächling m^5

zwakstroom Schwachstrom m^{19}

zwakte Schwäche v^{28}

zwakzinnig schwachsinnig, blödsinnig

zwakzinnigheid Schwachsinn m^{19}

zwalken (sich) herumtreiben[290]: *een ~d beleid* eine schwankende Politik

zwaluw Schwalbe v^{21}

zwaluwstaart Schwalbenschwanz m^6

zwam 1 Schwamm m^6**2** *(paddenstoel)* Pilz m^5

zwammen faseln, quatschen

zwamneus Quatschkopf m^6

zwanenzang Schwanengesang m^6

zwang: *in ~ zijn* im Schwange sein[262]; *(in) Mode sein*; *in ~ komen* aufkommen[193]; in Schwang

kommen[193]; *in ~ brengen* aufbringen[139]
zwanger schwanger
zwangerschap Schwangerschaft v^{20}
zwangerschapsgymnastiek Schwangerschaftsgymnastik v^{28}
zwangerschapsonderbreking Schwangerschaftsabbruch m^6
zwangerschapsverlof Mutterschaftsurlaub m^5
¹**zwart** *zn* Schwarz *o* (*2e nvl* -(*es*); *mv* -): *in het ~* schwarz gekleidet, in Schwarz (gekleidet)
²**zwart** *bn, bw* schwarz[58]: *~ brood* Schwarzbrot o^{29}; *een ~e dag* ein schwarzer Tag; *de ~e dood* der schwarze Tod; *de ~e handel* der Schwarzhandel; *het Zwarte Woud* der Schwarzwald; *de Zwarte Zee* das Schwarze Meer; *~ als roet* pechschwarz; *een ~ gezicht zetten* ein finsteres Gesicht machen; *op de ~e lijst staan* auf der schwarzen Liste stehen[279]; *ik heb het ~ op wit* ich habe es schwarz auf weiß; *het zag er ~ van de mensen* es war schwarz von Menschen
zwarte Schwarze(r) m^{40a}, v^{40b}
zwartepiet: *iem de ~ toespelen* (*fig*) jmdm den schwarzen Peter zuspielen
Zwarte Piet (*knecht van St.-Nicolaas*) Knecht Ruprecht *m* (*2e nvl* - -(*e*)*s*)
zwartgallig schwarzgallig, melancholisch
zwarthandelaar Schwarzhändler m^9
zwartharig schwarzhaarig
zwartkijken schwarzsehen[261]
zwartkijker Schwarzseher m^9
zwartmaken anschwärzen
zwartogig schwarzäugig
zwartrijden schwarzfahren[153]
zwartrijder Schwarzfahrer m^9
zwartwerk Schwarzarbeit v^{28}
zwartwerken schwarzarbeiten
zwartwerker Schwarzarbeiter m^9
zwavel Schwefel m^{19}
zwavelen schwefeln
zwavelwaterstof Schwefelwasserstoff m^5
zwavelzuur Schwefelsäure v^{21}
Zweden Schweden o^{39}
Zweed Schwede m^{15}
¹**Zweeds** *zn* Schwedisch o^{41}
²**Zweeds** *bn* schwedisch
Zweedse Schwedin v^{22}
zweefduik Hechtsprung m^6
zweeftrein Schwebebahn v^{20}, Magnetkissenzug m^6
zweefvliegen segelfliegen[159]
zweefvlieger Segelflieger m^9
zweefvliegtuig Segelflugzeug o^{29}
zweefvlucht 1 Gleitflug m^6 **2** (*van zweefvliegtuig*) Segelflug m^6
zweem 1 (*uiterlijk schijntje*) Anstrich m^5: *~ van voornaamheid* Anstrich von Vornehmheit **2** (*zwakke gewaarwording en het blijk daarvan*) Anflug m^6: *~ van angst* Anflug von Angst **3** (*geringe mate*) Schimmer m^9, Spur v^{20}, Hauch m^5: *geen ~ van berouw* keine Spur von Reue
zweep Peitsche v^{21}
zweepslag 1 (*lett*) Peitschenhieb m^5 **2** (*mbt spier, ongev*) Muskelriss m^5
zweer Geschwür o^{29}
zweet Schweiß m^{19}: *nat van het ~* nass von Schweiß; *zich in het ~ werken* ins Schwitzen kommen[193]; *in zijn ~ badend* schweißgebadet
zweetdruppel Schweißtropfen m^{11}
zweethanden Schweißhände *mv* v^{25}
zweetlucht Schweißgeruch m^6
zweetvoeten Schweißfüße *mv* m^6
¹**zwelgen** *intr* (*baden in*) schwelgen: *in overvloed ~* im Überfluss schwelgen
²**zwelgen** *tr* (*gulzig eten*) (hinein)schlingen[246]
zwelgpartij Schlemmerei v^{20}
zwellen (an)schwellen[256]: *zijn hart zwelt van vreugde* das Herz schwillt ihm vor³ Freude; *de rivier zwelt* der Fluss schwillt (an)
zwelling Schwellung v^{20}
zwembad 1 Schwimmbad o^{32}: *overdekt ~* Hallenbad o^{32} **2** (*bassin*) Schwimmbecken o^{35}
zwembassin Schwimmbecken o^{35}
zwembroek Badehose v^{21}
zwemdiploma 1 (*diploma A*) Freischwimmerzeugnis o^{29a} **2** (*diploma B*) Fahrtenschwimmerzeugnis o^{29a} **3** (*diploma C*) Grundschein m^5
zwemen grenzen; (*mbt kleur*) spielen, stechen[277]: *dat zweemt naar gierigheid* das grenzt an⁺⁴ Geiz; *naar rood ~* ins Rötliche spielen (*of*: stechen)
zwemgordel Schwimmgürtel m^9
zweminstructeur Schwimmlehrer m^9
zwemmen schwimmen[257]
zwemmer Schwimmer m^9
zwempak Badeanzug m^6
zwemsport Schwimmsport m^{19}
zwemvest Schwimmweste v^{21}
zwemvlies 1 (*bij dieren*) Schwimmhaut v^{25} **2** (*van rubber*) Schwimmflosse v^{21}, Flosse
zwemvogel Schwimmvogel m^{10}
zwemwedstrijd Wettschwimmen o^{39}
zwendel Schwindel m^{19}
zwendelaar Schwindler m^9
zwendelarij Schwindel m^{19}, Schwindelei v^{20}
zwendelen schwindeln
zwengel 1 (*op en neer bewogen*) Schwengel m^9 **2** (*in het rond bewogen*) Kurbel v^{21}
zwenken schwenken
zwenking Schwenkung v^{20}
¹**zweren** (*etteren*) eitern, schwären
²**zweren** (*beloven*) schwören[260]
zwerftocht 1 (*algem*) Streifzug m^6 **2** (*lange voettocht*) Wanderung v^{20}
zwerm Schwarm m^6
zwermen schwärmen
zwerven 1 (*trekken*) wandern **2** (*ronddolen*) (umher)streifen; (*vooral van gedachten, blikken*) (umher)schweifen: *~ de honden* streunende Hunde

zwerver 1 *(landloper)* Landstreicher *m*⁹ 2 *(wie ronddoolt)* Streuner *m*⁹ 3 *(schooier)* Lump *m*¹⁴
zweten 1 *(transpireren)* schwitzen: *ik heb erop zitten* ~ es hat mich viel Schweiß gekostet 2 *(vocht uitslaan)* schwitzen
zweterig schweißig
zwetsen 1 *(zwammen)* faseln, quatschen 2 *(opsnijden)* aufschneiden²⁵⁰, angeben¹⁶⁶
zwetser 1 *(zwamneus)* Quatschkopf *m*⁶ 2 *(snoever)* Aufschneider *m*⁹, Angeber *m*⁹
zweven schweben
zwevend schwebend: *~e kiezer* Wechselwähler *m*⁹
zweverig 1 *(vaag)* vage 2 *(duizelig)* schwindlig
zwichten 1 *(wijken)* weichen³⁰⁶: *voor de overmacht* ~ der Übermacht³ weichen 2 *(het afleggen, onderdoen)* den Kürzeren ziehen³¹⁸ 3 *(toegeven)* nachgeben¹⁶⁶
zwiepen *(doorbuigen)* federn, peitschen
zwier 1 *(draai)* Schwung *m*⁶ 2 *(gratie)* Grazie *v*²⁸, Anmut *v*²⁸ 3 *(staatsie)* Prunk *m*¹⁹ || *aan de ~ zijn* bummeln, sumpfen
zwieren 1 *(ronddraaien)* schweben, gleiten¹⁷⁸ 2 *(aan de zwier zijn)* bummeln, sumpfen
zwierig schwungvoll: *~e stijl* schwungvoller Stil; *~ gekleed* elegant gekleidet
¹zwijgen *zn* Schweigen *o*³⁹: *tot ~ brengen (ook fig)* zum Schweigen bringen¹³⁹; *er het ~ toe doen* dazu schweigen²⁵⁵
²zwijgen *ww* schweigen²⁵⁵: *kunnen ~ (ook)* verschwiegen sein²⁶²; *hij zweeg in alle talen* er schwieg in sieben Sprachen; *over iets ~* von⁺³ *(of:* über⁺⁴*)* etwas schweigen; *laten we daarover maar ~!* wir wollen davon schweigen!
zwijggeld Schweigegeld *o*³¹
zwijgplicht Schweigepflicht *v*²⁸
zwijgzaam schweigsam, verschwiegen
zwijm Ohnmacht *v*²⁰: *in ~ vallen* in⁺⁴ Ohnmacht fallen¹⁵⁴
zwijmel 1 *(duizeling)* Schwindel *m*¹⁹ 2 *(roes, bedwelming)* Rausch *m*⁶, Taumel *m*⁹
zwijmelen 1 *(flauw vallen)* ohnmächtig werden³¹⁰ 2 *(duizelig worden)* schwindeln 3 *(in een roes zijn)* berauscht sein²⁶²
zwijn 1 *(varken)* Schwein *o*²⁹: *wild ~* Wildschwein 2 *(persoon)* Schwein *o*²⁹, Schweinehund *m*⁵ 3 *(bof)* Schwein *o*²⁹
zwijnen *(geluk hebben)* Schwein haben¹⁸²
zwijnenboel Sauwirtschaft *v*²⁸, Schweinerei *v*²⁰
zwijnenstal Schweinestall *m*⁶
zwik 1 *(het zwikken)* Verrenkung *v*²⁰ 2 *(spullen)* Kram *m*¹⁹, Plunder *m*¹⁹
zwikken verrenken: *ik ben gezwikt, mijn voet zwikte* ich habe mir den Fuß verrenkt
Zwitser Schweizer *m*⁹
Zwitserland die Schweiz *v*²⁸
Zwitsers schweizerisch, Schweizer: *~e kaas* Schweizer Käse
zwoegen 1 *(hard werken)* sich abarbeiten, sich abmühen 2 *(hijgen, zuchten)* keuchen: *onder een last* ~ unter einer Last keuchen
zwoel schwül
zwoelheid Schwüle *v*²⁸
zwoerd Schwarte *v*²¹

Inhoudsopgave supplement

Thematische woordgroepen 445
De tijd
De jaargetijden
De dagen van de week
De maanden
Feestdagen
Hoe laat is het?
De belangrijkste tijdsaanduidingen
De belangrijkste voorzetsels in verband met tijd

Grammaticaal overzicht 447
Naamvallen
Verbuigingstabellen van het zelfstandig naamwoord
Het zelfstandig naamwoord
Het bijvoeglijk naamwoord
Het bijwoord
Het lidwoord
Het telwoord
Het voornaamwoord
Het voorzetsel
Het werkwoord

Lijst van sterke en onregelmatige werkwoorden 464

Thematische woordgroepen

De tijd
Die Zeit

De jaargetijden
Die Jahreszeiten

de lente *der Frühling*
de zomer *der Sommer*
de herfst *der Herbst*
de winter *der Winter*

De dagen van de week
Die Tage der Woche

maandag *der Montag*
dinsdag *der Dienstag*
woensdag *der Mittwoch*
donderdag *der Donnerstag*
vrijdag *der Freitag*
zaterdag *der Samstag, der Sonnabend*
zondag *der Sonntag*

De maanden
Die Monate

januari *der Januar*
februari *der Februar*
maart *der März*
april *der April*
mei *der Mai*
juni *der Juni*
juli *der Juli*
augustus *der August*
september *der September*
oktober *der Oktober*
november *der November*
december *der Dezember*

Feestdagen
Feiertage

Nieuwjaarsdag *(der) Neujahrstag*
Pasen *Ostern*
Hemelvaartsdag *(der) Himmelfahrtstag*
Pinksteren *Pfingsten*
Kerstmis *Weihnachten*
oudejaarsavond *(der) Silvesterabend*

Hoe laat is het?
Wie spät ist es?

es ist ein Uhr

es ist Viertel nach eins

es ist halb zwei

es ist Viertel vor zwei

es ist fünf vor halb zwei

es ist fünf nach halb zwei

De belangrijkste tijdsaanduidingen
Die wichtigsten Zeitangaben

de seconde *die Sekunde*
de minuut *die Minute*
het kwartier *die Viertelstunde*
het uur *die Stunde*

de dag *der Tag*
de week *die Woche*
de maand *der Monat*
het jaar *das Jahr*
de eeuw *das Jahrhundert*

de dag *der Tag*
de nacht *die Nacht*
de (vroege) morgen *der Morgen*
de (late) morgen *der Vormittag*
de (vroege) middag *der Mittag*
de (late) middag/de namiddag *der Nachmittag*
de avond *der Abend*

gisteren *gestern*
eergisteren *vorgestern*
vandaag *heute*
morgen *morgen*
overmorgen *übermorgen*
afgelopen week *letzte Woche*
vorige week *vorige Woche*
vorige week woensdag *(am) vergangenen Mittwoch*
(de) volgende maand *nächsten Monat*
volgende week zaterdag *nächsten (of: kommenden) Samstag*

's morgens (vroeg) *morgens*
's morgens (laat) *vormittags*
's middags (vroeg) *mittags*
's middags (laat) *nachmittags*
12 uur 's nachts *um Mitternacht*

De belangrijkste voorzetsels in verband met tijd

vóór morgen *vor^{+3} morgen*
over tien minuten *in^{+3} zehn Minuten*
na anderhalf uur *nach anderthalb Stunden*
om twee uur *um zwei Uhr*
gedurende vier weken *während^{+2} vier Wochen*
tegen vijven *gegen fünf Uhr*
binnen een week *innerhalb^{+2} einer Woche*
op zondag *am Sonntag*

in januari *im Januar*
in de lente *im Frühling*
op die dag *an diesem (of: an dem) Tag*
in de (vroege) ochtend *am Morgen*
op dit ogenblik *in diesem Augenblick*
met Kerstmis, Pasen, Pinksteren *zu Weihnachten, zu Ostern, zu Pfingsten*
op nieuwjaarsdag *am Neujahrstag*

Grammaticaal overzicht

Toelichting

Het volgende grammaticaal overzicht bevat de hoofdzaken van de Duitse grammatica, waarbij aan de structurele verschillen tussen het Nederlands en het Duits ruime aandacht wordt besteed. Bij de opbouw van het overzicht is uitgegaan van de traditionele - ook in het woordenboek onderscheiden - woordsoorten: zelfstandig naamwoord, bijvoeglijk naamwoord, bijwoord, lidwoord, telwoord, voornaamwoord, voorzetsel en werkwoord. De informatie die bij elke woordsoort gegeven wordt, is in kleinere doorlopend genummerde eenheden ingedeeld. Vanuit het woordenboek wordt waar nodig door middel van een hoog gezet cijfer naar deze kleinere eenheden verwezen. Dit gebeurt consequent bij elk als trefwoord opgenomen zelfstandig naamwoord en bij elk sterk of onregelmatig werkwoord. Maar ook in andere gevallen waarin de gebruiker met informatie uit het grammaticaal overzicht gebaat is, vindt een rechtstreekse verwijzing plaats. Dit is bijvoorbeeld het geval bij de verbuiging van het lidwoord of het optreden van de umlaut in de vergrotende en overtreffende trap. Op deze manier functioneert het overzicht als een verlengstuk van het woordenboek. Het overzicht kan echter ook dienen als zelfstandig naslagwerk bij grammaticale problemen.

Naamvallen

In het Duits regeren veel voorzetsels en werkwoorden een naamval. In het woordenboek wordt deze door middel van een hoog gezet cijfer aangeduid. De betreffende cijfertjes worden hieronder verklaard. Een plustekentje voor het cijfer betekent dat het desbetreffende voorzetsel of werkwoord de aangegeven naamval regeert. Een cijfer zonder plustekentje betekent dat het desbetreffende woord in de aangegeven naamval staat.

1 1e naamval, nominatief
(deze komt als verwijzing niet in het woordenboek voor; het cijfer 1 wordt hier alleen volledigheidshalve gegeven)

2 2e naamval, genitief
Statt[+2] eines Kuchens[2] hätte ich gerne einen Strudel[4].

3 3e naamval, datief
Kommst du mit[+3] mir[3]?

4 4e naamval, accusatief
Der Hund und die Katze rannten um[+4] den Baum[4].

Verbuigingstabellen van het zelfstandig naamwoord

Mannelijke zelfstandige naamwoorden   Mannelijke zelfstandige naamwoorden

5 **-e**

	enkelvoud	meervoud
1	der Tag	die Tage
2	des Tag(e)s	der Tage
3	dem Tag(e)	den Tagen
4	den Tag	die Tage

6 **-e + umlaut**

	enkelvoud	meervoud
1	der Baum	die Bäume
2	des Baum(e)s	der Bäume
3	dem Baum(e)	den Bäumen
4	den Baum	die Bäume

7 **-er**

	enkelvoud	meervoud
1	der Geist	die Geister
2	des Geist(e)s	der Geister
3	dem Geist(e)	den Geistern
4	den Geist	die Geister

8 **-er + umlaut**

	enkelvoud	meervoud
1	der Wald	die Wälder
2	des Wald(e)s	der Wälder
3	dem Wald(e)	den Wäldern
4	den Wald	die Wälder

9 onveranderd (zelfstandige naamwoorden op -el, -er)

	enkelvoud	meervoud
1	der Onkel	die Onkel
2	des Onkels	der Onkel
3	dem Onke	den Onkeln
4	den Onkel	die Onkel

10 umlaut (zelfstandige naamwoorden op -el, -er)

	enkelvoud	meervoud
1	der Apfel	die Äpfel
2	des Apfels	der Äpfel
3	dem Apfel	den Äpfeln
4	den Apfel	die Äpfel

11 onveranderd (zelfstandige naamwoorden op -en)

	enkelvoud	meervoud
1	der Posten	die Posten
2	des Postens	der Posten
3	dem Posten	den Posten
4	den Posten	die Posten

12 umlaut (zelfstandige naamwoorden op -en)

	enkelvoud	meervoud
1	der Hafen	die Häfen
2	des Hafens	der Häfen
3	dem Hafen	den Häfen
4	den Hafen	die Häfen

13 -s

	enkelvoud	meervoud
1	der Chef	die Chefs
2	des Chefs	der Chefs
3	dem Chef	den Chefs
4	den Chef	die Chefs

14 7 x -en

	enkelvoud	meervoud
1	der Mensch	die Menschen
2	des Menschen	der Menschen
3	dem Menschen	den Menschen
4	den Menschen	die Menschen

15 7 x -n

	enkelvoud	meervoud
1	der Junge	die Jungen
2	des Jungen	der Jungen
3	dem Jungen	den Jungen
4	den Jungen	die Jungen

16 4 x -en

	enkelvoud	meervoud
1	der Staat	die Staaten
2	des Staat(e)s	der Staaten
3	dem Staat(e)	den Staaten
4	den Staat	die Staaten

17 4 x -n

	enkelvoud	meervoud
1	der Muskel	die Muskeln
2	des Muskels	der Muskeln
3	dem Muskel	den Muskeln
4	den Muskel	die Muskeln

18 7 x -n + -s in 2e naamval enkelvoud

	enkelvoud	meervoud
1	der Name	die Namen
2	des Namens	der Namen
3	dem Namen	den Namen
4	den Namen	die Namen

19 alleen enkelvoud

1 der Stahl
2 des Stahl(e)s
3 dem Stahl(e)
4 den Stahl

19a alleen enkelvoud

1 der Luxus
2 des Luxus
3 dem Luxus
4 den Luxus

Vrouwelijke zelfstandige naamwoorden

20 -en

	enkelvoud	meervoud
1	die Frau	die Frauen
2	der Frau	der Frauen
3	der Frau	den Frauen
4	die Frau	die Frauen

Vrouwelijke zelfstandige naamwoorden

21 -n

	enkelvoud	meervoud
1	die Lampe	die Lampen
2	der Lampe	der Lampen
3	der Lampe	den Lampen
4	die Lampe	die Lampen

22 -nen

	enkelvoud	meervoud
1	die Freundin	die Freundinnen
2	der Freundin	der Freundinnen
3	der Freundin	den Freundinnen
4	die Freundin	die Freundinnen

24 -se

	enkelvoud	meervoud
1	die Wildnis	die Wildnisse
2	der Wildnis	der Wildnisse
3	der Wildnis	den Wildnissen
4	die Wildnis	die Wildnisse

26 umlaut

	enkelvoud	meervoud
1	die Mutter	die Mütter
2	der Mutter	der Mütter
3	der Mutter	den Müttern
4	die Mutter	die Mütter

23 -e

	enkelvoud	meervoud
1	die Mühsal	die Mühsale
2	der Mühsal	der Mühsale
3	der Mühsal	den Mühsalen
4	die Mühsal	die Mühsale

25 -e + umlaut

	enkelvoud	meervoud
1	die Angst	die Ängste
2	der Angst	der Ängste
3	der Angst	den Ängsten
4	die Angst	die Ängste

27 -s

	enkelvoud	meervoud
1	die Kamera	die Kameras
2	der Kamera	der Kameras
3	der Kamera	den Kameras
4	die Kamera	die Kameras

28 alleen enkelvoud

1 die Milch
2 der Milch
3 der Milch
4 die Milch

Onzijdige zelfstandige naamwoorden

29 -e

	enkelvoud	meervoud
1	das Brot	die Brote
2	des Brot(e)s	der Brote
3	dem Brot(e)	den Broten
4	das Brot	die Brote

30 -e + umlaut

	enkelvoud	meervoud
1	das Floß	die Flöße
2	des Floßes	der Flöße
3	dem Floß(e)	den Flößen
4	das Floß	die Flöße

32 -er + umlaut

	enkelvoud	meervoud
1	das Bad	die Bäder
2	des Bad(e)s	der Bäder
3	dem Bad(e)	den Bädern
4	das Bad	die Bäder

Onzijdige zelfstandige naamwoorden

29a -se

	enkelvoud	meervoud
1	das Verhältnis	die Verhältnisse
2	des Verhältnisses	der Verhältnisse
3	dem Verhältnis(se)	den Verhältnissen
4	das Verhältnis	die Verhältnisse

31 -er

	enkelvoud	meervoud
1	das Bild	die Bilder
2	des Bild(e)s	der Bilder
3	dem Bild(e)	den Bildern
4	das Bild	die Bilder

33 onveranderd (zelfstandige naamwoorden op -el, -er, Ge-e)

	enkelvoud	meervoud
1	das Mittel	die Mittel
2	des Mittels	der Mittel
3	dem Mittel	den Mitteln
4	das Mittel	die Mittel

34 *umlaut*

	enkelvoud	meervoud
1	*das Kloster*	*die Klöster*
2	*des Klosters*	*der Klöster*
3	*dem Kloster*	*den Klöstern*
4	*das Kloster*	*die Klöster*

35 onveranderd (zelfstandige naamwoorden op *-en, -chen, -lein*)

	enkelvoud	meervoud
1	*das Mädchen*	*die Mädchen*
2	*des Mädchens*	*der Mädchen*
3	*dem Mädchen*	*den Mädchen*
4	*das Mädchen*	*die Mädchen*

36 *-s*

	enkelvoud	meervoud
1	*das Auto*	*die Autos*
2	*des Autos*	*der Autos*
3	*dem Auto*	*den Autos*
4	*das Auto*	*die Autos*

37 *-en*

	enkelvoud	meervoud
1	*das Hemd*	*die Hemden*
2	*des Hemd(e)s*	*der Hemden*
3	*dem Hemd(e)*	*den Hemden*
4	*das Hemd*	*die Hemden*

38 *-n*

	enkelvoud	meervoud
1	*das Auge*	*die Augen*
2	*des Auges*	*der Augen*
3	*dem Auge*	*den Augen*
4	*das Auge*	*die Augen*

39 alleen enkelvoud

1 *das Leid*
2 *des Leid(e)s*
3 *dem Leid(e)*
4 *das Leid*

39a alleen enkelvoud

1 *das Ethos*
2 *des Ethos*
3 *dem Ethos*
4 *das Ethos*

40 Zelfstandig gebruikte bijvoeglijke naamwoorden (▶ 56)

		na bepalend woord van de *der*-groep		na bepalend woord van de *ein*-groep		zonder bepalend woord	
		enkelvoud	meervoud	enkelvoud	meervoud	enkelvoud	meervoud
40a mnl.	1	*der Kranke*	*die Kranken*	*ein Kranker*	*keine Kranken*	*Kranker*	*Kranke*
	2	*des Kranken*	*der Kranken*	*eines Kranken*	*keiner Kranken*	*Kranken*	*Kranker*
	3	*dem Kranken*	*den Kranken*	*einem Kranken*	*keinen Kranken*	*Krankem*	*Kranken*
	4	*den Kranken*	*die Kranken*	*einen Kranken*	*keine Kranken*	*Kranken*	*Kranke*
40b vrl.	1	*die Kranke*	*die Kranken*	*eine Kranke*	*keine Kranken*	*Kranke*	*Kranke*
	2	*der Kranken*	*der Kranken*	*einer Kranken*	*keiner Kranken*	*Kranker*	*Kranker*
	3	*der Kranken*	*den Kranken*	*einer Kranken*	*keinen Kranken*	*Kranker*	*Kranken*
	4	*die Kranke*	*die Kranken*	*eine Kranke*	*keine Kranken*	*Kranke*	*Kranke*
40c onz.	1	*das Kranke*	*die Kranken*	*ein Krankes*	*keine Kranken*	*Krankes*	*Kranke*
	2	*des Kranken*	*der Kranken*	*eines Kranken*	*keiner Kranken*	*Kranken*	*Kranker*
	3	*dem Kranken*	*den Kranken*	*einem Kranken*	*keinen Kranken*	*Krankem*	*Kranken*
	4	*das Kranke*	*die Kranken*	*ein Krankes*	*keine Kranken*	*Krankes*	*Kranke*

41 Namen van de talen (▶ 56)

onz.
1 *das Englische*   *mein Englisch*
2 *des Englischen*   *meines Englisch(s)*
3 *dem Englischen*   *meinem Englisch*
4 *das Englische*   *mein Englisch*

42 Het zelfstandig naamwoord

Het zelfstandig naamwoord, dat met een hoofdletter geschreven wordt, komt in drie geslachten (mannelijk, vrouwelijk en onzijdig) voor en wordt verbogen.
▶ Voor het verbuigingsoverzicht zie 5-41.

43 De vormen van het enkelvoud

Vrouwelijke zelfstandige naamwoorden blijven in het enkelvoud in alle naamvallen onveranderd.
De mannelijke zelfstandige naamwoorden vallen uiteen in twee groepen:
- woorden die in de 2e, 3e en 4e naamval enkelvoud (en in het meervoud) de uitgang -*en* of -*n* krijgen (de zwakke zelfstandige naamwoorden; ▶ 14 en 15);
- woorden die in de 2e naamval -*(e)s* krijgen.

Een bijzondere groep vormt groep 18 die in de 2e naamval -*ns* en in de 3e en de 4e naamval een -*n* krijgt.
De onzijdige zelfstandige naamwoorden krijgen in de 2e naamval -*(e)s*.
De uitgang -*es* wordt altijd gebruikt bij Duitse mannelijke en onzijdige zelfstandige naamwoorden die eindigen op -*s*, -*ss*, -*ß*, -*x*, -*z*:
  des Loses - des Bisses - des Fußes - des Nixes - des Kitzes
De uitgang -*s* wordt altijd gebruikt bij woorden op: -*el*, -*em*, -*en*, -*er*:
  des Esels - des Atems - des Besens - des Leders
Voor de rest varieert het gebruik van -*(e)s*, waarbij meerlettergrepige woorden meestal een -*s* hebben:
  des Anstrich(e)s - des Erfolg(e)s
De uitgang -*e* in de 3e naamval wordt behalve in een aantal vaste uitdrukkingen (bijv. *in etwas zu Hause sein*) bijna altijd weggelaten. De -*e* kan in ieder geval niet gebruikt worden:
• na woorden op -*el*, -*em*, -*en*, -*er*:
  dem Esel - dem Atem
• na woorden op een klinker:
  dem Tabu - dem Auto
Vreemde zelfstandige naamwoorden op een sisklank hebben in de ?e naamval vaak geen uitgang:
  des Passus

44 De vormen van het meervoud

Zelfstandige naamwoorden die in het meervoud niet op een -*n* of een -*s* eindigen, krijgen in de 3e naamval een -*n*:
  den Kindern - den Wildnissen, maar: *den Mädchen - den Kameras*
Veel zelfstandige naamwoorden krijgen in het meervoud een umlaut. Daarbij verandert *a* in *ä*, *o* in *ö*, *u* in *ü* en *au* in *äu*.

45

Woorden die **vrouwelijke personen, titels, beroepen** en **dieren** aanduiden, worden vaak van de mannelijke afgeleid door middel van de uitgang -*in*:
  der Däne ⟶ *die Dänin*
  der Schwimmer ⟶ *die Schwimmerin*
  der Sportler ⟶ *die Sportlerin*
  der Professor ⟶ *die Professorin*
  der Schaffner ⟶ *die Schaffnerin*
Vaak krijgt het vrouwelijke woord een umlaut:
  Arzt ⟶ *Ärztin*
  Gott ⟶ *Göttin*
Om ruimte te besparen zijn vrouwelijke afleidingen die geen problemen bieden in het woordenboek vaak niet apart vermeld.

46 Het bijvoeglijk naamwoord

Het bijvoeglijk naamwoord dat vóór een zelfstandig naamwoord staat, wordt verbogen:
  der gute Junge - reines Wasser

452

47 Er zijn drie mogelijkheden.
a) Het bijvoeglijk naamwoord staat na:
der, dieser, jener, jeder, mancher, solcher, welcher, aller, sämtlicher, beide.
De verbuiging luidt dan:

	mannelijk	vrouwelijk	onzijdig	meervoud
1	*der gute Mann*	*die junge Frau*	*das kleine Kind*	*die alten Leute*
2	*des guten Mann(e)s*	*der jungen Frau*	*des kleinen Kind(e)s*	*der alten Leute*
3	*dem guten Mann(e)*	*der jungen Frau*	*dem kleinen Kind(e)*	*den alten Leuten*
4	*den guten Mann*	*die junge Frau*	*das kleine Kind*	*die alten Leute*

48 b) Het bijvoeglijk naamwoord staat na:
ein, kein, mein, dein, sein, ihr, unser, euer, ihr, Ihr.
De verbuiging luidt dan:

	mannelijk	vrouwelijk	onzijdig	meervoud
1	*ein guter Mann*	*eine junge Frau*	*ein kleines Kind*	*keine alten Leute*
2	*eines guten Mann(e)s*	*einer jungen Frau*	*eines kleinen Kind(e)s*	*keiner alten Leute*
3	*einem guten Mann(e)*	*einer jungen Frau*	*einem kleinen Kind(e)*	*keinen alten Leuten*
4	*einen guten Mann*	*eine junge Frau*	*ein kleines Kind*	*keine alten Leute*

49 c) Het bijvoeglijk naamwoord heeft **geen voorafgaand bepalend woord**.
De verbuiging luidt dan:

	mannelijk	vrouwelijk	onzijdig	meervoud
1	*deutscher Wein*	*kalte Milch*	*kühles Bier*	*alte Leute*
2	*deutschen Wein(e)s*	*kalter Milch*	*kühlen Bier(e)s*	*alter Leute*
3	*deutschem Wein(e)*	*kalter Milch*	*kühlem Bier(e)*	*alten Leuten*
4	*deutschen Wein*	*kalte Milch*	*kühles Bier*	*alte Leute*

50 Twee of meer bijvoeglijke naamwoorden hebben dezelfde uitgang:
der gute, alte Mann - ein liebes, kleines Kind - erstklassiger, deutscher Wein - gute, alte, freundliche Menschen
Woorden als:
einige, mehrere, verschiedene, viele, wenige, zahllose, zahlreiche
worden als bijvoeglijke naamwoorden beschouwd. Een volgend bijvoeglijk naamwoord heeft dus dezelfde uitgangen:
mehrere kleine Kinder
mehrerer kleiner Kinder
mehreren kleinen Kindern
mehrere kleine Kinder

51 Bijvoeglijk gebruikte **voltooide deelwoorden** op -*en* **van sterke werkwoorden** worden in het Duits verbogen:
verdorbenes Fleisch - bedorven vlees

52 **Stoffelijke bijvoeglijke naamwoorden** worden in het Duits verbogen:
ein hölzerner Stuhl - een houten stoel

53 Bij bijvoeglijke naamwoorden op -*el* vervalt in de verbuiging en in de vergrotende trap de -*e* voor de -*l*:
dunkel ⟶ *ein dunkler Anzug* ⟶ *ein dunklerer Anzug*

54 Bij bijvoeglijke naamwoorden op -*er* na -*au* of -*eu* vervalt in de verbuiging en in de vergrotende trap de -*e* voor de -*r*:
teuer ⟶ *ein teurer Wagen* ⟶ *ein teurerer Wagen*

55 Van **aardrijkskundige namen** afgeleide bijvoeglijke naamwoorden op -er worden met een hoofdletter geschreven en blijven onverbogen:
die Frankfurter Buchmesse

56 Het zelfstandig gebruikt bijvoeglijk naamwoord
Een bijvoeglijk naamwoord kan zelfstandig gebruikt worden, d.w.z. zonder een volgend zelfstandig naamwoord. Het wordt dan met een hoofdletter geschreven, maar verbogen als een gewoon bijvoeglijk naamwoord:
*der unglückliche Mann - der Unglückliche
eine arme Frau - eine Arme
ein helles Bier - ein Helles
reiche Leute - Reiche*
▶ Voor de volledige verbuiging zie 40, a, b, c.
De **namen van de talen** zijn zelfstandig gebruikte bijvoeglijke naamwoorden.
Ze zijn onzijdig:
das Englische - das Französische - das Deutsche
Ze worden alleen verbogen als het bepaalde lidwoord (*das*) direct voor de naam van de taal staat en er geen nadere bepaling volgt:
Er übersetzte den Text aus dem Deutschen ins Französische.
▶ Voor de verbuiging van de namen van de talen zie 41.

57 De trappen van vergelijking
De **stellende trap** is het gewone bijvoeglijk naamwoord:
schön - klein - breit enz.
De **vergrotende trap** wordt gevormd met -er:
schön ⟶ schöner / klein ⟶ kleiner / breit ⟶ breiter
De **overtreffende trap** wordt meestal gevormd met -st:
schön ⟶ schönst / klein ⟶ kleinst
- Als het bijvoeglijk naamwoord echter eindigt op -d, -t of een sisklank (-s, -ß, -sch, -x, -z) en de laatste lettergreep heeft de klemtoon, dan wordt de overtreffende trap met -est gevormd:
gesund ⟶ gesundest / breit ⟶ breitest / süß ⟶ süßest / frisch ⟶ frischest
- Heeft de laatste lettergreep echter niet de klemtoon, dan wordt de overtreffende trap met -st gevormd:
gebildet ⟶ gebildetst / komisch ⟶ komischst

58 De volgende bijvoeglijke naamwoorden krijgen in de vergrotende en overtreffende trap een umlaut op de klinker: *alt (älter, ältest)*
alt, arg, arm, dumm, grob, hart, jung, kalt, klug, krank, kurz, lang, scharf, schwach, schwarz, stark, warm

59 De volgende bijvoeglijke naamwoorden komen **zowel met als zonder umlaut** in de vergrotende en in de overtreffende trap voor: *bang (bänger, bängst - banger, bangst)*
bang, blass, fromm, gesund, glatt, karg, krumm, nass, rot, schmal

60 Enkele bijvoeglijke naamwoorden hebben **onregelmatige vormen**:
groß ⟶ größer ⟶ größt / gut ⟶ besser ⟶ best / hoch ⟶ höher ⟶ höchst / nah ⟶ näher ⟶ nächst / viel ⟶ mehr ⟶ meist / wenig ⟶ weniger ⟶ wenigst en *wenig ⟶ minder ⟶ mindest*

61 Het bijvoeglijk naamwoord *hoch* verandert in verbogen vormen en in de vergrotende trap in *hoh-*:
das Gebäude ist hoch - ein hohes Gebäude - ein höheres Gebäude

62 Het Nederlandse *dan* na een vergrotende trap wordt in het Duits weergegeven door *als*:
hij is groter dan ik - er ist größer als ich

63 Als de overtreffende trap betrekking heeft op een **werkwoord**, gebruikt men *am* + overtreffende trap + *en*:
*Die Preise sind im Sommer am niedrigsten.
Sie schreit am lautesten.*

64 Het bijwoord

Bijwoorden zijn onveranderlijk, ze worden niet verbogen:
das Kind da - ich komme gern - eine sehr gute Antwort

65

Van de volgende bijwoorden komen trappen van vergelijking voor:
oft ⟶ *öfter* ⟶ *am öftesten*
bald ⟶ *eher* ⟶ *am ehesten*
gern(e) ⟶ *lieber* ⟶ *am liebsten*
sehr ⟶ *mehr* ⟶ *am meisten*
wohl ⟶ *besser* ⟶ *am besten*

Het lidwoord

en de woorden die als het lidwoord verbogen worden
Bepaald lidwoord (*der, die, das, die*) en onbepaald lidwoord (*ein, eine, ein*) begeleiden een zelfstandig naamwoord, waarmee ze in geslacht, getal en naamval overeenkomen.

66 Verbuiging van het bepaald lidwoord

	mannelijk	vrouwelijk	onzijdig	meervoud
1	*der Mann*	*die Frau*	*das Kind*	*die Leute*
2	*des Mann(e)s*	*der Frau*	*des Kind(e)s*	*der Leute*
3	*dem Mann(e)*	*der Frau*	*dem Kind(e)*	*den Leuten*
4	*den Mann*	*die Frau*	*das Kind*	*die Leute*

67 Verbuiging van het onbepaald lidwoord

	mannelijk	vrouwelijk	onzijdig	meervoud
1	*ein Mann*	*eine Frau*	*ein Kind*	*ein* komt
2	*eines Mann(e)s*	*einer Frau*	*eines Kind(e)s*	in het
3	*einem Mann(e)*	*einer Frau*	*einem Kind(e*	meervoud
4	*einen Mann*	*eine Frau*	*ein Kind*	niet voor

68

Zoals het bepaald lidwoord *der* worden ook verbogen:
dieser, jener, jeder, mancher, solcher, welcher, aller, sämtlicher, beide:

	mannelijk	vrouwelijk	onzijdig	meervoud
1	*dieser Mann*	*diese Frau*	*dieses Kind*	*diese Leute*
2	*dieses Mann(e)s*	*dieser Frau*	*dieses Kind(e)s*	*dieser Leute*
3	*diesem Mann(e)*	*dieser Frau*	*diesem Kind(e)*	*diesen Leuten*
4	*diesen Mann*	*diese Frau*	*dieses Kind*	*diese Leute*

69

Zoals het onbepaald lidwoord *ein* worden ook verbogen:
kein, mein, dein, sein, unser, euer, ihr, Ihr:

	mannelijk	vrouwelijk	onzijdig	meervoud
1	*kein Mann*	*keine Frau*	*kein Kind*	*keine Leute*
2	*keines Mann(e)s*	*keiner Frau*	*keines Kind(e)s*	*keiner Leute*
3	*keinem Mann(e)*	*keiner Frau*	*keinem Kind(e)*	*keinen Leuten*
4	*keinen Mann*	*keine Frau*	*kein Kind*	*keine Leute*

70 Het telwoord

Hoofdtelwoorden zijn onveranderlijk.
null, ein(s), zwei, drei, vier, fünf, sechs, sieben, acht, neun, zehn, elf, zwölf, dreizehn, vierzehn, fünfzehn, sechzehn, siebzehn, achtzehn, neunzehn, zwanzig, dreißig, vierzig, fünfzig, sechzig, siebzig, achtzig, neunzig, hundert, hundert(und)eins, hundert(und)zwei, zweihundert, dreihundert, tausend, siebentausendachthundertsiebenunddreißig

71 *Die Million, die Milliarde, die Billion* enz. zijn vrouwelijke zelfstandige naamwoorden.

72 *Eins* wordt gebruikt:
als het alleen staat:
   eins und zwei ist drei
na hundert, tausend enz.:
   hundert(und)eins

73 Het onveranderlijke *ein* wordt gebruikt:
in samenstellingen als:
   einundzwanzig - einunddreißig - einhundert
als teller van breuken:
   ein Viertel - ein Achtel
voor het woord *Uhr:*
   kurz nach ein Uhr
in *ein paar* en *ein wenig:*
   mit ein paar Gulden - mit ein wenig Mühe

74 De **rangtelwoorden** van 1 tot en met 19 worden gevormd door achter het hoofdtelwoord een *-t* te plaatsen:
   zweit - viert - fünft - neunzehnt
Vanaf 20 worden de rangtelwoorden gevormd door achter het hoofdtelwoord *-st* te plaatsen:
   zwanzigst - einundzwanzigst - hundertst - fünftausendst
De rangtelwoorden worden als bijvoeglijke naamwoorden gebruikt en verbogen:
   der zweite Schüler - die vierte Frage - das fünfte Kind - mein zwanzigstes Buch
Bij de hoofdtelwoorden *eins - drei - sieben* en *acht* horen de onregelmatig gevormde rangtelwoorden *erste - dritte - siebte* en *achte.*
Als rangtelwoorden in **cijfers** worden weergegeven staat er achter het cijfer een punt:
   Wir haben heute den 4. Mai (den vierten Mai).

75 **Breuken** zijn onzijdige zelfstandige naamwoorden en worden dus met een hoofdletter geschreven:
   ein Drittel - zwei Viertel - sechs Neuntel
De teller van een breuk wordt weergegeven door het hoofdtelwoord. De noemer van een breuk wordt gevormd door het rangtelwoord + *el:*
   drei Viertel - sechs Neuntel

Het voornaamwoord

Voornaamwoorden zijn verbuigbare woorden. Een voornaamwoord begeleidt het zelfstandig naamwoord of staat hiervoor in de plaats.

76 **Het aanwijzend voornaamwoord**
De belangrijkste aanwijzende voornaamwoorden zijn:
   der, dieser, jener en *solcher*

77 *Der, dieser, jener* en *solcher* worden verbogen als het bepaald lidwoord *der* (▶ 66).

78 Het betrekkelijk voornaamwoord

Het belangrijkste betrekkelijk voornaamwoord is *der*.
Der heeft altijd betrekking op een antecedent. Dit is een woord of een woordgroep in de zin waarvan de betrokken bijzin afhankelijk is. Het antecedent bepaalt het geslacht en het getal (enkelvoud of meervoud) van het betrekkelijk voornaamwoord. De naamval van het betrekkelijk voornaamwoord hangt af van de functie (onderwerp, lijdend voorwerp enz.) die het in de afhankelijke zin vervult:
Der Mann, den ich gerade grüßte, ist mein Nachbar.
Die Leute, denen ich das Paket brachte, kannte ich nicht.

79

Het betrekkelijk voornaamwoord *der* wordt als volgt verbogen:

	mannelijk	vrouwelijk	onzijdig	meervoud
1	*der*	*die*	*das*	*die*
2	*dessen*	*deren*	*dessen*	*deren*
3	*dem*	*der*	*dem*	*denen*
4	*den*	*die*	*das*	*die*

80 Het bezittelijk voornaamwoord
De bezittelijke voornaamwoorden zijn:
mein (mijn), *dein* (jouw), *sein* (zijn), *ihr* (haar), *unser* (ons, onze), *euer* (jullie), *ihr* (hun, haar), *Ihr* (uw).
▸ Voor de verbuiging zie 69.

81 Het persoonlijk voornaamwoord
De persoonlijke voornaamwoorden zijn:
ich (ik), *du* (jij), *er* (hij), *sie* (zij), *es* (het), *wir* (wij), *ihr* (jullie), *sie* (zij), *Sie* (u, de beleefdheidsvorm voor enkelvoud en meervoud). De verbuiging is als volgt:

82 Enkelvoud

	1e persoon	2e persoon vertrouwelijk	beleefd	3e persoon mnl.	vrl.	onz.
1	*ich*	*du*	*Sie*	*er*	*sie*	*es*
2	*meiner*	*deiner*	*Ihrer*	*seiner*	*ihrer*	*seiner*
3	*mir*	*dir*	*Ihnen*	*ihm*	*ihr*	*ihm*
4	*mich*	*dich*	*Sie*	*ihn*	*sie*	*es*

Meervoud

	1e persoon	2e persoon vertrouwelijk	beleefd	3e persoon	
1	*wir*	*ihr*	*Sie*	*sie*	
2	*unser*	*euer*	*Ihrer*	*ihrer*	
3	*uns*	*euch*	*Ihnen*	*ihnen*	
4	*uns*	*euch*	*Sie*	*sie*	

83
De beleefdheidsvorm *Sie* en het bijbehorende bezittelijke voornaamwoord *Ihr* en de daarvan afgeleide vormen schrijft men altijd met een hoofdletter.

84 Het vragend voornaamwoord
De vragende voornaamwoorden zijn:
wer (wie), *was* (wat), *welcher* (welk(e)), *was für* (wat voor) *en was für ein* (wat voor een).

85 *Wer* wordt als volgt verbogen:

1 *wer*
2 *wessen*
3 *wem*
4 *wen*

Wer vraagt naar personen en heeft geen aparte vormen voor enkelvoud en meervoud en voor de verschillende geslachten:
Wer ist dieser Junge? - Wer ist diese Frau? - Wer ist dieses Mädchen? - Wer sind diese Leute?

86 *Was* wordt als volgt verbogen:

1 *was*
2 *wessen*
3 -
4 *was*

De 3e naamval ontbreekt. Deze wordt bij werkwoorden met de 3e naamval, bijvoorbeeld *verdanken*, omschreven met constructies als:
welchem Umstand - welcher Tatsache - welchem Glück:
Welchem Umstand (welcher Tatsache / welchem Glück) verdanke ich diese Belohnung?

87 *Welcher* wordt verbogen als *dieser* (▶ 68).

88 Het wederkerend voornaamwoord

Het wederkerend voornaamwoord slaat meestal terug op het onderwerp (*a*), soms op het (meewerkend of lijdend) voorwerp (*b*) van de zin:
a Er wäscht sich.
b Ich bitte Sie, sich zu gedulden.

Het wederkerend voornaamwoord komt bijna alleen maar in de 3e of de 4e naamval voor:
Ich hatte mir (3e naamval) *das anders vorgestellt.*
Ich habe mich (4e naamval) *nicht geirrt.*

De vormen van het enkelvoud

	1e persoon	2e persoon vertrouwelijk	beleefd	3e persoon mnl.	vrl.	onz.
1	*mir*	*dir*	*sich*	*sich*	*sich*	*sich*
2	*mich*	*dich*	*sich*	*sich*	*sich*	*sich*

De vormen van het meervoud

	1e persoon	2e persoon vertrouwelijk	beleefd	3e persoon mnl.
3	*uns*	*euch*	*sich*	*sich*
4	*uns*	*euch*	*sich*	*sich*

De vorm *sich* wordt altijd met een kleine letter geschreven.

89 Het voorzetsel

De meeste voorzetsels regeren een bepaalde naamval, dat wil zeggen dat het van het voorzetsel afhankelijke woord in een bepaalde naamval staat. In het woordenboek staat achter elk voorzetsel de naamval vermeld.

90 **Voorzetsels met de tweede naamval**
De tweede naamval regeren o.a.:
abseits, abzüglich, angesichts, anhand, anlässlich, anstatt, aufgrund (ook: *auf Grund*), *ausschließlich, außerhalb, betreffs, bezüglich, diesseits, einschließlich, exklusive, halber, hinsichtlich, infolge, inklusive, inmitten, innerhalb, jenseits, kraft, laut, mangels, oberhalb, seitens, statt, trotz, um... willen, unterhalb, unweit, vermöge, während, wegen, zugunsten* (ook: *zu Gunsten*), *zuzüglich, zwecks*

91 In plaats van de 2e naamval wordt na bovengenoemde voorzetsels de 3e naamval gebruikt:
- als het voorzetsel gevolgd wordt door een zelfstandig naamwoord in het meervoud en de 2e naamval niet via de uitgangen van het begeleidende woord zichtbaar gemaakt kan worden.
Vergelijk:
innerhalb weniger Monate[2] - innerhalb zweier Monat[2] - innerhalb vier Monaten[3]
- als het voorzetsel betrekking heeft op een persoonlijk voornaamwoord:
Wegen ihr tue ich es nicht.

92 **Voorzetsels met de derde naamval**
De belangrijkste voorzetsels met de 3e naamval zijn:
ab, aus, außer, bei, binnen, dank, entgegen, entsprechend, gegenüber, gemäß, mit, nach, nächst, nebst, samt, seit, von, zu, zuwider.

93 *Bei, von, zu* worden meestal met *dem* samengetrokken tot:
beim, vom, zum
Zu wordt ook met *der* samengetrokken tot *zur*.

94 *Entgegen, gegenüber, gemäß, zuwider* staan meestal achter het woord waarop ze betrekking hebben:
meinem Wunsch gemäß

95 **Voorzetsels met de vierde naamval**
De belangrijkste voorzetsels met de 4e naamval zijn:
bis, durch, entlang, für, gegen, ohne, per, pro, um, wider

96 *Durch, für* en *um* kunnen met *das* worden samengetrokken tot: *durchs, fürs, ums*

97 Als *entlang* achter het zelfstandig naamwoord staat, regeert het de 4e naamval; als het ervóór staat, regeert het de 3e naamval:
den Wald entlang - entlang dem Wald
daarnaast:
am Wald entlang

98 **Voorzetsels met de derde of de vierde naamval**
De voorzetsels
an, auf, hinter, in, neben, über, unter, vor, zwischen
regeren de 3e of de 4e naamval.
Als ze een **plaats** aanduiden regeren ze:
- de 3e naamval bij een rust of bij een beweging in een beperkte ruimte:
Er sitzt auf einem Stuhl - sie ging im Zimmer auf und ab.
- de 4e naamval bij een verandering van plaats of een beweging gericht op een doel:
Sie setzte sich auf den Stuhl - er trat ins Zimmer.

99 Ook als het voorzetsel niet letterlijk maar figuurlijk wordt gebruikt gelden deze regels.
Letterlijk:
Der Nebel liegt über der Stadt.
Wir legen das Buch auf den Tisch.
Figuurlijk:
Der Preis liegt über dem üblichen Niveau.
Wir legen Wert auf Ihre Mitarbeit.

100 Als ze **geen plaats** aanduiden, wordt na *auf* en *über* de 2e naamval gebruikt:
Auf welche Weise hast du das erfahren?
Sie freute sich über seine Antwort.
Na andere voorzetsels staat in dit geval de 3e naamval:
In einer Stunde bin ich wieder da.

101 *An, auf, hinter, in, neben, über, unter, vor, zwischen,* voorafgegaan door *bis*, regeren de 4e naamval:
Er fuhr bis in (bis hinter, bis vor) die Garage.
Maar *bis vor* in een tijdsbepaling heeft de 3e naamval:
Bis vor einer Woche war sie krank.

102 Als er van een werkwoord **samengestelde en niet-samengestelde vormen** naast elkaar voorkomen, dan hebben de niet-samengestelde werkwoorden vaak de 4e en de samengestelde werkwoorden de 3e naamval:
Wir kommen in die Stadt.
Wir kommen in der Stadt an.
Wir kommen in der Stadt zusammen.

103 Ook bij de voorzetsels met de 3e of de 4e naamval vinden samentrekkingen met het bepaald lidwoord plaats:
An en *in* worden met *dem* samengetrokken tot *am* en *im*.
An, in en *auf* worden met *das* samengetrokken tot *ans, ins* en *aufs*.

104 Het werkwoord

De onregelmatige werkwoorden *haben, sein* en *werden*

105 onbep. wijs: *haben* (hebben)

o.t.t.	o.v.t.	volt. deelw.
ich habe	*hatte*	*gehabt*
du hast	*hattest*	
er hat	*hatte*	
wir haben	*hatten*	
ihr habt	*hattet*	
sie/Sie haben	*hatten*	
gebiedende wijs	enkelv.	*hab(e)*
	meerv.	*habt*
beleefdheidsvorm		*haben Sie*

106 onbep. wijs: *sein* (zijn)

o.t.t.	o.v.t.	volt. deelw.
ich bin	*war*	*gewesen*
du bist	*warst*	
er ist	*war*	
wir sind	*waren*	
ihr seid	*wart*	
sie/Sie sind	*waren*	
gebiedende wijs	enkelv.	*sei*
	meerv.	*seid*
beleefdheidsvorm		*seien Sie*

107 onbep. wijs: *werden* (zullen)

o.t.t.	o.v.t.	volt. deelw.
ich werde	*würde*	ontbreekt
du wirst	*würdest*	
er wird	*würde*	
wir werden	*würden*	
ihr werdet	*würdet*	
sie/Sie werden	*würden*	

onbep. wijs: *werden* (worden)

o.t.t.	o.v.t.	volt. deelw.
ich werde	*wurde*	1 *geworden*
du wirst	*wurdest*	2 *worden*
er wird	*wurde*	
wir werden	*wurden*	
ihr werdet	*wurdet*	
sie/Sie werden	*wurden*	

gebiedende wijs	enkelv.	*werd(e)*
	meerv.	*werdet*
beleefdheidsvorm		*werden Sie*

108 *Werden* heeft twee voltooide deelwoorden: *geworden* en *worden*.
Geworden wordt gebruikt als *werden* koppelwerkwoord is:
   Er ist Arzt geworden - sie sind glücklich geworden
Worden wordt gebruikt als *werden* hulpwerkwoord van de lijdende vorm is:
   Er ist von einem Hund gebissen worden.

109 Het gebruik van *haben* en *sein* bij het vormen van een voltooide tijd komt in het Nederlands en het Duits over het algemeen overeen.

110 • Afwijkend van het Nederlands gebruikt men *haben* o.a. bij:
   anfangen, beginnen, fortfahren, abnehmen, nachlassen, zunehmen, aufhören, enden, endigen, gefallen, heiraten, promovieren, vereinbaren:
   Wer hat angefangen?
   Wann habt ihr geheiratet?
   • *Sein* wordt o.a. gebruikt bij:
   begegnen (ontmoeten), *eingehen, folgen:*
   Wir sind ihm gestern begegnet.

111 De hulpwerkwoorden
Dürfen, können, mögen, müssen, sollen, wollen en het werkwoord *wissen*.

onbep. wijs

dürfen	*können*	*mögen*	*müssen*	*sollen*	*wollen*	*wissen*

o.t.t.

ich darf	*kann*	*mag*	*muss*	*soll*	*will*	*weiß*
du darfst	*kannst*	*magst*	*musst*	*sollst*	*willst*	*weißt*
er darf	*kann*	*mag*	*muss*	*soll*	*will*	*weiß*
wir dürfen	*können*	*mögen*	*müssen*	*sollen*	*wollen*	*wissen*
ihr dürft	*könnt*	*mögt*	*müsst*	*sollt*	*wollt*	*wisst*
sie/Sie dürfen	*können*	*mögen*	*müssen*	*sollen*	*wollen*	*wissen*

o.v.t.

ich durfte	konnte	mochte	musste	sollte	wollte	wusste
du durftest	konntest	mochtest	musstest	solltest	wolltest	wusstest
er durfte	konnte	mochte	musste	sollte	wollte	wusste
wir durften	konnten	mochten	mussten	sollten	wollten	wussten
ihr durftet	konntet	mochtet	musstet	solltet	wolltet	wusstet
sie/Sie durften	konnten	mochten	mussten	sollten	wollten	wussten

volt. deelw.:

| gedurft | gekonnt | gemocht | gemusst | gesollt | gewollt | gewusst |

gebiedende wijs enkelv. — — — — — — wisse
                meerv. — — — — — — wisst
beleefdheidsvorm — — — — — — wissen Sie

112 De zwakke werkwoorden

I	II	III
Normale vervoeging	Stam op sisklank	Stam op -d of -t

onbep. wijs
mach-en   *reis-en*   *meld-en*

o.t.t.

ich mach-e	reis-e	meld-e
du mach-st	reis-t	meld-est
er mach-t	reis-t	meld-et
wir mach-en	reis-en	meld-en
ihr mach-t	reis-t	meld-et
sie/Sie mach-en	reis-en	meld-en

o.v.t.

ich mach-te	reis-te	meld-ete
du mach-test	reis-test	meld-etest
er mach-te	reis-te	meld-ete
wir mach-ten	reis-ten	meld-eten
ihr mach-tet	reis-tet	meld-etet
sie/Sie mach-ten	reis-ten	meld-eten

volt. deelw.
ge-mach-t   *ge-reis-t*   *ge-meld-et*
gebiedende wijs enkelv.
mach-(e)   *reis-(e)*   *meld-e*
gebiedende wijs meerv.
mach-t   *reis-t*   *meld-et*
beleefdheidsvorm
mach-en Sie   *reis-en Sie*   *meld-en Sie*

113 **Kolom I**: deze vervoeging is de meest gangbare. Alle werkwoorden die niet volgens een van de andere kolommen vervoegd worden, hebben de onder I vermelde uitgangen. Deze uitgangen worden geplaatst achter de stam. De stam is de onbepaalde wijs van het werkwoord met weglating van *-en*:
    machen, stam: *mach*
Bij werkwoorden op *-eln* of *-ern* wordt de stam gevormd door *-n* weg te laten:
    wandelen, stam: *wandel*
    zittern, stam: *zitter*
Kolom II: volgens deze kolom worden de werkwoorden vervoegd waarvan de stam op een van de sisklanken *-s, -ss, -ß, -x* of *-z* eindigt.

Kolom III: volgens deze kolom worden de werkwoorden vervoegd:
- waarvan de stam eindigt op een *-d* of een *-t;*
- waarvan de stam eindigt op een *-m* of een *-n* met voorafgaande medeklinker, mits dit geen *h, m, n, r* of *l* is:
  du atmest - du rechnest - er leugnet, maar: *du rühmst - du brummst*

114 • De volgende zwakke werkwoorden hebben in de onvoltooid verleden tijd en in het voltooid deelwoord klinkerverandering:

onbep. wijs	o.v.t.	volt. deelw.
brennen	*brannte*	*gebrannt*
kennen	*kannte*	*gekannt*
nennen	*nannte*	*genannt*
rennen	*rannte*	*gerannt*
senden	*sandte/sendete*	*gesandt/gesendet*
wenden	*wandte/wendete*	*gewandt/gewendet*
bringen	*brachte*	*gebracht*
denken	*dachte*	*gedacht*

115 **De sterke werkwoorden**

I	II	III	IV	V	
Normale vervoeging	Stam op sisklank (*-s, ss, ß,* of *-z*)	Stam op *-d* of *-t*	Stamklinker *a* (*Umlaut*)	Stamklinker *e* (*e-i Wechsel*)	
				Kort	Lang
onbep. wijs					
komm-en	*weis-en*	*find-en*	*fall-en*	*treff-en*	*stehl-en*
o.t.t.					
ich komm-e	*weis-e*	*find-e*	*fall-e*	*treff-e*	*stehl-e*
du komm-st	*weis-t* (zelden: *weis-est*)	*find-est*	*fäll-st*	*triff-st*	*stiehl-st*
er komm-t	*weis-t*	*find-et*	*fäll-t*	*triff-t*	*stiehl-t*
wir komm-en	*weis-en*	*find-en*	*fall-en*	*treff-en*	*stehl-en*
ihr komm-t	*weis-t*	*find-et*	*fall-t*	*treff-t*	*stehl-t*
sie/Sie komm-en	*weis-en*	*find-en*	*fall-en*	*treff-en*	*stehl-en*
o.v.t.					
ich kam	*wies*	*fand*	*fiel*	*traf*	*stahl*
du kam-st	*wies-est* (zelden: *wies-t*)	*fand-(e)st*	*fiel-st*	*traf-st*	*stahl-st*
er kam	*wies*	*fand*	*fiel*	*traf*	*stahl*
wir kam-en	*wies-en*	*fand-en*	*fiel-en*	*traf-en*	*stahl-en*
ihr kam-t	*wies-t*	*fand-et*	*fiel-t*	*traf-t*	*stahl-t*
sie/Sie kam-en	*wies-en*	*fand-en*	*fiel-en*	*traf-en*	*stahl-en*
volt. deelw.					
ge-komm-en	*ge-wies-en*	*ge-fund-en*	*ge-fall-en*	*ge-troff-en*	*ge-stohl-en*
geb. wijs enkelv.					
komm-(e)	*weis-(e)*	*find-(e)*	*fall-(e)*	*triff*	*stiehl*
geb. wijs meerv.					
komm-t	*weis-t*	*find-et*	*fall-t*	*treff-t*	*stehl-t*
beleefdheidsvorm					
komm-en Sie	*weis-en Sie*	*find-en Sie*	*fall-en Sie*	*treff-en Sie*	*stehl-en Sie*

116 Werkwoorden die een lijdend voorwerp bij zich kunnen hebben, worden **transitieve** of **overgankelijke werkwoorden** genoemd:
Wir trinken Wasser.
Werkwoorden die geen lijdend voorwerp bij zich kunnen hebben, worden **intransitieve** of **onovergankelijke werkwoorden** genoemd:
Sie spazieren.

117 **De Konjunktiv**
Evenals in het Nederlands komen ook in het Duits vormen van de aanvoegende wijs voor. De aanvoegende wijs heet in het Duits Konjunktiv. Om een vervulbare wens of een raad uit te drukken gebruikt men vormen van de Konjunktiv I:
Er lebe hoch! - Lang zal hij leven!
Man nehme drei Eier. - Men neme drie eieren.
Man sei auf der Hut. - Men zij op zijn hoede.

118 De Konjunktiv II wordt onder andere gebruikt:
- bij een onvervulbare wens:
Wäre er nur geblieben. - Was hij maar gebleven.
- bij een niet-werkelijkheid
Wenn du hier gewesen wärest, hätte ich das mit dir besprechen können. - Als jij hier geweest was, had ik dat met jou kunnen bespreken.

119 Ook in de indirecte rede wordt in het Duits vaak de Konjunktiv gebruikt:
Er erzählte, dass er einige Verwandte in Österreich habe. - Hij vertelde dat hij enige familieleden in Oostenrijk had.

120 De vormen van de Konjunktiv
De Konjunktiv I (= o.t.t. van de Konjunktiv) wordt bij alle werkwoorden (met uitzondering van *sein* (▶ 262) op dezelfde wijze gevormd, namelijk door achter de stam van het werkwoord de volgende uitgangen te plaatsen:
ich [stam] -e
du -est
er -e
wir -en
ihr -et
sie / Sie -en

De vormen van de Konjunktiv II (= o.v.t. van de Konjunktiv) zijn bij zwakke werkwoorden gelijk aan die van de normale o.v.t. De uitgangen van de Konjunktiv II bij sterke en onregelmatige werkwoorden zijn gelijk aan de uitgangen van de Konjunktiv I.
Voor de vormen van de Konjunktiv II bij deze werkwoorden, zie de kolom Konjunktiv II in de lijst van sterke en onregelmatige werkwoorden.

Lijst van sterke en onregelmatige werkwoorden

	Onbepaalde wijs	Onvoltooid tegenwoordige tijd 1e, 2e, 3e persoon enkelvoud	Onvoltooid verleden tijd 1e en eventueel 2e persoon enkelvoud
121	backen	backe, bäckst, bäckt	buk, backte
122	befehlen	befehle, befiehlst, befiehlt	befahl
123	befleißen	befleiß/e, -(es)t, -t	befliss, beflissest/beflisst
124	beginnen	beginn/e, -st, -t	begann
125	beißen	beiß/e, -(es)t, -t	biss, bissest/bisst
126	bergen	berge, birgst, birgt	barg
127	bersten	berste, birst, birst	barst
128	bewegen	bewege, -st, -t	bewegte (bewog)
	bewegen is sterk in de betekenis 'ertoe brengen'		
129	biegen	bieg/e, -st, -t	bog
130	bieten	biet/e, -est, -et	bot, -(e)st
131	binden	bind/e, -est, -et	band, -(e)st
132	bitten	bitt/e, -est, -et	bat, -(e)st
133	blasen	blase, bläst, bläst	blies, -(es)t
134	bleiben	bleib/e, -st, -t	blieb
135	bleichen	bleich/e, -st, -t	bleichte (blich)
	de sterke vormen van *bleichen* zijn tamelijk verouderd		
136	braten	brate, brätst, brät	briet, -(e)st
137	brechen	breche, brichst, bricht	brach
138	brennen	brenn/e, -st, -t	brannte
139	bringen	bring/e, -st, -t	brachte
140	denken	denk/e, -st, -t	dachte
141	dingen	ding/e, -st, -t	dang (dingte)
142	dreschen	dresche, drischst, drischt	drosch, -(e)st
143	dringen	dring/e, -st, -t	drang
144	dünken	mich dünkt (deucht)	dünkte (deuchte)
145	dürfen	darf, -st, -; dürfen	durfte
146	empfangen	empfange, empfängst, empfängt	empfing
147	empfehlen	emp/fehle, -fiehlst, -fiehlt	empfahl
148	erbleichen	erbleich/e, -st, -t	erbleichte (erblich)
149	erkiesen	erkies/e, -(es)t, -t	erkor (erkieste)
150	erlöschen	erlösche, erlischst, erlischt	erlosch, -(e)st
151	erschrecken	erschrecke, erschrickst, erschrickt	erschrak
	het transitieve *erschrecken* is zwak		
152	essen	esse, isst, isst	aß, -(es)t
153	fahren	fahre, fährst, fährt	fuhr
154	fallen	falle, fällst, fällt	fiel
155	fangen	fange, fängst, fängt	fing
156	fechten	fechte, fichtst, ficht	focht, -(e)st
157	finden	find/e, -est, -et	fand, -(e)st
158	flechten	flechte, flichtst, flicht	flocht, -(e)st
159	fliegen	flieg/e, -st, -t	flog
160	fliehen	flieh/e, -st, -t	floh
161	fließen	fließ/e, -(es)t, -t	floss, flossest/flosst
162	fressen	fresse, frisst, frisst	fraß, -(e)st
163	frieren	frier/e, -st, -t	fror
164	gären	gär/e, -st, -t	gor (gärte)
	gären is zwak in overdrachtelijke betekenis		
165	gebären	gebäre, gebärst (gebierst), gebärt (gebiert)	gebar
166	geben	gebe, gibst, gibt	gab
167	gedeihen	gedeih/e, -st, -t	gedieh
168	gehen	geh/e, -st, -t	ging
169	gelingen	es gelingt	es gelang
170	gelten	gelte, giltst, gilt	galt, -(e)st

Konjunktiv II 1e persoon enkelvoud	Gebiedende wijs enkelvoud	Voltooid deelwoord	
büke, backte	back(e)	gebacken	121
beföhle (befähle)	befiehl	befohlen	122
beflisse	befleiß(e)	beflissen	123
begönne (begänne)	beginn(e)	begonnen	124
bisse	beiß(e)	gebissen	125
bürge (bärge)	birg	geborgen	126
börste (bärste)	birst	geborsten	127
bewegte (bewöge)	beweg(e)	bewegt (bewogen)	128
böge	bieg(e)	gebogen	129
böte	biet(e)	geboten	130
bände	bind(e)	gebunden	131
bäte	bitte	gebeten	132
bliese	blas(e)	geblasen	133
bliebe	bleib(e)	geblieben	134
bleichte (bliche)	bleich(e)	gebleicht (geblichen)	135
briete	brat(e)	gebraten	136
bräche	brich	gebrochen	137
brennte	brenn(e)	gebrannt	138
brächte	bring(e)	gebracht	139
dächte	denk(e)	gedacht	140
dingte (dünge, dänge)	ding(e)	gedungen (gedingt)	141
drösche	drisch	gedroschen	142
dränge	dring(e)	gedrungen	143
dünkte (deuchte)	-	gedünkt (gedeucht)	144
dürfte	-	gedurft	145
empfinge	empfang(e)	empfangen	146
empföhle (empfähle)	empfiehl	empfohlen	147
erbleichte (erbliche)	erbleich(e)	erbleicht (erblichen)	148
erköre (erkieste)	erkies(e)	erkoren	149
erlösche	erlisch	erloschen	150
erschräke	erschrick	erschrocken	151
äße	iss	gegessen	152
führe	fahr(e)	gefahren	153
fiele	fall(e)	gefallen	154
finge	fang(e)	gefangen	155
föchte	ficht	gefochten	156
fände	find(e)	gefunden	157
flöchte	flicht	geflochten	158
flöge	flieg(e)	geflogen	159
flöhe	flieh(e)	geflohen	160
flösse	fließ(e)	geflossen	161
fräße	friss	gefressen	162
fröre	frier(e)	gefroren	163
göre (gärte)	gär(e)	gegoren (gegärt)	164
gebäre	gebäre, gebier	geboren	165
gäbe	gib	gegeben	166
gediehe	gedeih(e)	gediehen	167
ginge	geh(e)	gegangen	168
es gelänge	-	gelungen	169
gölte (gälte)	gilt	gegolten	170

	Onbepaalde wijs	Onvoltooid tegenwoordige tijd 1e, 2e, 3e persoon enkelvoud	Onvoltooid verleden tijd 1e en eventueel 2e persoon enkelvoud
171	genesen	genes/e, -(es)t, -t	genas, -(es)t
172	genießen	genieß/e, -(es)t, -t	genoss, genossest/genosst
173	geschehen	es geschieht	es geschah
174	gewinnen	gewinn/e, -st, -t	gewann
175	gießen	gieß/e, -(es)t, -t	goss, gossest/gosst
176	gleichen	gleich/e, -st, -t	glich
177	gleißen	gleiß/e, -(es)t, -t	gleißte (gliss), glissest/glisst
178	gleiten	gleit/e, -est, -et	glitt, -(e)st
179	glimmen	glimm/e, -st, -t	glomm (glimmte)
	de sterke vormen overheersen in overdrachtelijke betekenis		
180	graben	grabe, gräbst, gräbt	grub
181	greifen	greif/e, -st, -t	griff
182	haben	habe, hast, hat	hatte
183	halten	halte, hältst, hält	hielt, -(e)st
184	hängen	häng/e, -st, -t	hing
	het transitieve hängen is zwak		
185	hauen	hau/e, -st, -t	hieb (haute)
186	heben	heb/e, -st, -t	hob (hub)
187	heißen	heiß/e, -(es)t, -t	hieß, -(es)t
188	helfen	helfe, hilfst, hilft	half
189	kennen	kenn/e, -st, -t	kannte
190	klimmen	klimm/e, -st, -t	klomm
191	klingen	kling/e, -st, -t	klang
192	kneifen	kneif/e, -st, -t	kniff
193	kommen	komm/e, -st, -t	kam
194	können	kann, -st, -; können	konnte
195	kriechen	kriech/e, -st, -t	kroch
196	laden	lade, lädst, lädt	lud, -(e)st
197	lassen	lasse, lässt, lässt	ließ, -(es)t
198	laufen	laufe, läufst, läuft	lief
199	leiden	leid/e, -est, -et	litt, -(e)st
200	leihen	leih/e, -st, -t	lieh
201	lesen	lese, liest, liest	las, -(es)t
202	liegen	lieg/e, -st, -t	lag
203	löschen	lösche, lischst, lischt	losch, -(e)st
204	lügen	lüg/e, -st, -t	log
205	mahlen	mahl/e, -st, -t	mahlte
206	meiden	meid/e, -est, -et	mied, -(e)st
207	melken	melk/e, -st, -t	melkte (molk)
208	messen	messe, misst, misst	maß, -(es)t
209	misslingen	es misslingt	es misslang
210	mögen	mag, -st, -; mögen	mochte
211	müssen	muss, -t, -; müssen, müsst, müssen	musste
212	nehmen	nehme, nimmst, nimmt	nahm
213	nennen	nenn/e, -st, -t	nannte
214	pfeifen	pfeif/e, -st, -t	pfiff
215	pflegen	pfleg/e, -st, -t	pflegte (pflog)
	pflegen is bijna altijd zwak		
216	preisen	preis/e, -(es)t, -t	pries, -(es)t
217	quellen	quelle, quillst, quillt	quoll
	het transitieve quellen is zwak		
218	raten	rate, rätst, rät	riet, -(e)st
219	reiben	reib/e, -st, -t	rieb
220	reißen	reiß/e, -(es)t, -t	riss, rissest/risst
221	reiten	reit/e, -est, -et	ritt, -(e)st
222	rennen	renn/e, -st, -t	rannte
223	riechen	riech/e, -st, -t	roch

Konjunktiv II 1e persoon enkelvoud	Gebiedende wijs enkelvoud	Voltooid deelwoord	
genäse	genes(e)	genesen	171
genösse	genieß(e)	genossen	172
es geschähe	-	geschehen	173
gewönne (gewänne)	gewinn(e)	gewonnen	174
gösse	gieß(e)	gegossen	175
gliche	gleich(e)	geglichen	176
gleißte (glisse)	gleiß(e)	gegleißt (geglissen)	177
glitte	gleit(e)	geglitten	178
glömme (glimmte)	glimm(e)	geglommen (geglimmt)	179
grübe	grab(e)	gegraben	180
griffe	greif(e)	gegriffen	181
hätte	hab(e)	gehabt	182
hielte	halt(e)	gehalten	183
hinge	häng(e)	gehangen	184
hiebe (haute)	hau(e)	gehauen	185
höbe (hübe)	heb(e)	gehoben	186
hieße	heiß(e)	geheißen	187
hülfe (hälfe)	hilf	geholfen	188
kennte	kenn(e)	gekannt	189
klömme	klimm(e)	geklommen	190
klänge	kling(e)	geklungen	191
kniffe	kneif(e)	gekniffen	192
käme	komm(e)	gekommen	193
könnte	-	gekonnt	194
kröche	kriech(e)	gekrochen	195
lüde	lad(e)	geladen	196
ließe	lass (lasse)	gelassen	197
liefe	lauf(e)	gelaufen	198
litte	leid(e)	gelitten	199
liehe	leih(e)	geliehen	200
läse	lies	gelesen	201
läge	lieg(e)	gelegen	202
lösche	lisch	geloschen	203
löge	lüg(e)	gelogen	204
mahlte	mahl(e)	gemahlen	205
miede	meid(e)	gemieden	206
melkte (mölke)	melk(e)	gemolken (gemelkt)	207
mäße	miss	gemessen	208
es misslänge	-	misslungen	209
möchte	-	gemocht	210
müsste	-	gemusst	211
nähme	nimm	genommen	212
nennte	nenn(e)	genannt	213
pfiffe	pfeif(e)	gepfiffen	214
pflegte (pflöge)	pfleg(e)	gepflegt (gepflogen)	215
priese	preis(e)	gepriesen	216
quölle	quill	gequollen	217
riete	rat(e)	geraten	218
riebe	reib(e)	gerieben	219
risse	reiß(e)	gerissen	220
ritte	reit(e)	geritten	221
rennte	renn(e)	gerannt	222
röche	riech(e)	gerochen	223

	Onbepaalde wijs	Onvoltooid tegenwoordige tijd 1e, 2e, 3e persoon enkelvoud	Onvoltooid verleden tijd 1e en eventueel 2e persoon enkelvoud
224	ringen	ring/e, -st, -t	rang
225	rinnen	rinn/e, -st, -t	rann
226	rufen	ruf/e, -st, -t	rief
227	salzen	salz/e, -(es)t, -t	salzte
228	saufen	saufe, säufst, säuft	soff
229	saugen	saug/e, -st, -t	sog (saugte)
230	schaffen	schaff/e, -st, -t	schuf
	schaffen is zwak in de betekenis 'werken' en 'klaarspelen' en in anschaffen en verschaffen		
231	schallen	schall/e, -st, -t	schallte (scholl)
232	scheiden	scheid/e, -est, -et	schied, -(e)st
233	scheinen	schein/e, -st, -t	schien
234	scheißen	scheiß/e, -(es)t, -t	schiss, schissest/schisst
235	schelten	schelte, schiltst, schilt	schalt, -(e)st
236	scheren	scher/e, -st, -t	schor (scherte)
	scheren is zelden zwak		
237	schieben	schieb/e, -st, -t	schob
238	schießen	schieß/e, -(es)t, -t	schoss, schossest/schosst
239	schinden	schind/e, -est, -et	schindete, (schund, -(e)st)
240	schlafen	schlafe, schläfst, schläft	schlief
241	schlagen	schlage, schlägst, schlägt	schlug
242	schleichen	schleich/e, -st, -t	schlich
243	schleifen	schleif/e, -st, -t	schliff
	zwak in de betekenis 'slepen', 'sleuren', 'slopen', 'slechten'		
244	schleißen	schleiß/e, -(es)t, -t	schliss, schlissest/schlisst
245	schließen	schließ/e, -(es)t, -t	schloss, schlossest/schlosst
246	schlingen	schling/e, -st, -t	schlang
247	schmeißen	schmeiß/e, -(es)t, -t	schmiss, schmissest/schmisst
248	schmelzen	schmelze, schmilzt, schmilzt	schmolz, -(es)t
249	schnauben	schnaub/e, -st, -t	schnob (schnaubte)
	zwakke vormen in informele taal		
250	schneiden	schneid/e, -est, -et	schnitt, -(e)st
251	schrecken	schrecke, schrickst, schrickt	schrak
	Ook in samengestelde werkwoorden (zurückschrecken e.d.) bij intransitief gebruik sterk. Bij transitief gebruik (ook bij samengestelde werkwoorden) zwak.		
252	schreiben	schreib/e, -st, -t	schrieb
253	schreien	schrei/e, -st, -t	schrie
254	schreiten	schreit/e, -est, -e	schritt, -(e)st
255	schweigen	schweig/e, -st, -t	schwieg
256	schwellen	schwelle, schwillst, schwillt	schwoll
	het transitieve schwellen is zwak		
257	schwimmen	schwimm/e, -st, -t	schwamm
258	schwinden	schwind/e, -est, -et	schwand, -(e)st
259	schwingen	schwing/e, -st, -t	schwang
260	schwören	schwör/e, -st, -t	schwor
261	sehen	sehe, siehst, sieht	sah
262	sein	bin, bist, ist; sind, seid, sind	war
	Konjunktiv I: sei, sei(e)st, sei; seien, seiet, seien		
263	senden	send/e, -est, -et	sandte (sendete)
	zwak in de betekenis 'uitzenden van radio, televisie'		
264	sieden	sied/e, -est, -et	sott, -(e)st
	komt ook zwak voor		
265	singen	sing/e, -st, -t	sang
266	sinken	sink/e, -st, -t	sank
267	sinnen	sinn/e, -st, -t	sann
268	sitzen	sitz/e, -(es)t, -t	saß, -(es)t
269	sollen	soll, -st, -; sollen	sollte
270	spalten	spalt/e, -est, -et	spaltete

Konjunktiv II 1e persoon enkelvoud	Gebiedende wijs enkelvoud	Voltooid deelwoord	
ränge	ring(e)	gerungen	224
ränne (rönne)	rinn(e)	geronnen	225
riefe	ruf(e)	gerufen	226
salzte	salz(e)	gesalzen	227
söffe	sauf(e)	gesoffen	228
söge (saugte)	saug(e)	gesogen (gesaugt)	229
schüfe	schaff(e)	geschaffen	230
schallte (schölle)	schall(e)	geschallt	231
schiede	scheid(e)	geschieden	232
schiene	schein(e)	geschienen	233
schisse	scheiß(e)	geschissen	234
schölte	schilt	gescholten	235
schöre	scher(e)	geschoren	236
schöbe	schieb(e)	geschoben	237
schösse	schieß(e)	geschossen	238
schindete (schünde)	schind(e)	geschunden	239
schliefe	schlaf(e)	geschlafen	240
schlüge	schlag(e)	geschlagen	241
schliche	schleich(e)	geschlichen	242
schliffe	schleif(e)	geschliffen	243
schlisse	schleiß(e)	geschlissen	244
schlösse	schließ(e)	geschlossen	245
schlänge	schling(e)	geschlungen	246
schmisse	schmeiß(e)	geschmissen	247
schmölze	schmilz	geschmolzen	248
schnöbe (schnaubte)	schnaub(e)	geschnoben	249
schnitte	schneid(e)	geschnitten	250
schräke	schrick	geschrocken	251
schriebe	schreib(e)	geschrieben	252
schriee	schrei(e)	geschrien	253
schritte	schreit(e)	geschritten	254
schwiege	schweig(e)	geschwiegen	255
schwölle	schwill	geschwollen	256
schwömme (schwämme)	schwimm(e)	geschwommen	257
schwände	schwind(e)	geschwunden	258
schwänge	schwing(e)	geschwungen	259
schwüre (schwöre)	schwör(e)	geschworen	260
sähe	sieh, bij verwijzing: siehe	gesehen	261
wäre	sei; seid	gewesen	262
sendete	send(e)	gesandt, gesendet	263
sötte	sied(e)	gesotten	264
sänge	sing(e)	gesungen	265
sänke	sink(e)	gesunken	266
sänne (sönne)	sinn(e)	gesonnen	267
säße	sitz(e)	gesessen	268
sollte	-	gesollt	269
spaltete	spalt(e)	gespalten (gespaltet)	270

Onbepaalde wijs	Onvoltooid tegenwoordige tijd 1e, 2e, 3e persoon enkelvoud	Onvoltooid verleden tijd 1e en eventueel 2e persoon enkelvoud
271 speien	spei/e, -st, -t	spie
272 spinnen	spinn/e, -st, -t	spann
273 spleißen	spleiß/e, -(es)t, -t	spliss, splissest/splisst
274 sprechen	spreche, sprichst, spricht	sprach
275 sprießen	sprieß/e, -(es)t, -t	spross, sprossest/sprosst
276 springen	spring/e, -st, -t	sprang
277 stechen	steche, stichst, sticht	stach
278 stecken	steck/e, -st, -t	stak
het transitieve *stecken* is zwak		
279 stehen	steh/e, -st, -t	stand, -(e)st
280 stehlen	stehle, stiehlst, stiehlt	stahl
281 steigen	steig/e, -st, -t	stieg
282 sterben	sterbe, stirbst, stirbt	starb
283 stieben	stieb/e, -st, -t	stob
284 stinken	stink/e, -st, -t	stank
285 stoßen	stoße, stößt, stößt	stieß, -(es)t
286 streichen	streich/e, -st, -t	strich
287 streiten	streit/e, -est, -et	stritt, -(e)st
288 tragen	trage, trägst, trägt	trug
289 treffen	treffe, triffst, trifft	traf
290 treiben	treib/e, -st, -t	trieb
291 treten	trete, trittst, tritt	trat, -(e)st
292 triefen	trief/e, -st, -t	troff (triefte)
293 trinken	trink/e, -st, -t	trank
294 trügen	trüg/e, -st, -t	trog
295 tun	tu(e), tust, tut; tun	tat, -(e)st
296 verbleichen	verbleich/e, -st, -t	verblich
297 verderben	verderbe, verdirbst, verdirbt	verdarb
298 verdrießen	verdrieß/e, -(es)t, -t	verdross, verdrossest/verdrosst
299 vergessen	vergesse, vergisst, vergisst	vergaß, -(es)t
300 verlieren	verlier/e, -st, -t	verlor
301 verlöschen	verlösche, verlischst, verlischt	verlosch, -(e)st
302 wachsen	wachse, wächst, wächst	wuchs, -(es)t
303 wägen	wäg/e, -st, -t	wog (wägte)
304 waschen	wasche, wäschst, wäscht	wusch, -(e)st
305 weben	web/e, -st, -t	webte (wob)
overdrachtelijk en plechtig sterk, anders zwak		
306 weichen	weich/e, -st, -t	wich
307 weisen	weis/e, -(es)t, -t	wies, -(es)t
308 wenden	wend/e, -est, -et	wandte (wendete)
zwak in de betekenis 'keren', 'omkeren', 'omdraaien'		
309 werben	werbe, wirbst, wirbt	warb
310 werden	werde, wirst, wird	wurde, (verouderd) ward
311 werfen	werfe, wirfst, wirft	warf
312 wiegen	wieg/e, -st, -t	wog
313 winden	wind/e, -est, -et	wand, -(e)st
314 wissen	weiß, -t, -; wissen, wisst, wissen	wusste
315 wollen	will, -st, -; wollen	wollte
316 wringen	wring/e, -st, -t	wrang
317 zeihen	zeih/e, -st, -t	zieh
318 ziehen	zieh/e, -st, -t	zog
319 zwingen	zwing/e, -st, -t	zwang

320 Werkwoorden op -ieren hebben een voltooid deelwoord zonder *ge-*: kondolieren, kondolierte, kondoliert / gratulieren, gratulierte, gratuliert

Konjunktiv II 1e persoon enkelvoud	Gebiedende wijs enkelvoud	Voltooid deelwoord	
spiee	spei(e)	gespien	271
spönne (spänne)	spinn(e)	gesponnen	272
splisse	spleiß(e)	gesplissen	273
spräche	sprich	gesprochen	274
sprösse	sprieß(e)	gesprossen	275
spränge	spring(e)	gesprungen	276
stäche	stich	gestochen	277
stäke	steck(e)	gesteckt	278
stände (stünde)	steh(e)	gestanden	279
stöhle (stähle)	stiehl	gestohlen	280
stiege	steig(e)	gestiegen	281
stürbe	stirb	gestorben	282
stöbe	stieb(e)	gestoben	283
stänke	stink(e)	gestunken	284
stieße	stoß(e)	gestoßen	285
striche	streich(e)	gestrichen	286
stritte	streit(e)	gestritten	287
trüge	trag(e)	getragen	288
träfe	triff	getroffen	289
triebe	treib(e)	getrieben	290
träte	tritt	getreten	291
tröffe (triefte)	trief(e)	getroffen (getrieft)	292
tränke	trink(e)	getrunken	293
tröge	trüg(e)	getrogen	294
täte	tu(e)	getan	295
verbliche	verbleich(e)	verblichen	296
verdürbe	verdirb	verdorben	297
verdrösse	verdrieß(e)	verdrossen	298
vergäße	vergiss	vergessen	299
verlöre	verlier(e)	verloren	300
verlösche	verlisch	verloschen	301
wüchse	wachs(e)	gewachsen	302
wöge	(wägte) wäg(e)	gewogen (gewägt)	303
wüsche	wasch(e)	gewaschen	304
webte (wöbe)	web(e)	gewebt (gewoben)	305
wiche	weich(e)	gewichen	306
wiese	weis(e)	gewiesen	307
wendete	wend(e)	gewandt (gewendet)	308
würbe	wirb	geworben	309
würde	werd(e)	geworden (als hulpwerkwoord van de lijdende vorm: worden)	310
würfe	wirf	geworfen	311
wöge	wieg(e)	gewogen	312
wände	wind(e)	gewunden	313
wüsste	wisse	gewusst	314
wollte	-	gewollt	315
wränge	wring(e)	gewrungen	316
ziehe	zeih(e)	geziehen	317
zöge	zieh(e)	gezogen	318
zwänge	zwing(e)	gezwungen	319